| 제3판 |

조직심리학

Organizational Psychology
A Scientist-Practitioner Approach

Steve M. Jex, Thomas W. Britt 지음

박영석, 서용원, 이선희, 이주일, 장재윤 옮김

Σ 시그마프레스

조직심리학 제3판

발행일 | 2017년 1월 10일 1쇄 발행
2019년 8월 20일 2쇄 발행
2021년 8월 5일 3쇄 발행

저자 | Steve M. Jex, Thomas W. Britt
역자 | 박영석, 서용원, 이선희, 이주일, 장재윤
발행인 | 강학경
발행처 | (주)시그마프레스
디자인 | 김은경
편집 | 김성남

등록번호 | 제10-2642호
주소 | 서울특별시 영등포구 양평로 22길 21 선유도코오롱디지털타워 A401~402호
전자우편 | sigma@spress.co.kr
홈페이지 | http://www.sigmapress.co.kr
전화 | (02)323-4845, (02)2062-5184~8
팩스 | (02)323-4197

ISBN | 978-89-6866-841-8

ORGANIZATIONAL PSYCHOLOGY:
A SCIENTIST-PRACTITIONER APPROACH, 3rd Edition

＊ 책값은 책 뒤표지에 있습니다.

이 도서의 국립중앙도서관 출판시도서목록(CIP)은 서지정보유통지원시스템 홈페이지(http://seoji.nl.go.kr)와 국가자료공동목록시스템(http://www.nl.go.kr/kolisnet)에서 이용하실 수 있습니다.(CIP제어번호 : CIP2016031799)

조 직심리학은 볼링그린주립대학교의 Steve Jex 교수와 클렘슨대학교의 Thomas Britt 교수가 2014년에 저술한 *Organizational Psychology: A Scientist-Practitioner Approach*, 제3판의 번역 판이다. 이 책의 첫 번역인 제2판의 번역에는 가톨릭대학교 박영석 교수, 성균관대학교 서용원 교수, 한림대학교 이주일 교수, 그리고 서강대학교 장재윤 교수가 참여하였는데, 이번 제3판의 번역에는 충남대학교의 이선희 교수가 번역진에 참여하였다. 박영석 교수는 저자 서문, 제13장, 제14장 및 제15장, 서용원 교수는 제9장, 제10장 및 제11장, 이선희 교수는 제1장, 제4장 및 제7장, 이주일 교수는 제5장, 제6장 및 제8장, 그리고 장재윤 교수는 제2장, 제3장 및 제12장을 번역하였다.

이 책의 번역에 참가한 대부분의 교수는 이 책의 제1판이 출간되었을 때부터 학부나 대학원에서 이 책의 원서를 교재로 사용해 왔다. 역자들이 속한 학교에서는 학부에 '산업심리학'과 '조직심리학'이 별개의 강좌로 개설되어 있으므로, 이 두 강좌에서 다룰 교재가 각각 필요하였다. 역자들은 이 책의 원서가 '조직심리학' 강좌에서 다루기에 적절한 범위와 깊이를 가진 책이라고 판단하여 그 동안 교재로 사용하였고, 학부 강좌에서는 원서보다 역서가 더 적합하다는 점을 공감하여 번역하게 된 것이다.

조직심리학은 조직 속에서 개인의 심리적 과정과 행동을 과학적으로 연구하는 분야이다. 따라서 조직심리학자들은 조직의 특성이 개인의 행동에 어떤 영향을 주며, 그 중간에 작용하는 심리적 과정이 무엇인지를 과학적으로 탐구한다. 조직심리학의 정의를 이해하려면, 이 분야와 관련된 조직 행동이나 일반 심리학 분야와 어떤 차이가 있는지를 검토할 필요가 있다.

조직 구성원의 행동이 심리적 과정을 매개하지 않고 오직 조직특성에 의해서만 결정된다고 가정 하면, 그것은 심리학이 아니라 사회학이다. Max Weber의 '관료제'에 잘 드러나 있듯이, 사회학은 논리적으로 잘 꾸며진 행동처방을 담은 조직의 설계에 의해 조직 구성원의 행동이 규정된다고 가정 한다. 따라서 사회학은 개인의 행동이나 심리적 과정보다는 이상적인 조직을 설계하는 데 관심을 가진다. 만약 다른 조직의 구조에 비해 기능 조직의 구조에서 구성원들의 전문성이 높다는 결과를 경험적으로 관찰한 연구가 있다면, 그것은 기능 조직에 대한 처방대로 구성원들이 행동하는지를 확 인하는 것에 불과하다. 이러한 연구는 비록 조직의 맥락에서 개인의 행동을 다룬 것일지라도 조직 심리학 연구라고 보기 어렵고 오히려 사회학을 채용한 조직행동의 연구라 할 수 있다.

조직 구성원의 행동이 오직 심리적 과정의 산물이라고 가정하면, 이것은 일반 심리학이지 조직심리학이 아니다. 일반 심리학은 개인의 행동과 그것을 결정하는 심리과정을 과학적으로 탐구하여, 조직이나 사회 맥락에 상관없이 작동하는 일반적인 원리를 밝혀내는 데 관심을 가진다. 과제에 대해 자기 결정감을 느낄 때, 그 과제에 대한 내적 동기와 수행이 높다는 Deci와 Ryan의 인지평가 이론을 그 예로 들 수 있다.

조직심리학은 조직의 맥락에서 개인의 심리적 과정과 행동을 다룬다. 즉 조직과 집단 수준의 변인이 개인의 심리적 과정과 행동에 어떻게 영향을 미치는지에 초점을 둔다. 집단이나 조직은 행동하지 않고, 그것을 구성하는 개인이 행동하기 때문이다. 직무가 잘 설계되면 그 직무에 대한 개인의 수행과 동기가 높지만, 그렇게 되려면 잘 설계된 직무로부터 개인이 의미감이나 자율성 같은 심리적 상태를 경험해야만 가능하다는 Hackman과 Oldham의 직무 특성 이론을 예로 들 수 있다.

이 책에는 앞에서 지적한 세 가지 흐름의 연구들이 다양하게 소개되어 있다. 이 책의 판이 거듭될수록 조직심리학적 연구가 차지하는 비중이 점차 높아지는 것 같다. 이 책에 소개된 여러 이론과 연구를 통해, 조직심리학의 정체성이 더 분명해지고 더 많은 조직심리학 연구들이 수행되길 기대한다.

끝으로 제3판의 출간에 도움을 주신 (주)시그마프레스의 강학경 사장님과 편집부에 감사드린다.

2017년 1월
역자대표 박영석

조직은 획기적으로 성공하다가 어느 순간 비참하게 실패하는 복잡한 사회 체계이다. 조직심리학은 조직 내의 사회적 과정을 더 잘 이해하기 위해 노력하는 산업 및 조직심리학의 한 영역이다. 또한 조직심리학은 이러한 통찰로부터 모두에게 이득이 되는 목표인 조직 효과성의 향상을 추구한다.

이 책은 학생들에게 과학으로서 그리고 실무 분야로서의 조직심리학에 대해 전반적으로 개관해 줄 것이다. 이 책은 학부 고학년이나 대학원에 개설되는 조직심리학 과목의 교과서로 주로 사용될 수 있지만, 조직행동 분야에서도 교재로 쓸 수 있다. 이 책은 여러 대학원 과정에서 교재로 쓰일 수 있으므로, 주제와 관련된 연구들을 충실하게 소개하려고 애를 썼다. 학생들에게 이 책이 읽기 쉬울 뿐만 아니라 읽는 것이 즐겁고 유쾌할 수 있도록 적지 않은 노력을 하였다.

제3판의 새로운 내용

지난 3년 동안 받은 이 책에 대한 긍정적 피드백 때문에 이번 제3판에서 큰 변화가 필요할 것이라고 생각하지 않았지만, 조직심리학의 분야나 조직의 추세에서 중요한 변화가 있다면 이에 따르고자 하였다. 이러한 맥락에서 제3판에 "직장 일과 개인생활의 상호작용"이라는 완전히 새로운 장을 추가하였다. 이 장에서는 사람들이 어떻게 업무를 수행하는 역할로 접어들게 되며, 재직 중에는 일과 일 밖의 생활 간의 균형을 어떻게 유지하고, 궁극적으로 퇴직을 통해 어떻게 일로부터 벗어나게 되는지를 검토한다. 이 장은 두 가지 이유에서 꼭 필요하다고 생각하였는데, 우선 기술의 발달로 일과 일 밖의 삶의 경계의 구분이 점점 더 애매해졌으므로, 이로 인해 조직에서 사람들의 행동이 영향을 받을 것이기 때문이다. 둘째로, 청소년 취업과 실업이 점점 더 중요한 이슈가 되고 있으므로, 이 책이 이 주제를 깊이 있게 다루는 최초의 교과서 중 하나가 되고 싶었기 때문이다. 각 장에서는 주제와 관련된 비교 문화 연구를 포함하려고 애썼는데, 조직이 점점 더 세계화되고 있으므로 다루는 내용이 미국을 벗어나서도 일반화될 수 있는지를 검토할 필요가 있기 때문이다.

제1장부터 제5장까지는 조직심리학의 영역에 대해 소개하고, 조직에서 일어나는 행동을 연구하는 데 사용되는 일반적인 연구방법, 종업원이 조직에 사회화되는 과정, 일과 일 밖의 생활의 균형을 유지하는 방식, 그리고 마침내 생산적인 구성원이 되는 과정을 검토한다.

제6장부터 제8장까지는 종업원이 나타낼 수 있는 비생산적 행동을 탐색하고, 직장에서의 스트레스를 느끼게 되는 원인을 탐구하며, 일이 만족이나 몰입과 같은 긍정적 정서를 어떻게 유발하는지를 다룬다.

제9장과 제10장은 작업 동기를 다루는데, 제9장은 동기 이론을 검토하고, 제10장은 이러한 이론이 직장에서 구성원의 행동을 변화시키기 위해 어떻게 적용되는지를 살핀다. 제11장과 제12장은 조직에서의 리더십 과정과 팀의 역학 및 효과성을 각각 다룬다. 이 책의 제2판을 읽었으면 사회심리학의 내용을 반영한 집단행동에 대한 '일반론'을 다룬 장을 제외하였음을 파악하였을 것이다. 이것은 어려운 결정이었는데. 그것은 이 장에 대한 긍정적인 피드백을 여러 해 동안 접해 왔지만, 이 책이 아니더라도 시중에 집단의 기본과정에 대해 다루는 좋은 책들이 많이 있기 때문이었다. 그러나 이 장의 일부 내용은 팀을 다룬 장에 포함시켜 다루고 있다.

제13장부터 제15장까지는 '거시' 혹은 조직 수준의 과정에 초점을 두었다. 여기서는 조직의 설계, 조직 문화 그리고 조직의 변화와 개발을 다룬다.

내용 면에서 가장 큰 차이는 각 장에 포함된 자료들의 수준이 실속 있게 한 단계 높아졌다는 것이다. 제2판 이후 조직심리학 영역에 상당한 새로운 발전이 있었고, 많은 새로운 연구가 쏟아져 나왔다. 우리는 이러한 새로운 발전을 전달하고 새로운 연구 결과를 요약하는 데 심혈을 기울였다. 제3판에서도 "연구를 수행한 사람들"란은 그대로 유지하여 그 장의 주제와 관련된 뛰어난 연구자들이 그 주제에 관심을 가지게 된 배경을 소개하고 있다. '사진'을 함께 수록한 이 내용은 학생들이 상당히 흥미를 느끼므로 제2판부터 게재하고 있다. 이 란에 대한 피드백이 매우 긍정적이었으므로, 비록 이 란에서 다룬 연구자들이 대부분 바뀌었지만 제3판에서도 계속 유지하고 있다.

계속되는 이 책의 독특성

제3판에서도 우리가 독특하다고 여기는 전 판의 특징을 유지하기 위해 정성을 들였다. 예를 들어, 연구방법론과 통계를 한 장 전체에 할애하였다. 제1판이 발간된 이후로 이 분야의 방법론이 더 발전하였으므로, 제1판에 이 장을 포함시킨 결정이 옳았던 것 같다.

제3판 역시 모집, 직무수행 그리고 보상과 같이 조직심리학의 전통적인 분야가 아닌 주제를 포함하고 있다. 이 판에서도 이러한 점이 고려된 것은 더 넓은 영역인 산업 및 조직심리학에서 '개인'과 '조직' 간에 서로 밀접한 관계가 있다는 신념 때문이다.

마지막으로 독특한 점은 이 책의 전체에서 "참고"란의 사용을 그대로 유지하고 있다는 것이다. 참고란의 내용은 대부분 바뀌었지만, 여기에 지면을 할애한 함의, 즉 '학생들로 하여금 각 장의 내용을 다시 생각해 보고 토론하도록 고무하려는' 뜻은 변하지 않았다. 우리 저자들은 학생들이 학습 자료에 몰입할수록 더 많이 배우지만, 읽는 것은 지루한 일이라는 확실한 신념이 있다. 참고란의 일부는 요즈음의 사건과 관련되어 있고, 어떤 것은 그 장의 학습 자료를 확장하여 다룬 것이며, 또 다른 참고는 단순히 독자들이 저자들을 좀 더 잘 이해할 수 있도록 배치한 것이다.

감사의 글

저자들은 제3판의 초고에 대해 피드백을 제공해 준 동료들과 학생들에게 제일 먼저 감사드린다. 그들의 통찰에 감사드리고 그들의 제안을 대부분 반영하였다. 2008년에 제2판이 발간된 이후 귀중한 피드백을 제공해 준 동료들과 학생들께 또한 감사드린다. 이들 중 대부분은 학회 참가 중에도 걸음을 멈춰 이 책에 대한 의견을 주었는데, 그 피드백은 대단히 유용하였다. 제2판에 대한 비판을 모두 받아들여 개정했다고 할 수는 없지만, 우리는 그 의견을 적극적으로 경청하였고 이를 반영하려고 노력하였다.

　우리는 이 책의 개정 과정에 도움을 준 Wiley사의 편집장인 Tisha Rossi에게 감사드린다. Tisha는 편집에 매우 가치 있는 피드백을 해 주었고, 이 책에 담을 내용을 자율적으로 정할 수 있도록 허용해 주었다. Tisha가 마감일을 연장해 준 것도 대단히 감사하게 생각한다. 이전 판부터 표와 그림을 담당해 온 Tisha의 보조원인 Amanda Orenstein에게도 감사드린다.

　저자들은 개정 과정에 도움을 준 볼링그린주립대학교의 Alison Bayne, Kelsey-Jo Ritter, 클렘슨대학교의 Kristen Jennings, Janelle Cheung, 그리고 Kandice Goguen에게 감사드린다. Alison은 각 장에서 새로운 참고란들을 개발하기도 하였다. 그녀는 제3판에 추가되는 새로운 참고문헌을 정리하는 것뿐만 아니라 편집의 전 과정을 관리하는 일을 도와주었다. Kelsey-Jo는 "직장 일과 개인생활의 상호작용" 장의 첫 집필자인데 강사와 학생을 위한 웹 사이트의 새로운 자료를 개발하는 많은 일도 담당하였다. 클렘슨대학교의 Kristen Jennings와 Janelle Cheung은 이 책의 여러 장에 수록된 많은 인용에 대한 주석 달린 문헌 목록(annotated bibliographies)을 작성하였고, Kandice Goguen은 각 장의 새로운 참고문헌들을 대부분 끝까지 찾아내 주었다. 이 세 명의 학생들은 각 장의 마지막 판 원고도 정독하였다. 그들은 이 판이 완성되도록 내가 기대한 것 이상으로 긍정적 태도와 성실성을 가지고 많은 도움을 주었다.

Tom Britt의 감사의 글

나는 우선 이 책의 개정과 재개정을 위해 위원으로서 함께 참여할 기회를 준 Steve Jex 교수께 감사드린다. 나는 Steve Jex 교수와 여러 프로젝트를 함께했는데, 함께할 때마다 편안함을 느꼈다. 나는 최고의 부인 Renea와 인생을 함께하는 축복을 받았고, 그녀의 무조건적인 사랑과 지지가 없었더라면 이 책의 재개정을 마치지 못했을 것이다. 또한 14살의 쌍둥이 아들 Noah와 Jordan에게도 그들의 사랑과 지지에 대해 고마움을 표한다. 그들은 내 인생에서 신이 주신 최고의 은총이다. 이 책의 재개정을 위해 아빠가 컴퓨터 앞에 있을 때에도 서로 잘 놀아 준 것에 대해 감사한다.

Steve Jex의 감사의 글

나는 제2판을 함께 시작하여 제3판까지 같이 해 온 Tom Britt 교수에게 먼저 감사를 표한다. Britt 교수는 매우 뛰어난 연구자이자 저자이며, 이 책을 저술하는 동안 그와 함께 우정을 나누게 되어 정말 기쁘게 생각한다. 아내 Robin과 두 아들 Garrett과 Travis에게 무한한 감사를 표한다. Robin은 지난 30년간 나에게 변함없는 사랑과 격려를 보내 주었고, 그녀 없이는 이 책이 완성될 수 없었을 것이다. 2002년에 이 책의 제1판이 발간되었을 때, Garrett는 9살, Travis는 7살이었는데 지금은 둘 다 훌륭한 젊은이로 자랐다. 내가 책에 매달려 있는 동안 그들이 보여 준 희생에 대해 다시 한 번 고마움을 표한다.

차례

제1장 조직심리학의 소개

제2장 연구방법과 통계

제3장 유인과 사회화

제4장 직장 일과 개인생활의 접점

제5장 조직에서의 생산적 행동

제6장 조직에서의 반생산적 행동

제7장 직업 스트레스와 종업원 건강

제8장 업무와 조직에 관한 신념과 태도

제9장 동기 이론

제10장 동기 이론의 적용

제11장 리더십과 영향력 과정

제12장 조직 내 팀 역동과 과정

제13장 조직 이론과 설계

제14장 조직 문화와 풍토

제15장 조직의 변화와 개발

조직심리학의 소개

공식 조직의 구성원으로서 사람들이 하는 행동은 우리 삶의 여러 측면에 막대한 영향을 미친다. 우리가 먹는 음식, 타고 다니는 차, 사는 집 등 우리에게 필요한 대부분의 것들이 조직에 소속된 개인들이 서로 협력하여 노력한 결과물이다. 사실 이러한 영향력은 우리 삶 구석구석에 미치지 않는 곳이 없어서, 오히려 사람들이 이를 당연시하기도 한다. 따라서 대부분의 경우에는 공식 조직에 속한 개인들의 행동이 매우 극단적인 결과를 낳았을 때나 그 영향력을 깨닫게 된다. 예를 들면, 우리는 수술팀이 협동하여 어려운 수술을 성공적으로 해냈을 때 놀라움을 금치 못하거나, 정부조직에서 부정부패가 발생했을 때 이에 경멸감을 나타낸다. 그러나 대부분의 경우는 공식 조직 내의 개인 행동의 영향력을 거의 모른 채 넘어가곤 한다.

조직심리학은 조직 장면에서 일하는 개인들의 행동을 보다 잘 이해하기 위해 과학적인 방법을 활용하는 학문 분야이다. 이러한 지식은 다양한 방법으로 응용되어 조직이 보다 더 효과적으로 기능할 수 있도록 돕는다. 효과적인 조직은 일반적으로 비효과적인 조직에 비해 생산성이 높고, 고객에게 더 높은 수준의 서비스를 제공하며, 재정적으로도 더 성공적이다. 기업과 같은 사조직이 재정적으로 성공한다는 것은 흔히 종업원들에게는 더 높은 임금과 직업의 안정성을, 그리고 투자자들에게는 더 많은 배당 이익을 제공할 수 있음을 뜻한다. 경찰청, 시청, 국립대학 등과 같은 공공조직에게 성공이란 납세자들에게 적은 비용으로 높은 수준의 서비스를 제공할 수 있다는 것을 의미한다.

조직의 효과성이 높아지고 결과적으로 조직이 성공하면, 많은 간접 이익이 발생하곤 한다. 성공적인 조직은 취업기회를 제공하며, 이런 기회는 사회 전체의 경제적 복지를 증진한다. 또한 많은 경우, 성공적인 조직의 종업원들은 그렇지 않은 조직의 종업원들에 비해 자신의 일에 대한 만족도와 성취도가 높다. 이러한 긍정적인 직무 태도는 부모나 지역사회의 일원과 같은 업무 외 역할들에 전이될 수 있다. 조직 효과성이 향상되면 소비자들도 혜택을 받을 수 있는데, 왜냐하면 잘 관리되고 효율적인 조직은 그렇지 못한 경쟁 조직에 비해 훨씬 싼 비용으로 물건을 생산하고 서비스를 제공할 수 있으며, 이와 같은 비용 절감은 종종 가격을 낮추는 효과로 이어지기 때문이다. 결론적으로, 조직이 효과적으로 기능할 때 모두가 잠재적인 승자가 될 수 있다. 조직심리학자들은 과학적인 연구를 수행하고 그 결과를 적용하는 것을 통해 조직의 효과성을 향상하려고 노력한다.

조직심리학이란?

이 책은 학생들에게 조직심리학의 과학적 측면과 실용적 측면에 대한 포괄적인 정보를 제공한다. **조직심리학**(organizational psychology)은 공식적인 조직 장면에서 행해지는 개인과 집단의 행동에 대한 과학적인 연구라고 정의된다. Katz와 Kahn은 그들의 고전적 저서인 조직의 사회심리학(*The Social Psychology of Organizations*)(1978)에서, 조직의 본질은 '양식화된' 인간의 행동이라고 기술하였다. 행동이 양식화되었다는 것은 행동에 어떤 구조가 부과되었다는 것을 의미한다. 조직에서 이러한 구조는 일반적으로 공식적인 직무기술서나 조직의 정책에서 생겨난다. 또한 대부분의 조직들은 종업원들이 따랐으면 하는 가치를 가지고 있다. 그러므로 조직은 사람들이 다른 사람들의 행동을 고려하지 않고 '각자 자기 일'을 해서는 존재할 수 없다.

Katz와 Kahn(1978)이 말하는 것처럼 양식화된 행동이 조직을 정의하는 핵심 특성이라면, 세상에 수많은 조직이 존재한다는 것을 쉽게 알 수 있다. 이 정의에 따르면, 금요일 밤마다 정기적으로 야구를 하는 12명의 집단도 거대 다국적기업과 마찬가지로 조직이라고 할 수 있다. 따라서 조직심리학의 영역을 보다 정확하게 정의하기 위해서는 **공식 조직**과 **비공식 조직**을 구별하는 것이 중요하다. 공식 조직이란 명확하게 진술된 목적을 달성하기 위해 존재하는 조직을 말하며, 이러한 조직의 목적은 종종 문서의 형식을 띤다. 공식 조직은 또한 일반적으로 시간이 흘러도 어느 정도의 영속성을 가진다. 즉 조직은 대체로 조직의 창립자보다 오래 생존한다. 기업, 비영리 조직, 그리고 정부 조직들은 당연히 이러한 공식 조직의 핵심 특성을 가지고 있다.

반면, 비공식 조직은 공식 조직에 비해 일반적으로 조직의 목적이 덜 분명하다. 앞에서 예를 들었던 야구팀의 경우, 소속 팀원들은 틀림없이 야구하는 것을 좋아하고 팀원들끼리도 좋은 관계이기 때문에 함께 시간을 보낼 것이다. 그러나 이런 이유를 공식적인 문서에 써 놓았거나 분명하게 이야기한 적은 없을 것이다. 또한 이 팀의 절반 이상이 다른 도시로 이사를 가 버리거나 단순히 야구에 흥미를 잃는다면, 물론 불가능한 것은 아니지만, 이 집단이 계속 유지될 가능성은 낮다.

조직심리학은 **공식** 조직을 연구하는 학문이다. 그러나 조직심리학자들이 관심을 갖는 공식 조직이 항상 기업이나 영리 단체인 것은 아니다(심리학의 다른 분야를 공부하는 동료들이 흔히 가지고 있는 오해 중 하나이다). 이 책에서 소개될 많은 연구들은 기업뿐만 아니라 정부 조직, 대학, 비영리적인 사회기관들을 대상으로 수행되었다. 어떤 경우에는 사람들 간에 면대면 상호작용이 전혀 없는 '가상' 조직을 연구하기도 한다(Shin, 2004). 위에서 말한 조직의 정의에 따르면, 이런 가상 조직도 역시 공식 조직에 속한다(참고 1.1 참조).

조직심리학이 공식 조직에 초점을 둔다고 해서 비공식적인 조직 **프로세스**가 연구 대상에서 제외되는 것은 아니다. 조직심리학자들은 때때로 비공식 집단이나 비공식 조직에 대한 연구를 수행한다. 예를 들어, 비공식적인 친구관계가 공식 조직 내에 존재하며, 이러한 관계가 종업원들에게 중요한 의미를 가진다는 것이 밝혀진 바 있다(Nielson, Jex, & Adams, 2000). 이와 유사하게, 비공식 집단 및 조직에서 발생하는 프로세스가 연구자들에게 공식 조직에서 발생하는 프로세스에 대한 귀중한 통찰을 제공해 줄 수도 있다. 예를 들어, 교내 농구부와 같은 비공식 집단에서 지위상의 위계가 발달하는 방식이 공식 조직에서 리더가 출현하는 현상을 이해하는 데 도움을 줄 수 있다. 다시 말해서, 인간 행동의 법칙은 그 행동이 발생하는 맥락과 상관없이 적용될 수 있다.

가상 조직의 장단점

식료품을 사거나 은행 거래를 할 때 가장 먼저 할 일은 아마도 슈퍼마켓 또는 은행을 찾는 일일 것이다. 정말 그럴까? 정보통신 기술의 발달로 인해, 조직들은 물리적으로 다른 지역에 있는 사람들을 연결하여 조직을 만들 수 있으며, 실제로 이런 조직을 만드는 경우가 종종 있다. 이러한 조직을 **가상 조직**(virtual organization)이라고 하는데, 가상 조직은 "지리적으로 떨어져 있고 문화적으로 다양한 사람들을 전자적인 의사소통의 방식으로 연결한 집단" (De Sanctis & Monge, 1999, p. 693)이라고 정의된다. 조직 내의 사람들이 면대면으로 만날 필요가 없는 조직이라면, 어떤 종류의 조직이라도 가상 조직을 만들 수 있다.

그렇다면 가상 조직을 만들면 무엇이 좋을까? 가장 중요한 장점은 비용이다. 대부분의 '비가상' 조직의 가장 큰 비용은 물리적인 공간이다. 사무실을 빌리는 것은 비용이 많이 들며, 특히 대도시에서는 정말 그렇다(미국 맨해튼에서 사무실을 빌려 봐라!). 가상 조직을 만들면 종업원들이 장거리 통근을 안 해도 되고 직장 때문에 가족 전체가 살던 곳을 떠나야 할 필요도 없다.

이처럼 장점이 많은데도 불구하고, 가상 조직의 단점도 있다. 가상 조직의 종업원들은 당연히 컴퓨터와 이동통신 기술에 익숙해야 한다. 요즘 우리는 이런 것들을 당연시하지만 모두가 그런 것은 아니다. 또 다른 잠재적인 단점은 종업원들이 전통적인 조직에서는 당연한 면대면 사회적 상호작용을 그리워할 수 있다는 것이다. 물론 때로는 사람들이 정말 싫을 수도 있지만, 직장 동료는 위안을 주기도 한다. 마지막으로, 모든 고객이 가상 환경을 편하게 대하는 것은 아니다. 어떤 사람들은 돈을 투자할 때 전화나 이메일보다는 투자은행의 직원을 직접 만나서 일을 처리하는 것을 더 편하게 느낀다.

이러한 잠재적인 단점에도 불구하고, 가상 조직은 이미 우리 곁에 존재하고 미래에는 그 수가 증가할 가능성이 크다. 다른 어떤 형태의 조직과 마찬가지로, 가장 중요한 것은 조직 내에서 사람들이 일하기 편안한지 그리고 사업의 특성에 맞는지를 확인하는 것이다.

출처 : DeSanctis, G., & Monge, P. (1999). Introduction to the special issue: Communication processes for virtual organizations. *Organizational Science*, 10, 693–703; Shin, Y. (2004). A person-environment fit model for virtual organizations. *Journal of Management*, 30, 725–743.

앞에 소개한 조직심리학의 정의에서 또 하나 분명히 할 점은 **심리학**이라는 용어 그 자체인데, 조직심리학은 심리학이라는 보다 큰 학문의 하위분야이기 때문이다. 심리학은 개개 인간의 행동과 정신과정에 대한 과학적 연구이다(Comer & Gould, 2013). 이러한 심리학의 정의와 관련하여 두 가지 점에 대해 언급하는 것이 중요하다. 첫째, 다른 심리학자들과 마찬가지로 조직심리학자들은 과학적 연구방법을 사용한다. 이 말은 조직심리학자들이 조직에서 발생하는 프로세스를 연구하고 조직의 문제를 해결하기 위해 체계적이며 자료에 기반한 접근법을 사용한다는 것을 의미한다. 조직심리학자들이 사용하는 '자료'는 설문 응답, 면담, 관찰, 그리고 어떤 경우에는 조직의 기록과 같은 다양한 형식을 띤다.

심리학의 정의 중 또 다른 중요한 점은 심리학은 **개인의 행동**에 초점을 맞춘다는 것이다. 이 책의 상당한 부분을 집단과 조직 수준의 프로세스에 할애하고 있다는 점에서 보면 이 말이 조금 이상할 수도 있을 것이다. 이 정의가 의미하는 것은 조직심리학자들은 관심 프로세스가 어떤 수준에서 발생하느냐와 관계없이 개인의 행동을 그 프로세스의 중심으로 본다는 것이다(Porras & Robertson, 1992). 따라서 우리는 집단 및 조직 수준 변인들의 효과를 이해하기 위해, 그 변인들이 어떻게 개인 행동에 영향을 미치는지, 그리고 개인 행동이 어떻게 이 변인들에 영향을 미치는지에 주목해야 한다. 집단이나 조직은 행동하지 않는다. 사람이 행동하는 것이다. 조직심리학이 이처럼 개인의 행동에 초점을 맞춘다는 점에서 역시 조직의 프로세스에 관심을 가지지만 개인 행동에 대한 관심은 덜한 다른 사회과학 학문들(예 : 사회학, 경제학, 정치학)과 차별성을 가진다. 이 점은 또한 조직심리학과 밀접하게 관련 있는 **조직행동학**(organizational behavior)을 구별하는 특징이기도 하다(조직심리학과 조직행동학은 이 외에도 다른 차이점을 가진다. 참고 1.2 참조).

조직심리학과 산업 및 조직심리학

비록 조직심리학은 그 자체로 공식적인 학문 분야로 간주되지만, 또한 산업 및 조직심리학(industrial/organizational(I/O) psychology)이라는 더 넓은 학문 분야의 일부분이기도 하다. 산업 및 조직심리학은 심리학의 방법과 원리를 일터에 적용하는 학문이라고 정의된다(Spector, 2012). 〈그림 1.1〉은 산업심리학과 조직심리학 분야 각각에서 전형적으로 관심을 갖는 주제를 비교하고 있다. 산업심리학 영역에 열거된 주제들은 대체로 조직의 인적 자원 관리와 관련된 것이다. 반면 조직심리학 영역에 열거된 주제들은 조직 장면에서의 인간의 행동을 이해하고 예측하려는 목적과 관련되어 있다.

산업심리학과 조직심리학의 이러한 차이를 보면, 개인의 관심분야에 따라 두 '진영'으로 구분하고 싶을 수 있다. 그러나 이처럼 산업(I)과 조직(O)을 나누는 것은 이 두 분야의 연구 주제들이 서로

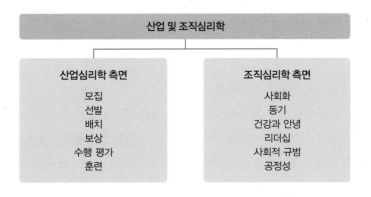

그림 1.1　산업심리학 및 조직심리학의 주요 주제

조직심리학과 조직행동학 : 그 차이는 무엇인가?

많은 독자들, 그중에서도 특히 대학에서 경영학을 조금이라도 배운 사람들은 **조직행동학**(organizational behavior)을 들어 봤을 것이다. 조직심리학과 조직행동학의 차이는 무엇일까? 솔직히 말하면 이 두 분야는 서로 상당히 유사하다. 사실 경영대에서 조직행동학을 가르치는 교수들의 상당수가 심리학 대학원을 나왔고, 이보다는 덜 일반적이지만 조직심리학을 가르치는 교수가 경영대에서 교육을 받은 경우도 있다. 이러한 외관상의 유사성에도 불구하고, 조직심리학과 조직행동학 간에는 사실상 미묘한 차이가 있다. Moorhead와 Griffin(1995)은 조직행동학을 "조직 장면에서의 인간의 행동, 인간 행동과 조직 간의 접점(interface), 그리고 조직 그 자체에 대한 연구"(p. 4)라고 정의하였다. 만약 이 정의의 첫 부분만 본다면 조직행동학과 조직심리학을 구분하기 힘들다. 그러나 조직행동학이 '조직 자체'에 관심을 둔다는 부분에서 두 학문 간의 차이가 나타난다. 구체적으로, 조직행동학에서는 조직에서의 개인의 행동뿐만 아니라 조직구조나 전략과 같은 거시 수준의 프로세스나 변인들이 그 자체로서 흥미롭고 연구할 가치가 있다고 여긴다.

조직심리학 역시 거시 수준의 변인과 프로세스에 관심을 갖지만, 그러한 변인과 프로세스가 **개인의 행동**에 영향을 주는 경우에만 그러하다. 이러한 차이의 주된 원인은 조직행동학은 조직심리학에 비해 다양한 학문 분야에서 유래됐기 때문이다. 조직심리학이 심리학 내의 여러 세부 전공에서 다루는 내용을 바탕으로 한다면, 조직행동학은 심리학뿐만 아니라 사회학, 인류학, 경제학, 그리고 노동 관계학 등 다양한 분야에 그 학문적 뿌리를 두고 있다. 이러한 다양성 때문에 두 분야가 동일한 현상을 다루고 있음에도 불구하고, 조직행동학은 조직심리학에 비해 보다 다양한 이론적 기반을 가지고 있다.

아마도 조직행동학과 조직심리학의 가장 실질적인 차이는 급여 수준일 것이다. 경영대학에서 조직행동학을 가르치는 교수는 일반적으로 심리학과에서 조직심리학을 가르치는 교수보다 더 높은 보수를 받는다. 실제로, 2012년에 미국 산업 및 조직심리학회에서 실시한 연봉 조사에 따르면, 이 학회 소속의 교수들 중 경영대에서 가르치는 사람들의 1년 평균 연봉이 142,000달러인 데 비해, 심리학과 교수의 평균 연봉은 91,000달러로 나타났다. 이러한 차이는 왜 심리학에서 교육받은 많은 사람들이 경영대에서 가르치고 싶어 하는지를 설명한다. 실제로 경영대 교수들의 교육 배경을 살펴보면 심리학에서 박사나 석사를 받은 사람들이 많다는 것을 알 수 있다. 그러나 최근에는 경영대에서 심리학자를 고용하는 경향이 좀 줄어든 것 같다. 그 이유는 부분적으로는 전반적인 고용시장이 침체되어 있기 때문이며, 또한 25~30년 전에 비해 경영대에서 더 많은 박사를 배출하기 때문이기도 하다.

출처 : Khanna, C., Medsker, G., & Ginter, R. (2013, July). *SIOP 2012 income survey*. Retrieved from http://www.siop.org/2012SIOPIncomeSurvey.pdf; Moorhead, G., & Griffin, R. W. (1995). *Organizational behavior : Managing people and organizations* (4th ed.). Boston, MA : Houghton Mifflin.

밀접하게 관련되어 있다는 사실을 간과하게 만든다.

예를 들어, 대형 소매업을 하는 회사에서 시간제 종업원의 절도를 줄이기 위한 조치를 취하고 싶다고 해 보자. 이를 위해 이 회사는 인사선발과정에서 절도 가능성이 높은 사람을 찾아내기 위해 지원자들에게 일종의 정직성 검사를 실시할 수 있다(Van Iddekinge, Roth, Raymark, & Odle-Dusseau, 2012). 또는 종업원들에게 종업원의 절도가 조직에 미치는 부정적인 영향에 대해 교육하는 훈련 프로그램을 개발할 수도 있다(Greenberg, 2002). 위 두 예에서 언급된 선발과 훈련은 모두 산업심리학 주제이다. 그런데 이 상황에서 조직심리학이 무슨 관련성이 있을까? 언뜻 보면 거의 관련성이 없어 보일 것이다. 그러나 잘 생각해 보면 조직심리학적 주제가 밀접하게 관련된다는 것을 알 수 있다. 예를 들어, 비록 '정직한' 사람들을 고용한다고 해도 조직 내에 여전히 절도를 유발할 수 있는 직무조건이 존재할 수 있다. 구체적으로, 다른 부정적인 행동과 마찬가지로, 작업 집단이나 소속 부서의 사회적인 규범이 절도를 강화할 수도 있다(Flaherty & Moss, 2007). 또한 비록 정직한 사람들이라도 공정한 대우를 받지 못한다고 느끼면 회사에 대한 복수의 한 방법으로 절도를 범할 수 있다(Greenberg, 1990). 따라서 이 조직은 정직한 사람들을 선발하고 그들에게 절도의 효과를 교육시키는 것뿐만 아니라, 절도와 관련된 사회적 규범을 이해하고 회사가 종업원들을 얼마나 공정하게 대하는지에 대해 주목할 필요가 있다. 〈그림 1.1〉에서 본 바와 같이, 사회적 규범과 공정성은 조직심리학의 중요한 주제이다.

마찬가지로 조직심리학적인 주제에 산업심리학이 어떻게 관련되는지도 생각해 볼 수 있다. 예를 들어, 육군에서 장병들의 정신건강과 안녕을 증진하는 데 관심이 있다고 가정하자. 다행히도 조직심리학에는 종업원의 건강과 안녕에 대한 연구가 많이 있으므로, 육군은 이러한 자료들에서 도움을 얻을 수 있을 것이다(예 : Jex, Swanson, & Grubb, 2013). 그렇다면 산업심리학적인 측면은 고려하지 않아도 될까? 절대 아니다. 비록 종업원의 건강과 안녕은 어떤 직무조건 아래에서 일하는가에 영향을 받는 것이 맞지만, 어떤 사람들은 다른 사람들에 비해 역경을 더 잘 견딜 수 있다(Jex, Kain, & Park, 2013). 따라서 육군이 병사들을 어려운 상황에 노출되지 않도록 노력하는 것과 독립적으로, 회복력이 좋은 병사들을 선발하거나 또는 병사들의 회복력을 높일 수 있는 훈련을 제공하는 것 역시 중요하다(Reivich, Seligman, & McBride, 2011). 물론 선발과 훈련은 산업심리학의 주요 주제이다.

과학자-실천가 접근

조직심리학은 과학이다. 사실상 이 책 대부분의 내용은 조직 장면이나 실험실 장면에서의 행동에 대한 과학적 연구에 기반하고 있다. 그러나 조직심리학은 또한 개인 종업원, 업무 집단, 조직 전체의 효과성을 향상하기 위해 과학적인 지식을 적용하는 것에도 관심을 가진다. **과학자-실천가 모델**(scientist-practitioner model)은 과학적 지식의 생산과 그 지식의 실제적인 적용 간의 역동적인 상호작용에 주목한다. 일반적인 수준에서 과학자-실천가 모델은 과학과 실천이 독립적인 것이 아니라 사실상 서로를 '먹여 살리는' 관계라고 주장한다.

과학자-실천가 모델이 어떻게 작동하는지를 살펴보기 위해, 고객서비스 수준을 높이고자 하는 어느 은행 지점장의 예를 들어 보자. 다행히 이 지점장은 고객서비스에 관한 많은 과학적 연구 결과의 도움을 받을 수 있다(예 : Schneider, White, & Paul, 1998). 반대로, 조직 현상에 대한 과학적 연구가 조직의 실제적인 관심에서 시작되는 경우도 종종 있다. 예를 들어, 지난 10년간 고령 노동자들의 은퇴 결정 과정에 대한 연구가 상당히 많아졌다(예 : Jex & Grosch, 2013; Wang & Shultz, 2010). 이런 연구들은 순수하게 과학적 목적으로도 유용하지만, 이런 연구를 하는 또 다른 중요한 이유는 조직들이 고령 종업원의 은퇴 결정에 영향을 주고 싶어 하기 때문임을 부인할 수 없다. 즉 어떤 경우에는 조직이 종업원이 좀 더 빨리 은퇴하기를 원하고, 또 다른 경우에는 은퇴를 늦추기를 원하기도 한다.

산업 및 조직심리학 분야에서는 과학자-실천가 모델이 너무나도 중요하여 대부분의 대학원 교육과정에서 이를 근본 철학으로 삼고 있다. 과학자-실천가 모델에 기반을 둔 대학원 교육과정은 무엇보다도 학생들이 과학적 연구에 필요한 기술을 학습하는 것을 강조한다. 거의 모든 산업 및 조직심리학 대학원 과정에서 통계, 연구방법론, 그리고 심리측정을 필수로 하는 이유가 바로 이 때문이다. 대학원 교육과정에서 과학자-실천가 모델의 또 다른 중요한 영향은 학생들이 인턴십, 실습과목, 또 다른 현장 경험을 통하여 배운 것을 '실제' 장면에 적용할 수 있는 기회를 제공한다는 것이다(참고 1.3 참조).

과학자-실천가 모델은 조직심리학 분야와도 관련성이 높기 때문에 이 책도 과학자-실천가 모델

과학자-실천가 육성 : 실무 경험의 역할

다른 심리학 분야와 마찬가지로 대부분의 산업 및 조직심리학 대학원 프로그램들은 교육과정에 실무 경험을 포함하는데, 그 방법은 다양하다. 예를 들어 많은 대학원에서는 학생들에게 기업이나 컨설팅 회사의 공식적인 인턴십 프로그램에 참여하도록 격려한다. 대부분의 인턴십은 6개월에서 1년이 걸리며, 학생들이 경험 많은 산업 및 조직심리학자의 관리감독하에 일하도록 한다. 학생들이 실무 경험을 할 수 있는 덜 공식적인 방법에는 수업의 일환으로 프로젝트를 수행하는 것, 교수의 연구나 컨설팅 프로젝트에 참여하는 것, 현장실습 중심의 과목을 수강하는 것 등이 있다.

학생들이 현장 경험에 참여함으로써 얻는 주된 혜택은 수업시간에 배운 것을 실제 조직 현장에 적용해 볼 수 있는 기회를 가진다는 것이다. 이보다 간접적인 혜택으로는 학생들이 '현실 세계'가 실제로 어떻게 돌아가는지를 더

잘 이해할 수 있게 된다는 것이다. 예를 들어, 현장 프로젝트에 참여한 대학원생들은 조직이 얼마나 빨리 일을 처리하기를 원하며, 조직 '고객'과 좋은 인간관계를 쌓는 게 얼마나 중요한지를 알고 놀라는 경우가 종종 있다. 또한 많은 학생들은 그들이 배운 방법론과 통계가 현장 프로젝트에서 큰 도움이 된다는 것을 알고 놀라기도 한다.

대학원 과정에서 실무 경험을 하는 것이 좋은 점도 많지만, 문제점도 있을 수 있다. 박사과정 중에 인턴십을 갔다가 결국은 박사학위를 끝내지 못하는 경우가 있다. 또한 충분한 관리감독이 이루어지지 않거나, 조직이 대학원생들에게 배당하는 프로젝트가 의미 없는 것일 수도 있다. 이러한 잠재적인 문제점에도 불구하고, 꼼꼼하게 관리감독되는 현장 경험은 일반적으로 대학원 과정에서 소중한 부분이며, 또한 학생들에게 과학자-실천가 모델을 가르칠 수 있는 좋은 방법이기도 하다.

을 기반으로 하였다. 각 장을 읽어 가면서 독자들은 조직심리학의 연구가 우리로 하여금 조직행동을 이해하는 데 엄청난 기여를 해 왔다는 것을 분명하게 느끼게 될 것이다. 예를 들어, 조직심리학자들의 연구는 집단 효과성, 신입사원의 사회화, 종업원의 건강과 안녕, 종업원의 일탈행동, 조직문화 등 다양한 주제에 대한 중요한 통찰을 제공해 왔다. 동시에, 이러한 그리고 다른 많은 주제에 대한 과학적 연구에서 나온 결과들은 조직을 보다 효과적으로 만들고 종업원의 삶을 보다 건강하고 충족하게 하기 위한 개입 방법을 개발하는 데 도움이 되었다.

또한 과학자-실천가 모델의 영향은 조직심리학 교육을 받은 사람들의 직장이나 활동에서도 잘 드러난다. 많은 사람들이 대학—주로 심리학과나 경영학과—의 교수직을 맡고 있다. 그들이 맡고 있는 주요 직무는 교육, 과학적 연구, 소속 학과와 대학에 대한 봉사이다. 그러나 많은 대학 교수들은 또한 자신의 연구 역량을 활용하여 조직이 안고 있는 다양한 현실적인 문제를 해결하는 것을 돕기도 한다. 이 책의 두 저자의 경력도 과학과 현장에서의 실천가적인 요소를 모두 포함하고 있다(참고 1.4 참조).

학문적 경력을 원하는 조직심리학자를 교육하는 것은 그 외의 경력을 원하는 조직심리학자를 교육하는 것과 크게 다르지 않다. 과학자-실천가 모델과 일관되게, 산업 및 조직심리학 그리고 관련 분야의 대학원생들은 일반적으로 특정 주제 영역(예 : 동기, 리더십 등)뿐만 아니라 연구방법론, 통계학 그리고 심리측정과 같은 과목들을 이수해야 한다. 또한 경력 계획과 관계없이 모든 학생은 연구를 수행하고, 어떤 형태든 실용적인 경험을 쌓게 된다.

그러나 대학원 과정 중에는 나중에 현장 경력을 원하는 대학원생들에게는 별로 중요하지 않지만, 학자가 되기를 원하는 학생들에게는 상당히 중요한 것들도 존재한다. 예를 들어, 학문 분야의 직업을 계획하는 학생들은 대학원 과정 초기에 연구에 참여하는 것이 중요하다. 이는 학술 논문이나 저서의 저자가 되거나 학술대회에서 발표할 기회를 높여 주는데, 이는 후에 경쟁적인 취업 시장에서 확실히 도움이 된다. 또한 연구에 참여하면 교수들과 밀접한 관계를 발전시킬 수 있으며, 이러한 관계는 연구를 어떻게 수행하는지를 배우는 데 결정적 역할을 한다.

나중에 학자가 되려는 대학원생들에게는 강의 경험 또한 매우 중요하다. 대학의 종류에 따라 강의 경험을 얼마나 중요하게 생각하는지는 다르지만, 어느 대학이든지 강의는 중요한 부분이며, 모든 대학은 좋은 강의자를 찾고 있다. 즉 충분한 강의 경험이 있는 대학원생은 그렇지 않은 대학원생보다 교수직에 대한 준비가 더 잘되어 있다고 할 수 있다. 또한 교수 취업 시장의 최근 경향(Weir, 2011)을 고려할 때, 박사학위를 막 딴 사람들은 연구중심 대학보다는 교육중심 대학에 취직할 가능성이 높다.

대학 이외에 조직심리학자들이 주로 취업하는 곳은 기업, 컨설팅 회사, 비영리 연구소, 정부기관, 연구기관, 마케팅 조사회사 등이 있다. 비록 실제 직무는 상황에 따라 많이 다르지만, 대학 외의

참고 1.4

우리의 경력에서의 과학과 실천

Steve Jex : 나 자신의 경력을 살펴보면, 과학자-실천가적인 주제가 명백히 드러난다. 나는 1988년에 산업 및 조직심리학 박사학위를 받은 이래 직업 스트레스 분야에서 연구와 학술활동을 활발히 수행해 왔다. 따라서 내가 하는 일의 대부분은 과학적 연구와 학술활동이다. 그러나 이러한 학술적인 활동에 더해, 나는 조직의 실제적인 문제를 해결하기 위한 수많은 프로젝트를 수행해 왔다. 예를 들어, 나는 대학원을 졸업한 후 첫 직장을 다닌 지 얼마 안 되어 미 육군연구소(U.S. Army Research Institute) 프로젝트에서 부연구자로 일했다. 이 프로젝트는 미 육군 선병사령부의 조직 진단을 수행하는 것이었다. 미 육군은 선병사령부의 현장 선발요원 훈련을 보다 효과적으로 하기 위한 방법에 관심을 갖고 있었다. 내가 맡았던 또 다른 주요 프로젝트로는 오하이오 주의 한 대형 병원의 내부 고객서비스 만족도 설문을 개발하는 일이었다. 이 조직의 경영진은 병원 내의 부서들(예 : 방사선과, 간호과)이 서로에게 제공하는 서비스의 수준에 관심을 가지고 있었는데, 이러한 서비스 수준은 효과적인 환자 관리에 결정적인 영향을 미쳤다. 지난 25년간 나는 이런 대형 프로젝트 이외에도 수많은 조직을 위해 소규모의 응용 연구 프로젝트를 수행하였고, 훈련 프로그램을 개발하기도 했다.

이와 같이 조직심리학을 실제 조직에 적용하는 프로젝트를 수행하면서 내가 배운 것은 무엇이었을까? 아마도 가장 중요한 것은 내가 현장 응용 업무를 전업으로 하는 조직심리학자들에 대한 엄청난 존경심을 가지게 된 것이다. 앞에서 말한 바와 같이, 내 주 직업은 연구자 및 저자이지만, 지난 수년간 수행한 응용 연구를 통해 연구 결과를 조직 장면에 적용하는 것은 종종 매우 다양한 기술이 필요한 정말 어려운 일이라는 확신을 갖게 되었다. 나는 또한 좋은 과학은 적용적인 가치를 가진다는 것을 배웠다. 즉 조직에서 과학적으로 엄격한 방법으로 프로젝트를 수행하면 그렇지 않을 때보다 훨씬 더 유용한 정보를 얻게 될 가능성이 높다. 마지막으로 나는 조직에서 일하면서 과학자-실천가 모델이 실행 가능하다는 확신을 갖게 되었다. 실용적인 가치가 있으면서도 과학적으로 의미 있는 일을 할 수 있는 기회는 산업 및 조직심리학 분야를 정말로 흥미진진하고 특별하게 만든다.

Thomas Britt : 경력을 더 쌓아 갈수록, 과학자-실천가 모델의 중요성을 더 잘 깨닫게 되는 것 같다. 나는 1994년 사회심리학 박사학위를 받고, 곧바로 미 육군에서 심리학 연구원으로 일하게 되었다. 이 직장을 시작하자마자 나는 육군이 내 박사학위 주제(자기 애인의 정체성을 조절하는 것)에 별 관심이 없다는 것을 깨달았다. 대신 스트레스가 높은 군사작전에서 병사의 수행 동기를 높이는 방법에는 많은 관심을 가지고 있다는 것을 알게 되었다. 따라서 나는 나와 학회지 심사자들의 엄격한 과학적 기준에 맞는 '현장에서의' 응용 연구를 하려고 노력했다. 결국 나는 육군에서 연구를 수행하면서 대단한 경험을 하였다. 나는 병사들이 '전사'와 '평화유지군'의 정체성 이미지를 가지는 것이 서로 다른 유형의 작전에서 어떻게 동기와 건강에 영향을 미치는지, 직무열의가 어떻게 군사작전 스트레스를 완화할 수 있는지, 그리고 병사들이 군사작전의 혹독함을 성공적으로 견뎌 내었을 때 자신에 대한 확신과 삶에 대한 감사 수준이 증가하는 등의 혜택을 얻게 된다는 것 등에 대한 연구를 수행하였다.

나 스스로도 내가 이런 연구 결과의 중요성을 군 리더들에게 설명하고 내 연구의 응용적 시사점을 생각하는 것을 즐겼다는 것이 놀랍기도 하다. 군 리더들은 내가 견고한 연구설계를 이용하여 수집한 자료에 근거해서 제안을 했을 때 이를 더 심각하게 받아들일 가능성이 높았다. 또한 응용 장면의 리더들도 좋은 이론이 연구 결과의 의미를 해석하는 데 유용하다는 것을 이해하였다. Steve와 마찬가지로, 나는 리더들이 진심으로 조직구성원들의 안녕과 수행에 관심을 갖고, 이와 관련된 과학적 연구들의 의미를 이해하기 위해 많은 시간과 관심을 쏟고자 하는 것에 감동을 받았다. 나는 스트레스가 높은 환경에서 일하는 종업원들이 정신건강 문제를 치료받고자 하는지 여부에 영향을 주는 요인들과 고강도 직무 스트레스에 대한 회복력을 촉진하는 요인들을 찾기 위한 새로운 연구 프로그램을 시작하였다. 나는 이러한 연구들에서 이전보다 더 많은 도움을 과학자-실천가 모델로부터 받고 있다.

직장에 취업하는 많은 조직심리학자들은 조직 변화 및 조직 개발 활동과 관련된 일을 한다. 즉 종업원 의견 조사 프로그램을 개발하고 시행하거나, 팀 개발활동을 설계하고 시행하는 것을 돕거나, 최고경영진을 도와 전략 계획 프로세스를 수립할 수도 있다.

대학 외의 직장에서 일하는 조직심리학자들의 또 다른 주요 활동은 연구이다. 특히 비영리 연구소, 정부 연구소, 마케팅 조사회사 등에 취직한 사람들이 이에 해당된다. 장면의 다양성을 고려할 때, 수행하는 연구의 정확한 특성을 꼭 집어 말하기는 어렵다. 그러나 대부분의 경우, 이들은 조직 또는 사회 전체에 실제적인 혜택을 가져올 수 있는 과학적인 연구를 수행한다. 예를 들어, 이 책의 두 저자 모두, 미 육군을 도와 병사들이 스트레스에 어떻게 적응하는지를 이해하기 위한 연구를 수행한 바 있다(예 : Britt, Adler, Bliese, & Moore, 2013; Jex, Bliese, Buzzell, & Primeau, 2003).

따라서 이러한 경력을 준비하는 학생들은 대학 교수가 되길 원하는 학생들과 거의 비슷한 교육을 받을 필요가 있다. 즉 연구방법, 통계, 심리측정, 그리고 다양한 전문영역의 주제를 배워야 한다. 그러나 여기에 하나의 중요한 차이가 있다. 대학 교수가 아닌 직업을 준비하는 학생들은 대학원 과정 동안 실무 경험을 쌓는 것이 필요하다. 이러한 경험은 대개 교수의 컨설팅 프로젝트를 돕거나 또는 공식적인 인턴십 프로그램을 통해 얻을 수 있다(참고 1.5 참조). 실무 경험을 쌓는 것은 취업 시 좋은 자격을 가지게 해 줄 뿐 아니라 대학원 수업에서 배운 내용을 적용해 볼 수 있는 소중한 기회를 가질 수 있다는 점에서 매우 중요하다.

그렇다면 학생들은 자신이 원하는 직업 경로가 무엇인지를 어떻게 결정할까? 박사과정 학생들의 일반적인 능력을 고려하면, 대부분은 대학 교수와 그 외의 직장 중 무엇을 할지는 본인의 선택 여부에 달려 있다. 따라서 이러한 결정은 궁극적으로 그 사람이 무엇을 즐기고 가치 있게 생각하느냐에 달려 있다. 저자의 경험에 따르면, 강의하는 것을 좋아하고, 연구 관심사를 명확하게 개발해 내는 학생들은 대학 교수직을 선호한다. 또한 대학교는 구조화된 틀에 얽매이기보다는 시간에 대한 자율성과 통제권을 많이 원하는 사람들에게 적합하다.

반대로, 조직 장면에서 일하는 것을 즐기고 조직심리학을 의미 있게 적용하는 것을 중요하게 생각하는 사람들은 주로 비학문적인 직장을 선호한다. 또한 응용적인 경력은 상대적으로 업무가 조금 더 구조화되길 원하는 사람들에게 적합하다. 왜냐하면 응용 장면은 일반적으로 어떤 일을 할지 결정할 수 있는 자유가 적기 때문이다. 이러한 결정은 보통 고객의 요구, 정부의 연구비 지원, 최고 경영진의 취향 등 외적인 요인에 의해 결정된다. 종종 경력 경로 결정에 중요한 또 다른 요인은 취업 시장의 현실인데, 여기에 대해서는 많은 이야기를 하지는 않겠다(참고 1.6 참조).

참고 1.5

IPRA(Institute for Psychological Research and Application)

볼링그린주립대학교 산업 및 조직심리학 대학원 프로그램의 가장 중요한 특징 중의 하나는 학생들이 IPRA를 통해 프로젝트를 수행하며 경험을 쌓는다는 것이다. IPRA는 1980년대 말 볼링그린주립대학교의 산업 및 조직심리학과 교수들에 의해 설립되었는데, 그 목적은 대학원생들이 교수의 지도를 받으며 산업 및 조직심리학 과정에서 배운 내용을 실제 조직 장면에 적용할 수 있는 기회를 제공하기 위한 것이었다. IPRA의 또 다른 목적은 대학원생들의 학회 참가비용을 마련하기 위함이었다.

일반적으로 지역의 조직들이 IPRA 연구소장이나 다른 산업 및 조직심리학 교수들을 접촉하여 볼링그린주립대학교의 산업 및 조직심리학 교수들의 전문성에 적절한 연구를 요청한다. IPRA가 기존에 수행한 프로젝트의 예로는 종업원 의견 조사, 훈련 요구 분석, 고객만족 조사, 수행 평가 시스템 개발 등이 있다. 조직이 원하는 프로젝트를 요청하면, 교수 한 명이 해당 프로젝트의 지도교수를 맡게 된다. 일단 지도교수가 정해지면, 대체로 그 조직의 대표와 회의를 통해 해당 프로젝트에 대한 구체적인 정보를 얻게 된다. 그다음은 공식적인 제안서를 해당 조직에 제출하게 되는데, 이 제안서에는 수행할 업무의 성격, 일정, 프로젝트 종료 시 조직에 제출할 '결과물', 그리고 항목화된 예산이 포함된다.

볼링그린주립대학교의 산업 및 조직심리학 대학원을 졸업한 대부분의 학생들은 IPRA 프로젝트가 대학원에서 받은 교육 중 가장 중요한 부분의 하나였다고 느끼는데, 특히 기업이나 컨설팅 회사에 취업한 학생들은 더욱 그렇다. 학생들은 이런 프로젝트 경험을 통해 기술적인 능력을 갈고닦을 뿐 아니라, 수업에서 배운 내용을 적용할 수 있는 귀중한 기회를 가지며, 컨설팅 분야에 대해 미리 현실적인 경험을 할 수 있다고 말한다.

조직심리학에서의 역사적 영향

다른 많은 과학적 학문 분야와 비교할 때 심리학은 그 역사가 매우 짧다. 사실상 심리학 전체가 100년이 좀 넘었을 뿐이다. 산업 및 조직심리학의 역사에 대해서는 이미 많이 쓰였기 때문에(최근 예는 Koppes, 1997; Koppes, 2007; Vinchur & Koppes, 2011), 우리는 이 책에서 산업 및 조직심리학의 역사를 광범위하게 다루지는 않겠다. 대신 우리는 조직심리학의 틀을 만들었다고 할 수 있는 인물들과 역사적 사건들을 간단히 요약하고자 한다.

역사적 출발

Katzell과 Austin(1992)이 지적했듯이, 조직 장면에서의 개인들의 행동에 대한 관심은 고대에서부터 존재했던 것이 명백하다. "조직 분야에서 기록에 남아 있는 최초의 컨설턴트는 미디안 지역(아라비아 서북부)의 사제였던 이드로라 할 수 있는데, 그는 자신의 사위인 모세에게 히브리아인들을 어떻게 조직화할지에 대해 자문을 해 주었다(출애굽기, 18)"(p. 803). 그러나 조직 내의 개인 행동을 연구하고 영향을 주려는 공식적인 시도는 그보다 훨씬 최근의 일이다.

취업시장의 현실

많은 독자들이 너무 잘 아는 바와 같이, 최근의 경기침체는 미국과 다른 많은 국가들의 높은 실업률을 초래했고 (Bureau of Labor statistics, 2011), 이러한 경향은 당연히 조직심리학 분야에도 영향을 주었다. 이러한 경향으로 인해 대학교와 응용 장면에서 심리학자들의 취업시장도 줄어들었지만, 특히 대학교 취업시장이 더 많은 타격을 받았다. 그 이유는 대학교는 일반적인 비용절감의 압력을 받을 뿐만 아니라, 동시에 학생들이 대학교육을 감당할 수 있도록 등록금을 적절한 수준으로 유지해야 한다는 압력을 받고 있기 때문이다.

그렇다면 이러한 취업시장의 현실이 대학원생들의 경력 선택에 어떤 영향을 줄까? 아직까지는 대학원생들이 단지 취업시장의 여건 때문에 특정 직업 경로를 포기하지는 않는 것 같으며, 이러한 경향은 어느 정도까지는 지속될 것 같다. 특정한 직업 경로에 대한 동기가 높은 대학원생들은 단기적인 취업시장의 추세에 흔들리지 않는다. 그러나 많은 대학원생들이 취업 준비 시기가 되면 어느 정도는 분산투자를 하는 양상을 보이기는 한다. 예를 들어, 대학 교수가 되기를 원하는 대학원생도 나중에 대학 교수 이외의 직업을 갖기로 결정했을 때 필요한 경쟁력을 갖추기 위해 인턴십이나 그 외의 응용적인 경험을 얻고자 노력한다. 반대로, 비학문적인 직업을 원하는 학생들은 대학 교수직을 원할 때를 대비해서 논문을 발표하고 강의 경험을 가지려고 노력할 수도 있다. 우리의 의견으로는 보다 유연하게 취업을 계획하는 것이 현명하며, 사실상 현재의 취업시장을 고려할 때 이러한 자세는 필수적이기도 한 것 같다.

출처 : Bureau of Labor Statistics. (2011). *Regional and state unemployment (annual) news release* (USDL-12-0371).

산업 및 조직심리학의 발전에 관한 역사적 설명들에 따르면, 산업심리학이 조직심리학보다 훨씬 더 먼저 시작되었다. 연대기적으로 볼 때, 산업 및 조직심리학은 20세기 초반 미국의 Hugo Munsterberg, Walter Dill Scott, 그리고 Walter Bingham과 같은 선구자들에서 시작되었다고 볼 수 있다(Vinchur & Koppes, 2011). 유럽에서도 비슷한 시기에 직무현장에 심리학을 적용하려는 시도가 시작되고 있었다.

20세기 초반에 미국에서 수행된 대부분의 연구들은 기술 습득과 직원 선발과 같은 주제를 다루었고, 조직심리학적 주제에는 거의 관심을 기울이지 않았다. 그러나 같은 시기에 다른 나라들의 상황은 달랐다. 예를 들어, 영국 최초의 산업심리학자 중 한 명이라고 알려진 H. M. Vernon은 작업장에서의 피로, 사고, 장시간 근무의 효과, 작업자 효율성 등의 주제를 연구하였다. 종업원의 피로는 호주의 심리학자들, 그중에서도 Bernard Muscion의 관심 대상이기도 했다. 이런 주제들 대부분은 오늘날 조직심리학 분야로 간주되고 있으며, 사실상 최근 새롭게 떠오르는 직업건강심리학(Occupational health psychology, OHP)의 주제들이다(제7장 참조).

〈표 1.1〉은 20세기 조직심리학 분야의 발전에 영향을 준 주요 사건들을 연도별로 요약한 것이다. 다소 놀라운 사실은 심리학자가 아닌 몇몇 사람들의 노력이 조직심리학 초기에 엄청난 영향을 주

연구를 수행한 사람들

Laura Koppes Bryan

나는 나의 산업 및 조직심리학 첫 강의에서 처음 두 시간을 산업 및 조직심리학의 역사에 대해 다루었다. 나는 이 분야의 역사를 아는 것이 학생을 가르치거나 현장에서 일할 때 또는 연구를 할 때 모두 도움이 된다고 믿는다. 어느 날 나는 수업시간에 보통 교과서를 이용하여 산업 및 조직심리학의 '아버지들'을 소개하였다. 산업 및 조직심리학의 창시자가 누구인가에는 이견이 존재하지만, 대체로 Hugo Munsterberg와 Walter Dill Scott 등이 언급된다. 칠판에 "아버지들"이라는 단어를 쓰다가, 어떠한 역사적 기록에서도 이 분야의 초창기 역사를 장식했을 수도 있는 여성들에 대해 읽은 적이 없다는 생각이 떠올랐다. 이런 생각이 바로 그 후 10여 년 이상 산업 및 조직심리학 초창기에 활동한 여성 심리학자들을 찾기 위한 나의 연구 노력의 시작이었다.

정년 트랙의 교수가 경력 초기에 역사를 연구하는 것은 일반적이지 않다. 실제로, 정년보장을 받은 한 교수님이 내게 이 연구를 그만두지 않으면 정년보장을 받기 어려울 수도 있다고 충고하기도 하였다. 그분은 내게 전통적인 경험연구를 하라고 권유하시면서, 경력 후반기에 있는 고참 교수들이나 역사에 관심을 갖는다고 말씀하셨다. 하지만 나는 역사적인 뿌리를 이해하는 것이 중요하다고 믿었고, 산업 및 조직심리학의 역사를 보다 완성도 높게 기술하고 싶은 욕심이 있었기 때문에, 이러한 충고를 무시하고 내 연구를 계속 진행하였다.

나는 곧바로 산업 및 조직심리학의 초창기 역사 전문가인 Frank Landy에게 연락을 해서, 연구를 하면서 여성 심리학자에 대해 들어 봤는지 물어보았다. 그는 여성 심리학이 자신의 관심사가 아니라서 잘 모르지만, 내게 이 분야의 연구를 계속해 보라고 격려하였다. 그는 이후 기록물들을 연구하는 방법에 대한 멘토가 되어 주었다. 우리는 함께 Walter Dill Scott와 스코트사(Scott Company)를 연구하기 위해 노스웨스턴 대학교의 기록보관고를 방문하였다. 여기서 나는 스코트사에서 일했던 유일한 여성 컨설팅 심리학자였던 Mary Holmes Stevens Hayes를 발견하였다. 이후 국립문서보관소에서도 그녀에 대한 자료를 더 찾을 수 있었는데, 이는 그녀가 미 연방정부의 공무원으로 매우 성공적인 경력을 가졌기 때문에 가능한 일이었다. Mary Holmes Stevens Hayes는 정부에서 일하는 동안 다양한 실제 문제를 해결하기 위해 심리학을 적용하였다.

나는 마치 여성과 남성 심리학자들을 연결하는 단서를 찾는 탐정이 된 것 같은 기분을 느끼며 내 연구를 계속해 나갔다. 나는 그 당시에 유명했던 심리학자들(예 : Cattell, Munsterberg)의 편지를 살펴보기도 하고, 신문이나 학회 프로그램 소개지를 탐독하기도 하였으며, 회사 자료를 분석하거나, 그 외의 일차 · 이차 자료들을 공부하기도 하였다. 나는 이런 노력을 통해 연결점을 찾을 때 강한 만족감을 느꼈다. 그 예로 내가 5년이나 연구해 왔던 Mary Holmes Stevens Hayes의 사진을 처음 봤을 때 느낀 승리의 기분을 지금도 기억한다. 나는 '이분이 이렇게 생겼구나'라고 생각했던 것이 기억난다. 퇴직하였지만 이 분야의 초창기를 기억할 수 있는 현존하는 심리학자들(예 : Pat Smith)을 만나 이야기를 나누기도 하였다.

나는 이 여성들의 삶에 마음이 사로잡혔다. 보통 여성들이 꿈꾸지도 못할 시대에 박사학위를 따고, 전문적인 직업을 얻고, 어떤 경우에는 자녀들을 가졌던 이분들의 능력에 마음을 빼앗겼다. 나는 특히 현장에서 일하면서 이 분야에 중요한 공헌을 한 Marion Bills, Elsie Bregman, 그리고 Millicent Pond를 발견한 것이 기쁘다. 나는 또한 Lillian Gilbreth의 업적을 이해하는 데 많은 시간을 들였다. Lillian Gilbreth는 남편과 함께 시간-동작 연구를 수행하였으며, 또한 종업원들의 관점을 이해하려고 노력했다. 그녀는 남편이 사망한 후 남편의 컨설팅 회사를 계속적으로 운영하였으며, 12명의 자녀를 대학까지 공

부시켰다. 그녀는 미국 우표에 나온 유일한 심리학자이기도 하다. 이들의 엄청나게 많은 업적은 책과 영화["열두 명의 웬수들(*Cheaper by the Dozen*)"]로 만들어지기도 하였다.

이러한 연구들을 수행한 후 나는 이 분야의 다양한 측면을 종합해 놓은 교과서가 없다는 것을 깨달았다. 그래서 나는 산업 및 조직심리학의 역사에 대한 편집서를 출간하기 위한 프로젝트를 시작하였다. 이 프로젝트는 이 분야의 전문가들과 역사가들과 함께 작업하여 5년이 넘게 걸렸다. 현재까지 이 책은 선발, 훈련 및 개발, 소비자심리학 등의 주제뿐만 아니라 개인 연구자들을 다룬 유일한 교과서이다. 나는 이러한 작업이 역사적으로 연구자들이 무엇을 연구했고, 어떤 문제를 해결했는지를 이해하는 데 도움이 된다고 믿는다. 누군가가 말한 것처럼 "과거는 미래의 서막이다."

Laura Bryan은 볼티모어대학교 예일 고든 문리대 학장이다.

었다는 것이다. 그중에서 가장 잘 알려진 사람이 과학적 관리(scientific management; Taylor, 1911)의 원칙을 개발한 Frederick Winslow Taylor이다. 비록 많은 사람들이 과학적 관리라는 말에서 시간-동작 연구나 성과급 보상과 같은 이미지를 떠올리겠지만, 사실 과학적 관리는 이보다 훨씬 많은 의미를 가지고 있다. 과학적 관리는 상당 부분 경영철학이며, 효율성과 성과급 보상은 과학적 관리의 철학을 가장 잘 보여 주는 지표에 불과하다. 과학적 관리의 이러한 외피적인 특성을 넘어서면, 세 가지 근본 원칙이 나타난다. (1) 직무를 수행하는 사람과 직무를 설계하는 사람은 분리되어야 한다. (2) 작업자들은 합리적인 존재이며, 그들에게 좋은 경제적 보상을 제공하면 더 열심히 일할 것이다. (3) 작업장의 문제는 경험적 연구의 주제가 될 수 있으며, 경험적으로 연구되어야만 한다.

이러한 과학적 관리의 근본 원칙들을 살펴보면, 우선 첫째 원칙은 명백히 오늘날의 조직심리학적 사고와는 매우 다르다는 것을 알 수 있다. 사실 많은 조직심리학자들은 종업원을 직무설계에 영향을 주는 의사결정과정에 참여시키라고 권한다(예 : Hackman & Oldham, 1980). 종업원들이 경제적 보상에 반응할 것이라는 두 번째 원칙은 실제로 상당한 지지를 받아 왔다(Jenkins, Mitra, Gupta,

표 1.1   20세기 조직심리학 분야에서 주요한 역사적 영향들의 연대기적 요약

1990년 초기	과학적 관리(Taylor)의 발전과 성장, 조직구조에 대한 과학적 연구의 시작(Weber)
1920~1930년	호손 연구, 노동조합의 성장, Kurt Lewin의 미국 이민
1940~1950년	제2차 세계대전, Vitele의 산업에서의 동기와 사기(*Motivation and Morale in Industry*) 발간, '인간관계학'적 견해 발전, Lewin이 지역사회 관계 위원회를 위한 '실행연구(action research)'를 수행하고 MIT에 집단역동 연구센터를 설립함
1960~1970년	미국의 베트남 전쟁 참전, 미국심리학회의 제14분과를 '산업 및 조직심리학'으로 개명함, 조직심리학의 '다수준' 접근, 스트레스·일-가족 갈등·은퇴와 같은 비전통적인 주제에 대한 관심 증가
1980~1990년	경제의 세계화 가속화, 노동인구의 변화, 비정규직 종업원에 대한 의존 증가, '직업'의 개념에 대한 재정의
2000~2010년	통신기술의 발전, 세계화, 노동 유연화, '일'과 '개인생활'의 경계 불명확
2010년~현재	노인 인구의 빠른 증가에 따른 은퇴과정과 세계 인구의 인종적 다양성에 대한 관심 증가, 9/11 사태 이후 비상시 대처에 대한 새로운 관심, 통신기술의 발전 가속화, 2008년 불황 이후 실업 및 직업 불안정 연구 부활, 더더욱 가속화되는 세계화

& Shaw, 1998; Locke, 1982). 그러나 대부분의 심리학자들은 과학적 관리에서 가정하는 것처럼 경제적 보상이 극단적으로 지루하고 반복적인 일을 완전히 보상해 준다고는 믿지 않는다. 경험적 연구에 대한 세 번째 원칙은 조직심리학자들의 전적인 수용을 받고 있으며, 조직심리학과 과학적 관리를 연결하는 역할을 하고 있다. 또한 Taylor가 생산 프로세스 연구에 과학적 방법론을 적용하였으며, 이러한 시도는 시대를 앞선 것이었음을 언급할 필요가 있다. 어떤 사람들은 이 때문에 그를 이 분야의 선구자라고 부른다. (그의 대부분의 연구는 철판을 자르는 것에 관한 것이었다.) 과학적 관리의 폭넓은 영향에도 불구하고, Taylor의 여러 아이디어는 상당한 논란을 불러일으켰다(참고 1.7 참조).

심리학자가 아니면서 조직심리학에 막대한 영향을 끼친 또 다른 사람으로 Max Weber, Frederic Engels, 그리고 Karl Marx를 들 수 있다. Weber는 법학과 역사학을 공부했지만, 그의 주된 업적은 조직설계 분야와 관련된다. Weber는 '관료주의(bureaucracy)'라는 조직화 원칙의 개념을 발전시킨 것으로 가장 유명하다. 관료조직의 기본 아이디어는 구성원들이 자신이 해야 할 일이 무엇인지를 정확히 알고, 권한의 상하관계를 명시하는 것이다. 관료주의의 또 다른 주요 원칙은 승진과 보상이 인적관계나 사회적 계급이 아닌 자신의 공적에 근거해야 한다는 것이다.

독일 출신인 Frederic Engels는 1845년 영국 노동자 계급의 현황(*The Condition of the Working Class*

Frederick Winslow Taylor : 과학적 관리의 아버지

Frederick Winslow Taylor는 1856년 필라델피아 시 외곽인 펜실베이니아 주 저먼타운에서 태어났다. 부유한 부모 아래 태어난 Taylor는 어린 시절의 대부분을 유럽을 여행하는 데 보냈다. 그의 인생의 가장 중요한 전환점은 아마도 18세에 하버드대에서 공부할 수 있는 기회를 거절하고, 대신 필라델피아에 있던 펌프 제조 회사(Enterprise Hydraulic Works)에 견습생으로 들어간 것일 것이다. 그는 여기서 2년 동안 일하고, 그 후 미드베일 스틸(Midvale Steel)로 직장을 옮겼다. 그는 이곳에서 성공을 거듭하여 24세에 관리 직급에 올랐다. 그가 작업방법과 절차에 흥미를 가지게 된 게 바로 이 시기이다. 이러한 관심을 바탕으로 그 유명한 선철(pig iron)실험이 탄생하였으며, 결국은 과학적 관리라는 개념이 개발되었다.

과학적 관리 기법은 20세기 초기 산업계에 말할 수 없이 큰 영향을 미쳤다. 대부분의 제조업이 과학적 관리 원칙에 따라 설계되었으며, 어떤 경우는 사무직종에도 이러한 원칙이 적용되었다. Taylor는 과학적 관리 때문에 엄청난 직업적 성공을 이루었지만, 동시에 악명에 시달리는 계기가 되기도 했다. Taylor는 이후 미드베일을 떠나 다른 회사에서 일하다가 결국은 자기 사업을 차려 최초의 경영 컨설턴트 중의 한 명이 되었다. 많은 조직들이 Taylor의 도움을 받아 과학적 관리 원칙을 적용하였다.

이러한 성공에도 불구하고, Taylor의 말년은 행복하지 못했다. 그의 아내인 Louise는 만성 질환을 앓았고, Taylor 자신도 오랫동안 병에 시달렸으며, 과학적 관리 방법이 노동자들에게 비인간적이라는 이유 때문에 많은 공격에 시달렸다. 실제로 이러한 논란이 너무나 심해서, 1912년에는 과학적 관리가 사람들에게 미치는 영향을 조사하는 의회 위원회에 나가 증언을 해야만 했다. 이러한 논란은 Taylor에게 정신적 · 신체적 상처를 주었고, 결국 1915년에 59세의 나이로 세상을 떠났다.

Taylor의 과학적 관리 방법을 둘러싼 논란에도 불구하고, 그 영향력을 부인할 수는 없다. 조직심리학의 입장에서는 Taylor가 주장한 관리 원칙 그 자체보다는 이러한 원칙을 개발하기 위해 이용했던 과학적 방법이 더 많은 영향을 미쳤다. 자료에 기반해 일과 관련된 문제를 해결하려 했던 Taylor의 방법은 현대 조직심리학 및 여러 관련 분야의 중요한 일부분이 되었다.

출처 : Kanigel, R. (1997). *The one best way: Frederick Winslow Taylor and the enigma of efficiency.* New York, NY: Viking.

in England)이라는 책을 출간하였다. 이 책에서 Engels는 많은 노동자들이 시달리고 있던 정신적, 육체적 건강 문제를 매우 자세히 다루었다. Engels는 이러한 문제들의 원인이 단지 작업장의 물리적인 상태뿐 아니라 직무설계 및 작업장의 사회적 조건에서 찾을 수 있다고 믿었다. 이 두 주제 모두 오늘날 많은 조직심리학자들의 관심을 받고 있다.

Karl Marx는 대부분의 독자에게 1867년 **자본론**(*Das Kapital*)의 저자로 알려져 있다. 이 책에서 그는 산업자본이 어떤 방식으로 종업원을 착취하고, 이러한 체계하에서 노동자들이 어떻게 소외되어 가는지를 기술하였다. 비록 Marx는 일반적으로 **사회주의**(socialism)적 정치사상과 연결되지만, 그는 경영자보다 종업원들의 요구를 강조했다는 점에서 조직심리학의 발전에 큰 영향을 미쳤다. 이 말은 절대로 조직심리학이 '반자본주의' 또는 '반경영'이라는 뜻은 아니다. 우리가 이 책에서 Marx를 소개하는 것은 조직심리학의 상당 부분이 '노동자 중심'이며 종업원을 단순히 생산의 수단으로 보지 않는다는 점을 강조하기 위함이다. 실제로 우리는 조직심리학은 주로 이러한 견해에 대한 반응으로 발전되었다고 생각한다.

분야의 기반 조성

Taylor, Weber, Engels, Marx 등의 영향에도 불구하고 20세기 초반의 '산업'심리학은 주로 앞에서 산업심리학의 주제라고 소개했던 것들에 초점을 두었다. 이러한 흐름을 변화시킨 사건, 즉 조직심리학의 탄생으로 간주되는 사건이 바로 호손 연구(Hawthorne study)이다. 서부전력회사(Western Electric Company)와 하버드대 연구진의 공동 연구인 호손 연구는 1927년부터 1932년까지 진행되었다(Mayo, 1933; Whitehead, 1935, 1938). 이 연구의 원래 목적은 조명, 임금, 그리고 휴식시간과 같은 환경적 요인이 종업원의 생산성에 미치는 효과를 다루기 위함이었다. 호손 연구가 시작된 시기(1920년대 초반)에 과학적 관리가 주요 관리 철학이었다는 점을 고려하면 이런 주제들이 다루어졌다는 것이 놀랍지 않다.

호손 연구가 조직심리학에 그렇게도 중요한 이유는 이 연구에서 나온 예상치 않았던 결과 때문이다. 아마 가장 잘 알려진 것은 조명의 효과를 실험한 연구일 것이다. 구체적으로, 호손 연구자들은 생산성이 조명의 변화와 무관하게 증가된다는 것을 발견하였다. 이 결과는 이후에 **호손 효과**(Hawthorne effect)라고 명명되었다. 호손 효과는 사람들이 작업환경의 어떠한 새로운 변화에도 긍정적으로 반응하는 것을 일컫는다. 현대 조직에서 개인의 직무에 사소한 변화가 있을 때 이러한 호손 효과가 일어날 수 있는데, 변화에 대한 초기의 긍정적 반응은 오래가지 못하고 사라진다.

그러나 호손 연구는 단순히 방법론적인 효과를 보여 준 것 이상의 의미를 가진다. 예를 들어, 후속 연구에서 호손 연구자들은 작업집단이 생산 규범을 만들고 그것을 강력하게 집행한다는 것을 발견하였다. 또한 종업원들이 다양한 리더십 유형에 다르게 반응한다는 것도 발견하였다. 한편 이러한 결과들보다 잘 알려지지 않은 사실은 호손 연구가 종업원 상담 프로그램을 제공했던 첫 번째 시도의 하나였다는 점이다(Highhouse, 1999). 이러한 시도는 요즘의 종업원 지원 프로그램(Employee Assistance Programs, EAP)의 시초가 되었다.

호손 연구의 전반적인 함의는 사회적 요인이 조직 장면에서의 행동에 영향을 미친다는 것이다. 이는 이후 조직심리학을 탄생시킨 원동력으로 작용하였다. 오늘날에는 이러한 결론이 너무나 당연한 것으로 여겨지지만, 역사적 맥락에서 보면 매우 새롭고 중요한 발견이었다. 호손 연구자들이 발표한 구체적 결론이나 이 연구의 방법론적인 문제(예 : Bramel & Friend, 1981; Carey, 1967)에만 초점을 맞춘다면, 이 역사적인 연구의 보다 큰 의미를 놓칠 수 있다.

호손 연구가 진행되던 거의 같은 시기에 조직심리학에 영향을 준 또 다른 중요한 역사적 흐름은 바로 노조화(unionization)이다. 노조가 조직심리학에 중요한 영향을 미쳤다는 사실은 다소 아이러니하다. 왜냐하면 산업 및 조직심리학자들과 노조가 서로 협동적인 관계를 가져 왔음에도 불구하고, 노조는 종종 산업 및 조직심리학을 경계의 대상으로 여겨 왔기 때문이다(Zickar, 2004). 1930년대 미국의 노조 운동은 조직들로 하여금 처음으로 다양한 노동자 관련 문제들을 고민하게 만들었다는 점에서 매우 중요하다. 이러한 이슈들은 오늘날에는 너무나 당연하게 여겨지는 것들로서, 예를 들어, 참여적 의사결정, 직장 민주화, 직장생활의 질, 그리고 조직과 개인의 심리적 계약과 같은 조직심리학적인 주제가 적어도 부분적으로는 노조 운동에 뿌리를 두고 있다. 노조가 있는 경우에는 단체협상을 통해 이런 문제들을 다루었고, 노조가 없는 경우에는 종업원들이 노조를 만들까 봐 이런 문제들을 다룰 수밖에 없었다.

1930년대 노조 성장기에 조직심리학 분야의 발전에 매우 중요한 또 다른 사건은 Kurt Lewin이 나치 독일을 떠나 미국 아이오와대학교 아동복지연구소에 정착한 것이다. 미국으로 이민 온 시점에 Lewin은 이미 저명한 사회심리학자로서 다양한 연구 영역에 관심을 가지고 있었고, 이 중 상당수는 그때 막 시작된 조직심리학 분야와 관련된 것이었다. 예를 들어, Lewin의 아이디어는 집단 역학, 동기, 리더십 등에 중요한 영향을 미쳤다. 아마도 Lewin의 가장 위대한 기여는 과학적 연구를 이용하여 조직과 지역사회 현장에서 발생하는 실제적 문제를 해결하고자 노력했다는 점일 것이다. Lewin이 제안한 실행연구(action research)란 조직과 연구자가 서로 협동하여 연구를 진행하고 이를 통해 문제를 해결하는 것을 말한다. 실행연구는 과학자-실천가 모델의 뿌리라고 할 수 있으며, 조직심리학에 대한 Lewin의 가장 큰 중요한 기여로 평가된다(참고 1.8 참조).

성장의 시기

제2차 세계대전은 조직심리학의 발전에 엄청난 영향을 주었다. 예를 들어, 제2차 세계대전 시 남성들의 군입대로 발생한 공장의 빈자리를 여성이 채워야 했고, 또한 전쟁이 끝난 직후 1948년 트루먼 미 대통령은 군에서의 인종 간 통합을 위해 노력하기로 결정하였다. 이러한 두 사건은 작업장에서의 다양성의 효과를 이해하려는 최초의 시도라는 점에서 엄청난 중요성을 지닌다. 조직 내의 다양성은 오늘날 상당히 중요한 조직심리학적 주제로 자리 잡았다.

제2차 세계대전은 사기와 리더십 스타일에 관한 주요 연구들이 시작되는 계기로 작용하였다. 대부분의 할리우드 영화들은 제2차 세계대전을 꽤 멋지게 표현하지만, 실제로 미군은 사기가 낮고 심지어는 탈영까지 발생하는 문제를 겪었다. 즉 부대의 사기와 리더의 영향력은 이 시기에 현실적으로 매우 중요한 주제였다.

조직심리학의 발전에 기여한 다른 중요한 사건으로 Morris Viteles(1953)의 산업 장면에서 동기와 사기(Motivation and Morale in Industry)라는 책의 출간을 들 수 있다. 이 책의 중요성은 1932년에 발간된 그의 저서 산업심리학(Industrial Psychology)과 비교할 때 더욱 명확히 드러난다. 그의 1932

Kurt Lewin : 실천적 이론가

Kurt Lewin은 1890년에 그 당시 포젠이라는 프러시아 영토(지금은 폴란드)의 모길노라는 마을에서 태어났다. Lewin의 아버지는 잡화점과 작은 농장을 소유하고 있어, 그의 집은 부자는 아니었지만 풍족한 편이었다. 1905년에 Lewin의 가족은 더 나은 교육 기회를 찾아 베를린으로 이사하였다. Lewin은 1909년에 의학을 공부하기 위해 프리버그대학교에 입학했지만, 해부학에 대한 혐오감 때문에 의사의 꿈을 버리게 되었다. 그는 생물학으로 관심 분야를 바꾸었고, 뮌헨대학교로 전학했다가 다시 베를린대학교로 옮기게 되었고 거기에서 1916년에 박사학위를 받았다. 그는 제1차 세계대전에 참전하여 군복무를 마친 후 돌아와 교수직을 시작하였다.

그는 베를린에서 매우 많은 업적을 이루었고, 그의 연구는 상당한 영향력을 가지게 되었다. 이 시기에 Lewin은 심리학을 농업노동력, 생산의 효율성 그리고 직무의 설계와 같은 응용문제에 적용하는 데 관심을 가지기 시작했다. Lewin은 과학적 관리, 특히 과학적 관리가 작업자에게 미치는 영향에 대해서 관심이 많았다. 나치당이 세력을 얻기 시작하자, Lewin은 가족들과 함께 1933년 독일을 떠났다. 그는 미국에 도착하여 처음에 코넬대학교

에 잠시 머물렀다가 아이오와대학교 아동복지연구소로 옮겼다. 그는 아이오와대학교에 머무르는 동안 아동 발달, 사회적 분위기의 효과, 리더십 등과 같은 다양한 주제에 대해 영향력 있는 연구를 수행하였다. 아이오와대학교를 떠난 후에는 미국유대인총회(American Jewish Congress)에서 설립한 지역사회 관계 위원회에 깊이 관여하였다. 이 기간 동안 Lewin은 인종 편견, 갱단 폭력, 사회통합형 공동주택 등과 같은 지역사회의 문제를 이해하기 위한 여러 '실행연구' 프로젝트를 수행하였다. 특히 같은 시기에 Lewin이 MIT에 집단역학연구소(Research Center for Group Dynamics)를 설립한 것은 획기적인 일이다. 1947년 56세의 나이로 사망할 때까지, 그는 이 연구소에서 활동을 계속하였다.

돌이켜 보면, Kurt Lewin만큼 조직심리학 분야에 기여한 사람은 없는 것 같다. 그의 아이디어는 종업원의 동기, 리더십, 집단역학 그리고 조직개발과 같은 다양한 영역의 연구에 영향을 끼쳤다. 그러나 Lewin의 가장 영원한 유산은 무엇보다도 이론과 실무의 혁신적인 융합이다.

출처 : A. J. Marrow (1969). *The practical theorist : The life and work of Kurt Lewin*. New York, NY: Basic Books.

년 저서에는 조직심리학 측면이 거의 없었는데, 단순히 그 당시에는 조직심리학에 대해 다룰 내용이 없었기 때문이다. 따라서 조직심리학적인 주제인 동기와 사기를 다룬 1953년의 저서는 조직심리학이 드디어 '등장'했으며, 보다 넓은 산업심리학이라는 학문 분야에서 중요한 역할을 한다는 점을 확실히 보여 주었다. 한편 인간관계 학파가 등장한 것도 제2차 세계대전 이후 시기였다. 인간관계 학파의 연구자들(예 : McGregor, 1960)은 조직의 전통적인 관리방식이 구성원들이 창의적으로 일하고 성취감을 느끼는 것을 방해했다고 주장하였다. 예를 들어, 이 시기에 Herzberg는 직무설계(job design)와 직무 충실(job enrichment)에 대한 연구를 수행하였고, 리더십과 직무만족에 대한 주요 연구들이 수행되었다. 1960년대 초에 이르면서, 조직심리학은 확실히 산업심리학과 동등한 수준으로 성장하게 되었다(Jeanneret, 1991).

비슷한 시기에 스웨덴, 노르웨이, 핀란드, 덴마크와 같은 북유럽 국가들에서는 종업원의 건강과

안녕에 대한 상당한 연구가 이루어졌다(Barling & Griffiths, 2011). 이 중 주목할 만한 연구자로는 작업집단의 임파워먼트(empowerment)를 연구한 노르웨이의 Einar Thorsrud와 직장 스트레스가 신체에 미치는 영향에 대해 연구하였던 스톡홀름의 카롤린스카 연구소의 Lennart Levi 등을 들 수 있다. 미국과는 달리, 북유럽에서는 산업심리학 측면이 왕성하게 발전했던 적이 거의 없었는데, 가장 큰 이유는 노동조합의 영향력이 강했기 때문이라고 추측되지만, 문화적 요인도 역할을 했을 가능성이 있다. 종업원의 건강과 안녕의 중요성을 강조했던 이러한 연구들은 오늘날 직업건강심리학(제7장 참조)의 기반이 되었으며, 현재도 이러한 주제들에 대한 관심은 지속되고 있다. 비록 직접적으로 종업원의 건강과 안녕을 연구하지 않더라도, 오늘날의 많은 조직심리학자들은 직업건강과 간접적으로나마 관련된 주제(예 : 직무설계, 조직몰입, 직무만족)에 대해 연구한다는 점 또한 언급할 필요가 있다.

1960년대와 1970년대 초에 조직심리학의 발전에 영향을 준 또 다른 사회적 요인은 미국의 베트남 전쟁 참여이다. 베트남 전쟁은 미국과 다른 여러 국가들에서 상당한 문화적 변화를 일으켰다. 예를 들어, 이 시기의 젊은 세대들은 관례적인 사회적 규범과 전통적인 사회적 기관인 학교, 정부 그리고 사법 체계들이 축적해 놓은 지식에 대해 의문을 갖기 시작했다. 사실 많은 사람들이 미국 정부가 베트남 전쟁에 대한 중요한 진실을 숨기고 있다고 의심하였다. 역사가들에 따르면, 이런 의심의 상당 부분은 타당했다고 밝혀졌다(예 : Small, 1999). 또한 이 시기의 사람들은 다양한 방법(예 : 헤어스타일, 옷, 의사표현)을 이용하여 자신을 표현할 수 있는 자유를 더욱더 보장해 줘야 한다고 생각하기 시작했다.

이러한 1960년대의 문화적 변화는 조직의 입장에서도 상당한 의미를 지닌다. 가장 중요한 점은 사람들이 권위에 맹종하는 일이 점점 일반적이지 않게 되었다는 것이다. 따라서 조직은 단순한 금전적 보상이나 처벌의 위협이 아닌 다른 방법으로 종업원들에게 동기를 부여할 수 있는 방안을 찾아야 했다. 또한 조직 구성원들이 일이 아닌 자신의 삶에서 만족을 찾으려는 경향이 좀 더 일반화되었다. 따라서 기꺼이 일에만 집중하고자 하는 종업원을 찾는 것은 점점 더 어려워졌다.

성숙과 확장

1970년대 초에서 1980년대로 접어들면서 조직심리학은 하나의 연구 분야로 성숙하기 시작하였다. 예를 들어, 1970년대 초 미국심리학회(American Psychological Association, APA)의 제14분과의 명칭이 공식적으로 '산업심리학'에서 '산업 및 조직심리학'으로 변경되었다. 또한 이 시기에 조직심리학자들은 이론과 연구 양 영역에서 새로운 기반을 구축하였다. 예를 들어, Salancik와 Pfeffer(1978)는 사회적 정보처리(Social Information Processing, SIP) 이론을 직무만족 및 직무설계에 대한 보다 전통적인 욕구기반 이론들에 대한 대안으로 제안하였다. 거의 비슷한 시기에 조직심리학자들은 성격이 직무태도(Staw & Ross, 1985) 및 직무 스트레스 지각(Watson & Clark, 1984) 등의 조직심리학적 변인에 영향을 준다는 것을 '재발견'하기 시작했다.

이 시기의 또 다른 중요한 발전은 조직에서의 개인 행동이 집단과 조직 수준의 요인에 의해 영향을 받는다는 것을 인식하게 된 것이다(예 : James & Jones, 1974; Rousseau, 1985). 이러한 '다수준 접근(multilevel perspective)'에 대한 관심은 오늘날에도 계속되고 있으며, 조직심리학의 이론 개발과 통계적 방법론 활용에 상당한 기여를 하였다(예 : Dansereau, Alutto, & Yammarino, 1984; James, Demaree, & Wolf, 1984). 같은 시기, 조직심리학자들은 소위 '비전통적'이라고 불리는 주제들에 관심을 갖기 시작했다. 예를 들어, 직장-가정 주제(예 : Greenhaus & Beutell, 1985), 직무 관련 스트레스와 건강(Beehr & Newman, 1978), 퇴직(Beehr, 1986), 그리고 고객서비스(Schneider & Bowen, 1985) 등에 대한 연구가 더욱더 많이 발표되기 시작했다. 이러한 경향은 조직심리학자들의 관심이 이전에 비해 상당히 확장되었다는 것을 보여 준다는 점에서 중요하다.

대략 1980년대 후반에서 2000년까지 다양한 시대적 흐름이 조직심리학 분야에 영향을 미쳤다. 세계적으로는 아마도 소련의 붕괴와 그에 따라 많은 공산주의 정권이 몰락한 것이 중요한 사건이라 할 수 있다. 이때 민주주의를 도입한 국가들 상당수는 동시에 자유시장경제를 확립하기 위해 노력했는데, 이러한 움직임은 조직심리학에도 중요한 시사점을 가진다. 이 나라들은 국가 소유의 경제체제와 자유시장경제는 종업원들을 관리하고 동기를 부여하는 방법에서 서로 많이 다르다는 것을 알게 되었다(Frese, Kring, Soose, & Zempel, 1996; Puffer, 1999; Stroh & Dennis, 1994). 조직심리학의 이론과 기법은 이들 국가의 조직들이 이러한 어려운 경제적 전환을 이루는 데 도움이 될 수 있다.

미국을 비롯하여 전 세계적으로 나타나는 또 다른 중요한 경향은 노동력의 인구학적 구성의 변화다. 세계의 인구는 급격히 노령화되고 있고 인종적으로 다양화되고 있다. 이러한 변화의 시사점 중의 하나는 조직심리학자들이 퇴직과정을 이해하기 위해 더 많은 시간과 관심을 쏟고 있다는 것이다(예 : Jex & Grosch, 2013; Wang & Shultz, 2010). 이러한 연구에서 얻은 지식을 바탕으로 조직심리학자들은 조직이 종업원의 퇴직과정을 지원할 수 있도록 도와줄 수 있다. 문화적 다양성이 높아지는 것도 조직심리학자의 다양한 분야에 시사점을 가진다. 문화적 차이가 사회화, 의사소통, 동기 등의 조직 내 프로세스에 미치는 효과에 대한 연구 요청이 점점 더 많아질 것이다(Erez, 2011).

이 시기에 분명해진 세 번째 경향은 명확한 직업이 줄고 임시직이나 프로젝트로 진행되는 일들이 많아진다는 것이다. 어떤 사람들은 이것을 '탈직무화(dejobbing)'라고 부르기도 하지만(Bridges, 1994), 또 다른 사람들은 임시직 또는 기간제직이라고 부르기도 하고, 유럽에서는 '포트폴리오 직무(portfolio work)'라는 말이 종종 사용되기도 한다(Gallagher, 2005). 이러한 경향은 조직심리학에 수많은 시사점을 지닌다. 가장 근본적으로 이러한 추세는 조직과 개인 간의 '심리적 계약'에 영향을 준다. 조직은 종업원들에게 무엇을 해 줘야 하는가? 또한 종업원들은 자신이 근무하는 조직에 무엇을 해 줘야 하는가? 과거에는 이러한 질문에 대한 답변은 꽤 간단했지만, 지금은 점점 복잡해지고 있다.

이러한 경향의 또 다른 시사점은 이제 많은 개인들이 더 이상 이전에 일반적으로 사용했던 의미의 '종업원'이 아니라는 것이다. 이는 조직심리학자에게 수많은 흥미롭고 도전적인 주제를 제공한다. 조직은 상대적으로 단기적인 노동력으로 어떻게 조직의 문화와 철학을 유지할 것인가? 임시직 종업원들이 평균 이상의 수행을 하도록 동기화할 수 있을까? 이러한 임시적이고 프로젝트에 기반한 일의 시사점에 대해 연구가 어느 정도 수행되었지만(Gallagher, 2005), 이상의 질문에 대해 보다 확실한 답변을 하기 위해서는 더 많은 연구가 필요할 것이다.

최근과 그 이후

2001년 9월 11일 아침, 납치된 민항기가 뉴욕 시에 있는 세계무역센터와 워싱턴 DC 외곽의 펜타곤에 충돌했다. 사상자 수로 볼 때, 9/11 테러는 역사상 가장 심각한 테러 중 하나였고, 미국 본토에서 발생한 테러 공격 중에는 단연코 최악이었다. 많은 미국 젊은이들에게 9/11은, 마치 이전 세대에게 케네디 대통령의 암살, 최초의 달 착륙, 진주만 공격이 그러했듯이, 자신의 세대를 특징짓는 대표적 사건일 것이다.

9/11은 조직심리학에서 어떤 의미를 가질까? 이 사건의 엄청난 의미를 생각할 때, 이러한 질문에 확실한 대답을 하기는 어려울 것이다. 아마도 많은 조직들이 가장 직접적으로 영향을 받은 것은 비상 대책 분야일 것이다. 9/11은 많은 조직들로 하여금 비상시를 대비한 계획이 필요하다는 점을 인식하게 만들었다. 세계무역센터 내의 많은 조직들이 비상 대책을 가지고 있지 않았더라면, 9/11의 사상자는 훨씬 더 많았을 것이다.

9/11 참사와 그에 따른 이라크와 아프가니스탄 전쟁 발발 이후, 미국과 전 세계의 많은 다른 국가들은 지속적인 불황을 경험하였으며, 이러한 불황은 실직률을 증가시켰다(Bureau of Labor Statistics, 2011). 이러한 현상으로 실직의 영향에 대한 관심이 다시 증가하게 되었으며(McKee-Ryan, Song, Wanberg, & Kinicki, 2005), 직무안정성에 대한 연구가 많아졌다(Cheng & Chan, 2008). 보다 근본적인 수준에서 이러한 경기 불황은 사람들로 하여금 조직과 개인 종업원 간에 존재하는 계약을 다시 한 번 생각해 보도록 하였다.

미국에 확실한 영향을 끼친, 그리고 조직심리학에도 간접적으로 영향을 끼친 또 다른 사건은 버락 오바마가 2008년 11월 아프리카계 미국인으로는 처음으로 대통령에 선출된 것이다. 오바마 대통령은 2012년 11월에 다시 한 번 엄청난 표 차로 대통령에 당선되었다. 이러한 사건은 무슨 의미를 가질까? 이 책을 저술할 때는 오바마 대통령의 임기가 2년이나 남은 시점이기 때문에 그의 업적이 궁극적으로 무엇이라고 단정하기는 이르다.

그럼에도 불구하고 확실한 것은 인종과 관계없이 누구나 조직의 최고의 자리에 앉을 수 있다는 점을 알려 주었다는 것이다. 어떤 의미에서 이러한 현상은 앞에서 언급한 다양성의 증가 추세에 따른 자연스러운 진행과정인 셈이다. 오바마가 대통령이 된 후 나타난 또 다른 변화는 민간부문에 대한 연방정부의 개입이 증가하였다는 것이다(Walsh, 2009). 이러한 현상을 긍정적으로 볼 것이냐 부정적으로 볼 것이냐는 개인의 정치적 견해에 따라 다르겠지만, 조직들은 그들이 무엇을 하는지 그리고 종업원을 어떻게 다루는지에 대해 보다 확실히 설명해야 할 책임을 져야 하는 게 현실이다. 따라서 확실히 이전에 비해 조직 내의 평등과 공정성에 대한 인식이 향상되었으며, 이전보다 종업원의 안녕을 더욱 강조하게 된 것 같다. 그러나 동시에 정부의 규제와 지시를 따르기 위해 보다 많은 시간과 조직의 자원이 드는 것도 사실이다.

조직 내의 생활과 조직심리학 연구에 막대한 영향을 준 또 다른 최근 경향은 통신기술의 급속한 발전이다. 기술의 변화는 오랜 시간 동안 조직에 영향을 미쳐 왔지만, 지난 5년간의 기술 발전 속도는 이전과 비교할 수 없는 수준이다. 이제는 휴대전화로 이메일과 인터넷 접속이 가능하다. 물론 이러한 기술 발전은 개인들의 생산성에 어느 정도의 긍정적 영향을 미치며(Park & Jex, 2011), 덕택에 보다 유연한 근무방식이 가능하게 되었다. 그러나 많은 사람들은 이러한 혜택에는 비용이 따른다고 생각한다. 보다 구체적으로, 이제는 일과 삶의 다른 영역 간의 경계가 거의 존재하지 않으며, 따라서 하루에 실제로 24시간을 근무하는 것이 가능하다. 이러한 추세에 영향을 받아, 조직심리학자들은 사람들이 일로부터 자신을 분리할 수 있는 방법(Ten Brummelhuis & Bakker, 2012)과 일로부터 회복할 수 있는 활동들(Sonnentag & Fritz, 2007)에 대한 많은 연구를 수행하게 되었다.

조직에 많은 영향을 준 마지막 최근 경향은 세계화의 증가이다. 많은 산업에서 경쟁상대가 엄청나게 증가하였으며, 이러한 경쟁상대들은 전 세계에 퍼져 있다. 또한 많은 대기업들은 전 세계에 지사나 자회사를 가지고 있다. 이처럼 전 세계적인 경쟁이 증가되면서, 조직은 고객들에게 보다 창의적인 제품과 서비스를 제공할 수밖에 없게 되었다. 또한 세계화는 조직심리학 분야에서도 영향을 주었는데, 조직심리학의 많은 이론과 연구 결과가 '문화특정적'이며, 연구자들이 바라는 것처럼 폭넓게 적용되지 않을 수도 있다는 인식을 증가시켰다. 보다 실용적인 수준에서, 여러 나라에서 활동하는 기업들은 자신과 매우 다른 문화에서 일하는 종업원들이 겪는 어려움을 인식하게 되었고, 결과적으로 국외파견자들에 대한 연구가 상당수 수행되었다(예 : Takeuchi, Wang, & Marinova, 2005).

이상의 최근의 역사적 사건과 경향성을 모두 고려할 때, 최근 그리고 가까운 미래의 일의 세계는 확실히 매우 복잡하고 급변해 나갈 것이다. 이러한 전망은 다소 겁나기도 하지만, 동시에 정말로 획기적인 연구와 실무적 적용이 가능하다는 점에서 조직심리학자들에게는 흥분되는 일이기도 하다.

사실상 역사적으로 지금이 조직심리학자로서 과학적 연구와 적용을 수행하기에 가장 흥미진진한 시기 중 하나가 될 것이라고 믿는다.

각 장의 배열

교과서는 학생에게 여행안내서의 역할을 해야 한다. 우리 저자들은 학생과 강사로서의 경험을 바탕으로 논리적인 순서에 따르는 것이 최선의 안내라고 생각한다. 따라서 이러한 믿음을 바탕으로 이 책 각 장의 순서를 결정하였다. 첫 장과 둘째 장은 각각 조직심리학에 대한 소개와 방법론적 기초를 다룬다. 어떤 학생들은(아마 일부 강사들도) 연구방법론에 하나의 장을 할애하는 것이 일반적이지 않다고 생각할 수 있을 것이다. 우리가 이 장을 포함시킨 이유는 다음과 같은 세 가지 이유 때문이다. 첫째, 이 책에서 다루는 많은 개념과 연구 결과를 이해하기 위해서는 적어도 기본적인 연구방법론에 대한 이해가 필수적이다. 둘째, 연구방법론은 조직심리학 내의 독립적인 연구 분야의 하나이다. 사실 조직심리학 분야에서 최근 발표된 매우 흥미로운 연구 중의 일부는 방법론적인 연구들이었다(예 : Carter, Dalal, Lake, Lin, & Zickar, 2011). 셋째, 강사로서 그리고 학생 논문의 지도교수로서의 경험에 따르면, 학생들은 연구방법론 수업에서 배운 내용을 종종 잊어버리곤 한다(어쩌면 기억하고 싶지 않은지도 모르겠다). 이 책에서 연구방법론을 다룸으로써 이러한 망각을 다소 채워 줄 수 있을 것이다.

그다음의 8개 장은 조직 장면에서의 개인 행동에 초점을 두고 있다. 앞에서 언급한 조직심리학의 정의를 생각하면, 이러한 내용은 당연히 조직심리학의 핵심 내용이라고 할 수 있다. 이 장들을 자세히 살펴보면 각 장들이 일련의 순서에 따라 구성된 것을 알 수 있을 것이다. 처음에 개인은 조직으로 들어가 사회화되고(제3장), 종업원의 역할과 삶의 다른 측면들의 요구 간의 균형을 맞추도록 요구받으며(제4장), 결국은 조직의 생산적인 구성원이 된다(제5장). 그러나 우리는 또한 종업원들이 고용주의 목표에 반하는 다양한 행동을 저지르기도 하고(제6장), 일이 개인의 건강과 안녕에 긍정적 그리고 부정적 영향을 미치기도 한다는 것을 알고 있다(제7장). 동시에 우리는 직무가 종업원들에게 만족과 몰입감을 불러일으키기도 한다는 것도 인식하고 있다(제8장). 그다음 두 장은 조직이 종업원의 행동에 영향을 주기 위해 사용하는 기제에 초점을 둔다. 제9장에서는 조직심리학의 주요 동기 이론들을 다루고, 제10장에서는 조직이 종업원의 행동에 영향을 주기 위해 시도하는 다양한 기법을 검토할 것이다.

다음 부분에서는 조직 내의 집단에 대한 연구에 초점을 둔다. 대부분의 조직들이 독립적인 작업 집단으로 구성되어 있기 때문에 팀은 매우 중요한 분석 수준이 되었다. 제11장은 작업집단 내에서 발생하는 가장 중요한 프로세스 중 하나인 리더십에 대해서 알아볼 것이다. 또한 제11장에서는 권력과 영향력 프로세스에 대해 다룰 것이다. 권력과 영향력 프로세스는 집단 내 리더십의 핵심이기도 하지만, 조직 내의 많은 다른 행동들에도 영향을 미친다. 제12장에서는 조직 내 팀들의 효과성에 영향력을 미치는 다양한 요인에 대해서 다룰 것이다.

마지막 3개의 장은 집단에서 조직으로 초점을 옮겨 '거시적(macro)' 주제를 다룬다. 제13장에서는 조직을 정의하는 여러 이론적 접근을 개관하고, 조직설계의 기법들을 살펴본다. 제14장은 조직문화와 조직 풍토(climate)의 개념을 다룬다. 제15장에서는 조직이 행동과학의 지식에 기초하여 계획적인 변화를 시도하는 다양한 기법을 소개한다.

독자들은 위에서 살펴본 어떤 장에서도 국제적 혹은 비교 문화적 주제를 다루지 않았다는 것을 알아챘을 것이다. 이 책은 각 장에서 다루는 다양한 주제적 맥락에서 비교 문화적 측면을 다루고 있다. 이러한 결정은 비교 문화적인 연구 결과들은 특정 주제의 맥락에서 가장 잘 이해될 수 있다는 저자들의 생각 때문이다.

요약

조직심리학은 공식 조직에서 개인과 집단의 행동을 과학적으로 연구하는 분야이다. 조직심리학은 그 자체로도 독자적인 학문 분야이지만, 더 넓은 분야인 산업 및 조직심리학의 한 부분이기도 하다. 조직심리학자들은 조직 내에서의 행동을 연구하기 위해 과학적 방법을 사용한다. 또한 이 분야의 지식을 이용하여 조직의 실제적인 문제를 해결한다. 이것이 바로 대부분의 조직심리학 대학원 프로그램의 기본이 되는 과학자-실천가 모델의 핵심이다. 따라서 조직심리학 교육을 받은 사람들은 학술적인 기관과 비학술적인 기관 모두에 고용될 수 있다. 역사적으로 조직심리학은 대부분의 나라(북유럽 국가 제외)에서 산업심리학 분야에 비해 느리게 발전하였다. 일반적으로 조직심리학의 역사적 시작은 호손 연구로부터 시작되었다고 하지만, 전 세계의 많은 사건과 개인들이 오랜 시간 동안 이 분야의 모습을 만드는 데 기여해 왔고 앞으로도 그러할 것이다. 역사를 통해 면면히 이어 온 조직심리학의 전통은 바로 조직과 그 구성원의 발전을 위한 과학과 실천의 역동적인 상호작용이라고 할 수 있다.

더 읽을거리

Cascio, W. F., & Aguinis, H. (2008). Research in industrial and organizational psychology from 1963 to 2007: Changes, choices, and trends. *Journal of Applied Psychology*, 93, 1062–1081.

Highhouse, S., & Schmitt, N. W. (2013). A snapshot in time: Industrial-organizational psychology today. In N. W.

Schmitt & S. E. Highhouse (Eds.), *Handbook of psychology* (2nd ed., Vol.12, pp. 3–13). Hoboken, NJ: Wiley.

Ryan, A. M., & Ford, J. K. (2010). Organizational psychology and the tipping point of identity. *Industrial and Organizational Psychology: Perspectives on Science and Practice*, 3, 241–258.

Zickar, M., & Gibby, R. E. (2007). Four persistent themes throughout the history of I-O psychology in the United States. In L. Koppes (Ed.), *Historical perspectives in industrial and organizational psychology*. Mahwah, NJ: Erlbaum.

제2장

연구방법과 통계

조직심리학자들은 조직 장면에서의 행동에 대한 다양한 의문에 답하기 위해 과학적인 연구를 설계하곤 한다. 어떤 경우에는 이론을 검증하기 위한 연구가 설계되기도 하고 또 다른 경우에는 훈련 프로그램의 효과를 평가하는 것과 같이 현장에서의 응용 목적을 가진 연구도 있다. 어떤 연구든지 이를 수행하기 위해서는 다양한 통계분석과 더불어 연구설계(research design)를 활용해야 한다. 이번 장에서 보겠지만, 연구방법은 행동의 단순한 관찰에서부터 매우 정교한 설계에 이르기까지 다양하다. 그와 더불어 통계적 방법도 단순한 기술적 측정치에서 매우 정교한 인과 모델 검증에 이르기까지 다양하다.

연구방법론과 통계분석은 조직심리학의 실무(practice)에도 매우 요긴한 것이다. 예를 들어, 조직심리학자들은 조직의 주요 의사결정자에게 종업원의 태도나 의견에 관한 정보를 제공하기 위해 체계적인 연구방법을 사용한다. 또한 연구방법론과 통계분석은 조직 효과성을 향상하기 위해 설계된 특정한 개입(intervention)을 평가하기 위해 사용될 수도 있다. 예를 들어, 조직은 건강과 안녕 개입 프로그램이 종업원들의 병가를 감소시키는지를 파악하고 싶어 할 수 있다. 이와 유사한 다른 질문에 대해서도 조직심리학에서 전형적으로 사용되는 연구방법과 통계분석을 통해 해답을 얻을 수 있다.

조직심리학이라는 과학과 실무를 촉진하는 것과 더불어, 연구방법론과 통계분석은 조직심리학 내에서 자체적으로 하나의 독립된 연구 분야로도 발전해 왔다. 어떤 조직심리학자들은 직무만족, 동기부여 그리고 조직 변화와 같은 주제를 연구하지만, 다른 조직심리학자들은 방법론적, 통계적 문제에 더 주목해 왔다. 예를 들어, 조직의 여러 수준에서 수집된 자료를 분석하거나(Bliese, Chan, & Ployhart, 2007), 자기 보고 측정치의 타당도를 연구하거나(Spector & Eatough, 2013), 통계적 방법의 보다 더 기술적인 측면을 다루는(Landis, Edwards, & Cortina, 2009) 조직심리학자들이 있다. 두 주제 모두 나중에 이 장에서 다룰 것이다.

이 장의 목적은 조직심리학자들이 자료를 수집하기 위해 사용하는 방법과 그것을 분석하기 위해 사용되는 통계 기법에 대한 기초를 소개하는 것이다. 아주 단순하면서도 효과적인 방식에서 상당히 복잡한 방식까지 자료 수집의 가장 통상적인 방법들을 먼저 기술할 것이다. 다음으로 통계분석의 일반적인 방법들을 다루고, 마지막으로 연구방법론과 통계분석의 특수한 주제들을 소개할 것이다. 이 장의 목표는 지나치게 기술적인 내용을 다루기보다는 이후의 장들에 나오는 다양한 연구 결과들을 제대로 이해하는 데 도움이 될 방법론적 기초를 충분히 제공하는 데 있다.

자료 수집 방법

그동안 조직심리학자들은 수천 개가 넘는 연구 주제를 탐구해 왔고, 지금도 계속하고 있다. 일에서 자율성을 더 많이 느낄수록 자신의 일에 더 만족할까? 직장과 가정에서의 책임 간의 갈등 수준이 높을수록 건강이 나빠지는가? 직무수행은 시간이 지남에 따라 일관적인가? 연구 질문이 무엇이든지 간에 질문에 대한 답을 얻기 위해서는 관련 자료가 수집되어야 한다. 여기에서는 관찰법, 조사연구, 실험법 그리고 유사실험법의 네 가지 자료 수집 방법에 대해 살펴보겠다.

관찰법

관찰법은 사실 조직 내 행동을 연구하기 위해 사용될 수 있는 다양한 전략을 포괄한다(Bouchard, 1976). 이러한 전략들 중 가장 기본적인 **단순 관찰**(simple observation, 종종 *ethnography*라고 불리기도 한다)은 행동 관찰과 그것의 체계적인 기록을 포함한다. 예를 들어, 기업 이사회의 의사결정 과정을 연구하고자 한다면, 분기별 회의 기간 동안 참석자들을 관찰하고 관련 행동들을 기록할 수 있을 것이다. 이러한 관찰을 통해 이사회 의장이 다른 이사회 구성원들보다 의사결정에 더 많은 영향을 미친다거나, 젊은 구성원들이 좀 더 경험이 많은 구성원들보다 결정에 덜 영향을 미친다는 것을 알 수 있을 것이다. 관찰 연구는 조직심리학의 초기에는 상당히 많이 있었지만, 지금은 당시보다는 덜하다(Zickar & Carter, 2010 참조).

단순 관찰의 가장 큰 장점은 자연스러운 맥락에서 행동을 포착할 수 있다는 점이다. 이것은 연구자로 하여금 **반응성**(reactivity) 문제, 즉 측정하는 과정 자체가 관심을 두고 있는 현상을 변화시키는 문제를 최소화할 수 있도록 해 준다. 그러나 이것은 단지 잠재적인 장점일 뿐인데, 왜냐하면 관찰자가 존재함으로써 연구참여자들이 일상적인 행동과는 다르게 행위할 가능성이 여전히 높기 때문이다. 이에 대응하는 한 가지 방법은 연구참여자들이 연구자가 있을 경우에도 평소처럼 자연스럽게 행동할 만큼 연구참여자들과 충분한 라포르(rapport)를 형성하는 것이다. 또 다른 대안은 눈에 띄지 않게 행동을 관찰하는 것이다. 예를 들어, 서비스 종업원이 고객에게 어떤 정서를 내보이는지에 관심을 가지고 있다면, 커피숍에 앉아서 고객의 주문이 어떻게 다루어지는지를 관찰하는 것이다. 사실 많은 소매점들이 이 방법을 사용하는데, 그들은 '가짜 쇼핑자'를 매장에 보내어 고객서비스의 질을 측정한다. 그러나 이러한 방식으로 행동을 관찰하는 것은 윤리적 문제가 제기될 수도 있다. 왜냐하면 그것을 사용할 때, 연구참여자에게 연구에 대해 충분히 설명하고 그들로부터 참여할 의사가 있는지에 대한 사전 동의를 받지 않는 경우가 많기 때문이다.

잠재적인 장점에도 불구하고, 단순 관찰의 가장 큰 단점은 상당한 노동을 요할 수 있는 활동이라는 것이다. 행동을 관찰하고 기록하는 데는 많은 시간과 노력이 필요하다. 또한 관찰이 이루어지고 나서도 그것의 의미를 파악하는 데 매우 많은 시간이 걸릴 수 있다. 지금은 관찰 데이터를 분석하는 데 사용할 수 있는 비교적 정교한 방법들이 있지만(참고 2.1 참조), 수치 데이터를 분석하는 통상적인 방법들보다는 여전히 더 많은 노동을 요하고 이해하기도 더 어렵다. 또 다른 단점은 관찰이 종종 주관적이며, 관찰자의 편파(bias) 또는 연구 중인 현상에 대해 사전에 가진 기대 등에 의해 영향

연구를 수행한 사람들

Ronald S. Landis

나는 초등학교 6학년 '졸업식'을 생생하게 기억한다. 행사의 일부로 선생님들 중 한 분이 우리들 각자가 앞으로 어떤 일을 하게 될지에 대한 예측을 하여 우리를 놀라게 하였던 것이다. 내 친구들은 스타급 운동 선수(내가 정말로 원했던 것)나 기업 경영자(내가 한 번도 생각해 본 적이 없던 것) 등 여러 직업을 가질 것으로 예측되었다. 나는 미래에 수학이나 통계학 교수가 될 것이라고 예측되었다. 그것은 내가 평소 숫자와 문제해결에 남다른 흥미를 보였기 때문이다. 내가 계량적 방법을 주로 연구하는 심리학 교수가 된 것을 보면 선생님의 예측은 상당히 정확했다고 볼 수 있다. 물론 내가 도박꾼이 되는 것과 같은 다른 가능성에 대해서도 물어보았어야 했던 것 같기도 하다.

선생님의 예측에도 불구하고 나는 펜실베이니아주립대학교에서 2학년 때 산업 및 조직심리학 개론 강좌를 듣기 전까지는 앞으로 무슨 직업을 가져야 할지 분명하지 않았다. 당시 John Mathieu 교수가 강의를 했고, 나는 첫 시간에 앞으로 내가 무엇을 해야 할지에 대해 분명하게 결정하게 되었다. 나는 조직 장면에서 개념적, 실용적으로 의미 있는 현상들을 연구하는 데 계량적 분석을 적용하는 것이 무척 매력적으로 다가왔다. 나는 John에게 연구에 참여할 기회가 없는지 문의하였고, 그는 메타 분석에 대한 작업에 참여할 기회와 구조방정식 모델(structural equation modeling, SEM)을 활용하는 프로젝트에 참여할 기회를 주었다. 나는 당시 내가 뭘 하고 있는지 알 수 없었지만, John과 그의 대학원생들이 인내심을 가지고 나에게 설명해 주었으며, 그러면서 계량적 분석에 대한 나의 흥미는 더 커졌다.

대학 교수로서 거의 20년을 보냈지만, 나는 통계 강좌를 가르치는 것이 너무나 좋다. 특히 대학원에서 통계 강좌를 가르치면 개인적으로 매우 큰 만족을 줄 뿐만 아니라 학생들과 함께 논문을 게재하게 되어서 좋다. 이러한 논문들은 내가 여러 주제의 통계 강의를 하면서 대학원생들에게 자신이 관심 있는 연구 주제를 찾아서 프로젝트를 수행하도록 하기 때문에 가능하다. 대학원생들이 프로젝트를 수행하면서 보이는 열정이나 창의성은 나에게도 지속적인 동기부여가 되고 있으며, 다른 어떤 것보다 재미있다. 물론 시카고 컵스가 오른손 투수를 찾고 있다면 나도 당장 달려갈 것이지만.

Ronald S. Landis 박사는 일리노이공대 심리학과 학과장이며 Nambury S. Raju Professor이다.

질적 자료 분석

질적 자료는 숫자가 아닌 텍스트와 관찰로 구성되지만, 복잡한 자료를 정리하고 의미를 분명히 하기 위한 분석과 해석은 여전히 필요한 단계이다. 다만, 양적 자료와는 다르게 질적 자료 분석은 귀납적인 경우가 많다. 즉 분석을 위해 자료에서 중요한 범주들을 찾아내고 일정한 패턴과 관계성을 찾는다. 질적 자료 분석은 몇 가지 주요한 측면에서 양적 자료 분석과 차별화된다.

- 자료를 수량화하기보다는 의미에 초점을 맞춤
- 많은 사례에서 몇 개 자료를 얻어 내기보다는 몇 개 사례에서 많은 자료를 얻어 냄
- 사전 가설이 요구되는 분석이기보다는 사전 가설 없이 매우 자세히 들여다보는 분석을 포함함
- 모든 상황에 일반화하기보다는 맥락을 고려함
- 자료 분석 과정에서 객관적 분석을 가정하기보다는 연구자의 가치가 영향을 미칠 수 있음을 인정함

질적 자료는 전통적인 해석 방법뿐만 아니라 컴퓨터에 의한 분석 도구를 사용하여 평가될 수 있다. 전통적인 방법은 몇 가지 단계를 포함한다. 첫째, 연구자는 자료와 자료 수집 절차에 대해 기술해야 한다. 다음으로 자료는 개념으로 조직화되고 범주화되며, 이어서 서로 다른 개념들이 어떻게 서로 연계되고 상호 영향을 주는지를 분석한다. 이러한 초기 단계가 완료되면, 새롭게 정의된 개념과 연계성이 재조사되고 연구자는 다른 가능한 대안적 설명이나 반대되는 증거가 없는지를 고려한다. 개념과 연계성이 최종적으로 확정되면 연구자는 결과를 보고한다.

컴퓨터에 의한 자료 분석은 질적 자료를 분석하는 데 있어 연구자에게 매우 유용하고 강력한 도구이다. 이것은 텍스트를 분석하는 특수한 컴퓨터 소프트웨어를 사용한다. 범주들이 생성되고 적용되고 정교화되며, 프로그램은 개념들 간의 연결을 추적하고 사례들을 서로 비교한다. 즉 컴퓨터에 의한 분석 프로그램은 사용자들이 전통적인 방법과 동일한 과정을 거치도록 하지만, 훨씬 더 효율적이고 표준적인 방식으로 작업이 이루어지도록 돕는다.

마지막으로 연구자는 반드시 질적 또는 양적 연구방법 중 하나를 선택해야 할 필요는 없다. 예를 들어, 종업원 만족도 조사를 할 때, 연구자는 폐쇄형 설문 문항들을 사용할 수도 있고, 설문 마지막 부분에 각자 의견을 적는 개방형 질문을 포함할 수도 있다. 이러한 개방형 질문에 대한 응답(텍스트)은 질적으로 내용이 분석되므로, 설문 문항들의 양적 분석과 함께, 양적/질적 방법 두 가지를 모두 포함하는 연구를 할 수 있게 된다. 종업원들이 직접 자신의 의견을 표현할 기회를 주는 것은 조직의 리더들에게는 매우 가치 있는 제안을 얻는 방법이다.

출처 : Schutt, R. K. (2011). Chapter 10: Qualitative data analysis. *Investigating the social world: The process and practice of research*. Thousand Oaks, CA: Pine Forge Press. 볼링그린주립대학교 Alison M. Bayne 기고.

을 받을 수 있다는 점이다. 그럼에도 불구하고 단순 관찰은 상당히 유용하게 활용될 수 있으며, 특히 연구 프로그램의 초기 단계에 더욱 그러하다. 또한 실제 현장의 관점에서 볼 때 관리자들은 관찰 연구로부터 얻은 정보가 더 이해하기 쉽고 조직의 개입을 설계하는 데 도움이 되기에 수치 자료보다 더 유용하다고 생각하기도 한다.

몇 가지 경우에 상당히 유용한 단순 관찰의 또 다른 유형은 **참여 관찰**(participant observation)이다. 참여 관찰은 본질적으로 단순 관찰과 동일하지만, 관찰자가 연구하고자 하는 사건에 직접 참여

한다는 점에서 다르다. 앞서 이사회에 대한 연구 예에서, 연구자 자신이 이사회의 한 **구성원**이라면 이것은 참여 관찰이 된다. 참여 관찰은 특정한 사건의 참여자가 됨으로써 다른 방식으로는 제공될 수 없는 정보를 얻을 수 있을 때 특히 유용하다. 참여 관찰법을 사용한 좋은 사례는 경찰학교에서 훈련을 마치고 정규 경찰업무에 배치된 신입 경찰관에 대한 Van Maanen(1975)의 연구이다. 이 연구를 수행하는 데 Van Maanen 자신이 신입생으로 경찰학교의 훈련 프로그램에 참여하였다. 즉 연구의 초점이 된 사건의 직접적인 참여자가 되었다. 이렇게 함으로써 그는 분명 다른 방법으로는 얻을 수 없었던 정보를 수집하게 되었다.

참여 관찰의 잠재적인 장점에도 불구하고 이 방법도 몇 가지 위험이 따른다. 가장 큰 위험은 직접 참여함으로써 참여자인 연구자가 연구 중인 현상을 변화시킬 수도 있다는 점이다. 관찰법의 일반적인 장점이 반응성의 위험을 다소 감소시킨다는 데 있다는 점을 고려하면 이것은 약간 아이러니한 것이다. 또한 참여자가 됨으로써 연구자가 객관성을 잃을 수도 있다. 앞서 언급했듯이 모든 관찰은 왜곡의 가능성이 있지만, 참여자의 역할을 취하게 되면 이러한 문제를 배가시킬 수도 있다. Van Maanen(1975)은 다른 신입 경찰관들로부터 얻은 설문 조사 자료를 함께 사용하여 자신의 관찰을 보완하는 방식으로 이런 문제에 대처하였다.

기록 자료

조직 내 행동을 연구하기 위한 두 번째 방법은 **기록 자료**(archival data)를 이용하는 것이다. 기록 자료란 현재 진행 중인 연구와는 관련이 없는 다른 목적으로 축적된 다양한 형태의 자료나 보고서 등을 말한다(Webb, Campbell, Schwartz, Sechrest, & Grove, 1981).

조직심리학에서는 관찰법보다는 기록 자료를 사용한 연구가 더 많은데, 왜냐하면 기록 자료를 구할 수 있는 출처가 매우 많기 때문이다. 직무수행, 결근, 이직, 사고 등과 같이 대개 조직에서는 종업원들의 행동을 다양하게 기록하고 있다. 게다가 많은 나라의 정부들은 조직 내 행동 연구와 관련될 수 있는 다양한 데이터베이스를 관리하고 있다. 예를 들어, 미국의 노동부에서는 다양한 직업의 작업 조건에 대한 정보를 포함하고 있는 직업명 사전(Dictionary of Occupational Titles, DOT)을 만든다. 이러한 데이터베이스는 조직 내 행동에 대한 여러 연구에서 사용되었다(예 : Schaubroeck, Ganster, & Kemmerer, 1994; Spector & Jex, 1991). 보다 최근에 DOT는 직업정보망(Occupational Information Network, O*NET)이라는 좀 더 확장된 데이터베이스로 보완되었다. O*NET은 DOT를 개선한 것으로 보다 최신 직업들을 추가하였고, 직업이 기술되는 차원을 좀 더 광범위하게 변경하였다. 현재까지는 일부 연구에서만 DOT에서와 동일한 방식으로 기록 자료인 O*NET을 활용하였지만(예 : Liu, Spector, & Jex, 2005), 앞으로는 점차 증가할 것이다.

점차 사용이 증가하고 있는 기록 자료의 또 다른 형태는 공개적으로 이용 가능한 자료 집합들이다. 예를 들어, 은퇴 후 적응을 연구하는 연구자들(예 : Wang, 2007)은 미시건대학교 사회조사연구소(ISR; Juster & Suzeman, 1995)에서 오랜 기간 수행한 **건강 및 은퇴 연구**(Health and Retirement Study)라는 공개된 방대한 조사 자료를 활용해 왔다. 또한 연구자들은 시카고대학교 국립의견연구센터(NORC)에서 오랜 기간 수행한 **일반 사회 조사**(General Social Survey, GSS; Davis & Smith, 1998) 자료를 사용하여 수많은 일과 관련된 이슈들(예 : 직장에서의 공격성; Sliter, Jex, & Grubb, 2013)을 연구해 왔다.

이러한 공식적인 기록 자료뿐만 아니라, 조직심리학자들은 조직의 프로세스를 연구하기 위해 다소 덜 공식적인 자료를 사용하기도 한다. 특히 스포츠 통계는 광범위하게 이용 가능하며, 간접적이기는 하지만 조직 프로세스를 조사하는 데 사용될 수 있다. 예를 들어, 조직심리학자들은 형평이론(equity theory)을 연구하기 위해 프로야구 선수들(Lord & Hohenfeld, 1979)과 리더십 프로세스를 연구하기 위해 프로하키 선수들(Day, Sin, & Chen, 2004)의 수행 자료를 사용해 왔다.

일반적으로 기록 자료를 사용하는 것에는 다음과 같은 장점들이 있다. 첫째, 많은 기록 자료 데이터베이스는 일반인도 쉽게 이용할 수 있고, 인터넷을 통해 접근 가능하다. 둘째, 기록 자료는 반응성이 없다. 기록 자료는 일반적으로 연구자의 목적을 위해 수집된 것이 아니므로 연구의 타당성에 영향을 미칠 수 있는 참가자들의 왜곡 반응을 피할 수 있다. 마지막으로, 기록 자료가 종업원들의 행동을 측정하기 위해 사용될 때, 이러한 기록들은 대개 같은 행동을 자기 보고 방식으로 측정했을 때보다 왜곡될 가능성이 낮다.

이러한 장점에도 불구하고 기록 자료를 사용하는 데 문제점이 있다. 한 가지는 기록 자료는 연구자가 관심 있어 하는 현상에 대한 간접적인 측정만을 포함하고 있다는 것이다. 종업원들의 직무특성을 측정하기 위해 DOT나 O*NET과 같은 데이터베이스를 사용하는 경우에 이러한 문제가 잘 드러난다. 이 두 가지 데이터베이스가 포함하고 있는 정보는 직업 수준에서 수집된 것이므로, 같은 직업군이지만 전혀 다른 일을 하는 또는 매우 다른 조건에서 일하는 개인 간의 중요한 차이가 가려질 수 있다. 예를 들어, 동일한 작업이어도 지방의료센터에서 근무하는 간호사는 대도시의 종합병원 간호사와는 매우 다른 임무를 수행할 수도 있다.

이러한 문제는 연구자가 조직 프로세스를 연구하기 위하여 스포츠 통계를 이용할 때 더 큰 문제가 될 수 있다. 예를 들어, Lord와 Hohenfeld(1979)는 계약 **조정의 해**(arbitration year) 기간 또는 자유 계약 시장에 나가기 전 한 해 동안의 자유 계약 선수들의 수행을 조사하였다. 이번 시즌에서의 선수들의 수행과 새로운 계약 첫해의 수행 자료에 근거하여, 그들은 이 선수들이 자신의 능력 대비 연봉을 제대로 받지 못한다는 과소지급의 느낌을 어떻게 해소하는지에 대해 추론하였다. 그러나 그들은 선수들에게 과소지급되었다고 느끼는지 또는 과소지급의 느낌을 어떻게 해소할 계획인지를 **직접** 물어보지는 않았다.

기록 자료 사용의 또 다른 잠재적인 문제는 **정확성**(accuracy)이다. 조직마다 기록을 정확하게 남기는 관행에 있어 상당한 차이가 있다. 더욱이 조직이 기록을 왜곡할 만한 유인이 있을 경우에는 더욱 그러하다. 예를 들어, 부정적인 평판이나 보험료의 인상을 피하기 위해 사고나 다른 부정적인 사건들을 줄일 수가 있다. 기록 자료가 정부 기관이나 유명한 학술 연구 기관에서 수집된 것이라면 정확성은 다소 덜 문제가 될 것이다. 그럼에도 불구하고 기록 자료를 사용할 때에는 항상 정보의 정확성을 뒷받침해 줄 만한 증거가 있는지를 알아보는 것이 좋다.

기록 자료의 마지막 이슈, 좀 더 구체적으로 다른 조사에서 얻어진 자료들을 사용할 때의 이슈는 **주요 변수의 측정**이다. GSS나 건강 및 은퇴 연구와 같은 대규모의 조사 연구를 수행하는 연구자들은 대체로 측정 변인의 전체 수를 늘리기 위해 단축형 측정치(예 : 한두 문항)를 사용한다. 최초의 조사 연구 맥락에서는 이것이 유용한 방법이겠지만, 이러한 자료의 이차 분석을 수행하는 사람들에게는 자주 문제가 된다. 왜냐하면 단축형 측정치는 연구자가 측정하고자 하는 변인의 빈약한 지표가 될 수도 있기 때문이다.

조사 연구

조직심리학에서 자료 수집 방법으로 가장 널리 사용되고 있는 것은 조사 연구이다(Scandura & Williams, 2000). 조사 연구는 단순히 연구 참가자들에게 글이나 말로 자신들의 지각, 태도 혹은 행동을 보고하도록 요청한다. 이러한 형태의 자료 조사는 다양한 유형의 연구에서 매우 보편적이고, 매우 다양한 목적으로 정보를 수집하는 데 사용되고 있다. 대부분의 독자들은 아마도 지금까지 여러 번 이런 형태의 조사에 참가해 보았을 것이다. 조사 연구 방법이 사용되는 빈도를 고려하여 다른 방법보다 좀 더 자세히 다루고자 한다.

조사 연구 프로젝트를 수행하는 전반적인 단계를 설명하기 전에, 조사 연구의 목적이 무엇인지를 고려해 보는 것이 유용하다. 어떤 경우에 조사 연구는 단순히 기술적인(descriptive) 정보만을 얻기 위해 설계된다. 예를 들어, 조직 내 최고경영팀은 종업원들의 현재 직무만족 수준을 알고 싶어 하며, 정부 기관은 성인 근로자들의 소득 수준을 평가하고자 하며, 조사 기관은 10대들의 약물사용 수준을 파악하고자 한다. 이러한 유형의 연구 조사를 간혹 **실태 조사**(prevalence study)라고 부르기도 한다. Schat, Frone, Kelloway(2006)의 미국 내 직장 폭력과 공격성에 대한 실태 조사 연구가 하나의 사례가 될 수 있다. 그들은 작년 한 해 동안 응답자의 6%만이 물리적 폭력을, 그리고 41%가 **심리적인 공격**을 경험했음을 발견하였다.

또한 조사 연구는 변인들 사이의 관계에 대한 가설을 검증하기 위해 수행되기도 한다. 예를 들어, 한 연구자가 종업원들이 자신의 직무에서 높은 수준의 자율성을 지각하면 높은 수준의 직무만족을 보고하는지를 보려고 하는 경우, 연구자는 자율성이나 직무만족의 실제 수준보다는 두 변인이 서로 관련성이 있는지에 더 관심이 있다. 직장 폭력이라는 주제와 관련하여, Rogers와 Kelloway(1997)는 캐나다의 한 은행에서의 직장 폭력에의 노출이 초래하는 결과들을 연구하였다. 이 연구에서 저자들은 직장 폭력의 절대적 수준에 대한 관심보다는(물론 낮은 수준이기를 바랐겠지만!) 그것이 종업원에게 어떤 영향을 미치는지에 더 관심이 있었다는 점을 주목하라. 그들은 폭력에의 노출은 심리적 안녕감의 감소, 신체 증상의 증가, 그리고 이직 의도의 증가와 연관이 있음을 발견하였다.

조사 연구의 단계

〈그림 2.1〉과 같이 조사 연구 프로젝트를 수행하는 첫 단계는 측정하고자 하는 변인들을 확인하는 것이다. 이론에 기반한 조사 연구 프로젝트의 경우, 변인들은 관심 있는 연구 질문과 직접적으로 관련될 것이다. 직무에서의 대인관계 갈등과 종업원의 직무만족 간의 관계를 연구하고자 한다면, 이 두 변인이 분명하게 측정되어야 한다. 현장의 요구에 의한 응용 연구인 경우 측정되는 변인의 선택은 고위 경영진의 관심사가 반영되기도 하며, 어떤 경우에는 조직 내 여러 계층(level)의 종업원들의 생각이 반영되기도 한다. 이러한 유형의 조사에서 무엇을 측정할 것인지는 최고경영자나 일반 종업원들로 구성된 **초점 집단**(focus group)을 사용하여 결정되기도 한다. 초점 집단은 연구 프로젝트의 예비 단계 동안 아이디어를 생성하기 위해 종종 사용되는 질적 자료 수집 방법이다. 예를 들어, 조사에서 무엇을 측정할지를 결정하기 위해 연구자는 조직의 최고경영진과 함께 초점 집단을 운영할

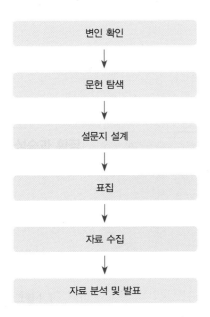

그림 2.1　조사 연구 프로젝트의 수행 단계

수 있다. 연구자는 초점 집단 회기에서 다음과 같은 질문으로 시작할 수 있다. "이 조직에서 종업원들의 가장 큰 관심사는 무엇입니까?" 이런 질문에 이어서 개방형 토론이 이루어지는데, 연구자는 그 토론에서 제기되는 주요 문제들을 정리할 수 있다.

연구자가 어떤 변인을 측정할 것인지를 결정하였다면, 다음 단계는 변인과 관련된 문헌들을 광범위하게 살펴보는 것이다. 이것은 변인을 측정할 수 있는 만족할 만한 방법이 존재하는지를 확인하기 위해서이다. 조직심리학자들에게 흥미로운 많은 변인의 경우, 대개 몇 가지 적절한 측정 도구가 가용하다. 이미 개발된 도구를 사용하면, 새로 개발할 필요가 없기 때문에 연구자는 시간을 상당히 절약할 수 있다. 대개 이론에 기반을 둔 연구들은 이미 개발된 도구를 주로 사용하는 반면, 종업원 의견 조사와 같은 현장의 응용 프로젝트에서는 입증된 측정 도구를 사용하기가 어려운 경우가 있다. 왜냐하면 종업원 의견 조사에서 측정하고자 하는 여러 변인은 조직마다 각자 다를 수 있기 때문이다. 필자의 경험에 의하면, 대개 조직은 정보의 관련성(relevance)을 높이기 위해 **맞춤형**(customized) 조사 문항을 원하는 경우가 많다. 반면, 이전에 개발된 조사 측정치를 사용하면 종업원들의 반응을 규준(norm) 자료와 비교할 수 있기 때문에 조직 입장에서는 장점이 된다(예 : Spector & Jex, 1998). 예를 들어, 동일 산업 내에 다른 회사의 종업원들과 비교해서 우리 종업원들의 만족도가 어느 정도인지 알고 싶을 때가 있기 때문이다.

연구자가 측정할 변인을 정하고 적합한 측정 도구를 확인하고 나면, 다음 단계는 **설문지**(questionnaire) 혹은 **조사 도구**(survey instrument)를 설계하는 일이다. 이 단계는 설문지의 질이 자료의 진실성(integrity)에 크게 영향을 미칠 수 있다는 측면에서 매우 중요하다. 질적으로 우수한 조사 도구를 설계하는 것은 많은 시간을 요하며, 힘이 드는 과정이다. 다행히 설문지 설계과정을 도와줄 수 있는 훌륭한 정보 원천들이 있다(예 : Dillman, 2011). 설문지를 개발하는 데 있어 지켜야 할 한 가지 일반적인 원칙은 응답자가 답하기 쉬워야 한다는 것이다. 즉 지시문이 이해하기 쉬워야 하고, 반응 범주가 잘 정의되어 있어야 하며, 문항이 명확하게 기술되어야 한다. 점점 더 많은 연구자들이 조사 자료를 인터넷을 기반으로 수집하고 있는 것은 이러한 이유 때문일 것이다. 인터넷에 기반한 조사에 응할 때, 응답자들은 적절한 반응 범주에 클릭만 하면 되고, 다 끝나면 간단히 '전송(send)' 버튼만 누르면 된다. 인터넷을 기반으로 한 자료 수집의 잠재적인 단점은 조사 도구에 응답하는 사람들에 대한 통제가 거의 불가능하다는 것이다. 또한 인터넷을 통해 모은 표본들은 다른 방법을 통해 모은 표본들과는 체계적으로 다를 수도 있다(예 : 인터넷 표본이 교육 수준이 더 높을 수 있다). 그렇지만 경험적 연구에 의하면, 온라인 자료 수집이 조사 결과에 특별히 영향을 미친다는 증거는 아직 없다(참고 2.2 참조).

설문지 설계과정에서 또 다른 중요한 단계는 단순히 동료에게 설문지를 한번 검토해 달라고 부탁하는 것을 포함한 여러 형태의 **사전 검사**(pilot testing)를 실시하는 것이다. 신중한 사전 검사를 통

온라인 자료 수집

지난 20여 년 동안 온라인 조사가 표본에의 접근성, 자료 입력의 용이성, 자료 수집 시간 감소와 같은 장점들로 인해 점차 인기 있는 조사 방법론이 되었다. 온라인 자료 수집은 대개 이메일을 사용하여 수행된다. 표본으로부터 온라인으로 자료를 수집하는 한 가지 방법은 연구 참여자들이 들어가서 응답할 수 있는 웹 사이트를 사용하는 것이며, 이러한 목적으로 통상 많이 사용되는 두 웹 사이트는 아마존 Mechanical Turk와 Study Response Project이다.

아마존의 Mechanical Turk(MTurk)는 *Requester*라 불리는 서비스로, 개인이나 조직이 컴퓨터가 수행할 수 없는 과업을 완수하도록 사람들 간 서로 협력하도록 중재해 준다. Requester가 *HITs*(Human Intelligence Tasks)라고 하는 과업을 게시하면 *Worker*라 불리는 MTurk 계정을 가진 개인들이 게시된 과업을 브라우징하고 Requester가 미리 정한 금전적인 보상을 받고 그 과업을 완수할 수 있다. Requester는 HIT에 참여하기 전에 특정한 자격 요건을 제시하여 참가자들(Workers)을 선별할 수 있으며, 또한 그들의 응답을 수용 또는 거부할 수 있는 권한을 가진다. 이것은 MTurk에서 Worker들의 명성에 반영된다.

연구자들이 온라인 표본으로부터 자료를 수집할 수 있는 또 다른 웹 사이트는 Study Response Project이다. MTurk에는 매우 다양한 Requester가 게시한 매우 폭넓은 주제의 HIT가 있지만, Study Response는 특별히 행동과학, 사회과학, 그리고 조직과학의 연구를 위해 이메일을 통한 성인 연구 참여자들의 참여를 도모하는 프로젝트이다. 자신에 대한 일반적인 정보를 제시함으로써 누구나 Study Response의 참여자가 될 수 있다. Study Response는 이러한 정보를 보유하고 있다가 적절한 연구 프로젝트가 있는지 체크하고 그들을 매칭시켜 주는 데 사용한다. Study Response에 등록된 연구자들은 수행 중인 연구에 대한 정보, 필요한 참여자의 수, 그리고 필요한 인구통계적 특성(MTurk의 자격 요건과 비슷함)을 가지고 웹 사이트와 접촉하면, Study Response는 요구 조건에 맞는 기존 참여자들의 리스트를 이메일로 보내 준다. Study Response의 서비스를 사용하려면 연구자가 라이선싱비(사용료)를 지불해야 한다. 이것은 참여자들에게 응답당 지불 방식 또는 행운권 추첨 방식으로 인센티브를 지불하는 데 주로 사용된다.

온라인 자료 수집에 대한 비판은 MTurk와 Study Response와 같은 웹 사이트가 인구통계적 특성에서나 응답의 질적인 측면에서 전통적인 방식으로 수행되는 조사에서의 표본과는 다른 표본을 제공할 수 있다는 점에 있다. 그렇지만 MTurk 자료의 질에 대한 여러 연구가 수행되었지만, 결과는 나쁘지 않았다. Buhrmester, Kwang, Gosling(2011)은 MTurk의 참여자들은 전형적인 미국 대학생 표본보다 인구통계적으로 훨씬 유의하게 더 다양하며, 현실적인 참여 보상 비율은 자료의 질에 영향을 미치지 않으며, 자료들이 적어도 전통적인 방법으로 수집된 것들만큼이나 신뢰할 만하다는 것을 발견하였다. 또한 그들의 연구 결과에 따르면, 참여에 대한 현실적인 보상 비율과 과업의 길이(예 : 설문지 길이)가 참여 여부에 영향을 미쳤지만, 그럼에도 여전히 신속하고 저렴하게 필요한 참여자들을 모을 수 있었다. 이러한 결과는 자료 수집을 위해 온라인으로 참여자를 모으고 웹 사이트를 사용하는 것의 밝은 전망을 보여 준다.

출처 : Buhrmester, M., Kwang, T., & Gosling, S.D. (2011). Amazon's Mechanical Turk: A new source of inexpensive, yet high-quality, data? *Perspectives on Psychological Science*, 6(1), 3–5; *Mechanical Turk welcome page*. https://www.mturk.com/mturk/welcome; *The study response project main page*. http://www.studyresponse.net/index.htm

볼링그린주립대학교 Alison M. Bayne 기고.

해 불분명한 지시문, 제대로 표현되지 않은 문항, 심지어 오타까지도 검토할 수 있다. 직장인들을 대상으로 하는 조사라면 특히 이때 수집해야 할 또 다른 중요한 정보는 설문을 완성하는 데 걸리는 시간이다. 왜냐하면 일반적으로 조직은 설문 조사로 인해 구성원들이 얼마나 업무에서 벗어나게 되는지 알고 싶기 때문이다.

설문지를 설계하고 사전 검사를 한 다음의 단계는 조사 대상자들을 선정하는 것이다. 조직 내에서 조사가 이루어질 경우, 단순히 모든 종업원을 대상으로 조사를 할 수도 있고, 다른 경우에는 범위를 좁혀 일부 종업원만을 대상으로 조사할 수도 있다. 예를 들어, 만약 연구자가 종업원들의 고객 서비스 행동에 관심이 있다면, 적어도 고객을 직접 대하는 종업원들로 제한해야 할 것이다. 유사하게, 한 연구자가 은퇴와 관련된 결정에 영향을 미치는 요인들에 관심이 있다면, 표본을 55세 이상으로 제한하는 것이 적절할 것이다.

심지어 연구자가 특정 유형의 종업원을 대상으로 하지 않는 경우라도, 잠재적인 응답자의 수가 너무 많은데도 모두 다 조사에 포함시키는 것은 실용적이지 않을 수 있다(예 : 5만 명의 종업원을 둔 다국적기업). 그래서 **확률 표집법**(probability sampling)을 사용하게 된다. 확률 표집법은 연구자가 일정한 오차 범위 내에서 결과를 보다 더 큰 집단(또는 모집단)으로 일반화하기 위하여 모집단에서 표본을 추출하는 방법이다(Fowler, 2013). 확률 표집법의 가장 기본적인 형태는 단순 무선 표집법(simple random sampling)이다. 이 방법은 모집단의 모든 구성원이 표본에 포함될 가능성이 있을 뿐만 아니라, 모두 동일한 확률을 가진다는 전제를 기본으로 한다. 예를 들어, 연구자는 조직 내 조사에 참여하도록 현재의 종업원 명부에서 무선적으로 200명을 선택할 수 있다.

종종 사용되는 확률 표집법의 또 다른 형태는 **층화된 무선 표집법**(stratified random sampling)이다. 이 방법은 기본적으로 구분 가능한 집단이나 '층(strata)' 내에서 단순 무선 표집을 적용하는 것이다. 층화된 무선 표집법은 종종 측정의 정확성을 높이기 위해 사용된다(Fowler, 2013). 즉 측정이 층 내에서 이루어지고 다시 합쳐진다면, 전체 모집단에서 단순히 무선 표집을 하는 것보다 더 정확할 수 있다. 또한 층화된 무선 표집법은 표본의 대표성(representativeness)을 증가시키기 위해 사용될 수 있다. 예를 들어, 조직 내에 동일한 비율의 다섯 종류의 종업원 집단이 있다면, 추출된 표본도 이런 특징을 잘 반영하기 위해서는 비례적(proportional) 층화 무선 표집이 적용될 수 있다.

특별한 경우에 사용될 수 있는 확률 표집법의 세 번째 형태는 **군집 표집법**(cluster sampling)이다. 앞서 살펴본 두 가지 표집법과 구분되는 점은 표집의 단위(unit)가 더 이상 개인이 아니라 더 큰 단위 혹은 '군집'이라는 것이다. 군집 표집법이 사용된 사례로는 몇 해 전에 필자 중의 한 명이 미 육군 모집 사령부(USAREC)에서 수행한 연구 프로젝트를 들 수 있다. 이 조직은 지리적으로 매우 분산되어 있고 다양한 수준(여단, 대대, 중대, 기지)으로 구성되어 있었다. 프로젝트의 초기 단계에서, 여단, 대대, 중대 수준에서 50명씩 일대일 면접을 하기로 결정하였다. 이러한 세 수준에서 개인들을 무선적으로 선별하기보다는 우선 각 여단 내에서 두 대대를 무선적으로 선정하는 것으로 결정하였다. 각 대대에 가장 인접하게 위치한 중대에서뿐만 아니라 각 대대에서 2명씩 추출하여 면접을 하였다.

군집 표집법의 가장 큰 장점은 면대면 인터뷰를 통해 자료가 수집될 때 연구자의 시간과 비용을 절감시켜 준다는 것이다. 앞서 언급한 프로젝트에서, 만약 군집 표집법 대신 단순 무선 표집법을 사용했다고 상상해 보자. 면접을 하기 위해 선택된 50명은 지리적으로 매우 분산되어 있기에 각각의 면접을 다 마치려면 매우 오랜 기간 여행을 했어야 할 것이다. 군집 표집법을 사용할 때의 위험 요소는 단순 무선 표집법을 사용했을 때보다 표본의 대표성이 떨어질 수 있다는 것이다. 그럼에도 불구하고 대부분의 경우에 비용을 줄이기 위해 대표성이 다소 떨어지는 위험은 감수할 만하다.

연구자가 조사 대상자를 결정했으면, 다음 단계는 실제적으로 자료를 수집하는 것이다. 조사 자료를 수집하는 데는 여러 가지 방안이 가능하고, 각 방안에는 모두 장단점이 있다. 조직 내 설문 조사에서 자료를 수집하는 이상적인 방법은 특정 장소에 종업원들을 불러 모아 설문지를 완성하게 하고, 끝나면 바로 연구자에게 제출하는 것이다. 이러한 방법은 양호한 응답률(response rate)을 얻을 수 있는 가능성이 높기에 이상적이다. 낮은 응답률은 조사 결과가 표적 집단을 제대로 대표하는지에 대한 의문을 제기하기 때문에 바람직하지 않다. 예를 들어, 필자 중 한 명이 한때 참여했던 조직 내 종업원 의견 조사에서의 응답률은 대략 10% 정도밖에 되지 않았다. 낮은 응답률은 그 자체로 뭔가를 말해 주지만, 조사를 통해 얻어진 정보의 타당도에도 의문이 제기될 수 있다.

어떤 경우에는 종업원들을 한곳에 불러 자료를 수집하는 것은 그들의 스케줄 때문에 실용적이지 않거나 비밀보장에 대한 우려 때문에 권장할 만하지 않다. 이런 경우에 사용할 수 있는 방법으로 종업원의 집으로 설문지를 우편 발송하거나, 전화로 설문 문항을 불러 주면서 응답을 받거나, 인터넷 또는 내부 체계인 인트라넷을 통해 설문 조사를 하는 것이다. 이러한 방법은 특정 장소에 불러 모아서 자료를 수집하는 방법에 비해서는 덜 바람직하지만, 실제로 연구자들이 다양하게 많이 사용하고 있고, 그런대로 양호한 응답률을 얻을 수 있다(예 : Dillman, 2011). 예를 들어, 조사 자료를 수집하기 위해 사용되는 방법과는 무관하게 인센티브(예 : 돈이나 상품권)를 사용하는 것은 응답률에 긍정적인 영향을 미친다는 증거가 있다(참고 2.3 참조).

조사 프로젝트의 마지막 단계는 자료 분석과 발표이다. 조사 자료의 분석은 연구 목적에 맞게 결정되어야 한다. 만약 기술(description)이 목적이라면(대개 조직이 조사 프로젝트에 착수하는 경우), 분석은 상대적으로 단순하면서도 방향이 명확하다. 이런 경우 기술 통계치(예 : 평균, 범위, 백분율)로도 충분하다. 조사 자료가 이론에 기반을 둔 가설을 검증하기 위한 것이라면, 변인 간의 가설화된 관계를 검증하기 위해 분석이 실시되어야 한다. 가설 검증을 위한 통계분석의 더 자세한 내용은 이 장의 뒷부분에서 다룬다. 그러나 조사 자료는 전형적으로 변인들 사이의 **공변관계**(covariation), 즉

참고 2.3

인센티브의 영향

지난 20여 년 동안 자료 수집을 위한 인터넷의 사용은 점차 일반적인 관행이 되어 왔다. Amazon의 MTurk나 Study Response Project와 같은 온라인 접근 패널들이 연구자들이 설문 응답 자료를 수집하는 데 사용할 수 있는 인기 있는 자원들이다. 이러한 온라인 접근 패널들은 웹 조사에 지속적으로 참여하기로 동의한 사람들의 집단이다.

온라인 패널은 장점이 많다. 다양한 연구에서 표집원(sampling source)으로 사용될 수 있고, 적합한 응답자들을 찾는 데 드는 비용을 줄일 수 있고, 쉽게 이용가능한 응답자들이 있기에 자료 수집의 기간을 줄일 수 있으며, 패널 내 후보 응답자들의 인구통계적 정보에 근거하여 표적으로 하는 표본을 신속하게 구분해 낼 수 있다. 그러나 온라인 패널이 연구자들에게 유용하기 위해서는 무엇보다 다양한 사람들이 패널 풀에 들어가도록 유인해야 한다. 사람들이 패널에 참여하도록 유인하는 가장 흔한 방법이 인센티브를 제공하는 것이다.

Göritz(2004)는 설문 조사 응답에서 인센티브의 효과를 메타 분석을 통해 조사하였다. 결과에 의하면, 인센티브는 웹 조사에 참여하려는 동기가 되며, 인센티브가 제시되면 중간에 탈락할 확률이 낮아졌다. 중간 탈락에 있어, 인센티브로 주어지는 상품의 가치와 인센티브 효과 간의 유의한 상관관계도 나타났다.

또한 Göritz(2004)는 인센티브의 유형과 양 간의 차이도 살펴보았다. 결과에 의하면, 인센티브의 유형과 양은 응답의 양에는 아주 작거나 아무런 영향을 미치지 않았고, 응답의 질에는 아무런 영향을 미치지 않았다. 또한 기대 가치가 높거나 보상을 담보하는 인센티브(예 : 경품 추천보다는 현금과 같은 보상 포인트)가 패널 참여자들에게 더 매력적이었다. 더불어 패널에 자발적으로 참여한 사람들과 그렇지 않은 사람들 모두 동일하게 인센티브의 영향을 받았다.

출처 : Göritz, A. (2004). The impact of material incentives on response quantity, response quality, sample composition, survey outcome and cost in online access panels. *International Journal of Market Research*, 46, 327–346.

볼링그린주립대학교 Alison M. Bayne 기고.

한 변인에서의 변화가 다른 변인에서의 변화와 연관되는지를 평가하는 데 가장 적절하다는 점에 주목할 필요가 있다. 한 변인이 다른 변인의 변화의 원인인지를 조사 자료만으로 평가하기는 어려운데, 왜냐하면 이런 자료들은 대개 한 시점에서만 수집되는 **횡단적**(cross-sectional) 자료이기 때문이다.

조사 자료를 사용하여 인과관계(causality)를 좀 더 확실하게 평가하기 위해서는 **종단**(longitudinal) 설계를 해야 한다. 예를 들어, 한 시점에서 종업원의 직무에 대한 태도를 측정한 뒤에 6개월 후, 1년 후, 그리고 18개월 후의 세 시점에서 직무수행을 측정하는 것이다. 횡단 설계와 비교하여, 종단 연구는 적어도 인과관계를 파악할 수 있도록 해 주는 시간 기반을 제공하기 때문에 더 좋다. 앞의 예에서 직무 태도는 직무수행보다 **앞서** 측정되었으므로, 직무 태도가 직무수행에 인과적인 영향을 미쳤는지를 보다 분명하게 알 수 있다. 또한 직무수행이 세 시점에서 측정되었기 때문에 이 연구는 직무 태도가 직무수행에 영향을 미치는 과정에 대한 많은 통찰을 줄 수 있다. 예를 들어, 직무 태도가 직무수행에 처음에는(예 : 6개월 후) 영향을 줄 수 있지만, 1년 이후에는 이 영향이 점차 사라질 수 있다.

또 다른 예로, Meier와 Spector(2013)는 업무 스트레스 유발요인과 반생산적 작업행동 간의 상호 관계를 조사하기 위해 종단적인 연구설계를 하였다. 그들은 두 변인을 8개월에 걸쳐 5번 측정하였다. 그들이 발견한 것은 스트레스 유발요인들이 높은 수준의 반생산적 작업행동을 유발하고, 예상한 바대로, 반생산적 작업행동은 다시 높은 수준의 스트레스 유발요인으로 이어졌다. 이러한 연구 결과는 횡단적인 연구설계로는 발견할 수 없는 것이다. 인과 추론이 쉬운 조사 자료를 얻는 또 다른 방법은 **경험 표집법**(Experience Sampling Methodology, ESM; Fisher & To, 2012)이다. 전형적인 ESM 연구에서는 특정한 시간 틀(예 : 1, 2주)에서 여러 시점에 자료를 수집한다. 예를 들어, Fritz와 Sonnentag(2005)은 사람들이 업무 요구로부터 회복하기 위해 업무로부터 벗어난 시간에 어떻게 회복 경험을 하는지를 조사하기 위해 ESM을 사용하였다. 그들은 일로부터 일시적으로 분리되도록 해 주는 비업무적 활동들이 가장 큰 회복을 가져다준다는 것을 발견하였다.

ESM의 가장 큰 장점은 제한된 시간 동안 반복적으로 자료가 수집되기에 응답자들이 단순히 과거에 대한 회고적(retrospective) 반응을 하지 않는 데 있다. 또한 비교적 짧은 기간 동안이지만 개인 내(within-person) 변화를 평가할 수 있다는 점도 장점이다. 그러나 단점도 있다. 가장 큰 단점은 참가자들이 자료 수집의 요구조건에 분명히 따르도록 하는 데 있다. ESM을 사용하는 연구자들은 통상 금전적인 인센티브를 횡단적인 연구 참여자들보다 더 많이 준다. 또한 이메일이나 심지어는 전화를 통해 참여자들에게 응답을 상기시키거나 독촉하는 메시지를 보내는 것이 일반적이다.

ESM의 또 다른 주요한 단점은 관찰 연구의 맥락에서도 논의한 반응성(reactivity)의 가능성이다. 특정한 방법론이 반응적이라는 것은 방법 자체가 관심 있는 연구 현상을 변화시킬 수 있다는 것을 의미한다. ESM 연구의 경우, 여러 시점에서 측정이 이루어진다는 점에서 반응성의 가능성이 있다. 예를 들어, 직장에서의 하루하루의 갈등이 잠의 질에 미치는 영향에 관심이 있다고 해 보자. ESM 설계를 적용하면, 2주 동안 하루 근무 시간이 종료될 때 직장에서의 갈등에 대한 종업원의 지각을 측정하고, 다음 날 아침에 잠의 질에 대한 지각을 측정할 수 있다. 이것이 어떻게 반응적일 수 있을까? 이 두 변인이 매일 측정되기 때문에 참여자들은 그것들 간의 관계를 점차 인식하게 되며, 그래서 변화가 생긴다는 것이다. 응답자들이 연구에 참여하지 않았다면 인식하지 못했을 갈등도 이제는 예민하게 인식하게 되고, 잠의 질을 매일 보고하게 되면서 그것에 대한 인식 수준이 높아져 그것을 변화시키는 결과가 나타날 수도 있는 것이다. 이러한 잠재적인 단점들에도 불구하고, ESM 연구는 여전히 상당히 유용하고 점차 사용빈도가 증가할 것이 분명하다.

실험법

조직심리학에서 자료 수집의 또 다른 형태는 **실험법**(experimentation)이다. 실험은 상황에 대한 통제 가능성이 높기 때문에 인과관계에 대한 가설을 평가하는 데 최고의 기회를 제공한다. 또한 인과관계를 찾아내고, 그것을 설명하는 것이 바로 과학의 주된 목표이므로 이러한 측면은 매우 중요하다.

실험은 일반적인 용어이므로, 학생들에게는 '순수(true)'실험이라고 하는 것이 무엇인지 불분명할 수도 있다. Cook, Campbell, Peracchio(1990)에 따르면, 순수실험(true experiment)은 다음과 같은 세 가지 특징을 가진다는 면에서 다른 방법들과는 다르다. 즉 (1) 독립변인의 조작과 종속변인의 측정, (2) 실험 처치 조건들에의 무선 할당, (3) 실험자에 의한 최대한의 통제이다. 세 가지 특징 각각에 대하여 검토해 보기로 하자.

독립변인(independent variable)이라는 용어는 다른 변인에게 어떤 효과를 가지는 것으로 제안된 변인을 나타낼 때 사용되며, 대개 연구자의 주된 관심사이다. 독립변인을 조작(manipulation)한다는 것은 연구 참가자들이 이 변인의 각기 다른 수준을 경험한다는 것을 의미한다. 예를 들어, 만약 연구자가 수행에 대한 피드백의 영향에 관심이 있다면 독립변인은 피드백이 될 것이다. 즉 첫 번째 집단에게는 과업을 수행한 후에 피드백을 제공하지만, 두 번째 집단에게는 피드백을 제공하지 않음으로써 이 변인을 조작할 수 있다.

종속변인(dependent variable)의 측정은 독립변인에 의해 영향을 받을 수 있는 연구 참가자들의 행동이나 태도를 체계적으로 기록하는 것이다. 구체적으로 어떤 종속변인을 측정할 것인지는 대개 이전 연구를 따르거나 이미 검증된 방법을 사용한다. 예를 들어, 조직심리학에서 태도와 관련된 종속변인은 자기 보고형 설문을 통해 측정하는 것이 일반적이다. 그러나 사용된 종속 측정치는 단순히 그 개념의 조작적인 정의(operational definition)일 뿐이라는 것을 명심해야 한다. 예를 들어, 직무만족은 한 개인이 자신의 직무나 직무상황에 대해 긍정적이거나 부정적인 느낌을 갖는지의 여부를 나타내는 것이다. 만약 다섯 문항으로 구성된 척도를 사용하여 직무만족을 평가한다면, 이 측정치는 실제로 이 개념 정의를 나타내기 위해 사용된 것이다. 달리 말하면, 직무만족은 단순한 직무만족 측정치에 대한 한 개인의 점수 이상이다.

실험법을 정의하는 두 번째 특징은 무선 할당(random assignment)이다. 이것은 연구 참가자들을 독립변인 혹은 처치 조건(treatment conditions)의 각기 다른 수준하에 있는 여러 집단에 무선적 혹은 비체계적 방식으로 할당하는 것을 의미한다. 연구 참가자들을 무선적으로 할당하는 것은 매우 쉬운 일인데, 예를 들어 동전 던지기와 같은 방법을 통해서도 가능하다. 무선 할당을 하는 논리는 매우 간단하다. 만약 연구 참가자들이 무선적으로 할당된다면, 서로 다른 처치집단들은 독립변인을 제외하고는 모두 조건이 동일하게 될 것이다. 이것은 종속변인에 대한 처지 조건들 사이의 차이는 전적으로 독립변인의 영향임을 확신할 수 있게 한다.

실험을 정의하는 세 번째 특징은 최대한의 통제(maximum control)인데, 이것은 독립변인의 조작과 종속변인의 측정이 통제된 조건하에서 이루어지는 것을 의미한다. 연구자는 독립변인을 제외한 다른 변인들이 모두 일정하게 유지될 수 있도록 노력해야 한다. 무선 할당과 같이 처치집단들 사이의 차이는 오로지 독립변인의 영향임을 확신하기 위해서이다. 실험실 장면에서 실험을 하면 대개 연구자들은 상당히 높은 수준의 통제를 할 수 있게 된다. 현장에서 실험을 하는 것은 불가능 하지는 않더라도 매우 도전적인 일이다. 예를 들어, Eden(1985)은 팀 개발 개입(team development intervention)의 영향을 평가하기 위해 이스라엘의 국가방위군을 대상으로 현장 실험을 한 바 있다.

실험을 평가하는 주요한 기준은 내적 타당도(internal validity)이다. 이것은 종속변인에서 관찰된 변화가 독립변인의 조작에 기인한 것이지 다른 요인들의 영향이 아니라는 것을 확신할 수 있는 정 도를 나타낸다. 순수실험의 두 가지 정의적 특성인 무선 할당과 최대한의 통제가 담보되면, 실험법 은 통상 높은 내적 타당도를 보인다.

실험을 평가하는 또 다른 주요한 기준은 외적 타당도(external validity)이다. 이것은 실험의 결과가 다른 장면이나 모집단에도 일반화할 수 있는 정도를 나타낸다. 이것은 이 장의 뒷부분에서 다시 논 의될 정도로 중요한 이슈이다. 그러나 여기서는 실험이 대학생들을 대상으로 대학 실험실에서 주로 이루어지기에, 내적 타당도가 높은 순수실험이라고 하더라도 외적 타당도는 그만큼의 확신을 가질 수 없다는 점을 언급하고자 한다.

유사실험법

Cook 등(1990)에 따르면, **유사실험**(quasi-experiment)은 앞서 기술한 순수실험의 주요한 특징들 중 한두 가지가 결핍된 것을 제외하고는 거의 유사하다. 조직 장면에서 연구자가 관심을 갖는 독립변 인은 조직의 통제하에 있거나, 자연적으로 발생하는 사건들일 수 있으므로 대개는 조작이 불가능하 다. 조직의 통제하에 있는 독립변인의 예로는 훈련 프로그램이나 직무 재설계를 들 수 있다. 독립변 인으로 사용될 수 있는 자연적으로 발생하는 사건들에는 컴퓨터의 갑작스런 불능, 정부 규제의 변 화 또는 합병 등이 있다. 이 모든 경우에서 연구자는 어떤 참여자들을 어떤 조건에 둘지를 사전에 '조작'하거나 결정할 수가 없다.

또한 연구 참여자들을 처치 조건에 무선적으로 할당할 수 없는 조직 장면에서 유사실험 설계가 자주 사용된다. 종업원들의 교육 프로그램에의 참여는 무선적이지 않은 할당의 좋은 예이다. 종업 원들은 대개 자발적으로 혹은 확인된 교육 필요에 근거하여 교육 프로그램에 참가한다(Goldstein, 1993). 그러므로 만약 연구자가 교육 프로그램 참가자들과 비참가자들을 비교하고자 한다면, 이 두 집단은 주요한 측면에서 이미 차이가 있을 수 있다.

유사실험법이 가지는 이런 제약점들을 고려하면, 어떻게 연구자들은 독립변인이 종속변인에 인 과적인 영향을 미친다는 것을 증명할 수 있을까? 한 가지 방법은 독립변인과 종속변인 간의 관계를 애매하게 만드는 변인들을 일단 측정하고, 나중에 통계적으로 통제하는 것이다. 예를 들어, 만약 독립변인의 한 수준에 할당된 종업원 집단의 평균 연령이 다른 수준의 집단에 비해 높다면, 집단 간 비교를 할 때 연령을 측정하여 통계적으로 통제하면 된다. 이런 경우, 연령을 공변인(covariate)으로 사용한 것이다.

통계적인 통제 이외에도, 유사실험법에서 처치집단 간의 차이가 발견되면, 연구자는 독립변인의 영향 이외의 다른 대안적 설명들을 체계적으로 확인하고 배제해야 한다. Cook과 Campbell(1979)에 따르면 유사실험 설계에서는 처치집단과 통제집단 간의 차이를 설명할 수 있는 독립변인 이외의 다양한 원인이 존재한다. 예를 들어, 서로 다른 집단의 참가자들은 상이한 과거사를 경험했을 수도 있고, 참가자들의 변화 속도에 있어 차이가 날 수도 있으며, 연구에 참가하는 것 자체에 대해 상이한 관점을 가질 수도 있다.

유사실험을 수행하는 연구자는 자신의 발견이 다른 대안적인 요인들에 기인한 것인지를 결코 명확하게 알 수 없지만, 다만 서로 다른 대안적인 설명의 개연성(plausibility)을 가늠하는 것은 가능하다. 예를 들어, 한 지점에서는 직원들의 직무를 재설계하였고, 다른 지점에서는 그렇게 하지 않는 한 은행을 대상으로 유사실험을 수행하는 경우를 생각해 보자. 3개월 후에 직무가 변화하지 않는 지점과 비교하여 직무를 재설계한 지점에서 고객만족도가 매우 높아졌다.

직무 재설계가 고객만족도 증가의 원인일 것으로 추측할 수 있지만, 이것이 순수실험이 아니기 때문에 직무 재설계 이외의 다른 가능한 설명도 있을 수 있다. 이런 대안적 설명들을 배제하기 위해 연구자는 우선 고객만족도의 차이를 야기할 수 있는 두 지점의 직원들 사이에 이미 어떤 차이가 있었는지를 파악하기 위해 두 지점을 체계적으로 비교해 볼 수 있다. 만약 이 두 지점의 직원들이 근속기간과 전반적인 직무수행에서 유사하다면, 이 두 가지는 적절치 않은 대안적인 설명으로 배제될 것이다. 또한 연구자는 두 지점의 단골 고객들의 특성에 대한 정보를 수집할 수도 있다. 만약 두 지점의 고객들이 인구통계적으로 유사한 경향이 있고 소득 수준도 비슷하며, 은행 서비스를 비슷하게 사용한다면, 이 역시 적절치 않은 대안적 설명으로 배제될 것이다. 사실 연구자는 자신의 발견에 대한 대안적 설명들을 확인하고 배제하기 위하여 탐정과 같은 역할을 해야 한다. 가능한 대안적 설명을 모두 확인하는 것은 불가능하므로, 연구자는 대개 가장 개연성이 높은 요인을 배제하려고 노력한다.

컴퓨터 시뮬레이션/컴퓨터 모델링

최근 몇 년 사이에 상당히 인기를 모은 자료 수집의 두 가지 유사한 방법은 컴퓨터 시뮬레이션과 컴퓨터 모델링이다. 몬테 카를로 연구라고도 불리는 **컴퓨터 시뮬레이션**은 통계 지향적인 연구에서 자주 사용된다. 예를 들어, 통계적 가정들이 위배되면 검증력에 어떤 영향을 미치는지 시뮬레이션해 보는 것이다(예 : Aguinis & Stone-Romero, 1997). 다른 말로, 통계적 가정들을 다양하게 변화시킨 시뮬레이션 자료를 만들어서 가정의 위배 정도가 미치는 영향을 고찰하는 것이다.

컴퓨터 모델링(computational modeling)은 일반적인 용어로서, 모두를 다루는 것은 이 책의 범위를 넘어서지만, 여기서는 인간 행동의 특정한 측면에 대한 수학적 모델을 개발하는 것을 의미한다(Ilgen & Hulin, 2000). 의사결정이나 도움 행동과 같은 어떤 행동 과정들은 상당히 체계적으로 변화하기에 그것을 묘사하는 수학적 모델을 만들 수가 있다. 전형적인 컴퓨터 모델링 연구들에서는 어떤 현상의 수학적 모델을 만들 뿐만 아니라, 실제로 자료를 수집하여 인간의 실제 행동이 모델에 부합하는지를 검증한다. 한 가지 예로서, Vancouver, Putka, Scherbaum(2005)은 목표 난이도 효과의 컴퓨터 계산 모델을 개발하였고, 이 모델이 학부생들의 모의 일정관리 과업의 수행을 예측하는 데 매우 정확하다는 것을 발견하였다. 컴퓨터 하드웨어뿐만 아니라 수학적 모델링이 점점 더 정교해짐에 따라 앞으로 시뮬레이션과 컴퓨터 모델링이 점차 더 많이 사용될 것이다.

자료 수집 방법의 선택

다양한 자료 수집 방법에 대해 파악하고 나면, 다음 질문은 이러한 방법들 중 어떤 방법을 선택할지에 관한 것이다. 불행하게도 이러한 선택을 도와줄 구체적인 답안은 존재하지 않으므로 각 방법의 장단점을 충분히 비교해 보는 것이 가장 좋은 방안일 것이다. 〈그림 2.2〉에서 보듯이, 관찰법의 가장 큰 장점은 연구자에게 자연스런 상황에서 행동을 연구할 수 있는 기회를 제공한다는 것이다. 다만, 관찰법은 대체로 매우 많은 시간과 노력을 요한다는 단점이 있다.

기록 자료는 자기 보고식 측정이 가지는 잠재적 문제점을 극복하도록 해 준다. 또한 기록 자료는 제법 광범위하게 이용할 수 있다는 장점도 가진다. 그러나 기록 자료의 주요한 단점은 초기에 자료가 수집될 때 아무런 통제를 가할 수 없다는 점이다. 그러므로 자료를 적절하게 수집하였고, 상당히 정확하다는 확신이 있을 때만 사용해야 할 것이다.

조사 방법론은 비교적 적은 비용으로 많은 사람들로부터 자료를 얻을 수 있다는 장점이 있다. 그러나 조사 자료는 대체로 인과관계에 대한 추론을 하기 어려운데, 특히 횡단 설계 자료인 경우에는 더욱 그러하다. 실험법은 인과관계를 평가하는 가장 좋은 방법이다. 그러나 어떤 경우에는 실험 결과의 일반화(generalization)가 의문시될 수도 있다. 유사실험법은 많은 경우 자연스러운 장면에서 인과관계를 평가할 수 있는 방법이 된다. 그러나 유사실험은 연구자가 실제 현장을 통제할 수 없는 경우가 많기에 실험을 하기가 어려울 수 있다.

마지막으로, 컴퓨터 시뮬레이션과 컴퓨터 모델링은 실제 연구 참여자들로부터 자료를 수집하지 않아도 된다는 점이 장점이지만, 적용할 만한 연구 범위가 다소 제한되어 있고, 통계와 수학에 대한 상당한 훈련을 받아야만 사용할 수 있다.

〈그림 2.2〉에 요약된 장단점과 더불어 어떤 자료 수집 방법을 선택할지는 대개 연구자의 목적에

관찰법	
장점	**단점**
• 자연스러운 상황에서의 행동 포착 • '반응성'의 문제를 피할 수 있음 • 특정한 형태의 관찰 자료들은 쉽게 가용함	• 시간과 노력이 많이 듦 • 편파의 영향을 받을 수 있음 • 특정 형태의 관찰 자료는 간접적으로만 행동을 측정함

기록 자료	
장점	**단점**
• 자료를 얻기 쉬움 • 비반응성	• 행동을 간접적으로 측정함 • 항상 정확한 것은 아님

조사 연구	
장점	**단점**
• 적은 비용으로 다수로부터 자료 수집 가능 • 다양한 통계 방법으로 분석이 가능함	• 인과관계에 대한 분명한 추론이 어려움 • 특정한 조사에서는 응답률이 낮을 수 있음 • 조사 설계가 어렵고 시간이 많이 걸림

실험법	
장점	**단점**
• 인과관계를 평가하는 최고의 방법 • 특정 변인의 영향을 파악해 내는 데 최고의 방법 • 조사 연구와 비교하여 참가자의 순종을 얻기 쉬움	• 발견된 사실의 일반화가 어려움 • 비현실성 • 참가자들이 실험 상황을 진지하게 여기지 않을 수 있음

유사실험법	
장점	**단점**
• 자연스런 상황에서의 인과관계 평가 가능 • 조직 개입의 효과를 평가하는 최고의 방법	• 조직에서 원하지 않을 수 있음 • 통제의 어려움

컴퓨터 시뮬레이션과 컴퓨터 모델링	
장점	**단점**
• 실제 자료 수집이 필요하지 않다는 점	• 적합한 연구 주제가 한정되어 있음 • 통계와 수학에 대한 상당한 전문성이 요구됨

그림 2.2   네 가지 자료 수집 방법의 주요 장단점 요약

달려 있다. 만약 가장 중요한 요소가 인과관계를 밝히는 것이라면 실험을 선택해야 한다. 반면, 자연스러운 상황에서의 행동을 포착하는 것이 주요 관심사라면, 관찰이나 유사실험법이 더 적절할 것이다. 이상적으로 가장 좋은 방법은 복수의 자료 수집 방법을 동시에 사용하는 것이다(참고 2.4 참조).

자료 수집의 주요 이슈

지금까지 일반적인 자료 수집 방법에 대해 알아보았으니, 이제 이러한 방법과 관련된 몇 가지 중요한 최근 이슈들에 대해 살펴본다. 즉 자기 보고형 측정치의 타당도 이슈, 실험실 발견의 실제 현장에의 일반화 이슈, 자료 수집을 위해 조직에 접근하는 이슈, 서로 다른 문화권에서 연구를 수행하는 이슈, 그리고 연구 윤리 이슈를 다룬다.

자기 보고의 타당도

자기 보고식 측정치(self-report measures)는 조직심리학에서 매우 빈번하게 사용된다. 몇 가지 예를 들

참고 **2.4**

여러 자료 수집 방법을 동시에 사용한 사례

불행하게도, 조직심리학에서의 많은 연구들은 **단일 조작 편파**(mono-operation bias)라고 불리는 것으로부터 어려움을 겪는다. 이것은 모든 변인이 단 하나의 자료 수집 방법을 사용하여 측정되는 연구에서 나타난다. 이러한 단일한 자료 수집 형태의 예가 자기 보고형 설문지에만 의존하는 경우이다. 또한 만약 모든 변인이 단순히 관찰법만을 사용하여 측정되었다면 이 또한 편파의 영향을 받을 것이다.

왜 단 하나의 자료 수집 방법을 통해서 모든 변인을 측정하는 것이 문제인가? 한 가지 명백한 이유는, 동일한 방법을 공유하기 때문에[예 : 동일 방법 편파(common-method bias)] 변인들 간의 관계가 과장될 수 있다는 것이다. 이 문제를 바라보는 또 다른 방법은 하나의 연구에서 다양한 형태의 자료 수집 방법을 사용하면 어떤 영향이 있는지를 생각해 보는 것이다. 직무 자율성이 직무만족과 긍정적인 관계를 갖는지에 관심이 있다고 하자. 더

나아가, 직무 자율성은 종업원에 의한 자기 보고식 측정과 직무분석 전문가에 의해 수집되었으며, 직무만족도 자기 보고식 방법과 근무시간 동안 종업원들의 관찰을 통해 측정되었다고 하자.

이러한 자료들이 수집된 후, 우리는 자기 보고에 의한 자율성의 측정치가 자기 보고에 의한 직무만족의 측정치와 정적인 관계가 있다는 것을 발견할 수 있다. 그러나 만약 직무 자율성의 다른 측정치도 자기 보고에 의한 직무만족 측정치와 관계가 있다면 어떻게 될 것인가? 만약 자기 보고에 의한 직무 자율성이 직무만족의 관찰 측정치와 정적으로 관련되어 있다면? 만약 이 두 가지 결과가 모두 발생한다면, 직무 자율성은 정말로 직무만족과 긍정적인 관계를 가진다고 보다 강하게 결론을 내릴 수 있다. 그러므로 여러 가지 자료 수집 방법을 사용하는 것의 진정한 이점은 다양한 방식으로 변인들 간의 관계를 알아볼 수 있다는 것이다.

면, 종업원들이 자신의 직무를 얼마나 좋아하는지, 자신의 일에서 얼마나 다양성을 지각하는지, 고용된 조직에 얼마나 헌신적인지, 그리고 자신의 직무에 대해 얼마나 불안을 느끼는지에 대해 보고하도록 하는 것이다. 자기 보고가 너무 자주 사용되기 때문에 우리는 그런 측정치를 사용하기 위한 기본 가정이나 그것의 타당성에 대해 별로 생각할 기회가 없다. 이 절에서는 이 두 가지 문제에 대해 살펴보겠다.

Spector와 Eatough(2013)에 따르면, 자기 보고식 측정은 사실 두 가지 암묵적인 가정에 근거하고 있다. 첫째, 자기 보고식 측정에서 연구자가 얻으려는 정보를 응답자가 이미 알고 있다고 가정한다. 조직 내 조사에서 사용되는 많은 질문은 주관적이어서(즉 정답이 없어서), 응답자들이 이러한 정보를 알고 있다는 가정은 상당히 합리적이다. 예를 들어, 대부분의 사람들은 자신의 직무를 얼마나 좋아하는지를 알고 있다. 그러나 질문 사항에 대해 잘 모를 경우에는 자기 보고 측정치의 타당도에 문제가 제기된다. 예를 들어, 필자 중 한 명은 교수들의 직무 관련 활동에 대해 매년 조사를 실시하는 대학에서 일한 적이 있다. 조사에 응한 교수들은 일반적으로 한 주 동안 강의 준비, 수업, 연구, 그리고 대학 봉사 등에 얼마나 많은 시간을 소비하는지에 대해 응답하게 되어 있었다. 이러한 종류의 정보를 제공하는 것은 쉽지 않은데, 대부분의 교수들은 하루 동안 시간을 어디에 사용하는지 상세하게 기록하지 않기 때문이다. 또한 시간 사용에 있어 주마다 상당히 다를 수 있기 때문에 '전형적인' 주가 무엇인지 정하기도 어렵다.

자기 보고식 측정에 기저하는 두 번째 가정은 응답자들이 솔직하게 반응할 것이라고 보는 점이다. 약물사용이나 범죄 행동과 같은 특이한 형태의 행동에 관심 있는 연구자들과 비교하면, 조직심리학자들은 이런 측면에서는 상대적으로 운이 좋은 편이다. 조직 내 설문 조사에서 사용되는 대부분의 문항들은 그렇게 민감하거나 사적인 것이 아니기 때문에, 자신의 반응이 개별적으로 공개되지 않을 것이라고 믿는 한 종업원들은 대체로 질문 문항에 대해 진실하게 반응할 것이다. 그러나 실제 조직현장에서 조사에 대해 편안하게 느끼는 정도는 종업원마다 상당히 다양하다. 예를 들어, 조직 연구자들이 결근, 이직 의도 또는 절도나 사보타주와 같은 다양한 형태의 반생산적 행동들을 측정하기 위해 자기 보고를 사용할 경우, 종업원들은 솔직하게 반응하지 않을 수 있다. 이런 경우, 사실상 연구자가 할 수 있는 일은 종업원을 안심시키고 비밀 유지의 약속을 확실하게 하면서 조사를 실시하는 것뿐이다. 즉 종업원이 완성된 설문지를 연구자에게 바로 보낼 수 있도록 환송용 우표가 붙은 봉투를 주거나, 조사와 연결되는 외부 링크를 제공하거나, 조사 도구 자체에 신상 정보는 전혀 들어가지 않도록 확실하게 하는 방안들이 있다.

자기 보고의 사용을 둘러싼 가장 큰 논쟁을 유발한 상황은 직무조건이나 조직상황을 측정하기 위해 이것을 사용할 때이다. 예를 들어, 한 연구자가 종업원에게 직무에서의 시간 압박의 정도에 대해 물어볼 수 있다. Spector와 Eatough(2013)에 따르면, 자기 보고는 직무분석가나 직무에 대해 잘 아는 사람들의 평정과 같은 작업환경에 대한 좀 더 객관적인 측정치와 별로 상관관계가 높지 않다고 한다(Liu et al., 2005; Spector, Dwyer, & Jex, 1988; Spector & Jex, 1991). 또한 자기 보고식 측정치가 다른 자기 보고식으로 측정된 변인들과 상관이 있을 때에도 문제가 될 수 있다. 이런 경우, 변인들 간의 상관관계는 **동일 방법 변량**(common method variance : 이 용어는 꽤 자주 사용되지만 명백히 정의된 경우는 드물다)으로 인해 과장될 가능성이 있다. 동일 방법 변량은 동일한 측정방법을 사용함으로써 생겨나는 것으로, 두 변인 간의 측정 편파의 공유된 원천을 나타낸다(Podsakoff, MacKenzie, Lee, & Podsakoff, 2003). 예를 들어, 한 연구자가 자기 보고를 통해 두 변인을 측정한다고 하자. 또한 이 두 측정 모두 '자신이 좋게 보일 것이라고 생각하는 반응'을 하는 **사회적 선희도 반응**(social desirability responding; Crowne & Marlowe, 1964; Paulhus, 1984)에 의해 영향을 받는다고 가정하자. 만약 두 측정의 문항들에 대한 반응이 사회적 선희도 수준에 있어 다르면, 두 변인 간에 기저하는 개념적 관계가 거의 또는 전혀 없어도 이렇게 측정 편파의 원천을 공유함으로써 두 변인 간에 상관을 보일 수 있다. 측정치들이 개념적으로 연관되어 있는 경우에도 동일 방법 변량은 두 변인 간 관계의 크기를 더 크게 만들 수 있다.

동일 방법 변량에 대해 연구자들이 주의를 기울여야 하는가? 문헌에서는 대체로 '그렇다'고 보고 있다(예 : Podsakoff et al., 2003). 그러나 변인 간의 관계에 대한 동일 방법 편파의 효과를 실제로 보여 주기 위한 경험적인 노력들은 혼재된 결과만을 보고하고 있다. 예를 들어, Spector(1987b)는 직무특성과 직무만족의 측정에 있어 동일 방법 변량이 어느 정도 영향을 미치는지를 경험적으로 조사하였다. 여러 자료들의 분석에 기반하여, 그는 동일 방법 변량에 의해 상관관계가 과장되었다는 강력한 증거는 없다고 결론을 내렸다.

Spector(1987b)의 연구는 그의 발견을 반복 검증하려는 후속 연구를 촉발했으며, 이 연구들에서는 대부분 보다 정교한 통계 기법을 적용하였다(예 : Bagozzi & Yi, 1990; Podsakoff et al., 2003; Williams & Anderson, 1994; Williams, Cote, & Buckley, 1989). 이 연구에서 얻은 발견을 자세히 논의하는 것은 이 장의 범위를 벗어나지만, 전반적인 결론은 Spector가 추정했던 것보다 동일 방법 변량에 의한 효과가 더 크다는 것이다. 그러나 Brannick과 Spector(1990)가 지적했듯이, 동일 방법 변량의 효과를 검증하기 위해 사용한 정교한 통계적 방법에도 문제가 있다.

동일 방법 변량의 영향을 경험적으로 평가하기 위한 또 다른 방법은 동일한 방법을 사용한 상관관계와 그렇지 않은 방법을 사용한 상관관계를 비교하는 것이다. Crampton과 Wagner(1994)는 단일한 방법과 여러 방법을 사용한 연구로부터 42,934개의 상관관계를 요약하여 메타 분석(meta-analysis)을 실시하였다. 전반적으로, 그들의 연구에서 자기 보고를 통해 측정된 변인 간의 상관관계가 다른 상관관계보다 눈에 띄게 더 크지 않았다. 그러나 일부 변인들의 측정에서는 단일한 원천에 기반한 상관관계는 다른 것들보다 더 컸다. 이것은 동일 방법 변량의 효과가 실재한다는 것을 나타내지만, 이러한 효과의 크기는 측정된 변인의 특성에 따라 상당히 다양할 수 있음을 나타낸다. 그럼에도 이러한 상관들로부터 이끌어 낼 수 있는 실제적인 결론은 공유된 방법의 존재 여부에 따라 상관들이 다르지 않아 보인다는 것이다.

자기 보고 측정치의 타당도에 대해 우리가 내릴 수 있는 최상의 결론은 우리가 어떤 변인을 측정하려고 하는지 그리고 어떤 연구 주제를 다루려고 하는지에 달려 있다는 것이다(Spector & Eatough, 2013). 예를 들어, 종업원이 자신의 직무에 대해 어떤 느낌을 갖는지를 측정하는 데 관심이 있다면 자기 보고식 측정은 매우 적절할 것이다. 반면, 종업원의 직무 자율성 수준, 의사결정에서 재량권의 수준 또는 (아마도) 업무 부하(workload)를 측정하는 데 관심이 있다면, 자기 보고식 측정만으로 이러한 변인들을 측정하는 것은 그리 적절치 않다. 왜냐하면 연구자가 지각에만 관심이 있는 것이 아니라, 환경(environment)의 실제 특성에 관심이 있기 때문이다. 연구자가 작업환경의 특성을 측정하고자 한다면, 직무분석 평정이나 조직의 공식기록과 같은 다른 형태의 측정으로 자기 보고를 보완하는 것이 가장 좋은 방법이다(예 : Glick, Jenkins, & Gupta, 1986). 자기 보고식 측정에 대한 많은 조직 연구들을 고려하면, 앞으로 자기 보고식 측정에 대한 찬반 양론은 꽤 오랜 시간 동안 논쟁이 될 것으로 보인다.

실험실 연구 결과의 일반화

심리학에 대한 흔히 있는 비판은 심리학은 대개 흰쥐와 대학생의 행동을 다루는 실험실 연구에 기반한 학문이라는 것이다. 조직심리학은 연구 주제의 특성상 생리심리학이나 인지심리학과 같은 다른 심리학 영역과 비교하면 실험실 연구가 많지는 않다. 그럼에도 불구하고 실험실 연구는 여전히 조직심리학 혹은 산업 및 조직심리학 전반에서 상당한 부분을 차지하고 있다(Highhouse, 2008; Scandura & Williams, 2000). 이번 절에서는 실험실 연구로부터의 발견이 실제 조직 장면에 일반화될 수 있는지에 대해 살펴보겠다.

실험실 연구 결과를 실제 현장에 일반화하는 것에 대해 반대하는 가장 강력한 근거는 실험실 상황이 현실성이 부족하다는 것이다. 대학 실험실은 실제 조직이 아니므로, 실험실 장면은 소위 실세계의 현실성(mundane realism)[1]이 부족하다. 그럼에도 현실성은 연구 참가자의 시각에서 고려되어야 하는 것이기도 하다. 실세계의 현실성이 부족한 상황에서도 연구 참가자들로 하여금 그러한 상황에서 현실에서와 동일한 반응을 하도록 변인을 조작할 수도 있다. 예를 들어, 실험을 위해 특별히 고안된 상황에서도 참가자로 하여금 수행을 잘하도록 압박감을 느끼도록 하거나, 집단 규범에 순응하도록 만들 수 있다. 이러한 경우 연구 참가자들에게 실험적 현실성(experimental realism)의 정도가

---

1 역자 주 : 실험 상황이 실제 현실과 유사한 정도

높다고 말할 수 있다. 동조, 권위에의 복종, 그리고 방관자 개입에 대한 고전적인 실험 연구들(예 : Asch, 1951; Latane & Darley, 1968; Milgram, 1974)은 실세계의 현실성은 부족하였지만, 매우 높은 정도의 실험적 현실성을 보였다. 조직 장면에서도 이와 동일한 과정들이 발생하기에 인위적으로 실험실 장면을 정교하게 잘 설계하여 연구하는 것이 가능하다(Highhouse, 2008).

실험실 연구의 일반화와 연관된 두 번째 논쟁은 연구 참가자들과 관련이 있다. 실험실 연구에 참여하는 사람들은 대개 대학생이라는 점 때문에 비판을 받기도 한다. 왜냐하면 대학생들은 일반 모집단과는 차이가 있으므로 연구 결과를 일반화할 수 없기 때문이다. 물론 이러한 비판은 대학생은 일반 모집단보다 좀 더 지적이고, 대개 소득 수준이 높은 계층 출신이라는 측면에서 근거가 있다 (Sears, 1986). 그러나 많은 조직 내 문제에 대한 연구에서 참가자로 대학생을 활용하는 것이 일반화 가능성을 그렇게 많이 손상하지는 않을 것이다. 이들은 결국 미래에 사무직에 종사할 후보군들이다. 반면, 만약 블루칼라나 육체 노동이 요구되는 직무에 종사하는 사람들에게 일반화하는 것이 목표라면, 대학생들은 아마도 적절치 않은 연구 표본이 될 것이다.

실험실 실험의 일반화 가능성을 지지하는 주장들에도 불구하고, 실험실과 현장 상황 간에는 중요한 차이점이 분명 있다. 특히 실험실 장면에서의 높은 수준의 실험 통제는 연구자들에게 특정 변인의 영향을 분명하게 파악할 수 있도록 해 주지만, 현장 상황에서는 너무 많은 것들이 발생하여 어떤 단일 변인의 영향은 쉽게 희석되어 버리기 때문에 통제가 거의 불가능하다.

또 하나 고려되어야 할 중요한 차이점은 실험실 장면은 대개 기간이 짧다는 것이다(Runkel & McGrath, 1972). 결과적으로, 실험실 연구의 참가자들은 매우 적은 시간을 투자하며, 타인들과 사회적 유대를 맺을 이유가 거의 없다. 반면, 조직 내 종업원들은 일상적으로 자신의 직무에 상당히 많은 시간을 투자하며, 또한 동료들과 중요한 사회적 유대관계를 발전시킨다(Nielson, Jex, & Adams, 2000). 실험실 연구 참가자들과 실제 종업원들 간의 이러한 차이점은 같은 상황에서도 매우 다른 반응을 이끌어 낼 수가 있다. 예를 들어, 피험자가 실험 협조자로부터 무례함을 경험할 때와 실제 조직 장면에서 동료로부터 그러한 것을 경험할 때 내보일 수 있는 반응에서의 차이를 생각해 보라.

실험실과 현장 상황 간의 중요한 마지막 차이점은 연구 참가자들이 수행하는 과제의 특성이다. 실험실 연구는 단기간에 이루어지기 때문에, 실제 조직에서 종업원들이 수행하는 복잡한 과제와 유사하게 맞추기가 매우 어렵다. 그래서 많은 실험실 연구는 참가자들에게 조립식 장난감 맞추기, 철자 바꾸기, 또는 퍼즐 맞추기와 같은 상대적으로 단순한 과제를 수행하도록 한다.

실험실 연구의 찬반 양론을 검토하고서도 실험실 연구 결과를 조직과 같은 현장 상황에 일반화할 수 있는지에 대한 질문은 여전히 남아 있다. 이러한 질문에 대해 광범위하게 검토되었음에도 불구하고(예 : Berkowitz & Donnerstein, 1982; Dipboye & Flanagan, 1979), 명확한 해답은 아직 없다.

조직심리학과 관련하여 이 문제에 대한 가장 포괄적인 분석은 1986년에 Edwin Locke가 편집한 책 *실험실에서 현장으로의 일반화(Generalizing from Laboratory to Field Settings)*에서 찾을 수 있다. 이 책으로부터 얻을 수 있는 일반적인 결론은 잘 설계된 실험실 연구는 현장 상황에 대체로 일반화할 수 있다는 것이다. 잘 설계된 실험실 연구란 참가자들이 과제를 수행하는 데 매우 몰입하며, 관심 있는 변인(들)이 잘 모사된(simulated) 경우를 말한다. 보다 최근에 다른 연구자들도 Locke와 본질적으로 동일한 결론에 이르렀다(예 : Highhouse, 2008). 그러나 독자들은 모든 발견이 일반화될 수 있다거나 전혀 안 된다는 식으로 결론을 내리지 않도록 주의해야 한다. 일반화 가능성은 결국 경험적인 문제이며, 가장 바람직한 대안은 실험실에서의 발견을 가능한 한 현장 상황에서 반복 검증해 보는 것이다.

조직에의 접근

조사나 유사실험을 할 때, 가장 큰 도전 중 하나는 다름 아닌 자료 수집을 하기 위해 조직에 접근하는 일이다. 여러 해 동안 필자들은 흥미로운 연구 주제들을 생각해 냈지만, 연구를 허락해 줄 조직을 찾을 수 없었던 많은 동료들과 학생들을 봐 왔다. 불행하게도 조직 관련 문헌들은 어떻게 조직에 접근해야 하는지에 대해서는 거의 다루지 않고 있다. 그래서 이번 절의 대부분은 필자들의 연구 경험과 동료 조직 연구자들의 경험에 근거한 내용이다.

조직에 접근하는 방법들을 알아보기 전에, 왜 조직은 연구자가 자료를 수집하는 것을 허용하지 않으려고 하는지를 생각해 보자. 과거 경험에 의하면 두 가지 근본적인 이유가 있다. (1) 자료 수집을 위해서는 대개 종업원들의 시간이 필요하다, (2) 조직은 종업원이 조직에 대한 민감한 정보나 기밀 정보를 누설하지 않을까 우려한다. 매우 경쟁적인 산업(예 : 소비재, 하이테크)에 속한 조직은 경쟁에서 불리할 수도 있는 정보의 유출에 대해 매우 염려한다. 이러한 염려가 적절한 것인지와는 관계없이, 이러한 조직에서는 신제품 개발과 같은 활동에 대한 기밀 유지를 다른 활동들에도 적용하는 경우가 많다.

일반적으로 조직이 연구용 자료를 수집하는 것을 꺼린다면 연구자는 어떻게 조직에 접근할 수 있을까? 아마도 이러한 사항에서의 근본적인 제안은 '부탁하는 것'일 것이다. 사실상 자료 수집의 어려움에 대해 불평하는 많은 연구자들은 조직의 협조를 요구하지 않는 경우가 많다. 그들은 단순히 자료 수집을 할 수 없을 것이라고 생각하기도 한다. 조직의 도움을 얻기 위한 하나의 방법은 전화로 여러 조직과 접촉하고, 특히 인사부서의 직원과 접촉하려고 노력하는 것이다. 또 다른 접근방법은 여러 조직에게 협조를 구하는 다량의 우편을 보내거나 무작위로 전화하는 것이다. 예를 들어, T. E. Becker(1992)는 자료 수집을 부탁하기 위해 30개 조직에 편지를 보냈고, 결국 그들 중 한 조직에서 자료를 수집할 수 있었다.

일반적인 부탁이나 무작위로 전화하는 방법을 통해 자료 수집의 기회를 얻기도 하지만, 조직과 맺어 온 기존 관계를 활용하는 것이 더 효율적인 방법이다. 대부분의 사람들은 조직에서 일하는 가족이나 친구를 알고 있으며, 그 사람들이 자료 수집을 허락할 수 있을 정도의 권한을 가진 위치에 있거나, 그러한 권한을 가진 사람에게 연결해 줄 수도 있다. 이것은 연구자는 조직과의 개인적 관계를 활용하는 것을 두려워하지 않아야 할 뿐 아니라, 향후 자료 수집을 도와줄 수 있는 조직 내 사람들과 관계를 발전시키는 데 시간과 노력을 투자해야 함을 시사한다. 이것은 종종 오랜 기간이 걸릴 수도 있지만, 종국에는 매우 좋은 자료 수집 기회를 얻도록 해 줄 것이다(참고 2.5 참조).

이제 연구자들이 조직으로 하여금 자료 수집의 가능성에 대해 검토해 보도록 설득했다고 가정해 보자. 연구자들은 실제로 자료 수집이 진행되도록 조직을 어떻게 설득할 수 있을까? 이러한 상황에서 가장 유용한 제안은 연구자들이 조직의 협력에 대한 답례로 무엇인가를 제공해 주는 것이다. 예를 들어, 연구자들은 종종 협력에 대한 답례로 연구 결과를 요약해서 제공해 주기도 한다. 또 다른 연구자들은 조직에게 비용을 받지 않고 약간의 컨설팅을 제공해 주기도 한다. 조직은 분명한 이득이 있다고 판단하지 않는 한 연구자의 접근을 허용하지 않는 것이 일반적이다.

조직으로부터 자료 수집에 대한 허가를 받았다면, 연구설계와 측정과 같은 문제에 대해 연구자와 조직 간에 협상이 이루어진다. 이 단계에서 연구자와 조직은 양자 간의 서로 다른 목표와 목적 때문에 의견 대립이 발생하기도 한다. 연구자의 최종 목적은 학술지에 자신의 연구 결과를 게재하는 것이기 때문에 연구 과정에서 엄격한 방법론을 적용하고자 한다.

불행하게도, 엄격한 방법론을 적용하는 것이 조직 입장에서는 여러 가지 측면에서 비용이 드는 것으로 인식될 수 있다. 예를 들어, 연구자는 문항이 많은 측정 도구를 사용하고 싶지만, 이는 종업원들의 더 많은 시간을 필요로 한다. 또한 자기 보고형 설문을 보완하기 위해 조직 내 기록 자료를 원하지만, 이 또한 제법 시간을 요하고 종업원들의 신상 정보가 드러날 수 있다. 또한 실험 또는 유사실험 연구를 위한 통제를 허용하는 것 역시 불가능할 수 있다. 조직에 접근하기도 어려운 상황에서 이것은 연구자들에게 까다로운 문제이다. 핵심은 다음과 같다. 연구자는 조직의 요구를 들어주어야 하지만, 연구의 과학적 순수성을 손상할 정도는 되지 않도록 해야 한다. 불행하게도, 연구자는 종종 엄격한 방법론이 지닌 가치에 대해 조직을 설득하기보다는 이러한 부분을 양보하기도 한다. 대부분의 경우, 방법론적으로 엄격하게 잘 설계된 연구는 연구 결과를 출판할 가능성을 높여 줄 뿐만 아니라 조직에도 매우 유용하고 중요한 정보를 제공해 준다(Campion, 1996).

서로 다른 문화권에서의 연구

세계화가 진행됨에 따라 조직심리학자들이 점점 더 문화 간 차이와 관련 문제를 다루게 되었다 (Tsui, Nifadkar, & Ou, 2007). 비교 문화 연구가 지닌 가치에도 불구하고, 다양한 이유로 인해 이러

조직에 접근하기 : 몇 가지 예시

Steve Jex : 이 절에서 조직에 접근하는 방법에 대해 기술할 때, 내가 자료 수집을 위해 조직에 접근했던 다양한 방법들에 대해 생각해 보았다. 대부분의 연구자와 같이 나는 자료 수집을 위해 내게 가능한 모든 기회를 활용하였다. 예를 들어, 내가 일하는 대학에서나, 본문에서 언급한 무작위로 전화하거나, 심지어 어떤 경우에는 가족 관계를 이용하였다. 예를 들어, 나는 대학원 과정 동안 나의 석사논문 연구를 위해, 플로리다 주 탬파에 있는 보험회사에 접근할 수 있었다. **응용심리학 저널**(*Journal of Applied Psychology*)에 게재된 나의 또 다른 연구(Jex, Beehr, & Roberts, 1992)는 사실 나의 어머니의 노력으로 가능했다. 이 연구는 어머니가 간호사로 근무하고 있던, 미시간 주 새기노(나의 고향)의 병원에서 수행되었다. 어머니가 병원의 모든 직원들과 접촉할 수 있도록 허락해 준 병원 인사부서의 한 사람을 나에게 소개시켜 주었던 것이다. 가족 관계의 활용 및 앞서 기술한 다른 방법들과 더불어, 나는 또 다른 다양한 방식으로 조직에 접근했다. 어떤 경우에는 현재 혹은 과거의 학생들이 자료 수집에 도움을 주기도 했고, 때로는 자료 수집이 가능한 조직이나 접촉 대상자를 알려 줄 수 있는 과거 대학원 동기들이나 동료들에게 의존하기도 했다.

　이상의 다양한 조직 접근방법들을 생각해 볼 때, 어떤 공통적인 주제가 있는가? 가장 분명한 주제는 사람들과 관계를 맺고 유지하는 것이 중요하다는 점이다. 여기에는 가족, 제자, 같은 일을 하는 동료들이 포함된다. 그렇다고 나에게 도움이 될 만한 사람들하고만 관계를 맺으라는 얘기는 아니지만, 사실상 지속적인 관계를 유지하는 데 시간을 많이 들인 사람들에게는 도움을 요청하기가 훨씬 쉽다는 것이다. 여러 해 동안 내가 얻은 또 다른 중요한 교훈은 도움을 요청하는 것을 두려워하지 말라는 것이다. 우리는 자주 가족, 친구, 동료에게 자료 수집을 도와 달라고 요청하면 그들이 귀찮아할 것이라고 잘못 생각하는 경우가 많다. 그러나 나의 경험에 의하면, 사람들은 도움을 요청받으면 기꺼이(또는 크게 기뻐하면서) 도와준다는 것이다.

Thomas Britt : 질적 수준이 높은 연구를 수행하는 데 있어, 연구 표본에 접근하는 것은 매우 중요한 문제이다. 처음으로 사회심리학적인 연구를 수행할 때 나는 '심리학 개론'을 수강하는 학생들로부터 쉽게 표본을 구하였고, 그것을 당연한 것으로 생각했다. 그런데 조직심리학에 관심을 가지면서, 나는 표본을 구하는 것이 매우 어렵고, 상당한 끈기가 요구된다는 것을 점차 깨닫게 되었다. 조직심리학자로서 내가 미 육군에 근무할 때, 연구 프로젝트에 참가한 군인들은 모두 일종의 '포획된 대상들(captive audience)'이었다(물론 그들은 연구에 대해 설명을 듣고 참여하는 데 동의를 표하였다). 그러나 군인들을 대상으로 연구를 수행할 경우에도, 연구의 중요성과 더불어 군인들이 훈련을 해야 하는 시간임에도 불구하고 연구에 참가하는 것이 왜 가치가 있는지에 대해서 지휘관들을 설득해야 했다. 또한 지휘관들에게 중요한 연구 결과를 요약해 알려 주어야 하고, 결과에 근거하여 향후 어떻게 해야 할지에 대한 제안도 해 주어야 했다.

　클렘슨대학교로 옮긴 이후, 나는 군대와 지속적인 관계를 유지하려고 노력하면서도, 다른 영역의 표본으로부터도 자료를 얻기 시작했다. 예를 들어, 나는 최근에 안녕감과 수행에 미치는 직장에서의 긍정적 동기 상태의 영향을 연구하기 위해 클렘슨대학교의 교직원들을 대상으로 조사하기 시작했다. 나는 연구의 중요성(과 직원들의 자기보고와 더불어 상사의 수행 평가가 필요한 이유)을 알리려고 여러 직위에 있는 교직원들과 긴밀하게 교류하였고, 대학원생들과 나는 조사의 응답률을 높이기 위해 대학 내 여러 부서와 조율하는 데 상당한 시간을 보냈다. 또한 나는 대학에는 매우 다양한 직무가 있다는 사실에 놀랐다(예 : 소방서, 도서관 사서, 캠퍼스 휴게실이나 체육관, 시설유지부서 등). 산업 및 조직심리학 프로그램의 신입생에 대해 오리엔테이션을 할 때, 나는 연구에 기꺼이 참여해 줄 양질의 종업원 표본을 구하는 것이 검증하고자 하는 가설을 생각해 내는 것보다 더 어려울 수도 있다는 점을 강조한다.

출처 : S. M. Jex, T. A. Beehr, & C. K. Roberts (1992). The meaning of occupational "stress" items to survey respondents. *Journal of Applied Psychology*, 77, 623–628.

한 연구에서의 자료 수집은 그리 쉽지 않은 일이다. 예를 들어, 자기 보고식 측정방법을 사용한다면 측정 도구를 다른 언어로 번역해야 한다. 이것이 다소 단순해 보이지만 사실은 그렇지 않다. 자기 보고식 설문을 다른 언어로 번역하기 위해 사용되는 전형적인 절차를 재번역(back translation)이라고 한다. 즉 한 언어에서 다른 언어로 측정 문항들을 번역하고(예 : 영어에서 중국어), 다음으로 그것을 원래 언어로 다시 번역하는 것이다. 그리고 연구자는 다른 언어에서 다시 원래 언어로 번역된 문항들이 원래 의도한 의미를 그대로 담고 있는지를 평가해야 한다.

비교 문화 연구를 수행할 때 고려해야 할 두 번째 중요한 방법론적 이슈는 측정 등가성(measurement equivalence)이다. 측정 등가성은 한 측정치의 차원성이 문화 간에 동등한지에 대한 것이다. 예를 들어, 영어 사용 국가들에서 개발된 세 가지 직무만족의 단면(임금, 일의 내용, 감독)을 측정하는 척도를 중국인들을 대상으로 연구한다고 해 보자. 이 연구로부터 도출되는 결론에 대해 확신을 가지기 위해서는 번역된 측정 도구가 직무만족의 세 가지 단면을 동일하게 측정한다는 것이 증명되어야 한다. 만약 그렇지 않다면, 중국의 연구 참여자들은 영어를 사용하는 나라의 참여자들과는 다르게 문항들을 해석한다는 것이다. 이는 문항의 번역에 하자가 있거나, 문화권마다 직무만족에 대해 생각하는 방식이 다르기 때문일 수 있다.

비교 문화 연구를 실시할 때 연구자들이 반드시 고려해야 하는 또 다른 문제는 표집(sampling)이다. 비교 문화 연구를 수행하는 연구자들은 한 문화의 종업원들을 다른 문화의 종업원들과 비교하는 경우가 많으므로, 문화를 제외한 다른 모든 측면은 서로 유사한 표본을 사용하는 것이 매우 중요하다(Arvey, Bhagat, & Salas, 1991). 그것을 가능케 하는 가장 이상적인 방법은 동일한 조직의 구성원이지만, 서로 다른 문화권에 속한 사람들을 활용하는 방법이다(예 : De La Rosa, 2006). 만약 이러한 방법이 불가능하다면, 연구자는 전형적으로 같은 산업에 종사하고 아마도 작업 경험의 수준이 유사한 서로 다른 문화권의 사람들로부터 표본을 선별해야 할 것이다.

비교 문화 연구를 수행하는 연구자는 특정한 문화와 특수한 요인이나 자료 수집에 좋지 않은 영향을 줄 수 있는 요인들에 대해 항상 주의를 기울여야 한다. 예를 들어, 수행에 대한 자기평가를 사용하는 연구자라면, 아시아 문화권에서는 자기 자신의 수행을 높게 평가하는 것을 적절치 않은 행동으로 여긴다는 점을 반드시 인식해야 한다(Fahr, Dobbins, & Cheng, 1991). 또한 높은 지위에 있는 사람들을 평가해야 하는 상황이 있을 때, 연구 참가자들이 이러한 요구를 편안히 받아들이는 정도에서도 문화권마다 큰 차이가 있을 수 있다(Hofstede, 1980).

자료 수집 윤리

사람을 대상으로 하는 모든 연구는 연구 참여에 따른 어떠한 해로움도 경험하지 않도록 핵심 원칙을 준수해야 한다. 모든 형태의 연구에 일관되게 적용되는 세 가지 주요 원칙은 **사전 주지된 동의** (informed consent), **자발적 참여**(voluntary participation), **비밀보장**(confidentiality)이다. 사전 주지된 동의의 원칙은 예상 참여자들에게 연구 참여 여부를 결정하기 위해 필요한 정보가 사전에 충분히 제공되어야 한다는 것을 의미한다. 여기에 포함되는 전형적인 정보는 연구 참여 시 요구되는 시간, 참여와 관련된 요구사항들, 그리고 참여로 인한 불편함이나 위험에 대한 정보들이다.

자발적 참여의 원칙은 연구에 참여하도록 하는 데 어떠한 강압도 있어서는 안 되며, 참여자는 아무런 불이익 없이 연구 중에 언제라도 그만둘 수 있어야 함을 의미한다. 마지막으로 비밀보장의 원칙은 연구 참여자가 제공하는 모든 정보는 참여자 신상이 드러나지 않는 방식으로 저장, 보관되어야 함을 의미한다. 자료가 익명으로 수집되는 대규모 조사와 같은 경우에는 이 원칙을 지키는 것이 그리 어렵지 않다. 그러나 특정한 이유(예 : 설문 응답을 수행 평정과 매치시켜야 하는 경우)로 응답자가 확인되어야 하는 경우에는 추가적인 조치가 이루어져야 한다. 연구 참여자에 대한 윤리적 대우를 담보하기 위해, 대학이나 기타 연구기관들(예 : 병원, 연구소)은 수행하려는 연구를 사전에 심사하는 연구심사위원회(Institutional Review Boards, IRBs)를 운영한다.

조직 장면에서 이루어지는 연구도 다른 장면에서 이루어지는 연구들과 동일한 원칙이 적용된다. 따라서 대학의 연구자들이 조직 장면에서의 연구를 수행할 때 사전에 IRB 심사를 받는 것이 일반적이다. 그러나 참여자의 윤리적 대우 측면에서 조직 연구는 일반적인 연구들과는 다른 독특한 이슈들이 있다. 예를 들어, 만약 고용주가 강하게 시행하려는 연구 프로젝트에 종업원들이 참여하도록 요청하는 경우, 이것을 자발적이라고 할 수 있을까? 만약 종업원이 참여하지 않으려 할 때 아무런 불이익이 없을 것이라고 자신할 수 있을까? 고용주에게 알려지지 않기를 원하는 질문(예 : 이직 탐색 활동, 이탈 행동)에 대한 종업원들의 응답이 비밀로 유지될 것이라고 확실히 믿을 수 있을까?

이러한 질문들에 대해 사실 쉽게 답하기가 어렵다. 그러나 연구자들이 이러한 이슈들에 대응하는 한 가지 방법은 연구를 수행하기 전에 조직의 리더들과 이것에 대해 논의를 하는 것이다. 그렇게 함으로써 연구자는 문제가 발생하기 전에 사전에 예방하거나 적어도 완화할 수 있으며, 더불어 연구 참여자들이 가능한 한 가장 윤리적인 방식으로 대우받도록 담보할 수 있다.

조직심리학에서의 통계적 방법

일단 자료를 수집했으면, 연구자는 자신의 가설이 지지되는지를 평가하기 위해 자료를 특정한 방식으로 분석해야 한다. 다행스럽게도 조직심리학자들이 자료에서 의미를 파악하도록 도와주는 많은 통계적 방법들이 있다. 통계적 방법론에 대한 포괄적인 검토는 이번 장의 범위를 벗어나므로, 이번 절에서는 자료를 분석하는 데 가장 많이 사용되는 통계적 방법에 대해 살펴보기로 한다.

기술 통계

자료를 수집한 후에 연구자가 가장 먼저 해야 할 것은 자료의 전반적인 경향에 대한 감을 잡는 것이다. 예를 들어, 만약 조직 내 직무만족에 대한 자료를 수집하였다면 다음과 같은 두 가지 관련 질문이 제기된다. (1) 조직에서의 직무만족의 **전반적 수준**은 어떠한가? (2) 종업원들 간의 직무만족의 수준은 유사한가, 아니면 다양한가? 첫 번째 질문에 답하기 위해 **집중 경향성**(central tendency)을 나타내는 기술 통계값을 사용할 수 있다. 집중 경향성의 측정값 중 가장 보편적으로 사용되는 것은, 단순히 한 변인에서의 모든 점수를 합해 점수의 총개수로 나누는 **평균**(mean)이다. 또 다른 집중 경향성의 측정값은 중앙값과 최빈값이다. **중앙값**(median)은 점수를 나열했을 때 점수의 정중앙을 나타내는 값을 말한다. 평균과는 달리 중앙값은 극단적으로 높거나 낮은 점수에 의해 영향을 받지 않는다. 그렇기 때문에 중앙값은 극단적인 점수를 포함하는 분포의 경우 평균을 보완해 주는 데 매우 유용하다. 예를 들어, 큰 기업의 연봉 수준의 경우, 최고경영자나 중역들은 아주 극단적으로 높은 연봉을 받는다. **최빈값**(mode)은 단순히 가장 많이 발생한 점수를 나타내며, 특정 점수(반응)가 다른 점수들보다 아주 더 많은 경우를 제외하고는 그리 유용하지 않다.

집중 경향성 측정값과 더불어, 연구자들은 응답자들의 반응이 모두 비슷한지, 아니면 상당히 다양한지 궁금해진다. **분산도**(dispersion)에 대한 가장 기본적인 측정값은 특정 변인의 최고 점수와 최저 점수 사이의 차이를 나타내는 **범위**(range)이다. 이것은 한 변인의 **가능한 범위**를 관찰된 범위와 비교하는 데도 유용하다. 예를 들어, 한 변인이 10~50까지의 범위를 가지도록 설계된 측정에서 관찰된 범위는 38~50까지라면 이것은 **범위 제한**(range restriction)의 가능성을 시사한다. 이것은 종종 수행 평정에서 나타나는데, 평정자의 관대화 경향과 채용과정에서 잠재적인 저수행자는 걸러진다는 점 때문이다.

범위는 범위 제한의 문제를 확인하는 데는 유용하지만, 여전히 분산도에 대한 매우 불완전한 측정값일 뿐이다. 분산도의 측정값으로 더 정확하고 보편적으로 사용되는 방법은 **변량**(variance)과 **표준편차**(standard deviation)이다. 변량은 평균값의 주변에 점수들이 흩어져 있는 정도를 나타낸다. 변량은 각 점수에서 평균을 빼고, 그 값을 제곱하여 모두 더한 후, 점수의 총개수로 나누는 것으로 간단히 계산된다. 표준편차는 변량의 제곱근이다. 변량과 표준편차를 계산하는 법을 생각해 보면, 값이 클수록 점수가 평균에서 더 멀리 떨어져 있음을 나타낸다. 쉬운 말로, 값이 크면 표본 내 '의견 차이'가 크다는 것을 의미한다. 자료 분석에서 사용되는 마지막 유형의 기술적 측정값은 **신뢰도**(reliability)이다. 신뢰도는 변인들이 오차 없이 측정된 정도로 정의된다(Nunnally & Bernstein, 1994). 그러나 오차라고 고려되는 것은 한 측정값이 사용되는 특정 맥락에 의존한다. 조직 연구에서 전형적으로 사용되는 다중 문항 측정치(multi-item measures)의 경우, 내적 일치 신뢰도

(internal consistency reliability)를 평가할 필요가 있다. 내적 일치 신뢰도의 측정값은 한 척도의 모든 문항이 동일한 속성을 측정하는 정도에 대해 추정할 수 있게 해 준다. 예를 들어, 직무만족을 다섯 문항으로 측정한다고 가정해 보자. 만약 내적 일치 신뢰도가 높게 나왔다면, 이것은 다섯 문항 모두 동일한 것을 측정하고 있음을 나타낸다. 척도 문항들을 단순히 둘로 양분하여 이들 간의 상관을 보는 보다 단순한 방법이 있기는 하지만, 내적 일치 신뢰도를 평가하는 데 가장 많이 사용되는 수치는 알파 계수(coefficient alpha)이다(Nunnally & Bernstein, 1994).

다른 경우에는, 연구자들은 다른 신뢰도 측정값을 제공해야 한다. 예를 들어, 만약 한 변인에 대하여 여러 시점에서 평가하려고 한다면, 변인의 측정이 측정 시점에 따라 무선적인 변동에 의해 크게 영향받지 않았음을 보여 주는 것이 중요하다. 이러한 경우 적절한 신뢰도 측정값의 유형은 단순히 두 시점에서 측정하고, 두 점수 간의 상관을 계산하는 검사-재검사 신뢰도(test-retest reliability)이다.

신뢰도 평가의 또 다른 유형은 한 개인(예 : 수행)이나 환경(예 : 직무특성)의 특정 속성을 평가하기 위해 여러 명의 평가자들이 동원되는 경우에 필요한 평가자 간 신뢰도(inter-rater reliability)이다. 평가자 간 신뢰도를 가늠하는 방법에는 여러 가지가 있지만 기본적으로 여러 명의 평가자가 매긴 점수가 유사한 순위로 나타나는지를 알아보는 것이다. 또한 평가자 간에 평정의 절댓값에 대해 서로 일치하는지를 평가할 수도 있다.

왜 연구자들은 신뢰도에 대해 관심을 가져야 하는가? 이 질문에 대한 대답은 측정 오차(measurement error)의 본질과 관계가 있다. 정의상 측정 오차는 가설적인 구성개념이 아니라 측정에 영향을 미치는 원천을 나타낸다. 항상(constant) 오차 또는 체계적(systematic) 오차는 응답자들이 사회적으로 바람직한 방향으로 반응하는 것과 같이 모든 문항에 대해 특정한 방식으로 응답하는 경향성일 수 있다. 무선(random) 오차는 응답자들이 사실은 '전혀 그렇지 않다'에 체크하려고 했는데 잘못하여 '매우 그렇다'에 체크하는 것과 같이 순간적인 방심으로 나타날 수 있다. 신뢰도 추청치는 측정이 무선 오차로부터 상대적으로 자유로운지만을 평가한다. 즉 측정이 매우 신뢰로울 수 있지만, 여전히 상당한 항상 오차를 포함할 수 있다. 그러나 측정이 신뢰롭지 못하다는 것은 무선적인 측정 오차가 상당하다는 것을 의미한다. 정의상 무선 오차는 다른 변인들과는 관련이 없기 때문에 문제가 된다. 그러므로 신뢰도는 한 측정치와 다른 변인들 간의 관계의 크기에 대한 상한선을 결정한다.

평균 차이 검증

기술 통계값을 평가한 후, 연구자는 분포상의 주요한 문제가 없고 모든 변인이 최소한의 오차만으로 측정되었다고 결론 내릴 수 있어야 한다. 실제로 그런 경우라면, 다음 단계는 연구에서 제안된 다양한 가설을 검증하기 위한 분석을 실시하는 것이다. 가설에는 다양한 유형이 있지만, 변인들 간의 관계를 보는 점에서 모두 동일하다. 가장 일반적인 가설 형태는 다른 변인의 함수로서 특정 변인의 평균에 차이가 존재하는지 검증하는 것이다. 예를 들어, 관리직 종업원이 비관리직 종업원보다 직무에 대해 더 높은 몰입 수준을 보일지, 팀 빌딩 활동에 참여한 팀의 수행이 참여하지 않은 팀보다 더 높을지에 대한 가설을 세울 수 있다. 이번 절에서는 평균 차이에 대한 두 가지 가장 보편적인 통계적 검증에 대해 다룰 것이다.

이러한 통계적 검증에 대해 설명하기 전에, **통계적 유의도**(statistical significance) 검증의 논리에 대해 간략하게 살펴보는 것이 필요하다. 어떤 통계적인 검증이 사용되든 간에 통계적 유의도 검증은 본질적으로 우연적인 결과로부터 우연적이지 않은 결과를 구분하기 위한 규칙을 세우는 것이다. 모든 통계적 유의도 검증은 변인들 간에 어떠한 효과나 관계도 없다는 것을 의미하는 **영가설**(null hypothesis)이라고 불리는 가정에서 시작된다. 영가설이 사실이라면, 다양한 연구 결과가 단순히 우연이나 확률법칙에 의해 발생한 것이라고 볼 수 있다. 그러므로 주어진 결과가 우연한 발생인지 아니면 진정한 과학적 발견인지를 판단하기 위한 결정 규칙이 연구자에게 필요하다. 우연을 비우연과 구분하기 위해 가장 자주 사용되는 (행동과학에서 오랜 기간 채택해 온) 기준은 5%이다. 영가설이 사실이라고 가정했을 때, 연구 결과가 우연에 의해 발생할 확률이 5% 이하라면 연구자는 그것이 합리적인 과학적 발견이라고 결론을 내린다(즉 영가설은 기각된다). 따라서 특정한 발견이 ".05 수준에서 유의하다."고 진술하는 것은 관찰된 발견이 우연히 발생할 가능성은 매우 적다는 것을 의미하는 것이다.

평균 차이를 검증할 때 가장 단순한 시나리오는 두 집단 간의 차이를 검증하는 것이다. 예를 들어, 한 연구자가 훈련과 개발 활동에 참여하는 사람들의 평균 연령이 참가하지 않은 사람들의 평균 연령과 차이가 있는지를 검증하고자 한다. 이런 상황에서 가장 흔히 사용되는 통계는 t-검증(t-test)이다. t 통계값의 크기는 비교되는 두 집단 내 변산성의 정도와 비교한 평균들 간의 절대적인 차이에 달려 있다. 그러므로 두 평균 간의 절대 차이가 매우 크다고 할지라도, 두 집단 내의 변산이 크면 상대적으로 t 값은 작을 수도 있고, 결국 연구자는 두 집단 간의 의미 있는 차이가 존재하지 않는다고 결론 내릴 수도 있다.

조직 연구에서는 두 집단 이상의 평균들을 비교해야 하는 경우가 있다. 예를 들어, 고객서비스 훈련을 받은 은행 지점과 받지 않은 지점 간의 고객만족도 평균을 비교할 수 있다. 이런 경우에 사용할 수 있는 통계적 절차는 **변량분석**(analysis of variance)이다. 변량분석의 일반적인 목표는 집단 간 변산 정도를 집단 내 변산과 비교하여 평가하는 것이다. 변량분석을 하기 위해서는 여러 개의 서로 다른 변량 추정값(variance estimate)이나 **평균제곱**(mean-square)을 계산해야 한다. 이것들은 집단 간 변량과 집단 내 변량을 추정하기 위하여 사용된다. 변량분석에서 사용되는 통계적 유의도의 검증은 집단 내 변량에 대한 집단 간 변량의 비율인 **F-검증**(F-test)이다. 영가설에 대해 F가 통계적으로 유의미하게 나오면, 이것은 집단 내 변량에 대한 집단 간 변량의 비율이 우연에 의해 발생할 가능성이 매우 낮다는 것을 의미한다. 동일한 기본 논리가 t-검증에도 적용된다는 것을 기억하라. 만약 변량 분석에서 통계적으로 유의한 F가 나온다면, 이것은 여러 집단의 평균들 사이에 일정한 차이가 있음을 나타내는 것이다. 이 경우 세부적으로 어느 집단이 어느 집단과 유의하게 다른지는 알려 주지 않는데, 이것을 파악하기 위해서는 구체적으로 집단 평균의 쌍을 만들어 둘 사이에 차이가 있는지를 분석하는 방법을 사용해야 한다.

변량분석의 기본 논리를 이해하고 나면 이 통계적 절차는 다양한 방법으로 응용될 수 있다. 예를 들어, 변량분석의 여러 가지 다른 형태는 (1) 여러 독립변인의 효과, (2) 종속변인의 반복 측정값, (3) 여러 종속변인의 효과를 평가하는 데 사용될 수 있다. 변량분석의 세부적인 절차에 관심이 있는 독자들은 Montgomery(2012)의 책을 참고하면 된다.

상관 및 회귀분석

조직 연구에서 횡단적인 현장 조사가 널리 사용되면서 관심 있는 변인들 사이의 공변(covariation)을 평가함으로써 가설이 검증되는 경우가 많다. 공변의 통계적인 지표로 가장 일반적으로 사용되는 것은 피어슨의 적률 상관계수(Pearson product-moment correlation coefficient)이다. 상관계수는 +1.00에서 −1.00까지의 값을 갖는데, 대개는 이 두 값 사이에 위치한다. 상관계수의 절댓값이 클수록 공변의 정도도 더 크다. 공변의 정도를 파악하기 위해서는 두 변인 간의 공유된 변산량을 구해야 하는데, 이는 상관계수를 제곱함으로써 얻을 수 있다. 예를 들어, 두 변인 간의 상관이 .30이라면 두 변인은 변량의 9%[(.30)²]를 공유하는 것이다. 상관이 양(+)의 값을 가진다면, 두 변인이 같은 방향으로 공변한다는 것을 의미한다. 반대로 음(−)의 값을 가지면, 두 변인이 반대 방향으로 공변한다는 것을 나타낸다.

상관계수는 조직 연구에서 많은 가설을 검증하는 데 유용하지만, 인과관계에 대해서는 매우 제한된 정보만을 제공해 준다. 예를 들어, 직무만족과 직무 자율성 간의 상관이 발견되었다면, 이것은 높은 직무 자율성으로 인해 종업원이 자신의 직무에 더 만족하게 되었다는 것을 의미할 수 있다. 반면, 이것을 높은 수준의 직무만족으로 인해 종업원이 자신의 직무에서 높은 수준의 자율성을 지각하게 된 것이라고도 볼 수 있다. 또한 제3의 변인의 영향으로 인해 두 변인 간에 상관이 존재할 가능성도 있다. 예를 들어, 높은 임금을 받는 종업원이 더 직무에 만족하고, 직무에서 높은 자율성을 가지는 경향이 있을 수 있다. 이러한 경우는 허위(spurious) 상관계수이다.

또한 상관분석은 한 번에 두 변인만 조사될 수 있다는 면에서 제약이 있다. 많은 경우, 연구자들은 여러 변인이 다른 한 변인과 관련되는 정도에 관심을 가진다. 예를 들어, 동료와의 갈등, 근로 시간, 연령, 그리고 직무 요구가 종업원의 건강과 관련되는 정도에 관심이 있을 수 있다. 이 경우, 네 변인 각각이 건강과 어떤 상관을 보이는지 개별적으로 검토할 수 있다. 아쉽게도 이런 분석에서는 변인들의 전체 집합이 직무만족과 관련된 정도를 알 수는 없다.

변인들의 전체 집합(예측변인, predictors)과 다른 변인(준거, criterion)의 관계를 평가하기 위해 사용되는 통계적 절차를 다중 선형 회귀분석(multiple linear regression) 혹은 간단히 다중 회귀분석이라고 한다. 다중 회귀는 예측변인과 준거변인 간의 공변 정도에 대한 양적인 추정치를 제공해 주기 때문에 유용하다. 이것은 상관계수와 유사한 다중 R 통계값에 의해 평가된다. 그러나 대부분의 경우 연구자는 예측변인들의 전체 집합에 의해 설명이 가능한 준거변인의 변량의 양에 대한 측정값인 다중 R 제곱(multiple R^2)을 보고한다.

또한 다중 회귀분석은 연구자들에게 준거변인을 설명하는 데 있어 각 예측변인의 상대적인 영향력을 평가할 수 있기 때문에 특히 유용하다. 예측변인들의 집합이 준거변인을 추정하는 데 사용될 때, 준거는 예측변인 집합의 선형함수(linear function)로서 추정된다. 이 공식의 일반적인 형태는 다음과 같다.

$$Y = A + B_1X_1 + B_2X_2 + \cdots B_kX_k$$

이 공식에서 Y는 예측되는 준거변인이고, X는 예측변인을 나타내며, A는 상수이고, 각각의 B 값은 각 예측변인의 가중값 혹은 준거변인의 예측에 기여하는 정도를 나타낸다. 상관관계와는 대조적으로, 이러한 통계적 가중값의 장점은 준거와 각 예측변인들과의 관계를 계산하는 데 있어 다른 예측변인들과의 상호상관(intercorrelation)을 고려한다는 데 있다. 그래서 다중 회귀에서의 B 값은 준거변인의 예측에 있어 특정 예측변인만의 고유한 기여를 나타낸다.

상관분석과 회귀분석 이외에 다른 많은 관련된 방법들을 자료 분석에 활용할 수 있다. 그것들은 대부분 다변량 분석법(multivariate method)이라는 일반적인 범주에 들어가며(예 : Tabachnick & Fidell, 2012), 너무 복잡하기 때문에 이 장에서는 다루지 않는다. 이 방법들은 특히 현장 연구에서 매우 유용하다. 모든 통계분석 방법이 그러하듯이, 가설 검증을 위해 꼭 필요한 경우에만 사용되는 것이 좋다.

메타 분석

조직 연구에서 점점 더 많이 사용되고 있는 통계분석의 마지막 형태는 메타 분석(meta-analysis)이다. 메타 분석은 연구 결과의 양적인 요약으로 대개 연구가 상당히 많이 진행된 연구 분야에서 사용된다(Rosenthal, 1991). 예를 들어, 최근에 역할 스트레스 요인과 수행 간의 관계(Eatough, Chang, Miloslavic, & Johnson, 2011), 실직이 안녕감에 미치는 영향(McKee-Ryan, Song, Wanberg, & Kinicki, 2005), 그리고 서로 다른 리더십 스타일의 효과(Judge, Piccolo, & Ilies, 2004)에 대해 메타 분석이 이루어졌다. 세 경우 모두, 결과의 정확한 양적인 요약을 제공하기 어려울 만큼 수많은 연구가 수행되었다.

통계적으로 메타 분석은 기본적으로 상관계수 혹은 두 평균 간의 차이와 같은 효과 크기(effect size)를 평균화하는 것이다. 그러나 이러한 효과 크기를 평균화하기 전에 대개 여러 연구에서 결과의 차이를 가져오는 요인들, 즉 수많은 **통계적 인공물**(statistical artifacts)을 통제해야 한다. 여러 연구결과에서 가장 큰 차이를 초래하는 통계적 인공물은 표본 크기이다. 상관을 평균화할 때 표본 크기가 큰 연구들은 크기가 작은 연구보다 좀 더 가중될(weighted) 필요가 있다. 메타 분석에서 통제하는 또 다른 일반적인 통계적 인공물은 측정의 비신뢰도(unreliability)이다. 이 장의 앞부분에서 신뢰도는 오차 없이 변인들이 측정된 정도로 정의되었다. 측정 절차가 신뢰롭지 않다는 것은 상당한 오차를 포함한다는 의미이다. 앞서 언급했듯이 이것은 한 변인이 다른 변인과 상관되는 정도의 한계를 정하기 때문에 중요하다. 비신뢰도를 통제한다는 것은 모든 변인을 측정 오차의 측면에서 모두 공평하게 만드는 것을 의미한다.

메타 분석에서 통제하는 또 다른 통계적 인공물은 **범위 제한**이다. 메타 분석에 들어갈 어떤 연구에서는 변인 간의 상관계수가 축소되어 있기도 한데, 그것은 측정된 값이 전체 가능한 범위를 다 포괄하지 않았기 때문이다. 이것은 다양한 요인들로 인해 발생할 수 있지만(예 : Johns, 1991), 항상 상관관계의 크기를 제한한다. 따라서 범위 제한에 대한 통제를 할 때, 두 변인이 아무런 범위 제한의 문제 없이 측정되었다면 가질 수 있는 상관관계를 추정하는 것이다.

관련된 모든 통계적 인공물을 통제했으면, 메타 분석에서 두 가지 중요한 통계치를 계산할 수 있다. 즉 두 변인 간 관계의 강도를 나타내는 효과 크기에 대한 전반적인 추정치를 계산한다. 이 추정치는 주요한 통계적 인공물의 효과를 통제한 후의 효과 크기를 나타내며, 두 변인 간의 '진정한' 관계에 대한 좋은 추정치이다. 메타 분석에서 전형적으로 계산하는 두 번째 통계치는 주요한 통계적 인공물들이 통제된 후에 남은 효과 크기에서의 변산량이다. 보통 주요한 통계적 인공물들을 통제한 후에는 연구 결과들 사이의 변산량이 상대적으로 작아진다. 그러나 여전히 상당한 양의 변산이 남아 있다면, 통계적 인공물 이외의 다른 요인들이 여러 연구에서의 결과 차이에 기여한 것이다. 그러한 요인을 **조절변인**(moderator variable)이라고 한다. 메타 분석에서 조사하는 매우 전형적인 조절변인은 연구설계 형태(실험실 연구 대 현장 연구), 연구 표본의 특성(종업원 대 대학생), 주요 변인들을 평가하기 위해 사용된 구체적인 측정 도구(잘 확립된 측정 도구 대 하나의 연구를 위해 개발된 측정 도구) 등이다. 이 책의 여러 장에서 조직심리학의 주요 발견들을 요약해 주는 다양한 메타 분석 결과들이 제시될 것이다.

통계분석에서의 주요 문제

이제 독자들은 조직심리학에서 사용되는 전형적인 통계분석 방법들에 대해 어느 정도 이해하게 되었다. 통계적 방법론의 목적은 연구 질문에 대한 해답을 얻는 데 도움을 주는 것이지만, 또한 방법론 그 자체로도 왕성하게 연구되는 분야이다. 사실 조직심리학 내에서 많은 연구자들이 통계와 방법론적인 문제에 대해 관심을 가진다. 이러한 관심 때문에 통계적 방법론에 대한 여러 문제가 여러 해 동안 제기되었고, 탐구와 논쟁의 주제가 되어 왔다. 이번 절에서는 조직 연구에서 통계적 방법론을 사용하는 것과 관련된 최근의 네 가지 주요한 문제를 간략하게 살펴보고자 한다.

조직 연구에서의 통계적 검증력

통계적 검증력(statistical power)은 의미 있는 처치 효과를 탐지할 수 있는 통계적 검증의 민감도를 의미한다. 비유를 하면, 여러 검정에서의 통계적 검증력 차이를 현미경 유형에 따른 차이와 동일하게 생각해 볼 수 있다. 장난감 가게에서 구입한 값싼 현미경은 약간은 확대해 주지만 바이러스와 같이 극단적으로 작은 물체는 탐지할 수 없다. 반대로 값비싼 전자 현미경은 매우 작은 입자까지도 탐지할 수 있을 정도로 훨씬 더 크게 확대시켜 준다.

여러 요인이 통계적 검증력에 기여하는데(Cohen, 1992), 그중 하나가 **표본 크기**이다. 다른 모든 것이 동일하다면 표본 크기가 클수록 통계적 검증력의 수준은 더 높아진다. 이것은 조사 연구자들이 참가자들의 무응답에 대해 우려하고, 실험실 연구자가 피험자가 나타나지 않을 것에 대해 걱정하는 이유이다. 검증력에 영향을 미치는 두 번째 요인은 **효과 크기** 혹은 연구자가 탐지하고자 하는 효과의 상대적인 강도이다. 두 변인 간 관계의 정확한 강도를 어떻게 알 수 있을까? 대개 이것은 사전 이론과 경험적 발견들의 조합에 기초하지만, 경험적 연구가 별로 없는 신생 분야의 경우에는 전적으로 연구자의 추정에 의한다. 효과 크기를 설명할 수 있는 여러 방식이 있지만, 상관관계의 크기에 근거하여 설명하는 것이 가장 쉬운 방법이다. 일반적으로, 두 변인 간의 진정한 상관관계가 작을수록 효과 크기를 탐지하기는 더욱 어려워진다. 따라서 작은 효과 크기를 가질수록 탐지를 잘하기 위해서는 더욱 강력한 '현미경'이 요구된다.

통계적 검증력에 영향을 미치는 세 번째 요인은 통계적 유의도 검증에서 선택된 **알파 수준**(alpha level)이다. 알파 수준은 우연에 의한 발견과 우연에 의하지 않은 발견을 구분하는 절단선을 나타낸다. 앞서 통계적 유의도 검증에 대한 설명에서 행동과학에서는 5%가 일반적으로 통용되는 규칙이라고 하였다. 알파 수준을 매우 낮게 잡은 이유는 **1종 오류**(Type I error)를 범할 가능성, 즉 (영가설이 사실임에도 불구하고 이를 기각하고) 새로운 과학적 발견을 포착해 냈다고 잘못 결론을 내리는 오류를 줄이기 위한 것이다. 조직 장면에서 1종 오류를 범한 예로, 훈련 프로그램이 효과가 없음에도 불구하고 종업원들의 수행에 긍정적인 효과를 미친다고 잘못된 결론을 내리는 경우가 있다. 반대로, 2종 오류(Type Ⅱ error)는 명백한 효과가 존재함에도 불구하고 그것을 탐지하는 데 실패하는 경우이다. 앞의 예시에서 통계적 검증을 실시하고는 유용한 훈련 프로그램이 종업원들의 수행에 아무런 효과가 없다고 잘못된 결론을 내리는 경우이다(참고 2.6 참조).

알파 수준을 더 엄격하게 하면(예 : 5% 이하로 설정) 1종 오류의 가능성은 감소시킬 수 있지만, 검증력을 감소시킴으로써 2종 오류의 확률은 더 증가한다. 반대로 알파 수준을 좀 느슨하게 하면(예 : 10%) 검증력은 증가하지만, 1종 오류를 범할 확률은 더 커진다.

검증력에 영향을 미치는 마지막 요인은 **측정 오차**이다. 즉 측정 오차가 많은 측정치를 사용할수록 검증력은 떨어진다. 앞서 언급했듯이 이것은 측정 오차의 비체계적(unsystematic) 특성에 기인한다.

통계적 검증력의 결정요인에 대해 살펴보았으므로, 이제 조직 연구에서의 통계적 검증력의 수준에 대해 생각해 보자. Mone, Mueller, Mauland(1996)는 1992년부터 1994년 사이에 수행된 210개의 조직 연구에서 이루어진 26,471개의 통계 검증을 가지고 검증력 수준에 대한 메타 분석을 실시하였다. 또한 이들은 연구에 앞서 연구자들을 대상으로 검증력의 평가와 관련된 일반적인 관행에 대해서도 조사하였다.

1종 오류 대 2종 오류 : 무엇이 가장 큰 죄인가?

전형적으로 알파(유의) 수준은 .05(일부 경우에는 .01)로 설정된다는 점에서 볼 때, 1종 오류를 범하는 것은 좋지 않은 일이라고 간주된다. 1종 오류가 발생한다는 것은 연구자가 어떤 발견을, 실제로는 그렇지 않음에도 불구하고 과학적으로 유의하다고 결론 내리는 것을 말한다. 왜 이것이 나쁜 것인가? 과학적 관점에서 보면 1종 오류는 연구자를 막힌 길로 유도하고, 궁극적으로는 잘못된 이론을 도출하도록 하기 때문에 좋지 않다. 실제 현장의 관점에서 보면 1종 오류는 조직으로 하여금 효과가 없는 훈련 프로그램에 많은 돈을 허비하게 만들 수 있다. 1종 오류의 이러한 부정적 효과를 고려하여, 그러한 가능성을 최소화하길 원하기에 알파 수준을 매우 낮게 설정하는 것이다.

불행하게도 1종 오류의 가능성을 최소화하면 2종 오류의 가능성은 증가한다. 2종 오류는 연구자가 명백한 과학적 효과를 드러내는 데 실패할 때 발생한다. 1종 오류보다

는 2종 오류가 더 나은 것일까? 이것은 전적으로 상황에 달려 있다. 예를 들어, 한 연구자가 HIV 바이러스를 억제할 가능성이 있는 약물에 대해 검증을 한다고 생각해 보자. 만약 이 연구자가 약물이 효과가 있다고 잘못된 결론을 내린다면(1종 오류를 범한다면), 이것은 분명히 잘못이다. 그러나 이 경우에 2종 오류를 범하는 것의 의미에 대해서도 생각해 보자. 만약 약물이 효과가 있음에도 불구하고 연구자가 이것을 발견하지 못했다면, 인류의 고통을 감소시켜 줄 아주 위대한 발견의 기회를 놓친 꼴이 된다.

궁극적으로, 연구자는 1종 오류와 2종 오류의 위험 간에 균형을 맞춘 연구를 설계해야 한다. 1종 오류의 위험을 최소화하기 위해 알파 수준을 충분히 낮추고 적절한 통계적 기법을 적용해야 한다. 반면, 2종 오류는 충분한 표본 크기를 확보하고 신뢰할 수 있는 측정값을 사용함으로써 최소화할 수 있다.

메타 분석을 통해 의미 있는 결과를 얻었지만, 다소 난감한 결과도 있었다. 즉 수용 가능한 통계적 검증력 수준을 80%로 고려할 때(즉 실제 존재하는 효과를 탐지할 수 있는 가능성이 80%; Cohen, 1992), 그들은 모든 효과 크기에 있어 검증력의 수용 가능한 수준을 달성한 경우는 단지 50%에 불과함을 발견했다. 이것이 의미하는 것은 메타 분석에 포함된 모든 연구에 걸쳐서 연구자들은 실제로 존재하는 효과를 탐지해 내는 데 실패할 가능성을 50%로 가정한다는 것이다. 이것은 조직 연구에서 수행된 많은 연구들이 검증력을 낮게 설정한다는 것을 시사한다.

낮은 통계적 검증력은 연구자가 작은 효과 크기를 탐지하려고 할 때 특히 문제가 된다. Mone과 동료들(1996)이 작은 효과 크기에 대한 통계적 검증력의 수준을 계산했을 때, 수용 가능한 수준의 검증력을 달성한 연구의 비율은 단 10%에 불과하였다. 즉 작은 효과를 탐지하려고 시도한 거의 대다수의 연구가 낮은 검증력에 머물렀다는 것이다. 종업원들에게 영향을 미치는 변인이 매우 많기에 조직 연구에서는 작은 효과가 매우 흔하다는 점에서 보면 이것은 매우 불행한 일이다.

저자들에 대한 조사 결과에서도 의미 있는 결과가 나왔다. 아마 가장 중요한 발견은 조사된 저자들의 64%가 연구를 실시하기 전에 어떤 유형의 검증력 분석도 하지 않는다고 보고한 점일 것이다. 많은 경우, 사전 검증력 분석을 하지 않는 가장 주된 이유는 현장 연구에서는 표본 크기에 대해 거의 통제를 할 수 없거나 전혀 하지 못한다는 것이다. 즉 검증력 분석을 통해 보다 큰 표본이 바람직하다는 것을 알 수 있어도, 표본 크기를 늘릴 수 없는 경우가 많다는 것이다. 또한 이 조사에서의 연구자들은 일부 예외가 있지만(예 : Campion, 1993), 학술 저널들이 심사과정에서 검증력 분석을 강하게 요구하지 않는다는 점에 주목하였다. 학술 저널이 중요한 '검열 통로'의 기능을 한다는 점에서 이것은 매우 적절치 않으며, 저널에서 검증력 분석을 강조하는 것이 이 문제에 대한 연구자들의 인식을 높이는 데 도움이 될 것이다. 지금도 아마 조직심리학과 다른 분야에서의 많은 의미 있는 효과들이 낮은 통계적 검증력 때문에 탐지되지 못하고 사라지고 있을 것이다.

조절변인의 탐지

메타 분석에 대한 절에서 조절변인은 두 변인 사이의 관계를 변화시킬 수 있다고 하였다(James & Brett, 1984). 좀 더 구체적으로 두 변인 사이의 관계는 조절변인의 여러 수준에 따라 달라질 수 있다. 조직심리학의 많은 이론적인 모델들이 조절변인을 포함하고 있기에, 조절관계가 존재하는지를 평가하기 위해 사용되는 통계적 절차에 대해 이해하는 것이 중요하다.

조절 효과를 검증하는 여러 가지 방법이 있으며(예 : James & Brett, 1984 참조), 자료 수집 방법에 따라 달라진다. 조절 효과를 탐지하는 가장 보편적인 절차는 다중 회귀분석을 사용하는 것이다(J. Cohen & Cohen, 1983). 교적 회귀분석(cross-product regression)으로 알려진 이 절차에서는 먼저 독립변인이 회귀 방정식에 투입된다. 다음 단계에서 조절변인이 투입되고, 마지막 단계에서 독립변인과 조절변인의 교적이 투입된다. 교적변인은 각 응답자별로 독립변인과 조절변인을 곱해서 만들어진다. 만약 교적변인에 의해 설명되는 변산이 통계적으로 유의하다면, 조절관계가 존재하는 것이다. 이것은 독립변인과 종속변인 간의 관계가 조절변인의 함수로서 달라진다는 것을 의미한다. 조절 효과는 조절변인의 높은 수준(평균에서 1 표준편차 이상)과 낮은 수준(평균에서 1 표준편차 이하)에서의 두 변인 간의 관계를 시각적인 그림으로 나타냄으로써 쉽게 파악될 수 있다. 〈그림 2.3〉을 보면 알 수 있듯이, 자기효능감은 작업 시간과 심리적 긴장 간의 관계를 조절해 준다. 자기효능감이 낮으면, 작업 시간과 심리적 긴장 간에는 정적인 관계가 있음을 알 수 있다. 반대로 자기효능감이 높으면 두 변인 사이에는 아무런 관계가 없다. 더불어, 최근에는 **단순 기울기 검증**(simple slope test)을 하는 것이 일반적인 관행이 되었는데, 이것은 조절변인의 상/하 집단 간에 관계 강도에 있어 차이가 나는지 검증하는 것이다(Dawson, 2014).

조절변인을 탐지해 내는 절차는 간단하지만, 낮은 통계적 검증력 때문에 조절변인을 실제로 포착해 내는 것은 쉽지 않다. 이것은 대개 조절 효과가 매우 작기 때문이다. 조절변인의 효과가 작은 이유는 조절 효과에 의해 설명되는 변량은 독립변인과 조절변인에 의해 먼저 설명되고 남은 변량이기 때문이다. 또한 독립변인과 조절변인이 높게 상관되어 있을 때와, 이분변인(예 : 인종, 성별)에서 비율이 50 대 50에서 상당히 벗어나 있을 때 검증력이 더욱 감소된다(Aguinis & Stone-Romero, 1997).

조절변인에 대한 검증력을 높이기 위한 방법은 없는가? 통계적 검증력에 대한 앞에서의 일반적인 논의를 고려하면, 조절변인의 효과를 검증하고자 하는 연구자는 가급적 표본 크기를 크게 하고, 신뢰로운 측정치를 사용해야 한다. 검증력을 증가시킬 수 있지만 다소 논쟁의 여지가 있는 방법은 일반적으로 적용되는 .05 수준 이상으로 알파 수준을 높이는 것이다. 알파 수준은 우연에 의한 발견과 우연에 의하지 않은 발견을 구분하기 위한 연구자들의 결정 규칙임을 회상해 보라. 예를 들어,

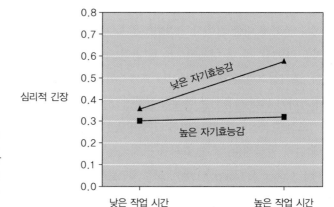

그림 2.3 조절관계의 도시

출처 : S. M. Jex & P. D. Bliese. (1999). Efficacy beliefs as a moderator of the impact of work-related stressors: A multilevel study. *Journal of Applied Psychology*, 84, 349–361. Copyright © 1999 by the American Psychological Association. Reprinted with permission.

덜 엄격한 .10의 알파 수준을 적용한다면, 이것은 우연에 의해 발생할 확률이 10% 이하인 결과는 명백한 처치 효과가 있는 것으로 간주한다는 의미이다.

조절변인 검증에서의 낮은 검증력을 고려하면, 덜 엄격한 알파 수준을 적용하는 것이 논리적인 것으로 보인다. 조절변인 검증에서 .10의 알파 수준을 적용하는 연구자를 찾기가 아주 어렵지는 않지만, 실제로 그러한 관행이 많이 사용되지는 않는다(예 : Jex & Elacqua, 1999). 이것은 .05 수준이 우리의 생각에 너무 깊게 박혀 있기 때문이다. 대부분의 학생들은 .05 이상의 알파 수준은 '속임수'라고 교육을 받아서 유의 수준을 높이는 것을 매우 꺼린다.

조절 효과의 탐지와 관련된 통계적인 고찰에 앞서서 조절변인을 찾기 전에 먼저 견고한 이론적 근거를 확립하려는 자세가 더 바람직하다. 종종 직관적으로는 매우 그럴듯한 조절변인들이라도 이론적으로는 정당화되지 않을 수 있다. 통계적인 방법론이 절대로 허술한 이론 개발을 보완해 주지는 않는다(참고 2.7 참조).

인과 모델의 사용

지난 30년 동안 조직심리학—그리고 다른 많은 분야—에서 점점 더 널리 인기를 얻고 있는 통계 기법은 **인과 모델**(causal modeling)이다(Hoyle, 2011). 인과 모델은 연구자가 일련의 변인들이 다른 변인과 어떻게 관련되어 있는지에 대한 여러 예측을 하고, 그 모든 관계를 동시에 검증하는 것이다. 이를 위해 전형적으로 사용되는 분석방법이 **경로분석**(path analysis) 또는 **구조 방정식 모델**(structural equation modeling)이다. 경로분석의 경우, 인과 모델을 구성하는 변인들은 실제 측정된 변인들이

참고 2.7

포착하기 어려운 조절 효과

이 책을 계속 읽다 보면, 조직심리학의 많은 이론들이 조절관계에 대한 가설들을 제안함을 알 수 있다. 즉 어떤 특정한 관계는 다른 조건들이 아닌, 특정 조건에서만 나타날 수 있다. 조절변인들은 이론 개발에 있어 매우 중요한데, 어떤 현상이 발생할 수 있는 정확한 조건을 구체화시켜 주기 때문이다. 또한 직무 재설계와 같은 개입이 어떤 조건에서 잘 작동하는지에 대해 알려 주기 때문에 현장에서도 매우 실용적인 가치가 있다.

조절변인의 이론적이고 실용적인 가치에도 불구하고 이를 경험적으로 보여 주기는 매우 어렵다. 그것은 무엇보다 조절변인이 대부분 종속 측정값의 조그만 변량만을 설명하며, 그래서 그 효과를 탐지할 수 있는 통계적 검증력이 매우 약하기 때문이다. 그러므로 많은 경우, 연구자가 이론적으로 견고한 조절변인 가설들을 제안하지만, 그 효과를 검증했을 때 아무것도 발견하지 못할 수 있는 것이다.

연구자들이 이러한 상황을 피하기 위해 무엇을 할 수 있을까? 조절변인 검증에 있어 통계적 검증력을 높이기 위한 가장 논리적인 단계들은 다음과 같다. 표본 크기를 크게 할 것, 신뢰로운 측정값을 사용할 것, 합리적인 알파 수준을 적용할 것 그리고 변산에 영향을 미칠 외부 원천들을 없애기 위해 노력할 것 등이다.

다. 〈그림 2.4〉에 단순 경로 모델이 예시되어 있다. 이 모델은 높은 수준의 인지능력과 작업 경험이 높은 수준의 직무지식을 유도하고, 결국 높은 직무수행을 유도한다고 제안하고 있다. 구조 방정식 모델은 인과 모델을 구성하는 변인들이 측정된 변인이 아니고 잠재(latent)변인이라는 점을 제외하고는 경로분석과 상당히 유사하다. 잠재변인은 측정된 변인들 사이의 내적인 관계의 원인이 되는 가설적 변인이다. 예를 들어, 인지능력은 인지능력 검사 점수와 구조화된 면접 점수 사이의 높은 상호 상관을 이끌어 내는 잠재변인이다. 구조 방정식 모델의 한 예가 〈그림 2.5〉에 제시되어 있다. 원은 잠재변인을 나타내고, 네모는 측정변인을 나타낸다. 〈그림 2.4〉의 예를 이어서 설명하면, 인지능력 검사와 구조화된 면접 점수는 잠재변인인 인지능력에 대한 지표변인(indicator)으로서 사용된다. 잠재변인인 작업 경험, 직무지식 그리고 직무수행도 동일하게 적용된다. 이것은 기본적으로 〈그림 2.4〉에 묘사된 것과 같은 모델이다. 다만, 제안된 관계들이 측정변인 간의 관계가 아닌 잠재변인 간 관계라는 점에서만 차이가 있다.

모델이 제안되고 나면 연구자는 모델이 실제 자료들과 '부합(fit)'하는지 평가해야 한다. 사실상 모델의 부합도에 대한 여러 가지 지표가 있지만(Hu & Bentler, 1995), 이러한 모든 지표의 기본 논리는 매우 유사하다. 하나의 모델이 제안되었다는 것은 연구자가 관심 있는 변인들 사이의 공변(covariation)에 대한 특정한 제한(restrictions)을 부여한다는 의미이다. 이러한 제한을 기반으로 하여, 인과 모델의 변인들 사이의 관계에 대한 예측된 공변량 매트릭스(expected covariance matrix)를 계산할 수 있다. 이제 예측된 공변량 매트릭스는 모델 변인들 사이의 실제 공변량과 비교된다. 모델이 '자료와 잘 부합한다'는 것은 변인들 간의 실제 공변이 모델에 기반하여 예측한 공변과 매우 일치한다는 것을 의미한다.

인과 모델은 전체 이론 모델에 포함된 모든 관계를 동시에 검증할 수 있게 해 주기 때문에 매우 강력한 기법이다. 상관 및 회귀분석으로는 이론 모델의 한 부분이나 개별적인 관계만을 검증할 수 있다. 그러나 인과 모델의 사용에 대해서는 다소 논쟁의 여지가 있다. 이러한 논쟁의 일부는 모수 추정 방법(parameter estimation method)과 모델의 부합도 평가 방법과 관련된 것으로 이 장의 범위를 벗어난다. 다만, 이 방법이 너무 남용되고 있으며, 모델 검증이 이론에 충분히 근거하지 않고 너무 자료에 좌우되고 있다고 문제를 제기하는 사람들도 있다.

그림 2.4 단순 경로 모델

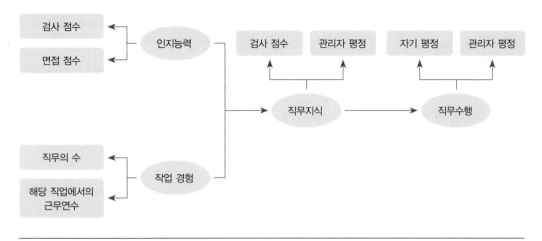

그림 2.5 단순 구조 방정식 모델

다른 통계 기법들과 마찬가지로 인과 모델은 그 자체로 좋거나 나쁜 것이 아니다. 적절하게 사용된다면, 이것은 조직심리학자들이 사용할 수 있는 유용한 통계 기법 중 하나가 될 것이다. 일반적으로 검증하려는 모델이 강력한 이론적 근거가 있고, 꽤 큰 규모의 표본을 가지고 있으며, 연구설계상 인과관계 추론이 가능할 때(예 : 종단적 설계) 인과 모델은 강력한 분석 도구가 된다. 연구자가 인과모델에 포함된 변인들 사이의 상호 복잡한 내적 관계들을 제안할 만한 충분한 통찰을 가지고 있을 경우에만 이 도구를 사용하는 것이 좋다. 그래서 이론에 기반한 연구의 초기에 인과 모델을 사용하는 것은 적절하지 않은 경우가 많다.

초기에 인과 모델이 인기를 얻을 때 널리 퍼진 잘못된 믿음 중 하나는 횡단적 자료를 가지고 인과관계를 분석하는 방법이라는 것이다. 불행하게도, 인과 모델 같은 통계적 방법이 부적절한 연구설계를 보완할 수는 없다. 따라서 인과 모델이 분명 유용한 통계분석 방법이지만, 인과 추론을 하려면 그러한 추론이 가능한 연구설계를 반드시 해야 한다.

집합과 분석 수준

조직심리학의 비교적 최근 경향은 다중의 분석 수준에서 변인들을 탐구하는 것이다. 즉 개인 수준에서뿐만 아니라, 집단 심지어는 조직 수준에서 개념화된 변인들의 영향에 대하여 점점 더 관심을 가지게 되었다. 앞서 기술한 일기 연구(diary study)도 사람과 시점이라는 서로 다른 두 수준에서 자료가 수집되기에 다중 수준 연구 범주에 들어간다. 또한 서로 다른 분석 수준에 있는 변인들이 서로 어떻게 영향을 미치는지에 대해서도 관심이 증대되고 있다. 후자의 연구 유형을 **교차 수준 분석**(cross-level analysis)이라고 한다.

분명 다중의 분석 수준에서 연구하게 되면 몇 가지 중요한 이론적 문제들이 제기될 수 있다(예 : Bliese & Jex, 2002; Chan, 1998; Klein, Dansereau, & Hall, 1994). 그러나 이러한 이론적인 고려와 더불어 방법론적이고 통계적인 고려사항들도 역시 제기된다. 먼저 집합(aggregation)의 문제에 대해 살펴보자. 우리가 자료를 집합한다는 것은 하나의 값이 집합의 단위(unit)를 나타내는 데 사용된다는 것을 의미한다. 예를 들어, '집단 수준의 만족'을 나타내기 위해 작업집단 내 직무만족의 평균값을 사용하는 경우이다. 한 변인에 대해 집합할 때, 집합의 단위 내에 있는 모든 개인차는 억제된다는 점에 주목하라.

언제 개인 반응들을 집합하는 것이 적절한가? 일반적으로 연구자는 3개의 서로 다른 수준에서 집합을 정당화할 수 있어야 한다. 첫째, 이론적인 정당성이 있어야 한다. 즉 집합을 통해 만들어 낸 변인이 이론적으로 의미가 있는 것이어야 한다. 앞의 예에서 연구자는 한 작업집단 내의 직무만족의 평균값이 이론적으로 의미 있는 변인이라는 것을 분명히 해야 할 것이다. 사실 집합적 수준의 만족은 작업집단의 전반적인 '사기' 수준으로 볼 수 있다.

집합이 이론적으로 정당화될 수 있다면, 연구자는 집합에 대한 방법론적인 정당성도 제시해야 한다. 연구자가 직면하는 가장 기본적인 방법론적 질문은 집합의 단위를 선택하는 것과 관련이 있다. 작업집단 내에서 빈번하게 상호작용하는 5명의 구성원들의 반응을 집합하는 것(즉 평균 내는 것)에 대해서는 아마 대부분의 연구자들이 수용할 것이다. 그러나 조직 내 한 부문에 속하는 100명의 반응을 집합하는 것에 대해서는 동의하지 않을 가능성이 더 크다. 불행하게도 집합의 적절한 단위가 무엇인지에 대한 확고하면서도 간단한 규칙은 존재하지 않는다. 결국은 측정하고자 하는 변인에 달려 있다(Bliese & Jex, 2002).

두 번째 방법론적인 문제는 변인들의 측정과 관련이 있다. 많은 경우 개인들의 반응은 집합되는데, 왜냐하면 문항들이 집합의 단위에 대한 반응자의 지각(perception)과 관련된 질문들이기 때문이다. 예를 들어, 한 연구자가 조직 분위기를 측정하고자 한다면(James & Jones, 1974), 문항은 응답하는 개인에 대한 질문이 아니라 조직에 대한 질문이어야 한다. 그래서 연구자는 문항이 적절하게 표현되기 위해 자료를 수집하기 전에 어느 수준에서 집합할지에 대한 결정을 내려야 한다. 그렇지만 개인 수준에서의 특정 변인의 의미가 집합 수준에서는 상당히 다를 수도 있다는 것을 명심해야 한다. 그래서 개인 수준과 집합 수준의 변인들 간의 관계를 신중하게 고려해야 한다(Chan, 1998).

집합하는 것이 이론적으로나 방법론적으로 정당화되었다고 가정할 수 있으면, 통계적으로도 집합이 정당화되어야 한다. 개인적인 반응들을 통합하는 경우는 대부분 연구자가 집합 단위에서의 속성을 측정하기 위해서이다. 예를 들어, 연구자가 집단 내 응집력 수준이나 조직 내 신뢰 수준을 측정하기를 원할 경우, 집합 단위 내 반응의 일치 정도에 대한 통계적인 증거를 제시해야 하는 것도 연구자의 의무이다. 만약 집단 내 구성원들이 집단 내 응집성 정도에 대해 일치하지 않는다면,

그들의 반응을 집합하여 평균을 산출하는 것은 적절하지 않다. 이런 평가자 간(inter-rater) 일치도를 측정하는 여러 가지 방법이 있지만, 가장 빈번하게 사용되는 방법은 r_{wg} 통계치이다(James et al., 1984). 이것은 집단 내 변산성이 응답자들이 무선적으로 반응할 때 기대되는 것보다 의미 있게 작은지를 보는 것이다.

　집합 이외에 다중 수준(multiple-level) 문제를 다루는 연구자들이 직면하는 또 다른 중요한 문제는 통계분석이다. 어떤 연구에서든지, 어떤 통계분석을 선택할지는 전적으로 연구 문제에 달려 있다. 그러므로 때로는 아주 분명하게 다수준으로 자료를 분석해야 하는 경우가 있다. 예를 들어, 집단 응집성과 집단수행 간의 관계에 관심이 있다면, 이 두 변인에 대한 집합 수준(aggregate-level)에서의 측정 간의 상관관계를 조사하는 것이 적절할 것이다. 물론 이러한 접근의 유일한 단점은 그것이 표본 크기를 매우 감소시켜 검증력을 떨어뜨린다는 데 있다.

　다른 경우, 동일한 분석에서 다중 수준에서 변인들 간의 관계를 검증해야 하기에 다중 수준 자료의 분석은 더 복잡해진다. 예를 들어, 한 연구자는 개인 수준 대 집단 수준 효과의 상대적인 기여도를 추정하는 데 관심이 있을 수 있다. 또 다른 경우, 연구자는 개인 수준 변인 간의 관계에 대해 집단 수준 또는 조직 수준 변인이 미치는 영향을 조사하고자 할 수도 있다. 또한 연구자가 소수의 연구 참가자를 대상으로 여러 시점에 걸쳐 측정된 행동을 연구할 수도 있는데(예 : 일기 연구), 이러한 자료도 개인이 시간 주기 혹은 측정 횟수 안에 내포되어(nested) 있기 때문에 역시 다중 수준이다. 다행히 다중 수준에서 자료를 분석하는 데 사용되는 통계적 절차들이 있다.

　교차 수준에서의 관계를 조사하기 위해 점점 인기를 얻고 있는 통계 기법은 **무선 계수 모델**(random coefficient modeling)이다(Bliese & Jex, 2002; Byrk & Raudenbush, 1992). 예를 들어, 개인 수준 변인들 간 관계의 크기(회귀 계수로 나타남)가 어떤 집합 수준 변인의 함수로서 달라지는지를 검증하기 위해 무선 계수 모델을 사용할 수 있다. 이러한 기법은 모두 유용하지만, 매우 복잡하고 특별한 컴퓨터 소프트웨어를 필요로 한다. 그러나 적절하게 사용된다면, 연구자들이 다중 수준 자료의 복잡성을 해결하는 데 도움을 줄 수 있다.

요약

이번 장에서는 조직심리학의 방법론적이고 통계적인 기초에 대하여 알아보았다. 앞서 살펴보았듯이, 조직심리학자들은 조직 내 행동에 대한 자료를 수집하는 데 여러 가지 기법을 활용하고 있다. 즉 단순한 관찰에서부터 매우 복잡한 유사실험까지 매우 다양하다. 수학적 모델을 만들거나 시뮬레이션을 통해서 행동을 모델화하는 것도 가능하다. 그러나 가장 빈번하게 사용되는 기법은 조사 연구이다.

조직에서의 자료 수집에서는 여러 가지 중요한 문제가 고려되어야 한다. 예를 들어, 연구자는 자기 보고 측정치의 한계 그리고 여러 연구 장면에 걸쳐 연구 결과를 일반화하는 것의 한계 등을 인식하고 있어야 한다. 비교 문화 연구를 시도할 때는 언어 및 표집과 관련된 문제에 주의를 기울여야 한다. 좀 더 현실적인 문제는 연구 자료를 수집하기 위해 조직에 접근하는 문제이다. 마지막으로 연구 참여자가 윤리적으로 대우받도록 담보하기 위한 특별한 주의를 기울여야 한다.

수집한 자료를 분석하는 데 사용될 수 있는 다양한 통계적 방법들에 대해서도 논의하였다. 이러한 방법들은 단순한 기술 통계에서부터 복잡한 상관과 회귀분석에 이르기까지 다양하다. 통계 기법의 선택은 연구자가 답을 얻고자 하는 연구 질문의 특성에 따라 결정된다.

자료의 통계적인 분석에서도 많은 중요한 문제들이 고려되어야 한다. 연구자들은 통계적 검증력의 중요성을 인식해야 하며, 가능하다면 검증력을 최대화하도록 노력해야 한다. 특히 조절변인의 효과를 보여 주는 데 관심이 있을 때 더욱 그러하다. 인과 모델과 같은 복잡한 통계 기법들은 단단한 이론적 기반을 가지고 적절하게 사용될 경우, 조직심리학자들에게 매우 유용한 도구가 될 수 있다. 최근 조직심리학에서는 다중 수준 자료에 의한 연구가 점점 더 인기를 끌고 있다. 다중 수준 분석을 실시하는 연구자는 집합을 정당화할 수 있어야 하며, 실질적인 연구 주제를 가장 잘 드러낼 수 있는 분석 기법을 선택해야 한다.

더 읽을거리

Grant, A. M., & Wall, T. D. (2009). The neglected science and art of quasi-experimentation: Why-to, when-to, and how-to advice from organizational researchers. *Organizational Research Methods*, 12, 653–686.

Highhouse, S. E. (2008). Designing experiments that generalize. *Organizational Research Methods*, 12, 554–566.

Kelloway, E. K., Francis, L. (2013). Longitudinal research and data analysis. In R. Sinclair, M. Wang, & L. E. Tetrick (Eds.), *Research methods in occupational health psychology* (pp. 374–394). New York, NY: Routledge.

Sonnentag, S., Binnewies, C., & Ohly, S. (2013). Event sampling methods in occupational health psychology. In R. Sinclair, M. Wang, & L. E. Tetrick (Eds.), *Research methods in occupational health psychology* (pp. 208–228). New York, NY: Routledge.

Spector, P. E. (2013). Survey design and measurement development. In T. Little (Ed.), *Oxford handbook of quantitative methods, Volume 1.* (pp. 229–245). New York, NY: Oxford University Press.

Stone-Romero, E. F. (2011). Research strategies in industrial and organizational psychology: Non-experimental, quasi-experimental, and randomized experimental research in special purpose and nonspecial purpose settings. In S. Zedeck (Ed.), *APA handbook of industrial and organizational psychology* (Vol. 1., pp. 37–72). Washington, DC: American Psychological Association.

제3장

유인과 사회화

모든 사회 조직의 원동력은 사람이다. 예를 들어, 대학에는 교수가 있어야 하고, 자동차 공장에는 설계 엔지니어가 있어야 하며, 프로야구팀에는 선수가 있어야 한다. 그래서 조직은 계속 생존하기 위해서 정기적으로 새로운 사람들을 고용해야 하며, 완전한 조직의 한 구성원이 되도록 지원해야 한다. 이러한 프로세스를 시작하려면 조직은 먼저 가능성이 있는 사람들을 모집해야 하며, 그들이 가진 능력과 자격이 조직의 필요와 잘 부합하는지 파악해야 한다.

그러나 이러한 프로세스는 양방향으로 이루어지는 것이다. 이 프로세스에는 지원자들도 미래의 잠재적인 고용주로서 가능성 있는 조직들을 탐색하고 평가하는 것이 포함된다. 구성원이 조직에 들어온 다음에는 직무에 포함된 여러 과업을 수행하기 위해서뿐만 아니라 조직의 문화를 학습하기 위해 교육을 받아야 한다. 이 프로세스도 양방향으로 이루어지고, 역동적이다. 즉 조직은 새로운 구성원을 사회화하기 위해 여러 활동을 하고, 새로운 구성원은 새로운 작업환경에 적응하는 데 도움이 되는 정보를 찾고자 하며 그 과정에서 가끔 조직을 바꿀 수도 있다. 이런 양방향의 중요한 프로세스를 유인(attraction)과 사회화(socialization)라고 한다.

이 장에서는 먼저 조직과 지원자의 관점에서 유인과정의 첫 단계, 즉 모집(recruiting)과정에 대해 다룰 것이다. 앞으로 보게 되겠지만 조직은 미래의 종업원을 모집하기 위해 다양한 방법을 사용하며, 수많은 요인들이 그러한 모집 노력의 성공 여부에 영향을 미칠 수 있다. 동시에 지원자 혹은 미래의 종업원은 미래의 고용주들의 적합성을 평가한다. 즉 일반적으로 잠재적인 종업원들은 자신이 특정 조직에 '적합'한 정도에 대해 판단하려고 한다.

다음으로 이 장에서는 종업원 사회화에 초점을 맞춘다. 일단 지원자가 입사 제의를 받아들이면, 그 사람은 조직의 정식 구성원이 된다. 그러나 완전한 조직의 구성원이 되기 위해서는 사회화 과정이 필요하다. 조직심리학자들은 새로운 구성원을 사회화하기 위해 조직이 사용하는 다양한 책략을 이해하고, 사회화되는 과정에서 구성원이 무엇을 학습하는지 파악하고, 새로운 종업원들이 사회화 과정 동안 정보를 얻기 위해 어떤 책략을 사용하는지 기술하기 위해 사회화 과정에 대해 깊이 연구해 왔다. 가장 최근의 사회화 연구는 이러한 과정이 새로운 종업원에게 영향을 미칠 뿐 아니라 기존 조직 구성원들과 전체 조직에도 영향을 미칠 수 있음을 보여 주었다.

마지막으로 이 장에서는 종업원 사회화에 영향을 미치는 다양성에 대해 논의한다. 현대 조직에서는 기존의 다수 구성원들과는 너무나도 다른 인구통계적 특징, 라이프스타일, 가치관 및 경험을 지닌 새로운 구성원이 조직에 들어오는 것이 이제 너무 일반적인 현상이 되었다. 따라서 그러한 사람들이 완전하게 조직에 사회화되는 것이 그리 쉽지 않을 수 있다. 그 결과, 그들은 조직을 떠나거나 조직의 '주변인'이 될 수 있다. 다행히 사회화 과정에 대한 다양성의 영향을 다루기 위해 조직이 취할 수 있는 다양한 조치가 있다.

모집과정 : 조직의 관점

모집의 목적은 자격을 충분히 갖춘 대규모의 지원자 집단을 만들어 내서, 그들 중에 조직에 오래 남아 있고 성공적인 종업원이 될 가능성이 큰 사람들을 선택할 수 있도록 하는 것이다. 예를 들어, 대학 운동부에서 거의 모든 감독은 오프 시즌 동안 좋은 성적을 낸 고등학교 운동선수를 모집하는 데 시간을 보낸다. 모집은 대개 **조직(심리학)**의 주제가 아닌 것으로 간주되지만, 사회화와 밀접하게 관련이 되기 때문에 이 장에서 간략하게 다루고자 한다. 사실 어떤 조직은 모집과정 동안 새로운 종업원의 사회화 과정을 이미 시작하기도 한다(Klein & Polin, 2012). 더불어 성공적인 모집은 조직이 선택한 새로운 구성원이 현 조직 문화에 잘 맞고, 좀 더 성공적으로 사회화될 가능성을 높여 준다.

모집 계획

일반적으로 조직은 무선적으로 새로운 종업원을 모집하지는 않는다. 대부분의 조직의 모집 활동은 (1) 다양한 직무에서 필요로 하는 종업원의 수, (2) 새로운 종업원이 필요한 시기, (3) 노동시장에서 잠재적인 종업원들의 현재와 미래의 공급 등에 대한 신중한 계획에 기반하여 이루어진다. 이러한 모집 계획의 세 가지 요소를 이해하는 조직은 자신의 모집 활동을 좀 더 효과적으로 운영할 수 있을 것이다. Cascio와 Aguinis(2014)에 의하면, 모집과정에서 중요한 첫 단계는 이러한 **모집 계획**(recruitment planning)이다.

제대로 된 모집 계획을 세우기 위해 조직은 어떤 종류의 정보가 필요한가? 먼저, 모집 계획은 조직의 **전략 계획**(strategic planning)과 일치해야 한다는 점이 중요하다. 전략 계획은 '우리가 어디로 가고 있고' 그리고 '그곳에 어떻게 갈지'에 대한 조직의 계획이라고 볼 수 있다. 전략 계획은 모집 계획과 연계되어야 하는데, 그 이유는 전략 계획이 필요 인력에 대한 분명한 시사점을 제공하기 때문이다. 하나의 예로, 부동산 회사가 주거용 부동산보다는 상업용 부동산 판매에 더 주력하는 것으로 결정하였다면, 이러한 전략 변화로 인해 상업용 부동산 판매 경험이 있거나 그런 일을 하고 싶어 하는 새로운 직원들이 더 필요하게 될 것이다.

모집 계획을 수립할 때 고려되어야 할 또 다른 요인은 **승계 계획**(succession planning)이다. 승계 계획은 다양한 직무군에서 이직의 가능성에 대해 어느 정도 예측하는 것을 포함한다. 이 계획은 대개 예측된 은퇴를 바탕으로 세워지지만, 다른 요인(예 : 계약직이나 학교로 돌아가는 종업원)에도 기반할 수 있다. 조직은 이와 같은 예측을 근거로 조직을 떠날 가능성이 있는 사람의 업무를 수행하는 데 필요한 기술을 가진 사람들로 모집 활동의 초점을 맞출 수 있다. 예측이 대부분 그러하듯이, 승계 계획에도 어느 정도의 불확실성은 있다. 예를 들어, 일부 직업에서는 강제적인 은퇴 연령이 정해져 있지 않고 본인 스스로가 은퇴 결정을 하게 되므로(Jex & Grosch, 2013), 조직은 나이 든 직원들의 구체적인 은퇴 계획에 대해서는 잘 알지 못하는 경우가 있다.

모집 계획에서 세 번째로 고려할 사항은 현재 종업원들의 기술과 능력이다. 많은 조직들이 기존 종업원들에게 정기적으로 '기술 재고표(skill inventory)'라는 것을 완성하도록 요구한다. 즉 종업원들에게 자신의 직무 경험, 평생 교육내용, 특별한 기술과 역량을 기술 재고표에 기록하도록 한다. 현 종업원들이 조직에서 필요로 하는 기술과 능력을 갖추었다면 외부에서 종업원을 모집할 필요는 별로 없을 것이다. 오히려 조직 내부에서 자리를 채우는 것은 몇 가지 이점(예 : 종업원의 높은 적응 수준과 조직의 비용 절감)이 있고, 종업원들에게 긍정적인 보상으로 작용할 수 있기 때문에 매우 중요하다.

모집 계획을 세우는 데 유용한 마지막 정보는 다양한 직무군별로 노동력 공급에 대해 평가한 것이다. 이러한 정보는 정부 기관, 기업 협회 그리고 때로는 전문 기관으로부터 비교적 쉽게 얻을 수 있다. 예를 들어, 산업 및 조직심리학(I/O psychology) 분야에서 미국 산업 및 조직심리학회(SIOP)는 이 분야에서 석사 및 박사들의 수에 대한 정보를 수집한다. 조직은 서로 다른 직무군에서의 인력 공급이 풍부한지 아니면 부족한지와 같은 기본적인 질문에 대한 답을 찾고자 한다. 예를 들어, 최근 미국에서 변호사와 교사의 공급은 노동시장에서 상당히 풍부할 정도로 증가하고 있다. 반면에 간호사, 소프트웨어 개발자, 그리고 물리치료사들의 공급은 상대적으로 부족하다.

노동시장에 대한 정보는 조직이 모집 활동에서 어떤 접근법을 취할지에 영향을 미칠 뿐만 아니라 특정한 모집 출처를 선택하는 데도 영향을 미치기 때문에 유용하다. 인력이 부족한 직무에 사람을 채우거나 희귀하거나, 독특한 기술을 가진 사람들을 찾기 위해 조직은 매우 공격적으로 모집 활동을 할 필요가 있으며, 아마도 새로운 종업원을 유인하기 위해 다른 인센티브(예 : 입사 시 특별 보너스)를 제안할 수도 있다. 이러한 모집 활동은 경영자 서치펌(executive search firm)의 도움을 받거나 국제적인 범위로 확대될 수도 있다. 조직이 숙련된 고급 기술을 가진 전문가나 고위직 임원을 모집할 때가 대개 이러한 경우이다. 이에 반해 인력 공급이 풍부한 경우, 조직은 모집 활동에 자원을 덜 소비할 수 있으며, 덜 공격적이고 비용이 적게 드는 접근법을 취할 것이다. 예를 들어, 숙련된 기술이 요구되지 않는 간단한 노무직에 사람을 충원해야 한다면, 조직은 기존 종업원의 추천을 받거나 온라인으로 지원서를 낸 사람들 중에서 간단하게 선발할 수 있다.

모집 방법

조직이 제대로 된 모집 계획을 세웠다면, 계획 실행을 위한 다음 단계는 모집 방법을 선택하는 것이다. 새로운 종업원을 모집하려는 계획을 가진 조직은 우선 지원자를 내부 출처에서 찾을지, 외부 출처에서 찾을지 결정해야 한다. 내부 모집의 기본적인 형태는 사내공모제(job posting)와 같은 방법을 통해 현 종업원들에게 널리 알리는 것이다. 앞서 언급했듯이, 내부 모집에는 많은 이점이 있다. 내부 이동이나 승진은 새로운 종업원을 데려오는 것보다 비용이 적게 들고, 현 종업원들에게 긍정적인 보상을 제공할 수 있으며, 외부에서 모집한 종업원보다 교육이나 사회화의 필요성도 적을 것이다. 또한 내부에서 모집된 종업원들은 조직에 더 오래 머무르는 경향이 있는 것으로 알려졌다 (Spector, 2006).

반면 외부에서 모집된 새로운 종업원은 조직에 새로운 시각을 가져올 수 있다. 또한 어떤 조직은 현 종업원들이 특정 직무수행에 필요한 기술을 습득하지 못했기 때문에 어쩔 수 없이 외부에서 고용해야 하는 경우가 있다.

기존 내부 인력과 비교해 볼 때, 외부 모집 출처는 훨씬 더 다양하다. 직무의 특성 때문에 특정한 모집 출처가 요구되는 경우도 있지만, 모집 출처에 대한 일반적인 설명부터 하면 다음과 같다. 우선, 가장 빈번하게 사용되는 모집 출처는 대개 인쇄나 전자 매체를 통한 광고 형태의 모집이다. 과거 15년여 동안 많은 조직들이 회사 웹 사이트나 몬스터닷컴 같은 구인구직 사이트를 이용하는 인터넷을 통한 모집 방법을 점점 더 선호하게 되었다(Darnold & Rynes, 2013). 인터넷 기반의 모집이 갖는 장단점이 아래에 제시되어 있다.

Cascio(1998)에 의하면, 모집 출처는 비용 측면에서 상당히 차이가 있는데, 가장 비용이 적게 드는 모집 출처는 직접 방문, 내부 직원 추천, 그리고 웹 사이트 광고이다. 내부 직원 추천은 비용이 적게 들 뿐만 아니라 다른 지원자들보다 조직에 대해 더 잘 알기 때문에 매력적일 수 있다. 이는 내부 직원 추천으로 들어온 사람들의 이직률이 낮은 이유를 어느 정도 설명해 준다(Rafaeli, Hadomi, & Simmons, 2005). 다만 내부 직원 추천에 주로 의존하면 연고주의(nepotism)를 초래할 수 있으며, 시간이 지나면서 점점 지나치게 동질적인 인력들로만 조직이 구성될 위험이 있다.

또한 인터넷 광고도 채용 공고를 하는 데 비교적 비용이 적게 드는 방법이다. Chapman과 Webster (2003)가 HR(human resource) 전문가들을 대상으로 실시한 조사에 따르면, 인터넷의 가장 큰 장점은 광범위한 가용성 때문에 조직에게 매우 많은 지원자 풀(pool)을 만들어 준다는 것이다. 또한 조직은 인터넷 기반의 온라인 지원 절차를 통해 보다 효율적으로 지원자를 선별(screen)할 수 있으며, 인터넷은 조직 문화를 묘사하는 데 시각적으로 매우 매력적인 수단이 된다(Braddy, Meade, & Kroustalis, 2006). 대체로 지원자는 조직의 문화와 잘 부합하는지에 대해 판단하려고 하기 때문에 이것은 중요하다.

또한 Chapman과 Webster(2003)는 인터넷 광고 사용과 관련하여 몇 가지 잠재적인 단점을 언급했다. 그중 가장 큰 단점은 인터넷 광고가 너무 많은 지원자 풀을 만들어 내기 때문에 지원자를 선별하는 작업에 매우 많은 인력과 시간이 필요하다는 것이다. 이것은 많은 사람들이 선망하는 회사(예 : 구글, 마이크로소프트)의 경우에는 특히 그러하다. 그러나 인터넷 기반 모집에 대한 연구들에 의하면, 최소한의 자격요건에 대한 상세한 정보를 제공하여 충분한 자격을 갖추지 못한 지원자들이 자발적으로 모집과정에서 이탈하도록 하여 이 문제를 어느 정도 해결할 수 있다(Dineen & Noe, 2009).

Chapman과 Webster(2003)가 제기한 또 다른 단점은 인터넷을 사용하면 모집과정에서 '개인적인 접촉'은 하지 못하게 된다는 것이다. 그러나 Chapman의 연구 자료는 거의 15년 전에 수집된 것이다. 오늘날의 지원자들, 특히 젊은 지원자들은 전자적 의사소통에 훨씬 익숙하기에 지금은 그리 큰 문제가 되지 않는다. 더구나 회사 웹 사이트의 미적인 수준에서 상당히 큰 차이가 있고(Dineen, Ling, Ash, & DelVecchio, 2007), 이것이 지원자의 반응에 영향을 미친다. 따라서 이제 인터넷을 사용하는 방법 자체는 전혀 문제가 되지 않고, 사이트의 질적 수준이 중요하게 되었다.

회사 웹 사이트를 통한 인터넷 기반 모집과 긴밀히 연관된 이슈로 링크드인, 페이스북, 또는 트위터와 같은 공유 소셜 미디어 웹 사이트의 사용이 있다. Darnold와 Rynes(2013)에 의하면, 보다 우수한 지원자를 모을 수 있다는 생각에 점점 더 많은 조직들이 이러한 사이트를 사용하고 있다. 그러한 사이트를 사용하면 조직이 기술적으로 좀 더 첨단이라는 이미지를 주기도 하는데, 이것은 젊은 지원자들에게는 중요한 특성으로 여겨진다. 아직은 이에 대한 실제적인 경험적 연구가 거의 없다.

가장 비용이 많이 드는 모집 출처는 헤드헌팅사나 경영자 서치펌을 이용하거나, 이보다는 덜하지만 대학 캠퍼스 모집을 하는 경우이다. 그러나 모집 출처의 비용은 다른 요인들과 비교하여 평가해야 한다. 예를 들어, 대부분의 조직은 고위 임원직을 선발해야 할 때 헤드헌팅사나 경영자 서치펌을 이용하는 데 따른 비용을 기꺼이 부담하려고 한다. 왜냐하면 이러한 고위직을 잘못 고용하면 수백만 달러의 손실을 초래할 수 있기 때문이다. 비록 이러한 모집 출처에 대한 연구가 거의 없지만, Hamori(2010)는 경영자 서치펌의 리크루터는 유명한 대기업의 고위직을 목표로 하고 있지만, 실제로 서치펌에 등록하는 사람들은 그보다는 덜한 기업의 경력이 상대적으로 짧은 경우가 많다는 것을 발견하였다. 이러한 발견은 현 고위 임원의 개인적인 네트워크를 이용하는 것보다 서치펌이 고위 경영자를 채용하는 데 그리 효율적인 수단이 아닐 수 있음을 시사한다.

캠퍼스 모집 방법은 인력 공급이 비교적 부족한 분야(예 : 공학, 컴퓨터, 회계)의 신입 직원을 구하려고 할 때 가장 많이 사용된다. 또한 이 방법은 조직 문화에 대한 보다 자세한 정보를 전달할 수 있어서(Cable & Yu, 2006), 지원자로 하여금 자신이 조직과 잘 부합하는지 정확한 판단을 하도록 도움을 줄 수 있으므로 미래의 이직률을 낮출 수 있다.

서로 다른 모집 출처들의 잠재적 유용성을 평가하는 데 있어 비용을 제외하고는 어떤 다른 방법이 있을까? 일반적으로 사용되는 두 가지 지표는 수율(yield ratio)과 시간경과 자료(time lapse data)이다. 수율은 간단히 말해서 어떤 모집 출처(예 : 인터넷 광고)에 의해 생성된 전체 지원자 수 대비 실제 채용되는 지원자의 비이다. 조직의 입장에서 바람직하고 이상적인 모집 출처는 실제 채용되어 성공적인 종업원이 될 지원자들을 많이 모아 주는 곳이다. 모든 조직은 성공적인 종업원을 지속적으로 공급해 주는 모집 출처에 가급적 집중하고자 한다.

모집 출처의 수율에 대한 다른 관점은 지원자의 절대 수가 많고 그에 비례하여 매우 자격을 갖춘 지원자의 수가 많은 경우이다. 이렇게 보면, 이상적인 모집 출처는 많은 수의 지원자를 끌어올 뿐 아니라 자격을 갖춘 지원자의 비율이 높은 경우이다. 이런 유형의 모집 출처는 조직이 매우 '선별적'으로 채용할 수 있고, '최고의 인재'만을 채용할 수 있다는 장점이 있다.

시간경과 자료는 모집과 채용과정 동안 한 단계에서 다음 단계로 이동하는 데 걸리는 시간의 추정치를 말한다. 예를 들어, 조직이 지원자와 처음 접촉한 날부터 첫 출근을 하기까지 발생하는 여러 단계에 걸린 시간을 추정할 수 있다. 시간경과 자료는 지원자로 하여금 흥미를 잃게 만드는 모집과정의 **병목요인들**을 확인할 수 있도록 해 준다(참고 3.1 참조). 병목요인들이 확인되면 조직은 각 단계의 속도를 높이기 위한 조치를 취할 수 있지만, 항상 가능한 것은 아니다. 예를 들어, 정부 내 기밀문서 취급 허가가 필요한 직무에 대한 모집에서는 신원 조사를 하는 데 시간이 꽤 많이 걸릴 수밖에 없다.

모집과정 : 지원자의 관점

조직의 관점에서 모집과정은 잠재적인 종업원들을 유인하기 위해 되도록 좋은 인상을 주려고 노력하는 것을 의미한다. 동시에 지원자는 어떤 조직이 자신에게 가장 매력적인지를 결정하려 한다. 이번 절에서는 지원자의 조직에 대한 평가가 어떻게, 어떤 근거에서 이루어지는지를 살펴보자.

매우 일반적인 의미에서 잠재적인 고용주를 평가할 때 지원자는 이 조직이 자신과 얼마나 부합하는지에 대한 판단을 내린다. 실제로 어떤 지원자는 스스로에게 다음과 같이 물어본다. "내가 이 조직에서 이 직무를 잘 해낼 수 있을까?" 이 질문에 대한 대답은 여러 수준에서 이루어질 수 있으므로, 지원자가 어떤 근거에서 부합도를 평가하는지에 대해서는 몇 가지 설명이 요구된다. 지원자가 부합도를 평가하기 가장 쉬운 차원은 직무수행에 요구되는 기술과 능력을 자신이 보유하고 있는지를 평가하는 것이다(Kristoff-Brown, Zimmerman, & Johnson, 2005). 예를 들어, 대학 교수직에는 대개 특정 전문 분야의 박사학위가 요구되며, 많은 경우 학생들을 가르쳐 본 경험이 있으면 더 좋다. 만약 박사학위를 지니지 않은 사람이라면 분명 그 직위에는 부합하지 않을 것이다.

지원자가 직무와 관련된 기술과 능력을 가지고 있다면, 지원자는 특정 조직과의 부합도를 평가하기 위해 어떤 다른 근거들을 사용할 것인가? Schneider(1987)의 **유인 - 선발 - 퇴출**(Attraction-Selection-Attrition, ASA) 이론에 의하면, 지원자는 자신의 성격과 일치하는 문화를 가진 조직에 매력을 느끼고 계속 남아 있게 된다. 기술, 능력 그리고 자격증 등과 비교해 볼 때 조직 문화에 대한 판단은 훨씬 더 어렵다. 지원자는 조직 구성원이 아니기 때문에 대부분 기업 웹 사이트(Cober,

모집에 대한 연구

모집의 중요성 때문에 수년간 모집에 대한 상당한 연구가 이루어져 왔다(Darnold & Rynes, 2013). 모집 연구에서 아주 명백한 한 가지 주제가 있다. 즉 모집담당자(recruiter)는 지원자가 조직과의 고용관계를 받아들이는 데 중요한 요소가 아니라는 점이다. 오히려 직무 자체의 특성과 다른 고용 조건(예 : 임금, 복리후생, 승진 가능성)이 더 중요한 것으로 보인다. 그러나 모집담당자에게 중요한 한 가지는 지원자가 원하는 직무에 대한 지식이다. 또한 모집담당자는 친근하고 다정하게 지원자를 대하여 긍정적인 인상을 줄 수 있다. 그럼에도 여전히 직무와 조직의 특성이 더 중요한 경향이 있다.

모집 문헌에서의 매우 분명하고 중요한 또 다른 주제는 모집과정 동안에 조직이 지원자를 대하는 방식에 관한 것이다. 예를 들어, 조직이 지원자를 무례하게 대하거나 모집과정에서 정보를 적기에 제대로 알려 주지 못한다면, 지원자들은 흥미를 잃게 되고 조직의 채용 제안을 수락할 가능성이 낮아진다. 왜 이런 일이 나타날까? 대부분의 모집 연구자들은 지원자가 모집과정 중에 미래의 고용주에 대한 인상을 형성한다고 주장한다. 따라서 모집과정 중에 지원자를 잘 대우하지 않으면, 이런 부정적인 경험은 앞으로 이 조직에 들어가면 어떨지를 사전에 알려 주는 단서가 되는 것이다.

최근의 모집 연구는 잠재적인 지원자에게 투사되는 조직의 이미지가 매우 중요하다는 것을 보여 준다. 소비자들이 같은 제품의 서로 다른 브랜드(예 : 맥주의 여러 브랜드)를 지각하는 것과 같이, 구직자들은 서로 다른 고용주들에 대한 지각을 형성한다. 연구에 의하면, 구직자는 다른 사람을 지각하는 것과 같은 방식으로 조직을 지각한다. 즉 조직의 '성격'에 대해 추론을 한다. 또한 연구는 이

러한 지각이 구직자들이 어떤 조직을 선택할지의 결정에 중요한 요인임을 보여 준다. 최근의 이러한 발견이 현장에 주는 시사점은 모집 관련 자료, 회사 웹 사이트, 심지어 광고 등에서 드러나는 조직의 이미지에 상당한 주의를 기울일 필요가 있다는 것이다.

가장 최근의 모집 연구들은 인터넷 기반 모집과 소셜 미디어와 같은 방법들에 대해 정밀하게 조사하기 시작했다. 지원자들은 회사 웹 사이트가 시각적으로 어필하고 자료를 찾기 쉽게 되어 있을 때 더 호감을 느끼는데, 이는 놀랄 만한 것이 아니다. 점차 더 많은 조직들이 링크드인과 같은 소셜 미디어 사이트를 활용하고 있다는 조사가 있지만, 이러한 방법의 효과에 대해서는 거의 연구가 이루어지지 않고 있다.

요약하면, 많은 다른 요인들과 달리, 모집이 지원자들의 의사결정에 큰 영향을 주지는 않는다는 것이 연구를 통해 밝혀지고 있다. 그럼에도 불구하고 모집과정이 중요한 이유는 모집과정이 제대로 되지 않으면 지원자들이 흥미를 잃을 가능성이 크기 때문이다. 조직은 지원자들에게 존경을 표할 수 있는 자세와 직무에 대해 잘 아는 모집담당자를 고용하기 위해 노력해야 한다. 또한 모집과정 동안 시간이 오래 지체되지 않도록 해야 하며, 지원자와 긴밀하게 접촉을 계속 유지해야 한다. 기술이 모집과정을 상당히 변화시켰고, 조직은 회사 웹 사이트나 소셜 미디어에서 잠재적인 지원자들과 일반 대중에게 어떤 이미지로 인식되는지 늘 주의를 기울여야 한다.

출처 : Darnold, T. C., & Rynes, S. L. (2013). Recruitment and job choice research: Same as it ever was? In N. S. Schmitt & S. E. Highhouse (Eds.), *Handbook of psychology* (Vol. 12, pp. 104-142). Hoboken, NJ: Wiley.

Brown, Levy, Cober, & Keeping, 2003), 기업 모집 소책자(Cable & Yu, 2006) 그리고 소비자로서 조직과 접했던 경험(Lievens & Highhouse, 2003)과 같은 간접적인 정보 출처에 의존해야 한다. 이러한 유형의 평가가 어려움에도 불구하고, 연구는 대체로 ASA 이론을 지지해 왔다. 왜냐하면 조직 또는 작업집단의 구성원들은 성격 특성에 있어 상당히 동일성을 갖는 경향이 있기 때문이다(예 :

Schneider, Smith, Taylor, & Fleenor, 1998). 이는 조직이나 집단의 문화가 자신의 성격과 부합하지 않으면 이직하는 경향이 있음을 나타낸다.

단순히 지원자들이 자신의 성격과 일치한다고 생각되는 문화를 가진 조직에 끌린다고 말하는 것은 다소 모호한 설명이다. 그런 말은 다음과 같은 질문을 던지게 한다. 성격의 어떤 측면 그리고 조직의 어떤 측면을 말하는 것인가? 이 질문에 답하기 위해 Judge와 Cable(1997)은 성격의 5요인(신경증, 외향성, 경험에 대한 개방성, 우호성, 성실성)과 직무지원자들이 서로 다른 문화적 프로파일을 가진 조직에 유인되는 정도 간의 관계를 조사하였다. 여기서 조직 문화란 조직 구성원들의 행동 대부분을 인도하는 근본 가치와 기본 가정이라고 볼 수 있다(조직 문화에 대한 더 광범위한 설명에 대해서는 제14장 참조).

이 연구 결과는 지원자가 자신의 성격과 일치하는 문화적 프로파일을 가진 조직에 끌린다는 것을 보여 주었다. 어떻게 그렇게 되는지를 보여 주는 한 예로서, 성실성(conscientiousness)이라는 성격 특성에 대해 생각해 보자. 성실성이 높은 사람은 신뢰할 수 있고 성취 지향적이며 계획적이다. Judge와 Cable(1997)의 연구에 의하면, 성실성이 높은 사람들은 대단히 세부 지향적이고 가시적인 결과를 중요시하는 문화를 가진 조직을 선호한다. 이는 높은 성실성을 지닌 사람들이 일에 대해 매우 꼼꼼하고 실제적인 성과물을 만들어 내려고 하는 경향이 있기 때문이다.

좀 더 최근의 연구도 Judge와 Cable(1997)의 결과를 지지하였으며, 한 가지 더 추가적인 발견은 다음과 같다. 즉 지원자들은 소비자들이 서로 다른 제품에 대해 판단을 내리는 것과 거의 같은 방식으로 조직에 대한 판단을 내리는 경향이 있다는 것이다(예 : Brooks, Highhouse, Russell, & Mohr, 2003). 더욱이 이러한 정보는 지원자가 특정 조직에 대한 지원 여부를 결정할 때 조직 문화에 대한 판단보다 더 크게 영향을 미칠 수 있다. 왜냐하면 대부분의 지원자는 지원하려는 조직의 실제 문화에는 친숙하지 않기 때문이다. Lievens와 Highhouse(2003)에 따르면 이것은 모집에 대해 중요한 현실적인 시사점을 제공하는데, 왜냐하면 조직이 광고 및 뉴스 기사나 조직 웹 사이트와 같은 매체에서 어떻게 표현되는지에 대해 매우 주의를 기울여야 한다는 것을 말해 주기 때문이다.

지원자가 특정 조직에의 부합도를 판단할 수 있는 또 다른 방식은 조직의 '성격(personality)'에 대한 지각에 근거하는 것이다. 최근 연구에 의하면, 지원자들은 종종 조직에 성격을 부여하고, 그러한 성격 특성을 부합도를 평가하는 근거로 사용한다(Slaughter, Zickar, Highhouse, & Mohr, 2004). 또한 지원자들은 특정 조직에 들어가기 위해 계속 노력할지에 대한 결정을 하는 데 있어서도 그러한 특성 추론에 근거한다(Slaughter & Greguras, 2009). 그러나 조직의 성격에 대한 지원자의 지각은 불완전한 정보에 기초하고 잘못된 것일 수도 있음에 주목하라. 더불어 연구에 의하면, 지원자들은 부합하지 않는 부분보다는 부합하는 요소에 더 가중치를 두는 경향이 있어서 들어가려는 조직에 대해 지나치게 낙관적인 생각을 가질 수 있다(Saks & Uggerslev, 2010).

지원자가 부합도를 판단하는 데 사용하는 세 번째 근거는 가치이다. 가치란 간단히 표현하면 사람과 조직 모두에게 중요한 것이다. 어떤 사람이 개인적 성취라는 가치를 매우 강조한다고 생각해보자. 이 사람이 팀워크나 집합적인 성취라는 가치를 매우 강조하는 조직에 매력을 느끼기란 쉽지 않을 것이다. 사실상 여러 연구에서 지원자들은 자신과 비슷한 가치를 가졌다고 지각하는 조직에 매력을 느낀다는 것을 증명하였다(Chatman, 1991; Dawis, 1990). 이것의 중요한 함의는 조직은 지원자들에게 조직이 추구하는 가치에 대한 정확한 정보를 전달하는 데 유의해야 한다는 것이다. 분명 지원자들도 조직이 추구하는 가치에 대한 판단을 할 때 단순히 모집 관련 자료에만 의존하지는 않는다. 예를 들어, 지원자들은 그러한 판단을 할 때 다른 사람들로부터의 정보, 조직과의 직면 경험(예 : 고객) 그리고 조직이 미디어에서 그려지는 방식 등의 영향을 받는다. 보다 넓은 의미에서 조직은 그들의 가치를 명확하게 하고 그러한 가치와 일치하는 방식으로 운영되도록 노력해야 한다. 이러한 발견은 가치 명료화(value clarification)가 지원자들에게도 유용한 활동임을 시사한다.

지원자들은 성격과 가치뿐만 아니라 다른 다양한 요인들에 기초하여 부합도의 판단을 내릴 수 있다. 예를 들어, 지원자가 일과 가정 간의 균형에 관심이 많다면, 일과 가정 간의 균형을 위해 상당히 노력하는 조직에 매력을 느낄 것이다(Cunningham, 2005). 어떤 사람들은 좀 더 이념적인 이유에서 특정 조직의 구성원이 되기를 원한다. 예를 들어, 군에 입대하는 것은 국가에 봉사하는 것의 가치를 높게 평가하며, 그러한 가치를 달성하는 하나의 방법이라고 보기 때문일 수 있다.

조직 사회화

조직이 충분히 자격을 갖춘 많은 지원자를 유인할 수 있다면 조직은 몇 가지 선발 절차를 거쳐 일부 지원자들에게 직무를 제안할 것이며, 최종적으로 새로운 종업원이 입사하는 것으로 마무리될 것이다. 누군가가 고용되면 새로운 구성원을 이방인에서 어엿한 조직의 한 구성원으로 변모시키기 위한 사회화 과정이 필요하다. 이번 절에서는 조직 사회화를 정의하고, 조직 사회화 과정 모델을 살펴보며, 사회화 과정 동안 조직과 새로운 구성원 모두가 사용하는 책략들을 고찰할 것이다. 또한 결론 부분에서는 다양성이 조직 사회화 활동에 미치는 영향에 대해 검토할 것이다.

조직 사회화의 정의

조직 사회화(organizational socialization)는 한 개인이 이방인에서 조직 구성원으로 전환되는 과정을 나타낸다. 이러한 정의에는 사회화가 새로운 구성원이 첫 며칠 동안 참여하는 일련의 특별한 활동이 아니라 장기적인 과정이라는 사실이 내재되어 있다. 최근에는 온보딩(onboarding)이라는 용어가 사용되기 시작하였는데, 이는 "조직 또는 그 대리인이 신입 구성원의 적응을 증진하기 위해 행하는 모든 공식/비공식적 관행, 프로그램, 그리고 정책들을 나타낸다"(Klein & Polin, 2012, p. 268). 사회화와 온보딩 모두 신입 구성원의 적응에 중요하지만, 사회화는 온보딩보다 더 폭넓고 장기적인 과정이라는 점에 주목하라.

조직 사회화에 대한 위의 정의의 또 다른 측면은 사회화 과정의 핵심은 학습(learning)이라는 점이다. 이방인에서 완전한 조직 구성원으로 성공적으로 전환되기 위해 무엇을 학습해야 하는가? Van Maanen과 Schein(1979)에 의하면 가장 넓은 의미에서 사회화는 조직의 문화를 학습하는 것을 포함한다. 따라서 사회화는 새로운 조직 구성원의 **문화적 적응**(acculturation) 과정과 같은 의미를 가진다. 새로운 구성원의 사회화에서 중요한 또 다른 부분은 성공적인 조직 구성원이 되기 위해 필요한 직무 관련 지식과 사회적 지식을 학습하는 것이다(Louis, 1990). 즉 사회화는 맡은 직무를 효과적으로 수행하는 법과 조직의 다른 구성원들과 함께 잘 지내는 법을 터득하는 것을 말한다.

조직 사회화의 가장 포괄적인 정의 중 하나는 Chao, O'Leary-Kelly, Wolf, Klein, Gardner(1994)가 제시한 것이다. 여섯 가지 차원으로 구성된 이들의 정의는 과업 관련 학습, 사회적 분위기에 대한 지식, 문화의 전달이라는 요소를 포함한다. 이들 여섯 가지 차원은 〈표 3.1〉에 제시되어 있다.

첫 번째 차원은 **역사**(history)이다. 새로운 종업원이 조직에 사회화되어 갈수록 오랜 관습이나 전통을 포함하는 조직의 역사에 대해 친숙해진다. 많은 조직들이 이러한 정보를 새 구성원의 초기 오리엔테이션 기간에 제공한다. Doepner-Hove(2012)에 의하면, 미네소타대학교의 신입 직원은 첫 달에 3시간짜리 훈련 세션을 완수하는데, 이것을 *Discover the U*라고 한다. 이 세션 동안 신입 직원은 조직의 전략적 비전, 구조, 그리고 문화에 대한 정보와 더불어 조직의 역사에 대해 배운다.

사회화의 두 번째 차원은 **언어**(language)이다. 모든 조직은 외부인보다 조직 구성원들에게 더 친숙한 전문 용어와 은어를 사용한다. 그러한 언어 중 일부는 조직의 전문 분야(예 : 법률 회사)를 반영하는 것일 수도 있지만, 대개는 특정 조직에만 한정된 언어를 사용하는 경우가 많다. 아마도 조직 특유의 용어를 사용하는 가장 좋은 예는 군대일 것이다. 군대 조직의 새로운 구성원들은 군대 특유의 용어와 두문자어(acronyms)를 많이 사용한다는 것을 금방 알게 된다. 예를 들어, '발표(pre-sentations)'를 '브리핑(briefings)'이라고 하고, '임무(assignments)'를 '미션(missions)'이라고 한다. 필자들은 과거 미 육군에서 연구원으로 일을 해 보았기에 군대에서 두문자어를 얼마나 많이 사용하는지

1. 역사
2. 언어
3. 정치
4. 사람
5. 조직목표와 가치
6. 수행 숙련성

표 3.1 조직 사회화의 여섯 가지 차원
(Chao et al., 1994)

를 너무나 잘 알고 있다(참고 3.2 참조).

사회화의 세 번째 차원은 **정치**(politics)이다. 새로운 구성원이 조직에 사회화되어 갈수록 조직 내 행동을 지배하는 **명시되지 않은 규칙**이나 정치적 역학을 점차 이해하기 시작한다. 예를 들어, 일이 이루어지도록 하는 방법, 하고 싶은 일을 얻는 방법 그리고 조직에서 가장 영향력 있는 사람이 누구인지 등을 배우는 것이다. 이러한 것들은 처음에는 분명하게 드러나는 것으로 보이기도 하지만, 실제로는 상당히 복잡할 수 있다. 많은 조직에서 새로운 구성원은 간혹 권력과 영향력이 단순히 조직의 위계 수준과는 크게 관련되어 있지 않다는 것을 알게 된다. 예를 들어, 간혹 단순 사무를 보는 직원조차도 정보의 흐름과 조직의 상위 계층에 있는 사람들에 대한 접근을 통제하기 때문에 상당한 영향력을 행사할 수도 있다.

사회화의 네 번째 차원은 **사람**(people)이다. 새로운 조직 구성원 대부분은 대개 어떤 집단이나 단위(unit)에 속하여 다른 사람들과 좋은 업무관계를 형성하고 유지해야 한다. 이것은 작업집단 내에서뿐만 아니라 조직 전체에서 인간관계를 형성하는 것이다. 이러한 관계를 통해 신입 구성원은 친구를 사귈 수 있고, 조직에 대한 가치 있는 정보를 얻을 수 있다(Morrison, 2002). 예를 들어, 관계를 통해 신입 구성원들은 조직의 역사와 정치적 관계를 이해할 수 있고, 일과 관련된 과업을 파악할 수 있으며, 작업집단 내에서의 자신의 역할을 분명히 알게 된다(Morrison, 2002). Fang, Duffy, Shaw(2011)는 이러한 과정을 신입 구성원이 조직 내 '사회적 자본(social capital)'을 획득하는 것이라고 하였다. 한 예로 많은 대학에서는 고참 교수(멘터)와 신규 교수를 짝 지어 줌으로써 이런 과정을

참고 **3.2**

두문자어와 군대 문화

군대에 있거나 군대를 위해 일하는 일반인에게 가장 큰 충격 중 하나는 군대에서 두문자어를 너무나 많이 사용한다는 것이다. 예를 들어, 당신과 가장 가깝게 함께 일하는 사람은 당신의 POC(Point of Contact)이고, 누군가 일시적으로 다른 장소로 이동한다면 그 사람은 TDY(Temporary Duty)이다.

필자 모두 미 육군에서 오래 일해 왔기 때문에 군대 두문자어에 매우 친숙하다. Britt 박사는 미 육군 장교였기 때문에 당연히 기초 훈련 동안 두문자어에 익숙해졌다. Jex 박사는 1990년대 초 미 육군 모집 사령부의 일을 맡아 1년간 연구를 진행하면서 처음으로 군대 두문자어를 접하게 되었다.

그때 함께 프로젝트를 진행했던 군인들은 우리가 군대 두문자어에 대한 이해가 부족하다는 것에 대해 우려했던 것 같다. 그래서 그들은 모든 군대 두문자어의 의미가 적혀 있는, 두께가 거의 2.5cm에 가까운 소책자를 주었다. 프로젝트에 참여했던 모든 사람이 주요한 두문자어에 대해 어느 정도 익숙해진 다음에서야 두문자어에 의한 의사소통에 상당히 적응이 되었다.

왜 군대에서는 두문자어를 많이 사용할까? 비록 이것에 대한 공식적인 설명은 없지만, 아마 두문자어가 실제 군사작전에서 매우 중요한 의사소통의 신속성을 촉진해 준다는 점 때문일 것이다. 또한 두문자어가 군대를 다른 유형의 조직들과 구분해 주는 기능도 한다.

촉진한다. 이러한 멘토링 관계는 새 구성원이 새로운 환경에 적응하고, 대학 내 여러 사람들과 만날 수 있도록 하며, 대학의 역사를 이해하도록 도와준다는 측면에서 중요하다.

사회화의 다섯 번째 차원은 **조직목표와 가치**(organizational goals and values)이다. 조직 구성원들이 맹목적으로 명령만을 따르는 로봇이 될 수는 없지만, 그들은 조직의 목표와 가치를 학습함으로써 어느 정도는 자신의 것으로 동화시켜야 한다. 예를 들어, 맥도날드에서 일하는 종업원은 이 회사에서는 고객을 만족시키기 위해 적어도 어느 정도의 열정은 가져야 한다는 것을 배워야 한다. 앞서 말한 것처럼 이러한 학습은 유인 단계에서도 어느 정도 이루어지는데, 왜냐하면 종업원은 자신이 이상적으로 동일시하는 조직에 매력을 느끼는 경향이 있기 때문이다. 그러나 지원자는 정규 직원이 되기 전까지는 대개 조직의 목표와 가치를 완전히 파악하지는 못한다.

Chao 등(1994)이 제시한 사회화의 마지막 차원은 **수행 숙련성**(performance proficiency)이다. 모든 조직의 신입 구성원은 자신의 직무를 능숙하게 수행하기 위해 학습해야만 한다. 그렇지 않으면 조직 구성원으로서 오래 남아 있기 어려울 것이다. 수행 숙련성을 기르는 것은 자신의 직무에서 해야 할 임무를 파악하고, 그것을 수행할 세부적인 기술을 습득하는 복잡한 과정이다. 이 장의 뒷부분에서 살펴보겠지만, 조직 사회화 문헌에서는 신입 구성원이 조직에 처음 들어왔을 때 이 차원을 가장 우선적으로 해야 할 일이라고 일관되게 강조하고 있다. 조직 내 보상과 미래의 기타 많은 기회들은 전적으로 자신의 수행에 달려 있다는 점에서 볼 때 이 점은 쉽게 이해가 된다.

사회화 과정 : 조직의 관점

조직 사회화의 과정은 (1) 조직과, (2) 신입 구성원이라는 두 가지 서로 다른 관점에서 살펴볼 수 있다. 조직의 관점에서는 신입 구성원이 사회화 과정 동안 거쳐 가는 단계들과, 신입 구성원이 그러한 단계를 통과하도록 조직에서 사용하는 사회화 책략(tactics)에 초점을 맞춘다. 이것은 오랫동안 조직 사회화 연구에서 주요 초점이었다. 최근에는 다소 덜 강조되지만, 여전히 중요한 이슈이다. 신입 구성원의 관점에서는 그들이 새로운 조직환경에 대해 배우고 이를 이해하는 방식에 초점을 둔다. 이 절에서는 먼저 조직의 관점에서 사회화를 검토할 것이다.

사회화의 단계

조직심리학자들은 사회화를 새로운 구성원들이 사회화 과정 동안 거쳐 가는 단계의 측면에서 고찰해 왔다. Feldman(1976, 1981)은 가장 영향력 있는 조직 사회화의 단계 모델을 제안했는데, 이 모델은 〈그림 3.1〉에 제시되어 있다.

이 모델의 첫 번째 단계는 **선행 사회화**(anticipatory socialization)로, 이는 조직에 들어오기 전에 일어나는 과정을 말한다. 이러한 형태의 사회화는 모집과정, 즉 지원자가 조직에 대한 정보를 수집하

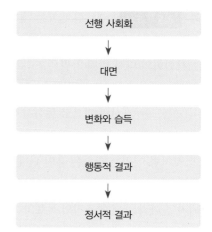

선행 사회화

↓

대면

↓

변화와 습득

↓

행동적 결과

↓

정서적 결과

그림 3.1 Feldman(1981)의 조직 사회화의 단계 모델

출처 : D. C. Feldman(1981). The multiple socialization of organization members. *Academy of Management Review*, 6, pp. 309–318. Reprinted by permission of the Copyright Clearance Center.

고, 자신이 그곳에 적합한지를 평가하는 과정에서 나타난다. 앞서 언급했듯이, 지원자는 이러한 평가를 위해 수많은 정보 출처를 활용한다(예 : 모집 관련 소책자, 회사 직원, 회사 웹 사이트, 소비자로서의 과거 경험). 이러한 정보 원천들이 모두 지원자에게 도움은 되겠지만, 그것은 직접 체험한 것이 아니기 때문에 평가의 정확성은 상당히 다양할 수 있다. 또한 앞에서 언급했듯이, 모집과정에서는 '부합하지 않는' 것보다 '부합'하는 것에 더 가중치를 두는 경향이 있기에(Saks & Uggerslev, 2010), 이 단계에서는 이 조직(또는 분야)에서 일하는 것에 대해 과도하게 낙관적인 생각을 가질 수 있다.

그러나 사실 선행 사회화가 모집 단계보다 더 일찍 일어나는 경우도 있다. 예를 들어, 사람들은 인턴, 여름방학 임시직 혹은 기타 유사 경험을 통해 특정 직업을 체험해 볼 기회를 가질 수 있다. Feldman(1981)에 의하면, 선행 사회화는 지원자가 조직과 수행할 직무에 대해 현실적인 그림을 가질 수 있게 될 때 가장 가치가 있다. 사실 현실적 직무 소개(realistic job previews, RJPs)의 가치에 대해 많은 연구가 이루어졌는데, 이것은 새로운 구성원들이 앞으로 수행하게 될 직무와 일하게 될 조직의 현실에 대해 정확하게 파악하도록 해 준다(예 : Wanous, 1989). 이와 관련해서 지원자가 직무에 부합하는 기술과 능력 그리고 조직과 일치하는 욕구와 가치를 가지고 있다면 현실적 직무 소개(RJPs)가 바람직하다.

신입 구성원이 조직에 들어가서 공식적인 구성원이 되어 감에 따라 대면(encounter) 단계가 시작된다. Feldman(1981)에 의하면, 이 단계는 신입 구성원이 직무와 조직의 현실적인 모습을 보기 시작하는 시기를 말한다. 다양한 이유로, 이 기간 동안에는 상당한 적응이 요구된다. 신입 구성원은 조직으로부터의 요구와 가족의 요구 사이에서 균형을 맞추어야 한다. 예를 들어, 큰 법률회사의 신입 변호사는 나중에 파트너(경영진)가 되려면, 일주일에 최소 80시간 이상 일해야 한다는 것을 알게 된다. 또한 이 시기에 새로운 구성원은 조직 내에서 자신의 역할이 무엇인지 배우게 된다. 자신이 맡은 역할에서의 책임이 무엇인지를 상사와 함께 논의하면서 분명하게 하면 되지만, 때로는 갈등적인 역할 요구들을 서로 조정해야 하는 경우도 있다.

새로운 구성원이 자신의 새로운 역할에 익숙해지면, 다음으로 Feldman이 말한 **변화와 습득** (change and acquisition) 단계에 도달하게 된다. 이때부터 새로운 구성원은 직무의 여러 과업을 수행하는 측면에서 그리고 더 중요하게는 조직의 문화에 적응하는 측면에서 자신의 새로운 역할에 상당히 편안함을 느낀다. 그리고 이때부터 신입 직원은 자신의 역량을 100% 발휘하게 된다. 사실 이 시점에서 신입 구성원은 더 이상 신입이 아니고 완전한 조직 구성원이 된다. 변호사의 경우에는 수많은 소송들을 아주 익숙하게 처리하는 그런 시점을 말한다. 이 변화와 습득 단계 동안 새로운 구성원은 역할 요구들 간의 어떤 해결책도 찾게 되는데, 상사나 동료가 자신에게 기대하는 것과 기대하지 않는 것들을 확실하게 파악하게 된다. 또한 이 시기에 종업원은 일과 개인생활 간의 적절한 균형을 이룰 수 있게 된다.

적어도 이 모델에 따르면 새로운 구성원이 변화와 습득 단계에 도달하면 거의 **사회화되었다고 볼** 수 있다. 사회화 **정도**를 가늠하기 위해서 Feldman은 모델에 행동 및 정서적 결과를 포함했다. 행동적 수준에서의 사회화 정도는 종업원이 자신의 역할과 관련된 임무를 잘 해낼 수 있는지에 의해 평가된다. 예를 들어, 종업원이 자신의 직무를 제대로 수행하지 못했다면, 사회화가 성공적으로 이루어졌다고 보기 어려울 것이다.

사회화의 두 번째 행동적 지표는 종업원이 역할과 관련된 책임을 완수하는 데 있어 자발적으로 혁신하는 정도와 다른 종업원들과 협력하는 정도이다. Van Maanen과 Schein(1979)에 의하면, 종업원이 새로운 역할로 사회화될 때, 그것은 **수호형**(custodianship), **내용 혁신형**(content innovation) 또는 **역할 혁신형**(role innovation) 중 하나의 형태로 나타날 수 있다. 수호형 접근은 거의 변화 없이 기존에 정해진 그대로 정확하게만 역할을 수행하는 경우이다. 독자들은 아마 "이것은 나의 직무기술서에는 없는 것이다."라는 말을 들어 보았을 것이다. 반면에 내용 혁신형과 역할 혁신형은 새로운 역할을 맡은 사람이 역할의 내용뿐만 아니라 심지어 역할의 본질 자체의 변화를 꾀하는 것을 의미한다. 내용 혁신형의 예로, 한 의사가 간호사에게 시키지 않고 직접 환자에게 임상병리검사의 결과를 알려 주는 것을 들 수 있다. 역할 혁신형의 예는, 생산 근로자의 역할에 제품 조립뿐만 아니라 품질관리 그리고 심지어는 최종 사용자와의 의사소통까지도 포함하는 경우이다. Feldman의 모델에 따르면 새로운 역할에 자신만의 도장을 찍는 것이 바로 사회화의 한 측면인 것이다. 일반적으로 사회화 연구에 의하면, 어느 정도의 역할 혁신형은 신입 구성원과 조직에게 긍정적이지만, '교본에' 반드시 따라야 하는 직무(예 : 경찰관)도 있다. 그래서 역할 혁신형이 항상 긍정적인 것은 아니다 (Cooper-Thomas & Burke, 2012).

사회화 정도의 세 번째 행동 지표는 이직이다. 만일 종업원이 조직을 떠나면 이는 사회화 과정이 제대로 작동하지 않았음을 증명하는 것일 수 있다(Feldman, 1981). 그러나 이것은 부분적으로만 맞는 이야기이다. 왜냐하면 다른 일자리가 많아서 이직을 할 수도 있고(Carsten & Spector, 1987) 혹은 아주 특별한 기술을 가지고 있어 다른 회사에서 일할 기회가 생겼기 때문에(Schwab, 1991) 이직할 수도 있기 때문이다. 또한 종업원이 조직에 남아 있긴 하지만, 완전히 사회화되는 것에 대해 저항할 수도 있다(참고 3.3 참조).

사회화와 관련된 정서적 결과에는 일에 대한 태도, 동기부여와 직무관여 수준과 같은 것들이 있다. Feldman의 모델에 따르면, 종업원이 성공적으로 사회화되면 높은 수준의 직무만족, 내적 작업 동기, 직무관여를 나타내는 경향이 있다. 이직에서처럼 이러한 결과들도 다양한 요인에 의해 영향을 받을 수 있으므로 사회화의 완전한 지표가 되지는 못한다.

최근 연구자들은 가장 직접적인 사회화의 결과는 종업원이 조직 내부에 내포(embeddedness)되어

참고 3.3

조직 사회화와 동조

새로운 구성원은 조직에 사회화되면서, 조직의 문화를 이해하기 시작한다. 그리고 조직의 문화를 이해하게 되면, 그 문화에 동화되기 시작한다. 따라서 조직이 신입사원을 사회화하는 데 성공하지 못했음을 알려 주는 신호 중의 하나가 이직이다. 조직의 문화에 동조하지 않는 구성원들은 결국 그 조직을 떠나게 된다. 그러나 동조하지 않는 사람이 여전히 조직에 남아 있는 경우도 있다.

이직에 대한 연구 결과에 근거하면, 종업원이 조직의 문화를 받아들이지는 않지만 다른 고용기회가 없어 조직에 남아 있는 상황이 있다. 이러한 동조하지 않는 종업원은 단순히 그러한 조직에서 그럭저럭 지내는 방안들만을 배우는 것일지도 모른다. 또한 다양한 이유, 즉 보수나 지리적인 선호 때문이거나, 아니면 그저 다른 일을 찾는 것보단 이곳에 있는 것이 더 낫기 때문에 조직의 문화를 받아들이지 않으면서도 조직에 남아 있는 구성원들도 있다. 이러한 종업원들도 잘 맞지 않는 조직에서 그럭저럭 지내는 방법을 찾으려 할 것이다.

그러나 종업원은 동조하지 않고, 조직은 이에 적응해야만 하는 상황도 있다. 만일 종업원이 뛰어난 재능을 가졌거나, 매우 드문 기술을 보유했다면, 조직은 경우에 따라서는 이러한 비동조에 대해 참을 수밖에 없다. 이러한 경우의 좋은 사례를 Luis Castillo의 2011년 책, **클럽하우스 컨피덴셜**(*Clubhouse Confidential: A Yankee Bat Boy's Inside Tale of Wild Nights, Gambling, and Good Times with Modern Baseball's Greatest Team*)에서 찾을 수 있다. 이 책에서 Castillo는 양키스가 얼마나 알렉스 로드리게스를 왕처럼 받들었는지를 기술하고 있다. 대부분의 다른 선수들은 모든 것을 스스로 했지만, 로드리게스는 자신만을 위한 개인 비서가 필요했고, 클럽하우스 직원도 요구했다. 만약 알렉스 로드리게스가 홈런을 칠 수 없었고 매년 2,500만 달러 이상을 벌어들일 수 없었다면, 양키스가 그런 행동을 참기는 매우 어려웠을 것이다. 알렉스 로드리게스와는 달리 대개의 조직 구성원들은 관습적인 행동 규범에서 크게 벗어날 자유를 가지지 못하는 것이 일반적이다.

출처 : Castillo, L. (with William Case). (2011). *Clubhouse confidential: A Yankee bat boy's tale of wild nights, gambling, and good times with modern baseball's greatest team.*

있다는 느낌이 증가하는 것이라고 제안하였다. 내포는 조직에서 다른 구성원들과 연결되어 있다고 느끼는 정도를 의미하는데, 마치 자신이 조직에 꼭 맞는 것처럼 느끼고, 이직을 하면 무언가를 잃어버릴 것 같은 느낌을 말한다(Mitchell, Holtom, Lee, Sablynski, & Erez, 2001; 제5장 참조).

또한 즉각적 또는 '근접(proximal)' 결과 대 장기적 또는 '원격(distal)' 결과와 같이 시간 차원에서 사회화의 결과를 구분할 수 있다. 예를 들어, Fang 등(2011)은 가장 즉각적 또는 근접한 사회화 결과는 (자신의 역할과 조직에 대한) 학습(learning)과 동화(assimilation, 사회적 통합과 동일시)라고 하였다. 만약 이런 근접 결과들이 달성되면 좀 더 원격의 결과(경력 만족, 승진 및 연봉 인상과 같은 경력 성공)도 얻게 될 것이다.

사회화의 책략

종업원이 사회화 과정 동안 거쳐 가는 단계를 묘사하는 Feldman(1981)의 모델은 경험적인 지지(예 : Feldman, 1976)를 받아 왔지만, 이 모델은 조직이 신입 구성원들을 사회화할 때 사용하는 구체적인 책략을 기술하지는 않는다. 예를 들어, 경찰학교를 막 졸업하고 들어온 신참을 길들이기 위해 경찰서에서는 어떻게 하는가? 회계 회사는 새로운 회계 전공 졸업생을 학교에서 CPA가 되도록 하는 데 어떤 방법을 사용할 수 있는가? 대학은 신임 교수가 대학원생에서 교수의 지위로 거듭나도록 어떻게 돕는가?(참고 3.4 참조)

사회화 책략에 대한 가장 포괄적인 기술은 Van Maanen과 Schein(1979)의 조직 사회화 문헌에 대한 개관에서 찾을 수 있다. 그들에 따르면, 사회화 책략은 〈표 3.2〉에 나타낸 여섯 차원에 의해 설명될 수 있다. 먼저, 조직은 새로운 조직 구성원들을 집합적으로 사회화할지 아니면 개인적으로 사회화할지를 선택할 수 있다. 집합적(collective) 사회화의 예로, 조직이 일군의 신참들을 데려와서 아주 광범위한 훈련과정을 통과하도록 하는 것을 들 수 있다. 집합적 사회화는 조직의 관점에서 매우 경제적이며, 신참들끼리 응집력과 동료애를 발달시킬 기회를 준다는 등의 분명한 장점이 있다. 예를 들어, Allen(2006)은 집합적 사회화가 금융 서비스 회사 구성원들 사이의 강한 내포의 느낌과 상관이 있음을 밝혔다. Van Maanen과 Schein에 따르면 집합적 사회화의 잠재적인 위험은 새로운 구성원들이 오직 수호형 지향성(custodial orientation)을 지닐 가능성이 매우 높다는 것으로, 이런 방식으로 사회화된 구성원은 자신의 역할을 수행하는 데 있어 그리 혁신적이지 않을 수 있다. 집합적 사회화의 또 다른 단점은 동시에 많은 종업원을 채용할 수 없는 경우에는 사용할 수 없다는 것이다(Klein & Polin, 2012).

개인적 사회화의 예로는 전문적인 도제 프로그램과 광의의 멘터링이 있다. 집단 사회화와 달리 개인적 사회화는 조직이 신입 구성원에게 전달되는 정보를 어느 정도 더 잘 통제할 수 있도록 해 주기에 조직이 원하는 결과를 얻을 가능성이 더 높다. 예를 들어, Van Maanen과 Schein(1979)은 집합

참고 3.4

학계에서의 사회화

교수의 경우, 사회화는 대학원 교육과정에서 시작되고, 대학원을 떠나 첫 직장을 갖게 될 때까지 계속된다. 전통적으로, 학계에서의 사회화는 다소 비공식적인 과정이었다. 즉 신임 교수는 대개 자기 나름의 방식으로 해 나간다. 대학원 프로그램에서 상급 학생들은 별다른 안내 없이 강의를 맡게 된다. 어떤 학과에서는 대학원생 강사에게 질문이 있으면 물어볼 수 있도록 교수를 멘터(mentor)로 할당하는 경우도 있지만, 기본적으로는 자신만의 방식으로 수업을 한다. 대학원생이 교수 지위로 변화될 때에도 대체로 동일한 방식이 적용된다. 아주 일반적인 지침이나 친절한 선배 교수의 조언을 제외하고는, 대부분의 신임 교수는 임용 첫해를 자기 나름의 방식으로 헤쳐 나가야 한다.

최근에는 많은 대학교에서 신임 교수와 교수직을 원하는 대학원생들을 위한 공식적인 멘터링 프로그램을 도입하는 추세다(Perlman, McCann, & McFadden, 1999). 대학원생들의 경우 학생들을 가르치고 학생들과 함께 연구하는 방법에 대한 공식적인 교육을 제공받는다. 신임 교수 멘터링 프로그램은 대개 신임 교수에게 고참 교수를 멘터로 배정해 주는 방식이다. 멘터는 교수법, 연구 프로젝트의 수행방법, 정년보장 프로세스 및 심지어 학교 내 정치적 역학과 같은 것에 대한 조언을 해 준다. 과연 공식적인 멘터링 프로그램이 보다 양질의 교수를 만들어 내는가? 이것은 대답하기 어려운데, 왜냐하면 이런 프로그램들에 대한 체계적인 평가가 거의 없었기 때문이다. 그러나 대부분의 신임 교수들은 아마 이러한 프로그램들이 도움이 된다고 할 것이다. 공식적인 멘터링의 유일한 부정적 측면은, 프로그램이 너무 공식적이어서 신임 교수의 창의성과 개성을 감소시킬지도 모른다는 점이다. 비록 어려운 상황에서 조언을 해 주는 선배 교수가 있다는 것이 상당히 큰 위안이 되기는 하지만, 신임 교수들이 어려운 상황을 혼자 헤쳐 나가면서 더 많은 성장과 발전을 이룰 수도 있다.

출처 : B. Perlman, L. I. McCann, & S. H. McFadden. (1999). How to land that first teaching job. In B. Perlman, L. I. McCann, and S. H. McFadden (Eds.), *Lessons learned: Practical advice for the teaching of psychology.* Washington, DC: The American Psychological Society.

적으로 사회화된 구성원들에 비해, 개인적으로 사회화된 구성원들이 자신의 역할을 수행하는 방식에서 보다 더 혁신적일 수 있다고 지적하였다. 또한 개인적 사회화는 역할 명료성을 더 높일 수 있다는 것이 밝혀졌다(Jaskyte, 2005).

개인적 사회화의 분명한 가치에도 불구하고 몇 가지 단점이 있다. 하나의 명백한 단점은 비용이다. 고참 관리자가 신입 관리자에게 일대일 멘터링을 해 주거나, 숙련 배관공이 수습생을 직접 가르

집합적	개인적
공식적	비공식적
순차적	무선적
고정적	변동적
연속적	단절적
수여적	박탈적

표 3.2 Van Maanen과 Schein(1979)의 조직 사회화 책략의 여섯 차원

치는 데는 시간과 비용이 많이 든다. 또한 어떤 직업에서는 집합적 사회화에 의해 장려된 수호형의 역할 지향이 오히려 더 바람직하다. 예를 들어, 경찰관이 범인을 체포할 때 적절한 절차를 따르지 않으면, 범인이 유죄 판결을 받을 가능성은 매우 낮아진다.

〈표 3.2〉에 기술된 두 번째 차원은 공식적(formal) 대 비공식적(informal) 사회화 책략이다. 경찰 신참들이 기숙훈련학교에 들어가는 것은 공식적 조직 사회화의 한 예이다(예 : Van Maanen, 1975). 비공식적 사회화의 가장 일반적인 형태는 친숙한 OJT(on-the-job) 교육인데, 여기서 신입 구성원들은 좀 더 숙련된 동료들과 뚜렷이 구별되지 않을 수도 있지만, 그들에 대한 초기 수행 기대치는 분명히 더 낮다.

Van Maanen과 Schein(1979)에 따르면, 새로운 구성원이 조직에서 처음 직책을 맡거나 조직 내에서 특정한 지위를 얻게 될 것으로 예상되는 상황이나, 신입 구성원이 배워야 할 지식이 방대할 때 또는 신입 구성원의 실수가 다른 사람들(신입 구성원 자신도 포함)을 위험에 처하게 할 수도 있을 때 공식적 사회화가 사용되는 경향이 있다. 이것은 법률, 의료, 치과진료와 같은 다양한 전문적 훈련 형태뿐만 아니라 법을 집행하는 직무에서 적용된다. 반면, 신입 구성원이 새로운 기술과 작업방법을 빨리 배워야 하거나, 매우 구체적인 실무기술을 개발할 필요가 있을 때 비공식적 사회화가 사용된다. 이것은 편의점 점원, 레스토랑 종업원, 제조공장의 작업자 같은 매우 다양한 근로자들에게 적용된다.

공식적 사회화를 거치게 되면 모든 신입 구성원이 사회화 과정 동안에 비교적 표준화된 일련의 경험들을 갖게 되리라고 조직은 확신할 수 있다. 공식적 사회화의 잠재적 결함은 자신의 역할에서 대체로 수호형의 접근을 취하도록 만든다는 데 있다. 앞서 언급했듯이 어떤 경우에는 이것이 바람직하다. 그러나 다른 경우 역할 담당자가 꽤 표준화된 일련의 사실과 지식을 습득해야 할지라도 어느 정도의 혁신은 바람직하다. 예를 들어, 가끔 의사들은 환자에게 보다 높은 수준의 의료행위를 하기 위해서 교과서에 있는 지식으로부터 벗어나야 할 필요도 있다. 상대적으로 비공식적 사회화 과정을 거치면 종업원들은 맡은 역할에서 자기 자신만의 고유한 시각을 가질 수 있고, 독자적으로 일을 할 기회가 있으면 자신의 역할에 변화를 줄 수도 있다.

사회화 책략은 순차적(sequential)인지 무선적(random)인지의 관점으로도 살펴볼 수 있는데, 예를 들어 의사가 되기 위해서는 명확히 정해진 순차적 단계 — 학부교육, 의과대학, 인턴, 레지던트 — 를 거쳐야만 한다. 반면, 조직 내 관리자의 지위에 대한 사회화 과정은 다소 무선적인데, 왜냐하면 반드시 거쳐야 할 순차적 단계가 분명하지 않기 때문이다. 다만 시간이 지나면서 점진적으로 보다 높은 수준의 관리직의 책임을 맡는 데 필요한 경험과 기술을 습득하는 것이다.

Van Maanen과 Schein(1979)에 의하면, 순차적 사회화는 종업원이 명확히 정해진 조직 위계를 따라 승진하도록 사회화될 때 주로 사용된다. 예를 들어, 군대에서 장교는 대위, 소령, 중령과 같이 더 낮은 계급을 거치지 않고서는 대령이 될 수 없다. 그러나 사회화 과정이 다소 무선적이면, 새로운 구성원들은 자신의 역할에 관해서 다양한 관점과 견해에 더 노출될 수 있다. 그 결과 구성원들은 자신의 구체적인 역할 책임에서 심지어는 자신의 역할을 조직에 맞추는 방식에서 보다 더 혁신적일 수 있다.

또한 사회화 과정은 고정적(fixed) 사회화와 변동적(variable) 사회화로 구분될 수 있다. 사회화가 고정적일 때, 신입 구성원은 언제 특정한 전환점이 있을지를 미리 알 수 있다. 예를 들어, 새로운 구성원들은 많은 신입 경영교육 프로그램에서 장기적인 업무를 부여받기 전에 특정한 기간 동안 조직 내에서 순환될 것이라는 것을 이미 알고 있다. 사회화가 변동적일 때, 조직은 새로운 구성원에게 언제 이동이 있을지 알려 주지 않는다. 대신, 주어지는 메시지는 '당신이 새로운 임무를 맡을 준비가 되었다고 느껴질 때' 그 임무가 부여될 것이라는 것뿐이고, 준비가 되었다는 것이 언제, 어떻게 결정될지에 대해서도 아무런 구체적인 사항이 제시되지 않는다.

고정적 사회화의 형태는 대개 종업원의 위계상 지위의 변화와 관련이 있다. 예를 들어, 대학과 같은 학술기관에서 교수의 지위는 이런 방식으로 결정된다. 전형적으로 교수가 조교수에서 부교수 그리고 마침내 정교수가 되기까지는 일정한 기간을 투자해야만 한다. 고정적 사회화의 장점은 구성원에게 자신의 역할을 이해할 수 있는 시간을 더 많이 준다는 데 있고(Jaskyte, 2005), 종업원이 자신을 좀 더 그 조직의 일부분임을 느끼게 하는 경향이 있다(Allen, 2006).

Van Maanen과 Schein(1979)에 따르면, 고정적 사회화가 변동적 사회화보다 혁신적 역할 반응을 촉진할 가능성이 더 높다. 변동적 사회화는 새로운 구성원들 사이에 불안을 조장하는 경향이 있는데, 이러한 불안은 구성원들로 하여금 단순히 동조(conformity)만 하도록 이끈다. 또한 변동적 사회화는 새로운 구성원들이 불안정한 상태에 빠지도록 하고, 조직 내 사회화 담당자에 따라 좌우되도록 한다. 얼핏 보아 변동적 사회화가 조직의 관점에서는 이상적인 것 같지만, 나쁜 결과를 초래할 수 있다. 만약 조직이 새로운 구성원의 경력 전망이나 속도에 대해 임의적이고 모호한 입장을 취한다면, 매우 능력 있는 구성원들은 보다 나은 직장을 찾아 떠나 버릴 것이다.

사회화 과정은 또한 연속적(serial) 사회화와 단절적(disjunctive) 사회화로 구분될 수 있다. 연속적인 방식으로 사회화가 일어날 때, 경험이 많은 구성원이 신입 구성원을 자신과 유사한 업무를 맡을 수 있도록 훈련한다. 예를 들어, 대부분의 경찰서에서 경찰학교 훈련을 막 마친 신참들은 베테랑 경찰관과 짝 지어져서 업무수행의 요령을 배우도록 한다. 반면 단절적 사회화는 새로운 구성원들이 선임자의 전철을 밟지 않거나, 역할 모델이 존재하지 않는 경우에 일어난다. 단절적 사회화는 새로운 종업원이 새로 만들어진 자리나, 한동안 공석이었던 자리를 맡게 될 때도 일어난다.

Van Maanen과 Schein(1979)에 따르면 단절적 사회화보다 연속적 사회화가 조직 내에서의 사회적 수용을 더욱 촉진한다. 이는 앞서 기술한 용어인 내포(Mitchell et al., 2001)와 깊은 관련이 있다.

많은 조직에서 신입 구성원이 진정으로 타인들에게 받아들여지기 위해서는 한 단계 한 단계 밟아 올라가는 것이 필요하다. 또한 조직 위계상의 상향 이동을 위해서 기술, 가치 및 태도에서 어떤 연속성이 요구되는 상황에서도 연속적 사회화가 유용하다. 예를 들어, 민간에서 온 사람이 군대에서 고위직을 맡기 위해서는 관리적·전문적 기술이 필요하지만, 그 사람은 군대의 문화와 전통에 대한 이해가 부족하여 상당한 어려움을 겪을 가능성이 크다. 이는 매년 새로운 대학원생들이 입학하는 학과의 경우에도 마찬가지이다(Slaughter & Zickar, 2006).

또한 연속적 사회화가 단절적 사회화보다 수호형 역할 지향과 더 관련이 있다는 점에서 연속적 사회화와 단절적 사회화는 다르다. 반면, 단절적 사회화는 혁신을 촉진할 가능성이 더 높다. 그러나 두 가지 접근 모두에는 내재된 위험이 있다. 만약 신입 구성원의 사회화를 담당하는 조직의 숙련된 구성원이 자신의 일을 잘 해내고 조직의 올바른 이미지를 전달한다면 연속적 사회화에 의해 촉진된 수호형 역할 지향은 바람직하다고 할 수 있다. 만약 그런 경우가 아니라면, 연속적 접근은 조직 내에서의 그저 그런 문화(culture of mediocrity)를 지속시킬 것이다.

단절된 사회화의 이점은 신입 구성원이 자신의 역할을 매우 혁신적이고 독창적인 방식으로 정의할 수 있도록 해 준다는 데 있다. 하지만 이는 종업원 입장에서 개인적으로 상당한 주도력이 요구된다. 동기부여가 높게 되지 않았거나 자신감이 부족한 종업원이 이런 방식으로 사회화된다면 수렁에 빠진 것처럼 허둥댈지도 모른다(Gruman, Saks, & Zweig, 2006). 또한 이런 방식으로 사회화된 신입 구성원들은 조직에서 그리 바람직하지 않은 업무 습관을 가진 사람들의 영향을 받을 가능성도 있다. 만약 단절적 사회화가 사용된다면 조직은 채용과정에서 지원자들을 상당히 선별 고용해야 하며, 사회화 과정에 있는 신입 구성원들을 면밀히 지켜봐야 할 것이다.

〈표 3.2〉에 기술된 조직 사회화 책략의 마지막 차원은 수여적(investiture) 접근과 박탈적(divestiture) 접근 간의 구분이다. 수여적 사회화가 사용될 때, 조직은 신입 구성원이 가진 독특한 기술, 가치 및 태도를 최대한 활용한다. 조직은 신입 구성원들에게 "너 자신이 돼라(Be yourself)"라고 말하는데, 왜냐하면 조직의 구성원이 된다고 해서 어떤 변화도 요구하지 않기 때문이다. 아마도 이 메시지를 전달하는 가장 강력한 방법은 일상의 상호작용에서 신입 구성원들에게 내보이는 반응을 통해서이다. 만약 신입 구성원이 자신의 개성을 드러내는 것에 대해 벌을 받는다면, 이것은 조직이 그 종업원의 독특한 특성을 활용하는 것을 별로 원하지 않는다는 것을 알려 주는 것이다.

박탈적 사회화가 사용될 때, 조직은 새로운 구성원을 근본적으로 변화시키고자 한다. 조직은 새로운 구성원이 과거의 행동방식뿐만 아니라 과거의 태도와 가치관까지도 잊어버리기를 원할 수 있다. 다양한 형태의 전문적인 교육과정의 첫해는 상당한 정도의 단절적 사회화를 포함한다. 왜냐하면 학생들은 이전 경험에 의하면 그들에게 친숙하지 않은 방식으로 생각하고 사고하도록 교육받기 때문이다. 단절적 사회화의 좀 더 극단적인 예는 사이비 종교집단, 급진적인 정치집단 그리고 범죄

집단과 같은 조직에서 쉽게 찾을 수 있다. 이런 조직에서 새로운 구성원은 모든 형태의 개인적 정체성을 다 버리고 조직에 완전한 충성을 바칠 것을 요구받는다.

Van Maanen과 Schein(1979)에 따르면 단절적 사회화는 신참들이 조직에 막 들어왔을 때나 그들이 사회적으로 수용되려고 노력할 때 주로 사용되는 경향이 있다. 예를 들어, 어떤 로스쿨 졸업생이 로펌에 들어와 처음으로 실무를 하게 되었을 때 자신이 기존에 가졌던 가정이나 태도가 상당히 많이 변화할 수 있다. 또 로펌 내 다른 변호사로부터 사회적으로 수용되기 위해 자신의 생활방식과 소비습관을 변화시킬 필요도 있을 것이다. 이런 변화를 제대로 하지 못하면, 사회적으로 고립되고 자신이 선택한 직업에 대해 환멸감을 느낄 수도 있다.

직무태도와 보유(retention)의 측면에서 신입 구성원들이 수여적 사회화에 보다 더 호의적으로 반응하는 경향이 있다는 연구 결과는 그리 놀라운 것이 아니다(Allen, 2006; Cable & Parsons, 2001). Allen에 따르면 수여적 사회화를 통해 새로운 구성원들로 하여금 조직에 내포되었다고 느끼게 만들 수 있으며, 그들이 조직에 더 오래 머물 가능성을 높일 수 있다. 박탈적 사회화가 사용되어야 하는 몇몇 극단적인 경우(예 : 첩보국)가 존재하기는 하지만, 대부분의 조직에서는 수여적 사회화를 적용하는 것이 보다 더 낫다.

Van Maanen과 Schein(1979)의 모델은 조직 사회화 과정의 이해를 촉진하는 데 꽤 유용하다는 것이 밝혀졌다. 좀 더 중요한 것은 모델에서의 다양한 제안이 상당한 경험적 지지를 받고 있다는 것이다. 더구나 최근에는 구체적인 사회화 책략과 다양한 사회화 결과 간의 관계를 다루는 많은 경험적 연구들이 이루어졌다(예 : Allen, 2006).

이 모델의 지속적인 가치에도 불구하고 이 모델에도 한계점이 있다. 첫째, 모델에 기술된 책략들이 마치 개별적인 사회화 형태인 것처럼 묘사될지라도, 실제로 그것들은 연속상의 양쪽 끝을 나타낸다. 예를 들어, 대부분의 조직 사회화 활동은 완전히 공식적인 것과 비공식적인 것의 중간 어딘가에 위치한다. 또한 이 절에서 기술된 사회화 책략들은 여러 조합으로 나타난다. 예를 들어, 조직은 신참을 개인적이고, 비공식적이고, 연속적인 접근법으로 사회화할 수 있다.

이 모델의 두 번째 한계는 사회화를 대체로 일방향의 과정으로 묘사한다는 점이다. 오히려 현실적으로 신입이 기존 구성원들과 조직의 전반적인 문화에 영향을 미칠 수도 있으므로(Feldman, 2012), 단순히 수동적인 수용자인 것만은 아니다. Van Maanen과 Schein도 사회화 과정의 이런 복잡성을 인식했을 것이지만, 단지 그들의 목적은 조직이 사용하는 사회화 책략들에 초점을 맞추어 기술하는 것이었다(Ashforth & Nurmohamed, 2012).

Van Maanen과 Schein의 모델이 가진 한계점에도 불구하고, 오랜 기간 유력한 모델로 건재하였고, 이 분야에 기여한 바가 크다. 더구나 사회화 책략들을 명확하게 구분한 것은 조직에게 매우 유용하다. 관리자들이 새로운 신참들을 사회화하는 데 가용한 책략들을 잘 알고 있다면 사회화 과정을 좀 더 효과적으로 관리할 수 있을 것이며, 조직과 신참 모두에게 가장 바람직한 결과를 가져다줄 사회화 방법을 선택할 수 있을 것이다.

사회화 과정 : 신입 구성원의 관점

조직 사회화에 대한 초기 이론과 연구가 지니는 가치에도 불구하고(Feldman, 1976, 1981 ; Van Maanen & Schein, 1979), 이 분야의 문헌에서는 한 가지 공백이 있다. 즉 사회화가 거의 전적으로 조직의 관점, 즉 조직이 신입 구성원에게 무엇인가를 행하는 관점으로만 조명되었다. 따라서 신입 구성원들이 사회화 과정 동안 직면하는 업무나 사람과 관련된 다양한 정보의 복잡한 미로를 어떻게 파악해 내는지에 대해 초점을 맞춘 연구는 거의 없었다. 신입 구성원들이 사회화 과정 동안 정보를 찾는다는 것은 알고 있었지만, 그것을 적극적으로 어떻게 구하는지에 대한 연구 또한 매우 드물었다. 이 공백을 채우기 위해 조직 사회화에 대한 최근 연구들의 초점은 상대적으로 신입 구성원에게로 대부분 옮겨 가고 있다. 좀 더 구체적으로 얘기하자면, 신입 구성원들이 조직에 대한 정보를 어떻게 모으는지 그리고 그것으로부터 어떤 의미를 파악해 내는지에 대해 조직심리학자들이 상당한 관심을 기울이기 시작했다.

정보추구 책략

Miller와 Jablin(1991)에 의하면 신입 구성원은 조직 사회화 동안 적극적으로 정보를 구할 뿐만 아니라 다양한 방법을 활용한다. 〈그림 3.2〉는 신입 구성원의 복잡한 **정보추구**(information seeking) 과정을 묘사하기 위해 Miller와 Jablin이 개발한 모델이다. 이 모델의 첫 단계에서 볼 수 있듯이 정보추구를 결심하는 초기의 한 요인은 신입 구성원의 불확실성에 대한 지각이다. 일반적으로, 신입 구성원이 환경에서 상당한 불확실성을 지각할 때 정보추구에 더 많은 노력을 기울이게 된다. 신입 구성원의 불확실성 지각은 구하는 정보의 특성, 개인차와 맥락 요인, 정보 출처의 가용성 그리고 경험하는 역할 갈등과 모호성의 수준과 같은 수많은 요인에 달려 있다. 실제 조직에서 불확실성의 정도는 상당히 다양하다.

신입 구성원의 정보추구를 위한 책략 선택에 영향을 미치는 두 번째 요인은 책략과 연관된 사회적 비용(social cost)이다. 사회적 비용은 조직에서 상사나 동료들에게 비춰지길 원하는 이미지에 중점을 둔다. 대부분의 독자들은 아마 새로운 일을 시작하면서 동료가 "어떤 질문이든 물어봐!" 혹은 "아무리 하찮은 것이라도 괜찮으니 물어봐!"라고 얘기하는 것을 들어 본 경험이 있을 것이다. 비록 경험이 많은 기존 직원이 정말 진심으로 이런 말을 했을지라도, 신입 구성원은 상사나 동료에게 여러 차례 반복적으로 질문을 해야 할 때에는 다소 불편하게 느낄 것이다. 그렇게 하는 과정에서 상사나 동료들의 눈에 자신이 무능하게 보이는 사회적 비용을 치르게 된다. 정보추구의 사회적 비용이

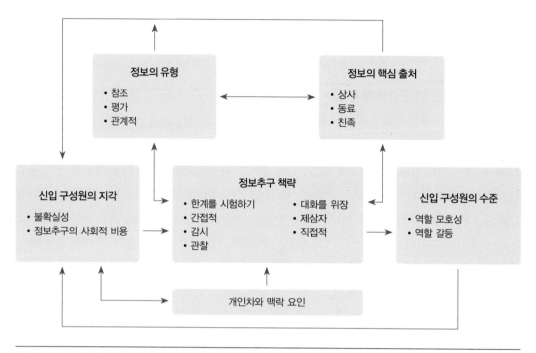

그림 3.2 Miller와 Jablin(1991)의 신입 구성원의 정보추구 행동 모델

출처 : V. D. Miller & F. M. Jablin (1991). Information seeking during organizational entry: Influences, tactics, and a model of the process. *Academy of Management Review*, 16, 92-120. Reprinted by permission of the Copyright Clearance Center.

높을 때, 신입 구성원들은 다소 덜 직접적인 정보추구 책략을 사용하는 경향이 생기고, 위협적이지 않은 정보 출처를 찾아내려고 할 것이다.

불확실성의 지각과 정보추구의 사회적 비용을 감안하여, 신입 구성원은 〈표 3.3〉에 제시된 수많은 정보추구 책략들 중에서 선택을 하게 된다. 신입 구성원이 정보를 얻기 위해 사용하는 가장 간단한 책략은 **직접 질문하기**(overt questioning)이다. 가능한 모든 정보추구 책략 중에서 직접 질문하기가 가장 효율적이다. 또한 유용한 정보를 얻어 내도록 해 줄 뿐만 아니라, 동료들과 라포르(rapport)를 형성하는 데도 도움이 될 수 있다(Saks, Gruman, & Cooper-Thomas, 2011). 그러나 신입 구성원은 직접 질문하기를 사용함으로써 상당한 비용을 초래할 수도 있는데, 자신이 무능하게 보이는 위험을 무릅써야 하고 일부 동료로부터 성가신 존재로 보일 수 있기 때문이다.

신입 구성원이 사용할 수 있는 또 다른 정보추구 책략은 **간접적으로 질문하기**(indirect questioning)이다. 예를 들어, 판매직으로 고용된 새로운 종업원이 인적자원부서로 옮기기를 원하는 경우를 생각해 보자. 아직 신참이기에 이동 가능성을 상사에게 직접 물어보기는 껄끄러울 것이다. 대안으로 그 종업원은 아무렇지 않은 듯이 다음과 같이 물어볼 수도 있다. "XYZ 회사에 다니는 한 친구가 있

표 3.3 Miller와 Jablin의 모델에서의 신입 구성원의 정보추구 책략

책략	정의	예시
직접 질문하기	정보원으로부터 직접 정보를 부탁함	복사실이 어디에 있는지 물어봄
간접적으로 질문하기	질문의 정보추구 의도가 드러나지 않게 하고, 목표(상대)가 그것에 반응하는 것을 피할 수 있도록 함	다른 회사에 있는 친구를 포함하는 가상의 상황을 사용하여 상사에게 승진 가능성에 대해 물어봄
한계를 시험하기	어떤 행동을 하고 그것에 대한 반응을 지켜봄	주간 미팅에 반드시 참석해야 하는지 알아보기 위해 의도적으로 주간회의에 참석하지 않고 상사의 반응을 지켜봄
위장된 대화	일반적인 대화에 참여하여 교묘하게 목표(상대)가 특정한 주제에 대해 얘기하도록 유도함	주말에도 집으로 일을 가져와서 해야 하는지 파악하기 위해 동료에게 지난 주말에 무엇을 했는지 물어봄
관찰	상대에게 영향을 미치지 않으면서 태도나 절차에 대한 정보를 얻기 위해 사용됨	조직이 요구하는 수행 수준을 파악하기 위해 유사한 일을 하는 동료를 관찰함
감시	관찰과 유사하지만, 단서에 초점을 맞추고 불확실성이 상당히 높은 상황에서 자주 사용됨	통상 얼마나 늦게까지 일하는지 알기 위해 퇴근 무렵 동료들에게 세심한 주의를 기울임
제삼자	당사자가 아닌 제삼자에게 특정 주제에 대해 물어봄―여러 책략을 조합할 수 있음	상사가 신입 구성원의 수행에 대해 만족하고 있다고 생각하는지를 동료에게 물어봄

는데, 처음에 구매담당으로 채용이 됐지만 나중에 시장조사부서로 자리를 옮겼습니다. 여기서도 그런 일이 자주 있나요?" 이런 접근을 취함으로써 그 종업원은 부적절한 질문이라고 여길 수도 있는 질문으로 상사의 기분을 상하게 할 위험을 줄일 수 있다. 불행히도 이런 유형의 질문으로는 가장 정확한 정보를 얻지 못할 수도 있다.

좀 더 위험 부담이 있는 정보추구 책략은 **한계를 시험하기**(testing limits)이다. 예를 들어, 새로운 종업원이 직원회의에 반드시 참석해야 하는 건지 아닌지 불확실할 때, 어느 주에 일부러 회의에 참석하지 않고 상사의 반응을 기다리는 것이다. 만약 부정적인 반응이 없다면, 반드시 참석해야 하는 회의는 아닌 것이라고 생각할 것이다. 반면에 상사가 질책을 한다면, 회의 참석은 중요하며 반드시 참석해야 한다는 신호가 된다. 그 종업원이 다음 회의에 참석한다면, 이 한 번의 불참이 부정적인 영향을 미칠 가능성은 매우 낮다.

신입 구성원이 정보를 얻기 위해 사용할 수 있는 또 다른 기법은 **위장된 대화**(disguised conversations)를 통한 것이다. 새로운 종업원이 이 회사에서는 주말에도 일을 집으로 가져가서 해야 하는

지 잘 모를 경우, 동료에게 주말에 무엇을 했는지에 대한 대화를 시작할 수 있다. 만약 동료가 주말에 일과 관련된 프로젝트로 시간을 보냈다고 말한다면, 이것은 이 회사에서는 직원들이 집에서도 일하기를 원한다는 것을 시사하는 것이다.

위장된 대화는 신참이 다른 동료들에게 매우 당혹스러울 수 있는 질문을 하지 않도록 해 주기 때문에 상당히 유용하다. 위장된 대화의 주요한 단점은 정보 출처의 반응을 통제할 수 없다는 것이다. 즉 앞의 예에서, 동료 종업원이 매우 애매한 반응을 보일 수도 있고, 주말에 일을 하면서 보냈는지의 여부를 밝히지 않을 수도 있다.

신입 구성원이 사용하는 주요한 비언어적 정보추구 책략 중의 하나는 관찰(observation)이다. 예를 들어, 신입 구성원은 대개 조직에서 어떤 행동이 보상을 받고 처벌받는지를 아주 잘 파악해 낸다. 대체로 신입 구성원은 여러 유형의 정보를 얻기 위해 관찰을 이용하고 있지만, 관찰에 가장 많이 의존하는 경우는 정보 출처에게 직접 질문하는 것의 사회적 비용이 높을 때이다. 새로운 종업원은 상사에게 우수한 수행이 어떤 것인지를 직접 물어보는 것이 불편할 수 있다. 이때 다른 직원들을 관찰하는 것이 이러한 정보를 얻는 가장 안전한 방법일 것이다.

정보를 구하는 또 다른 방법은 감시(surveillance) 책략을 사용하는 것인데, 이것은 관찰과 매우 밀접하게 관련되어 있다. 신입 구성원이 근무시간에 관한 조직의 규범을 이해하려고 할 때 감시를 사용할 수 있다. 이를 위해 근무시간이 끝날 때쯤에 동료들의 행동에 매우 주의를 기울여야 할 것이다. 감시 책략을 사용하면 난처한 질문일 수도 있는 것(예 : "우리는 몇 시까지 일을 합니까?")을 물어보는 데 드는 사회적 비용을 피하면서도 중요한 정보를 구할 수 있다. 불행하게도 이 책략은 어느 정도 위험이 따르는데, 왜냐하면 신입 구성원은 감시의 대상을 전혀 통제할 수 없기 때문이다. 따라서 신입 구성원은 매우 불확실한 상황에서 감시를 사용하는 경향이 있다. 또한 신입 구성원은 대개 상사보다는 동료들로부터 정보를 얻을 때 감시를 더 많이 사용한다. 일반적으로 감시의 경우 상사로부터 정보를 얻을 기회는 더 적고, 동료들의 행동이 상사의 행동보다 더 많은 정보 가치를 지닌다.

Miller와 Jablin(1991)의 모델에 포함된 정보추구의 마지막 책략은 제삼자(third parties)의 이용이다. 제삼자의 이용은 사실 앞서 기술한 몇 가지 정보추구 책략들을 포함한다. 예를 들어, 상사가 자신의 수행에 대해 얼마나 만족하였는지에 대해 궁금한 신입 구성원은 직접 혹은 간접적으로 동료들에게 상사가 얼마나 만족했을 것 같은지를 물어보면 된다. 다른 간접적인 책략들과 같이, 이런 방법으로 정보를 얻는 것은 신입 구성원으로 하여금 난처한 상황에 처하지 않도록 해 준다. 앞의 예에서 만약 상사가 신입 구성원의 수행에 대해 만족하지 못하였다면, 자신의 수행에 대해 얼마나 만족하는지를 상사에게 직접 물어보기는 매우 곤란할 것이다. 그러나 모든 간접적인 정보추구 책략이 그렇듯이, 가장 관련이 있는 정보 출처에게 직접 물어보지 않기에 부정확한 정보를 얻을 가능성이 있다. 필자의 경험에 의하면, 사람들이 정보를 구하기 위해 상대에게 직접 물어보지 않아서 종종 조직 내에서 심한 갈등이 초래되기도 한다.

정보추구 책략과 사회화의 결과

지금까지 신입 구성원이 사용하는 주요 정보추구 책략들을 살펴보았는데, Miller와 Jablin(1991) 모델에서 검토할 다음 문제는 정보추구 책략과 관련된 다양한 결과이다. 일반적으로, 상이한 정보추구 책략은 구성원에게 양과 질 모두에 있어 다양한 정보를 제공한다. Miller와 Jablin에 따르면, 정보의 질은 주로 신입 구성원의 역할 모호성과 역할 갈등의 수준에 반영된다. 역할 모호성이란, 간단히 말해 종업원이 자신의 역할 책임에 대해 느끼는 불확실성의 정도이다. 예를 들어 상사가 명확하지 않은 수행기준을 제시할 때 역할 모호성을 느낀다.

반면, 역할 갈등은 서로 다른 출처로부터의 정보가 일치하지 않을 때 발생한다. 이를테면, 신입 구성원이 상사와 동료로부터 수행기준에 대한 서로 다른 메시지를 받을 때 역할 갈등이 발생할 수 있다. 역할 모호성과 갈등의 수준은 신입 구성원이 정보를 얻기 위해 직접 물어보는 방식이 아닌 간접적인 책략에 의존할 때 주로 높게 나타난다. 이런 간접적인 책략은 문제와 관련 있는 정보출처에게 직접 물어보는 것이 아니기에 사실 획득한 정보의 정확성을 담보하기가 어렵다. 역할 모호성과 역할 갈등 모두 부정적인 결과이기 때문에(예 : Jackson & Schuler, 1985), 조직은 신입 구성원들이 '직접 질문하기'와 같은 보다 직접적인 정보추구 책략을 편안하게 사용할 수 있는 환경을 조성해야 한다.

Miller와 Jablin(1991)의 개관 이후로, 신입 구성원의 정보추구의 다양한 측면에 대한 상당한 연구가 이루어졌다. 예를 들어, Ostroff와 Kozlowski(1992)는 사회화 동안 습득하는 정보 유형과 서로 다른 정보 출처의 사용 간의 관계를 조사했다. 그들은 신입 구성원은 서로 다른 유형의 정보를 획득하기 위해 여러 정보 출처를 사용한다고 제안했다. 과업 관련 정보를 얻기 위해서는 시험하기(예 : 상사에게 새로운 접근법을 제안함)나 실험(예 : 새로운 방법으로 직무를 수행하고 효과를 평가함)에 가장 많이 의존할 것이다. 그러나 집단과정에 관한 정보를 얻기 위해서는 동료가 가장 유용한 정보 출처일 것으로 예측되었고, 역할에 대한 가장 중요한 정보 출처는 타인의 행동 관찰일 것으로 기대되었다.

또한 이 연구는 시간의 경과에 따른 사회화 과정의 변화뿐만 아니라 사회화 과정의 다양한 결과에 대해서도 조사했다. 직무 관련 과업, 역할 요구, 집단 수준의 역동, 전체 조직에 대해 자신이 상당히 많이 알고 있다고 생각하는 신입 구성원들은 직무에 더 만족하고, 조직에 더 몰입할 뿐 아니라 더 잘 적응하고 있다고 느끼며, 스트레스 관련 증상을 덜 경험하고, 이직 의도를 낮게 보고할 것으로 기대되었다. 시간이 지날수록 모든 영역에서의 지식은 증가할 것으로 기대되었다. 그들은 집단에 대한 지식이 초기에는 가장 많겠지만, 시간이 지남에 따라 과업에 대한 지식도 그것과 비슷해질 것이라고 제안하였다. 전체 조직에 대한 지식이 가장 느리게 발달할 것으로 예측되었다.

대학에서 공학과 경영학을 전공한 219명으로부터 2차에 걸쳐 수집한 자료에 의하면, 대부분의 예측이 지지되었다. 예를 들어, 지식 습득을 위해 가장 많이 사용되는 것은 타인의 행동 관찰이었으며, 이어서 대인 간 출처(동료와 상사), 실험, 객관적인 참고 자료(예 : 매뉴얼을 참조하는 것)의 순이었다. 또한 예측된 대로, 응답자들은 얻고자 하는 정보의 유형에 따라서 서로 다른 정보 출처를 사용하였다. 수행해야 할 역할에 대한 정보는 동료보다 상사에게 더 의존했지만, 작업집단의 내부 역동에 대한 정보를 얻기 위해서는 동료들에게 더 의존하는 경향을 보였다. 과업에 관한 정보를 얻기 위해서는 상사나 동료와 같은 대인 간 출처보다 실험을 더 많이 사용하였다.

지식의 영역별로 보면, 1차 응답자들은 집단에 관한 지식을 과업, 역할, 조직에 관한 지식보다 더 많이 가진다고 보고했다. 이러한 형태는 2차 조사에서 다소 변화하였다. 즉 과업에 대한 지식이 역할과 집단에 대한 지식보다 더 많았고, 조직에 대한 지식은 여전히 가장 낮은 수준이었다. 1차에서 2차에 이르기까지 변화가 있었던 단 하나의 영역은 응답자들의 과업에 관한 지식이었다.

정보 획득, 지식, 결과 간의 관계를 조사했을 때에는 여러 가지 경향성이 나타났다. 조사의 두 시점 모두에서, 상사로부터의 지식을 습득하는 것은 보다 높은 수준의 직무만족과 몰입 수준 그리고 낮은 수준의 이직 의도와 관련되었다. 흥미롭게도 동료로부터 지식을 획득하는 것은 1차에서는 높은 수준의 만족과 몰입, 낮은 수준의 이직 의도와 관련되었지만, 2차에서는 이러한 관계들이 지지되지 않았다. 이러한 발견은 상사가 지속적인 정보의 출처가 되는 반면, 동료는 초기엔 매우 영향을 미치지만 시간이 지남에 따라 영향력이 감소됨을 시사한다. 타인 관찰이나 실험을 통한 정보 획득은 스트레스 관련 증상과 정적인 관계를 나타냈다. 이것은 타인 관찰이 불명확한 정보를 제공하기 때문에 역할 모호성이 증가되었기 때문일 수 있다. 실험을 통한 정보 획득도 스트레스를 높일 수 있는데, 왜냐하면 과업을 처음 배울 때에는 늘 오류나 실패가 뒤따르기 때문이다.

모든 영역에서 보다 많은 지식을 가졌다고 믿는 응답자들은 높은 수준의 만족, 몰입, 적응을 보고하였다. 그러나 이런 결과들과 가장 뚜렷하게 관련되어 있는 두 가지는 과업과 역할 영역의 지식이었다. 또한 지식의 수준과 결과 간의 상관관계는 정보의 출처와 결과 간의 상관관계보다 더 크게 나타났는데, 이것이 의미하는 바는 다음과 같다. 즉 신입 구성원이 조직에 적응되었다고 느끼기 위해서는 직무 관련 과업과 작업집단 내 역할 둘 다에 대해 상당한 지식을 얻었다고 느껴야 한다는 것이다. 이런 정보를 어디서 습득했느냐 하는 것보다는 습득 자체가 더 중요한 것이다.

정보 출처, 지식 및 결과들 간 관계에서의 변화를 조사했을 때, 시간이 지남에 따라 상사로부터 획득하는 정보가 증가한 신입 구성원은 또한 만족, 몰입 및 적응에서도 정적인 변화를 경험한다는 것이 발견되었다. 이것은 사회화 과정 동안 정보 출처로서의 상사의 중요성을 다시 한 번 더 강조해 준다. 또한 과업에 대한 지식에서 정적인 변화가 몰입과 적응 모두의 정적인 변화와 관련되었고,

스트레스를 감소시키는 효과도 있었다. 이러한 발견은 신입 구성원의 적응에 있어 과업 숙련성(task proficiency)이 얼마나 중요한지를 보여 준다.

사회화 과정에 대한 또 다른 종단적 연구에서 Morrison(1993)은 135명의 신입 회계사들을 대상으로 3차에 걸쳐 자료를 수집하였다. 이 연구에서 신입 구성원은 다양한 유형의 [대부분 Ostroff와 Kozlowski(1992)의 연구에서 언급한 것과 유사한] 정보를 습득해야 한다고 제안했다. 예를 들어, Morrison은 신입 구성원이 직무 관련 과업을 수행하는 방법에 대한 정보를 얻어야 한다고 제안했다. 또한 Morrison이 참조 정보(referent information)라고 표현한 자신의 역할에 대한 정보도 획득해야 하고, 자신이 맡은 직무를 어떻게 수행하는지에 대한 정보[**수행 피드백**(performance feedback)이라고 불리는 정보]도 반드시 얻어야 한다. 많은 경우에 신입 구성원은 **규범적 정보**(normative information)라고 불리는 것, 즉 조직 내부의 규범에 관한 정보를 획득해야 할 필요가 있다. 마지막으로 **사회적 정보**(social information), 즉 자신이 속한 작업집단에 사회적으로 통합된 정도에 대한 정보를 필요로 한다.

획득해야 할 정보의 유형을 기술하는 것과 더불어, 이 연구는 각 유형의 정보를 습득하는 다양한 방법이 있다고 제안하였다. 즉 이전의 사회화 연구 결과와 동일하게, 상사나 경험 있는 동료로부터 얻거나, 다른 사람의 행동을 관찰하거나, 당사자에게 직접 물어보거나 혹은 가용한 문서들을 찾아봄으로써 정보를 획득할 수 있다고 제안하였다. Ostroff와 Kozlowski(1992)와 유사하게 조사된 사회화의 차원들은 과업 숙달(task mastery), 역할 명료화, 문화적 적응, 사회적 통합이었다.

기술적 정보와 수행 피드백을 더 많이 추구하는 신입 구성원일수록 보다 높은 수준의 과업 숙달을 보일 것으로 예상되었다. 또한 더 많은 참조 정보와 수행 피드백을 추구하는 신입 구성원일수록 더 높은 수준의 역할 명료성을 경험할 것으로 예측되었다. 문화적 적응의 정도는 타인들부터 더 많은 양의 규범적 정보와 사회적 피드백을 추구하는 것과 연관될 것으로 예상되었다. 마지막으로, 사회적 통합도 규범적 정보와 사회적 피드백을 추구하는 정도와 관련될 것으로 기대되었다.

이 연구에서는 부분적으로 가설들이 지지되었다. 예를 들어, (상사와 동료들로부터의) 기술적 정보와 서면 피드백은 과업 숙달의 통계적으로 유의한 예측변인이었다. 그렇지만 흥미롭게도 동료로부터의 기술적 정보와 과업 숙달 간의 관계의 방향은 부적이었는데 이것은 아마도 신입 구성원들이 찾는 기술적 정보를 동료들이 항상 충분히 가지고 있는 것은 아니기 때문일 수 있다.

또한 역할 명료성을 촉진하기 위해 신입 구성원들은 참조 정보, (질문을 통한) 수행 피드백 그리고 컨설턴트의 서면 피드백을 이용하는 경향이 있는 것으로 밝혀졌다. 예를 들어, 한 작업집단의 신입 직원은 집단 구성원들이 자신의 역할 수행에 대해 만족하는지에 대한 단서에 주의를 기울이고, 상사로부터 비공식적으로 피드백을 얻고자 하며, 입사 초기의 수행 평가에 대한 서면 피드백을 활용하고자 할 것이다. 이러한 정보 출처들은 신입 종업원의 역할 관련 활동과 가장 직접적으로 연관된 정보를 제공해 줄 수 있는 출처이다.

사회적 통합은 무엇보다 규범에 대한 탐구와 행동을 세밀하게 관찰하는 것과 관련이 있다. 이러한 발견은 신입 구성원이 자신의 사회적 통합 정도를 가늠하기 위해 상사나 동료들에게 직접 피드백을 요청하는 것을 불편하게 느낄 수 있음을 시사한다. 사실 대부분의 사람들은 자신이 사람들과 잘 어울리고 작업집단에 **적합한지**를 같은 동료들에게 직접 물어보는 것이 편하게 느껴지지는 않을 것이다. 서면 피드백에도 이런 유형의 정보는 포함되어 있지 않다.

마지막으로 문화적 적응 차원에서의 유일한 유의한 예측변인은 관찰(monitoring)뿐이었다. 이런 발견은 사회적 통합에 대한 발견과 어느 정도 흡사하다. 조직의 문화를 배우기 위해 신입 구성원은 무엇보다 다른 조직 구성원들과 일이 어떻게 이루어지는지를 관찰해야 한다. 이렇게 관찰을 해야 하는 것은 문화적 복잡성 때문일지도 모르나, 좀 더 직접적인 형태의 정보추구와 연관된 잠재적인 사회적 비용 때문일 수도 있다.

유감스럽게도 위의 어떤 연구도 사회화 과정 동안의 정보추구가 신입 구성원의 성공에 어떤 영향을 미치는지를 조사하지는 못했다. 예를 들어, 신입 구성원은 정보를 추구하고 습득하며, 서로 다른 유형의 정보를 획득하기 위해 상이한 정보 출처를 사용한다는 것은 분명하다. 그러나 아직 분명하지 않은 것은 시간이 지남에 따라 지식이 증가하는 종업원들이 덜 그러한 종업원들보다 궁극적으로 더 성공하는지의 여부이다.

Chao 등(1994)은 이 문제에 대해 182명의 기술자, 관리자, 전문가들을 대상으로 3년에 걸친 종단적인 연구를 수행하였다. 이 연구에서 경력 성공(career success)은 응답자의 개인 소득(급여)과 경력 관여(career involvement)의 수준으로 측정되었다. 개인 소득의 경우, 예측력이 있었던 유일한 사회화의 차원은 조직 내 정치에 대한 지식이었다. 조직 내 정치에 대한 지식을 많이 가진 종업원일수록 높은 소득을 갖는 경향이 있다. 이것은 조직의 정치적 역학에 대해 상당한 지식을 가진 사람들이 높은 소득(급여)과 연관된 조직 내 위계 수준에 도달하는 데 필요한 연줄과 협력관계를 형성하는 데 능할 가능성이 높다는 사실 때문일 것이다.

경력 관여의 경우, 예측력이 있었던 유일한 사회화의 차원은 조직의 목표와 가치에 대한 지식이었다. 구체적으로 조직의 목표와 가치에 대한 지식을 충분히 가진 사람들일수록 보다 더 높은 수준의 경력 관여를 보고했다. 다른 방식으로 보자면, 신입 종업원이 고용주가 달성하고자 하는 것이 무엇인지 확실히 모른다면 자신의 경력에 높게 관여되기가 어렵다는 것이다. 종합하면, 이러한 발견은 사회화의 특정한 측면들은 정서적 결과에 영향을 미치지만(Ostroff & Kozlowski, 1992), 다른 측면들은 성공을 결정하는 데 더 중요할 수 있다는 것을 시사한다.

이 연구의 또 다른 흥미로운 결과는 사회화 차원들에서의 변화가 경력 성공의 두 측정치 모두와 관련되어 있다는 것이다. 따라서 종업원이 시간이 지남에 따라 높은 수준의 성공을 유지하려면, 지속적으로 사회화의 중요 영역들에 대한 지식을 증가시켜야 한다. 이러한 발견은 높은 수준의 성공을 유지하기 위해서 결코 배우는 것을 중단하지 않아야 함을 시사한다. 그러므로 조직은 종업원들에게 학습의 기회를 제공해야 하고, 가능하다면 종업원이 학습하기 용이한 작업환경을 조성해야 한다(Parker & Wall, 1998).

최근 사회화 연구의 초점이 신입 구성원의 정보추구 책략으로 변화되었음을 고려하면(예 : Miller & Jablin, 1991), 사회화하는 주체와 방법의 영향에 대해서는 덜 강조되었다(예 : Van Maanen & Schein, 1979). 결과적으로 신입 구성원의 사회화를 설명하는 데 있어, 신입 구성원의 정보추구 책략과 상사와 동료 같은 타인들의 행동이 결합된 효과에 대해서는 거의 알려지지 않았다. Bauer와 Green(1998)은 이 주제를 다루기 위해 205명의 신입 구성원, 364명의 동료 그리고 112명의 상사를 대상으로 대규모의 종단적 연구를 수행하였다. 과거의 사회화 연구처럼, 이 연구에서도 신입 구성원의 정보추구와 여러 사회화 차원들(과업 숙련감, 역할 명료성, 상사로부터의 수용감) 그리고 수행, 직무만족, 조직몰입과 같은 사회화 결과에 대해 조사하였다. 그러나 이 연구가 특별한 것은 사회화를 촉진하려는 상사의 행동들도 조사되었다는 점이다. 즉 이 연구는 두 가지 관점에서 연구 주제를 다룬 것이다.

앞서 논의된 연구에서처럼 신입 구성원이 찾고 상사에 의해 제공되는 정보의 유형이 사회화의 결과와 부합될 것으로 예상되었다. 예를 들어, 과업 지향적 정보추구와 상사의 명료화를 위한 행동이 과업 숙련감 및 역할 명료성과 관련이 있을 것으로 예측되었다. 상사로부터의 수용감을 가장 잘 예측할 변인은 상사의 지지적인 행동뿐만 아니라 신입 구성원이 추구하는 사회적 정보일 것으로 예측되었다. 사회화 결과의 경우 과업 숙련감은 수행을, 상사로부터의 수용감은 직무만족과 조직몰입 모두를 예측할 것으로 기대되었다. 이 연구에서의 마지막 예측은 신입 구성원의 지각된 사회화 수준이 정보추구 책략과 상사의 행동 모두가 사회화의 결과에 미치는 효과를 매개한다고 본 것이다.

이 연구의 결과에 의하면, 단지 2차 조사에서 상사의 명료화를 위한 행동만이 3차에서의 역할 명료성을 예측하였다. 3차에서 수행 효능감을 예측하는 경우에도 동일한 결과가 발생했다. 이러한 발견은 신입 구성원들의 정보추구 책략을 매우 강조한 최근의 사회화 연구들과 모순되는 것으로 보이기에 흥미롭다. 오히려 이러한 발견은 적어도 수행과 같은 최소한의 몇 가지 결과의 경우, 상사의 행동이 가장 중요한 요인임을 시사한다. 3차에서 상사로부터의 수용감의 경우, 예측력이 있었던 단 하나의 변인은 2차에서 상사의 지지적 행동이었다. 여기서도 종업원의 정보추구는 아무런 영향을 미치지 않았다. 매개 가설(mediational hypotheses)의 경우 신입 구성원의 정보추구와 사회화 결과 간의 관계에 있어 사회화 수준의 매개 역할은 전혀 지지되지 않았다. 그러나 과업 숙련감과 역할 명료성은 상사의 행동과 수행 간의 관계를 완전히 매개한 반면에 역할 명료성과 수용감은 상사의 행동과 조직몰입 간의 관계를 부분적으로 매개하였다. 이러한 발견은 상사의 명료화나 지지적 행동이 신입 구성원들의 사회화 과정을 촉진하는 경우 그들의 수행과 정서적 결과에도 긍정적인 영향을 미친다는 것을 보여 준다.

Bauer와 Green(1998) 연구의 보다 넓은 의미의 시사점은 종업원의 사회화에서 새로운 종업원에 대한 개별 상사의 행동이 아주 결정적인 요인이라는 것이다. 앞서 언급했듯이, 이 연구는 최근의 조직 사회화 연구가 신입 구성원의 정보추구 책략과 지식 습득에만 너무 초점을 맞추어 왔기에 매우 주목할 가치가 있다. 또한 조직 사회화의 초기 연구는 구성원들을 사회화하려는 조직의 시도에 좀 더 초점을 맞추었다. 따라서 이 연구는 조직 사회화에서 좀 더 균형 잡힌 관점이 필요하다는 것을 시사한다. 즉 사회화는 조직이 사용하는 사회화 책략과 신입 구성원의 정보추구 및 이해과정 간의 복잡한 상호작용의 결과이다. 조직과 신입 구성원의 두 관점 중 하나를 무시하면 조직 사회화 과정의 매우 제한된 그림만을 그리게 된다.

신입 구성원의 관점에서의 마지막 문제는 새 구성원이 사회화 과정에 들어가기 전에 가지는 기대이다. Feldman(1981)의 모델이 보여 주듯이, 신입 구성원이 공식적으로 조직에 들어오기 전 선행 사회화의 시기가 있다. 사전 기대를 조사하는 한 방법은 현실적 직무 소개(RJP)에 대한 연구를 통해서이다(Wanous, 1989; Wanous, Poland, Premack, & Davis, 1992). 앞서 모집에 대한 절에서 언급했듯이, 현실적 직무 소개의 기본 개념은 조직 입사 전에 신입 구성원에게 실제로 직무를 수행하면서 나타날 현실적인 정보, 심지어는 부정적인 정보까지도 있는 그대로 제공하는 것이다. RJP가 직관적으로 설득력이 있음에도 불구하고, 메타 분석에 의하면 그것은 이직에는 아주 작은 영향만 미치는 것으로 나타났다(Phillips, 1998).

신입 구성원의 기대를 다루는 또 다른 접근은 좀 더 일반적인 수준에서의 정보에 초점을 맞추는 것이다. 예를 들어, Buckley, Fedor, Veres, Weise, Carraher(1998)는 제조 공장에 갓 채용된 140명의 종업원들을 대상으로 기대치 낮추기 절차(expectation lowering procedure, ELP)라고 불리는 프로그램의 효과를 평가하는 현장 실험을 수행하였다. ELP는 신입 구성원들을 대상으로 현실적인 기대의 중요성과 부풀려진 기대가 어떻게 여러 가지 부정적인 결과를 초래하는지에 대한 강의로 구성되었다. 이 연구에는 RJP를 제공받은 종업원 집단도 비교집단으로 포함하였다. 이를 통해 연구자들은 보다 일반적인 ELP 집단과 RJP 집단 간의 상대적인 효과를 비교할 수 있었다.

이 연구 결과에 의하면 RJP와 ELP 모두 긍정적인 효과를 가졌다. 예를 들어, 비록 6개월 후에는 별 차이가 없었지만, 초기에는 두 조건에 속한 종업원들이 아무런 처치도 받지 않은 종업원들보다 더 낮은 기대를 가졌다. 가장 중요한 결과는 아무런 처치도 받지 않은 집단에 비해 RJP와 ELP 조건에 속한 종업원들이 더 낮은 이직률과 더 높은 직무만족 수준을 보였다는 것이다. 또한 기대가 이러한 효과를 매개하였는데, 즉 RJP와 ELP 처치 모두가 처음부터 종업원들의 기대치를 낮추었기 때문에 나중에 이직률을 감소시킨 것이다.

이 연구의 중요한 시사점은 조직이 현실적 기대를 촉진하기 위해 신입 종업원들에게 직무별로 구체적인 RJP를 반드시 개발해야 하는 것은 아니라는 것이다. 오히려 신입 구성원의 기대는 Buckley 등(1998)이 실행한 다소 일반적인 형태의 처치를 통해서도 보다 현실적으로 변화될 수 있는 것이다. RJP를 개발하는 것이 훨씬 더 많은 시간이 들기 때문에 ELP와 같은 보다 일반적인 처치를 활용하는 것이 더 실용적이다. RJP는 직무별로 구체적으로 만들어져야 하므로, 조직에서의 직무의 수만큼 많은 RJP가 개발되어야 한다. 이 연구에서 얻을 수 있는 보다 일반적인 시사점은 신입 구성원들은 자신의 직무와 조직 내에서의 자신의 미래에 대한 현실적인 기대를 가지고 입사할수록 성공할 가능성이 더 높다는 것이다. 그러므로 직무나 경력을 선택하기 전에 가능한 한 많은 정보를 얻는 것이 좋다(참고 3.5 참조).

사회화 과정 : 상호작용주의적 관점

앞서 언급했듯이 종업원 사회화에 대한 초기 연구는 신입 종업원을 사회화하기 위해 조직이 사용하

참고 **3.5**

어떻게 현실적인 기대를 가질 것인가

근무하게 될 조직에서의 생활은 물론, 수행하게 될 직무에 대한 현실적인 그림을 갖는 것이 매우 유용함을 지지해 주는 많은 연구 증거들이 있다. 현실적 기대의 가치에도 불구하고, 많은 독자들은 어떻게 대학에 있는 동안 그런 정보들을 얻을 수 있을지 의아해할 수도 있다. 그러나 많은 학생들이 인턴과정, 산학 협동 프로그램, 여름 방학 아르바이트 등을 통해 그렇게 한다. 많은 대학 취업지원센터들은 해당 지역, 전국 및 해외의 여러 유형의 직무를 공고하고 기록을 남긴다.

최근 연구는 대학생들과 일반 구직자들이 소비자로서 해당 조직과의 경험뿐만 아니라(Lievens & Highhouse, 2003), 기업의 웹 사이트도 중요하게 활용하고 있음을 보여 준다(Braddy et al., 2006).

다소 색다른 정보 습득 방법으로는 자신이 일하고 싶어 하는 직업 분야의 종사자 또는 들어가고 싶어 하는 조직의 구성원과 **정보 면담**(information meeting)을 갖는 것이다. 이를 위해 해당하는 사람과 접촉하여 약 30분 정도 시간을 내어 달라고 부탁하면 된다. 만나기 전에 직업

분야나 회사에 관한 질문 목록을 미리 준비하는 것이 좋다. 항상 시간이 나는 것은 아니지만, 전문가들은 대개 열정이 있는 대학생들에게 기꺼이 자신의 전문 분야에 대해 얘기해 주고 싶어 한다.

그렇다면 현실적 기대를 갖도록 하는 가장 좋은 방법은 무엇일까? 필자의 생각으로는, 조직 구성원과 직접 만나보는 경험이 가장 정확하고 최신의 정보를 제공할 것이다. 기업의 웹 사이트에는 쉽게 접근할 수 있다는 장점이 있지만, 웹 사이트상에 올리는 정보는 기업들이 관리하므로 매우 낙관적인 그림만을 제공할 수 있다는 사실을 기억해야 한다. 또한 기업 웹 사이트의 사용자들은 웹 사이트의 실제 내용뿐만 아니라 디자인을 통해 회사의 인상을 형성한다고 한다(예 : 얼마나 사용하기 쉬운지, 얼마나 시각적으로 매력적인지; Cober et al., 2003). 소비자로서 경험에 의존하는 것도 직무와 특정 조직에 대한 부정확한 정보를 초래할 수 있다. 예를 들어, 많은 기업들이 매우 고객 중심적이어서 종업원보다는 고객에게 더 좋은 대우를 하는 경우가 많다.

는 책략에 주로 초점을 맞췄다. 이후 초점이 약간 변화되어 연구자들은 신입 구성원이 사회화 동안 정보를 습득하고 사용하는 방식을 이해하는 데 흥미를 갖게 되었다. 두 유형의 연구가 계속되는 동안, 사회화 연구의 가장 최근의 경향은 조직의 책략과 신입 구성원의 정보 획득 방법 간의 **상호작용**을 이해하는 것이 되었다. 이것은 사회화 연구에 있어 흥미로운 발전인데, 왜냐하면 종업원이 처음으로 조직에 들어갈 때 실제로 어떤 일이 일어나는지에 대한 가장 현실적인 관점을 보여 주고 있기 때문이다(Wanberg, 2012). 이 절에서는 사회화에 대한 상호작용주의적 관점에서 이루어진 연구들을 간단히 검토하고자 한다.

최근에 연구자들이 관심을 가진 주제 중 하나는 조직 사회화 책략의 영향이 신입 구성원의 정보 추구 정도에 따라 달라지는지의 여부이다. 예를 들면, Gruman 등(2006)은 140명의 대학생을 대상으로 한 연구에서 피드백 추구와 정보추구 행동을 덜 나타내는 신입 구성원들에게서 조직 사회화 책략과 사회화 결과 간의 더 강한 관련성을 발견하였다. Kim, Cable, Kim(2005)은 한국의 7개 조직에 근무하는 종업원-상사 279쌍에 대한 연구에서 유사한 결과를 발견했다. 또한 이들은 매우 적극적으로 상사와 굳건한 관계를 형성한 종업원들에게는 사회화 책략이 거의 아무런 영향을 미치지 못함을 밝혀냈다.

종합하면, 두 연구 모두 조직의 사회화 책략이 사실 많은 경우에 필요치 않다는 것을 시사한다. 즉 신입 구성원들이 매우 적극적으로 정보와 피드백을 추구하는 경우 그리고 직속 상사와 돈독한 업무관계를 형성하는 경우, 조직은 그들을 사회화하는 데 그리 큰 노력을 기울이지 않아도 된다는 것이다.

최근의 사회화 연구에서 다루어진 또 다른 주제는 종업원이 작업팀에 사회화되는 방식에 관한 것이다. 조직에서 팀제가 점차 보편화되어 가고 있고(Kozlowski & Bell, 2003), 종업원 자신이 속한 작업집단과의 연결이 전체 조직과의 연결보다 더 강력하다는 사실(Meyer & Allen, 1997)에 근거할 때 이 주제는 분명 매우 중요한 문제임에 틀림없다. 이러한 연구의 예로, Chen(2005)은 3개의 첨단 기술 조직에 속한 104개의 프로젝트팀을 대상으로 사회화 과정을 조사하였다. 이 연구의 가장 중요한 발견은 신입팀원에 대한 초기 임파워먼트와 팀 리더 및 동료들의 신입팀원에 대한 높은 기대가 이후 신입팀원의 이후 수행과 정적인 관련이 있었다는 것이다. 좀 더 구체적으로, 신입 종업원은 자신이 임파워먼트되어 있고 팀이 자신에 대해 높은 기대를 가질 때 최상의 수행을 보였다.

또한 팀 구성원이 전체 조직에 사회화되는 방식이 팀의 전반적인 효과성에 영향을 미친다는 것이 밝혀졌다. 예를 들어, Oh, Chung, Labianca(2004)는 한국의 11개 조직에 속한 77개의 작업팀을 대상으로 다른 팀의 구성원과 더 많은 사회적인 관계를 갖는 구성원들이 있는 팀이 그러한 관계를 덜 갖는 구성원들의 팀보다 더욱 효과적임을 발견했다. 이러한 발견은 한국이라는 맥락의 특수성에 기인한 것일 수도 있지만, 이 연구는 종업원이 팀 내에서뿐만 아니라 전체 조직에서도 사회화되어야 함을 시사한다.

사회화 책략과 정보추구 둘 다 가장 포괄적으로 다룬 연구는 Bauer, Bodner, Erdogan, Truxillo, Tucker(2007)의 70개 표본에 대한 메타 분석이다. 이들은 신입 구성원의 정보추구와 조직 사회화 책략 모두가 근접(역할 명료성, 자기효능감, 사회적 수용) 및 원격(수행, 직무만족, 조직몰입, 계속 남아 있으려는 의도, 이직) 준거들과 정적으로 관련이 있음을 발견하였다. 이것은 신입 구성원들의 적응은 개인과 조직이 모두 작용한 결과라는 것을 분명히 보여 준다.

요약하면, 이 절에서는 조직 사회화 책략과 신입 구성원들의 정보추구 간의 역동적인 상호작용을 다룬 최근의 사회화 연구의 일부를 소개하였다. 또한 이러한 연구들을 요약한 메타 분석 결과에도 주목하였다. 분명 더 많은 연구가 수행되어야 하겠지만, 이러한 연구들은 각각 별개로 조직 사회화 책략이나 신입 구성원의 정보추구를 연구한 경우보다 종업원의 사회화를 이해하는 데 더 크게 기여했다. 앞으로의 조직 사회화 연구는 이러한 상호작용주의적 관점을 따를 것이다.

다양성이 조직 사회화에 미치는 영향

직장에서의 다양성 수준이 점차 증가함에 따라 조직은 이것이 사회화 과정에 어떤 영향을 미칠지에 대해서 상당한 관심을 갖고 있다. 사실 연구에 의하면, 여성과 소수민족 집단은 다양성을 좀 더 효과적으로 관리하며(Ng & Burke, 2005), 소수 집단에게 더 많은 기회를 제공한다고(Avery, 2003) 여기는 조직에 더 강한 호감을 느낀다고 한다. 그렇지만 다양성은 성이나 인종보다 더 포괄적이다. 또한 오늘날의 조직은 연령, 종교, 사회경제적 배경, 교육, 그리고 성적 지향에서 이전보다 훨씬 더 다양하다. 이러한 수많은 요소들로 인한 높은 수준의 다양성에도 불구하고, 조직은 여전히 모든 신입 직원을 사회화할 필요가 있고, 완전한 조직 구성원으로 변모하도록 도와야 한다.

Hurst, Kammeyer-Mueller, Livingston(2012)은 다양성이 조직 사회화에 미치는 영향에 대한 문헌을 개관하면서 사회화 과정에서 조직에게 도움이 될 여러 가지 제안을 하였다. 그들에 의하면, 다양성이 제기하는 일차적인 딜레마는 이질적으로 지각되는 사람도 사회화해야 한다는 것이지만, 그런 사람이 조직과 집단의 한 부분으로서 진정으로 수용되고 인정되도록 하는 것도 쉽지 않다. 이것이 가능하도록 촉진하기 위해 그들은 다섯 가지 제안을 하였다.

다양한 종업원들의 사회화를 촉진하기 위한 첫 번째 제안은 **긍정적인 다양성 분위기를 조성**하는 것이다. 여기서 강조하는 것은 다양성은 조직 내에서 가치 있는 것이며, 강점으로 간주된다는 것을 새로운 직원들에게 분명히 소통하는 것이다. 이러한 소통에서 아마도 가장 강력한 방법은 인력 구성을 통해서일 것이다. 즉 직급별로 실제적인 다양성이 존재하는가? 이러한 실제적인 다양한 인력 구성이 조직 전반적으로는 중요하지만, 소규모 조직 단위 내에서는 관리자에 의해 조성되는 분위기

연구를 수행한 사람들

Connie Wanberg

나는 17년 동안 교수 생활을 했다. 나는 인적자원관리, 리더십, 선발과 배치, 교육훈련, 그리고 종업원 개발과 같은 다양한 강의를 하고 있다. 내가 하는 일의 또 다른 큰 부분은 연구다. 내가 연구해 온 한 영역은 종업원 사회화이다. 이는 조직이 신입 직원을 새로운 역할에 신속하게 적응하도록 돕는 방법 및 온보딩을 종업원 몰입과 고객서비스를 개선하는 데 활용할 수 있는 방법에 대한 것이다.

대부분의 사람들은 종업원 사회화를 아주 잘하는 회사에서 일할 것이다. 이런 곳에서는 누군가가 당신에게 여기서는 어떻게 일하는지 설명해 주고, 같이 다니면서 다른 사람들을 만나도록 도와줄 것이다. 흥분과 더불어 좀 긴장도 될 것이지만, 당신을 도와줄 누군가가 항상 있을 것이다. 반면, 어떤 사람들은 새로운 종업원이 잘 정착하도록 적절히 지원해 주지 못하는 조직에서 일할 수 있다. 미네소타대학교에 있을 때, 새로운 직원이 출근 첫날에 나타났지만 아무도 그를 위한 컴퓨터나 사무실 공간을 준비해 두지 않았다. 그가 일할 수 있는 환경을 갖추는 데 1주일이나 걸렸다. 연구에 의하면, 이러한 첫 인상은 새로운 직원에게는 매우 큰 영향을 미친다. 신입 직원은 처음부터 머리 속에서 지울 수 없는 인상을 가지게 되고, 결국 그 조직에 계속 있을지에 영향을 미친다.

내가 종업원 사회화에 흥미를 갖고 연구하게 된 것은 나의 주요 연구 영역인 '실업' 경험과 상당히 관련이 있기 때문이다. 나는 실업자들이 일자리를 얻은 이후에 어떻게 되는지를 알고 싶었다. 또한 내가 한때 컨설팅을 하면서 많은 조직이 새로운 직원을 환영하고 입문 교육을 시키는 것과 같은 그리 어렵지 않은 과업조차도 제대로 하지 못하는 것을 보고 놀랐다. 더불어 어떤 조직은 새로운 구성원을 통해 자신들의 문화를 변화시키고 싶어 했고, 온보딩을 통해 종업원들의 창의성과 고객서비스를 개선하는 방법을 배우고 싶어 했다.

마지막으로, 사회화 연구로부터 얻을 수 있는 두 가지 흥미로운 조언이 있다. 첫째, 만약 당신이 인사 분야 담당자라면, 당신 회사의 사회화 과정을 조심스럽게 꼭 한번 조사해 보라. 새로운 직원에게 조직의 환영을 받았는지, 온보딩 활동에서 개선될 부분은 없는지를 물어보라. 둘째, 만약 당신이 새로운 직원이라면 매우 적극적이어야 한다. 사회화 과정에서 주도적인 역할을 해야 한다. 자꾸 물어보고, 가능한 한 많은 조직 구성원들과 만나라. 어떤 사회화 연구에 의하면, 새로운 직장에서의 첫 90일이 좋은 인상을 형성하고 좋은 첫 출발을 내딛는 데 매우 중요하다.

Connie Wanberg 박사는 미네소타대학교 칼슨 경영 대학원 교수이자 노사관계학과 학과장이다.

도 중요하다. 관리자들은 다양한 집단 구성원들에게 진정으로 긍정적인 태도를 가지고 차별 없는 소통을 해야 한다.

두 번째 제안은 **역량을 평가하고 개발**하는 것이다. '여성'이나 '고령자'에 대해 얘기할 때, 종종 우리는 해당 범주에 속하는 사람들은 모두 똑같다는 생각을 갖는다(다수 집단의 사람들이 모두 동질적이지 않듯이, 이들도 그렇지 않지만!). 이러한 다수 및 소수 집단에 대한 생각 차이 때문에 그들은 적응을 촉진하거나 저해하는 개인 특성에 대한 평가를 제안한다. 예를 들어, 외향성이나 경험에 대한 개방성과 같은 성격 특성은 소수 집단 구성원들이 좀 더 효과적으로 적응하는 데 도움이 될 수 있다. 또한 기존 구성원들이 다양한 동료들에 대해 개방적인지, 그리고 그렇게 하는 데 필요한 역량이 부족한지를 확인하기 위해 평가가 필요하다.

세 번째 제안은 **사회적 지지를 강화**하는 것이다. 사회적 지지는 여러 가지 이유로 중요하지만, 자신이 동료들과는 다르다고 지각하는 사람들에게는 특히 더 유용하다. 사회적 지지를 제공하는 가장 일반적인 방법은 공식적 그리고 비공식적 멘토링 프로그램을 통해서다. 멘터 역할을 맡은 경험 많은 조직 구성원이 새로운 구성원에게 상당한 도움과 지지를 제공할 수 있는데, 특히 여성과 소수 집단에게는 더 중요한 것이다.

마지막 두 제안은 서로 관련된 것으로, **집합적 정체성**(collective identity)**을 증진**하는 것과 동시에 **고유한 정체성**(unique identity)**을 지지**하는 것이다. 관리자는 집합적 정체성을 증진함으로써 작업 집단의 공유된 미션을 강조해야 함과 동시에 다양한 집단 구성원들의 고유한 기여를 인정할 수 있어야 한다. 즉 집단 구성원으로서의 공유된 정체성을 개발하면서 동시에 개인의 고유한 기여를 인정하는 것이다. 고유한 정체성을 지지하는 것은 소수 집단 구성원들이 자신들의 고유한 정체성을 포기하지 않도록 하는 것을 의미한다. 즉 한 집단 내 모든 사람은 똑같지 않다는 것을 인정하는 것이다. Van Maanen과 Schein(1979)의 용어로 표현하면, 이것은 박탈적 사회화가 아닌 수여적 사회화에 해당하는 것이다.

조직 사회화 연구의 미래

지금까지 본 것처럼, 사회화 과정을 이해하는 데 그동안 상당히 많은 진보가 이루어져 왔다. 조직이 신입 구성원들에게 무엇을 하는지를 조사하는 것에서부터 시작하여, 신입 구성원이 자신의 새로운 환경을 어떻게 이해하는지, 그리고 조직이 행하는 것과 신입 구성원이 새로운 환경에 대한 정보를 찾는 방식 간의 상호작용을 조사하는 것에 이르기까지 다양한 연구가 진행되어 왔다. 그러나 이러한 진보에도 불구하고 문헌에는 아직 빠진 부분들이 있고, 조직 사회화에 대해 아직 잘 모르는 것들이 많다. 이 마지막 절에서는 조직 사회화에 대한 미래 연구에 적합하다고 생각되는 네 가지 주요 영역을 제시하고자 한다.

1. **경력직의 사회화** : 상당히 많은 조직 사회화 연구들이 대학을 마치고 직장에 처음 들어온 신입사원들을 대상으로 한 것이다. 상대적으로 여러 해 동안의 직무경력을 가진 경력직의 사회화에 대해서는 연구가 별로 이루어지지 않았다. 왜 이 둘을 구분해야 할까? 기본적으로 대학 졸업생들은 새로운 조직에 사회화될 뿐 아니라 그들에게는 일의 세계 자체가 새로운 것이다. 그들은 이런 두 가지 전환을 동시에 경험하기 때문에 조직에 사회화되는 과정이 경력직들보다 더 어려울 수 있다. 반대로, 경력직들은 이전 직무에서 경험한 것들을 상당 부분 '폐기학습 (unlearning)'해야 하기에 오히려 사회화가 더 어렵다고 주장할 수도 있다. 따라서 이전 직무경험 유무 또는 정도에 따른 사회화의 차이에 대한 더 많은 연구가 필요하다.

2. **파견근로자, 임시직, 계약직 종업원의 사회화** : 조직 사회화에 대한 대부분의 연구는 정규직을 대상으로 이루어진 것이다. 따라서 다른 형태의 고용계약을 하는 종업원들의 수가 빠르게 증가하고 있음에도 이들의 사회화에 대해서는 아는 것이 거의 없다.

3. **사회화가 기존 구성원들에게 미치는 영향** : 새로운 종업원을 사회화하는 것은 기존 구성원들에게는 스트레스를 주는 활동일 수 있음에도, 기존 구성원들이 신입 구성원들을 어떻게 인식하며, 그들을 사회화하는 과제에 대해 어떻게 생각하는지에 대한 연구는 거의 없다. 기존 구성원들이 신입에 대해 가지는 관점이 궁극적으로 사회화의 성공에 영향을 미칠 수 있기 때문에 이는 매우 중요한 연구 주제이다.

4. **조직이 실제로 새로운 종업원을 사회화하는 방법** : 사회화에 영향을 미치는 요소에 대해 많은 것을 알고 있지만, 놀랍게도 실제로 조직이 무엇을 하는지를 자세히 기록하는 기술적인 연구는 거의 없다. 더구나 그나마 일부 연구(예 : Klein & Polin, 2012)에 의하면, 어떤 조직은 신입 구성원을 사회화하는 데 상당한 시간과 노력을 기울이지만, 다른 조직은 거의 아무것도 하지 않는 등 조직 간에 편차가 상당히 크다. 이것은 사회화에 대한 연구와 실제 조직에서 행하는 것 간의 연계성이 매우 낮음을 시사한다.

요약

이 장에서 우리는 조직이 새로운 구성원을 유인하는 방법과 그들의 사회화 과정에 대해 살펴보았다. 조직은 잠재적인 신입 구성원을 모집하는 다양한 방법을 활용한다. 어떤 방법을 선택할지는 직무의 특성, 비용, 후보자들의 상대적인 질, 시간 고려와 같은 여러 가지 요인에 달려 있다. 어떤 방법을 선택하든 모집 연구자는 모집을 할 때 조직의 정확한 정보를 제공해야 하며, 존경과 예의를 갖추고 지원자들을 대하는 것이 가장 좋은 방법이라고 제안한다.

모집은 확실히 일방향적인 과정만은 아니다. 모집 활동의 대상이 되는 구직자들은 조직이 보여주는 메시지를 평가하고 조직의 매력도에 대한 어떤 판단을 한다. 연구에 따르면, 조직 매력도에 대한 판단은 우선적으로 조직과의 부합 정도에 대한 구직자의 판단에 근거하여 이루어진다. 즉 구직자들은 자신의 능력, 가치 그리고 성격이 조직의 여러 측면과 잘 부합하는지에 대한 판단을 하는 것이다. 또한 최근 연구에 의하면 소비자들이 여러 제품을 평가하는 것과 거의 동일한 방법으로 구직자들이 조직을 평가했다. 따라서 조직에게 주는 주요한 시사점은 잠재적 종업원들에게 조직 문화에 대한 정확한 묘사를 해 주는 것이 가장 최상의 방법이라는 것이다.

일단 개인이 고용되면 조직 사회화의 과정이 시작된다. 비록 사회화에 대한 다양한 정의가 있지만, 대부분은 새로운 종업원이 자신의 직무를 수행할 수 있고, 작업집단의 구성원들과 잘 지내고, 조직의 문화를 이해할 수 있는 정도로 본다. 조직은 새로운 구성원을 사회화하기 위한 다양한 책략을 사용하는데, 어떤 책략을 선택할지는 대부분 새로운 구성원이 조직에서 맡게 될 직무의 특성과 사회화 과정의 궁극적인 목표에 달려 있다.

모집과 같이 사회화는 양방향의 과정이다. 조직의 새로운 구성원은 적극적으로 조직에 대한 정보를 찾고, 정보를 얻기 위한 다양한 책략을 사용한다. 어떤 책략을 사용할지는 주로 불확실성의 정도, 찾으려는 정보의 특성, 정보를 얻는 과정에서 지각된 사회적 비용에 달려 있다. 최근의 사회화 연구에서 일관되게 제시되는 결과는 새로운 구성원은 처음에는 자신의 직무 과업을 유능하게 수행하는 데 도움이 될 정보와 함께, 속한 작업집단의 구성원들과 잘 지낼 수 있게 해 주는 정보를 얻는 데 노력을 기울인다는 것이다. 일단 직무를 유능하게 수행할 수 있게 되면, 정보추구의 초점은 조직의 문화와 보다 넓은 문제로 전환된다. 최근의 연구는 조직 사회화 책략과 신입 구성원의 정보추구 간의 상호작용에 대해 조사하기 시작했다.

마지막으로 논의된 문제는 다양성이 조직의 신입 구성원의 사회화에 미치는 영향이었다. 기존 구성원들에 의해 다르다고 지각되는 사람들은 사회화 과정 동안 여러 가지 독특한 도전에 직면할 수 있다. 극단적으로 그 사람들은 계속 주변인으로 머물면서 결코 조직에 안착하지 못할 위험도 있다. 그러나 조직은 나이 든 종업원, 여성, 소수민족 집단 등의 사회화를 촉진할 다양한 조치를 취할 수 있다. 즉 다양성에 대한 긍정적 분위기 조성, 역량에 대한 평가 및 개발, 사회적 지지망 구축, 그리고 집합적 정체성과 고유한 정체성 증진을 통하여 조직은 그 사람들이 조직에 받아들여지고 자신의 능력을 최대한 발휘하도록 할 수 있다.

더 읽을거리

Allen, D. G., Mato, R. V., & Otondo, R. F. (2007). Web-based recruiting: Effects of information, organizational brand, and attitudes toward a web site on applicant attraction. *Journal of Applied Psychology*, 92, 1696–1708.

Darnold, T. C., & Rynes, S. L. (2013). Recruitment and job choice research: Same as it ever was? In N. S. Schmitt & S. E. Highhouse (Eds.), *Handbook of psychology* (Vol. 12, pp. 104–142). Hoboken, NJ: Wiley.

Kim, T., Cable, D. M., & Kim, S. (2005). Socialization tactics, employee productivity, and person-organization fit. *Journal of Applied Psychology*, 90, 232–241.

Slaughter, J. E., & Zickar, M. J. (2006). A new look at the role of insiders in the newcomer socialization process. *Group and Organization Management*, 31, 264–290.

Wanberg, C. R. (Ed.). (2012). *Oxford handbook of organizational socialization*. New York, NY: Oxford University Press.

제4장

직장 일과 개인생활의 접점

Kelsey-Jo Ritter & Steve M. Jex

직장 일은 개인의 삶에서 중요한 부분이며, 대부분의 사람들이 일에 많은 시간을 할애한다. 그럼에도 불구하고 일은 삶의 일부분일 뿐이다. 많은 사람들은 가정에 대한 책임을 가지며, 친구 및 지인들과 시간을 보내고, 취미나 레저활동을 즐기기를 원하며, 시민운동이나 종교 관련 활동을 하기도 한다. 따라서 종종 이런 다양한 직무 외 활동과 일 사이의 균형을 맞추기 위한 노력이 필요하다. 조직심리학자들은 이러한 사실을 너무나도 잘 알아 왔으며, 일과 개인생활(work-nonwork) 간의 균형에 대한 연구는 조직심리학의 주요 연구 주제 중 하나가 되었다(Greenhaus & Allen, 2012).

일과 그 외의 생활과의 상호작용과 관련하여, 직장-가정 간 균형만큼이나 중요한 또 다른 두 가지 연구 주제가 있다. 첫째는 사람들이 처음 일의 세계로 들어오는 경험에 관한 것이다. 대부분의 독자들은 고등학교나 대학교 때 가졌던 첫 직장을 기억할 것이다. 모든 직장에서는 사회화 과정과 해당 직무에 대한 적응과정을 거쳐야 하지만, 첫 직장에서는 이와 아울러 일의 세계 자체에 대한 보다 전반적인 적응이 요구된다. 이러한 첫 직장 경험은 미래의 취직 기회와 일에 대한 전반적인 견해에 영향을 미칠 수 있다는 점에서 중요하다. 물론 이 분야의 많은 연구들은 다른 학문 분야(예 : 발달심리학, 공중보건사회학)의 연구자들에 의해 수행되었지만, 앞에서 말한 중요성을 고려하여, 일부 조직심리학자들도 젊은 종업원의 직장 경험을 연구해 왔다.

이 분야의 또 다른 중요한 주제는 은퇴라는 단계를 통해 일의 세계에서 나가는 것과 관련된다. 어떤 사람들은 직업을 완전히 그만두기도 하고, 또 어떤 사람들은 일을 상당히 줄이지만 다양한 방식으로 여전히 취업상태를 유지하기도 한다. 어떤 방식이든, 일을 떠나는 것은 처음에 일을 시작하는 것만큼 중요하다. 조직심리학자들은 은퇴에 대한 중요성을 인식해 왔으며, 은퇴에 대한 연구는 일과 개인생활 간의 균형과 마찬가지로 조직심리학에서 가장 빠르게 성장하는 연구 분야 중 하나가 되었다(Wang & Shultz, 2010).

종합하여, 이 장에서는 직장 일과 개인생활이 서로 만나는 지점에 대해 살펴보고자 한다. 제일 먼저, 일의 세계로의 유입에 대해 다룰 것이다. 사람들이 일의 세계에 첫발을 내딛는 시기는 나라에 따라 다양한 요인에 의해 영향을 받지만, 대부분의 사람들은 일반적으로 고등학교 때 첫 직업을 경험한다. 따라서 이 책에서는 청소년 취업에 대한 연구들을 주로 살펴볼 것이다. 다음 주제는 사람들이 직장의 요구와 삶의 다른 영역들의 요구들 간의 균형을 어떻게 유지하는가에 대한 것이다. 직장 일과 개인생활 간의 균형은 이 분야에서 가장 많은 주목을 받는 주제로서, 대부분의 연구들은 종업원들이 직장 일과 가정의 요구 간의 균형을 유지하는 방식에 초점을 맞추어 왔다. 그러나 보다 최근의 연구들은 가정 일 이외에도 직장 일과 균형을 맞춰야 하는 다른 개인생활 영역이 있다는 것을 인식하게 되었다. 그 결과, 친구, 취미, 시민 활동 등과 같은 다른 개인 활동 등으로 연구 영역이 확장되는 추세이다.

이 장의 마지막 부분에서는 은퇴를 통해 일의 세계 밖으로 나가는 것에 대해 다룰 것이다. 물론 사람들은 은퇴 이외에 다른 이유(예 : 자녀 양육, 학업, 부모 돌보기) 때문에도 일의 세계에서 퇴장하지만, 대부분의 사람들에게 은퇴는 일을 그만두는 가장 전형적인 방식이다. 우리는 은퇴 연구들을 바탕으로 은퇴 결정 요인과 다양한 방식의 은퇴 유형, 그리고 은퇴에 대한 적응에 영향을 미치는 요인들에 대해 알아볼 것이다.

일 – 일 외의 삶 간의 접점에 대한 기본 가정

일이 인생의 다른 측면들과 만나는 다양한 방식에 대해 살펴보기 전에, 이와 관련된 우리의 기본 가정들을 먼저 살펴보는 것이 유용할 것이다. 당연해 보이기는 하지만, 가장 중요한 가정 중의 하나는 일은 삶의 다른 영역과 분리되는 별개의 영역이라는 것이다. 이러한 가정 아래, 사람들이 일과 다른 삶의 영역을 분리하는 경계를 만들며, 이러한 경계를 넘어가기 위해서는 일종의 변환(transition)이 필요하다고 가정하는 것이 적절할 것이다. 경우에 따라 이러한 변환은 매우 빠른 시간 내에 발생한다. 직무상의 역할에서 퇴근 후 가정에서의 역할로 변환하는 경우가 그 예이다. 반면, 은퇴와 같은 변환은 보다 오랜 시간이 걸릴 수도 있다.

　두 번째 가정은 직장 일과 다른 측면의 삶의 경계는 투과 가능한 특성을 가졌다는 것이다. 달리 말하면, 직장에서 생긴 일은 삶의 다른 영역에 영향을 미칠 수 있고, 그 반대도 가능하다는 것이다(Allen, 2013). 그러나 영역에 따라 그리고 개인에 따라 이러한 투과성의 정도가 다를 수 있다(Eagle, Miles, & Icenogle, 1997). 예를 들어, 대부분의 문화에서는 직장의 요구가 사생활에 영향을 주는 것이 그 반대의 경우보다 더 잘 수용되는 편이다. 또한 우리는 개인마다 삶의 영역들을 서로 분리하거나 또는 통합하기를 원하는 정도가 다르다는 것도 알고 있다. 예를 들어, 어떤 사람은 퇴근하면서 일에 대해 잊어버리기를 원하지만, 또 다른 사람들은 집에 가서 업무를 마저 해서 끝내는 것을 선호한다.

　마지막 주요 가정은 직장 일과 그 외의 삶의 다른 측면들은 단순히 한 개인이 하는 활동들이 아니라, 한 개인의 자기개념의 구성요인들을 대표한다는 것이다(Greenhaus & Beutell, 1985). 따라서 한 사람이 하나의 삶의 영역에서 다른 영역으로 넘어가는 것은 단지 신체적인 변환뿐만 아니라 심리적인 변환이 필요하다. 아마도 이러한 현상은 사람들이 일의 세계로 처음 들어올 때, 그리고 일의 세계에서 나올 때를 생각하면 쉽게 이해될 것이다. 그런데 사람들은 매일매일의 생활에서 서로 다른 삶의 영역 간에 이동할 때조차 일정 수준의 심리적 적응이나 재보정이 필요하다.

일의 세계로의 이동 : 청소년 취업

대부분의 어린아이들에게 '일'이란 어떤 활동이 아니라, 엄마나 아빠(혹은 둘 다)가 아침에 갔다가 저녁에 돌아오는 어떤 멀리 있는 장소이다.

아이가 나이가 들면서 일은 실질적인 의미를 가지게 된다. 예를 들어, 아이들은 '집안일'의 책임을 맡을 수 있고, 그 일을 잘하면 '용돈'이라는 형식으로 보상을 받을 수도 있다. 학교 역시 아이들에게는 일종의 '일'인데, 학교에서 아이들은 책임과 과제를 부여받고, 성적이라는 형식으로 '보상'을 받는다. 많은 아이들에게 스포츠 활동 역시 일로 여겨질 수 있는데, 아이들은 스포츠 활동에서 정기적인 일정에 의해 게임이나 연습을 해야 하고, 칭찬이나 인정의 형식으로 보상을 받는다. 따라서 많은 아이들은 일을 하고 거기에 대해 어떤 식으로든 보상을 받는 유급직장을 시작하기 이전에도 일이 무엇이라는 것을 개념적으로나마 이해할 수 있다(Stockard & McGee, 1990).

많은 아이들에게 노동력의 일원이 되는 첫 경험은 고등학생 시절 시간제 취업이나 여름 방학 동안의 직장을 통해서다. 미국의 공정근로기준법(Fair Labor Standards Act, FLSA)에서는 14세를 취업의 최소 연령이라고 규정하며, 16세 이하의 청소년들에 대해서는 근무시간의 제약을 둔다. 이 법에서는 특정 산업 분야(예 : 농업)에서 일하는 미성년자와 특정 활동(예 : 자동차 운전)에 대한 구체적인 제약을 규정한다. 이런 규정에도 예외는 있지만(예 : 부모의 사업장에서 일하는 미성년), 미국의 법률은 일반적으로 청소년의 취업에 대해 상당히 제한적이며, 이는 아동을 보호하기 위한 의도에서 비롯되었다.

미국 이외의 다른 나라들의 청소년 취업 관련법은 매우 편차가 크다. 캐나다나 서유럽 등 선진국들의 법은 미국의 법과 마찬가지로 취업이 허락되는 연령이나 아동이 할 수 있는 일의 종류에 상당한 제약을 둔다(Loughlin & Lang, 2005). 개발도상국들의 법은 제약이 훨씬 덜 심한데, 아이들은 종종 10대가 되기 한참 전부터 유급취업에 참여한다. 이는 종종 높은 빈곤 수준 때문에 필요해서 생긴 결과이다.

청소년 취업의 이유

청소년 취업의 효과를 논의하기 전에, 먼저 왜 청소년들이 이 나이에 유급취업에 참여하는지에 대해 생각해 보자. 취업의 효과는 취업에 참여하는 동기에 어느 정도 영향을 받기 때문이다. 많은 경우, 이 나이에 일을 하는 주된 동기는 단순히 한가한 시간을 채우고, 부모로부터 조금 더 독립하기를 원하기 때문이다. 대부분의 나라에서 청소년은 여름에 학교에 나가지 않아도 되고, 따라서 유급취업은 비어 있는 시간을 채우는 하나의 방법이 될 수 있다. 또한 아이들이 청소년기에 들어서면서 부모로부터의 독립을 원하게 되며(Phillips & Sandstrom, 1990), 부모에 따라 해 주기 어려울 수 있는 물질적인 요구가 생기기 시작한다. 직업은 청소년들에게 부분적이나마 부모로부터 경제적인 독립을 할 수 있게 해 주고, 약간이나마 부모의 경제적 부담도 덜어 줄 수 있다.

두 번째로 청소년들이 일을 하는 잠재적인 이유는 많은 부모들이 일이 10대들에게 좋은 발달 경험을 제공해 준다고 믿기 때문이다. 즉 청소년들이 돈을 벌지 않아도 되고 다른 일로 한가한 시간을 채울 수 있는 경우에도 부모가 일이 좋은 경험이라고 생각할 수 있다. 구체적으로, 일 경험은 10대들에게 조직에 대한 이해와 대인관계 기술, 그리고 돈에 대한 개념을 가르칠 수 있는 기회가 된다(Greenberger & Steinberg, 1986). 나중에 보겠지만, 이러한 견해는 어느 정도 타당성이 인정된다.

청소년 취업의 세 번째 잠재적 이유는 10대들이 자신의 장래희망과 관련된 일을 찾기 때문이다(Stern & Briggs, 2001). 청소년들은 자신이 미래에 하고 싶은 직업을 보다 현실적으로 알고 싶거나, 선택한 분야에서 경력을 쌓고 싶을 수도 있다. 예를 들어, 나중에 수의사가 되고 싶은 10대가 이 직업에 대해 좀 더 알고 싶어서 동물병원에서 잡일을 해 볼 수 있다. 그러나 이러한 동기와 관련해서 생각할 점 하나는 이런 경우 보수를 받지 못할 수도 있다는 것이다. 그럼에도 불구하고 어떤 청소년들에게는 이러한 경험이 미래의 경력을 계획하는 데 도움이 될 수 있다.

마지막으로, 어떤 경우에는 청소년들이 가족을 돕거나 자기 대학교육을 위한 돈을 모으기 위해 일을 할 수도 있다. 많은 저소득 가정이나 빈곤 가정들이 살아남을 수 있는 하나의 방법은 가능하면 많은 가족들이 일을 해서 돈을 보태는 것이다(Schill, McCartin, & Meyer, 1985). 따라서 어떤 경우에는 10대가 일을 원해서가 아니라, 자기 집에 다른 수입이 없거나 대학 학비를 준비하기 위해 일을 할 수도 있다.

일의 특성

위에서 청소년 취업의 일반적인 동기에 대해 알아봤다. 이제는 10대 근로자들이 일반적으로 수행하는 일의 특성에 대해 다루도록 하겠다. 당신이 처음으로 돈을 받고 했던 일을 생각해 보면, 10대 근로자들이 하는 일의 특성에 대한 대략적인 아이디어를 가질 수 있을 것이다(참고 4.1 참조).

청소년 취업에 대한 최근 연구들(Rauscher, Wegman, Wooding, Davis, & Junkin, 2013)에 따르면, 청소년들이 취업하는 직군은 식당과 서비스직에 대부분 몰려 있다.

식당에서 일하는 청소년들 중 일부는 고급 식당에서 일하기도 하지만, 많은 이들은 패스트푸드 식당에서 직장 경험을 시작한다. 서비스 분야에서 흔한 청소년 취업 장소는 소매업, 식료품 가게, 놀이공원, 골프장이나 놀이시설(예 : 수영장, 야구장) 등이다. 이러한 유형의 직업에 10대 취업이 집중되어 있는 이유는 이들이 대부분 요구하는 기술 수준이 낮고, 종종 나이 많은 근로자들이 원하는 것보다 적은 월급을 주며, 시간제 고용이나 학교 방학과 일치하는 계절 동안만 고용이 필요하기 때문이다.

10대들이 하는 일이 매우 다양하기는 하지만, 이 나이대가 일하는 직업에 대해 세 가지 결론을 내릴 수 있다. 첫째, 10대들이 일하는 직종은 대부분의 어른들이 원하는 일은 아니다. 예를 들어, 대부분의 10대들은 직무상에서의 자율성이 상대적으로 낮고, 종종 단순하면서도 기술의 다양성 수준

우리의 첫 직장

Kelsey-Jo Ritter : 나는 대학원생이 되기 전에 여러 가지 아르바이트를 했었다. 16세가 되기도 전에 잔디 깎기와 아기 돌보기 등을 해서 돈을 벌었기 때문에, 내 첫 직업을 뭐라고 해야 할지도 모르겠다. 그러나 내 공식적인 첫 직장은 레스토랑이었는데, 나는 여기서 '샐러드 바' 아가씨로 일했다. 나는 음식 준비와 음식 보관용 냉장고를 청소하는 일뿐만 아니라, 내 근무조 동안에는 그 식당의 유명한 샐러드 바를 채우고, 청소하고, 관리하는 책임을 맡았다.

근무 첫날, 내 운전면허가 아직 도착하지 않아 할아버지께서 날 운전해서 데려다 주셨다. 나는 할아버지께서 하신 말씀을 늘 기억할 것이다. "자, 너무 많이 일하지 마라. 일단 일은 시작하면 은퇴할 때까지 쉴 수 없으니까." 지금까지 계속 일하는 것을 보면, 그 말씀은 맞는 말씀이다. 첫날 나는 바짝 긴장했는데, 출결카드 어디에 도장을 찍어야 할지, 뭘 흘리면 어쩌나 같은 사소한 일에도 긴장했다. 그러나 이러한 긴장감 속에서도 나는 일하면서 느끼는 책임감과 동료애를 사랑하게 되었다. 요리사들과 다른 직원들은 농담을 즐겨 했는데, 특히 일요일 아침 뷔페를 위해 모두가 상당히 일찍 출근하는 날에는 더욱 그랬다. 나는 좋은 품질의 음식과 서비스를 제공하기 위해 필요한 팀워크를 정말 즐겼다. 이 일에서의 최고의 순간은 시간이 정신없이 정말 빠르게 지나갈 때였다. 예를 들어, 나는 일이 아주 바쁠 때 항상 샐러드 바에 무엇을 갖다 놓고 무엇을 뺄 올지를 미리미리 생각해 놨다. 날씨가 안 좋거나 손님이 없어서 일이 거의 없을 때도 정말 좋았다. 우리는 항상 주방에서 어떤 식으로든 재미있게 일할 수 있는 방법을 찾아냈다. 우리는 라디오에서 나오는 노래를 따라 부르거나, 시간을 보낼 수 있는 소소한 게임들을 생각해 냈다.

비록 나는 스포츠를 즐기고 집에서 정원을 돌보는 일도 많이 해서 체력이 좋았지만, 하루 종일 서 있는 게 얼마나 힘든 일인가를 알게 되었다. 종일 일하고 퇴근한 토요일 밤에는 대부분 친구들과 나가 놀 에너지가 없었던 것을 기억한다. 그리고 당시 5.25달러였던 최소 임금이 근무시간이 짧은 날은 연비가 낮은 내 차의 기름값 정도밖에 안 될 정도로 낮아서 많이 억울했던 것도 기억한다. 전체적으로, 내 첫 직장 경험은 새로운 친구를 사귀었고, 상사와 고객 앞에서 적절하게 행동하는 것을 좀 더 편안하고 자신 있게 할 수 있게 되었다는 점에서 긍정적이었고 만족스러웠다.

Steve M. Jex : 내 첫 직장은 1975년, 그러니까 내가 16세 때 일했던 미시간 주 새기노 시의 웬디스 햄버거 집이었다. 웬디스는 이제 주요 패스트푸드 회사 중 하나이지만, 그때는 별로 알려지지 않았고, 내가 일했던 곳은 새기노 시에는 처음 개업한 매장이었다. 거의 40년 전 일이라 기억이 약간 가물가물하지만, 내 시급이 그 당시 최소임금이었던 2.25달러 정도였던 걸로 생각된다. 내가 맡은 일은 근무조마다 상당히 달랐지만, 대부분 감자튀김을 만들고 가끔 그릴에서 일했던 것이 기억난다. 그때는 아직 오븐 통감자 구이나 샐러드 같은 건강 메뉴가 나오지 않았을 때라서 이 두 업무가 주 업무였다.

지금 와서 첫 직장 경험을 생각해 보니, 청소년 취업 연구 결과와 꽤 일치하는 점이 많다. 예를 들어, 일을 한다는 것은 내게 사회적으로 매우 좋은 경험이었다. 많은 친구들을 사귈 수 있었고, 직업적인 관계에서 어른들에게 적절히 처신하는 것을 배웠다. 또한 정시에 말끔하게 준비하고 출근하는 것 등 내게 꼭 필요했던 책임감에 대해서도 배웠다.

또 생각해 보면, 일과 관련된 부정적인 것들도 기억난다. 일에서 돌아오면 너무 피곤해서 숙제를 못해 성적이 좀 안 좋아졌다. 한번은 감자튀김을 하다가 화상을 입은 적도 있었는데, 그 외에도 미끄러운 바닥이나 날카로운 물건 등 잠재적인 위험요인이 많았던 것 같다. 나이 어린 근로자들이 사고와 부상의 위험이 더 높다는 연구 아이디어가 어느 정도는 맞는 것 같다.

그럼에도 불구하고 나는 전반적으로 10대에 일을 했던 것이 내게 좋은 경험이었다고 생각한다. 정말로 필요했을 시점에 내가 좀 더 성숙할 수 있게 도와주었고, 아마 그보다 더 중요한 것은 내게 일을 열심히 하는 것과 보상의 관련성을 가르쳐 준 것이었다. 이 교훈은 오늘날 여전히 내가 중요하게 생각하는 것이며, 내 자식들에게 가르쳐 주려고 노력하는 것이다.

이 낮은 일을 한다(Hackman & Oldham, 1980). 직무설계와 직업 스트레스 연구들에 따르면, 이런 유형의 직무는 종종 지루함, 직무불만족, 그리고 낮은 동기와 관련되어 있다(Hackman & Oldham, 1980; Jex & Beehr, 1991).

둘째, 10대들이 일하는 많은 직무는 고객서비스나 일반 대중과의 상호작용을 하는 일이다. 고객에게 서비스를 제공하거나 일반 대중과 상호작용하는 일은 10대들에게 잠재적으로 긍정적인 발달 경험이 될 수 있다. 즉 청소년들은 이러한 상호작용을 통해 대인관계 및 사회적 기술을 배울 수 있다(Mortimer, 2005). 반면, 고객이나 다른 유형의 일반 대중과의 상호작용은 상당히 부정적일 수도 있으며(Sliter, Jex, Wolford, & McInnerney, 2010), 따라서 10대들은 이런 경험 때문에 일반 대중과의 상호작용에 대해 냉소적이거나 부정적이게 될 수도 있다.

마지막으로, 10대들이 일하는 많은 직종은 중요한 안전상의 위험을 가질 수 있다. 여러 위험요인에 노출되어 있는 가족 농장에서 일하는 10대가 좋은 예가 될 수 있다(Evensen, Schulman, Runyan, Zakocs, & Dunn, 2000). 식당이나 식료품가게 또한 부상을 유발할 수 있는 많은 환경적 위험요인을 가지고 있다. 이러한 환경적 위험요인과 이러한 환경에서 일하는 10대들이 일반적으로 경험이 없다는 사실이 결합하여 10대들이 일하는 많은 직업들은 심각한 안전 위험을 가진다.

청소년 취업의 결과

미국을 비롯해 전 세계적으로 청소년 취업이 일반적이기 때문에 연구자들과 정책 입안자들은 취업이 청소년에게 미치는 영향에 대해 오랫동안 관심을 가져 왔다. 비록 많은 결과변인들에 대한 연구가 있었지만, 대부분은 (1) 학업 성취, (2) 사회적 발달, (3) 신체적 건강과 안전의 세 가지 큰 범주에 해당된다. 우리는 각각에 대한 연구 결과를 아래에 간단히 정리하고자 한다.

대부분의 학생들에게 고등학교는 이후의 교육이나 고등학교를 졸업하고 가질 직업에 대한 준비를 하는 시간이다. 어떤 경우든 대부분의 사람들은 이 시기에 학업이 가장 우선시되어야 한다고 믿는다. 10대들은 직장에서의 책임과 학교 공부와의 균형을 맞추어야 하기 때문에 일과 학업은 경쟁적인 관계이다. 일반적으로 10대들은 서로 경쟁관계가 될 수 있는 일과 학업요구들 간의 균형을 어떻게 맞출까? 연구 결과에 따르면, 일하는 10대들은 취업을 하지 않은 10대들에 비해 비슷한 수준이거나 더 높은 수준의 학업 성취도를 보인다(Mael, Morath, & McClellan, 1997). 대부분의 연구자들은 그 이유를 일을 하는 것이 조직화, 계획, 자제력, 책임감 등 공부에 도움이 되는 기술을 발달시키기 때문이라고 생각한다(Mortimer, 2005). 또한 일을 하기로 선택한 학생들은 평균적으로 그렇지 않은 학생들에 비해 보다 더 높은 책임감이나 성취감 등의 다른 특성을 가졌을 가능성도 있다.

일반적으로 취업이 학업수행에 긍정적인 영향을 주지만, 근무시간은 이 둘 간의 관계를 조절하는 중요한 변인이다. 연구들에 따르면, 일주일에 20시간 또는 그보다 적게 일할 때는 취업으로부터 혜택을 받지만(Mael et al., 1997), 주당 20시간을 초과해서 일하면 학업성적에 대한 긍정적 효과가 눈에 띄게 감소한다. 더욱이 10대가 많은 시간을 일하면, 학업수행에 대한 효과가 강하게 부적이다 (Loughlin & Barling, 1998). 따라서 전반적인 결론은 일반적으로 청소년의 취업은 학업수행에 긍정적인 영향을 미치지만, 근무시간이 지나치면 학교공부를 따라갈 시간이 모자랄 수 있다는 것이다.

학업수행과 마찬가지로, 청소년 취업이 사회적 발달에 미치는 영향에 대해서도 많은 연구가 수행되었다. 사회적 발달에 대한 결과도 많은 부분 학업수행에 대한 결과와 유사하다. 즉 청소년 취업은 일반적으로 긍정적인 영향을 미친다(Rauscher et al., 2013). 일은 청소년들에게 타인과 중요한 관계를 개발하고, 나중에 중요하게 사용할 수 있는 다양한 기술(예 : 조직화, 시간 관리, 돈 관리)을 익힐 수 있는 기회를 제공한다. 또한 어떤 경우에는 이러한 경험을 통해 자신이 원하는 직업 경로에 도움을 줄 수 있는 사람을 만날 수도 있다. 이런 모든 것은 10대들이 성인기로 이동해 가는 데 도움이 된다.

그러나 사회적 발달과 관련된 모든 결과가 다 긍정적인 것은 아니다. 예를 들어, 어떤 연구에 따르면, 취업을 한 10대들은 술, 불법 약물, 담배에 대한 위험에 더 많이 노출될 가능성이 있다(Frone, 2003; Valois, Dunham, Jackson, & Waller, 1999). 이러한 사실은 취업한 10대들은 그렇지 않은 10대들에 비해 금전적 자원이 더 많기 때문일 수 있다. 또한 많은 청소년들이 약물을 정기적으로 사용하고 청소년들에게 약을 권하는 어른들과 일하기 때문일 수도 있다. 그러나 취업이 사회적 발달에 미치는 영향에 관한 결론은 전반적으로 긍정적이다. 즉 취업은 10대들이 나중에 어른이 되었을 때 쓸모 있는 많은 사회적 기술을 배울 수 있는 기회를 제공한다. 그럼에도 불구하고 취업은 약물사용과 같은 수많은 부정적인 행동을 할 수 있는 기회도 제공한다.

학업수행과 사회적 발달에 대한 연구에 비해 취업이 건강과 안전에 미치는 영향에 대한 연구는 그리 많지 않다. 10대들이 특정 유형의 직장과 산업(예 : 음식 서비스, 소매업)에 주로 분포한다는 사실을 고려할 때, 일을 하는 10대들은 일반적인 모집단보다 사고와 부상 위험에 더 많이 노출될 수 있다. 이는 단지 환경적인 위해요소뿐만 아니라, 10대들이 적절한 안전 관련 교육을 받지 못하거나, 작업방법을 물어봐도 되는데 그럴 수 없다고 생각하기 때문일 수도 있다(Frone, 1998). 앞에서 말한 바와 같이, 안전은 농업 분야에서 특히 문제가 될 수 있는데, 이러한 '직장'들은 종업원 건강 및 안전에 대한 규제가 적은 가족 농장일 경우가 많기 때문이다(Lee, Jenkins, & Westaby, 1997). 전반적인 결론은 많은 취업 청소년들이 신체적으로 고통을 당하거나 상해를 입을 위험이 크지는 않다는 것이다. 그러나 청소년들은 직장의 직무환경과 이러한 환경에서 종업원을 훈련시키는 절차 때문에 일반 근로자에 비해 좀 더 높은 상해의 위험에 노출되어 있다.

청소년 취업에 대한 전반적 결론

우리는 앞에서 대부분의 사람들이 일로 유입되는 생애 단계인 10대에 대해 간단히 살펴보았다. 비록 이 내용들이 매우 포괄적이지는 않았지만, 그래도 청소년 취업 연구들을 바탕으로 다음과 같은 전반적인 결론을 내릴 수 있다. 가장 일반적인 결론은 대부분의 사람들에게 청소년 취업은 긍정적인 효과를 가진다는 것이다. 10대의 취업 경험은 어른이 되었을 때 유용한 많은 기술을 배울 기회를 제공하며, 보다 일반적으로 성숙과 책임감을 갖는 데 도움이 된다.

또한 연구 결과들에서 확실한 것은 청소년 취업의 단점도 있다는 것이다. 10대들은 종종 우리 사회에서 사람들이 별로 원하지 않는 일을 하게 되고, 이러한 초기 직무 경험은 일의 세계를 부정적이고 냉소적으로 생각하게 할 수도 있다(Loughlin & Lang, 2005). 일반적으로 10대들은 복잡하거나 흥미로운 일을 하는 데 필요한 교육이나 훈련을 받지 못했기 때문에 청소년기의 직장 경험을 보다 긍정적으로 만드는 것은 쉽지 않다.

또한 청소년 취업은 또 다른 부정적인 결과를 가져올 수 있다. 오랜 시간 일하는 10대들은 학업에서 어려움을 겪을 수 있고, 결과적으로 학교 활동에 덜 참여하게 될 수 있다(Loughlin & Barling, 1998). 취업 청소년들은 약물사용과 같은 위험행동을 하도록 동료들로부터 압력을 받거나, 사고나 부상의 위험에 더 많이 노출될 수 있다. 종합적으로 이러한 청소년 취업에 관련된 모든 장단점을 따져 봤을 때, 우리는 취업이 청소년들에게 긍정적인 경험이며, 일의 세계로의 긍정적인 이동 기회를 제공한다고 생각한다. 그럼에도 불구하고 부모나 보호자들은 이러한 경험에서 생길 수 있는 많은 부정적인 결과가 발생하지 않도록 주의 깊게 감독하는 신중한 자세가 필요하다.

본격적인 경력으로의 이동

독자들도 알겠지만, 고등학교 졸업 후 대학에 진학하는 학생들의 수가 최근 급격히 증가하고 있다. 얼마 전까지만 해도 대학은 여러 선택지 중의 하나였으며, 대학을 가지 않아도 제조업, 건설업, 소매업 등의 괜찮은 보수의 직업을 선택할 수 있었다. 그러나 미국 내 제조업이 감소하고 전반적인 경제가 나빠지면서 이러한 높은 보수를 주는 직장들이 없어지고, 더 많은 학생들이 대학 학위를 선택하게 되었다.

일과 개인적 삶의 요구 간의 균형

이 장 처음에 말했듯, 일은 중요하기는 하지만 대부분의 사람들에게 일은 삶의 한 부분일 뿐이다. 따라서 일-개인생활 간의 접점과 관련된 두 번째 중요한 주제는 일의 요구와 다른 삶의 측면들 간의 균형에 관한 것이다. 이는 사람들이 직업을 가지고 있는 한 항상 적응해야 하는 문제라는 점에서 상당히 많은 연구들이 수행되었다. 따라서 이 책에서는 이 영역의 다른 주제들에 비해 더 많은 지면을 할애할 것이다.

일반적으로 사람들은 본격적인 경력에 해당되는 취업을 할 시기에 개인적인 삶에서도 변화를 경험한다. 20대가 되면 많은 사람들이 좀 더 진지한 연인 관계를 만들고, 결혼을 하며, 자녀를 갖는다. 또한 이때는 경력을 쌓기 시작하는 시기이기도 하다. 사람들이 추가적인 역할을 가지게 되면, 이러한 역할들이 때때로 종업원 역할과 갈등을 일으키는 것은 어쩌면 당연한 일이다. 일과 일 외의 생활 간의 갈등은 직장을 가진 대부분의 성인에게 피할 수 없는 일이며, 특히 변해 가는 21세기 직무 특성(예 : 퇴근 후 직무 관련 이메일, 휴일에 전화 회의, 24/7 일하는 문화; Allen, Herst, Bruck, & Sutton, 2000)을 생각하면 더욱 그러하다.

일과 개인생활의 요구에 대한 대부분의 연구들은 가정을 가진 직장인이 겪는 갈등을 다룬다. 이러한 갈등은 **직장-가정 갈등**이라고 불린다. 직장-가정 갈등은 한 영역(예 : 일)의 요구가 다른 영역(예 : 가족)의 요구와 양립할 수 없는 역할 간 갈등이라고 개념화되는데(Kahn, Wolfe, Quinn, Snoek, & Rosenthal, 1964), 이러한 갈등은 양방향(즉 직장이 가정에 주는 갈등과 가정이 직장에 주는 갈등)으로 가능하다. **직장에서 가정으로의 갈등**(work-to-family conflict, work interference with family, WIF)의 예로는 예상치 못하게 회의가 길어져서 자녀를 학교에서 데려오지 못하게 되는 것이 있다. 반면, **가정에서 직장으로의 갈등**(family-to-work conflict, family interference with work, FIW)은 가정의 요구가 직장에서의 책임을 방해하는 것이다. 흔한 예로는 아픈 자녀를 돌보기 위해 직장에서 일찍 퇴근해야 하는 부모를 들 수 있다.

이러한 직장-가정 갈등의 정의에서 **직장**이란 보수를 받는 취업을 말하지만 전일제일 필요는 없다. 한편 **가정**이란 공통의 목표를 위해 함께 노력하는 두 사람이라고 생각할 수 있다. 그러나 기존의 많은 연구들은 결혼해서 자녀가 있는 종업원을 주로 다루었다(Allen et al., 2000). 조직심리학에서의 일과 개인생활에 대한 연구들은 결혼은 안 했지만 동거하는 사람, 자녀가 없는 사람, 부모를 돌보는 책임을 가진 사람들까지 포함하는 등 좀 더 포괄적인 방향으로 변화하고 있다(Eby, Casper, Lockwood, Bordeaux, & Brinley, 2005).

앞에서 논의한 바와 같이, 일과 다른 역할을 오갈 때는 특정한 행동이나 특성의 스위치를 '켜거나 끄는' 게 필요하다. 이러한 과정을 잘 이해하기 위해 WIF와 FIW를 다시 시간기반, 스트레인기반, 행동기반이라는 세 가지 유형의 갈등으로 구분한다(Greenhaus & Beutell, 1985; 표 4.1 참조). **시간기반 갈등**(time-based conflict)은 한 주에 40시간보다 훨씬 더 많이 일해야 하는 게 기본인데 하루는 겨우 24시간이라는 현실적인 문제를 다룬다(Sparks, Cooper, Fried, & Shirom, 1997). '시간기반 WIF'는 직장에서의 모든 일에 신경 쓰려면 자연스럽게 일 이외의 다른 일에 참여할 수 없게 되거나, 그 반대의 상황을 말한다. 예를 들어, 집에서 해야 할 일을 다 하려면 시간이 너무 많이 들어서 직장에 정시에 출근하지 못하거나, 자녀를 방과 후 활동에 데려다 주기 위해 일자리를 뜰 수 있다. 이 경우는 '시간기반 FIW'가 될 것이다.

두 번째 유형은 **스트레인기반 갈등**(strain-based conflict)으로, 한 영역에서 경험한 스트레인(두통, 좌절, 짜증)이 다른 영역에서의 개인의 기능에 영향을 줄 때 발생한다. 시험점수를 잘 못 받아 생긴 걱정, 불안과 같은 스트레인 때문에 친구들과의 시간을 즐기지 못한 경험이 있을 것이다. 시간기반 갈등과 마찬가지로 이 갈등도 양방향으로 발생할 수 있다. 처음으로 집을 산 사람은 경제적 부담으로 상당한 긴장과 불안을 경험할 수 있다. 이러한 감정은 직장에서 최상의 상태로 일에 집중하기 어렵게 만들 수 있다.

마지막으로 갈등의 세 번째 유형인 **행동기반 갈등**(behavior-based conflict)은 한 역할에서 요구 또는 기대되는 특성이나 행동이 다른 역할에서는 부적절하거나 어울리지 않을 때 발생한다. 예를 들어, 많은 직업에서는 자립심, 정서적 안정성, 적극성 등을 요구하지만, 이러한 성격 특질은 가정생활에서는 잘 맞지 않을 수 있다. 반대로, 집에서 자녀를 돌보다가 직장에 가서 갑자기 엄격하고 권위적으로 훈육하기가 어려울 수도 있다. 이러한 행동기반 WIF의 좋은 예가 "사운드 오브 뮤직"의 폰 트랩 대령이다. 폰 트랩 대령은 군대에서 요구하는 동일한 체계와 규율을 가지고 아이들을 양육하려고 했다.

WIF 경험은 꽤 일반적으로, 약 25~50%의 직장 성인(한 주에 20시간 이상 일하는 25~54세)이

표 4.1 직장–가정 갈등의 분류

명칭	유형	방향	예
스트레인기반 WIF	스트레인	일이 가정 방해	직장에서 사람들과의 관계에서 받은 스트레스 때문에 가족과의 저녁에서 피곤과 불안을 경험함
스트레인기반 FIW	스트레인	가정이 일 방해	아이 때문에 밤을 새서 직장에서 회의에 집중을 못함
시간기반 WIF	시간	일이 가정 방해	야근 때문에 학교에서 아이를 데려오지 못함
시간기반 FIW	시간	가정이 일 방해	아픈 아이를 학교에서 데려와야 해서 예상치 못하게 직장에서 자리를 떠야 함
행동기반 WIF	행동	일이 가정 방해	직장에서 요구되는 엄격한 모습 때문에 배우자를 무시하고 냉랭하게 대함
행동기반 FIW	행동	가정이 일 방해	부모로서 용서하는 특성 때문에 돈을 내지 않는 고객을 너무 봐줌

WIF를 경험한다(Bellavia & Frone, 2005). FIW에 대한 추정치는 이보다 낮아서, 약 10~14%의 사람들이 이런 갈등을 경험하는 것으로 나타났다(Bellavia & Frone, 2005).

연구자들뿐만 아니라 사회적으로도 여러 역할과 책임을 오가는 경험 때문에 발생하는 즉각적인 효과와 장기적인 효과에 대해 궁금해하기 시작했다. 따라서 지난 30년 동안 직장-가정 갈등 분야의 연구가 폭발적으로 증가했다는 것은 놀랄 일이 아니다(Eby et al., 2005). 다양한 직장과 일의 경험이 일 이외의 다른 측면의 삶에 주는 영향에 대한 연구자들의 관심이 많아지기도 했지만, 실제로 이전보다 더 많은 가정들이 직장과 개인생활 간의 갈등을 경험한다.

미국에서는 이제 더 많은 가정들이 가족을 부양하기 위해 두 사람의 수입이 필요하게 되었는데, 이는 부부 모두 전일제 직업을 갖는다는 것을 의미한다. 노동력 중 부부 모두 직장을 가진 기혼 부부의 비중이 46%에서 54%로 증가하였다(U.S. Census Bureau, 1981, 표 6; Census Bureau, 2010, 표 FG1). 최근 전 세계적인 불황 때문에 여러분 중 많은 사람들이 주위에서 직장을 찾지 못하거나 해고된 사람들을 알고 있을 것이다. 회사들이 허리를 졸라매고 인력을 감축하면서, 남아 있는 종업원들은 일반적으로 더 높은 업무부하, 이전보다 많은 근무시간, 더 많은 책임을 가지게 되었다고 보고한다(Jacobs & Gerson, 2004; Ng & Feldman, 2008; Presser, 2003). 따라서 불경기 이전보다 사람들이 일과 개인생활 간의 갈등을 더 많이 경험할 가능성이 높다.

이제까지 우리는 직장과 가정 간의 교차점을 연구하기 위해 사용되는 주요 용어들을 정의하였다. 이제 직장-가정 갈등 경험을 유발하는 요인들을 살펴보겠다. 이러한 요인들은 일, 가정, 개인, 그리고 사회적 요인의 네 가지로 분류할 수 있다.

직장-가정 갈등의 선행변인

일 요인

일 자체의 많은 측면들이 직장-가정 갈등을 경험하는 정도에 영향을 준다. 압력과 스트레스가 높고 직무 일정을 예측할 수 없는 직업은 직장-가정 갈등이 높다(Fox & Dwyer, 1999; Greenhaus, Bedeian, & Mossholder, 1987; Grzywacz & Marks, 2000). 근무시간이 길거나, 요구가 많거나, 이윤에 집중하는 회사에서 일하는 것 등의 직무 특성도 높은 직장-가정 갈등과 관련된다(Nielson, Carlson, & Lankau, 2001; Wallace, 1997). 학대적인 상사나 자영업을 하는 것도 일과 가정 영역을 잘 관리하는 것을 더 어렵게 하고, 결과적으로 직장-가정 갈등을 높일 수 있다. 그러나 멘토링과 동료의 사회적 지지 경험은 직장-가정 갈등을 감소시키는 것과 관련된다(Nielson et al., 2001).

개인 요인

조직과 직무 외에, 개인 요인도 직장-가정 갈등의 경험에 영향을 미칠 수 있다. 자기 일에 대한 투자를 많이 하고 회사에 대한 몰입과 충성심이 높은 사람들은 평균적으로 더 많은 직장-가정 갈등을 보고한다(Nielson et al., 2001). 일반적으로, 자기감찰(self-monitoring) 성향이 높은 사람(자기 자신, 자신의 수행, 그리고 다른 사람들에게 자신이 어떻게 보이는지 등을 강하게 의식하는 사람)과 타입 A 경향(전반적으로 적은 시간에 많은 것을 해내기를 원하는 경향)이 강한 사람은 부정 정서가 높고, 신경증성이 높으며, 더 높은 WIF와 FIW를 보고한다(Bruck & Allen, 2003). 반면, 긍정 정서와 자기효능감이 높은 사람들은 직장-가정 갈등을 경험할 위험이 낮은 편이다(Allen, Johnson, Saboe, Cho, Dumani, & Evans, 2012).

가정 요인

가정 영역의 특성도 사람들이 직장과 가정 간의 갈등을 경험하는 정도에 영향을 준다(Eby et al., 2005). 예를 들어, 평균적으로 자녀가 많을수록, 특히 아직 돌봐 주어야 할 자녀가 많을수록 가정 갈등을 많이 보고한다. 비슷하게, 부부 문제나 배우자 스트레스가 있는 사람 그리고 가족으로서의 역할이 중요한 사람들도 평균적으로 더 높은 직장-가정 갈등을 보고한다. 배우자와 집착적인 애착관계(자기 자신을 부정적으로 보고, 배우자를 긍정적으로 보는 것)를 가진다고 보고하는 사람들도 부정적인 파급(spillover)효과와 일과 가정 간의 분리가 낮다고 보고한다. 반면, 배우자와 안정된 애착관계를 가지는 사람들은 보다 긍정적인 파급효과를 보고한다(Sumer & Knight, 2001). 전반적으로 직장-가정 갈등의 경험은 부부간의 의사소통 방식과 행동을 변화시키는 것으로 나타났다.

직장-가정 갈등의 결과

직장-가정 갈등을 경험하는 모든 사람이 부정적인 효과를 보고하는 것은 아니지만, 몇몇 연구자들은 직장-가정 갈등이 다양한 부정적 결과들과 관련된다는 것을 보여 주었다. 예를 들어, WIF는 신체적 증상, 우울, 고혈압과 정적인 관련을 가지는 반면, FIW는 음주를 예측하는 것으로 알려졌다(Allen, 2006; Frone, 2000; Frone, Russell, & Barnes, 1996; Frone, Russell, & Cooper, 1997). 직장-가정 갈등을 경험하는 사람들이 건강과 안녕감이 낮을 가능성이 있다는 연구 결과도 있는데, 이는 종업원과 고용주 모두에게 우려스러운 일이다. 또한 양방향의 갈등 모두가 높은 수준의 심리적 스트레스, 불안장애, 정서장애, 약물장애와 관련된다.

　신체적인 건강과 행동 문제에 덧붙여, 직장-가정 갈등을 더 많이 경험할수록 자기의 경력에 대해 덜 만족하는 것으로 나타났다. 더욱이 직장-가정 갈등이 높을수록 이직 의도와 탈진감이 높다 (Allen et al., 2000). 직장 밖의 삶에서도, 직장-가정 갈등을 더 많이 경험할수록 삶에 대한 만족도가 낮다고 보고할 가능성이 높다.

가장 놀라운 결과는 직장-가정 갈등 경험은 가족의 저녁식사 패턴, 음식 선택, 그리고 운동 습관에까지 영향을 준다는 것이다(Allen, Shockley, & Poteat, 2008). 부모들은 자신이나 자녀들을 위해 건강하고 완벽한 식사를 준비할 시간이나 에너지가 없어서 패스트푸드와 같은 쉽고 값싼 선택을 하는 것 같다. 보수가 적은 사람들, 특히 여러 개의 직업이나 여러 근무조의 일을 해야 하는 사람들은, 보수가 높거나 높은 지위의 직업을 가진 사람들에 비해 가족을 위해 식사를 준비할 시간이 적다(Cohen, Stoddard, Sarouhkhanians, & Sorensen, 1998). 가족과의 식사시간은 자녀들에게 다양한 긍정적인 영향을 미치는 것으로 나타났다. 예를 들어, 영양섭취가 좋고, 학업수행이 높으며, 식이장애, 우울, 약물남용과 같은 문제에 대한 위험이 낮다(Neumark-Sztainer, Hannan, Story, Croll, & Perry, 2003).

직장-가정 갈등이 가정, 개인, 그리고 조직에 미치는 수많은 부정적인 영향 때문에 조직심리학자들은 직장-가정 갈등 경험을 예방하거나 감소시키기 위한 방법을 찾기 위해 많은 에너지를 쏟아왔다. 다음 절에서는 직장-가정 갈등을 관리하기 위한 전략들에 대해 알아보겠다.

직장-가정 갈등의 예방과 감소

조직의 지원

조직은 많은 직장에서 직무의 특성상 발생하는 직장-가정 갈등을 감소시키는 데 중요한 역할을 할 수 있다. 조직은 직장과 가정 간의 균형을 맞추려는 종업원들을 위한 정책이나 복지제도를 도입할 수 있고, 종업원들의 요구에 맞춰 직무를 재설계할 수도 있다. 이러한 정책과 복지제도는 '직장-가정 제도'라고 불리는데, 이는 종업원들이 직장 일과 그 외의 일(노부모 돌보기, 육아, 교육, 자원봉사, 운동이나 병원 방문과 같은 자기 돌보기)을 성공적으로 할 수 있도록 돕는 조직의 모든 노력을 포함한다(Ryan & Kossek, 2008). 조직이 제공하는 이런 복지혜택을 종종 '가족친화적'이라고도 한다. 가족친화적 복지제도의 예로는 직장 내 어린이집, 체력단련시설, 탄력시간제, 재택근무, 직무공유(job sharing, 두 명의 시간제 종업원이 한 명의 전일제 직무를 공유함), 자녀, 배우자, 또는 노부모 돌보기를 위한 기타 복지제도 등이 있다(Kossek, Baltes, & Matthews, 2011). 전반적으로, 이러한 가족친화적 복지제도들은 직장-가정 갈등을 감소시키는 데 성공적이다. Kossek와 Michel(2010)은 가족친화적인 복지제도가 유능한 인재를 유인하고, 이직을 감소시키며, 직무만족과 몰입과 같은 종업원의 태도를 향상하는 데 도움이 된다고 보고하였다. 가족친화적인 복지는 또한 재무적으로도 조직에게 이익을 가져오는데(Kossek & Michel, 2010), 이는 조직에 비용을 초래하는 종업원의 결근과 사고 및 이직이 감소하기 때문이라고 생각된다. 또한 많은 종업원들은 입사 초기에 보수가 낮은 직장에 대한 입사결정을 할 때 특히 이러한 가족친화적 복지제도를 중요시한다. 마지막으로, 이런 제도를 사용할 필요가 없는 종업원들도 조직이 이런 복지제도를 가지고 있다는 것을 회사가 종업원을 지지하고 배려하는 것으로 해석할 수 있다.

그러나 종업원들에게 직장-가정 갈등을 예방하고 감소시킬 수 있는 복지제도와 기회를 제공하는 것이 이런 제도를 실제로 활용할 수 있음을 보장하지는 않는다. 직장-가정 갈등을 감소시키고 예방하기 위해서는 단지 정책과 복지제도를 갖추는 것을 넘어, 상사의 행동과 조직 문화가 중요하다. 예를 들어, 한 조직에서 재택근무나 출산휴가 연장제도가 있다 하더라도, 상사나 조직 문화가 이런 제도 혹은 직장-가정 문제 전반에 대해 지지적이지 않을 수 있다(Judiesch & Lyness, 1999; Pedersen, Minnotte, Kiger, & Mannon, 2009). 이런 경우, 비록 복지제도가 존재하더라도, 이를 사용하는 것이 조직의 규범을 위반하는 것을 의미할 수 있다(Allen, 2001). 만약 그렇다면, 종업원은 이런 가용한 조직 자원을 이용하는 것이 초래할 부정적인 결과를 두려워할 수 있다. 즉 가족친화적 복지제도를 활용하면, 상사나 조직 문화를 따르지 않는다는 낙인이 찍혀서 직무수행 평가에서 낮은 점수를 받거나 승진에서 누락되는 등의 결과를 초래할까 봐 두려워할 수 있다(Anderson, Coffey, & Byerly, 2002). 많은 종업원들은 고용주가 직원들이 직장 밖의 삶을 거의 포기하기를 바란다고 느끼고(Lobel & Kossek, 1996), 따라서 조직 문화가 그런 제도를 사용하는 것을 지지하지 않으면 이런 조직의 자원을 활용하지 않을 것이다. Allen(2001)은 종업원들이 가족친화적인 복지와 제도에 대한 조직 문화를 어떻게 지각하는지를 알아보기 위해, **가족지지적 조직 지각**(family-supportive organization perceptions, FSOP)이라는 구성개념을 제안하였다. 이는 "조직이 가족을 지원하는 정도에 대한 종업원의 전반적 지각"(Allen, 2001, p. 416)이라고 정의된다.

가족지지적 조직 지각은 직장-가정 갈등 경험, 직무태도, 이직 의도를 예측하는데, 더욱이 가족지지적 조직 지각은 공식적인 제도와 지지적인 상사가 예측하는 것 이외에 추가적인 변량을 설명하는 것으로 나타났다(Allen, 2011). Kossek 등(2011)은 가족지지적 조직 지각이 지각된 조직적 지원보다 직장-가정 갈등과 더 강한 관련성을 가진다는 것을 보여 줌으로써 이러한 지각의 중요성에 대한 추가적인 증거를 제시하였다. 이 연구는 또한 가족지지적인 조직 지각이 공식적인 정책과 직장-가정 갈등 간의 관계를 매개한다는 것을 보여 주었다(Allen, 2001). 다시 말해, 직장-가정 갈등에 대한 가족친화적인 정책의 효과는 종업원들이 이런 정책을 해당 조직이 가족친화적이라는 것을 보여 주는 지표로 해석할 때만 가능하다. 다른 연구들은 가족지지적 조직 지각이 조직에 있는 가족친화적 제도와 이직, 직무만족, 소진 등과 같은 결과변인과의 관계를 적어도 부분적으로 매개한다는 것을 보여 주었다(Cook, 2009). 직장-가정 갈등의 두 가지 방향과 관계하여, 가족지지적인 조직 지각은 스트레인 및 시간기반 FIW보다 스트레인 및 시간기반 WIF와 보다 강한 부적 관계를 가지는 것으로 나타났다(Lapierre et al., 2008; Shockley & Allen, 2007). 이는 가족지지적 조직 지각이 직장의 삶이 가정의 삶을 방해하는 정도를 감소시키는 데 더 도움이 된다는 것을 의미한다.

위에서 언급한 직장-가정 복지제도를 제공하는 회사의 숫자를 보면, 주로 예산문제로 많은 회사들이 노부모 돌봄, 탄력시간제, 입양 소개 등에 대한 예산을 줄이고, 직장-가정 복지제도를 축소하거나 아예 없애기 시작했다(SHRM, 2010). 출산휴직 등에 유급휴직을 제공하는 회사의 숫자가 1990년대 27%에서 16%로 줄었다. 직무와 개인생활의 요구 간 균형을 위해 조직이 제공하는 도움은 국가별로 매우 큰 차이가 난다.

상사의 지원

연구 결과들은 조직에서 제공하는 복지혜택과 가족지지적인 조직 문화 외에도, 상사가 종업원들의 직장-가정 갈등 경험에 중요한 역할을 한다는 것을 보여 주었다. 가족지지적인 상사 행동(family-supportive supervisor behavior)이라는 용어는 이러한 상사-부하직원 간의 관계를 연구하기 위해 사

참고 4.2

직장-가정 갈등과 소아비만

최근 미국 내 소아비만에 대한 사회적 관심을 고려하여, 조직심리학 연구자들은 성인과 아동 모두를 대상으로 일의 역동과 건강행동 간의 상호작용에 대한 연구에 주목하기 시작했다. 발달심리의 많은 연구들은 가족과의 저녁이 아동 관련 주요 결과변인들과 밀접하게 관련된다는 것을 보여 주었다. 즉 아동들이 가족과 함께 저녁을 먹을수록 약물남용을 적게 하고, 건강한 음식을 먹을 가능성이 높다.

그러나 가족끼리 저녁을 먹는 빈도 자체가 줄었을 뿐 아니라, 가족들이 함께 밥을 먹어도 외식, 특히 패스트푸드를 먹는 경향이 늘고 있다. 부모 모두 일을 하여 식사 준비시간이 적어지는 것을 생각하면 이런 경향이 발생하는 이유를 쉽게 이해할 수 있다. 특히 요즘은 아이들이 다양한 방과 후 활동에 참여할 기회가 많아서 이런 경향을 더 부추기고 있다.

Allen, Shockley, Poteat(2008)는 가족과의 저녁식사가 감소하는 경향에 대한 연구에서 WIF가 가족이 함께 저녁을 먹는 빈도를 예측할 수 있다는 것을 보여 주었다. 연구 결과, 종업원이 평가한 상사의 가족지지도가 종업원이 가족과 저녁식사를 함께하는 빈도를 예측하는 것으로 나타났다. 더욱이 이 연구는 WIF가 이 관계를 매개한다는 것을 보여 주었다. 즉 상사의 지지는 직장 일이 가정을 방해하는 정도(WIF)를 예측하고, WIF는 다시 가족이 함께 먹는 식사 빈도를 예측하였다. 또 다른 흥미로운 결과는 재택근무와 같은 보다 유연한 근무제도는 패스트푸드를 먹는 빈도와 부적인 관계를 보였다는 것이다.

많은 경우, 조직이 종업원의 건강 증진을 도우려 해도, 종업원의 건강이 기업의 이윤과 관련된다는 것을 보여 주기가 어렵다. 이러한 새로운 연구들은 가족지지적인 조직이 종업원의 가족 건강에 긍정적인 영향을 미침으로써 건강보험 비용과 병가를 줄이고 직무상에서의 기능을 향상할 수 있음을 보여 줄 수 있는 또 다른 방법이다.

용되어 왔다. 가족지지적인 상사 행동은 상사가 직장-가정 문제를 인지하고, 종업원의 직장-가정 균형 노력을 지원하며, 직장-가정 갈등을 관리하기 위한 창의적인 전략의 역할 모델이 되는 등의 행동을 말한다(Hammer, Kossek, Zimmerman, & Daniels, 2007). 예를 들어, 지지적인 상사는 부하 직원이 직장-가정 문제를 의논하기 편하고, 조직의 가족친화적 복지제도를 사용하라는 등의 해결 책을 제시할 수 있다.

개인적인 대처

개인들도 자신의 직장-가정 갈등에 대한 효과적인 대처를 도울 수 있는 방법이 있다. 예를 들어, Adams와 Jex(1999)는 시간 관리 행동이 성인 직장인의 직장-가정 갈등과 스트레인 간의 관계를 조절한다는 것을 발견하였다. 시간기반 갈등이 매우 일반적이기 때문에, 효과적인 시간 관리가 이러한 갈등의 효과를 완화하거나 발생 자체를 예방할 수 있다는 것이 말이 된다. 개인이 직장-가정 갈등을 줄이기 위해 취할 수 있는 또 다른 방법은 근무시간을 줄이거나, 보다 유연한 근무시간을 가진 직장을 찾거나, 도움을 줄 수 있는 가족과 가까이 사는 것 등이 있다.

직장-가정 상호작용의 긍정적 측면

조직심리학 내의 긍정심리학적 경향에 맞춰, 여기서는 일과 개인생활의 많은 측면이 서로 시너지 효과를 가지며 사람들에게 좋은 효과를 줄 수 있다는 주장에 대해 살펴보겠다(Wright, 2003). 연구자들은 한 역할에서 다른 역할로의 긍정적인 '파급효과'를 지칭하기 위해 **직장-가정 강화**(work-family enrichment) 또는 **직장-가정 촉진**(work-family facilitation)이라는 용어를 만들어 냈다(Carlson, Kacmar, Wayne, & Grzywacz, 2006). 직장-가정 강화는 한 역할에서의 경험이 다른 역할에서의 경험의 질을 향상하는 능력이라고 정의된다(Greenhaus & Powell, 2006). 이때 경험은 주로 수행이나 정서상의 경험을 말한다. 가족이나 애인과 좋은 시간을 보낸 후, 그 결과로 직장에서 일할 에너지와 열정이 넘치는 경우를 상상해 볼 수 있다. 반대로, 직장에서 보람찬 경험을 한 후, 가족을 위해 쓸 에너지가 더 생기는 경험을 생각해 볼 수 있다.

직장-가정 강화는 직무, 직무 외 개인생활, 건강 관련 결과변인들에 긍정적인 효과를 가지는 것으로 나타났는데, 이러한 효과는 회복력, 긍정적 기분, 기술 등의 자원을 획득하게 됨으로써 발생한다. 조직과 종업원들은 직장-가정 갈등을 예방하고 그 부정적 효과를 줄이기 위해 노력하지만, 또한 직장-가정 촉진의 기회를 늘리기 위한 노력도 병행되어야 한다(McNall, Nicklin, & Masuda, 2010). 예를 들어, 직무에서 여러 가지 일을 동시에 하는 기술을 개발한 종업원은 이러한 자원을 가정에도 적용하여, 집안일과 아이 돌보기를 더 잘할 수 있을 것이다.

참고 4.3

비교 문화적 연구 결과 : 전 세계의 직장-가정 갈등

대부분의 직장-가정 갈등 연구가 서구 국가들에서 수행되었는데, 이들 연구에서는 업무시간 및 요구가 높아질수록 직장-가정 갈등이 증가한다는 명백한 관련성을 보여 주었다. Spector와 그의 동료들(2007)은 이러한 직장-가정 갈등의 패턴이 다른 문화권에도 적용되는지를 연구하였다. 이들은 주로 개인주의적 국가와 집단주의적 국가 간의 차이에 관심을 가졌다. 일반적으로, 개인주의적 국가의 사람들은 목표 달성과 개인적 성공을 강조하는 반면, 집단주의적 국가의 사람들은 다른 사람들, 특히 가족과의 관계와 가족의 요구에 관심을 두는 편이다. 연구 결과, 직무 요구와 WIF의 정적인 관계가 집단주의적 문화가 강한 아시아, 동유럽, 라틴 아메리카보다 개인주의적 지역에서 더 강하게 나타났다. 이러한 결과는 개인주의적인 국가들(호주, 캐나다, 뉴질랜드, 영국, 미국)에서는 직무 요구가 높을 때 직장 일이 가정생활을 방해한다고 느낄 가능성이 높다는 것을 의미한다. 또한 저자들은 집단주의적 문화에 비해 개인주의적 문화에서 WIF와 직무만족과의 부적 관계 그리고 WIF와 이직 의도 간의 정적 관계가 더 강하다는 것을 발견하였다. 이러한 결과들은 보다 개인주의적인 문화의 종업원들은 그들이 경험하는 WIF 정도가 직무만족과 이직에 더 많은 영향을 미친다는 것을 의미한다.

출처 : Spector, P. E., Allen, T. D., Poelmans, S. Y., Lapierre, L. M., Cooper, C. L., O'Driscoll, M., ⋯ Shima, S. (2007). Cross-national differences in relationships of work demands, job satisfaction, and turnover intentions with work-family conflict. *Personnel Psychology*, 60, 805–835, doi: 10.1111/j.1744-6570.2007.00092.x

직장-가정 균형

직장-가정 갈등과 강화에 덧붙여, 연구자들은 성공적인 직장-가정 간의 균형 또는 직장-가정 통합을 위한 노력에 대해 연구하였다. **직장-가정 균형**(work-family balance)이란 일과 가정 모두에 적절한 시간과 에너지를 쓰는 것을 말한다. 직장-가정 연구에서는 일반적으로 직장-가정 균형을 직장과 가정에 50-50의 시간을 쓰는 것이라고 생각한다. 그러나 최근 연구들은 개인마다 무엇을 균형이라고 생각하는지 그리고 어떤 식의 균형을 원하는지가 다르다는 것을 발견하였다. 예를 들어, 어떤 사람들은 일에 대한 동일시가 높고, 어떤 사람들은 가정에 대한 동일시가 높으며, 또 다른 사람들은 일과 가정 모두의 역할에서 성공하는 것을 똑같이 중요하게 생각한다(Kossek, Baltes, & Matthews, 2011).

직장-가정 통합(work-family integration)이란 삶의 영역과 역할들을 서로 통합해서 직장 일과 가정 일을 하는 것을 특정한 시간이나 장소에 제한하지 않는 것을 말한다(Ashforth, Kreiner, & Fugate, 2000). 일과 가정을 통합한 예로 집에서 시간이 날 때 직장 이메일을 확인하고 답하는 것을 들 수 있다. 반대로, 직장에서 휴식시간에 가족을 위한 일을 할 수도 있다. 직장-가정 균형과 마찬가지로, 모든 사람들이 자신의 일과 개인적 삶을 통합하기를 원하지는 않는다. 어떤 사람들은 퇴근할 때 직장 일을 완전히 잊어버리기를 원하며, 역할을 구분 짓는다. 반면 다른 사람들은 직장 일과 가정 일을 통합하는 것을 선호한다. 예를 들어, Bulger, Matthews, Hoffman(2007)은 일로부터 분리를 원하는 정도와 분리할 수 있는 기술에서 개인차가 존재하며, 일과 가정을 통합하는 것을 정말로 원하지 않는 사람들의 경우에는 직장-가정 통합 시 더 많은 직장-가정 갈등을 경험한다는 것을 보여 주었다(Matthews, Barnes-Farrell, & Bulger, 2010). 종합하면, 지금까지 우리는 종업원들이 직장과 개인생활 간의 균형을 찾기 위해 노력하는 다양한 방식과 일과 개인생활 간의 균형과 관련된 개인차에 대한 연구들을 살펴보았다. 또한 우리는 일과 개인생활의 영역이 실제로 서로 도움을 줄 수 있으며, 한 영역에서 얻은 기술과 자원이 다른 영역에서 유용하게 사용될 수 있다는 것에 주목하였다.

일 밖의 세계로의 이동 : 은퇴

현 노동인구의 인구통계학적 특성을 고려할 때, 더욱더 많은 사람들이 멀지 않은 장래에 은퇴라는 변화를 겪게 될 것이다. 이러한 경향은 사회 전체와 조직 둘 다에게 너무나도 중요한 시사점을 가진다. 이러한 중요성 때문에 조직심리학자들이 은퇴에 확실히 관심을 가져 왔지만, 놀랍게도 은퇴에 대한 본격적인 연구는 1980년대 중반에서야 시작되었다(예 : Beehr, 1986).

  은퇴 연구의 역사가 상대적으로 짧은 주된 이유는 은퇴 이후의 기간이 길어진 것이 상당히 최근 현상이기 때문이다(Zickar, 2013). 예를 들어, 미국의 은퇴연령을 65세로 만든 사회보장법이 통과된 1935년에는 미국에서 65세 이상 인구가 약 6%였고, 따라서 연금 혜택 대상이 상당히 적었다. 또한 이 시기의 대부분의 사람들에게 인생 전체에서 은퇴 후 여생이 차지하는 비중이 상대적으로 짧았다. 이 글을 쓰는 2014년에 미국에서 완전한 연금 혜택을 받을 수 있는 나이는 67세인데, 80년 전 이 법이 통과되었을 때보다 겨우 몇 년 길어졌을 뿐이다. 그러나 현재 65세 이상 인구는 15%에 육박하며, 2050년까지 20%에 이를 것이라고 추정된다. 기대수명 역시 급격히 변화하여, 평균 기대수명이 79세이며, 점점 더 많은 사람들이 80대 후반 또는 그 이상까지 산다(Arias, 2010). 이러한 경향은 더욱더 많은 사람들이 은퇴 후에도 15~20년(또는 그 이상)을 살 것이고, 은퇴 후 삶이 인생에서 하나의 중요한 단계를 의미한다는 것을 뜻한다. 결과적으로 더 많은 은퇴 연구가 필요할 것이다.

  이 장의 마지막 절에서 우리는 은퇴 연구를 개략적으로 살펴볼 것이다. 당연히 모든 내용을 포함할 수 없기 때문에(관심 있는 독자는 Wang, 2012를 읽기를 권한다), 다음 주제들을 다루는 연구에 집중할 것이다 : (a) 은퇴의 정의와 서로 다른 은퇴 유형, (b) 은퇴 결정에 영향을 주는 다양한 요인, (c) 은퇴 적응의 예측변인.

연구를 수행한 사람들

Russell A. Matthews

내가 코네티컷대학교 대학원 1년 차였을 때, 지도교수였던 Janet Barnes-Farrell은 산업 및 조직심리학에서 사용되는 60여 개의 '일반적인' 약어 목록을 나눠 주고, 가능한 한 많이 그 뜻을 적어 보라고 하셨다. 나는 한 10개 정도를 맞힌 것 같다. 나는 그때 대학원 생활이 재미있겠다고 생각했는데, 그땐 내가 무슨 일을 시작했는지에 대해 아무 생각도 없었던 게 분명하다. 교수가 된 지금 그 시험을 보면, 아마도 4분의 3은 맞힐 수 있을 것이다. 그러나 이런 점이 내가 산업 및 조직심리학을 사랑하는 이유이다. 이 분야는 넓고도 깊어서, 항상 새로 배울 것이 있다.

나는 오늘날까지 성인 직장인들이 자신의 일과 개인적인 삶의 요구를 어떻게 대응하고, 또 그런 요구들이 개인의 안녕과 관련된 다양한 결과변인에 어떤 영향을 미치는지에 대해 연구해 왔다. 나는 또한 다양한 방법론적 주제에 상당한 관심을 가져 왔다. 그렇다고 대학원 입학 시에 내가 이런 것들을 '계획'한 것은 아니다. 그 당시에는 직장-가정 연구가 산업 및 조직심리학의 주류와는 거리가 멀었고, 사실 그런 연구가 존재하는지도 몰랐다. 여기에 관심을 가진

이유 중의 하나는 당시 코네티컷대학교의 교수님들(Janet, Vicki Magley와 Robert Henning)이 직업건강심리학(OHP) 집중 대학원 과정 개발을 위해 미국립산업안전보건연구원(National Institute for Occupational Safety and Health, NIOSH)의 지원을 받으려고 노력했기 때문이다. OHP 연구가 새롭게 부상하고, 추가적인 재정적 지원을 받을 수도 있겠다는 생각이 내가 방법론을 이상적인 주제로 여기게 만든 것 같다.

향후 나는 직장에서의 종업원의 안녕과 이러한 경험이 일정 기간에 걸쳐 어떻게 발전하는지에 대한 연구에 집중하고자 한다. 내가 특히 이 주제에 관심이 있는 이유는 한 현상이 횡단적인 연구에서 일정한 모습을 띤다고 해서, 시간이 지나서도 같은 모습을 보인다는 것을 의미하지는 않기 때문이다. 또한 나는 개인차나 직업 등 연구대상의 특성과 사회적 환경에 따라 변인들 간의 관계 패턴이 바뀔 수 있으며, 변인들의 개념적인 시간적 순서마저도 달라질 수 있다는 사실에 관심을 가진다. 나는 또한 활용 측면에도 계속해서 활발히 참여할 것이다. 나는 개인적으로 연구 컨설팅을 하는 것에 더해, 볼링그린주립대학교 IPRA의 소장을 맡고 있다. 이 연구소는 사기업과 공공조직들을 대상으로 다양한 전문 서비스를 제공한다.

나는 코네티컷대학교 대학원에서 방법론과 양적 접근법 측면에서 매우 폭넓은 교육을 받았다. 또한 전통적인 산업 및 조직심리학 주제(즉 선발, 직무수행 평가, 조직심리학)뿐만 아니라 훌륭한 일반 교양 수업(예 : 전염병학)을 들을 수 있는 기회도 가졌다. 나는 또한 인턴으로 IBM의 글로벌 선발평가 팀에서 활동하면서 학교에서 배운 것을 보충할 수 있는 기회를 가지

기도 했다. 내가 망설임 없이 산업 및 조직심리학을 공부하는 학생들에게 말해 줄 수 있는 것은, 세상에는 제일 좋은 경험 또는 하나의 길이 있는 게 아니라는 것이다. 그보다는 다양한 경험을 하고, 그 경험을 바탕으로 자신의 이야기를 엮어 내는 것이 중요하다.

Russell A. Matthews 박사는 볼링그린주립대학교 심리학과 조교수이다.

은퇴의 정의와 다양한 유형

Feldman(1994)에 따르면, 은퇴란 "조직에서 상당 기간 맡았던 직책에서, … 그 이후로 일에 대한 노력을 줄이겠다는 의도를 가지고 … 물러나는 것"(p. 287)이라고 정의된다. 이 정의를 보면, 은퇴란 단지 직장을 그만두는 것 이상을 의미한다. 은퇴란 한 개인이 자신의 경력과 일해 오던 환경을 떠나는 하나의 삶의 변환을 의미한다. 또한 이 정의는 은퇴가 분리된 하나의 사건이 아니라 종종 수년에 걸쳐 펼쳐지는 과정이라는 것을 암묵적으로 나타낸다. 비록 사람들이 은퇴를 계획하는 방식은 다양하지만, 대부분은 실제로 은퇴하기 몇 년 전부터 은퇴 가능성을 생각하기 시작한다(Ekerdt, Hackney, Kosloski, & DeViney, 2001).

은퇴에 대한 이러한 일반적인 정의를 보면, 은퇴가 직무 역할에서 완전히 벗어나는 것이라고 생각하기 쉽다. 그러나 이런 은퇴는 다양한 은퇴 유형 중 하나에 불과하다. 〈표 4.2〉는 주요 은퇴 유형에 대해 정리하고 있다. 보는 바와 같이 완전 은퇴는 은퇴의 세 가지 일반적인 유형 중 하나일 뿐이다. 완전 은퇴 유형은 경제적인 이유로 인해 그 빈도가 점점 낮아지고 있다. 그러나 건강 때문에 혹은 가족을 돌보는 역할을 하기 위해 완전한 은퇴를 해야만 하는 경우도 있다.

두 번째 일반적인 은퇴 유형은 부분적 은퇴로서, 가교 취업(bridge employment)이라고도 불린다. 이는 자신의 주된 직업에서는 은퇴를 하지만, 계속적으로 시간제 근무나 때때로 필요할 때 일을 하는 형태이다. 가교 취업은 자신의 직업 분야 내에서의 취업과 직업 분야 밖에서의 취업으로 구분할 수 있다. 예를 들어, 은퇴한 대학 교수가 지역 전문대학에서 시간제 강의를 하거나(직업 분야 내 가교 취업), 또는 대형마트에서 고객을 맞이하는 일을 할 수 있다(직업 분야 외 가교 취업).

유형	설 명
완전 은퇴	일을 전혀 하지 않고 완전히 은퇴함
부분적 은퇴	자신의 직업과 관련된 중간가교 일을 함 자신의 직업과 관련 없는 중간가교 일을 함
단계적 은퇴	시간에 걸쳐 단계적으로 일을 줄임

표 4.2 은퇴의 유형

세 번째 유형은, 조금 덜 일반적이지만, 단계적 은퇴이다. 단계적 은퇴 프로그램은 조직이 체계적으로 종업원의 일을 완전히 은퇴하는 시점까지 점차 줄여 나간다. 예로, 교수가 68세가 되면 이전보다 적은 수의 강의와 대학원생을 맡고, 70세에 완전히 은퇴를 하는 경우를 들 수 있다. 미 연방정부와 많은 주정부가 이런 옵션을 제공한다. 단계적 은퇴의 주된 장점은 종업원들에게는 점진적으로 은퇴를 준비할 수 있는 기회를 제공하며, 조직의 입장에서도 장래의 인적 자원 요구를 효과적으로 계획할 수 있다는 것이다.

은퇴 방식에 대한 개인의 선택에 영향을 주는 변인들은 무엇일까? 하나의 중요한 요인은 재정적인 계획인데, 이는 전반적인 은퇴 결정에도 영향을 미친다. Feldman(1994)에 따르면, 어떤 사람들은 완전 은퇴를 원하지만, 그럴 수 있는 경제적 자원이 없어서 어느 정도의 일을 계속한다. 은퇴 결정에 대한 논의에서 경제적 자원에 대해 좀 더 다루겠지만, 많은 사람들이 은퇴를 위한 재정 계획을 늦게 시작해서, 완전 은퇴를 위해 필요한 것보다 훨씬 적은 돈을 가지고 있는 경우가 많다.

은퇴 유형을 결정하는 두 번째 주요 요인은 은퇴할 때의 나이이다. 일반적으로, 일찍 은퇴하려고 결정한 사람들은 더 나이 들어 은퇴하는 사람들보다 가지고 있는 재정적 자원이 적다. 그 결과, 젊은 은퇴자들은 고령의 은퇴자들에 비해 다른 일을 해서 은퇴 후 수입을 보충할 필요가 더 높다. 또한 젊은 은퇴자들은 더 건강하고 계속 일할 수 있는 에너지도 많을 가능성이 높다.

세 번째로 은퇴 유형에 영향을 주는 요인은 건강이다. 앞에서 말한 것처럼, 어떤 사람들은 건강상 일을 할 수 없거나 아픈 배우자나 다른 가족을 돌보기 위해 일을 완전히 그만두기도 한다. 나이가 들었지만 건강한 종업원들은 은퇴를 늦출 수 있는데, 특히 자신의 일을 즐길 때 더욱 그러하다. 은퇴를 해도 건강하기 때문에 가교 취업을 통해 제한적으로 일을 유지할 수 있는 옵션을 가질 수 있다.

마지막으로 은퇴 유형에 영향을 주는 요인은 조직과 직업 분야에 대한 몰입이다. 일반적으로 조직과 직업에 대한 몰입이 높을수록 은퇴할 가능성이 적으며, 은퇴를 해도 몰입이 낮은 사람들만큼 적응하지 못하기도 한다(Jex & Grosch, 2013). 반대로, 몰입이 낮은 사람들은 일에서 완전히 물러나는 것을 원하는데, 어떤 경우에는 경제적인 제약 때문에 그렇게 할 수 없기도 하다.

은퇴 결정에 영향을 주는 요인

은퇴 유형 선택에 대한 예측요인도 중요하지만, 유형에 상관없이 은퇴 자체를 결정하는 데 영향을 주는 요인들을 살펴보는 것도 그에 못지않게 중요하다. 연구에 따르면, 사람들이 처음 은퇴를 결정하는 나이는 매우 다양하다(Wang & Shultz, 2010). 프로 스포츠 같은 직업에서는 일반적으로 신체 능력의 저하 때문에 은퇴를 할 수밖에 없고, 따라서 30대 중후반의 은퇴자가 드물지 않다. 그러나 대부분의 다른 직업에서는, 은퇴는 대부분 개인 자신의 결정에 달려 있다. 즉 종업원들은 어떤 시점에 은퇴라는 의식적인 선택을 한다. 대부분의 사람들에게 은퇴는 선택이기 때문에, 그 선택에 영향을 미치는 요인들이 무엇일까에 대한 의문이 생긴다. Jex와 Grosch(2013)에 따르면, 은퇴과정에 대해서는 은퇴과정 관련 다른 주제에 비해 상대적으로 많은 연구가 수행되었고, 결과적으로 이 중요한 과정을 이해하기 위한 많은 자료가 존재한다. 이 절에서는 은퇴 의사결정에 대한 연구를 간단히 살펴보겠다.

은퇴 결정에 영향을 주는 개별 요인들을 살펴보기 전에, 연구자들은 은퇴 결정에 영향을 주는 요인을 밀어내는(push) 요인과 당기는(pull) 요인으로 구분한다는 것을 언급하는 것이 중요하다. 당기는 요인의 관점에서는 사람들이 자신의 일을 좋아하지만 단순히 은퇴의 어떤 측면이 좋아서 은퇴를 한다고 본다. 즉 은퇴를 하면, 정규 직장을 가질 때는 할 시간이 없는 레저나 취미활동을 할 수 있는 시간이 많아진다.

반대로, 밀어내는 요인 측면에서 보면, 은퇴란 나쁜 직무 상황에서 빠져나오는 하나의 방법이다. 어떤 사람들은 은퇴를 즐겁지 않은 상황이나 조직에 의해 가치를 인정받거나 존중받지 못하는 느낌으로부터의 탈출구라고 여긴다. 또한 조직에서 고령자들의 은퇴를 장려하기 위해 은퇴 보너스를 주기도 한다. 이 두 요인의 구분에 대해서는 은퇴 적응 부분에서 다시 다루도록 하겠다. 그러나 사람들은 일반적으로 은퇴를 나쁜 상황으로부터의 탈출이나 조직에서 밀려 나온 것이라고 생각할 때보다 은퇴의 매력에 끌려서 은퇴했을 때 더 행복하다.

그렇다면 실제로 은퇴를 결정하는 요인은 무엇일까? 아마 가장 당연한 요인은 나이일 것이다. 기대하는 바와 같이, 일반적으로 나이가 들수록 은퇴할 가능성이 높다. 사실 많은 경우, 사람들은 단순히 특정 나이가 되기 전까지는 은퇴가 가능하지 않을 수 있다. 또한 은퇴 결정은 경제적 상황에 따라 강하게 영향을 받는다(Gruber & Wise, 1999). 앞에서 언급한 바와 같이, 연구에 따르면 많은 사람들은 은퇴를 위한 재정적인 계획을 미루는데, 이는 단순히 계획을 세울 만큼 경제적 자원이 없어서이거나 또는 이것에 대해 생각하고 싶지 않기 때문이다. 그럼에도 불구하고 저축이나 투자로 재산이 많은 사람들은 그렇지 않은 사람들에 비해 일찍 퇴직한다(DeVaney & Zhang, 2001). 경제적 자원은 한 개인이 일에서 물러나는 정도에도 영향을 미치는데, 사람들은 종종 재정적인 필요 때문에 가교 취업을 한다(Cahill, Giandreau, & Quinn, 2013).

모든 사람이 은퇴기에 같은 수준의 재정적 자원이 필요하지 않다는 점을 고려할 때, 재정적 자원과 은퇴 결정 간의 관계는 간단치 않다. 연속성 이론(Atchley, 1989)의 원칙에 따르면, 일반적으로 사람들은 생애 단계를 이동하면서도 같은 라이프 스타일을 유지하기를 원한다. 이 원칙을 은퇴 결정에 적용하면, 은퇴 결정에 필요한 경제적 자원의 **절대적 수준**이 있는 것은 아니라는 것을 의미한다. 그보다는 은퇴 후에 필요한 경제적 수준과 비교할 때 어느 정도의 재정적 자원을 가지고 있는가가 중요하다. 은퇴 후에도 화려한 삶을 원하는 사람은 검소한 삶을 원하는 사람에 비해 당연히 더 많은 재정적 자원이 필요할 것이다.

금융자산과 밀접하게 관련되는 것이 은퇴 관련 정부 정책과 소속 조직의 연금계획이다. 50년 전에 비해 더욱더 많은 사람들이 연금 프로그램에 참여하고 있다(Shultz & Wang, 2011). 그러나 은퇴 후에 확정급여를 주는 연금 프로그램을 가진 조직의 수는 점점 줄고 있기 때문에 사람들이 은퇴 후의 삶을 재정적으로 계획하는 것이 더 어렵다. 또한 연금은 재정시장 변동의 영향을 받기 때문에, 사람들이 은퇴에 대해 좀 더 조심스런 태도를 취하게 된다. 대부분의 연금은 (a) 조직 근속 연수와 (b) 은퇴 전 급여 수준의 조합으로 결정되기 때문에, 상대적으로 직장경력이 길고 같은 조직에 계속 머물러 있던 사람들은 늦게 직장생활을 시작했거나 직장을 자주 옮긴 사람들에 비해 일찍 은퇴를 할 수 있다.

연금혜택에 대한 정부 정책은 나라마다 크게 다른데, 이러한 정책 또한 은퇴 선택에 영향을 준다. 앞서 말한 바와 같이, 미국에서는 사람들이 은퇴에 대해 생각할 때 사회보장연금에서의 은퇴 나이를 일종의 기준점으로 생각한다. 어떤 나라, 특히 서유럽이나 북유럽에서는 정부의 연금 프로그램이 상당히 후해서 미국의 사회보장제도보다 은퇴 후 수입이 높은 경우가 많다(Blondal & Scarpetta, 1997). 그럼에도 불구하고 정부 시스템의 차이와 관계없이 정부의 연금 정책은 은퇴 나이를 결정하는 데 영향을 미친다. 예를 들어, 65세 미국인은 사회보장 혜택을 완전히 받기 위해서 2년 후에 은퇴할 것을 고려할 수 있다(참고 4.4 참조).

건강은 은퇴과정의 많은 측면에 영향을 주는 변인이다. 따라서 건강이 은퇴를 결정하는 데 영향을 준다는 것은 놀랄 일이 아니다. 어떤 경우, 사람들은 건강 문제 때문에 계획했던 것보다 더 일찍 은퇴를 할 수밖에 없는데(Barnes-Farrell, 2003), 특히 고위험 직업(예 : 소방관, 경찰관)에서 이런 경우가 발생한다. 그러나 건강과 은퇴 결정 간의 관계는 매우 복잡하다. 어떤 경우, 건강한 사람들, 특히 경제적인 자원이 더 많은 사람들은 여행과 취미활동을 위한 시간을 더 가지는 것과 같은 '당기는' 요인 때문에 이른 은퇴를 결정할 것이다. 사실상 어떤 사람들은 '경쟁력이 있을 때 떠나기'를 선택하여, 일을 더 오래 할 능력이 충분히 있어도 은퇴를 결정할 수 있다.

배우자나 애인의 건강도 개인의 은퇴 연령에 영향을 줄 수 있다(Talaga & Beehr, 1995). 어떤 경우, 건강상 몇 년 더 일할 수 있는 사람이 배우자나 애인의 건강이 나빠져 은퇴를 해야만 할 수 있

참고 4.4

비교 문화적 연구 결과 : 여러 나라에서의 은퇴

일의 세계가 진화함에 따라 은퇴의 성격도 함께 변화하고 있다. 그 어떤 때보다도 전 세계 국가들은 노화와 은퇴라는 도전에 직면하고 있다. 이러한 도전을 마주하는 나라들은 서로 중요한 차이점과 유사점을 가진다.

최근 몇십 년간, 선진국과 개발도상국 모두 일반적으로 노동력이 노화되고 은퇴 나이가 어려지는 방향으로 경향

이 변해 가고 있다. 이처럼 은퇴 나이가 어려지는 것은 의무 정년 제도와 연금을 활용하는 조직들에 의해 권장되기 때문이다. 이러한 경향은 고령 종업원들이 감소하는 결과를 낳는다. 선진국과 개발도상국에서는 이른 은퇴가 최근 경향이다. 그러나 출생률이 낮아지고 기대수명이 늘어남에 따라 연금비용이 증가한다. 따라서 고령 종업원들을 유지하는 것이 조직의 노동력을 유지하고 연금비용 부담을 뒤로 늦추는 중요한 새로운 전략이 되었다. 노동력이 부족하고 연금비용이 높은 국가에서는 최근 고령 노동자들이 일을 계속하고 은퇴를 늦추도록 하는 정책을 홍보하고 있다.

법적 그리고 사회경제적 요인들 또한 나라별 은퇴 패턴의 차이에 영향을 줄 수 있다. 어떤 연구들은 경제적으로 그리고 인구학적으로 유사한 국가들도 은퇴 패턴이 매우 다를 수 있다는 것을 발견했는데, 아마도 그 이유는 복지, 생산, 노동관계에서의 차이 때문일 것이다. 선진국의 노인 비중은 개발도상국에 비해 훨씬 더 높다. 그러나 대부분의 선진국과 개발도상국에서는 공통적으로 고령 노동자들이 노동시장에 참여하는 비율이 감소하는 추세이다. 예를 들어, 아프리카는 노인 노동자의 비율이 가장 높은 데 반해 유럽은 가장 낮다. 또한 미국의 노인 노동자의 노동 비율은 낮은 데 비해 카리브해 지역, 아시아, 라틴 아메리카에서는 이 비율이 상대적으로 높다.

은퇴 시기도 나라에 따라 다르다. 예를 들어, **조기 은퇴**는 법적 정년이나 소속 조직의 표준적인 은퇴 나이 전에 은퇴하는 것을 말한다. 중앙유럽(즉 독일, 프랑스, 네덜란드, 벨기에)과 개발도상국들은 조기 은퇴 비율이 높은데, 이들 국가에서는 연금을 빨리 받을 수 있기 때문이다. 이에 비해, 자유민주주의 국가(예 : 미국, 영국, 아일랜드, 호주, 일본, 싱가포르, 홍콩 등)는 사회민주주의 국가(예 : 노르웨이, 스웨덴, 덴마크, 핀란드)에 비해 조기 은퇴비율이 상대적으로 낮다.

둘째, **정시 은퇴** 또한 지역적으로 다르다. 중앙유럽과 남유럽(예 : 이탈리아, 포르투갈, 스페인, 그리스) 국가들은 의무 연금저축 시스템과 의무 정년제도가 있다. 또한 호주, 캐나다, 미국과 같은 자유민주주의 국가는 대부분의 직종에서 의무 은퇴 나이를 없앴지만, 유럽의 자유민주주의 국가들과 일본은 여전히 의무 정년이 있다. 의무 정년이 없는 나라들도 역시 연금 시스템을 통해 개인이 기대 은퇴 나이를 설정할 수 있게 한다. 중앙유럽, 남유럽, 자유민주주의, 사회민주주의 국가들에서는 고령 노동자들을 노동인력으로 유지하기 위해 의무 정년 나이를 올리기 시작했다.

마지막으로, **늦은 은퇴**는 정해진 나이 이후에 은퇴하는 것을 말한다. 정해진 은퇴 연령이 있는 나라들에서는 그 나이가 넘으면 노동 참여도가 급속히 감소한다. 중앙유럽과 남유럽에서는 65~69세에서 낮은 노동 참여율을 보인다. 예를 들어, 프랑스, 독일, 네덜란드에서는 이 연령대의 10% 미만만이 노동에 참여한다. 반면, 의무 정년이 없는 자유민주주의 국가들에서는 훨씬 더 높은 노동 참여율을 보인다. 일본에서는 65~69세 남성의 50% 이상이 활발하게 취업 중이고, 미국에서는 30%, 아일랜드는 24% 이상의 남성들이 일을 한다. 여성의 경우에도, 의무 정년이 없는 나라들에서는 65~69세의 여성들의 노동 참여율이 높다. 예를 들어, 일본은 25%, 미국은 18%의 해당 연령 여성들이 노동에 참여한다. 스웨덴과 덴마크 등의 사회민주주의 국가에서도 고령자들의 노동 참여도가 상대적으로 높다.

결론적으로, 어떤 나라에서는 개인들이 나이가 들어서도 계속 일하기를 원하지만 고용주들은 종업원들이 의무 또는 기대 연령에 완전한 은퇴를 하기 원한다. 반면, 다른 나라에서는 고령의 종업원들이 경제적인 이유 때문에 기대 은퇴 연령을 지나서도 은퇴할 수 없다고 느낀다. 나라마다 은퇴 패턴에 차이가 존재하지만, 은퇴를 늦추는 것은 노인 인구가 늘고 젊은 노동력이 감소하는 문제를 직면한 모든 나라에서 중요한 주제이다. 이는 고령 노동자들을 계속 유지하는 것이 연금과 사회보장 제도를 유지하는 데 매우 중요하기 때문이다.

출처 : Peiró, J. M., Tordera, N., & Potočnik, K. (2012). Retirement practices in different countries. In Wang, M. (Ed.), *Oxford handbook of retirement* (pp. 510-540). New York, NY: Oxford University Press.

볼링그린주립대학교 Alison M. Bayne 기고.

다. 배우자나 애인이 만성질환이나 치매같이 계속 악화되는 질환을 앓을 경우 특히 그렇다(Den-tinger & Clarkberg, 2002). 이와 관련해서, 노인들이 손주나 다른 친척을 최소한 부분적으로라도 돌봐야 하는 책임을 지는 경우도 꽤 흔하다. 그런데 이러한 책임은 잠재적으로 취업을 부분적으로 제한하거나 혹은 완전히 은퇴를 하게 만드는 이유가 되기도 한다.

이제까지 우리는 은퇴 예측변인 중 재정적 상태와 건강이라는 개인 변인만을 다루었다. 그러나 사람들이 가지고 있는 일의 특성도 은퇴 결정에 영향을 미칠 수 있다. 일반적으로, 자신의 일을 즐기고 보람차다고 느끼는 경우, 그렇지 않은 사람들보다 더 오래 일한다(Beehr & Bennett, 2007). 은퇴 나이와 특별히 관련 있는 직무특성은 직무 유연성이다. 직무 유연성은 자기가 원하는 시간만큼 일하고, 원할 때 외출이나 휴가를 갈 수 있고, 원하면 나이가 들었을 때 일이 적은 업무를 맡을 수 있는 것을 의미한다(Hurd & McGarry, 1993). 예상하는 것처럼, 유연성이 높을수록 더 오래 일한다. 은퇴의 주된 혜택 중의 하나가 유연성인데, 이미 이를 가지고 있는 사람들에게는 은퇴를 해서 얻는 것이 거의 없기 때문이다. 많은 대학 교수들이 다른 직업보다 은퇴를 훨씬 더 늦추는 이유도 아마 이것 때문일 것이다. 교수들은 시간적으로 유연하고 긴 휴가를 가질 수 있기 때문에 사람들이 은퇴 후에 계획하는 많은 일들을 이미 할 수 있다. 결과적으로 교수들에게는 상대적으로 은퇴가 그리 매력적이지 않을 것이다.

많은 사람들이 직무의 긍정적인 특징 또는 유연성 때문에 일에 남아 있지만, 반대로 일의 특성이 은퇴를 앞당길 수도 있다. 나이가 들면 육체적으로 힘든 일을 하기가 점점 어려워진다(Jex, Wang, & Zarubin, 2007). 이런 이유 때문에 육체적으로 힘든 직업에서는 은퇴시기가 일반적으로 빠르다. 또한 고령자들은 빠른 속도로 일해야 하거나 정보를 빨리 처리하는 일 등은 하기 어려울 수 있는데, 따라서 직업마다 은퇴 시기가 다르다(Wang, 2007).

직장의 사회적 환경 또한 은퇴 결정에 영향을 준다. 어떤 나라에서는 나이 든 사람들의 경험과 지혜를 매우 존경하지만, 미국과 다른 서구사회에서는 연령 차별이 나날이 증가하고 있다. 결과적으로 많은 고령 종업원들이 조직에서 자신을 무용지물로 여긴다고 느끼고, 따라서 은퇴가 이러한 나쁜 상황에서 벗어나는 하나의 방법이라고 생각한다. 사실상 연령 차별이 은퇴 결정에 기여하는 하나의 요인이라는 증거가 있다(Johnson & Neumark, 1997).

마지막으로, 은퇴 결정은 여전히 매우 사적이고 개인적인 결정이며, 사람마다 서로 다른 요인들이 은퇴 결정에 영향을 주는 경우가 많다는 것을 언급할 필요가 있다. 예를 들어, Beehr, Glazer, Nielson, Farmer(2000)는 그들의 연구에서 은퇴 결정을 가장 잘 예측하는 변인은 단순히 참여자들이 '일을 지겨워하는 것'이라는 것을 발견했다. 아직까지 이 변인을 정의하려는 체계적인 노력은 없는 것으로 안다. 그럼에도 불구하고 이 변인의 예측력이 상당하다는 사실을 고려하면, 개인마다 은퇴를 결정하는 요인이 서로 다른 경우가 많다는 것을 알 수 있다. 또한 이러한 결과는 은퇴가 개개인의 특수한 경험에 의해 영향을 받는 결정이라는 것을 시사한다.

은퇴에 대한 적응

성인기의 대부분 동안 직업은 우리 삶에서 중요한 역할을 차지하며, 심리적 정체성을 구성하는 주요 요인이다. 실제로 많은 사람들에게 직업은 바로 그 사람이 '누구인가'를 결정한다. 따라서 우리는 은퇴를 할 때, 적어도 부분적으로는, 자신의 정체성의 주요한 한 부분을 포기하고, 중대한 역할 변환을 하는 셈이다. 우리가 인생에서 경험하는 다른 변환(예 : 대학 입학, 결혼)과는 다르게, 은퇴는 우리에게 삶의 마지막 장에 가까워지고 있다는 것을 알려 준다. 이런 느낌은 꼭 기분 좋은 것은 아니지만, 그럼에도 불구하고 현실이다.

이러한 은퇴의 중요성으로 인해 연구자들은 오랫동안 (a) 사람들이 얼마나 은퇴에 잘 적응하는지, (b) 적응을 예측하는 요인은 무엇인지에 관심을 가져 왔다. 이런 연구들이 매우 많기 때문에 여기서 이 연구들을 모두 검토할 수는 없다. 그러나 다행히 최근의 종합논문 연구들 덕분에 몇 가지 결론을 낼 수 있다. van Solinge(2013)에 따르면, 연구자들이 관심을 가져 온 은퇴 적응의 주요 준거 변인은 심리적 안녕과 행복감이며, 이에 대한 연구 결과는 상당히 혼재되어 있다. 어떤 연구들은 은퇴가 긍정적인 변화를 가져온다고 보고하고, 다른 연구들은 부정적인 변화를 가져온다고 하거나, 혹은 아예 변화가 전혀 없다고 보고한다. 그러나 전반적으로 대부분의 사람들은 인생의 다른 중대 변화에서와 마찬가지로 은퇴에 긍정적으로 적응하는 것으로 보인다.

그럼에도 불구하고 van Solinge(2013)는 은퇴 적응에 상당한 어려움을 겪는 사람들도 꽤 된다(10~25%)고 지적하였다. 사람들이 은퇴에 어떻게 적응하는지에 대한 연구와 더불어, 많은 연구들이 은퇴 적응을 예측하는 변인을 찾기 위해 노력해 왔다. 비록 많은 은퇴 적응 예측변인이 검토되었지만, 적응을 잘하는 사람들과 그렇지 못하는 사람들을 일관되게 구별하는 몇 개의 변인들이 있다. 예를 들어, 긍정적인 적응은 경제적 자원, 좋은 건강, 강한 사회적 연결망, 레저 활동 참여 등과 연관된다는 결과가 반복적으로 보고되었다(Butrica & Schaner, 2005; Fouquereau, Fernandez, Paul, Fonseca, & Uotinen, 2005). 기본적으로, 이런 결과는 경제력이 있으며 활동적이고 의미 있는 라이프 스타일을 즐길 수 있는 건강 수준을 유지하고 있는 사람들이 그렇지 못한 사람들에 비해 훨씬 더 좋은 은퇴 경험을 한다는 것을 보여 준다.

연구들은 또한 은퇴 방식이 은퇴에 대한 적응에 중요한 영향을 끼친다는 것을 보여 준다. 보다 구체적으로, 일에 대한 몰입이 높거나 강제로 은퇴를 당했다고 느끼는 사람들은 은퇴에 대한 적응을 잘 못하는 경향이 있다. 이는 은퇴가 모든 사람에게 반드시 필요한 것은 아니라는 것을 시사한다. 건강하고 자신의 일을 매우 즐기는 사람들은 계속 일을 하는 것이 나을 것이다. 또한 위 연구 결과들은 조직이 은퇴라는, 인생에서의 중요한 변화를 맞이하는 고령 종업원들을 존경과 품위를 가지고 대해야 한다는 점을 알려 준다.

마지막으로 사람들의 심리적 속성 또한 은퇴 적응에 영향을 미친다. 예를 들어, 노력이 드는 인지 **활동을 하려는 동기**, **지각된 통제**, **은퇴에 대한 기대**, **자기효능감**은 모두 은퇴 적응과 긍정적으로 관련 된다(von Solinge, 2013). 이러한 심리적 속성을 종합적으로 살펴보면, 새로운 도전을 원하고, 이러 한 도전에서 자신이 통제권을 가진다고 믿으며, 긍정적인 방식으로 은퇴를 접근하고, 자신이 은퇴 후의 삶을 즐길 수 있는 능력이 있다고 믿을 때, 은퇴에 가장 잘 적응하는 것으로 보인다.

요약

이 장에서 우리는 일이 삶의 다른 영역들과 상호작용하는 다양한 방식을 시간 순서대로 다루었다. 첫째, 청소년 취업에 대한 연구들을 살펴봄으로써 어떻게 사람들이 처음 일의 세계로 들어오는가를 살펴보았다. 대부분의 청소년들은 별 문제 없이 순조롭게 노동인구로 유입된다. 더욱이 일의 경험 은 다양한 발달적·사회적 혜택을 제공하며, 미래의 일 경험을 위한 기반을 제공한다. 연구들은 또 한 청소년 취업이 때때로 학업수행, 약물사용, 직무 관련 상해 등에 부정적인 영향을 가질 수 있다 는 것을 보여 준다.

둘째, 우리는 어떻게 사람들이 일과 다른 삶의 영역 간의 균형을 유지하는지를 살펴보았다. 직 업을 가지는 기간을 생각해 보면, 이 주제는 중요하면서도 지속적인 문제이다. 일과 일 외의 삶 간 의 균형에 대한 수많은 연구가 수행되었고, 이 연구들에 따르면 직장-가정 갈등은 많은 사람들에 게 중요한 스트레스원이다. 많은 조직들도 이러한 문제를 인식하고, 종업원들이 자신의 삶에서 더 나은 균형을 유지하는 것을 돕는 프로그램을 개발해 왔다. 일과 일 외의 개인적인 책임 간의 균형과 관련된 스트레스에도 불구하고, 최근 연구들은 어떤 경우에는 일과 개인적인 삶이 서로 보완적이고 도움을 줄 수 있다는 것을 보여 준다.

마지막으로, 은퇴를 통해 사람들이 일의 세계 밖으로 나가는 과정에 대해 다루었다. 은퇴는 여러 유형을 취할 수 있고, 수많은 요인들이 은퇴 결정에 영향을 준다. 은퇴에 대한 적응에 관한 연구도 상당히 많은데, 대부분의 사람들은 은퇴에 상당히 잘 적응하는 것으로 보인다. 은퇴 결정과 마찬가 지로, 은퇴 후 적응을 예측하는 다양한 변인이 존재한다. 그러나 일반적으로는 건강하고, 은퇴에 대 해 재정적으로 준비가 되어 있고, 다양한 활동에 활발히 참여하고, 사회적인 관계가 많고, 긍정적인 기대를 가지고 은퇴에 접근하는 사람들이 은퇴 후 적응을 가장 잘하는 경향이 있다.

더 읽을거리

Greenhaus, J. H., & Allen, T. D. (2011). Work-family balance: A review and extension of the literature. In J. C. Quick & L. E. Tetrick (Eds.), *Handbook of occupational health psychology* (2nd ed., pp. 185-204). Washington, DC: American Psychological Association.

Loughlin, C., & Lang, K. (2005). Young workers. In J. Barling, E. K. Kelloway, & M. R. Frone (Eds.), *Handbook of work stress* (pp. 405-430). Thousand Oaks, CA: Sage.

Shultz, K. S., & Wang, M. (2011). Psychological perspectives on the changing nature of retirement. *American Psychologist, 66,* 170-179.

Wang, M. (Ed.). (2013). *The Oxford handbook of retirement.* New York, NY: Oxford University Press.

제5장

조직에서의 생산적 행동

신입사원은 차츰 자신이 처한 업무환경에 익숙해지면서, 마침내 조직의 목적이나 목표 달성에 긍정적으로 기여하는 행동을 할 수 있는 지점에 도달하게 된다. 일례로 회계사는 회계 법인을 찾는 각종 의뢰인들이 요구하는 세금 환급업무를 능숙하게 처리하게 되고, 소매상점의 종업원은 누가 감독하지 않아도 혼자서 금전 등록기를 사용할 줄 알게 되며, 과학자는 독립적으로 자신의 독창적인 연구 프로젝트를 수행할 수 있게 된다. 이런 예에서 기술된 행동들이 바로 이 장에서 핵심적으로 설명하고자 하는 **생산적 행동**이라고 할 수 있다.

이 장에서는 생산적 행동에 대해 상세하게 정의를 내린 후, 직무수행에 대한 논의로 넘어갈 것이다. 지금까지 **직무수행**은 가장 일반적인 형태의 생산적인 조직행동으로 여겨졌으며, 이를 연구하기 위해 조직심리학자들은 상당한 노력을 기울여 왔다. 예를 들어, 단순히 직무수행이 의미하는 것이 무엇인지를 이해하기 위해서, 또는 여러 직무에 공통되는 수행 차원을 결정하기 위해서 많은 연구가 이루어졌다.

각기 강조하는 측면이 다른 기본적 직무수행 모델을 살펴본 다음, 조직심리학자들이 직무수행을 어떻게 측정하는지에 대한 주요 논제를 다루고자 한다. 만일 우리가 자기 일에 서투른 종업원과 탁월한 종업원을 예측해 주는 것이 무엇인지를 이해하고자 한다면 직무수행을 효과적으로 측정하는 것이 매우 중요하다. 직무수행을 효과적으로 측정하고자 할 때 조직심리학자들은 수많은 도전에 마주치게 된다. 모든 종업원이 좋은 평정치를 부여받는 것(범위의 축소)과 개인적으로든 환경적인 요인으로 인해서든 시간에 따라 개인의 수행이 변화하는 것 등이 여기에 해당하는 문제들이다.

직무수행의 기본적인 차원과 이런 차원들을 측정하는 방법을 살펴본 다음, 직무수행의 주요한 원인 변수들을 논의하고자 한다. 종업원들 간 직무수행에서의 차이를 설명하기 위해, 그리고 능력, 기술, 동기, 성격, 그리고 상황적 요인들의 상대적인 기여도를 확인하기 위해 많은 연구들이 이루어졌다. 여러 연구자들이 발견한 것처럼 이 모든 예측변수들 간의 상호작용은 복잡하다. 다행스럽게도, 지금까지 이루어진 많은 연구는 수행이 탁월한 종업원과 수행이 서툰 종업원을 예측해 주는 것이 무엇인지에 대해 비교적 확실한 결론을 내릴 수 있게 해 주었다.

그 다음 이 장에서는 직장에서 나타나는 생산적인 행동의 두 번째 유형을 다룰 것이다. 두 번째 유형의 생산적인 조직행동은 종업원들이 공식적인 직무기술서(job description)상에서는 요구되지 않는 일들을 수행할 때 나타난다. 예를 들어, 조직은 종종 구성원들이 서로 도움을 주기를 바랄 것이다. 물론 이러한 활동은 공식적인 직무기술서상에는 나타나지 않으며, 이런 유형의 행동을 **조직시민행동**(organizational citizenship behaviors, OCBs)이라고 한다. 조직시민행동에 대한 연구는 주로 구성원들로 하여금 이런 행동을 하게 하는 요인을 이해하는 데 초점을 둔다.

마지막으로 두 가지 추가적인 생산적 행동 유형을 다루고자 한다. 이는 종업원들이 업무환경 변화에 유연하게 대응하는 능력과 실행에 필요한 새로운 아이디어를 창출해 내는 능력이다. 이 두 가지 형태의 생산적 행동은 **적응력**(adaptability)과 **혁신행동**(innovation)이라 불린다. 예를 들어, 컴퓨터 제조회사는 경쟁력을 유지하기 위해, 시장의 요구에 부응해서 자사의 프로그램을 변화시킬 수 있는 종업원을 필요로 할 것이고, 또한 혁신적인 디자인과 특징을 보유한 새로운 컴퓨터 모델을 설계할 수 있는 구성원이 필요할 것이다. 일반적인 심리학 문헌들에도 창의성을 다루는 많은 연구들이 소개되고 있지만, 조직심리학자들 또한 조직 장면에 적합한 혁신과 창의성에 대한 연구를 시행하고 있다. 다른 유형의 생산적 조직행동들과 마찬가지로, 적응력, 혁신 및 창의성도 각 구성원과 그들이 일하는 조직환경 특성 간의 복잡한 상호작용의 결과로 나타난다.

생산적 행동의 정의

이 장에서 **생산적 행동**(productive behavior)은 조직의 목적과 목표 달성에 긍정적으로 기여하는 종업원의 행동을 의미한다. 신입사원이 처음 조직에 입사하면, 조직에 긍정적인 기여를 하지 못하는 변환 시기를 거치게 된다. 예를 들어, 새로 고용된 경영 컨설턴트는 컨설팅 회사에 돈을 벌어 주는 활동을 하지 못할 것이다. 조직 입장에서 보면, 이런 비생산적인 시기에 신입사원은 소비만 하고 있기 때문에 사실 손실이라 할 수 있다. 그러나 시간이 지남에 따라 이 신입사원의 행동이 조직에 긍정적으로 기여하게 되는 지점에 도달하게 될 것이라고 조직은 생각할 것이다. 생산적인 행동을 재무적인 용어로 본다면 조직이 자신의 신입사원에게 투자한 비용에 대해 회수를 하게 되는 시점을 말하는 것이다. 다음 절에서는 생산적인 조직행동의 가장 일반적인 세 가지 형태, 즉 직무수행, 조직시민행동(OCB), 그리고 혁신행동 및 적응력을 보다 심층적으로 살펴보고자 한다.

직무수행

이 절에서는 조직심리학자가 직무수행을 어떻게 정의하는지와 직무수행을 이해하기 위해 어떤 모델들이 발전되었는지를 살펴보고자 한다.

직무수행의 정의

직무수행(job performance)은 믿지 못할 정도로 단순한 용어이다. 가장 일반적인 수준에서 간단하게 정의하면, '직장에 근무하는 동안에 종업원이 관여하는 모든 종류의 행동'이라고 정의할 수 있다. 불행하게도 이러한 정의는 정확하지 않다고 할 수 있는데, 종업원들은 종종 직장에서 직무로 규정된 과업과 거의 또는 전혀 연계되지 않은 행동들에 관여하기 때문이다. 예를 들어, 군인 인사행정에 대한 연구에서 Bialek, Zapf, McGuire(1977)는 조사에 응한 참여자들이 자신의 직무기술서에 규정된 일을 하면서 보내는 시간이 근무시간 중의 절반도 안 된다는 것을 발견하였다. 따라서 단순히 직장에 있는 동안에 행해진 종업원의 행동으로 직무수행을 정의한다면, 조직의 목적과 관련되지 않은 많은 행동들이 이에 포함될 것이다(예 : 지난 밤에 했던 게임에 대한 종업원들의 대화). 한편 직무수행을 단지 기계적으로 과제수행과 관련된 행동만으로 제한하면, 직장에서 일어나는 많은 생산적인 행동을 배제하는 우를 범하게 된다.

Campbell(1990)에 의하면 직무수행이란 종업원들이 직장에 있는 동안에 관여하는 행동으로서 조직의 목적에 기여하는 것을 말한다. 이런 정의는 종업원이 일터에서 수행하는 모든 행동으로 단순하게 직무수행을 정의하는 것보다 분명히 더 정확해진 것이다. 물론 이 정의는 지나치게 제한적인 것이라고 볼 수는 없다. 왜냐하면 직무수행을 과제수행과 직접적으로 연관된 행동으로만 제한하지는 않기 때문이다. 이 정의가 가진 한 가지 다른 중요한 측면은 직무수행을 종업원의 책임과 임무의 일부로서 조직에 의해 공식적으로 평가되는 행동으로 본 것이다. 이런 측면의 정의가 이 장 후반부에 기술되는 다른 형태의 생산적인 행동과 직무수행을 구별해 준다.

직무수행을 정의할 때 이와 관련된 여러 다른 용어들과 구분하는 것이 필요하다. Campbell(1990)에 따르면 직무수행은 효과성, 생산성, 유용성과 구분되어야 한다. **효과성**(effectiveness)이란 종업원의 직무수행 결과에 대한 평가로 정의된다. 종업원 효과성은 직무수행 자체를 넘어서는 것에 의해 결정되기 때문에 이는 중요한 차이점을 갖는다. 예를 들어, 많은 형태의 생산적 행동을 보여 준 종업원이 수행 평가(효과성 측정)에서 낮은 등급을 받을 수 있다. 이는 단순히 수행평정 오류로 인한 것일 수도 있고, 평정을 하는 사람이 피평가자를 싫어하기 때문에 이런 일이 생길 수도 있다.

생산성(productivity)은 수행 및 효과성과 밀접하게 관련되어 있지만, 특정 수준의 수행이나 효과성을 달성하는 데 요구되는 비용을 고려한다는 차원에서 구별된다. 예를 들어, 두 명의 영업사원이 특정 연도에 동등하게 업무를 잘하였고 동일한 수준의 주문을 받았을 수 있다. 그러나 이 둘 중에 한 명은 다른 사람보다 낮은 비용으로 동일한 수준의 주문량을 달성했다면, 이 사람이 둘 중에서 더 생산적이라고 할 수 있을 것이다. 생산성과 밀접하게 관련되어 있고 혼용해서 사용되는 용어가 **효율성**(efficiency)이다. 이 용어는 특정 시간 주기 안에서 달성될 수 있는 수행 수준을 지칭하는 말이다. 어떤 사람이 고도로 효율적이라면 이는 상대적으로 짧은 시간에 많은 일을 달성했다는 것을 말한다. "시간이 돈이다"라는 말은 효율성이 바로 생산성이라고 말하는 것이다. 사실 어떤 조직은 시간에 극히 예민하게 반응할 수 있다. 예를 들어, 미국 소포 회사인 UPS의 경우 소포물을 고객에게 전달하는 트럭 운전사의 효율성을 매우 강조할 것이다.

마지막으로 **유용성**(utility)이란 특정 수준의 수행, 효과성 또는 생산성의 가치를 나타낸다. 이 정의는 효과성의 정의와 어느 정도 중복된 것처럼 보이기도 한다. 그러나 유용성은 좀 다른 개념이다. 즉 어떤 구성원이 높은 수준의 효과성을 달성할 수 있지만(즉 수행 결과가 긍정적인 것으로 판정되

연구를 수행한 사람들

John Campbell과 직무수행 모델

100여 년간 산업 및 조직심리학의 초점은 두 가지 종속변인, 즉 개인의 직무수행과 개인의 직무만족이었다. 수백 개의 연구들이 직무만족 모델을 구성하고 이를 측정하려고 시도하였지만 최근까지도, 즉 1990년 이후까지도 직무수행 자체에 대해서는 이런 연구들이 없었다. 우리는 그 어떤 '수행이론'도 가지고 있지 않았다. 수행 측정은 단순히 '편의상 기준(criteria of convenience)'이었고, 모든 적용 지표(예 : 대학교수 연구비, 소매점의 판매량)는 개인 행위 외의 많은 변산요인에 쉽게 영향받는 것들이었다. 가장 괴상한 예가 외과의사의 수행지표로 '사망률'을 사용하자는 연구자들의 제안이다. 이는 최고 외과의사는 가장 위험한 환자를 받게 된다는 것을 반영하지 못한 결과이다. 지난 30여 년에 걸쳐 나의 목적은 이런 상황을 교정하고 우리의 가장 중요한 종속변인에게 그에 합당한 과학적 구성개념을 부여하는 것이었다.

두 가지 프로젝트가 이 일을 가능하게 만들어 주었다. 첫째, 1960년대 후반 나의 동료들(Dunnette, Lawler, Weick)과 나는 지금까지 각 관리자의 수행 및 수행 측정치의 결정인자라고

여겨진 모든 연구를 모았다. 그 결과가 1970년에 관리행동, 수행 및 효과성(*Managerial Behavior, Performance, and Effectiveness*)이라는 책으로 나왔다. 이 책은 ⓐ 관리자가 실제로 하고 있는 것과, ⓑ 그들이 수행한 것의 결과(예 : 기저선) 사이를 명확하게 구별해 주었다. 후자는 관리자의 행동 이면에 있는 많은 일들에 의해 영향을 받는다.

두 번째는 응용심리학 역사상 가장 큰 프로젝트(Project A)로, 여기서는 미국 군인의 선발 및 분류 체계를 다루었다. 다양한 수행 측정치를 개발하기 위해 3년이 소요되었다. 여기에는 기존에 알려진 모든 측정 기법이 망라되었다. 10,000명의 신병으로 구성된 2개의 동년배 집단(cohorts)이 구성되어 6년간 추적조사가 이루어졌는데, 기술훈련이 마무리된 후, 직무 배치 3년 후, 6년 후에 수행이 측정되었다. 6년간 군대에 있다는 것은 개인이 재입대하였고, 감독이나 리더 책임을 맡기 시작했다는 것을 의미한다.

이 많은 데이터를 통해, 이 직업 모집단에 있는 2개의 상이한 조직이 보이는 본질적 수행을 모델화하는 것이 가능하게 되었다. '모델'은 전체 수행을 구분하는 요소들이 실제로 어떤 것인지를 명세화한 것으로, 두 동년배 집단과 두 수준(즉 신입 수준과 감독 수준)에 동일한 것이었다. 그런 다음 나는 모든 직업에 적용 가능한 포괄적 개인 수행 모델을 제안했다(예 : Campbell, 1990). 이것은 이런 종류의 첫 번째 모델이었고, 이 작업을 한 의도는 수행을 의미 있는 차원으로 구체화하려는 것이었다. 이를 통해 새로운 연구를 이끌어 내고, 인력관리 관행에 필요한 정보를 제공하고, 기존 연구를 통합하는 틀을 제공하고자 하였다.

지난 10~20년간 추가적인 수행 모델이 제안

(계속)

되었으나, 그들 간 차이란 동일한 것을 다른 단어를 사용하였거나 일반화와 구체화 수준을 달리한 것에 불과하다. 최근에 나는 수행 모델화에 관한 최근의 발전사항을 분석해서 우리가 제시한 1992년 모델의 개정판을 발표하였다(Campbell, 2012).

개정판에서는 개인 직무수행을 나타내는 8개 기본요소가 있다는 주장을 하였다. 이들은 전문적 수행(예 : 버스 운전하기, 뇌수술하기), 커뮤니케이션 수행(내용과는 무관함), 노력과 주도성, 반생산적 업무행동(예 : 훔치기, 성희롱), 동료 리더십, 동료 관리(예 : 리더십과 관리 간의 차이는 중요함), 위계적 리더십, 위계적 관리이다. 왜 이 8개인가? 이들은 수행 평가 연구 문헌에서 나온 것이고, 다소 다른 결정요인들을 가지고 있으며, 다른 유형의 훈련을 필요로 하고, 상이한 평정에 따라 변하기 때문이다. '수행'은 한 영역만 있는 것이 아니며, 학교 선생님의 수행이 있고 미국 대통령의 수행이 있는 것이다. 더욱이 8개 요인 각각은 의미 있는 하위요소로 분할될 수 있으며, 그런 모습을 지지하는 상당한 증거들이 있다.

우리가 현재 가지고 있는 것보다 훨씬 더 많은 데이터가 모일 수 있기 때문에 결론적으로 하나의 최종 주장이 지지받을 수는 없다. 그러나 나는 8개 요인 구조가 모든 조직, 조직 수준 및 직업 영역에서 불변할 것이라고 확신한다. 즉 모든 직무에서 개인 수행을 평가하는 데 동일 차원을 사용해야 한다. Project A가 나에게 이렇게 말할 수 있도록 해 주었고, 아직 어떤 갈등적 증거도 존재하지 않는다. 시간이 말해 줄 것이다.

John P. Campbell은 미네소타대학교 심리학과 교수이다.

는 경우), 여전히 유용성은 낮을 수 있다. 단순하게 말해 어떤 조직은 구성원에 의해 달성된 효과성 수준에 높은 가치를 두지 않을 수 있다. 예를 들어, 규모가 큰 연구 중심 대학에서는 교원의 연구 생산성과 연구비 확보가 강의 수행보다 더 우선시될 수 있다. 결과적으로 이런 대학에서는 최고의 강의 능력을 보이더라도 종신교수에 임명되지 못할 수 있다.

얼핏 보기에 수행, 효과성, 생산성, 효율성 그리고 유용성을 구분하는 것은 아주 사소한 일일 수도 있다. 그러나 누군가가 수행을 이해하고 궁극적으로 이를 예측하려고 한다면 이런 차이점들은 매우 중요할 수 있다. 조직심리학의 많은 연구들이 '수행'을 예측하려고 하면서 실제로는 '효과성'이나 '생산성'을 예측한다(Jex, 1998). 종업원들은 대개 효과성이나 생산성보다 수행에 대해 더 많은 통제력을 가진다. 그러다 보니 많은 연구들이 종종 종업원 사이의 수행 차이를 적절히 설명하지 못하게 되고, 이런 차이가 결과적으로 수행 차이의 결정요인에 대해 잘못된 결론을 내리기도 한다.

직무수행 모델

직무수행 모델을 구축하려는 많은 노력은 모든 직무에 공통적으로 해당되는 수행 차원을 파악하는 데 목적을 두고 있다. 일의 세계에는 엄청나게 많은 직무가 있다는 것을 가정한다면, 직무수행을 결정해 주는, 상대적으로 소수의 차원을 파악하려는 노력은 아주 도전적인 과업이라고 할 수 있다. 그러나 조직심리학 분야에서 이루어지는 많은 연구와 현장 적용이 수행의 예측과 관련되어 있기 때문에 직무수행 모델을 만드는 것은 매우 중요하다. 우리가 많은 변인(예 : 동기, 리더십, 스트레스 등)을 연구하는 주요 이유는 이들이 직무수행에 미치는 잠재적인 영향력 때문이다. 직무수행 모델에 따라 서로 구분되는 많은 차원이 있지만, 공통적으로 직무수행에 대한 두 가지 주요 범주, 즉 역할 내 (과제)수행[in-role (task) performance]과 역할 외 (맥락)수행[extra-role (contextual) performance]을 발견할 수 있을 것이다(Borman & Motowidlo, 1993; Conway, 1999). 역할 내 수행은 기술적 측면의 종업원 직무수행을 말한다. 예를 들어, 간호사는 수혈과 정확한 투약 실시 등의 구체적인 직무를 수행해야 한다. 마찬가지로 트럭 운전사는 화물을 적재하고, 복잡한 기계조작을 하거나 다른 기술적인 일을 수행하는 방법 등을 알고 있어야 한다. 반면에 역할 외 수행은 효과적으로 의사소통을 하고, 일에 대한 열정과 의욕을 보여 주고, 좋은 팀워크를 발휘하는 것과 같은 비기술적인 능력을 지칭하는 것이다.

역할 내 수행과 역할 외 수행 간의 구별은 Campbell(1990, 1994)의 포괄적 직무수행 모델에서도 볼 수 있다. Campbell은 미 육군 병사들에 의해 수행되는 다양한 직무에 대한 분석을 통해 직무수행 모델을 개발하였다. 다양한 직무에 대한 수행 차원 분석을 토대로, 그는 모든 직무에서 나타나는 수행 차원은 〈표 5.1〉에 열거된 여덟 가지 차원으로 분류될 수 있다고 주장하였다. Campbell 모델의 처음 두 차원은 역할 내 또는 과업수행의 중요성을 반영하는 것으로 여겨진다. 첫 번째 차원은 **직무 고유 과제 수월성**(job-specific task proficiency)인데, 이는 특정 직무에 고유한 핵심 과제와 관련된 행동을 의미한다. 예를 들어, 금전 계산, 은행 잔고 기록, 현금 점검 등은 은행원의 직무 고유 과제를

표 5.1 역할 내/역할 외 구분에 따른 Campbell(1990, 1994)의 직무수행 모델

수행 차원	설 명
역할 내 1. 직무 고유 과제 수월성 2. 직무 비고유 과제 수월성	직무수행의 기술적인 측면 각 구성원들에 의해 수행되는 공통과제
역할 외 3. 문서 및 구두 의사소통 4. 노력하기 5. 개인적인 규율 지키기 6. 동료 및 팀 수행 촉진하기 7. 감독/리더십 8. 관리/행정	효과적으로 기술하고 의사소통하는 능력 추가적으로 일을 더 하는 것 과제에 부수적으로 나오는 부정적인 행동을 억제하는 것 좋은 팀 구성원으로 있고, 다른 구성원과 잘 어울리는 것 다른 사람을 효과적으로 감독하고 이끌어 주는 것 중요 정보를 효과적으로 조직화하고 기록을 유지하는 것

나타낸다. 어린이집 보육센터 교사에게 주어진 핵심 직무 과제에는 일정 확인 활동, 지도 및 훈련, 부모와의 대화 등이 해당된다.

이 모델에서 제안한 역할 내 행동의 두 번째 차원은 **직무 비고유 과제 수월성**(nonjob-specific task proficiency)이다. 이 차원은 조직 내 몇몇 또는 모든 구성원에 의해 수행되어야 하지만, 특정 직무에 고유한 것과 관련되지 않은 행동들을 의미한다. 예를 들어, 대학 교수의 주요한 직무 관련 활동은 특정 전문 영역(예 : 물리학)에 대한 강의와 연구이다. 그러나 개인이 가진 전문성과 상관없이 모든 교수에게는 학생 상담, 대학에 대한 봉사, 연구비 신청, 학위 수여식 같은 공식행사에서 대학을 대표하는 것과 같은 공통과제를 수행할 것이 요구된다. 군대에서 병사들은 자신이 담당한 직무의 기술적인 측면(예 : 패트리어트 미사일 발사, 적절한 양의 헬멧과 탄약 확보 등)을 수행해야 할 뿐만 아니라 모든 병사에게 공통되는 과제(예 : 화학약품 공습 시 대비요령, 독도법 및 친숙하지 않은 지역 탐사방법 등)도 수월하게 해낼 수 있어야 한다.

Campbell 모델의 첫째 차원과 둘째 차원은 모두 특정 직업의 직책에서 수행되어야 하는 과제이므로 역할 내 수행을 나타내는 것이다. 남은 6개 차원은 역할 외 또는 맥락적 차원의 수행으로 그 밖의 다른 직무에서도 공통으로 나타나는 수행 차원들이다.

세 번째 차원은 **문서 및 구두 의사소통 과제 수월성**(written and oral communication task proficiency)이다. 이 차원은 대부분의 직무수행자들이 직무에서 문서 또는 언어적으로 의사소통을 해야 한다는 것을 반영한다. 예를 들어, 고등학교 선생님과 변호사는 서로 아주 다른 직무 고유 과제를 수행하게 된다. 그러나 양자 모두 자신의 직무를 효과적으로 수행하기 위해서는 주기적으로 언어 및 문서적 의사소통을 해야 한다. 고등학교 선생님은 학생들의 진로에 대해 부모와 의사소통을 해야 하고, 변호사는 신탁 또는 이혼 협정문과 같은 법정 문서에 포함될 정보를 정확하게 제시하기 위해 고객과 의사소통해야 한다.

네 번째와 다섯 번째 차원은 **노력하기**(demonstrating effort)와 **개인적인 규율 지키기**(maintaining personal discipline)이다. 노력하기란 자신의 직무 과제에 대한 종업원의 의욕과 헌신 수준을 보여 주는 것이다. 치과의사, 소방수, 프로야구 선수 등 어떤 직무를 수행하는가와 상관없이 자신이 담당한 직무에 헌신하는 것은 필수적이다. 종종 힘들거나 내키지 않는 과제에서도 자발적으로 계속 노력하는 모습을 보여 주는 것이 요구될 수도 있다. 프로 선수의 경우 팀을 위해 심판에게 항의하는 행동을 해야 할 때도 있다. 개인적인 규율을 지키는 것은 명시화된 규칙을 준수하는 것과 약물남용 또는 다른 형태의 반생산적인 행동과 같은 부정적인 행동을 자제하는 것을 말한다. 이 두 차원은 함께 묶어서 종업원이 직장에서 착한 시민(good citizen)인 정도를 나타내는 것이라 할 수 있다.

여섯 번째 차원은 **동료 및 팀 수행 촉진하기**(facilitating peer and team performance)이다. 이 차원의 한 측면은 종업원이 도움을 필요로 하는 자신의 동료에게 도움이 되는 정도를 말한다. 이는 임박한 마감시한을 지키기 위해 어려움을 겪으며 미팅을 준비하고 있는 동료를 도와주는 것일 수도 있고, 단순히 다른 동료들의 기분을 고조시켜 주거나 격려해 주는 행동일 수도 있다. 또한 이 차원은 종업원이 **팀 플레이어**인 정도를 나타내거나 자신이 소속된 업무집단의 목적을 달성하기 위해 애쓰는 정도를 나타내는 것일 수도 있다. Campbell(1990)이 지적한 것처럼, 이 차원은 개인이 사회와 완전히 고립된 상태에서 일하는 사람이라면 전혀 해당되지 않는 것들이라고 할 수 있다. 그러나 오늘날 많은 회사가 팀워크를 강력히 요구하는 상황에서 혼자 일한다는 것은 점점 더 이례적인 것이다(참고 5.1 참조).

일곱 번째와 여덟 번째 차원은 **감독/리더십**(supervision/leadership)과 **관리/행정**(management/administration) 차원이다. 이 차원은 둘 다 어떤 감독책임을 수행하는 직무에만 적용되는 직무수행

참고 **5.1**

훌륭한 팀 구성원이 되는 방법

Campbell(1990)의 모델에서 기술된 여덟 가지 직무수행 차원 중에, 가장 흥미로우며 중요한 것 중 하나는 '동료와 팀원의 수행 촉진하기'이다. 점점 더 많은 조직에서 프로젝트나 조직구조의 기초로 팀을 활용하고 있다. 팀을 점점 더 많이 사용함에 따라, 최근의 많은 조직 연구들이 팀 효과성에 초점을 맞추는 것이 그리 놀라운 것은 아니다. 그러나 주의를 끌지 못한 팀 효과성의 한 측면은 좋은 팀 구성원의 특징을 파악하는 것이다. Susan Wheelan이 쓴 **효과적인 팀 만들기 : 구성원과 리더에 대한 지침**(*Creating Effective Teams: A Guide for Members and Leaders*) 이란 책에 따르면, 효과적인 팀 구성원이 되는 데 필요한 여러 가지 행동적인 특징이 있는데, 다음과 같은 것이다.

- 집단에서의 문제로 다른 사람을 비난하지 말 것
- 목표설정, 역할 규정, 과제 명료화 과정을 장려할 것
- 개방적인 의사소통 구조를 채택하도록 장려할 것
- 과업과 지지적 의사소통 간의 비율을 적당히 유지할 것
- 효과적인 문제해결 및 의사결정 절차를 촉진할 것
- 생산성, 혁신 및 의견 표출의 자유를 지지하는 규범이 설정되도록 장려할 것
- 집단 효과성과 생산성을 촉진하는 규범을 설정하도록 할 것

- 집단의 응집성과 협동을 촉진할 것
- 효과적으로 갈등관리 전략을 사용하도록 장려할 것
- 더 큰 조직 맥락하에서 집단 통합과 협조가 이루어지도록 조직 외부의 다른 사람들과 상호작용할 것
- 집단의 목표 달성을 촉진하는 리더의 노력을 지지해 줄 것

이 목록들이 모든 것을 망라하는 것은 분명히 아니다. 다만, 팀과 관련된 수행을 향상시키는 행동들에 대한 단서를 제공해 줄 수 있을 것이다. 목록에 분명히 나타난 것처럼, 이 행동들 중 대부분은 특정 전문 기술 분야나 조직 분야에 국한되지 않는 것들이다. 이는 일반적인 수행차원이 존재한다는 Campbell의 주장과도 일치하는 것이다.

출처 : J. P. Campbell. (1990). Modeling the performance prediction problem in industrial and organizational psychology. In M. D. Dunnette and L. M. Hough (Eds.), *Handbook of industrial and organizational psychology* (2nd ed., Vol. 1, pp. 687–732). Palo Alto, CA: Consulting Psychologists Press; and S. A. Wheelan. (1999). *Creating effective teams: A guide for members and leaders*. Thousand Oaks, CA: Sage.

차원을 나타낸다. 어떤 사람이 소매 할인점, 병원 또는 공장의 감독자가 되면, 이들에게는 특정의 공통 행동이 요구된다. 예를 들어, 대부분의 상황에서 감독자는 종업원이 목표를 설정하도록 도와야 하고, 종업원들에게 효과적인 업무 방법을 가르쳐 주어야 하고, 이들이 좋은 업무 습관을 형성하도록 도와주어야 한다. 또한 많은 감독 직책은 소비물품을 감시하고 통제하거나 추가적인 자원을 확보하고, 조직 내에서 자신의 부서를 대표하는 것과 같은 다수의 행정적 과제를 수행해야 한다.

직무수행의 여덟 가지 차원을 하나하나 고려해 보면, 여덟 가지 차원이 모든 직무에 해당하는 것은 아니라는 것이 분명해진다. 사실 Campbell(1990)은 세 가지(핵심 과제 수월성, 노력하기, 개인적 규율 지키기) 차원만이 모든 직무에 공통적으로 해당되는 주요 수행 요소라고 주장했다. 그러나 여러 직무를 포괄하는 수행을 조사하는 데는 이런 요소들이 필요한 공통지표를 제공해 주기 때문에 이 모델은 아직도 꽤 유용하다. 예를 들어, 이 모델을 사용하여 서로 완전히 다른 직무를 수행하는 두 종업원을 노력하기 차원에서 비교할 수 있다. 그 외에도 서로 다른 유형의 직무수행을 위 차원에 따라 비교할 수 있다. 이런 공통되는 측정치를 갖게 되면 직무수행의 일반적인 결정요인을 이해하고자 할 때 아주 유용할 것이다.

두 번째로 소개할 직무수행 모델은 Murphy(1994)가 제안하였다. 이 모델은 특별히 미 해군의 직무수행을 이해하기 위해 개발되었지만 이 수행 차원은 여타 민간 직무에도 유용할 수 있다. 〈표 5.2〉에서 보는 것과 같이 이 모델은 수행을 네 가지 차원으로 나누고 있다.

이 차원의 첫 번째는 **과제 지향적 행동**(task-oriented behaviors)이다. 이 차원은 Campbell(1990, 1994) 모델의 직무 고유 과제 수월성 차원을 거의 판박이로 반영한 것이다. 또한 감독자 직무의 경우에는 감독과 관리/행정 차원이 이 분류 속에 포함되어 있다고 보는 것이 타당할 것이다. 본질적으로 이 차원은 개인이 담당한 직무와 관련된 주요 과제를 수행하는 것을 나타낸다. 이 차원은 또한 Murphy 모델에서 역할 내 수행을 명시적으로 나타내는 유일한 요소이다. 남아 있는 차원들은 역할 외 수행을 나타낸다.

표 5.2 역할 내/역할 외 구분에 따른 Murphy(1994)의 직무수행 모델

수행 차원	설 명
역할 내 1. 과제 지향적 행동	직무와 연결된 주요 과제를 수행하는 것
역할 외 2. 대인 지향적 행동 3. 시간낭비 행동 4. 파괴/유해 행동	직무에서 발생하는 모든 대인 간 상호작용 직무수행에 영향을 주는 업무 이외의 행동들(예 : 약물복용, 음주, 별도 직업 보유 등) 안전 위반, 사보타주, 사고

두 번째 차원은 **대인 지향적 행동**(interpersonally oriented behaviors)이다. 이 차원은 직무에서 일어나는 모든 대인 간 상호작용을 나타낸다. 예를 들어, 고객의 질문에 응답하는 소매점 직원의 행동, 환자의 처방에 대해 의사에게 조언하는 간호사의 행동, 차량 수리사항을 서비스 관리자에게 이야기하는 자동차 정비사의 행동들이 여기에 포함된다. 업무현장에서 일어나는 많은 대인 간 교류 행동이 과제와 관련된 것들이므로 이 차원은 Campbell 모델의 동료 및 팀 수행 촉진하기 차원과 유사하다고 하겠다. 그러나 업무현장에서 일어나는 모든 대인 간 상호작용이 업무와 관련된 것은 아니다. 예를 들어, 종업원들이 지난 주말을 어떻게 보냈는지에 대해 '신변잡담'을 하면서 월요일 아침 근무를 시작할 수도 있다. 따라서 이 차원은 또한 종업원들이 일반적으로 동료들과 긍정적인 대인관계를 유지하는 정도를 나타내 준다. 이런 측면의 직무행동은 Campbell의 모델에서는 명백하게 드러나지 않는 측면이지만 이 부분이 수행의 중요한 측면을 나타낸다는 것은 분명하다(참고 5.2 참조). 과제 지향적 수행과 직무 맥락에서 발생하는 수행 간의 구별은 Van Scotter와 Motowidlo(1996)

참고 **5.2**

직장에서 긍정적인 대인관계 유지하기

다른 사람과 긍정적인 대인관계를 유지하는 것은 어느 누군가가 그 일에 실패하지 않는 한 거의 주목받지 못하는 수행 차원이다. 수년의 연구를 통해 대인 간 갈등이 종업원들에게 부정적으로 인식되며, 많은 부정적인 결과를 초래한다는 것이 일관되게 나타났다(예 : Spector & Jex, 1998). 구체적으로 업무환경에서 대인 간 갈등이 빈번히 발생하게 되면, 종업원은 자신의 직무를 싫어하는 경향이 있었고 일하러 올 때 불안과 긴장을 느끼는 것으로 나타났다.

자주 연구되지는 못했지만, 다른 것 못지않게 중요한, 또 다른 대인관계 측면은 승진에 미치는 영향이다. 두 회사에서 일을 해 보았고, 수년 동안 많은 프로그램을 교육하면서 내가 자주 들은 바로는 상대적으로 소수의 사람만이 기술 부족으로 승진에 실패한다는 것이다. 조직에서 승진을 못하는 사람들의 대부분은 다른 사람과 어울리지 못하는 것 때문이다. 실제로 많은 조직들이 기술적 능력은 충분히 가지고 있지만 대인관계 기술이 부족한 사람들을 대상으로 하는 개인 코칭 프로그램에 상당히 많은 예산을 투자하고 있다. 왜 조직에서 다른 사람들과 어울리는 것이 그렇게 중요한가? 가능한 한 가지 이유는 조직에

서 이루어지는 많은 일들이 **사람**을 통해 이루어진다는 것이다. 만일 어떤 사람이 다른 사람과 어울리는 데 어려움을 겪고 있다면, 이 사람은 다른 사람의 협조와 지원을 얻기 힘들 것이다. 그런데 이런 것은 조직에서 어떤 일을 추진하기 위해서는 필수적인 요인이다.

마지막으로 최근 연구는 동료 종업원들 간에 면대면뿐 아니라 온라인에서도 좋은 인간관계 기술을 보이는 것이 중요하다는 것을 시사한다. Giumetti와 동료들(2012)은 감독자의 '사이버 무례'(예 : 온라인상에서 종업원에 대해 부정적인 것을 말하기)가 종업원들의 결근과 탈진보고와 관련 있음을 발견하였다.

출처 : Giumetti, G.W., McKibben, E. S., Hatfield, B. A., Schroeder, G. W., & Kowalski, R. M. (2012). Cyber Incivility @ work: The new age of interpersonal deviance. *Cyberpsychology, Behavior, and Social Networking*, 3, 148–154; Spector, P. E., and Jex, S. M. (1998). Development of four self-report measures of job stressors and strain: Interpersonal conflict at work scale, organizational constraints scale, quantitative workload inventory, and physical symptoms inventory. *Journal of Occupational Health Psychology*, 3, 356–367.

의 연구에서 자세히 살펴볼 수 있다.

세 번째 차원은 **시간낭비 행동**(downtime behaviors)으로 직무수행자가 업무현장에서 이탈하는 행동을 말한다. 여기에는 알코올이나 약물남용 및 다른 법규 위반 행동과 같은 반생산적 행동들이 포함된다. 예를 들어, 어떤 사람들은 약물남용 문제로 빈번히 업무를 이탈하게 되고 이로 인해 업무를 잘 수행할 수 없기 때문에 이것도 수행 측면으로 간주된다.

밀접히 관련되어 있지만 네 번째 범주로 포함된 행동은 **파괴/유해 행동**(destructive/hazardous behaviors)이다. 여기에는 안전 위반, 결근, 파업과 같은 행동들이 포함된다. 시간낭비 행동과 파괴/유해 행동 차원은 Campbell(1990, 1994)의 모델에서 개인적인 규율 지키기 차원과 가장 밀접히 관련되어 있다. 어떤 경우에는 파괴/유해 행동이 노력 부족(예 : 안전 장비를 착용할 시간을 갖지 않는 것)으로 인해 발생하는 경우도 있다. 따라서 이 차원은 Campbell 모델에 따르면 노력하기 차원과 중복될 수도 있다.

Campbell(1990, 1994)의 8차원 모델과 비교해 볼 때 Murphy(1994)의 4차원 모델은 두 가지 이유에서 좀 활용성이 떨어져 보인다. 첫째는 이 모델은 특별히 미 해군 직원들의 직무수행을 설명하기 위해서 개발되었다. 이에 비해 Campbell의 모델은 보다 다양한 스펙트럼의 직무에서 수행을 기술하기 위한 것이었다. 물론 군인들의 직무수행을 기술하는 데 이 모델이 사용될 수도 있다. 둘째, Murphy에 의해 기술된 수행 차원은 Campbell에 의해 기술된 차원보다 상당히 포괄 범위가 넓다는 특징을 가진다. 이 차원들이 너무 광범위하기 때문에 이런 수행 차원상에서 종업원들 간의 차이를 가져오는 요인들을 결정하기는 더 힘들다. 이런 불리함이 있지만, 이 모델 역시 직무 간의 수행 차이를 비교할 수 있게 하는 차원을 제공해 준다.

여러 직무에 통용될 수 있는 수행 차원의 중요성은 Viswesvaran(2002)도 강조하고 있다. 그는 대부분의 직무수행 모델이 보다 일반적인 수행 측정치와 좀 더 세부적인 연구자별 측정치를 함께 가지고 있다고 주장한다. 모든 연구자가 직무수행을 측정하는 하위 차원들에 대해 서로 동의하지는 않지만, 직무수행이 단순히 아주 협소하게 정의된 과제를 수행하는 기술적인 측면 이상의 것이라는 데는 서로 동의한다. 뿐만 아니라, 종업원들이 다른 사람들과 상호작용하는 방식이나 그 외 다른 방식으로 조직에 기여할 방법이 있다는 점에 대해서도 서로 동의한다. 직무수행의 기술적 측면과 비기술적 측면이 종업원의 전반적인 수행 평가에 함께 영향을 주는 방식에 대해서는 이 장 뒷부분에서 토론하고자 한다.

직무수행의 측정

앞 절은 직무수행에서 측정되어야 하는 중요한 차원들을 확인하기 위해 조직심리학자들이 개발한 모델들을 다루었다. 종업원들이 좋은 수행 또는 나쁜 수행을 하도록 하는 원인이 무엇인지를 이해하기 위한 다음 단계는 직무수행을 측정하는, 신뢰로우면서 타당한 측정치를 개발하는 것이다. 좋은 직무수행 측정치가 있으면 수행에 관련된 변인들을 더 잘 이해할 수 있게 된다. 이 절에서는 직무수행이 어떻게 측정될 수 있는지를 다룰 것이다. 또한 신뢰롭고 타당한 직무수행 측정치를 개발하는 과정에서 연구자들이 직면하는 주요한 어려움도 검토할 것이다. 즉 다음과 같은 세 가지 가장 중요하면서 복잡하게 얽혀 있는 요인들을 구체적으로 살펴보고자 한다 : (1) 직무수행의 측정치, (2) 직무수행 변량의 축소, (3) 시간에 따른 직무수행의 불안정성.

직무수행 측정치

정의대로라면 직무수행은 행동이다. 따라서 직무수행은 거의 대부분 직접 측정되는 것이 아니며, 전형적으로 측정되는 것은 직무수행에 대한 외적 평가(external assessment)이다. Murphy(1989a)에 따르면 수행은 다음의 여덟 가지 방법으로 측정된다 : (1) 지필 검사, (2) 직무 기술 검사, (3) 현장 내 시범 검사, (4) 현장 외 시범 검사, (5) 고충실 시뮬레이션, (6) 상징적 시뮬레이션, (7) 과제 평정, (8) 전반적 평정. 조직 장면에서 지금까지 시행되고 있는 가장 일반적인 두 가지 수행 평가 방법은 세부 과제에 대한 종업원 수행평정과 직무 전반에 대한 수행평정이었다.

후자와 관련된 수행평정의 사례는 Van Dyne과 LePine(1998)이 사용한 것이다. 이들은 종업원, 동료 및 상사에게 수행의 각 측면을 평가하는 문항에 응답하도록 하는 방법을 통해 역할 내 및 역할 외 수행을 평가하였다. 역할 내 수행은 종업원이 자신의 수행 기대를 충족시키고 종업원으로서 해야 할 직무 과제를 잘 수행한 정도를 묻는 문항들로 평가되었다(예 : 이 종업원은 직무기술서에 기록된 책임을 완수하였다). 역할 외 수행은 자신이 소속한 집단 내의 다른 사람을 도와주고 예정된 행사에 참여하는 것과 같이 종업원에게 반드시 기대되지는 않는 비과업 행동을 통해 평가되었다(예 : 이 종업원은 소속 집단의 이익을 위해 집단 내 다른 사람들이 하는 일을 도와준다).

수행평정에 대한 연구문헌은 광대하지만(예 : Landy & Farr, 1980; Murphy, 2004; Murphy & Cleveland, 1990) 여기에서 이들을 세부적으로 검토하지는 않겠다. 그러나 두 가지 사항을 강조하고자 한다. 첫째, 수행평정에는 오류가 발생할 가능성이 많이 존재한다. 예를 들어, 평정자가 수행을 관찰할 기회를 적절하게 가지고 있지 않을 수 있다. 평정자가 피평정자를 좋아하거나 싫어하는 정도에 따라 평정에 편파가 있을 수 있다. 평정자에 따라서 내적인 수행기준이 다를 수 있다. 그러나 이들은 많은 잠재적인 오류원들 중 단지 세 가지일 뿐이다. 평정 오류는 이들이 실제 직무수행에서 발생할 수 있는 의미 있는 차이를 차단할 수도 있고, 이로 인해 직무수행과 다른 변인 간의 관계가 약화될 수도 있기 때문에 문제가 될 수 있다(참고 5.3 참조).

둘째, 수행평정에서의 오류를 줄일 수 있는 단계들이 채택될 수 있다. 예를 들어, 평정자 훈련을

비교 문화적 연구 결과 : 아시아 6개국 간의 수행평정 편파

서구 국가 종업원들은 관대성 편파를 보이는 것이 밝혀졌다. 이는 동료 종업원에 의해 평가될 때보다 자신을 더 나은 사람으로 평가하는 것을 말하는 것이다. 그런데 동양권 국가 종업원들에게도 이런 편파가 나타날까? Barron과 Sackett(2008)는 이 관대성 편파가 일본, 중국, 싱가포르, 인도, 한국 및 태국 종업원들에서도 나타나는지를 확인하였다.

관리자들에게 자신의 수행에 대해 전반적인 자기평가를 하도록 하였고, 자신의 수행을 평가해 줄 3명의 동료와 3명의 부하를 지명해 주도록 하였다. 일본 종업원들은 '겸손 편파'를 보여 주었는데, 이들은 동료나 부하의 평가보다 자기평가가 낮게 나왔다. 이런 편파를 보인 나라는 일본뿐이었다. 서양 국가에서 나타난 관대성 편파는 중국과 인도 관리자에게서는 나타났는데, 다른 나라들은 어떤 편파도 보여 주지 않았다.

연구자들은 사회제도적 집단주의(institutional collectivism : 기관의 문화가 집단주의적 방식으로 자원을 배분하고 행동하는 데 집중하는 정도) 가치관 차이가 아시아 국가들 간에 나타나는 차이를 설명하는 것은 아닌지를 확인해 보았다. 확실히 일본 관리자들은 사회제도적 집단주의에서 다른 5개 아시아 국가들보다 높았다. 이는 아시아 국가들이 자원공유에 부여하는 가치에 차이가 있으며, 이런 차이가 수행평정에서 나타나는 편파를 예측해 준다는 것을 시사한다.

출처 : Barron, L. G., & Sackett, P. R. (2008). Asian variability in performance rating modesty and leniency bias. *Human Performance*, 21, 277-290.

통해 수행평정의 정확성을 높일 수 있다(Pulakos, 1984). 수행평정의 문제에서 벗어나는 또 다른 방법은 보다 객관적인 수행평정치를 찾는 것이다. 산출된 결과물이나 판매 수주량 같은 것이 이에 해당된다. 불행하게도 이와 같이 보다 객관적이라는 수행 평가치들도 그 자체로 심각한 결점을 가지고 있을 수 있다. 가장 분명히 드러나는 결점은 이 측정치 대부분이 실제로 생산성이나 효과성의 측정치이지 실질적인 직무수행이 아니라는 점이다(Campbell, 1990). 또 다른 단점은 종업원들이 이와 같은 객관적인 수행 지표에 대해 통제력을 갖고 있지 않을지도 모른다는 것이다. 예를 들어, 매우 재능 있는 부동산 영업사원일지라도 모기지 상환이자율이 20% 상승한다면 주택을 많이 판매하기는 어려울 것이다.

몇몇 연구자들은 **행동 준거 평정 척도**(behaviorally anchored rating scales)를 구성하여 수행평정에 내재된 편파를 극복하려고 하였다. 이런 척도는 '부족한', '보통' 또는 '탁월한' 수행을 보여 주는 종업원의 행동을 분명하게 구분해 준다(Campbell, 1990 참조). 예를 들어, 법정 변론을 준비하고 있는 보조변호인의 능력을 평가한다고 해 보자. '매우 부족하다', '매우 우수하다' 등의 척도로 이 사람의 능력을 평가하는 대신, 행동 준거 평정 척도는 '법정 변론에 필요한 세부사항들을 구체화했다', '군더더기 없이 변론의 주요 요점을 요약 정리해 주는 보고서를 만들었다'와 같은 용어들로 구성된다. 구체적인 행동으로 척도를 구성하면 수행 평가 시 주관성을 줄여 줄 수 있다.

Oswald, Schmitt, Kim, Ramsay, Gillespie(2004)는 행동 준거 평정 척도를 활용하여 대학생 수행 평가 척도를 개발하였다. 이 저자들은 우선 대학생의 수행을 평가하는 것은 단순히 학생들의 학점을 검사하는 것 이상이어야 한다는 점을 지적하였다. 저자들은 우선 대학의 웹 사이트를 검사하여 대학생의 수행 차원을 12가지로 요약하였다. 여기에는 '윤리성과 정직성', '적응능력과 생활능력', '리더십' 등이 포함되었다. 그런 다음 이 저자들은 수행의 각 차원에 대해 높은 점수와 낮은 점수를 나타내는 행동들을 파악하였다. 예를 들어 리더십 수행의 낮은 수준은 집단 상황에서 문제를 해결하기 위해 다른 사람을 기다리는 것이었고, 높은 수준은 문제를 해결하기 위해 집단을 이끌어 가는 것이었다.

집단 수행을 평가하는 데 다양한 방법을 사용하는 것이 중요하다는 것 외에, 최근에는 개별 종업원의 수준을 넘어서서 수행을 평가하는 것이 강조되고 있다. 통계적 모델링의 발전으로 개인 수준에서뿐만 아니라 조직 내 및 조직 간의 별도 수준에서도 조직적인 구성개념을 검토하는 것이 가능해졌다고 한 제2장의 내용을 상기해 보자. Wildman과 동료들(2011)은 현장에서 직무수행을 측정할 때 '다중 수준' 관점을 취하는 것이 중요함을 논의하였는데, 종업원 수준뿐 아니라 팀과 조직 수준에서 수행 평가를 하는 사례를 제시하였다. 조직의 다른 수준에서 수행을 평가하기 위해서는 각기 다른 전략이 요구된다. 제12장에서 우리는 팀 역학과 수행에 관해 새로 싹트고 있는 연구들을 살펴보고자 한다.

수행 측정을 할 때 명심해야 할 점은 수행과 수행에 대한 **측정**이 동일한 것이 아니라는 것을 염두에 두어야 한다는 것이다. 더욱이 무언가를 측정할 때에는 불가피하게 어느 정도 오류가 끼어들 수밖에 없기 때문에, 수행을 파악하고 이를 예측하는 우리의 능력은 언제나 불완전하다는 것을 명심해야 한다.

전형적 직무수행과 최대 직무수행

직무수행을 평가하면서, 최근에 연구자들은 **전형적**(typical) 또는 정상적 직무수행과 **최대**(maximum) 또는 최고 직무수행 간의 차이를 이해하고자 많은 노력을 기울였다(Beus & Whitman, 2012). 대부분의 직무수행 측정치는 종업원이 전형적으로 직무에서 수행할 수 있는 정도의 평정이나 측정에 집중한다. 그러나 종업원의 정상적 수행뿐만 아니라 직무에 최대 노력을 기울였을 때 할 수 있는 것이 어느 정도인지를 이해하는 것 또한 유용할 수 있다. 일반적으로는, 위에 기술한 방법을 사용하여 전형적 수행을 검토하게 되지만, 업무 중 특정 시기 동안 종업원을 검사하여 최대 수행을 평가하거나 여러 사람에게 관찰되는 평가센터를 활용하여 최대 수행을 평가할 수도 있다(Deadrick & Gardner, 2008).

전형적 수행과 최대 수행 간에는 중간 정도의 관련성만이 있다는 것을 연구자들은 밝혔는데, 이는 직무수행 유형에 따라 각기 다른 요인들이 이에 영향을 미칠 가능성이 있음을 말해 준다. 따라서 직무수행 예측치를 논의할 때, 전형적 직무수행 예측치와 최대 직무수행 예측치가 어떻게 다른지를 주목해 볼 것이다.

직무수행 변산폭의 축소

집단 내 모든 종업원의 직무수행을 정확히 측정하고자 할 때 연구자들은 다양한 도전을 받게 된다. 우선 종업원들 간 수행 변산폭의 축소를 살펴보자. 다양한 이유가 있겠지만 조직 장면에서 수행 수준의 변산폭은 종종 축소된다. 수행 변산폭의 축소를 좀 더 자세히 이해하려면, 수행 변산폭에서의 인위적인 축소(artifactual restriction)와 실질적인 축소(true restriction)를 구분하는 것이 도움이 될 것이다. 수행 변산폭에 대한 인위적인 축소는 수행평정에서의 오류나 수행 측정 시스템에서의 오류로 인한 것이다. 종업원들 간에 직무수행 수준에서 실질적인 차이가 존재하는 경우에도, 수행평정 과정에서의 오류 때문에 이 차이가 드러나지 않을 수도 있다. 예를 들어, 조직에서 종업원들 간 업무수행 수준에서 어떤 사람은 업무를 매우 잘하고, 어떤 사람은 매우 서툰 모습을 보이는 점에서 실제로 서로 다를 수 있다. 그런데 감독자는 모든 종업원에게 똑같이 높은 점수를 줄 수 있는데, 평정점수가 보통 수준보다 낮게 되면 그들이 해고될지도 모른다는 우려를 할 수 있기 때문이다. 또 다른 측면에서, 수행 측정은 상대적으로 정확하지만 실제 직무수행에서 의미 있는 변산이 부족할 때에도 실제로 수행 변산의 축소가 일어난다. 리더십이나 수행 과제 난이도 같은 요인으로 인하여 조직 내 모든 종업원이 똑같이 높은 수준 또는 낮은 수준의 수행을 하는 경우가 여기에 해당된다. 이 절에서는 실질적인 수행 변산이 축소되는 이유들만 논의하겠다.

Peters와 O'Connor(1988)에 따르면 개인별 수행 변산이 축소되는 이유는 네 가지이다. 첫째, 조직이 매우 낮은 수행기준을 가지고 있기 때문일 수 있다. 조직이 많은 것을 기대하지 않는다면 이런 수행기준은 높은 수행을 보여 주는 종업원들의 사기를 떨어뜨릴 것이고, 종업원들은 **최소로 받아들여질 수 있을 정도**로 수행 수준을 유지하려고 할 것이다. 이런 과정이 반복되면 종국에는 수행의 변산폭이 상당히 축소되는 결과를 가져올 것이다. 가장 좋은 예는 정부 공무원의 수행 수준이 매우 낮다는 일반적인 고정관념을 들 수 있다. 많은 독자들이 '공무원 하는 것만큼만 하면 충분해!'라는 표현을 들었을 텐데, 이 말은 최소로 받아들여질 만큼만 하면 충분하다는 것을 의미한다.

수행기준을 낮게 만드는 두 번째 요인은 개인적 직무수행의 높이 수준에 가치를 부여하는 정도가 조직에 따라 다르다는 것으로 낮은 직무수행기준과 관련된다. 조직이 수행을 잘하는 사람들의 공헌을 인정해 주는 데 실패하거나 지속적으로 성과를 내지 못하는 개인들에게 관대할 수 있다. 어떤 조직은 의도적이지는 않지만 낮은 수준의 수행이 **보상**을 받고 높은 수준의 수행은 **처벌**을 받게 되는 상황을 조장할 수도 있다. 예를 들어, 많은 조직에서 일을 잘하는 종업원은 더 많은 책임과 더 중요한 업무가 부여됨으로써 보상을 받지만, 이에 따른 추가적인 보수나 승진 등은 주어지지 않는다. 또한 관리자들은 무능한 종업원을 자기 부서에서 떼어 놓기 위해 승진이 되는 다른 부서의 직책에 이 사람을 추천하기도 한다.

수행의 변산성이 축소되는 세 번째 요인은 조직이 낮은 수준의 수행을 하는 종업원을 용인해 주는 정도이다. 이 요인은 낮은 수행기준과 관련이 있지만 조금 다른 방식으로 작동된다. Peters와 O'Connor(1988)에 따르면 조직은 '정당화 문화'(p. 117)라고 부르는 관행을 발전시키게 된다. 즉 종업원에게 낮은 수준의 수행 사례를 '변명하도록' 허용한다. 이를 지칭하는 좀 고상하지 않은 익숙한 축약어가 CYA(Cover Your Ass : 면피할 정도로 최소한만 해라!)이다. 그런 문화에서는 일을 잘하는 것에 대한 인센티브를 없애 버리게 됨으로써 수행이 평범한 수준에 머물도록 한다.

수행 변산성을 줄이는 마지막 원인은 조직 자원의 변동이다. 자원의 제약은 상황적 제약요소를 가져오고 이는 궁극적으로 수행에서의 변산폭을 줄이게 된다(Peters & O'Connor, 1980). 예를 들어, 적절한 도구를 가지고 있지 않은 경우 자동차 정비공이 좋은 수행을 하기 어렵다. 다른 한편 조직의 자원이 매우 풍부한 경우에도 수행의 변산폭이 제한될 수 있다. 이 경우에는 조직의 모든 구성원이 자신의 잠재성을 최고로 발휘하게 됨에 따라 수행의 변산폭이 줄어들 것이다.

실제 수행 수준에서의 변산이 제한될 수 있다는 것에 대한 약간 다른 설명은 조직의 선발과 유지 과정이 무선적이지 않다는 것이다. Johns(1991)에 따르면, 대부분의 조직은 종업원이 고용되기 전에 상당히 엄격한 심사과정을 통과할 것을 요구한다. 예를 들어, 경찰이 되고자 하는 사람은 경찰 아카데미에 선발될 때 여러 가지 시험을 통과해야 한다. 법률, 의료, 엔지니어와 같은 많은 여타 직업에서도 전문적인 훈련이 이루어지는 동안인 대학과정에서 이런 심사 절차가 이루어진다. 이런 심사과정을 거치게 되기 때문에 종업원들 간의 기술과 능력 수준의 변산이 아주 제한될 것이고, 이것이 궁극적으로 직무수행에서의 변산을 제한하게 된다. 즉 좋은 수행을 하지 못하거나 조직 문화와 잘 어울리지 못하는 종업원은 선발되지 않거나 자발적으로 조직을 떠나게 된다(Ployhart, Weekly, & Baughman, 2006; Schneider, 1987). 공식적인 사회화 과정과 마찬가지로 이것이 다시 직무수행을 균일하게 만든다.

수행 변산성을 축소하는 여러 요인에도 불구하고, 조직에서의 수행 변산성이 여전히 의미 있다는 것을 경험적 증거들은 보여 준다. 예를 들어, Schmidt와 Hunter(1998)는 조직에서의 수행 변산성이 축소되기는 하지만 본질적인 부분은 여전히 남아 있다는 것을 지적하였다. 만약에 그렇지 않다면 인지능력검사, 성격 측정치, 생애기록 검사치들이 수행과 관련성을 보이지 않을 것이다.

시간에 따른 직무수행의 불안정성

종업원의 직무수행을 평가하려 할 때 부딪히는 두 번째 도전은 수행이 안정적인 정도 대 변동하는 정도와 관련된다. 수행 준거 측정치의 상대적인 안정성에 대해서는 수년에 걸쳐 많은 논쟁이 있었다(예 : Ackerman, 1989; Austin, Humphreys, & Hulin, 1989; Barrett, Caldwell, & Alexander, 1985; Henry & Hulin, 1987, 1989). 어떤 연구자는 시간이 지나도 수행이 상당히 안정적인 것이라고 주장하는 반면 많은 다른 사람들은 수행이 역동적이라고 주장한다(종종 지나칠 정도로 강력하게 주장한다). 중요한 연구 증거에 비추어 볼 때 수행 준거가 역동적이라는 입장이 지지를 받는 것 같다. 예를 들어, Deadrick과 Madigan(1990)은 재봉 기기 운용자의 수행이 안정적인지를 조사하였는데, 시간 간격이 아주 짧을 때에는 수행 수준 간의 상관이 매우 강하다는 것을 발견하였다. 그러나 한 시점에서의 수행과 23주 후 수행 간의 상관은 상당히 낮아졌다. 여러 가지 요인으로 인해 종업원의 수행은 시간이 경과함에 따라 변동하는 경향이 있다. 사실 이러한 비일관성 때문에, 어떤 사람이 수행에서 높은 수준의 일관성을 나타낼 경우 사람들은 이로부터 깊은 인상을 받게 된다. 예를 들어, 스포츠에서는 수행의 일관성과 장수기록을 세우는 선수를 존경한다(참고 5.4 참조).

Ployhart와 Hakel(1998)은 여러 증거들이 수행의 역동적인 본성을 지지하더라도, 각기 다른 시점에서 얻어진 수행 수준 간 상관만으로는 개인의 수행이 시간이 경과함에 따라 어떻게 변화하는지에 대한 통찰력을 제공해 주지 못한다고 지적했다. 이 문제를 해결하기 위해 이 연구자들은 303명의

참고   5.4

야구에서 수행의 일관성

스포츠 세계에서 가장 자주 언급되는 기록 중 몇몇은 수행의 일관성을 보여 주는 것이다. 예를 들어, 야구에서 50년 동안 유지되는 기록 중의 하나는 뉴욕 양키스 팀 디마지오의 56게임 연속 안타이다. 최근에 볼티모어 오리올스의 칼 립켄 주니어는 2,632게임 연속출장 기록을 세웠다. 왜 이 두 기록은 그렇게 높이 인정을 받는가? 디마지오의 기록은 숱한 연속 게임을 치르면서, 안타를 기록하는 것을 방해하는 수많은 요인들을 극복하고 얻어 낸 것이라는 점에서 놀라운 기록이다. 메이저 리그에서 뛰는 투수의 능력, 가벼운 부상 및 일반적인 피로 등이 그런 기록을 수립하는 것을 방해했으리라고 짐작할 수 있다. 따라서 이런 기록은 타자로서 디마지오의 능력과 그의 집중력의 산물이라고 할 수 있다.

립켄의 승리가 그렇게 인정받는 한 가지 이유는 메이저 리그 수준에서 그토록 오랫동안 선수생활을 할 수 있는 사람들이 거의 없다는 데 있다. 선수가 선수생활을 하는 시즌 동안 심각한 부상을 입는 것을 피하는 것 또한 보통 일이 아니다. 더욱이 메이저 리그의 시즌 게임 수(162게임)와 가벼운 부상으로 인해 대부분의 선수들이 종종 결장을 한다. 따라서 립켄의 기록은 수행의 일관성, 시즌 후의 엄격한 몸 관리, 높은 의욕 수준 등을 포함한 여러 요인들이 복합되어 나타난 결과를 반영하는 것이다.

이런 야구 기록은 수행의 안정성과 일관성에 대해 무엇을 말해 주는가? 이들은 수행의 안정성과 일관성이 규칙보다는 예외에 더 따른다는 것을 말해 준다. 외적인 제약조건, 동기 수준의 변동 그리고 사소한 불운과 행운 등으로 인해 대부분의 영역에서 수행은 아주 변동이 심하다. 그러나 오랜 기간 이들이 안정적일 때에는 아주 높은 보상을 받게 된다.

안전관리 분석가 표본을 대상으로 수행 준거 자료를 8년간 추적 분석하였다.

잠재 성장 곡선 모델링(latent growth curve modeling)이라고 불리는 통계 절차를 사용해서 그들은 이 안전관리 분석가들의 수행이 기본적인 학습곡선과 대략 유사하다는 것을 발견하였다. 그들이 사용한 통계분석 절차는 시간이 경과함에 따른 변화 패턴을 모델화할 수 있게 해 주는 분석법이다. 처음에는 수행이 급격하게 증가하였지만, 결국 어느 정도 지나면 평평해지는 지점에 도달하게 된다. 그들은 또한 표본에 속한 모든 사람들의 곡선이 동일하지 않다는 것을 발견했다. 예를 들어, 초기에 수행이 급격하게 상승하는 방식에도 사람들 간에 차이가 있었고, 수행이 급격하게 평평한 지점에 도달하는 데도 차이가 있었다. 그들이 발견한 가장 중요한 사실은 시간에 따른 수행 변화 패턴을 예측할 수 있다는 것이었다. 예를 들어, 자신이 설득적이고 공감적인 사람이라고 기술하는 사람은 아주 가파른 초기 판매 신장률을 보여 주었다. 연구자들은 또한 이 두 변인이 추후 수행에서 하락이 있을지 여부를 예측해 준다는 것을 발견하였다. 자신을 설득적이라고 기술한 사람은 고용된 지 2년차가 되었을 때 초기 수행에서 보다 더 큰 하락을 나타냈다. 이에 비해 자신을 공감적이라고 기술한 사람들은 이런 하락률이 더 작게 나타났다. 실용적인 면에서 살펴볼 때 이런 발견은 고객에게 공감을 표현하는 것이 고객을 설득하는 것보다 더 효과적인 판매 기법일 수 있다는 것을 시사한다.

Ployhart와 Hakel(1998)의 연구는 수행의 안정성 문제에 대해 중요한 통찰력을 제공해 준다. 적어도 연구된 표본의 경우에 시간이 경과함에 따라 수행이 안정적이지 않았지만, 이런 불안정성이 무선적으로 변동하는 것은 아니라는 것이다. 더 중요한 것은 시간이 변화함에 따라 나타나는 수행의 변동 패턴을 확인하고 모델화하는 것이 가능하다는 것이다. 이 연구는 또한 시간이 경과함에 따라 수행 변산성의 패턴을 예측해 주는 개인차가 있을 수 있다는 것을 시사해 준다. 이런 결과가 보여 주는 중요한 실용적 시사점은 바람직한 수행의 시간적 패턴을 조직이 확인할 수 있고, 이런 패턴을 잘 나타낼 것 같은 개인을 선발할 수 있다는 것이다. 예를 들어, 수행이 빠르게 정점에 도달했다가 급격히 쇠퇴하는 사람을 가려내는 것이 가능한 것이다.

시간에 따른 직무수행 변산성은 직무 자체의 특성으로도 설명할 수 있다. Murphy(1989b)는 직무는 **유지**(maintenance)단계와 **변환**(transition)단계로 구별될 수 있다고 제안하였다. 유지단계 동안에는 직무를 구성하는 과제들이 직무수행자에게 다소 반복적이고 자동적이다. 예를 들어, 자동차 운전법을 일단 배우게 되면 이 과제를 수행하는 데 필요한 단계는 일상적인 일로 바뀌어서 더 이상 의식적인 사고과정이 필요하지 않게 된다. 즉 어느 정도 숙달 수준에 도달하게 되면, 사람들은 과제를 수행할 때 '자동적 조종사'가 된 것처럼 행동하게 된다. 따라서 아침 출근 시간에 운전하면서 화장을 고치거나, 아침을 먹거나, 신문을 읽을 수 있게 되는 것이다.

직무가 변환단계에 있는 경우엔 직무를 구성하는 과제들은 새로워지고 직무수행자는 한 가지 일을 하면서 다른 일을 자동적으로 처리할 수 없게 된다. 직무에서 변환 시기는 신기술을 도입하거나 법적인 주요 변화가 직무수행에 영향을 미칠 때 일어난다. 예를 들어, 신기술로 인해 많은 제조업 종사자의 직무가 지난 10년 동안 급격하게 변화하였다(Parker & Wall, 1998). 또한 많은 양로원이나 장기 요양시설 종사자들 직무에 중대한 변화가 나타나고 있는데, 의료보험 수급 체계에 변화가 왔기 때문이다(Campbell, 1999).

Murphy(1989b)는 변환기에는 종업원의 적응이 요구되기 때문에 어느 정도 수행의 하락이나 불안정성이 나타난다고 지적하였다. 변환기의 또 다른 결과는 (유지기 동안의 수행과 비교해 볼 때) 다른 시기와 비교하여 일반 인지능력이 수행을 결정하는 데 더 중요한 결정요인이 된다는 것이다. 이런 결과는 복잡한 직무에 대한 수행을 예측할 때에는 일반 인지능력이 더 강력한 예측변인이 된다는 사실에 비추어 볼 때 타당해 보인다. 이것이 사실이라면 일반 인지능력은 이런 시기 동안의 수행과 더 강하게 연계되어야 한다. 불행하게도 이런 명제는 아직 경험적으로 검증되지 않았다.

Sturman, Cheramie, Cashen(2005)의 보다 최근 연구는 시간에 따른 수행 안정성을 설명하는 데 직무 특성이 중요하다는 것을 강조하고 있다. 이 저자들은 직무수행이 주관적인 평정치 또는 객관적인 지표로 평가될 수 있는지를 검토하였다. 1년에 걸쳐 시행한 직무수행 간 검사-재검사 상관은 복잡성이 낮고 주관적인 측정치로 평가했을 때 가장 높았고($r = .83$), 복잡성이 높고 객관적인 측정치로 평가했을 때 가장 낮았다($r = .50$). 저자들은 후자의 경우에도 각기 다른 시점에 평가된 직무수행들 간의 상관은 상대적으로 높은 편이었다고 지적하였다.

직무수행의 결정요인

조직심리학자들이 직무수행을 어떻게 정의하고 어떻게 측정하는지를 논의하였으니, 이제 종업원이 직무를 잘 수행할지 그렇지 않을지를 예측해 주는 요인들을 살펴보자. 직무수행과 같은 행동을 설명하고자 할 때, 조직심리학자들은 개인과 환경의 상대적인 영향력을 두고 뜨거운 논쟁(예 : 천성 대 양육 논쟁)을 벌이곤 한다. 그러한 경우에 상식적인 결론으로 논쟁이 해소되곤 하는데, 대부분의 행동이 개인적인 특징과 환경적인 특징 간 복잡한 상호작용의 소산이라는 식이다.

일반적으로 이야기할 때, 직무수행에서의 차이는 능력, 동기 그리고 수행을 억제하거나 촉진하는 상황적 요인 간의 상호작용에 의한 것이다. 개인이 동기화되어 있지 않거나 심각한 상황적 제약 요인을 피할 수 없는 경우에 능력만 가지고 높은 수준의 수행을 이끌어 내지는 못할 것이다. 물론 어떤 경우에는 이 세 요인 중 어느 한 요인의 탁월한 수준이 다른 요인에서의 저조함을 보상해 줄 수는 있다(예컨대 아주 의욕적인 종업원은 상황적인 제약요소를 극복할 수 있을 것이다). 그러나 대부분의 경우에 이 세 요인의 존재는 필수적인 것이다.

이 절에서는 직무수행의 결정요인을 설명해 주는 잘 알려진 이론적 모델을 먼저 검토해 보는 것으로 시작하고, 이어서 직무수행의 결정요인에 대한 경험적인 증거를 탐색해 보고자 한다. 직무수행에 영향을 주는 많은 변인들이 밝혀졌지만, 수행 차이를 설명해 주는 개인적 특성 혹은 개인차에 국한하여 경험적 연구논문들을 검토하고자 한다. 직무수행에 영향을 주는 환경적 요인들(예 : 리더십, 동기 및 상황적 제약요소)은 후속장에서 보다 상세히 논의될 것이다.

Campbell의 직무수행 모델

Campbell(1990, 1994)은 직무수행이 **명명적 지식, 절차적 지식/기술, 동기**의 상호작용으로 결정된다고 제안하였다. **명명적 지식**(declarative knowledge)은 간단히 말해 사실이나 사물에 대한 지식을 말한다. 명명적 지식 수준이 높은 종업원은 자신의 직무에 요구되는 과제에 대한 이해력이 높다. 예컨대 높은 수준의 명명적 지식을 가지고 있는 의료기술자는 환자의 피를 채혈하는 데 필요한 단계를 잘 알고 있다. Campbell에 따르면 명명적 지식에서의 차이는 다양한 요인에 기인하게 되는데, 능력, 성격, 흥미, 교육훈련, 종업원의 적성과 훈련 간 상호작용과 같은 요인을 들 수 있다. 따라서 많은 형태의 전문 훈련이나 학문적 훈련과정은 최소한 초기 단계에서 명명적 지식 습득의 필요성이 강조된다. 예컨대 의학전문대학의 첫해에는 인체 해부학이나 생리학 정보에 관해 많은 것을 암기하도록 요구한다.

일단 개인이 상당한 수준까지 명명적 지식을 획득하게 되면, 그 다음에는 높은 수준의 **절차적 지식/기술**(procedural knowledge/skill)을 습득해야 하는 위치에 이르게 된다. 이 단계에 이르게 되면, 종업원은 무엇을 시행해야 하는지와 어떻게 시행해야 하는지를 알게 되고, 특정 과제를 수행할 수 있게 된다. 절차적인 기술과 지식을 고도로 습득하게 된 의료기술자는 피를 채혈하는 단계를 아는 것뿐만 아니라, 이 과제를 실제로 수행할 수 있게 되는 것이다. Campbell에 따르면 절차적 지식/기술 습득의 차이를 결정하는 요인은 명명적 지식에서의 차이를 결정하는 요인과 유사하다. 학문적 훈련이나 전문적 훈련 시 절차적 지식/기술의 습득은 명명적 지식이 충분히 갖추어진 다음 단계에서 요구된다. 예를 들어, 의과대학에서는 3, 4학년이 되어야 '수술 작업'을 익히게 된다.

종업원이 높은 수준의 절차적 지식/기술을 익히게 되면, 높은 수준의 직무수행을 할 수 있는 잠재력을 갖추게 된다. 달리 말하면 이 시점에서 종업원은 **수행 잠재력**(performance potential)을 갖추게 되는 것이다. 이런 잠재력이 높은 수준의 직무수행을 이끌어 낼지의 여부는 **동기**(motivation)에 달려 있다. Campbell(1990, 1994)에 따르면, 개인의 동기는 (1) 직무수행을 향해 노력을 기울일지 여부, (2) 투여하는 노력 수준, (3) 선택된 노력 수준을 지속할지 여부 등에 대한 종업원 선택을 결정하게 된다. 따라서 종업원이 매우 높은 수준의 절차적 지식/기술을 갖추고 있다 하더라도 동기가 낮다면 높은 수준의 수행을 달성할 수 없는 것이다. 예를 들어, 매우 유능한 종업원이라 하더라도 더 이상 노력하지 않기로 결정할 수도 있고, 충분한 노력을 기울이지 않을 수도 있으며, 여러 시간 동안 그 수준을 지속하려는 의지가 낮을 수도 있다.

Campbell(1990, 1994)의 모델은 엄밀하게 말해서 수행을 결정하는 개인 내면의 요인을 정리한 것이며, 이들 간 상호작용의 효과를 기술하고 있다는 데 중요 가치가 있다. 더욱이 이 모델은 경험적인 지지를 받고 있다(예 : McCloy, Campbell, & Cudeck, 1994). 이 모델은 또한 수행을 결정하는 요인들 간의 상호작용이 복잡하다는 것을 상기시켜 준다. 예를 들어, 높은 수준의 동기는 중간 수준의 절차적 지식/기술을 보완해 줄 수 있다. 동기 수준이 매우 낮게 되면 높은 수준의 절차적 지식/기술이 가져다줄 수 있는 잠재적 이득이 무효화될 수도 있다. 이 모델은 또한 수행과 수행 결정요인에 대한 아이디어와 가설을 도출하는 데 활용될 수 있다(참고 5.5 참조).

직무수행에서의 차이를 설명하기 위해 제안된 모든 변인이 파악되었다면 논리적인 질문이 제기될 수 있다. 즉 이 모든 요인이 수행에 미치는 영향력은 상대적으로 어떻게 다른가? 실제로 많은 연구들이 여러 해 동안 이 문제를 연구했다. 그러나 이런 연구문헌들을 총망라해서 검토하는 것은 이 책의 범위를 넘어서는 것으로 보인다. 그렇지만 적어도 수행에 대한 개인차 예측변인과 관련해서 몇 가지 결론을 내리는 것은 가능하리라 여겨진다. 앞서 설명했듯이 수행에 영향을 미치는 상황요인들은 다른 장에서 다루고자 한다.

직무수행 예측치로서 일반 정신능력

지금까지 직무수행을 결정하는 변인으로서 가장 많이 주목받아 온 개인차 변인 중 하나는 일반 정신

참고 5.5

명명적 지식과 절차적 지식 간의 상호작용

명명적 지식이 절차적 지식을 획득하는 데 필요한 사전조건인가? 즉 여러분이 어떤 것을 실행하는 방법을 배우기 위해서는 어떤 것에 대해 알아야 하는가? 어떤 과제의 경우, 명명적 지식이 절차적 지식의 선행요인이 된다는 것은 매우 분명하다. 예를 들어, 여러분이 제트기 추진체에 대해 아무런 지식을 갖고 있지 못하면, 제트 비행기를 운행하는 것은 어려울 것이다.

그러나 몇몇 형태의 수행에 대해서는 명명적 지식이 절차적 지식에 반드시 선행해야 하는지는 분명하지 않다. 예를 들어, 운동선수가 어떤 일을 하는 방법을 이해할 수는 있지만 자신이 하고 있는 일의 이면에 있는 원칙을 알아야 할 필요는 없는 경우가 있는데, 이는 전혀 특이한 경우가 아니다(예 : 나이키가 'Just Do It'이라는 슬로건을 내거는 것). 또한 악보를 알지 못하지만 자신의 청각기억에 의지해서 악보를 연주할 수 있는 많은 위대한 음악가들이 있을 수 있다.

아마 명명적 지식을 먼저 익히지 않은 상태에서 절차적 지식을 획득하는 사례는 상대적으로 드물 것이다. 그러나 지식의 두 가지 형태 간의 상호작용을 더 많이 이해하는 것은 유용할 것이다. 많은 교육훈련 프로그램이 명명적 지식을 먼저 이해해야 한다는 전제에 기반을 두고 있기 때문에, 이러한 상호작용을 이해하면 흥미 있는 새로운 교육훈련 방법을 구상할 수 있을 것이다.

능력(general mental ability, GMA)이다. 수많은 정의가 있지만 일반 정신능력에 대한 대부분의 정의에서 공통되는 요소는 이것이 정보를 처리하고 이해하는 개인 능력을 반영한다는 것이다(Murphy, 1989b; Waldman & Spangler, 1989). 직무수행의 결정요인으로서 일반 정신능력이 다양한 직무와 직업 영역에 대한 수행을 예측한다는 결과는 여러 연구에서 일관되게 나타난다. 가장 종합적으로 이를 보여 주는 최근의 통합분석 사례는 Schmidt와 Hunter(1998)에 의해 시행되었다. 이 분석에서는 직무수행에 대한 여러 예측변인들을 정리하기 위해 대략 85년 동안 이루어진 연구 결과들이 요약되었다. 그들의 분석은 일반 정신능력과 여타 직무수행 간 교정 상관계수(corrected correlation)가 .51이라는 것을 보여 준다. 즉 직무에서의 수행 변량 중 25% 이상이 일반 인지능력의 개인차에 의한 것이라는 것이다. 영국에서 시행된 283개 독립 표본에 대한 최근 통합분석 역시 일반 인지능력과 수행 간의 상관계수가 .50~.60 사이에 있다는 것을 보여 준다(Bertua, Anderson, & Salgado, 2005). 이 밖에도 최근 연구는 일반 정신능력과 수행 간의 관계에 대한 통합분석이 정신능력에서의 범위 축소 문제를 충분히 고려하지 않았고, 그 결과 25%까지 상관이 축소되었을 가능성이 있다고 분석한다(Hunter, Schmidt, & Huy, 2006). 직무수행에 영향을 줄 수 있는 다른 요인들(즉 동기, 리더십, 상황적 제약요인)을 고려해 볼 때, 정신능력이 그렇게 강력한 예측치라는 것은 실로 인상적인 결과다.

왜 일반 정신능력은 직무수행에서의 차이를 설명하는 데 그렇게 중요하게 작용하는 것일까? Schmidt, Hunter, Outerbridge(1986)에 따르면 일반 정신능력과 수행 사이를 매개하는 연결자는 직무지식(job knowledge)이다. 즉 더 높은 수준의 일반 정신능력을 보유한 종업원은 인지능력이 낮은 종업원보다 자신의 직무상 의무에 대해 더 잘 알고 있을 것이다. 예를 들어, 매우 재능 있는 비행기 조종사는 덜 똑똑한 조종사보다 비행과 관련된 지식을 더 많이 가지고 있다. 본질적으로 높은 수준의 정신능력을 가지고 있는 사람은 일반 정신능력을 적게 가지고 있는 사람들보다 직무환경으로부터 관련 있는 정보를 더 많이 추출해 낼 수 있을 것이다.

이 연구에서 발견된 또 다른 일관된 사항은 일반 정신능력은 직무 복잡성이 낮은 직무와 비교해 볼 때 직무 복잡성이 높은 직무에서의 수행을 더 잘 예측한다는 것이다(Bertua et al., 2005; Hunter, Schmidt, & Judiesch, 1990). 어떤 표준적인 정의가 존재하는 것은 아니지만, 대부분의 연구자들은 직무 복잡성이 직무수행자에게 부여된 정신적인 요구나 정보처리 사항에 의해 강하게 영향을 받는다는 데 동의하고 있다(Wood, 1986). 예를 들어, 회사 임원의 직무는 많은 양의 정보에 대한 종합과 기획 같은 '고순위'의 인지기술이 요구된다. 한편 편의점 직원의 직무는 준비된 지침과 절차를 따르는 것과 같이 '저순위'의 인지기술이 요구된다. 일반 정신능력은 복잡한 직무를 잘 수행해 낼지를 예측해 준다. 왜냐하면 이런 직무에서는 직무수행자에게 고순위 정보처리를 요구하기 때문이다. 따라서 인지능력이 낮은 사람에 비해 높은 수준의 인지능력을 보유한 사람은 그런 요구들을 잘 충족시켜 줄 수 있다.

이런 계열의 최근 연구는 협소 인지능력이 GMA보다 종종 수행을 더 잘 예측한다는 것을 보여 주었다. Lang, Kersting, Hulsheger, Lang(2010)은 수행 예측치로서 GMA와 협소 인지능력에 대한 통합분석 연구를 하였다. 저자들은 40개 이상의 연구 결과들을 조사하였는데, GMA는 연구에서 제시된 각 직무수행을 11~29% 정도 설명하였는데, 협소 인지능력은 GMA보다 더 큰 예측치를 보여 주었다.

이런 결과들은 인지능력 검사가 예측하고자 하는 직무수행에 맞게 조정되어야 한다고 권고하는 것이다. 이 장 앞에서 설명한 전형적 수행과 최대 수행 간 차이를 회상해 보자. GMA는 전형적 수행보다는 최대 수행에 대해 더 강한 예측치였다(Marcus, Goffin, Johnston, & Rothstein, 2007; Witt & Spitzmüller, 2007). 따라서 GMA가 개인이 최대 노력을 기울일 때 할 수 있는 것에 대해서는 양호한 예측치라 할지라도, 그런 시간 주기가 아닌 전형적 수행과는 다소 관련성이 적었다.

정신능력이 직무수행의 강력한 예측치라 할지라도, 연구자들은 이런 검사에서 인종 간에 차이가 크게 나타나는 것을 발견하였다. 이런 차이로 인해 편향된 선발을 하게 만들 수 있고, 법정 소송이 벌어질 수도 있다(Van Rooy, Dilchert, & Viswesvaran, 2006). 그러나 수행 예측이란 면에서 실제로 편향이 존재하는지 여부에 대해 의문을 가지는 최근 연구(Kuncel & Hezlett, 2010)가 등장하게 되면서, 소수인종에게 편향된 능력 검사 이슈는 여전히 논쟁적인 문제이다. 그럼에도 불구하고 연구자들은 수행 예측치로서 정서지능(emotional intelligence, EI)과 같은 다른 형태의 지능 측정에 관심을 가지게 되었다. Baron, Handley, Fund(2006)는 자신을 이해하고 표현할 수 있는 것, 다른 사람을 이해하고 관계를 맺는 것, 정서를 관리하고 통제하는 것, 개인 및 대인관계 문제에 변화 · 대응 · 해결하는 것, 긍정적인 기분을 만들어 내고 자기에게 동기부여하는 것을 정서지능이라고 기술하였다. 연구자들은 두 방식 중 한 가지로 정서지능을 측정한다. 첫 번째는 좀 더 객관적인 일반 인지능력 평가와 병행하여 시행하는 능력기반 측정이다(Mayer & Salovey, 2007). 두 번째는 철저한 자기 보고 측정치로, 참가자들(또는 참가자의 동료)은 높은 EI 수준을 진술하고 있는 문항들에 대해 동의하는 수준을 선택하게 된다(Bar-On, 2006). 현장에서 EI를 개념화하기에 좋은 방법에 대한 논쟁이 존재하지만(Cherniss, 2010 참조), 연구자들이 직무수행에 대한 예측치로 EI를 사용하는 것을 중단하지는 않을 것이다.

최근의 통합분석은 43개의 각기 다른 연구에서 나온 상이한 효과 크기를 분석해서 EI와 직무수행 간의 관계를 요약하였다(O'Boyle, Humphrey, Pollack, Hawver, & Story, 2011). 그 결과 두 유형의 EI는 직무수행과 .24~.30 사이의 교정 상관을 보였다. EI는 GMA와 성격(뒤에 설명)보다 직무수행을 더 많이 예측하였다. 특히 EI는 정서노동의 특징을 가지는 직무에서의 수행을 예측하는 데 특히 중요하였다. 이런 직무들에서 종업원은 자신의 정서를 관리하고 적절한 정서를 표현하려고 노력해야 한다(예 : 고객서비스 창구 직원, 선생님, 간호사; Joseph & Newman, 2010).

직무수행 예측치로서 직무경험

직무경험(job experience)은 직무수행에 대한 일반적인 예측변인으로 자주 연구되는 또 다른 개인차 변인이다. 관련 직무경험을 많이 가지고 있는 사람이 직무경험이 전혀 없거나 적게 가지고 있는 사람에 비해 더 나은 수행을 보일 것이라는 것은 당연하다. 일반 인지능력과 마찬가지로, 직무경험은 다양한 영역의 직무 유형에서 직무 수행과 정적으로 관련되어 있다는 것이 여러 경험적 증거에서 나타났다(McDaniel, Schmidt, & Hunter, 1988; Schmidt & Hunter, 1998). 일반 인지능력과 마찬가지로 경험과 직무수행 간의 관계도 직무지식에 의해 매개되는 것처럼 보인다(Schmidt et al., 1986). 연구자들은 또한 직무수행과 경험 간의 관계가 직무 복잡성에 달려 있다는 것을 발견하였다. 예를 들어 McDaniel 등(1988)은 복잡성이 높은 직무보다 복잡성이 낮은 직무에서 경험이 수행을 더 잘 예측한다는 것을 발견했다. 그들은 직무 복잡성이 낮은 직무를 잘 수행하기 위해서는 직무경험이 필요하기 때문이라고 설명하였다. 예를 들어, 편의점 직원이 일을 수행하는 방법을 배우려면 일을 직접 해 보는 것 외에 다른 방법은 없다. 그러나 복잡성이 높은 직무에서는 교육이 경험 부족을 보충해 줄 수 있다. 상호작용 효과의 형태가 일반 인지능력에 대해서 발견된 결과와 정확히 반대라는 것에 주목하자.

직무경험이 수행 차이를 결정하는 중요성은 경력연수가 경과함에 따라 감소한다는 증거도 있다. 예를 들어, McDaniel 등(1988)은 경험과 수행 간의 상관이 평균 직무경험 수준이 3년 이하인 집단에서 가장 높았고, 평균 직무경험이 그 이상인 집단에서는 상관이 낮게 나오는 것을 발견하였다. 이는 직무경험이 직무수행에 미치는 영향에 **회수율 감소의 법칙**(law of diminishing returns)이 작용하고 있음을 시사한다.

그러나 직무경험이 직무수행에 미치는 영향에 대한 연구는 신중하게 바라봐야 할 필요가 있다. 왜냐하면 대부분의 연구들이 조직이나 직무에 종사한 햇수로 직무경험을 측정하고 있기 때문이다. Quinones, Ford, Teachout(1995)은 직무경험을 **양적** 차원뿐만 아니라 **질적** 차원으로 구분해 볼 수도 있다고 제안하였다. 직무경험을 질적 차원으로 평가하려면, 수행된 직무과제와 개인이 직무에 노출된 상황의 적절성이 검토되어야 한다. 예를 들어, 어떤 사람이 여러 해 동안 회계사 경험을 하였지만 현장감사 경험이 거의 없다면, 이 사람이 일반적인 회계 경험을 덜 가진 사람보다 감사 직책을 더 잘 수행할 수 있다고 말할 수 없을 것이다.

Quinones 등(1995)의 연구에 기초하여, Tesluk과 Jacobs(1998)는 직무경험을 직무 관련 경험의 밀도(density)와 시기(timing)의 두 차원으로 정의할 수 있다고 제안하였다. 특정 업무에서 고밀도의 경험을 가진 종업원은 상대적으로 짧은 기간 안에도 많은 **발전적 경험**의 기회를 가질 수 있다. 이런 것들로 책임감 증가나 아주 어려운 조건하에서 업무를 수행하는 것을 들 수 있다. 시기 차원은 어떤 업무경험이 개인의 경력 기간 중 초기, 중기, 말기 중 어느 단계에서 발생하느냐에 따라 발전적인 가치에 차이가 있을 수 있다는 사실을 보여 준다. 대부분의 종업원들에게 개인의 경력 단계 초기에 일어나는 실수는 (후기에 발생하는 실수와 비교해 볼 때) 개인의 발전에 더 많은 영향을 끼친다. Quinones 등(1995) 그리고 Tesluk과 Jacobs(1998)의 연구에서 더 주의해야 할 점은 직무경험이 복잡한 변인이며, 그 의미를 완전히 이해하고 평가할 수 있으려면 더 이론적이며 경험적인 연구가 시행되어야 한다는 것이다(참고 5.6 참조).

직무수행 예측치로서 성격

일반 인지능력 및 직무경험과 함께, 직무수행 예측치로서 성격에 대한 연구가 최근의 연구 조류로 떠오르고 있다. 이 영역에 대한 많은 연구들을 논의하면서, 우선 직무수행 예측치로서 성격의 '5요인'(성실성, 우호성, 경험에 대한 개방성, 외향성 및 신경성)에 대한 연구를 살펴보고자 한다. 그런 다음 수행 예측치로서 상이한 특성들의 결합특성 또는 '수퍼 특성'에 관한 접근들을 살펴보고자 한다. 그 다음에는 최근 부상하고 있는 주도적 성격 특성을 살펴보겠다. 이 절은 업무현장에 초점을

참고 5.6

직무경험이란 무엇인가?

직무경험이란 조직심리학에서 자주 사용되어서 그 중요성을 너무 당연시하기 쉬운 변인이다. 전형적으로, 대부분의 연구자들은 여기에 많은 주의를 기울이지 않는데, 그 이유는 단지 기술통계적인 목적으로 또는 단순히 통계분석에서 통제변인으로 사용하기 위해 측정할 뿐이기 때문이다. 대부분의 연구에서, 경험은 단순히 개인이 특정 직무나 조직에 고용되었던 개월 수나 햇수로 측정된다.

Tesluk과 Jacobs(1998)는 조직 또는 직무 근속연수가 직무경험의 복잡성을 잘 대변하지 못할 가능성이 있다는 지적을 하였다. 예를 들어, 똑같은 길이의 근속연수라도 직무 관련 체험의 밀도나 시기가 매우 다를 수 있다. 밀도 차원의 가장 좋은 예는 전쟁지역에서 복무하는 외과의사이다. 이 사람은 전형적으로 분초를 다투면서 수술을 하게 된다. 따라서 정상적인 민간 병원에서 일하는 외과의사가 두 배의 기간에 걸쳐 얻는 경험보다도 단 3개월 만에

더 많은 수술경험을 할 수가 있다. 경력 시기의 좋은 예로는 교육훈련을 받고 난 직후에 수행이 저조한 부서를 책임지게 된 관리자를 들 수 있다. 이런 경험은 의심할 바 없이 경력 후반기에 얻게 되는 것보다 훨씬 더 많은 영향을 주게 될 것이다.

많은 조직이 경험의 복잡성을 인식하고, 개인의 발전이 최대화될 수 있도록 높은 잠재력 보유 관리자에 대한 업무할당을 구조화하려 한다. 그러나 대부분의 경우, 연구자들은 경험을 아주 간단한 형태로 처리해 버린다. 향후 이런 영역을 잘 구조화하는 것도 조직심리학 연구 영역에 매우 가치 있는 결과를 제공해 줄 것이다.

출처 : P. E. Tesluk and R. R. Jacobs. (1998). Toward an integrated model of work experience. *Personnel Psychology*, 51, 321–355.

둔 성격 평가를 '개념화'하기 위한 논의와 성격이 직무수행을 예측하는 방식에 대한 모델을 제시하는 것으로 마무리하고자 한다.

다양한 영역의 직무에서 수행을 예측하는 변인으로 일관성 있게 밝혀진 성격 특성은 **성실성**(conscientiousness)이다(Barrick & Mount, 1991, 2005; Dudley, Orvis, Lebiecki, & Cortina, 2006; Oh, Whang, & Mount, 2011; Ones, Viswesvaran, & Schmidt, 1993; Thoresen, Bradley, Bliese, & Thoresen, 2004). 성실한 사람은 의지할 만하고, 목표 지향적이며, 계획적이고 성취 지향적이다. Barrick과 Mount(1991)는 다양한 직무에서 성실성과 수행 간 교정 상관계수가 .22라는 것을 발견하였다. Ones 등(1993)은 여러 직무에서 정직성 검사(많은 사람들이 성실성의 측정치라고 간주함)와 직무수행 간의 평균 교정상관이 .34라는 것을 관찰하였다. Oh 등(2011)은 최근 성실성과 직무수행 간의 관계를 조사하였는데, 성실성이 관찰자 평정으로 측정되었는데도 교정 상관이 .37로 나타났다.

왜 성실성이 직무수행을 예측하는 견고한 예측치가 되는지에 대해서는 두 가지 설명이 있다. Schmidt와 Hunter(1998)에 따르면 성실성과 직무수행을 연계해 주는 변인은 직무지식이다. 일반 인지능력 및 직무경험과 수행 간의 관계를 매개해 주는 변인이 직무지식이었다는 것을 상기해 보자. 그러나 이번 경우에 매개과정은 능력보다는 동기와 주로 관련된 것이다. 매우 성실한 사람들은 직무지식을 높이기 위해 시간과 노력을 더 많이 들일 것이고, 이로 인해 성실하지 않은 사람들보다 더 나은 수행을 할 것이다.

성실성과 수행 간의 관계에 대한 또 다른 설명은 목표설정이다. Barrick, Mount, Strauss(1993)는 영업사원들을 대상으로 한 연구에서, 목표설정이 성실성과 직무수행 사이를 매개한다는 것을 발견했다. 구체적으로 성실성이 높은 사람들은 성실하지 않은 사람들보다 수행과 관련된 목표를 설정하려는 경향을 더 많이 가지고 있다. 목표를 설정하려는 경향은 직무수행을 높은 수준으로 달성하는데 촉진제 역할을 한다. 이런 결과는, 성실한 사람들은 직무에 상관없이 더 나은 수행을 보여 준다는 Schmidt와 Hunter(1998)의 발견에서도 나타난다.

성실성과 수행 간의 관계에 대한 마지막 설명은 동기적인 것이다. Barrick, Stewart, Piotrowski(2002)는 성실성은 일로부터 더 많은 것을 성취하고 더 높은 지위에 도달하려는 종업원의 열망에 영향을 주어 수행 평가와 관련된다는 것을 발견하였다. 이런 동기변인들을 통제한 후에는 성실성이 더 이상 직무수행을 예측하지 못하였다. 이 연구는 성실성은 종업원이 더 나은 수행을 하도록 동기를 북돋아 준다는 모델을 지지해 준다.

직무수행에 대한 예측치로서 성실성을 고려하면서, 해당 주제에 대해 떠오르고 있는 두 가지 연구영역에 주목해 볼 필요가 있다. 첫째는 전반적인 성실성 특성보다는 순서성, 자기통제, 근면성, 그리고 신뢰성 같은 전반적 성실성의 세부요소들이 직무수행을 더 잘 예측하는가이다. '충실도-영역확대 간 상쇄효과(fidelity-bandwidth tradeoff)'(Hogan & Roberts, 1996)란 말로 종종 언급되고 있지만, 기본적인 전제는 구체적 성격 측면은 구체적 수행 측면을 더 잘 예측해 주는 데 비해 일반 성격 특성은 일반 수행을 더 잘 예측한다는 것이다.

몇몇 최근 연구는 세부 측면 특성보다는 일반 성실성 측정치에 대한 지지를 보여 준다. Salgado, Moscoso, Berges(2013)는 성실성과 성실성의 세 측면(순서성, 자기통제, 근면성)이 경찰관 수행 측면(전반 수행, 기술적 과업 수행, 순서행동)을 예측하는 정도를 검토하였다. 연구자들은 일반 성실성 측정치가 통제되었을 경우에 개별 측면들은 전반 수행 차원이나 세부 수행 차원 중 어느 것도 예측하지 못하였음을 발견했다. 한편 Sitser, van der Linden, Born(2013)은 구체적 성실성 차원(예 : 세심한 일처리 경향)은 구체적 판매 수행(예 : 행정처리)을 더 잘 예측해 준 데 비해 일반 성실성 측정치는 일반 판매 수행을 더 잘 예측한다는 것을 발견하였다.

성실성과 직무수행 연구에서 떠오르는 두 번째 이슈는 관계가 선형적인지 곡선적인지 하는 것이다. 최근 연구는 지나친 성실성이 반드시 좋은 것만은 아닐 수도 있다는 것을 보여 준다. 성실성 수준이 특정 지점을 넘어서게 되면, 높은 수준의 성실성은 지나치게 경직되고, 융통성이 없거나 완벽주의적으로 되는 것과 관련되었다(Mount, Oh, & Burns, 2008). 이런 경향은 특히 복잡성이 낮은 직무에서 더 그러했다(Le et al., 2011). 고급 통계 모델링을 사용하여 연구자들은 아주 높은 수준의 성실성은 수행 수준 및 조직시민행동 저하와 관련되고, 나아가 반생산적 행동 수준의 상승과 관련되는 것을 보여 주었다(Carter et al., 2014).

성실성 외에 다른 성격 특성들도 특정 유형의 직무수행을 더 잘 예측한다는 사실에 주목할 필요가 있다. Barrick과 Mount(2005)에 따르면 외향성과 우호성(갈등을 피하고 어울리기 쉬운 성향)은, 특히 다른 사람들과 자주 상호작용을 해야 하는 직무에서 직무수행을 잘 예측한다. 경험에 대한 개방성은 새로운 아이디어와 체험에 개방적인 성향인데, 항상 새로운 변화에 적응해야 하는 직무수행에 대한 중요한 예측치이다. 시간경과에 따라 직무수행 궤적의 변화를 검토한 최근 연구는, 경험에 대한 개방성이 높은 종업원은 직무수행 쇠퇴를 더 늦게 경험한다는 것을 보여 주었다(Minbashian, Earl, & Bright, 2013).

성격과 직무수행에 대한 보다 최근 접근들은 광의의 요인으로 특성들을 결합하는 것이 직무수행을 더 잘 예측할 수 있다는 주장을 한다. Erez와 Judge(2001)는 자존감, 통제소재, 전반적 자기효능감, 및 신경증이 통합되어 핵심 자기평가(core self-evaluation)를 구성한다는 주장을 하였다. 그들은 "자신과 관련된 사람, 사건 및 사물에 대한 개인적 평정을 대표하는 기본적인 결론 또는 기저선 평가"(p. 1270)로 이를 정의하였다. 자존감은 사람들이 자신에 대해 가지는 전반적인 태도이다. 통제소재는 개인이 자기 행동의 원인을 자신 내부행동으로 귀인하거나(내적 통제소재), 환경에 귀인하는 것(외적 통제소재)을 말한다. 전반적 자기효능감은 개인이 자신이 직면하고 있는 과제를 완수할 수 있다고 생각하는지 여부를 말한다. 마지막으로 신경증은 정서적 안정성이 결여된 상태와 부적인 정서상태를 경험하는 경향성을 말하는 것이다. 신경증은 개인의 핵심 자기평가에 부적으로 작용하게 된다.

Erez와 Judge(2001)는 4개의 개별 성격 특성이 모두 합쳐져서 핵심 자기평가라는 포괄적 특성을 구성한다고 제안하였다. 더 중요한 것으로, 해당 저자들은 이 포괄적 특성이 학생과 보험 영업사원 모두의 수행을 예측해 준다는 것을 발견하였다(학생의 경우 포괄적 특성과 수행 간에 $r=.35$, 보험 영업사원의 경우 포괄적 특성과 판매량 간에 $r=.34$, 수행평정 간에 $r=.44$였음). 핵심 자기평가와 수행 간의 상관은 이 포괄적 특성을 구성한 4개 개별 특성들과 수행 간의 어떤 상관보다 더 컸다. 마지막으로 핵심 자기평가는 성실성을 통제하였을 경우에도 수행과 관련되었다. 최근의 통합분석에서 Judge, Van Vianen, De Pater(2004)는 핵심 자기평가 특성을 지지하였고, 이 변인을 측정하는 단축형 척도를 제시하였다.

수행을 예측하는 것으로 알려진 또 다른 결합 성격 특성은 '**심리적 자본**(psychological capital)' 또는 'PsyCap'이다. Luthans, Avolio, Avey, Norman(2007)은 이를 다음과 같이 정의한다.

> 발달단계에서 정적인 심리상태를 보이는 사람은 다음과 같은 특징을 가진다 : (1) 자신감을 갖고 도전적 과제에서 성공하기 위해 필요한 노력을 기울이는 것(자기효능감), (2) 현재 및 미래에 성공할 것에 대해 긍정적 귀인을 하는 것(낙관성), (3) 목표를 달성하기 위해 지속적인 노력을 하고, 필요하면 성공하기 위해 목표에 도달하는 통로를 변경하는 것(희망), (4) 문제나 역경에 부딪혔을 때 성공할 때 까지 참아 내고 다시 일어서서 더 나아가는 것(탄력성)(p. 3).

PsyCap의 네 요소가 각기 수행과 연관되어 있는 상황에서, PsyCap 전체 점수가 다양한 유형의 직무수행에 대한 예측치가 되는 것은 당연하다. Avey, Nimnicht, Pigeon(2010)은 PsyCap이 대형 금융기업의 관리자 수행평정과 객관적 재무 성과 두 가지를 모두 예측해 주는 것을 발견하였고, Luthans 등(2007)은 PsyCap이 하이테크 제조기업에 종사하는 종업원의 관리자 평정과 객관적 수행을 예측해 준다는 것을 발견하였다. 이런 특성들이 더 다양한 영역에서의 개인차, 특히 종업원이 얼마나 일을 잘하는지에 대한 개인차를 잡아낸다면, 미래 조직심리학 연구는 결합 특성들이 수행과 여타 조직 결과를 예측하는 능력을 계속해서 조사하게 될 것이라고 예상할 수 있다.

핵심 자기평가와 PsyCap 외에, 최근 직무수행 예측 차원에서 많은 주목을 받고 있는 또 다른 특성은 **주도적 성격**(proactive personality)이다. Bateman과 Crant(1993)는 처음으로 주도적 성격을 개념화하였는데, 이들은 상황적 제약조건에 영향받지 않고, 자신의 환경을 적극적으로 창조해 내고 자신의 삶을 개선할 방안을 찾아내는 사람들로 이를 개념화하였다. Frese, Fay, Hilburger, Leng(1997)은 유사한 특성을 개인선도성(personal initiative)이라 명명하였는데, 선도적으로 문제를 해결할 수 있고 장애를 목표달성에 활용하는 성향을 지칭한다. 주도적 성격에서 높은 점수를 보이는 사람은 그 특성에서 낮은 사람보다 더 수행이 좋았다는 것을 연구는 보여 준다. Crant(1995)는 부동산 판매원을 대상으로 한 연구에서 주도적 성격은 업무 성과와 정적으로 관련됨을 보여 주었다. 즉 주도적 성격이 높은 사람들은 판매수당을 더 많이 벌어들였다. 최근의 통합분석 결과도 주도적 성격은 상위 수준의 업무수행에 대한 예측치임을 보여 준다(Fuller & Marler, 2009; Thomas, Whitman, & Viswesvaran, 2010; Tornau & Frese, 2013). 주도적 성격을 가진 종업원은 다양한 영역의 업무역할 수행에서 더 큰 확신을 보여 주었고, 역할 수용에서도 더 유연하였고(Parker, Williams, & Turner, 2006), 효과적인 업무수행에 필요한 사회적 관계망을 개발하는 데도 더 능숙하였다(Seibert, Kraimer, & Crant, 2001).

성격을 직무수행의 예측인자로서 여기는 것에 대해 최근에 대두한 한 가지 이슈는 업무를 수행하는 직무상황 속에서 성격측정 프레임을 만드는 것의 중요성이다. 대부분의 연구는 상황을 배제한 성격측정 프레임하에서 연구되었다. 예로, 성실성을 측정하는 데 사용되는 표본 문항으로 "나는 과제를 끝까지 마무리한다"를 들 수 있다. 개인이 일반적으로 과제를 끝까지 완수한다는 것인지, 업무수행 시 과제를 마무리한다는 것인지 아니면 둘 다인지에 대해 아무런 언급이 없다는 것에 주목하기 바란다. 프레임 있는 또는 맥락이 주어진 성격측정은 업무에서 어떻게 할지에 대해 묻는 성격측정에 응답하도록 한다. 이런 프레임은 문항에 대해 반응할 때, 자신의 직무에 집중하라고 지시하도록 하거나 문항 자체에 그런 내용이 들어가도록 바꾸어 줌으로써 이루어진다.

예로 위에서 언급한 성실성 질문은 다음과 같은 방식으로 프레임을 바꿀 수 있다. "나는 직무를 수행할 때 과제를 끝까지 마무리한다." 프레임이 있는 또는 맥락이 주어진 성격평가가 탈맥락적인 측정보다 직무수행을 더 잘 예측한다는 것은 이론적으로 의미 있는 발견이다. 이런 아이디어를 지지하면서, Shaffer와 Postlethwaite(2012)는 최근에 맥락이 주어진 성격측정치 대 탈맥락적인 성격측정치와 수행 간의 관계 강도를 조사하는 통합분석을 시행하였다. 위 저자들은 맥락이 있는 성격측정치의 평균 타당도 계수(.25)가 탈맥락적인 측정치의 평균 타당도 계수(.11)보다 높은 것을 발견하였다. 직무수행 예측치로서 맥락이 있는 성격측정이 증가할 것이 예상된다.

직무수행을 예측하는 변인들에 대해 지금까지 누적된 지식을 요약하면, 직무수행에 영향을 주는 가장 중요한 개인차 변인은 일반 인지능력, 직무경험 및 성실성이다. 또한 직무수행과 이들 변인 사이를 연결해 주는 주요 기제는 직무지식이고, 좀 약하지만 목표설정 그리고 동기이다. 이런 관계들은 직무 복잡성에 의해 영향을 받는 것으로 드러났다. 〈그림 5.1〉은 이런 예측들을 요약하였다. 거기에 덧붙여, 보다 최근 연구는 수행을 예측할 때 좀 더 광의의 성격 특성 측면들을 탐색하는 것의 중요성을 제기하면서 특정 성격 특성을 결합해서 심리적 자본과 같은 상위 특성을 제시하기도 한다.

〈그림 5.1〉에는 동기, 리더십 또는 조직풍토와 같은 여러 상황적 요인들이 포함되지 않았음을 주목하기 바란다. 이는 순전히 교육적인 고려에 의한 것으로 상황적 요인과 수행 간의 연계는 후속 장에서 다룰 것이기 때문이다. 개인차와 상황적 요인의 결합 효과를 함께 분석한 연구들이 거의 없

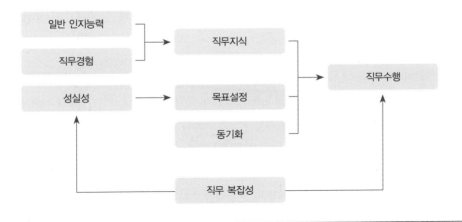

그림 5.1 직무수행을 예측하는 가장 중요한 개인차 변인의 요약

지만, 두 요인이 모두 직무수행에 기여한다는 것은 경험적으로 밝혀진 사실이다(Barrick & Mount, 2005; Colarelli, Dean, & Konstans, 1987; Day & Bedeian, 1991 참조). 따라서 조직이 종업원의 수행을 높은 수준으로 끌어올리기 위해서는 똑똑하고, 경험 많고, 성실한 사람을 채용하는 것 이상의 활동을 해야 한다.

조직시민행동

이 장에서 논의되는 생산적 행동의 두 번째 형태는 **조직시민행동**(organizational citizenship behavior, OCB)이다(Organ, 1977, 1994). 일반적으로 말해서, OCB는 종업원에게 요구되는 공식적인 직무규정의 일부가 아닌 행동들(예 : 결근한 동료를 도와주는 행동, 다른 사람들에게 예의 바르게 처신하는 행동) 또는 종업원이 공식적으로 보상받지 않는 행동들을 말한다. 그런 행동들은 조직에 의해 공식적으로 요구되는 것은 아니지만, 전체적으로 볼 때 집단이나 조직의 효과성을 높이는 것이다(George & Bettenhausen, 1990; Katz & Kahn, 1978; Podsakoff, Ahearne, & MacKenzie, 1997). 앞에서 다룬 직무수행 모델(Campbell, 1990, 1994; Murphy, 1994)에서 역할 내 수행과 역할 외 수행 간 구분을 상기해 보라. 그리고 그런 측면에서 제시된 역할 외 수행은 개인이 담당하는 주요 전문영역과 관련된 세부 과제들과 연계되지 않는다는 것을 상기해 보자(예 : 팀워크, 헌신행동, 의사소통 능력). 역할 외 수행과 OCB 간의 구분은 좀 더 흐릿하다. 기술적으로 보면, OCB는 종업원을 사정하는 데 사용되는 공식적인 평가체계의 일부로 평가되지 않는다는 것이 가장 큰 차이점이다. 그 외에도, OCB의 선행변인들은 역할 내와 역할 외 수행의 선행변인들과 다르다.

Organ(1977, 1994)은 OCB를 분류하는 한 가지 방법을 제시하였는데, 조직에서의 OCB를 5개의 유형으로 범주화하였다.

1. 이타행동(altruism)은 조직 장면에서 '도와주는 행동'이라고 여기는 것들을 총칭한다. 이 OCB 행동은 간혹 친사회적 행동(prosocial behavior)이라 불리기도 한다. 이타행동의 사례로는 컴퓨터 조작에 어려움을 겪는 동료에게 자발적으로 도움을 주는 것을 들 수 있다.

2. 예의행동(courtesy)은 다른 사람에 대해 기본적인 배려심을 베푸는 행동을 지칭한다. 이 범주에 속하는 행동의 사례로는 일이 어떻게 진행되어 가는지를 확인하기 위해 동료들과 주기적으로 '기본적인 접촉을 하는 것', 일이 어떻게 진행되는지 다른 사람이 알 수 있도록 하는 것이 포함된다.

3. 스포츠맨십(sportsmanship)은 특정 유형의 행동에 관여하지 **않음으로써** 나타나는 행동이란 측면에서 다른 OCB 행동들과 구별된다. 예를 들어, 문제점이나 사소한 불편사항에 대해 불평하지 않는 행동 같은 것이 여기에 해당된다.

4. 성실행동(conscientiousness)은 직장에서 '좋은 시민'이 되는 것과 관련되는 것으로 회의시간에 정시에 맞추어 도착하는 행동을 하는 것 등이 이에 해당된다.

5. 시민덕목행동(civic virtue)은 목표대상이 다른 개인이 아니라 조직 또는 업무집단이라는 측면에서 여타 OCB 행동들과 구별된다. 이런 유형의 OCB 행동 사례는 조직이 후원하는 자선행사에 참여하는 행동을 들 수 있다.

이런 식의 분류가 OCB를 **분류**하는 합리적인 방식이기는 하지만, 다른 연구자들은 OCB를 달리 조직화한다. 예를 들어, Organ과 Konovsky(1989)는 문제를 가지고 있는 다른 종업원을 돕는 행동(이타행동)과 규칙을 따르고 일이 잘되도록 필요한 일을 하는 것(응종행동)을 구분하였다. 마지막으로, McNeely와 Meglino(1994)는 다른 사람을 돕는 것을 지향하는 조직시민행동(OCB-I)과 전체적으로 보아 조직을 위하는 것으로 방향 지어진 조직시민행동(OCB-O)을 구분하였다. OCB 유형별로 예측변인의 차이를 비교하는 데 관심이 있는 연구자들은 후자의 구분법에 특별히 관심을 기울였다.

대부분의 연구자들은 조직 내의 개인을 지향하는 OCB와 일반적으로 조직을 지향하는 OCB 간의 기본적 차이를 받아들인다. 그런데 고급 통계모델링을 사용한 최근의 통합분석 결과, OCB-I와 OCB-O의 잠재변인 간 상관이 .98로 나타났는데, 이는 두 변인이 전반적으로 동일한 구성개념을 측정하고 있다는 것을 시사하는 것이다(Hoffman, Blair, Meriac, & Woehr, 2007). Hoffman 등(2007)은 두 유형의 OCB를 결합한 모델이 변인을 분리시킨 모델과 동일하게 데이터에 부합하였다는 것을 발견하였다. 따라서 조직심리학자들이 구별되는 OCB 유형을 서로 차별화하는 데 관심을 가지는 경우가 있다 하더라도, 차별화된 하위점수들을 결합하여 전체 점수로 활용하는 것도 의미가 있다고 여겨진다.

OCB의 이유

종업원들은 왜 OCB를 보여 주는 것일까? 여기에는 세 가지 설명이 있을 수 있다. 첫 번째 설명에 따르면, 주요 결정요인은 정적인 정서, 전형적으로 일종의 직무만족이다. 이론적으로, 이 관점은 매우 긴 역사를 지닌 사회심리학적 연구 전통에서 온 것으로, 정적인 기분이 도움행동과 여타 자발적인 친사회적 행동의 빈도를 증가시킨다는 점에 착안한다(George & Brief, 1992 참조). 더 나아가 정적인 기분과 도움행동은 상호 강화적인 기능을 가지는데 그것은 타인을 돕는 행동이 사람들을 기분 좋게 만들어 주기 때문이다. Bettencourt, Gwinner, Meuter(2001)는 정적인 직무태도는 서비스업에 종사하는 종업원들이 보이는 여러 종류의 OCB와 관련된다는 것을 발견하였다. 연구자들은 또한 직무몰입, 직무만족 변인들이 상사의 OCB 평정과 정적인 상관이 있다는 것을 발견하였다(Diefendorff, Brown, & Kamin, 2002).

OCB에 대한 두 번째 설명은 조직이 보여 주는 종업원 처우의 공정성(fairness of treatment)에 대한 인지적 평가와 관련된다. 이 견해는 이론적으로 **형평성 이론**(equity theory)에 근거하고 있다(Adams, 1965). 이 이론에 따르면 종업원은 자신이 처한 업무상황을 인지적으로 평가하는데, 조직에 대한 투입과 반대급부로 받게 되는 결과를 비교한다는 것이다(형평성 이론은 제8장에서 다시 상세히 다룰 것이다). 만약에 종업원이 조직이 자신을 공정하고 정당하게 대우하고 있다고 지각하면, 그들은 OCB 행동을 보여 줌으로써 자신이 받은 것을 조직에 되돌려주려고 한다. 그런데 공정성 또는 공평성의 형태에 따라 OCB 행동의 예측에 차이가 생길 수 있다. 예를 들어, Moorman(1991)은 OCB를 가장 잘 예측해 주는 것은 **상호작용 공정성**(interactional justice)이라는 것을 발견했다. 이 공정성 행동은 상사가 조직의 정책이나 절차를 시행할 때 종업원을 대우하는 방식을 말하는 것이다. 대비적으로 또 다른 연구는 **절차 공정성**(procedural justice)이 **분배 공정성**(distributive justice)보다 OCB를 더 잘 예측해 준다는 것을 발견했다(예 : Konovsky & Pugh, 1990). 절차 공정성이란 급여 인상과 같은 의사결정을 할 때 활용되는 절차의 공평성에 대한 종업원 지각을 말하는 것이고, 분배 공정성은 그런 절차로 인해 개인이 받게 되는 결과물의 공평성에 대한 지각을 말한다. 최근의 연구는 **권리 추구자**(entitled)라고 분류되는 사람들에게는 특히 조직 공정성 지각이 OCB에 대한 중요 예측변인이라고 제안한다(Blakely, Andrews, & Moorman, 2005). 이런 부류의 사람들은 투입이 비슷할 경우 자신의 결과물이 다른 사람들보다 더 크기를 원한다. 이런 사람들은 특히 조직에 의해 자신이 공정하게 대우받는다고 느끼는 정도에 따라 OCB를 보일 것인지의 여부를 결정한다.

OCB에 대한 세 번째 설명은 성향(dispositions)에서 원인을 찾는다. 이 견해에 따르면 OCB를 행하는 사람에게는 특정 성격 특성이 내재되어 있다. 다시 말하면, 어떤 사람들은 다른 사람보다 천성적으로 도와주려는 성향을 더 많이 갖고 있다. OCB에 대한 처음 두 설명과 비교해 볼 때, 성향 견해는 OCB 연구에서 훨씬 적은 관심을 받았는데, 이 견해의 지지자들이 OCB에 관여하는 것으로 생각한 특정 성격 특성이 애매모호하였기 때문이다. 이것은 여러 형태의 종업원 태도와 행동 간 관계에 대한 성향적 설명에 보내는 비난이기도 하다(Davis-Blake & Pfeffer, 1989).

OCB에서 성향의 역할에 대한 최근 연구는 OCB 예측에 있어 성격 특성과 동기의 역할(타인에 관한 친사회적 관심, 조직에 대한 관심 대비 인상관리에 대한 관심)을 평가하였다(Bourdage, Lee, Lee, & Shin, 2012). 이들에 따르면, 정직성 특성에서 낮은 점수를 보인 종업원은 조직에 있는 다른 사람들에게 좋은 인상을 심어 주려는 열망 때문에 OCB를 수행하려는 동기가 더 강하였다. 대조적으로, 경험에 대한 개방성이 높은 사람들은 다른 사람에 대한 친사회적 관심 때문에 OCB를 수행하려는 동기가 더 높았다. 이 결과들은 사람들은 각기 다른 이유로 OCB를 수행하며, 이런 이유들은 종업원의 성격 특성이 OCB와 관련된다는 것을 시사한다.

정서, 공정성 및 성향 외에도 다른 여러 요인들이 OCB 수행에 영향을 주는 것으로 제기되었으나 이런 요인들은 폭넓은 경험적 검증을 받지 못했다. 예컨대 Chattopadhyay(1998)는 OCB가 업무집단의 인구학적 구성비에 의해 영향을 받는다는 증거를 찾아냈다. 또한 OCB 수행은 직무 관련 스트레스원(Jex, 1998; Jex, Adams, Bachrach, & Rosol, 2003), 종업원의 조직몰입 수준(Williams & Anderson, 1991)과 같은 다른 요인에 의해 영향을 받을 수도 있다. Wang, Law, Hackett, Wang, Chen(2005)은 최근 리더십이 OCB의 중요한 결정요인이라는 것을 발견했다. 이들은 중국 내 여러 조직 구성원으로부터, 리더에 대한 긍정적인 지각과 신뢰가 OCB 수행과 관련 있다는 것을 발견했다. 마지막으로 Finkelstein과 Penner(2004)의 연구에서는 동료를 도와주려는 열망 및 시민역할 정체성과 연합된 동기들(예 : 회사를 도와주는 것은 내가 누구인지를 결정하는 데 중요하다)이 인상관리와 연합된 동기들보다 OCB와 더 강하게 관련되었다.

OCB의 여러 선행변인들의 상대적 영향력을 평가하기 위해 Organ과 Ryan(1995)은 55개 연구에 대해 통합분석을 시행하였다. 분석 결과, 직무만족과 지각된 공정성은 OCB와 대략 비슷한 강도의 상관을 보여 주었다. 그러나 OCB와 성향변인 간의 관계는 조금 실망스러웠다. 예를 들어, 성실성, 우호성, 정적 정서성 및 부적 정서성 등의 성격 특성들은 모두 OCB와 관련되지 않았다. Ilies, Nahrgang, Morgeson(2007)이 시행한 좀 더 최근의 통합분석은 구성원-리더 간 양질의 상호관계(종업원과 감독자 간의 관계)를 보여 주는 종업원들은 구성원-리더 간 저질의 상호관계를 보여 주는 종업원에 비해 OCB를 더 많이 보여 주었다. 마지막으로, Podsakoff, Whiting, Podsakoff, Blume(2009)은 개인 수행과 부서 수행에 미치는 OCB의 영향을 검토하는 통합분석을 시행하였다. 이들은 타인 및 조직 지향 OCB가 개별 종업원 수준의 과업수행과 철회행동의 강한 예측인자라는 것을 발견하였다. 게다가 생산성과 이윤으로 측정된 부서 수준의 결과와도 강한 연관성이 있음을

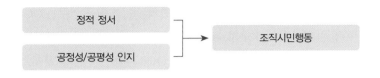

그림 5.2 조직시민행동(OCB)의 주요 결정인자들 요약

보여 주었다.

〈그림 5.2〉는 OCB의 선행변인과 결과물에 대한 여러 통합분석의 결과를 요약한 것이다.

OCB 연구의 특별 이슈

Organ(1977)이 OCB 개념을 처음 도입한 이래 이 주제에 대해서 상당한 연구가 진행되었다. 연구가 잘 이루어지는 대부분의 주제들처럼, 이 영역의 연구자들 간에 갈등과 논쟁을 불러일으키는 많은 이슈들이 나타났다. 이 절에서는 이런 문제들 중 네 가지에 대해 간략히 논의하고자 한다.

OCB 연구에 깔린 주요 전제는 조직이 효과적이려면 이런 형태의 생산적 행동이 필수적이라는 것이다(Katz & Kahn, 1978). 종업원이 직무기술서에 나타난 대로만 자기 직무를 정확히 수행하고 그 이상 아무것도 더 하지 않는다면 조직은 효과적으로 기능할 수 없다. 그러나 최근까지도 이런 주장은 정확하게 경험적인 검증을 받지 못했다. 기껏해야 집단 간 비교 결과 OCB가 효과성과 정적으로 관련되어 있다는 것이 경험적으로 검증되었을 뿐이다(Karambayya, 1989; Podsakoff et al., 1997). 기대했던 대로 구성원들이 OCB를 더 많이 행하는 집단이 이런 행동을 적게 행하는 집단보다 더 효과적이었다. 예를 들어, 타이완에서 은행 지점들의 조직 효과성(예 : 이윤, 고객만족도)과 OCB가 관련된다는 것이 발견되었다(Yen & Niehoff, 2004).

OCB와 그 효과성에 대한 연구에서 아직 명확하지 않은 것은 이 관계에 내재해 있는 인과성이다. 연구자들은 주로 OCB가 집단 및 조직 효과성에 인과적인 영향력을 가진다는 전제하에서 연구를 진행했다. 그러나 인과관계의 방향이 뒤바뀔 수도 있다. 효과적인 집단의 구성원들은 높은 수준의 OCB 행동을 보여 줄 가능성이 높다. 어떤 집단이 성공적이면 이 성공 불꽃의 영향으로 집단 구성원들은 OCB 수준이 높다고 지각할 수 있다. 이와 관련해 Staw(1975)는 집단 응집성에 대한 집단 구성원들의 회고적 보고내용이 집단수행에 관한 거짓 피드백에 근거해서 조작될 수 있다는 것을 발견하였다. 이 연구에서 자기 소속 집단이 성공적이라고 들은 집단 구성원은, 자기 집단이 성공적이 아니라고 들은 집단 구성원들보다 자기 집단의 응집성 수준이 더 높다고 보고하였다. Staw(1975)와 같은 패러다임을 사용해서 Bachrach, Bendoly, Podsakoff(2001)는 최근에 OCB에 대한 회고적 지각 (retrospective perception)이 집단수행에 의해 영향받을 수 있다는 증거를 발견하였다.

수행이 OCB의 원인이 될 수 있다는 주장과 대조적으로, 좀 더 최근 연구는 OCB가 미래 수행 수준을 예측한다는 주장을 지지한다. Podsakoff와 동료들(2009)은 OCB의 개인 수준 결과와 부서 수준 결과를 검토하는 통합분석을 시행하였다. 그 결과, OCB는 개인 수준 및 부서 수준 수행 둘 다와 관련되었다. 더욱이 OCB는 회전율과 같은 부서 수준의 생산성 수행을 강하게 예측하는 것으로 나타났는데, 수행측정치가 OCB와 동시에 측정되는 경우보다 시점상 뒤에 측정되었을 때 이런 경향이 나타났다. 이런 발견은 OCB가 부서 수행을 높인다는 주장을 지지하는 결과이다.

그 외에도, Podsakoff 등(2009)의 통합분석 결과는 OCB 평정은 종업원의 개별 과업수행 평정보다 전반 직무수행 평정에 대해 더 중요한 예측치라는 것을 보여 준다. 이 결과는 종업원이 자기 직무 중 주요 과업에 능숙한 것만큼이나 조직 내 다른 사람을 도와주는 것과 같은 팀 플레이어가 되는 것이 중요하다는 것을 시사하는 것이다.

두 번째 이슈는 OCB 개념 자체의 타당성에 관한 것이다. Organ(1977)에 의해 처음 정의되었을 때, OCB는 종업원의 공식적인 직무책임을 넘어서는 것으로서, 그 대가로 어떤 공식적인 보상이 주어지지 않는 행동을 나타내는 것이었다. 첫 번째 이슈에 대한 언급에서처럼, 하루하루 일상적인 회사생활을 수행하게 되면서 종업원들은 '역할 내' 행동과 OCB의 근간이 되는 '역할 외' 행동 간 차이를 구별하는 것이 점점 힘들어지게 되었다. 이는 많은 종업원이 다른 종업원을 돕는 행동, 다른 사람에 대한 예의 바른 행동, 때로는 조직을 위한 행사에 참여하는 것과 같은 행동을 자신이 담당해야 할 공식적인 책임사항 중의 하나로 여기게 된다는 것을 시사한다. 이 가정은 Morrison(1994)이 시행한 판매직에 종사하는 종업원을 대상으로 한 연구에서 지지되었다. 이 연구에서는 OCB로 간주되었던 많은 행동이 공식적인 역할 내 직무책임으로 여겨진다는 것을 발견했다. 이 연구에서는 또한 종업원과 상사의 OCB 행동에 대한 분류가 서로 높은 상관을 보여 주지 않는다는 것이 발견되었다. 따라서 상사가 OCB라고 생각하는 많은 행동들이 종업원의 입장에서는 단순히 자기 직무의 한 부분이라고 생각하는 일을 하는 것일 수도 있다.

Morrison(1994)의 연구에서 나타난 또 다른 흥미 있는 사실은 직무만족과 감정적 조직몰입이 높을 때, 종업원들은 OCB 행동을 역할 내 행동으로 분류하려고 한다는 것이다. 이런 발견에 기초해서 Bachrach와 Jex(2000)는 기분 유도 절차(mood-induction procedure)를 활용한 실험 연구를 통해 가상판매 직책에 대한 OCB 범주화에 기분이 미치는 영향을 연구하였다. 흥미롭게도 부적 기분이 체험되도록 유도된 사람들은 정적이거나 중립적인 기분이 유도된 피험자들에 비해 OCB 행동을 자신이 담당해야 할 정규직무의 일부로 분류하는 경우가 적었다. 이런 발견은 부적 정서가 개인의 역할정의를 보다 협소하게 만들 수 있다는 것을 시사한다. Morrison(1994)의 연구와 함께 고려해 볼 때, 이런 결과들은 OCB 연구에 내재되어 있던 '역할 내' 행동과 '역할 외' 행동 간의 구분에 의문을 가지게 만든다.

OCB 연구에 대한 세 번째 이슈는 종업원들이 자신의 조직시민행동들이 보상받을 것이라는 기대 없이 실제로 그런 행동을 할 것인지에 대한 것이다. Organ(1977)의 초기 주장에도 불구하고, 이런 전제에 의문을 가질 수도 있다는 새로운 증거들이 제시되었다. 예를 들어, OCB 행동을 수행하는 것은 공식적인 수행 평가에 긍정적으로 영향을 준다는 것이 경험적으로 드러났고(Eastman, 1994), 종업원들이 이를 의식하지 않는다는 것 또한 의심스럽다. Bolino(1999)에 따르면, 미래의 보상에 대한 기대를 갖고 OCB 행동을 수행할 때, 이 행동은 이타적 행동이라기보다 인상관리(impression management)(제10장 참조)의 한 형태가 된다. 인상관리 행동은 단순히 자신에 대한 다른 사람의 견해에 영향을 주기 위해 개인이 사용하는 전술이다. Bolino(1999)에 따르면, OCB 행동은 인상관리 행동으로 사용될 가능성이 농후하다. 특히 보상의 배분에 책임이 있는 다른 사람에게 그러한 행동들이 잘 드러나는 경우에는 더욱 그러하다. 예를 들어, 상사가 주위를 돌아다니며 관찰하고 있을 때에만 다른 사람을 돕는 행동을 더 많이 하는 종업원이 있을 수 있다.

혹자는 OCB가 수행되는 한 내면의 동기는 상관없다고 주장할 수도 있다. 그러나 조직이 OCB 수행에 영향력을 미치기를 원한다면 그런 행동 이면에 있는 이유가 중요하다. 만약 종업원이 주로 자신의 직무에 만족하기 때문에 또는 자신이 공정하게 대우를 받고 있다는 느낌 때문에 OCB를 수행한다면, 조직은 종업원을 공정하게 대우해 주고 만족 수준을 한 단계 높여 줌으로써 OCB 수행에 영향을 줄 수 있다. 이와 대조적으로, OCB 행동이 보상에 대한 기대나 인상관리를 위한 목적으로 수행된다면 조직은 직간접적으로 OCB 수행과 보상을 연계시켜 주어야 한다. 이는 본질적으로 OCB 수행이 직무수행의 또 다른 형태로 여겨져야 한다는 것을 의미하는 것이다.

OCB 연구에 있어서 마지막 이슈는 OCB가 미래의 조직현장에서도 의미 있는 개념으로 남아 있을 수 있을 것인지에 대한 것이다. Bridges(1994)는 최근 분명해지고 있는 경향 한 가지를 지적한 바 있는데, 조직이 공식적인 직무기술서를 폐기하고 있다는 것이다. 사실 Bridges는 궁극적으로 '직무(job)'라는 개념이 존재하지 않을 것이라 예측하고 있다(참고 5.7 참조). 아직 이런 상황이 많이 일어나지는 않았지만, 많은 조직에서 종업원의 일이 점차 프로젝트 중심으로 수행되고 있고, 각 구성원의 활동은 자신의 기능적인 직무의무를 완수하는 것보다는 프로젝트 완수와 더 관련되어 있다. 이런 경향에 비추어 볼 때 OCB가 근거하고 있는 '역할 내'와 '역할 외'의 구분이 미래의 업무현장에서도 적절할지에 대해 의문을 가지게 되는 것이다. OCB라고 간주되는 행동들은 '직무가 명확하지 않은(dejobbed)' 환경에서는 여전히 필수적일 수 있다. 그러나 미래의 종업원들은 이들을 '직무의 일부분'으로 여길 것이며 최소한 이런 행동들이 프로젝트의 완수에 도움이 되는 정도에서는 더욱 그렇게 여길 것이다. Morrison(1994)의 연구가 보여 주는 것처럼, 이런 현상은 이미 일어나고 있는 일이지만 미래에는 더 명확한 추세가 될 것이다. 왜냐하면 많은 종업원들이 더 이상 자신의 행동을 안내해 주는 공식적인 직무기술서를 갖지 않게 될 것이기 때문이다. 그럼에도 불구하고 Organ,

참고 5.7

직무 없는 세상

William Bridges는 1994년에 발간된 **직무이동 : 직무 없는 일터에서 성공하는 방법**(*JobShift: How to Prosper in a Workplace without Jobs*)이라는 책에서 가까운 미래에는 직무라는 개념이 존재하지 않을 것이라고 주장하였다. 즉 개인별로 직무상 책임을 기술해 놓은 공식적인 직무기술서를 가지는 대신에, 조직에 있는 모든 사람에게는 프로젝트별 목표와 이를 달성하는 데 필요한 기대사항들이 주어질 것이다. 아무런 공식화된 직무를 갖지 않게 된다는 것이 주는 의미는 조직이 임시직 또는 계약직 직원을 더 많이 채용하게 된다는 것이다. 즉 조직은 특정 프로젝트를 완수하기 위한 '필요'에 근거해서 전문가를 고용하게 될 것이다. 이는 조직에게는 상당한 유연성을 부여해 주고, 보다 낮은 인건비로 직원을 고용할 수 있게 해 줄 것이다. 이런 경향이 주는 또 다른 함축적 의미는 점점 더 많은 사람들이 특정 조직에 속하는 영구적인 구성원이 아니라 '독립적인 계약자'가 될 것이라는 것이다.

Bridges에 따르면 직무를 없애 버리려는 이런 추세는 하이테크 분야에서 특히 많이 나타날 것인데, 이는 주로 이 분야에서 일이 처리되는 속도와 계속되는 혁신 탓이다. 다른 유형의 조직에서도 궁극적으로는 직무가 없어질 것인가? 이런 일이 가능할 수도 있지만, 많은 조직이 직무를 없애 버리지는 않을 것이라는 근거도 존재한다. 예를 들어, 선발과 승진 절차의 법적인 적합성은 이런 절차들이 얼마나 직무와 관련되어 있는가에 달려 있다. 따라서 직무기술서가 없는 조직에서 만약에 선발과 승진 절차에 문제가 생기면 매우 곤란한 입장에 처할 수도 있다. 또한 노조가 직무기술서를 없애는 것에 대해 우려감을 나타낼 수도 있다. 왜냐하면 이런 것들이 임금률을 설정하는 바탕이 되고, 종업원은 수행할 것으로 기대되는 직무책무에 따른 계약만큼 복무하려고 할 것이기 때문이다.

출처 : W. Bridges. (1994). *JobShift: How to prosper in a workplace without jobs*. Reading, MA: Addison-Wesley.

Podsakoff, Podsakoff(2011)는 중요한 지적을 하였는데, 종업원 평가와 조직 효과성에 OCB가 중요한 영향을 미친다면, OCB를 수행할 역량을 갖춘 사람을 선발하고 이를 촉진하는 방법을 연구하기 위해 연구자들이 계속 노력할 것이란 사실이다.

조직에서의 혁신

이 장에서 논의할 마지막 생산적 행동은 혁신(innovation)과 적응력(adaptability)이다. OCB처럼, 이런 현상들은 실제로 직무수행의 한 측면이지만, 그 선행변인을 고찰하고자 하는 별도의 문헌들이 만들어질 정도로 고유한 면을 가지고 있다. 혁신에 대한 어떤 표준적 정의도 존재하지 않지만, 이런 생산적 행동의 사례로는 종업원들이 조직의 목표를 달성하게 해 주는 아주 새로운 아이디어나 개념을 제시하는 경우를 생각할 수 있다. Griffin, Neal, Parker(2007)는 적응수행(adaptive performance)이란 개념을 도입하였는데, 종업원이 업무환경, 과업완수 절차, 팀 구성, 조직 방향성에서 나타나는 변화에 얼마나 잘 대처하는지를 다루는 직무수행 측면을 말하는 것이다. 혁신과 적응력은 둘 다 종업원이 자기 업무와 조직을 위해 새로운 방향을 설정해 내고, 유용한 방식으로 이런 변화에 대응하는 직무수행 요소를 다룬다. 이 절에서는 먼저 직무수행 측면으로 혁신을 다루고, 그 다음 적응력으로 우리 관심을 돌리고자 한다.

직무수행의 한 유형으로서 혁신의 기술

Hellstrom과 Hellstrom(2002)은 "개념적으로 유용한 새로운 것을 만들어 내서 조직 내에 이런 새로운 것을 유통시키고 정착시키는 과정"(p. 108)을 지칭하기 위해 조직적 아이디어 창출(organizational ideation)이라는 말을 만들었다. 조직에서 볼 수 있는 가장 분명한 형태의 종업원 혁신은 신제품이나 새로운 서비스이며 이에 대한 많은 사례를 들 수 있다. 예를 들어, 델 컴퓨터사는 개인용 컴퓨터 마케팅과 유통에서 혁신자가 되었다. 새턴은 자동차 유통과 서비스 양 부분의 혁신자가 되었다. 그러나 모든 혁신이 제품이나 서비스의 형태를 취하는 것은 아니다. 예를 들어, 한 명의 종업원이나 여러 명의 종업원들이 모여 독특한 조직구조를 창안할 수도 있고, 보다 효율적인 생산방법 또는 여타 비용절감형 관리절차를 만들어 낼 수도 있다.

조직 혁신을 다루는 문헌에는 네 가지 구별되는 연구 흐름이 있다(Damanpour, 1991). 첫 번째 기류로, 몇몇 연구자들은 종업원들이 혁신적인 아이디어를 창출해 내는 과정(process)을 조사하였고, 또 다른 몇몇은 극히 혁신적인 종업원과 그렇지 않은 사람을 구별해 주는 특징을 찾아내는 데 관심을 가졌다. 두 경우 모두 초점은 혁신에 책임이 있는 종업원이나 종업원들이라는 것에 주목하자. 이 관점은 또한 이 장에서 제기하는 혁신의 정의와 논리적으로 일치한다. 두 번째 기류에서, 혁신은 보다 거시적 전망에서 조망된다. 즉 이 관점의 많은 혁신 연구자들은 조직 전반에 걸친 혁신의 확산(diffusion)에 관심을 가졌다(Greenhalgh, Robert, & McFarlane, 2004 참조). 그 한 예가 회사 전반에 걸쳐 컴퓨터가 활용되는 방식을 들 수 있을 것이다. 세 번째 기류에서, 혁신 연구자들은 혁신의 '채택(adoption)'이라고 불리는 것에 초점을 두고 있다(Frambach & Schillewaert, 2002). 이 관점에서 볼 때, 초점은 어떤 혁신을 채택할지에 대한 조직의 초기 의사결정에 대한 것이다. 마지막으로, 네 번째 기류는 혁신에서 개인과 조직의 중요성을 다룬다. Hellstrom과 Hellstrom(2002)은 최근에 개별 작업자와 촉진적인 조직 조건이 함께 어우러져 혁신을 배양하게 된다고 강조하였다. 이 저자들은 조직 전반에 혁신을 전파하기 위해 "조직 내 간선도로, 오솔길, 주변도로"(p. 107)가 조직 내에 만들어질 수 있다고 주장하였다. 참고 5.8은 야구 비즈니스에서 조직 혁신 사례를 보여 준다.

조직에서의 혁신 연구는 종업원 창의성에 관한 연구에 기반할 수도 있다(Zhou & Shalley, 2011). 여기서는 조직을 위해 종업원이 도전사항에 창의적으로 대응하는 능력이 혁신적 수행으로 변환될 수가 있다. 그래서 다음 절에서는 업무현장에서 창의성과 혁신의 결정요인을 다루어 보고자 한다.

참고 5.8

조직 혁신에 적용된 머니볼

Michael Lewis는 2004년에 발간된 **머니볼 : 불공정 게임에서 승리하는 기술**(Moneyball: The Art of Winning an Unfair Game)이라는 책에서 야구의 세계에 적용시킨 경영기법 및 승리기법을 저술하였다. 이 책은 비록 재능 있는 야구선수를 발굴하고 관리하는 비즈니스를 위해 저술한 책이지만, 많은 조직과학자들은 이 책에 기술된 내용들이 인력관리와 조직혁신 전 분야에 적용될 수 있다는 것을 알아챘다. **인적자원관리**(Human Resource Management)(2006)에 실린 한 주도적인 논문에서 이 책이 조직 부문에 주는 의미를 분석하였고, 이어서 여러 명의 조직과학자들이 이 주도적 논문에 대해 의견을 피력했다.

머니볼에서 얻게 된 가장 큰 교훈은 신중성, 직관 및 전통에 기초한 유지관행보다는 조직이 당면하는 수요에 대처하기 위해 혁신적이어야 할 필요성을 깨닫는 것이 중요하다는 것이다. Lewis는 일반관리자인 빌리 빈이 오클랜드 애슬레틱스를 아주 효과적인 야구팀으로 변모시켜 세 번째로 가장 부유한 야구팀으로 만들게 된 이야기를 해 주었다. 내면에 깔린 이야기 중의 으뜸은 빈이 더 많

은 돈을 가지고 있는 다른 팀도 하지 못하는 방법으로 어떻게 재능 있는 선수를 찾아내고, 이들을 확보하고 유지하는 데 혁신적일 수 있었느냐는 것이었다. 특정 야구선수를 발굴하는 의사결정을 내리기 위해 빈은 많은 심리학적 원리를 활용하였다. 여기에는 탁월한 능력을 발휘하게 될 선수를 찾아내는 데 감이나 직관에 의지하기보다 과거 수행이나 통계적 기록을 사용하는 것이 미래의 수행을 가장 잘 예측해 줄 수 있다는 것 등이 포함되었다. 이런 접근법이 일견 합리적으로 보일지라도 재능 있는 선수를 확보하는 데 사용되던 기존 관행에서는 상당히 벗어난 것으로 아주 급진적인 접근법으로 여겨지기도 하였다. 물론 이 방법은 궁극적으로 성공하였고 오클랜드 애슬레틱스는 야구팀뿐 아니라 조직으로서도 성공하였다. **머니볼**의 이야기는 일반적으로 조직이 종업원을 선발하고 유지할 때 어떻게 해야 하는지에 대한 중요한 시사점을 던져 준다. 즉 의사결정을 해야 할 때 주관적인 지각보다는 객관적인 데이터를 사용하는 것이 중요하다는 것을 이야기해 준다.

출처 : M. Lewis. (2004). Moneyball: The art of winning an unfair game. New York, NY: Norton.

창의성과 혁신에 기여하는 종업원 특성

개별 종업원 측면에서 혁신을 바라보게 된다면, 제기되는 논리적 질문은 종업원이 혁신적인지 아닌지를 결정하는 예측치가 존재하는가에 대한 것일 것이다. Amabile(1983)에 따르면 여러 변인들이 개인의 창의적인 산출을 예측해 준다. 창의성과 혁신은 밀접하게 연계되어 있기 때문에 이 변인들은 또한 조직상황에서 혁신을 예측하는 데도 적절하다. Amabile에 따르면 창의성은 과제 관련 기술(task-relevant skills), 창의성 관련 기술(creativity-relevant skills) 및 과제동기(task motivation)에 의해 결정된다.

과제 관련 기술 영역은 이전에 논의된 변인인 일반 정신능력과 밀접히 관련되어 있지만, 그 이상이다. 창의적이려면 개인은 일반 인지능력이 뛰어나야 한다. 게다가 그 이상으로 더 세부적인 능력을 가지고 있어야 한다. 예를 들어, 새로운 백신을 개발하려는 과학자는 지능이 뛰어나야 할 뿐만 아니라 미세 유기체의 행태에 대한 세부적인 정보를 알고 있어야 하며, 이 지식을 자신의 연구에 적

용할 수 있어야 한다. 세부적인 지식과 전문적인 기술을 습득하려면 일정 수준의 일반 정신능력을 가지고 있어야 한다. 또한 개인은 종종 특정 형태의 공식적 교육과정을 통해 이를 습득하여야 한다. 예를 들어, 대부분의 성공적인 과학자는 각자 전공 영역에서 제공하는 대학원과정을 이수한다. 창의적인 재능은 공식적인 교육과 분리되어 개발될 수도 있다. 예를 들어, 창의적인 예술 분야에서 성공적인 많은 사람들은 일대일 개인교습이나 독학과 같은 비공식적인 방식을 통해 배울 수도 있다.

과제 관련 기술이 중요하고 많은 사람들이 이를 보유하고 있지만, 이들이 모두 창의적이거나 혁신적인 작품을 만들어 내지는 못한다. 예를 들어, 산업 및 조직심리학이나 관련 분야(예 : 조직행동, 인사관리)에서 많은 사람들이 박사학위를 갖고 있지만 상대적으로 이들 중 몇몇 사람들만 아주 생산적인 연구자가 된다(예 : Long, Bowers, Barnett, & White, 1998; Ones & Viswesvaran, 2000). 이 분야에서 박사학위를 갖고 있는 사람들은 모두 상응하는 교육과 훈련을 받았고, 전문영역에서 일정 수준의 성취를 이루어 낸 사람들이라는 것을 염두에 두자. 그러면 어떤 사람들은 생산적인데 다른 사람들은 왜 그렇지 않은가? 이 질문에 대한 대답은 창의성 관련 기술과 과제 동기에 달려 있다.

창의성 관련 기술은 기본적으로 개인이 창의적 과정에서 사용하는 **통합기술**(meta-skills)이다. 창의적 과정에 중요한 한 가지 기술은 창의성을 이끌어 내는 인지 양식(cognitive style)이다. Amabile(1983)에 따르면 창의적인 사람은 문제의 복잡성을 잘 이해하고 문제를 해결하는 동안에 **판에 박힌 틀을 해체**할 수 있어야 한다. 달리 말하면 창의적이려면 문제를 다양한 관점에서 볼 수 있고, 문제를 해결하기 위해 **틀을 깨려는 자발성**을 가지고 있어야 한다. 베트남 전쟁에 대한 최근의 회고록을 보면 이런 원리가 적용되지 **않았던** 역사적 선례를 볼 수 있다(McNamara, Blight, Brigham, Biersteker, & Schandler, 1999). 어두운 측면에서 볼 때, 미국과 북베트남의 의사결정자들은 분쟁을 완전히 다른 시각에서 바라보았고, 이런 시각에서 벗어나려는 의지도 갖고 있지 않았다. 미국인의 시각으로 볼 때 베트남은 남아시아를 공산화하려는 공산주의자들이 가진 계획의 '첫 번째 도미노'로 여겨졌다. 한편 북베트남 사람들은 미국의 개입을 프랑스 식민주의와 동일한 것으로 여겼다. 만약에 어느 한쪽이 이런 시각에서 벗어나려고 했다면 전쟁이 양 당사자 모두를 그렇게 파탄적인 상태로 몰아넣기 전에 분쟁이 해소되었을 것이다.

또 다른 중요한 창의성 관련 기술은 창의성을 유도하는 작업 양식(work style)이다. 창의적인 사람은 일정 기간 동안 특정 문제에 자신의 노력을 집중할 수 있다. 달리 말해 **창의성은 집중적인 작업을 요구**한다. 예를 들어, 창의적인 사람은 종종 특정 시기에 오랜 시간 동안 쉬지 않고 작업을 한다. 또 다른 작업 양식으로 창의적인 사람은 Amabile(1983)이 '**생산적 망각**(productive forgetting)'이라 부르는 모습을 보여 준다. 이는 비생산적 탐구를 포기하는 능력, 일시적으로 골치 아픈 문제들을 옆으로 치워 두는 능력을 말한다. 이를 보여 주는 좋은 사례는 과학에서 발견되는데, 과학에서는 많은 실패를 거친 후에야 비로소 **획기적인 도약**(breakthroughs)이 이루어진다.

지금까지 설명한 창의성 관련 기술은 훈련을 통해 습득될 수도 있는 것들이다. 하지만 창의성에 기여하는 소질적인 요인들이 또한 존재한다. 연구자들이 창의적 성격(creative personality)을 따로 분리해 낼 수는 없겠지만 분명히 어떤 성격 특성들은 창의적인 활동과 연합되어 있는 것처럼 보인다. 여기에는 자기규율, 만족 지연능력, 좌절 수용능력, 독립성, 비동조적 사고, 사회적 승인 거부 성향 등이 포함된다.

좀 더 최근에 연구자들은 목표 지향성과 혁신 간의 관계를 검토하였다. 목표 지향성이란 사람들이 성취 지향 상황에 얼마나 접근하려고 하는가를 말한다(Dweck, 1986). 학습목표 지향성(learning goal orientation, LGO)을 가진 개인은 새로운 기술을 숙달하고 이런 기술을 발전시키기 위해 실패를 감수하려는 동기를 가지고 있다. 수행목표 지향성(performance goal orientation, PGO)을 가진 개인은 자신이 가진 능력을 입증하고자 하는 욕망을 가지고 있고, 이로 인해 다른 사람에게 자신이 어떻게 판단되는지에 주로 관심을 가지고 있다. PGO를 가진 개인들은 전형적으로 자신이 실패할 수 있는 상황을 피하려고 하고, 그로 인해 새로운 것을 배우기 위해 실패를 감수하려고 하지 않는다.

Lu, Lin, Leung(2012)은 종업원의 목표 지향성과 창의성 및 혁신에 대해 상사로부터 받은 평정치 간 관계를 살펴보았다. 그 결과 LGO 수준은 창의성 및 혁신성 평정과 정적인 연합을 보인 반면, PGO는 창의성이나 혁신과 연계되지 않았다.

창의성에 대한 예측치로서 종업원 간 성격 관련 차이 외에 연구자들은 자신의 직무에 대한 종업원 지각이 창의성에 어떻게 영향을 미치는지에 대해 연구하기 시작하였다. Coelho와 Augusto(2010)는 Hackman과 Oldham(1980)의 모델에서 나온 직무특성이 서비스 종업원들의 창의적 수행과 관련 있는지를 검토하였다. Hackman과 Oldham의 모델은 제9장에서 좀 더 자세히 살펴볼 예정인데, 이 모델에서는 과업 자율성, 과업 정체성, 과업 피드백, 과업 의미성, 및 과업 다양성이 중요하다고 제안한다. Coelho와 Augusto(2010)의 연구에서 과업 의미성을 제외한 나머지 직무특성들은 자신이 평정한 창의성 중요도 수준과 정적으로 관련됨이 발견되었다.

마지막으로, 최근 연구자들은 직무 착근성[1](job embeddedness)과 혁신 간의 관계를 각기 다른 경력단계에 있는 종업원들을 통해 검토하였다(Ng & Feldman, 2010). 직무 착근성이란 종업원이 자신과 자신의 직무 사이의 적합성을 높은 수준으로 경험하는 것을 말하는데, 함께 일하는 사람과 수행하는 과업 간에 강한 연결성을 느껴 자신이 직무와 결합되어 있다고 지각하고, 그 결과 자신의 직무에 자신을 희생하려고 하는 것이다(Mitchell et al., 2001). Ng와 Feldman(2010)은 직무 착근성은 혁신적 행동과 밀접히 연결되어 있으며, 자신의 직무에 깊이 뿌리내리고 있는 사람은 일을 더 잘 수행하고 싶어 하고, 자신의 조직이 성공하기 바란다고 주장하였다. 그들의 연구에서 직무 착근성이 높

---

1 역자 주 : embeddedness는 착근성, 배태성이란 말로 번역되는데, 어떤 특성에 맞게 뿌리를 굳게 내린다는 개념이다. 이런 면에서 이 책에서는 '착근성'이란 말로 사용한다. 지역 착근성, 업무 착근성 등이 여기 해당된다.

은 종업원들은 6개월 후에 측정된 혁신행동에 더 많이 몰입하였는데, 이 관계는 경력 중기와 후기 단계에 있는 종업원들에게서 더 강하게 나타났다. 그러므로 종업원에게 자기 직무와의 연결성을 키워 주는 것은 업무에서의 혁신적 행동을 증가시켜 줄 것이다.

창의성과 혁신에 관한 조직적 결정요인

창의성을 결정하는 개인 내 요인에 대한 논의를 하였는데, 종업원들의 창의성이나 혁신을 키워 주기 위해 조직이 할 수 있는 것은 무엇인가? 이 질문에 대한 가장 간단한 대답은 창의적인 사람을 고용하는 것이다. 이런 응답도 귀 기울일 만한 것이지만, 조직이 할 수 있는 다른 일들이 있다. 예를 들어, 창의성 관련 기술을 키우기 위해 조직이 브레인스토밍 같은 창의적 문제해결 방법을 활용하는 훈련을 제공할 수 있다. 이런 훈련 프로그램에서 이루어지는 전형적인 활동의 예로는 종이 집게를 사용하여 할 수 있는 일이 얼마나 되는지를 5분 동안 적어 보기 등을 들 수 있다(여러분이 실제로 해 보더라도 용도가 얼마 되지 않을 것이다). 이런 형태의 훈련이 내적인 능력 부족을 완전히 보충해 주지 못하는 것은 분명하다. 그러나 재능 있는 종업원이 자신이 가지고 있는 창의적인 잠재성을 깨닫게 하는 데는 도움이 된다.

조직이 창의성과 혁신을 키울 수 있게 하는 또 다른 방식은 과업 동기에 영향을 주는 것이다. 동기에 대한 보다 포괄적인 논의는 제8장에서 이루어지겠지만, 본 맥락에서 간단히 살펴보면 과업 재미와 내재적 동기를 고양시켜 주기 위해 조직이 할 수 있는 일들이 있는 것 같다. 한 가지 방법은 종업원들이 진짜로 즐기는 일에 종업원들을 배치하는 것이다. 언제나 이것이 가능하지는 않겠지만, 이런 시도가 실행된다면 창의성 수준을 높여 줄 수 있을 것이다. 과업동기를 높이기 위해 조직이 할 수 있는 또 다른 실천방법에는 외적 제약요소를 파악해서 제거하는 것이다(Peters & O'Connor, 1988). 일부 사람들은 외적 제약요소를 우연하게나마 피해 나갈 수 있겠지만, 만약 이런 제약요소들이 처음부터 존재하지 않았다면 종업원들이 내재적 동기를 높일 기회는 더 많아질 것이다.

Kauffeld, Jonas, Grote(2004)는 혁신지원 조직풍토를 측정하는 구조화된 측정도구를 개발하려고 하였고, 다음과 같은 네 가지 주요 요인을 발견하였다. (1) 리더십 활성화(혁신을 지지하고 귀감이 되는 리더가 되도록 하는 것), (2) 지속적인 질문(종업원으로 하여금 현행 관행에 대해 지속적으로 문제제기를 하도록 하는 것), (3) 결과창출적 실행(혁신의 실행이 종업원과 조직에게 실질적으로 도움이 되는 결과를 가져다주도록 하는 것), (4) 전문가적인 문서화(혁신을 분명하게 지적하고 기술하는 것)가 이에 해당된다. 이 저자들은 혁신풍토가 조직문제 및 제품혁신을 위해 개발된 해결책의 질과 같은 변인들과 관련됨을 발견했다.

Amabile과 Conti(1999)도 역시 개인 창의성을 조직으로 확대하려는 Amabile의 연구를 확장해서, 종업원의 창의성을 촉진해 주는 조직맥락 차원을 명료하게 제시하였다. 그녀는 조직에 있는 5개의 환경요인이 종업원의 창의성에 기여한다는 주장을 하였다 : (1) 창의성 장려하기, (2) 자율성과 자유, (3) 자원(제약조건을 제거하는 것의 반대), (4) 압력(긍정적인 도전은 키워 주고 업무부하량 같은 요인들은 제거하는 것), (5) 창의성에 대한 장애요인(예 : 보수주의, 갈등). Amabile, Conti, Coon, Lazenby, Herron(1996)은 촉진요인의 존재가 하이테크 회사의 연구 및 개발 프로젝트의 창의성과 관련됨을 발견했다.

이전에 언급했던 것처럼, 혁신을 다루는 많은 문헌들은 거시적인 초점을 채택하였다. 즉 연구자들은 조직에서 혁신을 채택하거나 전파시키는 것을 촉진하거나 방해하는 조직특성을 파악하는 데 초점을 두었다. 혁신을 채택하게 만드는 조직 수준의 예측변인들을 찾고자 한 가장 광범위한 연구는 Damanpour(1991)에 의한 통합분석이었다. 그는 23개 연구에 포함된 데이터를 결합하였다. 이 통합분석에서 나온 결과들을 설명하기에 앞서 기술혁신(technical innovation)과 관리혁신(administrative innovation) 간의 구분을 살펴보는 것이 중요하다. 기술혁신은 제품, 서비스, 생산 공정기술에서 일어나는 혁신을 말한다. 새로운 생산 공정을 채택한 조직은 기술혁신을 채택할 것이다. 관리혁신은 조직구조와 행정 처리과정에 초점을 둔다. 팀 기반 조직구조로 바꾸고자 하는 조직의 의사결정이 그 사례일 수 있다.

이 연구 결과들은 여러 가지 조직 수준의 혁신지표들이 있다는 것을 시사해 준다. 놀라운 일은 아니지만 가장 강력한 지표는 기술적 지식 자원(technical knowledge resources)이었다. 변화이행 과정을 이해하고 촉진해 주는 기술적 전문성을 가진 종업원들을 다수 보유하고 있을 때 조직이 혁신을 채택할 가능성이 더 높아질 것이다. 이런 발견이 의미하는 바는 다음과 같다. 기술적 전문성을 가지고 있지 못하면 조직이 우선적으로 채택하고자 하는 혁신은 존재하지 않을 것이다. 따라서 조직은 기술적 지식 수준이 높은 사람들을 고용해야 한다.

두 번째로 강력한 혁신지표는 조직의 전문화 수준(organization's level of specialization)이다. 소량 제품의 제조사와 같이, 고도로 전문화된 조직은 기술적 전문성이 높은 개인들을 보유하고 있을 가능성이 크다. 기술적 전문성을 갖춘 사람을 많이 보유하고 있다는 것은 중요한 문제를 다룰 수 있는 재능을 더 많이 가지고 있다는 것이며, 이는 아이디어의 전방위 확산을 촉진하고, 결국에는 혁신을 이끌어 낼 것이다.

이 통합분석에서 파악된 세 번째로 주목할 만한 혁신지표는 조직의 대외 의사소통 수준(the level of external communication)이었다. 이 예측지표의 사례로 학술대회에서 연구 결과를 발표하고 이런 아이디어를 다른 조직에 있는 사람들과 공유하는 기술적 전문가들의 수준을 들 수 있다. 외부환경과 빈번히 의사소통할 것을 장려하는 조직은 외부로부터 혁신적인 아이디어를 들여올 가능성을 키워 줄 것이다. 대외 의사소통은 또한 조직 구성원들이 조직 외부 사람들과 자기 아이디어의 타당성을 검증해 보는 기회를 제공해 줄 것이다. 대외적 의사소통은 기술적 전문성을 보유한 많은 사람들에게 자신의 아이디어에 대해 실로 편견 없는 피드백을 얻을 수 있게 하는 유일한 기회가 될 수도 있다. 최근의 한 연구에 따르면, 프로젝트 중심적이며 지식집약적인 조직의 종업원은 특정 프로젝트와 관련된 사회구조 속에 포함되어 있을 때 또는 조직 외부의 지식 영역에 포함되어 있을 때 가장 혁신적이다(Staber, 2004).

혁신에 대한 네 번째 예측지표는 **기능적 분화**(functional differentiation)로 나타났다. 기능적 분화가 높다는 것은 단순히 조직 내에 서로 상이한 기능별 전문가들이 존재한다는 것을 의미한다. 즉 기능적 분화 수준이 높은 조직은 기술적 전문성에 기반하여 구성된 부서구조를 가진 연구개발 부서를 가지고 있다. 기능적 분화 수준이 높은 조직이 혁신을 가져올 수 있는 이유는 유사한 기능적 전문성을 가진 사람들 속에 속한 집단 구성원들은 아이디어를 더 정교화할 수 있고, 이것이 결국 혁신을 이끌어 낼 수 있기 때문이다. 전문성에 기초한 협조관계는 행정적인 변화와 혁신을 촉진하는 데도 도움이 되기 때문에 많은 경우에 기능적 분화가 유용하다.

좀 더 최근 연구는 이 요인들의 예측 타당도를 지지해 준다. Thomas 등(2005)은 영국 의료 시스템 내부의 일차 의료집단의 혁신을 조사하였다. 저자들은 조직의 혁신역량은 조직 내 다른 구성원과 함께 반성하고 학습하고 의사소통할 기회를 많이 가지는 것, 다양한 관점을 가지고 있는 임상가와 관리자를 함께 보유하는 것, 특정 업무집단이 직면하는 수요에 시의적절하고 정확히 혁신주도력을 맞추어 주는 것과 같은 능력에 좌우된다는 것을 발견하였다. Caldwell과 O'Reilly(2003)는 고위 관리자들을 면담하여 모험추구에 대한 지지, 실수에 대한 인내, 고수준의 팀워크, 신속한 의사결정 능력 등의 요인들이 혁신을 이끌어 낸다는 것을 발견했다(Mohamed, 2002 참조).

변화에 대한 관리자의 태도에 영향을 미치는 것은 복잡한 문제이지만, 조직은 여러 방식을 통해 이를 달성할 수 있다. 한 가지 방법은 변화에 대해 긍정적인 태도를 지니고 있는 관리자를 선발하는 것이다. 고용과정에서 평가가 이루어져야 한다면 이 일은 어려울 수도 있다. 또 다른 접근법은 훈련과 개발 활동을 통해 관리자의 태도에 영향을 미치는 것이다. 궁극적으로 변화에 대한 태도에 영향을 미치는 가장 강력한 방식은 관리자들이 대우받는 방식이다. 많은 조직에서 종업원들이 새로운 일을 시도하는 대가로 처벌받거나 낙담하게 된다. 따라서 변화에 대한 태도를 개선하는 가장 좋은 방법은 관리자들이 새로운 일을 하고 모험추구를 하도록 격려해 주는 것이다. 이런 방식을 통해 조직은 변화로 인한 위험을 제거할 수 있게 된다. 이리 되면 결과적으로 관리자 자신이 변화와 혁신을 더 수용하게 된다.

마지막 요점은 혁신에 대한 태도와 행동을 긍정적으로 만드는 데 리더십이 중요한 역할을 한다는 것이다. Mumford와 Licuanan(2004)은 창의적 혁신을 불러일으키기 위해 필수적인 팀워크를 촉진하는 데 리더가 중요한 역할을 한다는 제안을 하였고, 리더가 없는 팀은 이런 촉진능력이 부족하기 때문에 덜 효과적이라는 것을 보여 주었다. 이 저자들은 창의성과 혁신을 장려하는 데 효과적인 리더들은 기술적 전문성과 창의적 사고 기술이 높았음을 보여 주었다. 마지막으로 혁신적으로 업무를 수행하는 종업원들은 과제수행에 더 내적으로 동기화되어 있기 때문에, 리더가 해야 할 주요한 역할은 특정 창의성 영역에 의욕을 쏟게 하는 조건을 만들어 내는 것이라고 지적하였다. 혁신적 행동에 리더십이 미치는 효과의 중요성을 지적하는 것에 덧붙여, Martinaityte와 Sacramento(2013)는 종업원이 자신의 관리자와 좋은 관계를 보일 때에만 상사평정 종업원 창의성이 매출실적과 연계된다는 것을 발견하였다. 따라서 창의적인 반응들을 객관적인 효과성 지표로 바꾸어 주려면 리더가 특히 중요할 수 있다.

적응수행

지금까지 논의한 직무수행 요소는 주로 일상적인 직무환경 조건에서의 직무수행이었다. 혁신을 직무수행의 한 유형으로 다루면서, 우리는 조직이 당면한 문제를 해결하려면 현 상태에서 벗어나 새로운 해결대안을 창출하는 것이 중요함을 논의하였다. **적응수행**(adaptive performance)이란 업무환경에 도전하고 변화를 모색하기 위해 종업원이 수행하는 행동을 말한다. Griffin 등(2007)은 대부분의 기존 직무수행 모델은 변화하는 환경에 적응하기 위한 종업원 능력을 다루는 행동들을 중요하게 논의하지 않았다고 지적한다. 이 저자들은 종업원이 가진 변화에 대한 개방성이 개인, 팀 그리고 조직 수준 적응수행에 대한 가장 강한 예측변인이라는 것을 발견했다. 이는 변화를 편안하게 여기는 종업원이나 팀은 변화하는 환경에 자신의 수행을 적응시키는 능력이 높다는 것을 의미한다.

Pulakos, Arad, Donovan, Plamondon(2000)은 포괄적 적응수행 모델을 개발하였는데, 이를 위해 그들은 여러 가지 상이한 직무를 수행하는 종업원들에게 각 직무(예 : 군인 인사업무)를 수행하는 사람들에게 영향을 주었던 중요 사건(critical incidents)을 기술하게 하였다. 중요 사건은 종업원들을 도전상황에 처하게 했던 것이나 이를 처리하기 위해 많은 요구가 있었던 사건들을 말한다. 종업원들은 또한 힘들었던 상황조건에 대처하기 위해 그들이 활용했던 행동들을 기술하도록 요청되었다. 이를 통해 저자들은 여덟 가지의 상이한 적응수행을 확인하였는데, 아래와 같은 것들이다.

1. 긴급상황이나 위기사항 처리하기 : 빠른 의사결정과 신속하게 대처행동하는 것이 해당된다.
2. 업무 스트레스 처리하기 : 중요 사건에 직면해서 탄력적으로 대응하고 계속해서 효과적으로 업무수행하는 것이 해당된다.
3. 창의적으로 문제 해결하기 : 직면한 문제를 처리하기 위해 혁신적인 방법을 개발하는 것이 해당된다.
4. 불확실하고 예측할 수 없는 업무환경에 대처하기 : 애매성을 명료화하고 불확실성을 적절히 처리하는 것이 해당된다.

5. 업무과제, 기술 및 절차 학습하기 : 특히 조직을 바람직한 방향으로 이전시킬 잠재력을 가지고 있는 새로운 절차를 학습하는 것이 해당된다.

6. 대인 간 적응성 보여 주기 : 다른 사람에게 잘 반응하고, 피드백을 수용하고, 다양한 특성을 보이는 다른 사람과 잘 어울리는 것이 해당된다.

7. 문화적 적응성 보여 주기 : 문제가 대두하였을 때 조직의 다른 문화를 인정하고 배려해 주는 것이 해당된다.

8. 신체 지향적 적응성 보여 주기 : 극단적인 환경조건에 잘 적응하고 여타 신체적 요구사항이 큰 직무사항에 잘 적응하는 것이 해당된다.

이 모델이 적응수행의 예측치로서 기능하는지를 분석한 결과, Pulakos 등(2002)은 여덟 가지 행동 유형을 잘 수행할 수 있다는 자기효능감이 높은 종업원은 상사가 평정한 적응수행 평정치가 높게 나타남을 발견하였다. 조직이 성공하기 위해 혁신과 적응수행이 중요하다는 것은 미래에도 계속해서 확인되어야 할 주제이다.

요약

이 장에서 우리는 생산적 행동 또는 조직의 목표에 기여하는 종업원 행동을 살펴보았다. 조직에서 나타나는 가장 일반적인 형태의 생산적 행동은 직무수행이고, 이 주제는 수년간 광범위하게 연구되었다. 대부분의 직무에 공통적인 수행 차원을 찾아내고자 하는 여러 시도가 있었다. 직무수행 모델을 찾고자 하는 시도는 계속 진보하여 직무수행의 본질을 이해하는 데 많은 도움을 주었다. 제기된 모델 간에 여러 차이점이 있을 수 있지만, 이 모든 것을 관통하는 한 가지 특징은 역할 내 수행(특정 직무의 전문기술적인 측면)과 역할 외 수행(의사소통 기술이나 팀워크 유지능력과 같이 개별 직무 영역을 넘는 기술)이다.

그 자체의 복잡성 때문에 많은 요인이 직무수행을 측정하려는 시도를 복잡하게 만든다. 시간 경과에 따른 직무수행 안정성의 양 그리고 조직 내 직무수행의 변산성을 제한하는 많은 영향력 등이 여기에 포함된다. 이런 모든 복잡한 요인에도 불구하고 조직연구자들은 수년에 걸쳐 직무수행을 결정하는 요인들을 찾고자 노력하고 있다. 여러 해 동안 누적된 연구를 통해 직무에 관계없이 적용될 수 있는 세 가지 수행 예측변인을 찾아냈다 : (1) 일반 인지능력, (2) 직무경험 수준, (3) 종업원의 성격 특성. 보다 깊이 분석해 보면, 이 변인들은 직무지식을 습득하고 활용하도록 하고 수행을 잘하려는 동기에 영향을 줌으로써 수행에 영향을 주는 것으로 보인다.

조직시민행동(OCB)은 이 장에서 살펴본 두 번째 형태의 생산적 행동이다. 여러 형태를 가지고 있지만 OCB는 종업원의 공식적인 직무책임의 일부가 아닌 것으로 여겨지는 행동으로 정의된다. 여러 연구들은 종업원이 OCB를 보여 주는 이유로 정적 정서, 조직에 의해 시행되는 공정성 수준에 대한 지각을 들었다. 연구자들은 OCB가 조직수행을 올려 준다는 전제를 경험적으로 검증하기 시작했고, OCB의 핵심이라고 할 수 있는 '역할 내/역할 외' 행동 구분에 의문을 갖기 시작했고, OCB 수행에 대한 내부 동기를 검증하려는 시도를 하고 있다. 지금까지 명확한 것은 조직수행의 근저에는 OCB의 역할이 있다는 것이다.

이 장에서 논의된 마지막 형태의 생산적 행동은 혁신과 적응력이다. 우리는 혁신적 또는 창의적 행동을 보여 줄 가능성이 있는 사람들의 특성을 살펴보았고, 혁신과정에 영향을 미치는 거시적 요인들을 살펴보았다. 창의성에 대한 개인 수준의 연구 결과를 살펴본 결과, 창의성과 혁신은 영역 관련 기술, 창의성 관련 기술, 과업동기에 의해 설명될 수 있었다. 거시적 수준의 연구들은 조직의 혁신과정에 영향을 미치는 여러 요인을 밝혀냈다. 가장 일반적인 혁신 예측지표들은 전문적 지식 자원, 대외 의사소통, 변화에 대한 관리자의 태도로 나타났다. 개인적 수준의 특성에서처럼, 혁신을 개발하고 채택할 수 있도록 조직은 거시적 수준에서 여러 가지 영향력을 발휘할 수 있다. 우리는 종업원이 직장에서 도전적이고 힘든 상황에 대응할 수 있도록 해 준다는 면에서 적응수행에 대한 논의로 이 장을 마무리하였다. 적응수행은 불확실하고 변화하는 시기에 조직 성공에 특히 중요할 수 있는 주요 행동들을 대변해 준다.

더 읽을거리

Barrick, M. R., & Mount, M. K. (2005). Yes, personality matters: Moving on to more important matters. *Human Performance*, 18, 359–372.

Lang, J. B., Kersting, M., Hülsheger, U. R., & Lang, J. (2010). General mental ability, narrower cognitive abilities, and job performance: The perspective of the nested-factors model of cognitive abilities. *Personnel Psychology*, 63(3), 595–640.

Podsakoff, N. P., Whiting, S. W., Podsakoff, P. M., & Blume, B. D. (2009). Individual- and organizational-level consequences of organizational citizenship behaviors: A meta-analysis. *Journal of Applied Psychology*, 94(1), 122–141.

Sackett, P. R., Gruys, M. L., & Ellingson, J. L. (1998). Ability-personality interactions when predicting job performance. *Journal of Applied Psychology*, 83, 545–556.

Wildman, J. L., Bedwell, W. L., Salas, E., & Smith-Jentsch, K. A. (2011). Performance measurement: A multilevel perspective. In S. Zedeck (Ed.), *APA handbook of industrial and organizational psychology: Vol. 1. Building and developing the organization* (pp. 301–341). Washington, DC: American Psychological Association.

제6장

조직에서의 반생산적 행동

종업원은 대부분 자신을 고용한 조직이 가진 목적에 긍정적으로 기여하는 방식으로 행동한다. 즉 종업원은 자신의 능력을 최대한 발휘해서 담당한 직무를 잘 수행하려고 하고, 때로는 의무적인 요구사항 이상으로 행동하고자 하며, 자발적으로 혁신적이며 생산적인 아이디어를 제시하려고 한다. 종업원이 이처럼 생산적인 행동을 하고자 하는 이유는 조직이 자신을 선택하였으며, 조직은 대개 그런 생산적인 행동을 장려하고 보상하는 **동기 체계**와 **리더십 체계**를 갖추고 있기 때문이다. 이 부분은 다음 장에서 보다 자세히 살펴볼 것이다.

그렇지만 종업원들은 때때로 조직 목적에 반대로 작용하는 행동에 몰두하기도 한다. **반생산적 업무행동**(counterproductive work behavior, CWB)은 그런 행동을 기술하기 위해 사용되는 일반 용어이다(Spector & Fox, 2005). 조직에서 나타나는 가장 일반적인 반생산적 행동으로는 철회행동(지각 또는 결근), 타인에게 무례하게 굴기와 같은 행동을 들 수 있다. 이들은 분명히 조직이 원하지 않는 행동들이지만, 일반적으로 심각하게 해를 끼치는 행동은 아니다. 덜 일반적으로 나타나는 행동으로는 의도적으로 시간을 허비하기, 사보타주, 절도, 폭력, 약물남용, 및 성희롱과 같은 행동을 들 수 있다. 덜 일반적이라고 할지라도 이런 유형의 행동들 역시 매우 파괴적일 수 있으며 조직에 값비싼 대가를 치르게 할 수도 있다.

이 장에서는 조직에서의 반생산적 행동을 깊이 살펴보고자 한다. 우리는 반생산적 업무행동의 특징에 대한 정의를 검토하는 것부터 시작하고, 이어서 이들의 내적 구조를 논의하고자 한다. 이어서 반생산적 업무행동의 주요 원인에 대해 일반적인 논의를 살펴보고자 한다. 이어서 가장 흔히 나타나는 반생산적 업무행동을 기술한 다음, 계속해서 덜 일반적 또는 **낮은 기저율**을 보이는 반생산적 업무행동을 기술하고자 한다. 마지막으로 CWB의 어떤 형태들은 조직에 긍정적인 영향을 끼칠 수 있다는 것을 간략히 논의하면서 이 장을 마무리하고자 한다.

반생산적 행동의 정의

Spector와 Fox(2005)에 따르면, 반생산적 업무행동(CWB)이란 "조직이나 조직 구성원에게 해가 되거나 해를 끼칠 의도를 갖고 자율적 의지로 행해진 행동"(p. 151)으로 정의된다. 이 정의에 있는 두 가지 중요 세부특징에 주목해 보자. 첫째, 어떤 행동이 CWB로 간주되려면, **자율적 의지로** (volitional) 행해져야 한다는 것이다. 즉 의식적으로 해당 행동에 관여하기로 결심하여야 한다. 사람들이 시간을 허비하기로 의식적으로 결정을 하고, 특정 일에 자신이 해야 할 업무를 다 하지 못하였을 수가 있다. 정의에 따르면 이런 행위는 CWB의 형태가 될 수 있다. 그런 반면, 가정사에 참가하는 문제로 인해 자신이 해야 할 일을 다 마치지 못한 사람은 CWB를 한 것이 아니라고 할 수 있는데, 가정사가 발생하지 않았다면 이 사람은 자신이 해야 할 일을 다 마쳤을 것이기 때문이다.

이 정의가 가진 두 번째 중요 세부특징은 해를 끼칠 의도에 관해 어떤 전제도 하지 않았다는 점이다. 좀 더 구체적으로 말하면, 어떤 행동이 CWB로 간주되려면 해당 행동이 조직이나 조직 구성원에게 해가 되었는지에 따르는 것이지, 행동을 한 사람의 의도(intent)가 무엇이었느냐는 중요한 것이 아니라는 것이다. 예를 들어, 종업원 절도는 조직의 재화를 희생시킨 것으로, 여기서 종업원이 조직에 해를 끼치기 위해 그런 행위를 한 것인지, 아니면 단지 개인적 이득을 위해 그런 행위를 한 것인지 여부는 상관없는 일이다.

마지막 요점은, 이는 앞서 제시된 정의에서는 명백히 드러나지 않은 사실이지만, CWB로 간주되는 조건으로 어떤 행동이 조직에 직접 해가 될 필요는 없다는 것이다. 아마도 이에 대한 적절한 사례로는 서비스 종업원이 의도적으로 고객에게 해로운 행위를 하였을 때를 들 수 있을 것이다(예 : Skarlicki, van Jaarsveld, & Walker, 2008). 그런 행위는 직접 조직에 대해 행해진 것은 아닐지라도, 조직에 간접적으로 해가 될 수 있는데, 사업을 망치게 하거나 조직 명성에 잠재적으로 해를 끼칠 수도 있기 때문이다.

반생산적 업무행동의 구조

앞서 제시된 정의를 따른다면, CWB로 간주될 수 있는 행동은 수백 가지가 있을 수 있다. 다소 관리 가능한 수준으로 CWB의 수를 유지하기 위해, 연구자들은 상이한 형태의 CWB를 기술하는 데 필요한 분류 체계 또는 분류 구조를 개발하였다. 이런 구조 모델들은 주로 연구 장면에서 사용되는 것들이지만, 조직이 이런 행동들을 줄이기 위해 개입을 하고자 할 때 도움을 줄 수 있을 것이다. 이 절에서는 먼저 가장 널리 활용되는 세 가지 CWB 구조 모델을 살펴보고, 그런 다음 이들을 비교하고 수정하려는 최근 연구들을 기술하고자 한다.

Bennett와 Robinson의 2요인 모델

Bennett와 Robinson(2000)은 행동표적에 기반을 두고 CWB에 대한 아주 광의의 분류 체계를 제안하였다. 이 연구자들에 따르면 CWB는 두 범주로 크게 분류되는데, 조직적 범주와 개인적 범주다. 조직적 CWB는 조직환경 내의 개별적 개인보다는 전체적으로 조직을 지향하는 행동들이다. 조직 지향적 CWB의 가장 일반적인 사례로는 시간 허비하기, 사보타주, 지각하기, 다른 사람에게 조직에 대해 부정적으로 이야기하기를 들 수 있다.

개인적 CWB는 전체로서의 조직보다는 개별 종업원을 지향하는 행동들이다. 가장 일반적인 이런 행동 사례는 다른 사람에 대해 무례하고 모욕적으로 언급하기, 다른 사람에 대해 소문 내기, 점심이나 업무 후 술자리에 다른 사람 제외시키기 등을 들 수 있다. 최근 개인적 차원에 대해 Bennett

와 Robinson이 만든 모델에 작은 수정이 있었는데, 상사 지향적 CWB와 타 종업원(예 : 동료, 부하 등) 지향적 CWB를 구분하는 것이다(Mitchell & Ambrose, 2007).

Spector의 5요인 모델

Spector와 동료들(예 : Spector et al., 2006; Spector & Fox, 2005)은 CWB를 5개 범주로 분류하였는데, 표적보다는 행동의 내용(contents)을 중심으로 분류하였다. 이 5개 범주는 (1) 생산일탈, (2) 사보타주, (3) 절도, (4) 철회, (5) 타인학대이다.

생산일탈(production deviance)이란 종업원이 고의적으로 자신의 능력 이하로 업무를 수행하려는 시도를 말한다. 이런 CWB 형태의 가장 일반적 사례는 의도적으로 부정확하게 업무 수행하기, 자신이 일할 수 있는 것보다 의도적으로 느리게 업무하기, 고의적으로 지시를 따르지 않기 등을 들 수 있다. 이 장 후반부에서 우리는 보다 상세히 이런 생산일탈의 원인을 논의할 것인데, 많은 경우 종업원들은 어떤 식으로든 조직에 앙갚음하려고 이런 행동을 한다.

사보타주(sabotage)는 직접적이든 간접적이든 조직 내에서 행해지는 일을 방해하려는 의도적 시도를 말한다. 이런 형태 CWB의 가장 일반적 사례로는 고의적으로 조직의 장비나 재산의 일부를 손상시키기, 의도적으로 재료나 공급물품을 낭비하기, 자신의 업무영역을 더럽히거나 지저분하게 만들기를 들 수 있다. 생산일탈과 마찬가지로, 많은 경우 사보타주는 고용주에게 앙갚음을 하려는 시도로 사실 생산일탈과 매우 유사한 것으로 여겨진다.

절도(theft)는 종업원이 자신의 것이 아닌 재산이나 재물을 취득하는 행위이다. 이런 형태의 CWB 사례는 고용주가 공급한 물품을 훔치는 것, 허가 없이 고용주의 금전을 취득하는 것, 동료 소유물을 훔치는 것 등이다. 어떤 형태의 절도(예 : 동료의 소유물을 훔치는 것)는 조직에 직접적으로 해를 끼치는 것은 아니라는 점에서 흥미로운 CWB라 할 수 있다. 그러나 종업원의 물품을 훔치는 행위는 조직에 간접적으로 해를 끼칠 수 있는 데, 이런 일들이 불신과 의심 풍토를 조성하게 되기 때문이다.

철회(withdrawal)는 종업원이 업무에 관여하지 않고 벗어나려고 하는 시도를 나타내는 광의적 형태의 CWB이다. 아마 가장 일반적인 형태의 철회행동은 허용된 것보다 긴 시간 동안 휴식을 취하기, 업무시간이 끝나기 전에 업무를 떠나기 등을 들 수 있다. 때때로 종업원이 이런 행동에 관여하지만 이런 것들이 반드시 CWB로 간주되는 것은 아니라는 것에 주목하기 바란다. 예를 들어, 아픈 아이를 데려오기 위해 일찍 퇴근하는 것은 나쁜 의도를 갖고 그렇게 한 것은 아니므로 CWB의 정의와 합치하지 않을 수 있다.

타인학대(abuse toward others)는 업무현장에서 언어적이거나 신체적으로 타인을 잘못 대우하는 행동을 말한다. 이런 행동 사례로는 동료에 대해 부정적인 소문 퍼뜨리기, 타인의 사생활을 우스갯거리로 만들기, 신체적 폭력을 사용해 업무 중인 다른 사람을 위협하기 등을 들 수 있다. 학대도 흥미로운 형태의 CWB라 할 수 있는데, 그 이유는 사람들이 자신도 알지 못하는 사이에 이런 행동에 관여하는 경우들이 있기 때문이다. 예를 들어 선천적으로 부끄러움을 많이 타는 사람은 자신은 CWB를 하려고 한 것이 아닌데도, 다른 사람을 무시하고 있는 것처럼 다른 사람들에게 보일 수도 있는 것이다.

Gruys와 Sackett의 11요인 양식

Gruys와 Sackett(2003)는 11가지 다른 형태의 CWB를 구분하여 보다 정밀한 분석법을 제안하였다. 여기 포함된 11요인은 (1) 절도 및 이와 관련된 구성요인, (2) 재산 파괴, (3) 정보 오용, (4) 시간과 자원 오용, (5) 비안전 행동, (6) 출근 불량, (7) 업무품질 불량, (8) 알코올남용, (9) 약물남용, (10) 부적절한 언어적 처신, (11) 부적절한 신체적 처신이다.

Gruys와 Sackett(2003) 모델은 Spector와 Fox(2005) 모델과 중복되는 부분이 있기 때문에, 서로 중복되지 않는 부분만 설명하고자 한다. 이에는 정보 오용, 비안전 행동, 알코올남용, 약물남용이 해당된다. **정보 오용**(misuse of information)은 종업원이 조직이 추구하는 목적과 반대되는 방식으로 정보를 활용하는 것을 말한다. 최근 공개된 관련 사례로는 전 국가정보원 직원이던 에드워드 스노든의 정보공개를 들 수 있을 것이다. 그는 미국 시민에 대한 사적 정보를 수집하려던 국가정보원의 노력에 반하는 행동을 하였다.

비안전 행동(unsafe behavior)은 상대적으로 자의적인 설명이 가능한 행동인데, 안전장비를 갖추지 않는 행동, 안전 관련 규칙이나 절차를 무시하는 행동들이 여기에 해당된다. 비안전 행동은 확실히 CWB의 한 형태로 간주될 수 있지만, 이런 행동들은 상대적으로 경계선상에 위치하는 행동들이다. 왜냐하면 사실 조직에서의 많은 비안전 행동들은 **자유의지가 아닌** 형태로 행해지기 때문이다. 즉 사람들은 종종 안전장비를 착용하는 것을 잊어버리며 그 외 다른 비안전 행동들도 단순히 그리해야 하는 것을 잊어버리고 그렇게 하는 경우가 많기 때문이다. 이 때문에 제7장(종업원 스트레스와 종업원 건강 및 복지 관련 부분)에서 이 안전행동을 다루고자 한다.

알코올남용과 약물남용은 Gruys와 Sackett(2003) 모델과 구분되는 CWB 형태다. 이 두 형태의 CWB도 상대적으로 자의적인 설명이 가능한 형태인데, 비안전 행동과 마찬가지로 CWB 정의와 얼마나 적합한지의 측면에서 경계선적이라 할 수 있다. 대부분의 사람들은 이 형태의 행동 둘 다 거의 대부분 자유의지에 의한 것이라고 생각한다. 그러나 이들이 조직에 해로운 정도는 상당히 다양하고 개인이 수행하는 직무에 따라 그 유해성도 많이 다르다. 비행 전에 알코올이나 약물을 복용하는 비행사는 승객의 생명을 위험에 빠뜨릴 수 있으며, 범죄행위로 기소될 수도 있다. 그러나 점심시간에 칵테일 한 잔을 하고, 취기로 인해 오후시간에 약간 조는 것은 조직에 큰 해를 끼치지 않을 수도 있는 일이다.

에드워드 스노든과 반생산적 업무행동

2013년 6월, 미국은 지금까지 공개된 기밀문서 중 가장 심각한 공개 중 하나에 직면하게 되었다. 에드워드 스노든, 즉 중앙정보국(CIA), 국가안전국(NSA)에서 일하던 30세의 전직 컴퓨터 전문가는 **가디언**과 **워싱턴 포스트**에 몇 건의 일급 NSA 비밀 문서를 공개하였다. 이어서 이 두 전국 매체는 문서의 핵심내용을 세부 분석한 폭로기사를 연속해서 실었는데, 여기에는 NSA가 전 세계적으로 운영하던 경보시스템과 인터넷 경보시스템이 포함되었고, 미국과 유럽의 전화시스템에 대한 NSA의 도청 사실이 포함되었다. 스노든은 또한 이 매체들에 기밀서류 중 일부를 제공하여 해당 매체들이 공개하도록 하였다. 2013년 11월 **가디언**은 기밀서류 중의 1%만 공개하였다고 주장하면서, 스노든이 보유하고 있던 서류 중 대부분이 미공개 상태라고 주장하였다.

스노든은 대정부 경영 및 기술 컨설팅 회사 중 최고인 부즈알렌 해밀턴사의 NSA 담당자로 근무하던 중 일급비밀 서류에 접하게 되었다. NSA가 연루된 조작에 익숙해지면서 그는 정보를 누출하기 시작했다. 그에 따르면 "자신들의 이름으로 행해지면서 자신들을 배반하는 행태로 행해지는 것에 대해 공중에게 알려 주기 위해서" 그는 이런 일을 하였다. 더 나아가 언론인에게 이야기하면서 스노든은 자신의 행위에 대한 입장을 다음과 같이 명확히 하였다. "나는 나 자신을 영웅으로 생각하지 않는다. 왜냐하면 내가 한 일은 개인적인 관심사로 이루어진 일이기 때문이다. 나는 사생활이 보장되지 않는 세상, 지적 탐구와 창의성이 존재하지 않는 세상에 살고 싶지 않다." 그의 의도에도 불구하고 미국 정부는 스노든을 도망자로 간주하였다. 미디어에 정보를 공개하기로 결심한 후, 스노든은 하와이 집에서 홍콩으로 날아갔고 거기서 그는 문서 공개를 위해 언론과 접촉하였다. 그러나 그의 신분이 노출되자 그는 다시 러시아 모스크바로 이동하여 지금도 거기 머무르고 있다. 그는 정부 자산에 대한 스파이 행위와 절도 행위로 기소되었다.

에드워드 스노든의 행위는 절도와 사보타주 둘 다로 분류될 수 있으며, 이 둘은 반생산적 업무행동의 명확한 사례라고 할 수 있다. 더 나아가 이런 대규모의 CWB는 세계적으로 개인과 정부에 영향을 주었다. 즉 스노든의 행위는 사생활 침해, 정부의 역할에 대한 국제적 담론에 불을 지폈고, NSA는 조직 효과성에 영향받을 수도 있는 정밀 검증을 받게 되었다. 흥미롭게도, 스노든은 자신의 행위를 CWB로 분류하지 않을 것이다. 배신행위로 고발당하게 되자, 그는 자신의 의도가 왜곡되었다고 주장했다. 더 나아가 그는 자신은 사회가 NSA의 권력행사 상황과 남용을 이해할 수 있게 함으로써 NSA를 개선하려고 시도한 것이라고 주장했다.

스노든 상황에 대한 처리방안과 NSA 감시기법의 적절한 적용방안에 관한 정부대응 관련 논쟁은 아직도 진행 중이다. 그러나 스노든이 사생활 침해와 국가안전에 관한 대중의 이해와 논쟁에 지속적으로 영향을 미친 것은 분명하다. 세계적인 관점에서 볼 때, 그는 존경스러운 영웅이나 애국자에서부터 내부 고발자나 반역자 중의 어느 하나로 명명될 것이다. 명칭이야 어찌 되었든, 반생산적 업무행동의 극단적 사례임에도 불구하고 스노든의 이야기는 여전히 진행 중이다.

출처 : Edward Snowden — Biography. (2014). http://www.biography.com/people/edward-snowden-21262897?page=1; *Edward Snowden: The whistleblower behind the NSA surveillance revelations*. (2013, June 9). http://www.theguardian.com/world/2013/jun/09/edward-snowden-nsa-whistleblower-surveillance; Gellman, B. (2013, December 23). *Edward Snowden, after months of NSA revelations, says his mission's accomplished*. http://www.washingtonpost.com/world/national-security/edward-snowden-after-months-of-nsa-revelations-says-his-missions-accomplished/2013/12/23/49fc36de-6c1c-11e3-a523-fe73f0ff6b8d_story.html

볼링그린주립대학교 Alison M. Bayne 기고.

반생산적 업무행동의 원인

CWB의 일반 구조를 서술하였으니, 이제 독자들은 "왜 사람들이 이런 행동에 빠지게 되지?"라는 질문을 하게 될 것이다. 이는 흥미로운 질문인데, 이에 대답하는 것은 우리가 CWB를 좀 더 이해하는 데 도움이 될 것이다. 이런 행동을 제거하거나 심각한 문제로 발전하지 않도록 하는 데 관심을 갖고 있기 때문에 조직도 이런 의문에 흥미를 보일 것이다. 어느 정도까지는, 우리가 이전 장에서 논의한 CWB 각 유형은 그 자체로 독특한 것들이기 때문에 그 원인 또한 각기 독특할 것이다. 그래도 각기 다른 CWB 형태들 사이에도 공통성이 남아 있으므로 일반적인 형태로 CWB의 원인을 기술하는 것도 가능할 것이다.

CWB 연구 문헌들에 기반해 살펴보면, 그 원인을 2개의 큰 범주로 나누는 것이 가능할 것이다. 즉 (1) 개인기반 원인과 (2) 상황기반 원인이다. 이 2개의 큰 원인 범주가 서로 완전히 배타적인 것은 아니라는 것을 이해하는 것이 중요한데, 많은 형태의 CWB는 개인적 특성과 상황적 특성 두 요인 모두가 원인이 될 것이기 때문이다. 또한 많은 형태의 CWB가 사람과 환경특성 간의 **상호작용**으로 일어날 가능성이 많다(예 : Bowling & Eschelman, 2010; Sprung & Jex, 2012). 이를 염두에 두고 이 일반 범주를 논의하고자 한다.

CWB의 사람기반 원인

CWB의 사람기반 원인에 깔려 있는 기본 아이디어는 기본적으로 '불량 사과'론이다. 즉 어떤 사람은 상황에 관계없이 CWB에 관여하는 경향이 있다는 것이다. 수년에 걸쳐 심리학자는, 종종 범죄학자 역시, CWB와 여타 반사회적 행동과 관계되는 광범위한 영역의 개인적 특성을 찾고자 하였다. 여러 해에 걸쳐 다양한 특성이 검토되었기 때문에 이 전 영역을 살펴보는 것은 이 장의 검토범위를 넘어서는 일이다. 대신 우리는 일관되게 CWB의 원인으로 드러나는 4개의 개인적 특성을 살펴보고자 한다. 이들은 각기 성실성, 특성분노, 자기통제력, 자기애적 성향이다.

성실성(conscientiousness)은 높은 조직화 및 계획성 수준, 높은 신뢰성 수준, 타인에 대한 높은 배려심을 특징으로 갖는 성격 특성이다(Digman, 1990). 어떤 사람이 성실하다면, 이는 그 사람이 하는 말에 의지할 만하고 귀 기울일 필요가 있다는 것을 의미한다. 연구들은 일관되게, 성실성이 직무수행과는 정적으로 관련되고(Barrick & Mount, 1991), 다양한 형태의 CWB와는 **부적으로 관련된다**(Van Iddekinge, Roth, Raymark, & Odle-Dosseau, 2012)는 것을 보여 주었다. 성실성에서 낮은 사람들은 대부분 자신의 행동이 미치는 효과에 크게 신경 쓰지 않으며, 대부분 CWB에 관여함으로 인해 생기는 결과에 두려움을 거의 느끼지 않는다는 해석이 가능하다.

특성분노(trait anger)는 동기적인 수준에서 분노를 경험하는 일반적 경향의 개인차와 도발에 대한 반응으로 분노를 표현하는 경향에서 나타나는 개인차를 말한다(Spielberger & Sydeman, 1994). 많은 CWB 활동들이 업무현장의 절망적인 조건에 대한 반응이라는 점(Spector, 1982)을 감안하면, 분노를 경험하거나 표현하는 소질을 가진 개인이 CWB에 관여할 가능성이 가장 높다. 사실 특성분노가 여러 형태의 CWB와 관련된다는 것을 보여 주는 연구도 있다(Spector & Fox, 2005).

자기통제력(self control)은 범죄행동을 설명하기 위해 실제로 범죄학 연구 문헌(Gottfredson & Hirschi, 1990)에서 도출된 특성이다. 자기통제 특성 아래 깔린 생각은 범죄 같은 일탈행동 및 CWB 같은 약간 덜 심각한 행동들은 자신의 일차적 충동을 통제하지 못하는 개인들에 의해 발생한다는 것이다. 영화 "스트레스를 부르는 그 이름 직장상사(Horrible Bosses)"에서는, 승진하지 못하자 평소 자신을 학대하던 상사를 창문 밖으로 집어 던지는 상상을 하는 부하직원의 캐릭터가 나온다. 물론 이 부하가 실제로 그렇게 하지는 못한다. Gottfredson과 Hirschi(1990)에 따르면, 어떤 사람들은 이런 부정적인 충동을 참는 능력이 부족하고, 결국 일탈적 행동을 하게 된다. 현장 연구는 자기통제력 부족이 다양한 형태의 CWB와 관련됨을 보여 준다(Marcus & Schuler, 2004).

자기애적 성향(narcissism)은 자신은 다른 사람보다 우수하며, 그렇기 때문에 자신은 특별대우를 받을 가치가 있다고 여기는 신념을 특징으로 하는 준임상적 성격 특성이다(Raskin & Hall, 1981). 본질적으로, 자기애적 성향이 아주 높은 사람들은 고양된 자기 가치감을 갖고 있어서, 다른 사람으로부터 받는 대우가 스스로 자신에 대해 갖고 있는 우월적 견해와 부합하지 않으면 좌절감을 느끼게 된다. 자아위협 가설(Bushman & Baumeister, 1998)에 따르면, 자기애적 경향이 높은 사람들은 조직에서 받는 조건이 자신이 가진 자기 관점과 부합하지 않게 되면 부정적으로 반응하거나, 심한 경우에는 공격적으로 반응할 가능성이 높다. 연구에 따르면, 자기애적 성향은 여러 CWB와 관련되었다(Alexander, 2011; Penney & Spector, 2002).

CWB의 상황기반 원인

개인적 특성 외에, 사람들이 CWB를 행하거나 행하도록 이끄는 상황적 측면들이 있다. 아마 이들 중에 가장 분명하면서도, CWB 연구자들이 많이 연구하지 않은 것은 기회(opportunity)요인이다(Marcus & Schuler, 2004). 만일 어떤 사람이 상시적으로 감시를 당하고 있다면, 이 사람이 시간을 허비하거나 농땡이를 부릴 것 같지는 않다. 한편 어떤 사람이 자신의 시간에 대해 많은 재량권을 가지고 있다면, 의식하지도 못하면서 이 사람은 CWB에 관여할 수 있는 것이다. CWB 문헌에서 검토되는 주요 상황적 요인은 규범, 스트레스 및 불공정성이다. 이들을 하나씩 살펴보도록 하자.

규범(norm)은 행동의 기준을 나타내는 것으로(Hackman, 1992), 사회 상황에서 어떻게 행동할지에 대한 지침으로 유용하게 활용된다. 사람들이 모든 규범기준을 맹목적으로 준수하는 것은 아니지만, 일반적으로 규범과 어느 정도 일치하는 방식으로 행동하고자 하는데, 이는 규범에 부합하고자 하기 때문이다. CWB에 이를 적용해 보면, 특정 CWB 행동이 조직 내에서 전형적으로 나타나 거나 일반적인 행동으로 간주되는 경우에 사람들은 이런 CWB에 더 몰두하게 될 것이라는 것이다. 더 나아가 규범이 여러 CWB에 영향을 준다는 것을 지지하는 경험적 연구들이 나타나고 있는데, 철회행동(Martocchio, 1994), 알코올남용(Bachrach, Bamberger, & Sonnenstuhl, 2002), 비안전 행동 (Clarke, 2006), 및 타인에 대한 학대행위(Sliter, Jex, & Grubb, 2013)에 미치는 영향이 보고되고 있다.

규범 외에, 또 다른 학파는 조직 내 스트레스(stress)를 주는 조건에 노출되었을 때 사람들이 느끼는 정서에 대한 반응으로 CWB를 본다. 아마 이에 대한 가장 좋은 예는 CWB에 대한 스트레스원-정서 모델인데 Spector와 Fox(2005)가 제안하였다. 〈그림 6.1〉에서 보듯이, 평가과정을 통해 우리는 업무환경에서 나타나는 환경적 스트레스원을 지각하고 이들을 스트레스원으로 간주해야 할지 말지를 결정하게 된다. 만일 우리가 환경적 조건을 스트레스원이라고 결정하게 되면, 이는 불안, 분노 및 불만족 같은 부정적 정서를 불러일으키게 된다. 모델에 따르면, 이런 부정적 정서가 CWB를 하게 만든다.

이 모델의 다음 전개과정은 통제력 지각과 4개 성격 특성에 의해 또한 영향받게 된다. 통제력 지각 측면에서 보면, 통제력이 낮다고 지각할 경우 환경적 스트레스원은 궁극적으로 CWB를 초래하게 된다. 이 모델에서 가장 중요한 연결고리는 부정적 정서와 CWB 사이이다. 기본적으로 이 모델이 말하고 있는 바는, 사람들이 자신의 업무환경을 통제할 수 없다고 느낄 때 부정적 정서가 CWB를 더 높은 수준으로 이끌어 간다는 것이다. 통제력이 높다고 지각할 경우에는 부정적 정서에 보다 건설적인 방식으로 대처하게 될 것이다.

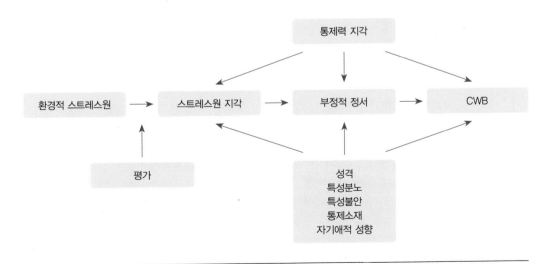

그림 6.1 반생산적 업무행동의 스트레스원-정서 모델

연구를 수행한 사람들

Paul Spector

대학원 1학년 학생이었을 때부터 나는 Lou Penner의 사회심리학 실험실에서 연구를 시작했는데, 여기서는 밀그램의 복종 연구가 가지는 한계를 연구하고 있었으며, 권위자가 유능하며 상황을 통제하고 있다고 생각할 때만 사람들은 권위자에게 복종한다는 것을 발견하였다. 나는 복종적 공격성에서 일반 공격성으로 관심영역을 확장하였고, 나의 연구 주제는 고전적인 실험실 공격성 연구였다. 이 연구에서 피험자들은 연구보조자에 의해 충격을 받은 다음 보복하는 것 또는 자신들이 보복하고 있다고 생각하도록 만드는 것이었다. 물론 실제로 충격은 주어지지 않았다. 학위논문을 쓸 즈음, 지도교수인 Steve Cohen은 내가 I/O 심리학자가 되고자 한다면 공격성에 대한 나의 관심사를 직장현장에 적용하는 것으로 돌려야 한다는 조언을 하였다.

내게 떠오른 첫 번째 생각은 직장에서의 공격성을 연구하는 것은 불가능하다는 것이었다. 그러다 떠오른 두 번째 생각은 '익명의 설문지'를 사용하는 것이었다. 비록 내 학위논문은 또 다른 실험 연구로 진행되었지만 말이다. 대학원 마지막 학기에 나는 직장에서 발생하는 종업원 공격성에 관한 현장연구를 발표하였는데, 이는 내가 아는 한 이 분야에 대한 첫 번째 I/O 연구이다. 그 당시 나는 해롭지는 않지만, 몇몇 경우에는 법에 저촉되기까지 하는 행동, 예컨대 훔치거나 의도적으로 장비를 망가뜨리는 행동을 하는 종업원이 얼마나 많은지를 알고는 경악하게 되었다.

1975년경 I/O 분야는 너무 나(I) 측면(경영자 측면)과 종업원 생산성에 집중을 하였고 너무 경영 측면에 초점을 맞춘다는 비판을 받았다. 종업원의 건강과 안녕을 연구하는 데는 거의 관심을 갖지 않았고, 직무수행과 직접 관련되지 않는 행동에도 관심을 두지 않았다. 요즘 대중적인 연구 주제들 중 많은 것이 막 연구가 진행되기 시작했고, 어떤 경우에는 아예 존재하지도 않았다. 직장 공격성에 관한 내 최초 논문과 내 박사과정생인 Phil Storms와 Peter Chen이 수행한 2개의 후속연구들은 거의 무시되었고, 결국 나는 해당 주제에 관한 연구를 포기하였다. 1980년대 후반, 나는 연구 관심을 직장 스트레스로 돌리게 되었고, 내 박사과정생 중의 한 명이자 이 책의 저자인 Steve Jex와 공동으로 이 분야 관련 초기연구들을 수행하였다. 그러다 1995년에 Sandra Robinson과 Becky Bennett이 종업원 일탈에 관한 논문을 발표하였는데, 이는 우리가 CWB라 부르는 동일 행동에 관한 내용이었다.

이 시기쯤 I/O 분야는 지금 우리가 아는 모든 새로운 영역으로 급격히 확장되기 시작했는데, 직장 스트레스, 조직시민행동 및 일-가정 갈등 등의 주제가 여기에 해당된다. Robinson과 Bennett의 종업원 일탈 연구는 현장 사람들에게 많은 조명을 받게 되었고, 그로 인해 사람들이 우리의 옛 공격성 논문을 찾아내게 만들었다.

　1990년대 후반, 조직현장은 직장에서의 유해 행동에 초점을 집중하기 시작했고, 나는 내 박사과정생 중의 한 명인 Suzy Fox에게 조직 공격성에 관한 나의 원논문을 갱신해 보도록 하였다. 나의 애초 연구는 공격성에 대한 것이었는데, 직장에서 꾀를 부리거나 훔치는 행동들을 공격성으로 부르기에는 간극이 있는 것이 명백해지면서, 우리는 이를 **반생산적 업무행동(CWB)**으로 부르게 되었다. 이는 조직에서 개인이나 조직을 해롭게 하거나 해칠 의도로 이루어진 직장 행동을 말한다.

　종업원이 행한 직장 내 공격성의 모든 행위는 CWB라 할 수 있지만, 모든 CWB 행위가 직장 공격성은 아니다. 그 이후로, 나와 우리 학생들은 CWB를 연구하는 데 관심을 기울이고 있으며, 종업원에 의해 발생한 유해행동이란 측면에서뿐 아니라, 종업원의 입장에서 당하는 부당대우에 이르기까지 여러 주제가 여기에 해당된다.

Paul E. Spector 박사는 사우스플로리다대학교 심리학과 석좌교수이다.

성격 특성 측면에서 보면, 특성분노, 특성불안, 및 자기애적 성향이 높은 사람들에게 환경적 스트레스원은 CWB를 초래하게 될 가능성이 더 높을 것이다. 그 외에도 외적 통제소재는 이런 전개 과정에 보다 더 영향을 미칠 가능성이 있다. 이전 절에서 본 개인기반 원인에 대한 논의에서, 특성분노와 자기애적 성격에 관한 논의를 생각해 보자. 다소 다른 이유이긴 하지만, 이런 특성들은 둘다 사람들로 하여금 '과잉 반응'하게 만드는 경향이 있었는데, 그런 이유로 모델에 이들이 있는 것이 이해가 된다.

특성불안(trait anxiety)은 다양한 상황에서 불안 정서를 경험하는 일반 경향을 말한다(Spielberger, 1989). 특성불안 또한 부정적이거나 위협적인 환경자극에 대한 반응을 고양시키게 될 것이다(Heinisch & Jex, 1997). 따라서 특성불안이 높은 사람은 CWB를 촉발하는 부정적인 정서를 경험할 가능성이 더 크고, 특성분노를 경험하는 사람들과 마찬가지로 CWB 빈도를 증가시키는 환경적 스트레스원에 더 강하게 반응할 것이다.

마지막으로, 외적 통제소재를 가진 사람들은 환경에서 얻을 수 있는 강화물을 자신이 직접 통제할 수 없다고 믿고, 오히려 행운, 운명 또는 강력한 타자에 의해 이들이 좌우된다고 믿는 경향을 보일 것이다(Rotter, 1966). 모델에 따르면, 통제력 지각 수준이 낮은 경우와 마찬가지로, 이 성향은 부정적 정서와 CWB 사이의 관계를 강화시킬 것이다. 한편, 만일 사람들이 결과물에 대해 통제력을 갖고 있다고 믿는다면, 다른 말로 내적 통제소재를 갖고 있다면 자신이 경험하는 부정적 정서에 보다 건설적 방식으로 대처할 것이다.

CWB를 야기하는 마지막 상황적 원인은 **불공정성(injustice)**이다. 제9장에서 불공정성에 대해 보다 자세히 다룰 예정이지만, CWB를 설명하는 이 대목에서 보면, 조직이나 조직 내 사람들에 의해 불공정하게 대우받는 것에 대한 반작용으로 사람들은 종종 CWB를 보이기도 한다는 것이다. 만일 급여가 적게 주어졌다고 느끼게 될 경우, 사람들은 균형을 맞출 때까지 또는 조직에 되갚아줄 수 있을 때까지 틈틈이 업무현장을 벗어나거나 일찍 자리를 뜰 수도 있을 것이다. 사실 여러 가지 CWB가 불공정한 대우와 관련된다는 것이 경험적 연구에서 드러났다(Greenberg, 1990; Spector et al., 2006).

반생산적 업무행동의 일반적 형태

어떤 형태의 CWB는 아주 일반적으로 나타나는 경우도 있지만, 조직 내에서 CWB 빈도는 아주 다양하게 나타난다. 예를 들어, Spector 등(2006)은 32가지 CWB의 발생빈도를 보고하였는데, 가장 흔하게 나타나는 것은 휴식시간을 연장해서 사용하기, 허락 없이 업무에 지각하기, 동료 무시하기 및 조직외부 사람에게 상사의 업무에 대해 이야기하기 등이었다. 다수의 독자들이 추측하였다시피, 이 행동들은 CWB의 두 가지 일반적 형태를 말해 준다. 즉 철회행동과 타인학대 행동이다. 이런 형태의 CWB가 조직에서 발생하는 빈도를 기본으로, 이 둘을 보다 상세히 기술하고자 한다.

조직에서의 철회행동 : 결근

이 장 앞에서 설명한 것처럼, 철회행동은 CWB의 한 형태라 할 수 있는 것으로, 여러 가지 행동으로 나타나지만 이 모두가 공통적으로 보여 주는 한 가지 특징이 있다. 즉 어떤 형태로든 종업원이 업무로부터 물리적으로 벗어나려고 하는 시도를 나타낸다는 것이다. 이전 절에서 설명한 것처럼 철회행동은 다양한 형태로 나타나는데, 휴식시간을 연장해서 사용하기, 일과가 끝나기 전에 퇴근하기, 회사에 늦게 출근하기 등을 들 수 있다. 지금까지 가장 흔히 발생하는 철회행동, 즉 가장 많이 연구 관심을 받은 것은 결근행동이다. 그래서 우리는 이 행동을 보다 심층적으로 살펴보고자 한다.

그러나 결근행동을 보다 심층적으로 살펴보기 전에, 모든 결근행위 사례가 이 장 초입에 제시한 CWB 정의와 반드시 부합하는 것은 아니라는 점을 지적하는 것이 중요하다. 예를 들어 아침에 일을 하러 나가려는 의도는 갖고 있는데 아이가 아파서 출근하지 못할 수도 있다. 이런 경우의 결근행위는 CWB라고 할 수 없는데, 자의적으로 이런 행동을 한 것이 아니기 때문이다. 즉 의도적으로 결근을 한 것이 아니다. 이에 비해 지역 쇼핑몰에서 친구와 쇼핑하기 위해 병가를 신청한 직원 사례를 생각해 보자. 이 사례는 CWB 정의와 부합하는데, 이 행위는 의도적 또는 자유의지로 실행한 것이기 때문이다.

결근의 정의

결근은 정의 내리는 것이 상대적으로 간단한 변인처럼 보인다. 즉 결근은 단순히 **일터에 모습을 보**
이지 않는 것으로 정의할 수 있다. 그러나 이렇게 일반적인 방식으로 결근을 정의하게 되면 CWB
의 한 형태로 결근을 살펴보고자 할 때 문제가 생긴다. 결근에 관한 연구에서 연구자들은 유형에
따라 결근을 몇 가지로 구분한다. 가장 일반적인 구분은 허락되는(excused) 결근과 허락되지 않는
(unexcused) 결근으로 나누는 것이다. 허락되는 결근은 조직이 받아들일 수 있는 이유(예 : 질병, 아
픈 아이 돌보기)가 있는 결근이다. 이전에 진술한 대로, 이런 결근은 CWB로 간주되지 않는다. 이
에 비해 허락되지 않는 결근은 받아들일 수 없는 이유(예 : 쇼핑을 가기로 결정) 때문이거나 종업원
이 합당한 절차(예 : 감독자에게 사전에 전화하는 것)를 밟지 않고 일어난 결근이다.

　　결근 유형 간 구분은 중요한데, 결근 유형의 차이에 따라 결근을 유발하는 변인이 다를 수 있기
때문이다. 이 점을 염두에 두고, Kohler와 Mathieu(1993)는 시내버스 운전사를 대상으로 결근준
거 측정치가 달라짐에 따라 예측변인에서 차이가 나는지를 조사하였다. 예를 들어, 비업무적 의무
(예 : 육아, 자녀 등교)로 인한 결근은 업무 외적 특성에 대한 불만족, 역할 갈등, 역할 모호성, 및 신
체 긴장감 같은 변인들과 강하게 관련되었다. 한편, 스트레스 반응(예 : 질병)으로 인한 결근은 업무
내외적 특성, 피로감, 및 성차(여성이 더 빈번히 결근함)와 긴밀하게 관련되어 있었다.

결근 예측변인들

수년 동안 조직심리학자들은 결근을 설명하기 위해 직무만족과 조직몰입과 같은 정서적 예측변인
들에 집중하였다. 그러나 제5장에서 살펴본 바와 같이, 통합분석 연구들은 정서와 결근 간의 관련
성이 다소 낮다는 것을 보여 주었다(예 : Hackett, 1989; Hackett & Guion, 1985; Mathieu & Zajac,
1990). 이런 결과들은 의심할 바 없이 이전에 논의된 논점들(예 : 결근 측정 지표의 선택, 취합기간
의 선택) 탓이다. 또한 결근을 좀 더 예측해 주는 다른 변인들이 있을 수도 있다. 이 절에서는 정서적
변인을 넘어서서, 결근에 대한 연구 문헌들에서 탐구되어 온 다른 예측변인들을 살펴보고자 한다.

　　결근을 이해하기 위한 첫 번째 단계로서, 일반적으로 종업원이 출근하기로 결정하는 과정을 살
펴보면 유용할 것이다. Steers와 Rhodes(1978)에 따르면, 출근능력과 출근의욕의 두 가지 일반요인
이 종업원의 출근을 결정짓는다. **출근능력**(ability to attend)은 주로 종업원의 건강상태에 의해 결정
되지만 업무 외적 책임, 안정적인 교통체계, 및 기후 같은 요인들에 의해서도 영향을 받게 된다. 어
떤 사람이 일하러 가려 하였지만 단순히 도달할 방법이 없어서 출근하지 못하였는데도, 이 결근이
CWB로 간주될 수 있기 때문에 이는 매우 중요하다.

　　출근의욕(desire to attend)은 대체로 직무나 조직에 대해 종업원이 느끼는 기분에 의해 결정되
지만, 여기에도 다른 요인들이 영향을 미칠 수 있다. 예를 들어, 어떤 종업원이 자기 일을 좋아하지만

업무 외 대안이 더 매력적이어서 출근하지 않기로 결심할 수 있다. 예컨대 크리스마스 쇼핑을 위해 어느 하루 결근하기로 결정할 수 있다.

결근에 대한 이런 관점에 근거해서, 결근을 설명해 주는 일관된 요인으로 세 가지 비정서적인 변인들이 발견되었다. 예를 들어, 일관되게 여성이 남성보다 업무 결근 빈도가 높은 것으로 밝혀졌다(Farrell & Stamm, 1988; Steel & Rentsch, 1995; VandenHeuvel & Wooden, 1995). Steers와 Rhodes(1978)의 데이터에 근거해서 해석해 보면, 여성들은 남성들보다 출근능력을 제약받는 상황에 처할 가능성이 더 많다. 예컨대 부부가 맞벌이를 하는 상황에서도 여성은 육아나 가정 허드렛일에 대한 책임을 남성보다 더 많이 부담하는 것으로 나타났다(Hochschild, 1989). 재미있게도 결근을 했을 경우에 조직은 여성을 더 관대하게 대하는 것으로 나타났는데(Patton & Johns, 2007), 이는 사회적 기대에 따른 것으로 궁극적으로 성 고정관념을 더 지속시키는 기능을 할 수도 있다.

결근을 설명하는 또 다른 비정서적 예측변인은 조직이 갖고 있는 **결근통제 정책**(absence control policies)의 성질이다. 어느 CWB에 대해서도 같은 경우이지만, 종업원들은 부정적인 결과가 초래될 때까지 그런 행동에 전념하는 것 같지는 않다. 이를 염두에 두면, 어떤 조직은 결근에 대해 아주 관대해서 이런 조직들은 종업원의 결근사항을 기록하지도 않는다. 다른 극단에 있는 몇몇 조직에서는 결근사항을 다양한 서식으로 문서화하고, 종업원이 결근을 자주 하게 될 경우 엄격한 징계조치를 취한다. 일반적으로 기대하는 것처럼, 보다 엄격한 결근통제 정책을 가지고 있는 조직에서 결근 빈도가 더 낮을 것이다(Farrell & Stamm, 1988; Kohler & Mathieu, 1993; Majchrzak, 1987). 그러나 직장현장에서 엄격한 결근통제 정책을 가지는 것이 언제나 결근을 줄이는 것은 아니라는 사실에 주목하는 것이 중요하다. Majchrzak(1987)은 결근통제 정책을 분명히 전달하고 일관되게 시행하고 있는 해군부대에서는 허락되지 않는 결근이 6개월간에 걸쳐 줄어들었다는 것을 발견하였다. 대조적으로 아무런 정책이 없거나 이런 정책이 명확하게 의사전달되지 않은 부대에서는 결근이 일정하게 유지되었다.

결근을 설명하는 또 다른 비정서적인 예측변인은 **결근문화**(absence culture)이다. Chadwick-Jones, Nicholson, Brown(1982)이 처음으로 정의한 이 용어는 "종업원 집단이나 조직 내에서 현재 나타나는, 결근 빈도나 지속기간에 영향을 주는 믿음이나 관습"(p. 7)으로 정의된다. 이 정의에서 주목할 점이 두 가지 있다. 첫째, 결근문화는 집단이나 조직 수준의 구성개념으로서, 이에 적절한 수준(예 : 집단 또는 조직 수준)에서 측정되어야 한다. 둘째, 조직은 보통 다양한 집단으로 구성되어 있기 때문에 여러 가지 결근문화가 동일한 조직에 동시에 나타날 수 있다.

표준규범이 특정 사회 단위 구성원들에 대한 중요한 행동지침으로 작동한다면(Hackman, 1992), 집단성원의 결근은 우세한 결근문화와 일치하게 될 것이라고 기대할 수 있다. 결근에 대해 매우 관대한 결근문화를 가진 집단에서 일하는 종업원은 관대하지 않은 집단에 근무하는 종업원보다 더 자주 결근한다는 연구 결과들이 이를 뒷받침한다(Bamberger & Biron, 2007; Martocchio, 1994; Mathieu & Kohler, 1990).

그러나 좀 더 최근 연구는 결근문화와 결근행위 간 관계가 애초 생각보다 복잡하다는 것을 보여 준다. 이전에 언급한 바대로(Patton & Johns, 2007), 남성과 여성은 다른 결근문화를 가지고 있다. 좀 더 구체적으로 말하면, 여성은 남성보다 결근에 대해 보다 관대한 것으로 보인다. 표면상 이는 여성들에게 유리한 것으로 보이고, 여성들이 허락되지 않는 결근으로 자리를 뜨는 것을 더 용이하게 만들어 줄 것이다. 그러나 Patton과 Johns(2007)가 지적한 대로, 결국 이는 성 고정관념을 지속시키고 여성이 조직에서 남성과 동등한 지위를 확보할 기회를 차단하게 될 수 있다.

또한 결근문화의 영향이 집단 내 응집성 수준에 따라 달라질 수 있다는 것이 밝혀졌다. 응집성이란 집단성원이 서로에 대해 그리고 집단에 대해 매력을 느끼는 정도를 말한다(Forsyth, 2010). Miles, Schaufeli, van den Bos(2011)는 다른 2개의 조직에 대한 연구를 통해, 개인이 집단 응집성이 낮을 때 개인적 결근허용 규범은 결근과 강하게 관련되어 있다는 것을 발견했다. 대조적으로 집단 응집성이 높을 때 이 관계는 훨씬 약화되었다.

이 연구가 가진 중요 함의는 업무집단 내의 결근 규범이 실제 결근행동을 예측할 수 있다는 것이다. 그러나 이런 효과의 강도는 개인이 집단을 규범적 정보의 원천으로 여기는 정도에 달려 있다. 만일 집단 응집성이 낮다면, 집단은 중요한 규범적 정보의 원천이 아닐 수 있으며 개인의 결근행동은 주로 개인이 가진 개인적 견해에 좌우될 것이다. 결근에 대한 개인적 견해는 가족, 친구, 및 민족문화 같은 다른 규범적 정보 원천에 영향받을 수 있다는 것도 명심하기 바란다.

마지막으로 많은 다른 CWB 형태와 마찬가지로, 결근은 성격 특성과도 관련된다. 예를 들어, 경영대학원 졸업생을 대상으로 한 연구에서 Johns(2011)는 결근은 성실성과 부적인 관계가 있음을 발견하였다. 이 장 앞에서 성실성은 많은 여타 CWB에 대해 아주 일반적이며 견고한 예측변인이었다는 점을 생각해 보자.

전반적으로 결근에 대한 연구는 결근을 줄이고자 하는 조직에게 꽤 분명한 행동지침을 제공해 준다. 보다 구체적으로 조직은 공평한, 그러면서도 불필요한 결근을 장려하지 않는 결근통제 정책을 시행할 필요가 있다. 또한 조직은 전체적인 조직 차원에서뿐만 아니라 업무집단 차원에서도 긍정적인 결근문화를 조성하는 것이 중요하다. 마지막으로 몇몇 경우, 조직은 종업원이 출근 장애물을 극복하도록 도와줌으로써 결근을 예방할 수 있다. 아픈 아이 보호, 유연한 업무시간 조정, 원격 의사소통 체계 같은 제도가 업무 외적인 요구로 인해 발생하는 결근을 줄이도록 해 줄 수 있을 것이다.

타인학대

타인학대(abuse of others)는 다소 광범위한 범주의 CWB로서, 다소 가벼운 비배려적 행위에서부터

비교 문화적 연구 결과 : 국가별 결근문화 차이

업무 결근은 많이 연구되었고 보편적인 현상이다. 결근과 비교 문화적 차이에 대한 연구는 둘 다 최근에 상당히 증가하였는데, 이 양 진영의 연구에 의미 있는 중복사항이 보인다. 지속적인 세계화 추세에 비추어 볼 때, 다국적 기업 조직이 기업 차원의 결근정책을 시행하고자 하는 경우, 결근 규범의 문화적인 차이를 고려하는 것이 점점 더 중요하게 되었다. 원래 결근은 직무태도, 직무경험, 개인 건강 및 인구변인과 상관이 있는 개인차 변인으로 연구되었다. 그러나 좀 더 최근에 연구자들은 결근이 다양한 원천에서 오는 사회적 영향력에 특히 민감하게 영향받는 것을 발견하였다. 전체로서의 사회가 여기에 해당된다(예 : Johns, 1998).

국가문화는 여러 방식으로 결근과 관련된다. 첫째, 문화는 행동에 대한 경계 조건을 형성한다. 이는 문화적으로 정의된 가치, 태도, 신념 및 도덕이 어떤 행동을 수용할 것인지 수용하지 않을 것인지에 대해 개인에게 지침을 주는 것을 통해 이루어진다. 둘째, 국가문화에 내재된 사회적 역동이 결근에 영향을 주고, 결근에 대한 경제적 및 사회복지적 지원에서의 국가문화 간 차이에도 영향을 준다(Parboteeah, Addae, & Cullen, 2005). 결근 연구에서, 결근 합법성 지각이 종종 종속변인으로 활용된다. 합법성 지각이란 종업원이 어떤 행동을 받아들이고, 결근이 발생한 사회적 맥락 속에서 이를 활용하는 정도를 말한다. 이런 사회적 맥락은 결근 규범에 의해 영향받기 때문에, 합법성 지각이 결근 규범에서의 비교 문화적 차이에 민감할 것이란 것은 이해가 된다. 어떤 국가는 또한 국가 내에서의 문화 격차에 기반해서 결근에 대한 문화 간 규범 차이를 보일 수도 있다.

국가 비교 영역에서 정보가가 있는 연구들이 있는데, 이 모든 연구가 문화가 결근행동에 실제로 영향을 준다는 주장을 지지한다. Kuzmits(1995)가 수행한 한 연구에서, 베트남계 미국인들은 미국 본토 출생 동료들보다 자발적인 결근을 덜 보인다는 것이 발견되었다. 문화 간 차이를 찾고자 한 또 다른 연구에서, Johns와 Xie(1998)는 캐나다인과 중국인들은 자신의 결근기록을 과소 보고하였고, 자신들의 출근기록을 동료들 것보다 양호하게 본다는 것을 발견하였다. 또한 문화적 가치와 일관되게, 중국인들은 자신 동료의 기록이 동일 직업 규범보다 양호하다고 지각하였다. 이 연구는 더 나아가, 업무집단 응집성과 결근문화 현저성이 상호작용하여 결근을 예측하는 것을 발견하였다. 개인 수준, 업무집단 수준 및 수준 초월 분석에서 모두 이런 결과가 나왔다. 그 외에도, Parboteeah 등(2005)의 연구에서는 광의적 문화차원이 결근과 차별적 관계가 있다는 것이 발견되었다. 이 광의의 문화차원은 Hofstede(1980)와 GLOBE 프로젝트(House, Hanges, Javidan, Dorfman, & Gupta, 2003)에서 도출한 것이다.

결근문화의 비교 문화적인 차이를 이해하는 것은 다국적기업 조직에게는 중요한 시사점을 준다. 결근을 허용하는 문화가 존재하지 않더라도, 문화에 따라 결근합법성 지각량에 차이가 있다는 것을 연구는 보여 준다. 이렇게 서로 다른 합법성 수준을 갖고 있는 경우에는 전체 조직에 적용되는 전반적 출근정책을 만드는 것이 비효과적일 수 있는데, 이런 연유로 정책을 만들 때는 이런 비교 문화적 차이가 고려되어야 한다. 또 다른 이슈는 많은 조직이 세계 곳곳의 다른 지역에 위치해 있는 사무실에 각기 다른 국적을 가진 관리자를 보유할 수 있다는 것이다. 이 관리자들의 성격과 가치관이 부하를 판단하는 데 영향을 줄 것이고, 여기에는 당연히 부하들의 결근행동도 해당될 것이다. 노사분쟁은 종종 결근(그로 인한 처벌)과 관련이 된다. 따라서 민족적 다양성에 따라 합리적 결근 수준에 관한 부하들의 견해에 차이가 있을 수 있다는 것을 이해하는 것은 이런 이슈를 완화해 주는 데 도움이 될 것이다(Addae, Johns, & Boies, 2013).

출처 : Addae, H. M., Johns, G., & Boies, K. (2013). The legitimacy of absenteeism from work: a nine nation exploratory study. *Cross Cultural Management: An International Journal*, 20, 402–428; Addae, H. M., & Johns, G. (2002). National culture and perceptions of absence legitimacy. In M. Koslowsky & M. Krausz (Eds.), *Voluntary employee withdrawal and inattendance* (pp.

21-51). New York, NY: Springer; Johns, G. (2011). Attendance dynamics at work: The antecedents and correlates of presenteeism, absenteeism, and productivity loss. *Journal of Occupational Health Psychology*, 16, 483-500; Johns, G., & Xie, J. L. (1998). Perceptions of absence from work: People's Republic of China versus Canada. *Journal of Applied Psychology*, 83, 515-530; Parboteeah, K. P., Addae, H. M., & Cullen, J. B. (2005). National culture and absenteeism: An empirical test. *International Journal of Organizational Analysis*, 13, 343-361; Xie, J. L., & Johns, G. (2000). Interactive effects of absence culture salience and group cohesiveness: A multi-level and cross-level analysis of work absenteeism in the Chinese context. *Journal of Occupational and Organizational Psychology*, 73, 31-52.

볼링그린주립대학교 Alison M. Bayne 기고.

신체적 폭력에 이르기까지 다양한 범위에 걸쳐 일어나는 행동이다. 신체적 폭력은 드물게 일어나는 행동이지만(그래서 이 장 후반부에서 별도로 다루고자 함), 비신체적 형태의 학대는 실제로 조직에서 아주 일반적으로 나타난다. 사실 많은 독자들이 직장에서 무례한 행동의 희생자가 된 경험이 있을 것이며, 단순히 동료들의 무시로 인해 상처받은 경험이 있을 것이다. 이 장에서는 조직에서 일어나는 가장 일반적인 형태의 타인학대 몇 가지를 살펴보고자 한다.

최근에 조직에서의 학대에 관한 연구가 폭발적으로 일어나고 있는데, 이 장에서 기술하는 것보다 더 많은 형태의 학대행동이 존재할 것이다. 사실 그 모든 행위를 기술하는 별도의 독자적인 책이 필요하리라! 가장 흔히 발생하는 것일 뿐만 아니라 많은 연구 관심을 불러일으킨 세 가지 형태의 학대행위가 있다. 직장무례, 학대적 지도, 사회적 폄하이다. 이들 각각을 상세히 살펴보고자 한다.

직장무례

직장무례(workplace incivility)는 버릇없거나 의욕을 떨어뜨리는 행동으로, 일반적으로 사람이 어떻게 대우받아야 하는지에 대한 공유된 사회규범을 침해하는 행동을 말한다(Andersson & Pearson, 1999). 직장무례에 있는 또 하나의 주요 요소는 '의도 애매성'이다. 즉 그런 행동을 받는 사람은 왜 자신이 그런 표적이 되었는지 정확히 알지 못한다. 예를 들어, 동료가 옆으로 지나가고 여러분이 그 사람에게 안녕하세요라고 했는데 그 사람이 여러분을 무시하고 지나간다고 상상해 보자. 이런 행동이 분명히 무례해 보이는 것이기는 하지만, 이 상황에서 그 사람이 여러분을 무시하려는 의도를 갖고 있었는지, 아니면 단지 생각할 것이 많아 다른 생각을 하다 그런 것인지는 불명확하다.

직장무례가 실제로 조직에서 매우 일반적으로 일어난다는 것을 연구들은 보여 주는데(Cortina, Magley, Williams, & Langhout, 2001; Sliter, Jex, Wolford, & McInnerney, 2010), 이런 형태의 학대에 대한 원인들은 실로 아주 다양하다. 한 가지 설명은 이는 전체적으로 사회에서 나타나는 추세를 반영하는 하나의 트렌드(trends)라고 보는 것이다. 즉 사람들이 전반적으로 점점 더 예의가 없어지고 있는데, 이런 것이 직장에서도 나타나는 것이라고 보는 것이다(Pearson, Andersson, & Porath,

2000). 일반적인 CWB에서와 마찬가지로, 무례함이 스트레스가 많은 업무환경에 대한 반응이라는 제안도 있다(Spector & Fox, 2005). 이런 주장은 무례함이 직장 공격행동의 한 형태라고 제안한다.

직장무례에 영향을 주는 또 다른 잠재요인은 **조직풍토**(organizational climate) 또는 조직 내에 있는 우세규범 및 가치관이다. 예를 들어, Andersson과 Pearson(1999)은 조직 내의 **비공식성 풍토**(climate of informality)가 그런 것이라는 제안을 했다. 비공식성 풍토란 좀 더 구체적으로 말해서 사람들이 서로를 어떻게 대해야 하는지에 대해 기준을 거의 설정하지 않는 풍토를 말한다. 언뜻 보기에 이는 직관에 반하는 것으로 보이는데, 우리는 전형적으로 비공식성은 좋은 것이라고 생각하기 때문이다. 어떤 경우에는 비공식성이 좋을 수도 있겠지만, 비공식성은 또한 사람들이 어떻게 대우받아야 하는지에 대한 지침을 거의 제시하지 못하게 하고, 그 결과 궁극적으로는 사람들이 무례행동을 하게 할 수도 있는 것이다.

무례행동의 마지막 잠재원인은 표적의 행동인데, 이는 이제 막 연구되기 시작한 변인이다. 어떤 사람은 무례행동에 대한 '유발적 희생자(provocative victim)'이기도 하다는 것이 이 설명의 주장인데, 어떤 사람이 다른 사람을 자극하는 어떤 행동을 해서 다른 사람이 이 사람을 무례하게 대하도록 한다는 것이다. Milan, Spitzmueller, Penney(2009)는 부적 정서성이 높은 사람은 부적 정서성이 낮은 사람에 비해 무례행동의 희생자가 될 가능성이 크다는 것을 발견하였다. **부적 정서성**(negative affectivity)이란 부정적인 정서와 스트레스를 자주 경험하는 성향을 말하는데, 이런 사람은 다른 사람에게 이런 정서를 투사하는 행동을 많이 하게 되고 그 결과 무례행동 희생자가 될 수 있다는 것이다. 그렇다고 그런 사람은 다른 사람으로부터 부당대우를 받는 게 당연하다고 성급하게 결론 내리려는 것이 아니라, 때로는 다른 사람이 무례하게 행동하도록 하는 빌미가 될 수도 있다는 것이다.

무례행동의 원인은 확실히 다양하고, 그들 각각이 얼마나 중요한지에 대해서는 견해 차이가 있지만, 무례행동의 **효과**에 대해서는 논의가 아주 적게 이루어졌다. 예를 들어, Bowling과 Beehr(2006)는 무례행동(다수의 부당대우 행동들도 포함)의 영향에 대한 통합분석을 시행하였는데, 무례행동이 심리적 긴장상태와 강한 관련이 있으며, 신체적이며 행동적인 긴장과도 다소 약하지만 관련이 있다는 것을 발견하였다.

학대적 지도

학대적 지도(abusive supervision)란 감독자의 입장에서 부하직원에게 행해지는 다양한 형태의 학대를 나타낸다(Tepper, 2007). 상사 학대의 전형적인 예로는 부하직원을 헐뜯거나 가치를 떨어뜨리는 것, 부하직원을 지나치게 비판하는 것(개인적으로든 다른 사람 앞에서든), 부하의 업무성과를 가로채는 것 등이다. 무례행동처럼, 불행하게도 학대적 지도는 조직에서 흔히 보이는 사례라는 걸 연구는 보여 준다(Tepper, 2007). 이는 "권력은 부패한다"는 오래된 격언을 지지하는 사례들이다.

학대적 지도는 무례행동과 다소 비슷해 보이지만, 두 가지 측면에서 차이가 난다. 첫째, 이런 행동은 상사로부터 오는 것이기 때문에 더 많은 스트레스를 겪게 한다. 왜냐하면 상사는 부하에게 권한을 행사하는 직접위치에 있기 때문이다. 둘째, 무례행동과 달리 이런 행동은 '의도 애매성'이 특징이다. 대부분의 경우, 희생자에게는 학대적 지도 이면의 동기가 부적인 것으로 지각된다. 그런데 감독자와 부하가 감독자의 행동을 반드시 동일한 방식으로 보는 것은 아니다. 즉 부하가 학대행위라고 보는 것을 상사는 단순히 지도행위라고 볼 수 있다. 예를 들어, 대학 육상부에서 코치가 특정 선수를 발전시키거나 팀이 승리하게 하려고 아주 거친 행동을 구사할 수 있다(참고 6.3 참조).

학대적 지도를 유발하는 원인에 대한 연구는 많이 이루어지지 않았지만, 몇 가지 이론화 작업과 논의가 이루어지고 있다. 예를 들어, Tepper(2007)는 어떤 사람이 학대적 지도 자체의 희생자였던 적이 있었는지의 여부가 한 가지 예측변인이 될 수 있다는 제안을 하였다. 이는 그런 행동이 학습될 수 있다는 것을 시사한다. 사실 최근의 경험적 연구는 이런 가설을 지지해 준다(예 : Mawritz, Mayer, Hoobler, Wayne, & Marinova, 2012). 학대적 지도에 대한 또 다른 예비 예측변인은 그런 행동에 대한 조직반응이다. 그런 행동을 용인하고, 심지어 어떤 경우에는 보상하기까지 하는 조직에

참고 **6.3**

학대적 지도와 코칭

일정 기간 동안 운동을 해 본 사람에게는 확실한 공통점이 하나 있다. 즉 코치가 소리 지르는 것을 들어 본 경험이 있을 것이다. 어릴 때부터 운동을 시작해서 프로선수가 될 때까지 운동을 계속하게 될 경우, 코치는 선수들이 운동하는 방식에 대해 불만을 표출하고, 많은 경우 선수들의 의욕을 더 북돋우기 위해 선수들에게 소리를 지르게 된다. 어떤 지점에서 코치의 행동이 '선을 넘어서서' 학대가 되는가?

이 질문에 대해 가능한 응답은 전직 러트거스 농구팀 감독인 마이크 라이스의 최근 사례에서 찾아볼 수 있을 것이다. 2012년 12월 12일 러트거스대학교는 다음 사항을 공표하였다. 러트거스의 학생 스포츠 담당 처장이 라이스의 연습 장면 중 하나를 담은 비디오 영상을 입수한 후 라이스에 대해 3게임 급여몰수와 50,000달러 벌금에 처한다는 내용이었다. 비디오에는 라이스가 선수 머리를 향해 농구공을 집어 던지고 심각한 언어적 모욕을 하는 장면이 담겨 있었다. 선수들에 대한 신체적 학대행위가

명백하고 지속적인 형태로 진행되었음을 보여 주는 연습 장면이 추가로 드러나자, 라이스에게 상황은 점점 더 불리해지게 되었다. 마침내 러트거스가 라이스를 해고하는 것 외엔 어떤 선택도 할 수 없는 지점에 이르게 되었다.

라이스의 해고를 가져온 장면을 본 누구도, 이런 가혹한 행동이 어떻게 아무도 모르고 지나갈 수 있었는지에 대해 도저히 믿을 수가 없었다. 더욱이 누군가 그런 행동을 알고 있으면서도, 어떤 후속행동도 취해지지 않았다는 것이 놀라웠다. 그러나 대학 스포츠에서 성공적인 성취를 이루어 낸 많은 감독들이 선수들에게 소리를 지르고 심하게 질책한다는 것을 고려해 보면, 라이스의 행동이 용인되었던 것이 이해가 된다. 희망적으로 볼 것은 미래에는 대학이 그런 행동에 대해 덜 관용을 보일 것이고, 더불어 그런 일이 발생하였을 경우 더 빨리 행동을 취할 것이란 점이다.

출처 : Rice Jr., M. (n.d.). In *Wikipedia*. http://en.wikipedia. org/wiki/Mike_Rice_Jr.

서는 이런 행동이 더 자주 발생할 것이다.

직장무례에서와 같이, 종업원에 대한 학대적 지도의 영향은 일관되게 부정적이다. Tepper(2007)에 따르면, 상사로부터 이런 행동을 경험한 사람들은 직무만족이 떨어졌고, 심리적 긴장이 증가하였으며, 직무이직 욕망이 강하고, 그 밖의 다른 부정적 결과들을 보여 주었다.

좀 더 최근 연구는 학대적 지도에 대한 부하의 반응은 대체로 조직이나 다른 동료에 대한 CWB로 나타날 수 있으며, 심지어 해당 학대적 상사에 대한 CWB로 표출될 수도 있음을 보여 주었다(Alexander, 2011; Mitchell & Ambrose, 2007). 학대받은 종업원은 대개 조직을 대상으로 하는 CWB를 보이는데, 이는 상사가 보이는 행동에 대해 조직이 책임져야 한다고 믿기 때문이다. 상사를 향하는 CWB는 복수심이나 보복이라고 할 수 있다. 학대받는 종업원이 동료를 향한 CWB를 보인다면 이는 '공격 대체' 사례라 할 수 있는데, 화가 나거나 좌절했을 때 손쉬운 표적에게 분풀이를 하는 것이다.

사회적 폄하

사회적 폄하(social undermining)란 조직에 있는 성원들 간에 서로 양호한 관계를 발전시키지 못하게 하고, 업무에서 성공적이지 못하도록 하고, 양호한 명성을 발전시키지 못하게 하려는 의도로 행해지는 여러 가지 행동을 말한다(Duffy, Ganster, & Pagan, 2002). 아마도 가장 일반적인 사례로는 사교 모임에서 배제시키기, 다른 사람을 심하게 비판하기, 다른 사람의 명성을 떨어뜨리는 부정적인 소문 퍼뜨리기 등을 들 수 있다. 사회적 폄하는 상사로부터 오기도 하는데, 이런 경우는 학대적 지도와 많이 중복된다. 그러나 동료나 심지어는 부하직원으로부터 생기기도 한다.

안타깝지만 사회적 폄하에 깔려 있는 동기가 무엇인지에 대한 연구는 많이 시행되지 않았다. Crossley(2009)는 두 가지 잠재적 동기를 제안하였는데, 자기고양 동기와 타인파괴 동기이다. 좀 더 구체적으로 말하면, 사람들은 다른 사람의 눈에 자신이 좀 더 나아 보이게 만들기 위해 다른 사람을 폄하하려고 할 수 있다. 이는 최근 정치 캠페인에서 양 당 인사 사이에서 자주 행해지는 전략이다. 또한 사회적 폄하 자체가 목적이 될 수도 있다. 즉 자신에게 도움이 되지 않는 경우에도 다른 사람이 나쁘게 보이도록 하기 위해 이런 행위를 할 수 있다.

이 절에서 기술한 다른 형태의 학대와 마찬가지로, 사람들에게 사회적 폄하가 미치는 영향은 부정적이다(Duffy et al., 2002). 그러나 이 효과가 얼마나 부정적일지를 결정하는 요인이 두 가지 있다. 우선 Crossley(2009)는 사회적 폄하의 희생자는 공격자가 아무런 잠재적 이득이 없는데도 단순히 희생자가 안 좋아 보이게 하려는 의도로 이런 일을 한 것이라고 지각할 때 더 부정적으로 반응한다는 것을 발견하였다. 이에 비해 자기고양이나 탐욕 때문에 생긴 일이라고 지각했을 때, 희생자는 공격자를 용서하고, 궁극적으로 화해하고자 하는 욕구를 더 강하게 보여 주었다.

사회적 폄하에 대한 반응에 영향을 주는 두 번째 요인은 이 일이 발생한 맥락이다. Duffy, Ganster, Shaw, Johnson, Pagon(2006)은 네 번에 걸친 종단연구를 통해, 전반적인 폄하 수준이 낮은 데도 상사가 폄하행동을 할 경우, 부하들은 상사의 폄하에 강하게 부정적으로 반응하였다는 것을 발견하였다. 이것이 의미하는 것은 이런 경우 사람들은 자신이 특별히 선택되었다고 느끼게 되고, 그 결과 상사가 자신을 좋아하지 않는 특별한 이유가 있다고 느낄 수 있다는 것이다. 집단에서 상사의 전반적 폄하 수준이 높은 경우에는 이와 반대가 된다. 이것이 의미하는 것은 집단에서 상사는 모든 사람을 동등하게 대해야 하며, 그래야 개인은 더 이상 자신이 특별히 선정된 것이 아니라는 느낌을 가진다는 것이다.

발생빈도가 낮은 반생산적 행동 유형

앞 절에서 살펴본 두 가지 형태의 CWB, 즉 철회행동과 타인학대는 조직에서 상당히 흔히 발생하는 것들이다. 더욱이 이 두 가지 CWB의 영향은 확실히 정적인 것은 아니지만, 이들 둘 다 전형적으로 치명적인 손해를 끼치는 것은 아니다. 그러나 전형적으로 많은 빈도로 발생하지는 않지만, 한 번 발생하게 되면 조직에 치명적으로 부적인 영향을 미칠 수 있는 CWB 형태들이 존재한다. 이런 형태의 CWB에는 생산일탈/사보타주, 종업원 절도, 직장폭력, 약물 및 알코올남용, 성희롱 등이 포함된다. 이들을 살펴보자.

생산일탈/사보타주

이 장 앞 절에서 기술한 것처럼, 생산일탈(production deviance)이란 직원들이 의도적으로 시간을 허비하거나, 고의로 자신의 일을 엉망으로 처리하고, 또는 지시를 따르지 않는 형태로 CWB를 표출하는 것이다. 한편 사보타주(sabotage)는 조직의 재산이나 조직 성원의 일을 의도적으로 파괴하거나 손상을 입히는 것이다. 생산일탈과 사보타주는 다른 형태의 CWB이기는 하지만 종종 함께 취급되는데, 그 이유는 조직에 동일한 영향을 미치기 때문이다. 이들을 분리하여 설명하는 것은 다음에 하고자 한다.

대부분의 사람들이 종종 시간을 허비하고, 자신의 역량을 최대로 발휘해서 일하는 것은 아니지만, 조직현장에서 전반적인 생산일탈은 거의 일어나지 않는 행동이다(Spector et al., 2006). 대부분의 직무에서 사람들은 최소 누군가에 대해 책임을 지게 되고, 이런 이유로 시간을 허비하거나 의도적으로 직무를 엉망으로 하게 되면, 부정적인 결과를 초래할 위험을 감수해야 한다. 그러나 이런 부정적인 결과가 발생할 잠재성에도 불구하고, 간혹 조직에서 생산일탈이 발생하고 조직에 값비싼 대가를 초래할 수 있다는 증거들이 나타나고 있다(Martin, Brock, Buckley, & Ketchen, 2010).

그러면 왜 사람들은 생산일탈을 보이는가? 연구에 따르면, 사람들은 다른 형태의 CWB에서 보이는 것과 동일한 이유로 생산일탈을 하는 것으로 나타났다(Spector et al., 2006). 즉 사람들은 스트레스에 대한 반응으로, 그리고 부당한 대우를 하는 조직에 대한 앙갚음으로 생산일탈을 하였으며, 이런 행동이 나타나게 하는 특성을 갖는 경우가 있는 것으로 밝혀졌다. 그러나 생산일탈에만 독특하게 적용되는 세 가지 다른 설명이 있다.

몇몇 형태의 생산일탈에 대해, 한 가지 분명하면서 구별되는 설명은 기회(opportunity)요인이다. 어떤 직무의 경우, 사람들은 자신이 가진 시간에 대해 재량권을 많이 가지고 있다. 이럴 경우 생산일탈을 보일 기회가 훨씬 더 많아진다. 컴퓨터와 여타 커뮤니케이션 기술이 진보함에 따라, 어떤 사람들은 들키지 않고 자의적으로 과제 외 행동을 하는 것이 매우 쉬워졌다. 대조적으로, 어떤 사람들은 자기 시간에 대한 재량권을 거의 갖고 있지 않아 생산일탈을 할 기회를 거의 갖지 못할 경우도 있다.

사람들이 생산일탈을 하게 하는 또 다른 잠재 이유는 나쁘게 행동하는 것에 대해 어떤 식으로든 보상이 이루어지기 때문이다. 이런 관점에서 보면, 생산일탈이 인상관리(impression management)의 한 형태라 할 수 있는데, 종업원이 어떤 목적을 관철하기 위해 이를 활용하는 것이다(Becker & Martin, 1995). 예를 들어, 종업원이 자기 잠재력을 최대한으로 발휘하려고 하지 않을 수 있는데, 평범한 수행 수준을 보이는 것이 시간 소모가 훨씬 적게 드는 업무 과제를 담당하도록 해 줄 것이라고 믿는 경우가 이에 해당된다.

마지막으로, 직무권태(job boredom)가 생산일탈과 여타 CWB를 초래하는 요인일 수 있다는 최근 증거가 있다. 구체적으로, Bruursema, Kessler, Spector(2011)는 직무권태 수준과 일반 권태경험 성향이 높다고 보고한 사람들은 생산일탈 수준이 높았고 여타 CWB(예 : 학대, 사보타주, 철회 및 절도 행위) 수준도 높았다는 것을 발견했다. 생산일탈에 대한 원인으로 직무권태에 관한 연구가 좀 더 필요하지만, 이 연구는 직무를 좀 더 자극적이고 흥미롭게 만들어 주면 조직은 이런 행동 행태들을 줄일 수 있을 것이라는 걸 시사한다.

사보타주가 가진 본질과 이런 행동에 전념하는 종업원은 범죄 기소와 같은 심각한 사태에 처할 수 있다는 사실에 비추어 볼 때, 이런 행동이 발생하는 빈도는 많지 않다. 그 외 다른 CWB 행동과 비교해 볼 때, 사보타주는 종업원의 불공정성 지각이 원인이 되어 발생하는 경우가 많다. 왜냐하면 많은 사보타주 사례들은 조직에 대해 되갚음을 하려는 종업원의 시도를 대변하는 것이기 때문이다(Seabright, Ambrose, & Schminke, 2010).

그러나 불공정성에 대해 사보타주를 하는 것으로 반응할지 아닐지를 결정하는 데 개인차가 주요 역할을 하는 것으로 보인다. 예를 들어, Skarlicki 등(2008)은 개인 간 불공정성과 고객에 대한 사보타주 간의 관계가 도덕적 정체성에 의해 조절된다는 것을 발견하였다. 좀 더 구체적으로 말하면, 고객서비스 부서 직원 표본을 대상으로 한 연구에서 고객에게서 받은 불공정한 대우가 고객 사보타주와 강한 관계를 보였는데, 옳고 그름에 대해 강한 의식을 가진 사람들에게는 이 둘 간의 관계가 강하게 나온 데 비해, 이런 도덕성을 내면화하여 옳고 그름에 의연한 사람들에게서는 그 관계가 약하게 나타났다. 이 결과는 어떤 사람들은 자신들이 다른 사람에게 부당하게 대우받았다고 느낄 때 더 강하게 공격적으로 반응하는 데 비해, 그렇다고 해서 모든 사람이 이런 부당대우를 받을 때 사보타주와 같은 방식으로 반응하는 것은 아니라는 것을 의미한다. 좀 더 구체적으로 말하면, 어떤 사람들은 자신이 부당하게 대우받을 때라도 사보타주를 하는 것은 잘못이라고 생각한다는 것이다.

종업원 절도

종업원 절도(employee theft)란 간단히 '종업원이 조직으로부터 자신의 소유물이 아닌 어떤 것을 가져가는 것'이라고 정의된다. 이런 정의에 근거하면, 절도는 값싼 사무용품을 개인용으로 가져가는 것과 같이 상대적으로 사소한 행위에서부터 잘 정리되어 있는 서류를 훔쳐 가는 공무원 절도 같은 아주 중대한 형태까지 다양할 수 있다. 종업원 절도를 다루는 대부분의 문헌은 '보통' 유형의 종업원 절도에 초점을 맞추고 있다. 여기에는 소매점 영업사원이 회사 물품을 훔치는 것이나 편의점 종업원이 금전 출납기에서 현금을 슬쩍 빼돌리는 것 등이 해당된다.

종업원 절도 빈도에 관한 연구를 보면, 많은 조직이 문제를 삼기에 충분할 정도로 잦은 빈도로 종업원 절도가 발생하고 있다. 예를 들어, 2008년에 소매업은 종업원 절도로 인해 전체적으로 159억 달러의 손해를 본 것으로 추정된다(NRSS, 2008). 또 다른 연구에서, 사람들 중 52%가 허락 없이 작업장에서 물건을 가져간다고 보고하였고, 25%는 자신이 사용하지도 않은 비용을 환급받기 위해 허위 영수증을 보고한 적이 있다는 것이 발견되었다(Bennett & Robinson, 2000). 불행하게도 종업원 절도로 인한 손실은 고객에게 전가되므로, 종업원 절도로 인한 파급효과는 절도가 발생한 조직에만 국한되지 않는다.

종업원 절도의 원인에 관한 연구 문헌을 검토한 결과 두 가지 주제가 도출되었다. 지금까지 가장 강력한 것으로 나타난 첫 번째 원인은 절도가 주로 개인적 특성에 기인한다고 보는 것이다(예 : Collins & Schmidt, 1993; Jones & Boye, 1992). 더욱이 정직성 검사 제작자들이 이런 연구를 많이 시행하였다. 이런 관행은 잠재적으로 문제를 야기할 수 있는데, 왜냐하면 이런 조직은 자신들이 만든 검사 도구의 예측능력을 정확하게 평가하려는 동기를 갖지 않을 수 있기 때문이다. 이런 우려가 있지만, Van Iddekinge 등(2011)의 통합분석은 정직성 검사가 실제로 종업원의 절도와 여타 CWB를 예측해 준다는 것을 보여 주었다. 정직성 검사는 대개 성격 특성 중에서 '성실성'을 측정해 주는데, 절도를 가장 많이 할 가능성이 있는 종업원은 이 특성이 낮을 것이라고 가정된다. 즉 이들은 신뢰롭지 않고, 자기 원칙이 결핍되어 있고, 규칙이나 권위를 존중하지 않는 사람들일 수 있다. 성실성 외의 다른 것들도 발견되었는데, 절도라든가 다른 형태의 비정직성에 대해 관대한 태도를 보이는 종업원들 사이에서 절도가 더 많이 나타났다(Jones & Boye, 1992).

연구 문헌에서 보이는 두 번째 주제는 종업원 절도가 부당하거나 좌절을 주는 조직조건과 같은 환경조건에 의해 영향을 받는다는 것이다. 예를 들어, Greenberg(1990)는 따로 떨어진 두 지역에서 급여삭감 정책을 시행한 대규모 제조회사에 대한 연구를 수행하였다. 한 지역에서는 왜 이런 정책이 시행되었는지에 대해 거의 설명을 해 주지 않았고, 설명하더라도 개인에 대해 어떤 배려나 인정 사정을 두지 않고 정책이 시행되었다. 한편 다른 지역에 있던 조직에서는 경영층이 종업원들에게 왜 이 정책이 시행되어야 했는지에 대해 상세한 설명을 하였고, 구성원들의 반응에 보다 민감하게 반응하며 정책을 시행하였다. 이 연구는 설명이 적합하게 이루어지지 않은 공장에서는 적절한 설명이 주어진 공장과 어떤 급여 삭감 정책도 시행되지 않은 제3의 공장과 비교해 볼 때 절도율이 유의미하게 더 높아졌다는 것을 보여 주었다.

좀 더 최근 연구는 동종 산업의 다른 사람들과 비교해서, 종업원이 수령한 급여량이 종업원 절도와 관련된다는 것을 보여 주었다. Chen과 Sandino(2012)는 편의점 산업(종업원 절도율이 높음)에 대한 연구에서, 종업원 절도율은 동종 산업계 평균과 비교해서 종업원 임금이 낮은 가게에서 더 높았다. 이런 결과는 Greenberg(1990) 연구와 결합해 보면, 절도가 불공정성 지각에 대한 반응으로 생긴다는 것을 지지한다.

이 장 앞에서 설명한 스트레스원-정서 모델에 기반해서, Spector(1997b)는 종업원 절도는 종업원을 좌절시키는 조직상황에 의해 유발된다는 제안을 하였다. 좌절이란 환경적인 요소가 목표 달성을 방해할 때 방해를 받고 있는 사람에게 나타나는 정서이다. 조직에서 나타나는 이런 장애요인이란 장비 부실, 불필요한 규칙이나 규제 및 종업원들의 시간을 소모하게 만드는 정책과 같은 환경적 제약요소들을 말한다. 따라서 Spector는 종업원은 절도를 통해 자신들이 경험하는 좌절감을 조직에 분출한다고 주장하였다. 많은 다른 관계에서와 마찬가지로 좌절과 절도 간의 관계도 다른 요인들에 의해 영향받을 수 있다. 예를 들어, 좌절감에 빠진 종업원이 물건을 훔치고 싶은 생각이 들더라도 이런 충동을 언제나 행동으로 옮기는 것은 아니다. 왜냐하면 그런 행동을 할 기회를 갖지 못하거나 그런 행동이 가져올 결과에 대한 두려움이 생기기 때문이다. Spector(1997b)에 따르면, 좌절과 절도 간의 관계를 조절해 주는 한 가지 변인은 종업원의 **통제소재**(locus of control)이다. 앞에서 설명한 것처럼 통제소재란 사람들이 자신의 삶에 주어지는 강화물에 대해 가지는 통제에 대한 신념을 나타낸다(Rotter, 1966). 내적인 통제소재를 가지고 있는 사람은 일반적으로 이런 강화물에 대해 본인이 통제력을 가지고 있다고 믿는다. 대조적으로, 외적인 통제소재를 가지고 있는 사람은 이런 강화물에 대해 거의 어떤 통제력도 갖지 못한다는 믿음을 가지고 있다.

좌절과 절도 간의 관계를 조절해 주는 통제소재의 효과는 〈그림 6.2〉에 묘사되어 있다. 그림에서

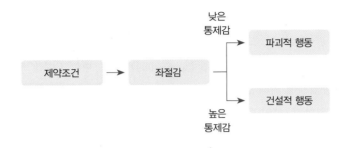

그림 6.2 좌절과 반생산적 행동 간의 관계에 대한 통제소재의 영향에 관한 Spector 모델

출처 : Spector, P. E. (2000). *Industrial and organizational psychology: Research and practice* (2nd ed.). New York, NY: Wiley. Reprinted by permission.

보는 바와 같이 이 모델은 외적인 통제소재를 가지고 있는 사람들에게는 좌절감이 절도와 같은 파괴적인 행동을 유발한다고 주장한다. 외적인 통제소재를 가지고 있는 사람들은 좌절상황에 부딪힐 경우 절도 및 다른 형태의 파괴적인 행동으로 대처하는데, 보다 건설적인 방법으로 좌절감을 주는 조직상황을 변경할 수 있다고 믿지 못하기 때문이다. 대조적으로 내적인 통제소재를 가지고 있는 사람들은 보다 건설적인 방식으로 좌절을 주는 조직상황을 변화시킬 수 있다고 믿는 경향이 있다. 예를 들어, 이런 사람들은 참여적인 경영관행이나 노사위원회 등을 통해 자신들의 영향력을 발휘하는 방식을 선택할 수 있다. Spector(1997b)의 가설은 몇몇 경험적 검증을 받았으며 일반적으로 지지되었다(Chen & Spector, 1992; Spector & O'Connell, 1994; Storms & Spector, 1987).

직장폭력

종업원 절도와 마찬가지로 직장폭력(workplace violence)도 상대적으로 자주 발생하지 않는 사건이다. 그러나 최근 들어 조직현장에서 직장폭력 사례가 경계해야 할 정도로 증가하고 있음을 알 수 있다. 예를 들어, 미국에서 거의 200만 명에 이르는 종업원이 매년 직장에서 신체적 폭력을 경험하는 것으로 추산된다(Barling, 1996). 훨씬 더 놀라운 수치는 직무와 관련되어 사망에 이르게 하는 두 번째 원인이 살인이라는 사실이다(U.S. Bureau of Labor Statistics, 1999).

이 책에서 다루어진 다른 현상과 마찬가지로, 직장폭력으로 간주되는 것은 매우 광범위하다. 이 장의 목적상 **직장폭력**은 조직 장면에서 수행된 물리적 공격행동이라 정의된다. 이 정의에는 폭력의 표적 또는 유발자를 적시하거나 제한하려는 시도는 어떤 것도 포함되지 않았다는 것에 주목하기 바란다. 예를 들어, 폭력행동이 동료 종업원에 대한 것일 수도 있고, 상사에 대한 것일 수도 있으며, 고객을 향한 것일 수도 있다. 또한 그들 각각에 의해 유발된 것일 수도 있다. 직장 내 폭력과 공격에 대한 대부분의 연구가 다른 종업원에 대해 동료 종업원에 의해 이루어진 폭력행동에 집중하기 때문에(Schat & Kelloway, 2005 참조), 이 절에서 우리의 관심사는 동료 종업원에 의해 다른 종업원에게 범해진 폭력행동에 관한 것이다. 그러나 고객이나 내담자도 조직 내 종업원에 대해 폭력적이고 반사회적인 행위를 범할 수 있다(예 : Bussing & Hoge, 2004).

문헌에 따르면, 종업원에 의해 발생하는 폭력행동은 세 가지로 설명된다 : (1) 물리적 환경, (2) 개인의 특성, (3) 조직환경. 만일 초점이 물리적 환경에 주어지면, 환경에서의 폭력단서나 좌절감을 유발하는 요인들과 공격행동을 연계시키는 사회심리학 연구 문헌들을 참조할 수 있다(Worchel, Cooper, Goethals, & Olson, 2000). 단조로운 기계조작 작업이 스트레스 관련 증상을 유발한다는 주목할 만한 한 연구가 있지만(예 : Broadbent, 1985), 불행하게도 이 특성들 중 어떤 것도 직장폭력과 연계되지는 않았다.

물리적 환경과 직장폭력 간의 관계를 분석하고자 하는 경험적 연구가 거의 없기 때문에, 우리는 단지 환경이 중요한 역할을 할 수 있다고 추측할 뿐이다. 그러나 종업원에 의해 발생하였고, 대중에게 널리 공표된 폭력행동 중 몇 가지는 많은 사람들이 다소 유해하다고 생각하는 업무환경에서 발생하였다는 점은 흥미롭다. 예를 들어, 미국에서 많은 우편 서비스 업무는 단조롭게 기계 속도에 맞추어 진행되는 일이다. 또한 공장 및 여타 제조설비들도 대개 시끄럽고 무덥다. 이런 연계성은 순전히 논리적으로 생각해 낸 것에 불과한 것이지만, 시간이 지나 폭력 사례에 대해 더 많은 자료가 수집되면 물리적 환경이 기여하는 바를 더 분명히 평가할 수 있을 것이다.

직장폭력에서 두 번째 관심사항은 폭력행동을 저지를 가능성이 있는 사람들의 특성을 확인하는 것이다. Day와 Catano(2006)는 이런 연구 문헌들을 정리해서 다음과 같은 폭력행동 예측요인들이 존재한다는 경험적 증거를 찾아냈다 : 성차(남성이 더 많이 폭력행동을 하였다), 폭력행동에 관한 과거 기록, 알코올 및 약물남용, 성실성 부족, 낮은 우호성, 낮은 정서적 안정성. 또한 적대성이 높은 사람이 직장에서 폭력행동을 저지르는 경향이 높다는 증거도 있다(Judge, Scott, & Ilies, 2006). 이런 주장들에도 불구하고 Barling, Dupre, Kelloway(2009)의 지적에 따르면, 폭력행동을 하게 만드는 아주 결정적인 종업원 프로파일이란 존재하지 않는다.

직장폭력 연구에서 세 번째 관심 영역은 조직 환경을 폭력행동을 촉발할 가능성이 있는 요인으로 보는 것이다. Barling 등(2009)에 따르면, 직장폭력과 공격을 유발하는 가장 강력한 예측치는 유발성 지각(perceived provocation), 즉 조직에서 일어난 일이 얼마나 중요하게 인식되는가이다. 종업원을 부당하게 대하고 그들이 겪는 좌절감을 무시하는 조직은 공정성을 강조하고 지지적인 풍토를 가지고 있는 조직과 비교해 볼 때 폭력이 발생할 가능성이 더 높다(Greenberg, 1990; Spector, 1997b). 자기 업무집단에서 일어나는 반사회적이고 공격적인 행동에 아주 수동적이고 아무 조치도 취하려고 하지 않는 리더는 조직 내에 이런 행동을 허용하는 결과를 가져올 수 있다는 것도 최근 발견되었다(Skogstad, Einarsen, Torsheim, Aasland, & Hetland, 2007). 이런 리더들은 잠재적으로 물리적 폭력 수준을 증폭시킬 수 있다.

약물 및 알코올남용

Frone(2006)에 따르면, 미국 노동인구의 약 14%(1,770만 명)가 불법약물을 복용했으며, 대략 3%(390만 명)가 직무 중에 복용했다고 보고했다. 의심할 여지 없이 합법적인 알코올 사용은 이보다 훨씬 더 높다. 알코올이나 불법약물을 복용하는 종업원들은 비사용자들보다 더 빈번히 직장에 결근하고, 다양한 다른 반생산적 행동에 관여할 것이기 때문에 이런 수치들은 조직에 심각한 우려사항이 된다(Frone, 2004). 우리는 또한 물질남용(substance overuses)은 간접적이든 직접적이든 교통상해, 가정폭력 및 폭력범죄와 같은 부정적인 결과들과 관련된다는 것을 알고 있다. 조직에서 물질남용의 영향을 검토한 한 연구는 어느 정도 꽤 일관된 발견을 하였다. 예를 들어, 문제성 있는 알코올 중독자나 불법약물 사용자는 성과 저하, 결근 증가, 사고빈도 증가, 보다 잦은 직무철회 행동, 타인에 대한 적대적 행동 증가와 같이 다수의 부정적인 결과를 드러냈다(Frone, 1998, 2004; Roman & Blum, 1995). 이런 결과를 토대로 다음과 같이 더 구체적인 문제가 드러났다 : (1) 물질남용 문제를 일으킬 가능성이 있는 사람을 파악하는 것, (2) 종업원이 물질남용 문제를 일으킬 증후를 나타낼 때 어떻게 할지를 결정하는 것.

기본적으로 물질남용의 예측과 관련된 논점은 두 가지 방법으로 접근할 수 있다. 절도와 폭력의 경우와 마찬가지로, 물질남용은 많은 사람들에 의해 일반적인 반사회적 행동의 하나로 여겨진다(예 : Hogan & Hogan, 1989). 이런 개념화를 받아들이면, 일반적으로 반사회적 행동과 연결되는 성격 특성에 근거해서 물질남용을 예측하려는 노력이 이루어지게 된다. 예를 들어, McMullen(1991)은 호건 성격 설문지(Hogan Personality Inventory, HPI; Hogan & Hogan, 1989) 중 신뢰성 척도가 대학생들의 직무 내 및 직무 외 약물남용에 대한 자기 보고 측정치와 부적으로 관련되어 있다는 것을 발견했다. 흥미롭게도 대학 응시자 집단 대상의 동일 연구에서 이 척도는 소변 약물검사를 통과한 집단과 실패한 집단 간을 변별해 주었다.

다른 연구에서는, 성격 이외에 개인 이력(personal history) 형태로 개인 특징적 예측치를 연구하였다. Lehman, Farabee, Holcom, Simpson(1995)은 지방도시 공무원을 대상으로, 물질남용의 예측치로서 다수의 개인적 배경 특성들을 분석해서 여러 가지 의미 있는 결과를 발견하였다. 문제성 있는 약물남용 위험이 가장 높은 사람들은 낮은 자존감을 보이고, 전과기록이 있으며, 약물남용 문제를 야기한 적이 있는 가족과 약물남용을 하는 친구들을 갖고 있는 젊은 남성들이었다.

또 다른 연구 계열은 약물남용에 대한 환경적인 예측요인(environmental predictors)을 조사하였다. 이런 연구진에서 가장 많이 연구된 변인은 스트레스를 야기하는 직무조건이었다. 대부분의 경우, 이런 연구는 스트레스를 주는 직무를 수행하는 것이 물질남용의 위험성을 키울 가능성은 있지만, 이런 효과가 그다지 크지 않다는 것을 보여 주었다(예 : Cooper, Russell, & Frone, 1990). 보다 최근 한 연구진은 조직 내 약물남용을 유도하는 사회규범을 조사하였다. 이런 아이디어가 결근과 사고에 대한 연구에서 어느 정도 성공적으로 적용되었다는 것을 생각해 보자. 이런 유형의 연구 사례는 Bennett와 Lehman(1998)의 연구에서 볼 수 있는데, 이 연구는 직장의 음주풍토가 미치는 영향을 측정하였다. 음주관대 풍토를 가진 집단에 속한 개인들은 자신이나 동료의 음주활동 수준이 더 높다고 보고하였다. 이런 발견은 업무집단 내 또는 직장 내의 사회적 요인이 문제성 있는 음주행동을 야기할 수 있다는 것을 시사해 주는 것이다.

좀 더 최근의 연구 결과는 사회적 환경이 물질남용에 중요한 역할을 한다는 아이디어와 일치하는 것으로 보인다. 예를 들어, Frone(2006)은 물질남용 관행이 직업에 따라 상당히 다르다는 것을 발견하였다. 이는 업무환경이나 직업문화에 따라 물질남용에 관한 규범에 차이가 생기고, 이것이 활용가능성에 차이를 만들어 낸다는 것을 시사한다. Israel, Biron, Bamberger, Noyman(2011)이 시행한 좀 더 최근 연구에서, 종업원의 약물남용은 업무집단 규범이 그런 행동을 지지할 때, 상사가 이를 직시하려고 하지 않을 때, 종업원들이 업무 관련 스트레스를 많이 받을 때, 종업원이 동료들과 거의 접촉하지 않을 때 가장 높게 나타났다. 물질사용 규범이 여타 위험요인이 미치는 영향을 조절한다는 것도 발견하였다. 즉 업무집단 규범이 물질남용을 지지할 때 관계가 더 강하게 나타났다.

경험적 연구에 근거해 볼 때, 조직이 종업원들의 물질남용을 예방하기 위해 할 수 있는 일에는 무엇이 있는가? 절도와 폭력의 예방에서와 마찬가지로, 물질남용에 관한 연구는 조직이 잠재적인 물질남용자를 선별해 내고 물질남용을 촉진하지 않는 사회적 환경을 조성하는 데 초점을 두어야 한다는 것을 시사한다. 여러 가지 반생산적 행동들이 낮은 성실성과 관련된다는 것을 감안하면(예 : Hogan & Hogan, 1989; Ones, Viswesvaran, & Schmidt, 1993), 이런 특성을 측정하는 것이 몇 가지 이점을 가지는 것으로 보인다. 성격검사를 하는 것 말고도 철저하게 고용 전의 배경정보를 검토해 보는 것도 물질남용 문제를 예방해 주는 논리적 수순이 될 수 있을 것이다(Lehman et al., 1995).

물질남용을 예방하는 또 다른 방법이 점차 대중화되고 있다. 응시자 또는 현역 근로자들에게 소변검사를 통해서 약물심사를 받도록 하는 것이다. 그러나 약물심사는 비용이 많이 들고, 논쟁적이기도 하다(Rosen, 1987). 그래서 조직이 이를 사용하고자 할 때는 매우 신중해야 한다. 그럼에도 불구하고 한 연구는 다른 사람의 안전이 약물을 사용하는 종업원에 의해 위험에 처할 수 있는 직무에 대해서는 고용단계 이전에 약물검사를 하는 것에 사람들이 크게 반대하지 않는다는 것을 보여 주었다(Murphy, Thornton, & Reynolds, 1990). 그러나 이런 특성을 보이지 않는 직무에 대해서도 약물검사를 하는 것에 대해서는 호의적인 태도를 보여 주지 않았다. 연구는 또한 그런 프로그램이 절차적으로 공정하게 시행되었을 때, 약물심사 프로그램에 대한 태도가 더 긍정적이었다는 것을 보여 준다(Konovsky & Cropanzano, 1991).

아마도 약물검사를 둘러싼 가장 중요한 문제는 약물사용이 확인된 종업원에 대한 조직의 반응이다. 어떤 조직은 약물사용에 대해 '무관용(zero tolerance)' 원칙을 가지고 있다. 예를 들어, 군대에서 불법약물 사용의 증거가 드러나면 이 현역병사에 대해 즉각적인 징계행위가 내려진다. 그 외 경우에 종업원들 간에 약물사용 문제가 드러나게 되면 조직은 이 사람에 대해 별도의 치료 프로그램을 제공하려 할 것이다. 전형적인 방법은 종업원 지원 프로그램(Employee Assistance Programs, EAP)과 전문가 집단에 소개하는 것인데, 이는 분명히 어려운 문제이다. 이에 대한 최근 사례는 운동선수가 근육강화 스테로이드제(PEDs)를 복용한 혐의를 받은 경우 미국 메이저리그 야구팀이 경험하게 되는 어려움을 들 수 있다(참고 6.4 참조).

각각의 입장이 모두 설득력 있는 주장을 할 수 있지만, 약물남용 문제를 가진 것으로 파악된 종업원에게 최소한 어떤 형태로든 치료가 주어졌을 때, 약물검사를 호의적으로 받아들인다는 것을 연구는 시사해 준다(Stone & Kotch, 1989). 약물검사 프로그램 이후 단순히 처벌만 하는 경우와 비교해 볼 때, 치료 프로그램을 제공해 주는 것은 공정성 수준을 높여 주는 것으로 보인다. 마지막으로, Biron 등(2011)의 연구에 기초해 볼 때, 조직은 알코올남용이나 다른 약물남용 문제가 생겼을 때,

---

참고 **6.4**

야구와 수행강화약물(PEDs) 사용

대부분의 사람들이 직장에서의 물질남용에 대해 생각할 때, 대부분 알코올이나 마리화나 같은 금지약물을 생각한다. 그러나 최근 가장 중요한 물질남용은, 야구 메이저리그에서 운동선수들의 수행강화약물(performance enhancing drugs, PEDs) 사용이다. 근육강화 스테로이드와 인간용 성장호르몬(human growth hormone, HGH) 등이 이에 해당된다. 포괄적 약물검사 프로그램과 약물에 양성반응을 보이는 사람에 대한 중한 벌금 부과 등을 통해, 야구 메이저리그는 지난 10년간 스포츠에서 스테로이드를 제거하려는 노력을 기울였다. HGH의 사용을 중지시키는 것은 훨씬 더 문제가 많은데, 이런 약물을 탐지하는 것이 훨씬 더 어렵기 때문이다.

이 모든 것은 2013년 7월 변화되었는데, 당시 14명의 메이저리그 선수들이 HGH를 구입하였다는 증거가 발각되어 선수자격이 보류되었다는 공표가 있었다. HGH는 체중감소와 호르몬 대체 치료로 특화된 건강 클리닉인 미국 바이오제네시스에서 구입한 것으로 이 클리닉은 플로

리다의 코럴 게이블즈에 위치하고 있었다. 자격정지된 선수들 중 몇몇은 유명한 사람들이 아니었지만, 라이언 브론, 넬슨 크루즈, 자니 페랄타, 에베스 카브레라 같은 유명선수들이 포함되어 있었다. 말할 것도 없이 자격정지된 선수 중 가장 유명한 선수는 알렉스 로드리게스로 그는 당시 뉴욕 양키스의 대스타 선수였다. 선수들 대부분은 50게임 출장정지 처분을 받았지만, 로드리게스는 최초로 200게임 출장정지 처분을 받았다. 그에 대한 자격정지 처분은 그후 162게임으로 감축되었다.

이 조치에서 특별한 점은 자격정지된 선수들 중 누구도 약물검사에선 적발되지 않았다는 것이다. HGH를 탐지하는 것이 어렵다는 점을 감안하면 이해할 만한 일이다. 아마도 가장 중요하게 보아야 할 것은, 통상적인 검사절차를 통해 약물이 탐지되든 안 되든 상관없이, 야구 메이저리그가 스포츠에서 모든 종류의 PEDs를 없애는 데 강하게 개입하기 시작했다는 사실일 것이다.

건강한 규범이 작동하도록 노력해야 한다. 이 말은 조직이 모든 사회기능에서 알코올사용을 금지해야 하거나 모든 형태의 약물사용을 금지해야 한다고 말하는 것은 아니다. 오히려 책임 있게 알코올사용을 하도록 장려하고, 필요한 경우에 알코올사용 금지를 받아들일 수 있도록 명확하게 하는 것이 필요하다는 것이다.

성희롱

성희롱(sexual harassment) 문제는 기업에서 대학까지 모든 조직에서 가장 뚜렷하게 부각되는 관심사가 되었다. 성희롱은 "상대방이 원치 않는 성적 접근, 성적인 호의를 베풀도록 요구하는 것, 기타 성과 관련된 언어적 또는 신체적 접촉으로서 (1) 이런 행위를 제공하는 것이 명시적 혹은 묵시적으로 개인의 고용조건과 연계되어 있고, (2) 개인이 이런 행위를 허락하거나 거절하는 것이 해당 개인에게 영향을 주는 고용결정의 기초로 사용되고, (3) 이런 행위가 개인의 작업수행을 불합리하게 방해하는 목적이나 효과를 가지거나 위협적이고, 적대적이거나 공격적인 업무환경을 조성하는 것"(Equal Employment Opportunity Commission, 1980)으로 정의된다. 보복적 성희롱(quid pro quo sexual harassment)이란 용어는 종업원에게 권한을 행사하는 감독자나 다른 종업원의 성적 요구를 거절함으로써 이 종업원의 승진과 성과가 적대적으로 영향을 받게 되는 상황을 지칭하기 위해 사용된다. 이런 형태는 위에 정의된 정의 중 앞 두 부분에 주로 적용된다.

두 번째 형태의 성희롱은 단순히 적대적 업무환경(hostile work environment)이라고 불리는데, 주로 앞의 정의 중 세 번째 부분에 해당하는 사항이다. 이 형태에서는 명시적으로 조종하거나 위협하려는 시도는 존재하지 않는다. 오히려 성희롱의 발생은 직장에서 다른 사람이 보여 주는 일반적인 행동에서 나타난다. 저속한 말투, '성적'인 농담을 이야기하는 것, 포르노 사진을 게시하는 것 또는 불편함을 야기하는 비언어적 몸짓을 사용하는 것들이 적대적 업무환경에서 나타나는 성희롱의 기반이 된다. 이런 행위 범주들은 매우 중요한데, 왜냐하면 재미로 한 행동조차도 다른 사람에게는 혐오적이고 적대적인 것으로 지각될 수 있다는 사실을 반영해 주기 때문이다. 반드시 파괴적인 의도가 포함되어야만 성희롱에 해당하는 것은 아니다.

성희롱을 구성하는 다양한 행동이 있고 측정하는 방법도 다양하지만, 어떤 것이 더 우세한지를 판단하는 것은 쉽지 않은 일이다. Bates, Bowes-Sperry, O'Leary-Kelly(2006)가 수행한 성희롱 문헌에 대한 최근 검토 연구에 따르면 미국 동등고용위원회에서 다루어진 공식적인 성희롱 소송 건수는 14,396건이었다. 이는 1992년 대비 37% 증가한 것이었다. 흥미롭게도, 몇몇 연구들은 조사된 여성의 거의 75%는 원치 않는 성적 관심을 받았고, 50%는 성과 관련된 희롱을 경험하였다고 연구자들은 보고하였다.

성희롱 문헌에 관한 좀 더 최근 연구에서 McDonald(2012)는 미국에서 성희롱을 보고한 여성 추정치는 40~75% 범위에 해당되는데, 남성의 추정비율은 13~31%였다고 보고하였다. 그리고 미국과 비교해 볼 때 덴마크, 룩셈부르크, 스웨덴의 발생 추정치는 미국보다 낮았고, 오스트리아와 독일의 추정치는 미국보다 좀 높았다. 그러나 이런 차이는 성희롱 추정치에 대한 차이로 인해 생긴 것이라고 McDonald는 보고하였다. 즉 낮게 나온 추정치는 성희롱을 제한적인 측정치로 측정한 데 비해 높게 나온 추정치는 포괄적인 측정치로 측정한 결과이다.

성희롱에 대한 조직 차원의 연구는 다양한 문제를 검토하였는데, 발생 상황에 대한 연구(Fitzgerald, Drasgow, Hulin, Gelfand, & Magley, 1997), 원인에 대한 연구(Gruber, 1998; Gutek, Cohen, & Konrad, 1990), 성희롱 진술에 대응하는 방법 및 예방법에 대한 연구(Fitzgerald, 1993) 등이 있다. 정부 추정치와 일관되게 이들 연구는 성희롱이 매우 널리 퍼져 있으며, 남성보다 여성이 경험할 가능성이 더 많으며, 희생자는 종종 가해자와 비교해 볼 때 동등하지 않은 권한을 갖고 외부 사람들 눈에 잘 띄는 위치에 있는 사람들(예 : 남성위주 조직에 근무하는 여성)이라는 것을 시사해 준다.

성희롱에 관한 좀 더 최근의 연구는 성희롱이 조직상황에서 나타나는 보다 일반적인 부당대우와 희롱행동의 일부분이라는 것을 시사한다. 예를 들어, Lim과 Cortina(2005)는 조직 장면에서 나타나는 성희롱과 일반적 무례행동이 서로 정적으로 관련된다는 것을 발견하였다. 또한 소수자 집단의 여성이 백인 여성보다 더 높은 강도의 성희롱을 경험한다는 것을 보여 주었다(Berdahl & Moore, 2006). 성희롱과 일반적 희롱 간에 유사성이 있지만, 성희롱은 일반적 형태의 희롱보다 여성에게 더 큰 파급효과를 미치는 것으로 나타났다(Dionisi, Barling, & Dupre, 2012). 이런 발견은 성희롱을 줄이려는 조직은 성희롱 자체뿐만 아니라 조직의 일반적인 사회적 풍토에도 관심을 기울여야 한다는 것을 시사하는 것이다.

조직이 성희롱을 예방하는 가장 효과적인 방법은 분명하게 정리된 성희롱 정책을 가지는 것이다(Bates et al., 2006). 또한 성희롱의 가해자가 내담자나 고객일 경우도 있으므로(Liu, Kwan, & Chiu, 2013), 조직은 이런 행동에 대한 반응 시 취할 정책을 갖고 있어야 한다. 그런 정책은 종업원에게 성희롱으로 여겨지는 것이 무엇이고 성희롱이 발생했을 경우 조직이 취할 단계가 무엇인지를 알게 해 주는 이중 목적을 지니고 있다. 종업원에게 성희롱이 무엇인지를 알게 하는 것이 말하는 것처럼 실천하기 쉽지는 않다. 성희롱 헌장이 만들어져 시행되더라도 종업원은 무엇이 성희롱으로 간주되는지에 대해 혼란스러울 수 있다. 그러나 저자의 경험으로 미루어 볼 때, 남녀 혼성으로 구성되어 있는 회사에서 어떤 행동이 적절하고 적절하지 않은지에 대해 합의를 하는 것이 생각만큼 그리 어려운 일은 아니다. 상식이 있고 도덕성에 대한 지배적 사회관습을 안다면, 대다수의 성인들은 혼성 회사에서 무엇이 적합한 행동이고 무엇이 적합하지 않은 행동인지에 대해 알 수 있다. 무시하는 것은 성희롱의 부담을 줄이는 좋은 방어책은 아니다(참고 6.5 참조).

성희롱이 심각한 문제이고, 그런 행동을 범하는 사람들은 심각한 결과를 초래하게 될 것이라는

참고 6.5

직장에서의 성적 유머

가장 인기 있는 코미디언 중 한 명인 대니얼 토쉬는 가장 성공적인 코미디 쇼인 "코미디 센트럴" 쇼 '토쉬 오'의 진행자이다. 이 쇼를 보지 못한 독자에게 잠깐 소개하면, 이 쇼는 인터넷에서 가져온 비디오 클립에 대해 토쉬가 재미있는 코멘트를 하고, 향기와 멋진 장식을 가진 편지봉투 버튼을 누르는 것으로 구성된다. 쇼나 생방송 동안 토쉬는 여성을 비하하거나 모욕하는 것처럼 들릴 수도 있는 농담을 하는 것으로 유명하다. 대니얼 토쉬를 개인적으로 알지 못하지만, 그가 이야기하는 농담이 여성에 대한 그의 개인적 견해를 말하는 것은 아닐까, 그리고 이 농담을 듣는 대부분의 사람들이 이걸 이해하고 있을까 하는 의문을 품게 된다.

그러면 업무 중 남성이 여성들에게 약간 성적일 수도 있는 농담을 말하는 것은 괜찮은가? 아마도 그렇지 않을 것이다. Boxer와 Ford(2010)가 지적한 바에 따르면, 직장에서 하는 유머가 종업원들에게 긍정적인 영향을 끼칠 수 있지만, 성적인 유머는 부정적인 영향을 끼칠 수 있다.

왜냐하면 여성들은 종종 이런 식의 농담을 남성들과는 다르게 인식하기 때문이다. 즉 여성은 종종 그런 유머를 일종의 성희롱이라고 여긴다. 또한 성적 농담에 노출된 남성은 다소 중립적인 농담에 노출된 남성과 비교해 볼 때 여성에게 폭력적인 행위를 하는 경향이 더 많았다는 것이 이들의 실험실 연구에서 밝혀졌다.

자, 그러면 업무 중 농담을 하게 되는 상황이 만들어지면 어떻게 해야 하는가? 우리 생각엔 두 가지 쓸 만한 선택지가 있다. 첫째, 여러분의 농담이 재미있게 여겨지지 않더라도, 가능하면 누구도 공격하는 것이 아닌 유머를 사용하라(예 : "이 점보 새우, 도대체 뭔 일이 생긴 거람?"). 둘째, 대니얼 토쉬 같은 프로가 하는 농담을 따라 하지 말라.

출처 : Boxer, C. F., & Ford, T. E. (2010). Sexist humor in the workplace: A case of subtle harassment. In J. Greenberg (Ed.), *Insidious workplace behavior* (pp. 175-206). New York, NY: Routledge.

것을 종업원에게 의사소통하기 위해서도 성희롱 정책은 필요하다. 그러나 궁극적으로 조직의 성희롱 정책을 의사소통할 수 있는 가장 강력한 방법은 그런 행동이 일어났을 때 조직이 취하는 반응이다. 조직이 그런 행동에 대해 정책과 일관되는 방식으로 반응하고 관여된 사람이 누구라도 일관되게 반응하면, 이 자체가 조직이 그런 행동을 용인하지 않는다는 것을 보여 주는 강력한 메시지가 된다.

반생산적 업무행동에 대한 최종 생각 몇 가지

이 장에서 지금까지 우리는 조직 장면에서 CWB가 주는 부정적 효과를 기술하였다. 그러나 특정 경우 어떤 형태의 CWB는 몇 가지 긍정적인 효과를 보일 수도 있다는 것을 지적하고자 한다. 예를 들어, CWB의 생산일탈과 철회행동을 살펴보자. 종업원이 종종 빈둥거리고, 온라인으로 호텔예약을 하고자 시간을 일부 허비하고, 허가된 시간 이상으로 휴식시간을 보내게 되는 경우, 이는 조직에 아무 해를 끼치지 않으면서, 일시적 힐링을 경험하게 할 수도 있으며(Sonnentag & Fritz, 2007), 궁극적으로는 종업원의 안녕감을 향상해 줄 수도 있다.

잠재적으로 안녕감을 키워 주는 것 외에도, CWB는 종종 일종의 항의가 될 수도 있는데, 이를 통해 건설적인 조직 변화를 이끌어 낼 수도 있다(Kelloway, Francis, Prossler, & Cameron, 2010). 예로 타인학대를 다룬 절에서 학대적 지도와 CWB 간의 관계를 논의했던 경우를 떠올려 보자. 이 경우 CWB가 발생한 것은 조직으로 하여금 감독자들이 부하직원을 다루는 방식에 심각한 문제가 있을 수 있다는 점을 인지하도록 해 주었다. 일단 이런 문제가 인지되면 조직은 학대적 지도를 줄이는 조치를 취할 수 있게 되는데, 교육훈련, 상담, 심한 경우 지속적인 문제행위자에 대한 해고를 단행할 수도 있다.

종업원들이 집단적으로 CWB를 보이는 경우가 생긴다면, 이는 일종의 강력한 조직 변화를 가져올 수도 있다. 조직화된 노동운동의 역사를 살펴보면, 조직화된 업무 사보타주와 규정준수 운동을 통해 종업원이 임금향상과 업무조건을 개선한 사례들이 많이 있다. 이 장 서두에 제시한 정의에 따르면, 이 두 행동은 모두 CWB이고, 일시적으로는 조직에 해가 될 수도 있지만, 많은 경우에 이들은 또한 조직에 긍정적인 변화를 이끌어 낸다.

요약하면, 우리는 종업원들이 CWB에 몰두하는 것을 옹호하는 것은 아니다. 우리는 단지 조직이 이런 행동을 박멸하는 데만 집중한 나머지, 왜 이런 행동이 일어나는지를 이해하려 하지 않아서는 안 된다는 것을 지적하는 것이다. 조직이 이해하려고 노력하게 되면, 어떤 형태의 CWB는 종업원의 복지에 긍정적으로 영향을 줄 것이고, 이런 종업원의 행동방식은 조직이 긍정적으로 변화하는 데 도움이 될 것이다.

요약

이 장에서는 반생산적 행동, 또는 조직이나 조직 내 성원에게 해가 되거나 해를 끼칠 의도로 종업원에 의해 행해진 행동을 검토하였다. 조직에는 여러 형태의 CWB가 존재하는데, 일반적 수준에서 나타나는 CWB는 전체 조직을 겨냥해서 발생하느냐 아니면 조직 내 구체적인 개인을 겨냥해서 발생하느냐에 따라 구별될 수 있다. 또한 물질남용이나 안전위반과 같이 그런 행동을 하는 사람들에게 가장 해가 되는 형태의 CWB도 있다.

CWB를 유발하는 다양한 원인이 존재하지만, 일반적으로 개인기반 원인과 상황기반 원인으로 범주를 구별할 수 있다. 가장 흔히 연구된 개인기반 원인은 성실성, 분노특성, 외적 통제소재와 자기애적 성향이다. 그리고 가장 흔히 연구된 상황기반 원인은 스트레스와 불공정성이다. 그러나 최근 많은 CWB 연구에서는 개인기반 접근과 상황기반 접근이 결합된다. 철회행동과 타인학대 행동은 조직에서 가장 흔하게 나타나는 반생산적 행동들이다. 조직심리학자들은 오랫동안 철회행동의 가장 일반적인 형태인 결근을 자기 직무나 직무상황에서 경험한 부적 기분에 대한 행동반응으로 보았다. 그러나 시간이 지남에 따라 다소 편협한 이런 관점은 결근의 원인을 보다 광의의 관점으로 보려는 시도에 길을 내주게 되었다. 여기에는 성별, 성격 특성, 집단의 결근규범 및 결근통제 정책들이 해당된다.

타인학대는 다소 광범위한 범주를 포괄하는 것으로, 가벼운 수준에서 무례하고 비배려적인 행동부터 심각한 수준으로 폭력과 공격행동까지 포함한다. 이 절에서는 가장 흔히 발생하는 세 가지 형태의 학대행동을 논의하였는데, 직장무례, 학대적 지도, 사회적 폄하가 여기에 해당된다. 이들 세 가지는 각자 고유의 원인을 갖고 있지만, 연구 결과 이런 행동들의 효과는 동일하게 부정적이었다. 이장에서 검토한 발생률이 낮은 반생산적 행동으로는 생산일탈 및 사보타주, 절도, 직장폭력, 물질남용 그리고 성희롱이 있다. 종업원들은 단순히 자신의 시간에 대해 너무 많은 재량권을 갖고 있어서, 또는 부당한 대우를 하는 조직에 대해 앙갚음하는 차원에서, 또는 일종의 인상관리로서 생산일탈을 보이게 된다. 사보타주는 경영자 또는 조직 내 누군가에게 앙갚음하고자 할 때 가장 흔히 사용되는 방법이다. 또한 조직 내 부당대우에 대해 다른 사람들보다 더 민감하게 반응하는 사람들이 있다.

절도에 대해서는 상당한 연구 증거들이 축적되어 있는데, 낮은 성실성과 절도에 대해 관대한 태도를 함께 가진 종업원이 절도를 저지를 가능성이 가장 많다는 것이다. 몇몇 경우, 절도는 부족한 급여나 조직의 불공정 대우에 대한 반응으로 나타나기도 한다. 직장폭력은 조직에선 아주 드문 일인데, 간혹 가해자가 조직 외부 사람(즉 내담자, 고객)일 경우에 이런 일이 발생할 때도 있다. 종업원이 타인에 대해 폭력적이거나 공격적 행동을 할 때엔 대개 어떤 형태의 도발행위가 있다. 여러 해에 걸쳐 잠재적으로 폭력적인 종업원에 관한 특성기반 프로파일을 확인하려는 시도가 있었는데, 이런 노력들은 대개 성공하지 못하였다. 그러나 이런 프로파일이 종업원이 타인으로부터의 도발에 반응하는 방식에 영향을 미친다는 것이 드러났다.

물질남용은 막심한 손해를 끼칠 수 있는 반생산적 행동이라 할 수 있는데, 특히 종업원이 위험한 일을 수행할 때나 타인의 안전을 책임지는 위치에 있을 때 그럴 수 있다. 물질남용의 원인은 복잡하다. 그러나 여타 반사회적 행동을 예측하는 성격 특성들이 또한 물질남용도 예측한다는 것은 주목해 볼 필요가 있다. 물질남용을 둘러싼 주변의 집단규범이 이런 행동에 대한 강력한 예측치라는 것도 최근 드러나고 있다. 물질남용의 예측과 예방은 종종 조직에 딜레마를 초래하는데, 종업원의 사생활 침해와 공익관계가 걸려 있기 때문이다.

이 장에서 다룬 마지막 형태의 반생산적 행동은 성희롱이다. 성희롱은 직접적 형태로 발생하기도 하고, '적대적 업무환경'을 조성하는 간접적 형태로 발생하기도 한다. 연구에 따르면, 전형적으로 여성이 성희롱의 희생자이고, 여성이 소수자이고, 남성보다 낮은 권력위치를 차지하는 업무상황에서 성희롱이 가장 많이 발생한다. 이런 유형의 반생산적 행동을 예방하는 최선의 방법은 잘 정리된 성희롱 정책을 가지는 것으로, 이를 통해 종업원들은 이 문제를 중요하게 인식할 수 있게 된다. 보다 최근 연구들은 성희롱이 일반적인 부당대우의 한 부분일 수 있음을 시사해 준다. 따라서 조직이 다른 사람을 존경하고 예의를 지켜 주는 조직풍토를 조성함으로써 성희롱을 줄일 수 있다.

더 읽을거리

Berdahl, J. L., & Moore, C. (2006). Workplace harassment: Double jeopardy for minority women. *Journal of Applied Psychology*, 91, 426-436.

Bowling, N. A., & Beehr, T. A. (2006). Workplace harassment from the victim's perspective: A theoretical model and meta-analysis. *Journal of Applied Psychology*, 91, 998-1012.

Bowling, N. A., & Gruys, M. L. (2010). Overlooked issues in the conceptualization and measurement of counterproductive work behavior. *Human Resource Management Review*, 20, 54-61.

Mawritz, M. B., Mayer, D. M., Hoobler, J. M., Wayne, S. J., & Marinova, S. V. (2012). A trickle-down model of abusive supervision. *Personnel Psychology*, 65, 325-357.

Wang, M., Liu, S., Zhan, Y., & Shi, J. (2010). Daily work-family conflict and alcohol use: Testing the cross-level moderation effects of peer drinking norms and social support. *Journal of Applied Psychology*, 95, 377-386.

제7장

직업 스트레스와 종업원 건강

직업 스트레스는 수많은 연구를 생산해 낸 주제이며(Beehr, 1995; Jex, 1998), 그 연구 중 상당수는 종업원의 신체적 건강과 정신적 건강에 초점을 맞추어 왔다(Tetrick & Quick, 2011). 대중 언론 또한 스트레스에 많은 관심을 가져 왔으며, 일상 대화에서도 스트레스라는 용어가 자주 등장한다. (스트레스 없는 직장을 가진 사람이 있겠는가!) 이런 모든 관심에도 불구하고 직업 스트레스에 대한 과학적인 연구의 역사는 그리 오래되지 않았다. 물론 이제까지의 연구가 상당한 진전을 이루어 왔지만, 스트레스가 종업원의 안녕과 건강에 미치는 영향에 대해 여전히 알아야 할 것이 많이 남아 있다.

사람들이 직업 스트레스에 대해 자주 묻는 질문 중의 하나는 직업 스트레스가 정말로 개인과 조직에게 해로운 효과를 가지는가이다. 다시 말해, 별것 아닌 것을 직업 스트레스 연구자들이 큰 문제로 만드는 게 아니냐는 의심을 하는 것이다. 그러나 스트레스적인 작업 조건에 지속적으로 노출되는 것은 개인에게 해로우며, 조직 효과성에도 부정적인 영향을 줄 수 있다는 증거들이 존재한다. 예를 들어, 미국 경제에서 직업 스트레스로 드는 비용은 매년 수십억 달러로 추정된다(예 : Aldred, 1994; Ivancevich & Matteson, 1980; Matteson & Ivancevich, 1987; Mulcahy, 1991). 이런 추정치들은 스트레스가 의료비 증가, 결근율과 이직률 증가, 빈번한 작업장 사고, 그리고 생산성 저하와 같은 부정적인 결과를 낳는 데 중요한 역할을 한다는 가정에 근거한다.

스트레스 관련 산재 신청이 증가하는 경향은 직업 스트레스의 해로운 효과를 보여 주는 또 다른 지표이다(DeFrank & Ivancevich, 1998; National Council on Compensation Insurance, 1988, 1991). 과거에는 업무상 상해에 대한 보상이 물리적 사건 및 자극에 의한 신체적 상해에 국한되었다. 그러나 점점 더 많은 미국의 주(state)에서 비물리적인 스트레스(예 : 과도한 요구를 하는 상사) 때문에 발생한 신체적 그리고 심리적 상해도 적법하다고 인정하는 추세이다. 사실상 최근의 연구 경향은 심리적 위험요인과 신체적 위험요인 간의 상호작용이 심리적(예 : 우울증, 탈진) 그리고 신체적(예 : 사고) 결과에 미치는 영향을 연구하는 것이다(Kaplan & Tetrick, 2011).

직업 스트레스와 종업원의 건강은 사회 전체에 미치는 영향력 측면에서도 매우 중요하다. 직무에서 만성적인 스트레스를 경험하는 종업원이 자신이 해야 할 다른 역할들, 예컨대 배우자, 부모, 이웃, 지역사회 구성원으로서의 역할을 효과적으로 수행할 것이라고 기대하기 어렵다. 그렇게 되면, 당장 직접적인 경제적 비용이 발생하지 않더라도 장기적으로 볼 때 사회에 치명적인 영향을 미칠 것이다. 따라서 직업 스트레스가 '모든 사회 문제의 원인'이라고 말할 수는 없지만, 개인, 조직, 그리고 사회 전체에 중요하면서도 실질적인 영향을 미치는 것은 분명하다. 한편 이 장이 개인의 건강과 안녕에 대한 예측변인으로서의 직업 스트레스의 역할에 중점을 둔다는 점을 고려할 때, 이 책에서는 건강과 안녕을 단순히 신체적인 증상이 없는 것뿐만 아니라, 긍정적인 심리적 상태와 행동이 존재하는 것으로 정의한다(Jex, Swanson, & Grubb, 2013)는 점을 강조할 필요가 있다.

간략한 역사

직업 스트레스 분야와 관련된 최초의 과학적 연구는 유명 생리학자인 Walter Cannon에 의해 20세기 초반에 수행되었다(예 : Cannon, 1914). 정서와 생리반응 간의 관계에 대한 Cannon의 연구는 심리신체 의학 분야(심리적 상태와 신체적 질병 간의 관계)의 최초의 연구로 간주된다. 그런데 Cannon은 항상성(homeostasis)이란 용어를 만들어 낸 것으로 가장 유명하다. 항상성이란 비정상적인 상황에서 우리의 몸이 정상적인 생리기능을 회복하려고 하는 노력을 말한다. 예를 들어, 신체가 극심한 추위에 노출될 때, 우리의 몸에서는 체온을 일정하게 유지하기 위한 생리적 변화가 작동된다. 마찬가지로 직무상의 스트레스란 일반적으로 종업원이 정상적인 기능 상태로 돌아가기 위해 대처 반응을 하게 만드는 불쾌한 사건이라고 지각된다.

스트레스에 대한 실제적인 첫 과학적 연구는 '스트레스의 아버지'라 불리는 Hans Selye(1956)에 의해 수행되었다. 내분비학자인 Selye는 동물의 생식 호르몬에 관한 연구 중에 동물들을 극한의 온도나 방사선과 같은 유해한 자극에 노출시켜야 했다. 그런데 이러한 과정에서 Selye는 혐오자극에 적응하려는 동물들의 노력에 상당한 규칙성이 존재한다는 것을 관찰하였다. 이를 바탕으로, Selye는 인간도 일상의 도전에 적응하기 위해 노력하는 과정에서 이와 비슷하게 행동할 것이라고 추론하고, 이러한 과정을 설명하기 위해 **일반적 적응증후군**(general adaptation syndrome)이라는 모델을 발전시켰다.

일반적 적응증후군은 경고(alarm), 저항(resistance), 소진(exhaustion)이라는 세 가지 뚜렷이 구분되는 단계로 구성된다. 경고단계에서는 곧 닥칠 위협에 대처하기 위해 신체의 모든 생리적 자원들이 동시에 활성화된다. 저항단계에 들어서면, 신체는 이 모든 자원이 다 필요하지 않을 수 있다는 것을 깨닫고, 필요한 자원만을 선택하여 계속 동원한다. 마지막으로, 소진단계에 이르면 신체는 자신의 생리적 자원들이 고갈되었음을 깨닫고, 다시 한 번 생리적 자원을 동원하려고 시도한다. 만약 이 두 번째 시도가 위협을 막아 내지 못하면 유기체에게 영구적인 손상을 입히는 **적응질병**(diseases of adaptation)을 유발할 수도 있다. 일반적 적응증후군은 스트레스 연구자들에게 일반적인 개념 틀로 간주되기는 하지만, 인간을 대상으로 한 경험적 검증이 널리 이루어진 것은 아니다. 더욱이 최근에는 이러한 반응과정이 여성보다는 남성에게 더 적절하다는 주장이 제기되기도 하였다(Taylor et al., 2000).

Selye의 연구는 의심할 여지 없이 스트레스 분야에 새로운 아이디어를 제공해 주었다. 그러나 그의 연구는 주로 혐오적인 물리적 자극에 대한 생리적 반응에 초점을 두었을 뿐, 직장 스트레스 자체를 연구하지 않았다는 것을 기억할 필요가 있다. 직장에서 발생하는 스트레스에 대한 최초의 대규모 연구 프로그램은 1960년대 초반 미시간대 사회연구소(Institute for Social Research, ISR)에서 이루어졌다. 이 연구들은 종업원들에게 스트레스를 줄 수 있는 직장 내의 **심리사회적 요인**에 초점을 맞추었다는 점에서 그 의의가 있다. 심리사회적 요인이란 다양한 업무환경 중에서도 다른 사람과의 상호작용과 관련된 측면을 말한다. 특히 미시간대학교의 연구자들은 그들이 **역할 스트레스원**(role stressors)이라고 명명한 스트레스원에 많은 관심을 가졌다(이에 대해서는 이 장 후반부에서 보다 심층적으로 다룰 것이다). 역할 스트레스원이란 한 조직의 각 구성원에게 기대되는 행동과 관련된 혐오적인 업무조건을 말한다(예 : Caplan, Cobb, French, Harrison, & Pinneau, 1975; Kahn, Wolfe, Quinn, Snoek, & Rosenthal, 1964).

미시간대 연구 프로그램의 공헌에도 불구하고, 직업 스트레스는 1960년대 후반과 1970년대 초반까지만 해도 조직심리학자들 사이에서 많은 관심을 끌지 못하였다. 그러나 이러한 경향은 Terry Beehr와 John Newman이 1978년 직업 스트레스에 대한 개관 연구를 인사심리학(*Personnel Psychology*) 학술지에 발표하면서 바뀌게 된다. Beehr와 Newman(1978)의 논문은 많은 사람들에게 중요한 학문적 업적으로 간주되며, 많은 연구에서 인용되어 왔다. 그런데 이 논문의 가장 중요한 기여점은 조직심리학자들에게 직업 스트레스가 관심을 가질 만한 영역이라는 것을 알렸다는 것이다.

Beehr와 Newman의 문헌연구 논문이 준 영향은 이 논문이 발표된 이후 직업 스트레스에 대한 연구 수가 가파르게 증가한 것에서도 확인할 수 있다(Beehr, 1995, 1998). 이후 직업 스트레스에 대한 엄청난 수의 연구들을 정리해서 보고하는 여러 저서와 종합적인 문헌연구 논문들이 계속해서 나오고 있다(예 : Cartwright & Cooper, 1997; Cooper & Dewe, 2004; Griffin & Clarke, 2011; Jex, Swanson, et al., 2013; Sonnentag & Frese, 2013). 아래에서는 우선 종업원 건강 분야의 연구자들이 사용하는 다양한 접근과 용어들을 살펴보고, 그다음 직업 스트레스 모델과 용어에 대해 알아볼 것이다.

접근방법과 용어

조직심리학자들이 직업 스트레스 연구에 많은 기여를 한 것은 틀림없지만, 직업 스트레스 문헌들을 잘 살펴보면, 의사, 임상심리학자, 공학심리학자, 노동경제학자, 전염병 전문의 및 간호사 등 다양한 전문가들 또한 중요한 기여를 해 왔다는 것을 알 수 있다. 직업 스트레스에 대한 연구에 여러 학문 분야가 관련된다는 것을 보여 주기 위해 Beehr와 Franz(1987)는 직업 스트레스를 다음과 같은 네 가지 다른 관점에서 접근할 수 있다고 제안하였다 : (1) 의학적 접근, (2) 임상/상담적 접근, (3) 공학심리학적 접근, (4) 조직심리학적 접근. 직업 스트레스에 대한 **의학적 접근**은 종업원의 건강과 질병에 대한 스트레스의 효과에 초점을 맞춘다는 특징을 가진다. 이 관점에서 보면, 스트레스적인 업무환경은 질병을 유발하는 병원체로 간주될 수 있다. 어쩌면 당연하게도 의학적 관점으로 직업 스트

레스를 접근하는 연구자들 중 상당수는 의사이거나 다른 건강 관련 분야(예 : 건강교육, 간호, 공중
보건 등)에서 학문적 훈련을 받은 사람들이다.

직업 스트레스에 대한 **임상/상담적 접근**은 스트레스를 주는 업무조건이 정신건강(예 : 우울, 불
안)에 미치는 영향을 강조한다. Beehr와 Franz(1987)에 따르면, 임상/상담적 접근은 다른 접근에 비
해 연구보다는 치료에 더 많은 관심을 두는 경향이 있다. 즉 임상/상담적 접근을 지지하는 연구자
들은 스트레스적인 업무조건이 왜 문제를 유발하는가에 관심을 두기보다는 스트레스 관련 증상을
완화하는 방법을 개발하는 데 주목하는 경향이 있다(예 : Beehr, Jex, & Ghosh, 2001). 일반적으로
기대하는 바와 같이 임상/상담적 접근을 사용하는 사람들은 주로 임상 또는 상담심리학에서 훈련
을 받은 연구자들이다.

직업 스트레스에 대한 **공학심리학적 접근**은 물리적 업무환경에서 발생하는 스트레스의 원인에 관
심을 기울인다. 그 예로는 업무일정, 업무속도, 종업원의 작업장 설계 등을 들 수 있을 것이다. 공학
심리학 분야(또는 **인간공학**)가 종업원과 물리적 환경 간의 상호작용에 초점을 두는 학문이라는 점을
고려할 때, 공학심리학적 접근이 스트레스의 원인으로 물리적 환경을 강조하는 것은 놀라운 일은
아니다. Beehr와 Franz(1987)에 따르면, 이 접근의 또 다른 특징은 작업장에서의 스트레스가 종업원
의 수행에 영향을 줄 수 있다는 점을 강조한다는 것이다. Beehr와 Franz가 지적한 것은 아니지만, 이
접근에 기초한 많은 연구들은 생리적 변화(Frankenhaeuser, 1979)나 피로(Sparks, Cooper, Fried, & Shi-
rom, 1997)와 같은 건강 관련 결과를 살펴보았다.

직업 스트레스에 대한 **조직심리학적 접근**은 위에서 설명한 접근들과 구별되는 많은 특징을 갖고
있다. 우선 이 접근은 작업장 스트레스 중에서도 앞에서 심리사회적인 원인이라고 정의한 스트레스
원에 관심을 둔다. 이는 두 가지 의미를 내포하고 있다. 첫째, 이 접근은 주로 **인지적 평가**, 즉 종업
원이 업무환경을 지각하고 그것이 스트레스적인지를 결정하는 과정에 관심을 두는 경향이 있다. 둘
째, 앞에서 말한 바와 같이, 이 접근은 다른 사람과의 상호작용으로부터 야기되는 스트레스원에 관
심을 두는 경향이 있다(즉 사회적인 스트레스원). 다른 접근들과 비교해 볼 때, 이 접근을 취하는 연
구자들은 직업 스트레스가 종업원에게 미치는 영향들 중에서도 조직 효과성에 직접적으로 관련된
측면에 관심을 가진다는 특성을 가진다.

최근 이 네 접근은 **직업건강심리학**(occupational health psychology, OHP; Barling & Griffiths,
2011)이라는 학문 분야 아래 하나로 모이고 있다. OHP는 기본적으로 종업원의 건강, 안전, 안녕을
증진하기 위해 심리학(그리고 인접 관련 분야)의 이론과 방법을 활용하는 것에 관심을 갖는 학제간
연구 분야이다. 직업 스트레스는 다양한 OHP 주제 중 하나에 불과하지만, 스트레스가 종업원의 건
강과 안전에 주는 영향을 고려할 때 매우 중요한 영역으로 간주된다(참고 7.1 참조).

참고 7.1

직업건강심리학 : 새로운 분야의 발전

직업 스트레스와 건강에 관한 연구에서 나타난 가장 의미 있는 발전 중의 하나는 직업건강심리학(OHP)의 출현이다. Tetrick과 Quick(2011)에 따르면, OHP의 목적은 "직접적으로 종업원의 발전 그리고 아울러 그들 가족의 건강도 함께 개발하고, 유지하고, 촉진하는 것"이다(p. 4). 심리학 내 많은 분야(예 : 임상, 산업 및 조직, 건강, 인간공학 등)와 다른 건강 관련 분야(예 : 직업의학, 공중보건학)에서는 종업원의 건강과 안녕에 긍정적으로 영향을 미칠 수 있는 이론과 방법을 개발해 왔다. 특히 이러한 발전은 다양한 분야의 구성원들의 공동연구에 의해 이루어졌다. 따라서 OHP는 종업원의 건강과 안녕을 증진하기 위한 학제간 접근이라고 보는 것이 가장 정확할 것이다.

OHP는 아직 매우 새로운 분야이지만, 급속히 성장하고 있으며 국제적인 성격을 띠고 있다. 많은 대학에서 심리학 내 박사학위 과정으로 OHP 집중과정을 제공하고 있고, 이제는 OHP와 관련된 2개의 전문학회(유럽직업건강심리학회, 직업건강심리학회)가 존재한다. 또한 OHP 관련 내용만 독점적으로 게재하는 과학저널[**직업건강심리학저널**(*Journal of Occupational Health Psychology*)]이 있으며, 여러 전문 학회가 이 분야에 집중하고 있다.

출처 : Tetrick, L. E., & Quick, J. C. (2011). Prevention at work: Public health in occupational settings. In J. C. Quick & L. E. Tetrick (Eds.), *Handbook of occupational health psychology* (2nd Ed., pp. 3-20). Washington, DC: American Psychological Association.

직업 스트레스 용어

오랜 시간 동안 직업 스트레스 연구자들은 그들만의 고유 용어를 사용해 왔다(때로는 용어 때문에 어려움을 겪기도 했다). 이 절에서는 직업 스트레스 분야에서 사용하는 용어들을 간략하게 살펴보고자 한다. 스트레스라는 용어는 그 어떤 용어보다도 더 많은 논쟁과 토론을 불러일으켰다(참고 7.2 참조). 스트레스는 여러 가지 방법으로 정의될 수 있지만 연구자들은 자극, 반응, 자극-반응의 정의를 채택해 왔다. 자극 정의는 스트레스를 개인에게 작용하는 일종의 힘이라고 본다. 일상 대화에서 이 정의는 다음과 같이 사용된다. '밥은 지난해 업무에서 상당한 스트레스를 받았어.' 이 문장에서 스트레스는 개인에게 해가 될 수 있는 부정적인 업무환경 요인을 가리키는 용어로 사용되었음을 알 수 있다.

반응 정의에서는 스트레스를 스트레스적인 업무조건에 대한 종업원의 반응이라고 정의한다. 다음 문장을 고려해 보자. '바바라는 다가오는 수행 평가 때문에 많은 스트레스를 느끼고 있어.' 여기서 스트레스는 업무환경 중에서 종업원이 불쾌하다고 생각하는 어떤 것 때문에 생긴 감정을 의미한다.

자극-반응 정의에서는 스트레스를 업무환경이 종업원에게 부정적으로 영향을 미치는 과정 전반을 지칭하기 위해 사용한다. 여기서 **스트레스**는 직무환경에서 스트레스를 유발하는 원인도 아니고, 또한 그에 대한 종업원의 반응도 아니다. 대신, 종업원에게 적응적인 반응을 요구하는 업무환경적 요인은 **스트레스원**(stressor)이라고 부른다. 예를 들어, "그(녀)는 직장에서 많은 스트레스원을 경험

'스트레스'라는 말의 의미

여러 연구 분야의 많은 다른 연구자들처럼, 직업 스트레스 연구자들은 오랫동안 용어를 가지고 씨름해 왔다. 용어의 차이는 연구자들이 의사소통을 할 수 없게 만들고, 과학적 연구의 진척 속도를 늦춘다. 만일 직업 스트레스 연구에 참여하는 연구자들이 중요한 용어와 개념에 대해 각자 자기 고유의 정의를 가진다면 이 또한 큰 문제가 될 수 있다.

여러 해 전에 나는 Terry Beehr 및 Cathy Roberts와 공동으로 연구를 진행했는데, 우리는 다음과 같은 단순한 질문에 관심을 가졌다. "연구 참여자들이 자기 보고식 설문지에 응답할 때 '스트레스'라는 단어를 어떻게 해석하는 경향이 있을까?" 우리가 얻은 자료에 따르면, 연구 참여자들은 '반응' 정의라 불리는 것을 사용하는 경향이 있는 것 같다. 다른 말로 하면, 우리가 참여자들에게 현재 '스트레스 수준'에 관해 질문을 하면, 그들은 직무를 수행하면서 경험한, 스트레스를 받는 조건에서 자신들이 가지게 된 반응의 측면에서 응답하였다.

이 연구가 주는 실용적인 의미는 실제로 아주 간단한 것이다. 꼭 사용해야 하는 절대적인 이유가 있지 않은 한, 설문지에 '스트레스'란 말을 사용하는 것이 좋은 생각은 아니라는 것이다. 만약에 이 용어를 사용하게 되는 경우에는 그 정의를 명확히 해야 한다.

출처 : Jex, S. M., Beehr, T. A., & Roberts, C. K. (1992). The meaning of occupational "stress" items to survey respondents. *Journal of Applied Psychology, 77,* 623-628.

하고 있는 것 같아"라고 할 수 있다. (이 장 후반부에서 다양한 조직 스트레스원을 다룰 것이다.)

자극-반응 정의와 관련된 다른 용어인 **스트레인**(strain)은 스트레스원에 반응해서 나타날 수 있는 다양한 비적응적인 반응을 말한다. 예를 들어, 우리는 어떤 종업원이 긴 업무시간(스트레스원) 때문에 많은 스트레인을 보이는 것을 관찰할 수 있다. 직업 스트레스 연구자들은 일반적으로 스트레인을 세 가지 범주, 즉 심리적 · 신체적 · 행동적 스트레인으로 분류한다. 심리적 스트레인은 스트레스원에 대한 감정적 또는 정서적 반응을 말한다. 직업 스트레스 연구에서 다루는 심리적 스트레인의 일반적인 예로는 불안과 좌절(Spector, Dwyer, & Jex, 1988), 적대감(Motowidlo, Packard, & Manning, 1986), 우울감(Heinisch & Jex, 1997) 등이 있다.

신체적 스트레인은 종업원의 신체적 건강 및 안녕과 관련된 반응을 말한다. 최근 의료비용의 상승으로 인해 신체적 스트레인에 대한 관심이 늘고 있다(예 : Ganster & Schaubroeck, 1991). 신체적 스트레인을 측정하는 가장 일반적인 방법은 자기 보고식 신체 증상 기록이다(예 : Frese, 1985; Spector & Jex, 1998). 어떤 직업 스트레스 연구에서는 생리적 지표(예 : 혈압, 심박수; Fried, Rowland, & Ferris, 1984; Schaubroeck & Merritt, 1997)나 진단된 질병 상태(Sales & House, 1971)로 신체적 스트레인을 측정하기도 한다.

최근 직업 스트레스 분야에서 연구되는 중요한 신체적 스트레인은 바로 면역체계 기능이다.

Bellingrath, Rohleder, Kudielka(2010)는 건강한 교사들이 트리어 사회 스트레스 검사(Trier Social Stress Test)라 불리는 실험실 스트레스원에 어떻게 반응하는가를 연구하였다. 이 검사에서는 교사들에게 비디오 촬영을 한다고 말하고 여러 사람들 앞에서 자유 연설을 하고 산수 문제를 풀도록 했다. 연구자들은 면역체계 기능을 측정하기 위해 연설 전과 연설 후 몇 차례 혈액을 채취하였다. 그 결과, 본인이 직장에 투입하는 노력에 비해 직장이 보상해 주는 것이 적다고 느끼는 교사들은 본인이 노력하는 것만큼 보상을 받는다고 느끼는 교사들에 비해 실험실 스트레스원에 대해 반응하는 자연살생(natural killer) 면역체계 세포의 수준이 낮았다. 연구자들은 스트레스원 때문에 생긴 면역체계 기능 저하가 종업원들이 경험하는 스트레스 관련 질병과 관련이 있을 것이라고 기대하였다.

행동적 스트레인은 직업 스트레스 연구에서는 가장 적게 연구된 스트레인이다. 그 주된 이유는 조직에서의 다양한 행동 유형에 대한 이해가 부족하고(예 : Campbell, 1990), 행동적 지표를 얻는 것이 어렵기 때문일 것이다. 직무수행의 저하는 조직의 입장에서 가장 중요한 행동적 스트레인으로, 스트레스원들이 직무수행에 미치는 영향을 살펴본 직업 스트레스 연구들은 대부분 직무수행을 상사 평가로 측정하였다(Jex, 1998). 그 외 결근, 이직, 약물남용 등의 행동적 스트레인을 살펴본 연구들이 있었으며, 변인에 따라 스트레스원과의 관계가 다른 것으로 나타났다.

이제까지 많은 스트레인에 대한 연구가 수행되었지만, 스트레스에 대한 반응이 모두 부정적이지는 않다는 것을 기억할 필요가 있다. 빡빡한 마감시간은 도전으로 받아들여질 수 있으며, 모호하게 정의된 역할은 종업원들이 조직에서 자신만의 역할을 개발할 수 있는 기회를 줄 수도 있다. 사실상 최근 들어 심리학자들은 여러 유형의 스트레스원이 가질 수 있는 긍정적인 효과를 체계적으로 탐색하기 시작하였다(Britt, Adler, & Bartone, 2001 ; Nelson & Simmons, 2011).

직업 스트레스 모델

제2장에서 언급한 대로, 이론적인 모델이란 어떤 현상에 영향을 주는 관련 변인들이 무엇이고, 그 변인들이 어떤 관계를 가지는지를 기술한 것이다. 이론적 모델은 행동과학 연구와 적용에 상당히 유용한 안내자의 역할을 한다. 이제까지 스트레스에 관한 수많은 이론 모델들이 스트레스 감소를 목적으로 하는 연구 및 조직의 노력에 방향을 제시하기 위해 개발되어 왔다. 다음에서는 이 중에서 가장 영향력 있는 몇몇 모델들에 대해 설명하고자 한다.

ISR 모델

초창기 직업 스트레스 모델 중의 하나는 이전에 언급한 바 있는 미시간대 사회연구소(ISR) 연구 프로그램에서 나왔다(French & Kahn, 1962 ; Katz & Kahn, 1978). 따라서 이 모델은 ISR 직업 스트레스 모델이라고 알려지게 되었다. 〈그림 7.1〉에서 보는 것처럼, ISR 모델은 객관적 환경에서 시작되는데, **객관적 환경**에는 근무시간, 책임량, 다른 사람과 상호작용이 요구되는 정도 등 종업원의 업무환경에 존재하는 모든 것이 포함될 수 있다.

다음 단계는 **심리적 환경**이라고 불린다. 이 단계에서 종업원은 객관적 환경을 지각한다. 즉 종업원은 이 단계에서 업무환경을 평가하고, 이들이 위협적인지 여부를 판단한다(Lazarus, 1966). 앞에서 직업 스트레스에 관한 접근에서 설명한 바와 같이, 이러한 평가과정은 조직심리학적 접근의 핵심요소라고 할 수 있다.

ISR 모델에서는 일단 종업원이 환경에 대한 평가를 하면, 즉각적인 생리적·행동적·정서적 반응이 나타날 수 있다고 주장한다. 스트레스 자극으로 인해 가장 흔하게 나타나는 생리적 변화에는 심장박동률 증가, 혈압 상승, 호흡 수 증가 등이 있다(Fried et al., 1984). 즉각적인 행동 반응에는 노력 감소 또는 집중력 저하 등이 포함될 수 있으며(Jex, 1998), 정서적 반응으로는 불안과 우울 증세의 증가 및 직무만족의 감소 등을 들 수 있다(Heinisch & Jex, 1997; Spector et al., 1988).

즉각적 반응의 심각성과 지속기간에 따라 **정신적 및 신체적 건강**에 부정적인 변화를 초래할 수 있다. 예를 들어, 한 종업원이 스트레스원(예 : 임박한 마감시간)에 대한 초기 반응으로 불안감이 높아지다가 나중에는 항상 불안감을 느낄 수 있다. 신체적 측면에서도 스트레스로 일시적으로 혈압이 올라갔던 종업원이 결국 만성적인 고혈압이나 관상동맥성 심장병이 생길 수도 있다.

ISR 모델의 다음 두 요소(5와 6)는 모델 내의 모든 과정에 대한 개인차의 영향을 나타낸다. 예를 들어, 사람들은 당연히 서로 다른 유전적 구성, 인구학적 특성, 성격특질, 그리고 다른 사람과의 대인관계를 가진다. 이런 개인차 요인들은 사람들이 객관적인 환경을 인식하는 방식, 지각된 스트레스에 대한 즉각적인 반응, 그리고 궁극적으로 스트레스가 신체적 및 심리적 건강의 문제를 일으킬

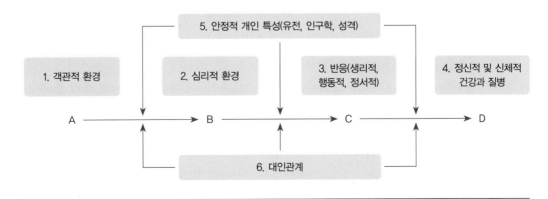

그림 7.1 직업 스트레스에 대한 ISR 모델

출처 : Katz, D., & Kahn, R. L. (1978). *The social psychology of organizations* (2nd ed.). New York, NY: Wiley에서 수정. Reprinted by permission.

지 여부에 영향을 줄 수 있다.

비록 ISR 모델이 명쾌하게 검증되지는 않았지만, 오랜 기간 많은 직업 스트레스 연구들의 이론적인 안내자 역할을 해 왔고, 따라서 이 분야에서 상당한 영향력을 가져 왔다. ISR 모델의 가장 큰 취약점은 이 모델이 상당히 일반적이라는 점이다. 아마도 이러한 특성 때문에 ISR 모델이 이제까지 경험적인 검증을 받지 않았을 것이다. 또한 이 모델은 프로세스의 각 단계에 대한 구체적인 내용을 제시하지 않는다. 어떤 이는 이 모델에 중요한 변인과 프로세스가 빠져 있다고 주장하기도 한다. 예를 들어, 이 모델은 스트레스원에 대처하려는 종업원의 노력을 명확하게 설명하지 않으며, 스트레스원이 조직 밖으로부터 종업원들에게 영향을 줄 수 있다는 점을 인식하지 못하고 있다.

Beehr와 Newman의 요소 모델

Beehr와 Newman(1978)의 논문은 직업 스트레스 연구에 대한 종합적인 문헌 논평을 제공했을 뿐만 아니라 직업 스트레스 과정에 대한 모델을 제안하였다. 이 저자들에 따르면, 이 모델을 개발한 주목적은 직업 스트레스 연구들을 범주화할 수 있는 지침을 제공하는 것이었다. ISR 모델과 마찬가지로, Beehr와 Newman의 요소 모델도 경험적 검증을 위한 모델이라기보다는 연구자를 위한 안내서로 개발되었다고 할 수 있다. 〈그림 7.2〉에 제시된 것처럼, 이 모델은 직업 스트레스 과정을 여러 개의 '요소(facets)'로 나눌 수 있다고 제안한다. 이때 각각의 요소는 연구대상이 될 변인들의 범주를 나타낸다. 모델의 왼쪽에서 오른쪽으로 볼 때, 개인 요소는 종업원이 직장에 들어올 때부터 가지고 있는 안정적인 특성을 말한다. 이러한 변인의 예로는 인구학적 특성(예 : 나이, 성, 인종)과 성격을 들 수 있다.

반면, 환경 요소는 개인 종업원들이 직면해야만 하는 업무환경에서의 자극을 말한다. 이에 해당되는 변인들로는 수행하는 업무의 특성(예 : 복잡성 정도)과 직무 관련 대인관계의 특성 등이 있다. 개인 특성과 환경 특성 간의 상호작용은 과정 요소에서 이루어지는데, 여기서 종업원들은 업무환경을 평가하고, 궁극적으로는 이것이 해로운지 아닌지를 결정한다.

종업원이 환경을 평가하여 스트레스원이 존재한다고 지각하면, 개인 종업원과 조직 전체에 다양한 결과가 발생할 수 있다. 인적 결과 요소는 종업원이 스트레스원에 반응하는 다양한 방식 중 주로 종업원 개인에게 영향을 미치는 결과들(예 : 건강 문제, 물질남용)을 말한다. 반면, 조직적 결과 요소는 주로 조직의 기능에 영향을 미치는 스트레스에 대한 종업원의 반응(예 : 높은 결근율과 이직률, 종업원의 직무 성과 손상)을 말한다.

개인과 조직에 미치는 결과에 따라 이에 대한 대응이 요구될 수도 있다. 적응적 반응이란 스트레스에 적응적으로 반응하기 위한 개인과 조직의 노력을 말한다. 개인적인 적응적 반응으로는 긴장이나 불안을 느낄 때 운동하는 것을 들 수 있다. 조직은 결근 증가에 대한 대응으로 유연근무시간제를

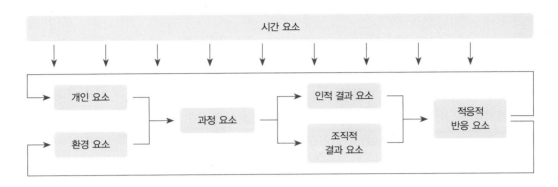

그림 7.2 Beehr와 Newman의 직업 스트레스의 요소 모델

출처 : Beehr, T. A., & Newman, J. E. (1978). Job stress, employee health, and organizational effectiveness: A facet analysis, model, and literature review. *Personnel Psychology*, 31, 665-699에서 수정. Reprinted by permission.

제도화할 수 있다.

　이 모델의 마지막 요소는 **시간**이다. 〈그림 7.2〉에서 보는 바와 같이, 시간 요소는 모델의 모든 요소에 영향을 미친다. 이처럼 시간 요소가 모든 요소에 영향을 미치도록 한 것은 이 모델이 스트레스의 모든 과정(즉 환경을 평가하고, 어떤 측면이 스트레스를 주는지를 결정하고, 궁극적으로 그런 지각된 스트레스원에 반응하는)이 시간적 맥락 속에서 이루어짐을 인식한다는 것을 보여 준다. Beehr와 Newman(1978)이 지적했던 것처럼, 시간 요소는 모든 요소 중에서 우리가 가장 이해하지 못하고 있는 영역일 수 있는데, 이는 연구들이 대부분 횡단적인 연구설계를 택하고 있기 때문이다(직업 스트레스 연구에서의 시간의 역할에 대한 보다 광범위한 논의는 McGrath & Beehr, 1990 참조).

요구-통제 모델

요구-통제 모델(Demands-Control model)은 위에서 설명한 직업 스트레스 모델들에 비해 훨씬 더 구체적인 모델이다. 1970년대 후반 Robert Karasek이 제안한 이 모델은 작업장에서 가장 스트레스를 주는 상황이 종업원들에 대한 업무 요구가 높고 동시에 자신의 업무에 대한 통제력이 적을 때라고 주장한다. [Karasek(1979)은 통제를 **직무결정 재량권**(job decision latitude)이라고 칭하였다.] 과학적 관리 시대의 전형적인 공장 노동자가 처한 상황이 그 좋은 예가 될 것이다. 제1장에서 설명한 바와 같이, 과학적 관리의 주요 원칙 중 하나는 공장 노동자들에게 도전적인 목표(보통은 표준 생산량의 형태로 주어짐)를 부여하는 것이다. 이와 동시에 과학적 관리의 지지자들은 종업원은 업무방식의 설계나 휴식 일정 등에 대해서 거의 어떤 통제력도 가져서는 안 된다고 주장한다. 또한 이 시대의 공장 종업원들은 기계의 신뢰성이나 동료 종업원들의 동기 수준에 대해서도 거의 통제력을 갖지 못했다.

요구-통제 모델을 이론적 틀로 사용한 연구들은 대부분 건강과 생리적 결과물을 연구하였는데(예 : Fox, Dwyer, & Ganster, 1993; Karasek, Baker, Marxer, Ahlbom, & Theorell, 1981; Perrewe & Ganster, 1989), 이는 요구-통제 모델의 적용 범위를 다소 제한하는 결과를 낳았다. 물론 이 모델의 적용 범위를 확대하는 것은 가능하다. 사실 요구-통제 모델을 검증한 일부 연구들은 심리적 결과물을 연구하기도 하였다(예 : Spector, 1987a).

요구-통제 모델에 대한 최근 연구들은 직무 요구와 통제 간의 상호작용이 Karasek이 제안했던 것보다 좀 더 복잡하다는 것을 보여 주었다. 특히 Schaubroeck와 Merritt(1997)는 요구와 통제 간의 상호작용이 혈압을 예측하는지를 살펴보았는데, 요구-통제 이론이 기대하는 상호작용 효과가 자기효능감이 높은 사람들에서만 관찰된다는 것을 발견하였다. 이러한 결과는 자신이 과제를 수행할 능력이 있다고 느낄 때만(즉 높은 자기효능감을 가질 때만), 과업에 대한 통제력을 가지는 것이 종업원에게 도움이 될 수 있음을 의미한다. 또한 어떤 연구에서는 요구-통제 간의 상호작용이 사회적 지지를 많이 받는 사람들에게는 발생하지 않는 것으로 나타났다(Jonsson, Rosengren, Dotevall, Lappas, & och Wilhelmsen, 1999). 사실 요즘은 이 모델을 요구-통제-지지 모델(Demands-Control-Support model)이라고 부르기도 한다.

또한 최근 연구는 요구×통제 상호작용의 효과가 단위조직(unit) 수준의 요인들에 따라 달라질 수 있다는 것을 보여 주었다. Tucker, Jimmieson, Oei(2013)는 직무상의 통제를 가지는 것은 과중한 업무부담이 불안과 직무만족에 미치는 효과를 상쇄하지만, 이러한 상호작용 효과는 구성원들이 높은 집단 효능감을 가진 업무집단에 속했을 때만 나타난다는 것을 발견하였다. 제2장에서 논의한 것처럼, 이제 조직심리학자들은 업무 요구에 대응하기 위해 자원을 사용하는 종업원 개인의 능력이 단위조직 수준의 요인들에 의해 달라질 수 있음을 인식하고 있다.

요구-통제 모델을 평가하기 위해 고려해야 할 마지막 요인은 이 이론을 검증하기 위한 거의 모든 연구가 상관연구설계를 사용했다는 점이다. 이러한 상관연구들은 모델의 구성요인들을 측정하고, 이 변인들 간의 주 효과 및 상호작용 효과를 검증한다. 최근 Häusser, Mojzisch, Schulz-Hardt(2011)는 개인들에게 많고 적은 양의 일을 부여하는 것으로 직무 요구를 조작하고, 일의 속도를 자기가 지정하거나 컴퓨터가 지정하게 하는 방법으로 통제를 조작하는 실험을 수행하였다. 이 연구에서는 스트레스 지표로 주관적 안녕과 침의 코르티솔 수준을 측정하였다. 연구 결과, 참여자들이 일에 통제권을 가지지 못할 때는 침의 코르티솔 수준이 증가한 반면, 일의 속도를 통제할 수 있던 참여자들의 코르티솔 수준은 증가하지 않았다. 이러한 결과는 요구-통제 모델을 지지하는 결과이다.

직무 요구-자원 모델

최근 Bakker와 Demerouti(2007)는 직무 요구-통제 모델을 확장하여 직무 요구-자원 모델[Job Demands-Resources(JD-R)]을 개발하였다. 요구-자원 모델의 기본 가정은 두 가지 차이를 제외하고는 요구-통제 모델과 본질적으로는 동일하다. 첫째, 직무 요구-통제 모델을 평가하는 대부분의 연구들은 직무 요구를 높은 수준의 업무량으로 정의한다. 그러나 JD-R 모델에서는 업무량 이외에도 다양한 요구가 존재한다는 점을 인식하고, 이러한 다양한 요구가 종업원의 안녕과 동기에 미치는 영향을 연구하였다. 둘째, Bakker와 Demerouti(2007)는 직무 통제는 종업원들이 직무상의 요구에 맞추기 위해 사용할 수 있는 많은 자원들 중 하나일 뿐이라고 제안하였다. 이들에 따르면, 종업원들의 외적 요인(예 : 조직의 지원, 의사결정과정에 대한 참여, 보상)과 내적 요인(예 : 자신의 업무 요구에 대한 종업원의 정신적 접근방법) 모두 자원이 될 수도 있다.

요구-자원 모델은 요구-통제 모델만큼 역사가 오래되지는 않았지만, 경험적으로는 더 많은 지지를 받고 있다. 그 주된 이유는 높은 직무 통제력을 가지는 것이 도움이 되는 경우도 있지만, 그렇지 않은 경우도 존재하기 때문이다. 요구-자원 모델을 검증해 온 연구자들은 직무 요구와 자원의 짝을 잘 선택해 왔다(Hakanen, Schaufeli, & Ahola, 2008; van den Broeck et al., 2010). 한 예로, 직장의 요구와 가정의 요구 간 균형을 맞추는 데 어려움을 겪는 종업원의 경우, 직무를 완수하는 방식에 대한 통제력은 별 도움이 되지 않지만 자신의 근무 일정에 대한 통제력은 도움이 될 수 있다.

JD-R 모델 연구의 장점 중 하나는 종단 설계를 사용하였다는 것이다. 이 연구들은 일정 기간에 걸쳐 직무 요구와 자원이 종업원의 안녕과 건강에 주는 영향을 살펴보았다. 최근의 많은 연구들이 직무 요구와 직무 자원의 변화가 종업원의 안녕에 대한 지표(예 : 탈진)와 조직에 대한 태도 및 이직 의도의 변화와 관련되어 있다는 가설을 지지하였다(Brauchli, Schaufeli, Jenny, Füllemann, & Bauer, 2013; Hakanen et al., 2008; Rodriguez-Munoz, Sanz-Vergel, Demerouti, & Bakker, 2012; Schaufeli, Bakker, & van Rhenen, 2009). 그러나 요구-통제 모델의 경우와 마찬가지로, 직무 요구와 직무 자원의 상호작용 효과에 대한 증거는 많지 않다(Brough et al., 2013). 직무 요구와 직무 자원의 상호작용 효과를 발견하려고 시도하는 연구들로부터 배울 점 하나는 직무 자원은 반드시 해당 직무 요구를 감소시킬 수 있는 것이어야 한다는 것이다.

자원 보존 이론

Steven Hobfoll(2001)이 자원 보존(Conservation of Resources, COR) 이론을 개발한 목적은 1) 사람들이 무엇 때문에 스트레스를 경험하는지, 2) 지속적인 스트레스 경험이 직무 탈진을 유발할 것인지 여부를 결정하는 것이 무엇인지를 이해하고자 하는 것이었다. 이 모델의 핵심 주장 중의 하나는 사람들은 시간에 걸쳐 자원을 축적하려는 동기를 가지고 있으며, 자원의 실제적 손실 또는 손실의 위협이 개인에게 스트레스를 경험하게 한다는 것이다. 예를 들어, 한 직원이 상사들로부터 신사업 착수에 대한 지지를 얻으려고 노력해 왔다고 생각해 보자. 그 직원에게 지각된 상사의 지지는 새로운 계획을 실행할 때 사용할 수 있는 자원이다. 그러나 만약 그 직원이 상사로부터의 지지가 부족하다고 지각하게 되면, 그 자원이 위협받는 것이고, 결과적으로 이러한 상황은 그 직원에게 잠재적인 스트레스 상황이 되는 것이다.

이 모델의 두 번째 주장은 자원 획득 시 사람들이 느끼는 긍정적인 반응에 비해, 자원을 손실했을 때 경험하는 부정적인 정서 반응이 더 강렬하다는 것이다. 사람들은 긍정적인 혹은 매력적인 자극에 비해 부정적인 혹은 위협적인 자극에 특히 주목하는데, 이는 아마도 위험에 대한 지향성이 오래전 우리 조상이 생존하는 데 적응적이었기 때문일 것이다(Baumeister, Bratslavsky, Finkenauer, & Vohs, 2001). 이 원리는 왜 직장에서의 긍정적인 사건들은 배경에 남아 있는 반면, 직무 스트레스 경험은 종종 종업원들에게 즉각적인 영향을 줄 수 있는지를 설명하는 데 도움이 된다. 마지막으로 이 모델은 만약 사람들이 자원을 재충전하지 못한 채 계속적으로 자원 손실을 경험하게 되면, '손실 소용돌이(loss spirals)'가 발생하고, 이는 결국 탈진을 초래할 수 있다고 주장한다. 반대로, 하나의 자원을 획득한 개인들은 추가적인 자원을 획득하는 경향이 있으며, 이는 '자원 꼬리물기(resource caravan)'를 발생시킨다. 예를 들어, 자기확신이라는 자원을 가진 사람은 프로젝트 완수에 대한 동료들의 지지라는 자원을 획득할 가능성이 높을 것이다(Westman, Hobfoll, Chen, Davidson, & Laski, 2005).

일반적으로 최근 연구들은 직장에서의 스트레스 경험과 종업원들의 건강을 이해하는 데 COR 이론이 도움이 된다는 결과를 내놓고 있다(보다 자세한 내용은 Westman 등, 2005 참조). COR 이론을 지지하는 많은 연구들은 JD-R 모델도 지지한다. COR 이론의 가장 큰 기여는 시간에 따른 손실과 자원 간의 역동적 관계를 강조한다는 점이다. 최근 de Cuyper와 그의 동료들은 '취업능력(개인적 자질은 동일하다고 할 때, 한 개인이 취업할 수 있는 능력)'이라는 개인적 자원이 높을수록 이후의 탈진 가능성이 낮고 다른 자원을 획득할 가능성도 높다는 것을 발견하였다(de Cuyper, Mäkikangas, Kinnunen, Mauno, & Witte, 2012; de Cuyper, Raeder, Van der Heijden, & Wittekind, 2012). 또한 Ng와 Feldman(2012)은 자신의 선호나 우려를 표현하는 보이스(voice) 행동을 하나의 자원으로 간주하여, COR 이론에 대한 증거를 제시하였다. 이 연구에서는 보이스 행동이 다양한 직무 관련 스트레스와 부적인 관계를 가지며, 반대로 직무수행과는 정적인 관계를 가진다는 것을 보여 주었다.

사람-환경 적합 모델

사람-환경 적합 모델[Person-Environment(P-E) Fit model]은 직업 스트레스 모델이기는 하지만, 그 외 많은 조직현상(예 : 선발, 사회화)에 대해서도 시사점을 가진다. 이 접근의 역사적 기원은 Kurt Lewin과 그가 제안한 **상호작용심리학**(interactional psychology; Lewin, 1943)이란 개념까지 거슬러 올라간다. Lewin은 인간의 행동이 개인 특성과 상황 특성 간의 상호작용 함수라고 믿었다. 이러한 상호작용 중 직업 스트레스와 관련된 측면이 바로 개인과 환경 간의 적합도 정도이다. 이 접근에 따르면, 종업원들은 개인과 환경 간의 적합도가 낮은 업무환경을 스트레스원으로 지각한다(Caplan, 1987; French, Caplan, & Harrison, 1982).

P-E 적합도의 기본적인 개념은 상당히 단순하지만, 종업원과 업무환경 간의 적합(비적합)도는 다양한 측면에서 발생할 수 있다. Kristof(1996)에 따르면, 적합(비적합)이란 직무수행에 필요한 종업원의 기술 및 능력이 수행하는 직무의 요구와 일치하는 정도를 의미할 수 있다. 직무수행에 필요한 기술과 능력이 부족한 종업원은 직무 요구에 압도되는 느낌을 받거나 자신이 부적절하다고 느낄 수 있다. 반대로, 직무 요구가 개인의 역량보다 너무 낮으면, 지루함, 좌절감 그리고 불만족을 느낄 수 있다. 해당 종업원은 두 경우 모두에서 직무를 스트레스로 지각할 가능성이 높다.

P-E 적합(비적합) 개념은 보다 '거시적인' 분석 수준에서도 발생할 수 있다. 구체적으로, 종업원 특성과 조직 특성 간의 적합도를 생각해 볼 수 있다. 예를 들어, 개인적 성취에 높은 가치를 두는 종업원이 팀워크에 높은 가치를 두는 조직에서 일한다고 가정해 보자. 이 상황은 분명히 적합도가 낮은 상황이며, 해당 개인은 이런 환경에서 일하는 것에 스트레스를 느낄 것이다.

P-E 적합 접근은 조직 스트레스 연구자들에게 매우 유용한 이론으로 증명되었다. 이 분야의 연구들은 적합도를 개념화하고(예 : Edwards, 1994; Kristof, 1996), P-E 적합도 자료를 분석하는 통계적 기법(Edwards & Parry, 1993)을 개발하는 데 상당한 진전이 이루어졌다. 아마도 P-E 적합 접근법이 가진 주요한 한계점은 개인적 요소를 측정하는 방법이 환경적 요소를 측정하는 방법에 비해 훨씬 더 많이 발전했다는 것이다. 즉 심리학자들은 능력, 기술, 성격과 같은 개인 특성을 개념화하고 측정하는 데 상당한 시간과 에너지를 쏟아 왔다. 이에 비해, 조직의 고유 특성을 개념화하고 측정하는 것에는 훨씬 적은 관심을 기울였다.

노력-보상 불균형 모델

이 모델은 상당히 최근에 개발되었으며, 유럽 직업 스트레스 연구들의 방향을 설정하는 데 상당한 영향력을 발휘해 왔다. 이 모델을 개발한 독일의 Johannes Siegrist는 직장에서 제공하는 보상이 종업원의 노력에 비례하지 않을 때 종업원이 가장 많은 스트레스를 느낀다고 주장하였다(Siegrist, 2002). 달리 말하면, 종업원이 자신의 일로부터 얻는 것보다 일에 대한 투자를 더 많이 했을 때가 가장 스트레스적인 상황이라는 것이다. 우리 사회에서 이런 '높은 노력-낮은 보상' 형태를 띠는 많은 직업(예 : 교육, 복지, 간호 등)을 생각해 볼 수 있다. Siegrist는 또한 업무에 과다 몰입하는 사람들이 이런 불균형감을 경험할 수 있는데, 그들의 노력에 비례하는 보상을 받을 가능성이 매우 낮기 때문이다.

연구들은 전반적으로 노력-보상 불균형 모델(Effort-Reward Imbalance model)의 기본 주장을 지지한다. 높은 노력-보상 불균형을 경험하는 사람들이 나쁜 건강상태를 나타내는 증상을 보일 가능성이 높은 것으로 나타났다(Lehr, Koch, & Hillert, 2010; Peter, Geissler, & Siegrist, 1998; Siegrist, 1996; Siegrist et al., 2004). 또한 Feldt 등(2013)은 4년간에 걸친 흥미로운 종단연구를 통해, 노력-보상 불균형과 과다 몰입의 프로파일을 가진 관리자들이 높은 탈진과 낮은 회복경험(예 : 근무시간 후의 심리적 분리와 휴식)을 보고한다는 것을 발견하였다. 마지막으로 Feuerhahn, Kuhnel, Kudielka(2012)는 노력-보상 불균형과 과다 몰입의 상호작용이 자기가 보고한 정서적 소진과 상사가 평가한 수행을 유의하게 예측한다는 것을 발견하였다. 즉 노력-보상 불균형이 높을수록 소진이 높고 수행이 낮았으며, 이러한 효과는 과다 몰입을 보고하는 종업원들에게서 더 크게 나타났다.

도전과 방해의 구분

도전과 방해의 구분은 하나의 모델은 아니지만, 도전 스트레스원과 방해 스트레스원의 효과를 구분하는 것은 직업 스트레스와 종업원 건강 분야에서의 가장 중요한 최근 발전 중의 하나이다. 도전 스트레스원은 종업원이 동기를 가지고 행동을 하면 감소될 가능성이 있는 직무 요구를 말한다. 예를 들어, 과중한 업무량, 급박한 마감일, 일시적 위기, 어려움을 가진 업무 집단 떠맡기 등이 이에 속한다. 이러한 요구들은 분명히 스트레스로 지각될 것이지만, 동시에 사람들을 도전적이고 더 열심히 일하게 만들 수 있다. 반면, 방해 스트레스원은 사람들이 성공적인 수행에 대한 방해물로 여기며 노력을 더 많이 해도 극복될 수 없다고 생각하는 것들이다. 조직 장면에서 가장 흔한 방해 스트레스원의 예로는 조직의 정책, 불명확한 수행 기대, 상황적 제약이나 다른 형태의 불필요한 요식행위, 직무 불안정성, 경력 진전의 부족 등을 들 수 있다. 앞에서의 도전 스트레스원에 비해 방해 스트레스원은 모두 (1) 종업원에게 불명확성이 높고, (2) 상대적으로 통제 수준이 낮으며, (3) 상당히 높은 좌절감을 주는 특성을 가진다.

최근 연구들은 중요한 건강 및 조직적인 결과 변인들에 대해 도전과 방해 스트레스원이 서로 다른 효과를 가진다는 것을 보여 준다. 예를 들어, 도전 스트레스원은 동기 및 수행과 정적인 관계를 가지는 반면, 방해 스트레스원은 이들과 부적인 관계를 가진다. 그러나 두 스트레스원 모두 낮은 안녕감과 높은 신체적 증상과 관련되어 있는 경향이 있다(LePine, LePine, & Jackson, 2004; LePine, Podsakoff, & LePine, 2005). Wallace, Edwards, Arnold, Frazier, Finch(2009)의 연구는 중요한 결과를 보여 주었는데, 이 연구에 따르면 도전 스트레스원의 지각과 높은 수행 수준 간의 관계가 주로 자신이 조직에 의해 지지를 받고 있다고 느끼는 사람들에게서 나타났다. 대부분의 연구자들은 도전 대

방해 스트레스가 서로 다른 효과를 발휘하는 것은 종업원들이 도전 스트레스를 보다 긍정적으로 평가하고, 방해 스트레스원을 보다 부정적으로 평가하기 때문이라고 믿는다(Webster, Beehr, & Love, 2011).

스트레스에 대한 긍정적인 반응의 가능성

대부분의 직무 스트레스 연구들이 스트레스의 부정적인 결과를 강조해 왔지만, 요구가 높은 상황이 줄 수 있는 긍정적인 효과에 대한 연구자들의 관심이 늘고 있다. Nelson과 Simmons(2011)의 통합적 스트레스 모델(Holistic Stress model)에서는 요구가 높은 직무상황에서 나타날 수 있는 종업원의 긍정적 반응(예 : 활기, 에너지, 의미)을 '좋은 스트레스(eustress)'라고 불렀다. 이 용어는 Hans Selye 로부터 빌려 온 것이다. Nelson과 Simmons(2011)는 직무 요구는 양방향(즉 긍정 또는 부정)으로 해석될 수 있으며, 낙관성, 강인성, 자기효능감 등의 성격요인들이 스트레스적인 상황에서의 종업원의 반응을 결정한다고 주장하였다. 최근 Hargrove, Nelson, Cooper(2013)는 앞에서 설명한 도전-방해 틀을 이용하여 도전 스트레스원이 동기와 수행에 긍정적인 효과를 가질 수 있다는 점을 강조하고, 따라서 조직은 종업원들이 더 나은 수행을 하도록 도전하게 만드는 업무 요구를 없애서는 안 된다고 주장하였다(Sonnentag & Frese, 2013도 참조).

Britt, Adler, Bartone(2001)은 군인들이 평화유지 작전을 지원하는 임무에 배치된 것에 대해 긍정적인 반응을 보이며, 이라크와 아프카니스탄에 배치된 군인들도 상상하기 어려운 상황에서 임무를 잘 완수해 낸 것을 좋은 경험으로 보고한다는 것을 발견하였다(Wood, Britt, Thomas, Klocko, & Bliese, 2011). Britt과 Jex(2014)는 직무 요구가 종업원들에게 긍정적인 결과를 가져올 수 있는 조건에 대한 연구들이 이제 막 시작된 단계이며, 향후 어떤 조건 아래서 긍정적인 결과가 발생할 수 있는지를 더 잘 이해하기 위한 연구들이 필요하다고 주장하였다.

직업 스트레스 모델의 비교

앞에서 서로 다른 직업 스트레스 모델들을 살펴보았다. 여기서는 각 모델들의 상대적 장점을 비교해 보겠다. 위에서 언급된 모델델들은 모두 유용성 측면에서 나름의 장점을 가지고 있다. 그러나 그 중에서도 ISR 모델과 Beehr와 Newman(1978)의 모델은 오랫동안 수많은 직업 스트레스 연구에 방향을 제시해 왔다. 즉 이 두 모델은 직업 스트레스 연구자들에게 길잡이와 같은 역할을 해 왔다. 이 모델들은 연구자들이 연구 방향을 정하거나 조직에서 스트레스 관련 개입책의 목표를 명확히 하고자 할 때 상대적으로 쉽게 이용할 수 있다는 장점을 가진다.

모든 직업 스트레스 모델 중 요구-통제 모델(Karasek, 1979)은 가장 많은 경험적 검증을 받았는데, 이 중 모델을 지지하는 결과도 있고 그렇지 않은 결과도 있다(예 : Fox et al., 1993; Perrewe &

Ganster, 1989; Spector, 1987a). 이처럼 연구 결과가 일관되지 않는 것은 요구와 통제가 상호작용하는 조건이 Karasek이 처음에 제안했던 것보다 더 복잡하기 때문이다(예 : Schaubroeck & Merritt, 1997). 직무 요구-자원 모델은 요구-통제 모델을 기반으로 개발되었으며, 더 넓은 범위의 요구와 자원을 다루었다는 점에서 상대적으로 좀 더 유연해 보인다. 조직 스트레스에 대한 자원 보존 모델 또한 지지를 받았지만, 이 모델은 직무 요구-통제 모델과 비슷한 예측을 한다. 비록 모든 경험적 검증이 직업 스트레스 연구의 맥락에서 이루어진 것은 아니지만(Ford, 2012 참조), P-E 적합도 모델 역시 꽤 많은 경험적 검증을 받았다(Kristof, 1996 참조). 노력-보상 불균형 모델을 지지하는 연구도 상당히 많았지만, 직무 요구-자원 모델에 대한 연구만큼 많지는 않았다.

직장 스트레스원

종업원들에게 적응적 반응을 요구하는 직무 또는 조직 환경의 그 어떤 것도 스트레스원이 될 수 있다. 일터에는 너무나도 다양한 스트레스원이 존재하기 때문에 이 중 무엇을 소개할지 결정하는 것은 매우 어려운 일이다. 이 장에서는 (1) 직업 스트레스 문헌에서 많이 연구되었거나 주목을 받았던 스트레스원, (2) 관심을 덜 받아 왔지만, 최근 많은 관심을 받게 된 스트레스원들을 소개하겠다.

일반적으로 연구된 스트레스원

여기에서는 역할 스트레스, 업무량, 대인갈등, 조직적 제약, 낮은 직무통제 등 일반적으로 연구되어 온 직무 요구에 대한 연구를 다룰 것이다. 또한 각 스트레스원의 효과를 따로따로 보기보다는 함께 묶어 그 효과를 연구하는 것이 중요하다는 것을 강조할 것이다.

역할 스트레스원

역할 스트레스원은 직업 스트레스 연구 역사상 가장 많은 관심을 받아 온 스트레스원이다. 역할이란 개인에게 기대되는 행동의 묶음을 말한다. 대부분의 사람들은 여러 역할(예 : 부모, 종업원, 학생, 배우자)을 가지며, 따라서 여러 가지 역할 요구를 가지게 된다. 역할은 조직과 같은 복잡한 사회 체계 내에서 개인의 행동에 질서와 예측 가능성을 부여하는 중요한 기능을 한다(Katz & Kahn, 1978). 또한 역할은 개인 종업원들이 자신이 할 일을 제대로 하고 있는지를 가늠할 수 있게 도와준다.

조직 구성원들은 공식적 그리고 비공식적 출처를 통해 역할에 관련된 정보를 얻게 된다. 많은 조직에서 가장 흔히 활용되는 공식적인 역할 관련 정보의 출처는 문서화된 직무기술서이다. 또 다른 일반적인 정보원은 문서 및 말로 하는 직속상사와의 의사소통이다. 이런 공식적인 정보원들이 중요한 정보를 제공하기도 하지만, 종업원의 역할을 정의하는 용도로는 제한점을 가지기도 한다. 예를 들어, 문서로 된 직무기술서는 종종 너무 일반적이고 금방 낡은 정보가 되기도 한다. 상사가 직무지식이 부족할 수도 있고, 의사소통이 부정확한 경우도 종종 있다.

공식적인 정보원의 한계를 보완하기 위해, 종업원들은 자신의 조직 내 역할을 정의할 때 비공식적인 정보원을 활용하기도 한다. 비공식적 정보원으로는 비슷한 직급의 동료, 부하직원, 그리고 조직 외부인(즉 고객, 공급자, 관리기관)과의 비공식적인 상호작용 등이 있다. **역할집합**(role set)이란 용어는 종업원이 조직 내에서 자신의 역할을 정의하기 위해 사용하는 공식적 그리고 비공식적인 다양한 정보원을 모두 포함한다.

역할집합 내의 다양한 구성원들은 의사소통 과정을 통해 해당 종업원에게 역할 관련 정보를 분명하고 일관되게 제공해야 한다. 그러나 우리 모두는 이런 의사소통 과정이 항상 순탄하지만은 않다는 것을 잘 알고 있다. 역할 관련 정보가 분명하지 않을 때 **역할 모호성**(role ambiguity)이라 불리는 스트레스원이 발생한다(Kahn et al., 1964; King & King, 1990). 가장 일반적인 의미에서 역할 모호성은 종업원이 자신이 해야 하는 일이 무엇인지 확실하지 않을 때 존재한다. 이런 불확실성은 불분명한 수행 표준(Beehr, Walsh, & Taber, 1980), 일정 및 업무방식상의 불확실성(Breaugh & Colihan, 1994) 등과 같이 다양한 방식으로 나타난다. 학생들이 경험하는 역할 모호성의 가장 일반적인 예는 교수의 학점 부여기준이 불명확한 것을 들 수 있다.

역할과 관련하여 흔히 나타나는 또 다른 문제는 역할집합 내 구성원들이 종업원에게 제공하는 역할 관련 정보가 일관적이지 않을 때 발생한다. 이러한 스트레스원을 **역할 갈등**(role conflict)이라고 한다(Kahn et al., 1964; King & King, 1990). 역할 갈등은 흔히 역할집합 내 서로 다른 구성원들이 일관되지 않은 역할 정보를 제공하거나 서로 갈등적인 역할을 요구할 때 발생한다. 또한 역할집합 내의 한 사람이 시간에 따라 일관되지 않은 정보를 주거나 요구하는 경우도 가능하다. 많은 대학교수들에게 강의 책임과 연구 활동은 보편적인 역할 갈등이다. 강의 활동에 더 많은 시간을 쓰면 연구할 시간이 적어지고, 반대의 경우도 마찬가지이다.

역할 갈등이나 역할 모호성만큼 많이 연구되지는 않았지만, 또 다른 역할 스트레스원으로 **역할 과부하**(role overload)가 있다. Jones, Flynn, Kelloway(1995)는 역할 과부하를 "고용주가 종업원이 특정 시간 내에 할 수 있는 것보다 더 많은 것을 요구하거나, 혹은 단순히 종업원이 업무 요구가 과하다고 느낄 때"(p. 42) 발생한다고 정의하였다. 종업원은 두 가지 이유로 과부하되었다고 느낄 수 있다. 첫째, 종업원은 역할집합이 요구하는 일의 분량 자체에서 과부하를 느낄 수 있다(이는 **수량적 역할 과부하**라 불린다). 예를 들어, 과세신고 기간 중에 많은 회계사들이 수량적 역할 과부하를 경험한다. 둘째, 종업원은 자신의 능력이나 기술에 비교해 직무 요구가 너무 어려울 때 과부하를 느낄 수 있다(이는 **질적 역할 과부하**라고 불린다). 질적 역할 과부하는 군대에서 흔히 발생하는데, 그 이유는 새로운 장비가 요구하는 기술 수준이 종종 사병의 기술 수준을 넘어서기 때문이다.

많은 직업 스트레스 연구는 역할 이론에 바탕을 두고 있다. 따라서 역할 스트레스원에 대한 경험적 연구가 이 장에서 다루는 다른 어떤 스트레스원에 대한 연구보다 훨씬 많이 수행된 것은 놀라운 일이 아니다. 이런 엄청난 양의 연구들을 요약하기 위해 몇 개의 메타 분석 연구가 수행되었다(Abramis, 1994; Fisher & Gitelson, 1983; Gilboa, Shirom, Fried, & Cooper, 2008; Jackson & Schuler, 1985; Tubre, Sifferman, & Collins, 1996). 전반적으로 이런 메타 분석의 결과들은 상당히 일관되게 역할 모호성과 역할 갈등이 다양한 스트레인과 관련된다는 것을 보여 준다. 예를 들어, 〈표 7.1〉은 Jackson과 Schuler의 연구에 나온 교정 상관계수들이다. 표에서 보는 바와 같이, 높은 수준의 역할 모호성과 역할 갈등은 낮은 직무만족, 높은 불안과 긴장, 높은 이직 가능성과 관련된다. 그러나 결근이나 직무수행과 같은 행동적 결과 변인과의 상관은 매우 낮았다.

보다 최근에 Gilboa 등(2008)은 Jackson과 Schuler의 메타 분석을 업데이트했는데, 그들은 직무수행의 예측변인으로서의 역할 모호성과 역할 갈등에 주목하였다. 이 연구자들은 직무수행은 역할모호성과 높은 관련성을 가지며, 역할 갈등과는 이보다는 낮지만 유의한 상관을 가진다는 것을 발견하였다. 역할 스트레스원과 조직시민행동(organizational citizenship behaviors, OCB)과의 관계에 대한 첫 메타 분석에서 Eatough 등(2011)은 역할 모호성과 역할 갈등 모두 OCB와 부적으로 관련되며, 역할 갈등이 역할 모호성보다 OCB와 높은 상관을 가지는 것을 발견하였다. 따라서 역할 모호성은 과업 수행과, 역할 갈등은 역할 외(extra-role) 수행과 더 관련이 높아 보인다.

또한 최근 연구는 역할 모호성과 역할 갈등(합해서 **역할 불명확성**)이 급성 스트레스에 직면했을 때 코르티솔 반응성 증가와 관련된다는 것을 보여 주었다. Wirtz, Ehlert, Kottwitz, La Marca, Semmer(2013)는 종업원들의 역할 불명확성을 측정한 후, 청중 앞에서 연설을 하고 암산 산수 과제를 하게 하는 급성 스트레스원에 노출되기 전과 후에 코르티솔 수준을 측정하였다. 결과에 따르면, 역

표 7.1 역할 스트레스원과 감정적 및 행동적 결과 간의 교정 상관

결과 변인	역할 갈등	역할 모호성
직무만족	-.48	-.46
긴장/불안	.47	.43
이직 의도	.29	.34
결근	.13	-.02
수행평정	-.12	-.11

출처 : Jackson, S. E., & Schuler, R. S. (1985). A meta-analysis and conceptual critique of research on role ambiguity and role conflict in work settings. *Organizational Behavior and Human Decision Processes*, 36, 16-78.

할 불명확성을 높게 보고한 종업원일수록 급성 스트레스원에 직면했을 때 침으로 측정한 코르티솔 증가량이 더 큰 것으로 나타났다. 이러한 결과는 역할 불명확성 스트레스가 스트레스적인 직무 상황에 대해 부정적으로 반응하는 것과 관련이 있을 것임을 시사한다.

　　역할 모호성, 역할 갈등과 비교해 볼 때 역할 과부하에 대한 연구는 훨씬 적다. 비록 적은 수의 연구들이지만, 선행 연구들은 역할 과부화가 높은 수준의 심리적 및 신체적 스트레인과 관련된다는 것을 보여 주었다(예 : Caplan et al., 1975; Caplan & Jones, 1975; Jex, Adams, Elacqua, & Bachrach, 1998). 흥미롭게도, 양적인 역할 과부하가 직무수행과 정적으로 관련된다는 증거도 있다(Beehr, Jex, Stacy, & Murray, 2000). 직무수행이 뛰어난 종업원들이 불균형적으로 많은 양의 직무를 할당받은 것일 수도 있다. 또한 어떤 직무(예 : 판매)에서는 성공적인 수행을 하는 사람들에게는 그에 비례하는 업무량이 할당될 수도 있다. 그러나 질적인 역할 과부하는 적어도 교육훈련 상황에서는 낮은 수행과 관련되는 것으로 나타났다(Britt, Thomas, & Dawson, 2006).

업무부하

업무부하(workload)란 특정 시간 내에 종업원이 수행해야 하는 업무량으로 정의된다. 그러나 이 정의는 지나치게 단순하다. 예를 들어, 많은 직업의 경우, 업무부하의 지각과 객관적인 업무부하를 구분하는 것이 필요하다. 아주 객관적인 측면에서 두 종업원이 정확히 똑같은 양의 업무를 갖고 있지만, 업무부하에 대한 그 두 사람의 지각은 매우 다를 수 있다. 업무부하의 영향을 이해하려고 할 때 문제를 복잡하게 하는 또 하나의 요인은 업무부하가 주기적일 수 있다는 점이다. 예를 들어, 소매점의 종업원은 연말이 다가오면 업무부하가 가파르게 증가하다가 1월이 되면 점차 일의 양이 감소하는 것을 경험하게 된다. 마지막으로, 역할 과부하의 경우와 마찬가지로, 개인에게 요구되는 업무량 그 자체(양적인 업무부하)와 업무의 난이도(질적인 업무부하)를 구분하는 것이 필요하다.

　　일반적으로 업무부하의 영향에 대한 연구들은 신체적 결과에 주로 관심을 두어 왔다. 업무부하에 대한 초기 연구 중 하나인 Buell과 Breslow(1960)의 연구는 주당 40시간이라는 전형적인 근무시간을 초과해 일하는 남성의 경우, 관상동맥성 심장병으로 사망할 확률이 두 배로 높다는 것을 발견했다. 수년에 걸친 후속 연구들도 효과는 그리 크지 않지만 장시간 근무가 다양한 건강악화 징후와 관련된다는 것을 보여 주었다(Sparks et al., 1997). 장시간 근무와 관련된 부정적인 신체적 결과는 주로 초과 근무기간 동안에 발생하는 생리적 변화 때문인 것으로 생각된다. Frankenhaeuser(1979)가 스웨덴에서 수행한 연구에 따르면, 예상대로 장시간 근무시간 중에 아드레날린과 카테콜아민 수준이 증가하였다. 만약 이런 아드레날린 호르몬이 오랫동안 지속적으로 증가된 상태로 유지되면 많은 질병이 발생할 위험이 커지게 된다. 그러나 오늘날까지도 아드레날린 호르몬의 순환적인 상승과 질병의 관계를 보는 종단적 연구는 부족한 편이다(Jex & Beehr, 1991).

이런 유형의 효과는 업무시간 외의 다른 업무부하 지표에서도 나타났다. 예를 들어, Rau(2004)는 직무분석가들에게 독립적으로 독일 사무직 노동자 표본의 직무 요구를 평가하게 하였다. 이렇게 측정된 직무 요구는 업무시간 중의 혈압 상승과 관련이 있었다. 흥미롭게도, 자기 직무를 어떻게 수행해야 할지에 대해 통제력을 갖고 있는 사람들만 근무시간이 끝난 후 혈압이 정상 수준으로 돌아왔다.

연구자들은 신체적 스트레인 외에도, 다양한 업무부하 지표를 이용하여 업무부하의 심리적 그리고 행동적 효과를 살펴보았다. Spector와 Jex(1998)는 지각된 업무부하에 대한 여러 연구 결과들을 요약하였는데, 그 결과에 따르면, 지각된 업무부하가 높을수록 불안과 좌절 수준이 높고, 직무만족이 감소하며, 이직 의도가 증가하는 것으로 나타났다. 이들은 또한 지각된 업무부하가 직무수행 평정치와 정적으로 관련된다는 것도 발견하였다. 반면, Gilboa 등(2008)은 그들의 메타 분석에서 업무부하와 수행 간의 부적인 관계를 보여 준 바 있다.

앞에서 논의한 것처럼 양적인 역할 과부하에서도 유사한 결과가 나타났는데(Beehr et al., 2000), 이는 모든 스트레스원이 부정적인 결과만 낳는 것은 아니라는 것을 시사한다. 그러나 장기적으로 보면 이런 관계도 해로울 수 있다. 일을 잘해서 과도한 양의 업무부하를 짊어져야 하는 종업원은 결국에는 그런 상황에 지치게 되고 조직을 떠나게 될 수 있다.

대인 간 갈등

대부분의 직무는 다른 사람들(즉 동료, 고객 및 하청업자)과 적어도 최소한의 상호작용을 요구한다. 이런 사회적 상호작용은 종종 만족과 개인적 성취감의 원천이 된다(Nielsen, Jex, & Adams, 2000; Riordan & Griffeth, 1995). 그러나 대인 간 갈등(interpersonal conflict)이 생기면, 사회적 상호작용이 직무 스트레스를 증가시키는 원인이 될 수도 있다(Keenan & Newton, 1985; Spector, 1987a). 대인 간 갈등이란 직장 사람들과의 부정적 상호작용을 말한다. 부정적 상호작용은 주차공간에 대한 일시적인 갈등에서부터 폭발 지경의 논쟁까지 다양한 형태가 존재한다(참고 7.3 참조). 또 극단적인 수준으로 치닫게 되면, 대인 간 갈등이 신체적 폭력으로 증폭될 수도 있다(O'Leary-Kelly, Griffin, & Glew, 1996).

선행 연구들은 대인 간 갈등을 유발할 수 있는 몇몇 잠재요인이 있다고 제안한다. 아마도 가장 널리 알려진 갈등의 선행요인은 사람들 간의 경쟁일 것이다(Forsyth, 1999). 대부분의 조직에서 종업원은 급여 인상, 승진, 경쟁적인 예산 할당과정(예 : 부서 A가 더 많이 받으면 부서 B는 더 적게 받게 되는 경우) 등에서 더 많은 이익을 얻기 위해 경쟁해야 한다. 한 사람(혹은 한 부서)의 이득이 다른 사람에게는 손해가 되는 이러한 정책은 종종 높은 수준의 경쟁을 유발한다.

대인 간 갈등을 유발하는 또 다른 요인은 무례하거나 호전적인 행동이다. 예를 들어, 어떤 사람이 위협이나 강압을 통해 다른 사람에게 영향을 주려고 할 때 이런 일이 발생한다(Falbe & Yukl,

참고 **7.3**

대인 간 갈등의 복잡성

스트레스원으로서의 대인 간 갈등에 대한 연구가 오래되지는 않았지만, 이러한 연구들은 대인 간 갈등이 종업원에게 부정적인 영향을 준다는 것을 보여 주었다(예 : Spector & Jex, 1998). 사실 조직에 근무하는 사람들과 이야기해 보면, 대인 간 갈등이 매우 중요한 스트레스원이라는 이야기를 종종 들을 수 있을 것이다. 사람들은 다른 사람들과 잘 어울리지 못할 때 또는 동료 종업원이 갈등에 휘말려 있을 때 정말 직장에 가고 싶지 않아 한다.

대인 간 갈등의 영향을 고려할 때, 직업 스트레스 연구자들은 조직에서 나타나는 모든 형태의 대인 간 갈등을 잘 이해하는 것이 중요하다. 지금까지 대부분의 연구는 상대적으로 약한 형태의 대인 간 갈등을 분석하였다. 그러나 우리는 대인 간 갈등의 내용이 사소한 논쟁에서부터 신체적 폭력까지 아주 다양하다는 것을 잘 알고 있다.

아직 연구되지 않은 대인 간 갈등의 또 다른 측면은 적극적 유형과 수동적 유형의 차이이다. 대부분의 연구에서 관심을 갖는 적극적 갈등에는 다른 사람과 논쟁하거나 무례한 말을 하는 것 등이 해당된다. 보다 수동적인 유형의 갈등에는 동료의 전화에 응답전화를 하지 않기, '잊어버리고' 동료에게 회의를 알려 주지 않기 등이 포함된다.

요약하면, 대인 간 갈등은 현재까지의 연구가 제시하는 것보다 훨씬 더 복잡하고 중요한 변인이다. 조직에서의 대인 간 갈등의 영향에 대한 명확한 그림을 그리려면, 훨씬 더 많은 개념적 연구 작업이 필요하다.

출처 : Spector, P. E., & Jex, S. M. (1998). Development of four self-report measures of job stressors and strain : Interpersonal conflict at work scale, organizational constraints scale, quantitative workload inventory, and physical symptoms inventory. *Journal of Occupational Health Psychology*, 3, 356-367.

1992). 비록 그런 행동이 특별히 어느 한 사람을 지향하는 것이 아닌 경우에도 이런 일이 발생할 수 있다(Andersson & Pearson, 1999). Falbe와 Yukl(1992)이 지적한 것처럼 호전적인 영향력 전술의 표적이 되는 사람은 일반적으로 이에 호의적으로 반응하지 않으며, 보복을 할 수도 있다. 어떻게 대응하든, 이런 경우 대인 간 갈등이 일어날 확률은 높아진다.

또한 대인 간 갈등은 의도적으로 다른 사람에 대해 한 행동은 아니지만 결과적으로 부정적인 영향을 미치는 행동에 대한 반응으로 생길 수도 있다. 이런 행동 유형의 예로 집단 내 '무임승차(free riding)'가 있다(Albanese & Van Fleet, 1985; Roberts, 1995). 무임승차는 집단 내 한두 명이 자신의 몫을 하지 않고, 이로 인해 다른 집단 구성원이 그 몫을 채워야 할 때 발생한다. 다른 사람의 몫까지 일해야 하는 사람들은 무임승차자에게 분개할 수 있고, 이런 분개심이 결국 불편한 대인관계로 표출될 수 있다. 이런 경우 알아 두어야 할 점은 다른 사람들에게 무임승차자로 여겨진 사람은 동료들을 화나게 하려는 의도가 전혀 없었을 수 있다는 것이다. 사실 이 사람은 자신이 무임승차를 하고 있다는 것조차 깨닫지 못할 수도 있다.

조직에서 대인 간 갈등의 효과에 대한 연구는 역할 스트레스에 대한 연구에 비해 상대적으로 적은 편이다. 대인 간 갈등의 영향에 대한 연구를 가장 포괄적으로 정리한 연구는 앞서 언급한 Spector

와 Jex(1998)의 메타 분석 연구일 것이다. 이 연구 결과는 대인 간 갈등이 여러 가지 심리적, 신체적, 행동적 스트레인과 연관된다는 것을 보여 주었다. 이 메타 분석에서 나온 가장 주목할 만한 결과는 대인 간 갈등이 직장에서의 불안감과 가장 강하게 관련된다는 것이다. 불안이 미래의 문제나 도전을 예상할 때 느끼는 정서라는 것(Spielberger, 1979)을 이해한다면, 이러한 결과는 매우 논리적으로 보인다. 일터에서 높은 수준의 대인 간 갈등을 경험하는 사람은 기존에 발생한 갈등의 영향에 대해 곱씹어 생각하는 데 시간을 보내고, 또한 발생하지도 않은 미래의 갈등을 미리 걱정할 수도 있다.

최근의 대인 간 갈등에 대한 연구는 한 개인 내에서 업무 스트레스원이 시간에 따라 어떻게 변화할 수 있는지를 살펴보았다. Ilies, Johnson, Judge, Keeney(2011)는 경험표집 연구를 수행했는데, 이 연구에서 종업원들은 2주간의 근무일 동안 하루에 세 번 대인 간 갈등에 대한 질문에 응답했다. 각 측정에서 종업원들은 이전 측정시점 이후 3시간 동안 대인 간 갈등을 경험했는지 보고하였다. 연구자들은 대인 간 갈등의 개인 내 변량이 유의하며, 대인 간 갈등에서의 차이는 종업원의 부적 정서상의 변화와 관련된다는 것을 발견하였다. 이 연구는 시간에 따라 대인 간 갈등이 증가했다가 다시 감소할 수 있음을 강조한다. 이러한 대인 간 갈등상의 변화가 종업원들의 부적 정서의 변화를 설명할 수 있을 것으로 보인다.

조직적 제약요소

조직은 종업원들의 직무 성과 향상에 많은 관심을 가진다. 개별 종업원들이 효과적일수록 조직도 그만큼 효과적이 된다. 그러나 조직에서 일하는 사람은 누구나 조직의 여러 조건들이 항상 일을 잘 하도록 도와주는 것은 아니라는 것을 알고 있다. 사실 어떤 조건은 종업원의 성과를 제약하거나 방해하기도 한다. 예를 들어, 불필요한 규칙이나 절차, 자원의 부족, 또는 동료 구성원의 훼방 때문에 종업원들이 일하는 데 어려움을 겪는 일은 그리 특이한 일이 아니다.

Peters와 O'Connor(1980)는 종업원이 자신의 능력만큼 일하는 것을 방해할 수 있는 다양한 조직 내의 조건들을 **상황적 제약**(situational constraints)이라고 불렀다. [제약이 반드시 항상 특정 상황에 관련되는 것은 아니기 때문에 여기서는 **조직적 제약**(organizational constraints)이라는 용어를 사용하였다.] 조직적 제약을 보다 더 정확히 정의하기 위해 Peters와 O'Connor(1988)는 11개 범주의 조직적 제약 분류 체계를 제안하였다. 이들은 다음과 같다 : (1) 직무 관련 정보, (2) 예산 지원, (3) 필요한 지원, (4) 시간과 재료, (5) 타인으로부터 필요한 도움이나 서비스, (6) 업무에 대한 준비, (7) 시간 가용성, (8) 업무환경, (9) 일정, (10) 수송, (11) 직무 관련 권위.

이런 제약들은 필요한데 없거나, 불충분하거나, 질이 나쁘거나 (혹은 이런 이유들의 조합) 때문에 수행을 방해할 수 있다. **직무 관련 정보**라는 범주를 살펴보자. 어떤 경우 종업원은 직무 관련 과업 수행에 필요한 정보가 부족할 수 있다. 또는 정보는 있는데 요구되는 과제를 수행하기에 시간이 충분치 않을 수 있다. 또 다른 경우, 정보는 많은데 주어진 정보의 질이 너무 떨어져서 정보 가치가 별로 없을 수 있다. 결국 이런 모든 경우, 종업원의 수행에 제약이 생긴다.

Peters와 O'Connor(1980)가 처음으로 이 개념을 소개한 이래, 많은 연구들이 조직적 제약과 다양한 스트레스 관련 결과 변인 간의 관계를 검토하였다. 사실 매우 많은 연구들이 수행되었고, 최근의 두 메타 분석이 이 연구들의 결과를 종합하였다(Spector & Jex, 1998; Villanova & Roman, 1993). 이 두 메타 분석에서 검토된 결과 변인들은 서로 약간 다르기는 하지만, 두 연구로부터 도출된 주요 결론은 조직적 제약은 직무불만족, 좌절, 불안 같은 종업원의 부정적인 정서반응과 가장 강하게 연관된다는 것이다.

두 메타 분석에서 공통적으로 발견된 다소 당혹스런 결과는 조직적 제약요소와 직무수행 간에 관계가 없다는 것이다. 조직적 제약은 수행을 방해하는 환경적 요인이기 때문에 사람들은 당연히 이 둘이 높은 상관을 보일 것이라고 기대한다. 그러나 Peters와 O'Connor(1988)는 대부분의 조직에서 여러 가지 요인들이 그런 관계성을 방해한다고 지적했다. 예를 들어, 수행 평가가 종종 부실하게 이루어져서 수행측정치들 간의 변산성이 작을 수 있다(Cascio, 1998). 또한 많은 조직에서 수행에 대한 기준이 매우 낮고, 그 이상으로 수행한다고 해도 보상이 거의 주어지지 않는 것도 하나의 이유이다.

그러나 더 많은 일차 연구를 포함한 최근 Gilboa 등(2008)의 메타 분석에서는 높은 수준의 조직 제약과 낮은 수준의 과업수행 간의 관련성에 대한 강력한 지지를 발견하였다. 이 저자들은 자신들의 메타 분석과 이전의 메타 분석이 조직적 제약의 요구에 관해 차이점을 가지고 있다고 지적하며, 자신들의 메타 분석 결과가 더 많은 수의 연구를 분석했기 때문에 조직적 제약과 직무수행 간의 관계를 보다 정확하게 평가한 것이라고 주장하였다.

조직적 제약과 OCB 등의 다른 차원의 직무수행에 대한 연구는 매우 적다. Jex, Adams, Bachrach, Sorenson(2003)은 조직적 제약이 많을수록 종업원들 간의 이타 행동 또는 도움 행동이 적다는 것을 발견하였다. 이러한 결과는 조직적 제약을 경험하면 종업원들은 아마도 그들이 해야만 하는 행동(예 : 기본적인 직무 요구를 충족시키는 것)을 할 뿐 그 이상을 하지 않을 수 있다는 것을 시사한다. 참고 7.4는 서로 다른 문화의 사람들이 어떻게 조직적 제약을 경험하는지에 대해 다룬다.

지각된 통제감

인간이 (비록 환상일지라도) 환경에 대한 통제를 유지하려 한다는 사실은 행동과학 연구들에서 잘 나타나 있다(예 : Averill, 1973; Friedland, Keinan, & Regev, 1992). 이 장에서 다루어진 다른 스트레스원과 비교해 볼 때 지각된 통제감은 훨씬 더 보편적이고, 따라서 다양한 방식으로 나타날 수 있다. Spector(1986)에 따르면, 조직에서 지각된 통제감이 나타날 수 있는 두 가지 주요 방법은 **직무 자**

참고 7.4

비교 문화적 연구 결과 : 중국과 미국의 조직적 제약요소

조직적 제약요소는 모든 나라의 종업원들에게 영향을 미친다. 최근 Liu, Nauta, Li, Fan(2010)이 중국과 미국의 조직적 제약요소에 대한 연구를 수행했다. 우선 이 연구에서는 조직적 제약요소를 직무 맥락적 제약요소(예 : 장비 및 재료 부족)와 대인관계적인 제약요소(예 : 동료 및 상사로부터의 제약)로 구분하였다. 이 연구에 따르면, 중국 종업원들은 미국 종업원들에 비해 대인관계적 제약은 덜 보고하였으나, 직무 맥락 제약요소에서는 두 나라 간의 차이가 나타나지 않았다. 이 연구의 저자들은 이러한 차이를 중국인들이 집단주의적 가치에서 높은 점수를 보이고, 이러한 성향 때문에 동료 및 상사와의 문제를 덜 보고하는 것일 수 있다고 해석했다.

이 연구에서 제약요소에 대한 지각과 직무 스트레인(부적 정서, 직무불만족, 이직 의도, 지각)과의 관계를 분석한 결과, 조직적 제약요소와 스트레인 지표의 관계가 중국 종업원에 비해 미국 종업원들에게서 더욱 강하게 나타났다. 저자들은 중국 종업원의 집단주의적 가치가 조직에서의 조화를 유지하는 것을 강조하고, 결과적으로 이것이 종업원의 스트레인에 대한 조직적 제약요소의 부정적 효과를 감소시켰을 가능성에 주목하였다. 다양한 직무 스트레스가 종업원에게 미치는 영향이 문화에 따라 어떻게 달라지는지에 대한 연구는 향후에도 계속될 전망이다.

출처 : Liu, L., Nauta, M. N., Li, C., & Fan, J. (2010). Comparisons of organizational constraints and their relations to strains in China and the United States. *Journal of Occupational Health Psychology*, 15, 452–467.

율성(job autonomy)과 참여적 의사결정(participative decision making)을 통해서이다. 직무 자율성이 높다는 것은 종업원이 자신의 일을 어떻게 수행해야 할지, 그리고 언제 시작하고 언제 끝낼지에 대한 재량권을 가진다는 것을 의미한다(Hackman & Oldham, 1980). 일례로 대학 교수들은 직무의 많은 측면에 대해 상당한 재량권을 갖는다(어떤 이들은 너무 많은 자율권을 가진다고 말할 수도 있다). 반면에 일반적으로 많은 육체노동자들과 편의점 종업원들은 자율권을 거의 가지지 못한다.

Lowin(1968)의 정의에 따르면, 참여적 의사결정이란 조직의 의사결정을 실제로 수행하는 사람들이 의사결정의 과정에도 참여하는 방식의 조직 의사결정 유형을 말한다. 이때 참여는 다양한 형태를 취할 수 있지만, 일반적으로 노사협의회, 품질분임조, 직무확장 및 여타 공유적 관리정책 등이 있다(Cotton, 1995). 참여적 의사결정이 어떻게 시행되는지 실례를 들어 보겠다. 몇 년 전에 이 책의 저자 한 명은 동료와 함께 중간 규모의 유제품 제조사가 종업원 의견조사를 하는 것을 도운 적이 있다. 이 프로젝트는 모든 단계마다 '종업원 위원회'와의 협조 아래 진행되었다. 이 위원회는 회사의 여러 부문에서 차출된 12명으로 구성되었는데, 이들은 동료들의 이익과 견해를 대변하는 책임을 졌다.

이 절에서 다룬 다른 스트레스원과 마찬가지로, 직무 자율성과 참여적 의사결정의 효과에 대한 메타 분석 연구가 수행되었다. 예를 들어, Spector(1986)는 1980년과 1985년 사이에 수행된 88개 연구의 결과를 요약하였다. 〈표 7.2〉는 Spector의 메타 분석의 요약된 결과이다. 표에서 보는 바와 같

표 7.2 지각된 통제감의 두 가지 측정치와 정서적, 건강적, 행동적 결과물 간의 교정 상관

결과 변인	직무 자율성	참여
직무만족	.37	.44
정서적 스트레스	-.37	-.18
신체적 증상	-.33	-.34
이직 의도	-.26	-.20
이직	-.25	-.38
수행	.26	.23

출처 : Spector, P. E. (1986). Perceived control by employees: A Meta-analysis of studies concerning autonomy and participation at work. *Human Relations*, 39, 1005-1016. Copyright ⓒ The Tavistock Institute, 1986. Reprinted by permission of Sage, Ltd.

이, 지각된 통제의 두 측정지표 모두 직무만족과는 정적으로, 스트레인 지표들과는 부적으로 관련되어 있다. 예를 들어, 통제력이 부족하다고 지각하는 종업원은 정서적 스트레스와 신체적 증상을 더 많이 경험하며, 성과 수준이 낮고, 이직 가능성이 더 높았다.

　　Spector(1986)의 연구 이후, 다른 메타 분석들은 참여적 의사결정에 초점을 맞추었다(예 : Wagner, 1994; Wagner & Gooding, 1987). 그런데 직무만족과 직무수행을 제외하고는, 이 연구들에서 검토된 대부분의 결과 변인들은 직업 스트레스와 관련이 없는 변인들이었다. 그러나 두 연구 모두에서 참여적 의사결정은 직무만족과 강한 정적 관계를 보였는데, 이러한 결과는 참여 부족이 부정적인 태도 반응을 유발할 수 있음을 시사한다.

건강 예측을 위한 통합적 접근

일반적으로 연구되는 직무 스트레스원으로 역할 스트레스, 대인 갈등, 조직적 제약요소, 업무과중, 낮은 통제감 등이 있다. 그런데 대부분의 연구들은 이런 스트레스원들이 개별적으로 종업원의 건강을 예측하는지를 연구하였다. 그러나 최근 연구들은 이러한 다양한 직무 스트레스원들을 한데 묶어 종업원의 건강과 안녕에 미치는 종합적인 영향을 살펴보기 시작하였다.

　　예를 들어, Lang, Ochsmann, Kraus, Lang(2012)은 일반적으로 측정되는 조직 스트레스원(예 : 업무부하, 낮은 통제력)이 향후의 근골격계 문제(예 : 아래 허리 통증, 손목, 팔, 어깨 통증)를 얼마나 예측할 수 있는지를 살펴보는 메타 분석 연구를 실시했다. 그 결과, 대부분의 직무 스트레스가 일정 기간 동안의 근골격계 문제의 변화를 예측하는 것으로 나타났다. 또 다른 예로, Evans, Becker, Zahn, Bilotta, Keesee(2012)는 서로 다른 종업원 안녕을 측정하는 지표들에 대해 여러 직무 스트레스원의 누적 효과를 연구하였다. 이 연구에서는 여러 스트레스원 중 개인별로 총 몇 개의 스트레

원을 경험하는지 측정하였다. 연구 결과, 여러 직무 스트레스의 누적된 위험이 직무 스트레스, 전반적 스트레스 경험, 피곤 등을 유의하게 예측하였다. 스트레스원들의 누적 효과가 종업원의 건강에 미치는 영향에 대한 연구는 향후에도 계속될 것으로 기대된다.

최근에 주목받는 조직 스트레스원

앞에서 다룬 스트레스원들은 직업 스트레스 연구에서 가장 많은 관심을 받았던 것들이며, 또한 오랜 세월 동안 업무현장에 존재했고 향후에도 오랫동안 존재할 스트레스원들이다. 이와는 달리, 여기에서는 상대적으로 덜 주목을 받아 왔지만 최근의 시대적 경향과 관련되어 중요성이 부각되는 스트레스원들을 다루려고 한다. 이와 같이 최근에 새롭게 주목을 받는 스트레스원으로는 인수 및 합병, 해고와 직무 불안정성, 정서노동, 기술 관련 스트레스 등이 있다.

인수 및 합병

1980년대 중반에 시작된 조직의 인수, 합병 경향은 꾸준히 계속되고 있다. 합병이란 2개의 별개 조직이 하나로 합치는 것을 말한다. 반면에 인수란 한 회사(일반적으로 더 큰 회사)가 다른 회사(일반적으로 작은 회사)의 재정상 이익에 통제권을 발휘하게 되는 것을 말한다. 따라서 인수를 한 조직은 인수를 당한 조직에 대해 지배적인 위치를 가진다. 그러나 Hogan과 Overmeyer-Day(1994)는 현실적으로 인수와 합병을 명확하게 구분하는 것은 굉장히 어려운 일이라고 지적한다. 인수를 하는 조직은 종종 두 조직이 동등한 위치를 가진 동업자라는 인상을 주고자 하기 때문이다. 이처럼 합병과 인수를 구분하기 어렵기 때문에 이 책에서는 인수와 합병을 하나의 스트레스원으로 다루고자 한다.

　Hogan과 Overmeyer-Day(1994)에 따르면, 대부분의 인수 및 합병 연구들은 이러한 과정의 재무적 그리고 전략적 시사점에 주목해 왔다. 상대적으로 적은 수의 연구들이 스트레스와 관련된 시사점을 살펴보았다(예 : Buono & Bowditch, 1989; Rentsch & Schneider, 1991; Schweiger & DeNisi, 1991). 이와 관련하여, 종업원들이 인수 및 합병에 적응하는 것을 도와줄 수 있는 전략을 제안하기 위한 연구들도 수행되었다(예 : Ivancevich, Schweiger, & Power, 1987).

　경험적 연구들이 많진 않지만, 인수 및 합병과 가장 일관성 있게 연관되는 스트레스 관련 변인은 종업원이 느끼는 불안감, 불확실성 그리고 직무 불안정성이다. 인수 및 합병에 관한 소문만 있어도 종업원들이 이에 대한 온갖 추측을 한다는 점을 고려한다면, 이런 발견이 놀라운 것은 아니다. Ivancevich 등(1987)은 인수 및 합병을 하려는 조직들은 가능한 한 많은 정보를 종업원에게 전달하려는 노력을 해야 한다고 권고한다. 인수 및 합병이 향후에도 계속될 것이란 점을 고려할 때, 이러한 조직의 중요 활동이 스트레스와 관련하여 어떤 의미를 가지는지에 대한 더 많은 연구가 요구된다.

해고와 직무 불안정성

인수 및 합병과 마찬가지로, 해고도 1980년대의 피할 수 없는 현실이 되었다. 미국경영학회의 조사에 의하면 5,000명 이상의 종업원을 가진 미국 기업 중 66%가 1980년대 후반에 해고를 통해 노동 인력을 감축했다고 보고하였다(Henkoff, 1990). 이런 추세는 1990년대에도 계속되었고, 앞으로도 지속될 것으로 보인다(Kozlowski, Chao, Smith, & Hedlund, 1993).

해고는 이 장에서 논의된 다른 스트레스원과는 약간 다른 성격을 가진다. 다른 스트레스원처럼 해고도 조직 맥락에서 발생하지만, 가장 직접적인 영향은 조직 밖에서 느낀다(Leana & Feldman, 1992). 하지만 해고는 종종 직장을 잃지 않은 사람들에게도 영향을 미친다는 사실에 주목할 필요가 있다. 해고를 당하지 않고 살아남은 종업원들은 취약성과 때로는 죄책감을 느끼며(Brockner, Grover, Reed, & DeWitt, 1992; Brockner, Grover, Reed, DeWitt, & O'Malley, 1987), 업무량은 동일하게 남아 있기 때문에 업무량의 증가를 경험하기도 한다.

해고는 직장을 잃은 사람들에게 어떤 영향을 미칠까? 연구 증거들은 상당히 일관되게 실직이 개인의 심리적, 신체적 건강에 해가 된다는 것을 보여 주고 있다. 예를 들어, 지난 수년간의 연구들은 실직이 신체적 안녕감 및 심리적 안녕감 저하와 강한 관련성이 있다는 것을 보여 주었다. 최근의 메타 분석 연구도 437개 이상의 효과 크기를 바탕으로 동일한 결과를 보여 주었다(McKee-Ryan et al., 2005).

몇몇 연구들은 재고용(Eden & Aviram, 1993; Vinokur, van Ryn, Gramlich, & Price, 1991)과 실직에 대처하는 방식이 실직의 부정적 효과를 완화할 수 있다는 것을 명확히 보여 주었다. 예를 들어, Wanberg(1997)는 실직자 중 **능동적인 대처 기법**(예 : 적극적인 재고용 기회 탐색)을 채택한 사람들이 직업 찾기를 회피한 사람들보다 훨씬 잘살고 있다는 것을 발견했다. 한 가지 분명한 이유는 적극적인 대처가 재고용을 촉진할 가능성이 있기 때문이다.

실직과 비교해 볼 때, 직무 불안정성의 영향에 대해서는 상대적으로 알려진 것이 적다. 그러나 최근의 메타 분석은 직무 불안정성이 종업원의 정서와 안녕감에 부정적인 영향을 미친다는 것을 보여 주었다(Sverke, Hellgren, & Naswall, 2002). 정서적인 반응 면에서, 해고에서 살아남은 사람들은 회사에 대한 신뢰감과 몰입이 낮아지는 경향이 있다(Buch & Aldrich, 1991). 동료가 해고되는 것을 지켜보며 종업원과 조직 간의 암묵적인 **심리적 계약**이 언젠가는 깨질지도 모른다는 것을 느꼈을 수도 있다(Morrison & Robinson, 1997). 해고 생존자들은 담당 직무가 늘고, 이로 인한 과로감을 느끼는 것일 수도 있다(Byrne, 1988; Tombaugh & White, 1990).

해고 생존자들은 또 다른 문제에 처하게 될 가능성이 있다. 즉 회사에 남아 있기 위해 다른 지역으로 이사를 해야 하는 전근을 받아들여야 될 수도 있다. 이는 매우 어려운 일일 수 있는데, 특히 맞벌이 가족들에게는 더욱 그러하다(Gupta & Jenkins, 1985). 자녀들도 부모의 직무 불안정성을 지각할 수 있으며, 이러한 지각이 자녀들에게 부정적인 영향을 미칠 수도 있다. 예를 들어, Barling, Dupre, Hepburn(1998)은 대학생들이 부모의 직무 불안정성을 지각하며, 이러한 지각이 대학생의 일의 세계에 대한 태도와 관련된다는 것을 발견하였다. 부모들의 직업 불안정성을 높게 지각하는 학생들은 프로테스탄트적인 직업윤리(예 : 열심히 일하는 것은 신을 기쁘게 하는 일이다)와 인본주의적인 직업 신념이 낮은 것으로 나타났다. 해고가 많이 발생하는 최근 상황에서 보면, 이러한 효과의 장기적 시사점이 매우 우려스러우며(참고 7.5 참조), 직무 불안정성에 대한 더 많은 연구가 필요하다는 것을 알 수 있다.

보다 최근의 직무 불안정성 연구들은 직무 불안정성의 부정적인 효과를 완화하거나 혹은 증대하는 요인들을 연구하였다. 예를 들어, Debus, Probst, Konig, Kleinmann(2012)은 사회안전망(예 : 금전적인 보조, 보험)이 좋거나 불명확성에 대한 회피 수준이 높은 나라(예 : 불명확한 상황에서 어떤 일이 발생하는지에 대한 명확한 규범을 가진 나라)의 종업원들에게서는 직무 불안전성과 부정적인 직무 태도와의 관계가 덜 강하게 나타난다는 것을 발견하였다. Schreurs, van Emmerik, Notelaers, DeWitte(2010)도 직무통제력을 높게 지각하는 종업원들에게서는 직무 불안정성과 향후 건강문제 간의 관계가 약하다는 것을 발견하였다.

참고 7.5

직무 스트레스가 자녀에게 미치는 영향

Barling, Dupre, Hepburn(1998)은 부모의 직무 불안정성이 직장에서의 인본주의적 신념과 일을 열심히 하는 것의 가치에 대한 자녀들의 믿음에 부정적인 영향을 준다는 것을 발견하였다. 다시 말해, 부모의 직무 불안정성은 그들의 자녀들로 하여금 열심히 일하는 것의 가치에 의문을 갖게 하고, 직장을 냉혹한 곳이라고 믿게 만든다는 것이다.

이 연구는 두 가지 이유에서 흥미롭다. 첫째, 기존의 직무 스트레스 문헌에서는 스트레스가 당사자 이외에게 주는 영향에 대한 자료가 거의 없었다. 하지만 한 종업원이 직장에서 스트레스를 경험한다면, 당연히 배우자와 자녀들도 그 효과를 느낄 수 있다. 사람들이 퇴근할 때 일에 대한 생각을 간단히 지우고 집에 가는 건 불가능하다. 둘째, 이 연구는 직무안정성을 걱정하는 부모를 둔 자녀들은 직업세계에 대해 다소 냉소적인 태도를 발전시키며, 열심히

일하는 것이 무슨 가치가 있을까 하는 의문을 가질 수도 있다는 것을 보여 준다. 사회가 생산적이기 위해서는 일을 열심히 하고 몰입하는 구성원이 필요하다는 점에서 볼 때, 이러한 결과는 매우 우려스럽다.

아마도 시간이 더 지나면, 사람들이 한 직장에 오래 다닐 것이라는 기대를 버리게 되고, 따라서 직무 불안정성이 점차 덜 중요한 이슈가 되며, 자녀들도 이에 영향을 적게 받을지도 모른다. 그러나 현재로서는 Barling 등(1998)의 연구는 자녀들은 부모의 직장생활을 예리하게 지켜보는 관찰자이며, 이러한 관찰을 바탕으로 많은 장기적인 태도를 형성한다는 점을 알려 준다.

출처 : Barling, J., Dupre, K. E., & Hepburn, C. G. (1998). Effects of parents' job insecurity on children's work beliefs and attitudes. *Journal of Applied Psychology*, 83, 112-118.

정서노동

지난 50년간 미국 및 그 외 국가들은 경제구조의 급격한 변화를 경험했다. 이 국가들에서는 이전에는 제조업 분야에 의존했지만 이제는 서비스 영역이 경제 구조를 주도한다. 이러한 변화는 조직의 수많은 현상에 중요한 영향을 미쳤지만, 개인의 직무 내용에도 분명한 변화를 가져왔다. 그 결과, 많은 종업원들은 반세기 전에 공장에서 근무하던 윗세대들이 겪던 것과는 분명히 다른 스트레스를 경험하고 있다.

정서노동(emotional labor)이란 용어는 Hochschild(1979, 1983)가 처음 만들어 냈는데, 종업원들이 직무에서 직면하는 정서적인 요구를 말한다. 정서노동에는 많은 유형이 존재하지만, 그중 두 가지가 특히 직업 스트레스 연구와 관련된다. 첫 번째 유형은 종업원들이 부정적인 정서를 대면해야 하는 상황이다. 예로는 식품매장 종업원이 불만에 찬 고객을 상대해야 하거나, 의사가 슬퍼하는 가족을 대해야 하는 상황을 들 수 있다. 두 번째 유형은 조직 목표를 달성하기 위해 종업원이 자신의 진짜 정서 상태를 억제해야 할 때이다. 이런 상황을 기술하기 위해 **표면행위**(surface acting)라는 용어를 사용한다(Grandey, 2000). 많은 직업에는 '표현규칙(display rules)'이 있는데, 이는 종업원에게 손님이나 고객에게 표현해야 할 적절한 정서를 알려 준다(Ekman, 1973). 고객을 직접 응대해야 하는 종업원은 매일 이런 상황에 맞닥뜨리게 된다. 예를 들어, 식당에 근무하는 종업원은 그날 기분이 별로 좋지 않지만, 직무상 요구 때문에 고객에게는 즐거운 표정을 지어야 한다. 반대로 외상대금 수금원은 행복한 상태에서도 연체대금을 수금하기 위해 거칠게 행동해야 할 수 있다.

정서노동에 대한 연구는 아직은 상대적으로 새로운 분야이지만, 정서노동과 스트레스 관련 결과 변인들과의 연관성에 대한 최신 연구들이 상당수 존재한다. 정서노동과 관련되어 나타나는 가장 일반적인 스트레스 결과 변인들은 부정적인 직무태도와 정서소진 증가이다(Ashforth & Humphrey, 1993; Brotheridge & Grandey, 2002; Grandey, 2003). 정서노동에 대한 요구가 높을수록 높은 정서소진을 경험한다. 그러나 Ashforth와 Humphrey에 따르면, 정서노동과 정서소진(아마도 다른 스트레인들도) 간의 관계는 꽤 복잡할 수도 있다. 예를 들어, 해당 직무의 정서표현 규칙이 종업원이 실제로 느끼는 정서와 일치할 때는 정서노동이 해롭지 않을 것이다. 예를 들어, 기분 좋은 판매원은 고객에게 상냥하게 대하는 것이 전혀 어렵지 않을 수 있다.

또 다른 연구는 정서노동에 대한 종업원 반응에 영향을 줄 수 있는 추가적인 요인들을 보여 주고 있다. Grandey, Fisk, Steiner(2005)는 높은 수준의 직무 자율성을 가진 종업원은 통제력을 적게 가진 종업원에 비해 정서노동에 덜 부정적으로 반응한다는 것을 발견하였다. 이 저자들은 또한 미국과 프랑스 종업원의 반응을 비교하였는데, 일반적으로 미국인들이 정서노동에 더 부정적으로 반응하는 것으로 나타났다. 이 연구의 저자들은 프랑스 문화가 미국 문화에 비해 정서표현에 대한 개인적 통제를 더 허용하기 때문이라고 추론하였다.

정서노동 분야의 최근 연구들은 일정 기간 내의 정서노동의 개인 내 변산에 주목하는데, 이 연구들은 성격 변인을 조절 변인으로 개념화하거나 단위 조직 수준의 변인이 정서노동의 경험에 주는 영향을 살펴보았다. Judge, Woolf, Hurst(2009)는 7일 동안 종업원의 정서노동 경험을 살펴봄으로써 정서노동 경험이 부정적 기분과 관련된다는 것을 발견하였다. 또한 이 연구에서는 외향적인 종업원들은 정서노동을 경험해도 부정적인 기분을 덜 느끼는 경향성을 발견하였는데, 이는 외향적인 종업원들이 정서노동 수행에 더 잘 적응할 수 있음을 시사한다. 관련된 연구에서, Biron과 van Veldhoven(2012)은 그날그날의 정서노동이 퇴근 시간의 정서적 소진과 관련성을 보이며, 심리적 유연성이 이러한 부정적인 효과를 완화한다는 것을 발견하였다.

한 병원의 여러 부서에 소속된 의료인들에 대한 연구에서 Grandey, Foo, Groth, Goodwin(2012)은 자신의 정서를 자유롭게 표현할 수 있는 부서에 소속된 사람들이 그렇지 못한 부서에 소속된 사람들보다 정서노동과 관련된 부정적 효과를 덜 경험한다는 것을 발견하였다. 이러한 연구 결과는 직무집단의 풍토가 정서노동의 부정적 효과를 감소시키는 데 도움이 될 수 있음을 시사한다.

서비스 분야의 종업원 수가 매우 많다는 점을 고려할 때, 정서노동은 향후 직무 스트레스 연구에서 매우 각광받는 연구 주제가 될 것으로 보인다. 또한 정서노동의 영역을 확장하기 위해서는 정서노동에 대한 연구를 서비스 이외의 분야로 확대하는 것도 유용할 것이다. 왜냐하면 서비스직 이외의 직무에서도 종업원들에게 영향을 주는 서로 다른 정서표현 규칙을 가지고 있을 수 있기 때문이다.

기술 관련 스트레스원

종업원에게 영향을 미치는 가장 큰 사회적 변화 중 하나는 종업원에 대한 고용주의 상시 접근이 가능하도록 하는 기술적 발전이다. 이러한 기술과 관련하여, 종업원들은 직무상의 새로운 기술의 사용법을 배워야 하고 상사에게 항상 연락 가능한 상태여야 한다는 요구를 받게 된다. Ragu-Nathan, Tarafdar, Ragu-Nathan(2008)은 정보기술의 사용과 관련된 종업원의 스트레스 경험을 측정하기 위한 '테크노스트레스(technostress)' 측정척도를 개발하였다. 이 척도는 종업원이 기술로 인한 과부하를 경험하는지, 기술이 종업원이 가족과 보낼 수 있는 시간을 제한하는지, 기술 사용법 이해에 문제가 없는지, 그리고 기술이 언제 갑자기 변할지 몰라 불안하지는 않은지를 측정한다. 저자들은 테크노스트레스가 높을수록 직무만족과 조직몰입이 낮다는 것을 발견하였다. 그러나 기술 학습에 대한 지원이나 종업원에게 제공되는 도움 등의 테크노스트레스 억제요인은 직무만족과 조직몰입을 증가시키는 것으로 나타났다. Hennington, Janz, Poston(2011) 또한 간호사들이 정보기술이 자신의 개인적 가치와 일치한다고 믿을 때 역할갈등과 직무소진을 덜 경험한다는 것을 보여 주었다. 이러한 연구들은 기술 관련 스트레스의 영향이 조직이 이를 어떻게 이용하는지에 따라 감소될 수 있음을 보여 준다.

종업원 안전

지금까지 이 장에서는 특정한 스트레스원과 스트레인과의 관계를 이해하는 것(즉 직무에서의 스트레스가 무엇인지를 이해하는 것)에 관심을 두었다. 이런 연구에서는 주로 정신적 건강과 직무수행을 결과 변인으로 다룬다. 그러나 직업건강심리학의 상당 부분은 사고와 부상의 측면에서 종업원의 안전에 공헌할 수 있는 방법을 이해하려는 노력을 다룬다. Kaplan과 Tetrick(2011)은 최근 작업장 부상이 얼마나 많이 발생하며, 이를 예측하는 변인이 무엇인가에 대한 연구들을 폭넓게 검토하였다. 이들에 따르면, "미국에서 지난 15년 동안 매년 5,500~6,700명이 작업장 부상으로 사망했다"(p. 455). 이러한 상황은 정부가 노동과정을 관리감독하지 않는 국가들에서 더 심각한데, 전 세계적으로 매년 직장에서 생긴 부상으로 200만 명이 넘게 사망한다(Kaplan & Tetrick, 2011).

작업장 부상과 사고에 대한 연구들은 작업환경의 상황적 요인과 종업원의 개인적 요인 모두에 주목한다. Jex, Swanson 외 동료들(2013)은 종업원들이 직면하는 다양한 물리적 위해요인, 즉 열, 소음, 복잡한 도구, 유독물질(예 : 살충제, 석면)에 대해 연구하였다. 더 나아가 Smith와 Carayon(2011)은 작업장 스트레스원들이 종업원들의 부상 및 사고의 위험을 증가시킬 수 있다고 주장하였다. 최근의 메타 분석 연구에 따르면, 종업원의 사고 경험에 영향을 미치는 개인적 요인으로서 경험에 대한 개방성과 신경증성이 높을수록 사고 위험이 높은 반면, 성실성과 우호성이 높을수록 사고 위험이 낮은 것으로 나타났다(Clarke & Robertson, 2008).

종업원 안전에 대한 대부분의 모델은 종업원의 안전수행이 사고 및 부상 경험에 미치는 영향이 다양한 요인에 의해 매개된다고 주장한다. 연구자들에 따라 안전수행을 다르게 정의하지만, 안전수행을 종업원이 안전 절차를 준수하는 것과 동료와 관리자에게 안전 관련 문제를 알리는 것으로 구분하는 것이 가장 일반적이다(Griffin & Neal, 2000). 대부분의 연구는 다양한 유형의 안전수행이 작업장 사고 경험과 중간 또는 높은 수준으로 연관된다는 것을 발견하였다(Jiang, Yu, Li, & Li, 2010).

작업장 사고의 마지막 예측변인은 직무 단위 조직(예 : 부서) 및 조직의 안전풍토이다(Zohar, 2003, 2011). 안전풍토는 제14장에 더욱 자세히 논의될 것이다. Zohar(2003)는 안전풍토를 "안전정책, 절차, 실천에 관한 공유된 지각"(p. 125)이라고 정의하였다. 직무집단이나 조직의 안전 풍토는 안전수행을 예측하고, 안전수행은 부상 및 사고 경험과 관련이 있는 것으로 나타났다(Zohar, 2011). 더욱이 작업집단의 리더들은 종종 해당 단위 조직의 안전풍토 수준에 영향을 주는 것으로 나타났다(Halbesleben et al., 2013).

종업원 안전 주제는 향후에도 계속 연구자들의 주목을 받을 것임에 틀림없다. 이 분야의 최근 경향에는 안전풍토가 안전 결과에 영향을 미치는 과정(Kath, Magley, & Marmet, 2010)과 작업장 스트레스(예 : 지루한 직무, 피곤, 직무 명확성의 결여)와 안전 결과와의 관계를 살펴보는 것(Abbe, Harvey, Ikuma, & Aghazadeh, 2011 ; Chiron, Bernard, Lafont, & Lagarde, 2008 ; Elfering, Grebner, & Haller, 2012) 등이 포함된다.

취약 집단의 종업원 건강

작업장 스트레스원은 모든 종업원의 건강과 안녕에 부정적인 영향을 줄 수 있다. 그러나 어떤 종업원들은 직장에서의 건강과 안전 문제에 대한 위험을 더 많이 직면할 수 있다. 이 절에서는 이민자, 소수집단 및 임시직 종업원 등 취약 집단이 직면하는 직무 스트레스원을 다루고자 한다. Jex, Kain, Park(2013)은 어떻게 취약 집단의 종업원들이 직무현장에서 그들 고유의 스트레스원을 경험하게 되는지를 다루었다. 예를 들어, 농장에서 일하는 라틴계 이민자들은 농약 노출에 관련된 신체적 스트레스원을 경험할 가능성이 많으며, 장시간 노동의 빈번한 요구에 따른 높은 수준의 업무부하를 경험하기도 한다. 이러한 직무 요구들은 서로 상호작용하여 종업원들의 신체적 건강을 위협한다 (Grzywacz et al., 2010). 또한 Hiott, Grzywacz, Davis, Quandt, Arcury(2008)는 고립 및 안 좋은 직무 환경 등의 직무 스트레스원이 이주 농장 종업원들이 정신 건강 관련 증상을 경험할 위험을 증가시킨다는 것을 발견하였다.

Jex, Kain 등(2013)은 소수집단 노동자들이 직장에서 인종차별을 받을 가능성이 더 높으며, 이러한 스트레스는 위에서 논의한 다른 스트레스원의 효과를 더욱 악화시킬 수 있다는 증거를 보여 주었다. 최근 Krieger 등(2011)이 저수입 다인종/민족 집단이 경험하는 직무 요구를 검토한 결과, 높은 비율의 사람들이 직업적 위해요인(예 : 유해가스, 무거운 물건 들기), 사회적 위해요인(예 : 작업장 학대, 차별), 관계적 위해요인(예 : 동료 폭력, 위험한 성관계)을 경험한다는 것을 발견했다. 이러한 요인들은 다시 높은 심리적 스트레스 경험과 관련되었다.

마지막으로 Jex, Kain 등(2013)은 어떻게 임시직 종업원들이 높은 위험, 단절된 작업절차, 낮은 의사결정권 등과 관련 있는 직무 요구 위험에 더 많이 노출되는지를 논의하였다. 추가적으로 이러한 직업 종사자들은 종종 자신이 언제 일할 수 있을지 모르며, 이는 결과적으로 직무 요구가 가정생활을 방해할 가능성을 높인다. 이 저자들은 또한 이러한 종업원들의 직업 불안정성을 고려할 때, 이들이 직무 요구를 자유롭게 보고할 가능성이 낮다는 것에 주목했다. 결론적으로 다음 절에서 논의될 개입책들은 취약 집단의 종업원들에게 특별히 더 필요할 것으로 보인다.

직장 스트레스원의 영향을 줄이는 방법

지금까지 이 장의 초점은 특정 스트레스원과 스트레인 간의 관계(예 : 무엇이 직무에서 스트레스를 주는가)를 이해하는 데 있었다. 이제 우리는 초점을 바꾸어서 이러한 지식을 활용하여 직장에서 종업원의 건강과 삶의 질을 향상하기 위한 방법에 대해 살펴보고자 한다. 이 절의 대부분은 조직에서 직무 관련 스트레스원의 영향을 줄이기 위한 전략을 다룰 것인데, 이러한 전략은 일반적으로 (1) 스트레스 관리 훈련, (2) 스트레스원 감소, (3) 건강과 체력단련 프로그램 등의 세 가지 유형을 띤다. 아래에서는 이러한 조직 차원의 스트레스 감소 방법을 각각 살펴본 다음, 스트레스의 부정적인 효과를 감소시키기 위한 개인적인 전략을 검토할 것이다. 개인적 전략에는 스트레스 대처 전략과 일을 마친 후 스트레스에서 회복하는 방법 등이 있다.

스트레스 관리 훈련

직장 스트레스원의 효과를 줄이기 위한 가장 일반적인 방법은 아마도 **스트레스 관리 훈련**(stress management training) 또는 간단히 스트레스 관리라고 불리는 방법일 것이다(Murphy, 1984). 스트레스 관리 훈련은 종업원들이 스트레스에 직면했을 때 효과적으로 대응할 수 있도록 종업원들에게 스트레스 대처에 필요한 자원을 제공해 주도록 설계된 프로그램이다. 스트레스 관리 훈련의 목적이 스트레스원 자체를 없애거나 줄이려는 것이 아니라는 점에 주목할 필요가 있다. 기본적으로 이 접근에서는 스트레스를 어쩔 수 없이 주어진 것으로 간주한다.

　스트레스 관리 훈련 프로그램의 내용은 조직에 따라 다양하지만(Beehr et al., 2001; Bellarosa & Chen, 1997), 공통적인 프로그램 요소는 존재한다. 예를 들어, 대부분의 프로그램에는 교육적 요소가 포함되어 있다. 즉 종업원들에게 스트레스의 본질과 효과에 대한 정보를 제공한다. 또한 스트레스가 신체에 주는 영향을 감소시키기 위한 훈련 프로그램이 포함되는 것도 매우 일반적이다. 여기에는 많은 경우, 직무 스트레스 때문에 종종 발생하는 근육 긴장을 풀어 주는 방법을 배우는 일종의 **이완 훈련**(relaxation training)이 포함된다. 또 다른 개입 프로그램인 **바이오피드백 훈련**(biofeedback training)에서는 생리적 모니터 장비를 이용하여 스트레스에 대한 생리적 반응(예 : 심박 및 호흡)을 통제하는 방법을 훈련시킨다(Smith, 1993). 스트레스 관리 훈련 프로그램의 또 다른 공통 요소는 종업원들이 업무환경에 대한 평가를 바꿀 수 있게 도와주기 위한 기법을 가르치는 것이다. 이는 종종 **인지-행동 훈련**(cognitive-behavioral training)이라고 불린다(Richardson & Rothstein, 2008). 이 장의 초반부에서 설명한 것처럼, 업무환경을 인지적으로 평가하는 방식이 특정 요소를 스트레스원으로 간주할지 여부를 결정하는 핵심요소이다. 여기서 일반적으로 사용하는 한 가지 방법이 Meichenbaum(1977)의 **스트레스 면역 훈련**(stress-inoculation training)인데, 이는 3단계로 이루어져 있다(Driskell, Salas, & Johnston, 2006도 참조).

첫 번째 단계에서는 참가자들에게 스트레스에 대한 정보와 이후의 치료 단계에 대한 이해를 돕기 위한 개념적인 틀을 제시한다. 두 번째 단계에서는 참가자들은 여러 가지 대처 전략을 배우고 연습하게 된다. 대처 전략은 일반적으로 '자기진술(self-statements)'의 형태를 취한다. 이 단계의 가정은 사람들은 종종 스트레스원을 경험할 때 역기능적인 자기진술을 하며, 이것이 결국 스트레스원의 효과를 악화시킨다는 것이다. 예를 들어, 중요한 발표를 앞두고 사람들은 "나는 다른 사람 앞에서 말하는 것을 잘 못해…"라는 혼잣말을 할 수 있다. 당연히 이런 부정적 자기진술은 상황을 더 악화시킬 뿐이다. Meichenbaum(1977)에 따르면, 이와 같은 부정적 자기대화를 보다 순기능적인 진술문으로 바꾸는 것이 가능하다. 예를 들어, 위와 같은 상황에서 아까처럼 말하는 대신 "한 번에 한 가지씩. 너는 이 상황을 잘 처리할 수 있어"(p. 155)라고 말하는 것을 배울 수 있다. 이러한 자기진술은 보다 순기능적이며, 개인을 진정시키는 효과를 가질 수 있다.

스트레스 면역의 마지막 단계는 **적용 훈련**(application training)이라고 불린다. 이 단계에서 참가자들은 긍정적 자기진술법을 일상생활에 적용하고 활용하는 방법을 배우게 된다. 즉 참여자들은 자신에게 스트레스를 유발하는 상황이 무엇이고, 그런 상황에서 부정적 자기진술이 발생하는 것을 알아차리는 자각 능력을 배운다. 일단 이런 자각 능력이 생기면, 참가자들은 적응적 대처에 도움이 되는 자기진술법을 배우게 된다. 이 과정에서 명심해야 할 한 가지는 이런 긍정적인 자기진술을 일관되게 사용하려면 상당한 연습과 반복이 필요하다는 것이다.

최근 들어, 특히 유럽 국가에서는 스트레스 관리 프로그램이 좀 더 포괄적이고 다양해지고 있다. Aust와 Ducki(2004)에 따르면, 많은 독일 회사들은 **건강 서클**(health circles)이라고 알려진 스트레스 관리법을 사용하기 시작하였다. 전형적인 건강 서클에서 종업원들은 주기적으로(예 : 월 1회) 스트레스를 줄이고 종업원의 전반적 건강을 향상하기 위한 방법에 대해 토의하고, 일반적으로 이러한 토론 결과를 바탕으로 최고경영층에게 관련된 제안을 한다. 독자들은 이런 접근법이 제조회사에서 품질개선을 위해 이용하는 **품질관리조**(quality circle)와 비슷하다고 생각할 것이다. 아쉽게도 건강 서클을 평가하는 연구는 아직 거의 없지만, 이 방법은 향후 크게 성장할 수 있는 혁신적인 스트레스 관리법이다.

일반적으로, 최근 메타 분석 연구들은 조직에서 시행되는 스트레스 관리 개입(stress management interventions, SMIs)이 효과적이라고 보고하고 있다. Richardson과 Rothstein(2008)은 종업원들을 무선적으로 스트레스 관리 개입 집단과 무처치 통제집단에 배치한 36개 연구에 대한 메타 분석을 실시하였다. 그 결과, 인지-행동과 이완훈련법은 일반적으로 종업원의 정신 건강 증상과 스트레스를 감소시키는 데 효과적임을 발견하였다. 그러나 저자들은 이러한 긍정적 효과가 얼마나 지속되는지에 대한 추가적인 연구가 필요하다고 지적하였다.

조직 내 SMIs 연구의 최근 경향으로는 첫째, 종업원 건강과 관련된 특정 주제를 대상으로 하는 프로그램과, 둘째, 마음챙김 기반 훈련을 직장에 적용하는 것이다. 첫 번째 경향의 예로는 종업원들이 일과 후 직무 요구로부터 회복할 수 있게 돕는 프로그램(Hahn, Binnewies, Sonnentag, & Mojza, 2011)과 종업원의 직장 예절 향상을 위한 시도(Leiter, Day, Oore, Spence, & Laschinger, 2012)가 있다. 두 번째 마음챙김 기반 훈련은 명상, 지금 순간에 머물기, 요가, 몸의 반응 알아차리기 등을 강조한다(Kabat-Zinn, 2011; Wolever et al., 2012도 참조). 19개 연구에 대한 최근의 메타 분석 결과, 마음챙김 기반 프로그램이 종업원의 심리적 스트레스와 관련하여 긍정적인 효과를 주며, 이러한 효과가 훈련 5주 후에도 지속된 것으로 나타났다(Virgili, 2013). 향후에도 이러한 훈련에 대한 추가적인 연구가 있을 것으로 기대된다.

스트레스원의 축소

조직 스트레스를 다루는 또 다른 방법은 스트레스원 자체의 수준을 감소시키려는 시도이다. 이런 접근방식은 스트레스 관리 훈련보다는 인기가 덜한데, 그 이유는 스트레스를 관리하는 것보다 감소시키는 것이 더 어렵기 때문이다. 그러나 조직이 진정으로 스트레스원의 효과를 감소시키는 데 관심을 가진다면, 단순히 스트레스원의 효과를 관리하는 것보다 스트레스를 감소시키려는 접근이 종업원의 안녕과 삶의 질 향상에 훨씬 큰 효과를 낼 가능성이 있다(Hurrell, 1995).

스트레스원을 감소시킬 수 있는 많은 개입 방법들이 있을 수 있고, 어떤 것은 예방 효과를 가지기도 한다. 예로는 더 많은 자율성을 가지도록 직무를 재설계하는 것(Griffin, 1991; Hackman & Oldham, 1980), 조직의 의사결정에 대한 참여 기회를 더 많이 제공하는 것(Lowin, 1968; Wagner, 1994), 부하직원들과 더 효과적으로 의사소통할 수 있도록 관리자를 훈련하는 것, 보다 효과적으로 갈등 해결 기법을 사용할 수 있도록 종업원을 훈련하는 것 등을 들 수 있다.

조직에서 위에 언급된 개입 방법들을 시행할 때 일반적으로는 이를 **스트레스 감소 노력**이라고 소개하지는 않는다. 많은 경우 이런 개입 방법들은 훈련 프로그램이나 포괄적인 조직개발 전략의 일환으로 실시된다(제15장 참조). 그런데 많은 조직개발 기법들은 스트레스원을 감소시키는 결과를 낳고, 궁극적으로 이로 인해 종업원의 안녕을 향상해 준다. Schaubroeck, Ganster, Sime, Ditman(1993)의 연구는 이러한 효과를 분명하게 보여 주었다. 이 연구는 한 대학에서 '책임사항 기록하기(responsibility charting)'라는 개입 방법의 효과를 평가하였다. 이 기법은 팀 빌딩 훈련에서 일반적으로 사용되는 활동으로, 집단 내에서 누가 어떤 책임을 가지는지를 업무집단 구성원들이 명확히 알 수 있도록 도와준다. 이 연구는 '책임사항 기록하기'의 효과 중 하나가 역할 모호성 감소라는 것을 발견하였다.

이런 스트레스 관리 기법은 물리적 환경과 관련된 스트레스원 또는 인간공학적 스트레스원을 감소시키는 데 상당히 성공적으로 활용되어 왔다. 반복 동작, 등 통증을 유발하는 잘못 설계된 장비, 눈의 긴장을 유발하는 컴퓨터 스크린 등이 이에 해당된다. 이런 접근은 도축회사 종업원(May & Schwoerer, 1994)과 사무노동자(May, Reed, Schwoerer, & Potter, 2004)의 물리적 조건을 개선하는 데 적용되었다.

건강 및 체력단련 프로그램

점점 더 많은 조직이 종업원의 건강과 체력을 증진하기 위한 다양한 프로그램을 제공하고 있다. 이런 프로그램은 단순히 건강 관련 정보를 제공하는 것부터 직장 내 종합 체력단련시설에 이르기까지 다양하다(O'Donnell, 1986). 대부분의 조직들이 건강 및 체력단련 프로그램을 제공하는 주된 동기는 종업원들에 대한 의료비용을 줄이기 위함이다(Falkenberg, 1987; Jex, 1991). 실제로 지난 몇 해 동안 이루어진 여러 연구들은 건강 및 체력단련 프로그램들이 의료비용을 절감해 준다는 것을 보여 준다(요약은 Pelletier, 1991 참조). 또 다른 일반적인 이유는 건강하고 신체적으로 양호한 종업원은 병결 가능성이 낮기 때문이다. 의료비용과 마찬가지로 건강 및 체력단련 프로그램이 실제로 종업원의 결근을 줄인다는 경험적 증거들이 다수 존재한다(Cox, Shephard, & Corey, 1981; Kerr & Vos, 1993; Tucker, Aldana, & Friedman, 1990).

몇몇 연구들은 건강 및 체력단련 프로그램 참가와 심리적 스트레인(예 : 불안, 우울증, 직무불만족)과 같은 결과 변인을 연관 지으려는 시도를 하였다. 의료비용과 결근에 대한 연구와 비교하면, 체력단련 프로그램과 심리적 스트레인의 관련성을 지지하는 증거는 다소 일관적이지 않다. Jex와 Heinisch(1996)에 따르면, 이는 주로 건강 및 체력단련 프로그램의 영향에 대한 많은 연구들의 방법론적 결함 때문이다. 예를 들어, 많은 연구들이 통제집단을 포함하지 않았고, 통제집단이 있는 연구에서도 체력단련 프로그램 참가자들이 프로그램 완료 전에 중도 탈락을 하거나 프로그램 참여율이 매우 낮았다. 반면, Parks와 Steelman(2008)은 조직의 건강 프로그램(건강한 생활습관을 강조하기 위해 고안된 프로그램)에 대한 메타 분석을 실시하였는데, 이러한 프로그램들이 결근을 줄이고 직무만족을 높이는 데 효과적이라는 것을 발견하였다.

아마도 건강 및 체력단련 프로그램에 대해 내릴 수 있는 가장 정확한 결론은 이런 프로그램들이 종업원의 신체적 건강을 증진하는 데 유용하며, 결과적으로 결근 감소 효과가 있을 수 있다는 것이다. 그러나 지금까지의 경험적 증거에 비추어 볼 때, 건강 및 체력단련 프로그램 참가가 다른 스트레스 관련 결과 변인들에도 큰 영향을 미치는지는 분명하지 않다. 이에 관해 보다 명확한 증거를 얻기 위해서는 향후 보다 견고한 방법론을 사용하여 건강 및 체력단련 프로그램의 효과를 평가할 필요가 있다.

스트레스에 대한 대처

대처(coping)란 종업원들이 자신이 경험하는 스트레스원에 적응하기 위해 시도하는 방식을 말한다. 사람들은 다양한 방법으로 스트레스원에 대처하지만(Latack & Havlovic, 1992), 일반적으로 사람들은 자신이 경험하는 스트레스원에 대응하기 위한 어떤 시도를 하거나(문제 중심적 대처), 스트레스원에 대한 반응으로 느끼는 정서를 조절하거나(정서 중심적 대처), 혹은 스트레스원을 회피(회피적 대처)한다(Dewe & Cooper, 2007; Lazarus & Folkman, 1984). 개인주의적 문화와 집단주의적 문화에서 개인적 통제가 지니는 의미가 분명히 다르다는 점에 비춰 볼 때(Spector, Sanchez, Siu, Selgado, & Ma, 2004), 문화에 따라 종업원들이 스트레스원에 직접적으로 대처하는 정도가 다를 것이라고 기대할 수 있다.

연구 결과는 최소한 이를 간접적으로 지지한다. 예를 들어, 미국 종업원들은 대만 종업원들보다 더 직접적으로 갈등을 대면하며(Trubisky, Ting-Toomey, & Lin, 1991), 아랍중동 종업원과 비교해도 그러했다(Elsayed-Ekhouly & Buda, 1996). 비슷한 맥락에서 Liu(2003)는 미국과 중국 종업원들이 다른 사람과 겪는 갈등 유형에서도 차이가 난다는 것을 발견했다. 미국인들은 보다 직접적인 갈등(예 : 다른 사람에게 무례하게 구는 것)을 보고하는 데 반해, 중국인들은 보다 간접적인 갈등(예 : 등 뒤에서 자기 모르게 무언가를 하는 것)을 보고하였다.

요약하면, 이 절에서는 최근의 비교 문화적인 직업 스트레스 연구의 일부를 간단히 살펴보았다. 물론 더 많은 연구가 필요하겠지만, 문화적인 요인이 스트레스 과정에서 중요한 역할을 할 것이라는 점은 명확하다. 한때 보편적일 것이라고 믿었던 많은 이론, 모델, 변인들이 사실은 그렇지 않을 수 있다. 조직들이 세계적으로 확장됨에 따라 직업 스트레스에 대한 비교 문화적인 연구의 중요성이 매우 커지고 있다.

직무 스트레스원으로부터의 회복

직장에서 직무 스트레스원에 대처하는 것에 더하여, 최근 연구들은 종업원들이 퇴근 후 일에서 겪은 스트레스원으로부터 회복하는 것의 중요성을 강조한다. 세 가지 주요 전략이 건강한 수준으로 일로부터 분리하도록 도와줄 수 있다. Sonnentag과 Fritz(2007)는 종업원들이 직무 스트레스원으로부터 회복하기 위해 사용할 수 있는 세 가지 중요한 전략이 있다고 주장하였다 : (1) 이완(relaxation), (2) 숙달(mastery), (3) 통제(control). 비록 종업원들은 이완에 대해 부정적인 생각을 가지고 있을 수 있지만, 자신을 이완시키는 것이 무엇인지를 알아내는 것이 중요하다. 이완을 위해 중요한 두 번째 열쇠는 이완 활동을 할 수 있는 시간을 만드는 것이다. 이완 수준 향상을 위한 가장 중요한 노력은 단순히 이완을 다른 일보다 우선시하는 것이다.

숙달의 기본 가정은 일 외의 삶에 더욱 관여하고 몰두함으로써 일에서 분리될 수 있다는 것이다. 일반적으로 숙달 경험은 새로운 것(예 : 새로운 언어)을 배우거나, 지적인 도전(예 : 체스)을 찾아 나서거나, 도전적인 활동(예 : 철인 3종 경기)을 하거나, 또는 단순히 자신의 영역을 확장하는 일(예 : 일과 관련 없는 분야의 강의 듣기)을 하는 것 등이 있다. 숙달 경험은 두 가지 중요한 측면에서 우리를 돕는다. 첫째, 숙달 경험은 일이 아닌 다른 것에 정신적 그리고 지적인 자원을 쏟게 만든다. 둘째, 숙달 경험은 매우 보상적일 수 있기 때문에 우리에게 성취감을 느끼도록 한다.

연구를 수행한 사람들

Charlotte Fritz

처음 심리학 강의를 듣는 동안 나는 특히 사람들을 행복하고, 건강하고, 생산적으로 만들고 또 그렇게 유지하는 것이 무엇인가에 대한 연구에 매료되었다. 얼마 안 가서 나는 우연히 조직심리학이라는 분야를 알게 되었고 여기에 푹 빠져들었다. 나는 일이라는 것이 스트레스를 주는 경험이 될 수 있으며, 이러한 경험은 일터에서뿐만 아니라 일터 밖에서도 종업원들에게 영향을 미칠 수 있다는 것을 배웠다. 그래서 대학원과정을 시작할 때 나는 직무 스트레스와 종업원의 안녕 및 건강 간의 관계에 대해 관심을 가졌다. 그런데 대학원 초기에 일로부터의 분리라는 개념을 배웠다. 이러한 분리 경험은 직무 스트레스원의 부정적인 효과를 되돌릴 수 있는 과

정이다. 나는 이러한 과정을 보다 자세히 연구하고 싶었다. 일에서 떠나 있는 시간이 이러한 회복 기회를 줄 수 있기 때문에, 대학원에서의 내 첫 연구는 휴가 중의 심리적 경험과 종업원의 안녕 간의 관계를 살펴보는 것이었다(Fritz & Sonnentag, 2006).

그때쯤 나의 대학원 지도교수인 Sabine Sonnentag과 나는 직무 외 경험들을 측정하는 척도를 개발하고, 이러한 직무 외 경험과 직무 스트레스원, 개인차, 그리고 결과 변인들과의 관계를 살펴보았다(Sonnentag & Fritz, 2007). 이후의 연구들은 특히 심리적 분리(즉 근무시간 외에 정신적으로 일에서 분리하는 것)가 종업원의 직무 관련 안녕(예 : 낮은 소진)과 일반적인 안녕(예 : 높은 삶의 만족, 적은 신체적 증상)에 중요하다는 것을 알려 주는 것 같다. 휴가, 주말, 점심시간 동안의 일로부터의 분리현상을 살펴보는 연구를 수행하였으며, 그 결과는 직무 스트레스로부터의 회복은 종업원의 안녕에 중요한 역할을 한다는 것을 보여 준다. 따라서 일로부터의 휴식은 종업원을 행복하고, 건강하며, 생산적으로 만들고 유지하는 것을 돕는다.

Charlotte Fritz는 포틀랜드주립대학교 산업 및 조직심리학 조교수이며, 직업건강심리학 대학원과정 교수이다.

통제는 위 두 전략에 연결되어 있다. 종업원의 대부분은 직장에서 자기 시간을 어떻게 사용할지에 대해 완전한 통제권을 가지기가 어렵다. 그러나 일반적으로 일을 떠나면 직장 밖에서의 시간을 어떻게 사용할지를 통제할 수 있다. 예를 들어, 어떤 사람은 저녁식사 후 매일 밤 45분간의 산책이 이완을 가져온다는 것을 발견하고, 이를 자신의 '일정'에 집어넣을 수 있다. 이런 활동을 하면 이완할 수 있고, 결과적으로는 일로부터의 분리에 도움이 된다.

최근 많은 연구들이 직무 스트레스원으로부터 회복하기 위한 전략을 사용하는 사람들이 일터로 돌아와서 더 높은 수준의 동기와 생산성을 경험한다고 보고한다(Sonnentag, Binnewies, & Mojza, 2008).

비교 문화적 직업 스트레스 연구

직업 스트레스에 대한 우리 지식의 대부분은 미국의 종업원에 대한 연구이며, 그중 일부는 영국, 독일 및 스칸디나비아의 종업원을 대상으로 한 것이다. 결과적으로 직업 스트레스 모델이 다양한 문화권에 일반화될 수 있는지, 문화적인 요인이 종업원들이 경험하는 스트레스원에 영향을 주는지, 그리고 대처 전략에 문화적 차이가 있는지 등과 같은 기본적인 질문에 대한 증거는 거의 없다. 이 장의 마지막 절에서는 이러한 주제에 대한 연구들을 간략히 살펴보고자 한다. 직업 스트레스에서의 비교 문화적인 주제를 보다 종합적으로 다룬 연구에 관심이 있는 독자는 Liu와 Spector(2005)를 참고하기 바란다.

일반화 가능성

직업 스트레스 이론의 일반화 가능성(generalizability)에 대한 증거는 별로 없다. 대부분의 직업 스트레스 이론이 미국이나 다른 서방국가에서 개발되었다는 점을 생각하면, 이는 사소한 문제가 아니다. Xie(1996)는 Karasek(1979)의 요구-통제 모델을 중국에서 검증하는 것으로 직업 스트레스 이론의 일반화 가능성을 검토하였다. Xie는 Karasek 모델이 개인적 통제감에 초점을 두기 때문에 중국 같은 집단주의 국가에는 적용되지 않을 것이라고 예상하는 사람이 많을 것이라고 주장했다. 그러나 Xie가 지적한 것처럼, 중국 내의 생산직 노동자와 사무직 노동자 간에는 분명한 차이가 존재한다. 생산직 노동자들은 "…일반적으로 교육 수준이 낮고, 서구 문화에 덜 노출되었다. 따라서 그들은 개인적 통제감에 대한 욕망을 방해하는 전통적인 가치관을 유지할 가능성이 더 크다"(p. 1600). 반면 사무직 노동자들은 개인적 통제감 추구를 중요하게 여기는 서구 가치관에 더 많이 노출되어 왔으며, 이들은 생산직 노동자와 비교해서 중국의 최근 경제개혁으로부터 훨씬 더 많은 혜택을 받았다.

1,200명의 표본을 대상으로 한 이 연구에서는 대부분의 결과 변인들에서 사무직 노동자들에게서

만 Karasek 모델이 예상하는 요구-통제 간의 상호작용이 발견되었다. 이러한 결과는 Xie의 가설을 지지해 주는 것이다. 더 중요하게, 이러한 결과는 매우 인기가 높은 직업 스트레스 모델인 요구-통제 모델이 잠재적인 제한점을 가지고 있다는 것을 시사한다. Schaubroeck과 Merritt(1997)에서도 요구-통제 모델이 자기효능감이 높은 사람들에게서만 지지되었다는 것을 기억하라.

이런 결과가 나타난 가능한 이유 중 하나는 중국과 서구 문화 간에 통제의 의미가 다를 수 있다는 것이다. Spector, Sanchez, Siu, Selgado, Ma(2004)에 따르면, 중국과 같은 집단주의 문화권에서의 개인적 통제감 신념은 개인이 환경에 직접적인 통제를 가하는 것이 핵심이 아니다. 오히려 집단주의 문화에서의 통제감 신념은 (1) 자기를 환경에 적응시키고, (2) 다른 사람과의 관계를 통해 통제력을 발휘하는 데 초점을 둔다. 만약 이것이 사실이라면, 환경에 대한 개인의 통제에 초점을 두는 기존의 조직 스트레스 연구의 통제 척도들 대부분이 집단주의 문화에서는 적절하지 않을 수 있다. 또한 Xie, Schaubroeck, Lam(2008)은 중국 종업원들 중에서도 전통적 가치가 낮은 사람들은 개인적 통제가 높을수록 건강상 문제를 적게 가지는 것으로 나타났다. 이러한 결과는 한 국가 내에서도 가치가 스트레스원-스트레인과의 관계에 영향을 미칠 수 있다는 것을 시사한다.

스트레스원 경험

또 다른 중요한 비교 문화적 연구 주제는 과연 문화에 따라 스트레스원에 대한 지각이 다른지에 관한 것이다. Peterson 등(1995)은 21개국의 관리자들을 대상으로 역할 스트레스에 대한 비교 문화 연구를 통해 이 주제를 다루었다. 이들은 역할 스트레스원(모호성, 갈등 및 과부하)에 대한 지각이 문화에 따라 상당히 다르다는 것을 발견하였다. 그들은 또한 나라별 문화의 특성으로 역할 스트레스원의 수준을 예측할 수 있다는 것도 발견하였다. 역할 스트레스원에 대한 지각은 권력 거리(권력 정도에 따라 상하가 분리되는 정도), 남성성 정도, 개인주의적 정도, 그리고 불확실성을 줄이려는 노력 정도에 따라 달랐다.

예를 들어, 권력 거리가 낮은 국가들(예 : 산업화된 서구 국가들)의 관리자들은 역할 모호성 수준은 높고 역할 과부하 수준은 낮다고 보고하였다. 권력 거리가 높은 국가들(예 : 라틴 아메리카나 극동 국가들)에서는 이와 완전히 반대의 결과를 보였다. 이런 결과는 서구권의 관리자들은 일의 양이 많지는 않지만 책임에 대해 불명확성을 느끼는 반면, 비서구권 관리자들은 책임은 명확히 알지만 업무량 때문에 스트레스를 받는다는 것을 시사한다.

Peterson 등(1995)에 따르면, 이러한 결과는 "역할 갈등, 모호성 및 과부하의 핵심적 의미는 공식적인 조직 내의 공식적 관계의 특성에 따라 달라진다"(p. 447)는 것을 의미한다. 직업 스트레스 연구에서 자주 범하는 실수 중 하나는 조직에서 발생하는 사건의 의미가 모든 문화에서 동일할 것이라고 가정하는 것이다. 향후 더 많은 이런 비교 문화 연구들이 스트레스원이 문화에 따라 또 다른 중요한 차이를 가진다는 것을 보여 줄 수 있을 것이다.

비교 문화적인 직업 스트레스 연구의 두 번째 사례는 역할 과부하에 대한 국가 간 비교를 한 Van De Vliert와 Van Yperen(1996)의 연구이다. 이들은 Peterson 등(1995)이 보고한 역할 과부하에서의 국가 간 차이 중 적어도 일부는 국가 간 기후 차이에 의해서 설명될 수 있다고 제안하였다. 즉 Peterson 등(1995)이 권력 거리가 낮다고 본 국가들은 기온이 비교적 높은 지역에 위치하고 있었다. Van De Vliert와 Van Yperen(1996)은 국가 간 역할 과부하의 정도 차이가 권력 거리가 아닌 기온차에 의해 설명될 수 있다고 제안하였다.

이 저자들은 Peterson 등(1995)의 자료를 또 다른 2개의 비교 문화적 자료와 함께 재분석하였다. 그들이 예측한 대로, 기온을 통제하면 권력 거리와 역할 과부하 간의 관계가 사라졌다. 따라서 이 저자들은 권력 거리와 역할 과부하 간의 관계가 완전히 기온차 때문에 발생한 것일 수 있다고 결론 내렸다. 이러한 결과는 기후에 의해 특정한 문화적 특성을 어느 정도 결정하고, 이런 특성들이 조직에 영향을 줄 수도 있다는 것을 시사한다.

Liu(2003)는 중국과 미국의 종업원들 간에 스트레스 사건에서 차이가 있는지를 살펴보았다. 이 연구에서 두 나라의 종업원들은 동일한 스트레스원도 많이 보고했지만, 또한 그들 간에 차이도 존재하였다. 예를 들어, 미국 종업원들과 비교해 볼 때, 중국 종업원들은 업무상의 실수와 평가를 더 큰 스트레스원으로 보고했다. 이와 대조적으로, 미국 종업원들은 중국 종업원들보다 개인적인 통제 부족을 스트레스원으로 보고하는 경우가 더 많았다.

요약

이 장에서는 직업 스트레스를 다루었는데, 이는 조직과 사회 전체 차원 모두에서 그 중요성이 점점 증가하는 주제이다. 직업 스트레스 연구의 시작은 20세기 초반까지 거슬러 올라갈 수 있지만, 대규모의 연구는 1960년대가 되어서야 시작되었다. 더욱이 많은 직업 스트레스 연구들은 주로 지난 25년 동안에 이루어졌다.

직업 스트레스 연구는 때때로 용어로 인한 혼란을 겪어 왔다. 그 주된 이유는 직업 스트레스 연구는 그 특성상 언제나 다학제적으로 이루어졌기 때문이다. 조직심리학이 많은 공헌을 한 것은 분명하지만 의학, 임상심리학 및 공학심리학도 중요한 기여를 하였다.

이제까지 직업 스트레스 과정에 대한 여러 모델이 제안되어 왔으며, 이 장에서는 그중 네 가지를 다루었다. ISR 모델은 오랜 기간 많은 직업 스트레스 연구들을 이끌어 왔고, 그런 이유로 아마도 가장 영향력 있는 모델이라고 할 수 있다. 이 장에서 논의된 다른 연구 모델은 Karasek의 요구-통제 모델, 직무 요구-자원 모델, Beehr와 Newman의 요소 모델, 사람-환경 적합성 모델, 노력-보상 불균형 모델, 자원 보존 모델, 그리고 도전과 방해의 구분 등이 있다.

스트레스원이란 종업원들에게 어떤 형태의 적응적 반응을 요구하는 직무 또는 조직 내의 어떤 것을 말한다. 가장 일반적으로 연구된 스트레스원은 종업원의 역할과 관련된 것들이지만, 업무 과부하, 대인 간 갈등, 조직적 제약요소, 지각된 통제 등에 대해서도 연구되어 왔다. 최근에 중요성이 증가된 스트레스원으로는 직장-가정 갈등, 인수 및 합병, 직무 불안정성, 정서노동이 있다.

조직은 스트레스원의 영향력을 줄이기 위해 일반적으로 다음과 같은 방법들을 사용한다. 가장 흔한 방법은 종업원들에게 스트레스에 보다 효과적으로 대응하는 방법을 가르쳐 주는 스트레스 관리 훈련 프로그램을 개발하는 것이다. 이보다 덜 일반적인 방법은 스트레스원을 줄이기 위한 조치를 취하는 것, 종업원들에게 건강 및 체력단련 프로그램을 제공하는 것 등이다. 또한 우리는 개인적인 대처 전략과 일로부터의 회복이 어떻게 직장 스트레스원의 부정적인 효과를 감소시킬 수 있는지 살펴보았다.

직업 스트레스 연구에서 비교 문화적인 연구가 많이 이루어지지 못한 것은 분명한 사실이다. 그러나 최근 들어 이 영역에 몇 가지 진척이 있었다. 예를 들어, 중국에서 이루어진 연구는 요구-통제 모델이 모든 문화권에 적용되지 않을 수 있다는 것을 보여 주었는데, 이러한 차이는 개인적 통제의 의미가 문화마다 다르기 때문일 가능성이 가장 높다. 또한 문화는 종업원들이 지각하는 스트레스원의 유형과 종업원들이 사용하는 대처 방법에 영향을 미칠 수 있는 것으로 나타났다. 그러나 아직 훨씬 더 많은 비교 문화 연구가 필요하다.

더 읽을거리

Jex, S. M., Swanson, N., & Grubb, P. (2013). Healthy workplaces (pp. 615–642). In N. W. Schmidt, S. Highhouse, & I. Weiner (Eds.), *Handbook of psychology, industrial and organizational psychology* (2nd ed.). Hoboken, NJ: Wiley.

Liu, C., & Spector, P. E. (2005). International and cross-cultural issues. In J. Barling, E. K. Kelloway, & M. R. Frone (Eds.), *Handbook of work stress* (pp. 487–516). Thousand Oaks, CA: Sage.

Richardson, K. M., & Rothstein, H. R. (2008). Effects of occupational stress management intervention programs: A meta-analysis. *Journal of Occupational Health Psychology, 13*, 69–93.

Sonnentag, S., Binnewies, C., & Mojza, E. J. (2008). "Did you have a nice evening?" A day-level study on recovery experiences, sleep, and affect. *Journal of Applied Psychology, 93*, 674–684.

제8장

업무와 조직에 관한 신념과 태도

하루하루의 경험을 되돌아보면, 우리 인간은 **평가적** 생명체라는 것을 알 수 있다. 즉 인간은 좋다거나 싫다는 차원으로 자신이 경험하는 많은 일들을 바라본다. 예를 들어, 우리 대부분은 교류하는 사람들, 관여하는 활동, 심지어 먹는 음식에 대해서 아주 분명한 선호를 가지고 있다. 이렇게 평가하려는 성향은 직장에서도 종업원들로 하여금 자신이 수행하는 직무에 대해 좋거나 싫다는 느낌을 형성하게 한다. 대부분의 사람들은 자신이 일하는 조직과 직무에 대해 긍정적이든 부정적이든 일종의 의견을 가지게 마련이다.

혹자는 인간의 또 다른 기본적 성향은 애착 또는 몰입감을 발달시키는 것이라고 주장하기도 한다. 실제로 우리 대부분은 타인, 아이디어, 심지어는 특정 기관에 대해서 몰입감을 발전시킨다. 직장에서 이런 경향은 종업원이 자신을 고용하고 있는 조직에 가지는 몰입 수준으로 표출된다. 종업원이 조직에 몰입하는 데는 여러 가지 이유가 있을 수 있다. 그렇다 하더라도 의심할 바 없이 이런 몰입감은 개별 종업원 및 조직 전체에 중요한 결과를 낳는다.

이 장에서는 많은 사람들이 조직심리학의 핵심이라고 생각하는 두 가지 주제를 다루고자 한다. 이는 (1) 직무만족, (2) 조직몰입이다. 직무만족은 본질적으로 종업원이 자신의 직무에 대해 가지는 전반적인 평가로, 자신의 직무와 직무상황에 대해 느끼는 정적인 기분이 여기에 해당된다. 직무만족과 밀접하게 관련되어 있는 조직몰입은 종업원이 조직에 대해 가지는 애착 및 충성심을 말한다. 이 변인들은 둘 다 조직심리학 분야에서 광범위하게 연구되었는데, 이론적 측면과 실용적 측면 모두에서 여러 결과치들과 연관되기 때문이다. 이 장 마지막 부분에서는 조직심리학자들이 추가적으로 관심을 가지던 업무신념을 논의하고자 하는데, 여기에는 조직지지 지각, 조직 정의, 조직 동일시, 및 직무 착근성이 해당된다.

직무만족

직무만족(job satisfaction)은, 의심할 바 없이, 광의의 산업 및 조직심리학 영역에서뿐만 아니라 조직심리학에서도 가장 많이 연구된 주제 중 하나이다. 이 점을 강조하기 위해 많은 연구자들은 산업 및 조직심리학 핸드북(*Handbook of Industrial and Organizational Psychology*)(1976)에 실린 Locke가 집필한 장을 언급한다. 거기서 그는 직무만족을 다루는 연구들이 수천 편에 이른다고 보고하였다. 이 분석이 대략 40년 전 일이므로, Locke에 의해 인용된 수치가 현재는 훨씬 더 많이 증가하였을 것이다. Dalal(2013)은 직무만족에 대해 2011년에 구글 학술 검색을 시행하였는데, 직무만족 변인에 대해 521,000건의 인용횟수를 보여 주었다. 이런 높은 연구 관심은 I/O 심리학 분야 내·외부로부터 많은 주목을 피할 수 없게 만들었다. 예를 들어, 저자가 대학원 시절 비I/O 심리학 교수가 I/O 심리학을 "자신의 직무를 좋아하게 만드는 방법을 사람들에게 질문하는 101가지 방법…"이라고 정의하던 것을 기억한다. 이 사람의 말이 약간 익살스런 면이 있기는 하더라도 이 말 속에는 확실히 어느 정도의 진실이 숨겨져 있다.

직무만족의 정의

직무만족은 종업원이 자신의 직무에 대해 전반적으로 가지는 우호적 또는 비우호적인 평가로 정의된다(예 : Locke, 1976; Spector, 1997a). 이런 의미에서 직무만족은 기본적으로 자신의 직무에 대한 종업원의 태도이다(Eagly & Chaiken, 1993 참조). 모든 태도와 마찬가지로, 직무만족은 개인이 자신의 직무와 관련해서 가지게 되는 감정, 사고, 행동으로 구성된다(Breckler, 1984). 대부분의 연구자들은 직무만족의 정서적 요소를 강조한다. 그러나 직무만족의 인지적 요소와 행동적 요소 역시 이 구성개념의 중요한 요소이다(Schleicher, Hansen, & Fox, 2011).

직무만족의 인지적 요소란 자신의 직무 또는 직무상황에 관한 종업원의 신념(beliefs)을 말한다. 즉 종업원은 자신의 직무가 흥미롭고, 자극적이고, 지루하다거나 요구가 많다고 믿을 수 있다. 이 것은 인지적인 신념을 나타내는 것이지만 이전에 기술한 정서적 요소와 완전히 독립적인 것은 아니다. 예를 들어, '내 직무는 흥미진진하다'라고 하는 진술문 또는 신념은 긍정적인 감정과 강하게 연결되어 있을 가능성이 있다.

행동적인 요소는 자신의 직무에 대한 종업원의 행동 또는 **행동경향**(behavioral tendencies)을 말한다. 규칙적으로 회사에 출근하려 하고, 열심히 일하고, 조직 구성원으로 오래 남아 있으려고 하는 사실들로 종업원의 직무만족 수준이 표현될 수 있다. 직무만족의 정서적 또는 인지적 요소와 비교해 볼 때 행동적 요소는 덜 정보적인데, 개인의 태도가 언제나 개인의 행동과 일치하는 것은 아니기 때문이다(Fishbein, 1979). 예를 들어, 종업원이 자기 직무를 싫어하지만 재정적인 이유 때문에 고용상태를 유지할 수도 있다. 이에 덧붙여, Dalal(2013)은 많은 연구가 태도의 정서적 및 인지적 요소가 행동 결과들과 관련되는 조건들을 설정하였다는 것을 지적한다. 그래서 대부분의 직무만족 개념과 측정치는 정서적 구성요소나 인지적 구성요소에 초점을 맞추게 된다.

직무만족의 측정

조직심리학자들이 직무만족을 중요시하는 만큼, 이 구성개념을 측정하는 데 활용할 수 있는 신뢰롭고 타당한 측정치를 개발하는 것이 매우 중요하다. 직무수행에 관한 연구에서 학습한 것처럼, 만일 여러분이 어떤 사실을 측정할 수 없다면 그것을 연구하기는 불가능한 일이다. 다행스럽게도 조직심리학자들이 활용할 수 있는 여러 가지 신뢰롭고 타당한 직무만족 측정치들이 있다. 이 절에서는 가장 널리 사용되는 네 가지 측정치를 소개하겠다. 세부적인 측정치를 설명하기 전에 먼저 어떤 측정치가 타당하게 수용되는 과정을 간략히 살펴보자.

이 절에서 기술되는 측정치들이 직무만족에 대한 구성개념을 측정하는 데 타당한 측정치로 여겨지겠지만, 실제로 어떤 측정치가 타당한 구성개념이다 또는 아니다라고 언급하는 것은 부정확한 것이다. **구성 타당도**(construct validity)는 정도의 문제이기 때문이다. 연구 결과는 이 절에서 기술되는 측정치들의 구성 타당도를 강력하게 지지해 준다. 대부분의 경우에 이런 증거들은 수십 년에 걸쳐서 축적되었다. 이와 같이 누적된 증거들 때문에 연구자들은 이런 측정치들이 종업원의 직무만족 수준을 실제로 측정하고 있다고 확신하면서 사용할 수 있다.

어떻게 우리는 측정치의 구성 타당도에 대한 증거를 제시할 수 있는가? 일반적으로, 구성 타당도를 검증하는 세 가지 방법이 있다(Campbell & Fiske, 1959; Nunnally & Bernstein, 1994). 첫 번째 방법은 측정치가 구성개념적으로 타당하려면 유사한 구성개념을 나타내는 다른 측정치들과 높은 상관관계가 있어야 한다. 달리 말하면 어떤 측정치는 동일한 구성개념을 가진 다른 측정치들과 수렴(convergence)해야 한다. 예를 들어, 두 명의 조직 연구자가 다른 문항으로 구성된 구별되는 직무만족 측정치를 개발하였다면, 이 두 측정치는 서로 높은 상관을 보여야 한다.

두 번째 구성 타당도 검증 방법은 이 측정치가 다른 구성개념을 측정하는 측정치와는 구별되어야 한다는 것이다. 이에 대한 다른 명칭은 **변별**(discrimination)이다. 예를 들어, 세상의 모든 것을 좋은 것과 나쁜 것으로 평가하려는 성향에서의 개인차를 나타내는 측정치와 직무만족이 구분된다는 것을 보여 주고 싶어 할 수 있다. 세 번째로 연구자들이 구성 타당도에 대한 증거를 보여 주는 전형적인 방법은 이론에 기반을 둔 예측을 통해서이다. 즉 전형적으로 연구자들은 개발된 측정치와 다른 관심 변인들 간의 관계를 연계해 주는 이론적 기반에 근거한 **규범적 연계망**(nomological network)을 개발하게 된다. 이런 관계가 지지되는 정도에 따라 측정치의 구성 타당도가 지지되는 것이다. 예를 들어, 우리가 다음 절에서 검토할 많은 연구들은 직무만족과 직무특성, 성격과 같은 다른 변인들 간의 이론적인 관계를 보여 준다. 직무만족에 대해 시행된 수천 개의 연구들을 토대로, 이 구성개념에 대한 규범적 연계망이 정교하게 만들어지는 것이다.

여러 측정치들이 직무만족을 측정하는 구성 타당한 측정치로 널리 사용되고 있다. 다시 말하지만, 이 척도들이 절대적인 의미에서 구성적으로 타당한 것은 아니다. 오히려 수년에 걸쳐 많은 양호한 증거들이 확보되어 이 척도들이 직무만족 구성개념의 측정치로 널리 받아들여지게 된 것이다. 구성 타당도를 지니는 직무만족 측정치는 매우 많기 때문에 여기서 이들을 모두 분석해 보는 것은 이 장에서 다루고자 하는 범위를 넘어설 수 있다. 그러나 이들 중 몇몇 직무만족 측정치는 오랫동안 널리 사용되고 있다. 이들 중 네 가지를 이 절에서 기술하고자 한다.

널리 사용되는, 첫 번째 직무만족 측정치 중의 하나는 1950년대 중반에 Kunin이 개발한 **얼굴 표정 척도**(Faces Scale)이다(Kunin, 1955). 〈그림 8.1〉에서 볼 수 있듯이, 이 척도는 각기 다른 정서적 표현을 담고 있는 얼굴 표정들로 구성되어 있다. 반응자들에게는 단순히 6개 얼굴 표정 중 어느 것

전반적으로 여러분의 직무에 대해 여러분이 어떻게 느끼는지를 표현해 주는 얼굴 표정을 체크해 주시기 바랍니다. 직무에는 일 자체, 급여, 감독, 승진기회, 함께 일하는 동료 등 모든 것이 포함됩니다.

그림 8.1 직무만족을 측정하는 얼굴 표정 척도

출처 : T. Kunin. (1955). The construction of a new type of attitude measure. *Personnel Psychology*, 8, 65–67. Reprinted by permission.

이 직무에 대해 가지고 있는 **전반적 만족감**(feelings of overall satisfaction)을 가장 잘 나타내고 있는지를 표시하라고 요구된다. 이 얼굴 표정 척도가 지닌 주요 장점은 단순성으로, 반응자들은 설문지를 완성하는 데 필요한 독해능력이 없어도 된다. 만약에 학력 수준이 매우 낮은 종업원 표본을 대상으로 연구를 진행하고 있다면, 이 척도는 사용하기에 아주 적합할 것이다.

얼굴 표정 척도가 가지고 있는 잠재적인 약점은 직무의 여러 다른 측면에 대해 종업원이 갖고 있는 만족도에 대한 정보를 연구자가 얻을 수 없다는 것이다. 만약에 어떤 종업원이 얼굴 표정 척도의 낮은 값 중의 하나('찡그린 얼굴')를 채택했다 하더라도, 이 수치는 불만족의 근원이 급여, 감독자 또는 일 자체 중 어느 것인지에 대해서 연구자에게 아무런 정보도 주지 않는다. 따라서 연구자가 만족, 불만족의 근원을 찾아내는 데 흥미 있는 경우라면 얼굴 표정 척도의 가치는 다소 제한적일 것이다.

아주 널리 사용되는 또 다른 척도는 **직무기술 지표**(Job Descriptive Index, JDI)로, 1960년대 후반에 코넬대학교의 Patricia Cain Smith와 동료들이 개발하였다(Smith, Kendall, & Hulin, 1969). JDI의 견본 문항들이 〈표 8.1〉에 제시되어 있다. 언뜻 보고도 알 수 있는 한 가지 사항은 JDI는 반응자들에게 자신의 직무에 대해 기술하도록 요구하기 때문에 이런 이름이 붙여졌다는 것이다. 또한 얼굴 표정 척도와 비교해 볼 때, JDI 사용자들은 직무의 여러 측면과 업무환경에 대한 점수를 얻게 된다. JDI는 업무, 급여, 승진기회, 감독, 및 동료 등 각 측면에 대한 점수를 제공해 준다. 몇몇 JDI 사용자는 전반적인 직무만족 지표를 산출하기 위해 각 측면의 점수를 결합하기도 하지만 이런 관행은 JDI 개발자들이 추천하는 사항은 아니다.

JDI의 주요 장점은 많은 데이터들이 이 척도의 구성 타당도를 지지해 준다는 것이다. 더욱이 연구자들은 아직도 계속해서 이 척도를 개선하기 위해 노력하고 있다(참고 8.1 참조). 따라서 JDI에 관한 초기 개발 및 후속 연구들은 견본일 뿐이다. 이와 같이 연구를 오랫동안 수행하여 얻은 한 가지 성과는 여러 해에 걸쳐 JDI에 관해 상당한 **규범적 데이터**(normative data)가 누적되었다는 것이다. 따라서 연구자나 컨설턴트가 간호사 표본을 대상으로 JDI를 사용한다면, 이들은 이 점수를 동일한

표 8.1 직무기술 지표의 견본 문항

여러분의 직무를 생각해 보고, 각 설명어 옆의 빈칸에 해당하는 표시를 적어 주세요.
　　진술사항이 여러분의 직무를 기술하고 있으면 '예'에 해당하는 **Y**
　　진술사항이 여러분의 직무를 기술하고 있지 않으면 '아니요'에 해당하는 **N**
　　결정할 수 없다면 **?**

일	급여	승진
_____ 매력적인	_____ 겨우 살 수 있는	_____ 다소 기회가 제한된
_____ 즐거운	_____ 나쁜	_____ 능력에 따라 승진되는
_____ 결과를 알 수 있는	_____ 잘 지불되는	_____ 정규적으로 승진되는

출처 : P. C. Smith, *The Job Descriptive Index, Revised*. Copyright, 1975, 1985, 1997, Bowling Green State University. Licensing for the JDI and related scales can be obtained from: Department of Psychology, Bowling Green State University, Bowling Green, Ohio 43403. Reprinted by permission.

참고 8.1

JDI의 유산

직무기술 지표(JDI)는 의심할 바 없이 가장 널리 사용되고 있는 직무만족 측정 도구이다. 그렇게 널리 사용되게 된 이유 중의 하나는 기존에 이미 이루어진 상당한 연구와 발전이며, 이런 노력이 계속해서 진전되고 있다는 데 있다. JDI는 코넬대학교에 있는 Patricia Cain Smith와 동료들에 의해 1960년대 초반 개발되었다. 1960년대 중반 Smith 박사가 코넬대학교에서 볼링그린주립대학교로 옮기고 난 후, 그녀는 학부와 대학원생들로 구성된 JDI 연구그룹을 설립하였다.

여러 해 동안 JDI 연구그룹은 전국적인 표준 기준을 제정하고 도구를 더 세련되게 만들려는 연구를 수행하였다. 이 그룹은 오늘날까지도 이런 노력을 계속하고 있으며, JDI에 기반을 둔 많은 다른 측정 도구를 개발하였다. 볼링그린에 있는 JDI 연구그룹은 JDI를 사용하는 연구 데이터에 대한 저장소로서 기능하고 있다. 그 결과, 이 그룹은 수많은 데이터 집합으로 구성된 인상적인 데이터 기록을 수집하게 되어, 약 25년 동안 12,000개 이상의 사례를 확보하게 되었다. 최근에 이 그룹은 이 데이터의 일정 부분을 볼링그린 외부에 있는 연구자들도 활용할 수 있도록 하였다. 즉 직무만족과 직업 스트레스, 은퇴 및 직무설계와 같은 관련 영역에 관심을 가지고 있는 외부 연구자들도 활용할 수 있도록 하였다.

전반적으로, JDI는 산업 및 조직심리학 분야에서 지금까지 시행된 가장 포괄적이며 모범적인 척도 개발 노력을 거쳐 만들어진 척도 중의 하나이다. 이 척도는 또한 척도 개발을 어떻게 해야 하며, 데이터를 연구 공동체에 제공해 줌으로써 연구 분야 전체에 어떤 기여를 할 수 있는지를 보여 주는 모범사례로 기능한다.

직업 내 규준에서 얻은 점수와 비교할 수 있게 된다. 규준집단과의 비교는 종종 아주 유용하게 활용될 수 있다. 예컨대 최고경영자가 자기 조직의 종업원들이 보이는 직무만족 수준을 동일 산업 내의 유사한 직업이나 종업원 수준과 비교할 경우 아주 유용할 수 있다.

JDI와 관련된 많은 연구가 시행되었지만, 이 척도와 관련된 많은 단점이 노출되지는 않았다. 그러나 JDI를 사용할 경우에 전반적인 만족을 측정하는 척도가 빠져 있다는 문제점이 한 가지 있다. 앞서 진술한 것처럼, 어떤 경우 연구자들은 종업원들의 전반적인 만족 수준을 간단히 측정하고 싶어 할 수 있는데, JDI는 이를 허용하지 않는다. 이를 해소하기 위해 JDI 개발자들은 **직무일반척도**[Job in General(JIG) Scale]라는 것을 개발하였다(Ironson, Smith, Brannick, Gibson, & Paul, 1989). JIG는 JDI를 본떠서 만들었는데, 직무의 구체적인 측면에 대해 질문하기보다 직무 전반에 대해 질문하는 형용사나 문장으로 구성되어 있다. JIG는 JDI보다 상대적으로 자주 사용되지 않고 있지만, 최근 몇몇 연구들이 이 척도의 타당도를 밝혀 주고 있다(Skibba & Tan, 2004). 그 외에도 Russell과 동료들(2004)은 최근 조직 연구자들이 매력을 느낄 만한 단축형 척도를 개발했다.

세 번째로 조직심리학 내에서 널리 수용되고 활용되고 있는 직무만족 측정치는 **미네소타 만족 설문지**(Minnesota Satisfaction Questionnaire, MSQ)이다. MSQ는 JDI가 개발된 시기와 대략 비슷한 시기에 미네소타대학교의 연구팀에 의해 개발되었다(Weiss, Dawis, England, & Lofquist, 1967). MSQ의 원래 설문지는 〈표 8.2〉에 제시된 20개 업무 영역을 측정하도록 설계된 100문항으로 구성되어 있고, MSQ의 단축형 설문은 20문항으로 구성되어 있다. 그러나 단축형 설문지는 영역별 만족도 점수를 산출하도록 설계되어 있지 않다.

MSQ를 구성하는 항목들은 직무의 여러 측면에 대한 진술문으로 구성되어 있어서 응답자들은 각 항목에 대해 각기 만족 수준을 선택하도록 요구된다. 예를 들어, 반응자에게 '매시간 바쁘게 움직일 수 있는 것'과 같은 활동 수준 문항이 주어지고, 이 진술문에 대해 만족 수준을 선택하도록 요구한다. JDI와 비교해 볼 때 MSQ는 보다 감정 기반적인 측정치라 할 수 있다. 즉 반응자는 단순히 기술하는 것이 아니라 좋고 싫음을 표시하도록 요구된다.

JDI와 같이, MSQ 개발 및 구성 타당도를 확정하기 위해 많은 연구가 시행되었다. MSQ는 또한 직무나 업무환경의 여러 측면에 대해 다양한 종업원 만족도 수준 정보를 제공해 준다. 처음에 진술한 것처럼, 이런 유형의 정보는 조직이 내부 종업원에 관해 의견조사를 시행할 때 특히 유용하다.

표 8.2 미네소타 만족도 설문지(MSQ)로 측정되는 측면 목록

활동성	감독(기술관계)	능력활용	창의성
독립성	도덕적 가치	회사정책과 관례	작업 조건
다양성	안전성	보상	동료
사회적 지위	사회봉사	승진	인정
감독(인간관계)	권위	책임감	성취

출처 : D. J. Weiss, R. V. Dawis, G. W. England, & L. H. Lofquist. (1967). *Manual for the Minnesota Satisfaction Questionnaire* (Minnesota Studies in Vocational Rehabilitation, No. 22). University of Minnesota, Minneapolis.

예를 들어, 특정 영역에 대한 만족도 수준이 다른 영역에 비해 낮다면 이는 조직이 이 영역에 대해 변화를 줄 필요가 있다는 것을 시사하는 것이다. MSQ의 유일한 주 단점은 설문지의 길이다. 100문항으로 된 원래 MSQ의 전체 설문은 시행하기가 매우 어려우며, 연구자들이 다른 변인들을 더 측정하고자 할 때는 더욱 그러하다. 단축형 설문지(20문항)조차도 활용할 수 있는 그 밖의 다른 만족도 측정치보다는 상당히 긴 형태이다.

마지막 직무만족 측정치는, 지금까지 기술된 여타 측정치들처럼 광범위하게 사용되지는 않지만, 그래도 상당히 양호한 심리 측정적 속성을 갖춘 **직무만족 조사**(Job Satisfaction Survey, JSS)이다. 이 척도는 원래 인력관리 서비스 종업원들의 직무만족을 측정하기 위한 도구로서 Spector(1985)에 의해 개발되었다. JSS는 9개 영역의 직무와 업무환경을 측정해 주는 36문항으로 설계되었다. JSS에 의해 측정되는 영역들은 〈표 8.3〉에 열거되어 있다.

이 절에 기술된 다른 측정치와 비교해 볼 때 JSS는 꽤 전형적이다. 즉 항목들은 개인의 직무나 직무상황에 관한 진술들로 되어 있다. 반응자들은 각 항목에 자신들이 동의하는 정도를 표시하도록 요구된다. 척도 유형으로 볼 때 JSS는 JDI와 다소 유사하다고 할 수 있는데, MSQ보다 좀 더 기술적인 성질을 가지고 있기 때문이다. 그러나 JSS에서는 JDI와 달리 영역 점수를 합산함으로써 전체 만족 점수를 계산할 수 있다.

JDI 및 MSQ와 비교해 볼 때 JSS를 지지하는 데이터들이 그만큼 많은 것은 아니지만, 이 척도의 심리 측정적 속성을 지지해 주는 증거들은 여전히 인상적이다(Spector, 1997a). 더욱이 Spector는 JSS에 대해 상당히 포괄적인 표준화 데이터베이스를 구축하였다. 여기에는 다양한 직무 유형, 여러 조직 및 국가별 자료들이 망라되어 있다.

마지막으로, 조직 지각과 태도에 관한 긴 측정도구에 포함되어 실시되는 직무만족 측정치는 미시간 조직진단 설문지 내의 직무만족 하위척도이다(Cammann, Fichman, Jenkins, & Klesh, 1983). 이것은 단지 다음 3문항으로 구성된 전반적인 직무만족 측정치이다 : (1) 전반적으로, 나는 내 직무에 만족한다, (2) 일반적으로, 나는 내 직무가 싫다, (3) 일반적으로, 나는 여기서 일하는 것이 좋다.

표 8.3 직무만족 조사(JSS)로 측정되는 측면 목록

급여	승진
감독	이익
보상	운영 절차
동료	일의 본질
의사소통	

출처 : P. E. Spector. (1997a). *Job satisfaction: Application, assessment, causes, and consequences.* Thousand Oaks, CA: Sage. Reprinted by permission of Sage Publications, Inc.

Bowling과 Hammond(2008)는 이 직무만족 측정치와 이론상 관련 변인들 간의 79가지 관계에 대해 통합분석을 시행하였고, 이 측정치가 업무 스트레스 및 조직 지각과 같은 구성개념(예 : 직장에서의 공정성 지각 및 업무 의미성 지각)과 적절한 상관을 보인다는 것을 발견하였다.

결론을 내리면, 전반적인 직무만족을 측정하는 타당한 측정치가 많이 존재한다. 이런 척도들에 대한 많은 규준 정보는 유사한 직업과 조직에 근무하는 다른 종업원들과 자기 종업원들을 비교하려는 조직 연구자들에게 특히 유용하다. 직무만족 측정 문제를 살펴보았으니, 다음에는 직무만족의 예측치와 직무만족에 의해 예상되는 결과물이 무엇인지를 검토하도록 하자.

직무만족의 예측치

지난 수년 동안 직무만족에 대해 시행된 많은 연구들은 종업원의 직무만족 수준을 결정해 주는 것이 정확하게 무엇인지를 확인하려고 하였다. 직무만족의 발전과정을 이해하는 것이 조직심리학자들에게 이론적으로 중요한 일임은 확실하다. 이는 종업원들의 직무만족 수준 및 다른 중요한 결과물에 영향을 주고자 하는 조직의 실용적인 관심에서도 역시 마찬가지다.

직무만족의 발달과정을 설명하고자 하는 3개의 일반적 접근방법이 있다. 이는 (1) 직무특성(job characteristics), (2) 사회적 정보처리(social information processing), (3) 성향(dispositional) 접근법이다. 직무특성 접근법에 따르면, 직무만족은 종업원이 수행하는 직무의 성질 또는 종업원이 일하는 조직의 특성에 의해 결정된다. 이 견해에 따르면, 종업원은 자신의 직무와 조직을 인지적으로 평가해서 상대적인 만족 수준을 결정한다.

수년에 걸쳐, 직무조건에 대한 반응으로 직무만족이 발전하는 정확한 방식을 설명해 주는 여러 가지 모델이 제안되었다(Dalal, 2013 참조). 이 모델들 간에 차이가 있지만, 이들 대부분을 관통하는 공통주제는 직무만족이 주로 종업원들의 비교에 의해 결정된다는 것이다. 이때 비교란 현재 직무가 제공하는 것과 제공받기를 바라는 것 사이의 비교를 말한다. 직무의 각 측면—급여, 근무조건, 감독—에 대해서 종업원들은 자신이 현재 받고 있는 것에 대해 일종의 평가를 내린다. 이런 평가는 종업원들이 특정 측면에 대해 자신이 받아야 한다고 느끼는 것과 비교할 때 의미 있게 된다. 이런 지각은 다수의 요인들에 의해 결정된다. 이런 요인들은 종업원의 기술, 그들이 직무에 투입하는 시간의 양, 다른 고용기회 가능성 등이다.

만약 종업원이 현재 자신이 받아야 한다고 느끼는 것과 상응하거나 그 이상을 받고 있다고 지각하게 되면 그들은 만족하게 된다. 만약 그렇지 않다면 불만족감이 야기될 것이다. 이것이 어떻게 작동하는지에 대한 간단한 예로, 어떤 종업원이 현재 연봉 42,000달러를 받는다고 가정해 보자. 만약 이 종업원이 자신의 연봉을 대략 40,000달러 정도 받아야 한다고 생각했다면 이 급여는 만족감을 불러일으키게 될 것이다. 반면에 이 종업원이 몇 가지를 고려해 볼 때 자신이 연봉 100,000달러는 받아야 한다고 생각했다면 현재 제공되는 급여는 불만족감을 가져올 것이다. 급여 만족에서 비교의 중요성은 Williams, McDaniel, Nguyen(2006)이 수행한 최근 통합분석에서 확인할 수 있다. 이 저자들은 203개 연구 결과를 통합하여 급여 수준 만족의 예측변인과 결과물을 분석하였다. 이 저자들의 발견에 따르면, 급여 수준 만족을 결정하는 가장 큰 예측치 중의 하나는 종업원의 현재 급여가 동일 조직에 있는 다른 종업원과 비교해서 얼마나 양호한가 하는 것이다. 분명히 종업원들은 다른 사람과 비교해서 자기 급여 만족의 기초로 삼는다. 이런 분석이 보다 설득력이 있는 것은 분석과정에서 종업원들이 받는 실제 급여를 통제하고도 같은 결과가 나왔다는 데 있다.

직무만족이 종업원이 현재 받는 것과 바라는 것 간의 비교에 달려 있다는 생각은 합리적이다. 그러나 Locke(1976)에 따르면 이는 지나친 단순화일 수 있는데, 종업원이 자신이 수행하는 직무의 여러 측면에 대해 가지는 중요성에서 차이가 있을 수 있다는 사실을 고려하지 않았기 때문이다. 어떤 종업원에게는 개인의 기대를 충족해 주는 급여와 복리후생을 제공해 주는 것이 매우 중요할 수 있다. 그러나 다른 종업원에게는 도전적인 업무책임 기회가 주어지는 직무를 수행하는 것이 더 필수적일 수도 있는 것이다.

그런 차이가 직무만족의 발전에 어떻게 영향을 주는지를 설명하기 위해 Locke(1976)는 **감정범위 이론**(Range of Affect Theory)을 제안하였다. 감정범위 이론의 기본 전제는 종업원이 직무만족에 대해 평가할 때 업무의 각 측면에 차별적인 가중치가 주어진다는 것이다. 예를 들어, 어떤 종업원에게 급여가 매우 중요하다면, 현재 받고 있는 급여가 기대하고 있던 것에 근접한다는 사실은 전반적인 직무만족 평가에 긍정적인 영향을 미칠 것이다. 대조적으로, 급여가 상대적으로 중요하지 않다면 급여에 대한 기대가 충족되거나 충족되지 않았다는 사실은 이 종업원의 직무만족에 상대적으로 적은 영향을 미치게 될 것이다.

직무만족에 대한 직무특성적 접근은 조직심리학에 깊이 뿌리를 내리고 있다(예 : Campion & Thayer, 1985; Hackman & Oldham, 1980). 더욱이 다양한 영역에서 이루어진 비중 있는 경험 연구들이 직무 및 직무상황 특성이 종업원의 직무만족 수준을 강하게 예측해 준다는 아이디어를 지지한다(예 : Ellickson, 2002; Fried & Ferris, 1987; Williams et al., 2006). 그 결과 1970년대 중반까지 직무특성 접근은 조직심리학 안에서 직무만족을 설명하는 지배적인 접근법으로 자리 잡게 되었다.

직무특성 접근에 대한 첫 번째 중대한 도전이 1970년대 후반 **사회적 정보처리 이론**[Social Information processing(SIP) Theory]의 형태로 나타났다(Salancik & Pfeffer, 1977, 1978). Salancik과 Pfeffer는 직무만족에 대한 직무특성 접근법을 두 가지 이유로 비판하였다. 첫째, 직무특성이 직무 환경의 객관적인 요소들이라고 전제하기 때문에 직무특성 접근은 본질적으로 결함을 갖고 있다는 것이다. 이 저자들에 따르면, 직무란 '사회적 구성체(social constructions)'로서, 객관적인 실체가 아니라 구성원의 머릿속에 존재하는 것이다. 둘째, 직무특성 접근이 욕구충족 이론에 근거하고 있다는 점을 지적하였다. Salancik과 Pfeffer에 따르면, 종업원 성과를 예측하는 데 욕구가 유용하다는 증거가 거의 없다는 데 문제가 있다.

Salancik과 Pfeffer(1978)는 종업원이 만족감과 불만족감을 발전시키는 두 가지 기제를 제안하였다. 이 기제 중의 하나는 종업원은 자신의 행동을 회고적으로 살펴보고, 여기에 의미를 부여하기 위해 직무만족과 같은 태도를 형성한다는 것이다. 이 견해는 Bem(1972)의 **자기지각 이론**(Self Perception Theory)에 근거하고 있다. 이 이론은 다소 일반적인 태도형성 관련 사회심리학 이론이다. 예를 들어, 이 견해에 따르면 30년간 어떤 조직에 근무한 한 종업원이 '나는 이 조직에서 오랫동안 일해 왔다. 따라서 나는 내 직무를 실제로 좋아해야 한다…'라고 생각할 수도 있다는 것이다. 이 관점은 종업원이 객관적인 환경특성에 근거해서 자기 직무에 대해 안정적인 태도를 형성한다는 견해에 의문을 제기하고, 종업원의 직무만족이 상황의 세부특성에 대한 해석에 따라 유동적으로 결정된다는 제안을 한다.

다른 설명—사회적 정보처리 이론과 가장 밀접히 연계된 것—은 종업원은 사회적 환경으로부터 주어지는 정보를 처리하는 과정을 통해 직무만족과 같은 태도를 형성하게 된다는 것이다. 이 견해는 주로 Festinger(1954)의 **사회비교 이론**(Social Comparison Theory)에 기반을 둔 것으로, 사람들은 환경의 의미를 해석하고 이해하기 위해 다른 사람을 참조하게 된다는 것이다. 예컨대, 이 견해에 따르면, 자신의 직무에 불만족해하는 다른 사람과 상호작용하게 된 신입사원은 자기 역시 불만족을 느낄 수 있다는 것이다. 물론 이런 사실이 주는 실용적인 의미는, 사회화 과정이 진행되는 동안에 신입사원이 불만족을 느끼는 종업원에 의해 오염되지 않도록 해야 한다는 것이다.

조직심리학 및 인접 관련 분야에 사회적 정보처리 이론의 초기 발전은 매우 강력한 영향을 미쳤다. 이는 의심할 바 없이 직무특성 접근이 그 시점까지 지배적인 접근법이었다는 사실 탓이다. 이런 영향에 대한 증거로, 이 이론을 검증하고자 1970년대 후반과 1980년대 전반에 걸쳐 유행처럼 많은 연구들이 이루어졌다(예 : Adler, Skov, & Salvemini, 1985; O'Reilly & Caldwell, 1979; Weiss & Shaw, 1979; White & Mitchell, 1979). 이런 연구 대부분에 따르면, 대체적으로 과제특성에 대한 언어적 평가로 제시되는, 사회적 정보가 과제의 객관적인 특성만큼이나 직무만족 및 과제특성 지각에 미치는 영향력이 강력하다는 것이다. 그러나 사회적 정보처리 이론에 대한 현장 연구들은 실험실 연구만큼 지지적이지는 못하다(예 : Jex & Spector, 1989).

실험실 상황 밖에서는 사회적 정보처리 이론의 효과를 보여 주지 못함에 따라, 이 결과들이 흥미로운 실험실 현상일 뿐이라고 결론 내리고 싶을 수 있다(예 : Jex & Spector, 1988). 그러나 상식과 일상적인 경험에 비추어 볼 때 사회적 정보가 태도 형성에 중요한 역할을 한다는 것은 사실이다. 만약 사회적 영향력의 효과가 여러 실험연구에서 발견된다면, 왜 실험실 밖에서는 사회적 정보가 직무만족에 미치는 영향력을 보이는 것이 그렇게 어려운가? Hulin(1991)에 따르면, 사회적 정보처리 효과에 대한 실험실 연구가 현장 연구보다 성공적인 이유는 실험실에서는 사회적 영향 과정을 훨씬 단순화할 수 있기 때문이다. 예를 들어, 대부분의 실험실 연구에서 피험자들은 수행과제에 관해 '긍정적' 아니면 '부정적'인 것 중 한 가지 사회적 정보를 받는다. 그러나 조직상황에서 자신의 직무나 조직에 관해 이와 같이 정확히 이분법적으로 갈라지는 사회적 정보를 받는 경우란 거의 없다. 예를 들어, 종업원은 다양한 호감도 수준을 나타내는 사회적 정보를 받을 수 있으며, 때로 같은 출처로부터 갈등적인 정보를 받기도 한다. 따라서 앞으로 조직심리학자들은 직무만족에 미치는 사회적 정보의 영향력을 연구하는 보다 창의적인 방법을 개발할 필요가 있다(참고 8.2 참조).

사회적 맥락이 직무만족 평정에 미치는 영향을 검토하려는 한 가지 시도로 조직 내의 성격 변산성이 종업원들의 직무만족 보고와 어떻게 관련되는지를 검토하였다(Ployhart, Weekley, & Baughman, 2006). 이 연구자들은 사람들 간에 성격 차이가 많이 나타나는 조직에 근무하는 종업원들이 성격, 특히 우호성과 외향성이 유사한 사람들이 모여 있는 조직에 근무하는 사람들보다 직무만족이 낮다는 것을 발견하였다. 또한 특정 조직의 평균적인 성격 수준이 직무만족과 관련이 있었다. 정서적 안정성, 성실성, 및 외향성이 높다고 보고된 조직에 근무할 때 종업원들은 직무만족이 더 높은 것으로

직무만족 예측치로서 사회적 정보처리와 성향

Gerald Salancik과 Jeffrey Pfeffer가 1970년대 후반 직무만족에 대한 사회적 정보처리(SIP) 접근법을 소개했을 때, 그들은 직무만족 연구자들 사이에 많은 논쟁을 불러일으켰다. 이 논쟁의 이유는 Salancik과 Pfeffer가 당시 널리 받아들여지던 신념에 도전하였기 때문이다. 기존의 신념은 직무만족이 주로 종업원들이 일하는 직무나 조직의 특성으로 인해 생긴다는 것이었다. 이런 논쟁으로 인한 결과 중의 하나는 서로 구분되는 연구 '캠프'가 발전되었다는 것이다. 즉 직무특성 접근법을 선호하는 연구 캠프, 사회적 정보처리 접근법을 선호하는 연구 캠프 등이 생겼다.

구분되는 캠프들이 생길 때 종종 발생하는 것처럼, 각 캠프는 자신의 입장을 지지하는 경험적 증거를 제시하고자 하였다. 따라서 1970년대 후반과 1980년대 초반에 실행된 많은 실험실 연구에서 직무특성과 사회적 정보처리 접근이 서로 경쟁하게 되었다. 더 구체적으로, 연구자들은 실험실 과제의 특성을 조작하였고, 동시에 과제 선호도에 관한 사회적 단서(대개 실험 협조자 사용)를 제공

하였다. 목적은 이런 조작들 중 어느 것이 과제만족에서의 변량을 더 많이 설명해 주는지를 찾고자 하는 것이었다.

이런 소위 '경마 경주식 설계'를 채택한 많은 연구들이 보여 준 것은, 실험실 피험자들의 과제만족이 과제설계와 과제에 대해 제시되는 사회적 단서 두 가지 모두에 의해 영향을 받는다는 것이었다. 그 이후 연구자들은 일반적으로 직무특성과 사회적 정보 둘 다 직무만족에 영향을 준다는 사실을 받아들이게 되었다.

좀 더 최근에, 관심사는 직무만족에 영향을 끼치는 성격특성들로 돌려지게 되었다. 본문에서 논의한 것처럼, 연구자들은 정적 정서성, 낙관성, 외향성, 및 성실성이 직무만족과 정적인 상관을 보여 주며, 부적 정서성, 신경증성은 직무만족과 부적인 상관을 보인다는 것을 발견하였다. 향후 추구해야 할 핵심 연구는, 사회적 정보, 직무특성, 및 성격 특성이 어떤 상황에서 가장 큰 영향력을 발휘하는지를 결정하는 것이다.

나타났다. 이 연구는 사람 유형과 근무환경 내 사람들 간의 유사성이 직무만족을 예측해 준다는 것을 보여 준다.

직무만족을 설명하려는 가장 최근의 접근법은 내적 성향(internal dispositions)에 기반을 둔 것이다. 직무만족에 대한 성향 접근법의 기본 전제는 일하는 조직이나 직무의 성질과 무관하게 자기 직무에 대해 더 만족하는 성향(또는 불만족하는 성향)을 가지고 있는 몇몇 종업원이 있다는 것이다. 성향을 활용하여 행동이나 태도를 설명하려는 것이 아주 최근 현상인 것처럼 흔히 묘사되지만, 직무만족에 대한 성향적 접근법은 사실 Weitz(1952)의 연구에 뿌리를 두고 있다. Weitz는 개인이 가진 일반 정서 경향성이 직무만족과 상호작용하여 이직에 영향 줄 것인지에 관심을 가졌다. Weitz가 성향 특성 자체로 직무만족을 설명하는 데 흥미를 보인 것은 아니었지만, 그의 연구는 분명히 이런 연구 접근법을 제시한 것이다.

성향에 새로운 관심을 불러일으킨 연구는 Staw와 Ross(1985)에 의해 전국 표본의 남성 노동인력을 대상으로 시행된 직무만족 안정성에 대한 연구였다. 이 연구에서는 특정 시점에서의 직무만족과 7년 후의 직무만족 간에 통계적으로 유의미한 상관이 존재하였다. 연구 표본 중 많은 사람들이 직무—어떤 경우 경력 자체—를 변경하였기 때문에, 양 시점의 직무만족 간에 보이는 안정성 수준은 직무만족이 최소 일정 부분은 성향에 의해 결정됨을 의미한다고 저자들은 주장하였다. Staw, Bell, Clausen(1986)에 의한 후속 연구는 훨씬 더 인상적인 안정성의 증거를 보여 주고 있는데, 이들은 청소년기의 직무만족이 성인기의 직무만족을 예측할 수 있다는 것을 보여 주었다.

아마도 직무만족에 대한 성향 접근법이 보여 주는 가장 인상적인 증거는 Arvey, Bouchard, Segal, Abraham(1989)이 시행한 연구에서 제시되었다. 이 연구에서 연구자들은 일란성 쌍둥이의 직무만족을 조사하였고 쌍둥이 내에서 직무만족이 유사한 정도를 측정하였다. 집단 내 상관계수(intraclass correlation coefficient)라고 불리는 통계치를 이용하여 이 연구자들은 변량의 대략 30%는 유전적 요인에 귀인할 수 있다는 것을 발견하였다. 방법론적인 차원에서는 이 연구가 비판을 받고 있지만(예 : Cropanzano & James, 1990), 직무만족에 대한 성향 접근법과 일치하는 결과라 할 수 있다. 추가로 다른 연구자들은 보다 강력한 방법론을 활용하여 직무만족의 유전적 요소를 반복 검증하였다. Ilies와 Judge(2003)는 직무만족의 유전성 지수를 .54로 추정하는데, 이 수치는 직무만족 변량의 대략 29%가 유전적 요소로 설명된다는 것을 의미한다.

직무만족에 대해 성향 접근을 취한 초기 연구들의 주요 한계점은 정확하게 어떤 성향이 직무만족과 관련되는지가 명확하지 않다는 것이다(Davis-Blake & Pfeffer, 1989). Staw와 Ross(1985)는 시간이 경과해도 직무만족 수준이 안정적이라는 것을 보여 주었지만, 그들은 어떤 성향이 이런 안정성을 설명해 주는지를 구체화할 수 없었다는 것을 생각해 보자. 이런 특성론적 연구는 구체적인 특성과 직무만족 간의 관계를 정리하는 데 초점을 맞추고 있다. 예를 들어, Levin과 Stokes(1989)는 부적 정서성(negative affectivity)이 직무만족과 부적으로 관련되어 있었고, 직무특성과 독립적으로 직무만족을 더 설명하는 변량이 있음을 발견하였다(Connolly & Viswesvaran, 2000 참조). 부적 정서성은 성향상 항시 부적인 감정과 걱정을 경험하게 하는 소인적 특성을 말한다(Watson & Clark, 1984). 또한 낙관주의 성향(dispositional optimism)이나 정적 정서성(positive affectivity)같이 부적 정서성에 대응되는 개념들은 직무만족과 정적으로 관련되었다(예 : Connolly & Viswesvaran, 2000; Jex & Spector, 1996). Bono와 Judge(2003)는 핵심 자기평가 성격 특성(제4장에서 설명함)과 직무만족 간의 상관을 조사하여 두 변인 간의 상관이 .48이라는 것을 발견하였다.

Judge와 동료들은 직무만족에 기여하는 성향요인에 대해 가장 포괄적인 연구 중 하나를 시행하였다. Judge, Heller, Mount(2002)는 163개 표본에 대해 통합분석을 시행한 결과 외향성, 성실성, 경험에 대한 개방성, 우호성, 신경성의 5요인(big five) 성격 특성은 모두 합쳐서 직무만족과 .41의 상관을 보인다는 것을 발견하였다. 가장 높은 상관은 직무만족과 신경증(부적 상관), 외향성, 성실성 간의 관계였다. 더 나아가 Ilies와 Judge(2003)는 5요인 성격 특성과 정적 정서성, 부적 정서성이 직무만족의 유전적 영향력을 설명해 주는지를 검토하였다. 이 접근법에 따르면 유전적 요소들이 성격과 정서성에서의 차이를 만들어 내고, 이 차이가 개인 간 직무만족 차이를 가져오게 된다. 저자들은 정적 정서성과 부적 정서성이 직무만족 평정에 대한 유전적 영향력의 45%를 설명하고, 5요인 성격 특성은 24%를 설명한다는 것을 발견하였다. Bruk-Lee, Khoury, Nixon, Goh, Spector(2009)는 Judge 등(2002)이 시행한 통합분석을 새로이 하여 비교할 만한 결과를 얻어 냈다. 이 저자들은 시점을 달리하여 성격변인과 직무만족을 측정한 종단연구설계를 채택한 연구들 중에서 성격변인과 직무만족 간의 관련성을 보여 주었다. 이런 유형의 분석은 직무만족에 대한 성향론적 접근 연구들을 통합해 주는 훌륭한 작업을 해냈는데, 개인적 직무특성에 관한 추가 정보 없이도 개인 내면의 여러 요소들이 어떻게 직무만족 평가에 영향을 미칠 수 있는지를 보여 주었다.

지금까지 성향론적 연구자들이 해결하지 못한 한 문제는 성향이 갖는 효과의 실무적인 의미를 밝히는 것이다. 우선 직무만족이 특정 성향과 연계되어 있다면, 조직이 만족감을 잘 느낄 것 같은 성향을 가진 사람을 선발하는 데 그런 정보를 활용하는 것이 정당화될 수 있을 것이다. 그러나 이런 권고는 상황적 효과가 성향보다 직무만족에 더 강하게 영향을 준다는 사실을 무시하는 것이다(예 : Gerhart, 1987; Levin & Stokes, 1989). 또한 많은 경우 직무만족이 수행과 강하게 관련되지 않는다는 사실로 볼 때(Schleicher, Watt, & Greguras, 2004), 만족하는 성향이 강한 종업원을 선발하는 것이 역효과를 가져올 수도 있다. 성향론적 접근법에 따른 발견 사항들을 조직 장면에 적용하는 데는 좀 더 많은 연구가 필요하다. 물론 관리자가 이런 연구들을 알고, 직무조건에 상관없이 직무에 만족을 더 많이 보이거나 더 적게 보이는 사람이 있을 수 있다는 것을 아는 것은 유용할 것이다.

직무만족의 결정인자를 이해하기 위해 최근 부상한 방법론은 시간경과에 따라 개인 내부에서 나타나는 직무만족의 변동을 예측하는 것이 무엇인지를 검토하였다. Dimotakis, Scott, Koopman (2011)은 10일 동안 종업원들에게 작업장 내 상호작용 질과 직무만족을 평가하도록 하여, 동료들과 긍정적인 상호작용이 더 있던 날에 직무만족 수준이 더 높았다는 것을 발견하였다. 이는 직무만족이 아주 변동적이고 아주 짧은 시간에도 변화할 수 있다는 것을 시사하는 것이며, 동일한 개인 내에서 시간이 경과함에 따라 일어나는 변동사항을 예측하는 것을 연구해야 한다는 것을 시사하는 것이다.

이 절에서는 조직에 근무하는 종업원들의 직무만족 수준을 설명해 주는 세 가지 접근법, 즉 직무 특성, 사회적 정보처리, 성향 접근법을 살펴보았다. 이 접근법들을 각각 살펴보고 난 후 다음과 같은 질문을 떠올리게 될 것이다. "이 접근법들 중 어느 것이 가장 정확한가?" 경험적 증거는 직무특성론적 접근에 보다 비중을 두고 있지만, 이 접근법은 '옳고' 다른 접근법은 '틀렸다'고 결론을 내리기에는 아직 이른 감이 있다. 앞에서 지적했던 것처럼 실험실 상황에서 아주 현실과 유사하게 사회적 영향력을 모사하기는 극히 힘들다(Hulin, 1991). 더욱이 성향 접근법에 관한 연구의 경우, 아직 초창기에 불과하고 많은 것이 더 밝혀져야 한다. 따라서 가장 적절한 결론은 〈그림 8.2〉에 요약된 것처럼 직무만족은 직무특성, 사회적 정보처리, 그리고 성향이 결합해서 나타나는 것이라는 것이다. 이 그림은 또한 각 접근법들이 직무만족의 각기 다른 측면들을 예측한다는 것을 보여 줌으로써 이 중요한 직무태도를 보다 잘 이해할 수 있게 도와준다. 마지막으로 우리는 조직 연구자들이 직무만족을 예측하는 데 국가 문화가 중요하다는 것을 인식하기 시작하였다는 것을 지적하고자 한다.

직무만족 : 비교 문화 관점

조직심리학의 많은 이슈들처럼, 직무만족에 대한 연구 역시 주로 미국과 서유럽 국가들에서 이루어지고 있다. 이는 분명히 우리 지식체계의 **맹점**이라 할 수 있는데, 업무란 보편적 활동이고, 어디서나 누군가는 업무에 정적이거나 부적인 기분을 느끼고 있을 것이기 때문이다. 이 절에서는 직무만족 수준에서 나타나는 비교 문화적 차이의 가능성과 이런 차이가 나타나는 잠재적인 이유에 대한 최근 연구 증거들을 간략히 살펴보고자 한다.

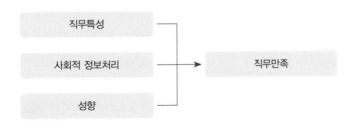

그림 8.2 직무만족의 결정요인 요약

일반적으로 비교 문화 연구가 드물기 때문에, 소수의 몇몇 연구들이 비교 문화 차원에서 직무만족 차이를 분석하였다. 예를 들어, Griffeth와 Hom(1987)은 남아메리카의 관리자들이 유럽의 관리자들보다 직무에 더 만족해한다는 것을 발견하였다.

직무만족에 대한 국가 간 직접 비교는 상당히 흥미롭기는 하지만, 이런 비교는 왜 그런 차이가 생기는지에 대해서는 거의 어떠한 통찰력도 제공해 주지 못한다. 그런 차이의 기반을 이해하려면, 이 장 서두에서 논의한 직무만족에 대한 세 접근법을 가지고 문제를 재설정해 보는 것이 유용하다. 직무특성적인 관점에서 볼 때 직무만족의 비교 문화 차이에 대해 여러 가지 설명이 가능하다. 예를 들어, 가치관(value)에서 나타나는 비교 문화 차이에 대해 여러 증거가 있다. Hofstede(1984)는 40개 국을 대상으로 가치관의 차이를 조사했다. 여기에는 개인주의/집단주의, 남성성, 권력거리, 불확실성 회피 등이 포함되었다. 개인주의/집단주의(individualism-collectivism) 차원은 다른 사람들이나 중요한 집단 구성원(예 : 가족, 업무집단 등)의 이익과 욕구보다 자신에게 더 관심을 기울이는 정도를 나타낸다. 남성성(masculinity)은 다른 사람의 안녕감이나 만족보다는 성취 및 성과에 집중하는 정도를 나타낸다. 권력거리(power distance)는 높은 권위 및 지위를 가진 사람이 이보다 낮은 수준에 있는 사람들과 구별되어 취급되는 정도를 말한다. 마지막으로, 불확실성 회피(uncertainty avoidance)는 사람들이 불확실한 상황에서 일하는 것을 편안해하는 정도를 의미한다.

Hofstede(1984)의 발견은 이런 네 가치관 각각에 비교 문화 차이가 존재한다는 것을 분명히 보여 준다. 예를 들어, 미국과 서유럽 국가들은 개인주의에 높은 가치를 두는 경향이 있는 반면에, 히스패닉과 동양권 국가들은 상대적으로 집단주의에 더 높은 가치를 부여하는 경향이 있다. 남성성 측면에서 보면, 스칸디나비아 국가들은 다른 나라들과 비교해 볼 때 이 차원에 상대적으로 높은 가치를 부여하는 것으로 나타났다. 권력거리는 히스패닉 국가에서는 높은 가치를 두는 것으로 나타났지만, 오스트레일리아나 이스라엘 같은 국가들에서는 반대로 나타났다. 불확실성 회피는 그리스와 포르투갈에서 가장 높았고, 싱가포르와 덴마크에서 가장 낮았다.

이런 국가 간 가치관 선호도 차이가 주는 주요한 시사점은 비교 문화 차원의 직무만족 차이가 종업원이 자기 직무에서 열망하는(desire) 것의 차이에 의해 나타날 수 있다는 것이다. 직무만족이란 사람들이 자기 직무가 제공한다고 지각하는 것과 자신이 바라는 것 간의 비교 결과로 나타나는 것이라고 하였던 이 장 앞부분을 상기해 보자. 이러한 관점에서 볼 때, 문화적 차이 때문에 개인이 속한 문화권에 따라 사람들이 자기 직무에서 얻고자 하는 것이 다르며, 구별되는 각 직무 영역에 부여하는 중요성 또한 다르다는 사실이 부분적으로 생기는 것이다.

의심할 바 없이 이런 주장에도 몇 가지 일리가 있지만, 직무만족에서의 비교 문화 차이는 또한 실제 직무조건에서의 문화적 차이에 의해서 영향을 받기도 한다. 경제적이며 정치적인 차이로 인해, 다른 나라에 사는 종업원들은 직무현장에서 경험하는 내용의 질이 서로 아주 다를 수 있다. 예를 들어, 예전 소련연방의 국가 경영체제하에 있던 종업원은 담당직무 중 많은 부분에 대해 의사결정 권한을 많이 가졌을 것 같지 않다. 이에 비해 자유시장 경제를 채택하고 있는 국가에서 일하는 종업원은 의사결정에 훨씬 더 많이 참여할 것이고, 보다 더 주도적으로 행동하도록 권장될 것이다.

사회적 정보처리 접근의 시각으로 직무만족의 비교 문화 차이를 살펴볼 수도 있다. 예를 들어, 가치관 차이에 덧붙여, 사회적 영향력 과정이 종업원에게 특별히 부각되는 정도에서 비교 문화적 차이가 나타날 수도 있다. 미국과 같은 개인주의 사회에서 사회적 정보는 상대적으로 최소한도로 영향력을 발휘하게 될 것이므로 직무만족은 지배적인 문화가치와 아주 미약하게 관련될 것이라고 생각할 수 있다. 이에 비해 일본과 같이 보다 집단주의 사회에서는 사회적 영향력 과정이 훨씬 더 중요하게 될 것이다.

직무특성 및 사회적 정보처리 접근법과 비교해서 직무만족에 대한 성향적 접근법은 직무만족에서의 비교 문화 차이를 설명하는 데 그다지 유용한 것 같지 않다. 그러나 직무만족에 영향을 주는 특정 성격 특성이 우세하게 나타나느냐 아니냐에 문화적 차이가 존재할 수 있다.

직무만족의 결과

직무만족은 그 자체로도 중요한 것이지만, 흥미 있는 다른 변인과의 관련 가능성 때문에 연구자와 관리자 모두 관심을 가진다. 수년간 수행된 직무만족에 대한 방대한 연구들을 고려하면, 직무만족과 관련된 모든 변인을 이 장에서 논의하는 것은 불가능하다. 따라서 이 절에서는 직무만족과 이론적 및 실용적 중요성을 가지는 4개 유형의 변인(태도 변인, 결근, 종업원 이직, 직무수행) 간의 관계를 기술하고자 한다.

태도 변인

지금까지 직무만족은 태도 변인(attitudinal variables)과 가장 강하게 상관을 나타내는 것으로 밝혀졌다. 이런 변인들은 좋아함 또는 싫어함의 정도를 나타내는 것으로, 이들은 본질상 정서적인 속성을 가지고 있다. 조직 연구에서 가장 일반적으로 사용되는 태도 변인의 예로는 직무몰입, 조직몰입(이 장 후반부에 기술됨), 좌절, 직무긴장 및 불안감이 있다. 크게 볼 때 이 변인들 모두는 어느 정도 정서 수준을 반영한다는 것에 주목하자. 직무몰입과 조직몰입의 경우는 정서상태가 긍정적인 것이다. 나머지 다른 변인들은 부정적인 정서를 반영한다.

많은 경험적 연구들이 직무만족과 태도 변인들 간의 관련성을 지지해 준다. 예를 들어, 학술지에 발표된 124개 연구들에 대한 포괄적 통합분석에서 Mathieu와 Zajac(1990)은 조직몰입과 직무만족 간의 교정 상관계수가 .53이라는 것을 발견하였다. 또한 직무만족이 직무몰입, 정적 기분, 조직기반 자기존중감과 같이 긍정적 정서를 나타내는 다른 많은 측정치들과 정적으로 관련된다는 것을 발견하였다(예 : Spector, 1997a). 부적 태도 변인과 관련해서 보면, 수많은 조직 스트레스 연구들은 직무만족이 좌절, 불안, 긴장과 같은 변인들과 강하게 부적으로 관련된다는 것을 보여 준다(Jackson & Schuler, 1985; Jex & Spector, 1996; Spector & Jex, 1998).

직무만족이 다른 태도 변인들과 관련되어 있다는 점에 대해서는 거의 논쟁이 없지만, 많은 이런 관계들에 내재해 있는 엄밀한 기제가 무엇인지는 불명료한 상태로 남아 있다. 왜냐하면 직무만족에 대한 많은 연구들이 자기 보고 측정치와 횡단적 연구설계에 의존하고 있기 때문이다. 예를 들어, 높은 직무만족 수준이 종업원들이 자기 직무에 대해 긍정적인 느낌을 갖게 하고, 더불어 부정적인 기분 수준을 낮추어 줄 수도 있다. 역으로 다른 정적 및 부적 태도들이 직무만족 수준을 높이거나 낮추게 할 수 있다. 예를 들어, 높은 직무몰입 수준은 낮은 좌절 수준과 결합하여 종업원들의 직무만족을 향상시킬 수 있다. 또한 직무조건과 같은 공유된 공통요인의 결과로 인해 그런 관계가 생길 수도 있다(Fried & Ferris, 1987; Jackson & Schuler, 1985; Mathieu & Zajac, 1990). 오직 종단적 연구설계를 사용해야만 연구자들은 직무만족과 여타 태도 변인 간의 인과적 방향성을 연구할 수 있을 것이다(Zapf, Dormann, & Frese, 1996).

결근

결근(absenteeism)을 연구하는 것은 이론적인 이유에서나 실용적인 이유에서나 모두 중요하다. 이론적인 관점에서 보면, 결근이란 종업원이 자신의 직무를 이탈하는 일반적인 방법이다(Hulin, 1991). 실용적인 관점에서 보면, 결근은 많은 조직에게 매우 값비싼 대가를 치르게 하는 문제이다. 종업원이 결근하게 되면 일이 전혀 처리되지 않을 수도 있고, 또는 덜 숙련된 종업원에 의해 대체 수행될 수도 있다. 제6장에서 결근은 반생산적 행동의 한 형태로 논의되었음을 상기해 보자. 거기서는 주요 예측변인으로 결근규범과 결근정책을 주로 논의하였다.

종업원의 결근이 직무불만족이 높을 때 보이는 반응의 한 형태일 수 있다고 보는 것은 직관적으로 그럴듯하다. 이런 직관적 가능성에도 불구하고, 경험적 연구에서 직무만족과 결근 간의 관계에 대한 지지는 매우 약하다. 예를 들어, Hackett와 Guion(1985)은 31개 연구에 대해 통합분석을 하여 직무만족과 결근 간의 교정 상관이 단지 -.09에 불과하다는 것을 발견하였다. 이는 직무만족이 종업원의 결근에 어떤 역할을 할 수는 있지만 그 역할이 아주 미미하다는 것을 시사해 주는 것이다.

Hackett와 Guion(1985)은 직무만족과 결근이 약하게 상관을 보이는 몇 가지 이유를 제시하였다. 첫 번째 이유는 결근 자체에 대한 측정이다. 얼핏 보기에 결근은 아주 단순한 변인처럼 보이지만 실제로 꽤 복잡하다. 예를 들어, 결근을 측정할 때 허락되는 결근과 허락되지 않는 결근을 구분할 수 있다. 허락되는 결근이란 질병이나 장례식 같은 사건 때문에 발생하는 것으로 허용되는 결근이다. 반면에 허락되지 않는 결근이란 이유 없이 종업원이 단순히 일터에 모습을 보이지 않는 것이다. 직무만족은 허락되는 결근보다 허락되지 않는 결근에서 더 중요한 역할을 하게 된다고 주장할 수 있다.

만족과 결근 간의 약한 관계를 설명하는 또 다른 근거는 직무만족은 일반적인 태도를 반영하는 것인 데 비해 결근은 특수한 형태의 행동이라는 설명이다. 예를 들어, 어떤 사람의 종교에 대한 태도(일반적인 태도)가 어떤 특정일에 시행된 예배에 참석할지에 대한 좋은 예측치가 될 수는 없을 것이다. **행동 계획 이론**(Theory of Planned Behavior; Ajzen, 1988, 2001)에 따르면, 일반 태도(예 : 직무만족)와 실제 행동 간에는 복잡한 연계경로가 있다. 예를 들어, 주관적 규범(중요한 타인들이 종업원이 일터에 갈지 안 갈지에 대해 기대하는 정도에 대한 지각)과 상황별 업무 빼먹기 행동에 대한 태도와 같은 변인들은 전반적 직무만족보다 결근을 더 강하게 예측해 주는 변인일 것이다. 따라서 업무 결근에 대한 태도뿐만 아니라 결근에 관한 규범과 같이 미측정된 변인을 고려하지 못하여 직무만족이 결근과 약한 관련성을 보일 수 있다.

결근을 연구하는 사람들이 전형적으로 직면하게 되는 한 가지 문제는 결근이 매우 낮은 기저율(base rate)을 가지는 행동이라는 것이다(즉 빈도가 많지 않은 사건이다). 조직심리학자들이 사용하는 대부분의 통계적 절차, 특히 상관과 회귀분석에서는 변인들이 정상분포를 보인다는 것을 가정하고 있기 때문에 기저율이 낮은 변인을 예측하는 것은 문제가 될 수 있다. 대부분의 조직 연구 사례에서 검토되는 변인들은 정확히 정상분포를 나타내지는 않지만, 관례적인 통계절차들이 심하게 편파될 정도로 그렇게 이탈된 분포를 보여 주지는 않는다. 그러나 결근의 경우에, 분포가 너무 편포되어 있어서 일반적인 통계절차를 사용하게 되면 직무만족과 결근 간의 관계가 심하게 과소 계산될 수 있다.

다소 최근의 연구는 직무만족과 결근 간의 관계를 좀 더 지지하는 증거를 보여 주었다. Ybema, Smulders, Bongers(2010)는 시점 1에서 직무만족이 낮았던 사람들에게서 1년 후 결근기록이 더 많이 나타남을 발견하였다. 이 저자들은 또 시점 1에서 결근 지속기간이 길었던 사람들이 다음 해에 측정된 직무만족 수준이 더 높다는 것을 발견하였다. 이 결과는 업무에서 벗어나 보낸 시간이 직무만족에 유익한 효과를 줄 수 있음을 시사하는 것이다.

마지막으로, 몇몇 연구자들은 직무만족이 다른 변인과 상호작용하여 결근에 영향을 줄 수 있음에 주목하였다. Wegge, Schmidt, Parkes, van Dick(2007)은 직무몰입(개인적으로 직무와 연결되었다고 느끼는 정도)이 어떻게 직무만족과 상호작용하여 결근에 영향을 줄 수 있는지를 검토하였다. 이 저자들은 특히 종업원의 직무몰입이 낮을 때 직무불만족은 결근 증가와 관련된다는 것을 발견하였다.

종업원 이직

연구자나 관리자 모두 상당히 관심을 가지는, 직무만족과 관련된 또 다른 관련 변인은 **종업원 이직**(employee turnover)이다. 조식에서 어떤 이직은 불가피하며, 어떤 경우에는 바람직하기도 하다. 그러나 이직 수준이 아주 높은 것은 조직에 값비싼 비용을 치르게 하는데, 신규 종업원을 채용 선발하고, 사회화하는 과정을 다시 시작해야 하기 때문이다. 이직 수준이 높은 것은 또한 조직의 공공 이미지에도 나쁜 영향을 미칠 수 있고, 그로 인해 채용을 어렵게 할 수도 있다.

이직이 중요하다는 것을 인식하고, 조직심리학자들은 그 선행변인을 밝히려고 많은 노력을 기울였다. 이직을 다루는 몇몇 연구들은 단순히 직무만족과 이직 간 관계를 정리하는 것을 목표로 삼지만, 훨씬 더 많은 연구들은 직무만족이 종업원의 이직 결정에 작용하는 역할을 모델화하고자 하였다. 가장 초기에 이루어졌으며, 이로 인해 가장 큰 영향력을 가지고 있는 이직과정 모델 중의 하나는 Mobley(1977)에 의해 개발되었다. 〈그림 8.3〉에서 볼 수 있는 바와 같이, 이 모델은 직무를 이

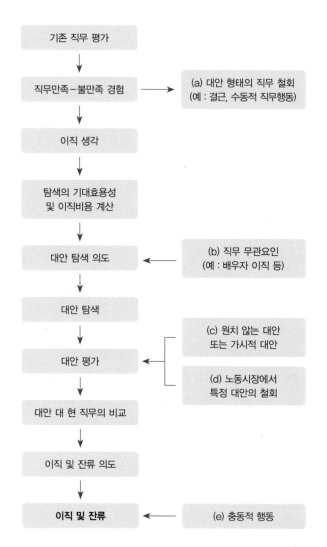

그림 8.3 Mobley의 이직과정 모델

출처 : W. H. Mobley. (1977). Intermediate linkages in the relationship between job satisfaction and employee turnover. *Journal of Applied Psychology*, 62, 237–240. Copyright ⓒ 1977 by the American Psychological Association. Reprinted with permission.

직하려는 종업원의 의사결정이 복잡하며 다중단계로 구성되어 있다고 제안하였다. 첫 번째 단계에서, 종업원은 자신의 기존 직무를 평가하고, 이 평가에 따라 직무만족이나 직무불만족을 경험한다. 이 평가 결과, 종업원이 만족하면 이 처리과정은 더 진척될 것 같지 않다. 그러나 종업원이 불만족하면, 이는 직무 이직에 대해 생각하게 만든다. 그러나 이 모델에서 종업원은 다른 철회행동이나 또는 단순히 노력을 적게 하는 것으로 직무불만족을 표현할 수도 있다는 것을 주목하기 바란다.

일단 불만족을 느낀 종업원이 직무 이직을 생각하기 시작하면, 모델의 다음 단계는 탐색이 성공적일지, 그리고 현 직무를 그만두는 것이 초래할 대가가 어떠할지에 대해 인지적으로 평가하는 것이다. 어떤 사람이 직무에 극도로 불만족을 느끼고 있다 할지라도 이직하는 것은 대가를 요구한다 ─ 여기에는 새로운 지역으로 이동하는 것, 현 직무와 결부된 이익을 포기하는 것 등이 있을 것이다. 만일 이런 탐색이 성공적이지 않거나 직무를 이직하는 것의 비용이 너무 크다고 종업원이 결정하면 사고과정은 종료될 것이고, 이 종업원은 간단히 현 직무에 적응하는 방법을 찾을 것이다.

반면, 어느 종업원에게 이 탐색이 성공적이고, 이직비용도 그리 크지 않다면, 모델에서 다음 과정(즉 대안을 탐색하려는 의도)이 진행될 것이다. 여기가 바로 개인이 직무 탐색 계획을 시작하는 시점이며, 대개 탐색 의도는 실제 탐색행동으로 변환되게 된다. 종업원은 Monster.com 같은 인터넷 직무 사이트에 자신의 이력서를 올리고, 고용 전문 기관의 서비스를 찾아보고, 대안적인 고용 기회를 찾고자 직무 설명회 등에 참여해 보게 된다. 이 모델은 직무불만족 외의 다른 요인들(예 : 다른 지역에 살고자 하는 욕구)에 의해 탐색 의도가 동기화되는 것도 가능하다고 본다.

대안을 탐색해 보니, 쓸모 있는 것이 아무것도 없다는 것을 발견할 수도 있다. 이런 결과는 분명히 관심 직업분야에서 개인이 구비한 자격수준과 지원 가능한 일자리에 달려 있다. 만일 어떤 사람이 아무 대안도 찾아내지 못했다면, 현 직장에 적응하는 것 외에 이 사람이 선택할 것은 아무것도 없을 것이다. 만일 대안이 가능하다면, 다음 단계는 그것들을 평가하는 것이다. 또한 원치 않는 고용을 수용하는 대가로 고용주로부터 다른 고용 대안을 제시받을 수도 있다.

여러 가지 다른 고용 대안을 평가하는 방법으로, 모델은 2개의 평가기준을 제안한다. 즉 대안들은 현 직무뿐만 아니라 대안 직무들에 대해 종업원이 갖고 있는 내적인 직무 수용성 판단 기준에 의해 평가된다. 이런 이중 평가기준이 있다는 것을 감안하면, 대안이 어떤 사람이 가지고 있는 내적 기준은 초과하지만, 현 직무가 제공하는 기준에는 미치지 못하는 경우가 있을 수 있다. 이런 경우가 발생하면, 직무 탐색을 통해 이 종업원은 '다른 곳에 있는 새 풀밭이 반드시 더 푸른 것은 아니다'라는 것, 그리고 현재의 직무를 더 양호한 면으로 볼 수도 있음을 알게 되는 것이다. 이 모델에서 알수 있는, 또 다른 가능성은 개인이 노동시장으로부터 완전히 벗어날 수도 있다는 것이다. 예를 들어, 불만족을 느끼는 종업원이 가정으로 돌아가 전업 부모가 되기로 결심할 수도 있는 것이다.

직무 탐색 결과 현재 직무보다 더 매력적인 1개 이상의 대안적 고용 제의를 받게 될 수도 있다.

모델에 따르면, 이런 일이 발생하면 개인은 현 직무를 그만두어야 할지 말아야 할지에 대한 의도 (intentions)를 형성한다. 더 나은 대안이 발견되었는데도 왜 사람들은 자동적으로 현재 직무를 그만 두지 않는가? 이전에 논의한 행동 계획 이론에 따르면, 단순히 사람들은 직무를 바꾸는 행동에 대해 긍정적인 태도를 지니고 있지 않기 때문에 더 매력적인 직무라도 그 제안을 거절할 수 있다. 규범적 힘 또한 영향력을 발휘할 수도 있다. 예를 들어, 어떤 사람이 평생 한 조직을 위해 자신의 전 경력기간을 헌신한 부모를 가진 가정 출신일 수도 있다. 이 경우에 이 사람은 같은 조직에 남아 '경력 메뚜기'가 되지 말라는 미묘한 (또는 그리 미묘하지 않은) 규범적 압력을 느낄 수도 있다.

의도가 실제 행동으로 변환되지 않을 수도 있는 또 다른 이유는 직무를 그만두는 행위(act)와 그 만두겠다는 아이디어(idea)는 아주 다르다는 것이다. 〈그림 8.3〉에서 Mobley(1977)의 모델은, 비교적 진행과정 초반부에 종업원이 이직과 관련된 비용을 평가해야 한다고 제안한다. 그러나 과정 초반부에 '이직'은 추상적인 개념이고 개인이 직면하게 되는 구체적인 선택사항도 아니다. 따라서 모델에서는 분명하지 않더라도, 이직 의도와 실제 이직 행동 사이에서 직무를 이직하는 것에 대한 비용 재평가가 일어날 가능성이 있다. 어떤 사람이 구체적인 직무 제안을 받게 되었지만 발이 얼어붙은 나머지 더 나은 것을 위해 현재 직무를 그만두는 것이 바람직하지 않다고 결정할 수도 있다. 마지막으로 이직 의사결정이 충동적으로 이루어질 수 있는 가능성을 이 모델은 제안하고 있다. 아마도 몇몇 독자들은 이직하겠다는 결정을 '순간적으로' 한 경험을 가지고 있을 것이다.

수년에 걸쳐 시행된 경험적 연구들은 두 가지 방법으로 Mobley의 모델을 지지하였다. 첫째, 원래 모델이나 파생 모델을 검증한 연구는 일반적으로 지지적인 증거를 보여 주었다(예 : Hom, Caranikas-Walker, Prussia, & Griffeth, 1992; Michaels & Spector, 1982; Mobley, Griffeth, Hand, & Meglino, 1979). 유사한 모델에 대한 최근 검증에서 Kammeyer-Mueller, Wanberg, Glomb, Ahlburg(2005)는 2년간 5개 시점에 걸쳐 종업원을 조사하여 조직에 남아 있는 종업원과 이직한 종업원을 예측해 주는 변인을 측정하였다. 저자들은 위계적 선형 모델링(HLM)을 사용하여, 조직을 떠난 종업원들은 5회의 자료 수집기간 동안 계속해서 직무만족과 조직몰입이 떨어졌다는 것을 발견하였다. 그 외에도 이 종업원들은 직무 철회행동이 증가하였고, 5회 기간 내내 대안적 직무 탐색을 하였다.

모델에 대한 간접적 지지 증거는 직무만족과 이직 간의 상관관계를 조사하는 연구를 통해서 나타났다. Carsten과 Spector(1987)는 42개 연구에 대해 통합분석을 하였고, 직무만족과 이직 간에 교정된 상관이 −.24라는 것을 발견하였다. 행동 의도와 실제 이직 간의 교정 상관은 .32였다. Tett와 Meyer(1993)도 통합분석을 하였는데 상관이 .27로 추정되었다. 의도는 직무만족보다 근접한 원인 (proximal cause)이기 때문에(그림 8.3 참조), 의도가 직무만족보다 이직과 더 강한 상관관계를 보일 것이라고 기대할 수 있을 것이다.

비록 간접적이긴 하지만, 이 저자들은 또한 고용 대안 활용 가능성이 직무만족과 이직 간의 관계에 영향을 미칠 수 있는지를 조사하였다. 이 저자들은 구체적으로 연구 데이터가 수집될 때 특정 지역에 존재하는 실업 수준 데이터를 수집하였다. 기대했던 대로, 만족과 이직 그리고 의도와 이직 간의 교정 상관은 (높은 기간과 반대로)실업률이 낮은 기간 동안에는 둘 다 높았다. 이는 아마도 실업률이 낮을 때는 대안적인 고용기회가 훨씬 더 풍부하다는 사실에 기인하는 것 같다.

이 발견은 직무만족이 이직과정에 영향을 미칠 것이라는 가정과 일관된다. 사실 직무만족이 이직에 대해 매우 멀리 떨어진 원인(distal cause)이라는 것과, 이직이 낮은 기저율을 보이는 사건이라는 것을 고려하면 이 두 변인 간에 나타난 대략 −.24~.27 사이의 교정 상관은 실제로 꽤 주목할 만한 것이다. 보다 개념적인 수준에서 보면, 이런 발견들은 더 만족스러운 업무를 찾으려는 열망이 직무를 변경하려는 추진력이 된다는 것을 시사한다. 따라서 조직이 이직 수준을 관리 가능한 수준으로 유지하고자 하면 직무만족에 영향을 끼치는 직무 및 조직 조건을 무시해선 안 된다.

직무수행

직무만족과 관련된 네 번째 변인은 **직무수행**(job performance)이다. 그동안 연구자들이 직무만족과 관련지은 여러 변인 중에 직무수행이 아마 가장 오랜 역사를 가지고 있을 것이다. 사실 직무만족을 직무수행과 연계하려는 시도는 멀리는 호손(Hawthorne) 연구로까지 거슬러 올라간다. 자신들의 발견에 기초해서 호손 연구자들은 얼핏 순진한(naive) 결론에 도달했는데, 종업원들이 보다 더 생산적이도록 만드는 한 가지 방법은 그들을 더 만족시켜 주는 것이라는 것이다. 달리 말해서 '행복한 노동자가 생산적인 노동자다'라는 것이다. 직무만족이 직무수행에 영향을 준다는 이런 주장은 널리 받아들여져 조직심리학 내에서 **인간관계**(Human Relations) 운동이라고 기술되는 사조가 도입되게 만들었다.

1950년대 말과 1960년대 초반에 조직심리학 내의 또 다른 추세—인지적 처리 모델—는 직무만족과 직무수행 간의 관계에 관한 지배적인 관점을 근본적으로 바꾸어 놓았다. 예를 들어 Vroom (1964)의 **기대이론**(Expectancy Theory)은 만일 자신의 노력이 높은 수행을 가져올 수 있고, 높은 수행을 올리면 가치 있게 여기는 성과를 얻을 수 있다고 믿는다면 종업원은 더 많은 노력을 기울이게 될 것이라고 제안한다. 이런 관점에서 수행을 보면, 직무만족이 직무수행을 결정하는 데 인과적인 역할을 담당한다고 가정할 이유가 없게 된다. 한편 높은 직무수행이 궁극적으로 바라던 결과를 얻게 해 준다면, 종업원은 자신의 직무수행이 양호하고, 이에 대해 보상받을 때 자신의 직무에 가장 만족해야 한다. 이런 관점이 채택되면, 직무수행이 직무만족의 원인이 된다고 결론지을 수 있을 것이다. 따라서 조직이 종업원을 행복하게 만들려고 노력하기보다, 종업원이 자신의 직무를 잘 수행하는 데 필요한 기술을 개발하도록 도와주고 보상을 수행에 연계시켜 주는 것이 훨씬 더 바람직할 것이다.

불행히도, 직무만족과 직무수행 간의 관계를 둘러싼 초기 논쟁의 많은 부분은 경험적 자료보다는 의견 표명 수준에 근거하고 있다. 이런 토대가 1970년대와 1980년대에 들어 변하기 시작하였는데, 이때 직무만족과 직무수행 간의 관계에 대한 많은 경험적 연구들이 이루어졌다. 1980년대 중반, 이런 경험적 연구 중 많은 부분은 Iaffaldano와 Muchinsky(1985), 그리고 조금 늦게 Podsakoff와 Williams(1986)가 시행한 포괄적인 통합연구에 요약되어 있다. Iaffaldano와 Muchinsky 연구에서 직무만족과 직무수행 간의 교정 상관은 .17로 나타났다. Podsakoff와 Williams도 유사한 결과를 얻었다.

Podsakoff와 Williams(1986)는 또한 만족-수행 간 관계는 보상이 수행과 연계되는 정도에 의해 조절된다는 것을 발견하였다. 보상이 수행과 밀접하게 연계된 연구에서는 직무만족과 직무수행 간의 교정 상관은 .27이었다. 대조적으로, 보상이 수행과 긴밀히 연계되지 않은 연구에서는 교정 상관이 더 약해졌다(r=.17). 이런 조절효과는 매우 중요하다. 왜냐하면 직무만족과 수행이 연계될 때 가장 가능성 있는 인과적 순서는 **수행으로부터 직무만족으로** 가는 것이지 그 반대가 아닌 것이다. 더 구체적으로, 보상이 수행과 긴밀히 연계되어 있다면, 직무만족은 보상을 받게 됨으로써 생기는 자연적인 파생물일 가능성이 있다.

직무만족이 직무수행의 강력한 예언자인지 아닌지에 대해 조직 연구자들이 의구심을 품기 시작할 즈음, Judge, Thoresen, Bono, Patton(2001)은 과거의 통합분석을 재검토해서 이들 연구에 문제가 있다는 주장을 하였다. 저자들은 312개 표본의 54,000명의 참가자들에 대한 새로운 통합분석을 시행하여 직무만족과 수행 간 진상관이 .30임을 발견하였다. 저자들은 또한 직무만족과 수행 간의 상관이 연구들 간에 크게 다르다는 사실을 지적하며, 이는 직무만족과 수행 간 관계의 강도를 결정해 주는 다른 변인이 있다는 것을 시사한다는 제안을 하였다. 자신들의 통합분석에서 Judge 등(2001)은 직무만족-수행 간 통합적 관계 모델을 제시하였는데, 이 모델에서는 두 변인 간의 상호적 관계, 즉 수행에 대한 직무만족의 매개자 또는 조절자로서의 역할, 역으로 직무만족에 대한 직무수행의 매개자 또는 조절자로서의 역할을 강조하였다. 저자들은 미래 연구자들은 직무만족이 직무수행과 어떻게 관련되는지를 검토하고 이들 관계의 강도를 강화시키거나 약화시키는 변인을 찾는 데 주의를 기울여야 한다고 주장하였다.

Schleicher 등(2004)은 이런 제안에 따라서 만족-수행 간 관계에서 중요한 조절변인을 찾아냈다. 이는 직무만족의 **감정-인지 일관성**(affective-cognitive consistency, ACC)이었다. 저자들은 태도 분야에서 이루어진 이전 연구들에서 태도 대상의 감정적 요소와 인지적 요소 간의 불일치를 보고하는 사람들은 태도-행동 간에 낮은 상관을 보여 주었다는 것(Kraus, 1995)에 주목하였다. 즉 직무만족 수준이 동일하다고 보고한 사람들이라도 (직무만족 요소들에 대해) 각기 다른 강도를 보이는 태도를 가질 수 있다는 것이다. 따라서 어떤 사람이 직무만족 구성요소들 간에 일관성을 보여 주지 않는다면 직무만족이 수행을 예측해 줄 것이라고 기대해서는 안 되는 것이다.

이 장 앞부분에서, 직무만족은 자신의 직무에 관한 인지적인 신념뿐만 아니라 자신의 직무에 관한 정적인 감정 및 느낌을 모두 다 가지고 있는 것이라고 강조했던 것을 생각해 보자. Schleicher와 동료들(2004)은 이 두 요소 간에 일관성이 존재하지 않을 때(예 : 종업원이 자신의 직무에 대해 정적인 느낌을 보고하지만 동시에 부적인 사고를 하고 있을 때) 직무만족은 직무수행을 잘 예측하지 못한다는 주장을 하였다. 사실 저자들은 ACC가 높을 때는 직무만족과 수행 간에 합당하게 강력한 상관관계가 발견되었지만, ACC가 낮을 때는 이런 관계가 존재하지 않는다는 것을 발견하였다. 이런 발견은 직무태도를 활용하여 수행, 결근 및 이직과 같은 결과물을 예측할 때 직무태도의 본질을 고려하는 것이 중요하다는 것을 강조하는 것이다.

경험적 연구가 누적됨에 따라, 직무만족-직무수행 간 관계가 예측할 수 없고 가변적인 것이라고 결론 내리고 싶은 유혹을 받을 수 있다. 그러나 Ostroff(1992)에 따르면 이런 결론은 잘못일 수 있다. 왜냐하면 직무만족과 직무수행 간의 관계를 조사한 대부분의 연구가 개인적인 분석 수준에서 시행되었기 때문이다. 자신의 직무에 매우 만족하는 종업원이 보다 만족하지 않는 종업원들보다 반드시 더 나은 수행을 하는 것은 아닐지라도, 이런 관계는 조직 차원의 분석 수준에서는 더 높아질 수 있다고 Ostroff는 지적하였다. 즉 매우 만족해하는 종업원들을 보유한 조직은 매우 불만족해하는 종업원들을 보유한 조직보다 더 높은 수행을 보일 것이다. 종업원들이 매우 만족해한다고 해서 그들이 개인 단위로도 더 생산적인 것은 아닐 수 있지만, 그런데도 그들이 전체로서 조직의 효과성을 촉진해 주는 행동에 전념할 수는 있을 것이다.

Ostroff(1992)는 저학년과 고학년이 포함된 298개의 고등학교에 대한 전국 표본을 활용하여 직무만족과 직무수행 지표 간의 관계를 검토함으로써 이 가설을 검증하였다. 〈표 8.4〉에서 보듯이, 전체

표 8.4 조직 수준의 직무만족과 조직 수준의 수행 측정치 간의 상관

수행 측정치	상관	수행 측정치	상관
(a) 독해 성취도	.30	(g) 출석학생 비율	.24
(b) 수학 성취도	.31	(h) 규칙위반 학생 비율	-.27
(c) 사회과학 성취도	.24	(i) 공공기물파괴 비용	-.11
(d) 과목 합격학생 비율	.20	(j) 교사만족도	.24
(e) 행정수행	.24	(k) 전반적인 학생만족도	.44
(f) 탈락학생 비율	-.28		

주 : 모든 상관계수는 .05 이상 수준에서 통계적으로 유의미하였음.
출처 : C. Ostroff. (1992). The relationship between satisfaction, attitudes, and performance: An Organization-level analysis. *Journal of Applied Psychology, 77,* 963-974. Copyright © 1992 by the American Psychological Association. Adapted with permission.

수준의 직무만족은 모든 수행지표와 유의미하게 관련되었고, 그 강도는 -.11~.44까지 다양한 범위에 걸쳐 있었다. 이 상관계수 중 많은 것이 개인 수준 연구에서 나온 것보다 높았다(Iaffaldano & Muchinsky, 1985; Podsakoff & Williams, 1986). 흥미롭게도, 조직 수준으로 분석하니까 만족이 높은 수준의 수행을 이끌어 내는 원인인 것 같다고 Ostroff는 주장했다. 이는 개인 수준의 연구와는 반대되는 인과관계이다(Podsakoff & Williams, 1986). 불행하게도, 이 연구는 횡단적 연구를 시행하였기 때문에 이 논쟁에 대해 답변할 수는 없었다.

그러나 Schneider, Hanges, Smith, Salvaggio(2003)가 수행한 최근 연구는, 조직 수준으로 분석할 때 직무만족이 직무수행을 결정한다는 주장에 도전한다. 이 저자들은 8년간 35개 회사를 연구하면서 직무만족과 객관적 회사 수행지표(예 : 재무지표와 시장점유율 등)를 측정하였다. 저자들은 첫째로 개인의 직무만족 보고에 회사가 중요한 영향을 미친다는 것을 발견하였다. 둘째로, 수년간에 걸쳐 직무만족과 회사 수행 간의 관계를 분석하니, 직무만족이 회사 수행을 이끌기보다는 회사 수행이 높아지는 것이 직무만족을 증가시키는 것으로 나타났다. 이 결과는 수행 수준이 높은 회사가 수행이 저조한 종업원을 만들기보다 더 만족해하는 종업원을 만들어 낸다는 것을 시사한다. 분명히 조직심리학자들은 개인 수준 및 집단 수준에서 직무만족과 직무수행 간의 인과관계, 그리고 이 양 관계에 영향을 주는 변인들을 좀 더 이해하려고 노력해야 할 것이다. 직무태도를 중요한 조직행동에 대한 예측변인으로 보려는 최근 접근방식은 직무만족과 조직몰입을 단일한 직무태도 측정치로 결합하여 사용한다(Harrison, Newman, & Roth, 2006). 이 접근은 조직몰입을 다루는 다음 절에서 살펴보겠다.

직무만족을 직무수행 예측치로 보는 최근 주요 추세는 맥락수행과 관련된다. 제5장에서 맥락수행은 공식적인 직무기술서상의 내용은 아니지만, 그럼에도 불구하고 조직 목적을 달성하는 데는 도움이 되는 종업원 수행이라고 언급했던 것을 상기해 보자. 예를 들어, 종업원이 다른 종업원을 도와주고, 필요할 때 더 열심히 일을 하고, 조직에 대해 긍정적으로 이야기할 수 있다. Credé 등(2009)은 직무만족과 맥락수행 간 관계를 검토했는데, 여기서 직무만족과 직무불만족이 실제로는 2개로 구별되는 상이한 구성개념이라고 보았다. 이 저자들은 종업원들은 자기 직무에 대해 정적 태도와 부적 태도를 구별해서 가질 것이고, 이들은 각기 독립적으로 맥락수행을 예측할 것이라고 주장하였다. 이 저자들은 직무만족과 직무불만족은 각기 독립적으로 조직시민행동을 예측하였고, 이들 각각이 맥락수행 측정치의 고유변량을 설명하였음을 발견하였다. 이 결과는 업무에 대해 정적 평가와 부적 평가를 독립적으로 하여 이 둘을 결합하면 직무수행에 대한 예측을 향상시킬 것이란 것을 의미한다.

Edwards, Bell, Arthur, Decuir(2008) 역시 과업수행과 맥락수행(단, 상사평정임)에 대한 예측변인으로 직무만족을 검토하였는데, 여기서는 직무만족의 세부측면과의 관계를 분석하였다. 저자들은 전반적 직무만족이 과업수행과 맥락수행을 동일하게 잘 예측한다는 것을 발견하였다. 그러나 업무만족은 맥락수행보다 과업수행을 더 잘 예측해 준 데 비해, 상사만족은 과업수행보다 맥락수행을 더 강하게 예측하였다. 이 결과는 직무만족과 직무수행 간의 관계가 직무만족의 세부측면에 따라 다를 수 있음을 의미한다.

조직몰입

자기 직무에 대한 만족감 및 불만족감 외에도, 종업원은 자신을 고용한 조직에 대해 애착 및 몰입감을 발전시킨다. 만족이나 불만족의 경우처럼, 애착과 몰입감은 직장을 넘어서서 발전되는 경우가 많이 보인다. 예를 들어, 사람들은 결혼 및 여타 형태의 유대관계를 통해 서로에게 몰입하게 된다. 또한 많은 사람들이 운동과 같은 활동, 교회와 같은 기관, 민주주의와 같은 정치적 이념에 몰입하기도 한다. 이와 같이 다양한 형태의 몰입이 있는 것과 마찬가지로, 종업원들이 자신이 종사하는 조직에 대해 몰입과 애착감을 발전시키는 것 또한 놀랄 일은 아니다.

조직몰입의 정의

아주 일반적인 수준에서 **조직몰입**(organizational commitment)이란 종업원이 자기 조직에 헌신하고 기꺼이 조직을 위해 일하려 하는 정도, 그리고 조직 구성원으로 남아 있고자 할 개연성이라고 생각할 수 있다. 이 일반적인 정의에서 **감정적**(affective) **몰입**과 **행동적**(behavioral) **몰입** 사이를 구분할 수 있다(Mowday, Porter, & Steers, 1982). 몰입이란 종업원이 조직에 대해 가지고 있는 느낌과 행동 경향성을 모두 반영하는 것이다.

Meyer와 Allen(1991)은 몰입의 기반이 다양할 수 있다고 지적하면서, 조직몰입에 대한 정의를 보다 정밀하게 만들었다. 즉 종업원은 여러 가지 다른 이유로 조직에 몰입할 수 있는데, 이런 이유들이 몰입 형태가 서로 구별되도록 만든다. 그들은 몰입의 3요소 모델을 제안했는데, **감정적**(affective) **몰입, 계속**(continuance) **몰입, 규범적**(normative) **몰입**이다. 감정적 몰입은 종업원이 조직과 동일시하고, 조직에 대해 진정으로 충성심을 느끼는 정도를 나타낸다. 이에 비해 계속 몰입은 종업원이 조직에 투자한 정도에 대한 지각에 기반하여, 다른 조직으로 이동하는 것에 대해 지각하는 상대적인 비용을 말한다. 어떤 저자들은 계속 몰입을 2개 형태로 구분하는데, 하나는 조직을 떠나기 위해 지불해야 할 대가에 대한 지각(지각된 대가, perceived sacrifice)이고, 다른 하나는 다른 직무 대안이 부족하다고 지각하는 것(대안 부족, few alternatives)이다(Panaccio & Vandenberghe, 2012). 규범적 몰입이란 종업원이 조직에 대해 느끼는 의무감에 기반을 둔 것으로 조직의 일원으로 남아 있는 것이 도덕적으로 올바르다는 지각이다.

다양한 기반을 가지는 것 외에도, 종업원 몰입은 조직 내의 다양한 수준에 초점을 맞출 수 있으며 외부 집단을 지향할 수도 있다. 예를 들어, 전체로서 자기 조직에 대해 몰입감을 느낄 수도 있으며, 자신이 소속되어 있는 주요 업무집단 및 이 집단의 리더에 대해 몰입감을 느낄 수도 있다. 또한 자신이 속해 있는 직업에 대해 몰입감을 느낄 수도 있다. 예를 들어, 의료보험공단에서 일하는 외과 의사는 자기 조직에 대해 어느 정도 몰입감을 가지고 있겠지만, 의료업에 대해서도 몰입할 수 있다.

Meyer와 Allen(1997)은 몰입의 세 가지 기반(감정적, 계속, 규범적 몰입)과 6개 초점을 상호 교차시킬 수 있다고 제안하였다. 〈그림 8.4〉에서 보는 바와 같이 종업원은 조직환경 내에서 어떤 표적 대상에 대해서건 감정적 몰입, 계속 몰입, 규범적 몰입의 느낌을 가질 수 있다. 이는 대부분의 조직 구성원들에게 몰입이 다차원적이며 복합적인 구성개념이라는 사실을 반영하는 것이다. 따라서 만일 누군가 어떤 종업원에게 "당신은 얼마나 몰입하고 있습니까?"라고 질문하면 이 종업원은 다양한 응답을 하게 될 것이다.

조직몰입의 측정

대부분의 주관적인 태도 변인들과 마찬가지로 조직몰입은 자기 보고 척도로 측정된다. 역사적으로 널리 사용되는 최초의 조직몰입 척도는 조직몰입 설문지(Organizational Commitment Questionnaire, OCQ)였다(Mowday, Steers, & Porter, 1979). 원래 OCQ는 Meyer와 Allen(1991)이 주로 감정몰입과 부분적으로 규범적 몰입이라고 기술한 것을 측정하는 척도였다. 원래 OCQ에는 종업원의 이직 의도를 측정하는 한 문항이 함께 포함되어 있었다. 이 문항을 포함한 것이 비판을 촉발하였는데, 특히 OCQ가 이직을 예측하기 위해 사용될 때 비판을 받았다. 최근에 OCQ를 사용하는 대부분의 연구자들은 이 이직 문항을 제외시켰다. 많은 경우, 연구자들은 원래 척도의 단축형 척도를 사용하기도

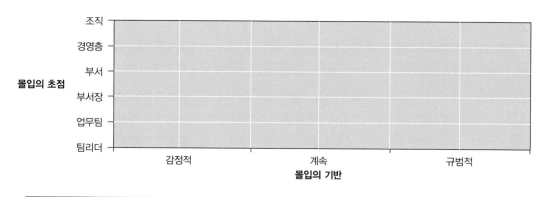

그림 8.4 몰입의 기반과 초점 간의 관계

출처 : Meyer, J. P., & Allen, N. J. (1997). *Commitment in the workplace: Theory, research, and application*. Thousand Oaks, CA: Sage. Reprinted by permission of Sage Publications, Inc.

한다.

대체적으로, OCQ의 심리 측정적 속성은 양호하다. Mathieu와 Zajac(1990)은 124개 조직몰입 연구에 대해 통합분석한 결과, 여러 OCQ 형태 모두에 대해 내적 일관성 신뢰도 평균이 .80을 넘는다고 보고하였다. 동일 연구에서 OCQ는 개념적으로 관련된 변인들과도 합당한 상관관계를 보여 주어 구성 타당도가 지지되었다. OCQ가 가진 주요 한계점은 이 척도가 조직몰입 중 주로 감정몰입만을 측정한다는 것으로, 이로 인해 계속 몰입과 규범적 몰입에 대해서는 거의 어떤 정보도 제공해 주지 못한다는 것이다. 조직몰입 형태의 차이에 따라 다른 결과가 나온다는 사실에 비추어 볼 때 이는 중대한 한계점이라 할 수 있다.

Allen과 Meyer(1990)는 감정, 계속, 규범 몰입의 3요소가 모두 포함된 조직몰입 척도를 개발하였다. 감정 몰입을 측정하는 문항은 다음과 같다. "이 조직은 나에게 개인적 의미를 많이 부여해 준다." 계속 몰입의 문항은 다음과 같다. "가까운 미래에 이 조직을 그만두게 된다면 이는 나에게 비용이 너무 많이 드는 일이다." 마지막으로 규범적 몰입의 견본 문항은 다음과 같다. "내가 지금 이 조직을 그만둔다면 죄책감을 느끼게 될 것이다."

지금까지 이 척도에 대해 누적된 증거는 상당히 고무적이다. 예를 들어, Meyer와 Allen(1997)은 감정, 계속, 규범적 몰입 척도에 대한 내적 일관성 신뢰도의 중간값이 각각 .85, .79, .73이라고 보고하였다. 세 척도 모두의 시간적 안정성 또한 합리적으로 높은 수준이었다.

구성 타당도 측면에서도 역시 인상적인 지지 증거가 있다. 예를 들어, 여러 연구들이 척도의 3요인 구조를 지지하였다(Meyer & Allen, 1997에서 요약). 또한 이들 세 형태의 몰입이 직무만족, 가치관, 직업몰입과 같은 관련 변인들과 경험적으로 구별될 수 있다는 증거들도 밝혀졌다. 또한 다른 변인들과 보이는 관계 패턴에서도(이 부분은 다음 절에서 자세히 기술될 것이다), Meyer와 Allen 측정치의 구성 타당도가 지지되었다. 중요한 점은 상호 구별되는 3개의 하위 몰입척도가 모두 다른 변인들과 기대했던 방식으로 상관관계를 나타냈다는 것이다.

OCQ와 Allen과 Meyer(1990) 척도 외에 다른 여러 조직몰입 척도들이 개발되었지만 어느 것도 널리 사용되지는 않았다. 이 중 Becker(1992)에 의해 개발된 척도가 주목할 만하다. 이 연구에서 조직몰입은 다양한 기반(Meyer & Allen, 1997처럼)과 다양한 초점을 두고 측정되었다. 그러나 다른 연구들이 이를 잘 활용하지 않았기 때문에 이런 접근법으로 몰입을 측정하는 것의 적용 가능성에 대한 경험적 증거는 거의 없다. 그러나 만일 다른 기반과 다른 초점을 가지게 될 때 실제로 다른 결과가 도출된다면 향후 이런 형태로 몰입을 측정하는 것도 유용할 것이다.

조직몰입을 개념화하고 측정하려는 최근 경향은 세 가지 구별되는 몰입 유형을 기반으로 하여 몰입 프로파일을 개발하는 것이다. Somers(2010)는 세 유형의 몰입 유형 점수를 토대로 군집통계분석법을 사용하여 집단을 구분하였다. 분석에서 점수 프로파일 7개가 구별되어 나왔는데, 프로파일

2개는 감정 몰입과 계속 몰입 요소에서만 각기 높은 값을 가지는 것, 또 하나는 세 요소 모두 높은 점수를 보이는 것, 또 하나는 세 점수 모두 낮은 점수를 보이는 것, 나머지 세 유형은 세 요소 중 두 가지(감정-규범, 감정-계속, 계속-규범)에서 높은 점수를 보이는 것이었다. 프로파일 접근법을 사용하여 이 저자들은 감정 몰입이 규범적 몰입, 계속 몰입과 결합하였을 때 이직 의도 및 실제 이직을 낮춘다는 것을 발견했다.

보다 고급 통계분석법인 잠재 프로파일 분석법을 사용하여 Meyer, Stanley, Parfyonova(2012)는 6가지 몰입 프로파일을 찾아냈다. 즉 3요소 모두 낮은 수준, 3요소 모두 중간 수준, 3요소 모두 낮음에서 중간 수준, 3요소 모두 높은 수준, 감정 몰입과 규범 몰입이 각기 높은 수준이다. 집단에 따라 예측변인과 결과변인에 차이가 있었으며, 3요소 모두 높게 몰입한 사람들과 감정 몰입 및 규범 몰입이 함께 높은 사람들이 가장 긍정적인 결과를 보여 주었다. 조직몰입에 대한 미래 연구 경향은 중요한 결과치에 영향을 주기 위해서는 몰입 모델에 있는 요소들을 어떻게 결합해야 하는지를 검토하는 것이 될 것이다(Meyer & Parfyonova, 2010).

조직몰입의 발달과 예측변인

무엇이 조직에 대한 몰입 수준을 결정하는가? 조직몰입 구성개념이 복잡하다는 것을 고려할 때 이 질문에 답하기는 쉽지 않다. 대부분의 연구자들은 Meyer와 Allen(1991)이 제기한 세 가지 몰입 기반의 발달과정을 각각 조사함으로써 이 문제를 해결하고자 했다. 감정적 몰입의 경우, 만일 조직이 자기에게 지지적이고 공정한 방식으로 대우한다고 종업원이 지각한다면 이런 유형의 몰입이 발달될 거라고 예측할 수 있을 것이다. 실제로 연구 결과, 감정적 몰입은 조직지지 지각(perceived organizational support, POS) 및 절차 공정성(procedural justice)과 같은 변인들과 정적인 상관관계를 보여 주었다. 조직지지 지각이란 조직이 종업원에게 도움이 된다고 여겨지는 정도를 나타낸다. 즉 조직이 '종업원 편'이라고 지각되는 정도이다. 이전 장에서 보았듯이, 절차 공정성이란 조직이 종업원을 대우하는 과정에서 사용하는 절차의 공정성을 나타낸다. 병원 간호사에 대한 최근 연구에서 지지적인 조직 문화, 특히 간호사가 일하는 개별 병동 문화는 감정적 몰입을 예측해 주었다(Lok & Crawford, 2001).

공정성 지각과 관련지어 보면 많은 직무환경 특성들이 감정몰입과 관련될 수 있다. Clausen과 Borg(2010)는, 기본적 몰입 수준을 통제하고, 리더십·업무절차에 대한 개인적 영향력 및 업무 스트레스 같은 업무특성이 약 1년 후의 감정적 조직몰입을 예측하는 정도를 조사하였다. 저자들은 개별 종업원 수준에서 이 특성들이 감정적 몰입을 예측하는지를 검토한 다음, 개인이 소속된 업무집단 수준(301개의 다른 업무집단)에서 이 관계를 분석하였다. 이 연구에서 개별 종업원 수준과 업무집단 수준에서는 리더십의 질이, 종업원 수준에서는 개인적 영향력이 미래의 감정적 조직몰입을 예측하였다.

감정적 몰입의 발달에 영향을 줄 수 있는 또 다른 요인은 조직이 보상 결과의 원천으로 여겨질 수 있느냐의 여부이다. 예를 들어, 직무범위, 참여적 의사결정, 직무 자율성 및 지각된 유능감 같은 변인들과 감정적 몰입 간에 정적인 관계가 나타났다(Meyer & Allen, 1997). 이 결과는 만일 조직이 개인에게 중요하면서도 유능감을 느끼게 하는 장소라고 여겨진다면, 종업원은 감정적 몰입감을 발전시킨다는 것을 시사한다. 이런 생각과 관련하여, 조직이 종업원의 자율성, 관계성, 및 유능성의 욕구를 충족해 준다고 종업원이 느끼면 감정적 몰입이 더 커진다는 것이 최근 연구에서 발견되었다(Greguras & Diefendorff, 2009). 이 연구와 일관되게, Meyer, Hecht, Gill, Toplonytsky(2010)의 최근 연구는 개인-조직 문화 간 일치가 미래 감정적 몰입을 예측한다는 것을 발견하였다.

감정적 몰입을 해석하기 위해서 몇몇 연구자들이 추구하는 또 다른 방법은 행동적 몰입과 회고적인 의미부여를 통한 것이다. 달리 말해서, 종업원은 조직에 재직하고 있다는 것과 자신들이 조직에 들인 노력을 정당화하기 위해 회고적 기제로 감정적 몰입감을 발달시킬 수도 있다. 이와 같이 몰입을 설명하는 것은 이 장 초반부에 기술된 Salancik과 Pfeffer(1978)의 사회적 정보처리 이론과 일관된다. 대체적으로, 감정적 몰입에 대해 회고적 설명을 지지하는 증거는 찾기 쉽지 않다. 그러나 Meyer와 Allen(1997)이 지적한 대로, 이 기제는 아주 미묘해서 경험적으로 검증하는 것은 매우 어려울 것이다. 이런 유형의 논리를 검증하려면 종단적인 연구여야 하고 여러 시점에서 평가가 이루어져야 한다(Zapf et al., 1996 참조).

감정적 몰입과 비교해 볼 때, 계속 몰입의 발전과정을 설명하는 것은 훨씬 간단하다. 계속 몰입에 대한 설명은 대부분 우리가 행동과정에 몰입하는 기제로 언급되는 Becker(1960)의 '내기 부대효과(side bets)'란 개념에 의존하고 있다. 만일 어떤 사람이 앞으로 6개월 동안 자신이 10kg을 감량하겠다고 선언하고 내기를 한다면, 이런 선언은 이 사람으로 하여금 이 행동과정에 몰입하게 만들어 준다. 이런 개념을 업무현장에 적용해 보면, 시간이 지남에 따라 종업원은 자신을 현 조직에 몰입하게 하는 여러 '내기 부대효과'를 쌓아 간다. 예를 들어, 근속연수가 증가하면 종업원에게는 이에 따른 특별 혜택이나 특권이 부여되지만, 만약 이 종업원이 회사를 떠나 다른 회사로 이동하게 되면 그런 혜택은 상실된다. 또한 종업원은 주위 동료들과 수많은 사회관계를 발전시키고, 이런 유대관계가 소속감과 편안함을 키운다. 그러나 이런 느낌은 다른 조직으로 이동하면 사라지게 된다.

계속 몰입을 설명하는 또 다른 결정인자는 종업원이 현 조직에서 실행 가능한 다른 대안을 **지각**하는 정도이다. 지각한다는 말을 강조하였는데, 이는 **실제적인** 대안이 존재하느냐 안 하느냐는 사실 중요하지 않기 때문이다. 중요한 것은 종업원이 어떻게 지각하고 있느냐이다. 이직 대안을 지각하는 것은 실업률 같은 환경적 요소에도 영향을 받지만 다른 것, 즉 주관적 요인에 더 영향을 받는다. 예를 들어, 어떤 종업원이 자신의 일반 역량, 교육 수준 및 이동 가능성에 대해 가지고 있는 지각은 자신의 이직 대안을 지각하는 데 고려된다. 누구나 추측할 수 있듯이, 현 조직 외의 대안을 지각하지 못하는 종업원들에게서 계속 몰입은 더 높을 것이다.

감정 몰입, 계속 몰입과 비교해 볼 때, 규범적 몰입의 발달에 대해서는 훨씬 덜 알려져 있다. Meyer와 Allen(1997)에 따르면, 개인적 특성 그리고 조직과 종업원 간 거래의 성질이 규범적 몰입의 발달에 영향을 줄 수 있다. 개인적 수준에서 보면, 초기 사회화 과정에서 조직에 대한 종업원의 충성심이나 도덕적 의무감 형성을 강조하는 데서 차이가 있을 수 있다. Meyer와 Allen(1997)에 따르면, 또한 조직은 초기 사회화 시기에 종업원들에게 조직에 대한 도덕적인 의무감이 강하게 스며들도록 할 수 있다.

아마도 가장 강력한 규범적 몰입 결정인자는 조직이 종업원을 대하는 방식일 것이다. 어떤 종업원이 조직에 들어가면, 그들과 조직 사이에는 암묵적 계약 또는 심리적 계약(psychological contract)이 형성된다(예 : Schein, 1990). 심리적 계약은 종업원이 느끼기에, 조직의 일원으로서 자신이 받게 되는 합당한 대우로 여겨지는 것에 대한 종업원의 지각을 나타낸다. 따라서 조직이 심리적 계약목표를 존중하고 있다고 지각될 때, 종업원의 규범적 몰입이 가장 클 거라고 가정할 수 있을 것이다. 그러나 이런 몰입 형태의 발달과정에 대해 결론을 내리기 전에 더 많은 연구가 이루어질 필요가 있다.

보다 최근 연구는 비교 문화적 및 민족적 특성이 조직몰입에 미치는 영향을 강조한다. 이런 유형의 연구들은 국가별 조직몰입 수준을 조사해서 주로 미국이나 서구 유럽에서 발전된 조직몰입 모델이 다른 모집단에도 일반화될 수 있는지를 평가하고자 한다. Gelade, Dobson, Gilbert(2006)는 49개 국에 대해 감정적 몰입의 국가 간 차이를 조사하였다. 이들은 또한 국가별 조직몰입 예측치들, 예컨대 성격 특성, 사회경제적 지표, 가치관 등의 차이를 조사하였다. 이 저자들은 조직몰입 수준이 49개 국가들 간에 아주 다르며, 변량의 대략 11%가 민족 차이로 발생한다는 것을 발견하였다.

이 저자들에 따르면, 외향적이고, 신경증이 낮고, 행복도가 높고, 평등주의적 가치관이 높고, 사회적 냉소주의가 낮은 국가들에서 조직몰입 수준이 가장 높게 나타났다. 이들은 조직몰입과 1인당 국민총소득이 서로 관련이 없다는 것을 발견하여, 돈을 더 많이 번다고 해서 조직몰입이 더 높아지는 것은 아니라고 주장하였다.

다른 나라에서 Meyer와 Allen의 몰입 모델을 적용한 사례는 Lee, Allen, Meyer, Rhee(2001)의 연구에서 볼 수 있다. 이 저자들은 앞에서 설명한 3요소 모델이 한국 종업원들에게 적용되는지를 검증하였다. 첫 번째 연구에서 저자들은 몰입 3요소를 측정하는 Meyer와 Allen의 원래 척도가 한국에서는 일반화되지 않는다는 것을 발견했는데, 특히 계속 몰입 척도의 신뢰도가 아주 낮았다. 그런 다음 저자들은 Meyer와 동료들이 개발한 북미식 표현을 피하고 다른 언어권에 보다 친숙하게 구성한 새로운 문항들을 사용하였다. Lee와 동료들은 이 새로운 문항을 사용했을 경우 조직몰입의 내적인 구조(즉 의미)가 두 국가 간에 유사하다는 것을 발견했다. 이 결과는 비교 문화적 차이점과 유사점을 찾고자 할 때, 조직 관련 구성개념들을 적합하게 번역하는 과정이 중요하다는 것을 보여 준다.

Hattrup, Mueller, Aguirre(2008)는 조직몰입에 대해 비교 문화적 분석을 하였다. 이들은 25개국에 대한 국제 서베이를 통해 다국적 조직에 근무하는 종업원을 조사하였다. 이 연구에서 종업원들이 속한 국가 간에 감정적 조직몰입의 측정 동일성이 발견되지 않았다. 이는 감정적 몰입이 국가별로 다른 의미를 가질 수 있다는 것을 의미한다. 이들은 또한 국가별로 감정몰입에 차이가 남을 발견하였지만, 이 차이는 그리 크지 않았다. 마지막으로, 감정 몰입의 국가 간 차이는 국가별 개인주의-집단주의의 차이로 나타난 것은 아니었는데, 이는 다른 요인 또는 요인들이 이런 관계에 책임이 있다는 것을 시사한다.

조직몰입의 결과물

직무만족과 마찬가지로, 연구자와 관리자들이 조직몰입에 관심을 가진 것은 주로 다른 변인들과의 관련성 때문이다. 이 절에서는 조직몰입과 태도 변인, 결근, 이직 및 수행 간의 관계에 대한 증거를 간략히 살펴보고자 한다.

태도 변인

Meyer와 Allen(1991)의 감정, 계속, 규범적 몰입 간 구분을 받아들이고, 이런 몰입 형태별로 각기 관련 변인들을 분리해서 검토해 보았다. 감정 몰입은 다른 업무 관련 태도와 강하게 관련되었다. 이 장 서두에서 언급했던 것처럼 Mathieu와 Zajac(1990)은 감정적 조직몰입과 직무만족 간의 교정 상관이 .53이었다는 것을 발견하였다. 이 통합분석에서 발견된 감정 몰입과 관련된 다른 태도 변인들은 직무몰입(.36), 직업몰입(.27), 노조몰입(.24) 및 스트레스(.29) 등이었다.

감정 몰입에 비해 계속 몰입이나 규범적 몰입과 태도 변인들 간의 관계를 다룬 경험적 연구들은 많지 않다(Meyer & Allen, 1997). 활용할 수 있는 증거가 많지 않지만, 계속 몰입은 감정 몰입과 상관관계를 나타낸 대부분의 동일 변인들과 상관이 있는 것으로 나타났는데, 몇 가지 중요한 차이들도 나타났다. 예를 들어, Mathieu와 Zajac(1990)의 연구에서 감정 몰입은 계속 몰입보다 직무만족, 직무몰입과 더 강한 상관관계를 가지는 것으로 나타났다. Cooper-Hakim과 Viswesvaran(2005)이 수행한 최근의 통합분석에서 직무만족은 감정 몰입과 .47, 계속 몰입과 .09, 규범적 몰입과 .29의 상관을 보여 주었다.

결근

태도 변인과 비교해 볼 때, 조직몰입의 각 형태와 결근 간의 관계에 관한 연구 증거는 훨씬 더 적은 편이다. Mathieu와 Zajac(1990)의 연구에서, 감정적 몰입과 결근 간의 교정 상관은 .12, 지각과의 상관은 .11이었다. 이 결과는 감정 몰입 수준이 높은 종업원들은 결근 수준이 낮은 경향이 있으나, 이런 경향이 약하다는 것을 시사해 준다. 이전 절에서 결근과 직무만족 간의 상관이 비슷한 강도였다는 것(예 : Hackett & Guion, 1985)을 생각해 보면, 이와 같이 약한 관련성은 직무만족의 경우처럼 결근 측정의 변산성 때문일 수도 있고, 또한 더 큰 차원에서 보면 태도–행동 간의 일관성 논쟁에서 그 이유를 찾을 수도 있다. 또한 개념적인 관점에서 볼 때, 감정적 몰입이 높다는 것은 조직에 기여하고자 하는 욕구를 나타내는 것이나, 물론 이런 욕구는 상황적 수반성에 의해 종종 무효화될 수도 있기 때문이다.

감정적 몰입과 다시 비교해 볼 때, 계속 및 규범적 몰입과 결근 간의 관계에 존재하는 증거는 거의 없다. 그러나 지금까지 이루어진 연구들에서는 이 두 몰입 형태 중 어느 것도 결근과 관련되지 않았다(Meyer & Allen, 1997). 개념적 관점에서 보면, 이 결과는 다소 놀라운 사실이다. 왜냐하면 만일 종업원의 몰입이 계속성에서의 다양성을 나타내는 것이라면, 일터에 정규적으로 출근하는 것은 종업원이 가지는 최대 관심사일 것이기 때문이다. 즉 그렇게 하지 못하면 조직의 일원으로 남는 것이 위험해질 수 있다. 물론 이런 주장은, 결근을 자주 하는 것은 부정적인 결과를 가져온다는 조직정책을 가지고 있다는 전제하에서 하는 것이다. 규범적 몰입과 관련해서, 빈번한 결근은 자신을 고용하고 있는 조직에 대한 강한 도덕적 의무감에 기반하여 형성된 몰입(즉 규범적 몰입)과 일치하지 않는 것이다. 활용할 만한 증거를 제시할 수가 없기 때문에 이런 가능성들은 모두 미래 연구에서 검증되어야 한다.

종업원 이직

조직몰입의 특성상 세 유형의 몰입과 이직 간의 관계를 보여 주는 증거는 상당히 많이 존재한다. 기대했던 대로, 여러 경험적 연구들은 세 유형의 몰입 모두와 이직 간에 부적인 관계가 있다는 것을 보여 준다(Allen & Meyer, 1996; Cooper-Hakim & Viswesvaran, 2005; Mathieu & Zajac, 1990). 모든 몰입 유형이 이직과 부적으로 연관된다는 사실은 조직으로 보아서는 긍정적인 일로 보인다. 그런데 어떤 경우에는 그렇지 않을 수도 있다. 예를 들어, 종업원들이 조직에 남아 있는 것이 주로 계속 몰입 수준이 높기 때문이라고 생각해 보자. 이런 결과가 반드시 조직에 좋을 것인가 또는 고용주에게 좋을 것인가? 그런 사람은 최소 임무만 수행하려고 할 것이고, 자신이 수행하는 직무에서 행복하지 않을 수도 있다. 똑같은 경우가 도덕적인 의무감(즉 규범적 몰입) 때문에 조직에 남고자 하는 사람들에게서도 발생하게 될 것이다.

조직몰입과 이직에 관한 최근 연구는 종단적 접근법을 채택하여 2년간 5개 시점에서 종업원을 평가하였다(Kammeyer-Mueller et al., 2005). 각 시점에서 저자들은 회사 이직의 비용 지각, 조직몰입, 종업원이 경험한 중요한 사건(예 : 부당한 대우) 및 기타 요인들을 측정하였다. 생존분석법을 사용하여 저자들은 조직몰입[Mowday 등(1979)의 측정치]이 여러 시점에서 이직의 중요한 예측치임을 발견하였다.

최근 연구에 따르면, 조직몰입 유형별로 미래의 각기 다른 시점에서의 이직을 예언할 수 있다. Culpepper(2011)는 감정 몰입은 향후 4개월 이내 이직과 관련되었는데, 반면 계속 몰입 중 개인적 희생 또는 투자요인은 5~12개월 이후의 이직을 예측해 주었다. 감정 몰입의 저하는 갑작스럽게 조직을 떠나고 싶어 하는 욕구와 관련되는 반면에, 계속 몰입의 개인적 희생요인은 외적 요인에 의해 이직할 가능성을 줄여 주는 것이라고 이 저자들은 주장하였다.

직무수행

수년에 걸쳐 많은 연구들이 조직몰입과 직무수행 간의 관계를 연구하였다. 일반적으로, 비록 관계 강도가 그다지 강하지는 않았지만 감정 몰입은 직무수행과 정적인 관계를 보여 주었다(Cooper -Hakim & Viswesvaran, 2005; Mathieu & Zajac, 1990; Meyer & Allen, 1997). 그러나 이런 관계 뒤 기제를 결정하는 것은 어려운 일인데, 왜냐하면 이런 연구는 다양한 수행 측정치를 사용했기 때문이다. 예를 들어, 어떤 연구자는 전반적 감독자 평정 수행을 사용하였고(예 : Konovsky & Cropanzano, 1991), 다른 연구자는 비용조절과 같은 객관적인 지표를 사용했으며(예 : Shim & Steers, 1994), 또 다른 연구자는 자기 평정 수행을 사용하였다(예 : Baugh & Roberts, 1994). 그렇지만 이런 연구들이 가지는 한 가지 공통점은 감정적 몰입과 수행 간의 관계가 종업원의 노력에 의해 매개된다는 것이다. 감정적 몰입 수준이 높은 종업원은 감정적 몰입 수준이 낮은 사람에 비해 일을 더 열심히 하고 노력을 더 많이 기울이는 경향이 있다. 항상 그런 것은 아니지만, 많은 경우 노력 수준이 높으면 수행 수준도 높아지는 것이다(Campbell, 1990, 1994).

감정 몰입과 노력 간의 이러한 연계성은 종업원들이 동일한 능력을 보유하고 있을 때, 그리고 수행이 주로 동기 수준에 의해 결정될 때, 그리고 종업원이 수행에 대해 어느 정도 통제할 수 있을 때, 몰입은 수행과 정적인 관계가 있다는 것을 시사해 주는 것이다. 이는 왜 감정 몰입이 역할 내 수행보다 조직시민행동(OCB)을 더 잘 예측하는지를 설명해 준다(Meyer & Allen, 1997; Organ & Ryan, 1995). OCB는 주로 동기적인 기반에서 일어나기 때문에, 종업원은 역할 내 수행보다 OCB에 대해 통제력을 더 많이 발휘할 수 있다는 앞 장의 설명을 상기해 보라.

감정적 조직몰입에 비해서, 계속 몰입이나 규범적 몰입이 수행에 주는 의미를 분석한 연구는 상당히 적다. 그러나 Meyer와 Allen(1997)은 가용한 대부분의 경험적 연구를 분석해 본 결과, 이 두 유형의 몰입 중 어느 것도 역할 내 수행이나 OCB와의 관련성이 강하지 않았다고 지적하였다(Cooper -Hakim & Viswesvaran, 2005 참조). 더욱이 이들이 왜 수행과 관련되어야 하는지에 대한 개념적 정당성을 찾기도 힘들다. 예를 들어, 계속 몰입은 왜 종업원들의 노력 수준을 끌어올리는지 또는 자신에게 요구되는 이상의 것을 하게 하는지에 대한 이유를 찾을 수가 없다.

규범적 몰입 수준이 높으면 조직목표에 대한 노력 수준을 높여 줄 것이라는 것은 다소 그럴듯해 보인다. 똑같이, 의무감으로 형성된 몰입은 반드시 조직을 위해 노력을 더 많이 기울이게 하지는 않을 것이라는 역주장도 가능하다. 반대로 의무감 때문에 조직에 남아 있도록 강요받고 있다고 종업원이 느끼면 조직에 적대감을 키울 수 있으며, 반생산적 행동에 몰두할 수도 있다(제6장 참조).

앞에서 논의한 프로파일 분석에 비추어, Sinclair, Tucker, Cullen, Wright(2005)는 최근 감정 몰입과 계속 몰입 프로파일이 역할 내 수행과 역할 외 수행과 관련될 것이라는 재미있는 아이디어를 검증하였다. 예전의 어떤 연구도 감정 몰입과 계속 몰입의 상호작용이 어떻게 결과 변수들을 예측해 줄지에 대해 검토하지 않았다고 이 저자들은 지적하였다. 범주분석을 활용하여 이 저자들은 몰입에 대해 네 가지 구분되는 종업원 프로파일을 구성하였다. 이들은 각기 동맹형(중간 정도의 감정 몰입과 계속 몰입), 자유인형(중간 정도의 계속 몰입과 낮은 수준의 감정 몰입), 헌신형(높은 수준의 감정 몰입과 계속 몰입), 태평형(중간 정도의 감정 몰입과 낮은 수준의 계속 몰입)이라고 명명되었다. 저자들에 따르면, 감정 및 계속 몰입과 역할 내 및 역할 외 수행 간의 상관관계가 상대적으로 강하였다. 그 외에도, 헌신형 종업원들은 다른 집단에 비해 상사가 측정한 역할 내 및 역할 외 수행 측정치가 높게 나타났다.

조직몰입을 수행 예측치로 보려는 연구의 최근 추세는 팀 또는 부서 단위로 몰입을 분석하려는 시도를 한다. Neininger, Lehmann-Willenbrock, Kauffeld, Henschel(2010)은 종단분석을 실시해서 팀 수준 몰입은 팀수행 및 OCB 중 이타성과 관련되었지만, 반면 개인 수준 조직몰입은 직무만족 및 조직 이직 의도와 관련됨을 발견하였다. Conway와 Briner(2012)도 영국 사무직 직원을 대상으로 부서 단위 조직몰입이 부서수행 품질, 부서수행 속도와 관련 있다는 것을 밝혔다. Winkler, König, Kleinman(2012)도 부서 단위 조직몰입이 부서수행의 예측변인인지 결과변인인지를 검토하였는데, 부서수행이 부서 단위 조직몰입을 예측하기보다 부서 단위 조직몰입이 부서수행을 예측한다는 것을 지지하는 결과를 얻었다. 여기서 수행 측정치는 금융업 종사자들의 3년간 부서수행 측정치를 사용하였다.

직무만족과 조직몰입을 결합하여 수행 예측하기

이 장에서는 지금까지 직무만족과 조직몰입을 구분되는 별개의 구성개념으로 다루었다. 이는 조직심리학 내 다수의 생각 및 연구들과 기조를 같이한 것이다. 그러나 최근 Harrison 등(2006)이 시행한 통합분석에서는 조직몰입과 직무만족을 전반적 직무태도(overall job attitude)로 결합하였을 때의 효과를 분석하였다. 저자들은 이 전반적 직무태도가 과제수행, 역할 외 수행, 이직과 같은 행동을 평가하는 종합적 업무 유관 행동 측정치를 예측해 주는 능력을 검증하였다. 이런 접근방식을 취하게 된 것은 이 장 초반부에 기술한 Ajzen(1988)의 논리와 유사하다. 그는 일반적 태도 측정치는 일반적 행동 측정치와 가장 많이 관련될 거라고 주장한 바 있다. Harrison 등(2006)은 전반적 직무태도 측정치는 전반적 업무 관련 행동 측정치와 .59의 상관을 보인다는 것을 발견하였다. 이는 직무태도는 종업원의 업무 전념도를 보여 주는, 전반적 행동 측정치와 관련된다는 강력한 증거를 제공해 준다.

종업원의 행동 결과를 예측하는 데 직무만족과 조직몰입을 결합하는 것이 유용하다는 추가적인 지지는 Hausknecht, Hiller, Vance(2008)의 연구에서도 발견되었다. 이들의 연구에서 부서 단위에서 직무몰입 고수준과 조직몰입 고수준의 결합은 업무 결근과 관련되었다. 의심할 여지 없이 이런 최근 연구 결과는 직무태도를 중요하게 다루는 연구들을 활성화시켜 줄 것이다.

몰입 연구의 실용적인 적용

조직몰입 연구의 현장 활용성을 분석하는 한 가지 방법은 종업원들의 몰입 수준을 높이려고 조직이 사용하는 여러 방법을 검토해 보는 것이다. Meyer와 Allen(1997)은 조직몰입에 영향을 줄 수 있는 여러 가지 인력정책을 기술하였다. 예를 들어, 선발과 채용기간 중에 조직이 예비 종업원들에게 현실적인 정보를 제공해 주는 방법을 추천할 수 있다(Wanous, 1989). 현실적 직무안내를 사용하는 것에 대한 논리적 근거로 활용되는 것이 주로 직장에 남는 것을 의미하는 유지율이지만, Meyer와 Allen(1997)은 현실적 직무안내(realistic job previews)는 종업원의 몰입 또한 키울 수 있다고 강조하였다. 솔직한 정보를 제공받은 종업원은 조직이 '모든 것을 보여 주었다'고 느낄 것이고, 자신이 조직에 입사할 것인지 아닌지에 대해 충분한 정보를 받고 선택을 할 수 있었다고 느끼게 될 것이다. 이러한 자유선택감은 조직에 대한 종업원 몰입감을 키워 줄 수 있다.

현실적 직무안내를 제공하는 것은 보다 상징적인 의미에서도 몰입감을 키워 줄 수 있다. 만일 조직이 직무의 좋지 않은 측면에 대해서도 정직하게 정보를 제공하면, 응시자들은 이를 조직이 자신들을 미래에도 공정하고 정직한 방식으로 대우할 것이라는 신호로 받아들인다. 이 응시자들이 정식 직원이 되면, 깊이 몰입하여 그런 정직함과 공정함에 '보답하려고' 할 것이다. 역으로, 조직이 채용 과정에서 지나치게 긍정적인 조직 모습만 제공했다고 느낀다면 이는 조직 내에서 공정성과 솔직성이 부족하다는 신호로 여겨진다.

조직에 들어온 후 종업원이 첫 번째로 마주치는 사회화와 교육훈련 경험이 몰입 수준을 결정하는 데 중요한 영향을 줄 수도 있다. 조직은 신입사원을 사회화하기 위해 다양한 전략을 사용한다는 것(Van Maanen & Schein, 1979)을 제3장에서 살펴보았음을 상기해 보자. 또한 신입사원들도 정보를 얻기 위해 다양한 전략을 사용할 수 있다는 것을 상기해 보자(Miller & Jablin, 1991). Meyer와 Allen(1997)은 사회화에서 포용적(investiture) 접근이 박탈적(divestiture) 접근보다 조직몰입감을 더 키워 준다고 제안하였다. 포용적 접근을 사용하게 되면 조직은 신입 구성원이 자신의 과거 자아를 완전히 없애 버릴 것을 요구하지 않는다. 오히려 조직은 신참자가 자신의 고유성을 유지하면서 새 조직의 가치를 받아들이는 구성원이 되도록 한다. 이것이 주는 메시지는 무엇인가? 신참자는 조직이 자발적으로 종업원의 권리를 인정하고 존중해 주려고 한다는 메시지를 받는다. 이런 메시지에 대해 종업원은 조직에 대한 몰입감을 키우는 것으로 보답한다.

이에 비해, 박탈적인 사회화 접근은 기본적으로 신참자가 이전에 가지고 있던 정체성 중 일부를 포기하고, 조직의 완전한 구성원으로 인정받기 위해 '같은 줄에 설' 것을 요구한다. 이런 형태의 사회화는 신참자들에게 새 조직은 '엘리트 집단'이고, 구성원의 자격을 가지는 것은 굉장한 특권으로 받아들여져야 한다고 강요하는 것이다. 이런 것은 건강하지 못한 방관자적 불신감을 심어 주고, 위만 바라보는 신참자 관점을 갖게 한다. 이렇게 혼합된 메시지가 전달되므로, 박탈적 사회화는 몰입 수준을 아주 높이거나 아주 낮게 만들 수도 있다.

조직이 조직몰입 연구를 구체적으로 활용할 수 있는 또 다른 영역은 내부 승진정책을 발전시키는 것이다. Meyer와 Allen(1997)이 지적했던 것처럼, 조직 내부에서 승진하는 것은 종업원의 몰입 수준을 높여 준다. 만일 조직이 내부 승진정책을 채택한다면, 몇 가지 중요한 문제를 검토해야 한다. 아마 가장 중요한 것은 내부 승진정책은 모든 종업원이 어떤 것이라도 활용할 수 있게 공개적으로 추진되어야 한다는 것이다. 만일 내부 승진제도가 불공정하고 비밀스럽게 진행된다고 종업원들이 본다면, 의도치 않은 효과를 내서 종업원 몰입을 축소시킬 수 있다. 또한 종업원이 승진 후보자가 되는 데 필요한 기술을 습득하도록 조직이 도와주지 않는다면, 종업원은 승진기회를 활용할 수 없을 것이다. 앞에서 논의한 것처럼, 기술 습득은 확실히 공식적인 교육훈련에 의해 촉진될 수 있다. 그 외에도, 종업원이 의미 있는 발전경험을 가질 수 있도록 조직은 수평이동이나 직무순환과 같은 다른 방법을 활용할 수도 있다.

조직몰입 연구는 종종 조직에서 보상 및 복리후생 영역에 활용된다. 어느 정도 변화를 주긴 하지만, 대부분의 조직은 보상 형태를 근속기간과 연계시킨다. 예를 들어, 아주 일반적으로 종업원이 연금혜택이나 특별 보상혜택을 받기 위해서는 최소한의 근속기간을 유지할 것이 요구된다. 그런 요구사항들이 몰입을 키우는 것은 사실이지만, 이는 주로 계속 몰입 차원에서다. 따라서 그런 최소 요구 조건을 제시하는 것은 종업원이 조직에 남도록 할 수는 있지만, 이것이 필연적으로 조직을 위해 더 열심히 일하도록 동기화시켜 주는 것은 아니다.

종업원의 몰입을 키우기 위해, 조직이 보상을 활용하는 보다 창의적인 방법은 이익공유제도나 우리사주제도를 사용하는 것이다(Lawler & Jenkins, 1992). 이런 계획에 깔린 아이디어는 조직 전체의 이윤이 증가하면 종업원도 이득을 보게 된다는 것이다. 이들 제도는 아마 종업원들로 하여금 '큰 그림(the big picture)'을 보게 만들고, 조직 전체의 이익을 위해 일하게 만든다. 또한 이런 보상 프로그램은 세 가지 형태의 조직몰입 모두를 향상시키는 것이 가능하다. 조직에 대해 '주인의식'을 가지는 것은 자부심과 정체성을 키워 주고, 결국에는 감정 몰입을 키워 주게 될 것이다. 주인의식은 책임감을 불러일으키고, 결국 조직에 대한 도덕적 의무감을 유발한다. 따라서 규범적 몰입도 커진다. 그런 보상 체계를 적용받는 종업원은 조직을 떠나게 되면 재정적인 손실을 입을 수도 있기 때문에 계속 몰입 역시 증진될 것이다. 이런 계획은 제9장에서 보다 상세히 다루고자 한다.

추가 직무신념들

직무만족과 조직몰입 이외에도, 연구자들은 동기부여, 직무수행, 결근 및 이직과 같은 종업원의 행동 결과에 영향을 주는 여타 직무신념들을 활발히 측정하고 있다. 이 절에서는 조직지지 지각, 조직 동일시, 직무 착근성 및 조직 정의에 대해 논의하고자 한다. 각 신념을 개별적으로 살펴보기 전에, 간혹 일부 연구자들이 이 절에서 제시하는 여러 직무신념의 다중적 영향을 검토하려고 하지만 보다 일반적인 경향은 각 신념들을 서로 분리하여 각각의 영향력을 살펴보려고 한다는 점에 일단 주목하기 바란다. 따라서 먼저 개별적으로 각 신념에 대해 시행된 연구를 살펴볼 것이다. 그 후 마지막 부분에서 이 다양한 신념들을 결합하는 데 초점을 두고 있는 몇몇 연구들을 살펴볼 것이다.

조직지지 지각(POS)

조직지지 지각(perceived organizational support, POS)은 "조직이 종업원의 기여사항을 중요하게 여기고 종업원의 복지에 신경 쓰는 정도에 관해 종업원이 가지는 믿음"(p. 501 ; Eisenberger, Huntington, Hutchison, & Sowa, 1986)으로 정의된다. POS에 내재한 논리는 종업원의 사회적이며 정서적인 욕구를 충족시키는 데 조직의 역할이 중요하고, 종업원이 조직에 이익이 되는 방식으로 수행하면 조직에 의해 지지되고 보상받을 것이라는 종업원 믿음이 중요하다는 것이다(Rhoades & Eisenberger, 2002). Schleicher 등(2011)이 지적한 대로, POS는 "종업원을 향한 조직의 관점에 대한 종업원 관점을 대변하는"(p. 163) 독특한 업무 신념이다.

　일련의 통합분석들이 POS와 연합되는 예측변인과 결과변인들을 확인하였다. 예측변인 측면에서 보면, 업무 관련 스트레스원 감소, 조직 공정성 지각, 직무 자율성, 조직 보상, 성실성 성격은 모두 POS 수준 증가와 관련 있었다(Schleicher et al., 2011). 결과변인 측면에서 보면, POS는 과제 및 맥락수행, 종업원 스트레스 수준 감소, 이직 의도 및 실제 이직 감소, 철회행동 감소를 예측하였다(Schleicher et al., 2011). 더 나아가 POS는 미래의 수행을 강하게 예측하였으나, 수행이 POS를 예측하는, 반대 인과관계는 보이지 않는다는 증거가 발견되었다(Chen, Eisenberger, Johnson, Sucharski, & Aselage, 2009). 마지막으로 최근 통합분석에서, POS는 일선 종업원들(예 : 고객과 직접 상호작용하는 사람들)의 수행에 대한 강한 예측변인이었지만, 비일선 종업원들(예 : 고객과 직접 상호작용은 없고 공장에서 일하는 사람들)의 수행에 대해서는 그렇지 않다는 것이 발견되었다 (Riggle, Edmondson, & Hansen, 2009).

POS는 분명히 종업원의 건강, 복지 및 수행에 중요한 의미가 있는 업무 신념이다. 이 주제에 대해 시행된 다수의 최근 연구로 판단해 보건대, 연구자들은 POS가 어떻게 종업원 행동 결과에 영향을 미치는지, 그리고 POS의 조절효과는 어떤 것인지에 대해 계속 분석할 것이다. 예를 들어, Yu 와 Frenkel(2013)은 최근 POS가 과제수행 및 창의성과 어떻게 관련되는지를 검토하였다. 이들은 조직에 대한 의무감 지각은 왜 POS가 과제수행과 관련되는지를 설명해 준 반면, 조직과의 개인적 일체감과 미래 경력성공 신념은 왜 POS가 창의성과 관련되는지를 설명해 준다는 것을 발견하였다. POS의 조절효과를 분석한 Farh, Hackett, Liang(2007)의 연구에 따르면 중국 종업원들에게서 POS 는 권력거리 수준이 낮은 종업원들의 경우에 과제 및 맥락수행과 강하게 관련되었다. Wang(2009) 의 연구에서도, 업무집단 내 서비스 풍토가 긍정적일 경우에 POS는 고객지향 OCB와 강하게 관련되는 것으로 나타났다.

조직 동일시

조직 동일시(organizational identification)는 종업원이 조직과 일체감을 느끼는 정도를 말한다(Ashforth & Mael, 1989). 조직몰입은 개인과 조직 간 관계의 질을 평가하는 개념이란 점에서 이와 구분된다(Johnson, Morgeson, & Hekman, 2012). Johnson 등(2012)에 따르면, 종업원은 조직과 동일시하고자 하는 2개의 주요 동기를 가지는데, 하나는 사회적 불확실성을 줄이고자 하는 동기이고, 또 하나는 자존감을 고양하려는 욕망과 관련된 동기다. 종업원이 조직과 강하게 동일시하게 되면, 자신이 중요한 집단에 소속하게 됨으로 인해 자신을 좀 더 긍정적으로 느끼게 되고, 확실성을 키우게 된다.

일반적으로 조직 동일시는 바람직한 행동 결과들과 연계되는데, 조직몰입, 직무만족, 직무몰입이 증가하고, OCB를 더 많이 수행하는 것을 들 수 있다(Bergami & Bagozzi, 2000; Mael & Tetrick, 1992). 최근 Johnson 등(2012)은 조직 동일시의 감정적 측면(예 : "조직의 일원인 것이 행복하다") 과 인지적 측면(예 : "이 조직 구성원이 되는 것은 내가 누구인가를 인식하는 데 중요하다")을 구분해서 평가하는 것이 의미 있다고 주장했다. 저자들에 따르면, 이 조직 동일시의 두 측정치는 종업원 행동 결과와 차별적으로 관련되었는데, 감정적 조직 동일시가 직무만족과 더 강하게 관련되었다.

직무 착근성

최근 많은 관심을 얻은 또 다른 업무 신념은 **직무 착근성**(job embeddedness)인데, 종업원이 현 직무를 계속 유지하려는 이유 대 다른 직무로 이직하고 싶은 이유를 예측하기 위해 개발된 변인이다.

연구를 수행한 사람들

Robert Eisenberger

소년 시절부터 나는 사람을 동기화시키는 것이 무엇인지에 대해 아버지와 긴 토론을 하곤 했는데, 이런 주제는 그 후 나의 교육 및 연구 관심사가 되었다. UCLA에서 학부 마지막 학기에 이수하지 못한 졸업 필수과목 하나—학습과 동기 심리학—를 그해 여름 수강하게 되었다. 나는 당시 방문교수가 진행하던 연구를 좋아하게 되어 연구를 위해 그와 같이 UC 산타 바버라로 옮기게 되었다.

내가 혼자 진행해 온 연구가 그의 이론을 발전시키게 되었고, 내 연구 결과를 학술지에 발표하는 것이 좋겠다는 그의 보장을 나는 순진하게 받아들이게 되었다. 그래서 최고 학술지에 발표되었는데, 그는 학과에서 나를 축출하려고 하였다. 사무실에서 학과장을 만나자 그는 내 연구가 학과 기준에 도달하지 못하였다는 말을 하였다. 내가 떠나야 한다는 데 대해 동의하자, 그는 UC 리버사이드의 학과장에게 전화를 해서, 이미 최고 학술지에 논문을 게재한 대단한 학생이 한 명 있는데, 학부교수와의 사소한 성격 차이로 말미암아 전학할 곳을 찾고 있다는 말을 하였다. 나는 UC 리버사이드에 대학원 학

생으로 전학을 하게 되었고, 사회심리학에 제2의 관심영역을 갖고 있긴 하지만 아직도 학습과 동기를 연구하고 논문을 발표하고 있다.

나의 첫 직장은 올버니주립대학교였는데, 거기서 나는 학습된 근면성(learned industriousness) 이론을 발표하였다. 이는 사람들이 보다 끈질겨지는 방법을 어떻게 학습하게 되는지를 다루는 것이다. 거기서 나는 델라웨어 대학교로 옮기게 되었는데, 그곳에서 나의 관심사는 사회심리학과 성격으로 좀 더 이동하게 되었고, 사회교환 이론에 집중하게 되어 훗날 나의 I/O 심리학 분야 연구에 영향을 주게 되었다. 학생들과 나는 상호성 규범을 채택하는 과정에서의 개인차를 연구하기 시작하였다. 예를 들어 내가 발견한 것 중 하나는 선의에 대해 선의로 되갚는 것(긍정적인 상호성 규범)의 평가는 악의에 대해 악의로 되갚는 것에 대한 평가(부정적인 상호성 규범)와 완전히 독립적이라는 것이었다.

언젠가 교육심리학을 전공한 Mike Selbst가 내 연구실로 와서는 보상이 창의성을 파괴하는 방식을 연구하고 싶다는 제안을 하였다. 내가 그에게 어떻게 이런 사실을 알게 되었냐고 질문하자 그는 사회심리학 수업에서 이를 배웠다고 이야기하였다. 그는 보상은 자기결정성 지각을 떨어뜨리고, 개인으로 하여금 눈앞의 과제보다는 보상에 초점을 기울이게 하며, 이 두 가지는 모두 창의성을 떨어뜨리게 된다는 표준적인 관점을 받아들인 것이다. 나는 보상이 창의성에 미치는 유해효과가 검증된 사실이라고 받아들여서는 안 되며, 문헌을 비판적으로 바라보아야 한다는 제안을 하였다. 우리는 함께 연구를 하기 시작했으며, 주도적인 학술적 관점과 반대로, 창의성이 기대되었던 것이라는 것을 개인들

(계속)

이 아는 한 보상은 일반적으로 창의성을 키워 준다는 것을 암시하는 많은 연구 결과들을 발표하게 되었다.

동료인 Judy Cameron, David Pierce와 함께, 나는 수행기반 보상이 즐거운 활동에 대한 내재적 흥미를 증가시켜 준다는 것을 암시하는 통합분석 결과를 발표하였다. 논쟁은 여전히 계속되고 있지만, 반대 측의 이론을 정밀분석해 보면 우리가 내린 경험적 결론을 점점 더 받아들이기 시작했음을 알 수 있으며, 우리가 발견한 사실들을 자신들의 개념 틀에 맞추려고 하고 있음을 알 수 있다.

인간의 동기화에 관한 관심사의 일부분으로, 나는 일터에서 종업원의 경험에 관해 생각하기 시작했다. 델라웨어대학교 심리학과에는 공식적인 I/O 프로그램이 없지만, 나는 대학원 코스로 조직심리학을 강의하기 시작했으며, I/O를 전공으로 하는 대학원생들과 연구를 시작했다. 몇몇 대학원 학생들과 학부학생 몇몇과 나는 연구 주제로 조직몰입을 검토하기 시작했다. 그 결과 우리는 일반적인 조직행동으로서, 기존의 조직몰입 연구는 종업원보다는 경영자나 조직 지향적이라는 것을 알게 되었다.

사회심리학적 토대에서 보면, 조직행동은 종업원과 조직 간의 상호작용으로 보는 것이 바람직하며 종업원의 관점에서 생각해 보는 것이 바람직하다는 생각을 하게 되었다. 만일 조직이 자신에 대한 종업원의 몰입에 관심을 가지고 있다면, 종업원은 자신에 대한 조직의 몰입에 더 관심이 있지는 않을까? 그리고 종업원은 조직으로부터 오는 그런 몰입에 긍정적으로 반응하지 않을까? 이런 생각 끝에 조직지지 지각(Perceived Organizational Support, POS)이란 구성개념이 탄생하게 되었다. POS는 조직이 종업원의 기여를 가치 있게 여기고 종업원의 복지를 배려하는 정도에 관한 종업원의 전반적 신념을 말한다. 우리는 행복하게도 POS를 측정하기 위해 만든 36개 문항 모두는 단일 차원으로 되어 있으며, POS는 감정적 조직몰입과 강하게 관련된다는 것을 발견하게 되었다.

지난 10년 후반기 동안 나는 조직지지 이론을 구축하고, 종업원의 안녕과 조직목표 달성에 POS가 주는 긍정적 결과를 연구한 여러 연구자 중 한 명이었다. I/O 심리학 내에서 나의 관심사는 더욱 확장되었다. 4년 전 나는 마침내 공식 I/O 프로그램을 가진 곳으로 이직하였다. 이곳 휴스턴대학교에서 나는 중국, 한국 및 이란과 같은 여러 나라와 국내 여러 지역에서 온 심리학과 및 경영학과 소속의 대단한 석사과정 학생들과 함께 연구하는 큰 기쁨을 누리고 있다.

Robert Eisenberger는 휴스턴대학교 바우어 경영대학 경영학과 및 심리학과 교수이다.

Mitchell, Holtom, Lee, Sablynski, Erez(2001)는 현 직무와 종업원을 연계해 주는 요인과 자신이 생활하는 지역공동체와 종업원을 연계해 주는 요인을 포괄하는 것으로 직무 착근성을 개념화하였다. 저자들에 따르면, 직무 착근성은 종업원이 자신과 자기 직무, 조직, 지역공동체 간 적합성을 높이 지각할 때, 그리고 조직 및 지역 공동체 내 사람들과 연계성을 느낄 때, 그리고 조직이나 지역공동체를 떠나면 많은 희생(재정적인 면과 정서적인 면에서)을 치러야 할 때 생기게 된다.

Mitchell 등(2001)은 처음에 지역공동체와 조직 둘 다에 대한 적합성, 연계성 및 희생을 나타내는 전체점수로 직무 착근성을 평가하였고, 이 전체점수가 이직을 예측함을 발견하였다. 그런데 다른 연구자들은 종업원의 조직 또는 지역공동체 각각에 초점을 두고 보다 전반적인 직무 착근성 측정도구를 개발하였다. Crossley, Bennett, Jex, Burnfield(2007)는 조직과 관련해서 종업원 적합성, 연계성, 및 희생에 초점을 두고 전반적 직무 착근성 측정도구를 개발하였고, 이 측정치가 직무태도나 가치관이 통제되었을 경우에도 이직을 예측한다는 것을 발견했다. 좀 더 최근에 Clinton, Knight, Guest(2012)는 종업원의 조직(직무 내 차원)과 지역공동체(직무 외 차원)에 대한 전반적 직무 착근성 측정치를 개발했다. 이 저자들 역시 다른 직무 태도 변인들을 통제하고도 직무 내 착근성은 조직이직 의도를 예측해 줌을 발견하였다. 반면, 직무 외 착근성이 이직 의도를 예측하는 능력은 맥락에 따라 달리 나타났다.

최근에 직무 착근성이 이직을 예측하는 능력을 평가하는 연구들에 대한 통합분석이 이루어졌다. Jiang, Liu, McKay, Lee, Mitchell(2012)은 65개 연구 결과를 요약 정리하여, 직무 내 착근성과 직무 외 착근성 둘 다 독자적으로 이직 의도 및 실제 이직을 증가시키는 데 기여함을 발견하였다. 이 연구는 착근성이 이직을 예측할 때, 직무/조직 착근성과 지역공동체 착근성을 구분하는 것이 의미 있는 일이라는 것을 보여 준다. 문화권에 따른 직무 착근성의 차이를 강조하는 최근 연구는 참고 8.3에서 볼 수 있다.

조직 정의

조직 정의(organizational justice)란 "행동적, 인지적 및 정서적 반응 측면에서 조직 공정성에 관한 사람들의 지각 정도"(Greenberg, 2011, p. 271)를 말한다. 연구자들은 조직 정의의 세 가지 형태, 즉 분배, 절차, 상호작용 공정성에 집중한다. 분배 정의는 보상과 혜택이 종업원들에게 공평하게 분배되고 있다는 지각이다. 이런 보상과 혜택은 임금인상, 보너스, 원하는 부서배치와 같이 가시적인 것일 수도 있고, 칭찬이나 존경과 같이 비가시적인 것일 수도 있다. **분배 정의**(distributive justice)는 주로 결과물이 공평하게 분배되었다고 종업원이 믿는지 여부에 달려 있다. 급여가 삭감될 경우 종업원이 조직에서 물건을 훔치는 행위를 할 수 있는데, 분배 불공정성 지각으로 깨진 형평감을 회복하기 위해 이런 행위를 하게 된다고 Greenberg(1990)는 주장한다.

절차 정의(procedural justice)는 "결과가 결정되는 방식에 대한 공정성 지각"(p. 280, Greenberg, 2011)을 말한다. Leventhal(1980)에 따르면, 절차가 일관되게 적용될 때, 개인적 편향에 치우치지 않을 때, 정확할 때, 소명이 있으면 수정 가능할 때, 종업원의 관심사를 대표할 때, 그리고 윤리적으로 행해질 때 해당 절차는 공정하다고 평가된다. 연구에 따르면, 사람들은 자신들이 실제로 받은 결과와 독립적으로 결과에 도달하는 데 사용된 절차의 공정성을 고려한다(Colquitt, 2001). 더 나아가 Brockner와 Wiesenfeld(1996)에 따르면, 공정한 절차는 종업원들이 원치 않는 결과에 대해 가지는

참고 8.3

비교 문화적 연구 결과 : 개인주의와 집단주의 문화에서 직무 착근성

자발적 이직을 예측하는 변인으로서, 직무 착근성이라는 업무 신념이 연구자들의 관심을 점점 더 끌고 있다. 흥미로운 일이지만, 종업원의 출신국가 차이에 따라 이직을 예측하는 변인에 차이가 있다는 것을 밝히려는 비교 문화 연구는 이제 시작단계에 있다. Ramesh와 Gelfand(2010)는 미국인(개인주의 문화)과 인도인(집단주의 문화)을 대상으로, 이직의 예측변인으로 직무 착근성 구성 모델(Mitchell et al., 2001)에 차이가 있는지를 검토하였다.

사람-환경 간 적합성, 조직 연계성, 지역사회 연계성 추구, 및 조직과 지역사회에 희생하는 것으로 직무 착근성 요소를 제시한 것과 더불어, 이 저자들은 가족 착근성이란 새로운 구성개념을 도입하였다. 조직이 종업원에게 적합하다고 가족이 지각하는 정도, 가족이 조직과 연계되는 정도, 종업원이 조직을 이동하면 가족에게 초래되는 희생 정도가 측정되었다.

이 연구에서 조직적 직무 착근성은 두 나라 모두 이직을 예측해 주었다. 그러나 개인-직무 적합성은 미국 종업원 표본들의 이직에 대해서는 주 예측변인이었다. 반면에 개인-조직 적합성과 조직 연계성은 인도 종업원 표본들의 이직에 대해 더 강한 예측변인이었다. 마지막으로, 새로이 추가된 가족 착근성 차원은 다른 직무 착근성 요인이 통제되었을 경우에도 두 나라 종업원 모두의 이직을 예측하였다. 이 연구 결과는 언제 이직할지를 고려할 때, 문화가 어떻게 유사하거나 차별적인 방식으로 영향을 끼치는지를 조명할 수 있게 해 주었다.

출처 : Ramesh, A., & Gelfand, M. J. (2010). Will they stay or will they go? The role of job embeddedness in predicting turnover in individualistic and collectivistic cultures. *Journal of Applied Psychology*, 15, 452–467.

부정적 반응을 상쇄해 줄 수 있다. 이 연구에서, 절차 정의가 높을 경우 종업원들은 분배 정의를 낮게 지각하더라도 이에 덜 부정적으로 반응하였다.

마지막으로, **상호작용 정의**(interactional justice)는 결과나 절차가 종업원들에게 설명되는 방식, 그리고 결과가 종업원에게 전달될 때 종업원들이 대우받는 방식에 대한 것이다(Bies & Moag, 1986). 만일 배려심 없이 또는 존중받지 못하는 방식으로 의사결정사항이 종업원에게 전달된다면, 종업원은 자신이 부당하게 대우받았다고 느낄 수 있다. 몇몇 연구자는 상호작용 정의를 두 가지 형태, 즉 **대인 공정성**과 **정보 공정성**으로 구분한다(Greenberg, 1993). 전자는 개인이 존중받는 형태로 대우받았는지를 말하는 것이고, 후자는 의사결정이 이루어지고 결과를 수령하는 것에 관한 정보를 분명히 받는 것을 말한다. 몇몇 연구자는 이 상호작용 공정성의 형태들이 다른 변인들과 각기 다르게 관련된다고 보지만, 대부분의 경험적 연구에서는 두 차원을 상호작용 정의라는 단일측정치로 결합하여 사용한다.

조직 공정성 분야에 대한 연구가 많이 이루어진 주요 이유는 공정성 지각이 여러 가지 바람직한 태도들, 과업수행, 맥락수행, 및 반생산적 업무행동(CWB)에 대한 예측변인이라는 것이 밝혀졌기 때문이다(Colquitt et al., 2001, 제6장 참조). Wolfe와 Piquero(2011)는 경찰관을 대상으로 조직 정의와 CWB 간 관계를 연구하였다. 이 저자들은 경찰 공동체 내에서 분배, 절차, 및 상호작용 공정성을 평가하도록 계획된 6개 항목으로 조직 정의를 측정하였다. 그리고 종업원의 공식적인 근무기록에 접근해서 CWB를 측정했는데, 이 기록들에는 공식적인 시민 불만의 대상이 되었는지 여부, 내적인 비리로 조사받았는지 여부, 조직의 윤리강령 위배로 처벌받았는지 여부 등이 기록되어 있었다. 조직 정의 지각은 3개의 객관적 CWB 지표와 부적으로 상관되었다.

조직 정의에 관한 최근 연구 추세는 종업원의 정의 지각이 어떻게 시간에 따라 달라지는가에 대한 것인데, 이런 정의에 대한 '시간궤적'은 종업원의 중요 결과물들과 관련이 있었다. Hausknecht, Sturman, Roberson(2011)은 1년 중 4개 시점에서 종업원을 평가하였는데, 정의 지각의 변화가 종업원 결과(예 : 직무만족, 조직몰입)의 변화와 관련되었다. 더 나아가 절차 정의 지각의 변화가 향후 종업원 결과를 예측하는 데 특히 중요하였다.

다중 업무 신념이 종업원 결과에 미치는 효과

이 절 서두에서 지적한 대로, 업무 신념의 효과에 대한 대부분의 연구는 이들 신념 각각과 종업원 결과 간의 관계를 개별적으로 분석하였다. 그리고 몇몇 연구자들은 종업원 결과를 예측하는 데 이 업무 신념들 각각의 상대적 기여도를 연구하였다. Panaccio와 Vandenberghe(2009)는 1년 후 종업원 복지에 대한 예측변인으로 시점 1에서 측정한 조직지지 지각도(POS)와 조직몰입 각 형태 간의 연합관계를 검토하였다. 연구자들은 POS가 감정 몰입과는 정적 연합관계를 통해, 그리고 대안적 고용기회 부족 지각(즉 계속 몰입)과는 부적 연합관계를 통해 종업원 안녕감을 예측함을 발견하였다. 관련된 연구로, Vandenberghe 등(2007)은 패스트푸드 산업에 종사하는 종업원을 대상으로, POS와 조직몰입의 각 유형이 각기 다른 업무 결과와 관련 있다는 것을 발견하였다. POS는 종업원들 간의 도움행동과 정적으로 관련 있었는데, 반면 계속 몰입 두 가지 요소는 서로 종업원 서비스 질과 반대 방향으로 관련 있었다. 즉 조직을 떠나는 것이 종업원에게는 희생이나 부담이 됨으로 인해 유지되는 계속 몰입은 서비스 질 향상을 예측하였지만, 고용 대안의 부재로 인한 계속 몰입은 서비스 질 저하를 예측하였다.

요약

이 장에서는 종업원의 직무만족 및 조직몰입과 관련된 주제를 다루었다. 두 주제는 이론적이나 실용적 이유 모두에서 중요하다. 직무만족은 일반적으로 자신의 직무나 직무상황에 대한 종업원의 감정으로 정의되지만 인지적인 요소와 행동적인 요소도 포함되어 있다. 직무만족이 정의되는 방식으로 인해, 직무만족을 측정하는 대부분의 측정치는 자기 보고 형태를 취한다. 아주 일반적인 얼굴 표정 척도로부터 여러 가지 업무환경 측면에 대해 종업원 만족을 측정하는 측정 도구까지 다양한 측정방법이 있다. 다른 측정 도구들과 마찬가지로, 직무만족 측정 도구는 **구성 타당도**에 근거해서 평가되어야 한다. 구성 타당도에 대한 많은 증거를 보유하고 있는 두 가지 측정 도구가 있는데, 직무기술지표(JDI)와 미네소타 만족 설문지(MSQ)이다. 좀 더 최근에 직무만족조사(JSS)가 직무만족을 측정하는 타당한 측정치라는 증거들이 제시되고 있다.

전통적으로, 직무특성과 업무환경 측면들이 직무만족에서의 차이를 가져오는 것으로 여겨졌다. 일반적으로 중요 영역에 대한 종업원 기대와 직무특성이 일치할 때 직무만족이 가장 높은 경향이 있다. 최근에는 직무만족이 안정적 성향뿐만 아니라 사회적 환경 단서에 의해서도 형성된다고 본다. 현실적으로 직무만족은 직무특성, 사회적 단서 및 특성 간의 복잡한 상호작용으로 생기며, 그 외에 종업원이 성장한 문화의 결과이기도 하다.

연구들은 직무만족이 정적 및 부적 감정 측정치와 일관되게 관련된다는 것을 보여 준다. 그렇지만 직무만족이 결근에 대해서는 미미한 예측변인일 뿐이라는 증거들이 제시되고 있다. 직무만족이 이직과 관련된다는 것이 발견되고 있지만 간접적이며, 종업원이 대안적인 고용기회의 존재를 지각할 때뿐이라는 것도 발견되었다. 일반적으로 연구 결과는 직무만족과 직무수행 간의 관계가 강하지 않다는 것을 보여 준다. 그러나 보상이 수행과 직접적으로 결합되어 있는 경우와 같이 특정 조건에서는 이 둘이 더 강하게 관련된다는 것을 보여 주는 증거도 있다. 또한 직무만족이 역할 내 수행보다는 조직시민행동을 더 잘 예측해 준다는 증거도 있다. 만족-수행 간 관계는 개인 수준보다는 집단 수준에서 더 잘 나타난다는 것도 밝혀졌다.

조직몰입은 조직에 대한 종업원의 충성심과 구성원으로 남아 있으려는 자발성을 나타낸다. 종업원은 조직에 대해 긍정적인 감정을 가지고 있거나(감정적), 떠나는 것의 비용이 이익을 능가한다고 생각하기 때문에(계속) 또는 도덕적으로 남아 있어야 한다고 느끼기 때문에(규범적) 몰입하게 된다. 감정 몰입과 규범적 몰입은 주로 형평 이론에 기초해서 설명된다. 몰입감은 주로 자신들이 조직으로부터 공정하고 공평하게 대우받은 것을 되돌려주려는 종업원의 욕구를 나타낸다. 한편 계속 몰입은 주로 '투하비용(sunk cost)' 지각과 대안의 한계로 인해 생긴다.

역사적으로, 가장 인기 있는 조직몰입 측정치는 조직몰입 설문지(OCQ)이다. 그러나 OCQ의 주요 한계점은 이 척도가 단지 감정 몰입만을 측정한다는 것이다. 좀 더 최근에 Allen과 Meyer(1990)는 세 가지 몰입 유형을 모두 측정하는 척도를 개발했다. 이 척도가 상대적으로 최근의 것이긴 하지만, 지금까지 나타난 증거는 이 척도가 탁월한 심리 측정적 속성을 가지고 있음을 보여 준다. 이 척도는 향후 조직몰입 연구에서 가장 많이 사용될 것이다.

몰입 역시 다른 변인을 예측하기 위해 연구되었다. 감정 몰입은 다른 태도 변인들과 일관되게 관련된다는 것이 밝혀졌지만, 결근과는 강하게 관련된다는 지지를 받지 못했다. 그러나 감정 몰입은 이직과는 강한 관련성을 보여 주었다—이 관계는 이 척도 구성개념의 본질을 살펴보면 놀라운 일은 아니다. 감정 몰입은 이것이 종업원의 노력을 증가시켜 주는 정도까지만 수행과 관련되는 것으로 보인다. 계속 몰입과 규범적 몰입을 다루는 연구는 아주 적게 이루어졌지만, 연구들 중 대부분은 이들이 이직과 관련된다는 것을 보여 주었다. 최근 연구는 몰입 유형 차이에 따라 구분된 종업원 프로파일이 수행을 강력하게 예측할 수 있다고 제안한다. 그 외에도 최근 연구는 직무만족과 조직몰입을 전반적 직무태도 측정치로 결합할 것을 강조한다.

몰입 연구는 또한 여러 가지 실용적인 의미를 가지고 있다. 조직은 그 외 다른 인력관리 정책처럼 사회화 과정 중에 종업원 몰입에 영향을 미칠 수 있다. 일반적으로, 조직적 지지가 많이 제공되는 인력관리 관행은 감정 몰입, 규범적 몰입을 높여 주는 것 같다. 종업원의 투자비용을 증가시키는 관행은 계속 몰입감을 형성시키는 경향이 있다. 조직이 종업원이 보여 주는 감정, 계속 및 규범적 몰입감 간의 균형을 맞추어 줄 때 조직은 최상의 기능을 발휘할 것이다.

우리는 또한 중요한 종업원 결과치들과 관련 있는 몇 가지 업무 신념을 추가로 다루면서 이 장을 마무리하였다. 즉 조직지지 지각, 조직 동일시, 직무 착근성과 조직 정의를 다루었고, 이들이 과제수행, 맥락수행, 결근 및 이직과 같은 중요한 조직 결과를 예측하는 데 중요한 역할을 함을 논의하였다. 이러한 각기 다른 업무 신념들이 중요한 종업원 결과를 결정하기 위해서 어떻게 함께 결합될 수 있는지에 관심을 기울이는 것이 미래에 요구되는 연구가 될 것이다.

더 읽을거리

Harrison, D. A., Newman, D. A., & Roth, P. L. (2006). How important are job attitudes? Meta-analytic comparisons of integrative behavioral outcomes and time sequences. *Academy of Management Journal*, 49, 305–325.

Ilies, R., & Judge, T. A. (2003). On the heritability of job satisfaction: The mediating role of personality. *Journal of Applied Psychology*, 88, 750–759.

Judge, T. A., Thoresen, C. J., Bono, J. E., & Patton, G. K. (2001). The job satisfaction-job performance relationship: A qualitative and quantitative review. *Psychological Bulletin*, 127, 376–407.

Meyer, J. P., Stanley, L. J., & Parfyonova, N. M. (2012). Employee commitment in context: The nature and implication of commitment profiles. *Journal of Vocational Behavior*, 80(1), 1–16.

Schleicher, D. J., Hansen, S. D., & Fox, K. E. (2011). Job attitudes and work values. In S. Zedeck (Ed.), *APA handbook of industrial and organizational psychology* (Vol. 3, pp. 137–189). Washington, DC: American Psychological Association.

제9장

동기 이론

사람들은 왜 지금 그들이 하고 있는 일을 하는 것일까? 이 질문은 동기 이론의 핵심을 잘 나타낸다. 우리는 신문을 읽으면서 범죄자가 왜 그런 폭력적인 범죄를 저지르는지, 또는 대단한 기록을 낸 운동선수가 그런 기록을 달성하게 된 이유는 무엇인지에 대해 궁금해한다. 이처럼 '상식 과학자(naive scientists)'로서 우리는 타인의 행동을 볼 때 의식적이든 무의식적이든, 행위자가 그 행동을 한 이유, 즉 동기(motivation)에 대해 알고 싶어 한다. 조직심리학에서 종업원 동기에 관한 연구는 가장 중요한 주제 중 하나이다. 그 이유는 첫째, 동기는 조직에서 일어나는 여러 형태의 행동을 이해하기 위한 핵심요소이기 때문이다. 무엇이 종업원을 동기화시키는지를 이해하는 것은 직무수행, 결근, 이직, 또는 비생산적 행동과 같이 중요한 행동에 내재되어 있는 역동성을 이해할 수 있게 해 준다.

둘째, 다양한 행동 양식에 내재되어 있는 역동성을 이해함으로써 우리는 그런 행동을 예측할 수 있는 능력을 향상할 수 있게 된다. 예를 들어, 한 조직의 리더가 구성원들의 업무수행에 내재되어 있는 동기를 이해한다면, 그는 종업원의 미래 수행을 예측할 수 있을 것이다. 뿐만 아니라 이는 새로운 종업원을 선발할 때, 그리고 현재 근무 중인 종업원들의 승진을 고려할 때도 유용할 것이다.

마지막으로, 리더는 작업장에서 일하고 있는 종업원들의 동기를 이해함으로써 생산적인 업무행동을 장려하고, 반생산적인 업무행동을 감소시킬 수 있는 업무환경을 만들어 갈 수 있을 것이다. 예를 들어, 종업원들이 금전적 인센티브에 의해 매우 동기화된다는 것을 알고 있다면, 급여 인상이나 보너스, 성과 인센티브 등을 전략적으로 활용함으로써 종업원들의 업무수행 향상을 꾀할 수 있을 것이다. 반면에 종업원에게 자신의 직무수행에 대한 통제력을 갖도록 하는 것이 일에 대한 동기를 높여 줄 수 있다면, 리더는 종업원에게 일에 대한 충분한 자율성을 부여하는 업무환경을 만들 수 있다. 모든 조직은 종업원의 행동에 영향을 주기 위한 다양한 방법을 시도한다. 이런 점에서 동기를 명확하게 이해하고 있는 조직들은 그렇지 못한 조직들보다 종업원들의 행동에 영향을 줄 수 있는 더 나은 위치에 서게 된다.

이 장은 조직심리학에서 가장 영향력 있는 동기 이론들에 대한 개관을 제공한다. 제10장에서는 조직 내에서 종업원들의 행동에 영향을 주기 위해 동기 이론이 어떻게 적용되는지 살펴볼 것이다. 구체적인 동기 이론들을 소개하기 전에, 먼저 동기가 어떻게 정의되는지, 그리고 작업 동기에 적용되어 온 이론들의 접근법들을 개괄적으로 살펴볼 것이다. 각 이론들이 동기를 다소 다른 방식으로 개념화하고 있기 때문에, 동기에 대한 정의와 이론적인 접근 방식에서의 차이를 이해하는 것은 각각의 동기 이론들을 이해하는 데 도움이 될 것이다.

동기의 정의, 기본 가정 및 이론적 접근

이 장의 목적은 업무환경에서 동기를 설명하기 위해 개발된 주요 이론들을 다루기 위함이다. 이를 위해 동기가 무엇인지 정확히 정의하고, 작업장에서의 동기에 대한 기본 가정들을 살펴보며, 작업 동기에 대한 일반적인 이론적 접근에 관해 논의할 것이다.

동기의 정의

Kanfer, Chen, Pritchard(2009)에 따르면, 동기라는 개념은 볼 수도 없고 느낄 수도 없으므로 일종의 **가설적 구성개념**(hypothetical construct)이다. 그러나 우리는 동기의 효과 또는 결과물을 사람들의 행동을 통해 관찰할 수 있다. 예를 들어 중력을 생각해 보자. 우리는 중력을 보거나 느낄 수 없지만 한 사람이 5층 높이의 건물에서 창문 밖으로 뛰어내린다면 중력의 효과는 매우 분명하게 관찰될 수 있다.

동기가 가설적 구성개념임을 고려하면, 이러한 동기 개념의 정확한 본질에 대해 이해하는 것이 중요하다. 즉 동기가 정확하게 어떠한 영향을 미치는지를 이해해야 한다. Pinder(2008)는 동기가 작업 관련 행동의 **형태, 방향, 강도,** 그리고 **지속기간**을 결정한다고 주장한다. 행동의 형태는 종업원들이 작업장에서 일을 시작할 때 선택하는 활동의 유형을 말한다. 예를 들어, 어떤 종업원들은 과제 수행에 집중하는 반면 다른 종업원들은 대인관계 형성과 집단 응집력 강화에 보다 관심이 있을 것이다. 동기의 방향은 종업원들이 스스로 설정한 목표를 달성하기 위해 선택한 구체적인 경로를 말한다. 예를 들어, 간호사는 주어진 시간 내에 완수해야 하는 업무에 대해 사전에 결정된 일정표를 갖고 있을 것이며, 그 일정표는 그날 해야 하는 일과 관련된 행동들을 제시해 준다. 동기의 강도는 목표 지향적 과제 수행을 위해 쏟는 에너지와 활기를 나타낸다. 어떤 시장 분석가는 자신이 맡은 일을 열정적인 에너지를 가지고 수행할 수도 있고, 혹은 의욕을 상실한 상태에서 과제를 수행할 수도 있다. 마지막으로, 지속기간은 과제를 수행할 때 얼마나 오랫동안 일의 목표에 집중하며 일을 지속적으로 할 수 있는지를 말하는데, 이것은 특히 일하는 도중에 난관에 부딪혀도 지속적으로 일을 하려고 하는지와 관련이 있다. 이와 관련해서 최근에 Steers, Mowday, Shapiro(2004)는 **동기**를 "지속적으로 인간의 행동에 활력을 불어넣고, 일정 방향을 가지면서 지속적으로 유지시키는 요소들이나 사건들"(p. 379)로 정의하였다.

위에서 언급한 행동 차원들을 관찰하면 동기가 종업원 행동에 어떤 영향을 미치는지에 관해 결론을 얻을 수 있다. Pinder(2008)가 제안한 것을 바탕으로, 종업원의 동기를 연구하는 조직심리학자들에게 가장 주요한 질문은, "실증 연구에서 연구되어야 하는 종속변인은 무엇인가"이다. 앞으로 보겠지만, 동기 이론의 일반적인 종속변인은 동기의 효과를 반영하는 종업원의 노력, 선택, 인내심 등이다. 또한 연구자들은 종종 동기를 안녕(well-being)과 수행의 예측변인으로서 연구해 왔다. 물론 동기 이외에 다른 요소들(예 : 능력, 중요 자원의 부족)이 안녕과 수행에 영향을 주지만, 연구자들은 동기가 이러한 종속변인들과 중요한 관계가 있음을 증명해 왔다.

종업원의 동기를 정의하고 이해하기 위해 고려해야 할 마지막 내용은 조직이 종업원의 어떤 행동에 영향을 줄 것인지 결정하는 것이다. 이 주제는 다양한 동기 이론을 이해하는 데 중요하며, 특히 제10장에서 기술될 동기 이론의 적용 측면에서 중요하다. 동기 이론은 그것들이 궁극적으로 수행이나 조직시민행동과 같은 결과 변수들을 예측하는지, 아니면 단순히 조직의 멤버십을 유지하는 데 영향을 미치는지에 따라 구분될 수 있다.

동기에 관한 기본 가정

모든 동기 이론이 공통으로 가지는 기본 가정에 대해 살펴보기로 하자. 작업동기 이론들에 관한 최근의 리뷰 논문들(예 : Diefendorff & Chandler, 2011; Schmidt, Beck, & Gillespie, 2013)을 보면, 작업동기 이론에 세 가지 기본 가정이 있음을 알 수 있다. (1) 동기는 선택을 포함하고, (2) 동기는 자원 배분을 포함하고, (3) 동기는 다수준 프로세스이다.

첫 번째 가정에 의하면, 동기는 사람들의 선택을 반영하고 있다. 만일 어떤 사람이 하루에 12시간씩 열심히 일하고 있다면, 그는 자신이 중요하게 생각하는 직장에서의 성공, 금전적 이득, 또는 동료와의 동지애 등을 얻기 위해서 그렇게 오랜 시간 일하는 것을 선택한 것이다. 이와 반대로, 만일 어떤 사람이 직장보다는 가족과 더 많은 시간을 보내고 있다면, 그는 자신이 중요시하는 자녀와 함께 놀아 주기, 사랑하는 사람과 함께하기 등을 얻기 위해서 그렇게 선택한 것이다. 위의 두 가지 중에서 어느 것이 더 좋다거나 나쁘다는 것은 아니다. 단지 그 사람의 현재 행동을 보면 그가 어떤 선택을 한 것인지 알 수 있고, 이를 통해 그가 어떤 동기를 갖고 있는지 알 수 있다는 것이다.

두 번째, 자원 배분에 관한 가정은 사람들이 주어진 시간에 모든 것을 동시에 할 수 없음을 의미한다. 예를 들어, 학기말 시험 준비하기, 친구와 놀기, 영화 보러 가기를 동시에 하는 것은 불가능하다. 사람들이 갖고 있는 인지적, 주의집중적, 시간적 자원은 한정되어 있기 때문에 이것을 어디에 배분할지 결정해야만 한다. 만일 시험 공부하기에 자원을 배분하기로 결정했다면, 이것은 그 사람이 좋은 성적을 받는 것에 동기부여된 것임을 알 수 있다. 만일 친구와 놀기 또는 영화 보러 가기에 자원을 배분하기로 했다면, 이것은 그 사람이 친구와 친해지기 또는 즐겁게 지내기에 동기부여된 것임을 알 수 있다. 여기서도 물론 어떤 것이 더 좋다거나 나쁘다는 것이 아니라, 사람들이 어떤 행동을 하는지 보면 그 사람의 동기를 알 수 있다는 것이다.

끝으로, 동기가 다수준이라는 가정은 사람들이 동시에 여러 가지 다양한 요인에 의해 동기부여될 수 있음을 의미한다. 예를 들어, 사람들은 보통 직장에서 성공하기를 원하며, 동시에 좋은 부모가 되기를 원하고, 건강하기를 원하고, 타인으로부터 좋은 사람이라는 평가를 받고 싶어 한다. 직장에서 동료를 잘 돕는 행동은 주변 사람으로부터 좋은 사람이라는 평을 듣게 되므로, 어떤 경우에는 직장에서의 행동이 다른 분야에서의 욕구를 충족할 수도 있다. 그러나 이와 달리 직장에서의 행동이 직장 밖에서 원하는 것들과 충돌하는 경우도 많이 있으며, 이럴 때는 하나를 얻기 위해 하나를 포기해야 하는 상황이 된다. 위의 예에서 직장에서 성공하기 위해 매일 12시간 이상 일하는 사람은 자기 건강을 위한 시간을 포기해야 한다. 이처럼 사람들은 직장 안 또는 직장 밖의 여러 가지 요인에 의해 동기부여될 수 있고, 이때는 한 가지를 포기해야 하는 결정이 필요하다. 이 장의 뒷부분에서 다양한 목표가 어떻게 위계적으로 구조화되는지를 다룰 때 이 문제를 다시 논의할 예정이다.

동기에 대한 이론적 접근

많은 심리학 연구들은 인간 행동의 이해에서 동기를 중요하게 다루어 왔으며, 오랜 시간에 걸쳐 수많은 동기 이론들이 개발되어 왔다. 이들 중 많은 이론들은 작업 현장의 맥락에서 동기를 설명하기 위해 개발되지 않았으며, 따라서 작업 현장에 응용하기도 어려운 측면을 가지고 있다. 하지만 이 장에서 다뤄지고 있는 이론들은 종업원들의 동기를 설명하거나, 작업장에서의 행동을 연구하는 데 성공적으로 적용된 것들이다. 이 동기 이론들은 일반적으로 다섯 가지 범주로 나눌 수 있다.

1. 욕구기반 이론(need-based theory)은 종업원이 일터에서 중요한 욕구를 어느 정도 만족시키고 있는가에 초점을 두고 작업동기를 설명한다.
2. 인지과정 이론(cognitive process theory)은 종업원들이 그들의 업무에 어느 정도 노력을 들일지와 관련된 의사결정과 선택을 강조한다.
3. 행동적 접근(behavioral approach)은 학습 원리의 작업환경에의 적용을 강조한다.
4. 자기결정 이론(self-determination theory)은 외적 요소(예 : 칭찬, 돈에 대한 욕구)와 내적 요소(예 : 일 그 자체에서 오는 흥미)에 의해 발생되는 동기 간의 차이를 구분하는 것을 강조한다.
5. 직무기반 이론(job-based theory)은 동기의 원천이 기본적으로 종업원들이 수행하는 직무의 내용에 있다고 본다.

처음 네 가지 범주는 보다 광범위한 심리학의 영역에서 개발되어 작업장에 응용된 대표적인 동기 이론들을 포함하고 있고, 다섯 번째 범주는 작업환경의 구체적인 맥락에서 개발된 이론들을 다룬다. 각각의 이론을 모두 살펴보고 나면, 작업장에서 종업원들의 동기를 포괄적으로 이해할 수 있게 될 것이다.

동기에 대한 욕구기반 이론

Pittman과 Ziegler(2007)는 욕구(needs)를 "활성화되거나 흥분하면 행동에 에너지를 불어넣고 방향을 제시하는 개인 내부의 어떤 상태 변수"(p. 474)라고 정의하였다. 예를 들어, 사람에게는 생존을 위해 산소와 물과 같은 것들이 필요하다. 이와 마찬가지로 심리학자들은 사람들 행동의 많은 부분이 심리적 욕구에서 비롯된다고 가정한다. 예를 들어, Murray(1938)는 심리학에서 최초로 인간 욕구(예 : 성취, 권력, 친애, 동맹)를 체계적으로 분류하여 보고하였다. 그는 다양한 자극에 의해서 이러한 욕구들이 유발되며, 욕구의 결과로서 행동이 일어난다고 제안했다(참고 9.1 참조).

Maslow의 욕구 위계 이론

앞서 언급한 Murray(1938)의 이론을 근거로 Maslow(1943)는 인간의 행동을 이끌어 내는 힘으로서 **욕구 위계**(need hierarchy)를 제안했다. Maslow의 이론은 작업장에서 나타나는 특정 행동에 대한 설명이기보다 모든 종류의 목적의식적 행동을 설명하는 '보편적인' 이론이다. Maslow는 체계적인 경

참고 9.1

사람들이 정말 심리적 '욕구'를 가지고 있는가?

욕구충족을 강조하는 동기 이론은 한때 조직심리학 분야에 상당한 영향을 주었다. 그러나 시간이 흐르면서 욕구 이론은 인기가 시들어 가기 시작했다. 오늘날 욕구 이론들은 단지 역사적 가치만을 가지고 있다. 이렇게 쇠퇴한 한 가지 분명한 이유는 경험적 연구들이 욕구 이론을 잘 지지하지 못하기 때문이다. 또 다른 이유는 심리학적 '욕구'의 개념이 다소 논쟁의 여지가 있기 때문이다.

　인간이 생리적 욕구를 가지고 있다는 사례를 제시하는 것은 비교적 쉽지만, 심리학적 욕구가 존재하는가에 대한 생각은 좀 더 논쟁의 여지를 남겨 둔다. 예를 들어 비록 사회적 소속감 같은 것들에 '가치'를 부여할지라도, 사람들은 일반적으로 그들이 원하는 만큼 사회적 관계를 갖지 못해도 생각만큼 힘들어하지는 않는다. 반면 사회적 고립은 정신병리학적으로 문제를 갖게 하며, 발달장애에 영향을 준다(예 : Bowlby, 1973). 이러한 관점에서 심리학적 '욕구'가 존재한다는 것은 어느 정도 설득력 있는 주장이라고 생각할 수 있을 것이다.

Baumeister와 Leary(1995)는 최근에 모든 사람들이 사회적 집단에 속하고 싶어 하는 욕구를 가지고 있으며, 한 개인의 자존감은 한 개인이 가치 있는 집단에 속하는 정도를 나타내는 주관적인 지표라고 주장했다(Leary, Tambor, Terdal, & Downs, 1995). 이 연구자들은 소속의 욕구가 충족되지 않으면 많은 부정적인 결과가 나타난다고 주장했다. Haslam과 그의 동료들(2004)은 또한 작업집단이 한 종업원의 자기 개념에 중요한 부분이 될 수 있으며, 그렇기 때문에 작업장에서 종업원들을 동기화시킬 수 있으며, 그렇게 함으로써 종업원들은 작업집단이나 조직에서 소속되어 있다는 안정감을 유지할 수 있다고 주장하였다.

출처 : Baumeister, R. F., & Leary, M. R. (1995). The need to belong: Desire for interpersonal attachments as a fundamental human motivation. *Psychological Bulletin*, *117*, 497 – 529; Bowlby, J., (1973). *Separation: Anxiety and anger*. New York, NY: Basic Books.

험적 연구보다는 상당 부분 임상적 관찰에 기초하여 욕구 위계 이론을 발전시켰다. 이러한 제한점에도 불구하고 Maslow의 이론은 조직심리학을 포함한 여러 심리학 분야에 많은 영향을 미치고 있다.

〈그림 9.1〉에 Maslow의 욕구 위계 이론을 구성하는 다섯 가지 욕구 수준이 제시되어 있다. 먼저 생리적 욕구(physiological needs) 수준이 욕구 위계상에서 가장 아래에 자리한다. 이 수준은 생리적으로 삶을 지속하기 위해 필요한 것들, 즉 음식, 산소, 물에 대한 욕구를 포함하는데, 이러한 욕구들은 충족되지 않을 때만 행동을 동기화시키기 때문에 위계상에서 가장 낮은 수준에 놓는다. 이러한 생리적인 기본 욕구가 결핍된 사람은 무엇보다 우선적으로 그것을 얻기 위해 동기화될 것이다. 늦은 밤, 배고픔을 달래기 위해 패스트푸드 식당을 찾아가는 것은 가장 흔하게 볼 수 있는 생리적 욕구에 의해 동기화된 행동의 예일 것이다. 그러나 때로는 기본적인 생리적 욕구가 작업 행동뿐만 아니라 다른 행동을 이끄는 주요한 힘이 되기도 한다.

생리적 욕구가 충족되면, 사람들은 위계상 다음 단계의 욕구인 안전 욕구(safety needs)를 추구하는 것으로 '이동'한다. 안전 욕구는 외부의 위협으로부터의 보호와 피난처와 같은 것들을 포함한다. Maslow는 다른 욕구들처럼 안전 욕구도 그 욕구가 충족되지 않은 만큼만 행동을 동기화시킨다고 제안했다. 생리적 욕구와 비교해 볼 때, 안전 욕구가 어떻게 작업 행동을 동기화시키는지를 설명하는 것은 더욱 쉽다. 예를 들어, 직장은 한 가장이 자신의 가족에게 안전하고 편안한 집과 안정적인 노후 생활을 보장하는 퇴직금을 제공할 수 있게 한다.

안전 욕구가 충족되면 다음 위계 수준에 있는 애정 및 소속감의 욕구(love and belonging needs)를 추구하게 된다. 이 단계는 다른 사람들과 의미 있는 사회적 관계를 맺고자 하는 욕구와 소속감을 느끼고 싶어 하는 욕구를 나타낸다. 애정 및 소속감 욕구는 다양한 방법으로 충족될 수 있지만, 직장은 대부분의 사람들에게 이러한 욕구를 충족할 수 있는 중요한 곳이다. 많은 사람들이 직장동료들

그림 9.1 Maslow의 욕구 위계

과 밀접한 인간관계를 발전시키고 깊은 유대감을 형성함으로써 상당한 만족감을 얻는다. 이러한 사회적 유대는 종업원이 작업환경의 많은 부정적 측면을 대처할 수 있도록 도와준다(Cohen & Wills, 1985).

애정 욕구가 충족된 후 행동이 동기화되는 데 중요한 다음 단계는 존경 욕구(esteem needs)이다. 존경 욕구는 유능감 및 숙달감의 욕구와 연결되어 있다. 대인관계 및 소속감 욕구와 함께 존경 욕구는 여러 가지 방법으로 충족될 수 있다. 예를 들어 어떤 사람은 좋은 부모가 되는 것, 정원을 잘 가꾸는 것, 또는 집 안을 깨끗하고 훌륭하게 꾸미는 것 등을 통해 자존감 또는 유능감을 느낄 수 있다. 일터는 많은 사람들이 존경의 욕구를 충족할 수 있는 중요한 장소이다(Baumeister, 1991). 예를 들어, 회계사는 고객의 세금 보고서를 빠르고 정확하게 작성해 줄 때 자부심을 느낄 것이다.

Maslow의 위계에서 추구되는 가장 높은 수준은 자기실현(self-actualization)이다. Maslow(1943)에 의하면 자기를 실현하는 것은 자기의 잠재력을 인식하고 능력을 실행하는 것이다. Maslow는 자기실현 욕구를 완전히 '충족'한 사람은 거의 없다고 지적하였다. 다른 수준의 욕구들과 비교해 볼 때, 자기실현 욕구는 연구자마다 다르게 정의를 내리고 있기 때문에 기술하기가 다소 어렵다. 그럼에도 불구하고 직장은 자기실현에 대한 기회를 제공할 수 있다. 예를 들면, 교사는 다음 세대를 가르치면서 자아가 실현된다고 느낄 수 있다. 최근에는 업무를 '소명(calling)'으로 바라보는 개념이 대두되었는데 이것이 자기실현과 가까운 개념이라고도 볼 수 있다(Wrzesniewski, McCauley, Rozin, & Schwartz, 1997).

전체적으로 Maslow의 욕구 위계 이론은 직관적으로 호소력이 있으며, 인간 본성에 대한 통찰력 있는 분석을 제시하고 있다. 그러나 이 이론은 작업 행동의 예측변인을 탐색하는 측면에서 볼 때에는 매우 큰 한계점을 가진다(Locke & Henne, 1986). 이 이론에 대한 실증 연구들은 낮은 수준의 욕구가 충족되어야 높은 수준의 욕구가 행동을 동기화시킨다는 것을 지지하지 못했다(예 : Hall & Nougaim, 1968). 그럼에도 불구하고 1990년대 이후 동기 이론 관련 논문들에 Maslow 이론이 포함되는 이유는 이 이론이 역사적인 가치가 있고, 나중에 보다 더 정교화된 작업동기 이론들의 토대가 되었기 때문이다(예 : Ambrose & Kulik, 1999; Austin & Vancouver, 1996).

그러나 Latham과 Pinder(2005)는 이러한 한계점에도 불구하고 최근에 Maslow의 이론이 작업동기 연구에서 다시 대두되어야 한다고 주장하였다. Ronen(2001)은 15개 국가의 종업원들을 연구하여 위계 수준이 Maslow의 주장처럼 구분된다는 연구 지지 결과를 밝힌 바 있고, Udechukwu(2009)는 Maslow의 이론을 경찰관들의 이직을 설명하는 데 사용한 바 있고, 이 이론을 수정하고 개선하고자 하는 노력들 또한 있었다(Kenrick, Griskevicious, Neuberg, & Schaller, 2010). 이 이론은 동기이론에서 작은 부분을 차지하고 있지만(예 : Schmidt et al., 2013) 궁극적으로 종업원의 동기에서 욕구가 중요함을 다른 연구자들에게 일깨워 주었다는 점에서 큰 의의를 갖는다.

ERG 이론

Maslow의 욕구 이론의 가장 직접적인 영향을 받은 이론이 Alderfer(1969)의 **ERG 이론**이다. ERG는 생존(existence), 관계(relatedness), 성장(growth)을 나타낸다. Alderfer는 Maslow의 다섯 가지 욕구 수준을 세 가지로 줄였다. 생존은 Maslow의 이론에서 생리적 욕구 및 안전 욕구를 포함한다. 관계는 Maslow 이론에서 애정/소속감 욕구에 해당한다. 성장은 Maslow 이론에서 존경과 자기실현 욕구를 나타낸다.

한편 ERG 이론은 몇 가지 측면에서 욕구 위계 이론과 다르다. Maslow 이론과 달리 ERG 이론은 욕구가 엄격하게 위계적인 형식으로 작용하는 것은 아니라고 주장한다(Alderfer, 1969). 예를 들어, 예술가는 살아가기 위해서 그리고 동시에 자신의 예술적 가능성을 성취하기 위해 노력한다. 또한 Maslow의 이론에서는 욕구의 위계가 오직 상위 욕구로만 이동하는 것에만 초점을 맞추고 욕구가 충족되지 않는 상황에 대해서는 거의 다루지 않았던 반면, ERG 이론에서는 사람들은 한 수준에서 욕구가 충족되지 못하면 낮은 수준의 욕구로 돌아갈 것이라고 주장한다. 어떤 예술가가 자신의 잠재 능력을 실현하지 못했다고 가정해 보자. Alderfer에 따르면, 이 예술가는 '더 낮은 수준'의 욕구, 예를 들어 친구들과 교제를 하고 사람들과 사회적인 관계를 맺는 것과 같은 욕구를 충족하는 데 초점을 맞출 것이다.

처음 ERG 이론이 제안되었을 때, 이 이론은 Maslow 이론을 개선한 것처럼 보이지만, 그것은 Maslow의 이론보다 경험적으로 조금 더 지지되었을 뿐이었다. Alderfer(1969)의 초기 연구들은 이 이론을 지지했지만, 후속적인 검증 작업들에서는 일관되지 못한 결과가 나왔다(예 : Wanous & Zwany, 1977). Maslow의 이론처럼, ERG 이론은 작업동기 이론들에서 더 이상 지배적인 이론은 아니지만, 여전히 실증 연구의 이론적 기초로 사용된다(예 : Nyameh, Douglas, Teru, & Titus, 2013). ERG 이론은 또한 욕구 충족이 중요한 요소라는 점에서 후속 이론들의 기초가 되고 있다.

성취 욕구 이론

욕구에 중점을 두고 동기를 탐색한 세 번째 이론은 **성취 욕구 이론**(need for achievement theory)이다 (Atkinson, 1964; McClelland, 1965). 성취 욕구 이론은 앞에서 논의된 두 이론보다 좀 더 유용한 측면을 가지고 있다. '성취 욕구'라는 개념은 Murray(1938)의 초기 연구에서 나왔으며, 이것은 주로 목표 지향적인 행동에서의 사람들 간의 차이를 설명한다.

McClelland는 높은 성취 욕구를 가지고 있는 사람들의 일관되고 독특한 특성들을 발견하였다. 예를 들어, 성취 욕구가 높은 사람들은 중간 정도의 위험을 선택하고, 결과나 피드백에 대한 정보를 원하며, 일에 매우 열중하는 경향이 있다. 작업환경에서 이러한 경향을 가진 사람들은 어려운 수행

목표를 세우고, 수행 피드백을 바로 제공하는 직업을 찾고, 많은 시간을 일하는 데 보내는 경향이 있을 것이다.

McClelland는 성취 욕구는 개인뿐 아니라 모든 사회 공동체에서 중요하다고 제안했다. 예를 들어, 성취지향적 사회(*The Achieving Society*)라는 그의 책에서 McClelland(1961)는 모든 사회 공동체는 절대적인 수준에서 성취 욕구에 차이가 있으며, 이러한 차이가 경제성장의 차이를 설명해 준다고 제안했다. 따라서 McClelland는 가난한 나라가 경제를 성장시키기 위한 한 가지 방법은 국민들의 성취 욕구 수준을 높이는 것이라고 주장하였다. 이러한 생각과 일치하게 최근에는 성취 욕구가 기업가 정신과도 정적인 관계가 있다는 근거가 발견되었다(Carraher, Buchanan, & Puia, 2010).

최근 연구에서는 성취 욕구의 효과가 성취 관련 행동이나 기업가적 행동 이외에서도 나타남을 보여 주고 있다. 예를 들어 Moneta(2011)는 대학생 표본에서 성취 욕구가 직무소진(burnout)의 세 가지 차원인 정서적 탈진, 냉소, 그리고 낮은 자기효능감과 부적인 상관관계가 있음을 발견했다. 이 연구는 성취 욕구가 높은 사람들은 직무소진을 높이는 것으로 알려진 직무 요구(예 : 타인에 대한 서비스)에 보다 더 잘 대처할 수 있음을 시사한다.

앞서 소개한 두 욕구 이론과 비교해 볼 때 성취 욕구 이론은 제한된 범위에 초점을 두고 있다. 즉 모든 욕구와 모든 행동의 형태를 설명하려고 하기보다는 하나의 욕구와 매우 구체적인 형태의 행동(예 : 성취)에 초점을 두고 있다. 성취 욕구 이론의 이러한 특성은 조직에서 유용하게 사용된다. 예를 들어, 만약 관리자가 그의 부하들 중 한 사람이 높은 성취 욕구를 가지고 있다는 것을 안다면, 이를 업무 할당 및 업무 관련 의사소통에 사용할 수 있을 것이다.

성취와 관련된 구체적인 행동만을 다루는 성취 욕구 이론은 어떤 측면에서는 문제가 되기도 한다. McClelland는 성취 욕구 외에도 행동에 영향을 미치는 다른 요인들이 있다는 것을 인정했지만, 성취 욕구가 이런 다른 요인들과 어떻게 관련되는지에 대해서는 언급하고 있지 않다. 그러나 McClelland는 인간의 모든 동기를 포괄하는 이론을 발전시키려고 한 것이 아니라 국한된 범위의 행동을 설명하는 데 초점을 두었다는 점을 기억해야 한다.

동기에 대한 인지과정 이론

우리가 종업원의 동기를 이해하는 또 다른 방법은 동기의 기저가 되는 인지적 과정을 살펴보는 것이다. 여기서 **인지**(cognition)는 사고를 의미한다. 그렇다면 어떤 사고과정이 종업원 동기에 관여되는가? 종업원들은 그들이 얼마나 공정하게 처우를 받는지 판단하고, 어느 정도의 노력을 들일지 결정하며, 다양한 수준의 목표달성과 관련하여 앞으로 받을 보상을 예상한다. 이러한 인지적 과정을 이해하는 것은 종업원 동기에 대한 상당한 통찰을 제공해 준다.

심리학의 역사에서 1960년대와 1970년대는 행동주의 연구 접근방식의 인기가 정점에 달했을 때이다. 따라서 이 시기의 조직심리학은 관찰될 수 있는 행동에 대해서만 연구를 실시했다. 의사결정과 선택과 같은 인지적 사고과정은 직접적으로 관찰될 수 없기 때문에 심리학 분야라고 여겨지지 않았다.

이러한 관점은 1970년대 말에 변하기 시작했고, 궁극적으로 심리학에서 인지 혁명(Cognitive Revolution)이 일어났다. 이 시기에 심리학자들은 문제해결, 선택, 심지어 정신병리학과 같은 현상에 기저하는 사고과정에 관심을 갖기 시작했다. 인지과정 이론의 발전에 기여한 다른 요소는 컴퓨터 사용의 증가이다. 이러한 변화와 함께 컴퓨터 정보처리과정이 인간 정보처리과정과 같다고 생각하는 경향이 점차 증가하였다. '컴퓨터로서의 마음'이라는 비유는 이제 일반적인 것이며, 특히 최근의 동기에 대한 인지과정 이론에서 더욱 강조되고 있다.

형평 이론

Homans(1958)에 따르면, 인간은 사회적 상호작용을 경제적 교환관계로 보는 경향이 있다. 즉 우리는 여러 기관(예 : 직장, 정부 조직 등)뿐만 아니라 다른 사람들과의 관계를 '무엇을 주고받는' 교환으로 보는 경향이 있다. 이런 관점에서 **사회적 교환 이론**(social exchange theory)은 사람들이 타인과의 상호작용에서 주고받은 것들을 어떻게 평가하고 균형을 맞추는가를 설명하기 위해 개발되었다 (Kelley & Thibaut, 1978).

형평 이론(equity theory)은 사람들이 사회적 교환의 **공정성**(fairness)을 어떻게 결정하는지에 초점을 두고 있다(Adams, 1965). 형평 이론은 어떤 형태의 사회적 교환에도 적용될 수 있지만, 우리는 이 이론을 직장의 맥락에서 살펴볼 것이다. 형평 이론의 기본 가정은 작업장에서 종업원들은 그들이 투입(input)이라고 생각하는 다양한 요소를 고려한다는 것이다. 형평 이론이 인지에 초점을 둔다는 점에서, 투입은 무엇이든지 종업원 자신이 투입이라고 생각하는 것을 말한다. 직무와 관련된 투입은 개인의 학력, 경력 수준, 직무 관련 기술뿐만 아니라 회사에서 자신이 들이는 노력 정도 등을 포함한다.

형평 이론의 또 다른 중요한 구성요소는 산출(outcome)이다. 산출은 종업원들이 고용관계를 통해 회사로부터 받았다고 느끼는 것들을 나타낸다. 산출의 가장 가시적인 예는 금전적 보상이다. 그러나 산출은 상사의 칭찬, 성취감 또는 동료애와 같은 비가시적인 것들도 포함할 수 있다. 투입과 마찬가지로 산출은 인지적 표상이며, 종업원마다 서로 다를 수 있다.

Adams(1965)에 따르면 종업원들은 인지적으로 그들의 투입 대 산출의 비율을 비교대상의 투입 대 산출의 비율과 비교한다. 여기서 비교대상이란 같은 조직 내 유사한 업무를 수행하고 있는 다른 종업원, 다른 조직에서 유사한 직무를 수행하는 어떤 사람, 또는 과거의 자신처럼 특정 시점의 자기 자신도 될 수 있다. 만약 종업원이 자신의 투입 대 산출의 비율이 비교대상의 비율과 같다고 지각하면 **형평** 상태가 된다. 이것은 종업원이 계약관계에서 만족을 느낀다는 것을 의미한다. 하지만 이러한 비율이 달라지면 **불형평**(inequity) 상태가 나타나게 된다. 이 경우 종업원들은 현재의 교환관계에 불만족하게 되고 형평 상태를 회복하기 위해 동기화된다. Adams(1965)는 불형평이 정확히 어떤 '기분'인지에 대해서는 명확히 언급하지 않았지만, 형평 이론을 다룬 최근 연구에서는 그것이 분노 혹은 죄책감과 가장 비슷하다고 제안하였다(Spector & Fox, 2005).

형평 이론에 따르면 가장 일반적인 형태의 불형평은 **과소지급**(underpayment)이다. 이것은 투입 대 산출의 비율이 비교대상보다 더 나쁘다고 지각되었을 때 나타난다. 예를 들어 한 종업원이 자신과 같은 급여를 받는 동료보다 일을 더 많이 했다고 지각하게 되면 과소지급을 받았다는 생각이 들 것이다. Adams(1965)에 따르면 종업원은 과소지급받았다고 느꼈을 때 형평을 유지하기 위해 다양한 전략을 시도할 수 있다. 이러한 전략은 〈표 9.1〉에 요약되어 있다.

형평 조건을 회복하기 위한 한 가지 방법은 자신의 산출을 늘리기 위해 시도하는 것이다. 앞서 말한 예에서 종업원은 본인이 직무를 열심히 수행했으므로, 상사에게 월급을 올려 달라고 요구할 수 있을 것이다. 만일 이 방법이 성공하면 형평 조건을 회복하는 효과가 나타날 것이다. 하지만 이 방법은 위험할 수 있다. 종업원은 본인의 요구가 들어지지 않는다면 이전보다 더 나쁜 감정을 느끼게 될 것이다. 특히 그 종업원이 월급을 올리기 위해 더 많은 일을 하도록 요구받는다면 상황은 더 악화될 것이다.

형평을 회복하기 위한 두 번째 전략은 종업원이 자신의 투입을 줄임으로써 다른 동료들과 비슷한 투입 대비 산출의 비율을 맞추는 것이다. 그렇게 함으로써 과소지급은 교정된다. 예를 들어, 어떤 종업원은 산출에 상응한다고 생각하는 수준만큼 자신의 노력을 줄일 것이다. 이러한 전략도 어느 정도 위험성이 따른다. 종업원의 노력 감소는 상사 또는 동료들에게 부정적으로 생각될 것이다. 결과적으로 그 종업원은 더 적은 산출을 받게 될 것이다.

표 9.1 형평을 회복하기 위해 사용하는 기제

기제	예
산출 증가	상사에게 급여를 올려 달라고 요청한다.
투입 감소	업무에 들이는 노력의 정도를 줄인다.
인지적 조정	형평 상태로 돌아가기 위해 자신의 투입 또는 산출의 가치에 대한 생각을 바꾼다.
'비교대상' 바꿈	투입과 산출의 비율을 비교하기 위해 다른 대상을 선택한다.
작업장을 떠남	투입과 산출의 비율이 좀 더 나은 직장을 구한다.

세 번째 전략은 개인의 투입과 산출에 대한 지각을 인지적으로 조정하는 것이다. 예를 들면, 종업원은 인지적으로 자신의 산출을 재평가할 수 있다. 그리고 처음 가졌던 생각보다 자신의 산출에 대해 더 긍정적으로 생각하는 것이다. 예를 들어 자신이 적은 보수를 받았다고 여긴 종업원은 다른 도시에 사는 종업원들보다 자신이 더 생활비가 적게 든다고 생각할 수 있다. 그 종업원은 또한 그의 투입을 재평가하고, 처음 생각했던 것만큼 자신의 투입이 가치 있지 않다고 생각하거나, 처음에 고려하지 않은 산출이 있다고 생각할 수 있다. 이렇게 자신과 비교대상의 투입과 산출 비율의 균형을 맞추기 위해서 인지적으로 조정할 수 있다.

〈표 9.1〉에 열거된 모든 전략 중 투입과 산출의 지각에 대한 인지적 조정이 종업원의 노력을 최소한으로 요구하고 따라서 가장 덜 위험하다. 예를 들어, 종업원은 자신의 산출을 증가시키기 위해 노력을 할 필요가 없으며, 자신의 투입을 줄임으로써 생기는 위험도 없을 것이다. 이 전략의 잠재적인 단점은 종업원이 편의에 따라 이용당할 수 있다는 것이다. 사람들을 불공정하게 취급하는 조직에서 이러한 인지적 조정은 불공정한 처사를 변화시키지 못할 수 있다.

〈표 9.1〉에 소개된 네 번째 전략은 과소지급받았다고 생각한 사람이 비교대상을 바꿈으로써 투입/산출 비율을 좀 더 긍정적으로 평가하게 되는 것이다. 예를 들어, 저자가 형평성의 판단에서 프로농구 선수를 비교대상으로 삼았다면 이것은 의심할 여지 없이 급여 면에서 강한 불평등의 느낌을 얻을 것이다. 이와 달리 비교대상을 '심리학과 부교수'로 바꾼다면 형평을 회복할 가능성이 매우 커질 것이다. 비교대상은 같은 직업 또는 전문가, 또는 회사 내에서도 여러 대상과 동시에 비교하는 것이 가능하다는 것을 알고 있어야 한다. 예를 들어 조직심리학자들은 심리학과 교수 또는 경영학과 교수와도 비교할 수 있으며, 심지어 심리학과 내에서도 박사학위과정을 지도하는 교수와 석사학위만을 지도하는 교수와도 비교할 수 있다(참고 9.2 참조).

종업원이 과소지급 불형평에 반응하는 마지막 방법은 Adams(1965)가 기술한 것처럼 일터를 떠나거나 불형평한 교환관계를 철회하는 것이다. 이직을 심리적으로 혹은 행동적으로 실행하는 것에는 미묘한 차이가 있겠지만, 어쨌든 고용 장면에서는 종업원의 이직이 이 방법의 가장 일반적인 모습이다. 예를 들어, 불형평하게 취급받았다고 느끼는 종업원은 심리적으로 그 조직을 떠날 것이다. 여기에는 단순히 조직 내의 활동에 최소한으로 참여하거나 조직몰입의 감정을 줄이는 것 등이 포함된다(제5장 참조). Adams가 지적했듯이 회사를 완전히 떠나는 것은 일반적으로 불형평을 해결하기 위한 모든 방법을 다 사용한 후에 나타난다. 그러나 때로는 이 방법이 종업원에게 최상의 선택일 수도 있다. 예를 들어 형평이 회복될 수 있는 기회가 거의 없다면, 종업원들에게는 다른 직장을 찾는 것이 최선의 방법일 것이다.

형평 이론에서는 비교대상의 투입 대 산출의 비율보다 자신의 투입 대 산출의 비율이 더 좋을 때도 불형평을 느낀다고 제안한다. 이것이 과다지급(overpayment) 조건이다. 과소지급에 대한 감정이

프로 스포츠에서 연봉의 공정성

형평 이론의 효과가 매우 잘 관찰될 수 있는 분야 중 하나는 프로 스포츠이다. 예를 들어 1년에 500만 달러를 버는 운동선수는 자신이 1년에 1,000만 달러를 벌지 못하기 때문에 불공평하게 대우받는다고 불평한다. 우리 대부분은 이러한 연봉의 일부분만이라도 받게 된다면 매우 기뻐할 것이다. 그러나 프로선수가 사용하는 '비교대상'이라면, 이러한 불형평에 대한 생각은 쉽게 이해될 수 있다. 좀더 자세히 살펴보면 높은 급여를 받는 프로선수는 같은 위치에 있는 고액 연봉의 프로선수가 받는 수입과 자신의 수입을 비교한다. 이러한 비교가 이루어질 때 자신이 천만장자라는 것은 전혀 상관이 없다. 중요한 점은 자신의 급여를 다른 사람의 급여와 어떻게 비교하는가이다.

형평 이론이 설명할 수 있는 한 관련 주제는 고액 연봉의 프로선수가 의사, 선생님, 과학자, 그리고 사회에 중요한 일을 수행하는 다른 사람들보다 훨씬 더 많이 번다는 사실을 어떻게 받아들이는가이다. 여기에 한 가지 다소 사변적인 설명이 있다. 메이저리그의 야구선수들은 자신들의 기술을 개발하기 위해 시간을 보냈고, 오랜 세월을 2군에서 보냈으며, 자신의 경력은 부상당하면 언제든지 끝날 수 있기 때문에 고액을 받을 자격이 있다고 생각할 것이다. 형평 이론으로 설명하자면 이 선수는 자신의 투입과 산출을 인지적으로 조정하고 있는 것이다.

불형평성 또는 불공정성이라면, 과다지급의 감정은 어떻게 기술할 수 있을까? Adams(1965)에 따르면, 과소지급 조건처럼 과다지급 조건에서도 사람들은 불편한 감정을 경험하지만, 과다지급 상황에서 경험하는 감정은 불형평성보다는 죄책감이 더 잘 맞는 설명일 것이다.

Adams(1965)에 따르면, 과다지급을 경험한 종업원은 과소지급 조건에서 형평을 회복하기 위해 사용되는 방법과 같은 기본 전략을 사용할 수 있다. 예를 들어, 자신의 산출에 맞도록 투입을 증가시키거나, 산출을 줄이도록 노력하거나, 자신의 투입 또는 산출을 인지적으로 조정하거나, 비교대상을 바꾸거나, 혹은 그 조직을 떠날 수 있다. 이러한 모든 전략 중에서 가장 쉽고 실행 가능한 인지적 조정을 사용할 가능성이 가장 높다.

일반적으로 실증 연구들은 형평 이론을 매우 잘 지지해 주고 있으며, 특히 과소지급 조건을 더 잘 지지하고 있다. 예를 들어, 과소지급에 따른 불형평의 지각은 불쾌함을 느끼게 하고, 불형평을 해소하기 위해 종업원들을 동기화시킨다(예 : Greenberg, 1990; Lord & Hohenfeld, 1979). 최근에 형평 이론은 종업원들이 받는 결과물로서의 산출과 이러한 산출을 결정하는 절차의 측면에서 공정성을 구분해서 **조직 공정성 이론**(Organizational Justice Theory; Folger & Cropanzano, 1998)으로 발전되고 있다. 자신이 받은 산출 결과에 대한 불형평 지각을 **분배 공정성**(distributive justice)이라고 하고, 이러한 산출을 결정하는 데 사용된 과정에 대한 공정성 지각을 **절차 공정성**(procedural justice)이라고 한다(Folger & Cropanzano, 1998). 또한 몇몇 연구자들은 이 두 가지 공정성 개념과 별개로 **상호작용 공정성**(interactional justice)이라는 독립된 범주를 제안했다. 상호작용 공정성은 종업원들이 교환관계에서 존중받거나 존엄성 있게 대우받고 있는지에 대한 지각을 말한다(Colquitt, Conlon, Wesson, Porter, & Ng, 2001). 실증 연구들은 이 세 범주의 공정성이 서로 구별되는 독립적인 개념이라는 것을 지지하였다(Cohen-Charash & Spector, 2000). 연구자들은 그 후 상호작용 공정성을 다시 둘로 나누었는데, 조직에서 종업원들이 정당하게 대우받는지에 관한 **대인관계 공정성**(interpersonal justice)과 조직에서 어떤 절차가 적용되었을 때 적절한 설명이 제공되는지에 관한 **정보적 공정성**(informational justice)으로 구분하였다.

공정성 지각(fairness perception)이란 이러한 세 가지 형태의 공정성을 모두 합친 집합적 표현이다. 공정성 지각의 결과에 대해 많은 연구가 이루어져 왔다(예 : Sweeney & McFarlin, 1997). 공정성 지각은 특히 절도(Greenberg, 2002), 일터에서의 복수 행동(Trip, Biese, & Aquino, 2002), 파업(Ambrose, Seabright, & Schminke, 2002) 등을 포함하는 비생산적인 업무행동들과 관련이 있다. 따라서 조직은 종업원들이 작업장에서 공정성 지각의 결핍으로 인해 동기화되는 것을 피해야 할 것이다.

형평 이론에서 과다지급 조건을 지지하는 연구 결과들은 미비하다(Pritchard, 1969). 실험실 연구에서는 과다지급의 감정이 일어날 수 있다는 것을 보여 주었지만(예 : Lawler, Koplin, Young, & Fadem, 1968), 실제 조직 장면에서는 실증적 증거가 거의 나타나지 않았다. 이것은 과다지급이라는 개념이 과연 존재할 수 있는지 불분명하기 때문일 것이다. 적어도 급여만을 고려했을 때, 자신들이 과다지급을 받고 있다고 생각하는 사람들은 상당히 드물 것이다. 설령 과다지급을 받는다 해도, 사람들은 인지적으로 자신의 과다지급에 대한 생각을 매우 빠르게 조정할 수 있을 것이다. 예를 들어, 너무 많이 받았다고 생각하는 사람은 투입(예 : "나의 직무 경험은 내가 생각하는 것보다 더 좋았을 거야") 또는 산출("요즘 물가에 비하면 내 급여는 그렇게 많은 게 아닐 거야")에 대한 자신의 지각을 조정함으로써 자신이 많이 받은 것을 쉽게 합리화할 수 있을 것이다.

형평성과 공정성 지각에 대한 앞으로의 연구는 다음의 두 가지 이슈를 다룰 필요가 있다. 첫 번째는, 문화권에 따라서 형평성과 공정성 지각이 어떻게 달라지는지에 관한 연구이다. 한 나라의 문화는 동기에 중요한 영향을 미칠 수 있으며(Diefendorff & Chandler, 2011), 그렇다면 문화권에 따라서 형평성 및 공정성 지각이 다르게 나타날 수 있다(참고 9.3 참조). 오늘날 많은 기업들이 다국적으로 운영되고 있고, 다양한 문화권에서 종업원들을 고용하고 관리하므로, 문화가 형평성과 공정성에 미치는 영향에 관해 앞으로 더욱 많은 연구가 필요하다.

추후 연구가 필요한 두 번째 분야는 개인차가 형평성과 공정성 지각에 어떤 영향을 미치는지이다. Huseman, Hatfield, Miles(1987)는 사람들이 자신이 얼마나 불공정한 대접을 받고 있는지를 인식하는 정도, 즉 **형평성 민감도**(equity sensitivity)에서 개인차가 존재하며, 세 가지 유형으로 이를 구분하였다. 형평(equity sensitive) 유형은, Adams(1965)가 제안한 것처럼, 그들의 투입 대비 산출이 다른 사람들과 비교하였을 때 비슷하길 원한다. 반면에 **자비형**(benevolent) 및 **독점형**(entitled)으로 명

형평성 지각에 대한 문화 간 차이

형평 이론은 사람들이 자신의 투입 대비 산출의 비율을 타인의 투입 대비 산출의 비율과 비교한다고 제안하며, 만약 이 비율이 같지 않은 불형평한 상황이 되면 형평을 회복하도록 동기화된다고 제안한다. 형평 이론은 주로 미국에서 연구되어 왔지만, 최근에는 비교 문화 관점에서도 몇몇 연구들이 진행되었다. 전 세계가 점점 더 글로벌화되어 감에 따라 연구자들과 실무자들은 연구에서 문화적 맥락의 문제들을 다루는 것이 중요해지고 있다. Bolino와 Turnley(2008)는 가치 지향 모델(value-orientation model)을 사용하여 문화적 맥락에 따라 형평 이론의 여러 개념적 측면들이 종업원들에게 다르게 나타날 것이라고 제안한다.

구체적으로, 이들은 문화적 차이가 투입과 산출, 비교대상 선정, 형평성 민감도 및 불형평에 대한 반응 등에 서로 다른 영향을 미칠 수 있음을 가치 지향 모델을 사용해서 설명하였다. 형평 이론에 관한 과거의 비교 문화 연구는 일부 변수들만 다룬 반면에, Bolino와 Turnley의 연구는 문화적 가치가 형평 이론의 모든 변수에 어떤 영향을 미칠 수 있는지를 다루고 있다. 가치 지향 모델에 따르면, 문화는 다음의 다섯 가지 측면에서 사람들에게 체계적으로 영향을 미친다(Kluckhohn & Strodtbeck, 1961).

1. 어떤 문화에서는 인간이 본질적으로 착하다고 생각하는 반면, 다른 문화에서는 악하다고 생각한다.
2. 어떤 문화에서는 인간이 환경을 통제하고자 하고, 다른 문화에서는 환경이 인간을 지배하는 것이라고 생각하며, 또 다른 문화에서는 인간과 환경이 조화를 이루어야 한다고 생각한다.
3. 어떤 문화에서는 과거를 중시하고, 다른 문화에서는 현재를, 또 다른 문화에서는 미래를 중시한다.
4. 어떤 문화에서는 목표와 성취를 중시하고, 다른 문화에서는 순간을 즐기며, 또 다른 문화에서는 신중한 삶을 중시한다.
5. 어떤 문화에서는 자기 자신을 중시하고, 다른 문화에서는 내집단을 중시하고, 또 다른 문화에서는 사

회 내의 권력의 위계 및 분배를 중시한다.

Bolino와 Turnley는 이상의 다섯 가지 문화 차이를 형평 이론의 각 요소들과 연결시켜서 여러 가지 제안을 하였다. 예를 들어, 서로 다른 문화에 따라 사람들이 자신과 비교할 비교대상을 선택하는 방식이 다를 수 있다. 과거를 중시하는 문화에서는 과거의 인물을 비교대상으로 선택할 것이고, 현재를 중시하는 문화에서는 현재의 인물을, 미래를 중시하는 문화에서는 미래의 인물을 비교대상으로 선택할 가능성이 높다. 또 다른 예는 문화에 따라 관계 지향성에 차이가 있고, 이에 따라 형평성 비교 시에 어떤 투입 요소를 중시하느냐에 차이가 있다는 점이다. 구체적으로, 개인의 성취보다는 귀속 지위를 중시하는 직계관계 지향 문화에서는 신분적 요소를 투입으로 더 중시할 것이며, 반대로 귀속 지위보다 성취를 중시하는 개인 관계 지향 문화에서는 개인의 성취 노력을 투입 요소로서 더 강조할 것이다.

이러한 예시는 서로 다른 문화적 가치들에 따라 형평성 지각이 다를 수 있다는 16가지 제안 중 두 가지일 뿐이다. 문화적 가치 지향과 형평 이론의 여러 측면 간의 종합적인 연결고리를 상세하게 기술하는 것은 앞으로 점점 더 중요하다. 형평성과 공정성에 관한 비교 문화 연구에서 어떤 집단 간의 차이를 문화 또는 기타 요인의 차이로 설명하기 위해서는 경험적 연구의 축적이 필요하다. 더 나아가 Bolino와 Turnley는 서로 다른 문화에서 형평성 지각에 대한 검증 가능한 예측들을 제안함으로써 앞으로의 연구들을 자극하고 있다. 실무자의 관점에서 보면, 이러한 새로운 비교 문화적 연구들은 한 문화권에서 만들어진 경영 이론을 다른 문화권에 적용하고자 할 때에는 신중한 고려가 필요하며, 글로벌 기업의 경우에는 이런 문제가 특히 중요하다는 시사점을 제공한다.

출처 : Bolino, M. C., & Turnley, W. H. (2008). Old faces, new places: equity theory in cross-cultural contexts. *Journal of Organizational Behavior*, 29(1), 29-50.

볼링그린주립대학교 Alison M. Bayne 기고.

명된 사람들은 이러한 비율이 타인과 비교하였을 때 비슷하기를 원하지 않는다. 자비형 사람들은 타인과 비교하였을 때 자신의 비율이 타인보다 더 낮은 것을 선호하고, 이는 그들이 과소보상되는 상황을 더 편안하게 받아들이는 것이라고 제안한다. 반면 독점형 사람들은 그들이 타인과 비교하였을 때 자신의 비율이 더 높아야 한다고 믿는데, 이는 그들이 과다보상을 받아야 한다고 느끼는 것이라고 제안한다. 현재까지 형평성 민감도에 대한 연구가 많이 이루어지지는 않았지만, 공정성 지각 및 불형평에 대한 반응에 영향을 미친다는 연구가 있다(예 : Kickul & Lester, 2001).

기대 이론

인지적 측면에서 볼 때, 인간의 가장 대표적인 특성 중 하나는 미래를 예측하고 이에 맞추어 행동을 조절할 수 있는 능력이다. **기대 이론**(expectancy theory)은 이런 인간의 능력을 강조하여, 종업원들이 어디에 자신의 노력을 쏟아야 할지에 관한 의사결정 과정을 인지적 과정에 초점을 두어 설명한다(Vroom, 1964, 1995). 기대 이론의 기본 가정은 종업원들이 일반적으로 다음과 같은 경우에 자기 행동에 노력을 기울인다는 것이다.

1. 자기가 노력하면 어떤 행동을 성공적으로 수행할 가능성이 높을 때
2. 그 행동이 특정한 성과를 이끌어 낼 가능성이 높을 때
3. 그 행동의 결과로 나타나는 성과물이 본인에게 가치가 있는 것일 때

만약 이러한 세 가지 조건 중 어떤 것 하나라도 결핍되어 있으면 사람들은 그 행동을 실행하는 데 노력을 기울이지 않을 가능성이 아주 높다.

Vroom(1964, 1995)은 사람들이 자기가 노력(Effort)하면 어떤 행동을 수행(Performance)할 수 있다고 스스로 믿고 있는 신념을 기대(expectancy)라고 정의하고, 이것을 '노력-수행'(E → P)으로 나타냈다. 기대는 미래에 관한 믿음이기 때문에, Vroom은 기대를 0에서 1까지 범위를 갖는 확률 함수로 개념화했다. 기대가 0인 경우는 노력을 해 봐도 일정한 수행 수준을 이끌어 낼 가능성이 없다는 것을 의미한다. 반면에 1에 가까운 기대는 어떤 종업원이 앞으로 노력하면 충분히 그 수행 수준을 달성할 수 있다는 상당한 자신감을 갖고 있음을 의미한다. 기대에 대한 믿음은 개인의 타고난 능력, 교육 수준, 또는 수행을 방해하는 중요 제약조건들이 있느냐 없느냐와 같은 여러 가지 요소에 따라 달라질 수 있다.

한편 일정 수준의 행동이나 수행(Performance)이 결과적으로 어떤 성과(Outcome)를 가져올 것이라는 믿음을 **도구성**(instrumentality)이라고 하며, '수행-성과'(P → O)로 표현한다. 기대와 마찬가지로 도구성은 확률 함수이다. 예를 들어, 단체교섭 등에 의해 모든 사람에게 동일한 임금 인상이 적용되는 경우, 종업원들은 자신의 수행 수준과 임금 인상 간의 관계에 관해서 0에 가까운 도구성을

지각할 것이다. 이와 반대로, 일정한 수준 이상의 업적을 달성한 사람들에게만 그에 상응하는 보상이 주어지는 경우에는 종업원들이 자신의 수행 수준과 보상 간에 높은 도구성을 지각할 것이다. 도구성에 대한 확률 지각은 이처럼 상당 부분 조직에서의 보상정책 및 그 정책이 수행되는 방식에 따라 달라지게 된다.

종업원들이 자기 행동의 결과로 얻게 되는 성과물 각각에 대해 느끼는 가치를 유인가(valence)라고 한다. Vroom에 따르면, 사람들은 여러 가지 이유로 성과물의 가치에 대해 서로 다르게 평가한다. 예를 들어, 어떤 사람은 금전적 보상에 많은 가치를 둘 수 있으며, 이런 사람에게는 높은 급여 인상이 상당한 유인가가 될 수 있다. 이와 반대로, 어떤 사람은 성취감 또는 타인의 칭찬에 더 큰 가치를 둘 수 있다. 유인가와 관련하여 흥미로운 점은 가치가 부정적인 값을 갖는 것도 가능하며, 이에 따라 노력의 방향을 예측할 수도 있다는 점이다. 예를 들어, 어떤 종업원이 자기 일을 매우 잘했을 때 얻을 수 있는 모든 성과물을 고려해 보자. 급여 인상, 상사로부터의 칭찬, 동료로부터의 인정, 성취감 등은 대부분의 사람들이 바람직하게 여기는 결과이다. 반면에 자기 업무를 잘 수행하는 사람들은 동료들보다 일을 더 잘했기 때문에 높은 급여를 받는 경향이 있는데, 이때 높은 급여를 받는다는 사실은 종종 동료들로부터 분노를 사게 된다. 이때 동료들과의 불편한 감정은 부정적이고 바람직하지 않은 결과로 지각될 것이다.

Vroom이 제안한 기대, 도구성, 유인가는 종업원 동기를 설명하기 위해 방정식 형태로 조합되며, 이 방정식은 〈표 9.2〉에 제시되어 있다. 이 방정식이 예측하는 변인은 동기적 힘이며, 이는 종업원이 주어진 일을 수행하기 위해 들이는 노력의 수준을 나타낸다. 여기서 동기적 힘은 수행과 동일한 의미가 아님을 기억해야 한다. 예를 들어, 어떤 사람은 기대 이론과 일치하는 방식으로 자신의 노력을 경주할 수 있지만, 선천적 능력 또는 수행을 방해하는 제약조건 때문에 수행 수준은 낮을 수도 있다.

〈표 9.2〉에서 보듯이, 어떤 행동을 수행함으로써 얻게 되는 각각의 가능한 개별 성과들 때문에 도구성은 유인가와 함께 곱해지며, 이 값들은 모두 더해지고, 그 합을 다시 기대와 곱해서 동기 점

표 9.2 기대 이론의 요소들이 동기적 힘을 결정하는 방정식

$$F = E(\sum I \times V)$$

F = 동기적 힘
E = 기대 (E → P)
Σ = 모든 가능한 결과에 대한 총합
I = 도구성 (P → O)
V = 유인가

수가 계산된다. 이 방정식에 따르면, 만일 어떤 종업원이 자신이 노력을 하면 일정한 수행 수준에 도달할 수 있을 것이라고 믿을수록, 또한 그 수행 수준 달성이 가치 있는 결과를 가져올 것이라고 믿을수록 동기적 힘은 가장 높게 나타난다. 하지만 만약 이러한 값 중 어느 하나라도 0에 가까우면 동기적 힘은 상당히 낮아질 것이다. 예를 들어, 어떤 종업원이 자신의 노력으로 원하는 수행 수준을 달성할 수 있고, 그 결과로 올 수 있는 성과물들의 가치가 높다고 하더라도, 그러한 성과물들이 수행과 연계되어 있다고 믿지 않으면(예 : 도구성이 낮음) 동기적 힘은 낮을 것이다.

또 다른 예로서, 자신의 노력이 특정 수행 수준에 도달할 수 있고, 그 수행이 많은 성과물을 가져다줄 것이라고 믿는 종업원이 있다고 가정해 보자. 이 예에서 그 수행이 가져다주는 성과물들이 종업원에게 거의 가치가 없는 것들이라면(예 : 유인가가 낮음), 동기적 힘은 여전히 낮을 것이다. 설령 이 예에서 성과물이 승진 가능성 또는 칭찬이더라도 그런 것을 가치 있게 여기지 않는 종업원에게는 큰 의미를 주지 않을 것이다.

마지막으로, 또 다른 종업원은 어떤 수행이 가치 있는 성과물을 이끌어 낼 수 있지만, 자신의 노력으로 그 수행 수준에 도달할 가능성이 거의 없다고 생각할 수도 있다(예 : 기대가 낮음). 예를 들어, 마라톤 선수가 세계 신기록을 수립하게 되면 매우 가치 있는 성과물(예 : 돈, 명성, 성취감)이 올 수 있지만, 많은 선수들은 자신이 아무리 노력해도 세계 신기록을 수립하는 것은 거의 불가능하다고 생각할 수 있다.

기대 이론은 1964년 Vroom에 의해 발표된 이래로 조직심리학에서 가장 중요한 동기 이론 중 하나가 되었다. 그 결과, 상당히 많은 연구들이 기대 이론의 예측력을 연구한 바 있다. Van Eerde와 Thierry(1996)는 기대 이론을 검증한 77개 연구들을 메타 분석해서 기대 이론의 구성요소와 수행, 노력, 의지, 선택과 같은 결과 변인들과의 상관을 조사하였다.

그 결과, 기대 이론을 지지하는 연구도 있었고 그렇지 않은 연구도 있는 것으로 나타났다. 예를 들어, 기대 및 도구성과 같은 개별 요인들이 다양한 결과 변인들과 관련이 있었지만, 기대 이론에서 제안한 것처럼 이 요인들을 곱한다고 해서 더 나은 예측을 보여 주는 것은 아니었다. 메타 분석에서 발견된 또 다른 중요한 점은 **피험자 간 설계**(within-subjects design)보다 **피험자 내 설계**(between-subjects design)를 사용한 연구들에서 더 강한 상관관계를 보여 주었다는 것이다. 피험자 내 설계에서는 한 사람을 대상으로 그 사람이 다양한 수행 수준 또는 다양한 행동 중에서 어떤 선택을 하는지를 예측하기 위해서 기대 이론을 사용한다. 반면에 피험자 간 설계에서는 여러 명의 사람들을 대상으로 그들의 노력이나 수행 수준을 예측하기 위해서 기대 이론을 사용한다. 따라서 이러한 결과는 개개인이 다양한 선택 상황에 직면했을 때 어떤 선택에 자신의 노력을 경주하는지를 예측하는 데 기대 이론이 유용하게 적용될 수 있다는 주장을 뒷받침한다(예 : Mitchell, 1974; Muchinsky, 1977).

이렇게 기대 이론을 직접 검증하는 연구 외에도, 기대 이론은 기업가 정신의 동기에 대한 연구

(Manlova, Brush, & Edelman, 2008) 및 금전적 인센티브의 영향을 조사한 연구들로부터 간접적인 지지를 받았다(Jenkins, Mitra, Gupta, & Shaw, 1998; Lawler & Jenkins, 1992). 금전적 보상에 관해서는 제10장에서 더 자세히 다룰 것이지만, 금전적 인센티브가 강력한 동기요인이 될 수 있음을 보여 주는 상당한 증거들이 있다. 물론 금전적 인센티브 그 자체가 기대 이론의 직접적인 지지 증거는 아니지만, 금전적 인센티브의 효과는 기대 이론의 여러 주장과 분명히 일치하고 있다.

목표설정 이론

오랫동안 심리학자들은 인간의 행동은 목표와 포부에 의해 동기화되고 조절된다고 여기고, 이에 대해 많은 연구를 수행해 왔다(Austin & Vancouver, 1996). 따라서 기대 이론처럼 **목표설정 이론**(goal-setting theory)은 오랫동안 개념적으로 많이 다루어져 왔다. 특히 조직심리학자인 Edwin Locke는 목표설정 이론의 기본 개념을 정교화하고, 조직에서 목표가 어떻게 행동을 이끄는지 설명하는 데 가장 큰 기여를 하였다.

목표설정 이론을 구체적으로 설명하기 전에, 목표가 왜 종업원의 행동을 동기화시키는지 살펴보는 것이 중요하다. Locke(1968)에 따르면, 목표는 세 가지 이유에서 동기적 가치가 있다.

1. 목표는 특정한 방향으로 주의를 집중시키고 그 방향으로 노력하게 한다. 한 과목에서 A학점을 받는 것을 목표로 가진 학생은 그 과목에 많은 주의를 기울이는 경향이 있다.
2. 목표는 그것이 달성될 때까지 과제 수행을 지속하도록 만든다. 사람들이 과제를 수행할 때 성공하지 못하고 결국 실패하는 이유는 주로 끝까지 그 과제에 대해 지속적인 노력을 기울이지 않기 때문이므로, 목표는 이런 점에서 중요한 효과를 갖는다.
3. 목표는 과제 수행에 필요한 기술이나 전략을 개발하도록 촉진한다. 예를 들어 A학점을 받고자 하는 학생은 수업내용을 잘 기억하고 수업을 효과적으로 따라가기 위해 매우 혁신적인 방법을 찾아내려고 할 것이다.

지금까지 우리는 목표의 기능에 대해 살펴보았다. 이제 목표가 동기를 유발하는 데 필요한 특성들에 대해 살펴보자. 오랫동안 강력하게 지지받은 목표의 특성은 **목표 난이도**(goal difficulty; 예 : Locke & Latham, 1990)이다. 일반적으로 어려운 목표는 쉬운 목표에 비해 동기부여 효과가 더 크다. 예를 들어, 영업사원의 수당 목표가 5만 달러일 때보다 10만 달러일 때 더욱 동기화된다.

목표가 동기부여 효과를 갖기 위해 반드시 필요한 두 번째 특성은 **목표 수용**(goal acceptance)이다. 목표 수용 여부는 목표를 달성할 수 있다고 믿는 개인의 신념에 따라 달라진다. 만약 개인이 어떤 목표를 달성할 수 없다고 믿는다면 그 목표는 수용되지 않을 것이다. 한동안 목표가 수용되기 위해서는 목표설정 과정에 종업원이 직접 참여하는 것이 필수적이라는 주장이 있었다. 그러나 Latham

과 Locke(1991)는 그들의 연구에서, 조직에서 할당한 목표라도 그 목표가 수용되기만 하면 종업원이 직접 참여해서 설정한 목표와 마찬가지로 동기부여 효과가 있음을 증명하였다.

목표가 동기를 부여하는 데 필요한 세 번째 조건은 **목표 구체성**(goal specificity)이다. 목표는 애매모호할 때(예 : "좋은 세일즈맨이 되어라")보다 구체적일 때(예 : "다음 달까지 20대의 차를 팔아라") 더 강한 동기를 초래한다. 목표의 구체성이 중요하기 때문에 많은 목표설정 연구에서는 "최선을 다하라"는 조건을 구체적인 목표 조건과 자주 비교해서 연구한 바 있다.

넷째는 **피드백**(feedback)의 중요성이다. 실증 연구에 따르면 목표가 수행을 동기화시키려면 종업원들에게는 피드백이 필요하다. 목표 달성은 점진적으로 향상되는 과정을 통해 이루어지므로, 종업원이 진행과정에 대한 피드백을 받는 것은 중요하다. Latham과 Locke(1991)에 따르면, 목표와 피드백은 서로 영향을 미치는 상호 유기적 관계를 갖는다. 즉 피드백은 종업원이 목표 달성을 위해 계속 동기화될 수 있도록 하고, 목표는 피드백이 동기적 효과를 갖는 의미 있는 정보로 작용할 수 있게 한다.

목표설정은 조직심리학에서 가장 잘 검증된 이론 중 하나이다. 지난 40년 동안 실험실과 현장 연구 모두에서 목표의 동기적 가치가 지지되었다(Schmidt et al., 2013). 이러한 광범위한 지지 때문에 최근의 연구 경향은 주로 (1) 목표설정 프로세스를 더욱 상세하게 설명하는 것, (2) 목표설정의 기저에 있는 메커니즘을 설명하는 것, (3) 목표설정 이론의 경계 조건과 이 이론에 의해 예측되는 주요 관계들에서 조절변수들을 확인하는 것에 초점을 두고 있다.

Schmidt 등(2013)에 따르면, 목표설정 프로세스는 매우 복잡하며, 다음과 같은 다양한 하위 프로세스를 포함한다 : 여러 가능한 목표들 중에 한 가지 목표를 고르기, 개인의 목표 대비 진척도를 모니터링하기, 중간에 피드백에 기반하여 자신의 목표를 수정하기 등. 목표의 선택과 관련해서는, 사람들의 업무 관련 목표가 그들이 삶을 영위하는 훨씬 거대한 목표들의 체계의 한 부분임을 이해하는 것이 중요하다. 그러므로 업무 관련 목표의 선택을 이해하기 위해서는 그 사람의 여타 삶의 목표들을 이해하는 것이 중요할 것이다. 목표 달성을 향한 진척도를 모니터링하는 작업은 목표 달성의 매우 중요한 측면이다. 진척도가 그 사람의 노력 수준에 큰 영향을 미치기 때문이다. 예를 들어, 사람은 자신의 현재 수행 수준과 바라는 수준 간에 큰 차이가 존재할 때 일반적으로 더 많은 노력을 기울인다(Vancouver, 2005). 마지막으로, 사람들은 종종 목표 달성과 관련하여 받은 피드백을 기반으로 목표를 수정하곤 한다. 예를 들어, 만약 사람들이 목표를 달성하기 위해 반복적으로 시도하지만 번번히 실패한다면, 그들은 목표 수준을 **하향** 조정할 것이다. 반대로, 많은 경우 일단 목표가 달성되고 나면 종업원들은 목표를 더 높게 **상향** 조정한다는 연구 결과가 존재한다.

목표설정이 동기적 효과를 초래하는 과정을 설명하기 위해 목표 몰입, 목표 수용, 피드백, 자기효능감에 관한 상당한 연구가 실시되어 왔다(Ambrose & Kulik, 1999). 예를 들어, 금전적 보상은 목표의 몰입과 수용을 높이는 데 사용될 수 있으며(Wright, 1992), 목표설정이 효과가 있기 위해서는 피드백과 자기효능감이 필수 조건이라는 것이 밝혀졌다(Latham & Locke, 1991; Locke & Latham, 2006). 자신의 행동이 수행에 어느 정도 기여하는지에 관한 정확한 피드백을 받지 못한다면 종업원들은 자신의 목표를 더 높은 수준의 수행으로 전환할 수 없을 것이다. 최근에 이루어진 많은 연구들은 종업원들이 수행에 관한 피드백을 구하는 것과(Ashford & Black, 1996; Bernichon, Cook, & Brown, 2003) 관리자들이 종업원들에게 피드백을 제공해 주는 것(Ilgen & Davis, 2000) 모두 중요하다는 것을 밝혀냈다.

목표설정 효과의 경계 조건들을 확인하려는 연구 결과들에 따르면, 목표설정이 모든 상황에서 효과적이지 않다는 것을 보여 주었다. 목표는 사람들의 관점을 좁히는 경향이 있기 때문에, 제대로 설계되지 않은 과제를 수정해야 하는 상황에서는 비생산적일 수도 있다(Staw & Boettger, 1990). 또한 구체적인 목표에 할당된 사람들은 자발적으로 동료들을 돕지 않는 경향이 있다(Wright, George, Farnsworth, & McMahan, 1993). 미래의 조직에서는 역할 범위가 분명하게 정의되지 않는 경우가 많으므로, 목표가 이처럼 편협한 시야(tunnel vision)를 초래한다면 미래 조직에는 오히려 효과적이지 않을 수도 있다(Bridges, 1994).

또 다른 목표설정의 경계 조건은 종업원들이 자신의 행동을 이끄는 데 사용할 수 있는 목표의 개수에 수확체감의 원칙(law of diminishing returns)이 있을 수 있다는 점이다. 목표의 수가 증가할수록 목표들 간에 서로 충돌할 가능성은 더 커진다(Gilliland & Landis, 1992). 게다가 종업원이 많은 목표를 가지고 있을 때, 그 모든 목표를 달성하지 못할 가능성도 증가한다. 목표 구체성이 이 이론의 핵심 구성 요소라는 점을 고려할 때, 종업원이 수행 과제에 대해 지나치게 많은 목표를 계속 추구한다는 것은 불가능할 것이다.

마지막 경계 조건은 최근에 연구된 과제 복잡성(task complexity)이다. 연구들은 복잡한 과제보다는 단순한 과제에서 목표설정이 좀 더 효과적이라는 것을 보였다(Mone & Shalley, 1995). 이것을 설명하기 위해 가장 빈번하게 언급된 설명은 과제가 수행을 진행하도록 동기화시킬 때 목표는 사람의 일정한 인지적 자원을 필요로 한다는 것이다(예 : Kanfer, Ackerman, Murtha, Dugdale, & Nelson, 1994). 사람들이 복잡한 과제(예 : 연간 예산 준비하기)를 수행할 때 목표 자체에 인지적 자원을 할당하는 것은 과제 수행에 부정적인 영향을 미친다. 또한 목표설정이 복잡한 과제에서 사용될 때, 목표는 종종 적절하지 않은 수준에서 설정될 가능성이 높다. 매우 장기적인 목표를 설정하는 것은 복잡한 과업을 수행할 때 도움이 안 될 수 있다. 예를 들어, 연구자가 매우 장기적인 목표를 설정한다면(예 : "나는 10년 안에 세 가지의 과학적 새 발견을 해내고 싶다"), 이것은 수행에 거의 영향을 미치지 못할 것이다. 반면에 이 일을 수행하는 데 매우 단기간의 목표를 설정한다면(예 : "이번 주에 세 가지의 중요한 연구 논문을 읽자"), 이것은 과제 수행을 촉진할 수 있을 것이다. 미래의 직무들은 복잡성이 증가하기 때문에, 이 점은 목표설정 연구에서 앞으로 좀 더 다루어져야 할 주제이다.

최근 관심을 받고 있는 마지막 두 가지 경계 조건은, **목표 지향성**(goal orientation)과 **조절 초점**(regulatory focus)에서의 개인차이다. Dweck(1986)은 성취지향적 상황에서 사람들은 일반적으로 두 가지 목표지향 선호를 가진다고 최초로 주장하였다. 첫째, **성취목표 지향성**(mastery goal orientation)이란 도전적인 상황에서 목표 달성을 해냄으로써 자신의 능력을 개발하는 것을 선호하는 것을 말하며, 둘째, **수행목표 지향성**(performance goal orientation)이란 수행 수준을 나타내는 외적 지표들을 통해 타인에게 자신의 역량을 입증하는 것을 선호하는 것이다. 수행목표 지향성은 다시 수행검증 지향성과 수행회피 지향성으로 구분된다. **검증 지향성**(proving orientation)은 자신의 능력을 입증해서 긍정적인 평가를 받는 데 중점을 둔다. 반면 **회피 지향성**(avoiding orientation)은 자신의 능력이 부족해서 부정적인 평가를 받을 만한 상황을 회피하는 데 집중한다(Elliot & Harackiewick, 1996).

목표 지향성의 영향에 대한 더 자세한 논의는 이 책의 범위를 벗어난다(더 넓은 범위는 Schmidt et al., 2013 참조). 다만 개인의 목표 지향성은 목표설정의 기본 원리들에 대해 조절 효과를 가진다고 말할 수 있다. 예를 들어, 어려운 목표는 자신의 역량을 입증하기를 원하는 수행검증 지향성을 가진 사람들에게 가장 효과적일 것이지만, 수행회피 지향성을 가진 사람에게는 효과적이지 못할 것이다. 목표 지향성에 대한 연구는 목표설정 이외의 효과를 다루는데, 예를 들어 업무가 과부하된 상황에서 좌절하는 반응은 수행회피 지향성이 높은 사람에게서 더욱 강하게 나타날 것이다(Whinghter, Cunningham, Wang, & Burnfield, 2008).

조절 초점은 원래 사회심리학에서 온 개념이지만 목표설정 이론뿐만 아니라 안전과 같은 기타 조직심리 현상에도 시사점을 준다(Britton, 2013). Higgins와 Silberman(1998)에 따르면, 사람들이 어떤 사회화 과정을 겪었느냐에 따라 **향상 초점**(promotion focus)과 **예방 초점**(prevention focus)이라는 안정적인 개인차가 나타나게 된다. 향상 초점을 가진 사람들은 **실제 자기**(actual self)의 모습과 **이상적 자기**(ideal self)의 모습 간의 차이를 최소화하기 위해 노력한다. 즉 자신이 할 수 있고 될 수 있다고 믿는 사람이 되기 위해서 노력한다. 반면에 예방 초점을 가진 사람들은 실제 자기의 모습과 **당위적 자기**(ought self)의 모습 간의 차이를 최소화하기 위해 노력한다. 즉 자신이 생각하기에 다른 사람들이 바라는 모습이 되기 위해 노력하는 것이다.

목표 지향성과 마찬가지로 조절 초점은 여러 가지 방식으로 목표설정 프로세스에 영향을 미칠 수 있는데(Diefendorff & Chandler, 2011 참조), 그중에서도 목표를 바라보는 관점에 영향을 미친다는 점이 가장 중요하다. 향상에 초점을 두는 사람들은 목표를 위해 노력하고, 목표를 달성했을 때 기쁨을 느끼며, 목표를 달성하지 못했을 때 슬픔을 느낀다. 반면 예방 초점을 가진 사람들은 목표 달성의 과정에 신중하며, 목표를 달성했을 때 안도감을 느끼고, 목표를 달성하지 못했을 때 초조감을 느낀다(Brockner & Higgins, 2001). 이처럼 상이한 반응을 토대로 볼 때, 일반적으로 목표설정은 향상 초점을 가진 사람들에게 보다 더 효과적일 것으로 예상할 수 있다.

자기조절

심리학의 많은 영역에서 최근 경향은 자기조절(self-regulation) 기제로 행동을 설명하는 것이다. 아래에서 몇 가지 자기조절 이론들을 다룰 것이다.

제어 이론

제어 이론(control theory)은 동기의 기저가 되는 자기조절 과정을 설명하는 가장 일반적인 이론이다(Carver & Scheier, 1981; Powers, 1973a, 1973b, 1978). 제어 이론은 전형적으로 조직심리학 문헌에서 목표설정 맥락과 함께 다루어진다. 제어 이론의 관점에서 볼 때, 사람들은 원하는 상태(즉 목표)와 그것을 향해 가고 있는 현재 상태 간의 차이를 줄이기 위해 동기화된다(예 : Klein, 1989; Latham & Pinder, 2004).

Powers(1973a)에 의하면, 모든 제어 시스템은 네 가지 독립된 부분으로 이루어져 있다.

1. 센서(sensor)는 제어 시스템에 관한 중요한 정보를 수집하는 요소이다. 인간에게 센서는 관찰과 지각이다.
2. 기준(standard)은 시스템이 유지 혹은 성취하고자 하는 상태를 나타낸다. 동기의 측면에서 기준은 특정한 수행 수준 또는 일반적인 열망과 같은 목표 형태가 될 수 있다(예 : 의사가 되기를 원함).
3. 비교기(comparator) 또는 판별기(discriminator)는 센서에 의해 얻어진 정보가 기준과 비교되는 기제를 나타낸다. 예를 들어, 사람들은 원하는 목표로 나아가는 진행 속도를 인지적으로 비교할 것이다.
4. 효과기(effector)는 시스템이 환경과 상호작용하는 기제를 나타낸다. 예를 들어 인간에게 효과기는 주어진 목표를 향한 진행이 너무 느리다고 판단되면 자신의 노력을 조정하게 만들 것이다.

제어 이론은 사람들이 목표나 기준에 대한 진전 내용을 인지적으로 모니터링하는 과정에서 동기를 개념화하고 있으며, 동기와 노력은 그 목표 또는 기준에 비춰 진전이 있었는가 하는 비교평가에 기초해서 조절된다(Carver & Scheier, 1988; Nelson, 1993도 참조). 제어 이론은 인간이 현재 상태와 원하는 상태 사이의 차이를 최소화하기 위해 동기화된다고 보기 때문에 부적 차이 모델(negative discrepancy model)로 불린다. 또한 개인들은 특정 시점에서 여러 목표를 추구하는 경향이 있고, 이러한 목표들은 위계적으로 조직화될 수 있다. Carver와 Scheier(1988)에 따르면 여러 목표는 위계적인 조직상에서 서로 연결되어 표상되는데, 이런 위계적 조직은 피드백 루프(feedback loop)를 가진다. 피드백 루프의 가장 높은 수준은 이상적인 자기 이미지이며, 이것은 사람들이 자신을 위해 설정한 이상적인 이미지를 나타낸다. 예를 들어 어떤 사람들은 올바르고 점잖은 사람이 되는 이상적인 자기 이미지를 갖고 있을 수 있다. 그다음으로 높은 피드백 루프는 원칙인데, 사람들이 자기가 정한 이런 원칙들을 지키면 이상적인 자기 이미지를 형성하는 데 도움이 된다. 원칙은 행동의 지침을 제공한다는 점에서 가치와 유사한 것으로 간주될 수 있다. 원칙의 예는 친절함, 이타주의, 용기, 성취 등이다. 가장 낮은 수준의 피드백 루프는 프로그램인데, 이것은 사람들이 자신이 정한 원칙을 획득하기 위해 수행하는 구체적인 행동을 나타낸다. 예를 들어 성취의 원칙을 추구하는 개인은 성취를 위한 행동 프로그램을 지속적으로 시행할 것이다(예 : 직장에서 자기 업무에 뛰어난 성과를 보이는 것).

제어 이론은 이론의 보편성 때문에 모든 형태의 목적적 행동(예 : 체중 감량, 심리치료의 진전, 부의 축적)을 설명하는 데 사용될 수 있다. 제어 이론이 직무 스트레스와 같은 다른 분야에서도 이용되어 왔지만(예 : Edwards, 1992), 앞서 언급했듯이 조직심리학자들은 제어 이론을 일차적으로 목표설정의 기제를 설명하기 위한 수단으로 사용하였다(예 : Klein, 1989; Lord & Hanges, 1987).

Klein(1989)에 따르면, 제어 이론은 여러 가지 방식으로 목표설정 이론을 확장시켰다. 예를 들어, 제어 이론은 피드백이 목표설정 프로세스에 영향을 미치는 과정에 대해 좀 더 정교한 설명을 제공한다. 제어 이론에서 피드백은 개인이 주어진 목표에 대해서 자신의 수행을 비교하고 조절하는 과정을 촉진하는 센서를 의미한다. 제어 이론은 또한 한 개인이 반복되는 실패를 경험하면 왜 자신의 목표를 수정하는지에 대한 타당한 설명을 제공한다.

목표설정에 대한 의미를 넘어서, 제어 이론은 또한 조직 장면에서 일어나는 많은 다양한 행동 유형을 설명하는 데 유용한 틀을 제공한다. 예를 들어 갑자기 더 많은 노력을 들이는 한 종업원은 이렇게 하는 것이 '좋은 종업원'이 되는 것에 부합된다고 느끼기 때문에 그러한 노력을 들일 수 있다. 새로운 일을 구하기로 결심한 종업원은 현재의 일이 실제로 자신에게 가져다주는 것과 자신이 원하는 것과 맞지 않다고 생각할 수 있다. 마지막으로, '좋은 부모'가 되는 것이 집에서 시간을 더 보내는 것이라고 생각하는 종업원은 직장에서 일하는 시간을 줄이고 가정에서 시간을 더 보낼 것이다.

Carver와 Scheier(1988)는 자기조절 이론의 맥락에서 제어 이론의 증거를 축적하였다. 그러나 조직 장면에서 목표설정과는 별도로 제어 이론을 이용해서 실시된 연구는 거의 없다. 그러나 오랫동안 축적되어 온 목표설정 이론에 대한 압도적인 지지는 제어 이론의 유용성 또한 지지한다. 따라서 앞으로 제어 이론 관점에서 목표설정에 대한 더 많은 연구가 실시될 것으로 기대되며, 또한 조직 연구자들 역시 제어 이론 관점에서 다른 종업원 행동들을 연구할 것이다.

사회인지 이론(SCT)

Albert Bandura는 심리학에서 인지 혁명의 주요 개척자 중 한 명이며, 그의 사회인지 이론(social cognitive theory, SCT)은 환경적 요소들과 행동 결과 사이의 관계를 매개하는 인지 요인들을 설명하는 데 역점을 둔다(Bandura, 2001). Bandura 모델의 핵심 요소는 **자기효능감**(self-efficacy)이라는 구성개념이며, "목표를 달성하기 위해 요구되는 행동을 조직화하고 실행하는 능력에 대한 자신의 믿음"(Bandura, 1997, p. 3)으로 정의하고 있다. 이 정의는 사람들이 과제를 완수하기 위해 자신에 대해 가지는 자신감을 강조한다. Stajkovic과 Luthans(1998)는 Bandura의 정의를 확장시켜 자기효능감을 "과제 수행 맥락에서 구체적인 과제를 성공적으로 수행하기 위해 필요한 동기, 인지적 자원 및 행동을 가용하도록 활성화하는 자신의 능력에 대한 자신감"(p. 240)으로 정의 내렸다. 이들은 자기효능감이 행동 개시, 노력, 지속성, 성공 등을 포함하는 동기의 여러 측면에 영향을 준다고 주장했다. 자기효능감을 측정할 때 측정 문항은 반드시 행위나 과제에 대해 구체적이어야 하며 또한 과제의 수행 준거 차원에서 평가되어야 한다는 것을 명심해야 한다(Latham & Pinder, 2003). 그러나 몇몇 연구자들은 보다 일반적이고 전반적인 자기효능감 척도를 개발하기도 하였다(예 : Chen, Gully, & Eden, 2001).

일반적으로 자기효능감은 노력, 지속성, 과업수행 등에 긍정적인 효과를 가지지만, 때로는 높은 자기효능감이 부정적인 효과를 보이는 경우도 있다. 예를 들어, Vancouver, Thompson, Williams(2001)는 자기효능감이 높은 사람들이 때때로 많은 노력을 하지 않을 수 있고, 따라서 좋은 과업수행을 보이지 않을 수 있음을 주장하였다. 이 연구가 시사하는 바는 자기효능감이 높은 사람은 때때로 지나치게 자신만만해할 수 있다는 점이다. 이런 현상은 과업에 따라 달라질 수 있는데, 예를 들어 선천적인 능력보다는 노력에 의해 많이 좌우되는 과업일 때 이런 현상이 더 잘 나타날 것이다. 어쨌든 이것은 흥미로운 발견이며, 앞으로 더욱 연구할 필요가 있다(참고 9.4 참조).

자기효능감 개념 이외에 Bandura(2001)는 목표지향적 행동을 결정하는 이원적 통제 시스템을 강조함으로써 자기조절에 대한 이론적 연구를 발전시켰다. Bandura는 목표지향적 행동은 2개의 통제 시스템을 포함한다고 주장했다. 첫 번째 시스템은 개인의 현재 상태와 미래 목표 사이의 정적 차이(positive discrepancy)를 만들어 내는 것을 포함한다. 이 시스템은 어떤 분야에서 더 발전하기 위해 사람들로 하여금 현재의 수행 기준을 뛰어넘는 목표를 세우도록 동기화시킨다. 예를 들어, 어떤 연구자는 1년에 두 편의 논문을 발표하는 현재 수준에 만족하지 않고 앞으로는 향후 5년 동안 1년에 네 편의 논문을 발표하는 목표를 세울 수 있다. 이 연구자는 목표를 더 높게 설정함으로써 긍정적인 차이를 만들어 낸 것이다. 두 번째 시스템은 이전에 논의된 부적 차이(negative discrepancy) 모델로서, 개인은 원하는 목표에 도달하기 위해 필요한 각 단계에서 자신의 현재 수준과 목표 간의 차이를 줄이기 위해 노력하는 것이다. Bandura의 모델은 어려운 목표를 설정함으로써 부적 차이 통제 시스

참고 9.4

높은 자기효능감의 부정적 효과가 존재할까?

일반적으로 자기효능감은 긍정적인 것으로 알려졌지만, 목표설정 관련 연구에서는 높은 자기효능감을 가진 사람들이 이따금씩 목표를 달성하기 위해 열심히 노력하지 않는다는 증거가 나타나고 있다. 왜 이런 현상이 나타나는 것일까? 한 가지 간단한 설명은 지나친 자신감이다. 즉 어떤 사람이 특정 수준의 수행을 충분히 할 수 있다고 확신하고 있으면, 목표를 달성하기 위해 특별히 열심히 노력하지 않아도 된다고 느낄 수 있다.

또한 높은 자기효능감이 그 사람의 실제 능력과 일치하지 않을 경우에는 문제가 될 수 있다. Whyte(1998)에 의하면, 집단 내에서 '집단적인' 효능감에 대한 믿음이 집단의 실제 역량보다 높을 때에는 잘못된 의사결정이 종종 발생한다. 집단 구성원들이 집단의 능력을 실제보다 우수하게 평가하고 있기 때문이다.

이 현상을 개인에게 적용해 보면, 이것이 문제가 되거나 심지어 위험할 수도 있음을 알 수 있다. 어떤 해군 조종

사가 적은 훈련에도 불구하고 자신이 항공모함에 잘 착륙할 수 있다는 지나친 자신감을 가지고 있다면, 재앙적인 사고를 야기할 수도 있다. 이와 비슷하게, 어떤 청소년이 차를 운전해 본 경험이 거의 없음에도 불구하고 고속도로에서 운전을 잘할 수 있다고 자신한다면 크게 위험한 상황에 빠질 수 있다.

그렇다면 높은 자기효능감이 이렇게 잠재적인 위험성을 내포하고 있으므로 조직은 종업원들의 자기효능감을 낮은 수준으로 유지해야 할까? 그런 것은 아니다. 다만 자기효능감에 대한 인식은 현실에 바탕을 두고 자신의 실제 능력 수준과 일치해야 함을 시사하는 것이다.

출처 : Whyte, G. (1998). Recasting Janis's groupthink model: The key role of collective efficacy in decision fiascoes. *Organizational Behavior and Human Decision Processes*, 73, 185–209.

템이 촉발되고, 이 부적 차이를 줄이기 위해 동기화되고, 결국 어려운 목표를 달성하게 된다는 점에서 목표설정 이론과 통합될 수 있다.

동기부여에 대한 행동적 접근

동기 이론에 대한 행동적 접근(behavioral approach)에 바탕이 되는 가정은 행동은 주로 그 행동이 초래하는 결과의 함수라는 것이다. 예를 들어, 실험실 동물을 연구할 때 쥐가 레버를 누르는 횟수는 그 행동을 수행했을 때 나타나는 결과의 함수이다. 만약 그 결과가 쥐에게 긍정적(예 : 음식)이라면 미래에 이 행동이 증가할 가능성은 더 커질 것이다. 이와 반대로 만약 결과가 부정적(예 : 전기쇼크)이거나 중립적(예 : 아무 일도 일어나지 않음)이라면 미래에 그 행동이 일어날 가능성은 줄어들 것이다.

일터에서 사람들의 행동은 실험실 쥐의 행동보다 좀 더 복잡하다. 그러나 기본적으로 앞에서 기술된 일반적인 원리는 조직에서의 행동을 설명하는 데 적용될 수 있다. 즉 조직에서 사람들은 일반적으로 긍정적인 결과가 일어나는 방식으로 행동하고, 부정적이거나 중립적인 결과가 일어나는 방

식으로 행동하는 것을 회피한다. 다음에서 조직 장면에서 나타나는 동기를 행동적으로 설명하는 기제에 대해 살펴보겠다.

조직 장면에서 행동에 영향을 미치는 데 사용되는 중요한 원리 중 하나는 강화(reinforcement)이다. 강화는 어떤 자극이 특정 행동을 초래할 가능성을 증가시키는 것으로 정의될 수 있다. 만약 한 종업원이 좋은 보고서를 쓰고 상사로부터 칭찬을 받는다면 그 칭찬은 상당한 강화가 된다. 이처럼 강화는 개념적으로 정의되지 않고 그것의 결과로 정의된다.

행동에 영향을 미치는 강화의 사용에서 중요한 이슈 중 하나는 "어떻게 그것이 관리되는가?"이다. Luthans와 Kreitner(1985)에 따르면, 강화계획은 강화를 관리하는 데 이용할 수 있는 다양한 전략들로 기술된다. 강화에 대해 만들어질 수 있는 일반적인 구분 중 하나는 연속적 강화(continuous reinforcement)와 간헐적 강화(intermittent reinforcement)이다. 만약 강화가 연속적으로 제공되면 이것은 단순하게 한 사람이 자신의 행동에 대해서 끊임없이 강화를 받는다는 것을 의미한다. 이런 타입의 강화계획은 조직에서 거의 사용되지 않고, 새로운 직원이 처음 일을 배울 때에 한해서만 드물게 사용된다. 예를 들어 상사는 새로운 직원이 할당된 일을 성공적으로 완성할 때마다 강화를 줄 수 있다.

연속적 강화의 가장 큰 문제 중 하나는 조직을 위해 효율적이지 않다는 것이다. 또한 만약 강화가 연속적으로 제공된다면 이것은 언젠가는 종업원에게 갖는 효과를 잃을 것이다. 그러므로 대부분의 경우 조직에서는 간헐적 강화가 사용된다. 간헐적 강화의 흔한 형태는 고정간격 강화계획이다. 고정간격 강화계획(fixed-interval reinforcement schedule)은 예측할 수 있는 시간 간격에 따라 시행되는 강화이다. 한 달에 한 번 종업원에게 월급을 주는 것이 좋은 예이다. 고정간격 강화계획을 사용하는 데 중요하게 고려해야 하는 것은 강화 시행 사이의 시간 간격의 길이이다. 예를 들어 종업원이 업무를 처음 배울 때 강화 시행 사이의 간격은 매우 작을 것이다. 그러나 점차적으로 강화 시행 사이의 간격은 넓어질 것이다. 즉 한 종업원은 며칠에 한 번씩 칭찬이나 다른 보상을 받을 것이다. 고정간격 강화계획의 한 가지 문제점은 강화를 받은 직후 다음 번 강화 때까지는 직원들이 노력하지 않을 가능성이 높다는 것이다.

변동간격 강화계획(variable-interval reinforcement schedule) 또한 시간에 따라 강화를 시행하는 방법이다. 그러나 고정간격 강화계획과 다르게 변동간격 강화계획은 강화 시행 사이의 시간 간격이 불규칙해서 강화받는 사람이 언제 강화를 받을 것인지 예측할 수 없다는 것이다. 예를 들어 한 직원은 그의 상사에게 한 주에 두 번 칭찬을 받았다. 그러나 다음 3주 동안에는 칭찬을 받지 못할 수 있다. 변동 강화의 강점은 사실 종업원이 정확하게 언제 그들이 칭찬을 받게 될지 모른다는 것에 있다. 이 계획의 문제점은 어떤 보상들은 이러한 방식으로 시행될 수 없다는 것이다(예 : 월급). 그러나 변동 계획은 다른 무형적인 보상을 사용하여 행동을 동기화할 때 좋다.

간헐적 강화는 또한 바람직한 행동이 일정 횟수 나타난 후에 시행될 수 있다. 이러한 계획은 비율 계획(ratio schedule)으로 불린다. 예를 들어, 실험실 장면에서 비율 계획에 따라 쥐가 몇 번 레버를 누를 때마다 사료가 제공될 수 있다. 조직 장면에서 종업원은 할당받은 과제의 수행(예 : 차 팔기, 또는 어떤 수만큼 차 팔기)에 따라 강화를 받을 것이다. 만약 고정비율 계획이 사용된다면 강화는 과제수행 관련 행동이 정해진 수만큼 일어난 후에 제공될 것이다. 예를 들자면, 제조공장에서 일하는 종업원들은 50개의 상품을 생산할 때마다 보너스를 받을 것이다.

고정비율 강화계획(fixed-ratio reinforcement schedule)과 관련하여 중요하게 결정해야 하는 것은 직원이 보상을 받기 전까지 몇 회의 목표행동을 보여야 하는가이다. 많은 경우에 강화를 얻기 위해 요구된 행동의 수는 종업원의 기술 수준에 따라 달라진다. 예를 들어서 종업원이 처음으로 업무를 배울 때 강화를 받는 행동의 횟수는 일반적으로 높지 않을 것이다. 시간이 흘러 종업원의 기술이 좀 더 향상되면 강화를 받기 위해서 좀 더 많은 횟수가 요구될 것이다.

변동비율 강화계획(variable-ratio reinforcement schedule)도 수행된 행동의 횟수에 기초해서 강화가 제공된다. 그러나 앞에서 살펴본 고정비율 강화계획과 다르게 강화를 받기 위해 요구되는 행동 횟수가 불규칙하게 변한다. 예를 들어, 변동비율 강화계획에서 종업원은 두 번의 행동을 수행한 후 강화를 받고 그 후 다섯 번 이상의 행동이 수행될 때까지 다시 강화받지 못한다. 이것은 도박에서 일어나는 보상계획과 유사하다. 많은 사람들이 도박에 중독된 사실에서 알 수 있듯이, 이것은 매우 강력한 강화계획이라고 볼 수 있을 것이다. 앞서 설명한 변동간격 계획과 마찬가지로, 어떤 보상들은 도덕적 이유로 인해 변동비율 계획을 시행할 수 없는 경우도 있다. 그러나 칭찬, 인정과 같은 보상들은 이 방법으로 실행될 수 있고, 종종 실제로 이런 방식으로 시행되기도 한다.

동기에 대한 행동 접근에서 두 번째 주요 이론은 처벌이나 행동 발생의 가능성을 줄이는 효과를 갖는 행동 결과물에 대한 것이다. 조직 장면에서 처벌은 행동에 영향을 줄 것이다. 그러나 전형적으로 강화보다는 덜 사용된다. 조직에서 가장 흔한 처벌의 이용은 비생산적 행위의 빈도를 줄이기 위해서다. 그러므로 처벌은 종업원에게 부정적인 행동을 하지 않도록 동기화한다. 조직에서 가장 흔한 처벌의 형태는 급여 삭감, 정직, 강등, 원하지 않는 임무의 부여, 그리고 심한 경우에는 파면 등이다.

비록 처벌이 강력한 효과를 가지고 있을지라도, 조직에서 종업원의 행동에 영향을 미치기 위해 이것을 사용하기 전에 몇 가지를 고려해 봐야 한다. 예를 들어 처벌이 단기간에 원하는 결과를 산출할지라도 그것은 종업원들에게 상당한 분노와 원한을 갖게 할 것이다. 게다가 잘 알려져 있듯이 처벌은 원하지 않는 행동을 완전히 없애기보다는 그것을 억제하는 데 그친다. 처벌을 사용하여 행동을 바꾸는 데 위험요소가 하나 더 있다면, 그것은 바로 조직에서 영향력을 행사하는 가장 우선적인 방침으로 처벌을 활용하는 경우이다. 전형적으로 이런 조직환경하에서는 종업원들이 잘했을 때는 칭찬받지 못하는 반면, 그들이 어떤 일을 잘못했을 때는 처벌받을 가능성이 높다. 처벌의 과대 사용은 앞에서 다루었듯이 공정성에 대한 부정적인 지각을 갖게 하고 따라서 역기능적 결과를 초래하게 된다.

조직에서 종업원이 나타내는 행동들은 특별히 긍정적이거나 또는 부정적인 결과를 초래하지 않는 경우가 대부분이다. 즉 심각한 결과를 초래하지 않는다는 것이다. 이런 경우 소거라고 알려진 현상을 초래하는데, 소거는 특정 행동의 발생 빈도가 점차 감소되어 결국은 그 행동이 사라지게 되는 것을 말한다. 조직행동에 대한 소거의 영향은 고려되는 행동의 특성에 따라 긍정적일 수도 부정적일 수도 있다. 예를 들어 만약 회의시간에 무례하고 불쾌하게 행동하는 종업원에게 처벌을 가하는 것은 긍정적일 것이다. 하지만 만약 어떤 종업원이 다른 사람들을 잘 도와주는데 이것에 대해 인정을 받지 못한다면, 이러한 긍정적인 행동은 소거될 가능성이 높다. 물론 종업원이 이런 도움행동이 자신에게 주는 내적인 만족만으로도 충분한 보상을 받았다고 여긴다면 그는 이런 행동을 계속 할 것이다. 그러나 이러한 행동이 더 이상 내적인 만족을 주지 못할 때 이 행동은 사라질 것이다.

소거 현상이 주는 시사점은 조직은 종업원이 조직 장면에서 보여 주기를 원하는 행동과 보여 주지 않기를 바라는 행동을 생각해야 한다는 것이다. 너무나 많은 조직에서 별로 중요하지 않은 행동을 강화하는 데 보상이 이용되고 있고, 반면에 조직 성공에 가장 중요한 행동들은 소거되는 경향이 있다. 그 예로 근무연수가 많을수록 더 많은 보상을 주는 것을 들 수 있다. 행동주의적 관점에서 보면, 이렇게 보상을 주는 조직은 직원들에게 근무연수의 중요성을 간접적으로 강조하고 있다. 이 조직에서는 수행은 좋지만 근무연수가 낮은 종업원은 적은 인센티브를 받게 된다. 제10장에서는 종업원을 동기유발하기 위한 강화의 전략적 사고에 좀 더 초점을 둘 것이다.

행동주의적 원리는 종업원에게 새로운 기술과 행동을 습득시키기 위한 훈련 과정에 많이 응용된다. 특히 종업원이 새로운 행동을 학습할 때 **조성**(shaping)이라는 행동 원리가 사용된다. 본질적으로 조성은 습득하기 원하는 일련의 행동들을 전체적으로 훈련시키는 것이 아니라 그 행동들을 작은 단위의 부분 행동들로 나누어 각각의 행동들을 강화와 더불어 단계적으로 학습시킴으로써 결국에는 전체 행동을 완전히 습득시키는 과정이다. 조성을 사용하는 것에 대한 가장 좋은 예는 조련사가 동물을 조련하는 예이다. 씨 월드에 가 본 독자들은 바다사자들과 범고래들의 묘기를 즐겁게 감상했을 것이다. 이러한 묘기를 가르치기 위해서 조련사들은 최종 행동을 유도하는 방향으로 조그마한 움직임을 가르치기 위해 많은 시간과 공을 들여야 한다.

조직 장면에서 조성은 많은 의의를 가진다. 예를 들어 종업원이 처음 업무를 배울 때 최종적인 업무수행을 위한 '**단계적 접근**(successive approximation)'을 취한다면, 초기 업무 수행에 대한 강화는 종업원이 낙담하는 것을 막을 것이다. 많은 학부에서 교수들은 때때로 논문 업적, 외부지원금과 같은 원하는 결과를 끌어오기 위한 사전 예비단계들을 취하는 것에 대해 강화를 받는다. 지원금을 제공하는 기관이나 다른 연구자들과 관계를 형성하는 것과 같은 강화받은 행동은 궁극적으로 논문 업적과 지원금을 가져올 것이라고 기대된다.

마지막 행동원리는 **피드백**(feedback)이다. 종업원이 어떤 형태의 행동에 참여할 때(특히 수행 관련 행동일 때) 그 행동에 대한 피드백을 받는 것은 도움이 된다(Kluger & DeNisi, 1996). 피드백은 특히 긍정적일 때 동기적 가치를 갖는다. 대부분의 종업원들은 그들의 수행이 좋을 때 긍정적인 피드백을 받는 것을 즐긴다. 그리고 이러한 피드백은 때때로 높은 수준의 수행을 유지하는 인센티브로 작용하기도 한다. 피드백은 또한 종업원의 수행이 부족할 때 상당한 진단적 가치를 갖는다. 종업원의 수행이 나쁠 때 피드백은 그 사람이 수행이 나쁘다는 것을 인식하게 해 주는 중요한 기능을 한다. 어떤 경우에는 수행이 나쁘다는 사실이 명백하게 드러나지만(예 : 코미디언이 재미없는 농담을 하는 것), 다른 경우에는 수행이 나빴는지 좋았는지 잘 드러나지 않는 경우가 많다(예 : 형편없는 전략을 결정한 관리자). 그러므로 수행에 대한 피드백은 타인에 의해 반드시 주어져야 하고, 그렇지 않으면 종업원은 자신의 수행이 형편없다는 것을 알지 못하게 된다.

물론 피드백의 가장 중요한 진단적 기능은 종업원에게 그의 현재 수행이 부족하다는 것을 알리는 것이다. 수행이 좋지 않다는 것을 아는 것은 매우 유용하다. 그러나 어떤 부분에서 수행이 부족한지에 대해 구체적으로 피드백을 받는 것이 더 유용할 것이다. 이러한 방식으로 피드백을 받는다면 수행 문제의 원인 진단 이상의 효과를 가질 수 있을 것이다. 이러한 측면들이 잘 전달된다면, 부족한 수행의 근본적 원인을 진단하는 것 또한 가능해진다.

조직에서 행동주의의 적용은 **조직행동 수정**(Organizational Behavior Modification, OBM)으로 알려져 있다. 조직행동 수정 기법은 안전(Ludwig, Geller, & Clarke, 2010), 결근(Camden, Price, & Ludwig, 2011)과 같은 여러 가지 행동을 수정하기 위해 사용되었다. 따라서 OBM이 다양한 조직 장면에 적용될 수 있다는 증거는 많이 있다. OBM의 한 가지 제한점은 행동주의 접근이 비교적 단순한 형태의 행동에 적용될 때 가장 좋게 나타난다는 것이다. 즉 직무가 비교적 단순한 경우에는 바람직한 행동과 그렇지 않은 행동을 정리하고 이런 행동들을 관리하기 위한 강화를 적용하기가 더 쉽다. 그러나 좀 더 복잡한 업무에서는 이것을 적용하기 어려울 것이다.

예를 들어, 우리가 인간 유전자 지도를 연구하는 과학자를 동기화하기 위해 강화 원리를 이용한다고 가정해 보자. 이러한 과학적 활동의 복잡성 때문에 궁극적인 목표를 달성하는 데 요구되는 모든 단계를 관리하기는 어려울 것이다. 또한 이러한 타입의 과학 활동에서 진척은 매우 느리고 점진적으로 일어나기 때문에 강화 빈도가 낮을 것이고 따라서 동기에 거의 영향을 미치지 못할 것이다.

행동주의에 관해 고려해야 하는 또 다른 문제는 윤리적 문제이다. 예를 들어 몇몇 비판자들은 행동에 영향을 끼치는 요인들을 분석하고 환경을 조작하는 방법으로 타인의 행동에 영향을 미치는 것은 개인의 선택과 자유의지를 빼앗는 것이라고 주장했다. 이러한 우려에 Skinner는 1971년 그의 저서 자유와 존엄을 넘어서(*Beyond Freedom and Dignity*)에서 우리가 개입을 하든지 하지 않든지 환경은 우리의 행동에 영향을 끼친다고 반론하였다. 그는 행동주의는 환경적 영향을 사회에 도움이 되는 방향으로 사용하려는 체계적인 시도라고 주장한다.

자기결정 이론

지금까지 살펴본 동기 이론들에서는 종업원들이 부정적인 결과를 피하고 긍정적인 결과를 추구함으로써 동기화되는 이성적인 개인으로 접근되었다. 이런 접근에 기반한 이론들은 동기에 대한 **쾌락 이론**(hedonic theories)으로 분류될 수 있다. 쾌락 이론은 사람들이 기쁨을 최대화하고 고통을 피하도록 하는 데 이용되는 욕구, 인지과정, 그리고 행동적 결과에 초점을 둔다(Ryan & Deci, 2001). 이와 대조적으로 동기에 대한 **유기체 이론**(organismic theories)은 "사람들이 선천적으로 다른 사람들과 관계를 맺고 다른 사람들에게 기여하기 위해서 그들의 흥미와 기술을 발달시키고 모든 잠재력을 발현시키기 위해 동기화된다"고 가정한다(Sheldon, Turban, Brown, Barrick, & Judge, 2003, p. 358). 유기체 이론들은 인간의 발달에 대한 선천적인 욕구를 강조하는 성장지향적 관점을 갖는다.

자기결정 이론(self-determination theory, SDT)은 유기체 이론이다. 자기결정 이론은 조직심리학 밖의 다른 분야에 많은 영향을 미쳤다. 그러나 최근에는 일터에서의 종업원 동기에 적용되기 시작했다(Sheldon et al., 2003). Sheldon과 그의 동료들(2003)에 따르면 자기결정 이론은 과제수행에 대한 내적 흥미의 중요성이나 자기 정체성의 적절성을 강조한 이론들을 포괄한다고 한다. 사람들이 금전적 보상을 얻는 것과 같은 외적 이유보다는 과제 자체에 대한 내적 흥미 때문에 과업을 수행하는 경우에 대해 Deci(1975)는 처음으로 과업수행을 즐기는 것과 과업에 꾸준한 노력을 들이는 것에서 내적 동기의 중요성을 강조했다. Deci는 내적으로 동기화된 과제는 과제수행자에게 자율성을 느끼게 해 주는 반면, 외적으로 동기화된 과제는 외적 요구에 통제받고 있다는 느낌을 준다고 주장했다. 진정으로 과제를 즐기는 종업원들은 그들의 직업에 좀 더 자율성을 느낄 것이고 이것은 심지어 상사의 감시와 같은 외적 요인이 없을 때도 일을 열심히 하도록 만든다.

자기결정 이론의 또 다른 중요한 측면은 세 가지 선천적인 욕구를 충족할 수 있을 때 사람들은 자신의 잠재력을 최대로 개발할 수 있다는 것이다. 첫 번째는 자율성에 대한 욕구 또는 자신이 주변 환경을 통제하고 있다는 느낌이다. 두 번째는 관계성의 욕구 또는 자신이 타인과 연결되어 있다는 느낌이다. 세 번째는 유능성에 대한 욕구 또는 자신이 어떤 결과물에 영향을 미치고 있다는 느낌이다. 작업 상황에 적용했을 때 이것이 시사하는 바는, 작업환경에서 어떤 것이든 위와 같은 욕구를 충족해 주는 데 도움이 되는 것이라면 사람들을 내적으로 동기화하는 데 도움이 된다는 것이다.

이후의 연구들은 사람들이 자신이 수행하고 있는 과제에 대해 가지고 있는 동기감을 해석하는 방식에서의 차이를 강조했다. **인지평가 이론**(cognitive evaluation theory)은 사람들이 자신의 행동에 대한 이유를 해석하고 평가하는 방식은 자율감을 느끼는가 아니면 통제받고 있다고 느끼는가를 결정한다고 주장한다(Deci & Ryan, 1985). 예를 들어, 두 명의 종업원이 어떤 특정 수준의 수행을 달성한 것에 대해 보너스를 받았다고 하자. 이때 한 종업원은 관리자가 자신의 수행을 통제하기 위한 수단으로서 보너스를 해석한다. 반면 다른 종업원은 이 보너스를 직무를 잘 해냈다는 인정으로 해석한다. 후자의 종업원은 일터에서 더 많은 자율성을 느낄 것이다. 그리고 그 결과 과제에 더 많은 흥미를 가질 것이고 또한 더 많은 노력을 쏟을 것이다.

자기결정 이론은 종업원들이 직무 그 자체에 대해 내적 흥미를 느끼는 직무에서 잘 나타난다. 그렇다면 내적 흥미가 거의 없는 정말 지루한 일에서는 어떨까? 예를 들어 높은 수준으로 통제받거나 흥미 없는 직무(예 : 데이터베이스의 오류를 체크하는 것)에서 내적 동기를 보이는 종업원을 상상하는 것은 어렵다. 최근에 수정된 자기결정 이론은 이러한 유형의 행동들을 포함시켰다. Ryan과 Deci(2000)는 외적 동기가 네 가지 독특한 형태로 분리된 정교화된 자기결정 이론을 제시했다 : **외부적 동기**(외적 보상을 위해 과제 수행), **투입된 동기**(의무를 다 해내지 못했다는 죄책감을 피하기 위해 수행), **동일시된 동기**(과제가 자신의 가치를 나타내거나 개인적으로 중요하기 때문에 과제 수행), **통합된 동기**(확인된 동기의 다양한 소스가 일관된 자기개념으로 통합되는 것). Ryan과 Deci(2000)는 외부적 동기 그리고 투입된 동기 모두 개인에게 통제로서 지각되지만, 동일시된 동기와 통합된 동기는 자신이 행동의 주체이기 때문에 자율성으로 지각된다고 주장했다.

Sheldon 등(2003)은 동기의 이러한 형태들이 어떻게 컴퓨터를 만드는 종업원들에게 적용될 수 있는지에 대해 연구했다. 많은 종업원들은 컴퓨터를 조립하는 작업에 내적 흥미를 느끼지 않을 가능성이 높다. 하지만 어떤 종업원은 컴퓨터를 만드는 것이 월급을 주고(외부적), 형편없는 직원으로 보이는 것을 피하게 해 주고(투입된), 자신이 질 좋은 컴퓨터를 만들어 냄으로써 자신감을 얻게 된다고(동일시된) 여길 수도 있다. 연구자들은 동일시를 통해 동기화되는 종업원들은 일에 대해 더 만족을 느낄 것이고 다른 사람들의 감독 없이 좋은 수행을 유지한다고 주장한다.

자기결정 이론은 이제 막 조직심리학 내에서 종업원 동기에 적용되기 시작했다. 작업동기 맥락에서 Sheldon 등(2003)은 이 이론이 목표 몰입과 동기 훈련 영역에 적용될 수 있음을 강조하였다. 이들은 또한 목표 몰입에 대한 대부분의 개념이 목표에 대한 몰입을 목표 달성에 대한 기대와 목표가 갖는 매력과의 관계에서 접근하고 있다고 주장한다. 자기결정 접근은 개인의 목표 몰입을 예언하는 요소로 목표 내면화의 중요성을 강조하고 있다. Sheldon과 그의 동료들(2003)은 개인은 그들이 목표를 내면화하고 자율적인 이유로 목표를 추구할 때 목표를 달성하기 쉽다는 것을 알아냈다(Sheldon & Elliot, 1998; Sheldon & Houser-Marko, 2001).

Judge와 그의 동료들은 최근에 SDT에 기초를 둔 모델을 이용하여 핵심 자기평가와 직업만족 사이의 관계를 연구하였다(Judge, Bono, Erez, & Locke, 2005). 제5장에서 설명하였듯이, 높은 수준의 핵심 자기평가를 보이는 종업원들은 높은 수준의 자존감, 높은 수준의 자기효능감, 높은 내적 통제 소재, 그리고 낮은 수준의 신경증을 가지고 있다. 이 연구자들은 종단 연구를 실시했는데, 이 연구에서 핵심 자기평가와 작업 목표의 추구에 기저하는 동기와 직무만족은 시점 1에서 측정되었고 60일 후 시점 2에서 직무만족과 작업 목표에 대한 성취도가 측정되었다. 연구자들은 핵심 자기평가가 작업 목표에 대한 높은 수준의 자율적 동기(내적 그리고 동일시된 이유로 작업 목표를 추구하는 것) 와 관련 있다는 것을 밝혀냈다. 또한 시점 1에서의 높은 수준의 자율성 동기는 시점 2에서 측정된 높은 목표 달성 및 높은 직무만족과 관련되었다.

　Greguras와 Diefendorff(2009)는 개인-환경 부합도가 정서적 몰입 및 직무수행에 미치는 영향 관계를 앞에서 설명한 세 가지 욕구가 매개하는지 여부를 연구하였다. 연구자들은 개인-조직 부합도와 두 가지 결과 사이의 관계를 세 가지 욕구가 모두 매개함을 발견하였다. 이는 종업원이 자신이 속한 조직의 문화와 부합된다고 생각할수록 자율성, 관계성, 유능성 욕구가 더 잘 충족된다고 느끼며, 이에 따라 정서적 몰입 및 직무수행이 높아진다는 것이다. 또한 개인-집단 부합도가 높을수록 관계성 욕구가 더 많이 충족됨을 느끼고 이에 따라 정서적 몰입이 높아지는 것으로 나타났다. 마지막으로, 요구-능력 직무 부합도와 수행의 관계를 유능성 욕구의 충족이 매개하였다. 이 연구는 자기결정 이론에서 구체화한 욕구들을 충족하는 것의 중요성을 보여 준다. 더 중요한 것은, 이 연구는 이 같은 욕구들이 충족될 수 있는 다양한 메커니즘을 보여 준다는 점이다. 자기결정 이론이 수행과 관련된 기타 결과 변수들도 예측할 수 있는지를 다루는 연구들이 앞으로 더 진행될 필요가 있다.

직무기반 동기 이론

동기에 대한 직무기반 이론(job-based theory)은 종업원의 직무 내용이 동기를 이해하는 열쇠라고 주장한다. 욕구 충족이 때때로 직무 내용과 동기와 관련하여 설명적인 기제를 제공하기 때문에, 직무기반 이론은 욕구기반 이론과 밀접히 관련되어 있다. 그러나 직무기반 이론은 욕구기반 이론보다 더 구체적으로 작업장을 위해 개발되었다. 또한 행동에 영향을 주는 수단으로서 직무내용에 초점을 두는 것은 만족에 초점을 두는 것보다 좀 더 실용적이다.

동기-위생 이론

역사적으로 직무에 기초한 첫 번째 동기 이론은 Herzberg(1968)의 **동기-위생 이론**(motivation-hygiene theory)이다. 직무에 기초한 모든 이론이 그렇듯이 Herzberg 이론의 기본 전제는 작업장에서 동기의 근본적인 원천은 사람들의 작업 내용이라는 것이다. 동기-위생 이론이 개발될 때 대부분의 조직은 과학적 관리에 많은 영향을 받고 있었다. 과학적 관리에서 근본적인 동기부여 방법은 보상과 금전적 인센티브였다. Herzberg는 금전적 인센티브가 사람들이 자신의 직업을 계속 가지도록 하고 불만도 줄여 준다고 생각했다. 자기결정 이론의 관점에서 보면 이런 동기는 완전히 외재적이다. 그러나 Herzberg는 사람들을 진정으로 동기화하는 데는 작업 내용이 중요하게 작용한다고 믿었다.

Herzberg는 작업환경이 두 가지 범주로 나뉠 수 있다고 제안했다. 첫 번째 범주인 위생요인(hygiene factor)은 급료, 복리후생, 동료와의 관계 등과 같은 작업환경적 요인들을 포함하는데, 종업원의 업무 내용을 제외한 모든 작업환경적 측면들이 이 범주에 속한다. 이 범주에 속한 요인들은 종업원들이 불만족을 느끼는 것과 관련이 있지만, 종업원들의 동기를 진정으로 강하게 하는 힘은 없기 때문에 Herzberg는 이를 '위생요인'이라 이름 붙였다. 건강으로 비유하면, 적절한 치아 위생을 유지하는 것은 한 사람의 치아를 더 건강하게 만들지는 않지만 충치와 잇몸병과 같은 문제로부터 보호해 주는 것과 같다.

Herzberg는 작업환경의 두 번째 범주를 동기요인(motivators)이라고 이름 붙였다. 위생요인과 대조적으로 동기요인은 기본적으로 개인의 직무 내용에 존재한다. 동기요인은 개인의 직무 자체가 갖는 도전의 정도, 작업 과제를 실행하는 데 가지는 자유의 정도, 그 직무가 얼마나 본질적으로 흥미로운지와 같은 것들을 포함한다. 이전에 다루었던 자기결정 이론에 따르면 이러한 요소들은 일터에서의 수행의 내재적 지향성을 일으킨다. Herzberg에 따르면, 종업원을 동기화하기 위해서 조직은 동기요인을 키우고 업무 내용이 직원들에게 내재적 보상을 주는 방향으로 업무를 설계해야 한다. 위생요인과 동기요인의 요약은 〈그림 9.2〉에서 볼 수 있다.

동기–위생 이론에 대한 경험적 지지는 부족하다. Herzberg, Mausner, Snyderman(1959)은 동기–위생 이론의 어떤 점이 가장 강력하게 지지받는지를 입증하였다. 그들의 연구에서 피츠버그 시에 고용된 엔지니어와 회계사는 '매우 만족'스럽거나 '매우 불만족'스러운 중요사건을 묘사하였다. 동기–위생 이론과 일치하게 불만족을 묘사할 때에는 위생요인이 동기요인보다 더 많이 언급됐고, 만

위생요인	동기요인
급여	도전의 수준
복리후생	자율성의 수준
동료와의 관계	내적 흥미
물리적 작업환경	창의성 발현 기회

그림 9.2 위생요인과 동기요인의 요약

연구를 수행한 사람들

James Diefendorff

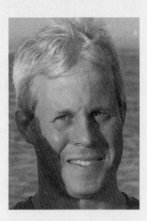

고등학교 상급생 때 나는 Dale Saylor 선생님의 심리학 수업을 들었다. Saylor 선생님은 나의 풋볼과 레슬링 코치였으며, 성공에는 결의와 요구(예 : 동기)가 중요함을 자주 강조하는 등 종종 심리학 원리를 스포츠에 적용하였다.

마음에 대하여 더 배우고자, 나는 애크런대학교에서 심리학을 전공하였고, 여기서 나는 산업 및 조직심리학에서 존경받는 동기 연구자인 Robert (Bob) Lord와 연구를 시작하였다. 나는 Bob의 지도 아래 어떻게 사람들이 시간과 상황에 따라 자신들의 목표지향적 활동과 관련된 행동적 자기조절을 하는지에 관한 학부생 논문을 완료하였다. 이로 인해 그 후 나는 애크런대학교에서 그의 지도하에 석사와 박사과정을 밟게 되었다.

대학원 시절에 나는 Bob의 연구 및 자기조절에 실패한 사람들의 이유를 이해하는 데 초점을 둔 독일 연구자인 Julius Kuhl 교수의 연구(예 : 현 상태에 '갇혀서' 행동으로 더 이상 나아가지 못하는 행동-상태 지향성 관련 연구)에 관심을 갖게 되었다. 이 주제를 연구해서 두 편의 논문을 학술지에 게재했고, 1999년에 나는 루이지애나주립대학교 대학원에 조교수로 부임하였다. 여기서 나는 직장에서 정서 관리의 중요성(예 : 정서노동)에 대하여 흥미를 느끼고, 어떻게 정서 관리와 동기가 같이 작용하는지, 나의 첫 번째 박사과정생인 Robin Gosserand와 함께 연구하였다. 직장에서의 정서에 관한 새로운 연구들과 함께, 나는 동기에서 행동적 자기조절과 개인차와 관련된 여러 문제에 대하여 연구하기 시작했다. 그리고 2006년에 나는 Julius Kuhl 및 그의 동료들로부터 오스나브뤼크대학교에 일주일간 초대를 받았다. 그것은 사람들이 왜 목표 달성에 실패하는지에 대한 나의 생각 대부분에 영향을 미쳤던 사람을 마침내 만나는 것이었고, 나는 매우 설레고 영광스러웠다.

이때쯤 덴버의 콜로라도대학교로 옮겼다가 다시 애크런대학교로 옮기면서 나는 직장을 두 번 바꾸었다. 또한 이때 동기의 효과성을 이해하고자 하는 것에서 어떻게 동기가 종업원의 웰빙에 영향을 미치는지로 작업동기에 대한 나의 관심은 옮겨 갔다. 루이지애나주립대학교의 동료였던 Gary Greguras와 공동 연구를 하면서 나는 종업원의 웰빙과 효과성을 이해하는 데 자기결정 이론에서 발전된 아이디어를 적용하기 시작하였다.

즐기면서 하는 행동은 효과적일 뿐만 아니라 사람들을 행복하게 만든다는 점에서 나는 자기결정 이론을 좋아하며, 그래서 자기결정 이론을 통해 내적 동기와 외적 동기를 이해하는 데 관심을 갖고 있다. Saylor 선생님의 코칭 철학을 다시 생각해 보면, 이 아이디어의 힘은 나에게 명백하다. 목표를 추구하는 과정에서 사람들이 실패하게 되는 이유에 대한 나의 연구는 Bob Lord와 Julius Kuhl의 연구, 그리고 나의 주관적 경험에 의해서 계속 촉발되었다. 나는 앞으로도 계속 언제 그리고 왜 개인이 직장에서 동기화되고 어떻게 이 동기가 효과적이고 행복한 종업원을 만드는지에 초점을 맞춘 다양한 작업동기 주제를 연구할 것이다.

James Diefendorff 박사는 애크런대학교의 심리학과 교수이다.

족을 묘사할 때는 이와 반대되는 결과가 나타났다.

Herzberg 등(1959)의 연구 이후 다른 연구자들도 이 이론을 검증하기 위해 노력했다(Locke, 1976에서 요약). 그러나 대부분은 성공적이지 못했다. 1970년대 중반 이후 동기-위생 이론의 틀을 사용한 연구는 매우 드물었다(예외는 Lundberg, Gudmundson, & Andersson, 2009 참조). 대부분의 연구가 이 이론의 반복검증에 실패한 이유는 Herzberg의 원래 연구에서 사용한 중요사건법 때문이다. 구체적으로 말하자면 중요사건을 묘사할 때 응답자들은 매우 만족하는 사건들은 자신과 가장 밀접하게 관련된 업무 측면에 귀인하는 경향이 있었고(예 : 업무가 지닌 도전의 정도), 불만족하는 사건들은 다른 사람들과 가장 밀접히 관련이 있는 작업환경 측면에 귀인하는 경향이 있었다(예 : 동료들과의 사회적 관계). 그러므로 많은 사람들은 Herzberg의 연구 결과가 동기-위생 이론을 지지하기보다는 방법론적인 오차라고 제안했다(이 이론에 대한 비판은 Locke, 1976 참조).

이 이론이 경험적 지지가 부족하더라도 Herzberg는 종업원 동기의 원천을 직무 내용에서 찾은 최초의 조직심리학자 중 하나이기 때문에 선구자라고 할 수 있다. 그러나 이런 사실이 지금까지 자주 잊혀져 왔다. 많은 사람들이 동기-위생 이론의 방법론적 결함에만 집중함으로써 Herzberg가 그의 시대에서 앞섰고 오늘날 조직에서 흔하게 쓰이는 많은 관행에 토대를 제공했음에도 그의 업적을 간과하는 경향이 있다. 오히려 Herzberg에 의해 강조된 내재적 동기와 외재적 동기 간의 중요한 차이점은 그 후에 나온 자기결정 이론을 통해서 많은 지지를 얻고 있다.

직무특성 이론

Herzberg가 종업원 동기에서 직무 내용의 중요성을 강조한 선구자 중 하나이지만, 동기-위생 이론은 중요한 한계가 있다. 예를 들어, 동기-위생 이론은 종업원의 직무에 어떻게 '동기요인'을 만들어줄 것인지가 모호하다. 그리고 Herzberg는 이러한 직무 차원에 대한 실제적인 측정법을 제공하지 못하고 있다. 동기-위생 이론의 또 다른 문제점은 모든 종업원이 자신의 일에서 똑같은 것을 원한다고 가정하는 것이다.

직무특성 이론(job characteristics theory)은 동기-위생 이론의 문제점을 보완하면서 직무에 기초한 동기 이론 중 조직심리학에서 가장 많은 영향을 준 이론이다(Hackman & Oldham, 1976, 1980).

이 이론의 주요 요소를 알아보기 전에 직무특성 이론이 발전되어 온 과정을 먼저 살펴보고자 한다. Turner와 Lawrence(1965)는 종업원을 동기화할 수 있는 직무 차원, 즉 **필수과제특성**(requisite task attributes) 개념을 먼저 제안하였다. 그 후 Hackman과 Lawler(1971)는 직무의 어떤 특성들이 동기를 높일 수 있는지 그 선행요인들을 제안하였다. 직무특성 이론은 직무특성과 결과 변수 사이의 매개변수를 제안하고, 개인차 변수의 조절 효과를 서술함으로써 선행연구를 확장시켰다.

Hackman과 Oldham(1976, 1980)에 따르면 각 직무는 5개의 핵심 직무 차원(core job dimensions)으로 설명할 수 있다. 이것들은 직무의 특징적 차원들을 의미하는데, 기술 다양성, 과제정체성, 과제 중요성, 자율성, 피드백 등이 그것이다. **기술 다양성**(skill variety)은 직무가 종업원에게 여러 가지 서로 다른 기술을 갖추도록 요구하는지를 나타낸다. 높은 기술 다양성을 요하는 직무의 좋은 예는 회사의 중역이다. 이 직무를 수행하는 사람들은 예산을 준비하기 위한 양적인 기술, 사람들 사이에서 일어나는 갈등을 관리하는 대인관계 기술, 그리고 장기 전략 계획을 수립하기 위해 높은 수준의 분석적 기술을 활용할 수 있어야만 한다. 이와 대조적으로 육체노동 직무는 기본적으로 무거운 것을 들어 올리는 힘은 요구하지만 독립적 사고는 덜 요구할 것이다.

과제정체성(task identity)은 종업원이 하는 일이 일의 일부분이 아니라 일의 전체를 확인할 수 있는 정도를 나타낸다. 높은 과제정체성을 가진 직무의 예는 연구개발부서의 직무이다. 왜냐하면 연구를 수행하려면 개인은 논문 리뷰, 측정법 개발, 데이터 수집과 분석, 보고서 쓰기 등을 포괄하는 모든 과정에 참여해야 한다. 과제정체성이 낮은 직무는 전통적인 조립라인 직무이다. 한 종업원은 제품의 한 부분 조립에만 책임을 가지고 있다. 그러므로 종업원은 자신이 완성된 제품의 어떤 면에 기여했는지 알지 못할 것이다.

과제 중요성(task significance)은 수행하고 있는 직무가 중요하고 의미 있다고 느끼는 정도이다. 노동력을 요하는 모든 직무는 물론 중요하지만, 어떤 직무는 좀 더 중요하다고 느낄 수 있다. 예를 들어 대부분의 독자들은 소매점 직원의 업무보다 HIV 바이러스의 분자구조를 연구하는 과학자의 직무가 더 중요하다고 생각할 수 있다. 이 직무 차원은 기술 다양성이나 과제정체성에 비해 좀 더 주관적이다.

자율성(autonomy)은 종업원이 자신의 직무와 스케줄을 조절하고 통제할 수 있는 정도를 나타낸다. 예를 들어, 대학 교수의 직무는 매우 높은 수준의 자율성을 갖고 있다. 대부분의 독자들이 알고 있듯이 교수들은 그들의 직무시간, 직무활동의 선택, 그리고 직무활동의 접근 방식에 대해 상당한 통제력을 가지고 있다. 이와 대조적으로 텔레마케터는 매우 낮은 수준의 자율성을 가지고 있다. 대부분의 텔레마케팅 회사는 텔레마케터들에게 완전한 지침(예 : 스크립트)을 제공하고 이 지침을 벗어나지 못하도록 교육시킨다.

마지막 핵심 직무 차원은 **피드백**(feedback)으로 현직자의 직무수행 수준에 대하여 정보를 제공하는 것을 말한다. 예를 들어, 코미디언들은 관객이 그들의 농담에 대해 어떻게 생각하는지 빠르게 알 수 있다. 고요한 침묵이나 관객들의 멍한 눈빛은 그 농담이 지루하다는 것을 알려 주는 좋은 피드백이다. 이와 대조적으로, 종업원들은 회사의 중역이 되면 예전과 달리 자신의 수행에 대해 즉각적인 피드백을 받지 못하게 된다. 왜냐하면 새로운 시장에 진출하는 것에 대한 의사결정의 '정확성'은 그 회사가 새로운 시장에 진출하고 몇 년이 지나서야 알 수 있기 때문이다.

Hackman과 Oldham(1976, 1980)은 핵심 직무 차원들이 중요심리상태(critical psychological states)라고 불리는 다음 단계와 직접적으로 연결된다는 것을 제안한다. 이 상태는 종업원이 주어진 핵심 직무 차원에서 직무를 수행하면 어떤 심리적 수준을 경험하게 되는지를 나타낸다. 이 모델에 따르면, 직무가 높은 수준의 기술 다양성, 과제정체성, 과제 중요성을 갖고 있을 때 경험하게 되는 심리적 상태를 의미감(meaningfulness)이라고 한다. 즉 이러한 세 가지 차원을 가진 직무를 수행하면, 종업원들은 심리적으로 그들의 직무를 의미 있다고 경험하게 된다.

자율성과 관련된 중요심리상태는 책임감(responsibility)이다. 만일 종업원이 그들의 직무를 수행하는 방법에 자율성을 가지고 있다면 그 직무수행으로 나온 결과에 대해 책임감을 느끼게 될 것이다. 조직의 전략적 방향을 결정짓는 것에 대해 완전한 자율성을 가진 중역은 조직의 성공 또는 실패에 대한 강한 책임감을 느낄 것이다. 반대로, 단순하게 '명령에 따르는' 종업원은 그의 직무 결과에 대한 책임감을 느끼기 어려울 것이다.

피드백의 핵심 직무 차원은 결과에 대한 지식(knowledge of results)이라는 중요심리상태와 연결된다. 따라서 상당한 피드백이 제공되는 직무를 하는 종업원은 자기 수행의 결과에 대한 지식을 가지고 있다고 느낄 것이다. 반대로 적은 피드백을 받는 종업원은 그들의 수행 결과에 대해 막연한 지식을 갖게 된다.

이 모델의 다음 단계에 따르면 중요심리상태는 개인 성과(personal outcomes) 및 작업 성과(work outcomes)와 연결된다. 즉 앞에서 기술된 세 가지 중요심리상태의 경험이 높은 내적 작업동기, 높은 직무만족, 높은 수행의 질, 그리고 낮은 결근율 및 낮은 이직률이라는 결과를 초래하게 된다.

직무특성 이론의 마지막 변수는 성장욕구강도(growth-need strength)의 역할이다. 성장욕구강도는 종업원이 자신의 직무를 개인적 성취 그리고 자기조절과 같은 '성장'욕구를 만족시키기 위한 기제로 여기는 정도를 나타낸다(Alderfer, 1969; Maslow, 1943). 성장욕구강도는 핵심 직무 차원들과 중요심리상태 사이의 관계를 조절하고, 또한 중요심리상태와 개인 성과 및 작업 성과 간의 관계를 조절하는 역할을 한다. 좀 더 구체적으로 말하면, Hackman과 Oldham(1980)은 높은 수준의 성장욕구강도를 가진 사람에게만 핵심 직무 차원이 중요심리상태를 일으킨다고 제안하였다. 비슷하게, 이 이론은 높은 수준의 성장욕구를 가진 사람들에서만 중요심리상태가 개인 성과 그리고 작업 성과를 이끌 것이라고 제안했다. 따라서 낮은 수준의 성장욕구강도를 가진 종업원들에게는 핵심 직무 차원이 중요심리상태에 대해 거의 영향을 미치지 않을 것이고, 이 중요심리상태 또한 성과에 거의 영향을 미치지 않을 것이다.

수년간 직무특성 이론은 상당한 경험적 검증을 받아 왔다. Fried와 Ferris(1987)는 직무특성 연구에 대한 포괄적인 메타 분석을 실시해서 많은 연구 결과가 직무특성 이론을 지지한다고 보고했다. 예를 들어, 핵심 직무 차원 모두 직무만족, 동기, 장기결근, 이직과 같은 결과와 관련 있다는 것이 밝혀졌다. 그러나 Fried와 Ferris의 자료는 Hackman과 Oldham(1980)에 의해 제안된 중요심리상태의 역할에 대해 분명한 증거를 제공하지 못하고 있다. 예를 들어, 핵심 직무 차원은 그들이 제안한 중요심리상태와 상관이 없었다. 게다가 핵심 직무 차원과 중요심리상태 간의 상관 정도는 핵심 직무 차원과 결과 변수 간의 상관보다 강하지 않았다. 중요심리상태가 매개변수라는 Hackman과 Oldham의 주장이 맞다면 핵심 직무 차원은 결과 변수보다는 중요심리 차원과 더 강한 상관을 가져야 하기 때문에 이것은 중요한 연구 결과이다(Baron & Kenny, 1986). 심리적 주인의식이 직무특성의 또 다른 매개변수가 될 수 있다는 제안이 있으며(Pierce, Jussila, & Cummings, 2009), 이에 관해서는 앞으로 실증 연구가 더 필요하다.

직무특성과 결과 변수들 간의 관계에 대한 또 다른 매개변수는 **직무열의**(job engagement)이다. 직무열의는 활력, 몰두, 헌신의 세 가지 요소로 구성된 개념이다(Bakker & Demerouti, 2007). 활력(vigor)은 자기 일에서 에너지를 느끼는 것이며, 몰두(absorption)는 자기 일에 완전히 몰입해서 시간 가는 줄 모르는 것이며, 헌신(dedication)은 일에만 전념하는 것을 매우 의미 있게 생각하는 것이다. 핵심 직무 차원의 특성들이 주어지면 사람들은 직무열의를 가질 수 있을 것이며, 이에 따라 긍정적 효과가 나타날 것이다. 예를 들어, 자율성과 피드백은 직무열의의 활력을 높이는 것으로 나타났다(Van Den Broeck, Vansteenkiste, Dewitte, & Lens, 2008).

Christian, Garza, Slaughter(2011)는 최근에 91개의 연구를 메타 분석한 결과, 직무특성 모델의 다섯 가지 핵심 직무 차원 모두 직무열의와 정적으로 상관이 있음을 발견하였다. 또한 이들은 직무열의가 세 가지 핵심 직무 차원(기술 다양성, 과제 중요성, 과제정체성)과 결과 간의 관계를 부분적으로 매개하는 것을 발견하였다. 직무열의는 작업 스트레스를 완화하는 효과를 보이기도 하며(예 : Britt, Dickinson, Greene, & McKibbon, 2011), 따라서 직무열의는 앞으로 보다 많이 연구할 필요가 있는 동기 개념이라고 하겠다. 하지만 Macey와 Schneider(2008)가 직무열의의 정의와 측정에 대해 아직까지 여러 논의와 의견 차이가 있다고 지적하는 것처럼, 직무열의는 앞으로 더 많은 개념적 개발이 필요하다.

Fried와 Ferris(1987)의 메타 분석이 많은 정보를 제공함에도 불구하고 직무특성 모델을 포괄적으로 검증하는 연구는 매우 적다. Hackman과 Oldham(1975, 1976)의 초기 연구에서는 포괄적 검증을 시도했지만, 이후 대부분의 연구자들은 이론의 일부분만 검증하였다. 하나의 예외로 Champoux

(1991)가 정준상관분석을 이용하여 전체 이론 모델을 검증한 바 있는데, 연구 결과 이 모델의 인과적 관계와 성장욕구강도의 조절 효과를 모두 지지했다. 그러나 이후의 연구 결과들은 성장욕구강도의 조절 효과(Evans & Ondrack, 1991; Johns, Xie, & Fang, 1992; Tiegs, Tetrick, & Fried, 1992)와 중요심리상태의 매개 효과(예 : Renn & Vandenberg, 1995)에 대해 덜 지지적인 결과를 보였다. 한편직무특성과 직무만족에 대한 비교 문화 연구들은 Hackman과 Oldham의 연구에서 제안된 중요개념들을 많이 사용하고 있다(참고 9.5 참조).

Campion의 다학문적 접근

앞서 설명한 두 가지 직무기반 이론의 기본 가정 중 하나는 직무 내용이 심리적 수준에서 종업원들에게 영향을 미치고, 그것이 다시 긍정적인 결과를 만들어 낸다는 점이다. 이것은 여전히 유효한 가정이지만, 종업원들은 심리적/동기적 관점 이외에 다른 관점에서도 직무를 바라볼 수 있다. 이것과일관되게 직무설계는 산업공학, 인간공학, 생체역학과 같은 다른 분야에서도 흥미로운 주제이다.

이에 따라 Campion은 **직무설계에 대한 다학문적 접근**(multidisciplinary approach to job design)을개발하였다(Campion & McClelland, 1991; Campion & Thayer, 1985). 엄격하게 말하면 이것은 동기 이론이 아니라 직무설계에 대한 하나의 접근법이라고 할 수 있다. 이것이 여기에서 이론으로 소개된 이유는 Campion에 의해 언급된 여러 가지 접근법이 궁극적으로 다양한 목표에 대한 열망을나타내고 있기 때문이다. 그러므로 비록 직무설계에 대한 방법으로서 일반적으로 제시됨에도 불구하고 궁극적으로 이는 동기 이론으로 볼 수 있다.

참고 **9.5**

내재적 직무특성의 중요성에서의 문화적 차이

직무특성 이론은 자율성과 의미감과 같은 내재적 직무특성의 중요성을 강조했다. 내재적 직무특성이 직무만족에 영향을 끼치는 정도는 나라마다 다르게 나타날까? 이 질문에 대한 대답은 Huang과 Van de Vliert(2003)에 의해 수행된 비교 문화 연구가 답해 준다. 연구자들은 49개 나라에 있는 107,000명의 종업원으로부터 작성된 설문지를 분석했다. 각 나라의 종업원들은 자신의 일이 흥미와 자율성과 같은 내재적 특성을 포함하고 있는 정도를 대답했다. 종업원들의 국가는 국민총생산(GNP), 개인주의 대 집단주의 문화, 권력거리의 정도와 같은 차원으로 분류되었다. 연구자들은 내재적 직무특성이 부유한 나라에서, 좀 더 개인주의적 국가에서 그리고 적은 권력거리(덜 위계적인 조직)를 가지고 있는 나라에서 종업원들의 직무만족에 대한 중요한 예측요인이었다는 것을 밝혀냈다. 연구자들은 내재적 직무특성이 중요하게 여겨지지 않는 나라에서는 이러한 특성이 직무만족의 중요 예측요인으로 작용하지 않을 것이라고 추론하였다. 이 연구는 동기 과정에서 국가적 영향의 중요성을 강조하고 있다.

출처 : Huang, X., & Van de Fliert, E. (2003). Where intrinsic job satisfaction fails to work: National moderators of intrinsic motivation. *Journal of Organizational Behavior*, 24, 159-179.

Campion에 따르면 조직은 직무설계에 대해 네 가지 접근법을 이용할 수 있다. 그리고 각각의 접근은 개개의 종업원들과 조직 전체에 대한 어떤 결과와 관련된다. **동기론적 접근**(motivational approach)은 심리학과 관련된 분야(예 : 인사, 조직행동)에서 강조된다. 이전에 기술된 직무기반 이론들은 직무 내용을 종업원들에게 내적으로 흥미 있고 의미 있는 것으로 만들어 주는 것을 강조하고 있다. 이러한 접근법의 긍정적 결과는 높은 직무만족, 내적 동기, 높은 수준의 수행, 낮은 이직/결근 행동을 포함한다. 하지만 이런 방법으로 직무를 설계하는 것은 비용이 든다. 예를 들어 이런 종류의 직무는 보다 복잡하고, 따라서 보다 높은 수준의 기술과 더욱 긴 훈련기간, 그리고 더 높은 수준의 보상이 요구된다. 이러한 직무는 또한 높은 수준의 책임감이 요구되고 종업원 간 상호작용의 복잡성 때문에 더 많은 스트레스를 초래할 수도 있다.

이와 다른 직무설계 관점은 **기계론적 접근**(mechanistic approach)이다. 이 접근은 과학적 관리, 그리고 좀 더 최근에는 산업공학 분야에 그 뿌리를 두고 있다. 과학적 관리와 마찬가지로 기계론적인 접근은 최대한 효율적으로 직무를 설계하는 것을 강조한다. 직무 관련 과업은 단순화되고 업무주기는 일반적으로 짧아지게 된다. 기계론적 접근의 장점은 이러한 방식으로 설계된 직무는 매우 단순하기 때문에 종업원들은 손쉽게 과제를 수행할 수 있다는 점이며, 특히 짧은 시간 동안 많은 물건을 생산하는 효율성이 목적이라면 이런 장점은 보다 더 극대화될 것이다. 이 방식으로 설계된 직무는 또한 요구되는 기술 수준이 낮기 때문에 훈련기간이 짧아질 것이다. 반면, 기계론적 접근의 단점은 이러한 방식으로 설계된 직무는 지루하고 소외감을 느낄 수 있게 만들어서 결론적으로 장기결근, 노력 부족, 심지어 파괴행동과 같은 많은 비생산적 행동을 하게 만든다는 것이다.

직무설계의 세 번째 접근은 **생물학적 접근**(biological approach)이다. 이 접근은 종업원의 육체적인 편안함을 극대화하도록 직무를 설계하는 데 집중한다. 인간공학과 생태역학에 대해 연구한 사람들은 이러한 형태의 직무설계를 강조하는 경향이 있다. 종업원의 육체적 편안함을 강조함으로써 조직은 건강관리 비용을 줄이고, 종업원의 보상 요구를 줄이는 효과를 얻을 수 있다. 이러한 결과들은 결국 직무만족을 더 높은 수준으로 높이지만, 이러한 방식으로 설계된 직무는 조직에 상당한 투자를 요구할 것이다. 또한 종업원의 육체적 편안함은 세부적인 것까지 끊임없이 주의를 기울여야 하는 과제에서 종업원의 주의를 분산시키는 역효과를 초래할 수 있다.

직무설계의 네 번째 그리고 마지막 접근은 **지각운동적 접근**(perceptual motor approach)이다. 이런 경우 직무는 직무수행에 요구되는 정보처리 과정과 관련하여 설계된다. 그러므로 이러한 접근은 인간공학 분야에서 강조된다. 이 접근의 주된 장점은 많은 정보처리 과정을 필요로 하는 직무에서 실수나 피로를 줄일 수 있다는 것이다. 비행기 조종사, 항공교통 관제사, 마취의사의 직무가 여기에 속한다. 이러한 장점에도 불구하고 이 접근의 잠재적인 단점은 만일 정보가 매우 단순하다면 직무가 매우 따분할 수 있다는 점이다. 또한 생물학적 접근처럼 직무설계에 대한 이 접근은 상당한 연구 및 개발 비용을 요구한다.

위와 같은 네 가지 구체적인 직무설계 이외에도 Campion 모델에 내재된 메시지는 직무설계에 관한 의사결정에서 조직은 비용과 이점을 동시에 고려해야 한다는 것이고, 궁극적으로 하나를 선택하면 다른 하나는 포기해야 한다는 것이다. 예를 들어, 만일 효율성이 조직 내에서 매우 중요하다면 기계론적 접근의 고유한 단점에도 불구하고 기계론적 접근이 더 적합할 것이다. Campion의 이론은 또한 조직심리학이 직무설계의 영역에서 기여할 수 있는 유일한 분야가 아님을 주지시키고 있다.

다학문적 접근이 비교적 최근에 개발되었기 때문에 직무특성 이론에 비해 다학문적 접근에 대한 경험적 연구는 매우 적다. 그러나 이 이론의 많은 가정은 지지되었다. 예를 들어, Campion과 McClelland(1991)는 서로 다른 접근법에 따라 직무를 변화시켰을 때 예측 가능한 결과가 나타남을 밝혀냈다. 또한 Campion과 Berger(1990)는 다양한 접근를 가지고 재설계된 직무는 보상에 대한 많은 예측 가능한 시사점을 준다고 주장했다. 더 최근의 연구는 Campion의 모델을 개량하는 데 주로 초점을 맞춘다. 예를 들어, Edwards, Scully, Brtek(2000)은 Campion의 각 접근법은 다차원적이며, 이보다 더 중요한 점은 각 차원이 서로 상반되는 결과와 관련되어 있다고 제안하였다. 이러한 제안은 이 모델의 개정이 필요하다고 주장하지만, 일반적으로 이 모델에 대한 대부분의 연구 결과는 긍정적인 편이다.

직무설계에 대한 Grant의 관계적 접근법

Grant(2007)는 직무설계의 전통적 이론이 직무가 제조업에서 서비스 부분으로 크게 변화한 것을 고려하지 않는다고 제안하였다. 결과적으로 작업동기의 전통적 직무기반 이론은 작업동기를 설명하고자 할 때나 그들을 동기화하기 위하여 직무를 설계할 때 서비스기반 직무의 특별한 특징을 고려하지 못했다는 한계를 가진다.

이러한 가정들에 기반하여 Grant(2007)는 작업동기와 직무설계에 대한 **관계적 접근**(relational approach)을 개발하였다. 이 접근법에 따르면, 작업은 종업원이 (1) 직무특성 이론에서 과제 중요성과 비슷하게 자신들의 일이 타인에게 긍정적인 효과를 가질 때, (2) 종업원이 자신의 작업 결과로 혜택을 보게 되는 타인과 접점이 있을 때 동기화된다. Grant에 따르면, 만약 개인의 직무가 이러한 두 가지 특성을 가진다면, 종업원은 타인을 돕고자 하는 욕구로 동기화되고 타인을 돕고자 하거나 친사회적 행동을 더 많이 할 것이다. 또한 타인을 돕는 기회를 가지는 것은 개인의 능력, 자기결정, 그리고 사회적 기여에 긍정적으로 영향을 미칠 것이다.

Grant의 모델의 중요한 실제적 함의는 조직이 종업원에게 타인을 도울 기회를 제공하고, 자기가 도와준 사람들과 교류하도록 시도하는 것이다. 관계적 접근이 비교적 최근임에도 불구하고 Grant와 그의 동료들은 이 모델을 지지하는 인상적인 연구 결과들을 축적했다(Grant & Parker, 2009 참조). 하지만 이 모델에 대한 한 가지 잠재적 문제점은 타인을 돕거나 작업장에서 친사회적 행동을 할 기회가 없는 사람들을 동기화하는 방법을 찾는 것이다. 제10장의 직무 재설계 부분에서 이에 대하여 더 논의할 것이다.

직무기반 이론 요약

역사적 맥락에서 볼 때 직무기반 이론은 조직심리학에서 이론적으로 획기적인 아이디어다. Herzberg 이전의 조직심리학에서 많은 동기 이론들은 욕구 충족에 집중하였다. 게다가 그 시기에는 과학적 관리의 영향 때문에 동기에 관한 많은 이론과 실제 관행들이 단지 금전적 인센티브에 집중하였다. 금전적 인센티브가 물론 중요하지 않은 것은 아니지만, 직무에 기초한 이론의 도래는 직무의 내용이 사람들에게 강력한 영향(긍정적 또는 부정적으로)을 미칠 수 있음을 인식하게 했다.

네 가지 직무기반 이론의 공통적인 문제점은 직무 내용을 객관적인 속성으로 가정한다는 점이다(Salancik & Pfeffer, 1977). 이것은 객관적인 직무특성이 동일한 직무라고 하더라도 그에 대해 종업원들이 주관적으로 응답하는 자기 보고 측정치들은 다르게 나타난다는 사실이 잘 말해 준다(예 : Spector & Jex, 1991). 직무기반 이론의 또 다른 약점은 이론들이 다소 프로세스 이슈와 관련하여 부족해 보인다는 점이다. 예를 들어 직무특성 이론에서 핵심적인 직무 차원은 종업원으로 하여금 중요심리상태를 경험하도록 하고 이러한 상태는 여러 가지 결과를 초래한다고 예언한다. 하지만 이 이론은 이러한 제안의 근거가 무엇인지에 대해 아주 명백하지는 않다. 직무특성 이론이 개발된 시대(1970년대 중반)와 성장욕구강도의 조절 효과를 고려해 보면 한 가지 가능한 설명은 바로 욕구 충족 과정을 통해 그러한 예언이 성립한다고 추론할 수 있을 것이다(Hackman & Oldham, 1976). 그러나 핵심 직무 차원에서 높은 직무는 더 높은 보상과 혜택을 지니고 있을 가능성도 있기 때문에, 욕구 충족보다는 이러한 보상과 혜택 때문에 그러한 예언이 성립할 수도 있다. 전반적으로 직무기반 이론들은 직무 내용에 초점을 둠으로써 직무 내용이 어떻게 결과로 전이되는가에 대한 과정에 대해 충분한 설명을 제공하지는 못하고 있다.

동기 이론의 실용적 가치

종업원 동기에 대한 주요 이론들을 살펴본 지금, 이 이론들은 조직의 관리자들에게 과연 얼마나 가치가 있을지가 궁금할 수 있다. 실용적 가치에 따라 이 장에서 소개된 이론들의 순서를 매길 수는 없다. 그러나 앞서 소개된 다섯 가지 이론들이 가지는 실용성에 대해서 일반적인 결론은 내릴 수 있다. 일반적으로 욕구 이론에 대한 평가가 가장 낮은 편이다. 욕구는 종업원 개인에게 매우 명확해서, 관리자들이 종업원의 욕구 충족 정도를 결정하거나 혹은 그 욕구에 반응하는 조치를 취하는 것은 매우 어려울 수 있다. 또한 욕구는 다양한 방법으로 충족되기 때문에 욕구에 기초한 동기부여는 매우 어렵고 시간이 많이 소비되는 작업이 될 수 있다.

이와 대조적으로 직무에 기반한 이론은 실용적 가치에서 좀 더 나은 평가를 받는다. 직무 내용은 대부분의 관리자들이 관여할 수 있고 통제할 수 있다. 그러므로 관리자가 종업원이 그의 직무에서 자율성 부족을 느끼는 것을 보게 되면 그 관리자는 자율성을 높일 수 있는 방법을 취할 수 있을 것이다. 이런 방식과 유사하게, 자기결정 이론은 종업원들이 주인의식을 경험하고 그들의 일에서 개인적 중요성을 느낄 수 있도록 직무를 만드는 것의 중요성을 강조한다. 반면에 어떤 경우에는 개인의 직무 내용을 변화시키는 것이 실용적이지 못한 경우도 있다. 예를 들면, 업무 내용은 조합 계약에 의해 결정될 수도 있고, 개인의 업무를 변화시키는 것이 조직 전반에 대한 변화를 요구하여 너무 많은 비용을 초래할 수도 있다.

각 이론별로 정도가 다르기는 하지만, 인지과정 이론들은 상당한 실용적 가치를 가지고 있다. 예를 들어 기대 이론은 수행상의 문제를 진단하고 보상 시스템을 설계할 때 관리자들에게 많은 도움을 제공한다. 즉 수행에 기초한 보상은 종업원이 그들의 수행과 그들이 획득하는 보상 간의 관계(예 : 도구성)를 인식할 수 있을 때에만 효과적일 것이다. 비슷하게, 자신의 노력이 어떤 변화를 가져오지 못한다는 믿음(예 : 낮은 기대성)이나, 수행이 어떤 변화를 가져오지 못한다는 믿음(예 : 낮은 도구성), 또는 종업원이 조직에서 제공하는 보상에 가치를 두지 않는 경우는 직무수행에 문제가 있을 수 있다. 목표설정 이론 역시 매우 유용하다고 입증되었으며, 조직에서 널리 사용되고 있다.

기대 이론이나 목표설정 이론에 비해 최소한 원래 형태의 형평 이론은 실용적 가치를 상대적으로 덜 갖는다. 왜냐하면 투입과 산출에 대한 지각은 인지적이기 때문에 이것들은 매우 주관적이고, 따라서 종업원을 동기화하려는 관리자에게 별다른 도움을 주지 못할 것이다. 또한 독자들은 많은 형평 이론 예측들이 부정적이라는 것을 기억할 것이다. 형평 이론은 종업원들이 충분히 보상받지 못했다고 느낄 때 노력을 줄이거나 심지어 떠날 수 있다고 예측한다. 그러나 대부분의 관리자들에게 동기부여는 긍정적인 향상을 위한 것이고, 부정적인 행동을 방지하기 위해 노력하는 것은 별로 유용하지 못하다. 그럼에도 불구하고 공정성 지각과 정책에 초점을 둔 최근의 형평 이론은 종업원들이 공평하게 대우받지 못했다고 느낄 때 나타나는 부정적인 조직 결과들의 중요성을 인식시키는 계기가 되고 있다.

종업원 동기에 대한 행동적 접근도 관리자들에게 매우 유용하다. 행동주의의 원리는 관리자들이 행동과학 훈련을 받지 않더라도 비교적 이해하기 쉽다. 특히 직무가 크게 복잡하지 않을 때 다양한 행동을 결정하는 요인들을 파악하는 것은 어렵지 않다. 마지막으로 실용적인 측면에서 행동주의 원리의 가장 큰 장점은 이 원리를 적용했을 때 실제로 효과가 크게 나타난다는 것이다.

Locke와 Latham(2004)은 현재의 동기 이론들이 어떻게 개선될 수 있는지에 대해 논의한 바 있는

데, 한 가지 중요한 권고는 다양한 동기 이론을 하나의 포괄적인 동기 이론으로 통합시키는 것에 대한 것이다. 이 장에서 논의된 이론들의 다양성 때문에, 이 이론들을 통합하는 작업은 말하기는 쉽지만 실제로 행하기는 무척 어렵다. 그러나 모든 이론은 작업동기의 개념에 대해 설명했고, 또한 종업원들이 자신의 일에서 좋은 감정을 느끼고 수행을 잘하도록 하기 위해 관리자가 어떻게 해야 하는가에 대해 독창적인 아이디어를 제공했다. 잘 구성되고 지지를 받은 이론은 관리자들이 종업원에게 동기부여를 하고자 노력할 때 상당한 도움을 줄 수 있다. 만일 동기부여 이론이 없었더라면, 직원들에게 동기를 부여하기 위한 관리자들의 노력은 근본적으로 무작위적이거나 각자의 세계관에 기반을 두게 될 것이다. 다음 장에서는 이러한 동기 이론이 많은 종업원 행동에 긍정적인 영향을 미치기 위해서 어떻게 조직에 적용되어야 하는지를 다룰 것이다.

요약

이 장에서는 조직심리학에서 다루는 중요한 동기 이론들에 대해 살펴보았다. 동기 이론은 다섯 가지 범주로 나뉠 수 있다 : 욕구기반 이론, 인지과정 이론, 행동주의적 이론, 자기결정 이론, 직무기반 이론. 욕구기반 이론에 따르면 동기는 욕구를 충족하려는 인간의 욕망에 뿌리를 두고 있다. 이 범주에는 Maslow의 욕구위계 이론, Alderfer의 ERG 이론, 성취동기 이론이 포함된다. 욕구의 측정과 개념화의 차이 때문에 일반적으로 욕구 이론에 대한 지지는 약하다. 왜냐하면 욕구를 측정하고 개념화하는 것이 어렵기 때문이다.

인지과정 이론은 종업원 동기와 관련된 인지과정에 대한 설명을 목적으로 한다. 예를 들어, 이러한 이론들은 의사결정, 포부(aspiration)의 수준, 그리고 자기조절과 같은 것들에 초점을 둔다. 이 범주에는 형평 이론, 기대 이론, 목표설정 이론, 그리고 제어 이론이 포함된다. 비록 이러한 이론 모두가 지지받는 것은 아니지만 목표설정 이론은 명확하게 가장 많은 지지를 받고 조직에서 가장 영향력 있는 이론이다. 미래에는 인지과정 이론이 좀 더 복잡해짐에 따라 관리자들이 쉽게 사용할 수 있는 형태로 변화되어야 할 것이다.

종업원 동기에 대한 행동주의적 접근은 조직에서 구성원의 행동에 영향을 미치기 위해 행동주의 원리를 적용한다. 비록 처벌, 조성, 소거와 같은 다른 원리들도 어떤 상황에서는 사용되지만 가장 빈번하게 사용되는 원리는 강화이다. 조직에서 행동주의적 접근의 적용, 즉 조직행동수정(OBM)은 인상적인 결과를 산출한다. 그러나 이러한 접근은 복잡하지 않은 직무에서 가장 잘 작동한다.

자기결정 이론은 동기의 양뿐만 아니라 질도 강조한다. 이 이론의 요소들은 일터에서 자율성 동기에 따라 행동하는 종업원들이 타인의 통제에 따라 행동하는 종업원들보다 좀 더 만족하고 좋은 수행을 보인다고 주장한다. 이 이론은 조직 맥락 밖에서 많은 지지를 받았고 몇 년 후에는 조직심리학에 적용될 것이다.

직무기반 이론에 따르면, 종업원의 직무 내용은 동기에 영향을 미치는 중요 요소이다. 이 범주에는 Herzberg의 동기-위생 이론, 직무특성 이론, Campion의 직무설계에 대한 다학문적 접근, 그리고 가장 최근에는 Grant의 직무설계에 대한 관계적 접근이 포함된다. 직무기반 이론은 매우 유용한 것으로 증명됐고, 일반적으로 욕구 이론보다 더 많은 지지를 받는다. 직무기반 이론의 한 가지 문제점은 직무의 객관적 특성과 개인이 주관적으로 느끼는 속성이 다를 수 있다는 점이다.

이 장의 끝부분에서는 조직에서 관리자들이 사용할 수 있는 동기 이론의 가치에 대해 살펴보았다. 이론별로 차이가 있겠지만, 일반적인 결론은 동기 이론이 관리자들에게 꽤 유용하다는 것이다. 자세히 살펴보자면, 이론은 관리자들에게 종업원을 동기부여할 수 있는 '나침반'을 제공한다. 동기 이론이 없다면 관리자들은 자기 나름대로의 직관이나 인간 행동에 대한 스스로의 모호한 이론들에 의존할 수밖에 없을 것이다. 우리는 다음 장에서 조직이 종업원 동기에 영향을 미치기 위해 사용하는 특별한 전략들을 소개함으로써 계속해서 동기의 중요성을 탐구할 것이다.

더 읽을거리

Cordery, J., & Parker, S. K. (2012). Work design: Creating jobs and roles that promote individual effectiveness. In S.W.J. Zozlowski (Ed.), *Oxford handbook of organizational psychology* (Vol. 1, pp. 247-284). New York, NY: Oxford University Press.

Diefendorff, J. M., & Lord, R. G. (2008). Goal striving and self-regulation processes. In R. Kanfer, G. Chen, & R. D. Pritchard (Eds.), *Work motivation: Past, present, and future* (pp. 151-196). New York, NY: Routledge.

Grant, A. M. (2008). Does intrinsic motivation fuel the prosocial fire? Motivational synergy in predicting persistence, performance, and productivity. *Journal of Applied Psychology, 93*, 48-58.

Latham, G. P., & Pinder, C. (2005). Work motivation at the dawn of the twenty-first century. *Annual Review of Psychology, 56*, 485-516.

Lord, R. G., Diefendorff, J. M., Schmidt, A., &Hall, R. G. (2010). Self-regulation at work. *Annual Review of Psychology, 61*, 548-568.

제10장

동기 이론의 적용

어떤 조직이든 그 조직이 성공적인 조직이 되기 위해서는 종업원들의 행동이 조직의 성공에 기여할 수 있는 방향으로 이루어져야 한다. 예를 들어 자동차 판매점은 영업사원들이 자동차를 팔기 위해 열심히 노력하길 원하고, 학교에서는 교사들이 학생을 가르치는 데 최선의 노력을 다하길 원한다. 뿐만 아니라 조직은 종업원들이 조직의 성공을 저해하는 행동을 하는 것을 예방하고 싶어 한다. 예를 들어 건설회사는 종업원들이 늦게 출근하는 행동을 줄이려고 하고, 자동차 제조업체들은 종업원들이 작업 중에 음주하지 않기를 원한다.

이 장의 목적은 조직이 종업원의 행동에 영향을 주기 위해 동기 이론을 적용하는 다양한 방법을 소개하는 것이다. 물론 이 장에서 소개하는 방법들이 조직에서 종업원의 행동에 영향을 주는 유일한 방법은 아니다. 실제로 조직은 종업원의 행동에 영향을 미치기 위하여 그들을 교묘하게 조종하고 강요하거나 심지어는 물리적으로 위협할 수도 있다. 그러나 장기적으로 볼 때 이러한 방법들은 바람직하지 못한 결과를 초래한다. 따라서 조직은 전형적으로 보다 더 긍정적인 방법을 사용한다.

이 장에서는 제9장에서 다루어진 동기 이론들에 직접 또는 간접적으로 기반한 방법들을 기술할 것이다. 이렇게 하는 이유는 제9장에서 제10장으로의 연속성을 가지기 위함이다. 이렇게 하는 보다 더 중요한 이유는 검증된 동기 이론에 근거를 두는 동기부여 방법이 단순히 직관과 추측에 근거한 방법보다 더 효과적이기 때문이다.

기본 가정

조직이 종업원의 행동에 영향을 주기 위해 사용하는 구체적인 방법을 설명하기 전에 이 과정과 관련된 몇 가지 기본적인 가정을 살펴볼 필요가 있다. 우리가 거의 의식하지 못하는 기본 가정은 조직이 종업원의 행동에 영향을 미칠 권리를 가지고 있느냐 하는 것이다. 본질적으로, 조직과 종업원의 관계는 심리적 계약(psychological contract)으로 간주되며, 그것에 따라 각자는 서로에게 모종의 권리를 가지게 된다(예 : Rousseau, 2011). 종업원의 관점에서 보면, 고용관계는 전형적으로 보수나 복리후생, 그리고 직무에 의해 생길 수 있는 부가적인 수입과 같은 것들을 수반한다. 이에 대해 조직은 종업원이 조직에 이익이 되는 방향으로 행동하기를 기대한다. 종업원들의 행동이 조직의 이익에 부합하지 않을 때에는 종업원들에게 행동을 수정하도록 요구하게 된다.

또 다른 가정은, 종업원들은 적어도 그들이 조직에 긍정적 또는 부정적으로 영향을 줄 수 있는 행동을 자유롭게 선택할 수 있다는 것이다. 만약 종업원이 이것을 선택할 수 있는 자유를 가지고 있지 않다면, 조직이 종업원에게 '동기'를 부여하기 위해 할 수 있는 것은 거의 없을 것이다. 실제로 종업원에게 선택권이 전혀 없다면, 모든 조직이 해야 할 일은 종업원으로 하여금 조직의 목적에 기여하는 행동을 하도록 명령하는 것이다. 이것은 조직에서의 생활을 좀 더 단순하게 만들 것이 분명하다. 그러나 현실적으로, 대부분의 조직의 종업원들은 어느 정도의 통제권을 가지고 있다. 예를 들어 출근과 같은 행동은 그 회사 종업원 자격을 유지하기 위해 통제받는 행동이지만, 그 외의 행동에 대한 선택은 종업원들의 몫이다.

동기 이론을 적용할 때 전제되어야 할 세 번째 가정은 종업원의 행동에서 동기 이외의 다른 내적 또는 외적 제약요인이 없어야 한다는 것이다. 내적 제약요인으로는 직무와 관련된 기술이나 능력의 부족을 들 수 있다. 제6장에서 보았듯이, 동기는 생산적 행동을 결정하는 요인 중에 한 가지일 뿐이다. 예를 들어, 조직이 보상을 통해 종업원 행동에 동기를 부여하려고 시도할 때, 동기부여가 직무수행을 높이는 효과를 가지려면 종업원들이 과업을 수행하는 데 필요한 기술이나 능력을 갖추고 있음이 전제되어야 한다.

한편 외부적인 제약은 종업원이 그들의 기술과 능력을 수행으로 옮기는 것을 어렵게 만드는 외적 환경을 말한다(Peters & O'Connor, 1988). 상황적인 제약은 직무 스트레스 부분에서도 논의된 주제이지만(제8장 참조), 그것은 여기서도 연관이 깊다. 예를 들어, 조직이 종업원들에게 높은 수준의 업무 자율성을 줌으로써 종업원들을 동기부여하고자 할 때, 암묵적인 가정은 자율성의 증가를 방해하는 조직 차원의 제약조건이 없어야 그것이 가능하다는 것이다.

종업원들을 동기화하려는 조직의 시도에서 마지막 기본 가정은 행동은 변화될 수 있다는 것이다. 다시 말하면, 사람들은 자신의 행동을 변화시킬 능력을 가지고 있다고 가정한다. 이것은 매우 상식적인 개념으로 보이지만, 행동 변화를 다루는 심리학 분야에서 그 증거는 아직 분명치 않다. 예를 들어, Hellervik, Hazucha, Schneider(1992)는 행동 변화에 관한 보고서와 논문을 검토한 결과 행동은 변화될 수 있다고 결론을 내렸지만, 행동이 빠르게 또는 쉽게 변하는 것은 아니라고 언급했다(참고 10.1 참조).

조직이 영향을 주려는 행동

〈그림 10.1〉은 주로 조직이 영향을 주려고 하는 네 가지 행동 유형을 나타낸다. 동기를 순차적인 관점에서 본다면, 행동에 영향을 주려는 조직의 시도는 종업원이 조직의 일원이 되기 전 단계부터 일어나야 한다. 엄밀히 말하면, 조직은 유인(attraction)과 모집 단계에서 처음으로 행동에 영향을 미치려고 시도한다. 임금이나 기타 이익과 같은 유형적인 수단이나, 승진 가능성 또는 조직의 이미지와 같은 좀 더 무형적인 수단을 통해서 조직은 재능 있는 인재들이 그 조직의 일원이 되고 싶어 하도록, 그리고 궁극적으로는 조직의 일원이 되도록 하기 위해 노력한다.

일단 조직의 종업원이 되면, 조직은 종업원의 다양한 행동에 영향을 주려고 시도한다. 그중에서 가장 가시적이면서 동기 연구에서 가장 많이 연구된 것 중 하나는 생산적 행동(productive behavior)

사람은 정말 변하는가?

행동 변화는 오랜 기간 심리학자들이 연구하고 논쟁해 온 중요한 주제이다. 그러나 행동 변화의 중요성은 심리학이나 다른 행동과학의 관심을 뛰어넘는다. 예를 들어 행동 변화에 대한 사람들의 시각은 우리가 다른 사람들과의 관계, 그리고 많은 경우 정부의 정책 결정에도 시사점을 준다. 많은 사람들은 그들이 바람직하지 않은 행동이라고 생각하는 행동(예 : 흡연, 과식)의 변화를 위해 매우 많은 돈을 사용한다.

심리학의 연구 결과는 행동 변화를 어떻게 바라보는가? Hellervik, Hazucha, Schneider(1992)는 행동 변화 문헌의 종합적인 검토를 하였으며, 여러 흥미로운 결론을 내렸다. 긍정적인 소식은 연구 결과들은 대체로 사람들의 행동 변화가 가능하다는 생각을 지지하고 있다는 것이다. 그들의 문헌 검토는 사람들의 지식 수준, 직무수행, 안전행동, 그리고 정신적 건강과 관련된 행동을 변화시킬 수 있다는 증거를 보여 주는 연구들을 포함하고 있다. 하지만 그들의 조사는 행동 변화는 복잡하며 많은 변수에 의해 영향을 받고 그중에서 특히 변화를 시도하는 행동에 영향을 받는다고 말한다. 예를 들어, 인지능력이나 성격

특성과 같은 기본적인 특성이 변화할 가능성은 거의 없어 보인다. 반면에 대인관계 기술과 같은 더 단순한 것들은 수정될 수 있을 것이다.

이 조사에서 밝히는 또 다른 중요한 결론은 행동 변화가 쉽지 않다는 것이다. 사람들은 변화를 위해서 동기화되어 있어야 하며, 행동을 변화시키기 위한 프로그램은 잘 설계되어야 하고, 많은 경우 매우 오랜 기간 그 영향이 지속되어야 한다. 따라서 사람들이 어떤 형태의 행동을 변화시키는 것은 가능하지만 그러한 변화는 하루아침에 이루어지지 않는다. 이러한 것을 인식하지 못한다면 조직이 변화가 가능하지 않은 행동을 변화시키기 위해 노력하거나 또는 반드시 수정되어야 하는 행동들을 변화시키기 위해 필요한 적절한 프로그램을 사용하지 못하는 것과 같은 문제들이 일어날 수 있다.

출처 : L. W. Hellervik, J. F. Hazucha, & R. J. Schneider. (1992). Behavior change: Models, methods, and a review of the evidence. In M. D. Dunnette & L. M. Hough (Eds.), *Handbook of industrial and organizational psychology* (2nd ed., Vol. 3, pp. 823-895). Palo Alto, CA: Consulting Psychologist Press.

이다. 조직은 종업원이 자기 역할 내의 업무를 잘 수행하길 바라고, 어떤 경우에는 역할 외 행동(예 : 다른 종업원을 돕거나 더 열심히 노력하는 것)도 하길 기대한다. 그들은 또한 종업원이 조직의 이익을 위해 혁신적이고 창의적인 제안을 하길 바라며, 경쟁의 증가와 빠른 변화에 따라 종업원이 새로운 것을 배워서 정기적으로 그들의 기술을 향상하길 바란다.

동기 이론이 적용될 수 있는 또 다른 분야는 비생산적 행동(counterproductive behavior)이다. 예를 들어, 조직은 잦은 결근과 절도, 약물 남용, 그리고 기물 파손과 같은 비생산적인 행동을 방지하기를 원한다. 일반적으로 이러한 행동들은 동기 프로그램에서 중점적으로 다루어지지 않을 것이라고 생각할 수 있지만, 실제로 조직에서는 종업원들이 이런 비생산적인 행동을 하지 않도록 하기 위해 애쓰고 있다.

동기 이론을 조직 장면에 적용하는 것에서 자주 언급되는 또 다른 행동은 종업원 유지(retention)이다. 다른 행동들에 비해서 종업원들을 조직에 계속 남아 있도록 동기화하는 것은 조직 내의 많은

그림 10.1 조직에서 동기 이론이 적용되는 행동 유형

다른 요소들을 함께 고려해야 하기 때문에 약간 다른 접근이다. 보상의 경우처럼 조직은 어떤 직원을 유지하는 것이 가치가 있는지, 그리고 조직이 그들을 유지하기 위한 비용을 기꺼이 감수할 것인지를 결정할 때 어려운 선택을 해야 한다. 만약 조직이 늘어난 보수를 지불하면서까지 어떤 한 직원을 붙잡는다면 이것은 다른 종업원의 이직을 자극할 수도 있다. 따라서 조직은 숙련된 종업원이 떠남으로써 발생하는 손해와, 그 종업원을 유지시킴으로써 생기는 내부 불협화음과 관련한 손해를 동시에 따져 보아야 한다.

조직이 영향을 미치려는 행동이 무엇이든 동기 이론을 적용한다는 것은 조직의 선택에 따른 것이며, 그러한 선택은 조직이 추구하는 가치와 관련이 있다. 예를 들어 조직의 설립자는 수행을 근거로 종업원들에게 보상을 하는 매우 이성적인 선택을 할 수도 있다. 다른 경우에는, 동기부여 과정에서 전달되는 가치가 더 암묵적이며, 때로는 조직이 지향하는 가치와 갈등을 일으키는 경우도 있다(Kerr, 1975; Lawler & Jenkins, 1992). 많은 조직은 수행에 가치를 두고 있으며 이 철학을 반영하는 보상 시스템을 구축하고 있다고 말한다. 그러나 수행에 가치를 두고 있음에도 불구하고, 많은 조직에서 보상은 수행과 아주 미미한 관련성만 있을 뿐이다. 따라서 동기 이론을 어떤 식으로 적용하는가는 그 조직이 중시하는 가치가 무엇이냐에 따라 달라지는 가치 선택의 문제이다.

보상 체계

종업원의 행동을 자극하고 영향을 주는 가장 일반적인 방법은 **보상 시스템**을 이용하는 방식이다. 조직이 종업원에게 보상을 하는 방법은 무한히 많기 때문에 유형과 무형, 두 가지 보상 방법을 구분할 필요가 있다. 유형의 보상은 봉급, 복리후생, 그리고 보너스와 같이 독자들에게 매우 친근한 것이다. 무형의 보상은 인정이나 칭찬, 그리고 종업원에게 더 많은 재량권을 부여하는 것 등이다. 이 가운데 유형의 보상에 관해 먼저 논해 보도록 하겠다. 보상 체계는 제9장에서 다룬 동기에 대한 행동적 접근에서 비롯된다. 즉 바람직한 행동에 보상이 주어지면 그 행동의 발생가능성이 증가한다는 것이다.

유형적 보상

직무기반 이론들이 등장하면서 조직심리학에서는 금전적 돈이 사람들을 동기화하지 못한다는 오해가 생긴 적이 있다(Martocchio, 2011). 하지만 돈을 받지 않고 조직을 위해 일하는 사람은 거의 없다. 게다가 사람들은 불법적인 약을 파는 것부터 시작해서 정부의 비밀을 파는 것까지, 오로지 돈을 목적으로 다양한 불법적인 행동을 하기도 한다. 왜 돈이 그렇게 중요한가? 상식적으로 돈은 사람들에게 그들의 생활필수품과 사치품을 구입하기 위한 수단이 되기 때문에 분명히 중요하다. 작업장에서는 종업원의 봉급이 그 조직에서 종업원에 대한 가치로 받아들여지기 때문에 중요하다. 만일 어떤 종업원이 2만 달러의 연봉을 받고 다른 종업원은 10만 달러의 연봉을 받는다면, 후자의 종업원이 전자의 종업원보다 더 가치 있는 일을 한다는 것은 명백한 사실이다. 봉급은 또한 많은 사람들에게 그들의 직업적인 성공에 대한 간접적인 척도이기 때문에 역시 중요하다. 예를 들어, 어떤 사람은 40세 전에 10만 달러 이상의 봉급을 받는 것을 성공이라고 정의 내릴 수도 있다. 급여의 정보적 가치 및 실용적 가치를 고려할 때 급여가 종업원의 수행 및 유지와 연결되어 있음은 당연한 것이다(Stajkovic & Luthans, 1997, 2003).

보수가 종업원 동기에 중요하지만, 그것은 작업장에서 많은 동기 요소들 중 하나일 뿐이라는 것 또한 사실이다. 실제로 사람들에게 그들이 직업을 구할 때 가장 중요한 요소가 무엇이냐고 물으면, 보수는 '흥미로운 일을 할 기회'나 '그들의 능력을 활용할 기회'보다 더 낮은 순위를 차지하는 경향이 있다(Hugick & Leonard, 1991).

유인의 기제로서 보수는 매우 효과적일 수 있다. Gerhart와 Milkovich(1992)의 연구에 의하면, 조직이 유능한 종업원에게 높은 보수를 주는 전략을 적용했을 때가 그렇지 않았을 때보다 숙련된 종업원들의 관심을 끄는 데 더 성공적이다. 이유는 명백하다. 다른 모든 조건이 동일했을 때, 많은 지원자들은 보수가 좋은 조직을 고를 것이다. 게다가 많은 봉급을 주는 조직은 평판이 좋은 경향이 있다. 따라서 더 많은 지원자들이 그 조직에 흥미를 느낄 것이다(참고 10.2 참조).

뛰어난 인재를 유인하기 위해 높은 봉급을 지불하는 전략이 유용하지만, 이 전략은 조직에게 위험할 수도 있다. 높은 급여는 곧 고비용을 의미하기 때문에, 높은 급여로 고용된 사람들은 이 비용을 정당화하기 위해 반드시 높은 성과를 내야 한다(Lawler & Jenkins, 1992). 게다가 만약 동일한 업종 내에 있는 여러 조직이 이 전략을 채택한다면, 봉급은 일반적인 시장 원리(예 : 노동의 희소성)에 의해서 형성된 것보다 훨씬 더 높은 수준으로 올라가게 될 것이다. 이러한 현상은 봉급이 천문학적인 수치에까지 이르게 되었던 프로 스포츠의 예에서 찾아볼 수 있다. 수준급의 선수를 영입하기 위한 경쟁에서 열세에 있는 팀이 성공하기는 점점 더 어려워지고 있다. 또한 높은 급여를 주는 많은 팀들이 그동안 성공적이지만은 않았다는 것 또한 주목해야 한다(참고 10.3 참조).

참고 **10.2**

높은 임금을 지급하는 회사로 알려지는 것

보상에 관한 연구는 높은 임금을 지급한다고 알려진 조직이 그렇지 않은 다른 조직들과 비교해서, 직원을 모집할 때 더 성공적인 경향이 있다는 점을 증명하였다. 그러므로 조직이 다양한 모집 방법을 고려할 때 이 점을 지원자들에게 전달하는 것이 특히 중요하다. 제3장에서, 지원자는 소비자가 다양한 제품에 대해 판단을 하는 것과 동일한 방식으로 회사에 대한 판단을 한다고 설명했다. Lievens와 Highhouse(2003)는 회사가 광고나 다른 매체를 통해 스스로를 표현하는 방식은 그 회사가 직원을 모집하는 능력에 강력한 영향을 미친다고 강조했다. 높은 임금을 지급하는 회사로 알려지는 것은 회사 이미지의 중요한 측면인 것이다.

표면적으로 이러한 현상에 대한 이유는 명백하다. 어느 누가 높은 봉급을 원하지 않겠는가? 또한 높은 임금을 지급하는 것은 직원을 모집할 때 다른 이유로도 도움이 된다. 예를 들어 조직이 임금을 높게 준다는 사실은 잠재적인 직원들에게 그 조직은 '직원을 잘 돌봐 준다'는 뜻으로 여겨질 수 있으며, 그 조직에 대한 엘리트 이미지를 심어줄 수 있다. 많은 지원자의 흥미를 끌게 되면 조직은 선별적으로 직원을 선발할 수 있으며, 결국은 최고의 인재를

고용할 수 있게 된다.

그렇다면 왜 모든 조직이 임금을 높게 주는 전략을 시도하지 않는 것일까? 그 이유 중 하나는 단순히 조직이 그 비용을 지불하지 못하는 데 있다. 높은 임금을 지불하는 것은 비용이 많이 들고 이런 임금 관련 비용은 시간이 지날수록 증가하는 경향이 있다. 일반적으로, 오직 규모가 큰 기업과 그동안 크게 성공해 왔던 기업들만이 그처럼 높은 수준의 임금을 지불할 수 있다. 여러 기업이 이 전략을 선택하지 않는 또 다른 이유는 만약 같은 산업 분야에 있는 많은 조직들이 이 전략을 적용하게 되면 임금을 조절할 수 없게 된다는 점에 있다. 사실상 이 전략은 고용된 직원의 재능과 기술을 넘어서는 수준까지 임금을 올릴 수 있게 되어 버린다. 더욱이 조직이 모든 이에게 높은 보수를 지급할 경우, 직원들은 틀림없이 대부분 즉각적으로 조직에 기여할 것이고, 새로운 직원이 그들의 역할에 쉽게 적응하는 시간이 거의 없어지게 될 것이다.

출처 : Lievens, F., & Highhouse, S. (2003). A relation of instrumental and symbolic attributes to a company's attractiveness as an employer. *Personnel Psychology*, 56, 75 –102.

보수는 조직 내에서 수행이나 종업원 유지와 같은 행동을 촉진하는 기제로 자주 사용되어 왔다. 이것의 가장 흔한 예는 공식적인 수행 결과에 근거를 두고 종업원들의 연봉을 책정하는 **성과급**(merit pay) 방식이다(Lawler & Jenkins, 1992). 이상적인 성과급 제도에서는 가장 높은 수행을 하는 사람이 가장 높은 비율의 연봉 인상을 받게 된다. 조직에서 기대하는 것은 종업원들이 자신의 수행과 연봉 증가분이 서로 관련되어 있다고 생각하도록 만드는 것이다.

Lawler와 Jenkins(1992)에 의하면, 잘 설계되고 적절히 운영된 성과급 프로그램이 종업원들을 동기화하는 데 상당히 효과적일 수 있다는 많은 증거가 있다. 그러나 성과급 제도가 잘못 설계되거나 적절하지 못하게 운영되면 비효과적일 수도 있다. 보상에 관한 연구들은 보상 체계가 조직의 전략적인 목표를 뒷받침할 수 있도록 설계되어야 한다는 점을 강조해 왔다(Lawler & Jenkins, 1992; Wilson, 1995). 따라서 만일 조직의 전략이 고객서비스에 중점을 두고 있다면, 성과급 제도는 양질

돈으로 조직의 성공을 살 수 있는가?

높은 임금을 지급하는 것에 따르는 고비용의 문제 이외에도, 이 전략은 다른 이유로도 위험할 수 있다. 조직이 높은 임금을 지불하게 되면 그 비용을 정당화하기 위해 반드시 성공적인 수행을 이루어 내야 한다.

프로 스포츠 분야에서 봉급이 높아지면 성공이 진부한 것이 된다는 점을 고려할 때, 이것은 특히 의미 있는 이슈이다. 선수들에게 엄청나게 많은 봉급을 주는 팀이 덜 주는 팀보다 더 성공하는 것이 자원의 부족이나 단순히 높은 봉급을 주지 않기 때문일까? 이 가정을 지지하는 몇 개의 예가 있다. 메이저리그 야구에서 뉴욕 양키스는 전통적으로 높은 임금을 지불해 왔고 최근에 상당한 성공을 이루어 왔다. 프로 농구에서 시카고 불스는 그들의 팀에 가장 높은 임금을 지불받는 선수들(마이클 조던)이 있는 동안 꽤 성공적이었다.

한편 프로 스포츠 팀 중에는 성공하려고 이와 같은 방식을 시도했다가 실패한 눈에 띄는 예도 있다. 프로 야구에서 볼티모어 오리올스는 1999년에 자유계약 선수들에게 상당히 많은 돈을 지급했지만 결국 승률이 겨우 5할인 채로 시즌을 마감했다. 또한 앞의 제5장에서 Michael

Lewis(2004)가 언급했듯, 오클랜드 어슬레틱스의 총감독인 빌리 빈은 최고 연봉을 받는 선수들 없이도 오클랜드 어슬레틱스를 최고의 팀으로 이끌었다.

보다 최근의 흥미로운 예로는, 연초에 미국프로풋볼(NFL)에서 가장 높은 기본급으로 시작한 10팀의 성적을 설명해 볼 수 있다. 이 팀들 중 시애틀 시호크스(슈퍼볼 우승팀), 캔자스시티 치프스, 덴버 브롱코스는 1년 동안 우수한 성적으로 시즌을 마감했다. 한편 고임금을 지급하는 또 다른 팀들인 탬파베이 버커니어스, 휴스턴 텍슨스, 테네시 타이탄스 등은 다소 부진한 성적으로 시즌을 마감했다.

다른 조직들과 마찬가지로 프로 스포츠에서 많은 훌륭한 인재를 보유하고 있는 것도 필요하지만, 그들만으로는 항상 성공할 수는 없다. 따라서 조직은 인재를 얻는 일뿐 아니라 어떻게 그 인재들이 함께 톱니바퀴처럼 잘 맞물릴지, 그리고 인재들이 자신의 역량을 최고로 발휘할 수 있도록 어떻게 시스템을 설계해야 할 것인지를 함께 고려해 보아야 한다.

출처 : http://www.therichest.com/sports/footballsports/10-nfl-teams-with-the-highest-payrolls/

의 고객서비스를 제공하는 행동을 장려할 수 있어야 한다. 많은 조직에서 흔히 발생하는 문제는 성과급 제도에 의해 장려되는 행동이 정확히 어떤 것인지를 거의 생각하지 않고 성과급 제도를 운영할 때 발생한다.

수행에 기초한 성과급 제도가 적절하게 잘 운영되려면 다음의 세 가지 요소를 신중하게 고려해야 한다. 첫째, 효과적인 성과급 제도가 운영되기 위해서 조직은 반드시 종업원들 간 수행 수준의 차이를 정확하게 측정하고 이를 기록할 수 있어야 한다. 이것은 일부 기업에서는 가능한 일이지만, 직무특성이 다른 직무와의 협력이나 상호의존이 요구되는 경우에는 수행 수준의 차이를 정확히 측정하는 것이 거의 불가능하다. 만일 수행이 정확히 측정되지 않고 문서화될 수 없다면, 수행에 기초한 성과급 제도는 실패를 피할 수 없을 것이다. 실제로 수행은 정확하게 측정될 수 없기 때문에 종업원들은 성과급에 의한 결정들이 매우 자의적이라고 볼 것이며, 이로 인해 수행에 기초한 성과급 제도는 득보다는 실이 클 것이다.

둘째, 이 제도는 반드시 공정하게 운영되어야 한다. 즉 종업원들이 이 제도에 기초한 수행기반 성과급 의사결정이 타당하다고 믿을 수 있도록 해야 한다(Eskew & Hennenman, 1996; Scarpello & Jones, 1996). 이것은 첫 번째 관점과 관련이 있지만, 그 이상의 것을 의미한다. 공정성은 정확한 수행 평가를 반영해야 할 뿐만 아니라 성과급의 증가가 실제 수행 차이를 반영한다고 종업원들이 인식할 수 있어야 한다. 이러한 인식은 성과급 제도가 실제로 어떻게 운영되느냐 하는 것뿐만 아니라, 의사소통에 의해서도 상당 부분 달라진다. 조직이 종업원들에게 성과급에서 차이가 나는 이유를 정확하게 설명해 주지 못하는 경우에는 성과급 제도가 비효과적일 수 있다.

셋째, 성과급 제도가 수행을 동기화하기 위해서는 성과에 따른 급여 인상 금액이 종업원들에게 의미 있을 만큼 충분히 많아야 한다(Lawler & Jenkins, 1992). 무엇이 의미 있는 급여 인상인가는 다소 주관적이며, 이는 현재 인플레이션의 비율이나 다른 경쟁 기업의 보수와 같은 많은 요인에 따라 달라진다. 그러나 지난 20년 동안의 뚜렷한 경향은 조직이 실적에 따른 급여 인상 정도를 줄여 왔다는 것이다(Lawler & Jenkins, 1992). 즉 성과급 증가 금액이 종업원들에게 의미 있는 것이 되지 못하기 때문에 어떤 측면에서는 잘 설계된 성과급 제도조차도 종업원들의 수행에 대해 영향력을 갖지 못한다.

뿐만 아니라 Shaw, Duffy, Mitra, Lockhard, Bowler(2003)는 성과급 증가에 종업원들이 어떻게 반응하는지에서 긍정 정서성(positive affectivity)의 중요성을 조사하였다. 이들은 긍정 정서성이 높은 종업원들은 특히 보상에 민감하며, 보수의 소액 증가에도 긍정적으로 반응할 것이라 주장한다. 다른 한편으로, 긍정 정서성이 낮은 종업원들은 보상에 민감하지 않으며, 그러므로 긍정적 반응을 얻기 위해서는 성과급을 크게 증가시켜야 한다. 이러한 생각은 성과급의 증가 크기와 그에 대한 반응 간의 관계가 긍정 정서성이 높은 개인들에게 강하게 나타나지 않을 것이라는 가설로 정리된다. 이들은 대형 병원에서 다양한 종류의 직무 종사자들(예 : 외과의사, 관리자)을 대상으로 종단적 연구를 통해 이 가설을 검증하였다. 저자들은 시점 1과 시점 2 조건(4개월의 차이가 있었음)에서 성과급의 증가 크기를 객관적으로 측정할 수 있었다. 저자들은 이 연구를 통해 그들의 가설이 강하게 지지됨을 확인하였다. 긍정 정서성이 높은 종업원들에게는 성과급의 크기와 정서(얼마나 그들이 기뻐하는가) 및 행동(더 열심히 일하려는 의도) 반응 간에 관계가 나타나지 않았다. 즉 이들의 긍정 정서와 행동 반응은 성과급 크기와 관계가 없는 것으로 나타났다. 반면에 긍정 정서성이 낮은 종업원들에서는 성과급의 증가 크기와 정서 및 행동 반응 간에 강한 관계가 나타났다. 이러한 결과들은 동기적 인센티브에 대한 반응에서 성격의 역할을 고려하는 것이 매우 중요하다는 것을 말해 준다.

성과급의 대안 혹은 보완으로서 일부 기업들은 보상 체계를 '수행에 따른 보수' 혹은 인센티브(incentive) 제도로 전환했다(Chang, 2011; Conrad & Perry, 2009). 전형적인 인센티브 제도에서는 종업원의 보수가 계량화된 수행 수준과 직접적으로 연결된다. 과학적 관리 시대로 거슬러 올라가 보면, 인센티브의 가장 흔한 형태는 능률급(piece-rate)이다. 전형적인 능률급 제도에서는 종업원이 생산한 제품이나 부품 수에 비례해서 보수를 받는다. 능률급 제도에서는 또한 종업원이 매우 많은 양을 생산하면 보너스를 받을 수 있는 기회가 생기기도 한다. 인센티브 제도는 영업직에서 흔히 볼 수 있는데, 영원사원에게 지급되는 판매 수수료가 그 예이다.

보너스(bonus)는 종종 조직이 수행을 보수와 연결하기 위해 시도하는 또 다른 방법이다. 원칙적으로 보너스는 인센티브와 상당히 비슷하지만, 보너스는 생산량이나 판매량이 아닌 다른 기준에 근거하여 주어진다. 예를 들어, 한 관리자는 자기 부서에 할당된 목표를 달성한 정도에 따라 연간 보너스를 받을 수 있다. 또 다른 점은 일반적으로 인센티브는 매월 월급에 반영되어 지급되는 반면, 보너스는 연말에 일괄지급된다는 점이다.

성과급에 비해서 인센티브와 보너스는 보수의 크기가 수행 수준과 보다 더 밀접하게 연결되어 있다는 장점이 있다. 예를 들어, 부동산 중개인은 자신이 성사시킨 부동산 중개 건수에 따라 자기 보수가 달라진다는 것을 잘 알고 있다. 또한 연말에 특별 보너스를 받은 관리자는 왜 이 돈이 지급되었는지를 잘 알고 있다. 그러나 성과급의 경우에는 지불 시기 때문에 직원들이 자신의 수행 수준과 연봉 인상 간의 관련성을 인식하기가 어렵다. 인센티브와 보너스의 또 다른 장점은, 적어도 일시에 총액이 지불되는 보너스의 경우, 이 방식이 종업원에게 심리적으로 더 의미가 있다는 것이다. 예를 들어, 연봉의 5%가 인상되어 그것이 매월 나누어져 지급되는 경우에는 사소하게 느껴지거나 당연한 것으로 받아들여질 수 있다. 그러나 연봉의 5%가 일괄지급될 경우에는 종업원들의 관심을 더 끌어낼 수 있을 것이다.

인센티브와 보너스는 조직이 종업원들에게 지급하는 인건비와 그것에 대한 지불 능력을 계산하는 작업을 한결 쉽게 만들기 때문에 재정 운영 측면에서도 조직에 유리한 점이 있다(Lawler & Jenkins, 1992). 예를 들어, 인센티브와 보너스 제도하에서는 조직이 재정적으로 수익이 많이 날 때는 종업원들도 급여를 많이 받게 된다. 그러나 수익이 적은 기간 동안에는 인센티브와 보너스의 금액이 그에 따라 줄어들게 된다.

많은 연구에서 인센티브가 수행에 긍정적인 영향을 끼친다는 사실이 지지되었다. Jenkins, Mitra, Gupta, Shaw(1998)는 실험실과 현장에서 실행된 39개 연구들에 대한 메타 분석을 통해 인센티브와 수행의 양(quantity) 간의 교정 상관계수가 .34였음을 밝혀냈다. 그러나 금전적 인센티브는 수행의 질(quality)에는 아무런 영향을 끼치지 않았다. 또한 이 메타 분석에 따르면, 금전적 인센티브의 영향은 실험실 연구에서 더 크게 나타났고, 기대 이론이나 강화 이론에 기초한 연구들에서 더 크게 나타났다. 또한 금전적 인센티브는 다른 방법에 비해 종업원의 생산성을 증가시키는 효과적인 방법이라는 것이 입증되었다(Guzzo, Jette, & Katzell, 1985).

Peterson과 Luthans(2006)는 다양한 사업장에서 보너스와 같은 금전적 인센티브와 비금전적 인센티브의 영향을 조사하는 유사실험 연구를 수행하였다. 비금전적 인센티브에 관한 내용은 이 장의 다음 부분에 소개되어 있다. 금전적 인센티브 실험조건인 레스토랑의 종업원들은 구체적이고 객관적인 행동의 수행 정도에 따라 증가된 보너스를 받았다. 종업원들은 보너스 프로그램에 대해 교육받았고, 바람직한 행동을 함으로써 그들의 급여에 25~75달러 사이의 추가 보너스를 기대할 수 있음을 알게 되었다. 반면, 통제집단에 있는 레스토랑은 아무런 프로그램 교육을 받지 않았다. 연구자들은 이러한 보너스 프로그램 처치 전과 처치 이후 3, 6, 9개월의 총 4회에 걸쳐 수행을 여러 면에서 측정하였다. 수행은 레스토랑의 영업 이익, 주문 후 걸리는 평균 시간(고객만족의 중요 예측치), 종업원의 이직으로 측정되었다. 연구자들은 교육 프로그램 실시 전에는 금전적인 보너스를 받은 조건에 할당된 레스토랑들과 통제집단에 있는 레스토랑들의 수행 결과 간에 차이가 없다는 것을 발견하였다. 그러나 통제집단과 비교하여 금전적 인센티브를 받은 레스토랑들은 교육 프로그램 실시 이후 모든 시기에 높은 영업 이익, 빠른 주문시간, 그리고 낮은 이직률을 보였다. 이러한 결과는 적절한 금전적 인센티브가 수행에 강한 효과를 갖고 있다는 것을 보여 준다.

인센티브와 보너스의 긍정적 측면에도 불구하고, 종업원들의 수행을 동기화할 때 이러한 보상제도가 가지는 부정적인 측면 또한 분명히 있다. 모든 보너스나 인센티브 제도가 그런 것은 아니지만, 이 제도의 어떤 측면은 종업원과 경영자의 관계를 매우 적대적인 관계로 만들 수 있다. 역사적으로 볼 때 특히 능률급 보상 제도에서 이런 문제가 자주 발견되었다. 전형적인 능률급 제도에서 종업원들은 일정하게 정해진 기준량을 생산하도록 요구받고, 이 기준 이상을 생산했을 때 더 많은 보상을 받게 된다. 그러나 대부분의 경우 무엇이 적절한 기준인가에 대해 의견 불일치가 있을 수밖에 없고, 기준을 정하는 기간 동안에 종업원들은 의도적으로 생산량을 낮추기도 한다. 또한 경영진은 종업원들이 너무 많은 돈을 받는다고 판단되면 독단적으로 기준을 올려 버림으로써 이 문제를 악화시키기도 한다. 이렇게 되면 결국 생산성을 올리는 것에 초점이 맞추어지기보다는 인센티브 제도를 반대하는 것에 초점이 맞추어지게 된다.

조직 내에서 어떤 직무는 인센티브와 보너스 제도가 적용되는데, 다른 직무는 그렇지 않을 때에도 문제가 발생할 수 있다. 그러한 보상 제도의 적용을 받지 못하는 종업원은 보상 제도의 적용을 받는 종업원에 대해 적대적인 감정을 느낄 수도 있다. 또한 인센티브와 보너스 제도하에 있는 종업원이 다른 직무로 전환배치받을 때, 그 직무가 이런 보상 제도를 가지고 있지 않다면 그 직무로 옮기기를 꺼릴 것이다. 끝으로, 최근 Young, Beckman, Baker(2012)는 인센티브 프로그램에 대한 종업원들의 태도가 인센티브 프로그램의 효과성에 영향을 미칠 수 있음을 조사한 바 있다. 이들은 당뇨환자를 응대하는 의사들의 업무수행을 향상하기 위한 금전적 인센티브 프로그램을 받은 의사들을 대상으로 연구를 수행하였다. 연구자들은 이 인센티브 프로그램이 의사들의 수행을 향상하며, 나아가 이 수행의 향상은 인센티브 프로그램이 자신의 업무 자율성에 어떤 영향을 미치는지에 대해 보다 긍정적인 태도를 가지고 있는 의사들 사이에서 가장 크게 나타난다는 점을 발견하였다. 이 연구 결과는 인센티브 프로그램을 설계할 때에는 종업원들의 업무 자율성 지각 혹은 업무에 대한 긍정적인 측면을 약화시키지 않도록 주의해야 한다는 점을 강조하고 있다.

성과급, 인센티브, 보너스의 공통점 중 하나는 종업원 개개인의 수행에 기반을 두었다는 점이다. 그러나 오늘날 대다수의 조직은 종업원들이 자신의 개인 수행에만 관심을 갖기보다는 폭넓은 관점을 갖고 자신이 속한 작업집단이나 조직 전체의 성공을 위해 힘써 주길 원한다. 개인에 대한 보상과 조직 전체의 수행을 연결 짓는 가장 일반적인 방법은 흔히 ESOPs(employee stock ownership plans)라고 불리는 우리사주제도를 통한 것이다(Rosen, Klein, & Young, 1986). 주식의 소유권은 대개 경영진의 보수하고 연결되지만, 많은 조직은 이 보상 방법을 좀 더 넓게 사용한다. 아마도 이 정책의 가장 유명한 예는, 시급제 종업원도 언제든 회사의 주식을 구입할 수 있는 월마트일 것이다. UPS 또한 이 제도를 통해 종업원들의 동기를 높이고 있다(Soupata, 2005).

조직의 관점에서 볼 때, 종업원들이 주식 구입을 통해 주식 소유권을 공유하는 것은 많은 이점이 있다. 예를 들면, 조직이 재정적으로 잘 운용될 때 이는 능력 있는 종업원들을 끌어오는 최고의 방법이 될 수 있다. 또한 주식은 시간에 따라서 가치를 인정받기 때문에, 종업원들이 짧은 기간만 일을 하고 조직을 떠난다면 그들은 재정적 손실을 입게 된다. 그러므로 주식소유권은 종업원을 유지하는 강력한 수단이 될 수 있다. 또한 주식소유권은 종업원들이 '회사의 주인'이 되도록 독려함으로써 회사에 대해 긍정적인 태도와 책임감을 갖도록 촉진할 수 있다(Klein, 1987). 마지막으로, 순수하게 재정적인 관점에서도 종업원들이 주식을 소유하는 것은 조직에 있어 자본을 늘리고, 더 큰 조직이나 투자자로부터의 적대적인 인수합병을 피할 수 있는 좋은 방법이 되기 때문에 조직에 유익하다(Lawler & Jenkins, 1992).

Hallock, Salazar, Venneman(2004)은 ESOP가 결근과 이직을 줄이고 종업원 생산성, 기업 수익성, 기업 주식가치를 높이는 데 관련이 있다는 연구들을 분석하였다. 그들은 ESOP가 수행의 효과적인 동기요인이 되기 위해서는 종업원들이 그들의 개인적 수행과 조직의 주가수익성 간의 연관성을 알아야만 한다고 주장한다. Hallock과 그의 동료들(2004)은 미국의 트럭운송업 종사자들을 대상으로 ESOP와 종업원 만족의 결정요인을 검증하였다. 그들은 ESOP와 만족의 첫 번째 예측변인은 종업원들의 주가수익성에 대한 지각된 영향력, 의사결정에 대한 지각된 영향력 및 연령이라는 것을 발견하였다. 종업원들은 자신의 노력이 기업의 주가수익성에 영향을 미칠 때, 자신이 직무환경이나 상급자들과 관련된 다양한 결정에 영향을 미칠 때 이 프로그램에 가장 만족하였고, 또한 종업원의 나이가 많을수록 프로그램에 대한 만족도는 증가하였다.

ESOP가 종업원들의 수행과 관련된다고 증명되기는 하였지만, 종업원의 수행과 그 결과물 간에 명확한 연계가 확인된 다른 금전적 인센티브(Kraizberg, Tziner, & Weisberg, 2002 참조)와 비교해 볼 때 ESOP가 종업원들을 동기화하는 정도는 상대적으로 미미한 편이다. 고위직 임원들에게는 예외지만, 대부분의 종업원들은 그들의 업무수행 정도와 조직의 주가 간에 강한 관계를 인식하지 못한다. 금융시장에서 주가변동성이 증가하고 있는 최근에 와서는 더욱 그렇다. 게다가 대부분의 ESOP 제도에서 참여는 개개인의 수행에 기반을 두지 않는다. 회사의 주식 지분을 구입하기 위해 종업원들에게 요구되는 기준은 오직 일정한 재직기간(예 : 6개월)뿐인 것이다.

또한 조직은 초과이익배분제(profit-sharing) 또는 생산성향상배분제(gain-sharing)를 통해 종업원들의 수행을 동기화하고자 한다. Florkowski(1987)에 따르면, 전형적인 초과이익배분제에서 조직은 달성하기를 바라는 목표 이익률을 명시한다. 회사의 이익이 이 목표를 초과하면 그 초과된 이익률을 종업원들에게 배분한다. 예를 들어, 조직이 5%의 목표 이익률을 설정했는데 실제 7%의 이익률이 났다면, 추가 2%는 종업원들에게 배분된다. 이런 초과이익배분제는 종업원들 개인 간의 경쟁을 감소시키고 협력을 향상하는 잠재력을 가지고 있다. 이 제도하에 있는 종업원들은 서로 경쟁에서 이기려고 노력하기보다는, 전체로서 조직의 이익을 위해 함께 일함으로써 더 많은 이익을 달성하고자 한다. 또한 ESOP와 마찬가지로 초과이익배분제는 유능한 인재를 유인하고 유지하는 데 도움을 줄 것이다. 비록 초과이익배분제를 평가한 연구들이 많지는 않지만, 이 제도가 조직의 생산성 증가 및 종업원의 긍정적 태도 등과 같은 긍정적인 결과와 관련이 있다는 증거가 있다(Florkowski, 1987; Florkowski & Schuster, 1992).

그러나 초과이익배분제는 개개인의 수행에 대한 강력한 동기요인은 아니다. ESOP의 경우처럼, 대부분의 종업원들은 그들의 수행과 조직의 수익성 간의 연관성을 직접적으로 인식하기 힘들다. 초과이익배분제를 부서별 혹은 사업단위별 이익을 기준으로 함으로써 이런 문제들을 해결할 수 있기는 하지만, 이것이 항상 행해질 수 있는 것은 아니다. 종업원들에게 동기를 부여하기 위해 초과이익배분제를 사용할 때 생기는 또 다른 문제는, 초과이익배분이 1년에 한 번 혹은 두 번 정도 이루어진다는 점이다. 따라서 종업원이 자신의 수행과 조직의 수익성 간의 연관성을 발견하더라도 수행과 초과이익배분 발생 시점 간의 시간적 지체 때문에 이 제도가 개개인의 수행에 큰 동기적인 영향력을 갖기에는 어려움이 따른다.

생산성향상배분제는 전체 조직의 수행에 따라 보수의 일정 부분을 분배한다는 점에서는 초과이익배분제와 비슷하다. 그러나 Lawler와 Jenkins(1992)에 의하면 이 두 가지는 다음 두 가지 측면에서 다르다. 첫째, 생산성향상배분제에 의해 종업원들에게 제공되는 보수는 이익보다는 비용절감에 의한 것이다. 예를 들어, 조직은 과거의 데이터를 고려하여 불량품 생산 때문에 발생하는 전체 비용의 10%를 절감하는 것을 생산성 향상 목표로 정할 수 있다. 정해진 10% 목표를 달성한 후 추가적으로 발생하는 비용절감 부분은 종업원들에게 돌아가게 된다.

둘째, 생산성향상배분제는 포괄적인 조직 변화 프로그램의 일환인 데 반해 초과이익배분제는 엄밀히 말하자면 임금 지불 방식에만 관련된 제도이다. 즉 생산성향상배분제는 비용절감이라는 생산성 향상이 목표이고, 이 비용절감은 전형적으로 조직 내 여러 계층의 종업원들 모두의 노력이 절대적으로 필요한 조직 변화 프로그램을 통해서만 이루어질 수 있다.

생산성향상배분제의 효과에 관한 증거는 긍정적이다(예 : Hatcher & Ross, 1991; Petty, Singleton, & Connell, 1992). 구체적으로, 이 제도는 상당한 비용절감 효과를 보여 주었고, 종업원들의 태도에도 긍정적인 영향을 미쳤다. 주가나 이익률에서의 효과와는 반대로, 종업원들은 그들의 행동과 비용절감 사이의 연관관계를 더 쉽게 인식할 수 있다. 또한 초과이익배분제와 비교해 볼 때, 생산성향상배분제는 경영 가치에서 보다 근본적인 변화를 가져오기 때문에 생산성향상배분제에서 일하는 종업원들은 그들의 작업환경의 많은 측면이 개선된다는 것을 알게 된다.

몇몇 사례에서 나타나는 생산성향상배분제가 잠재적으로 갖고 있는 단점 중 하나는 조직이 비용절감의 기준을 설정하는 것이 어렵다는 점이다. 예를 들어, 조직이 생긴 지 얼마 안 되었거나 축적된 주요 데이터가 없다면, 비용절감 기준은 종업원들에 의해 임의로 정해질 수밖에 없다. 이런 사례에서는 이 제도가 가져다주는 이익보다 손해가 더 많다. 생산성향상배분제는 비용절감 기준이 객관적으로 설정된 경우에만 제 기능을 할 수 있다. 기준이 제멋대로 정해진다면 종업원들에게 반감만 사게 될 것이다.

지금까지 살펴본 유형적 보상은 종업원들에게 직접적으로 현금이 주어지는 형태였다. 그러나 유형적 보상의 모든 형태가 직접적인 현금 지급을 포함하는 것은 아니다. **복리후생**(fringe benefits)이 그 대표적인 예이다. 고용주에 의해 제공되는 전형적인 복리후생에는 건강 및 치과보험, 생명보험, 연금 등이 포함된다. 어떤 회사는 실업수당, 퇴직수당 및 자녀 학자금 지원 등도 제공한다.

불행히도, 복리후생의 동기적 영향에 대해 행해진 연구는 매우 드물다. 또, 어떤 연구들은 복리후생의 동기적 영향이 상당히 적다고 제안한다. 대부분의 종업원들은 그들 조직의 복리후생 프로그램에 대해 잘 모르고 있으며(Milkovich & Newman, 1990), 복리후생의 금전적 가치를 과소평가한다(Wilson, Northcraft, & Neale, 1985). 이런 면에서 복리후생이 큰 동기적 가치를 갖는다고 추정하기는 힘들다.

그러나 복리후생은 종업원들을 유인하고 유지시키는 데 긍정적인 영향을 미친다(Gerhart & Milkovich, 1992). 예를 들어, 의료비용으로 많은 돈을 지출하고 있는 종업원에게 조직이 제공하고 있는 의료보험 혜택은 중요한 재정적인 의미를 가질 수 있다. 따라서 조직이 제공하는 의료보험 혜택이 매우 우수할 경우, 그 조직은 종업원을 모집할 때 경쟁 우위를 가지며, 급여 면에서도 제법 경쟁력이 있게 된다. 이것은 퇴직금과 연금제도에서도 마찬가지다(Weathington & Reddock, 2011).

종업원 유지의 측면에서는 연금제도의 효과가 가장 강력한데, 이는 재직기간이 길수록 연금 혜택이 많아지기 때문이다. 그러나 연금 프로그램에 투입한 매몰비용(sunk cost) 때문에 종업원들을 회사에 남아 있게 하려는 조직의 시도가 과연 효과적인가에 대해서는 한번 생각해 봐야 한다. 이런 제도는 종업원들을 유지시키는 데는 기여하겠지만, 그런 이유로 조직에 남아 있는 직원들이 높은 생산성을 보이거나 특별히 동기화되어 있지는 않다(Meyer & Allen, 1997).

현금이 아닌 또 다른 유형적 보상은 **특전**(perks)으로 흔히 알려진 종업원 **특혜**(perquisites)가 있다. 조직에 의해 제공되는 특혜의 형태는 매우 다양하며, 주로 종업원들의 직책에 따라 다르다. 레스토랑의 종업원들에게 제공되는 식사비 할인 및 무료 유니폼이 그 예이다. 대부분의 소매점에서는 종업원들에게 특별히 할인된 가격으로 상품을 제공한다. 한편 임원들에게는 훨씬 더 많은 특혜가 제공된다. 예를 들어, 임원들이 골프 클럽 멤버십을 갖고 있거나, 회사 소유의 리조트를 무료로 이용하거나, 업무상 오고갈 때 회사 전용 비행기를 이용하는 것 등은 흔한 일이다. 조직은 최근 세법에서의 변화 때문에 임원에게 제공하는 특혜를 줄여 가고 있지만, 여전히 대부분의 임원들은 조직에서 많은 특혜를 받고 있다(참고 10.4 참조).

복리후생과 마찬가지로, 조직 내 종업원들에게 주어지는 특혜가 가지는 영향력에 관한 연구는 거의 이루어지지 않았다. 대부분의 종업원에게는 특혜가 그들의 보수에서 차지하는 비율이 상대적으로 적기 때문에 종업원의 일상적 수행에 특혜가 유의미한 영향을 끼칠 가능성은 낮다. 게다가 대

참고 10.4

임원의 특혜 : 높은 위치에서의 삶은 좋다

특혜는 종업원들이 그들의 봉급과 복리후생 이외에 추가적으로 받는 특별한 혜택이다. 대부분의 종업원들에게 특혜는 그들의 전체적인 보상에 비해 상대적으로 적거나 중요하지 않게 나타난다. 그러나 높은 직급의 임원들에게 있어 특혜는 전체 보상 중 중요한 부분으로 나타나며 꽤 후할 수 있다. 임원들에게 공통적으로 제공되는 혜택으로는 차와 기사, 컨트리클럽 멤버십, 회사가 소유한 별장 이용권, 일등석 여행 특권, 그리고 분리된 식당 시설 등이 있다. 많은 조직에서 최고 임원들은 거의 왕족처럼 대우받는다.

그러나 최근 미국에 있는 조직들은 임원들에게 주는 혜택을 다소 줄였다. 이러한 이유 중 하나는 1990년대 중반에 국세청이 일부 특혜도 임원들에게는 수입의 한 형태이므로 이에 대한 세금을 내도록 하는 법률을 제정했기 때문이다. 또 다른 이유는 점점 더 많은 조직들이 모든 종업원이 동등하게 대우받는 평등한 환경을 만들려고 노력하

고 있기 때문이다. 오직 임원들에게만 많은 특혜를 주는 것은 조직 내에서 지위 차이를 강조하는 것으로 비춰질 수 있고, 이는 평등주의 철학에 반하는 일이다. 마지막으로, 임원들의 보상에 대한 대중의 분노는 조직이 임원들에게 주는 혜택에 대하여 다소 신중해지도록 만들었다.

이러한 축소에도 불구하고, 특혜는 여전히 대부분의 조직에서 임원들에게 매우 충분한 정도로 제공되고 있다. 가장 최근에 있었던 이런 특혜에 대한 설명은 포브스 매거진의 Daniel Fisher에 의해 잘 묘사되고 있다. 그 가운데 예를 들어 보자면, 호화로운 관광용 목장 정기 방문권, 회사 제트기 개인 이용권, 고급 회사 승용차 및 기사 등이 제공되고 있다는 점이다.

출처 : http://www.forbes.com/sites/danielfisher/2012/06/27/the-most-outrageous-executive-perks/

부분의 산업에서 종업원들에게 제공된 특혜의 종류는 매우 기본적인 것들이다. 그러나 종업원들의 지위가 높을 경우, 특히 회사가 그들의 능력을 필요로 할 경우는 다르다. 예를 들어, 경쟁사에서 임원을 영입하려 할 때 조직은 '달콤한 거래'로서 여러 가지 특전을 제시하기도 한다.

무형적 보상

조직은 종종 돈이나 복리후생과 같은 유형적 보상을 종업원들에게 부여하지만 이러한 유형적 보상은 조직이 종업원들의 행동에 영향을 미치기 위해 사용하는 보상 중에서 단지 작은 부분만 차지할 뿐이다. 많은 조직은 무형적 보상을 통해 종업원들의 수행을 장려한다. **무형적 보상**이란 종업원들이 재정적인 또는 물질적인 이득이라고 여기지 않는 보상으로 정의된다. 비록 재정적인 보상처럼 아주 강력하진 않지만 무형적 보상은 조직에서 자주 사용되며, 많은 경우 종업원들은 이 무형적 보상을 가치 있게 여긴다. 무형적 보상은 제9장에서 다룬 많은 동기 이론들과도 관련된다. 행동적 접근법에서는 강화의 원천으로 쓰이기도 하고, 소속감과 능력에 대한 종업원의 욕구를 만족시키며, 또한 자신의 일에 대한 자율성을 촉진하기도 한다.

인정(recognition)과 포상(award)의 결합은 조직에서 가장 일반적으로 사용하는 무형적 보상의 형태 중 하나이다. 회사의 관점에서는 유형적 보상을 제공하면 인정과 포상은 당연히 따라오는 것이라고 볼 수도 있지만, 종업원들에게는 때로는 유형적 보상보다 인정이나 감사패를 받는 것이 더 큰 의미가 있다. 예를 들어, 많은 조직은 종업원이 오랫동안 회사에 봉사한 것에 대해 그 노고를 공식적으로 치하하거나, 또는 승진과 같은 지위상의 변화를 통해서 종업원들이 성취해 온 것을 인정하고 있다. 또한 창의적인 업무절차나 원가절감 방법을 고안해 내는 것과 같은 업무 관련 특정 성취에 대해 상패를 수여할 수 있다.

인정과 포상을 가장 많이 사용하는 조직으로 미국 군대를 꼽을 수 있다. 군대는 우수한 훈련생에게 수여하는 상부터 높은 용기와 자기희생을 치하하고자 부여하는 명예의 훈장까지 위계적으로 구조화된 일련의 포상 체계를 가지고 있다. 이러한 포상이 우수한 수행을 치하하는 데 일관되게 쓰인다면, 이는 극한의 스트레스 상황하에 있는 군인들의 행동을 동기화하는 효과적 요인이 될 것이다. Thomas와 Castro(2003)는 포상과 인정의 공정한 분배가 군인들의 동기화, 유지, 그리고 수행에 미치는 영향에 대해 연구했다. 또, Britt, Dickinson, Moore, Castro, Adler(2007)는 코소보의 평화유지 임무를 맡고 있는 군인들의 사기에 대한 예측변인으로서 직무수행에 대한 인정의 영향력을 검증하였다. 연구자들은 군인들이 그들의 기여가 인정받고 있다고 느낄 때, 임무수행 시 더 높은 수준의 사기를 보인다는 점을 발견했다. 임무수행 동안 이와 같이 높아진 군인들의 사기는 해당 임무가 종료되고 몇 개월 후에 진행된 다른 임무에서도 유지되는 효과가 있었다. 한편 군대에서의 포상과 인정의 신중한 활용은 군인들의 동기를 유지할 수 있게 하지만, 만일 포상이 수행과 연관성을 갖지 못할 때는 동기에 부정적 영향을 끼칠 수도 있다(Thomas & Castro, 2003 참조).

자주 사용되는 또 다른 무형적 보상으로 칭찬(praise)이 있다. 예를 들어, 상급자는 하급자가 할당된 업무를 잘 수행했을 때 그에게 말로 칭찬을 해 줄 수 있다. 칭찬의 사용은 종업원의 행동에 큰 영향을 미칠 수 있다. 왜냐하면 직속상사의 칭찬은 강화의 가치를 가지고 있으며(Latham & Huber, 1992), 종업원 스스로의 유능감을 강화할 수 있기 때문이다(Bandura, 1986). 한편 이와 같은 상사의 칭찬은 적절한 시기와 진실성이 중요하게 고려되어야 한다. 칭찬은 바람직한 행동 후 바로 이루어져야 가장 큰 영향을 미칠 수 있다. 만약 상사가 6개월 전에 작성된 보고서에 대해 부하직원을 칭찬한다면, 이것은 종업원에게 거의 어떤 영향도 줄 수 없다. 보고서가 작성된 바로 다음 날 상사가 부하직원을 칭찬한다면 의심할 여지 없이 대단히 큰 효과를 가지게 될 것이다.

또한 종업원이 상사의 칭찬이 진실된 것이라고 생각할 때 칭찬은 훨씬 더 큰 효과가 있다. 칭찬의 진실성을 결정하는 많은 요소가 있지만, 이 중에서도 다음 두 가지 요소가 특히 중요하다. 첫 번째로 칭찬의 빈도이다. 만약 상사가 부하직원을 끊임없이 칭찬한다면 시간이 지날수록 칭찬이 갖는 동기부여의 가치는 감소할 것이다. 반대로 상사가 부하직원을 거의 칭찬하지 않는 경우라면, 부하직원은 칭찬을 받았을 때 그 칭찬에 대해 강한 의심을 하게 될 것이다. 그러므로 칭찬이 효과적인 영향을 미치기 위해서, 상사는 칭찬을 남발하는 것과 너무 드물게 하는 것 사이에서 적절한 균형을 맞추도록 노력해야 한다.

이와 관련해, 칭찬을 받기 위해 성취되어야 하는 수행 수준 역시 중요한 고려사항이 되어야 한다. 만약 상사가 부하직원의 하찮은 업무수행에도 칭찬을 남발한다면, 실제 높은 수준의 수행이 성취되었을 때 부하직원이 받게 되는 칭찬의 가치는 감소할 것이다. 또한 부하직원이 스스로 통제할 수 있는 행동들에 대해서 칭찬이 이루어졌을 때 그 칭찬은 보다 효과적일 것이다(Koestner, Zuckerman, & Olsson, 1990). 예를 들어, 종업원들 스스로가 통제할 수 없는 것에 대한 칭찬이 이루어졌을 때, 그 칭찬은 부하직원들에게 거의 영향을 미치지 못한다.

앞에서 유형적 보상을 설명할 때, 레스토랑에서의 수행에 대한 금전적 인센티브의 효과를 검증한 Peterson과 Luthans(2006)의 연구를 소개한 바 있다. 이들은 또한 이 연구에서 피드백과 사회적 인정과 같은 비금전적 인센티브가 수행에 미치는 효과를 검증하였다. 특히 이들은 관리자들이 종업원 수행에 대한 피드백을 할 수 있게끔 하기 위해, 관리자들로 하여금 종업원들의 주요 수행 측정치(주문에 걸리는 평균 시간, 계산 실수)를 평가하는 차트를 개발하도록 하였다. 그다음, 사회적 인정을 위해서 관리자들은 종업원이 수행 표준을 달성하거나 능가했을 때 그들을 칭찬하도록 교육을 받았다. 또, 관리자들은 종업원이 집단 목표를 달성했을 때 자신이 얼마나 기쁜가에 대해 긍정적으로 기재한 메모를 매주 각 종업원들에게 주도록 지시받았다.

어떤 교육도 받지 않은 통제집단의 레스토랑과 비교하여, 관리자가 인정과 칭찬에 대한 교육을 받은 레스토랑은 교육을 받은 후 6개월, 9개월 뒤에 더 높은 영업 이익, 더 빠른 주문, 그리고 종업원 이직률의 감소를 보였다. 금전적 인센티브와 비금전적 인센티브의 효과를 비교했을 때, 교육 후 6개월, 9개월이 지난 시점에서의 전체 영업 이익과 주문 시간에는 차이가 없었다. 또한 둘 다 수행에서 동등한 향상을 보였다. 그러나 직원 유지 측면에서 금전적 인센티브는 비금전적 인센티브에 비해 보다 더 강한 긍정적인 효과를 나타냈다.

종업원들의 동기를 유발하는 데 이용되는 또 다른 무형의 보상으로 조직은 종종 **지위상징**(status symbol)을 이용한다. 지위상징은 조직이 종업원들의 가치를 요약적으로 드러내는 방식이다. 전형적으로 지위상징은 개인 사무실의 규모나 위치, 매력적으로 들리는 직함 등을 의미하며, 어떤 경우에는 개인의 전용 주차 공간 등을 포함하기도 한다. 불행하게도 이러한 지위상징이 종업원의 행동에 미치는 영향에 대한 연구는 아직 부족한 상태이다. 한편 혹자는 이러한 지위상징이 직원의 행동에 별다른 영향을 미치지 못한다고 가정하기도 한다. 대부분의 사람들은 처음에는 자신에게 주어진 지위상징에 감사해할지 몰라도 점차 당연시하는 경향이 있다. 또, 이 지위상징은 종종 다른 유형적 보상과 연계되기도 한다.

마지막으로, 조직이 종업원의 행동에 영향을 줄 수 있는 무형의 보상에는 종업원에게 부여하는 **재량권 및 자율성의 증가**가 있다. 종업원이 자신의 일에 능숙하고 그들이 믿을 만한 존재임을 입증하게 되면, 상사는 그들에게 더 많은 재량권 및 자율성을 부여할 것이다(Spector, Dwyer, & Jex, 1988). 이런 재량권 및 자율성 부여는 여러 가지 방법으로 나타날 수 있다. 예를 들어 상사는 종업원에게 그들이 수행하는 업무에 대해 폭넓은 재량권을 부여한다거나, 그들이 일하고 싶은 시간대를 선택하게 하거나, 심지어는 집에서 업무를 하도록 할 수도 있다. 비록 상사들은 이러한 재량권과 자율성을 보상으로 보지 않을 수도 있지만, 종업원에게는 이것이 보상으로 여겨질 가능성이 크다.

재량권과 자율성을 증가시킴으로써 얻는 최대 이점 중 하나는 종업원의 직무만족이 향상되고 업무 스트레스가 감소된다는 점이다(예 : Fried & Ferris, 1987; Spector, 1986). 또한 비록 이에 대한 실증적 연구가 부족하기는 하지만, 이것이 조직 내 수행과 종업원의 유지를 향상할 가능성이 높다. 재량권과 자율성을 인정하는 것은 특히 종업원이 높은 능력과 동기를 보일 때 업무수행에 매우 긍정적인 효과를 미칠 것이다. 재량권과 자율성을 증가시키는 것은 이런 종업원들이 자신의 최대 잠재력을 발휘할 수 있도록 해 준다.

재량권과 자율성은 종업원을 유지하는 데도 도움을 준다. 재량권과 자율성은 종업원들이 지금까지 조직에서 일하면서 인정받아 온 자신의 능력과 조직에 대한 충성에 대한 특혜이다. 그러므로 종업원이 현재의 조직을 떠나 새로운 조직으로 이직할 경우, 전에 있던 조직에서 부여받았던 정도의 재량권과 자율성을 처음부터 보장받지는 못할 것이다. 따라서 종업원이 자신의 직무에서 부여받게 되는 재량권과 자율성은 다른 곳으로의 이직을 차단하는 역할을 할 수 있다. 대학의 교수들이 기업체나 정부에 소속되어 월급을 더 받는 경력을 추구하는 것보다, 대학에 계속 남으려 하는 이유 중 하나도 바로 여기에 있다. 사람들은 그들의 업무에서 많은 양의 자율성을 경험하게 되면, 심지어 다른 곳에서 더 많은 보수를 받게 된다고 하더라도 쉽게 이직을 결정하지는 못한다.

경영진에 대한 보상

이제까지 우리는 조직이 종업원의 행동에 영향을 주기 위해 사용하는 주요 보상 수단에 대해 알아보았다. 이러한 보상은 임원을 포함한 경영진의 행동에 영향을 미칠 때도 똑같이 적용될 수 있다. 하지만 경영진에 대한 보상은 여러 가지 측면에서 다르다. 그중 한 가지는 다른 종업원들과 비교했을 때 경영진에 대한 보상은 그 양부터 다르다. 물론 경영진의 보상 수준은 조직에 따라 다양하기는 하지만, 사기업 내 경영진에 대한 전체 보상이 연간 수백만 달러 이상이라는 것은 전혀 이상한 것이 아니다(Crystal, 1995; O'Reilly & Main, 2007).

보상의 양이라는 순수한 차이 이외에 또 다른 차이는 경영진에 대한 보상은 다른 종업원들에 비해 조직의 성과에 따라 더 많은 영향을 받는다는 점이다. 사실 경영진들은 총보상의 50%나 그 이상을 보너스나 스톡옵션으로 받는다. 보너스는 회사의 수익성에 따라 결정되는데, 경영진의 보너스나 스톡옵션 수익이 많아지려면 회사가 제대로 운영되어야만 한다. 따라서 다른 종업원들에 비해 경영진의 보상은 상당 부분 회사가 제대로 운영되지 않으면 위험을 감수해야 한다(Gomez-Mejia, 1994).

경영진이 받는 높은 보상이 과연 그만한 가치가 있는지에 대해 많은 의문이 제기되고 있다(예 : O'Reilly & Main, 2007; Pepper, Gore, & Crossman, 2013). 경영진에 대한 고액연봉에 찬성하는 주장은 대개 두 가지 사실에 근거한다 : (1) 인력시장에서 우수한 능력을 가진 경영진의 공급이 상대적으로 부족하다, (2) 경영진의 결정은 조직과 주주들에게 엄청난 금전적 영향을 준다.

한편 경영진을 위한 보상 정도가 경영진이 조직의 효과성에 기여하는 정도보다 훨씬 높고 너무 과도하게 부풀려져 있다는 논쟁도 제기되고 있다(Barkema & Gomez-Mejia, 1998). 이러한 논쟁에 따르면, 경영진의 직무능력은 희소한 것이긴 하지만 현재 받고 있는 보상만큼 희소가치가 있지는 않다. 예를 들어, 프로 운동선수들의 연봉이 지나치게 많은 것으로 보일 수도 있지만, 그들이 가진 능력은 경영진들이 가진 능력보다 훨씬 더 희소할 것이다. 예를 들어, 르브론 제임스의 농구 기술이나 미구엘 카브레라의 야구 기술은 마이클 아이스너(디즈니사의 CEO)의 관리 능력과 비교해 보면 훨씬 더 희소하다.

경영진에 대한 보상이 다른 종업원에 대한 보상과 분리되어 따로 다루어지는 또 다른 이유는 같은 조직에서도 경영진의 보상 수준을 결정하는 과정은 다른 종업원들의 보상을 결정하는 과정과 상당히 다르기 때문이다. Crystal(1995)에 따르면, 높은 수준의 경영진 보상 내용은 경영진과 조직 이 사회에 있는 보상위원회 간의 합의에 의해서 결정된다. 이 합의 과정은 유사한 다른 조직에 고용된 경영진의 보상 수준과 비슷한 수준인지를 결정하기 위해 외부 보상 컨설턴트의 도움을 받는다.

이러한 경영진에 대한 보상 수준 결정과정을 고려해 볼 때, 경영진이 이런 보상 결정과정에서 두드러지는 이익을 가지게 되는 이유가 있다. 조직 이사회의 구성원들은 조직의 경영진으로서 동일한 사회계층 집단에 속해 있는 사람들이기도 하다. 이러한 동질성은 위원회 구성원들이 경영진에게 유리한 쪽으로 판단하도록 작용할 것이다. 대다수 위원회 구성원들의 보상 역시 이와 유사한 방식으로 결정되었기 때문에, 당연히 그들과 비슷한 수준의 동료가 보상을 잘 받도록 하는 데 관심을 갖게 된다. 그래서 대부분의 이사회 구성원들은 공정한 수준의 보상이 무엇인지에 대해 객관적으로 판단할 수 없을 것이다. 그러나 흥미롭게도 최근 연구는 이사회 위원들과 경영진 보상 사이에는 관계가 없음을 보여 주었다(Daily, Johnson, Ellstrand, & Dalton, 1998). 이 연구자들은 이해관계자들의 압력이 경영진의 급여에 영향을 미치는 것이라고 설명하였다.

경영진들에게 우호적인 보상이 제공되는 또 다른 이유는 보상 컨설턴트를 고용하기 때문이다. 앞에서 언급했던 것처럼, 보상 컨설턴트의 역할은 일반적으로 경영진의 보상을 유사한 업종의 다른 경영진들의 보상과 비슷한 수준으로 맞추는 것이다. 표면적으로는 보상 컨설턴트가 전 과정 중 가장 객관적인 참여자로 보일 수 있다. 하지만 보상 컨설턴트는 경영진과 위원회가 기대하는 보상 수준에 맞춰서 제안할 수밖에 없다는 것을 명심해야 한다. 보상 컨설턴트들이 경영진에게 유리한 보상 내용을 제공하지 않으면 다음 해에 컨설턴트로서 계약하는 것이 불가능할 수 있기 때문이다 (Crystal, 1995).

조직심리학 내에서 경영진 보상에 대한 연구는 일관된 결과가 보고되고 있기는 하나, 비교적 최근에 시작된 연구 영역이다. 예를 들어, 경영진 보상의 정도와 조직의 수행 간에는 미미한 관련성만이 있음이 지속적으로 발견되고 있다(Finkelstein & Hambrick, 1988; Gerhart & Milkovich, 1990; O'Reilly & Main, 2007). 이러한 결과는 경영진에게 엄청난 보상을 제공했다는 사실에 비추어 볼 때 다소 당혹스러운 것이다. 그러나 이 결과는 경영진 급여를 조사하는 데 범위의 제한에 의한 인위적인 통계 결과일 수도 있다. 혹은 물론 경영진이 중요하기는 하나, 그들의 활동이 조직의 성공에 기여하는 여러 요인 중 하나로만 다루어졌기 때문일 수도 있다. 예를 들어, 최고 경영진이 좋은 전략적 결정을 내리더라도 이러한 결정을 높은 수익성으로 바꿀 수 있는 조직의 능력이 부족해서 성공하지 못할 수도 있다. 또한 조직은 경기변동, 정부정책 변화, 소비자의 선호 변화 등 경영진이 통제할 수 없는 외부적 영향을 받기도 한다.

경영진의 보상에 대한 또 다른 연구 흐름은 경영진 보상에 관련한 다양한 결정요소를 확인하는 것에 있다. 이런 연구 흐름 속에서 지속적으로 입증되고 있는 한 가지 발견은 경영진에 대한 보상이 조직의 크기와 정적으로 관련이 있다는 것이다(Finkelstein & Hambrick, 1988; Gomez-Mejia, 1994;

Gomez-Mejia & Welbourne, 1989). 큰 조직일수록 더 많은 금전적 자원을 가지고 있기 때문에 작은 조직에 비해서 더 높은 급여를 제공할 수 있다. 또한 경영진이 조직에서 가지는 의사결정에 대한 재량권에 따라 경영진에 대한 급여가 달라진다는 점 역시 발견되었다(Finkelstein & Boyd, 1998). 경영진이 의사결정에서 재량권이 클수록 조직의 성과에 (정적이든 부적이든) 더 많은 영향을 미칠 것이라는 것을 고려해 보면 위와 같은 발견은 타당하다는 것을 알 수 있다.

최근에 Wasserman(2006)은 벤처회사의 경영진을 대상으로 금전적 보상의 차이점에 대해 설립자이면서 경영진인 경우와 설립자가 아니면서 경영진인 경우를 비교 조사하였다. 대부분의 이전 연구들은 대리인 이론(agency theory)에 중점을 두었는데, 경영진이 대리인인 경우에는 조직과 구성원 간에 이해관계가 나뉠 때 조직의 편에서 일하기 때문에 그 대가로 많은 보상을 받게 된다. 대리인 이론은 기업의 생존과 이익에 필연적인 이해관계가 없는 전문 경영인들에게 더 적절하게 적용된다. 인센티브 시스템이 정말로 경영진들의 동기를 장기적으로 상승시키느냐에 대한 의문 때문에 최근 대리인 이론의 연구 결과는 비판을 받아 오고 있다(Pepper et al., 2013; Shen, Gentry, & Tosi, 2010).

반면에 헌신 이론(stewardship theory)은 경영진들이 자기 이익보다는 조직의 성공을 위해 더 동기화되는 경향을 말한다. Wasserman(2006)에 따르면, 조직의 설립자들은 조직에 자신의 모든 것을 쏟아붓는 경향이 있으며, 따라서 조직의 효과성을 극대화하고자 하는 동기적 측면에서 그들은 보다 적은 금전적 보상을 요구한다. 즉 설립자들은 그들의 조직이 성공하는 것을 보면서 **정신적 보상**을 더 키울 것이라고 저자는 주장한다. 대리인 이론 대 헌신 이론의 기저에 있는 동기적 차이는 제9장의 자기결정 이론의 맥락에서 통제화된 동기와 자율적 동기 간의 차이와 유사하다.

Wasserman(2006)은 528개 사기업 1,238명의 경영진을 대상으로 연봉(보너스 포함)에 대한 예측 변인을 조사하는 연구를 하였다. 그의 주요 가설은 다음과 같다. 설립자들은 비설립자들보다 적은 금전적 보상을 받을 것이다, 종업원 수와 경영진의 연봉 수준은 정적으로 관련되어 있을 것이다, 종업원 수와 연봉 간의 관계는 설립자들보다 비설립자들에서 더 강한 상관을 보일 것이라는 것이다. 마지막 가설의 논리는 설립자의 헌신 동기 때문이며, 그들은 종업원을 늘리는 것과 같은 요인들 때문에 더 많은 보상을 요구하지는 않을 것이라는 것이다. Wasserman의 가설은 지지되었다. 평균적으로 설립자들은 비설립자들보다 25,000달러를 덜 받았다. 기업의 종업원 수는 경영진의 연봉과 정적 상관이 있었다. 마지막으로, 종업원 수와 연봉 간의 관계는 설립자들보다 비설립자들에게서 더 강하게 나타났다. 이러한 결과는 높은 수준의 급여를 받는 경영진들에게 몰입과 책임감의 심리적 동기요인들은 금전적 동기에 대한 요구를 감소시킬 수 있음을 시사한다.

경영진의 보상이 직원들의 행동에 끼치는 영향을 살펴보자. 경영진의 보상은 조직으로 사람들을 유인하는 데 매우 효과적이다. 사실 그러한 보상 없이는 대부분의 조직은 뛰어난 능력의 경영진을 찾기 힘들다. 매력적인 경영진 보상은 경영진들이 조직에 남아 있게 하는 것과도 관련이 높다. 조직에 대한 경영진들의 기여를 유지하기 위해서라도 조직은 경영진들에게 적절한 보상을 제공해야 한다. 그러나 보상 체계는 경영진 유지에 효과적일 수 있는 방향으로 구조화될 수 있다. 예를 들어 경영진에게 스톡옵션(stock option)을 제공할 때, 이사회에서 경영진이 그 주식을 팔기 전에 일정 기간 이상 보유할 것을 명시할 수 있다(Crystal, 1995). 따라서 이사회는 스톡옵션이 이행되기까지 일정 기간을 명시함으로써 경영진을 그 기간 동안 남아 있도록 유도할 수 있다.

이사회가 경영진을 유지하는 또 다른 방법은 소위 '황금 낙하산'(일정 기간 조직에 남아 있을 경우의 특별 연금 수당)을 주는 것이다. 대부분의 재직 기간에는 연금 프로그램이 있지만, 경영진의 경우 보상금이 워낙 많기 때문에 조직에 남아 있는 것만으로 수백만 달러의 연금 이득을 얻을 수도 있다. 그러나 어떤 경영진들은 경쟁 회사의 제안이 더 매력적이라면 연금수익을 잃더라도 크게 신경 쓰지 않을 수 있다.

마지막으로, 경영진에 대한 보상이 성과에 영향을 미치는지에 대해서는 앞에서 기술했던 바와 같이 경영진의 보상 정도와 조직의 성과는 미약한 상관관계를 보였다. 그러나 많은 요인이 조직 수행에 영향을 미치기 때문에 보상이 경영진을 동기부여한다는 점은 여전히 가능성이 있다. 경영진 보상 패키지는 전형적으로 스톡옵션에 많이 치중되고, 이런 패키지는 경영진이 주가를 올리는 방향으로 의사결정을 하도록 촉진할 것이다. 그러나 이런 방식에는 수익을 증대시켜서 주가를 올리는 것이 아니라 종업원들을 해고하거나 편법적인 합병으로 주가를 올리는 위험성도 존재할 수 있다.

더불어 학자들은 경영진의 보상에 대한 문화적 차이에 대해서도 다루고 있다. 참고 10.5는 문화에 따른 가치관이 경영진들의 보상에 대한 변수들과 관련이 있는지 탐구한 Tosi와 Greckhamer (2004)의 연구 요약을 담고 있다.

직무설계를 통한 동기부여

보상 체계가 직원의 행동에 영향을 주는 주된 수단이기는 하지만 조직은 또한 직무설계 과정을 통해 종업원에게 동기를 부여하려고 한다. 즉 조직은 높은 조직몰입과 동기부여를 가능하게 하도록 종업원의 직무를 설계하고, 부서 또는 전체 조직의 구조까지 설계하려고 시도한다. 이 장에서는 조직에서 동기부여를 위해 사용하는 종업원의 직무에 초점을 맞추고자 한다. 좀 더 광범위한 내용은 추후에 제13장에서 다룰 것이다. 직무설계를 통한 동기부여의 증대를 논의하는 데 제9장에서 거론된 여러 이론들이 적용될 것이다. 직무기반 이론은 동기부여를 최대화하기 위하여 어떻게 하면 직무를 가장 잘 설계할 수 있는가를 강조하는 중요한 접근이다. 그러나 자기결정 이론에 따르면 직무에서 개인의 가치관이나 자율성을 강조함으로써 직무를 재설계하는 과정에서 종업원이 갖고 있는 욕구를 고려하는 것이 중요함을 일깨워 준다.

참고 10.5

비교 문화적 연구 결과 : 경영진 보상의 문화 차이

연구자들은 대부분의 경영진 보상에 대한 연구가 개인주의 성향이 강한 미국 내에서 실시되었다는 사실에 주목하였다. Tosi와 Greckhamer(2004)는 23개국의 경영진 보상 체계(총봉급, 전체 보상에서 보너스와 인센티브가 차지하는 비율, 경영진과 말단직원의 봉급 비율) 등을 5년간 관찰했고 각 국가에 대한 권력거리, 개인주의-집단주의, 불확실성 회피, 남성성 점수 또한 측정하였다.

여러 가지 국가 차원의 변수들을 통제한 후, 저자들은 경영진들의 총봉급이 개인주의와 권력거리에 정적으로 연관되어 있다는 사실을 발견하였다. 변동 급여와 총봉급의 비율 역시 개인주의와 권력거리에 정적으로 연관되어 있었으나, 불확실성 회피와는 부적 상관을 보였다. 한편

경영진과 말단직원의 봉급 비율은 권력거리 및 남성성과 정적 상관을 보였다.

이런 결과를 통해 저자들은 경영진에 대한 보상이 문화적 가치에 의해 부분적으로 영향을 받는다고 주장하였다. 예를 들어, 성취를 높이 사는 국가는 개인주의적 성향을 나타냄에 따라 경영진의 보상이 더 크다는 사실은 당연한 결과이다. 반면, 위험 감수를 싫어하는 국가는 불확실성을 피하려고 하기 때문에 예측 불가능하게 변동하는 보너스와 장기적 인센티브와 같은 요인에 영향을 받는 경영진의 총급여가 상대적으로 적게 나타나고 있다.

출처 : Tosi, H. L., & Greckhamer, T. (2004). Culture and CEO compensation. *Organization Science*, 15, 657-670.

직무설계의 역사

Moorhead와 Griffin(1998)에 따르면, 19세기 이전에는 대부분의 국가가 농경사회였다. 가족들이 농사를 짓고 대부분 자급자족을 했다. 이러한 자급자족 모델은 점차 가내수공업으로 대체되기 시작했다. 특히 사람들은 점차 식량생산을 감소시키고, 식량과 교환할 수 있는 재화(옷이나 가구 등)를 생산하는 데 집중했다. 마침내 이 수공업 모델은 더 광범위한 분업으로 바뀌었다. 예를 들면, 옷을 생산할 때 사람들은 천을 짜는 일과 바느질, 재단 등을 분업화하기 시작한 것이다.

직무설계에 가장 큰 영향을 끼친 사건은 1700년대 후반과 1800년대 초반 유럽을 휩쓸고, 1800년대 후반에는 미국에까지 전파된 산업혁명이었다. 산업혁명으로 초래된 직무 분화는 Adam Smith와 Charles Babbage 같은 사람들에 의해 체계적으로 연구되기 시작했다. 그들의 연구는 궁극적으로 조립 라인의 발달을 이끌어 냈고, 결국 Taylor가 과학적 관리(scientific management) 체제를 도입할 수 있도록 하였다. 독자들도 기억하겠지만, 과학적 관리에서 사용된 주된 동기화 기제는 보상이었다. 종업원은 자신의 생산량에 기초해서 급여를 받는 능률급 체계에서 일을 했다. 또한 과학적 관리에서 직무설계는 직원 동기부여 과정의 핵심이었다. 직무가 종업원들의 효율성을 극대화하는 방향으로 설계될수록 종업원들은 더 많이 생산하고 따라서 더 높은 임금을 받을 수 있었다.

과학적 관리에 대한 노동자들의 불만족은 직무설계에 대한 인간관계(human relations) 학파의 접근을 가져왔다. 인간관계 접근에 따르면 업무는 종업원들이 자신의 노력을 들이고 능력과 기술을

최대한 극대화할 수 있는 기회를 제공하도록 설계되어야 한다. 이 접근의 주요 가정은 사람들은 돈을 벌기 위해서만이 아니라, 지적인 자극과 창조적 표현과 같은 보다 내적인 이유 때문에 일을 한다는 것이다. 비록 인간관계 이론에 근거한 많은 직무설계 프로그램들이 있지만, 이 프로그램들이 공통적으로 추구하는 것은 직무가 더 재미있고 직원들에게 더 많은 직무 관련 의사결정권을 주는 방향으로 설계되어야 한다는 것이다.

인간관계 접근이 주목을 끈 이후, 직무설계 접근들은 이 기본 접근을 더욱 다듬는 것에 초점을 두었다. 제9장에서 확인하였듯이 Hackman과 Oldham(1980)의 직무특성 모델은 직무설계에 더 많은 구체성을 제공하였고, 직무 진단 서베이와 같은 직무의 동기적 특성을 진단하는 도구를 제공했다. 또한 Campion의 직무설계에 대한 다학문적 접근은 조직심리학과 다른 분야로부터 온 직무설계에 대한 접근을 융합하고 있다. 이제 직무설계에 대한 구체적인 접근법들을 살펴보자.

인본주의적 직무설계

인본주의적 직무설계의 가장 간단한 형태 중 하나는 **직무순환**(job rotation)이다. 직무순환에서는 직무의 실질적 내용은 변하지 않는다. 그러나 종업원은 주기적으로 다른 업무에서 순환 근무를 할 수 있다. 직무순환을 하는 기본적인 이유는 종업원에게 더 큰 다양성과 새로운 기술을 배울 수 있는 기회를 제공하기 때문이다. 비록 직무순환이 몇 가지 긍정적인 결과를 보여 주었고, 여전히 사용되고 있기는 하지만(Campion, Cheraskin, & Stevens, 1994), 종업원의 직무 내용은 실제로 바뀌지는 않는다. 이런 유형의 직무설계는 시간이 지남에 따라 지루해질 수 있는 단순한 직무에 가장 효과적일 수 있다. 그 예로 놀이동산에서는 지루함을 예방하고 업무에 대한 집중을 유지하기 위해 종업원들을 한 놀이기구에서 다른 놀이기구로 자주 교체시킨다.

직무설계에 대한 두 번째 접근은 인본주의적 원리에서 유래한 **직무확충**(job enrichment)이다. 직무확충이라는 용어는 Frederick Herzberg가 처음 도입하였고, '동기요인(motivator)'으로 불리는 직무특성을 확충해 주는 것을 말한다(제9장의 동기-위생 이론 참조). 동기요인은 근로자들이 의사결정을 통제할 수 있는 정도, 직무 자체가 갖는 지적인 도전의 수준, 직무를 수행할 때 직원이 사용할 수 있는 창의성의 수준과 같은 직무 내용과 관련이 있다. 직무확충은 더 많은 동기요인들을 직무에 넣어 줌으로써 종업원들이 더욱 동기화되도록 하는 것을 의미한다.

직무확충에 사용되는 주된 기제는 수직적 **직무부하**(vertical job loading)로서, 이는 종업원에게 수행해야 할 더 많은 과업을 주고 그 일을 해결하는 데 필요한 더 많은 재량과 결정권을 주는 것을 의미한다. 예를 들어, 청소부의 업무에서 청소부 자신이 청소 업무를 스스로 계획하고 새로운 청소도구에 대한 주문을 책임지도록 한다. 이런 식으로 이전에는 감독자들이 했던 임무에 대한 책임을 직원이 지도록 과업을 수직적으로 추가시키면서 직무 내용을 바꿔 주는 것이다.

Herzberg의 직무확충 원리에 근거한 직무설계를 평가한 경험적 연구는 거의 없지만, 이 접근법이 성공적으로 실행된 몇 가지 사례는 있다. 예를 들어 Ford(1973)는 AT&T의 사무직에서 직무확충을 실시한 결과, 효율성이 증가하고 이직률이 감소하는 긍정적인 결과를 보고하였다. 텍사스 인스트루먼트 또한 청소부 업무에서 직무확충을 실시하여 많은 성공을 거두었다(Weed, 1971). 마지막으로, Campion과 McClelland(1991)는 직원들에게 더 많은 책임감을 부여하는 직무확충은 긍정적인 동기부여를 가져온다는 결과를 보고하였다.

하지만 초기의 모든 직무확충 사례가 성공적인 것은 아니었다(Griffin & McMahan, 1994). 그 이유 중 하나는 초기 직무확충 프로그램은 모든 사람이 직무확충을 통해서 동기부여될 것이라는 가정하에 이루어졌기 때문이다. 사람들은 여러 가지 측면에서 동일하지 않기 때문에 이것은 다소 미숙한 가정이었음이 드러났다. 초기의 직무확충은 동기를 증진하기에는 다소 협소하고 부정확한 직무설계 방법이었다. 비록 수직적 과업 추가가 일부 사례에서는 유의미했지만, 동기를 높이도록 직무를 변화시키는 데는 여러 가지 다른 방법이 있을 수 있다. 직무설계 방식에 대한 보다 진전된 이후의 접근들은 대부분 직무확충에 대한 이 두 가지 비판에 대한 대안으로 등장한 것이다.

직무설계에 대한 직무특성적 접근

제9장에서 살펴보았듯이, Hackman과 Oldham(1980)의 직무특성 이론은 먼저 직무가 기술 다양성, 과제정체성, 과제 중요성, 자율성, 피드백 등의 핵심 직무 차원들로 구성된다고 가정한다. 또한 종업원이 수행하는 직무에 이런 핵심 차원들이 많이 포함될수록 사람들은 자기 직무를 심리적으로 의미 있게 여기고, 자신의 일에 대해 책임감을 느끼며, 직무수행의 결과를 잘 인식하는 경향이 있다. 사람들이 이와 같은 긍정적인 심리적 단계를 경험하게 되면 많은 긍정적 효과가 나타나는데, 그중 하나가 높은 내적 동기이다. Hackman과 Oldham은 이 모델이 성장욕구 강도가 높은 사람들에게만 적용 가능하다고 제안하였다. 보다 최근에는 급여, 작업조건 등 업무환경에 대한 만족도 또한 중요한 조절변수라는 제안이 나왔다. 25년이 넘는 기간 동안 직무특성 이론은 조직에서 직무설계를 위한 많은 이론적 기초를 제공해 왔다. 직무특성 이론의 이러한 측면에 대해 잠시 살펴보도록 하겠다.

제9장에서는 핵심 직무 차원들이 직원들의 동기, 건강, 수행과 어떤 상관이 있는지 확인하기 위해 직무특성 이론의 핵심적 측면을 다뤘다. 제9장에서는 또한 직무에서 보다 자율적으로 임하는 직원이 환경에 의해 통제된다고 느끼는 직원보다 더 높은 수준의 동기와 수행을 보여 줄 것이라고 기대하는 조직심리학에서의 최근 자기결정 이론의 적용에 대해 다뤘다. 최근 연구는 직원의 수행을 예측하는 데 이 두 가지 모델의 역량이 결합된 효과에 대해 탐구하였다.

Dysvik과 Kuvaas(2011)는 비록 학자들이 직무 자율성이 직원들의 내적 동기를 자극하므로 더 높은 수행과 연관이 있을 것이라는 사실을 강조하고 있지만, 내적 동기를 직무의 자율성과 수행의 관계에 대한 조절변수로서는 고려하지 않았다는 사실에 주목했다. 저자들은 내적 동기가 높은 사람들은 내적 동기가 낮은 사람들에 비해 그들의 업무에 더 몰입할 것이고(Gagné & Deci, 2005), 따라서 내적 동기가 높은 직원들은 직무에서 그들이 원하는 만큼의 자율성이 확보되었을 때 더 나은 수행을 보일 것이라고 주장하였다. Dysvik과 Kuvaas(2011)는 직무 자율성에 대한 지각과 자기 보고 직무 수행(연구 1), 직무 자율성에 대한 지각과 상사가 평가한 직무수행(연구 2) 사이의 관계를 내적 동기 수준이 조절하는 것을 발견하였다. 두 연구의 저자들 모두 직무 자율성과 작업수행의 질 간의 관계는 내적 동기의 수준이 높다고 보고한 직원들 사이에서 더 높게 나타나는 것을 발견하였다.

Hackman과 Oldham(1980)에 따르면, 모든 잠재적인 직무 재설계에서 중요한 첫 단계는 조직 내에서 목표가 되는 직무를 우선 진단하는 일이다. 다행히도, 직무특성 이론을 개발하면서 Hackman과 Oldham은 이론의 각 요소를 측정할 수 있는 **직무 진단 서베이**(job diagnostic survey, JDS) 또한 개발했다. 직무 진단 서베이는 오랫동안 정교하게 다듬어져 온, 상당히 훌륭한 심리측정 도구이다.

예비 진단에서 살펴봐야 할 가장 중요한 점은 다섯 가지 핵심 직무 차원의 측정 패턴이다. 예를 들어, 비슷한 사무직 지위를 가진 근로자 집단에게 직무 진단 서베이를 실시했다고 가정해 보자. 결과의 유형은 〈그림 10.2〉와 비슷하다. 여기서 우리가 보는 JDS 점수는 상당히 높은 수준의 과제 중요성, 기술 다양성, 피드백을 반영한다. 그러나 이 직무를 수행하는 종업원들이 느끼는 자율성과 과제정체성 정도는 부족하다. 사무직에서 재직자가 일을 어떻게 하는가에 대한 자율성이 없다는 것은 이상할 것이 없으며, 낮은 과제정체성은 종업원들이 아주 제한된 방식으로 조직의 목표에 기여하고 있음을 나타낸다.

진단을 실시하고 직무가 어떻게 변할지에 대한 방향성을 가졌으면, Hackman과 Oldham(1980)이 추천하는 다음 단계는 직무 재설계의 실행 가능성을 평가하는 것이다. 많은 요인이 실행 가능성에 영향을 주지만, 진단해야 할 일반적 범주는 종업원과 조직 시스템이다. 종업원의 경우, 종업원들이 그들의 직무가 재설계되는 것을 원하는지의 여부이다. 또한 직무 재설계는 종업원의 기술 수준 향상을 요구하는 경우가 많으므로 종업원의 기술 수준이 반드시 고려되어야 한다(예 : Campion & McClelland, 1991). 만약 종업원들이 직무 재설계를 원하지 않거나 매우 제한된 기술밖에 보유하지 않았다면 직무 재설계는 성공하기 어려울 것이다.

직무 재설계를 할 것인지에 대한 결정에 영향을 미치는 조직 요인은 종업원 노조의 존재, 조직의 보편적인 경영철학, 예상되는 직무 재설계의 비용 등이다. 노조의 존재가 직무 재설계를 할 수 없다는 것을 의미하지는 않지만, 종업원들이 수행하는 직무 내용의 변경이 노조의 단체 협상 내용에 포함되어 있는 경우에는 직무 재설계가 협상 결과에 따라 좌우될 수밖에 없다. 따라서 조직이 직무 재설계를 시도하고자 할 때, 노조는 이를 급여 인상 없이 일을 더 시키려는 시도라고 볼 수도 있다.

직무 재설계는 종종 종업원에게 직무를 수행하는 데 더 큰 자율권을 부여하는 것을 의미하기 때

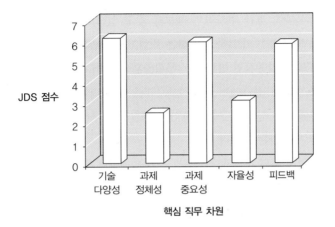

그림 10.2 핵심 직무 차원의 JDS 점수 프로파일 예시

문에 현재 그 조직의 관리 방식이나 통제 시스템이 어떠한가도 중요한 변수가 된다. 즉 직무 재설계는 관리자나 상사가 그들의 권한을 부하들에게 어느 정도 위임할 것을 요구하기 때문에, 만일 현재의 경영철학이나 관리 방식이 매우 권위주의적이라면 대부분의 직무 재설계는 제대로 기능할 수 없을 것이다. 따라서 직무 재설계가 효과적이기 위해서는 현재의 조직 문화가 권한위임을 부정적인 것으로 여기도록 해서는 안 된다.

직무 재설계는 비용 부담을 많이 초래할 수도 있다. 직무 재설계는 종종 외부 컨설턴트를 필요로 하고, 새로운 기술과 업무 방법으로 훈련된 종업원을 요구하며, 직무의 내용을 변화시키는 일을 수반한다. 따라서 조직이 직무를 재설계하기 위해서 그들의 생산과정 혹은 기술을 완전히 재설계해야만 한다면 그 비용은 엄청나게 많이 들 것이다.

여러 조건이 직무 재설계를 시도하는 데 호의적이라고 평가된다면 그다음 중요한 문제는 이 변화를 어떻게 실행하는가이다. 단순히 직무 재설계를 명령하는 것도 가능하지만, 일반적으로 직무 재설계 과정에서 주요 **이해관계자**인 조직 구성원들을 참여시키는 것이 좋다. 이해관계자는 직무 재설계에 의해 영향을 받을 수 있는 사람들로서, 가장 일차적인 이해관계자는 아무래도 직무 재설계로 인해 직무 관련 활동이 변하게 될 종업원들이다. 그 외의 다른 이해관계자들은 관리자, 노동조합 대표자 및 종업원들과 정기적으로 상호작용해야 하는 모든 사람이다. 이해관계자들을 참여시키는 데 기준이 되는 방법은 없지만, 일반적인 방법은 주요 이해관계자들로 구성된 일시적인 위원회나 프로젝트 팀을 만드는 것이다.

주요 이해관계자들의 협조가 있다는 전제하에 다음 단계는 구체적으로 어떻게 직무를 변화시킬 것인지 결정하는 것이다. 구체적인 변화의 내용은 초기의 진단 결과에 따라 이루어져야 한다. 직무분석과 같은 직무에 대한 추가적인 정보를 갖고 있으면 더욱 도움이 된다. Hackman과 Oldham(1980)에 따르면, 직무는 개선하고자 하는 핵심 직무 차원에 따라 여러 가지 방법으로 재설계될 수 있다. 직무 변화의 일반적인 방법은 직무확충의 원리에 기반한 수직적 **직무부하**이다. 직무 재설계를 위한 직무특성 이론 접근에서 수직적으로 과업을 추가하는 것은 본질적으로 Herzberg의 접근과 비슷하다. 직원들은 자신의 직무를 어떻게 수행할지에 대해 더 많은 과제와, 더 높은 수준의 통제력 및 재량권을 받게 된다는 것이다.

직무특성 이론을 기억해 보면 수직적 직무부하는 종업원들에게 더 높은 수준의 재량권을 부여하기 때문에 일반적으로 자율성의 증가에 가장 큰 영향을 주지만, 거의 모든 핵심 직무 차원에 영향을 줄 수 있다. 즉 이런 방법은 잠재적으로 다른 핵심 영역인 기술 다양성, 과제정체성, 과제 중요성에도 긍정적인 영향을 줄 수 있다. 예를 들어, 직무에서 더 많은 통제력을 갖게 되면 이전에 사용하지 않았던 기술을 사용해야 하기 때문에 기술 다양성이 향상된다. 수직적 직무부하는 종업원에게 작은 부분이 아니라 과제 전체를 완수하도록 하기 때문에 과제정체성 또한 향상될 수 있다. 과제가 수직적으로 추가되면 종업원들은 자신이 수행하고 있는 과제의 중요성을 더 쉽게 알 수 있기 때문에 과제 중요성도 강화될 수 있다.

직무특성 이론에 기반한 또 다른 직무설계 방법은 **과제결합**(combining tasks)이다. 이 방법은 작고, 분화된 과제를 결합하여 큰 업무단위에 넣는 것이다. 예를 들어, 주로 워드 프로세싱을 포함하는 직무를 수행하는 사무직원은 서류 정리와 전화 응대가 추가될 수 있다. 과제결합은 종업원이 다양한 기술을 필요로 하는 다양한 과제를 수행하기 때문에 핵심 직무 차원의 기술 다양성에 보다 큰 영향을 준다. 그러나 과제결합이 종업원에게 더욱 통합된 경험을 의미한다면, 과제결합은 과제정체성에도 영향을 미칠 수 있다.

직무특성 이론에 기초한 세 번째 방법은 **자연적 업무단위 형성**(forming natural work units)이다. 이는 과제결합과 비슷하나, 실제적으로 상당히 다르게 운영된다. 자연적 업무단위 형성은 직원들에게 논리적으로 확인 가능한 업무에 대해 책임을 부여하는 것을 말한다. 예를 들어, 한 보험회사는 손해 사정인의 직무를 재설계하여 닥치는 대로 클레임을 맡아 처리하는 대신, 각각의 손해 사정인이 특정 집단 고객들의 클레임에 대해 책임업무를 가질 수 있도록 했다. 이런 종류의 직무 변화는 직무에 대해 보다 높은 수준의 과제정체성을 갖도록 한다. 자연적 업무단위가 형성되면 직원들이 '처음부터 끝까지' 직무를 완수하고, 직무를 통합된 전체로서 보기 쉽기 때문이다. 이 방식은 또한 자연스럽게 통합된 업무를 수행함으로써 직원들이 조직의 전체적인 미션에 그들의 일이 어떻게 작용하는지 이해하기 쉽기 때문에, 즉 직원들이 '큰 그림'을 보는 데 도움을 주기 때문에 과제 중요성을 증가시킬 수 있다.

직무 재설계의 네 번째 방식은 **고객관계 확립**(establishing client relationships)이다. 이것은 단순히 직무를 수행하는 개인이 내부나 외부 고객들과 직접적으로 관계를 확립하도록 하는 것을 말한다. 한 제조회사는 완성된 제품에 전화번호를 붙여서 이러한 방법을 사용한다. 즉 제품에 문제가 생기면 고객이 제품을 생산한 개인 혹은 팀에 직접 연락을 취할 수 있게 하는 것이다. 종업원의 관점에서 이 방법은 직무에 자영업 같은 느낌을 어느 정도 줌으로써 자율성을 높일 수 있다. 또한 이 방법은 고객과 직면할 때 필요한 기술이 직무수행에서 요구되는 기술과 다를 수 있기 때문에 기술 다양성을 높일 수 있다. 또한 고객과의 관계를 확립하는 것은 모든 직무에서 보다 나은 수준의 피드백을 제공하는 훌륭한 방법이다.

또한 고객과 직원을 직접 연결시키는 것은 종업원이 자신의 직무가 타인에게 끼치는 긍정적인 효과를 파악할 수 있는 환경을 제공할 수 있다. 제9장에서 논의한 바와 같이, Grant와 그의 동료들은 최근에 종업원들이 다른 사람에게 미치는 긍정적인 효과가 동기유발을 지속하며 수행의 증가를 이끈다는 것을 강조하는 모델을 개발하였다(Grant, 2007; Grant et al., 2007). Grant는 종업원들에게 자신의 직무가 갖고 있는 긍정적인 효과에 대한 인식을 증진하는 직무설계 방식을 관계적 직무설계(relational job design)로 정의하고, 그러한 방식이 수행과 지속성을 강화한다는 증거를 제시하였다. Grant와 동료들(2007)은 발전기금 모금 부서의 종업원들에 대해 종단적인 연구를 수행했다. 관계적 직무설계 처치조건의 종업원들은 모금된 발전기금으로 장학금을 수혜받은 학생들과 직접 전화통화를 하였다. 두 번째 조건의 종업원들은 직접적인 전화통화 대신에 처치조건에서의 통화 내용과 기본적으로 유사한 감사의 편지를 학생들로부터 전달받았다(통제집단 1). 세 번째 집단에서는 종업원들이 학생들과 어떤 소통도 갖지 않았다(통제조건 2). 한 달 후, 잠재적인 기부자와의 전화통화 시간 및 기부액 증가에서의 변화가 분석되었고, 놀라운 결과가 발견되었다. 학생들과 직접 소통한 처치조건 종업원들의 통화 시간은 142% 증가하였고, 모금액은 171% 증가하였다. 그러나 두 통제집단에서는 증가를 보이지 않았다. 동기와 수행에 관한 관계적인 직무설계의 장점들은 앞으로 계속 연구될 것이다.

직무특성 이론에 기반한 마지막 방법은 **피드백 경로 개방**(opening feedback channels)이다. 이것은 직원들이 자신의 수행에 대한 피드백을 받을 수 있는 기회를 제공하기 위한 직무 재설계를 말한다. 제조업에서 이 방법은 종업원에게 정기적으로 품질관리 자료에 접근할 수 있도록 하는 것을 의미하기도 한다. 또한 종업원에게 직접적으로 피드백을 주기 위해 상사가 종업원에게 피드백을 주는 간접적인 피드백을 없앨 수도 있다. 즉 이 방식은 핵심 직무 차원의 피드백 차원을 재설계해 주는 것이다.

Hackman과 Oldham(1980)은 직무특성 이론에 기초한 직무 재설계의 성공적인 실행을 보여 주는 여러 연구 결과를 보고했으며, 그 외의 연구들도 여러 해 동안 출판되었다(예 : Griffin, 1991; Griffin & McMahan, 1994; Parker & Wall, 1998). 일반적으로 직무특성 이론에 기초한 직무 재설계는 직무만족을 증가시키는 확고한 효과를 보여 주고 있지만 직무 재설계가 실제 직무수행에 미치는 영향력은 시간이 필요하다. 예를 들어, Griffin(1991)이 은행 직원들의 직무 재설계를 조사한 결과, 직무 재설계 직후에는 수행이 오히려 낮아지는 것을 발견했다. 그러나 시간이 지나면서 수행은 이전 수준보다 더 나아졌다. 이 결과는 종업원들이 재설계된 직무를 습득하는 데 시간이 필요하고, 직무 재설계는 수행을 증가시킬 수 있다는 것을 시사한다.

이런 성공적인 사례도 있지만, Hackman과 Oldham(1980)은 직무특성 이론에 기반한 직무 재설계가 성공하지 못한 사례(예 : Frank & Hackman, 1975) 또한 언급했다. 직무 재설계가 실패한 데는 수많은 이유가 있지만 몇 가지 공통점이 있다. 예를 들어, 조직은 때때로 직무 재설계의 복잡한 효과를 예상 못하는 경우가 있다. 일반적으로 이런 잘못은 직무 재설계 시 나타날 수 있는 '물결 효과(ripple effect)'를 예측하지 못해서 생기게 된다. 예를 들어 종업원의 직무가 수직적으로 증가되면 이전에 상사들이 가지고 있었던 많은 결정권이 종업원에게로 이양되는데, 만약 상사가 직무 재설계 시작 시점에서 이를 알지 못했다면 그들은 결국 협조적이지 않을 것이고, 이것이 물결처럼 계속적으로 직무 재설계의 효과를 방해하게 된다.

직무 재설계가 어려운 두 번째 이유는 조직이 필요한 사전 준비 작업을 하지 못했기 때문이다. 예를 들어, 적절한 직무 진단을 하지 않았거나, 종업원이 직무 재설계를 원하지 않는 경우, 직무 재설계를 시도한다면 그 효과가 나타나지 않게 된다. 또한 조직은 직무 재설계 과정에서 핵심 이해관계자들을 포함시키지 못했을 수도 있다. 예를 들어, 조직이 노조의 의견을 참고하지 않고 직무를 재설계하고자 시도한다면 재설계는 성공하지 못할 확률이 높다.

직무설계에 대한 다학문적 접근

Hackman과 Oldham(1980)의 직무특성 이론에 비해 비교적 최근에 개발된 다학문적 접근은 많은 응용연구가 행해지지 않았지만, 이 접근법은 조직에서 성공적으로 사용될 수 있다. 직무설계가 다학문적 접근에 의해서 진행될 때 첫 번째로 할 일은 재설계를 고려하고 있는 직무에 대한 철저한 진단이다. 다학문적 접근을 발전시키는 과정에서 Campion과 그의 동료들은 동기론적, 기계론적, 생물학적, 지각운동적 등 네 가지 학문적 접근방법을 가지고 직무를 평가하는 다중방법 직무설계 질문지(Multimethod Job Design Questionnaire)를 개발했다(예 : Campion & Thayer, 1985). 최근 연구는 4개 영역 이상을 측정할 것을 제안하기도 한다(Edwards, Skully, & Brtek, 1999). 이 도구는 직무설계에서 직무가 동기적, 기계론적, 생물학적, 지각운동적으로 부족한 접근방식이 있는지 파악하기 위해 사용될 수 있다. 동기론적 접근은 자율성과 종업원 동기를 증가시키는 데 초점을 두고 있으며, 기계론적 접근은 전문성과 효율성, 생물학적 접근은 신체적 문제와 환경적 스트레스를 예방하는 데 초점을 두고 있고, 지각운동적 접근은 효과적인 정보처리를 촉진하는 데 초점을 두고 있다. 예를 들

연구를 수행한 사람들

Adam Grant

대학교 신입생이 된 해의 여름에 나는 일자리가 필요했었고, *Let's Go* 여행 가이드 시리즈의 광고 판매직을 하게 되었다. 여행이나 판매 경험은 전무했고 내성적이기까지 했던 나에게 초반에 그 일은 매우 힘들었다. 어떤 업무에서 내가 고객들과 접촉을 해 보긴 했나? 그들을 설득하여 우리에게 광고예산을 쓰도록 한적이 있나? 하곤 생각했다.

하지만 나의 태도는 그 돈이 어디로 가는지 깨닫고 나서 급격하게 변했다. *Let's Go* 책은 학생들이 쓰고 제작하였으며, 점장은 나에게 이렇게 말했다. "학생들을 위한 새로운 일자리 창출은 너에게 달려 있어. 나의 일자리 역시 너의 팀이 작년에 얻은 수익 때문에 존재하는 거야."

내가 변화를 가져올 수 있다는 사실을 깨달았을 때, 나는 매우 동기부여되기 시작했다. 나는 더욱 열심히 일하기 위해 더 일찍 출근하여 더 늦게 퇴근하였고, 그 결과 접촉할 수 있는 새로운 분야와 새로운 패키지를 만들 수 있었다. 결국 나는 회사의 광고판매 실적 기록을 연달아 세웠으며, 우리의 일이 다른 누군가에게는 긍정적인 영향을 끼친다는 사실을 깨달았을 때의 동기적 파워에 대해 깨닫게 되었다.

나는 당시에 심리학과 물리학 사이에서 갈등하고 있었지만 이러한 경험을 통해 심리학에 전념하게 되었다. Donald Stokes가 파스퇴르의 사분면(기본적 이해와 사회 공헌을 의미하는 연구)이라고 불렀던 연구를 실시할 수 있도록 내 열정을 채워 줬던 사회심리학 교수 Ellen Langer와 함께 연구를 시작하였다. 2학년이 되어서는 Let's Go 광고 판매 부서장이 되었다. 새로운 직원을 뽑거나 직원들을 동기부여할 수 있는 권한이 주어졌고, 심리학을 실제 직무에 적용할 수 있는 기회가 주어졌다는 사실에 매혹되었다.

내가 대학교 저학년 시절 경력과 연구 주제를 형성하는 데 결정적이었던 세 가지 사건이 있었다. 첫 번째는 Richard Hackman의 조직심리학 수업을 들었다는 것이다. 나는 직무특성 모델에서의 과제 중요성이란 개념이 마음에 들었고 다른 사람에게 이득을 줄 수 있는 경력을 찾고 싶었다. 두 번째는 내가 Let's Go에서의 새로운 역할을 받아들였다는 사실이다. 나는 회사 홍보 쪽을 담당하게 되었고, 우리 팀의 역할 중 하나는 몇 달 안에 40권 이상의 여행책을 써내는 편집자들과 연구자들 300명 정도를 인터뷰하고 고용하는 것이었다. 세 번째는 Tal Ben-Shahar라는 또 다른 멘토를 통해 세상을 바라보는 관점을 크게 바꿔 놓은 Brian Little의 성격심리를 수강했다는 것이다.

Let's Go보다 더 나은 데이터를 확보할 수 있는 곳은 없었고, 나는 졸업논문을 쓰기로 마음먹었다. Little 교수의 조언과 Hackman 교수와 Tal이 읽어 준 덕분에 나는 Let's Go에서의 개인과 집단의 성공을 예측하는 변수에 대한 연구를 설계하였다. 그해 여름 초기부터 중기까지 편집자들과 필자들을 대상으로 그들의 직무에 대한 전체적인 인지와 직무에서의 핵심 프로젝트에

(계속)

대한 서베이를 완료하였으며, 각 직원들과 팀의 효율성에 대한 상사평가가 이루어졌다.

개인과 팀 수행에서 가장 둔감한 예측변인 중 하나는 초기의 과제 중요성이었다. 편집자가 자신의 일이 다른 사람들에게 긍정적인 효과를 줄 수 있다는 사실을 초기에 깨닫는다면 모든 사람은 더욱 효율적이었다. 하지만 무언가 빠진 것이 있었는데 그것은 모든 사람이 같은 직무에 있었다는 사실이다. 그렇다면 왜 누군가는 같은 직무를 함에도 불구하고 다른 사람들에게 더 큰 효과를 줄 수 있다고 인지했던 것일까?

이 질문을 보면서 나는 깨닫게 되었다. 독자들은 편집자들 덕분에 좋은 책을 읽을 수 있지만 정작 편집자들은 독자들과의 접촉이 부족하다. 편집자들은 흐릿한 사무실 안에서 몇 주 동안을 100시간 정도 뼈빠지게 일했지만 그들 노력의 결과물이 어떻게 되는지도 모르는 채로 지낸다. 만약 우리가 독자와의 면대면 접촉을 기획하였거나 독자의 편지 등을 공유하여 그들의 일에 대한 효과를 강조하였다면 어떻게 되었을까?

내가 대학원에 들어갔을 때 이것에 대해 연구하기로 마음을 먹었다. 나는 학생들과 함께 팀을 꾸려 내 인생의 첫 번째 현장연구를 실시하였다. 대학교 발전기금 전화상담원이 그들의 일을 통해 장학금 수혜를 받은 학생을 실제로 만났을 때 더 동기부여되고 효율적으로 변하는지 알아보는 연구였다. 수혜를 받은 학생과의 5분간의 만남을 통해 평균적이었던 상담원의 주당 전화시간이 142% 증가하였고, 주당 수익은 171%까지 증가하는 것을 보고 나는 매우 놀랐다.

이후 나는 직무설계 이론에서 무엇이 빠졌는지 알 수 있었다. 하나는 여러분의 직무가 변화를 만든다는 것을 깨닫는 것이고, 또 다른 것은 여러분의 일에 의해 영향을 받은 사람을 만나는 것이다. 당시에는 직무설계에 사회적 요소를 넣지 않았고, 나는 관계적 직무설계 모델을 완성하고 검증하는 연구 분야에 빠지게 되었다. 또 Jane Dutton, Sue Ashford, Rick Price의 멘토링을 통해 많은 것을 얻을 수 있었다.

Richard Hackman과 Greg Oldham은 직무가 사람을 형성한다는 주장을 하였지만, Brian Little은 사람 또한 직무를 형성할 수 있다는 사실을 나에게 알려 줬다. 이 직관적 사고는 Jane Wrzesniewski와 Amy Wrzesniewski가 실시했던 잡크래프팅 연구에 의해 더욱 강화되었다. 나는 개인차에 더 중점을 두기로 했다. 왜 몇몇 사람들은 변화를 만들기 위해 더 동기부여되며 이러한 동기의 결과물은 무엇인가? 이것이 나의 친사회적 동기에 대한 다음 연구 주제가 되었다.

10년 정도를 이 두 가지 연구 주제를 가지고 연구하고 대학에서 종신교수직을 얻게 되면서, 나는 이제 더 많은 사람들과 내 생각을 공유해야겠다고 느꼈다. 나는 왜 착한 사람이 꼴등이 되면서도 왜 또 일등이 되는지 설명하기 위해 나의 첫 번째 책인 *Give and Take*를 집필하였다. 친사회적 동기는 비학술적 독자들을 위해 다른 언어로 번역될 필요가 있었기 때문에 나는 공정성 지각과 관계적 모델, 주는 자(관대한), 받는 자(이기적인), 매치된 자(공평한)를 구분한 나의 이론 연구들을 통합하였다. 독자들은 내가 미처 대답하지 못했던 큰 질문을 알려 주었다. 받는 자를 주는 자로 바꾸는 것이 가능할까라는 것이다. 조직생활에서 어떤 경험을 해야 사람들이 '자기만을 위한 모든 것'이라는 사고를 버리며 보상을 바라지 않고 다른 사람에게 공헌할 수 있도록 동기화할 수 있을까? 이것이 아마 나의 다음 연구 과제가 될 것이지만 나는 여러분이 이것에 대해 먼저 연구하길 바란다.

Adam Grant는 펜실베이니아대학교 경영대학원 교수이다.

어, 어떤 직무는 효율성과 정보처리 속도 부분에서는 잘 설계되었지만, 내적 동기와 신체적 편안함을 촉진하는 특성에서는 부족하다는 것을 보여 줄 수 있다.

만약 직무가 네 가지 접근방법 중 하나 또는 그 이상이 부족하다면, 조직은 우선 이 접근법으로 직무를 향상하는 데 들어가는 비용과 직무향상이 가져올 이익을 따져 봐야 한다. 어떤 경우에는 그 선택이 비교적 명확하다. 예를 들어, 직무가 생물학적 접근법이 부족했고, 그 결과 몇몇 직원들이 그에 대한 보상을 요구하였다면, 조직은 이 종업원을 위해 신체적 안정 수준을 개선하는 것 이외에는 선택의 여지가 거의 없다.

하지만 다른 경우에서는 선택이 명확하지 않을 수 있다. 예를 들어, 직무가 동기적 접근에서 부족하다면, 이 접근에서의 향상은 높은 직무만족과 내적 동기, 그리고 결근과 이직의 감소 등과 같은 바람직한 결과를 가져올 것이다. 그러나 이러한 방식으로 직무를 변화시키는 것은 종업원이 보다 나은 능력을 가지는 것을 요구할 수 있고, 따라서 결국 조직은 급여를 인상해야 할 것이다 (Campion & Berger, 1990). 어떤 경우에는 이 방식이 조직에게 유리할 수 있지만, 다른 경우에는 유리하지 않을 수도 있다.

진단이 실시되고, 조직이 직무설계의 네 가지 접근방법 중 한 가지를 사용하여 직무를 개선하기로 결정했다면, 다음으로 조직은 어떤 방법으로 직무를 변화시킬 수 있을까? 동기론적 접근법에서는 앞서 살펴보았던 직무설계에 대한 직무특성 이론의 접근법으로 해답을 찾을 수 있다. 예를 들어, 수직적 직무부하, 과제결합, 자연적 업무단위 형성, 고객관계 확립, 피드백 경로 개방과 같은 접근법을 사용하여 효과를 극대화할 수 있다. 하지만 이런 변화들은 다양한 기술을 요구하며, 훈련시간이 길어지고, 급여가 높아지는 것 등과 같은 문제들 때문에 조직에 더 많은 비용을 부담시킬 수 있다.

기계론적 직무설계 차원을 개선하기 위해 직무를 변화시키는 것은 조직심리학자들에게는 다소 생소하지만 산업공학자들에 의해서 많이 진행되고 있다. 이 방법은 문제가 되는 직무가 효율적으로 설계되었는지를 평가하기 위해서 **시간-동작 연구**(time and motion study)를 실시한다(예 : Salvendy, 1978). 시간-동작 연구를 통해 현재 직무에 불필요한 동작들이 많이 포함되어 있는지, 그래서 작업의 효율성이 떨어지는지 밝히게 된다. 이렇게 밝혀낸 불필요한 동작들을 제거해 주면 효율성을 향상할 수 있으며, 결국 생산성을 증가시킬 수 있다. 기계론적 재설계는 흔히 인센티브 제도까지 함께 재설계함으로써 직원들이 보다 더 효율적인 작업 방법과 절차를 사용하도록 동기화한다.

생물학적인 접근법에 따른 직무 재설계는 조직에 의해 시작되거나, 또는 반복동작에 따른 손상이나 통증과 같은 신체적인 문제를 가지고 있는 개인 직원에 의해 시작될 수 있다(Hollenbeck, Ilgen, & Crampton, 1992; May & Schwoerer, 1994). 이러한 재설계는 전형적으로 문제를 야기하는 직무에 대한 인간공학적 평가로 시작한다. 이것은 인간공학이나 직업건강 교육을 받은 전문가에 의한 직무분석을 의미한다. 이들이 보고자 하는 것은 분석되는 특정 직무에 따라 달라진다. 인간공학적 직무설계에서 나타나는 일반적인 문제는 종종 작업장에서의 반복동작이나 작업 공정에 대한 설계에서 나타난다. 사무직의 경우에는 직원의 책상 높이, 컴퓨터 위치 등을 개선할 필요가 있는지 살펴보게 된다. 문제의 유형에 따라 인간공학적으로 직무설계를 향상하는 많은 방법이 있다. 예를 들어, 어떤 직업은 몇 가지 반복동작을 제거함으로써 변화될 수 있다. 다른 문제들은 사무실 설비의 교체나 사무실 재설계를 통해 해결할 수 있다. 인간공학적으로 문제를 해결하는 것은 매우 많은 비용이 들어간다.

조직이 지각운동적 구성요소를 통해 직무를 향상한다면, 이것은 인간공학(human factors)이나 공학심리(engineering psychology) 분야의 숙련된 전문가가 직무를 분석하는 것을 포함한다(Wickens & Hollands, 2000). 관련 전문가들은 직무분석을 할 때 직원들이 일해야 하는 정보의 본질과 어떻게 이 정보들이 제시되는지에 상당 부분 초점을 둘 것이다. 이런 유형의 분석은 때때로 직원들이 현재 너무 많은 정보를 처리하고 있음을 보여 주며, 따라서 변화는 정보처리량을 줄이도록 추천하는 것이다. 그러한 분석은 직무 또는 직무와 관련된 장비(예 : 컴퓨터)에서 무엇을 변화시킬지 나타내 준다. 하지만 정보처리에서의 변화는 상당히 많은 관여와 비용을 필요로 할 수 있다. 문제는 처리된 정보의 양이 아니라 그 정보가 직원에게 제시되는 방식일 수도 있다. 예를 들어, 자동차 부속품이나 컴퓨터 소프트웨어의 디자인에서 정보가 문자로 제시될 때보다는 아이콘이나 그림으로 표시될 때 처리하기 쉽다는 것이 밝혀졌다.

Morgeson과 Campion(2002)은 대규모 제약회사의 자료 분석 부서 종업원들에게 직무 재설계를 평가하는 포괄적인 연구를 실시하였다. 이들은 프로그램 실시 전, 후의 직무만족, 훈련 요건, 그리고 작업의 단순성을 비교하였다. 종업원들은 세 가지 프로그램 중 하나에 참여하였다. 첫 번째 조건에서는 직무동기 및 기계적 특성 모두를 증가시키는 것에 초점을 맞추었고, 두 번째 조건은 단지 동기적 측면만을 극대화하는 것이었으며, 세 번째는 기계적 특성만을 극대화하는 것이었다. 동기적 측면은 과업의 자율성, 정체성, 기술 다양성, 그리고 중요성 증대에 초점을 맞추었다. 기계적 특성은 분리되어 있는 활동들을 통합하고 직무에 불필요한 활동들을 제거하는 것에 중점을 두었다.

이 연구의 중요한 목적 중 하나는 동기론적 접근과 기계론적 접근이 서로 상충되지 않음을 보여 주는 것이다. 저자들은 위의 세 가지 직무 재설계 집단 모두의 사전/사후 검사에서 직무만족이 증가했음을 발견했다. 동기와 기계적인 개선 두 가지를 다 강조한 집단에서는 자율성과 기술 다양성과 관련한 직무동기는 증가했지만, 직무동기에 관한 기계적 측정치에서는 그렇지 않았다. 저자들이 예측했던 것처럼, 동기적 프로그램에 참가한 사람들은 동기 측정치에서 증가를 보였으며, 기계적 프로그램에만 참가한 사람들은 동기부여의 기계적 측정치에서만 증가를 보여 주었다.

직무 재설계에 대한 통합적 접근

직무 재설계 연구에서의 최근 경향은 직무를 재설계하는 데 다양한 기법과 측정 도구를 통합적으로 사용해서 조직과 종업원들에 대한 긍정적 결과 및 다양한 형태의 동기를 최대화하는 것이다. 이러한 통합의 예는 최근에 만들어진 **작업 설계 질문지**(work design questionnaire, WDQ)이다. 이것은 직무특성 이론에 기초한 측정 도구들을 조합하여 직무설계 및 작업의 본질을 평가하는 측정 도구로, 직무 재설계에 대한 다학문적인 접근이다(Morgeson & Humphrey, 2006). 이 측정 도구는 직무특성 이론(예 : 자율성, 과제정체성, 기술 다양성, 그리고 과제 중요성)에서 소개된 속성들과 다학문적인 접근에 의해 강조되는 특성들(정보처리과정, 복잡성, 전문성, 그리고 인간공학적 특성)을 포함하여 21가지의 서로 다른 직무특성을 평가한다. 이 도구는 측정의 신뢰도와 타당도가 매우 높다.

직무설계가 결과 변수에 영향을 미친다는 최근의 통합적 접근을 살펴보자. Grant, Fried, Juillerat(2011)은 직무특성 모델에서 다른 과제 특성들뿐만 아니라 Morgeson과 Humphrey(2006)가 다룬 지식적, 사회적 특성의 중요성을 강조한다. 특히 Grant와 동료들(2011)은 사람들이 자신의 직무가 다른 사람에게 끼치는 효과를 지각하는 것과 친사회적 동기가 직원들의 성과에 영향을 준다는 사실을 강조하였다. Morgeson, Garza, Campion(2013) 또한 유사한 포괄적 모델을 제시했는데, 이들은 직원들이 처해 있는 직무환경을 이해하는 것이 중요함을 강조한다. Barrick, Mount, Li(2013) 또한 통합적 모델을 제시하였는데, 이 모델에서는 사람들의 성격 특성이 목표에 영향을 주며, 목표는 직무설계의 여러 특성에 의해 영향을 받게 된다는 것을 설명하고 있다.

직무 재설계에 대한 통합적 접근의 또 다른 형태는 종업원들의 동기부여와 수행을 향상하기 위해 조직을 변화시키려 할 때 직면하는 장애요인에 대한 인식이다. Campion과 그의 동료들은 8가지 장애물과 이 장애물을 성공적으로 다룸으로써 생기는 기회들을 논의하였다(Campion, Mumford, Morgeson, & Nahrgang, 2005). 8가지 장애는 〈표 10.1〉에 명시되어 있다. 첫 번째 장애는 직무설계를 위한 다양한 접근(예 : 동기론적 특성 대 기계론적 특성)이 각기 다른 형태의 결과(예 : 만족 대 효율성)에 영향을 줄 수 있음을 이해해야 된다는 것이다. 이런 장애는 만족과 효율성 모두를 향상하는 방법으로 직무를 재설계함으로써 대처할 수 있다. 예를 들면, 은행에서 업무를 재설계하게 되면 데이터의 처리 효율성도 높이고, 동시에 직원들이 업무 전체의 정체성도 인식하게 할 수 있다.

두 번째 장애는 첫 번째 것과 관련이 있는데, 직무설계에 대한 다양한 접근에 필연적으로 존재하는 장단점이다. 예를 들어 종업원들에게 직무 전반에 있어 더 많은 자율성을 주는 것은 그 직무에 추가적인 교육을 요구하고, 이는 결국 조직에 비용 증가를 초래한다. 이런 상황에서 재설계를 담당하는 사람들은 이런 추가적인 비용을 종업원의 태도 및 미래 수행에서 발생할 이익을 가지고 정당화할 필요가 있다.

표 10.1   직원들의 동기와 수행을 증가시키기 위한 직무 재설계 시 발생할 수 있는 8가지 장애요소

장애 1	직무설계는 여러 결과물에 영향을 준다.
장애 2	각 직무설계 방식에는 장단점이 공존한다.
장애 3	분석의 수준을 결정하는 것에 어려움이 있다.
장애 4	이전에 존재하지 않았던 직무는 예측하기 어렵다.
장애 5	개인차 변수가 직무 재설계를 복잡하게 만든다.
장애 6	직무확충 없는 직무확대가 일어날 수 있다.
장애 7	조직이 성장하거나 축소되는 상황에서 새로운 직무가 생길 수 있다.
장애 8	장기적 효과는 단기적 효과와 다를 수 있다.

　세 번째 장애는 재설계 노력을 투입할 적절한 업무단위를 결정하는 것이 어렵다는 점이다. 종업원이 수행하는 직무 전체를 바꾸는 것이 좋을까, 아니면 각각의 개별 과제들을 바꾸는 것이 좋을까? Campion과 그의 동료들(2005)은 재설계 노력이 직무(job) 수준에서, 직무에 포함된 책임(duty) 수준에서, 직무를 구성하고 있는 과제(task) 수준에서, 또는 자연스럽게 함께 묶여 있는 과제덩이(task cluster) 등 네 가지 수준에서 시행될 수 있다고 한다. 저자들은 특히 과제덩이가 직무 재설계의 대상일 때가 매우 효과적이라고 보는데, 왜냐하면 과제덩이는 작업자들이 수행하는 구체적인 활동을 포함하며, 서로 상호 의존적이며, 작업 전체를 나타내 주기 때문이다. Campion과 그의 동료들(2005)은 대부분의 직무가 10~15가지 정도의 과제로 구성된다고 본다. 앞에서 소개한 Morgeson과 Campion(2002)의 제약회사 자료 분석 부서에 대한 연구에서도 업무가 어떻게 재설계될지를 정하기 전에 여러 과제를 과제덩이로 설계하는 과정을 먼저 사용했다.

　네 번째 장애는 "재설계한 직무를 해 보기 전에는 그것의 본질을 예측하기가 어렵다는 것이다"(Campion et al., 2005, p. 375). 직무를 재설계한다는 것은 이미 알려진 직무로부터 새롭게 변화된 직무로 옮겨 간다는 것을 의미한다. 조직심리학자들은 새롭게 설계된 직무가 종업원들의 동기부여를 위해서 더 나을 것이라고 믿을 수 있지만, 새로운 직무를 실제 수행할 때 예상치 못한 결과가 항상 나올 수도 있는 것이다. 이 장애에 대처하는 방법 중 하나는 사전에 직무들 간의 상호 의존성을 미리 인식해서 재구성된 직무가 새로운 설계에서 어떻게 서로 영향을 미칠지 고려해 보는 것이다. 예측하지 못한 문제점이 생김에 따라 새롭게 설계된 직무에 대한 수정이 필요할 수도 있다.

　다섯 번째 장애는 "개인차 변수들이 직무 재설계를 복잡하게 만든다는 것이다"(Campion et al., 2005, p. 377). 종업원들은 각자 다 다르기 때문에 직무 재설계에 대해 서로 다른 반응을 보이는 것은 당연하다. 이전에 직무특성 이론에서 언급한 것처럼, 종업원들의 **성장욕구강도**, 즉 어렵고 의미 있는 작업을 원하고 중시하는 정도에 따라 직무 재설계의 효과는 달라진다. 종업원들 간의 차이는

팀이 재구성되었을 때 특히 더 중요하다. 이는 제12장에서 더 상세히 다룰 것이다. 직무 재설계의 효과에 대한 개인 및 조직의 조절변수에 대한 연구들을 검토한 후에 Campion과 동료들(2005)은 비록 개인차가 직무 재설계에 대한 반응을 조절하는 효과는 있지만 그것이 전반적인 효과를 훼손하지는 않는다고 결론을 내렸다.

여섯 번째 장애는 종업원들이 직무에 대해 더 많은 책임을 부여받아서 그들의 직무는 확대되었지만, 직무확대(job enlargement)로 인한 동기적 이점은 발생하지 않았을 때 생기는 문제이다. 즉 단순히 수평적으로 확대된 직무에서 증가된 임무와 책임이 과연 직무를 더 만족스럽게 하고 보상을 더 초래할지에 대한 종업원들의 생각과 관리자들의 생각이 불일치할 때 이런 장애가 생기게 된다. 수직적인 직무확충(job enrichment)이 없는 수평적인 직무확대는 오히려 직무만족을 감소시킬 수 있다(Campion & McClelland, 1993). 따라서 Campion 등(2005)은 직무를 단순히 확대하는 것이 아니라 수직적으로 확충해 주는 것이 중요함을 강조한다.

일곱 번째 장애는 조직이 단기간에 급속도로 성장하거나 축소되는 상황과 관련이 있다. 이런 상황에서는 종업원의 직무 성격이 급격히 변하게 되고, 오직 소수의 종업원들만이 이런 상황에 대처하는 것이 가능하고, 또한 이들은 부가적인 역할이나 책임을 가져야만 한다. Campion 등(2005)은 이처럼 급격히 변하는 환경에서 직무를 나누거나 합치는 일을 할 때 고려해야 할 다양한 점을 언급했는데, 그중 가장 중요한 조언은 종업원들에게 직무와 관련하여 변화하는 역할을 지속적으로 알려주고, 그들의 직무가 어떻게 구조화되는지에 대해 명확한 정보를 제공하는 것이다.

Campion 등(2005)에 의해 설명된 마지막 장애는 재설계 노력이 갖는 장기적인 효과가 단기적 효과와는 다르다는 것이다. 저자들은 동기 수준을 증가시키기 위해 직무를 재설계하는 것이 단기간에는 긍정적인 결과를 갖지만, 장기적으로는 감소되거나 반전될 수 있다고 주장한다. 종업원들의 직무를 확충하는 것은 초기에는 흥미와 열정을 갖게 하지만, 시간이 지남에 따라 새로운 직무에 익숙해진 후에는 보다 복잡한 직무가 갖는 어려움에 대해 긍정과 부정이 섞인 혼란스러운 감정을 갖게 된다.

Campion 등(2005)이 거론한 장애와 기회는 동기 이론을 실제 조직 장면에서 적용할 때 나타나는 복잡성을 보여 준다. 그러나 실무자들은 이러한 복잡성 때문에 동기 이론과 직무 확충 연구를 적용하는 데 주저해선 안 된다. 직무설계에 대한 앞으로의 연구에서 가장 중요한 부분은 다양한 유형의 조직에서 효과적인 재설계의 결정요인을 조사하는 것이다.

선제적 동기와 잡크래프팅

조직과 업무환경에 종업원 동기를 적용하는 것에 대한 최근의 두 가지 발전은 선제적 동기와 잡크래프팅이란 개념의 등장이다. 이 두 가지 개념은 종업원을 직장에서 새로운 도전을 추구하고, 일하는 방식을 스스로 변화시켜 나가는 능동적 주체라고 보며, 이를 통해 생산성을 증대시키고 동시에 일에 대한 의미를 추구해 나가는 존재라고 인식한다(Bindl & Parker, 2011; Wrzesniewski & Dutton, 2001). 먼저 선제적 동기의 바탕이 되는 이론과 연구를 논의하고 그다음 잡크래프팅의 최근 연구를 살펴보자.

선제적 동기

Parker, Bindl, Strauss(2010)는 선제적 동기(proactive motivation)를 "어떤 일이 일어나는 것을 지켜보기보다는 어떤 일이 일어나도록 만들려고 통제하는 것"(p. 828)이라고 정의했다. 선제적 동기는 종업원들이 업무에서 요구되는 것에 잘 적응할 수 있게 업무환경이나 자기 스스로를 변화시키기 위한 목표를 설정하게 만들고, 더 나은 수행을 위해 충분히 도전하도록 만든다. Parker 등(2010)은 선제적 동기의 중요 요소들이 무엇이며, 종업원들이 선제적 지향성을 갖고 업무에 접근하도록 만드는 변수들이 무엇인지에 관한 모델을 개발하였다. 이 모델에 따르면, 선제적 동기의 마인드셋을 가진 종업원은 1) 선제적 동기 상태, 2) 선제적 목표설정 및 목표추구노력이라는 두 가지 특징을 보인다.

선제적 동기 상태는 미래의 업무환경과 자기 스스로를 바꿀 수 있다는 종업원들의 믿음, 선제적으로 행동할 이유를 확인하는 것, 그리고 목표 달성에 필요한 지속적인 에너지를 제공하는 활기, 활력 등 긍정적으로 동기화된 상태를 경험하는 것을 의미한다. 선제적 목표설정 및 목표추구는 자신이 변화시킬 미래의 업무환경 및 그에 따른 자신의 달라질 모습에 대한 확실한 목표 이미지를 떠올린 후, 업무환경과 스스로에 대해 변화를 추구하기 위한 명확한 계획을 수립해서 실천하는 것을 말한다. 또한 선제적 동기에서 나오는 증가된 활기와 활력은 종업원들이 그들이 세운 목표를 달성하기 위해 지속적으로 노력하게 만드는 에너지를 제공한다.

어떤 제조공장에서 관리자가 안전보다는 생산 목표 달성만 강조하고 있는 상황에서 한 종업원이 안전하지 않은 어떤 작업조건을 알아챈 경우의 예를 들어 보자. 선제적 동기를 가진 종업원이라면 이 상황을 방치하지 않고, 우선 안전 풍토를 개선해야겠다는 목표를 설정한 후 장애물을 제거하기 위한 구체적인 계획을 수립할 것이다. 이 과정에서 그 종업원은 안전 문제에 소홀한 관리자를 설득해야 하는 쉽지 않은 도전에 직면하게 될 것이다. 그러나 선제적 동기가 강한 종업원이라면 자기 생각에 확신을 갖고 안전 풍토를 바꾸기 위해서 지속적으로 노력하는 모습을 보일 것이다.

선제적 동기는 일반적으로 과업수행 및 혁신적 수행을 촉진한다는 연구 결과들에 의해 지지를 받아 왔다(Bindl & Parker, 2011; Fay & Frese, 2001). 나아가 연구자들은 선제적 동기가 개인 수준뿐만 아니라 팀이나 조직 수준으로도 존재할 수 있음을 발견했다(Fay & Frese, 2001; Frese, Van Gelderen, & Ombach, 2000). 선제적 동기가 긍정적 효과를 유발하는 과정에 대한 연구, 선제적 동기가 개인 및 조직에 긍정적 효과를 갖도록 만드는 환경 변수에 관한 연구들이 앞으로 더 진행될 필요가 있다 (Bindl & Parker, 2011). 이런 연구들은 앞으로 조직이 선제적 동기를 가진 개인을 선발하고, 선제적 동기를 증가시킬 수 있는 작업환경을 만들어 가는 데 도움을 줄 것이다.

잡크래프팅

잡크래프팅(job crafting)은 선제적 동기의 한 형태로서, 종업원이 자신의 직무에 대한 인식을 새롭게 해서 자기 일의 의미를 확장해서 자기 일을 자신의 능력, 기술, 관심과 연결시키는 것을 말한다 (Wrzesniewski & Dutton, 2001). Wrzesniewski와 Dutton에 따르면, 잡크래프팅은 직장에서 수행하는 업무의 빈도나 본질의 변화(예 : 업무에 투자하는 시간의 양을 변화시키거나 새로운 업무를 하려고 시도하는 것), 직장에서 경험하는 관계의 변화(예 : 다른 부서 사람들이나 본인 부서의 더 많은 사람들과 교류하려고 시도하는 것), 또는 업무에 대한 그들의 사고방식의 변화(예 : 본인의 직무가 조직의 전체 미션에 얼마나 기여하는지를 잘 보면서 본인의 일이 다른 사람에게 미치는 영향을 고려하는 것)를 일으키는 것이라고 설명한다.

Wrzesniewski, Berg, Dutton(2010)은 종업원들이 자기 일의 의미와 동기를 쉽게 강화할 수 있도록 잡크래프팅 훈련 프로그램을 개발하였다. (전체 잡크래프팅 프로그램 과정은 www.jobcrafting.org 에서 찾아볼 수 있다.) 이 활동에서 종업원들은 각 업무에 시간을 얼마나 사용하는지, 그리고 각 업무가 자신의 동기, 강점, 열정에 기여하는 정도를 판단하여 자신의 직무 도표를 만들게 된다. 그 다음, 종업원들에게 어떻게 그들의 업무를 재구조화하여 강점과 더 일치하는 활동에 시간을 투자할 수 있을지 생각하도록 권장한다. 또한 종업원은 수행하고 있는 업무를 인식하는 방법을 바꾸고, 업무를 수행하는 동안 어떻게 그들이 다른 사람들과 관계를 만들 수 있을지 생각하도록 권장받는다.

Wrzesniewski와 Dutton, 그리고 동료들에 의한 초기 잡크래프팅 연구는 서로 다른 유형의 종업원들이 어떻게 잡크래프팅을 통해 직무에 변화를 만들려고 계속 노력하는지를 설명하는, 사실상 주로 질적 연구였다(예 : Berg, Wrzesniewski, & Dutton, 2010). 또한 이들은 종업원들이 자신의 직무를 쉽게 잡크래프팅할 수 있게 만드는 유익한 활동들을 개발해서 www.jobcrafting.org에 소개하였다.

연구자들은 종업원들이 업무 자원 및 사회적 자원을 증대시킨 정도, 도전적 업무를 늘린 정도, 업무수행을 방해하는 요구를 줄인 정도 등을 계량적으로 측정하는 도구를 개발하려고 시도했다(Tims, Bakker, & Derks, 2012; Nielsen & Abildgaard, 2012도 참조). 이 측정은 Wrzesniewski와 Dutton(2001)에 의해 정의된 잡크래프팅의 몇몇 측면들을 다루기는 하지만, 이 측정의 몇몇 하위 요인들이 직장에서 받는 일반적인 스트레스 요인 반응에 대한 측정과 어떻게 다른지 명백하지 않은 점이 있다. 게다가 업무의 구성방식과 본질을 변화시키려는 종업원들의 시도를 수반한 역학관계를 설문지로 측정하는 것은 분명히 쉽지 않은 일이다. 그럼에도 불구하고 이런 잡크래프팅 측정을 활용한 최근 연구에서는 선제적인 성격을 가진 종업원들이 잡크래프팅을 더 많이 하며, 따라서 이들의 동기 및 수행이 더 높다는 결과를 보여 주었다(Bakker, Tims, & Derks, 2012).

조직의 징계 절차

지금까지 우리는 조직이 종업원의 생산적인 행동을 촉진하기 위해 시도하는 방법을 살펴보았다. 그러나 동기 이론은 종업원이 비생산적인 행동에 참여하는 것을 막기 위해 사용될 수도 있다. 제5장에서 비생산적인 행동 중 결근이나 사고, 마약, 그리고 직장에서의 폭력과 같은 특정한 행동을 억제하기 위한 방법들을 간단히 논의하였다. 따라서 이 장에서는 좀 더 일반적인 조직에서의 징계 절차에 초점을 맞춰 보기로 하자.

단계적 징계

구체적인 징계 절차는 조직에 따라 매우 다르지만, 단계적 징계 절차(progressive disciplinary procedure)를 활용하는 면에서는 대부분 공통적이다. 단계적 징계 절차란 조직에서 위반사항이 지속되고 증가할수록 징계 또한 수위가 점차 높아지는 것을 말한다(Arvey & Jones, 1985). 예를 들어, 어떤 제조공장에서 안전위반을 방지하기 위해서 단계적인 징계가 다음과 같이 적용될 수 있다. 첫 번째, 안전과 관련되는 위반에 대해서는 위반한 직원에게 구두로 경고하는 것이다. 만약 더 심한 안전수칙 위반이 발생한다면, 서면 경고, 그다음에는 정직, 마지막으로 위반이 심해지면 해고를 할 수도 있다.

단계적인 징계 정책의 구체적인 내용을 결정하는 요인은 무엇인가? 분명한 요인은 조직이 예방하고자 하는 행동의 속성이다. 비생산적인 행동이 경미한 것이라면, 조직은 심각한 결과가 나타나기 전까지는 많은 규칙 위반을 묵인해 줄 수도 있다. 하지만 어떤 행동은 단 한 번 발생했더라도 관대하게 넘어가지 못할 때가 있다. 예를 들어, 많은 합리적인 사람들은 동료에게 모욕을 주거나 성희롱을 하는 직원에게 조직이 관대해선 안 된다고 여길 것이다. 그러한 행동에 대해 대부분의 조직은 무용인성(zero tolerance) 원칙에 따라 관대하지 않고 바로 그 종업원을 해고할 것이다.

징계 정책을 결정할 때 또 다른 중요한 요인은 법적인 상황을 고려해야 한다는 것이다. 많은 노조 계약은 종업원 규율을 다루는 조항을 포함한다(Bemmels & Foley, 1996). 어떤 조직에서 특정한 비생산적 행동에 대해 엄격하게 다루고 싶더라도, 단체교섭 합의 조항 때문에 또는 노조에 의한 소송위험 때문에 그것이 제한받을 수도 있다. 조직의 징계 절차는 고용을 규제하는 주 및 연방 법과 일치해야 한다. 어떠한 주의 법률은 조직이 특정한 형태의 비생산적인 행동에 대해 징계하는 것을 제한한다. 예를 들어, 술과 마약 남용은 1990년 장애인법에 의해 장애로 분류되기 때문에 조직은 처벌적 조치를 취하기 이전에 종업원에게 술과 마약 남용 문제를 위한 치료를 제공하면서 관대해야 한다.

불행하게도 단계적 징계 절차의 효과에 관해서는 거의 연구된 바가 없다. 이렇게 실증 연구의 부족에도 불구하고, 단계적 징계 절차의 효율성은 많은 요인에 의해 영향을 받는 것으로 보인다. 하나의 중요한 요소는 종업원이 이러한 징계 절차를 알고 있는지 여부이다. 이것은 당연하게 보이지만, 실제로 조직이 얼마나 효과적으로 종업원에게 징계 절차를 전달하고 있는가는 조직마다 매우 다르다. 조직이 단계적 징계 절차를 가지고 있어도 직원이 그것을 알고 있지 못할 수 있다. 만약 종업원이 정책에 대하여 모른다면 정책은 직원의 일상적인 행동에 거의 영향을 미치지 못할 것이다.

징계 정책이 적용될 때, 그 절차는 공정한 방식으로 적용되어야 한다(Trevino, 1992). 다시 말해 **절차 공정성**(procedural justice)을 가지고 정책을 적용하는 것이 중요하다. 징계 절차를 실행함에 있어서 종업원이 존중받아야 한다는 것 역시 중요하다. 이것은 종종 종업원에게 자신의 입장을 말하는 기회와 어떠한 비난도 반박할 기회를 제공하는 것을 포함한다. 이러한 형태의 공정성을 **상호작용 공정성**(interactional justice)이라고 부른다(Colquitt, 2001).

공정성을 위한 노력으로, 일부 조직은 징계 절차에 관한 종업원들의 불만을 줄이기 위해 공식화된 **고충처리 절차**(grievance procedures)를 개발하기도 한다. 늘 그런 것은 아니지만, 많은 경우에 고충처리 절차는 단체교섭 합의에 의해 필수적으로 제도화된다(McCabe, 1988). 어떤 조직은 단체교섭 합의에 포함되어 있는 것과 비슷한 고충처리 절차를 자발적으로 만들기도 한다. 비록 고충처리 절차가 조직마다 다르지만, 일반적으로 대부분의 종업원들은 징계가 자신에게 불공정하게 적용되었다고 느낀다면, 공식적으로 고충처리 절차를 밟을 수 있다. 그러한 불만사항이 정식으로 접수되고 나면, 고충처리 절차에 따라 비공식적으로 우선 분쟁을 해결하는 것이 시도된다. 만약 이것으로도 해결이 되지 않으면, 보다 더 공식적인 절차로 넘어가게 된다.

징계 절차와 마찬가지로, 고충처리 절차 또한 직원들이 이 절차를 공정하다고 느끼고, 고충처리 절차 이용 시 종업원이 존중받는다고 느낄 때 가장 효과적이다(Bemmels & Foley, 1996). 만일 종업원이 직속상사와 비공식적으로 분쟁을 해결할 수 있다면, 징계에 관한 고충처리 절차는 사용되지 않을 수도 있다(Cleyman, Jex, & Love, 1995; Klaas, 1989).

요약

이번 장은 조직에 관한 동기 이론의 대부분을 망라하였다. 의심의 여지 없이, 동기부여를 위해 가장 널리 애용되는 수단은 보상 제도이다. 유형적 보상에는 성과급, 인센티브, 보너스, 복리후생, 특혜 또는 특전, 지위상징 등이 있다. 수년간의 연구에 따르면, 급여와 같은 유형적 보상은 종업원들에게 동기를 부여하는 데 대단히 큰 영향을 준다. 하지만 이런 방식으로 주어지는 보상 제도는 종업원이 보상과 성과 간의 관계를 이해하는 것을 어렵게 한다.

　조직은 인정, 칭찬, 상당 수준의 자율권 보장 등과 같은 무형적 보상으로 종업원들을 동기부여하기도 한다. 무형적 보상의 효과는 유형적 보상의 효과와 비교해서 알려진 바가 훨씬 적다. 그러나 몇몇 연구와 의미 있는 사례 등을 통해 무형적 보상이 종종 강력한 동기유발 요인이 된다는 것을 알 수 있다. 그렇다고 무형적 보상이 유형적 보상을 대신할 수 있는 것은 아니다.

　경영진에 대한 보상은 통상 별도의 주제로 다루어지는데, 그들은 일반 종업원의 보상과는 매우 차이가 큰 수당을 받기 때문이다. 경영진의 보상은 다른 종업원들의 수당에 비해 조직의 성과에 따라 좌우되는 정도가 훨씬 크다. 연구에 따르면 경영진의 수당은 조직의 크기, 의사결정에서 해당 경영진의 결정권과 정적인 관계를 가진다. 즉 경영진은 조직의 수행에서 그들의 결정이 가지는 잠재적 영향에 따른 수당을 받는다. 또한 조직에 더 헌신적인 경영진들은 금전적인 보상에 의해 덜 동기화되는 것으로 나타났다.

　경영진 보상에 대한 조사에서 발견된 가장 큰 문제는 경영진 보상이 실질적으로 조직의 수행과 큰 관련을 가지고 있지 않다는 점이다. 이 점이 경영진에 대한 과잉지급으로 인식되며, 일반 대중들의 비판으로 이어진다. 이런 비판에도 불구하고 경영진의 수당이 눈에 띌 정도로 감소될 가능성은 거의 없다. 그 보상금액을 얼마로 정할지 결정하는 절차가 관행에 가깝게 정착되어 버렸기 때문이다. 또한 보다 능력 있는 경영진을 보유하기 위해 조직은 높은 보상 수준을 지불할 수밖에 없다.

　보상 제도 외에 종업원을 고무할 수 있는 또 다른 주요 수단은 직무설계이다. 이것은 어떤 사람이 일하는 내용 자체가 그 사람의 일에 대해 갖는 동기 수준에 매우 큰 영향을 준다는 생각에 기초한다. 직무설계를 통한 동기부여에 관한 연구들은 주목할 만한 발전을 보여 주고 있다. 가장 오래된 연구는 인본주의적 접근으로, Herzberg가 말했던 직무확충에 의한 것이다. 이 접근은 주로 직무에 대한 통제 혹은 재량권을 상당 수준까지 보장하는 내용으로 이루어진다. 직무확충은 적용 결과 성공적이었지만, 직무특성 접근이 그 자리를 대체하고 있다. 이 접근은 직무특성 이론에서 말하는 핵심 직무 차원(예 : 과제 자율성, 다양성, 중요성, 정체성)에 따라 보다 높은 수준의 설계를 위해 직무 자체를 재설계하는 것을 뜻한다. 최근 이런 접근과 관련하여 발견한 점은 종업원들의 수행이 다른 사람들에게 미치는 긍정적 효과를 종업원들에게 설명하는 것이 중요하다는 것이다.

　직무설계에 대한 Campion의 다학문적 접근은 직무의 다양한 성과를 향상하기 위해 여러 가지 방법으로 직무가 재설계될 수 있다고 제안하며, 그중에서 일부는 조직심리학에서 비교적 익숙하지 않은 것들이다. 이 영역에서 가장 최근의 경향은 동기와 생산성을 최대화하기 위한 직무 재설계에서, 직무특성 이론과 Campion의 다학문적 접근을 통합하는 것이다. 어떤 접근 방식을 취하든 간에, 직무 재설계는 주의 깊은 사전 계획 및 상당한 재정적 자원을 요구하는 복잡한 과정이라는 것을 명심해야 한다. 업무환경 재구성에서 조직의 역할에 초점을 맞추는 것과 더불어, 우리는 종업원 스스로 그들이 원하는 업무환경을 만들어 나가는 역할을 할 수 있다는 것을 강조하는 최근 접근들을 이야기했다. 여기에는 선제적 동기를 갖고 도전을 추구하고 목표를 추구해 나가는 종업원들, 의미 있는 직무를 만들어 내기 위해 잡크래프팅을 하는 종업원들이 포함된다.

조직은 또한 특정 행동을 억제하기 위해서도 동기 이론을 활용할 수 있다. 일반적으로 가장 많이 쓰이는 방법은 단계적인 징계 정책이다. 정책은 조직마다 다르다. 그 내용은 실질적으로 억제 대상의 행동, 단체교섭 합의, 그 외 법적 규제 등의 요소에 근거한다. 본질적으로 단계적 징계의 성공 여부는 의사소통이 얼마나 잘되는지, 또 그것이 얼마나 공정하고 지속적으로 적용되는지에 달려 있다.

많은 조직들이 단계적 징계 절차와 더불어 종종 고충처리 절차를 두고 있다. 종업원들은 징계 절차가 공정하지 않다고 여길 경우 그에 대해서 이의를 제기할 수 있다. 단계적 징계 과정에서 고충처리 절차의 효과성은 직원들이 이를 공정하게 여기느냐의 여부에 달려 있다. 대부분의 경우, 상사와 종업원들이 비공식적으로 문제를 해결하려 한다면 공식적인 고충처리 절차는 회피할 수 있다.

더 읽을거리

Campion, M. A., Mumford, T. V., Morgeson, F. P., & Nahrgang, J. D. (2005). Work redesign: Eight obstacles and opportunities. *Human Resource Management*, 44, 367–390.

Grant, A. M., Fried, Y., & Juillerat, T. (2011). Work matters: Job design in classic and contemporary perspectives. In S. Zedeck (Ed), *APA handbook of industrial and organizational psychology* (Vol. 1., pp. 417–453). Washington, DC: American Psychological Association.

Martochhio, J. J. (2011). Strategic reward and compensation plans. In S. Zedeck (Ed), *APA handbook of industrial and organizational psychology* (Vol. 1, pp. 343–372). Washington, DC: American Psychological Association.

Wasserman, N. (2003). Stewards, agents, and the founder discount: Executive compensation in new ventures. *Academy of Management Journal*, 49, 960–976.

Westphal, J. D. (1999). Collaboration in the boardroom: Behavioral and performance consequences of CEO-board social ties. *Academy of Management Journal*, 42, 100–110.

제11장

리더십과 영향력 과정

리더십은 지난 몇십 년간 조직심리학자들에게 흥미로운 주제였다. 조직심리학자들의 연구대상이 리더십만이 아님에도 불구하고, 리더십에 관한 수많은 책들이 출간됐다. 실제로 기업 경영자부터 대학 스포츠 팀 코치까지 다양한 연구자들이 리더로서 성공하기 위해 무엇이 필요한가에 대해 책을 써 왔다. 리더십의 상당 부분이 타인에게 영향력을 끼침으로써 이루어지기 때문에 권력(power)과 영향력(influence)은 리더의 핵심적인 활동을 대표하게 된다. 사실 권력과 영향력은 리더에게 필수적인 것으로 생각되어서 몇몇 연구자들은 리더십을 영향력의 한 형태로서 정의하기도 했다(Yukl, 1989, 2007).

이번 장에서는 리더십뿐만 아니라 권력과 영향력의 과정을 고찰할 것이다. 리더십에 대한 일반적인 접근을 먼저 다루고, 널리 알려져 있는 리더십 이론들을 다룰 것이다. 이 장에서는 리더십 연구의 최근 흐름에 맞추어, 리더들의 특성과 행동보다는 리더십에 대한 **상황적합성**(contingency) 및 과정적 접근에 더 많은 주의를 기울였다. 또한 진정성 리더십, 서번트 리더십 그리고 윤리적 리더십에 대해 최근에 나타난 접근들을 다룬다.

이번 장은 권력과 영향력을 리더십 이론과 함께 다루었다는 점에서 다른 리더십 교재들과 차별화될 수 있다. 이는 리더십의 본질이 타인의 행동에 영향을 미치는 데 있음을 인정하기 때문이다. 교회 모임을 이끌든, 포춘지의 500대 기업을 이끌든, 메이저리그 야구 팀을 이끌든, 리더가 하는 일은 타인의 행동에 영향을 미치는 것이다. 더 나아가 리더가 타인에게 영향을 미치는 데 성공적이냐는 그가 가지고 있는 권력의 양과 속성에 주로 달려 있을 것이다. 권력과 영향력은 리더십의 기본임이 분명하다.

리더십의 정의

만약 지나가는 열 사람을 붙들고 리더십을 정의하라고 한다면 제각기 다양한 정의를 내놓을 것이다. Yukl과 Van Fleet(1992)에 의하면, 리더십은 그 과정의 복잡성 때문에 정의하기 어렵다. 리더십은 (전형적인 작업집단의 구성원인 경우에) 리더와 부하들 사이의 상호작용을 포함하고 있기 때문에 다양한 관점에서 접근할 수 있다. 예를 들어, 우리는 리더십을 집단 리더에 의해 일어나는 행동으로 구성된 것으로 볼 수 있다. 여기에는 일을 체계적으로 조직화하는 것, 집단에 필요한 자원을 얻는 것, 집단 구성원들을 격려하는 것, 집단 성과를 평가하는 것 등이 포함될 수 있다(Guzzo & Shea, 1992).

한편 한 집단이 효과적으로 운영되기 위해 필요한 일련의 기능들로 리더십을 접근할 수도 있다. 집단에서는 과업의 본질이 명확해야 하며, 자원을 획득해야 하며, 집단 구성원들의 정신을 드높여야 하며, 집단 성과를 평가받아야 한다. 이러한 기능은 리더가 수행할 수도 있지만 반드시 리더가 수행해야 하는 것은 아니다. 적절한 전문지식을 가진 집단의 구성원 누구든지 과업에 대한 설명을 제공하도록 도울 수 있고, 외향적인 성격을 가진 사람은 타인을 동기화할 수도 있다. 이러한 관점으로 리더십을 바라본다면 우리는 리더십이 특정한 한 개인에게 존재하는 것이 아니라 집단 내에 존재한다고 말할 수도 있다.

리더십의 정의는 리더십의 행동을 강조하는지, 또는 리더십 행동의 결과를 강조하는지에 따라 달라진다. 이상적으로는 리더가 자신의 부하직원들의 행동에 영향을 미칠 때, 부하직원들은 리더가 원하는 일을 기꺼이 하게 된다. 그러나 실제로는 이러한 리더의 영향력이 때로는 마지못해 하는 응종이라는 결과를 낳거나 부하직원들이 거세게 저항하는 결과를 가져오기도 한다. 어떤 리더십의 정의에서는 복종이나 저항이 '참된' 리더십을 의미하지는 않는다고 한다. 한편 다른 리더십의 정의에서는 응종이나 저항을 가져오는 변화 시도가 성공적인 리더십이라고 할 수는 없지만, 여전히 리더십의 한 형태라고도 본다.

리더십을 정의하는 데 또 다른 논란은 리더십(leadership)과 관리(management)를 구분하는 것이다. 어떤 이들은 리더가 자신의 부하직원들로부터 몰입을 얻어 내고, 때로는 그들에게 영감을 불어넣기까지 하는 사람이라고 주장한다. 반면에 관리자는 '제시간에 훈련'을 시키고, 기본적으로는 부하직원들로부터 복종을 얻어 내는 사람이라고 한다. 관리자는 자신의 집단을 악화시키지는 않지만, 그렇다고 집단을 좀 더 발전시키는 사람도 아니다. 흥미로운 것은, 리더십과 관리의 구분이 리더십 학자들 사이에서보다 실제 조직의 실무자들 사이에서 더 많은 논란이 되고 있다는 것이다. 다음은 왜 사람들이 이런 이슈에 관해 확고한 생각을 가지고 있는지 설명해 줄 것이다(참고 11.1 참조).

리더십을 정의하는 것을 복잡하게 하는 요인들이 있지만 다양한 정의들 간에 공통점은 확인할 수 있다. Yukl과 Van Fleet(1992)은 리더십을 "조직의 목표 과업과 전략에 대해 영향을 미치는 것, 이 전략을 실행하고 목표를 달성하기 위해 조직 구성원들에게 영향을 미치는 것, 집단 유지와 동일시에 영향을 미치는 것, 조직 문화에 영향을 미치는 것 등을 포함하는 과정"(p. 149)으로 정의한다. 이 정의는 〈그림 11.1〉에 요약되어 있다. Vroom과 Jago(2007)는 최근 "위대한 것을 성취하기 위해 사람들이 협동하여 일하도록 동기화하는 절차"(p. 18)라고 리더십을 더 간명하게 정의하였다.

이 정의에 대해서 주목해야 할 몇 가지가 있다. 첫째, 리더십이 타인의 행동에 영향을 미치는 것과 분명히 관련된다는 점이다. 둘째, 리더십을 결과가 아닌 과정으로 본다는 것이다. 이 정의로 보면, 리더는 변화 시도에 실패할 수도 있다. 셋째, 이 정의는 리더십에 다양한 스킬이 필요하다는 것을 내포하고 있다. 목표 과업과 전략에 영향을 주는 데는 강력한 분석적 능력과 개념적 능력이 요구되며, 사람들이 이러한 전략과 목적을 실행하도록 영향을 주는 데는 대인관계 능력과 설득 능력이 요구된다. 마지막으로, 리더는 조직 변화에서 중요한 중개자이다. 조직의 문화를 바꾸는 것은 조직이 생존하기 위해서는 필수적이지만, 이것은 상당히 어려운 문제이다. 리더들은 그들이 가진 영향

관리 대 리더십

조직심리학의 많은 영역들처럼, 리더십도 중요한 용어와 구성개념들의 정의에 대한 문제를 가지고 있다. 종종 거론되는 논란은 특히 조직에서 일하는 사람들에 대한 것으로, '관리'와 '리더십'의 구별이다. **관리자**(manager)는 주로 부하들의 일을 조직화하기 위해 계획하고 도우며, 그들의 행동에 대해 통제력을 행사하는 것과 같이 전통적인 관리 행위에 종사하는 사람으로 정의된다. 반면에 **리더**(leader)는, 관리 기능을 충족하는 것뿐만 아니라 부하직원들에게 영감을 불어넣고 동기화하는 동시에, 조직의 중요한 변화를 촉진할 수 있는 사람이다.

저자가 '관리와 리더십'의 구분이 흥미롭다고 한 이유 중 하나는, 이것이 종업원들에게는 더 논란이 되고 리더십 연구자들에게는 논란이 덜 되는 것처럼 보이기 때문이다. 카리스마적 리더십과 변혁적 리더십과 같은 최근 이론들에도 불구하고, 리더십 연구자들은 이것에 대해 중점을 두지 않고 있었다. 반대로, 필자는 지난 10년간 가르쳐 오면서 이 점이 항상 이슈가 되고 열광적으로 토의되는 것을 알게 되었다. 대부분의 사람들에게는, 적어도 내 경험으로 비춰 보았을 때, 관리자와 리더는 별개의 집단이다.

사람들이 관리와 리더십을 구분하고, 이에 대해 강한 의견을 가지고 있다면, 이것은 두 가지 점을 제시하는 것이다. 첫째, 조직의 종업원들은 단지 관리 의무를 수행하는 사람이 아니라 참된 리더들을 위해 일하고 싶어 한다는 것이다. 둘째, 조직에서 진정한 리더가 부족하다는 점이다. 이에 대해서는 많은 이유가 있다. 이것은 진정한 리더가 변화의 중개자이기 때문이다. 권한을 가진 지위에서 단순히 관리적 의무만 수행한다면, 그것은 조직의 현상유지만 할 뿐이고, 변화에 대한 욕구가 없다는 것이다.

력 때문에 조직 문화를 조성하는 데 가장 책임 있는 위치에 있는 셈이다.

리더십의 중요성

리더는 정확히 어떤 중요한 일을 하는가? 리더는 종종 집단 및 조직 전체에 **전략 방향과 비전**을 제시해야 한다(Bass, 1998). 작업집단의 구성원들은 반복적인 과업을 정해진 시간 안에 마쳐야 하기 때문에 자신의 집단이 어떤 곳으로 향해 가고 있는지를 생각하기에는 너무 바쁘다. 집단의 여러 구성원들이 전략 계획과 비전 수립 활동을 하지만 주로 리더가 이러한 노력의 중심에 있게 된다. 리더는 이익이 되고 적절한 전략적 목적을 충족하는 방향으로 생산적 행동을 할 수 있도록 조직을 돕는다.

리더의 또 다른 중요 기능은, 특히 작은 집단의 리더인 경우, 직원들을 **동기부여**하고, 그들의 행동을 **코칭**하는 것이다. 경험이 많은 종업원도 때로는 격려가 필요하고, 직무 관련 문제를 해결하는 데 도움을 필요로 한다. 전략 계획과 비전 제시뿐만 아니라 동기부여와 코칭 활동도 집단의 여러 구성원들이 함께할 수도 있다. 그러나 이러한 기능을 충족하는 데 한 사람이 책임지는 것이 조직 구성원들에게 덜 복잡할 뿐만 아니라 더 효과적이기도 하다. 대부분의 경우에 리더가 이런 역할을 한다.

조직에서 리더가 지닌 세 번째 중요한 기능은 **조직 정책의 집행 및 설명**이다. 대부분의 구성원들에게 리더는 조직의 높은 위치에 있는 사람들과의 '연결고리'와 같은 역할을 한다(Likert, 1967). 그렇

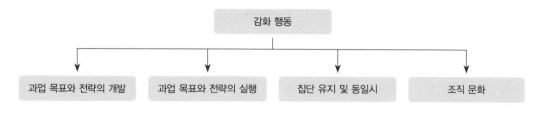

```
                              감화 행동
        ┌──────────────┬──────────────┼──────────────┬──────────────┐
        ▼              ▼              ▼              ▼
  과업 목표와 전략의 개발   과업 목표와 전략의 실행    집단 유지 및 동일시      조직 문화
```

그림 11.1　Yukl과 Van Fleet(1992)의 리더십 정의의 요약

기 때문에 리더는 종종 조직의 정책을 설명하고 집행하는 일을 맡게 된다. 다시 말하면, 집단이 비공식적인 통로로 이런 일이 진행되도록 할 수도 있지만, 공식적으로 리더를 통해 진행시킬 때에 보다 체계적으로 조직의 규칙과 절차가 실행될 수 있게 된다.

　마지막으로 리더는 **집단을 위해서 필요한 자원을 획득해야** 하는 책임이 있기 때문에 중요하다. 리더는 커다란 조직 내에서 자기가 속한 팀의 이익을 대표한다. 이렇기 때문에 조직의 집단들은 자원을 획득함에 있어서 주로 리더의 설득 능력에 많이 의존한다. 리더가 없으면 집단 구성원들은 각자 자신의 방식으로 동시에 자원을 획득하려 할 것이다.

　앞에서 언급한 리더의 네 가지 기능은 리더십의 속성을 모두 보여 준 것이라기보다는 리더십의 중요성을 강조한 것이다. 게다가 점점 수평화되어 가는 조직에서 숙련된 리더십은 조직의 성공을 위해 더욱 중요하게 된다. 수평화 조직구조에서 리더는 더 넓은 관리 폭을 갖고(예 : 리더는 더 많은 수의 종업원을 관리하게 된다), 그의 행동의 영향은 많은 위계적 수준을 가진 조직구조의 경우 보다 더 커지게 된다. 그러므로 리더십은 조직의 성공에서 매우 중요하다.

리더십의 일반적 접근

리더십에 대한 많은 초기 문헌들은 철학자, 역사가, 그리고 정치과학자들로부터 나왔으며, 이 책에서 다루는 많은 다른 주제들처럼 리더십은 수 세기에 걸쳐 연구 대상이 되어 왔다. 특히 지난 50년 동안 조직심리학자들은 리더십 연구에 깊이 몰입해 왔으며, 리더십 연구에 대한 서로 다른 접근들이 서서히 발전되어 왔다. 이번 장에서는 이 접근들 중 세 가지 접근법, 즉 특성적 접근, 행동적 접근, 상황적합성 접근을 개관해 본다.

특성적 접근

리더십에 대한 특성적 접근(trait approach)에서 기본적으로 전제하고 있는 것은 매우 간단하다. 효과적인 리더가 가지고 있는 특성은 비효과적인 리더가 가지고 있는 특성과 다르다는 것이다. 이러한 접근에서는 효과적인 리더와 효과적이지 못한 리더를 구별해 내는 특성을 찾아내는 데 목표를 둔다. 실제로 초기 리더십 연구의 상당 부분은 특성적 접근에 기반하고 있다. 이 연구에 대한 포괄적인 요약은 Mann(1959)과 Stogdill(1948)에서 볼 수 있다.

불행히도 특성에 기반한 초기 리더십 연구는 '효과적인 리더'가 가지고 있는 특성을 파악하는 데 실패했다. 이는 초기의 리더십 연구자들이 타당한 이론적 추론에 근거하지 않고 '특성'을 연구했기 때문이기도 했다(예를 들어 신체적 조건과 성별). 게다가 대부분의 초기 리더십 연구자들의 목표는 효과적인 리더와 효과적이지 못한 리더를 구별해 내는 데 특성을 사용하려는 것이었다. 아주 많은 변인들이 리더의 효과성에 영향을 미친다는 점을 고려할 때, 특성 하나만을 고려하여 리더의 효과성을 예측하려는 시도는 많은 한계점을 가질 수밖에 없다.

특성이 리더의 효과성을 잘 예측하지 못하고 심리학에서 환경적 영향이 행동에 영향을 미친다는 입장이 대두되면서, 리더십에 대한 특성적 접근은 1940년대와 1950년대에 관심을 받지 못하게 되었다. 특성을 기반으로 한 리더십 연구는 지금도 수행되고 있지만 확실히 예전보다는 지배적이지 못하다. 그러나 시간이 흐르면서 특성적 접근은 두 가지 요인 때문에 리더십 연구에 중요한 기여를 하게 되며 다시 떠오르게 되었다. 첫째로, 연구자들은 리더 효과성을 예측하기보다 리더 부상(leader emergence)을 예언하는 것을 더 강조하게 되었다. 리더가 공식적으로 지정되지 않은 내집단 상황에서 누군가는 리더 역할을 하게 되는 것이 당연한 일이다. 리더 부상은 단순하게 이런 일들이 일어나는 과정이다.

특성적 접근은 리더 부상을 예측하는 특성을 확인하는 데 많은 기여를 해 왔다(Colbert, Judge, Choi, & Wang, 2012; Judge, Piccolo, & Kosalka, 2009; Zaccaro, 2007). 똑똑하고, 지배적 욕구가 높고, 자기주시 경향이 높고, 사회적으로 통찰력 있는 사람들은 공식적으로 리더가 지정되지 않은 상황에서 리더가 되는 경향이 있다. 이러한 프로파일은 부상된 리더가 다음과 같은 일들을 할 수 있다고 제안한다 : (1) 어떤 상황에서의 사회적 역동을 정확하게 '읽어 낸다', (2) 이러한 사회적 욕구들을 충족하기 위해 행동을 적응시킨다. 또한 Colbert 등(2012)은 부상된 리더들은 외향적이고 경험에 대한 개방성이 높다고 동료들에 의해 인식된다는 점을 발견했다. 특성 연구 분야에서 아직 연구되지는 않았지만, 공식적인 선발 절차가 있을 때에는 이러한 사람들이 결국 리더십의 위치에 오르게 될 가능성이 높다는 것은 일리 있는 주장이다. 관리적 효과성에 대한 종단 연구는 이 주장을 뒷받침할 증거를 제공할 것이다.

둘째로, 특성에 기반한 리더십 연구가 최근에 다시 이론적으로 타당하게 여겨지기 시작함에 따라 다시 주목받게 되었다. Yukl과 Van Fleet(1992)에 의하면, 조직의 관리적 유효성과 촉진을 예측하는 몇몇 특성들이 확인되었다고 한다. 여기에는 높은 에너지 수준, 스트레스 통제력, 건실도, 정서적 성숙도, 자기확신 등이 있다. 게다가 van Iddekinge, Ferris, Heffner(2009)는 최근에 성실성이 미국의 육군 하사관의 리더십과 크게 관련되어 있다는 것을 발견했다. 관리적 작업의 속성을 고려할 때, 신체적 특성이나 성별과 같은 것들에 비해 이러한 특성들이 성공과 어떻게 관련되는지를 알아보는 것은 쉽다.

Zaccaro(2007)는 리더의 특성이 리더 출현, 효과성, 출세, 승진에 어떻게 관련되어 있는지에 대한 통합적 모델을 개발하였다. Zaccaro는 리더의 특성에 성격적 특성, 인지적 능력, 동기 및 가치가 포함된다고 하였다. 그리고 이러한 특성들의 결합은 각각의 특성보다 리더의 효과성에 대해 더 좋은 예측변인이 된다고 강조한다. 예를 들어, Kemp, Zaccaro, Jordan, Flippo(2004)는 3일 의사결정 시뮬레이션에 대한 군 간부들의 리더 효과성을 예측하기 위해 사회지능, 상위인지(자신의 사고방식에 대한 인식), 그리고 모호한 상황을 견디는 능력을 고찰하였다. 연구자들은 이 세 특성 수준이 모두 높은 리더들이 수행을 효과적으로 하였고, 한 가지라도 특성이 낮았던 리더는 수행이 나빴음을 발견하였다. 이 연구는 리더의 특성이 각기 작용하는 것보다 결합하여 작용하는 것의 중요성을 강조한다.

제5장에서는 직무수행에 대한 예측변인으로서 '5요인' 성격에 대해 논의하였다. 성격 연구자들은 '5요인'을 외향성, 신경증, 성실성, 우호성, 그리고 경험에 대한 개방성으로 정의했다. 리더의 특성에 대해 제시된 새로운 방향은 리더십과 수행점수 및 5요인 간의 관계에 대한 고찰이다. Bono와 Judge(2004)는 외향성이 변혁적 리더십—변혁적 리더십에 대해서는 후에 논의하게 될 것이다—을 가장 일관되게 예측함을 발견했다. 변혁적 리더십은 부하들에게 명료하고 중요한 비전을 제시하여 그들의 성취동기를 고무하는 리더의 능력을 일컫는다. 이 연구자들은 전반적으로 5요인과 리더십 사이의 관계는 강하지 못했다는 것을 발견했고, 따라서 5요인과 리더십의 관계에 상황변수가 영향을 미칠 것(즉 조절할 것)이라 제안하였다(Hoogh, den Hartog, & Koopman, 2005도 참조).

리더십의 특성 접근에서 대부분의 최근 연구는 왜 특정한 특성들이 리더 효과성과 관련이 있는지에 대한 원인 변수들을 조사한다. Van Iddekinge 등(2009)은 성실성, 정서적 안정성 및 외향성이 리더에게 요구되는 지식, 기술 및 능력을 개발하기 위한 개인의 동기를 높여서 리더십 효과성이 높게 평가된다는 것을 발견했다. Hirschfeld 등(2006)은 위와 같은 세 가지 성격 특성을 포함하는 효과적 리더 성격 프로파일을 개발한 후, 이 프로파일이 팀 수행을 촉진하는 선제적 행동에서의 높은 점수와 관련이 있다는 것을 발견했다.

리더십에 대한 특성적 접근을 부활시키는 작업이 많이 진행되었지만, 아직도 특성 연구자들이 답해야 할 질문들이 많이 남아 있다. 예컨대, 리더십 특성 이론의 실용적 함의에 관해서다. 이 접근은 주로 리더 선발에 실용적 가치가 있을 수 있는데, 이는 아직 특성 연구자들에 의해서 충분히 연구되지 않았다. 특성 연구자들이 아직 완전히 연구하지 못한 또 다른 문제는 작업집단 내에서 다양한 특성을 조합했을 때의 효과이다. 예를 들어 만일 한 집단이 리더로 부상할 특성을 가진 여러 사

연구를 수행한 사람들

Stephen Zaccaro

리더 특성과 리더십에 대한 나의 관심은 내가 대학원에 있을 때 수강했던 집단 역동 수업 기말 리포트 과제에서 시작됐다. 그 과제에서 나는 Barnlund(1953)의 연구를 인용하였는데, 그는 각 상황이 요구하는 능력과 특성이 다르기 때문에 리더의 역할은 상황마다 달라진다고 제안하였다. 이 과목을 가르친 David Kenny는 Barnlund의 연구 결과에 대해 다른 변인들이 리더 출현에서의 차이를 보다 더 정확히 예측할 수도 있다는 피드백을 주었다. 이것을 알아보기 위해 그는 재분석에 적합한 통계자료를 개발했다. 우리는 이를 원래의 연구에 적용하였고, 마침내 상황보다는 리더의 특성이 더 많은 부분을 설명할 수 있다는 것을 발견해 냈다.

우리는 리더십에서 기질특성적인 부분을 강조하는 이 재분석 결과를 논문으로 출판하였다. 이때가 1980년대 초반이었는데 그 당시 리더십

연구에서 대부분의 시대정신은 확실히 다른 방향으로 가고 있었다. 그래도 Robert House가 이미 카리스마적 리더십, 성격과 리더십에 대해 쓰기 시작했었고, Robert Lord와 그의 동료들은 1986년에 리더의 특성과 출현 사이의 연관성을 강하게 지지하는 메타 분석을 출판했었다. 이러한 연구 흐름은 리더십의 기질특성적인 조망에 새로운 자극을 주었다.

Kenny와 나는 리더의 출현을 예측할 수 있는 기질적 특성은 다양한 상황에 적절히 대처할 수 있는 능력인 행동적 유연성을 촉진하는 특성을 포함한다고 생각했다. 나는 Roseann Foti, 그리고 Dave Kenny와 함께 이러한 생각을 검증할 수 있는 몇 가지 연구를 수행하였다. 우리는 마침내 다양한 상황에서 리더의 출현과 자기관찰(self-monitoring)의 연관성을 찾아내었다. 이 연구는 내가 역동적이고도 다면적인 조직 장면에서 효과성을 촉진하는 리더의 특성을 규명하는 연구를 계속할 수 있도록 하는 발단이 되었다. 우리는 이 연구로부터 다양한 상황적 요구에 어떻게 대응할 것인지를 결정하는 리더의 여러 특성을 가지고 리더십을 설명할 수 있음을 알게 되었다. 또한 이 연구로부터 새로운 아이디어를 찾기 위해 더 정교한 방법을 가지고 오래된 연구들을 다시 접근하는 것의 중요성을 배웠다.

Stephen Zaccaro 교수는 조지메이슨대학교 심리학과 교수이다.

람들을 가지고 있다면 어떤 일이 일어날까? 이 사람들이 리더십 기능을 공유할 것인가, 아니면 이 역할을 차지하기 위해 경쟁할 것인가? 이러한 잠재적 단점들에도 불구하고, 특성적 접근은 특히 최근 들어서 상당히 발전하고 있다.

행동적 접근

초기 특성 연구의 단점 때문에 리더십 연구의 초점은 효과적인 리더와 효과적이지 못한 리더를 구별해 내기 위한 행동적 접근(behavioral approach)으로 옮겨졌다. 가장 잘 알려진 리더 행동의 분류법은 Ralph Stogdill과 Edwin Fleishman, 그리고 오하이오주립대학교에 있는 동료 연구자들(예 : Fleishman, Harris, & Burtt, 1955)에 의해 개발되었다. 이들은 리더십 행동이 과업주도 행동과 배려 행동 같은 두 가지 기본 유형으로 나눌 수 있다고 했다. 과업주도적(initiating structure) 차원의 리더 행동은 집단의 과업수행을 촉진하려는 목적으로 하는 행동들로서, 예를 들면 부하들의 작업을 조직화하는 것, 기대성과에 대한 의사소통, 부하들이 과업에 지속적으로 집중하도록 하는 것 등이다.

배려(consideration) 행동은 리더가 부하직원들을 인격체로 대우하고 그들에게 관심을 가지고 있음을 나타내는 행동들이다. 이 차원의 예로는 부하직원의 가족에 관심 보이기, 일이 어떻게 진행되는지 주기적으로 부하직원들과 확인하고 상의하기, 그리고 문제가 생겼을 때 이해해 주기 등이다.

한편 오하이오주립대학교에서 리더십 연구가 수행될 때 다른 연구자들도 이처럼 리더 행동을 분류하는 연구를 했다. Rensis Likert와 동료들이 미시건대학교에서 했던, 직무 중심적 리더 행동(job-centered leadership behavior)과 종업원 중심적 리더 행동(employee-centered leadership behavior)을 예로 들 수 있다(Likert, 1961). Blake와 Mouton(1964)도 관리격자(managerial grid) 이론을 개발하여 생산 중심(concern for production)과 사람 중심(concern for people)의 리더 행동이라는 비슷한 구분을 했다. 이러한 모든 구분은 과업달성을 촉진하는 리더 행동과 집단 내 대인관계의 조화를 증진하는 리더 행동 간의 기본적 차이를 반영하는 것이다.

리더의 행동을 두 가지 큰 유형으로 간단하게 나누었지만 여전히 수많은 문제들이 해결되지 않은 채로 남아 있다. 그 예로, 어떤 이들은 이 두 차원이 서로 상관이 없는 독립적인 차원이라고 주장한다(예 : Blake & Mouton, 1964). 다시 말해, 리더는 과업주도 행동과 배려 행동을 동시에 보일 수 있다는 것이다. 또 다른 연구자들은 리더 행동의 두 가지 형태가 부적으로 상관되어 있다고도 주장한다(예 : Likert, 1961). 과업주도 행동은 배려 행동을 희생함으로써 일어나고, 배려 행동도 과업주도 행동을 희생하여 일어난다는 것이다.

또 다른 문제는 어떤 리더 행동이 완전히 과업주도적이거나, 혹은 완전히 배려적이기 어렵다는 것이다. 예를 들어, 어떤 리더는 일이 어떻게 진행되는가에 대해 매일 부하직원과 이야기를 할 수 있는데, 이것은 리더가 부하직원들에게 자신이 관심을 갖고 있음을 보여 주는 것이기 때문에 배려적인 행동으로도 보일 수 있다. 이런 비공식적 대화는 부하직원들이 자신의 직무 관련 과업에 더욱 집중하게 할 수 있으며, 리더와 중요한 과업 관련 정보를 주고받을 수 있는 기회를 제공하기도 한다. 그러므로 리더가 하는 행동들은 위에서 언급한 두 차원으로 분류하는 것보다 실제로는 훨씬 더 복잡할 수 있다.

오하이오주립대학교의 2요인 연구가 초창기에는 성과를 거두었지만, 여러 학자들은 배려 행동과 과업주도 행동이 과연 리더의 효과성을 예측할 수 있는지에 대해 비판적 견해를 갖고 있다(Yukl & van Fleet, 1992). Judge, Piccolo, Ilies(2004)는 이런 비판적 견해는 부하직원들의 만족이나 리더의 효과성에 대한 배려 행동이나 과업주도 행동의 예측력을 객관적 방법으로 평가한 것이 아니라 질적 조사를 통해서 나온 결론이므로 한계가 있다고 지적했다. Judge 등(2004)은 과업주도 행동과 배려 행동, 그리고 그에 따른 성과 사이의 관계를 보기 위해 163개 연구에 대한 객관적인 메타 분석을 수행했다. 배려 행동과 주요 성과 사이의 전반적인 상관은 변수의 측정오차를 통제했을 때 .48이었으며, 과업주도 행동과 주요 변수들 사이의 전반적 상관은 .29였다. Judge와 그의 동료들은 이 상관들이 유의했으며, 이런 발견은 리더 행동에 대한 이 두 유형적 접근법이 타당함을 증명한 것이라고 밝혔다.

게다가 최근 연구는 과업주도 행동과 배려 행동의 전반적 수준을 조사하는 것뿐만 아니라 종업원들에 의해 필요하다고 지각된 과업주도 행동과 배려 행동 수준의 중요성을 강조해 왔다. Lambert, Tepper, Carr, Holt, Barelka(2012)는 리더가 실제로 행한 배려 행동 및 과업주도 행동의 정도와 종업원들이 필요하다고 생각하는 이 행동들의 정도 간의 부합도를 연구했다. 종업원이 필요하다고 생각한 정도와 리더가 행한 행동 간에 부합도가 높을수록 긍정적인 직무 태도와 OCB가 나타난다는 것이 밝혀졌다. 나아가 종업원들이 바라는 것보다 더 많은 과업주도 행동을 하는 리더들에 대해서는 덜 호의적인 직무 태도를 보이는 것으로 나타났다.

그러나 행동적 접근을 계속 곤란하게 하는 마지막 이슈는 연구자들이 모든 상황에서 일관되게 효과적인 리더 행동을 결코 찾아낼 수 없었다는 점이다. 이것은 모든 상황에서 효과적인 **보편적** 리더 행동이 없다는 것을 의미한다. 오히려 리더에게 요구되는 행동들은 상황에 따라 달라진다는 것이다. 이러한 관점은 다음에 설명할 리더십의 상황적합성 접근을 이끌어 내었다.

상황적합성 접근

상황적합성 접근(contingency approach)은 리더의 행동과 특성, 그리고 효과성 간의 관계가 리더가 속해 있는 특정 상황에 따라 달라진다는 가정을 기본으로 하고 있다. 상황적합성 이론에 따르면, 리더는 우선 어떤 행동이 가장 적합할지 알아내기 위해서 상황을 잘 파악하는 것이 중요하다. 일단 상황을 잘 파악하고 나면, 그다음에 리더는 그 상황에서 어떻게 행동하는 것이 가장 좋을지를 판단해서 자신의 행동을 적응시키면 되는 것이다.

지난 30년간 개발된 리더십 이론들의 대부분은 상황적합성 이론이다. 따라서 리더십 연구 분야에서 상황적합성 이론은 기본적인 전제로 받아들여져 왔다고 말하는 것이 더 정확할 것이다. 그러

게다가 Fiedler는 효과적 수행을 지지하는 리더십 행동을 이해하는 데 상황이 갖는 역할의 중요성을 강조함으로써 학자들의 주목을 끌었다(Vroom & Jago, 2007 참조). Yun, Faraj, Sims(2005)의 최근 연구에서는 리더 효과성을 결정하는 변수로서 상황의 중요성을 설명한다. 이들은 트라우마(정신적 외상) 환자 치료 팀이 겪는 스트레스 상황에서 리더십의 효과를 고찰하였다. 연구자들은 환자의 트라우마 정도가 심하거나 약한, 그리고 치료 팀의 경험이 많거나 적은 상황에서 권한위임 리더십(과업주도를 장려하면서 팀 구성원들에게 책임감을 위임함) 대 지시적 리더십(팀 구성원들이 구체적인 지시와 지침을 따를 것이라고 기대함)의 영향을 연구하였다.

연구자들은 참가자들에게 리더십 스타일, 트라우마의 정도, 그리고 팀 경험 등 세 가지 측면이 다양하게 조합된 현실 상황을 읽고 난 후 그들의 반응을 묻는 시나리오 방법을 사용하였다. 연구자들은 주어진 시나리오 상황에서 효과적인 참가자라면 어떻게 사고하는지, 그리고 팀원에게 배울 수 있는 기회를 얼마나 많이 주는지를 연구하였다. 이들은 트라우마 정도가 약하고 팀이 경험이 많을 때 권한위임 리더십이 가장 효과적인 것이었다는 것을 알아냈다. 지시적 리더십은 트라우마 정도가 심하고 팀 경험이 별로 없을 때 가장 효과적인 것으로 나타났다. 이 연구는 가장 효과적인 리더십 유형이 상황의 현실적 특성에 달려 있음을 보여 주었고 이는 리더십에 대한 상황적합성 접근의 핵심적 주장과 일치한다.

경로-목표 이론

경로-목표 이론(path-goal theory)은 리더십과 동기부여를 하나의 이론에서 설명하려고 시도하였다(House, 1971; House & Mitchell, 1974). 경로-목표 이론의 기본 아이디어는 리더의 역할은 부하직원들이 성공할 수 있도록 도와주는 데 있다는 것이다. House는 기대 이론 측면에서 이것을 설명했다(Vroom, 1964). 구체적으로, 리더가 자신의 역할에 성공적이면 부하직원들의 기대 수준(노력하면 성과가 나올 것이라는 인식)은 높아진다. 달리 표현하자면, 리더의 기능은 부하직원들에게 '목표를 달성할 수 있는 경로'를 보여 주는 것이다.

경로-목표 이론에서는 리더가 자신의 리더십 스타일을 부하직원들과 주어진 상황에 적용할 수 있어야 한다고 주장한다. House는 리더가 성공하기 위해서는 다음의 네 가지 리더십 스타일을 활용할 수 있어야 한다고 했다 : 지시적 리더십, 지지적 리더십, 성취지향적 리더십, 참여적 리더십.

지시적 리더십(directive leadership)은 부하직원들이 자신이 무엇을 하고 있는지 그리고 과업에 대한 책임감을 명확히 알도록 해 주는 데 초점을 둔다. 일주일에 한 번씩 종업원을 만나고 직무할당을 해 주는 리더는 지시적 리더십을 보여 주는 것이다. **지지적 리더십**(supportive leadership)은 부하직원들에게 관심을 보여 주는 것을 의미한다. 부하직원의 자식들이 아픈지에 대해 안부를 물어보는 리더는 지지적 리더십을 보여 주는 것이다.

성취지향적 리더십(achievement-oriented leadership)은 종업원들이 자신의 수행을 개선할 수 있도록 도움으로써 궁극적으로 종업원들로부터 보다 나은 수행을 이끌어 내는 것을 의미한다. 리더는 직무에 대해 현장에서 코칭해 주기, 어려운 목표설정하기, 또는 훈련이나 개발 기회 만들어 주기, 그리고 종업원 자신이 성공하기 위해 필요한 다양한 자원을 갖고 있음을 깨닫게 하기와 같은 다양한 방법으로 성취지향적 리더십을 보여 줄 수 있다. 마지막으로 참여적 리더십(participative leadership)은 직무와 관련된 문제에 종업원이 직접 기여할 수 있도록 하는 행동을 의미한다. 중요한 의사결정을 하기 전에 부하직원들을 정기적으로 참여시키는 리더는 이러한 형태의 리더십을 보이는 것이다.

다음에는 이 네 가지 리더십 스타일을 각각 어떤 상황에 사용할 수 있는가를 알아보자. 경로-목표 이론은 리더가 적절한 리더십 스타일을 결정하려 할 때 부하직원 특성과 작업환경 특성이라는 두 가지 상황적 요인을 고려해야 한다고 제안한다. 부하직원의 관점에서 보면, 리더는 부하직원들의 능력과 성격을 지각하고 있어야 한다. 지각된 능력에 대해 먼저 논해 보자. 직무와 관련된 문제에 한계를 느끼고 있는 부하직원에 대해서는 어떤 리더십이 가장 적합하겠는가? 부하직원들은 자신들이 정확히 무엇을 해야 하는지를 알고 싶어 하기 때문에, 이런 부하직원들에게 리더는 다소 지시적일 필요가 있을 것이다. 자신의 능력에 한계가 있다는 것을 알고 있는 부하직원은 스스로 크게 기여할 점이 없다고 생각하기 때문에 참여적 리더십은 적합하지 않을 것이다. 성취지향적 리더십과 지지적 리더십은 부하직원의 특성에 따라 다양하게 사용될 수 있을 것이다.

부하직원이 과업과 관련된 자신의 능력이 뛰어나다고 지각할 때, 리더는 지시하는 부분을 조금 줄여야 할 것이다. 대신에 리더는 성취지향적 리더십과 참여적 리더십을 강하게 발휘할 필요가 있다. 자신의 능력을 높게 지각하는 이들은 능력을 더 개발하고 싶어 하는 욕구가 강하므로 성취지향적 리더십이 요구된다. 이런 부하들은 또한 기여하는 부분이 많아서 리더는 이들에게 아이디어를 얻으려 할 것이다. 지지적 리더십은 부하직원의 특성에 따라 정도를 달리하여 사용될 수 있다.

리더가 리더십 스타일을 결정해야 할 때 두 번째로 고려해야 할 부하직원의 특성은 성격이다. 이것은 너무 포괄적인 범주이지만, 경로-목표 이론이 중요하게 생각하는 개인의 특성은 부하직원의 통제소재(locus of control)이다. Rotter(1966)에 의하면, 통제소재란 자신이 받을 수 있는 외적 강화물을 자신이 스스로 통제할 수 있느냐에 대한 신념으로서, 비교적 안정적인 성격상의 개인차를 말한다. 내적 통제성을 가진 사람은 자신이 강화물에 대해 통제할 수 있는 부분이 크다고 믿는다. 이러한 사람은 열심히 일하는 것이 긍정적인 결과를 가져오기 때문에 좋은 것이라 생각한다. 외적 통제성을 가진 사람은 자신의 삶에서 강화물은 행운, 운명, 또는 힘 있는 사람들과 같은 외적인 힘에 의해 생긴다고 믿기 때문에 자기 자신과는 직접적인 관계가 별로 없다고 생각한다.

내적 통제성을 지닌 부하직원을 관리하는 리더는 아마도 성취지향적 리더십과 참여적 리더십을 강조할 것이고, 상대적으로 지시적 리더십과 지지적 리더십을 적게 사용할 것이다. 내적 통제성을 가진 부하직원(내적 통제자)은 자신이 강화물을 통제할 수 있다고 믿기 때문에, 자신이 성과를 내면 긍정적 보상이 주어질 것이라 믿을 것이다. 이런 과정을 촉진하려면 성취지향적 리더십이 필요하다. 또한 내적 통제성을 가진 부하들은 일을 잘하기 때문에(Spector, 1982), 리더들은 참여적 리더십을 사용하여 이런 부하직원들로부터 좋은 의견을 구하려 한다.

외적 통제성을 가진 부하직원(외적 통제자)은 리더가 더 많은 지시를 해 주기를 원할 것이다. 그러므로 지시적 리더십 행동이 필요하다. 또한 외적 통제성을 가진 사람들은 내적 통제자들에 비해 리더로부터 비교적 더 많은 지지를 필요로 한다. 외적 통제성을 갖는 것은 정신건강과 부적인 상관이 있음이 발견되어 왔다(예 : Spector, 1982; Storms & Spector, 1987). 따라서 외적 통제자들은 내적 통제자들보다 종종 더 불안하고, 좌절하고, 불만족스러운 경향이 있다.

다른 연구들은 리더가 부하직원들의 '조절 모드(regulatory mode)'를 고려해서 어떤 행동을 취할지 결정하는 것이 중요하다고 한다. Higgins, Kruglanski, Pierro(2003)는 사람들마다 조절 모드가 다른데, 어떤 사람들은 목표와 목표 사이를 이동하는 '이동성(locomotion)' 조절 모드를 선호하며, 어떤 사람들은 원하는 준거 가치기준을 달성하기 위해 과업 진척도를 비교하는 '평가성(assessment)' 조절 모드를 선호한다고 제안한다. Kruglanski, Pierro, Higgins(2007)는 이동성 조절 모드를 가진 종업원들은 더 강력하고 지시적인 리더를 원하는 반면에, 평가성 조절 모드를 가진 종업원들은 조언을 많이 해 주는 리더를 더 원한다는 것을 검증하였다. 이들은 리더의 스타일과 종업원의 조절 모드 간 부합도가 높을 때 종업원의 직무만족이 높음을 검증하였다.

부하직원의 특성과 더불어 경로-목표 이론은 리더가 적합한 리더십 스타일을 결정하기 위해 직무환경의 특성을 고려해야 한다고 주장한다. 경로-목표 이론에서 중요하게 고려하는 상황적 특성은 권한과 리더십 행사에 대해 조직 내에 현재 어떤 규범이 존재하는가의 문제이다. 이것은 종업원의 참여 정도, 종업원이 직무 관련 문제를 해결하기 위해 먼저 자발적으로 움직이는 정도, 관리자가 부하직원들의 사적인 삶에 관심을 갖는 정도 등과 같은 조직 문화를 반영한다. 종업원의 관여와 참여를 강조하는 조직에서는 참여적 리더십 스타일이 권위적 조직에서보다 더 적합할 것이다. 마찬가지로 종업원의 자립심을 강조하는 조직에서는 지시적 리더십 스타일보다는 성취지향적 스타일이나 참여적 스타일이 잘 맞을 것이다.

직무환경의 두 번째 특성인 과업 구조는 적절한 리더십 스타일을 결정하는 데 매우 중요하다. 만약 리더가 과업 구조화가 높은 집단(예 : 매우 단순한 제품을 생산하는 경우)에 지시를 하는 경우라면 지시적 리더십 스타일이나 참여적 리더십 스타일은 필요하지 않다. 집단의 구성원들은 자신이 무엇을 해야 하는지 정확히 알고 있기 때문이다. 반대로 과업이 전혀 구조화되어 있지 않았을 때(예 : 신제품 개발)는 과업을 가장 잘 수행하기 위해서는 리더가 지시적이어야 하며, 때로는 과업을 효과적으로 수행하기 위한 방법을 생각해 내기 위해 참여적 리더십을 사용해야 할 것이다.

경로-목표 이론에서 제시한 마지막 환경적 특성은 리더가 이끌고 있는 작업집단의 속성이다. 예를 들어, 어떤 집단에서는 과업에 대한 구체적인 지시를 리더가 하는 것이 아니라 경험 많은 구성원이 내리기도 한다. 이런 경우, 리더는 지시적일 필요가 없고, 다른 리더십 스타일을 적용하는 데 집중할 수 있다. 즉 리더의 행동은 집단 내 구성원들이 수행하는 행동에 '가치를 더해 주기'만 하면 된다는 것을 의미한다.

House는 자신의 이론을 재정립하여 10가지 리더십 행동 유형을 나열하고 어떤 행동 유형이 주어진 상황에 적절한지를 설명하는 포괄적인 이론을 제공하였다(House, 1996). 10가지 유형은 부하직원들의 직무 역할을 설계해 주는 행동부터 부하직원들이 훌륭하게 수행할 수 있도록 도와주는 행동까지 포괄적인 범위의 행동을 다룬다. House는 긍정적인 결과나 부정적인 결과, 혹은 아무 결과도 얻지 못할 때에 대한 지침을 제공하는 22개의 명제를 제안하였다. House 이론의 핵심은 동일하다. 리더는 상황이나 부하의 특성에 따라 전략적으로 사용할 수 있는 다양한 리더십 스타일을 갖추어야 한다는 것이다.

경로-목표 이론의 특성을 고려할 때 이 이론을 포괄적으로 평가하기는 어렵다. 그러나 이 이론을 부분적으로 검증했을 때 결과는 비교적 성공적이었다(예 : Wofford & Liska, 1993). Britt, Davison, Bliese, Castro(2004)는 군대에서의 리더십 효과와 관련한 많은 연구들을 리뷰하였고, 전반적으로 House의 이론을 지지한다고 보고하였다. 경로-목표 이론이 실용적인 측면에서 시사하는 바는 주로 관리자 훈련 및 개발에 있다. 관리자들은 특히 직무환경의 중요한 측면뿐만 아니라 부하직원들 간의 차이에 대해 인식할 수 있도록 훈련받아야 하고, 경로-목표 이론에서 제안한 리더십 스타일을 사용하는 법을 배워야 한다. 이 이론은 선발과 배치에 대해서도 시사점을 갖는다. 만일 리더가 성취지향적 리더십을 발휘하여 부하직원의 능력을 개발하는 데 매우 능숙하다면, 조직은 이 사람에게 젊고 잠재력이 많은 종업원으로 구성된 집단을 맡길 필요가 있다. 반대로, 리더가 참여적 리더십을 잘 발휘하는 사람이라면, 조직은 이 사람에게 의사결정을 많이 하는 집단을 맡길 필요가 있다.

Vroom-Yetton-Jago 모델

Vroom-Yetton-Jago 모델(Vroom & Jago, 1988, 2007; Vroom & Yetton, 1973)은 리더십의 의사결정에 초점을 둔 상황적합성 이론이다. 이 모델은 지금까지 다룬 이론들보다 더 처방적인 특징을 갖는다. 즉 이 이론은 리더가 어떤 의사결정 스타일을 채택할지에 대한 가이드라인을 제공하는 데 초점을 맞춘다. 이 모델에 따르면, 리더가 자신이 처한 상황에 얼마나 적합한 의사결정 스타일을 사용하느냐에 따라 리더십의 효과성이 달라진다고 한다.

Vroom-Yetton-Jago 모델에서 고려해야 할 첫 번째 요소는 리더가 활용할 수 있는 다양한 의사결정 스타일이다. 〈표 11.2〉에서 볼 수 있듯이, 첫 번째 의사결정 스타일(AI)은 관련된 정보를 리더가

표 11.2 Vroom-Yetton-Jago 리더십 모델의 의사결정 유형

AI — 관련된 정보를 혼자 고려한 후 리더 혼자 의사결정함
AII — 관련된 정보를 부하직원들로부터 얻은 후 리더 혼자 의사결정함
CI — 개개인의 부하직원들과 문제를 상의한 후 리더 혼자 결정함
CII — 집단으로서 부하직원들과 문제를 상의한 후 리더 혼자 결정함
GII — 집단의 합의를 통해 의사결정함

혼자 고려한 후에 리더 혼자 결정하는 것이다. 또 다른 의사결정 스타일(AII)은 부하직원들에게 관련 정보를 얻은 후 결정은 리더가 혼자 내리는 것이다. 의사결정 스타일 CI는 종업원 개개인과 함께 문제를 상의한 후에 리더 혼자 결정을 한다. 의사결정 스타일 CII는 문제를 종업원들과 한자리에 모여 전체적으로 공유하고 난 후에 리더 혼자 결정을 한다. 마지막 의사결정 스타일(GII)은 집단의 합의를 통해 의사결정을 내린다.

이 모델에 따르면, 어떤 의사결정 스타일이 가장 적절한지 결정하기 위해서는 아래 8가지 조건에 따라 상황을 분석해야 한다 : (1) 질 높은 의사결정이 필요한 상황인지, (2) 리더가 혼자 결정을 내리기에 충분한 정보를 가지고 있는지, (3) 문제가 어느 정도 구조화되었는지, (4) 의사결정을 내린 후 결정된 사항이 실행되기 위해 부하직원들의 동의가 필요한지, (5) 부하직원들이 리더의 결정을 받아들일지, (6) 조직의 목표를 부하직원들이 얼마나 공유할지, (7) 결정에 대해서 부하직원들 사이에 갈등이 있는지, (8) 부하직원들이 그들 스스로 의사결정을 할 만한 충분한 관련 정보를 가지고 있는지.

위와 같은 8개의 상황 조건이 어떻게 전개되느냐에 따라 주어진 상황에서 가장 적절한 의사결정 스타일이 무엇인지가 결정된다. 여기서 상황적 질문들은 순서도와 같은 순차적인 방법을 통해 고려된다. 특히 각 질문에 대한 리더의 반응을 통해 점차적으로 가능한 대안으로 좁혀지고 결국은 하나의 의사결정 스타일만 남게 된다. 이 이론을 활용하는 리더는 자신이 처한 상황에 대한 각 질문에 답을 할 뿐이지만, 최종적으로는 의사결정 유형 중 가장 바람직한 방법이 무엇인지 알게 된다(Vroom & Yetton, 1973 참조).

Vroom-Yetton-Jago 모델에 대한 연구는 관리자들이 모델의 규칙과 일치하는 의사결정 유형을 채택할 때 더 효과적이었음을 보여 준다(Margerison & Glube, 1979; Paul & Ebadi, 1989; Vroom & Jago, 1988, 2007). 그러나 이 모델을 검증한 연구들은 관리자가 이미 행한 의사결정과정에 대한 회고적 기술에 의존한다는 방법론적인 한계를 갖는다. 이 문제는 관리자들이 그들이 행한 과거 의사결정을 회고할 때 이 모델과 일관된 방향으로 회고할 수 있다는 의문을 갖게 한다. 회고적 기술을 사용하지 않은 최근 연구(Field & House, 1990; Parker, 1999)는 이 이론에 대하여 보다 제한된 지지를 제공하였다.

실용적 관점에서 Vroom-Yetton-Jago 모델은 여태까지 개발된 이론 가운데 가장 실용적인 모델 중 하나이다. 다른 이론들과 비교해서 이 모델은 단순하게 리더십 과정에 대해 설명하기보다는 리더에게 의사결정을 위한 구체적인 지침을 제공한다. Vroom-Yetton-Jago 모델에서 가장 큰 문제는 리더가 의사결정을 내릴 때 리더에게 주어진 조건, 상황들을 너무 단순화했다는 것이다. 예를 들어, 많은 경우 앞서 언급된 질문들에 대해 리더가 "예-아니요"로 대답하는 것이 어렵다. 이 약점을 극복하기 위해서 이 모델에 대해 더 많은 수정이 필요할 것이다.

리더-구성원 교환(LMX) 모델

작업집단의 일원이었거나 리더였던 사람이라면 누구나 집단의 구성원들이 동등하게 대우받지 않는다는 것을 알고 있다. 특히 집단의 리더는 어떤 부하직원들과는 보다 더 긍정적인 관계를 갖고 있고, 그리하여 다른 부하들에 비해 그들과는 보다 더 각별한 관계를 유지하게 된다. 이러한 생각에 기초해서, Dansereau, Graen, Haga(1975)는 리더십의 **수직쌍 연계 이론**(vertical dyad linkage model)을 발전시켰다. 수직쌍이란 원래 리더와 부하직원 간의 특별한 관계를 강조하기 위해 사용되었다. 그러나 후에 이 이론의 이름은 그 관계가 결국 리더와 부하직원 간의 사회적 교환관계를 반영하기 때문에 **리더-구성원 교환**(Leader-Member Exchange, LMX)으로 바뀌게 되었다.

Dansereau 등(1975)에 따르면 작업집단 내의 구성원들은 전형적으로 내집단(in-group)과 외집단(out-group)으로 나뉠 수 있다. 내집단은 리더의 신뢰를 받는 종업원들로 구성된다. 이들은 수행이 뛰어나고, 더 많은 업무를 맡으려 하며, 리더와 잘 지낸다. 외집단은 리더들과 형식적인 관계를 갖는다. 내집단 구성원은 외집단 구성원들에 비해 리더로부터 더 많은 은밀한 정보를 받고, 직무를 수행하는 데 더 많은 자율권이 주어진다. 외집단 구성원은 전형적으로 업무를 잘하지 못하며, 많은 업무를 맡으려 하지 않고, 내집단 구성원과 달리 리더와 잘 지내지 못한다.

이 이론은 점차적으로 내집단/외집단 구분 자체보다 리더와 부하직원들의 관계가 시간이 흐름에 따라 어떻게 발전되는지에 초점을 두게 되었다(Graen, 1976). Graen(1976)에 따르면, 부하직원들을 처음 맡았을 때 리더는 그들의 능력에 대해 유용한 사전 정보가 없는 상태이다. 시간이 지나면서 리더는 부하직원들에게 업무를 점점 더 부과하면서 그들의 능력에 대해 알게 된다. 부하직원들이 성공적으로 업무를 수행할수록 리더-부하 간에 긍정적인 교환관계가 발달한다. 이런 부하직원은 나중에 자기 업무의 역할과 책임 범위에 대해 리더와 조율하는 것도 가능해진다. 능력 이외에 리더와 구성원 간 교환관계의 발전에 영향을 미치는 또 다른 요인은 상호 간의 지각된 유사성, 그리고 상호 간의 대인 매력 수준이다(Liden, Wayne, & Stilwell, 1993). 교환관계는 부하직원들이 유능하고, 부하직원과 리더가 어느 정도 유사성을 가지며, 부하직원과 리더가 서로를 매력적이라고 좋아할 때 가장 긍정적이다. LMX의 역동성에 대한 또 다른 흥미로운 발전은 종업원이 자신에 비해 리더가 다른 종업원을 얼마나 좋아하거나 싫어하는지에 대한 인식에 대한 연구이다. Tse, Lam, Lawrence, Huang(2013)은 종업원들이 자신보다 그들의 동료가 리더와 더 좋은 관계를 가지고 있다고 느낄 때, 동료에 대해 경멸을 느끼고 이러한 경멸이 그들의 수행에 영향을 끼친다는 것을 발견하였다.

Dulebohn, Bommer, Liden, Brouer, Ferris(2012)는 최근에 긍정적인 LMX의 선행변인을 검증하기 위한 메타 분석을 실시하였다. 연구자들은 종업원과 리더의 특성, 그들 간의 관계가 높은 수준의 LMX와 연관되어 있음을 검증하였다. 예를 들어, 능력과 정적 정서성이 높고 부적 정서성이 낮은 종업원일수록 상사와 높은 수준의 LMX를 가지는 것으로 나타났다. 또한 LMX가 높을수록 종업원들은 리더가 성과와 연계된 보상을 잘 제공해 주고, 변혁적 리더십의 질이 높다고 평가하였다. 마지막으로, 종업원과 리더가 서로 비슷하고, 서로 호감을 가지며, 종업원이 리더를 신뢰할 때 LMX의 수준이 더 높았다.

그렇다면 이러한 교환관계의 결과로 나타나는 효과는 무엇일까? Gerstner와 Day(1997)는 리더-부하 교환에서의 상관관계를 검증한 79개 연구에 대해 메타 분석을 실시하였다. 그 결과 LMX는 직무수행, 직무만족 그리고 조직몰입에 정적으로 상관이 있었으며, 이직과 역할 스트레스 요인과 같은 결과물에 부적으로 상관이 있었다. 그중 가장 예상치 못한 결과는 교환관계의 질적인 면에 대한 부하와 리더 간의 상관이 상대적으로 작게 나타난 것이다(r = .37). 이것은 리더와 부하가 그들 간의 관계의 질에 대해 동일하게 판단하기는 하지만, 판단의 일치 정도가 아주 높은 것은 아니라는 점을 의미한다. 교환관계의 질적 부분에 대한 의견 일치 정도가 왜 높게 나타나지 않는지, 어떤 요인이 의견 일치에 영향을 미치는지, 또는 교환관계의 질에 대해 의견 불일치가 어떤 영향을 미치는지에 대해서는 앞으로 연구가 필요하다.

Ilies, Nahrgang, Morgeson(2007)은 50개의 서로 다른 표본에 대해 메타 분석을 실시한 결과, LMX는 종업원의 조직시민행동(OCB)과 정적인 관계를 가지는 것으로 나타났다. 특히 조직이 아닌 동료에 대한 조직시민행동과 높은 정적인 관계를 가지고 있었다. 그러나 Rockstuhl, Dulebohn, Ang, Shore(2012)의 최근 메타 분석에 따르면 LMX와 조직시민행동 간의 관계는 집합주의적인 아시아 문화권에서 더 약하게 나타났다. 연구자들은 아시아 문화권에 있는 종업원들은 자신과 리더와의 관계뿐만 아니라 조직의 집합적인 맥락과 조직에 대한 의무에도 민감해서 그런 것 같다는 가설을 제시하였다. 최근의 메타 분석 연구에서 Dulebohn 등(2012)은 LMX가 이직 의도 및 실제 이직의 감소와 연관되어 있고, 높은 수준의 조직시민행동 및 수행과 관련되어 있으며, 다양한 직무태도 변수들(예 : 직무만족, 조직몰입, 조직 공정성)과 높은 상관을 갖는 것으로 나타났다.

LMX 이론은 이론적인 면에서나 실용적인 면에서나 모두 다 유용하다. 이론적 관점에서 이 이론은 다른 이론에 비해 리더십을 보다 현실적인 측면에서 접근한다. 부하직원들은 리더의 영향을 단순히 수동적으로 받아들이지 않는다. 실용적 관점에서 LMX 이론은 리더가 부하직원과 긍정적인 교환관계를 만드는 것이 바람직하다고 본다. 항상 100% 가능한 것은 아니지만 조직은 관리자에게 부하직원과의 의사소통, 피드백 제공방법, 코칭 활동 등과 관련한 기술을 훈련시킴으로써 관리자가 부하와 질 높은 교환관계를 가질 수 있도록 도울 수 있다. 또한 LMX가 글로벌 지역으로 분산된 팀에 속해 있는 종업원들 사이에서도 중요하다는 증거가 있다. Gajendran과 Joshi(2012)는 높은 수준의 LMX가 글로벌 지역에 흩어져 있는 팀 멤버들 간의 의사소통을 더 원활하게 하고, 이에 따라 문제해결을 위한 팀 혁신의 수준을 높인다는 것을 검증하였다.

LMX 이론은 반면에 여러 문제점 또한 가지고 있다. 대표적으로 **교환관계를 구성하는 요인들이** 계속해서 바뀐다는 것이 비판점 중에 하나이다. 교환관계를 측정하기 위해서 Liden과 Maslyn(1998)은 네 가지 차원의 척도를 개발했다 : (1) 리더와 부하가 서로에게 느끼는 매력 정도를 나타내는 감정, (2) 리더-부하 수직쌍의 각 구성원에 의해 제공되는 공개적 지지의 양을 나타내는 충성심, (3) 리더-부하 수직쌍의 각 구성원들이 조직의 목표에 긍정적으로 기여하고 있는 정도를 나타내는 기여도, (4) 부하-직원 수직쌍의 구성원들이 자신의 업무에 뛰어남으로써 업무 내/외적으로 쌓은 명성 정도를 나타내는 전문적 존경. 그러나 이전의 LMX 척도는 오직 하나의 차원만을 가졌었다.

LMX 이론의 또 다른 문제는 이 이론이 설명하고자 하는 범위의 확장이다. 대부분의 사람들은 직속 상사와 특별한 관계를 맺는 것을 업무 경험 중 가장 중요한 차원으로 여긴다. 예를 들어, Kokotovich, Jex, Adams(2000)는 질적으로 높은 LMX는 역할 모호성과 직무만족 간의 관계에 영향을 미친다는 것을 발견하였다. 질적으로 높은 LMX를 가지고 있다고 여기는 종업원들은 역할 모호성에 긍정적으로 반응하였다. 또한 한 연구는 LMX가 이타적인 조직행동과 관련이 있다는 것을 발견하였다(Wayne & Green, 1993). 최근 연구는 LMX가 창의성을 예언하는 데 종업원의 인지적 능력과 상호작용한다고 제안한다(Tierney, Farmer, & Graen, 1999). Martinaityte와 Sacramento(2013)는 또한 LMX가 높을 때 특히 창의성이 종업원들의 영업 수행과 연관되어 있음을 발견하였다.

보다 최근의 연구들은 리더십의 다른 형태(예 : 거래적, 변혁적 리더십)는 LMX를 통해 종업원의 수행에 영향을 준다고 주장한다. 이제 이 변혁적 리더십을 포함한 다른 형태의 리더십을 살펴보자.

카리스마적 리더십, 변혁적 리더십, 거래적 리더십

이 세 가지 이론은 가장 최근에 개발된 것이다. 이 세 가지 이론의 리더십에 대한 접근방법은 서로 매우 관련되어 있으므로 함께 논의하기로 한다.

카리스마적 리더십(charismatic leadership)과 **변혁적 리더십**(transformational leadership)의 핵심은 리더의 어떤 특성과 행동은 부하직원들에게 영향을 줄 뿐 아니라 부하직원에게 영감을 불어넣어 능력 이상으로 업무를 잘하도록 이끌 수 있다는 것이다. 카리스마적 리더십과 변혁적 리더십의 특징에 대한 또 다른 정의는 이 두 가지 리더십 형태가 조직 내에서 의미 있는 변화를 일으킬 수 있는 잠재력을 갖는다는 것이다. 카리스마적 리더십과 변혁적 리더십이라는 용어는 종종 호환하여 쓰기도 한다. 두 용어가 구분되어 쓰일 때에는 카리스마적 리더십이 변혁적 리더십의 일부임을 나타낼 때이다.

카리스마적 리더십과 변혁적 리더십에 반대되는 개념이 **거래적 리더십**(transactional leadership)이다. 거래적 리더는 부하직원들이 직무를 완수하고 조직의 규칙을 따르도록 하는 사람이다. 전형적으로 거래적 리더는 종업원이 해야 할 직무를 수행하도록 하기 위해 보상과 처벌을 사용한다(Judge & Piccolo, 2004). 거래적 리더의 행동을 나타내는 또 다른 용어는 **연계적 보상**(contingent reward)이다(Wang, Oh, Courtright, & Colbert, 2011). 하지만 거래적 리더는 부하직원들을 고무하거나 조직에 의미 있는 변화를 가져오지는 않는다.

그러나 상황에 따라서 리더들은 거래적 리더십과 변혁적 리더십을 모두 사용할 수 있다는 점을 주목해야 한다. Bass(1998)는 거래적 리더십이 종종 변혁적 리더십의 기반이 된다고 주장하였다. 그는 리더가 부하들의 동기 수준을 고양하기 위해 변혁적 리더십을 사용하기에 앞서 먼저 부하들이 따를 명확한 규칙을 세우고 적용해야 한다고 주장한다.

Bass(1985)의 변혁적 리더십에 대한 연구에 이어, Judge와 Piccolo(2004)는 변혁적 리더십이 네 가지 차원으로 구성되어 있다고 주장하였다. 첫 번째 차원은 **이상적인 영향력**(idealized influence), 즉 카리스마이다. 이것은 열정을 가지고 마음을 다해 업무를 수행하고 조직에 헌신하는 모범적인 리더를 말한다. 카리스마적 리더는 많은 공통적 특성을 가지고 있다 : 매력적인 목소리, 이야기를 듣는 사람의 눈을 바라보는 것, 생기 있는 얼굴표정, 그리고 자신감 있고 역동적인 의사소통 스타일. 리더의 이러한 의사소통 방식은 자신의 비전을 설명하고, 그 비전에 대한 열정을 이끌어 내는 데 도움을 준다. 또한 이러한 의사소통 스타일은 부하직원들에게 리더에 대한 매력도를 높여 준다. 카리스마적 리더는 주변에 있는 사람들에게 확실한 '존재감'을 가지고 강력한 인상을 준다.

두 번째 차원은 **영감적 동기**(inspirational motivation)이다. 이와 관련하여 많이 언급되는 것은 비전을 제공하는 것이다. House(1977)에 의하면 비전은 매우 일반화된 이상적인 상태로서, 공유된 가치를 반영하고, 종종 도덕적인 면을 내포한다. 예를 들면, 대학에서의 비전은 학생들을 계몽하는 것이 될 것이고, 군대 조직에서의 비전은 자유를 수호하는 것이고, 자동차 회사의 비전은 운송수단을 향상하는 것이 될 것이다. 비전은 조직의 모든 구성원에게 적용되며, 따라서 모두를 결집시키는 기능을 할 수 있다. 리더들에 대한 많은 예를 보면, 특히 정치 분야에서 비전이 있느냐 없느냐에 따라 크게 구분될 수 있다(참고 11.2 참조).

세 번째 차원은 **지적 자극**(intellectual stimulation)이다. 이 차원은 부하직원들이 창의적이도록, 그리고 적정 수준의 위험을 감수하며 도전할 수 있도록 자극하고 격려하는 변혁적 리더의 능력을 말한다. 리더는 부하들에게 고정관점이나 이미 짜여진 틀에서 벗어나 생각하는 것을 장려함으로써 조직에 경쟁 우위를 가져다주는 혁신적 아이디어를 찾아낼 수 있다.

참고 11.2

비전 설정

카리스마적 리더십과 변혁적 리더십의 가장 중요한 요소 중 하나는 **비전**이다. 비전은 기본적으로 도덕적으로 함축된 의미를 지니는 이상적이고 바람직한 최종목표이다. 비전을 가진 리더는 목적의식적이고, 부하직원들과 이것을 공유한다.

비전은 특히 정치적 장면에서 중요하다. 후보자가 공직(national office)에 입후보했을 때, 유권자에게 비전을 제시하는 것은 후보자가 당선될 수 있는 기회를 제공할 수도 있고 그렇지 않을 수도 있다.

비전을 가지고 있는 것이 1980년에 로널드 레이건의 승리를 이끌었던 것처럼, 비전의 부재는 1992년에 조지 허버트 부시가 빌 클린턴에게 주도권을 빼앗긴 주요한 원인 중 하나이다. 비록 부시가 걸프 전쟁에서 훌륭한 위기관리 능력을 보여 줬지만, 그는 수년 전 레이건이 보여 주었던 일관된 비전을 제시하는 데 실패했다. 많은 유권자들은 부시가 무엇을 상징하고 있는지 정확히 이해하기 어려웠다. 반면에 클린턴은 경제적 기회에 기반한 비전을 성공적으로 공유했으며, 개인적인 수준에서 유권자들과

연결되어 있다는 인상을 주는 많은 예를 보여 주었다. 결과적으로, 클린턴이 부시와 제3당 후보인 로스 페로를 이기고 승리를 거머쥐었다. 이 비전은 1996년에 클린턴이 재당선되게 해 주었다.

조지 워커 부시와 앨 고어 간의 박빙의 선거전을 보았을 때, 대통령의 비전의 역할을 2000년 선거에서는 검증하기 어려웠다. 그러나 존 케리가 명확한 비전을 냈다는 인식이 부족한 데 비해, 사회보장의 민영화와 이라크와 아프가니스탄과의 전쟁에 대한 몰입도를 강조한 부시의 비전은 명확하게 지각되었고, 이러한 상황은 부시가 2004년에 당선되게 하는 데 결정적인 역할을 했다.

마지막으로, 버락 오바마의 희망과 변화를 강조한 대통령의 비전은 2008년에 존 맥케인으로부터 승리를 거머쥐게 할 만큼 큰 영향력을 보여 주었다. 그리고 2008년 비전을 다시 한 번 강조하는 데 많은 시간을 투자함으로써 버락 오바마는 2012년에 미트 롬니를 제치고 재선될 수 있었다.

마지막 차원은 **개별적 배려**(individualized consideration)이다. 이 차원은 종업원의 요구에 관심을 가져서 종업원이 리더로부터 이해받고 인정받고 있다고 느끼도록 만드는 리더의 능력을 말한다. 이 차원은 여러 면에서 변혁적 리더와 LMX 이론이 혼합되어 있다. 변혁적 리더는 카리스마적 의사소통 스타일을 가진 경향이 있다.

수년간의 연구들은 변혁적 리더십이 종업원의 수행이나 만족, 리더에 대한 긍정적 인식 등과 같은 긍정적인 결과들과 상관이 있다고 보고한다(Bass & Avolio, 1993; Shamir, House, & Arthur, 1993). Judge와 Piccolo(2004)는 변혁적 리더십과 거래적 리더십, 그리고 다양한 수행 결과(예 : 부하들의 직무만족, 부하가 느끼는 리더에 대한 만족, 리더의 직무수행) 간의 상관을 고찰하는 87개의 논문을 가지고 메타 분석을 실시하였다. 전반적인 타당화 계수는 변혁적 리더십의 경우에는 .44이고, 거래적(연계적 보상) 리더십에서는 .39였다. 한 가지 재미있는 발견은 이 메타 분석에서 변혁적 리더십과 거래적 리더십 간에 .80이라는 강한 정적 상관이 있었다는 점이다. 이 결과는 변혁적 리더십과 거래적 리더십이 리더십의 단일 차원에서 반대되는 개념이 아니라는 점을 말한다. 또한 Bass

와 그의 동료들은 이 두 리더십이 전쟁 시뮬레이션 훈련에서 보병대의 수행을 예측한다는 것을 발견했다(Bass, Avolio, Jung, & Berson, 2003).

Wang 등(2011)이 최근에 실시한 메타 분석은 개인 수준 및 팀/조직 수준에서 변혁적 리더십과 거래적 리더십이 어떻게 역할 내 수행 및 맥락적 수행과 관련되는지를 밝혀냈다. 연구자들은 변혁적 리더십의 평정점수가 개인 수준에서의 과업수행 및 맥락적 수행과 연관되어 있고(맥락적 수행에 대해 더 강한 효과가 있었다), 그룹 수준에서의 수행과도 관련되어 있다는 것을 검증하였다. 또한 연구자들은 변혁적 리더십이 거래적 수행을 통제한 후의 종업원 맥락 수행과 그룹 수행을 예측한 반면에, 거래적 리더십은 변혁적 리더십을 통제한 후에 종업원 과업수행의 분산을 추가적으로 예측하고 있음을 검증하였다. 이러한 결과는 한 시점에서의 카리스마적 리더십의 종업원 평정 점수가 그 시점의 재무적 성과를 통제하고 나서 2년 후 조직의 재무적 성과를 예측한다는 것을 밝혀낸 Wilderom, van den Berg, Wiersma(2012)의 연구 결과와 맥을 같이하는 결과이다.

변혁적 리더십에 대한 최근 연구동향은 어떻게 이 리더십이 수행을 예측하는가에 대한 고찰이다. Piccolo와 Colquitt(2006)의 연구와 Purvanova, Bono, Dzieweczynski(2006)의 연구는 이와 같은 결정요소에 대하여 고찰하였다. 두 연구 모두 변혁적 리더십이 부하직원들로 하여금 더 의미 있는 일(예 : 다양성, 중요성, 자율성 등과 같은 직무특성에서 높은 점수로 분류되는 업무)을 수행하도록 하고, 나아가 더 나은 성과를 내도록 이끈다고 보고하였다. Piccolo와 Colquitt(2006)은 이러한 직무특성들은 변혁적 리더십과 수행 성과 및 조직시민행동 간에 매개 역할을 한다는 것을 발견하였다. 또한 Purvanova와 동료들(2006)도 지각된 직무특성이 변혁적 리더십과 조직시민행동의 여러 측면들 간의 관계를 매개한다는 것을 발견하였고, 이것은 심지어 객관적인 직무특성을 통계적으로 통제하였을 때도 여전히 유의미하였다. 이러한 결과들을 종합해 볼 때, 변혁적 리더들은 종업원의 업무에 대해 주인의식을 갖도록 하며 의미를 부여하게 함으로써 그들이 더 나은 수행을 하도록 한다는 것을 알 수 있다.

다른 연구자들은 변혁적 리더십이 리더-부하 교환 이론(LMX; Wang, Law, Hackett, Wang, & Chen, 2005)을 통해 부하의 수행과 상관이 있다고 주장한다. 변혁적 리더십은 부하와 강한 인간관계를 형성하도록 하고, 이런 강한 유대관계는 부하가 보다 나은 수행을 하도록 작용한다는 것이다. Wang과 그의 동료들(2005)은 중국 조직에서의 리더-부하 간 격자관계를 고찰했다. 그들은 변혁적 리더십과 종업원들의 업무 성과 간의 관계가 부하와 상사 사이의 인간관계의 질에 초점을 두는 LMX에 의해 매개된다는 것을 밝혔다. Hobman, Jackson, Jimmieson, Martin(2011)이 관련 연구를 수행했는데, 이 연구에서는 변혁적 리더십이 높을수록 종업원들이 리더를 더 동일시함으로써 상사와 부하 간의 지각된 연결이 강화되고, 이로 인해 직무만족과 직무수행이 높아짐을 밝혔다.

팀 효능감이 변혁적 리더십과 팀 수행을 연결하는 또 다른 매개변수라는 연구가 있다. 팀 효능감이란 여러 상황에서 팀이 능력이 있다고 믿는 것을 뜻한다(Gully, Incalcaterra, Joshi, & Beaubien, 2002). Schaubroeck, Lam, Cha(2007)는 변혁적 리더십이 팀의 지각된 효능감을 높이고 이것이 다시 팀의 재무적 수행을 예측한다는 것을 발견하였다.

변혁적 리더십과 카리스마 리더십 관련 논의에 대한 결론을 내리기 전에, 모든 연구자가 변혁적 리더십의 유익한 결과에만 초점을 맞춘 것은 아니라는 점을 강조할 필요가 있다. Eisenbeiss와 Boerner(2013)는 최근에 변혁적 리더십이 부하들 사이에서 창의적인 수행을 고양하는 데 '양날의 검'이 될 수 있다고 주장한다. 이들은 변혁적 리더십이 연구개발직 직원들의 창의성과 정적으로 관련이 있지만, 변혁적 리더십으로 인해 직원들이 점점 더 리더에게 의존함으로써 창의성이 감소될 수도 있음을 발견하였다. 마지막으로, van Knippenberg와 Sitkin(2013)은 변혁적 리더십의 구성요소들이 종업원 결과 변수에 복합적으로 어떤 영향을 주는지, 이 과정에 어떤 매개변수가 존재하는지, 이 관계에 어떤 조절변수가 작용하는지 등에 관해 앞으로 이론적 모델을 더 개발할 필요가 있음을 지적하였다.

진정성 리더십

조직심리학에서 리더십에 대한 최근 접근 중 하나는 진정성 리더십이다. Avolio, Gardner, Walumbwa, Luthans, May(2004)는 진정성이 있는 리더를 "자신의 사고방식과 행동방식을 잘 알고 있으며, 또한 타인의 가치나 도덕적 관점, 지식, 그리고 강점을 잘 인식하고 있는 사람, 또한 자신이 처한 상황을 잘 파악하고 있으며, 자신감, 희망, 낙천성, 심리적 유연성 및 높은 도덕적 가치를 갖춘 사람"(pp. 802-804)이라고 정의하였다. 진정성 리더십의 핵심은 리더가 '있는 그대로의 자신의 모습'을 보이고, 부하가 리더와 집단의 목표를 진심으로 자신의 목표처럼 받아들일 수 있도록 함으로써 그들의 에너지를 업무에 쏟도록 이끄는 것이다. Avolio와 그의 동료들(2004)은 리더의 진정성 있는 행동이 어떻게 부하직원들로 하여금 리더 및 조직과 동일시하게 하고, 나아가서 그들이 희망, 신뢰, 그리고 긍정적 정서를 경험할 수 있도록 하는지를 설명하는 진정성 리더십의 모델을 발전시켰다. 여기서 긍정적 정서는 몰입이나 직무만족, 의미부여, 직무관여와 같은 일에 대한 우호적 태도를 만들어 내고, 결과적으로 수행이나 조직시민행동, 철회행동의 감소와 같은 성과를 가져오게 한다.

Gardner, Cogliser, Davis, Dickens(2011)는 이전 논문들에서 진정성 리더십이 어떻게 정의되었는지에 초점을 맞추어 진정성 리더십에 관한 91개의 논문을 분석했다. 저자들은 진정성 리더십에 관해서 여러 해 동안 여러 연구자들에 의해 많은 정의가 제공되었는데, 그중에서 일군의 연구자들이 모여서 Kernis의 자기 진정성 개념에 기반을 둔 네 차원으로 진정성 리더십을 개념화하였다고 밝혔다. 이 네 차원에는 리더로서 자기 자신의 강점과 약점에 대한 인식(자기인식), 정보를 처리하는 데 편견을 줄이려는 시도(균형 있는 처리), 자신의 실수와 의사결정에 관해 부하들에게 투명한 것(관계적 투명성),

그리고 뚜렷한 도덕적 틀에 부합되게 행동하는 것(내면화된 도덕적 관점) 등이 포함된다.

최근 연구들은 진정성 리더십과 중요 결과변수들 간의 관계 및 이 관계의 원인이 되는 메커니즘에 대해서 다루었다. Peterson, Walumbwa, Avolio, Hannah(2012)는 진정성 리더십이 경찰관 및 군인들의 수행을 예측한다는 것을 발견했다. 뿐만 아니라 이들은 심리적 자본(psychological capital)이 진정성 리더십과 군인들의 수행 간의 관계를 완전 매개함을 밝혔으며, 이는 진정성 리더십이 부하들의 긍정적인 동기 상태를 유발함으로써 더 나은 수행을 가져온다는 것을 밝혔다.

Walumbwa, Wang, Wang, Schaubroeck, Avolio(2010)는 부하가 평가한 리더의 진정성 리더십이 상사가 평가한 부하의 조직시민행동에 영향을 주고, 이 관계는 부하의 직무열의에 의해 매개된다는 것을 발견했다. Peterson, Walumbwa 등(2012)의 결과와 유사하게 이러한 결과는 진정성 리더십이 부하들의 동기를 높임으로써 부하의 수행을 증가시킨다는 점을 보여 주는 결과이다. 마지막으로, Wang, Sui, Luthans, Wang, Wu(2014) 등은 진정성 리더십이 더 많은 긍정적 LMX를 예측하고, 이로 인해 부하의 수행이 증가하는 모델을 검증했다. 이들은 모델을 지지하는 결과를 얻었고, LMX와 부하 수행 사이의 관계는 심리적 자본이 낮은 부하들에서 더 강하게 나타남을 보였다. 이 결과들은 높은 심리적 자본을 가진 부하들은 리더십 행동과 상관없이 일을 잘하지만, 심리적 자본이 낮은 부하들은 진정성 리더십과 LMX 간의 강한 관계로부터 더 많은 이익을 얻는다는 것을 의미한다.

서번트 리더십

진정성 리더십뿐만 아니라, 조직심리학의 또 다른 최근 트렌드는 서번트 리더십에 관한 이론과 연구이다. Ehrhart(2004)는 서번트 리더십에 대한 이전의 접근들을 확장한 분석을 수행하였고, 서번트 리더를 정의하는 7가지 특징에 대해 언급하였다 : (1) 시간과 주의를 부하들에게 집중해서 그들과 좋은 관계를 구축함, (2) 부하들의 의견을 의사결정에 반영하여 부하들에게 임파워먼트를 제공함, (3) 부하들이 성공할 수 있는 기회를 제공하여 그들의 역량개발과 성장을 촉진함, (4) 부하들이 보는 앞에서 윤리적으로 행동함, (5) 개념적으로 생각하고 단기와 중장기 방향을 모두 고려함, (6) 리더 자신의 성공보다 부하들의 성공을 우선시함, (7) 부하들이 지역과 사회의 공동체 일에도 자발적으로 참여하도록 해서 조직 밖의 이해관계자들을 지원함.

연구자들은 서번트 리더십이 중요 결과변수들과 어떻게 관련되는지에 대해 연구하기 시작하였다. Hunter 등(2013)은 직원들의 이직 의도와 판매 목표 달성의 예측 변수로서 서번트 리더십을 연구했다. 소매점 수준에서 서번트 리더십 행동은 더 낮은 이직 의도와 더 높은 판매 수행을 예측하였다. 이후 분석들에서 상점의 서비스 풍토(제공되는 서비스의 질 관점에서)가 서번트 리더십 행동과 결과 간의 관계를 매개하는 것으로 나타났다. 이 결과는 소매점에서 리더가 서번트 리더십 행동을 많이 보일수록 점원들이 질 높은 서비스를 제공하려는 서비스 풍토가 올라가고, 이것이 낮은 이직

의도와 높은 판매 수행이라는 결과를 가져온다는 것을 나타낸다(Walumbwa, Hartnell, & Oke, 2010 의 연구에서도 같은 결과를 볼 수 있음).

서번트 리더십의 중요성에 대해 추가적인 설명을 하기 위해 Peterson, Galvin, Lange(2012)는 테크놀로지 회사 표본에서 회사의 투자수익률을 통해 객관적으로 평가된 회사 수행과 CEO의 서번트 리더십 사이의 관계성을 연구했다. 저자들은 한 해의 1분기 동안 평가된 CEO의 서번트 리더십 행동 정도가 나머지 3분기 동안의 회사 수행을 예측할 수 있음을 발견했다. 향후에는 서번트 리더십과 직원들의 성과를 연결하는 프로세스에 관한 연구 및 이러한 관계성의 강도에 영향을 미치는 조절 변수들에 대해 지속적인 연구가 필요하다.

윤리적, 비윤리적 리더십

최근에 조직의 리더들이 비윤리적 행동을 한 케이스가 많이 나타나면서 많은 연구자들은 윤리적 또는 비윤리적 리더 행동에 관심을 가지게 되었다. 조직의 리더가 주주들에게 수십억 달러의 비용을 발생시킨 실수를 숨겼던 엔론(Enron) 사건과 버니 매도프의 폰지 사기 등은 최고경영자가 비윤리적으로 기업을 운영한 사례이다. Brown, Treviño, Harrison(2005)은 윤리적 리더십을 "개인적 행동 및 대인관계 행동에서 규범적으로 적절한 행동을 보이는 것, 그리고 양방향 커뮤니케이션, 강화, 의사결정 등을 통해 부하들에게 그러한 행동을 촉진하는 것"(p. 120)이라고 정의하였다. 대부분의 접근에서 비윤리적 리더십을 윤리적 리더십의 반대로 보고 있지만, 다른 연구자들은 구분된 구성개념으로서 비윤리적 리더십을 나타내는 '독재적(despotic)' 리더십과 같은 용어를 제시하였다. De Hoogh와 Den Hartog(2008)는 자기 이익에 높은 관심을 드러내고, 다른 사람들을 부당하게 이용하며, 복수심을 보이는 리더들을 독재적 리더라고 정의했다.

Kalshoven, Den Hartog, De Hoogh(2011)는 "공정성, 진실성, 윤리적 지침, 사람 중심, 권력 공유, 역할 명확성, 지속가능성에 대한 관심"(p. 51) 등 7가지 윤리적 리더십의 구성요소들을 평가하기 위해 최근에 **일터에서의 윤리적 리더십**(Ethical Leadership at Work, ELW) 척도를 개발했다. 저자들은 ELW가 부하의 다양한 직무 관련 태도들을 예측할 수 있고, 상사가 평가한 부하의 조직시민행동과도 관련된다는 것을 발견했다(Liu, Kwan, Fu, & Mao, 2013의 연구에서도 발견됨). 이와 유사한 연구에서 Walumbwa와 Schaubroeck(2009)은 윤리적 리더십이 부하가 새로운 아이디어를 제안하고, 집단의 수행을 개선하기 위한 발언 행동을 하는 것과도 관련이 있음을 밝혔다.

또한 최근 연구는 윤리적 리더십 행동이 집단의 수행에 영향을 미칠 수 있음을 보였다. Mayer, Kuenzi, Greenbaum, Bardes, Salvador(2009)는 윤리적 리더십의 하향 전파 모델을 연구했는데, 최고경영자의 윤리적 리더십에 대한 평가가 높을수록 직속 상사의 윤리적 리더십에 대한 평가가 높아짐을 발견했다. 뿐만 아니라 최고경영자와 상사의 윤리적 리더십 수준이 높을수록 집단 일탈이 적어지고 집단 조직시민행동이 많아짐을 발견하였다. 관련 연구에서 Schaubroeck 등(2012)은 고위 계급의 육군 장교들의 윤리적 리더십이 하위 계급 리더들의 윤리적 리더십과 관련됨을 발견하였다. 다양한 조직에서 리더들의 윤리적 행동에 대한 최근 관심을 고려해 볼 때, 윤리적 리더십의 영향과 개발에 관한 연구는 미래에도 계속될 것이다.

리더십에 관한 논의를 마치기 전에, 최근까지 리더십에 대한 비교 문화 연구가 거의 없다는 것을 언급하고자 한다. 참고 11.3에 62개국에서 리더십 개념을 고찰한 프로젝트를 논의하였다. 미래 연구는 리더십의 다양한 개념화에 대해 이 프로젝트의 시사점을 논의할 것이다.

조직에서의 권력과 영향력

포춘지 500대 기업의 CEO이든 청소부, 또는 감독관이든, 리더의 직무 중 가장 큰 부분은 사람들에게 영향력(influence)을 끼침으로써 조직의 목표와 일치된 방향으로 그들이 행동하도록 하는 것이다. 더욱이 리더가 다른 사람들에게 영향력을 갖는 정도는 주로 리더가 그들에게 갖는 사회적 권력에

참고 **11.3**

비교 문화적 연구 결과 : 리더십과 문화

리더십에서의 문화적 차이는 그동안 조직심리학에서 비중 있게 연구되지 않았다. 문화와 리더십에 관한 몇 안 되는 논문 중 하나는 최근 House와 그의 동료들(2003)이 62개국 951개 조직의 17,000명의 리더를 대상으로 연구한 것이다. 저자들은 각 문화에서 리더가 사용하는 리더십과 그 관행에 대한 문화 차이에 관심을 두었다. 이들은 62개국에 걸쳐 차이를 연구하였고, 그 결과 6개의 글로벌 리더 행동을 규명하였다 : 카리스마적/가치기반 리더십(리더가 타인에게 영감을 불어넣어 주고 동기화하는 능력), 팀기반 리더십(팀 빌딩과 외교적 수완을 강조), 참여적 리더십(리더십 결정에 타인을 참여시킴), 인본기반 리더십(부하직원들에 대한 배려), 자발적 리더십(개인주의적 의사결정 및 부하들과의 독립), 그리고 자기보호적 리더십(현재의 위치와 체면을 살리기 위한 행동으로써 리더와 집단을 보호하고자 하는 행동에 초점).

House와 그의 동료들은 팀 지향적이며 부하직원들과 비전을 효과적으로 의사소통할 수 있는 능력을 가진 리더들이 모든 문화권에서 중요시된다는 것을 발견하였다. 이들은 글로벌 리더의 자발적 리더십과 자기보호적 리더십 행동에서 가장 큰 차이가 있음을 알아내었다. 자발적 리더십은 (헝가리를 제외한) 동유럽에서 약간의 변화가 있었지만 남미, 중동, 그리고 미국에서는 효과가 없었다. 자기보호적 리더십은 알바니아, 대만, 이집트, 이란, 쿠웨이트 등의 나라에서 효과가 있었다. 그러나 프랑스 같은 북유럽 국가에서는 효과가 없었다. 이 책은 효과적, 비효과적인 리더십 행동에 대한 주관적 지각에 대해 문화에 따른 유사점과 차이점을 서술하고 있고, 이런 지각과 문화가 추구하는 가치 간에 관계가 있는지를 알아본다. 이 연구는 리더십이 문화에 걸쳐 어떻게 달라지는지에 대한 향후 연구에 영향을 줄 것이다.

출처 : House, R. J., Hanges, P. J., Javidan, M., Dorfman, P. W., & Gupta, V. (Eds.). (2003). *Culture, leadership, and organizations: The GLOBE study of 62 societies*. Thousand Oaks, CA: Sage.

달려 있다. 또한 종업원도 조직 내에서 효과적 또는 비효과적인 방법으로 권력과 영향력을 사용할 수 있다. 이 장에서는 먼저 권력에 대해서 논의하고 영향력을 발휘하는 책략에 대해 살펴볼 것이다.

권력의 정의

권력(power)이란 것이 본질적으로 나쁘거나 악한 것은 아니지만 종종 권력은 부정적인 맥락으로 쓰인다. 단순하게 말해 권력은 다른 사람에게 영향을 미치는 잠재력 혹은 능력을 나타낸다(French & Raven, 1959). 권력을 통해 타인의 행동에 영향력을 행사할 때, 그 영향력의 결과는 일반적으로 세 가지 형태, 즉 순응, 동일시, 개인적 수용 중 하나일 것이다(Kelman, 1958). 순응(compliance)이란 리더가 행사한 영향력을 받은 직원이 자기 의지와는 상관없이 리더의 요구에 따라 행동하는 것을 말한다. 부모가 자녀에게 사탕은 안 된다고 말했을 때 아이는 부모의 말을 따르기는 하겠지만, 만약 그 아이가 선택할 수 있는 권한이 있다면 그 사탕을 먹을 것이다. 업무 상황에서 예를 들어 보면, 어떤 종업원이 안전 장비를 착용하는 것이 별로 효과도 없고 귀찮기만 한 일이라고 생각하더라도 규정 때문에 어쩔 수 없이 그것을 착용한다면 이것이 순응의 예이다.

두 번째 결과는 **동일시**(identification)이다. 이 경우에 종업원은 리더가 원하는 대로 일을 한다. 그 이유는 기본적으로 종업원이 리더를 좋아하고 동일시하기 때문이다. 순응의 경우처럼, 동일시에 따라서 행동하는 경우, 행동은 변하지만 태도는 바뀌지 않는다. 즉 종업원은 리더를 좋아하지만, 일 자체를 좋아하는 것은 아닐 수도 있다. 작업 장면에서 동일시에 대한 예는, 부하가 진행되고 있는 프로젝트를 중요하게 여기지 않으면서도, 리더를 좋아하기 때문에 그 프로젝트의 마감시한을 맞추려는 리더를 돕기 위해 늦게까지 남아 있는 경우이다.

영향력의 세 번째 결과는 개인적 수용(private acceptance) 혹은 내면화(internalization)이다. 이 경우에 종업원들은 리더가 요구하는 것이 옳다고 믿기 때문에 그렇게 행동한다. 순응이나 동일시에 비해서 개인적 수용은 장기적인 측면에서 리더에게 더 효과적이다. 따라서 만약 부하직원이 리더가 시키는 일이 옳다고 믿는다면 리더는 부하직원들이 자신의 지시를 따라 그 일을 잘 수행하고 있는지, 부하직원들이 여전히 자신을 좋아하는지를 확인하는 데 보다 적은 시간을 쓰게 될 것이다. 그러나 항상 리더가 부하직원들에게 개인적 수용을 얻을 필요는 없다. 예를 들어, 종업원이 규칙에 동의하지 않더라도 안전 규칙에 따라야 한다.

네 번째이자 마지막 결과는 저항(resistance)이다. 이 경우에 종업원은 단지 리더가 요구한 것을 하지 않는다. 저항은 명백한 거부의 형태를 띨 수 있지만, 보편적으로 리더가 부하직원들이 시킨 일을 수행했는지 안 했는지에 대해 물었을 때, 분명하게 답변하지 않는 형태로 표출된다. 이는 리더에게 매우 대처하기 힘든 상황이고, 따라서 이것은 리더의 관점에서 볼 때 명백히 바람직하지 못한 결과이다.

권력의 근원

리더는 부하직원들에 대해 무한한 권력을 자동적으로 부여받는 것은 아니다. 리더들 개개인은 또한 부하직원들에게 갖는 권력의 기반이 무엇이냐에 있어서 각자 다 다르다. 가장 널리 알려진 모델은 French와 Raven(1959)이 40년 전에 제안한 모델이다. 이 모델에 따르면 권력은 6개의 근원으로부터 나올 수 있다. French와 Raven의 모델에 대해 알려진 바는 주로 다섯 가지 근원에 대해서이지만, 이 모델은 원래 여섯 가지 근원을 제시하고 있다. 권력의 첫 번째 근원은 **강압적 권력**(coercive power)이라고 부른다. 이런 종류의 권력의 근원은 한 사람이 다른 사람을 처벌할 수 있다는 점이다. 예를 들어, 부하직원은 리더가 그들을 해고할 힘이 있기 때문에 리더의 요구대로 일한다. 비록 처벌에 대한 위협이 리더에게 상당한 힘을 줄 수 있을지라도, 이런 강압적 권력은 일반적으로 매우 효과적이지 않다. 만약 부하직원이 처벌에 대한 위협 때문에 리더가 원하는 것을 한다면, 리더가 주위에서 감시하지 않을 때 리더의 권력이 부하의 업무수행에 대해 갖는 영향력은 상당히 줄어들 것이다.

French와 Raven이 기술한 권력의 두 번째 근원은 **보상적 권력**(reward power)이다. 이는 근본적으로 강압적 권력과 반대되는 개념이다. 즉 부하직원은 리더가 자신에게 보상을 줄 능력이 있기 때문에 리더가 원하는 것을 한다. 예를 들어, 부하직원은 리더가 임금 인상 시 더 높은 임금인상률을 자신에게 책정할 수 있는 권한을 가지고 있기 때문에 리더가 원하는 대로 초과근무를 할 것이다. 그러나 강압적 권력과 마찬가지로, 보상적 권력은 매우 효과적인 권력의 근원이 되지는 않는다. 이것은 리더가 부하직원들의 행동을 계속 감시, 관찰하고 적절한 시기에 보상을 해야만 가능하다. 강압적 권력이나 보상적 권력 중 하나를 가지고 있는 사람은 다른 하나도 역시 가지고 있는 경향이 있다. 예를 들어, 만일 리더가 강압적 권력을 가진다면, 보상적 권력도 가지고 있는 경우가 많다. 그러나 리더 개개인은 강압적 권력과 보상적 권력 사이에서 무엇을 더 자주 사용하는가 하는 정도에 따라 다를 수 있다(제10장 참조).

세 번째 권력의 근원은 **합법적 권력**(legitimate power)이다. 이 권력은 조직 내에서 리더가 차지하고 있는 지위로부터 발생한다. 대부분의 조직 장면에서 한 종업원이 다른 종업원의 상사라는 의미는 그 사람이 다른 사람에게 요구를 할 합법적인 권한이 있다는 것을 의미한다. 여기서 합법적이라는 것은 그에게 주어진 지위가 합법적이라는 것이지 그 사람 개인이 합법적인 사람이냐의 문제와는 관계가 없다. 강압적 권력과 보상적 권력에 비해 합법적 권력은 더 효과적이다. 대부분의 조직에서 지위에 해당하는 합법적 권위 수준은 이미 알려져 있기 때문에 리더가 직접 감독할 필요가 없다. 사실 많은 경우에 이는 직무기술서나 공식 문서로 기술되어 있다. 그러나 만일 이 권력이 남용되거나 부하직원으로부터 응종만을 이끌어 낸다면, 결국에는 종업원들의 분노를 일으킬 수 있다는 것이 합법적 권력의 문제점이다. 일반적으로 사람들은 단지 "내가 너의 상사이다"라는 이유로 자신에게 명령하는 것을 좋아하지 않는다.

네 번째 권력의 근원은 **전문적 권력**(expert power)이다. 이는 부하들에게 중요한 어떤 일에 대해 리더가 그 분야의 전문가로 여겨짐으로써 생기는 권력이다. 만약 디자인 기술자 그룹의 리더가 전문적인 디자인 엔지니어라면, 이는 부하들이 리더가 요구하는 것을 잘 따르도록 만들 것이다. 전문적 권력에서 중요한 점은 인식이다. 전문가인 것이 실제적인 권력의 근원이 되기 위해서는 부하직원들은 리더가 전문가라고 인식해야만 한다. 리더의 전문성 수준에 관계없이 부하직원들이 리더를 전문가로 여기지 않는다면, 어떤 전문적 권력도 존재할 수 없다. 또한 작업집단이나 조직에서 리더가 아닌 사람이 전문적 권력을 가지는 것도 가능하다. 예를 들어, 어떤 종업원이 특정 주제나 절차에 대해 해박한 지식을 가지고 있는 것으로 알려진다면, 그는 조직 위계상에서 리더 직책을 가지고 있지 않더라도 전문적 권력을 가질 수 있다.

French와 Raven의 모델에서 다섯 번째 권력의 근원은 **참조적 권력**(referent power)이다. 이는 부하직원들이 리더를 좋아하는지에 기반한다. 즉 부하직원들이 리더를 좋아하기 때문에 리더가 원하는 것을 한다. 비록 이런 형태의 권력에서 감독은 필요 없지만, 대인 간 매력은 전문성에 비해 변하기 쉽기 때문에 참조적 권력은 전문적 권력보다 약하다. 만약 부하직원이 리더에게 더 이상 긍정적 감정을 갖지 않는다면 부하직원에 대한 리더의 참조적 권력은 사라진다.

여섯 번째로 마지막 권력의 근원은 **정보적 권력**(informational power)이다. 앞서 얘기했듯이, 이것은 French와 Raven의 모델에서 언급되지 않았지만, 처음 모델(Raven, 1993)에 포함되어 있었다. 부하들을 설득할 수 있는 수준 높은 정보를 가지고 있는 리더는 정보적 권력을 갖는다. 예를 들어 만약 어떤 사람이 안전벨트를 착용했을 때 치명적 중상을 입을 확률이 훨씬 작다는 것을 증명할 수 있는 타당한 정보를 가지고 있다면, 그는 다른 사람들에게 안전벨트를 착용할 것을 설득하는 데 상당한 정보적 영향력을 가질 것이다.

권력의 근원에 대한 첫 모델을 개발한 후 French와 Raven은 이 모델의 여러 부분을 바꾸고 정교화하였다(Raven, 1993). 예를 들어, 그들은 보상적 권력과 강압적 권력을 개인적 또는 비개인적 형태로 구분하였다. 보상과 처벌은 개인적인 칭찬이나 꾸중의 형태로 나타날 수 있고, 승진이나 공식 징계와 같은 비개인적인 것일 수도 있다. 그들은 또한 합법적 권력의 개념을 상당히 정교화하였다. 예를 들어, 합법적 권력은 단지 개인의 조직에서의 공식 지위에만 기반하는 것이 아니라 상호 교환의 원리("내가 너를 위해 이것을 했으니 너도 나를 위해 무엇인가 해야 할 의무를 느껴야만 한다."), 형평성의 원리("내가 열심히 일하고 고생했으니 나는 너에게 보상해 달라고 요구할 권리가 있다."), 그리고 책임성 혹은 의존성의 원리("내가 이것을 할 수 없으니 날 도울 책임은 너에게 있다.")에 기반하기도 한다.

전문성과 참조적 권력은 긍정적, 부정적인 측면을 갖는다. 원래는 전문적 권력과 참조적 권력 모두 긍정적으로 여겨졌다. 그러나 French와 Raven은 나중에 둘 다 부정적일 수도 있다고 지적했다. 부정적인 전문적 권력은 어떤 사람이 더 나은 지식을 가지고 있다고 여겨지지만, 그 지식을 자신의 이익만을 위해 사용하는 것처럼 보이는 상황을 뜻한다. 참조적 권력의 부정적인 면은 어떤 사람이 사람들이 좋아하는 대상이기보다 싫어하는 대상이 될 때 발생한다. 만약 이 사람이 리더라면, 부하 직원은 리더가 원하는 대로 하지 않는 경향을 보일 것이다.

정보적 권력은 직접적이거나 간접적인 것으로 구분된다. 정보적 권력이 직접적일 때 리더는 논리정연한 주장을 직접적으로 부하직원들에게 준다. 간접적일 때 정보는 리더로부터 직접적으로 오지 않지만, 대신에 다른 부하나 또 다른 리더로부터 올 수 있다. 영향력에 대한 사회심리학 연구 (예 : Petty & Cacioppo, 1981)에서 밝혔듯이, 어떤 상황에서 간접적으로 전달된 정보는 직접적으로 얘기된 정보에 비해 더 큰 영향력을 갖기 때문에 정보적 권력에 대한 이런 직접적, 간접적 구분은 중요하다.

French와 Raven의 모델에 대한 경쟁 모델이 제안되지 않았지만, 이들의 원래 모델을 확장하려는 시도는 있었다. Finkelstein(1992)은 최고 관리자 팀 권력의 근원을 조사했다. 비록 그가 제안한 권력 근원 중 몇 개는 French와 Raven의 모델에 부합했지만, 두 가지 새로운 권력 근원이 발견되었다. 주인적 권력(ownership power)은 주식 소유권이나 혹은 가족 관계를 통해서 최고 관리자 팀의 구성원들이 조직 안에서 소유권을 갖는 정도를 말한다. 최고 관리자 팀 안에서 상당한 주식을 보유하고 있거나 혹은 조직의 설립자와 친척 관계를 가진 임원들은 때때로 상당한 권력을 가진다.

Finkelstein(1992)이 제안한 새로운 권력의 근원은 **평판적 권력**(prestige power)이다. 이는 최고 관리자 그룹의 구성원이 조직 밖에서도 평판과 지위를 갖는 정도를 말한다. Finkelstein은 평판적 권력을 측정하기 위해 임원이 맡고 있는 회사 이사회의 수, 이 회사들의 평판 수준, 임원이 일하고 있는 비영리 이사회의 수, 그리고 마지막으로 임원이 졸업한 대학의 평판 등을 사용했다. 일반적으로, 만일 임원이 많은 성공한 조직의 이사회를 맡고 있고, 또한 비영리 재단의 위원회를 위해 일하고 있고, 유명한 대학을 졸업했다면, 그는 더 큰 평판적 권력을 가질 수 있다.

영향력 책략

지금까지 우리는 리더가 자신의 부하에게 미치는 영향력이 어디에서 나오는지에 대해서 언급했다. 그러나 권력과 영향력의 역동성에 대해서 진정으로 이해하려면, 영향력을 행사하는 데 사용되는 구체적인 영향력 책략에 대해서도 살펴보아야 한다. Yukl과 Tracey(1992)에 따르면, 9가지 책략이 영향력을 발휘하는 데 사용될 수 있다고 하며, 이는 〈표 11.3〉에 정리되어 있다. **합리적 설득**(rational persuasion)은 종업원에게 일을 지시할 때, 왜 그 일을 지시하는지에 관해 논리적인 설명을 제공하는 것이다. 예를 들어 공장의 주임은 직원들에게 시끄러운 작업환경에 만성적으로 노출되면 청력을 잃

표 11.3 리더의 9가지 영향력 책략

책략	정 의
1. 합리적 설득	논리적 설명이나 사실에 근거한 증거로 설득함으로써 제안이나 요구를 실행 가능하게 하며 업무 목적을 이루게 한다.
2. 고무적 호소	당신의 가치, 이상 혹은 포부에 호소하거나 또는 당신은 할 수 있다는 믿음을 키워줌으로써 열정을 일으키는 요구나 제안을 한다.
3. 자문	책략이나 활동을 계획하는 데 혹은 당신의 지지나 도움이 필요한 변화를 위해 당신의 참여를 구하거나 당신의 배려와 제안을 받아들여 기꺼이 제안을 수정하려 한다.
4. 아부	당신에게 무엇인가 요청하기에 앞서 당신을 기분 좋게 하거나 호의적으로 생각해준다.
5. 교환	당신에게 호의를 교환하거나, 나중에 답례하기를 바라거나, 혹은 업무를 완성하는데 돕는다면 그 이익을 나눌 것을 약속한다.
6. 개인적 호소	당신에게 무엇을 하라고 요구하기 전에 그 혹은 그녀를 향한 당신의 충성심과 우정 감정에 호소한다.
7. 동맹	당신이 무엇을 하게 하기 위해 다른 사람의 도움을 구하거나 혹은 당신이 동의해야하는 이유로서 다른 사람의 지지를 이용한다.
8. 합법화	권위나 권리 주장을 통해서 혹은 그 요구가 조직의 정책, 규칙, 실제, 전통과 일치함을 들어 요구의 합법성을 찾는다.
9. 압력	요구, 위협을 사용하거나 그 혹은 그녀가 원하는 것을 당신이 하게 하기 위해 지속적으로 상기시킨다.

출처 : Yukl, G., & Tracey, J. B. (1992). Consequences of influence tactics used with subordinates, peers, and boss. *Journal of Applied Psychology*, 77, 525–535. Copyright ⓒ 1992 by the American Psychological Association. Reprinted with permission.

을 수 있기 때문에 귀를 보호하기 위해 안전장비를 착용하도록 지시할 수 있다.

고무적 호소(inspirational appeals)란 리더가 종업원의 가치나 이상에 호소하고 종업원 자신이 어떤 것을 이루어 낼 수 있는 능력이 있는지 설득함으로써 영향력을 행사하는 방법이다. 예를 들어, 군대의 지휘관이 부대원들이 지치고 힘들어할 때 계속해서 싸우도록 그들을 격려하기 위해 자신들의 임무가 갖는 전략적 중요성을 설명하거나, 부대원들에게 애국심이나 군인정신을 호소할 수도 있다. 앞에서 언급했듯이 이런 종류의 호소는 변혁적 리더들이 종종 사용한다.

자문(consultation)을 사용하는 경우, 리더는 부하직원들의 참여가 중요한 일에 관해 부하의 도움을 구함으로써 부하직원들에게 영향을 미친다. 이런 책략은 조직에 변화가 도입될 때 종종 사용된다. 예를 들어 만일 조직이 직무를 재설계하고 종업원들이 이를 받아들이도록 설득해야 한다면, 가장 좋은 방법은 직무 재설계 과정에서 종업원들에게 도움을 구하는 것이다.

아부(ingratiation)는 리더가 어떤 요구를 하기 전에 부하직원들의 기분을 좋게 하여 부하직원들에게 영향을 끼치는 방법이다. 이는 칭찬을 하거나 부하직원의 관점이나 의견에 동의하기, 혹은 호의를 베푸는 것과 같은 다양한 방법으로 행해질 수 있다. 부하직원들에게 주말에 나와서 일할 것을 요구하려는 리더는 요구를 하기 전에 그들에게 도넛을 가져다줄 수 있다. 그러나 아부는 주의해서 사용해야 한다. 만약 아부가 진심으로 여겨지지 않는다면 사람들은 요구에 응하지 않을 가능성이 높다. 리더가 종종 환심을 사려는 행동을 노골적으로 하는 경우에는 종업원의 행동에 거의 영향을 끼치지 못한다.

교환(exchange)이란 부하직원들이 리더의 요구에 응했을 때 어떤 대가를 제공하거나, 혹은 업무가 완성되었을 때 발생하는 이득을 나눠 주는 등의 방식으로 보답을 하는 것이다(Cialdini, 2001 참조). 어떤 기업에서는 교환의 형태를 사실상 조직의 정책으로 정해 놓는 경우도 있다. 예를 들어, 시간제 종업원이 일주일에 40시간 이상 일한다면 그들은 초과 근무수당을 받을 것이다. 그러나 이런 교환은 엄밀히 말해서 리더와 부하직원들 사이에서 발생한다. 예를 들어, 만일 패스트푸드 식당의 관리자가 종업원들이 아침 일찍 직원 미팅에 참석하길 원한다면, 한 가지 방법은 그들에게 추가 30분 휴식시간과 같은 또 다른 인센티브를 제공하는 것이다.

개인적 호소(personal appeal)란 리더가 특정 부하직원의 개인적 충성심이나 우정과 같은 개인적 친밀 관계에 호소함으로써 영향력을 발휘하는 것이다. 이 책략은 두 사람이 어느 정도의 충성심과 우정을 공유할 때 사용될 수 있다. 예를 들어, 부하직원에게 요구를 하기 전에 리더는 먼저 이렇게 말할 수도 있다. "우리는 오랫동안 친구로 지내 왔고 함께 힘든 시간을 보내 왔습니다. 그래서 나는 당신을 의지할 수 있는 사람으로 정말 믿고 있습니다." 이 말을 들으면 대부분의 사람들은 요구를 거절하기가 힘들 것이다.

동맹(coalition)을 형성해서 영향력을 발휘하는 것은 부하직원들이 요구에 응하도록 설득하기 위해 다른 사람을 동원한다든지, 혹은 그런 요구를 받는 것이 얼마나 영광스러운 것인지를 다른 사람의 예를 통해 설명하는 것을 포함한다. 예를 들어, 부하직원들이 안전 장비를 착용하도록 하기 위해 그것을 착용하고 있는 다른 직원을 보여 줌으로써 개개인에게 안전 장비가 필요하다는 것을 설득하는 것이다. 이 방식은 Cialdini(2001)가 **사회적 증거**라고 불렀는데, 사람들은 종종 타인의 행동을 통해서 무엇이 옳고 맞는지를 결정한다는 아이디어를 강조한다.

합법화(legitimating)란 리더가 자신이 요구를 할 수 있는 타당한 권위를 가지고 있음을 강조하거나 조직의 정책이나 규칙을 언급함으로써 자신의 요구에 대한 정당성을 보여 주는 것이다. 군대 조직에서 리더는 종종 자신의 계급이 부하의 계급보다 높다는 사실을 지적한다. 군대 조직에서는 서열이 절대적으로 강조되기 때문에 이런 형태의 영향력은 효과가 있다. 다른 종류의 조직에서는 합법성의 사용은 덜 성공적일 수도 있으며 만약 자주 사용한다면 궁극적으로 부하직원들 사이에서 불만이 발생할 수도 있다.

마지막 책략은 압력(pressure)이다. 이는 명령, 협박, 혹은 부하직원들이 요구에 응하는지 지속적으로 감시 또는 확인하는 것 등을 포함한다. 상사가 부하직원이 매일 아침 정시에 출근하는지 확인하길 원한다고 가정하자. 한 가지 방법은 개개인의 책상을 살펴봄으로써 부하들이 정시에 출근하는지를 확인할 수 있을 것이다. 압력은 비록 리더가 원하는 행동을 이끌어 낼 수는 있지만, 이는 항상 부하직원에게는 응종적인 행동일 뿐이다. 압력을 사용하는 방법은 부하직원의 행동을 항상 감시해야 하기 때문에 리더에게 상당한 에너지를 소모하게 한다.

영향력 책략에 관한 연구들은 이 책략들이 성공적인 결과를 가져오는 경우를 연구하였다. 만약 리더가 부하들의 응종이 아니라 구성원이 개인적으로 수용하는 정도의 행동 변화를 얻고자 한다면 가장 효과적인 방법은 고무적인 호소를 하거나 자문을 사용하는 것이다(Falbe & Yukl, 1992; Yukl, Kim, & Falbe, 1996; Yukl & Tracey, 1992). 동맹, 합법화, 압력과 같은 책략은 개인적인 수용을 끌어내지 못할 것으로 나타났고, 이것은 심지어 저항을 일으킬 수도 있다. 그 이유는 사람들은 보편적으로 어떤 일을 선택할 때 선택의 자유를 갖는 것을 중요하게 여기고, 자유 의지를 갖고 선택했다고 느낄 때 일에 대해 더 열정적일 수 있기 때문이다. Brehm(1966)은 사람들은 자신의 개인적 자유에 대해 위협을 경험할 때 저항을 느끼고, 결국 이는 요구받은 것과 정반대의 것을 하도록 만든다고 언급하였다.

이 분야에서 일관되게 나타난 또 다른 발견은 앞서 언급한 책략 여러 개를 결합하는 방식으로 다른 사람의 행동에 영향을 미칠 수 있다는 것이다. 예를 들어, Falbe와 Yukl(1992)은 몇 가지 책략을 함께 사용하는 것이 한 가지 책략을 사용하는 것보다 행동 변화를 용이하게 한다는 것을 발견했다. 그 예로 자문과 함께 고무적 호소를 함께 사용하는 것은 이들 책략을 각기 하나씩 사용하거나 또는 압력이나 합법화와 같은 책략을 사용하는 것보다 훨씬 효과적이었다. 이런 결과는 영향력을 행사하는 과정이 종종 시간이 걸리고 리더는 부하들의 행동에 영향을 미치기 위해 여러 책략을 함께 사용할 준비가 되어 있어야 함을 뜻한다.

영향력 책략에 대한 연구는 리더에게 실용적인 측면에서 매우 중요한 통찰을 제공한다. 무엇보다 가장 중요한 것은, 만일 리더가 자신의 부하직원이 어떤 일을 기꺼이 하길 원한다면, 자신의 지위나 다른 강압적 기술을 사용하는 것보다 부하직원들에게 부탁하는 것이 결국은 훨씬 더 효과적이라는 것이다. 비록 부탁하는 것이 더 오래 걸릴지라도, 강압적인 기술을 사용하는 것보다 행동 변화가 훨씬 오래 지속될 것이다.

조직에서의 정치

조직에서 정치라는 용어는 때때로 매우 부정적인 행동을 떠올리게 한다. 그러므로 대부분의 사람들은 조직에서 정치를 피하고 싶어 한다. 그럼에도 불구하고 정치적 행동은 현실의 일부이고, 많은 경우 조직 내에서 영향력의 중요한 한 형태이다. 조직에서의 정치는 조직 내에 있는 영향력 행동으로 정의되어 왔으며, 이는 정례화되고 합법화된 권력 시스템의 범위 밖에 있는 것을 뜻한다(Yoffie & Bergenstein, 1985). 정치적 행동은 때때로 조직 전체를 희생시켜서 어떤 특정 개인이나 집단이 이익을 얻고 더 많은 권력을 획득하는 것을 목표로 한다.

Miles(1980)에 따르면 정치적 행동을 동기화하는 주요 요인 중 하나는 불확실성이다. 예를 들어, 종업원이 조직의 목표를 확실하게 알지 못하면 정치적 행동이 일어난다. 정치적 행동을 강하게 일으키는 또 다른 요인은 자원의 부족이다. 한 조직에 속한 모든 사람이 비록 같은 팀에 속한 것일지라도 많은 조직에서 부족한 자원을 얻는 것은 매우 경쟁적인 과정이다. 이와 같이 부서의 관리자는 심지어 아주 적은 자원을 얻기 위해서 상당한 정치적 행동을 해야 하는 경우가 있다.

정치적 행동을 일으키는 또 다른 조건은 기술 변화, 모호한 의사결정, 그리고 조직의 변화이다. 조직에서 새로운 기술을 도입하게 되면 종종 업무 역할과 권위의 위계와 관련하여 상당한 불확실성이 생기게 된다. 이 두 조건은 모두 정치적 책략을 쓸 기회를 제공한다. 많은 조직에서 의사결정은 불충분한 정보를 가지고 이루어지고, 따라서 어느 대안이 맞는 것인지가 분명하지 않다. 이런 경우, 각양각색의 의견을 가진 사람들이 의사결정 과정에 영향을 미치려 하기 때문에 정치적 행동이 일어난다. 마지막으로, 정치적 행동은 조직 변화가 일어나는 동안에는 훨씬 더 많이 일어난다. 왜냐하면 이런 상황에서의 의사결정 과정은 정치적인 영향력에 의해 쉽게 바뀔 수 있기 때문이다.

이제 사람들이 정치적 행동을 취할 때 사용하는 구체적인 책략에 대해 살펴보자. 비록 많은 책략이 개인의 정치적 의사를 반영하기 위해서 사용될 수 있지만, 몇몇 책략은 보다 흔히 사용되며, 이들 중 많은 책략이 앞부분에서 설명한 일반적인 영향력 책략과 유사하다. Allen, Madison, Porter, Renwick, Mayes(1979)에 따르면, 가장 흔하게 사용되는 여섯 가지 정치적 책략은 앞서 얘기한 것 중 두 가지(아부, 동맹과 네트워크 형성하기)를 포함하고, 나머지 네 가지는 일반적인 영향력 책략과 다르다.

1. 인상 관리(impression management)는 조직 내에서 자신의 위상을 높이거나 눈에 잘 띄려는 의도를 갖고 하는 행동을 말한다. Bolino와 Turnley(1999)는 Jones와 Pittman(1982)이 개발한 분류를 사용하여 종업원이 사용하는 다섯 가지 인상 관리 책략을 평가하는 질문지를 개발했다. 자가발전(self-promotion)은 종업원이 유능하다는 인상을 주기 위해 타인에게 자신의 성과나 능력을 이야기하는 것을 말한다(예 : "자신의 경험이나 학력을 자랑스럽게 말하는 것"). 아부

는 호감이 가는 인상을 주기 위해서 타인에게 호의적인 행동을 하거나 칭찬하는 것을 말한다(예 : "동료를 칭찬함으로써 자기 자신에게 호감을 갖도록 하는 것"). 예시(exemplification)는 타인보다 더 윤리적으로 보임으로써 자신의 도덕적 가치를 강조하는 것을 말한다(예 : "열심히 일하고 헌신적인 종업원으로 비쳐지도록 노력하는 것"). 협박(intimidation)은 자신이 조직에서 위협적인 존재라는 인상을 주도록 자신의 권력에 대해 알리고 다니는 것을 말한다(예 : "자신의 일을 끝내는 데 필요하다면 동료들을 윽박지르는 것"). 마지막으로 애원(supplication)은 자신이 타인으로부터 보호받을 수 있도록 약하고 도움이 필요한 존재라는 인상을 주는 것을 말한다(예 : "사람들이 자신을 도우도록 마치 아는 것이 없는 것처럼 행동하기").

2. 일반적으로 사용되는 또 다른 정치적 기술은 정보 관리(information management)이다. 많은 조직에서 정보는 곧 힘이기 때문에, 개인의 정치적 의사를 반영하기 위한 한 방법은 다른 사람이 정보에 접근하는 것을 통제하는 것이다. 다른 사람이 정보를 받았는지 아닌지를 통제하는 것을 포함할 수도 있고, 정보를 내보내는 시기를 통제하는 것을 포함할 수도 있다. 예를 들어, 선거운동을 할 때 후보자들이 상대방에 대한 부정적인 정보를 선거 바로 직전까지 보유하고 있다가 터뜨리는 경우이다. 이렇게 함으로써 그들은 반대파가 위기 관리를 할 시간이 거의 없도록 만들 수 있다.

3. 직관적으로 효과적이지 않을 수도 있지만 때때로 매우 효과적인 정치적 기술은 상대편 띄우기(promotion of the opposition)이다. 이는 조직에서 경쟁자가 더 높은 위치로 승진하도록 도와서 그가 더 이상 위협이 되지 않도록 함으로써 경쟁자를 제거하는 것을 포함한다. 이 책략을 사용하면 그 사람은 정중하게 보이고, 동시에 자신의 정치적 목적에 방해가 되는 사람은 제거되는 두 가지 효과를 볼 수 있다.

4. 마지막으로 조직에서 사용되는 정치적 책략은 라인 조직의 책임이나 업무를 맡음(pursuing line responsibility)으로써 구성원 스스로 자신의 영향력 행사를 쉽게 만드는 것이다. 대부분의 조직에서 어떤 지위는 사업에서 중요한 위치를 차지하는 반면, 다른 지위는 중요하지 않은 것으로 여겨진다. 일반적으로 조직의 핵심 기술 가까이에 있는 지위(예 : 생산부서, 자원 구매부서)는 기술을 지원하는 팀(예 : R&D, HR)보다 더 높은 수준의 영향력을 갖는다.

위에서 언급한 정치적 책략들은 상대적으로 온건한 편이지만, 조직에서는 과격한 정치적 행동이 사용되기도 한다. DuBrin(1993)에 따르면, 파괴적인 정치적 책략은 개인의 정치적 경쟁자를 제거하는 것, '분열시켜서 정복하는' 것, 정치적 반대파를 배제하는 것을 포함한다. 조직에서 정치적 싸움은 잔인할 수 있다. 조직 구성원들이 서로 경쟁을 할 때, '승자'는 경쟁자를 해고하거나 그를 스스로 떠나게끔 함으로써 그의 삶을 힘들게 만들 수 있다.

'분열시켜서 정복하는' 책략은 개인이 다른 종업원 그룹과 어색한 상황일 때 나타난다. 이런 상황에서는 개인이 그런 그룹에 대해 자기 의지를 강요하는 것이 수적인 열세 때문에 어렵다. 따라서 이런 상황을 극복하는 한 방법은 그 집단 내에 갈등을 일으켜서 그들이 단결된 행동을 보일 수 없도록 분열시키는 것이다. 관리자들은 흔히 작업집단 내에서 대인 상호 간에 조화가 부족한 것을 유감으로 생각한다. 그러나 역설적으로 집단 내에서 대인 간 갈등관계는 관리자로 하여금 이들 집단을 통제하고 관리자의 의사를 관철하는 것을 훨씬 더 쉽게 만든다.

개인의 정치적 경쟁자를 배제하는 것은 단순히 경쟁자가 의사결정에 개입하지 않도록 해서 경쟁자가 자신의 결정에 영향을 미칠 수 없도록 하는 것을 포함한다. 앞서 말했듯이, 많은 조직에서 정보는 권력이다. 따라서 경쟁자의 영향을 줄이는 한 방법은 그들이 영향력을 발휘하도록 하는 중요한 정보를 받지 못하게 하는 것이다. 예를 들면, 경쟁자가 중요한 회의에 초대받지 못하게 한다든지, 혹은 경쟁자가 조직 안에서 동떨어진 직무를 맡게 하는 것 등을 들 수 있다.

종업원 성과에 대한 조직 내 정치의 영향을 다룬 연구는 종업원이 정치적 배경을 이해하지 못하면 정치적 행동은 조직에 부정적인 영향을 준다는 것을 보여 준다(예 : Ferris, Gilmore, & Kacmar, 1990). 이것은 위에 언급한 책략을 고려한다면 놀라운 일이 아니다. 조직 내에서 정치적 행동이 많이 벌어지고 있는 경우에는 긴장, 불신, 심한 경우 편집증 등이 만연할 수 있다.

최근 Vigoda와 Cohen(2002)은 종업원들의 영향력 책략, 직무에 대한 충족된 기대와 조직에서의 정치에 대한 인식과 관련하여 종단적 연구를 수행했다. 저자들은 시기 1에서 영향력 책략 사용이 많을수록 시기 2에서 종업원들의 충족된 기대감 수준이 낮았으며(조직이 그들이 기대하는 대로 행동하지 않는다고 느꼈으며), 이것은 시기 2에서 조직 내 정치에 대한 인식 정도를 예측할 수 있었다. 이 결과는 높은 영향력 수준과 조직 내 정치에 대한 지각 간의 연관성을 보여 준다.

조직에서 정치적인 행동을 없앨 수 있다고 생각하는 것은 현실적이지 않다. 그러나 조직이 이를 줄이기 위해 할 수 있는 몇 가지가 있다. 정치적 행동은 불확실성과 모호함의 부산물이므로, 조직의 목표와 종업원의 직무 할당을 분명하게 하는 것은 파괴적인 정치적 행동을 줄이는 중요한 한 방법이 될 것이다. 조직은 또한 전직이나 직무순환을 통해 분파나 파벌집단을 깸으로써 정치적 행동을 줄일 수 있다. 만약 어떤 사람이 계속적으로 파괴적인 정치적 행동을 한다면 조직은 그 사람에게 직접적으로 이 문제를 거론함으로써 그런 행동을 줄일 수 있다. 보통의 종업원은 자기가 문제시되는 것을 원치 않으므로 파괴적인 정치적 행동을 그만둘 것이다.

정치적 행동을 줄이기 위해서 관리자가 할 수 있는 가장 중요한 방법은 관리자가 부하직원에게 좋은 모범을 보여 주는 것이다. 만약 관리자가 정직하고 공명정대하게 다른 사람들을 대하고, 건설적인 방법으로 다른 사람과의 갈등을 해결하고, 부하직원들에게 파괴적인 정치적 행동은 용납되지 않음을 알린다면, 이는 정치적 행위를 줄이는 강력한 메시지가 될 것이다. 비록 조직에서 정치적 행동이 완전히 없어지진 않을지라도, 이를 비파괴적 수준으로까지 줄이는 것은 가능하다.

마지막으로, 리더의 정치적 스킬이 종업원의 높은 수행 수준을 예측한다는 연구를 소개하겠다(Blass & Ferris, 2007; Ewen et al., 2013). 효과적인 정치적 스킬을 위해 리더는 조직 구성원들 사이의 관계를 파악하고, 조직 내 특정 하위 집단의 숨겨진 의사를 파악할 수 있어야 하며, 그들에게 영향을 미치기 위해 종업원들의 동기를 파악하는 것을 포함하는 조직 내 정치적 배경을 이해해야 한다. 어떤 연구에서는 리더의 높은 수준의 정치적 스킬이 높은 수준의 LMX, 변혁적 리더 행동, 거래적 리더 행동과 관련되어 있음을 보였고, 이는 정치적 스킬이 리더와 부하 간에 효과적인 관계를 형성하고 동기를 부여하는 데 필수적이라는 것을 의미한다(Brouer, Douglas, Treadway, & Ferris, 2013; Ewen et al., 2013).

요약

이번 장에서는 리더십과 그와 관련된 영향력 과정에 대한 주제를 다루었다. 특성, 행동, 그리고 상황적합성 관점으로 리더십에 대한 연구에 접근했다. 비록 대부분의 리더십에 대한 현대 이론은 상황적합성 이론으로 여겨질 수 있으나, 특성과 행동적 접근이 유효하지 않다는 뜻은 아니다. 이 접근은 여전히 리더십 과정에 대한 이해를 돕는다.

Fiedler의 상황적합성 이론에서 리더의 유효성은 상황적 호의도와 리더의 과업 혹은 관계 지향적 행동 간의 부합 정도에 달려 있다. 이 이론에 대해서는 지지적인 증거가 엇갈리지만, 리더십 연구에 상당한 부분을 기여했다. 또한 이후 상황적합성 이론을 기본으로 하는 다른 리더십 연구의 바탕이 되었다.

경로-목표 이론에서도 리더의 유효성이 리더-상황 부합에 달려 있다고 제안한다. 그러나 유효성을 정의하는 방법과 리더가 다른 상황에서 다른 형태의 리더십 행동을 채택할 수 있다고 제안하는 부분에서는 Fiedler의 이론과 구분된다. 비록 앞으로 경로-목표 이론에 대해 경험적 연구를 토대로 한 면밀한 검증이 요구되지만, 리더십을 이해하는 데 유용하며, 실제 조직 장면에서 응용될 수 있는 상당한 실용적 가치를 가지고 있다.

리더십에서 Vroom-Yetton-Jago 모델은 리더십 행동의 한 측면, 즉 의사결정에 초점을 맞추고 있다. 이 이론은 본질적으로 처방적이라는 부분에서 다른 이론들과 다르다. 즉 관리자에게 의사결정에 관한 지침서를 제공한다. 관리자에게 지난 의사결정을 회상하도록 하는 절차를 통해 수집된 자료를 가지고 행한 연구들은 이 모델을 강하게 지지하였지만, 다른 자료가 사용되었을 때의 결과는 분명하지 않았다.

리더-구성원 교환(LMX) 이론은 리더가 각각의 부하들과 사회적 교환에 기반한 각별한 관계를 발달시킨다는 것을 제안한다. 이 이론은 리더가 모든 부하직원을 똑같이 대우한다는 다소 순진한 가정을 바탕으로 한 이전의 연구들에서 크게 벗어난다. LMX 이론에 대한 연구는 교환관계의 질에서의 차이에 대한 결정요인과 결과에 대한 흥미 있는 발견을 제공하였다. 그러나 교환관계의 차원을 정의하고 LMX 연구의 영역을 넓히기 위해 앞으로 연구가 더 필요하다. 최근의 몇몇 연구는 변혁적 리더가 어떻게 부하들로 하여금 더 나은 수행을 만들어 내는지에 대해 LMX 과정을 사용하여 설명하였다.

가장 최근에 리더십 이론에서 가장 비중 있게 다뤄지는 부분은 변혁적 리더십과 거래적 리더십이다. 이 이론들은 20세기 초에 리더십 연구의 주류를 이루었던 기질적 접근들이 다시 부각되고 있음을 보여 준다. 변혁적 리더들은 타인을 이끌기도 하지만 그들을 고무하기도 한다. 이들은 또한 조직에 의미 있는 변화를 촉진하는 능력도 가지고 있다. 이 부분에 대한 연구는 방대하게 이루어져 왔다. 거래적 리더는 종업원이 보상을 받기 위해 필요한 조건들을 강조하고, 그런 조건에 맞도록 종업원 행동을 관리한다. 최근의 메타 분석 연구는 변혁적 리더십과 거래적 리더십 둘 다 종업원의 수행과 상관이 있으며, 이 둘이 서로 정적인 상관을 가지고 있음을 보여 준다.

우리는 최근 생겨난 리더십 연구 분야 세 가지(진정성 리더십, 서번트 리더십, 윤리적 리더십)에 대해 다루었다. 이러한 접근들은 도덕적인 특성을 보여 주고 리더 자신의 명성이 아니라 부하들의 발전에 관심을 가져 주면서 자기 개념과 일치하는 방식으로 행동하는 리더의 중요성을 강조한다. 리더십에 대한 이 세 가지 접근들은 향후 계속해서 연구될 것이다.

권력과 영향력은 리더십의 핵심이다. 그러므로 두 주제가 리더십 이론과 함께 다루어졌다. 전형적으로 리더는 권력을 발휘하기 위한 여러 가지 근거를 가지고 있고, 많은 경우 이런 근거는 상황에 따라 다를 것이라고 연구 결과는 보고하였다. 영향력 책략은 조직에서 다양한 방법으로 리더가 그들의 권력을 발휘하는 것을 말한다. 연구 결과 가장 효과적인 책략은 부하직원들에게 선택할 자유를 주는 것이고, 가장 효과적이지 않은 책략은 압력과 리더의 공식적 권력을 내세우는 것이다.

조직 내 정치는 파괴적일 수 있는 영향력의 특별한 경우와 구별된다. 정치적 행동은 어떤 조직에서든 일어날 수 있지만, 불확실성이 만연하고 자원이 부족한 조직에서 더 많이 발생한다. 구체적인 정치적 책략은 다양한 형태를 띤다. 그중 몇 가지는 다른 것들보다 더 부정적이다. 비록 조직 내 정치에 대한 연구는 상대적으로 적지만, 정치적 행동이 부정적인 영향을 준다는 몇 가지 증거가 있다. 정치적 행동이 조직에서 완전히 없어질 수는 없겠지만, 조직은 의사소통을 활성화함으로써, 그리고 어떤 경우에는 자원을 늘림으로써 정치적 행동을 줄일 수는 있다. 궁극적으로, 관리자가 정치적 행동을 줄이기 위한 가장 효과적인 방법은 부하직원들에게 긍정적인 모범을 보여 주는 것이다.

더 읽을거리

Avolio, B. J., Sosik, J. J., & Berson, Y. (2013). Leadership models, methods, and applications: Progress and remaining blind spots. In N. W. Schmidt, S. Highhouse, & I. Weiner (Eds.), *Handbook of psychology, industrial and organizational psychology* (2nd ed., pp. 367–389). Hoboken, NJ: Wiley.

DeRue, D. S., Nahrgang, J. D., Wellman, N., & Humphrey, S. E. (2011). Trait and behavioral theories of leadership: An integration and meta-analytic test of their relative validity. *Personnel Psychology*, 64, 7–52.

Judge, T. A., & Piccolo, R. F. (2004). Transformational and transactional leadership: A meta-analytic test of their relative validity. *Journal of Applied Psychology*, 89, 755–768.

Waldman, D. A., & Yammarino, F. J. (1999). CEO charismatic leadership: Levels-of-management and levels-of-analysis effects. *Academy of Management Review*, 24, 266–285.

Zaccaro, S. J. (2007). Trait-based perspectives of leadership. *American Psychologist*, 62, 6–16.

제12장

조직 내 팀 역동과 과정

이 장의 목적은 주로 조직심리학자들에 의해 이루어진, 팀 효과성에 영향을 주는 요인들에 대한 최근 연구들을 논의하는 것이다. 우리는 의도적으로 집단(group) 대신 팀(team)이라는 용어를 사용하려고 하는데, 이는 조직심리학자들이 수행한 많은 연구들이 조직 내의 팀을 대상으로 하였기 때문이다. 즉 이러한 연구들은 실제로 조직 내에서 일상적 업무를 수행하는 팀을 대상으로 하거나 혹은 팀 역학과 수행을 보다 통제된 상황에서 측정하기 위해 개발된 (실제를 잘 모사한) 시뮬레이션 상황에 있는 팀들을 대상으로 했기 때문이다. Kozlowski와 Bell(2003)은 팀을 구성하는 요소에 대해 상세한 정의를 내리고 있다. 이들은 작업팀(work teams)이란 "(1) 조직과 관련된 과업을 수행하고, (2) 하나 이상의 공통 목표를 공유하며, (3) 서로 사회적으로 상호작용하고, (4) 과제에 있어 상호의 존성을 보이고, (5) 팀의 경계를 유지하고 관리하며, (6) 경계를 정하고, 팀을 제약하고, 조직 내 다른 단위들과의 교환에 영향을 미치는 더 큰 조직의 맥락 속에 놓여 있는 둘 이상의 개인들로 구성되어 있다"(p. 334)라고 정의하고 있다.

먼저 팀이 새롭게 형성되어 문제를 해결하고 과업을 완수할 수 있게 되기까지의 발달과정에 대한 모델을 조사한다. 이어서 팀 효과성의 구성 요소가 무엇인지 다루고, 그리고 팀 효과성에 대한 몇몇 영향력 있는 모델들을 검토할 것이다. 이러한 모델들은 팀 효과성에 대한 수많은 연구의 길잡이가 되어 왔으며, 또한 조직이 팀 수행을 향상하려고 노력하는 데 토대가 되어 왔다.

이 모델들에는 팀 효과성의 결정요인으로 반복해서 거론되는 요인들이 있는데, 팀 구성, 과업설계, 조직의 자원, 조직의 보상, 팀 목표, 팀 프로세스[예 : 공유된 정신 모델, 교류활성 기억(transactive memory)] 등이 이에 포함된다. 이 요인들을 하나씩 검토하고, 조직이 팀 수행을 향상하기 위해 가장 흔히 사용하는 몇 가지 방법을 설명할 것이다. 마지막으로 미래의 팀들이 조직 속에서 수행하게 될 역할에 대해 간략히 논의할 것이다.

팀의 발달 단계

모든 팀은 형성되는 방식과 시간에 걸쳐 변화하는 방식에서 각양각색이다. 이러한 다양성에도 불구하고, 팀 역학 연구자들과 이론가들은 시간이 지남에 따라 변화하는 팀 행동에서 많은 공통점을 확인했다. 팀의 발달과정을 설명하고 있는 가장 일반적인 이론적 모델 두 가지를 다음에서 설명한다. 일부 연구자들은 집단과 팀이라는 용어를 서로 다른 의미를 갖는 것으로 보기도 하지만, 여기서는 Kozlowski와 Bell(2013)과 같이 두 용어를 동일한 의미를 갖는 것으로 본다.

Tuckman(1965)의 단계 모델

Tuckman(1965)은 다양한 집단(예 : 치료집단, 감수성 훈련집단, 자연발생 집단 그리고 실험집단)의 발달과정을 알아보기 위해서 50개의 논문을 분석했고, 이러한 집단들이 시간에 따른 발달과정에서 많은 공통점을 가지고 있다고 결론 내렸다. 이러한 발견을 근거로 그는 현재까지 널리 알려진 팀 발달의 단계 모델을 제안했다(Forsyth, 2006; Kozlowski & Bell, 2003 참조). 〈그림 12.1〉에 있는 모델에서 각 단계는 한 팀이 발달함에 따라 직면하게 되는 주요 문제들을 반영한다.

그림에서 보는 것처럼, 모델의 첫 번째 단계는 **형성기**(forming)이다. 이것은 하나의 팀이 시작되는 시점이고, 구성원의 관점에서 볼 때 매우 불확실하고, 불안한 단계이다. 이것은 팀 구성원들이 서로 익숙하지 않고, 팀 내의 다른 구성원으로부터 기대하는 것이 다를 수 있기 때문에 발생한다. 이 단계에서 구성원들은 이러한 불확실성을 극복하기 위해 정보와 앞으로 나아갈 방향에 대해 팀 리더에게 상당 부분 의존한다. 그러나 궁극적으로 새로운 팀의 구성원으로서 느끼는 불안감은 정보를 획득하고 팀의 일원으로서 보다 편안하게 느끼면서 점차적으로 사라진다.

새로운 팀에서 구성원으로 정착하는 문제가 해결되면 **혼돈기**(storming)를 겪게 된다. 명칭에서 추측할 수 있듯이 이 단계는 많은 문제에 대한 갈등으로 특징지어진다. 예를 들면, 팀 구성원들은 중요한 팀 규범이나 누가 리더가 될 것인가라는 문제에 동의하지 않을 수 있다. 이 단계에서 구성원들은 불편한 감정을 경험할 수도 있지만, 팀이 효과적으로 기능하기를 바란다면 꼭 필요한 단계이다. 팀 구성원들이 이러한 불일치를 바람직한 방향으로 해결하지 않는다면 이것은 미묘한 문제를 일으킬 수 있고, 따라서 효과적인 팀으로 변화 · 발전하는 것을 방해할 수 있다. 팀 구성원들은 반대의 견을 매우 심하게 표현할 수 있다는 점을 인식해야만 한다. 만약 갈등이 너무 심하고 개인적이면, 팀 구성원들은 함께 일할 수 없고, 결국 이 단계를 넘어설 수 없게 될 것이다. 순응적인 성격의 구성원들로 이루어진 팀이 그렇지 않은 팀보다 갈등이 적다는 것은 그리 놀라운 일이 아니다(Graziano, Jensen-Campbell, & Hair, 1996).

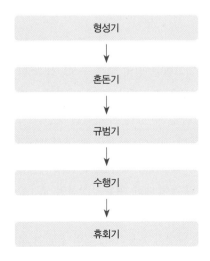

그림 12.1 Tuckman(1965)의 집단 발달 모델

혼돈기 동안에 나타났던 갈등이 해결되면, 팀은 다음 단계인 **규범기**(norming) 단계로 이동한다. 이 단계에서 비로소 '개별적 사람의 집합'이 '의미 있는 팀'이 되는 것이다. 팀 구성원의 행동에서 다소간의 역할 차별화가 이루어지며, 몇몇 팀 행동들은 일관된 양식을 발달시킨다. 예를 들면, 각 팀 구성원들은 각자 다른 기능을 수행할 수 있고, 그 팀은 미팅, 의사소통 방식 그리고 팀 구성원들에게 기대되는 복장과 관련된 규범을 발달시킬 수 있다. 일단 규범 단계에 도달하면 그 팀은 단순히 개인의 집합체라기보다는 하나의 공동체로서 기능할 수 있다.

한 팀이 규범 단계에 도달하여 통합된 집합체로서 기능할 수 있다면, 다음 단계는 **수행기**(performing)이다. 이것은 한 팀이 주요한 과업을 성취하는 시점이다. 예를 들어, 만약 한 팀이 조직의 전략적 계획을 수립하기 위해 만들어졌다면, 이 단계는 그 팀이 실제로 그 일을 수행하는 시점일 것이다. Tuckman(1965)과 다른 연구자들(예 : Hackman, 1992)이 지적했듯이, 팀 발달 과정에서 모든 팀이 이 단계에 도달하는 것은 아니다. 팀 발달의 초기 단계의 문제(예 : 해결되지 않은 갈등)로 인해 팀이 주요한 과업을 성취하지 못할 수도 있다. 그러나 모든 팀은 이 단계에 도달할 수 있는 잠재력을 가지고 있다.

팀이 공통적으로 주어진 과제를 완수하면 무슨 일이 발생하는가? 어떤 팀은 단순히 동일한 과제를 계속 수행하거나 다른 과제로 이동할 것이다. 많은 사례를 보면 팀이 해체되거나 개인들은 다른 활동으로 옮겨 가기도 한다. 이러한 인식을 바탕으로 Tuckman과 Jensen(1977)은 초기 모델에서 **휴회기**(adjourning)라는 다섯 번째 단계를 추가했다. 몇몇 사례에서, 특히 팀이 매우 단기간 동안 형성될 때 휴회기는 상대적으로 흔히 나타난다. 즉 팀 구성원들은 쉽게 다른 팀으로 이동한다. 그러나 팀 구성원들이 오랜 기간 함께거나 또는 팀 경험이 아주 강렬할 때 이 단계는 어려운 시기가 될 수 있다. 팀 구성원들은 서로를 진정으로 그리워하고, 상실감 또는 버림받은 느낌을 가질 수 있다. 시간이 지남에 따라 팀 구성원들은 대개 이러한 느낌을 극복할 것이지만, 처음에는 그것이 매우 어려울 수 있다.

휴회 단계 동안 팀 구성원들은 팀에서 그들의 경험을 회상할 수 있다. 구성원들은 팀이 성공적이었다고 느꼈는가? 팀에서 일하는 것이 보람 있는 경험이었는가? 그들은 팀의 다른 구성원들과 함께 일하는 것을 좋아했는가? 두 가지 이유에서 이러한 유형의 회상은 중요하다. 첫째, 이러한 생각들은 팀에서 일하는 것에 관한 구성원들의 일반적인 관점에 영향을 줄 수 있다. 부정적인 경험을 가지고 있는 사람은 미래에 팀으로 일하는 것을 망설일 수 있다. 둘째, 이러한 생각은 팀 구성원들이 미래에 함께 일할 것인지에 대한 결정에 크게 영향을 줄 수 있다. 조직에서 특별한 목적을 가진 팀은 자주 만들어지고 해체된다. 만약 팀 구성원들이 그 팀에 구성된 것에 대해 매우 부정적인 생각을 한다면 그들은 미래에 그 팀을 재구성할 수 없고, 효과적으로 기능하지 못할 것이다.

Tuckman(1965)의 모델은 많은 팀의 발달 과정을 설명하는 데 확실히 유용하다. 그러나 팀이 모델에서 설명된 순서대로 정확히 발달되지 않는 경우도 있다. 예를 들어, 한 팀의 개별 구성원들은 팀을 이루는 즉시 임무를 수행해야 하며, 다른 문제점들은 나중에 다룰 수도 있다. 또한 한 팀의 개별 구성원들은 엄격한 규율을 즉시 따라야 하는 경우가 있을 수 있고, 다른 문제들을 해결하는 것은 나중으로 미룰 수도 있다. 독자들이 이해해야 하는 중요한 점은 이 모델이 일반적인 팀 발달을 설명한다는 것이다.

Tuckman(1965)의 모델은 또한 순환적인(cyclical) 모델로 이해할 필요가 있다. 예를 들어, 한 팀은 수행 단계로 발전된 후에도 구성원들 사이에 중요한 갈등이 생겨나면 다시 혼돈기로 빠져들 수 있다. 또한 많은 예에서 볼 수 있듯이 팀 구성원은 시간이 지남에 따라 변할 수 있다. 새로운 구성원이 합류할 때마다 형성기 단계의 특정 요인들이 반복된다. 이 시기에 새로운 구성원들은 상당한 불확실성과 불안을 경험할 수 있다. 그러나 기존의 팀 구성원들도 새로운 팀 구성원들에 대해 신경을 쓰기 때문에 역시 불확실성을 경험하게 된다. 여기에서 중요한 점은 조직에서 실제 팀은 어떤 고정된 틀을 따라 발달하지 않고, 시간의 경과에 따라 팀은 여러 단계를 왔다 갔다 반복하면서 발달한다는 것이다. 이러한 한계가 있음에도 불구하고, 최근 Bonebright(2010)는 Tuckman의 모델이 연구자와 실무자의 사고에 지속적으로 영향을 미치고 있다고 하였다.

Gersick의 단속 평형 모델

집단 역학 분야에서 팀은 과업성취와 팀 구성원들의 대인관계 욕구 간에 평형상태를 유지하려고 노력한다고 가정되어 왔다(예 : Bales, 1965). 이것을 토대로 하여 Gersick(1988)은 팀 구성원들의 시간 및 마감기한에 대한 인식에 따라 팀은 타성에 젖어 있거나 또는 빠르게 변화할 것이라는 **단속 평형 모델**(punctuated equilibrium model)을 제안했다. 예를 들어, 태스크포스팀이 조직을 위한 전략 계획 수립을 위해 두 달의 시간을 배정받았을 때, Gersick(1988)의 모델에 따르면 이 팀은 첫 달에는 상당한 시간을 업무에 대해 정의를 내리고, 과제수행을 위한 최고의 방법을 결정하고, 내부 갈등을 처리하는 것 등에 쏟을 것이다. 그러다 주어진 시간 중 반쯤 지났을 때, 즉 두 번째 달에 이르면 팀 구성원들은 주어진 시간이 제한됨을 인식하고, 비교적 짧은 시간 내에 상당한 양의 일을 진척시킬 것이다.

조직 내의 팀은 중요한 과업을 완수하기 위해서 구성되며, 일반적으로 정해진 시간 내에 업무를 해야 하기 때문에 Gersick(1988)의 모델은 조직 장면에 적합하다. 반면 실험실 장면에서의 팀은 의미 있는 수행과제를 가지고 있지 않은 경우가 있고, 활동 기간 측면에서도 마감기한이라는 것이 별 의미가 없다. 더불어 이 모델은 다양한 방법론적 접근을 사용한 연구들에서 지지되었다(예 : Gersick, 1989; Hackman, 1992).

Gersick(1988)의 단속 평형 모델의 주된 실무적 의미는 다음과 같다. 관리자는 팀이 그들의 업무를 시작하는 초기에는 인내심을 가지고 지켜봐야 한다는 것이다. 또한 과제를 수행하는 팀 구성원들이 마감기한을 인식하는 것이 필요하다고 제안한다. Gersick의 모델을 기반으로 가정해 보면, 만약 팀 구성원이 마감기한에 대해 인식하지 못하고 있다면, 그들은 계속 고전할 것이며 결과적으로 생산적이지 못할 것이다.

지금까지 팀이 어떻게 발달하는지 논의하였고, 다음부터 팀의 효과성을 평가하는 방법과 팀 효과성에 기여하는 팀 과정에 대해 논의하겠다.

팀 효과성의 정의

오늘날의 조직에서 단순히 팀이 중요한 한 부분이라고 말하는 것만으로는 부족하다. 왜냐하면 거의 모든 조직이 적어도 일부 과업을 소규모의 팀을 통해 수행할 뿐 아니라 소규모의 팀들은 점차 조직을 구성하는 '기본 토대'가 되어 가고 있기 때문이다(Guzzo & Shea, 1992; Kozlowski & Bell, 2013).

팀 효과성의 중요성에도 불구하고 효과적인(effective) 팀이라는 말이 의미하는 바를 정의하기란 쉽지 않다. Steiner(1972)는 팀 효과성과 관련된 가장 초기의 이론적 명제 중 하나를 다음과 같이 제시했다.

실제 생산성(actual productivity)

= 잠재 생산성(potential productivity) − 프로세스 손실(process losses)

어떤 팀의 잠재 생산성이란 그 팀이 성취할 수 있는 가장 높은 수준의 수행을 의미한다. 다음의 예를 보자. 만약 어떤 농구팀의 선발선수 5명이 모두 게임당 20점 득점이 가능한 선수들이라면, 이들은 모두 합해서 게임당 최소 100점은 득점할 수 있어야 할 것이다. 프로세스 손실이라는 개념은 팀 구성원들의 투입요소를 결합하여 팀 수행으로 변환하는 과정에서 최적의 방법을 동원하지 못함을 의미하는 개념이다. 프로세스 손실은 대개 팀 구성원들 간에 조정(coordination)이 제대로 이루어지지 못하거나, 팀 상황에서 일할 때에는 각 개인의 동기가 변하기 때문에 발생한다(Latane, Williams, & Harkins, 1979). 위에서 언급된 농구팀의 경우, '잠재적' 득점력에 미치지 못한 이유는 각 선수들의 경기가 서로 조화를 이루지 못해서이거나 혹은 각 선수들이 팀 수행에 대해 크게 개인적인 책임감을 느끼지 않아서일 수 있다.

Steiner(1972)의 기본 모델은 매우 일반적인 의미에서 무엇이 팀의 수행을 결정하는 요인인가를 이해하는 데 분명 도움이 되지만 몇 가지 한계점도 지닌다. 가장 심각한 결함은 팀의 어떤 특성 혹은 조직의 어떤 맥락이 팀 구성원 간의 조정을 향상하거나, 프로세스 손실을 방지하기 위해 활용될 수 있는지 명확히 제시하지 않고 있다는 점이다. 또 다른 문제점은 이 모델이 조직의 목표와 팀의 목표가 완벽하게 합치한다는 다소 순진한 가정에 근거하고 있다는 점이다(Hackman, 1992). 예를 들어, 팀의 목표는 고품질의 제품을 생산하는 것이고 조직의 목표는 그 팀이 되도록 많은 양을 생산하도록 하는 것이라면, 팀은 프로세스 손실을 겪고 있는 것처럼 보이겠지만, 사실 팀의 입장에서는 매우 성공적인 성과를 내고 있는 것이다.

연구자들 사이에 가장 널리 사용되는 **팀 효과성**의 정의는 Hackman(1987)이 작업-팀 설계(work-team design)에 대한 광범위한 개관 연구를 통해 제시한 것이다. Hackman에 따르면 팀 효과성은 3개의 서로 연관된 차원으로 구성된 다차원적 개념이다. 3개의 차원 중에서 첫 번째는 팀의 산출물(output)과 관련이 있고, 두 번째는 과업수행 단위로서 팀의 장기적 지속가능성(viability)과 관련이 있으며, 세 번째는 개별 팀 구성원들의 팀에서의 경험(만족도)과 관련되어 있다. 다음에서 세 가지 각각에 대해 살펴보자.

조직 내 대부분의 팀은 특정한 임무나 목적을 달성하기 위해 구성된다. 즉 무엇인가를 하기 위해 만들어진 것이다. 예컨대, 장기적 전략 계획을 수립하기 위하여 최고경영층이 팀을 구성할 수 있고, 까다로운 심혈관우회수술을 하기 위해 수술팀이 소집될 수 있으며, 허리케인 이재민들을 마을로부터 대피시키기 위해 구조팀이 구성될 수 있다. 그러므로 어떤 팀의 효과성을 측정하는 한 가지 방법은 그 산출물이 만족스러운지 여부를 판정하는 것이다. Hackman(1987)이 언급한 바와 같이 어떤 팀이 성공적이라는 판정을 받기 위해서는 "작업팀의 산출물이 이를 수령하거나 평가하는 사람들의 수행기준에 부합하거나 능가해야 한다"(p. 323). 앞서 제시된 예에서, 만약 최고경영팀이 실행 가능한 전략 계획을 수립하지 못했다면 성공적이라고 평가되기 어려울 것이며, 환자의 동맥이 여전히 막혀 있다면 수술팀은 실패한 것이며, 허리케인 희생자들이 제대로 대피하지 못했다면 구조팀은 실패한 것이다. 이와 같이 과제의 달성 여부는 팀 효과성의 중요한 요소이다.

미식축구팀 그린 베이 패커스의 전설적인 코치 빈스 롬바르디는 그의 팀에게 "승리가 전부가 아니다. 오직 그것만이 유일한 것이다(Winning isn't everything, it's the only thing, 과정이야 어찌되었건 이기기만 하면 그만이라는 의미)."라고 말했다. 많은 조직에서도 이와 비슷한 경향이 만연하여, 팀이 산출해 낸 결과물만이 팀 효과성에 대한 유일한 지표라고 간주되기도 한다.

Hackman(1987)에 따르면 팀의 효과성을 나타내는 두 번째 지표는 과업을 수행하는 과정에서의 사회적 프로세스가 팀 구성원들이 미래에도 함께 일할 가능성을 유지하거나 향상하는지의 여부이다. 어떤 경우에는, 팀이 비록 주어진 과업을 수행해 내더라도 그 과정에서 갈등이 너무나 많아서 차후에는 함께 일할 수 없게 되기도 한다. Hackman에 따르면 어떤 팀이 주어진 과업을 수행하는 과정에서 결과적으로 스스로를 소진시켜야 한다면 그 팀이 설사 과업을 성공적으로 수행했다고 하더라도 효과적이라고 평가하기는 어렵다. 물론 어떤 경우 단 한 번의 과업만을 수행하기 위해 팀이 구성되는 경우(예컨대, 신임 총장을 선발하기 위한 임시위원회)도 있지만, 대개의 조직에서 이는 예외적인 경우일 뿐이다.

팀의 한 구성원으로 일하는 것은 굉장히 보람 있는 경험일 수 있다. 힘을 합쳐 무엇인가 성취해 내면 대단한 만족감을 느낄 수 있으며, 팀 내에서 형성되는 인간관계도 매우 값진 보상이 될 수 있다. 그러나 불행히도 팀 단위로 일하는 것에는 부정적인 측면도 있다. 일을 완수하기 위해 다른 사람에게 의존할 수밖에 없다는 것이 때로는 심한 좌절감을 줄 수도 있고, 성과가 탁월한 사람이 팀 성과에 자신이 기여한 만큼 충분히 인정받지 못할 수도 있으며, 다른 팀 구성원들과 좋은 관계를 맺지 못할 수도 있다.

Hackman(1987)에 따르면 팀 구성원들의 경험이 대체로 부정적이고 실망스러운 것이라면 이것은 그 팀이 성공적이지 못하다는 또 다른 지표가 된다. 따라서 팀 효과성의 세 번째 차원은 팀 구성원들의 만족감이다. 이는 두 번째로 제시된 팀의 지속가능성과 매우 밀접한 관련이 있지만 그보다 한 단계 더 나아간 개념이다. 특히 팀작업(teamwork)에 대해 매우 부정적인 사람들이라면 차후 조직 내 다른 팀에서 일하는 것을 원치 않을 것이다. 결국 주어진 팀이 과업을 잘 수행하더라도 그 과정에서 팀 구성원들이 필요로 하는 바를 완전히 무시한다면, 그 팀은 효과적이라고 평가할 수 없다 (참고 12.1 참조).

팀 효과성의 모델

이 책이 다루고 있는 여러 주제와 마찬가지로, 팀 효과성에 영향을 미치는 요인들을 모델화하려는 다양한 시도가 있었다. 대부분의 이론적 모델들이 그러하듯이, 팀 효과성에 대한 모델들 역시 완전하지는 않다. 다시 말해, 모델들은 팀 효과성에 기여하는 모든 가능한 요인을 포괄하지는 못한다. 하지만 모델들은 성공적인 팀과 그렇지 못한 팀을 구분해 주는 일반적인 요인들을 강조하는 데는 유용하다. 또한 이러한 일반적인 요인들이 결합되어 팀 효과성에 영향을 미치는 프로세스를 이해하는 데 도움을 준다. 이는 개별 연구 결과들을 체계화하는 데 도움이 될 뿐 아니라, 팀 수행을 향상하려고 노력하는 조직에게 길잡이가 될 수도 있다. 이 절에서는 팀 효과성 연구에서 가장 영향력 있는 다섯 가지 모델을 검토하고자 한다.

McGrath(1964)의 모델

McGrath(1964)는 팀 효과성은 기본적으로 투입-프로세스-산출(input-process-output)의 순서로 결정된다고 제안하였다. 다시 말해, 특정한 투입들이 팀 프로세스에서 차이를 가져오고, 이 차이가 결과적으로 팀 산출의 차이로 귀결된다는 것이다. 이 기본적인 아이디어를 확장한 팀 효과성 모델이 〈그림 12.2〉에 제시되어 있다. McGrath의 모델은 **개인 수준의 요인**(Individual-Level Factors), **팀 수준의 요인**(Team-Level Factors), **환경 수준의 요인**(Environment-Level Factors)이 투입 축에 포함되어

참고 12.1

승리가 전부는 아니다 : 팀 효과성에 대한 보다 폭넓은 시각

Hackman(1987)의 집단 효과성에 관한 다차원적 관점에 대해서는 굉장히 많은 토론이 이루어졌고, 때로는 아주 활기찬 논쟁이 벌어지기도 했다. 대개의 경우 이런 토론들은 다음과 같은 질문을 중심으로 이루어졌다. "만약 어떤 집단이 과업을 성공적으로 수행해 냈을 때 차후에 그 사람들이 서로 함께 일할 수 있는지 혹은 집단의 일원으로 일하는 것을 즐겼는지 여부가 정말로 중요한가?" 어쨌거나 대부분의 조직은 다른 무엇보다 이윤을 창출하기 위해 존재하는 것이지 구성원들에게 심리적 만족감을 제공하기 위해 존재하는 것은 아니기 때문이다.

이러한 관점은 확실히 설득력이 있기는 하지만, 다소 근시안적일 뿐만 아니라 조직 일상에서의 몇 가지 사실들을 무시하고 있다. 물론 위기상황에서 개인들이 힘을 합쳐서 아주 신속하게 행동하고 과업이 완수되자마자 해산하는 경우도 있을 수 있다. 예를 들면, 어떤 국제적 위기상황에서 여러 나라의 국가안보 당국자들이 모여 군사적 개입이 정당한지 여부를 판단해야 하는 경우를 생각해 보자. 그런 상황에서라면, 올바른 결정을 내리는 것이 집단 구성원들의 만족감이나 집단의 지속가능성보다 훨씬 중요하다는 주장이 설득력 있다.

그러나 대개의 조직에서 집단 멤버십은 보다 안정적이기 때문에 장기적 지속가능성이나 구성원의 만족감이 중요한 문제가 된다. 주어진 과업을 지속적으로 완수하고 있지만 구성원들 사이에 커다란 불만을 야기하는 집단들은 오래 존속하지 못할 가능성이 높다. 게다가 구성원들이 작업집단에서 좋지 않은 경험을 하는 경우 다른 상황에까지 영향을 미치곤 한다. 심지어 구성원들은 나중에 집단의 일원으로 일하는 것 자체를 꺼릴 수도 있다. 그러므로 집단 구성원들의 심리적 욕구에 관해 신경 쓰는 리더는 어쩌면 단기적으로는 성과에 대해 타협적으로 보일 수도 있으나, 궁극적으로는 이러한 유형의 지휘하의 집단들이 '어떤 대가를 치르더라도 이기기만 하면 된다(win-at-all-cost)'는 방침을 따르는 집단들보다 훨씬 성공적인 경우가 많다.

출처 : J. R. Hackman. (1987). The design of work teams. In J. W. Lorsch (Ed.), *Handbook of organizational behavior* (pp. 315–342). Englewood Cliffs, NJ: Prentice-Hall.

있다. 개인 수준의 요인에는 팀 효과성에 영향을 미칠 수 있는 팀 구성원의 특성이 포함되는데, 예를 들면 구성원들이 보유하고 있는 기술의 수준과 조합, 태도, 성격 특성 등이다.

팀 수준의 요인은 기본적으로 팀 자체의 구조적 특성을 말한다. 여기에는 팀 구조를 구성하는 요소들(예 : 각자의 역할, 권한부여의 구조, 규범 등), 팀 내 응집력(cohesiveness) 수준, 팀 구성원의 수 등이 포함된다. McGrath(1964)는 모든 팀이 서로 동일하지 않으며, 어떤 팀은 다른 팀들보다 더 최적으로 설계되어 있다는 점을 강조하였다. 따라서 어떤 팀은 다른 집단들보다 이미 '성공할 가능성'이 더 높은 것이다.

환경 수준의 요인은 팀이 처한 조직 맥락의 여러 측면을 나타낸다. 이들 중 가장 중요한 것은 팀이 수행하는 과업 그 자체이다. 과업의 특성에 따라 팀이 사용할 가장 적절한 전략이 결정되는 경우가 많다. 과업은 동기부여 차원에서도 중요할 수 있다. 팀 작업에서의 본질적 문제점 중 하나가 **사회적 태만**(social loafing)이다. 사회적 태만은 팀 구성원들이 집단 내에서 일할 때에는 혼자 일할 때

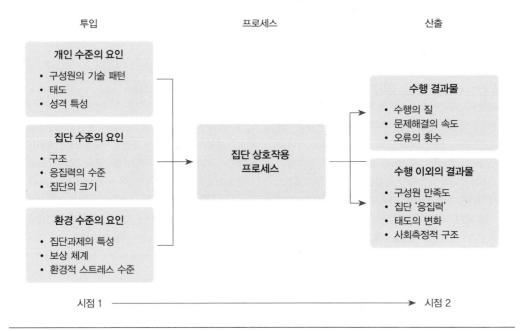

그림 12.2 McGrath의 집단 효과성 모델

출처 : J. E. McGrath. (1964). *Social psychology: A brief introduction*. New York, NY: Holt에서 수정. Reprinted by permission of the author.

만큼의 노력을 기울이지 않는 현상을 말한다(Latane et al., 1979). 사회적 태만은 팀이 복잡하고 흥미로운 과업을 수행할 때는 덜 나타난다. 과업특성과 관련된 내용은 뒤에서 더 다룰 것이다.

이 밖의 두 가지 주요한 환경 측면은 **보상 체계**(reward structure)와 팀이 받는 **환경적 스트레스**(environmental stress) 수준이다. 보상이 개개인의 수행에 크게 영향을 미치는 것처럼, 팀 수행을 좌우하는 요소로도 거론되는 것이 놀랄 만한 일은 아니다. 가장 중요한 고려사항은 보상이 개개인의 수행만이 아니라 팀 차원의 수행에 대해서도 주어지는지의 여부이다. 환경적 스트레스 수준은 여러 요인에 의해 결정되는데, 팀이 수행하는 일의 중요성이나 시간적 압박 등을 예로 들 수 있다. 환경적 스트레스 수준이 높으면 팀 의사결정 과정에 문제가 발생할 수 있고(예 : Janis, 1982), 집단 내의 권한배분을 둘러싼 갈등이 초래될 수도 있다(예 : Driskell & Salas, 1991). 더욱이 과중한 업무량이나 시간 압박과 같은 환경적 스트레스는 팀 구성원들이 효과적으로 일하기 어렵게 만든다(Driskell, Salas, & Johnston, 1999).

McGrath의 모델에 따르면, 투입요소들은 서로 결합하여 **팀 상호작용 프로세스**(team interaction process)에 영향을 미치는데, 팀 상호작용 프로세스란 팀이 과제를 수행하는 방식을 말한다. 팀 프로세스에는 다양한 것들이 포함되지만, 가장 중요한 것으로는 팀이 채택한 수행전략, 팀 구성원들 간

화합의 정도, 갈등이 발생했을 때 팀이 대처하는 방식 등이 있다(Salas, Sims, & Burke, 2005). 팀 효과성에 대한 최근 연구는 팀 프로세스의 중요성을 매우 강조하고 있다. 이러한 프로세스에 대해서는 팀 효과성에 대한 다른 모델과 결정요인들을 설명할 때 좀 더 상세히 다룰 것이다.

McGrath의 모델에서는 팀 상호작용 프로세스가 팀의 산출물에 직접적인 영향을 줄 것이라고 제안한다. 팀의 **산출물**은 두 가지 방식으로 평가된다. 우선 팀의 산출물은 수행 수준으로 평가할 수 있다. 여기에는 집단의 산출물에 대한 품질 평가나 집단이 의사결정을 하거나 문제에 대한 해결책을 고안하는 데 소요된 시간 등이 포함되며, 과제를 수행하는 과정에서 발생한 오류의 횟수도 아마 포함될 수 있을 것이다. 수행 이외의 결과물(other outcomes)이라는 범주에는 팀 경험의 사회적 측면, 즉 팀 구성원들의 만족도, 과제를 완수한 후의 팀 내 응집력 수준, 팀 구성원들의 태도, 마지막으로 팀 수행 이후 관계의 형태 등이 포함된다. 이들은 팀 수행 자체를 나타내는 것은 아니지만 [이후 논의될 Hackman(1987)의 모델에서는 이들이 팀 수행의 일부라고 주장하고 있다] 여전히 중요한 결과물이다.

McGrath의 모델이 팀 연구에 끼친 영향은 아무리 강조해도 지나치지 않다. Ilgen, Hollenbeck, Johnson, Jundt(2005)는 대부분의 팀 연구는 명시적으로 또는 암묵적으로 투입-프로세스-산출 모델에 기반하고 있다고 주장하였다. 이 모델이 성공한 이유는 모델의 포괄성과 간결성에 있는데, 팀에 영향을 주는 대부분의 요인은 투입, 프로세스, 산출 중의 하나로 분류될 수 있다. 그러나 다른 조직연구자들은 팀 효과성을 예측하는 데 추가적인 요소들을 포함시켜 McGrath의 기본 개념을 확장하려 시도하였다.

Gladstein(1984)의 모델

Gladstein(1984)은 여러모로 McGrath(1964)의 모델과 매우 유사한 팀 효과성 모델을 제안하였다. 〈그림 12.3〉에서 볼 수 있듯이 이 모델은 McGrath와 동일한 일반적인 투입-프로세스-산출 순서의 기본 틀을 따르고 있다. 이 모델의 투입요소는 McGrath가 제안한 바와 매우 유사하다. 팀 수준의 투입에는 팀의 구조에 해당하는 요소들뿐 아니라 개별 팀 구성원의 특성도 포함되어 있음을 알 수 있다. 그러나 조직 수준에서는 McGrath의 모델과 다소 차이가 있다. Gladstein의 모델에서 제안한 중요한 요인에는 조직의 구조적 측면(보상 체계와 관리통제)뿐만 아니라 팀이 활용할 수 있는 자원(교육이나 기술적 자문의 이용 가능성, 고객 시장의 특성)이 포함된다.

Gladstein(1984)은 이러한 모든 투입이 직접적으로 팀 프로세스에 기여한다고 제안했다. 팀 프로세스의 중요한 요소로는 의사소통, 지원 수준, 갈등 처리, 수행전략에 대한 토론, 개별 산출물에 대한 가중치 부여, 그리고 팀이 조직 내외의 다른 수행 단위들과 접촉하는 방식인 **경계관리**(boundary management) 등이 포함된다. 그리고 McGrath의 모델에서와 마찬가지로 팀 프로세스는

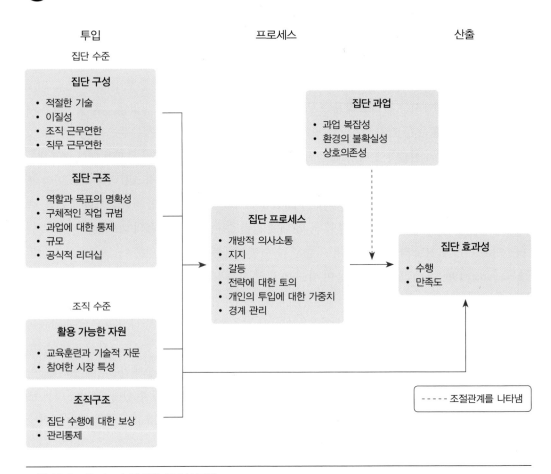

그림 12.3 Gladstein의 집단 효과성 모델

출처 : D. Gladstein. (1984). Groups in context : A model of task group effectiveness. *Administrative Science Quarterly*, 29, 499-517에서 수정. Copyright ⓒ 1984, Cornell University Press. Reprinted by permission.

팀 효과성(수행과 구성원들의 만족도)에 영향을 준다.

이 모델은 McGrath의 모델과 두 가지 중요한 측면에서 차이가 있다. 첫째, Gladstein은 투입이 팀 효과성에 대해 팀 프로세스를 매개로 한 간접적인 영향뿐 아니라 직접적인 영향도 미친다고 주장하고 있다. 예를 들면, 고도의 기술 수준을 보유한 팀은 팀 프로세스의 질에 상관없이 효과적일 수 있다. 두 번째 중요한 차이점은 Gladstein이 팀의 과업에 따라 팀 프로세스와 팀 효과성 간의 관계가 조절될 수 있다고 주장한 점이다. 예를 들어, 매우 유기적이고 자유분방한 방식의 상호작용은 신제품을 개발하는 팀에서는 유용할 수 있지만, 지시대로 정확하게 작업해야 하는 팀에는 적절하지 않을 수 있다. 이는 팀이 수행하는 과업의 복잡성, 불확실성, 상호의존성에 따라 특정한 형태의 팀 프로세스가 더 효과적일 수도, 덜 효과적일 수도 있다는 의미이다. McGrath(1964)가 과업특성이 투입

요소의 하나로서 직접적으로 팀 프로세스에 그리고 이어서 효과성에 영향을 미친다고 제안한 점을 상기해 보라.

Gladstein(1984)은 자신의 팀 효과성 모델을 검증하기 위해 통신산업에 속한 특정 기업의 마케팅 부문 영업팀들을 연구 표본으로 사용하였는데, 종속변인에 따라 모델이 부분적으로 지지되었다. 그의 모델은 팀 구성원들의 지각된 효과성을 예측하는 데 있어서는 강한 지지를 받았지만, 실제의 영업수입을 예측하는 데 있어서는 훨씬 약한 지지만을 얻었다. 따라서 이 모델은 어쩌면 실제의 팀 효과성보다는 팀 효과성의 결정요인에 대해 개개인이 가지고 있는 '암묵적 이론(implicit theory)'을 더 많이 반영하고 있는지도 모른다. 이 연구에서 얻은 또 하나의 중요한 발견은 과업특성이 팀 프로세스와 효과성(지각된 효과성 및 실제 영업수입) 간의 관계를 조절하지 않았다는 것이다. 그러나 이 연구가 횡단적(cross-sectional) 분석이라는 점과 팀이 수행한 과업의 성격이 그리 크게 차이가 나지 않았다는 점에서 이 결과의 해석은 쉽지 않다.

Hackman(1987)의 모델

일반적인 투입-프로세스-산출의 기본 틀을 바탕으로 Hackman(1987)은 소위 팀 효과성에 대한 **규범적**(normative) 모델을 개발했다. 규범적이라는 용어가 사용된 까닭은 조직이 팀 효과성을 향상하기 위해 사용할 수 있는 가장 중요한 **수행 수단**(performance levers)이 무엇인지를 명시적으로 밝히는 모델을 개발하려고 했기 때문이었다. 달리 말하면, Hackman이 이 모델을 개발한 목적은 왜 어떤 집단은 실패하는지를 이해하는 데 도움을 주기보다는 어떻게 하면 팀 수행을 향상할 수 있는지에 대한 지침을 주기 위해서였다.

〈그림 12.4〉에서 볼 수 있듯이, 모델에 제시된 두 가지 '투입' 요소는 조직 맥락과 팀 설계이다. 조직 맥락에 있어 가장 중요한 요소로 Hackman은 팀의 보상 체계를 제안하였다. 팀과 관련된 조직의 보상 체계에서 한 가지 중요한 측면은 도전적이고 명확한 수행 목표가 존재하는지의 여부이다. 그러한 수행 목표를 제시하지 못하면 개인 차원의 보상 체계에도 문제가 생기지만, 특히 팀에 있어서 더욱 심각한 문제가 된다. 그 이유는 바로 일반적인 조직의 수행관리 체계는 집단이 아니라 개인에 초점을 두고 설계되었기 때문이다.

조직의 보상 체계에서 중요한 두 번째 측면은 팀의 탁월한 수행에 대해 긍정적 보상을 받을 수 있도록 설계되어야 한다는 것이다. 개인 행동에 대한 긍정적 보상은 가치 있는 강화수단으로 잘 알려져 있다(예 : Luthans & Kreitner, 1985; Weiss, 1990). Hackman(1987)에 따르면, 이와 동일한 원칙이 팀에서도 적용되는데, 다만 이때 개별 팀 구성원들은 팀의 수행과 그에 따라 집단이 얻을 수 있는 잠재적 보상 사이의 연관성을 반드시 알 수 있어야 한다. 만약 탁월한 팀 수행에 대해 보상이 거의 없다면 팀의 동기부여에 역효과를 초래할 것이다.

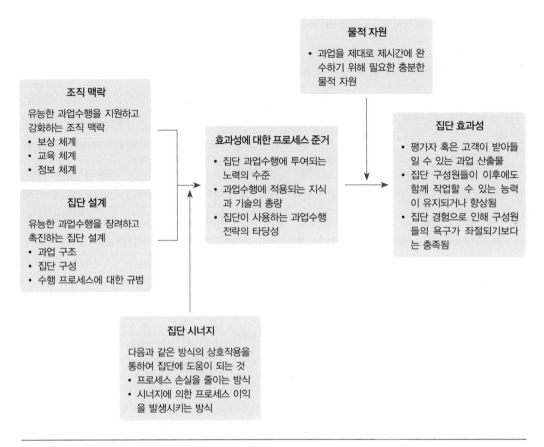

그림 12.4 Hackman의 집단 효과성의 규범적 모델

출처 : J. R. Hackman. (1987). The design of work teams. In J. W. Lorsch (Ed.), *Handbook of organizational behavior* (pp. 315–342). Englewood Cliffs, NJ: Prentice-Hall에서 수정.

조직의 보상 체계에 있어 중요한 세 번째 측면은 보상과 목표가 개인이 아니라 팀의 행동에 초점을 맞춰야 한다는 점이다. 조직 맥락에서 이렇게 하기는 사실 쉽지 않다. 왜냐하면 대개 조직의 보상 체계는 개인 단위로 설계되어 있고, 또한 많은 구성원들이 자신의 개인적 수행에 근거하여 보상받는 것을 더 선호하기 때문이다. 또한 때로는 개인 차원의 보상 체계와 팀 차원의 보상 체계가 의도하지 않았지만 서로 어긋나게 작용하는 경우도 있다. 예를 들어, 프로 스포츠팀들이 선수와 계약할 때 순전히 개인적 수행에 근거한 인센티브 조항을 넣는 것이 점점 일반화되고 있는데, 불행히도 이러한 인센티브 조항에 의해 강화된 행동이 때로는 팀 수행에는 도움이 되지 않는다.

조직 맥락에서 팀 효과성에 도움이 되는 또 다른 두 가지 요소는 조직이 갖추고 있는 교육과 정보 체계이다. 사람들은 팀의 한 일원으로 일하는 방법에 대한 지식과 경험이 요구되므로, 팀은 대개 교육훈련상의 지원이 요구된다. 또한 팀은 적합한 의사결정을 내리고 과업을 유능하게 수행해 나가기 위해 신뢰로운 정보가 필요하다. 따라서 이 두 가지 요소가 결여되어 있거나 질적 수준이 낮다면 팀 효과성은 그만큼 저하될 것이다.

팀 설계는 대체로 작업팀의 구조적 특징과 관련이 있다. 그중 가장 중요한 것은 팀이 수행하는 과업의 구조이다. Hackman(1987)에 따르면 팀이 수행하는 과업의 설계는 동기부여에 있어서도 중요한 함의를 가지지만(예 : Hackman & Oldham, 1980), 그 외에도 몇 가지 이유로 매우 중요하다. 어떤 과업들은 처음부터 팀 작업에는 맞지 않을 수 있다(예 : 고도의 기술적 문제를 해결하는 일). 따라서 조직은 주어진 특정 과업이 팀에는 적합하지 않다는 사실을 직시해야 할 수도 있다.

팀 설계의 다른 요소들은 팀의 구성 및 팀의 수행과 관련된 규범이다. 팀은 당연히 작업을 수행하는 데 필요한 기술과 능력을 보유한 개인을 필요로 한다. 또한 팀 구성원들 간에는 성격과 기질 측면에서 최소 한도의 조화가 있어야 한다. 제11장에서 살펴본 바와 같이 규범은 팀 내 행동에 강력한 영향을 미칠 수 있으므로, 규범과 관련하여 가장 중요한 점은 팀이 높은 수준의 수행과 노력을 지지하는 규범을 개발하는지의 여부이다.

〈그림 12.4〉에서 볼 수 있듯이 이 모델에서는 조직 맥락과 팀 설계 모두가 효과성에 대한 프로세스 준거(process criteria of effectiveness)라고 불리는 것에 영향을 미친다. 이러한 준거는 팀 구성원들이 발휘하는 노력의 수준, 그들이 과업에 투여하는 지식과 기술의 총량, 과업수행전략의 적절성을 나타낸다. Hackman(1987)은 본질적으로 다른 모델에서는 팀 프로세스인 것을 효과성에 대한 중간 혹은 근접 준거로 바꾸었다. 예를 들어, 팀 구성원들이 과업을 열심히 수행한다는 사실은 그들의 성공 여부에 대한 중간 지표가 된다.

하지만 조직 맥락과 팀 설계가 효과성에 대한 프로세스 준거에 미치는 영향은 모두 팀 시너지에 달려 있다는 점에 주목해야 한다. Hackman(1987)에 따르면 팀 시너지는 팀이 프로세스 손실(예 : 시간을 낭비하거나 잘못 사용하기)을 피할 수 있는 정도나 팀이 혁신적인 전략을 주도적으로 만들어 내는지의 여부와 관계가 있다. 특히 팀은 구성원 각자의 아이디어를 기반으로 시너지를 통한 프로세스 이익(process gains)을 창출할 수도 있다. 이러한 요소를 추가함으로써 Hackman(1987)은 팀들이 과업수행에 유리한 상황을 성과 없이 허비할 수도, 반대로 평범한 상황에서 대단한 일을 해낼 수도 있음을 일깨워 주고 있다.

모델의 다음 단계는 효과성에 대한 프로세스 준거로부터 앞서 정의된 바 있는 실제 팀 효과성으로 넘어가는 단계이다. 이는 앞의 두 모델에도 포함되어 있는 팀 프로세스와 팀 효과성 간의 친숙한 연결고리를 나타낸다. 그러나 Hackman(1987)은 다소 다른 아이디어를 첨부하여, 물적 자원(material resources)이 효과성에 대한 프로세스 준거와 팀 효과성 간의 관계를 조절한다는 의견을 제시하고 있다. 어떤 팀은 아주 유리한 조직 맥락과 설계 특성을 가지고 이러한 조건들을 긍정적 팀 프로세스로 전환하면서도, 궁극적으로는 성공하지 못할 수도 있다. 예를 들어, 만약 어떤 생산 팀이 요구되는 제품을 만드는 데 필요한 도구가 없다면 이 팀은 성공할 수가 없을 것이다(Peters & O'Conner, 1988도 참조).

Shea와 Guzzo(1987)의 모델

Shea와 Guzzo(1987)는 앞서 설명된 모델들보다는 훨씬 덜 포괄적이지만, 그럼에도 불구하고 팀 효과성의 몇몇 중요한 결정요인들을 강조하는 모델을 제시하고 있다. 그들의 모델에 따르면, 팀 효과성은 (1) 결과물 상호의존성(outcome interdependence), (2) 과업 상호의존성(task interdependence), (3) 유능감(potency)이라는 세 가지 핵심요소에 달려 있다. 결과물 상호의존성은 팀 구성원들이 공동 운명을 공유하는 정도를 반영한다. 결과물 상호의존성이 높은 경우의 예는, 만약 모든 팀 구성원이 팀 수행이 좋았을 때에만 보너스를 받는 경우이다. 이런 점에서 결과물 상호의존성은 조직의 보상 방식에 의해 상당히 영향을 받을 것으로 예측할 수 있다. Shea와 Guzzo(1987)에 따르면 결과물 상호의존성이 높으면 팀이 효과적이기 위해 필요한 많은 행동, 예를 들어 협력, 업무량의 분담 등과 같은 행동이 촉진된다. 반면 팀 구성원들의 결과물이 대체로 독립적이라면 이는 집단 구성원들이 협조적으로 행동할 가능성을 감소시켜서 팀 효과성을 약화시킬 것이다.

과업 상호의존성은 팀 구성원들이 과업을 수행하기 위해 서로에게 의존해야 하는 정도와 관련이 있다. 상호의존성은 팀을 정의하는 주요 특성 중 하나이다. 따라서 과업 상호의존성은 그 자체로 효과성의 직접적인 결정요인이라기보다는 팀의 적절성에 대한 검증이라고도 볼 수 있다. 일반적으로 팀이 수행하는 과업이 일정 수준 이상의 상호의존성을 요구할 때 팀이 보다 효과적일 것임을 예상할 수 있다. 반면, 어떤 과업에 상호의존성이 거의 없다면 그 일에는 팀이 적합하지 않거나, 과업이 재설계될 필요가 있음을 시사한다(참고 12.2 참조).

유능감은 효과적인 팀이 될 수 있다는 팀 구성원들 간의 공동의 신념을 나타낸다(Guzzo, Yost, Campbell, & Shea, 1993). 이는 개인 수준의 자기효능감이라는 구성개념과 유사한데, 자기효능감은 자신이 다양한 과정을 통해 일련의 행동을 실행할 수 있다는 개인의 신념을 나타낸다(Bandura, 1997). Shea와 Guzzo(1987)에 따르면, 유능감은 팀 효과성에 대한 가장 근접한 결정요소이며, 어느 정도 경험적 지지를 얻고 있다(예 : Riggs & Knight, 1994). 유능감은 끈기를 갖도록 하고 팀 구성원들 간의 협조와 단합을 강화하기에 팀 효과성에 긍정적인 영향을 미칠 수 있다(Jex & Bliese, 1999 참조). 최근의 메타 분석에서는 집합적 효능감과 팀 수행 간에 상당히 강한 관계가 있음이 밝혀졌다(Gully, Incalcaterra, Joshi, & Beaubein, 2002). 즉 자신들의 임무수행 능력에 대한 집합적 신념을 가진 팀 구성원들은 팀 수행과정에서 서로 더 잘 조정하고 원활하게 의사소통한다.

Shea와 Guzzo(1987)는 (1) 자원, (2) 보상, (3) 목표를 팀의 유능감에 기여하는 세 가지 핵심 변수

팀에 부여할 과업인가 아닌가? : 중대한 질문

일반적으로 조직은 합리적이긴 하지만, 가끔 일시적 유행에 좌우되곤 한다. 조직에서의 의사결정도 결국은 사람이 내리는 것이기에 어느 정도 유행이나 시류에 경도되어 판단과 선택을 하는 경우가 있는 것이다.

지난 20년간 조직에서 팀의 활용은 말 그대로 폭발적으로 증가하였는데, 이런 흐름은 반전될 조짐도 없다. 이러한 흐름의 긍정적 측면은 많은 과업을 수행하는 데 팀이 대단히 적합하다는 점이다. 다시 말해, 오늘날의 조직에서 수행되는 대부분의 작업은 고도의 협동과 상호의존성을 필요로 한다. 더구나 빠른 속도로 변화하는 경쟁환경에서 한 사람이 모든 것에 뒤처지지 않고 따라간다는 것은 거의 불가능하므로, 팀 구성원 간의 지식 공유는 필수적이다.

팀의 이러한 많은 긍정적 측면에도 불구하고 팀이 모든 과업에 있어 적합한 것도, 모든 조직의 문화에 잘 어울리는 것도 아니다. 일반적으로 과업이 고도로 독립적인 작업을 요구할 때나 조직이 구성원들 서로 간의 참여를 장려하거나 중시하지 않는 경우에 팀은 그다지 효과적이지 않을 수 있다. 필자는 조직의 구성원으로서나 외부 컨설턴트로서, 팀을 구성하는 것이 적합한지에 대한 충분한 검토 없이 팀이 구성된 사례를 많이 목격해 왔다. 경영자들은 아무 생각 없이 거의 '반사적 행동'처럼 팀을 구성하는 경우가 있는데, 이것은 과업특성에 대한 진지한 검토에 근거하여 결정한 것이라기보다는 단순히 일시적 유행("누구나 다 팀을 활용하잖아?")이나 관습적으로 그렇게 하는 경우이다. 그러한 경우 팀이 문제를 해결하기보다는 더 많은 문제가 초래될 수도 있다.

그렇다면 조직은 팀을 사용하지 말아야 할 것인가? 전혀 그렇지 않다. 단지 팀을 만들어 과업을 수행하도록 하기 전에 반드시 과업에서 요구되는 바에 대해 조심스럽게 검토하고, 자신들의 조직 문화에 대해 현실적으로 판단을 내릴 필요가 있다는 것이다.

로 제시하고 있다. 만약 어떤 팀이 필요로 하는 자원을 충분히 이용할 수 있다면, 팀 구성원들이 어떤 과업이든 수행할 수 있고 어떤 도전에도 대응할 수 있다는 팀 구성원들의 생각이 강화될 것임은 쉽게 예측할 수 있다. 보상이 유능감의 결정요소로 중요한 이유는 그간의 팀의 성과가 의미 있음을 보여 주는 신호로 작용하기 때문이며, 이러한 신호는 팀으로 하여금 좋은 성과를 내는 데 필요한 능력을 개발하고자 하는 동기를 유발한다. 팀의 목표가 도전적이고 명확할수록 구성원들의 노력과 끈기뿐만 아니라 실행전략의 개발을 촉진하며, 이들은 모두 유능감을 강화한다. 후속 연구가 더 필요하긴 하지만, 자원, 보상, 목표가 유능감―궁극적으로 효과성―에 미치는 영향은 경험적으로 지지되고 있다(Guzzo & Campbell, 1990).

Campion의 통합 팀 효과성 모델

Campion, Medsker, Higgs(1993)는 팀 효과성에 대한 광범위한 문헌 연구를 제시하였으며, 이에 기초하여 지금까지 논의된 모델과 다른 모델들을 통합한 팀 효과성 모델을 제시하였다. 따라서 이 절에서 설명되는 모델은 팀 효과성에 대한 새로운 모델이 아니라 다른 많은 모델들의 공통된 특성을 강조하는 팀 효과성에 대한 메타(meta) 모델이라 할 수 있다.

그들의 통합 팀 효과성 모델은 〈그림 12.5〉에 제시되어 있다. 이 모델이 앞서 제시된 세 모델에 비해 훨씬 단순하다는 점을 주목하라. 팀 효과성에 직접적인 영향을 미치는 요인들만이 제시되었으며, 앞서 소개한 모델들이 포함하고 있는 많은 중간 연결고리들과 조절변인들은 제외되었다. '주제/특성(themes/characteristics)' 부분을 보면 팀 효과성의 직접적 결정요인은 궁극적으로 다섯 가지 항목으로 나뉜다. 이 중 첫 번째인 직무설계(job design)는 팀이 수행하는 과업의 성격에 대한 것이다. Campion 등(1993)에 따르면, 팀의 과업환경에서 핵심적인 측면은 과업 자체의 특성인 과업 다양성(variety), 과업 중요성(significance), 과업 정체성(identity) 그리고 피드백 정도뿐만 아니라 구성원들에 의한 자율경영(self-management) 정도와 구성원들의 참여(participation) 정도 등이 포함된다. 효과성이 높다는 것은 물론 제각기 이유는 다르지만 이러한 모든 요인이 높다는 것과 결부된다. 자율경영과 참여는 팀의 직무에 대한 주인의식을 향상하며, 과업특성은 내재적(intrinsic) 동기를 강화함으로써 효과성에 영향을 미친다.

효과성의 두 번째 결정요인은 상호의존성이다. 이는 팀 구성원들이 수행하는 과업, 팀의 목표, 그들이 받는 피드백, 얻으려는 보상에 있어서 얼마나 상호의존적인가를 나타낸다. Shea와 Guzzo(1987)의 모델에서와 같이 Campion 등(1993)도 이런 영역들에서의 상호의존성이 높으면 효과성이 향상될 것이라고 제안하고 있는데, 가장 주요한 이유는 높은 수준의 상호의존성은 상호 협력을 촉진하며, 각 구성원들의 활동이 팀 내에서 서로 잘 조화되도록 노력할 것이기 때문이다.

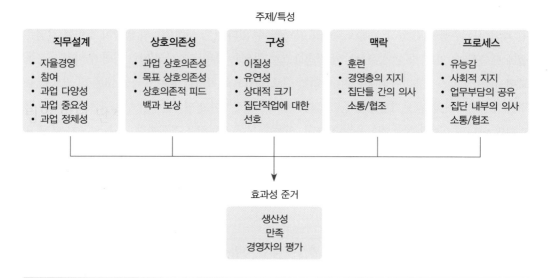

그림 12.5 집단 효과성에 대한 Campion의 통합 모델

출처 : M. A. Campion, G. J. Medsker, & A. C. Higgs. (1993). Relations between work group characteristics and effectiveness: Implications for designing effective work groups. *Personnel Psychology*, 46, 823-850. Reprinted by permission.

세 번째 결정요인은 **구성**(composition)인데, 대체로 팀 구성원의 특성과 관련된 것들이다. 여기서 핵심적인 측면 중 하나는 팀이 어느 정도 이질적인 기술을 보유한 사람들로 구성되었는지 그리고 필요할 때 서로를 보완할 수 있을 정도로 유연한지에 대한 것이다. 또 다른 중요한 요소로는 팀의 상대적 크기가 있다. '정확한' 집단 크기라 할 수 있는 마법의 숫자란 없겠지만, 일반적인 경험 법칙에 따르면 팀은 과업을 완수할 수 있을 만큼 크되 지나치게 커서는 안 된다(즉 많다고 다 좋은 것은 아니다). 마지막으로 팀 작업에 대한 선호는 앞서의 모델들에 포함되지 않은 독특한 변수로, 어떤 사람들은 팀으로 일하는 것을 더 좋아한다.

맥락이라 명명된 네 번째 주제는 팀이 소속된 조직의 환경에 관한 요인들로 구성되어 있다. 여기에는 팀이 활용할 수 있는 훈련기회, 경영자들이 팀을 지지하는 정도, 서로 다른 팀들 간의 협조와 의사소통 정도 등이 포함된다. 따라서 팀이 효과적이기 위해서는 조직 맥락 측면에서 충분한 훈련기회를 제공하고, 경영자들이 팀을 지지해야 하며, 팀들 간에 높은 수준의 협조와 의사소통이 이루어져야 한다.

이 모델에서 제시된 집단 효과성의 마지막 결정요인은 **프로세스**이다. 여기에는 유능감, 즉 팀 구성원들의 팀의 능력에 대한 집합적 지각뿐만 아니라 사회적 지지의 수준, 업무부담의 공유, 팀 내의 의사소통/협조 등이 포함된다. 팀 효과성에 대한 다른 모델들과 마찬가지로, Campion 등(1993)도 긍정적 팀 프로세스는 직접적으로 팀 효과성을 촉진한다고 제안하고 있다. 다시 말해 유능감이 높고(즉 구성원들이 팀의 능력에 대해 신뢰하고), 사회적 지지와 업무부담의 공유, 구성원 간의 의사소통 및 협동의 수준이 높을 때 팀이 보다 성공적이라는 것을 의미한다.

Campion 등(1993)의 모델에서 마지막으로 주목할 점은 '효과성 준거'이다. 이 준거는 대체로 Hackman(1987)의 팀 효과성에 대한 정의에 기초를 둔 것이지만 Hackman의 정의에 포함되어 있던 지속가능성, 즉 팀 구성원들이 차후에도 함께 일할 가능성이 빠져 있음에 주목할 필요가 있다.

Campion 등(1993)의 모델은 팀 효과성에 영향을 미치는 주요 요인들에 대한 광범위한 설명을 제공하며 실증적 지지를 받아 왔다. 특히 Campion 등(1993)과 Campion, Papper, Medsker(1995)는 대형 보험회사의 사례를 통해 팀 효과성과 관련이 있는 것으로 제안된 많은 특성들이 구성원들의 효과성 준거와 관련이 있음을 밝혔다. 따라서 Gladstein(1984)과 마찬가지로 Campion 등(1993)도 모델 개발과 경험적 검증 결과를 동시에 제시하였다. 그러나 Campion 등의 모델에 있어 가장 두드러진 약점은 주제/특성과 효과성 준거 사이의 직접적 관련성만을 제안했다는 점이다.

팀 효과성 모델에 대한 요약

이 절에서는 가장 널리 인용되는 4개의 팀 효과성 모델과 이들을 통합하려는 최근의 시도에 대해 검토했다. 이 모든 모델의 공통적 특징은 이들이 매우 친숙한 투입-프로세스-산출의 순서를 따르고 있다는 점이다. 즉 이들은 조직 맥락의 측면(예 : 보상, 상호의존성, 과업 설계 등)이 팀이 일하는 방식에 직접적으로 영향을 미치며, 이것이 효과성에 영향을 미친다고 가정한다. 이러한 모델들은 팀의 수행에 영향을 미치는 많은 조직 요인들과 팀 요인들을 강조하고 있다는 점에서 가치가 있다. 더구나 이러한 맥락적 요인들이 무엇인지에 대해서는 상당한 정도로 의견이 일치되고 있는 것 같 다. 예를 들어, 대개의 모델들은 팀의 구성, 팀에 제시된 보상 체계, 팀이 수행하는 과업의 설계, 팀 이 활용 가능한 자원, 팀에게 주어진(혹은 스스로 설정한) 목표 그리고 응집력, 의사소통, 갈등관리 와 같은 내적 프로세스에 초점을 맞추고 있다. 조직은 이 모든 변수를 일정 수준 통제할 수 있으며, 이에 따라 팀 효과성을 향상하기 위해 이들을 변화시킬 수 있을 것이다. 다음 절에서는 몇 가지 주 요 변수들을 좀 더 상세히 검토할 것이다.

투입-프로세스-산출(I-P-O)에 근거한 모델들이 팀 연구자들로부터 수년 동안 지지를 받고 있지 만, 최근 연구자들은 이 모델들에는 몇 가지 제한점이 있음을 파악하였다. Ilgen 등(2005)은 투입과 산출 간의 관계에 영향을 준다고 밝혀진 팀 수준의 많은 변인들이 반드시 프로세스인 것이 아니라 집합적 효능감과 같은 출현적 상태(emergent states)일 수 있다고 지적하였다. 또한 이들은 "I-P-O의 개념 틀은 투입에서부터 산출물로 이어지는 단 하나의 선형적 경로만을 시사하기에 다양한 시각의 연구를 제한한다"(p. 520)고 언급하였다. 이러한 종류의 다소 경직된 개념 틀로 인해 연구자들은 다 양한 산출물(예 : 수행)이 역으로 팀의 특성이나 프로세스에는 어떤 영향을 주는지를 보지 못했던 것이다.

Kozlowski와 Bell(2013)도 최근에 산출이 다음 팀 수행 사이클에서의 투입에 영향을 미칠 수 있는 순환적인 과정을 반영하기 위해 모델의 마지막 부분에 '투입'이 추가될 수 있다고 제안하였다(투입 -프로세스-산출-투입). Marks, Mathieu, Zaccaro(2001)는 기존의 투입-프로세스-산출 모델은 팀 이 어떻게 작용하는지에 대한 시간적 요소의 중요성을 고려하지 못했다고 지적하였다(Kozlowski & Bell, 2013 참조). 그들에 따르면 팀은 일을 하면서 각기 다른 단계를 거쳐 가는데(수행에 대한 계획, 실행, 목표 지향적 활동), 이러한 단계들이 팀 효과성 모델에 통합될 필요가 있다. 그래서 팀 효과성 의 미래 모델에서는 투입-프로세스-산출 모델의 구성요소들과 팀 수행의 시간적 단계들의 중요성 간의 양방향적(bidirectional) 영향을 고려해야 할 필요가 있다.

마지막으로 최근의 팀 효과성 모델들은 서로 다른 팀 구성원들이 각자 하는 역할의 중심성을 조 사하고 특정한 중심적인 역할을 맡고 있는지에 따른 팀 구성원들의 기술과 전문성을 차별적으로 강 조하는 것이 중요하다고 강조한다. Humphrey, Morgeson, Mannor(2009)는 29년 동안의 메이저 리 그 야구 결과들을 분석하여 중심 역할에 대한 전문성의 영향을 조사하였다. 이들의 연구에 의하면, 주요 역할들(예 : 투수, 포수)에서의 전문성에 투자하고 강화한 팀들은 그렇지 않았던 팀들보다 더 높은 수행을 보였다. 이러한 발견은 미래의 팀 효과성 모델에서는 서로 다른 역할을 맡고 있는 팀 구성원들의 전문성과 기술을 고려할 것을 제안한다.

팀 효과성의 결정요인

팀 효과성에 기여하는 중요한 변인들을 찾아내고 그것들이 영향을 미치는 프로세스를 기술하는 데 있어 팀 효과성 모델이 유용하긴 하나 상세한 설명은 생략된 경우가 빈번하다. 이 절에서는 팀 효과성의 가장 일반적인 결정요소 몇 가지를 더 검토하고자 한다. 아주 자세하게 다루지는 못하더라도, 팀 효과성에 영향을 미치는 주요 변인들에 대한 어느 정도 포괄적인 설명을 제시하고자 한다.

팀 구성

팀 효과성 연구에서 밝혀진 가장 확고한 결과 중 하나는 아마도 구성원들의 기술 수준이 높은 팀이 낮은 팀보다 더 효과적이라는 점이다(Guzzo & Shea, 1992; Hackman, 1987). 팀의 평균적인 인지 능력은 전차 부대 승무원들을 포함한 다양한 유형의 팀에서 수행 수준을 예측할 수 있게 해 주는 지표가 된다는 점이 밝혀졌다(Tziner & Eden, 1985). 이러한 결과는 개인 수준의 수행에서 인지능력과 수행 간의 확고한 상관관계를 보인 연구 결과(Schmidt & Hunter, 1998)와 일치한다. Devine과 Phillips(2000)는 인지능력과 팀 수행 사이의 관련성에 대한 메타 분석을 통해, 팀이 익숙하지 않은 과업을 수행하는 경우에 이러한 관련성은 가장 강해진다는 점을 발견했다.

팀 구성원들의 기술/능력과 팀 효과성 간에 정적인 관계가 있다고 할 때, 이것은 조직이 팀을 효과적으로 만들기 위해 능력 있는 사람들을 고용하기만 하면 된다는 것을 의미하는 것일까? 아마도 그렇지 않을 것이다. 이 분야의 연구에서 비교적 일관적으로 밝혀진 또 다른 결과는, 비록 팀에 있어 기술/능력의 절대적 수준이 중요하긴 하지만, 조직은 팀 내 가용한 기술/능력의 조합(mix)을 고려해야 한다는 점이다(Campion et al., 1995). 예를 들어, 어떤 농구팀이 효과적이기 위해서는 분명 많은 득점을 올릴 수 있는 선수를 보유해야 한다. 그러나 다른 한편으로는 리바운드를 잘하는 선수나 수비 전문 선수를 보유하는 것도 중요하다. 득점을 올리는 선수들만으로 구성된 팀은 아마도 그리 잘하지 못할 것이다. 실제로 여러 연구를 통해 집단이 보유한 기술의 다양성이 집단 수행과 정적인 관계가 있다는 것이 입증된 바 있다(Guzzo & Shea, 1992).

팀 구성원들의 기술/능력의 중요성에도 불구하고, 능력이 매우 뛰어난 사람들로만 구성된 팀이 효과적이지 못한 경우도 있다. 인지능력과 더불어 팀 성격도 팀 수행을 결정하는 신뢰로운 예측변인임이 밝혀졌다. 성격과 관련된 가장 신뢰로운 예측변인은 팀 성실성(team conscientiousness)으로, 이는 개인 수준에서의 믿을 수 있고 규정을 잘 따르며, 다양한 유형의 과업을 끝까지 해내는 사람을 비유한 것이다(Barrick & Mount, 2005). Van Vianen과 De Dreu(2001)는 팀 수준에서의 원만성

(agreeableness)과 성실성 모두가 팀 수행과 연관되어 있다는 점을 발견하였다. 이에 더하여 최근의 메타 분석에 따르면 발표된 많은 연구에서 팀의 원만성과 성실성 모두가 탁월한 팀 수행과 관련이 있었다(Peeters, Van Tuijl, Rutte, & Reymen, 2006). 이 메타 분석에서 또 하나의 흥미로운 결과는 팀 구성원들 사이의 원만성과 성실성에서의 다양성은 팀 수행과 부적 관계가 있다는 점이다. 다시 말해, 원만성 또는 성실성의 전체적인 수준을 통제했을 경우, 원만성 또는 성실성의 수준에서 구성원들 사이에 차이가 클수록 수행 수준이 낮아지는 경향이 있었다. 최근 Cole, Carter, Zhang(2013)은 팀 구성원들의 가치와 관련하여 유사한 발견을 하였다. 그들은 권력 거리(리더와 부하 사이에는 분명한 지위상의 차이가 있어야 한다는 믿음)의 가치를 믿는 정도에 있어 팀 구성원들의 생각이 서로 다를수록 팀의 수행 수준이 낮았다. 두 가지 서로 다른 문화의 가치 구조를 이해하는 이중문화(bicultural) 구성원들이 팀의 성공에 특히 중요할 수 있다는 것도 이와 관련이 있다(참고 12.3 참조).

또한 연구자들은 성격과 팀 수행 간의 관계가 팀이 수행하는 과제의 유형에 따라 달라지는지에 대해서도 관심이 있었다. LePine, Colquitt, Erez(2000)에 따르면 팀에 제시된 의사결정 규칙이 적응력(adaptability)을 요구하는 것일 경우, 성실성은 팀의 의사결정 효과성과 부적인 관계를 보였다. 성실한 사람들은 질서(order)에 대한 욕구가 높기 때문에 빠르게 변화하는 환경에 적응하는 것이 이들에게는 다소 힘든 일일 수 있다. 성격이 팀의 분위기에 영향을 미친다는 점은 조직 전체의 분위기가 개별 구성원들의 성격에 영향을 받는다는 점에 비추어 볼 때 놀랄 일이 아니다(Schneider, 1987).

팀 구성원들의 성격이 효과성에 미치는 직접적 영향과 팀의 분위기에 미치는 영향과 더불어, 팀 내의 특정한 성격들의 조합도 팀 효과성에 중요한 영향을 미칠 수 있다. 팀 상황에서 개별 팀 구성원들이 '서로 상반되는' 성격을 보유하여 부정적인 갈등이 초래될 수 있다. 또한 매우 부정적인 성격특성을 가진 팀원 한 명이 있음으로 해서 팀 내부의 프로세스에 나쁜 영향을 미치고 결국 수행에도 부정적인 영향을 미칠 수 있다. 예를 들어, 앞서 언급된 Barrick, Stewart, Neubert, Mount(1998)의 연구에서 매우 낮은 수준의 정서적 안정성을 보인 구성원이 적어도 한 명 이상 있는 팀은 그렇지 않은 팀보다 사회적 응집력, 유연성, 의사소통 그리고 업무부담의 공유 측면에서 낮은 수준을 보였으며, 갈등 수준은 더 높았다. 그런데 흥미롭게도 수행에는 부정적인 영향을 미치지 않았다.

팀 구성에 있어서 팀 효과성에 영향을 미치는 또 다른 측면은 팀 구성원들의 태도이다. 팀 구성원들의 태도가 미치는 영향은 다음 둘 중 하나의 방식으로 파악할 수 있다. 가장 직접적인 방법은 Campion 등(1993)이 제안한 '팀 작업에 대한 선호(preference for team work)'(p. 828)에 의해서이다. 이는 사람들이 팀 환경에서 작업하는 것을 좋아하는 정도를 반영하는 개념이다. 조직에서 팀이 급증하고 있음에도 불구하고, 여전히 모든 사람이 다 팀 환경에서 작업하기를 좋아하는 것은 아닐 것이다. 공동 작업에서 종종 동료애 같은 긍정적 측면이 나타나기도 하지만, 팀 작업은 사회적 태만, 갈등 그리고 기타 여러 난점들 때문에 실망스러운 결과가 초래되기도 한다. Campion 등(1993)은

참고 12.3

비교 문화적 연구 결과 : 이중문화 역량 및 팀 효과성

제 조직이나 기구가 많아지면서 다중문화팀(multicultural teams)이 점차 증가하고 있다. 최근 Hong(2010)은 이중 문화 역량(bicultural competence)이 다중문화팀의 효 과성에 어떻게 기여하는지를 조사하였다. 이중문화 역량 은 서로 다른 두 문화의 문화적 스키마를 깊이 이해하고 있을 때 나타난다. 문화적 스키마란 특정 문화에서 중요 하게 여기는 가치, 규범, 그리고 신념들에 대한 일련의 지 식을 의미한다. Hong(2010)은 '이중 문화 역량 소유자 (biculturals)'는 잠재적인 갈등을 다루는 데 필요한 지식 을 갖고 있기에 다중문화팀에서 발생하는 문제들을 해결 하는 데 유리한 위치에 있다고 하였다. 그는 이중문화 역 량 소유자들이 다중문화팀에 더 잘 적응할 수 있을 뿐만 아니라 오해 때문에 생기는 이슈들을 효과적으로 다루는

데 문화적 스키마들을 적절히 활용하는 잠재력이 있음을 보여 주는 증거들을 개관하였다.

팀 효과성에 있어 경계 관리 전략의 중요성을 논의하 면서 그는 이중문화 역량 소유자들이 다른 팀들로부터 필요한 정보를 수집하고, 팀 간 활동에 있어 대표자의 역 할을 하고, 긍정적인 집단 활동을 만들어 내기 위해 팀원 들 사이에 관계를 강화하는 등의 경계 탐색(boundary spanning)에서 특히 효과적일 수 있다고 지적하였다. 그 는 팀 효과성에서 이중문화 역량의 역할을 더 파악하기 위한 다양한 향후 연구 방향에 대해서도 기술하였다.

출처 : Hong, H. (2010). Bicultural competence and its impact on team effectiveness. *International Journal of Cross Cultural Management*, 10, 93-120.

팀 작업에 대한 평균적 선호 수준이 낮은 팀은 몇 가지 수행 평가기준에서 더 낮은 수준을 보인다는 점을 발견했다(Driskell, Goodwin, Salas, & O'Shea, 2006 참조).

태도가 영향을 미치는 또 다른 방식은 팀 구성원들 태도 간의 유사성이다. 사회심리학적 연구에 따르면, 사람들은 자신과 비슷하다고 지각되는 사람들을 좋아하는 경향이 있음이 분명하다(Byrne et al., 1971). 따라서 리더의 효과성이나 조직의 지원과 같은 팀의 주요한 측면에 대한 구성원의 태도에 있어 어느 정도 유사성을 가질 때 그 팀은 더 효과적으로 기능하는 경향이 있다(Bliese & Britt, 2001). 의견 일치가 이러한 잠재적 가치를 가지고 있음에도 불구하고, 의견 일치 수준이 너무 높으면 곤란해질 수도 있다. 팀 구성원들이 모든 일에 대해 의견이 일치한다면(혹은 일치해야 한다고 느낀다면), 이는 꼭 필요한 논쟁조차 못하게 되거나, 팀이 변화에 대해 극도로 저항하게 되는 원인이 될 수도 있다. Janis(1982)는 이러한 역동을 **집단사고**(groupthink)라 명명하고, "사람들이 응집력 높은 배타적 내집단(in-group)에 깊이 관여되어 있고, 구성원 간의 만장일치를 추구하려는 동기가 일련의 여러 대안을 현실적으로 평가하려는 동기를 압도하게 될 때 나타나는 사고양식"으로 정의하였다. "집단사고란 내집단 압력으로 인해 초래되는 정신적 효율성, 현실 검증 및 윤리적 판단력의 감퇴이다"(p. 9; Whyte, 1998도 참조).

팀 구성이 수행 및 효과성에 미치는 영향을 검토할 때 마지막으로 고려해야 할 중요한 요인은 팀 수행 활동의 시간 측면이다. Mathieu, Tannenbaum, Donsbach, Alliger(2014)는 팀 프로젝트 또는 팀

발달의 여러 단계에서 구성원들의 어떤 특성이 특히 더 필요한지 개관하였다. 그들은 팀이 목표를 설정하고 활동계획을 세울 때 이와 관련된 기술들이 팀 성공과 연관될 것이고, 프로젝트 성공을 위해 과업을 실제 실행하는 동안에는 프로젝트와 연관된 기본 능력이나 기술이 중요할 것이라고 제안하였다. 또한 Mathieu 등(2014)은 시간 경과에 따라 팀 수행에 영향을 미치는 팀 구성요인들을 더 잘 이해하기 위해 필요한 미래의 연구 영역들에 주목하였다. 그와 관련하여, Humphrey 등(2009)도 모든 팀 구성원들이 동등하게 영향을 미친다고 보기보다는 팀 내에서 아주 중요한 역할을 하는 팀 구성원들의 속성을 고려하는 것이 매우 중요하다고 보았다.

과업 설계

앞서 검토된 모델들에서 또 한 가지 일관된 주제는 팀이 수행하는 과업의 설계가 팀 효과성에 영향을 미치는 핵심적 변인이라는 점이다. 그러나 과업 설계(task design)가 팀 효과성에 영향을 미치는 방식은 모델에 따라 차이를 보이고 있다. 가장 기본적인 수준에서 과업 설계가 중요한 이유는 팀이 수행하고 있는 과업을 과연 팀으로 해결하는 것이 적합한가에 대한 문제를 다루기 때문이다. 일반적으로, 고도의 상호의존성을 수반하는 과업은 팀이 수행하기에 최적이라 할 수 있다. 반면, 본질적으로 독립적인 작업을 요하는 과업은 개인이 수행하는 것이 더 적절하다. 조직이 팀을 활용하는 데 너무 몰두한 나머지 어떤 과업은 팀보다는 개인이 더 잘 수행할 수 있다는 사실을 깨닫지 못할 수도 있다.

일단 특정 팀이 수행하고 있는 과업이 팀에 적합하다고 가정한다면, 과업 설계가 어떤 방식으로 팀 효과성에 영향을 미치는 것일까? 한 가지 방법은 동기부여 효과를 통해서이다. 즉 자율성, 피드백, 기술의 다양성, 과업의 중요성, 과업 정체성 등과 같은 특징을 강화하는 방향으로 직무를 재설계할 때 직무동기가 향상될 수 있다(Hackman & Oldham, 1980). 이와 동일한 기본 논리가 팀에 대해서도 적용된다. 즉 도전적이고, 흥미롭고, 매력적인 과업을 수행하는 팀의 구성원들이 보다 평범한 과업을 수행하는 팀의 구성원들보다 동기부여 수준이 높을 가능성이 있다.

팀의 과업 설계 역시 중요하다. 팀에 매우 적합한 과업일지라도 여러 가지 방법으로 접근할 수 있으므로, 과업에 따라 특정 전략이 다른 전략보다 더 효과적일 수 있다. 따라서 팀 효과성의 중요한 결정요인 중 하나는 전략과 접근방법이 주어진 과업에 적합한 정도이다. 일반적으로 팀은 (1) 과업 관련 전략을 토론하는 데 많은 시간을 할애하지 않는 경향이 있으며(Hackman & Morris, 1975), (2) 충분한 시간을 할애하는 것이 ─ 특히 복잡한 과업을 수행할 때에는 ─ 더 효과적임이 밝혀진 바 있다(Hackman, Brousseau, & Weiss, 1976).

효과성에 중요한 영향을 미치는 것 이외에도, 팀이 수행하는 과업의 성격은 종종 팀의 상호작용과 프로세스를 이해하는 열쇠가 된다. 팀 내에서 발생하는 많은 행동적 역동(behavioral dynamics)은 팀이 수행하는 작업 맥락 내에서만 이해될 수 있다. 예를 들어, Denison과 Sutton(1990)은 수술실에서 일어나는 많은 행위(예 : 시끄러운 음악과 농담 등)를 묘사하고 있는데, 대체로 이러한 행동들은 자신들의 작업 결과에 따라 생사가 뒤바뀔 수 있는 상황에서 긴장을 감소시키기 위한 팀 구성원들의 기제이다. 더 나아가 Drach-Zahavy 및 Freund(2007)는 팀 과업을 둘러싼 스트레스 유발 조건들이 팀 효과성에 어떻게 영향을 미치는지 논의하였다. 그들은 일차 진료팀들이 복잡성과 관련된 스트레스 요인들을 경험하는 경우 과업이 분명하고 기계적인 방식으로 설계되어 있을 때 수행 수준이 더 높았다. 반면에 업무 부담(workload)과 관련된 스트레스 요인들이 있는 조건에서는 팀 활동을 어떻게 구조화할지에 대한 선택권이 많을수록 수행 수준이 더 높았다.

조직의 자원

개인이 좋은 성과를 내기 위해 조직의 자원을 필요로 하는 것과 마찬가지로 팀도 자원을 필요로 한다. 이러한 조직 자원의 필요성이 인정된다면, 중요한 질문은 바로 "팀이 효과적이기 위해서는 조직의 어떤 자원을 필요로 하는가?"이다. 팀이 필요로 하는 자원은 개인이 필요로 하는 것과 어느 정도는 동일하다. 예를 들어, Peters와 O'Connor(1988)의 개인 수행을 제약하는 조직 상황 분류를 검토해 보자. 이 조건들 중 많은 것들이 팀에도 적용된다. 예컨대, 팀들은 주어진 과업을 완수하기 위해 대개 장비, 정보, 예산, 시간 등을 필요로 한다.

한편 팀은 개인과는 다른 중요하고도 독특한 자원을 필요로 하는데, 대표적인 것이 하나의 팀으로서 일하는 방법에 대한 교육과 자문이다. 팀 구성원들은 다른 사람들과 협동하면서 일하는 방법을 학습하는 데 있어 그리고 자신의 노력을 다른 팀원들과 조정하는 법을 파악하는 데 있어 어느 정도 교육과 지원이 필요하며, 마지막으로 과업과 관련된 갈등을 해결하는 법에 대한 교육도 필요하다(Driskell, Salas, & Johnston, 2001). 필자의 경험에 의하면, 많은 조직들은 작업팀을 구성하고 팀 구성원들이 과업의 세부적인 사항들까지 철저히 완수하도록 요구할 뿐, 새롭게 형성된 팀의 내부 역동과 관련된 문제에 대해서는 무관심하다. 그 이유는 구성원들이 팀 상황에 자연스럽게 적응할 것이며, 팀워크도 자연스럽게 이루어질 것이라는 다소 순진한 가정을 하기 때문이다. 그러나 심지어 매우 지적이고 합리적인 사람들이 모였지만, 팀으로서는 대단히 초라한 성과를 낼 수도 있다.

팀이 필요로 하는 독특한 또 하나의 자원은 만남을 위한 공간과 시간이다. 팀이 성공적이기 위해서는 구성원들은 각자 혼자서 작업하는 개인들의 집합 이상이 되어야만 한다. 집합적 존재가 되기 위해 팀은 직접 얼굴을 마주하고 모여야만 하며, 과업에 관한 문제에 대해 서로 의사소통을 해야 하며, 일정 수준의 단합을 이루어야 한다. 만약 어떤 조직이 회의 장소를 전혀 제공하지 않거나 매우 제한된 시간만을 허용한다면, 팀은 결코 원숙한 수행 단위로 완전한 성장을 이룰 수 없다.

마지막으로 고려할 두 가지 자원은 조직에서 가용한 지원 주체들(supportive agents)이다. 첫째는 리더십이다. 개인이 성공하기 위해 리더에 의지하는 것과 마찬가지로 팀도 효과적이기 위해 리더십을 필요로 한다. 하지만 팀의 리더는 너무 거리를 두어 만나기조차 힘든 상태와 가까이서 너무 세세하게 지시하는 양극단 사이의 섬세한 균형을 이루어야 한다. 특히 자율적인(self-managed 또는 autonomous) 작업팀의 경우에는 더욱 그러해야 한다. Hackman(1992)은 리더들이 어떻게 이러한 미묘한 균형을 맞추는지를 보여 주기 위해 팀의 리더십을 평균대 위에 서 있는 것에 비유하였다. 그렇다면 적절한 균형은 도대체 어떤 것인가? 이는 전적으로 그 사람이 이끌고 있는 팀과 팀이 속한 조직의 성격에 달려 있다. Hackman(1992)이 제안하는 바에 의하면, 상당히 자율적인 팀에 대해 리더는 팀의 방향에 대해 구성원들이 열정을 갖도록 하고, 필요시 과업과 관련된 자문이나 지원을 제공해야 하며, 팀에게 필요한 자원을 조직 내에서 획득하는 일을 맡아야 한다. 이런 역할은 누구에게라도 많은 노력을 요하는 일이며, 전통적인 형태의 관리감독과는 상당히 다른 것이다. DeChurch와 Marks(2006)는 F-22의 전투 시뮬레이션 과제에서 리더의 조정과 전략 수립의 질적 수준이 팀 수행과 정적인 관계가 있음을 발견하였다.

　리더십과 관련된 것으로 지각된 경영층 지원(perceived management support) 자원이 있다. Kennedy, Loughry, Klammer, Beyerlein(2009)은 지각된 경영층 지원은 정보 공유, 의견 반영, 그리고 상호 조정과 같은 팀 프로세스(다음 절에서 이러한 팀 프로세스에 대해 상세히 논의할 것임)와 관련이 있음을 보여 주었다. 더불어 팀 프로세스들은 주어진 과업을 완수할 수 있다는 팀의 믿음인 팀 유능감과 관련이 있었고, 팀 유능감은 팀 효과성과 관련이 있었다.

보상

개인 수준의 수행과 관련하여 가장 일관적으로 확인되고 있는 사실 중 하나는 보상이 구성원들을 더 많이 노력하도록 만들고, 그 결과 수행 수준이 높아진다는 것이다(Luthans & Kreitner, 1985). 보상은 팀 수행에서도 중요한 결정요인이 되는데, 팀 수준의 보상 체계를 설계하는 데 있어 제기되는 문제들은 개인의 보상 체계를 설계할 때의 문제들과는 상당히 다르다. 많은 조직들은 '팀워크'를 강조하면서도 정작 구성원들의 개인 실적만을 근거로 보상을 지급하는 우를 범하고 있다. 그러한 조건하에서 팀이 매우 효과적으로 기능할 가능성은 낮다. 이러한 점을 인식하여 점차 더 많은 조직들이 팀 기반의 보상 방안을 개발하고 있으며(Lawler, Mohrman, & Ledford, 1995), 팀 기반의 보상이 팀 효과성과 관련이 있음을 시사하는 여러 경험적 증거들이 발견되고 있다(Hertel, Konradt, & Orlikowski, 2004).

　팀에 대한 보상 체계를 설계함에 있어 조직이 부딪히게 되는 가장 근본적인 문제 중 하나는 팀이 하는 작업이 정확히 어느 정도까지 상호의존적인가 하는 점이다. 만약 팀이 하는 작업이 정말로 상호의존적이라면, 개인이 아니라 팀에 보상을 주는 것이 적절하다(Wageman & Baker, 1997). 그러나 만약 팀이 수행하는 과업이 그다지 상호의존적이지 않다면 어떻게 해야 할까? 그런 경우 팀 수준의 보상 체계는 다소 부적절하거나 전혀 맞지 않을 수도 있다. 예를 들어, 서로 독립적으로 일하는 다섯 사람으로 구성된 팀이 있고, 보상이 팀 수행을 근거로 지급되는 경우를 생각해 보자. 마침 팀 수행이 좋았다면, 능력이 떨어지는 팀 구성원은 운 좋게도 뛰어난 구성원들과 한 팀에 속했다는 이유로 보상을 받게 된다. 반면, 팀 수행이 변변치 못했다면, 매우 유능한 사람이 자신보다 훨씬 역량이 뒤떨어지는 동료들과 한 팀에 속한 탓에 처벌을 받은 꼴이 된다.

팀 수준의 보상 체계를 설계함에 있어 조직이 반드시 고려해야 할 또 하나의 주요한 문제는 개인 수준의 보상과 팀 수준의 보상 사이의 상호작용이다. 구성원들에게 팀 수준의 수행만을 유일한 근거로 보상을 주는 조직은 좀처럼 찾기 힘들다. 팀 수준의 보상 체계를 갖추고 있는 대부분의 조직에는 거의 예외 없이 개인 수준의 보상 체계가 병존하고 있다(DeMatteo, Eby, & Sundstrom, 1998). 그리고 대개의 경우 개인 수준의 보상 체계가 팀 수행에 기반한 보상 체계보다 더 잘 확립되어 있다. 저자의 의견으로는 심지어 팀의 수행에 크게 의존하고 있는 조직에서조차도 개인 수준의 보상 체계가 완전히 배제되지 않는 것 같다.

개인 수준의 보상 체계와 팀 수준의 보상 체계가 서로 상충되지 않도록 하는 것이 매우 중요하다. 팀 수준의 보상 체계가 효과적이기 위해서는 개인 수준의 보상 체계에 의해 조성되는 행동들이 팀 수행을 손상하지 않도록 하는 것이 중요하며, 그 반대도 마찬가지이다. 이것이 너무나 당연한 소리로 들릴지도 모르지만, 실제로는 조직에서 매우 흔하게 벌어지는 일이다. 예를 들어, 대개 영업조직에서는 각 개인의 판매실적의 현금 가치를 주된 근거로 보상을 받는다. 따라서 개인은 가능한 한 많이 판매하고자 강하게 동기부여되고, 그에 맞추어 자신의 시간을 배분할 것이다.

그러나 영업팀의 수행 측면에서는 각 개인이 자신의 판매실적을 극대화하려는 노력이 반드시 팀의 노력을 극대화하는 것은 아니다. 장기적으로 볼 때, 개별 영업직원들이 적어도 자신의 시간 중 일부를 투자하여 기존 고객들에게 애프터서비스를 제공하거나, 경험이 부족한 영업직원들을 훈련하거나 지도하며 신제품 라인을 숙지하도록 하는 것 등이 팀에 더 도움이 될 수 있다. 그러나 개별 팀원들이 팀 수준에서 보지 못하고 자신의 판매 수수료만을 챙기려는 '좁은 시야'를 가지게 됨으로써 결과적으로 팀 성과에 해를 끼칠 수도 있다. 더구나 조직은 구성원들이 자신의 보상을 극대화하는 것과 팀이나 조직 전체의 성과에 기여하는 것이 서로 상충될 수 있다는 것을 잘 모르는 경우가 많다.

팀 수준의 보상 체계를 설계함에 있어 고려해야 할 세 번째 문제는 팀이 스스로의 수행을 얼마나 통제할 수 있는가의 정도이다. 이것은 개인 수준의 보상 체계를 설계할 때에도 문제가 되지만, 특히 팀 수준의 보상 체계에서 두드러지는 문제이다. 왜냐하면 팀의 수행은 팀이 사용하는 테크놀로지의 효율성과 신뢰성에 크게 의존하거나(Goodman, 1986), 아니면 조직 내 가용한 자원의 제약 때문에 제한될 수도 있기 때문이다(Shea & Guzzo, 1987). 팀에 대해 높은 수행기준을 적용하면서도 결함이 있는 테크놀로지나 매우 한정된 자원만을 제공한다면, 이는 매우 부당하고 생산적이지 못한 일이다. 팀은 그러한 수행상의 장애요소를 극복하는 것이 가능할 수도 있지만(Tesluk & Mathieu, 1999), 장기적으로는 팀 구성원들의 동기에 부정적인 영향을 미치며 궁극적으로는 팀의 지속가능성을 감소시킬 것이다(Hackman, 1987).

팀 보상 체계의 영향을 검토함에 있어 마지막으로 고려할 사항은 팀 기반 보상에 대한 구성원들의 태도이다. 최근에 Haines와 Taggar(2006)는 팀 보상 체계에 대한 긍정적 태도의 예측변인을 조사한 연구에서, 긍정적 태도와 가장 직접적인 예측변인은 팀워크의 가치에 대한 신념과 구성원의 직무수행 수준이었다. 흥미롭게도, 팀워크의 가치를 믿는 것은 팀 기반 보상 체계에 대한 호의적인 태도와 정적으로 관련된 반면, 개인 수행 수준은 그러한 태도와 부적인 관계를 보였다. 즉 개인으로서 높은 성과를 내는 사람들은 팀 기반 보상 체계를 바라지 않는 것으로 드러났는데, 이는 관리자들이 자신의 개인적 노력을 제대로 인정해 주지 못할지도 모른다는 우려 때문일 수도 있다.

팀의 목표

목표가 팀 수행에 미치는 영향은 개인 수준의 수행에 미치는 영향과 여러 가지 측면에서 유사하다. 예를 들어, O'Leary-Kelly, Martocchio, Frink(1994)가 수행한 팀 목표설정 연구에 대한 메타 분석 결과에서는 목표가 팀 수행에 영향을 미친다는 가설이 강하게 지지되었다. 이 연구에 뒤이어 수행된 개별 연구들도 이러한 발견을 뒷받침하였다(예 : Whitney, 1994). 이러한 발견을 고려할 때, 팀 목표설정과 개인 목표설정은 거의 일치한다는 결론을 내리기 쉽다.

그러나 개인 및 팀 수준의 목표설정과 연관된 역동에서는 몇 가지 중요한 차이가 있다. 예를 들어, 팀의 목표를 설정할 때 중요하게 고려해야 할 점은 개인 수준의 목표와의 상호작용이다. 이것은 팀 수준의 보상 체계를 개발할 때 조직이 직면하는 딜레마와 유사하다. 예를 들어, 개인별 목표가 없거나, 있더라도 그것이 팀 목표와 양립할 때는 팀 수준의 목표가 훨씬 더 효과적이라는 사실이 밝혀졌다(Mitchell & Silver, 1990). 따라서 조직은 팀의 수행과 관련된 목표를 개발하고자 할 때 전반적인 목표 구조에 대해 잘 알고 있어야 한다(DeShon, Kozlowski, Schmidt, Milner, & Wiechmann, 2004).

개인과 팀 목표설정 문헌 간의 또 다른 큰 괴리는 목표와 수행 간의 매개 기제와 관련이 있다. 목표가 미치는 영향은 너무 명확하게 확립된 사실이어서, 목표설정 연구자들의 최근 관심은 주로 왜 목표설정이 효과가 있는지에 집중되어 왔다(제8장 참조). 목표설정의 효과에 대한 대부분의 설명은 목표가 자기조절(self-regulation)의 중요한 초점으로 기능하며(Klein, 1989), 목표에의 몰입이 목표와 수행 사이를 연결하는 주요 매개 단계라는 사실에 기반하고 있다(Ambrose & Kulik, 1999).

팀 목표설정 효과를 발생시키는 프로세스에 대한 연구가 비교적 적긴 하지만, 이러한 효과를 일으키는 기제들이 개인 수준의 그것과는 상당히 다르다는 증거들이 있다. 예를 들어, **집합적 효능감**(collective efficacy)이 팀 목표와 수행 간의 중요한 매개 기제일 수 있다는 다소의 증거가 있다. Whitney(1994)는 어려운 목표를 부여받은 팀들이 보다 쉽거나 '최선을 다하라는' 목표를 부여받은 팀들과 비교할 때 더 높은 수준의 집합적 효능감을 보임을 발견했다. 따라서 어려운 목표를 부여받은 팀들은 조직이 다른 팀들보다 그들을 더 유능하다고 생각한다는 신호(예 : "우리 목표가 더 어렵다. 고로, 우리가 더 유능함이 틀림없다.")로 받아들일 수 있다. 이러한 고양된 유능감(feelings of competence)은 이후 목표가 개인 수준의 수행을 향상하는 것과 동일한 기제(예 : 노력의 증대, 몰입, 전략 개발 등)를 통해 보다 높은 수준의 수행에 이르게 할 수 있다. 유사한 발견이 Hu와 Liden(2011)에 의해 보고되었는데, 그들은 팀 목표의 내용과 과정과 관련된 명확성이 팀 유능감과 관련이 있었고, 이것은 다시 상위 경영자가 팀 수행과 팀 OCB로 평정한 팀 효과성을 예측하였다.

개인과 팀 수준의 목표 프로세스 간의 또 다른 중요한 차이점은, 어려운 목표가 구성원들의 팀에 대한 매력 또는 팀 응집력을 높일 수 있다는 점이다(Whitney, 1994). 즉 어려운 목표는 팀에 대한 애착이 증가하여 '팀 구성원이 서로 하나가 되도록' 만들며, 결과적으로 수행을 향상할 수 있다. Aube와 Rousseau(2005)는 여러 캐나다 조직들의 실제 팀을 대상으로 팀 목표에 대한 몰입과 팀 효과성의 여러 지표(예 : 팀 수행, 팀 지속가능성) 간의 관계를 고찰하였다. 그들은 팀 목표에 대한 몰입과 효과성 지표들 간에는 정적인 관계가 있음을 발견하였으며, 또한 이러한 관계가 지지적 팀 행동(supportive team behaviors)의 함수라는 것을 발견하였다. 즉 공동 목표 달성에 몰입된 팀은 필요로 할 때 서로 적극적으로 도우며, 그로 인해 더 높은 수준의 팀 수행을 가져왔다. 그러나 이렇게 향상된 응집력과 상호 매력이 팀 수행을 촉진하기 위해서는 반드시 높은 수준의 수행을 지지하는 규범을 가져야 한다는 사실에 주목해야 한다(Seashore, 1954).

팀 내 프로세스

조직심리학자들은 투입이 효과성 지표들과 연결되는 중간 과정인 팀 프로세스를 규명하는 데 많은 노력을 기울여 왔다. 그러나 팀 프로세스가 팀 효과성을 이해하는 데 핵심적이긴 하지만, Kozlowski와 Bell(2003)은 "…프로세스의 핵심요소들에 대해서는 거의 의견수렴이 되지 않았다"(p. 346)고 언급하고 있으며, 여러 연구자들이 다양한 분류의 팀 프로세스들을 제안하고 있다(Dickinson & McIntyre, 1997; Hallam & Campbell, 1997; Mathieu & Day, 1997; Kozlowski & Bell, 2013; Salas et al., 2005). 팀 수행에 영향을 주는 주요 프로세스들에 대해 완전한 동의가 이루어지지 않았음에도 불구하고, 실험실이나 실제 조직에서 팀 수행을 예측한다고 경험적으로 밝혀진 몇 가지 분류 프로세스들이 있다. 이 절에서는 팀 프로세스의 요소들 중 보다 중요하다고 간주되는 몇 가지 요소에 초점을 맞춰 살펴보고자 한다.

가장 일반적인 의미로 팀 프로세스란 팀이 맡고 있는 과업을 완수해 내는 방식을 가리킨다. 팀 프로세스는 팀이 무슨 일을 하거나 무엇을 만들어 내는지가 아니라 팀이 어떻게 일을 하는지와 관련되어 있다. 이러한 일반적인 정의를 받아들일 때 팀 프로세스의 매우 다양한 요소들이 팀 효과성에 영향을 미칠 수 있다. 이 장에서는 〈표 12.1〉에 제시된 팀 프로세스들을 강조하고자 하는데, 〈표 12.1〉에서는 팀 프로세스를 행동적 프로세스와 인지/정서적 프로세스로 구분하고 있다. LePine, Piccolo, Jackson, Mathieu, Saul(2008)도 서로 다른 팀 프로세스에 대한 최근 메타 분석에서 〈표 12.1〉에 제시된 여러 프로세스들이 수행과 환경에 대한 모니터링과 같은 액션 프로세스인지, 관계와 정서를 포함하는 대인적 프로세스인지, 또는 미션 분석이나 목표설정과 같은 전환 프로세스를 다루는 것인지에 따라 정의될 수 있다고 보았다.

표 12.1 행동적 그리고 인지/정서적 팀 프로세스

범주	기술
행동적	
의사소통	"둘 또는 그 이상의 팀 구성원들 간 정보의 교환"(Dickinson & McIntyre, 1997, p. 25)
조정	"팀 구성원들이 적시에 통합된 방식으로 자신들의 활동을 수행함." 팀 구성원들의 수행이 다른 구성원들에 의해 영향을 받음(Dickinson & McIntyre, 1997)
협력	상호의존적 과제를 수행하기 위해 팀 구성원들이 서로 도움(Wagner, 1995). 갈등과 상반되는 개념으로 봄(Kozlowski & Bell, 2003)
인지/정서적	
팀 응집력 과업	"집단과제 또는 목표에 대해 집단의 공유된 몰입 또는 끌림"(Kozlowski & Bell, 2003, p. 349)
대인관계	집단 구성원들이 서로를 좋아하고 서로 매력을 느끼는 정도(Siebold, 2006)
팀 효능감	"특정 과제를 성공적으로 수행할 수 있다는 팀의 신념"(Gully et al., 2002, p. 820)
팀 임파워링	팀 구성원들의 주어진 과업에 대한 집합적인, 긍정적 평가에 기인한 과업 동기(Kirkman, Rosen, Tesluk, & Gibson, 2004)
팀 인지	"팀의 기능에 중요한 지식이 팀 내부에 정신적으로 조직화되고, 표상되고, 공유되는 방식을 나타내는 출현적 상태로서 팀 구성원들이 서로의 행위를 예상하고 실행하도록 해 줌"(DeChurch & Mesmer-Magnus, 2010b, p. 33)
팀 갈등	팀 내부에 과제 또는 정서적 문제에 대한 갈등(Jehn, 1994)

행동적 프로세스

대부분의 행동적 프로세스는 별도의 설명 없이도 직관적으로 이해가 된다. 먼저, 팀 구성원들 간의 의사소통(communication)은 효과적인 팀 수행을 위해 필수적인 요소임이 여러 연구들을 통해 지지되었다(Ancona & Caldwell, 1992a, 1992b). 팀 내에서의 의사소통은 정보 흐름의 양과 정보가 확산되는 방식에 영향을 미친다. 구성원들이 자유롭게 물 흐르듯 의사소통하는 팀에 정보를 거의 공유하지 않거나 매우 드물게 의사소통하는 팀에 비해 높은 수행 수준을 보인다(Hackman, 1987). 그러나 팀이 수행하는 과업의 본질에 따라 그 차이는 달라진다. 매우 상호의존적이고 복잡한 과업은 단순하거나 상호의존성이 낮은 과업에 비해 더 많은 양의 정보가 요구되기 때문이다. 또한 연구자들은 과업 관련 의사소통과 과업 비관련 의사소통을 구분했으며, 후자인 과업 비관련 의사소통은 낮은 수준의 팀 수행과 관련이 있었다(Toquam, Macauley, Westra, Fujita, & Murphy, 1997).

앞 장에서 논의된 바 있는 의사소통의 또 다른 측면은 팀의 의사소통 양식이 얼마나 고도로 집권화되어 있는지 혹은 분권화되어 있는지의 정도이다. 집권화된 의사소통 양식은 팀이 수행하는 과업이 상대적으로 단순하고 구성원들 간의 상호 조정이 덜 필요한 경우 효과적인 것으로 밝혀졌음을 상기하라. 반면, 분권화된 의사소통은 팀의 과업이 매우 복잡하거나 조정을 많이 필요로 할 때 수행을 촉진하는 경향이 있다.

필자가 팀 개발 활동을 하면서 수년 동안 관찰한 바에 의하면, 이러한 집권화 대 분권화의 문제는 한 팀의 모든 구성원이 의사소통이나 결정에 참여하는 정도와 관련이 있다. 고수행 팀들이 가장 일반적으로 보이는 속성 중 하나는 구성원 모두가 참여하며 자신의 의견을 적극적으로 표명하는 경향이 있다는 점이다. 반면, 다소 문제가 있는 팀에서는 팀 구성원들의 참여 정도가 매우 고르지 못함을 흔히 발견할 수 있다. 대개 목소리가 매우 큰 한두 팀원이 팀 회의의 대부분을 장악하는데, 그 결과 팀이 제대로 기능하지 못하는 원인이 된다. 이는 가장 목소리가 큰 사람이 항상 가장 좋은 아이디어를 내는 것은 아니기 때문이며(사실 필자의 경험으로 보면 그 반대인 경우도 자주 있다), 상당히 괜찮은 아이디어들이 그 과정에서 빛을 보지 못하기 때문이다. Wang, Waldman, Zhang (2013)은 팀 구성원들 간의 공유된 리더십이 팀 효과성의 지표들과 관련이 있는지 조사하는 메타 분석을 실시하였다. 그 결과, 제11장에서 소개한 변혁적 그리고 카리스마적 리더십의 핵심 특성들 중에서 공유된 리더십이 더 높은 수준의 팀 수행과 연관이 있었는데, 특히 팀이 복잡한 활동을 하고 있을 때 더욱 그러하다는 것을 발견하였다.

의사소통에 있어 최근에 중요성이 부각된 마지막 문제는 팀의 전자 의사소통(예 : 이메일)의 활용이다. 오늘날에는 대부분의 조직 구성원들이 전자 의사소통에 매우 의존하고 있으며, 이러한 형태의 의사소통에 대해 다양한 연구가 진행되어 왔다. 예를 들어, 전자 의사소통이 사실에 대한 정보를 전달하는 데 대단히 효과적이긴 하지만(Carey & Kacmar, 1997), 팀의 과업이 고도로 상호의존적이거나 의사소통되는 정보가 정서적인 성격을 가진 경우에는 상대적으로 덜 효과적이다(Straus & McGrath, 1994). 또한 전자 의사소통 사용자들은 대면 접촉 시에는 가능하지 않은 일정 수준의 익명성을 느낄 수 있기 때문에 전자 의사소통은 좀 더 사무적이고 직설적일 수도 있다(Dubrovsky, Keisler, & Sethna, 1991).

아직 많은 연구가 이루어지지 않은 전자 의사소통 분야이지만 일관적으로 드러나는 사실들도 있다. 예를 들어, 팀 구성원들은 과업과 관련된 중요한 정보를 전달해야 하는 경우에는 대체로 전자 의사소통 매체를 잘 활용하지 않는 경향이 있다(Straus & McGrath, 1994). 그 이유는 전자 의사소통이 상당히 제한적인 의사소통 매체이기 때문이다. 전자 의사소통에서는 몸짓이나 그 밖의 비언어적 의사소통을 사용할 수 없기 때문에 논점을 정확하게 전달하는 데 더 오래 걸릴 수 있다(McGrath, 1990).

이러한 다소 부정적인 평가에도 불구하고, 어떤 경우에는 전자 의사소통이 대면 의사소통보다 더 우월할 수도 있다. 예를 들어, 의사소통 목적이 단순히 정보를 유포하는 것이라면, 전자 의사소통은 대면 접촉보다 훨씬 더 효율적이다. 독자들 중에는 아마 다른 방법(예 : 전자적 정보 전달 등)을 통할 수 있었음에도 단순히 '정보 전달'만을 위해 굳이 회의에 참석해 본 경험이 있을 것이다.

전자 의사소통이 효과적일 수 있는 또 다른 예는 팀이 브레인스토밍(brainstorming)을 하는 경우이다. 브레인스토밍은 팀이 창의적이거나 기발한 아이디어를 생각해 내려고 할 때 주로 사용된다. 브레인스토밍의 기본 원칙은 (1) 참가자들은 가능한 한 많은 아이디어를 제안해야 하며(질보다 양이 우선), (2) 엉뚱한 아이디어일수록 더 좋고, (3) 제안된 아이디어를 평가해서는 안 되며, (4) 되도록 다른 사람들의 아이디어를 더 발전시키려고 노력해야 한다는 것 등이다. 적절한 조건하에서 브레인스토밍은 면대면 미팅을 통해 잘 이루어진다. 그러나 많은 경우 참가자들은 평가 우려(evaluation apprehension)를 경험하거나 혹은 남들 앞에서 새로운(또는 엉뚱한) 아이디어를 공유하는 것에 대해 꺼릴 수도 있다. 전자 의사소통에 의한 브레인스토밍에서는 참가자들이 이러한 우려를 극복할 수 있음이 밝혀졌는데(Gallupe et al., 1992), 그것은 전자 의사소통에서의 익명성 때문에 가능한 것이었다.

전자 의사소통에 대한 연구는 아직 상당히 새롭지만 매우 중요한 연구 분야이다. 오늘날 점점 더 많은 조직들이, 구성원들이 지리적으로 서로 흩어져 있는 팀[예 : '가상(virtual)' 팀; Kirkman & Mathieu, 2005; Kozlowski & Bell, 2013]을 활용함에 따라 이러한 지리적 한계를 이해하는 것은 더욱 중요해질 것이다. 지금까지의 연구 결과에 의하면 팀이 오로지 전자 의사소통에만 의존하는 경우 무언가를 잃게 될 수도 있음을 보여 주고 있다. 이러한 연구 결과들을 더욱 보완하고, 다양한 의사소통 매체의 다른 가능한 제약들에 대해 파악하기 위해서는 앞으로 더 많은 연구가 필요하다.

조정(coordination)은 "팀의 작업 흐름(work flow)과 관련된 상호의존성을 다루기 위해 필요한 활동"이라고 정의된다(p. 352; Kozlowski & Bell, 2003). 그리고 이것은 과업이 완수되는 동안 팀 구성원들의 상호작용을 관찰자가 평정하거나, 팀 구성원들 간에 이루어지는 실제적인 교환의 관찰(monitoring)을 통해 측정된다(Brannick, Roach, & Salas, 1993; Stout, Salas, & Carson, 1994). 또한 지원 행동(backup-behavior)이라 불리는 협력(cooperation)은 과업을 완수하는 데 있어 구성원들이 서로 돕고 서로가 필요로 하는 정보를 제공해 주는 정도를 일컫는다(Wagner, 1995). 협력은 팀 구성원들을 대상으로 하는 설문 조사(Hallam & Campbell, 1997)나 팀 구성원들 간에 이루어지는 상호교환의 양을 점검함으로써 측정된다(Seers, Petty, & Cashman, 1995). 의사소통, 조정 그리고 협력은 모두 효과적인 팀 수행을 가져오는 팀 프로세스들이다.

정서적/인지적 프로세스

〈표 12.1〉에 제시되어 있는 팀 프로세스의 나머지 부분은 팀 구성원들이 주어진 과업이나 다른 팀원들에 대해서 어떻게 생각하는지와 관련된 인지적(cognitive) 문제나 한 팀으로 그들이 하고 있는 일과 다른 팀원들에 대해서 어떻게 느끼는지와 관련된 정서적(affective) 변인에 대해 다룬다. 팀 응집력(team cohesiveness)은 대부분의 팀 효과성 모델에서 측정해 오고 있는 변인 중 하나이지만, 모든 모델이 팀 응집력을 팀 프로세스의 한 측면으로 고려하는 것은 아니다. 다양한 정의가 제시되었지만, 대부분의 팀 연구자들은 응집력을 팀 구성원들이 얼마만큼 팀에 매력을 느끼는지, 얼마만큼 팀 멤버십에 높은 가치를 두는지의 정도로 정의한다(Mudrack, 1989). 일상용어로서도 응집력은 팀 내에 존재하는 '팀 의식(team spirit)'이나 '단결심(esprit de corps)' 정도로 묘사되곤 한다.

조직 내에 고수행 규범(high performance norm)이 존재할 때 응집력이 높은 팀일수록 더욱 효과적이라는 것이 입증된 바 있다(Seashore, 1954). 그러나 팀이 지나치게 응집력이 높으면 문제가 될 수도 있는데, 앞서 언급된 바와 같이 Janis(1982)는 팀이 지나치게 응집력이 높아서 자신의 역량과 능력을 현실적으로 평가할 능력을 상실했을 때 '집단사고(groupthink)'가 발생할 가능성이 높다고 하였다. 즉 팀 프로세스의 측면에서 지나친 응집력 때문에 다수와 다른 의견을 내기가 어려워지고, 상황이나 환경을 부정확하게 평가할 가능성이 높아진다.

보다 최근 연구들은 팀 응집력이 다차원적이며, 이것이 팀 효과성에 영향을 미칠 수 있음을 보여 주고 있다. Hackman(1992)에 따르면, 대인관계 기반 응집력(interpersonal-based cohesiveness)과 과업 기반 응집력(task-based cohesiveness)을 구분할 수 있다(Mullen & Cooper, 1994; Siebold, 2006 참조). 응집력이 대인관계 기반이라면, 구성원들이 팀에 매력을 느끼는 것은 그들이 다른 팀 구성원들을 좋아하고 그들과의 교제를 즐기기 때문이다. 대학교 남학생들의 사교클럽 구성원들은 대체로 이러한 대인관계상의 이유로 응집력이 높아질 수 있다. 또한 친목 모임과 같은 비공식적인 집단들도 같은 이유로 응집력이 높다. 응집력이 과업 기반이라면, 구성원들이 팀에 매력을 느끼는 이유는 팀이 수행하는 과업 때문이다(표 12.1 참조). 대통령 선거운동본부의 구성원들은 그들이 밀고 있는 후보에 대한 상호 지지 때문에 매우 강한 응집성을 보일 수 있다. 프로스포츠팀의 구성원들도 우승 트로피를 갖기 위해 서로 노력하는 과정에서 응집력이 높아진다.

응집력이 대인관계 기반인가 아니면 과업 기반인가에 따라 팀 효과성에 다르게 영향을 미칠 수 있다. Mullen과 Cooper(1994)는 팀 응집력 연구에 대한 메타 분석을 실시하여, 과업 기반 응집력이 대인관계 기반 응집력보다 팀 수행의 더욱 강력한 예측변인이라는 결론을 내렸다(Siebold, 2006 참조). 이는 단지 사람들이 서로를 좋아하고 함께 잘 지낸다고 해서 반드시 효과적인 팀이 되는 것은 아니라는 점을 시사한다. 실제로 구성원들 간의 인간관계가 너무 좋으면 오히려 생산성이 낮을 수 있다는 점은 쉽게 이해된다. 팀 구성원들끼리 너무 잘 지내는 나머지 과업 수행에는 거의 관심을 기울이지 않을 수 있기 때문이다.

Hackman(1992)에 의하면 이러한 응집력 형태의 구분은 팀의 과업 설계의 중요성을 더욱 부각시킨다. 만일 과업이 흥미롭고, 도전적이고, 심리적으로 몰입될 수 있도록 설계된다면, 팀 구성원들이 높은 수준의 과업 기반 응집력을 갖게 되며 결과적으로 팀의 수행이 향상될 가능성이 높아진다. 반면, 과업이 별로 재미없고 흥미를 끌지 못한다면, 높은 수준의 과업 기반 응집력이 생길 가능성은 낮다. 이런 경우 팀 구성원들은 자신들이 하는 일에 대해 미온적인 자세를 보일 것이며 이것이 팀 수행에도 반영될 수 있다. 앞으로 응집력의 다차원성과 그것이 주는 함의에 대해 보다 많은 연구가 요구된다.

팀 응집력과 더불어 이 장의 앞부분에서 **집합적 효능감**(collective efficacy)이라 불리는 팀 효능감의 중요성에 대해 논의했다. 〈표 12.1〉에서 제시한 것과 같이 집합적 효능감은 "특정한 상황적 요구에 대해 구성원들이 서로 협력하여 여러 자원을 할당, 조정, 통합하여 성공적으로 반응할 때 구성원들 간에 공유되는 집합적인 역량감(competence)"을 말한다(Zaccaro, Blair, Peterson, & Zazanis, 1995, p. 309). 집합적 효능감은 다양한 상황에서 팀의 목표를 완수할 수 있다는 팀 구성원들의 신념으로 볼 수 있다. 따라서 다양한 과제에서 집합적 효능감이 높을수록 더 높은 수준의 팀 수행을 보이는 것으로 밝혀지고 있다(Gully et al., 2002). 임무를 수행하는 자신들의 능력에 대한 집합적 신념을 가진 팀 구성원들은 팀 수행과 관련된 일련의 활동을 할 때, 그들의 행동을 더욱 조정하며 보다 원활하게 의사소통할 것이다. 최근 연구자들은 팀 효능감과 앞서 논의한 팀 유능감(potency)을 구분하고 있다. Collins와 Parker(2010)는 팀 유능감은 일반적인 수준에서 팀이 자신의 능력에 대해 가지는 신념을 나타내지만, 팀 효능감은 구체적인 목적(목표)을 달성하는 데 있어서의 팀의 능력에 대한 신념을 나타낸다고 보았다.

집합적 효능감과 관련된 변인으로 **팀 임파워먼트**(team empowerment)가 있다. Kirkman, Rosen,

Tesluk, Gibson(2004)은 팀 임파워먼트를 조직에서 주어진 과제에 대한 팀 구성원들의 집합적인 긍정적 평가에 기인한 고양된 과업동기라고 정의했다. 집합적 효능감이 팀 과업을 수행하는 능력에 대한 팀 구성원들의 믿음에 초점을 둔 것인 반면, 팀 임파워먼트는 자신들이 수행하는 과업의 의미(meaningfulness)에 대한 팀 구성원들의 믿음이다. Kirkman 등(2004)에 따르면, 팀 임파워먼트는 팀의 유능감, 팀 과업의 의미 지각, 팀이 독자적으로 활동할 수 있다는 자율감, 팀이 보다 상위의 조직목표에 긍정적 영향을 준다는 느낌 등에 의해 결정된다. 이러한 네 가지 변인은 가산적(additive)이며, 시간이 지남에 따라 점차 변화된다. Kirkman 등(2004)은 팀 임파워먼트가 가상 팀의 수행(고객만족 향상 및 과제 처리에 걸리는 시간 단축)을 예측함을 발견하였다. 특히 팀이 보다 적은 횟수의 면대면 회의를 가질 때 팀 임파워먼트와 프로세스 개선 간의 관계는 더욱 강하였다. 이 연구는 팀 임파워먼트가 팀 구성원들 간의 상호작용과 의사소통의 기회가 제한되는 상황에서 특히 중요할 수도 있음을 시사한다.

〈표 12.1〉에 제시된 인지적/정서적 프로세스들 중 다음으로 고려할 것은 팀 인지(team cognition)인데, 이것에는 공유된 정신 모델과 교류활성 기억이라는 개념을 포함한다(DeChurch & Mesmer-Magnus, 2010a). 공유된 정신 모델(shared mental model)은 팀 구성원들이 팀 목표, 구성원들의 과업 그리고 구성원들 간 상호조정 방법 등과 관련된 정보를 구조화할 수 있도록 해 준다. Salas 등(2005)은 팀 관련(team-related)과 과업 관련(task-related)이라는 두 가지 형태의 정신 모델이 있다고 주장하였다. 팀 관련 정신 모델은 팀이 어떻게 기능하는지를 다루며, 과업 관련 모델은 필요로 하는 재료나 특정 설비들이 어떻게 사용되는지에 관한 정보를 다룬다. 이러한 공유된 정신 모델들은 팀이 보다 효과적이고 효율적으로 일하도록 해 준다고 가정된다. Mathieu, Heffner, Goodwin, Salas, Cannon-Bowers(2000)는 팀 관련 정신 모델은 팀 수행과 유의하게 관련되어 있으며, 과업 관련 모델은 팀 프로세스를 통해 팀 수행과 간접적으로 관련되어 있음을 보여 주었다.

교류활성 기억(transactive memory)은 팀의 개별 구성원이 보유하는 독특한 지식을 나타내며, 팀이 누가 어떤 독특한 영역의 지식을 가지고 있는지를 인식하는 것을 의미한다(Moreland, 1999). DeChurch와 Mesmer-Magnus(2010b)는 교류활성 기억은 팀 구성원들 사이에 각자 지식의 전문화가 이루어진 정도 그리고 팀 구성원들 각자가 독특한 지식을 보유하고 있는 것에 대한 자신감으로 평가된다고 하였다. 일반적으로 교류활성 기억이 강한 팀일수록 수행 수준이 더 높다(Austin, 2003).

최근 DeChurch와 Mesmer-Magnus(2010b)는 팀 인지의 요소들이 팀 프로세스와 효과성에 어떻게 관련되는지에 대한 메타 분석을 실시하였다. 결과에 의하면, 팀 인지의 질적 수준은 팀 내 행동적, 동기적 프로세스들을 통제하고서도 팀 수행의 강한 예측변인이었다. Mathieu, Rapp, Maynard, Mangos(2010)는 팀 수준 대비 과업 수준에서 측정된 공유된 정신 모델을 구분해야 한다고 주장하

Leslie DeChurch

나는 마이애미대학교의 2군 조정팀에 있을 때 산업 및 조직심리학을 알게 되었다. 나는 대학 조정 대표팀의 키잡이였는데, 당시 2군으로 강등되어 있었다. 그날은 인디언 강의 무더운 월요일 오후였고, 봄 학기를 일주일 남겨 두고 있을 때였다. 우리는 대표팀과 경기하면서 연습하고 있었다. 대표팀에는 노젓기에 가장 뛰어난 8명이 있었고, 2군팀에는 차순위의 8명이 있었기에 당연히 대표팀이 이길 것으로 예상되었다. (인사 선발에 대한 연구자들이 팀 연구 결과를 알아야 하는 부분!) 2군팀에게 약간 리드를 주고 시합을 하였고, 그러면 두 팀이 마지막 500m 정도에서 경합을 벌일 것으로 예상되었다. 두 팀은 몇 미터 옆에서 노가 물을 치고 나가는 소리에 짜릿함을 느낄 것이다. 그러나 2군팀은 대표팀이 결국 앞서 나가더라도 끝까지 투지를 보일 것이라는 것이 예상되는 시나리오였다. 2군팀에는 4학년인데도 대표팀에서 경기할 마지막 기회를 놓치고 여전히 2군팀인 것에 매우 화가 난 친구들이 있었다. 3학년이었던 나도 비슷하게 느끼고 있었다. 나 대신 1학년생이 대표팀에 발탁되었던 것이다. 그런데 대표팀이 마지막 500m

에서 우리와 함께 힘껏 노를 당겼지만, 우리는 죽을 힘을 다해 노를 저었고, 의외로 우리가 경기에서 이겼다. 코치는 대표팀 선수들을 야단쳤지만, 우리에게는 '잘했어'와 같은 말은 한마디도 하지 않았다. 그 때문에 우리는 더 화가 났고, 그날 대표팀을 두 번 넘게 이겼다. 우리 모두의 목표는 대표팀을 이기는 것이라는 사실에도 불구하고 그날 우리는 '궁극적인 목표'에는 관심이 없었다. 다만 그날의 2군 소녀들은 공통의 목표를 위해 똘똘 뭉쳤고, 모두들 대단한 기분을 느꼈다. 2군팀에서의 이 경험은 내 생애 최고의 경험 중 하나였다. 나는 2군팀의 키잡이로서 대표팀을 이기는 것과 같은 일이 너무나 매혹적이어서 결국 산업 및 조직심리학 박사과정에 들어가게 되었고, 당시 플로리다 국제대학교(FIU)에 팀 실험실을 만들고 있던 Michelle Marks를 만나게 되는 행운을 얻었다.

나는 '팀 갈등'이라는 주제로 연구를 시작하였는데, 논문 주제는 팀 갈등이 어떻게 관리되느냐에 따라 다른 결과를 가져온다는 아이디어를 검증하는 것이었다. 그런데 두 번째 해에 John Mathieu가 펜실베이니아주립대학교의 I/O 프로그램에서 코넷티컷대학교 경영학과로 이동하였다. John, Michelle, 그리고 Steve Zaccaro는 '통합 멀티팀 체계(MTS) 의사결정'을 연구하는 연구비를 받았고, 펜실베이니아대학교의 MTS 실험실은 새로운 장소가 필요하게 되었다. John은 그것을 FIU로 옮겼고 거기서 Michelle은 Fred Panzer와 나에게 그것을 운영하도록 요청하였다. 이것이 내가 MTS에 들어가게 된 계기이다. 우리는 팀과 MTS의 수행과 관련된 팀 내 및 팀 간 프로세스의 상대적 중요성에 대한 실험을 시작하였다. 이것은 값진 경험이기도 했지만 무척 힘든 일이기도 했다. 6명의 연구참여자들로 구성된 집단을 각기 4시간 동안 운영하는 것뿐만 아니라, 모든 종류의 오디오, 비디오, 그리고 PC 관련 장비들을 유지하고, 모든 종류의 미디어(예 : VHS 테이프, ZIP 드라이브, 설문지 조사, 카세트 테이프, 서버 로그 등)에 있는 방대한 자료를 분류하고 저장하는 일이었다. 이 프로젝트를 통해 나는 팀에 대한 연구를 수행하는 데 있어 '연구 팀'이 얼마나 중요한지를 배웠다. 우리의 실험실은 2군 조정팀 같았는데, 서로 긴밀한 협력이 없었다면 우리는 아무것도 이루어 내지 못했을 것이다. 나의 박사 논문 "멀티팀 체계에서의 리더십(Leadership in Multiteam Systems)은 Michelle이 떠나고 실험실을 해체하기 전의 마지막 실험 결과였다.

내가 박사 논문을 마칠 무렵 Michelle은 조지메이슨대학교(GMU)의 경영학과로 가게 되었다. 그해 나는 취업시장에 나가 센트럴플로리다대학교(UCF)와 FIU로부터 임용 제안을 받았다. 나는 FIU에 머물기로 결정하였는데, 나와 가장 가까운 동료들, Jessica Mesmer-Magnus, Nathan Hiller, 그리고 Christian Resick를 만날 수 있었기에 그 결정은 나에게 큰 행운이었다. Jessica는 박사과정 학생이었고, 메타 분석의 대가였다. 그녀는 함께 공동으로 연구할 아이디어가 없는지 나에게 들렀었다. 10년이 지나서도 우리는 여전히 팀 관계의 조절변인들을 통합하고 검증하기 위해 메타 분석을 사용하면서 여전히 작업하고 있다. Christian과 나는 팀 실험실을 함께 만들었고, 적응적 팀을 설계하는 방법에 관심이 있었다. 우리는 팀 구성, 교차 훈련, 정신 모델, 그리고 리더십이 적응에 미치는 영향을 조사하기 위해 SimCity를 사용한 일련의 연구를 수행하였다. 당시 대규모 연구팀을 운영하는 데 필요한 연구비 없이 MTS 연구를 할 수 없었다. Christian, John과 나는 Army Research Institute(ARI)에 MTS 연구에 대해 제안서를 제출하였다.

2007년, 나는 UCF 조교수로 옮겼다. UCF는 Eduardo Salas, Steve Fiore, 그리고 Shawn Burke가 교수로 있어서 팀 연구를 하기에는 최상의 대학이었다. 내가 UCF로 전직한 직후 바로 ARI로부터 연구비를 받게 되었다. 그래서 나는 "복잡한 관계망에서의 리더십"을 연구하기 위해 새로운 MTS 실험실을 만들었다. 이 기간은 나에게 지적으로 성장하는 데 크게 도움이 되었다. 나는 생각하고, 관찰하고, 많은 논문을 작성하였다. 이 기간 동안의 주요 통찰의 일부분은 나의 이후 연구 흐름에 상당한 영향을 미쳤다. 첫째, 심리학자들이 '복잡계'에 대해 생각하는 방식으로는 MTS를 이해하는 데 있어 한계가 있다는 것을 깨달았다. 둘째, 소집단을 연구하기 위해 사용하는 프로세스 측정치들이 보다 규모가 큰 MTS의 역동을 평가하는 데는 잘 맞지 않다는 것을 알게 되었다. 셋째, 효과적으로 기능하는 팀을 만들기 위해 우리가 하는 어떤 것들은 팀이 보다 큰 시스템 내에서 일할 때에는 전혀 맞지 않다는 역설을 발견하였다.

2군 조정팀을 기억하는가? 나는 Steve Zaccaro와 내가 어디에서나 존재하는 '대항력(countervailing forces)'이라고 부르는 것에 관심을 가지기 시작하였다. 그것은 정부기관 같은 어떤 주체가 부분과 전체 간의 균형을 잡아야 하는 위기 대응 시스템에도 있었다. 이것은 위기 대응 MTS를 연구하기 위한 나의 National Science Foundation(NSF) 연구의 첫 번째 주제였다. 그것은 또한 여러 분야의 전문가들이 모인 과학 연구팀이 직면한 도전을 해결하는 과학 영역에도 있었다. 이것은 Zaccaro와 Fiore와 함께한 과학적 MTS에 대한 나의 두 번째 NSF 연구 주제였다. MTS 연구는 너무나 재미있는 연구였다. 그러나 나는 여전히 MTS에서의 복잡성과 위기

(계속)

상황을 이해하기 위한 새로운 방법을 찾고 있었고, 또 다른 행운을 통해 그것을 찾게 되었다.

나는 노스웨스턴대학교에서 열린 팀 과학 연구(SciTS)의 첫 학회에 참석하였고, Noshir Contractor의 네트워크에 대한 강의를 들었다. 그는 지식 네트워크에 대한 이야기를 했지만, 나는 MTS에 대한 얘기를 들었다! Noshir와 나는 네트워크와 MTS에 대해 대화를 나누었고, 시너지를 낼 수 있는 기회를 발견하였다. Noshir와 나는 MTS 네트워크에 대한 제안서를 ARI에 제출하였고, 조교수들에게 기회가 있는 NSF CAREER에 MTS에서의 리더십에 대한 네트워크 관점을 제시하는 제안서를 제출하였다.

2010년은 나에게 큰 행운의 해였는데, MTS에서의 리더십 연구로 NSF CAREER 상을 받았을 뿐만 아니라, ARI의 Jay Goodwin의 비전 덕에 MTS와 네트워크에 대한 Noshir와의 프로젝트도 상을 받았다. 그런데 가장 놀랄 만한 일은 제3차 SciTS 학회에서 칵테일 파티를 할 때였다. 조지아공과대학교(조지아테크)의 Ruth Kanfer로부터 그곳으로 와 달라는 제안을 받았던 것이다. 5일 후에 나는 애틀랜타에서 발표를 하고 있었고, 3개월 뒤에는 내 실험실을 정리하였다. 매우 바쁜 여름이었고, 뛰어난 박사과정 학생들이 나와 함께 조지아테크로 옮겼다. 그리고 거기서 최신의 MTS 실험실을 만들었다. 나는 6명 집단으로는 운영하기가 어렵다는 것을 깨닫고 이제는 12명 집단을 운영하고 있다. 우리는 네트워크와 복잡성 접근법을 채용하였고, 그것들을 팀과 MTS가 함께 작동하고, 스스로 조직화하고, 리더십 구조가 실현되고, 상호작용 패턴이 효과성과 지속역량을 결정하는 방식에 대한 새로운 통찰을 얻는 데 사용하고 있다.

나에게 조직 내 팀 역동과 프로세스를 연구하는 것만큼 재미있는 것은 없었다. 이 분야는 빠르게 변화하고 있다. 우리는 McGrath, Hackman, 그리고 그들의 동료들과 학생들이 만들어 놓은 강력한 개념적 기반을 계속 유지하고 있다. 더불어 계산사회과학과 빅 데이터라는 새로운 영역에도 관심을 가지고 있다. 조직은 빠르게 진화하고 있고, 점점 더 넓게 분포되고, 권한이 분산되고, 디지털화되어 간다. 이러한 변화는 사람들이 일하는 집단의 본질에 근본적인 변화를 가져오는 것들이다. 우리 시대의 팀을 연구하기 위해서는 학제적인 관점이 요구되며, 개방적이고 창의적인 학자들이 필요하다. 팀 연구에 참여하고 싶은가? INGRoup 학회(www.ingroup.net)에 참여하면, 여기서 언급한 사람들 모두가 당신을 환영할 것이다.

Leslie DeChurch는 조지아공과대학교 조직심리학 부교수이다.

였다. 그들은 과업 공유된 정신 모델은 어떻게 주요한 과업들이 수행되어야 하는지에 대한 팀 구성원들 간의 공유된 표상을 나타내지만, 팀 공유된 정신 모델은 작업 장면에서 팀 구성원들이 어떻게 상호작용할지에 대한 공유된 표상을 나타낸다고 하였다. 이전 연구들은 이 두 가지 공유된 정신 모델 모두 팀 수행을 예측한다는 결과를 보여 주었다(Edwards, Day, Arthur, & Bell, 2006; Mathieu et al., 2000).

팀 효과성에 영향을 미칠 수 있는 프로세스의 마지막 중요한 구성요소는 팀이 갈등을 다루는 방식이다. 사람들이 모여서 집단적으로 어떤 과업을 수행하려 할 때 항상 어느 정도의 갈등은 피할 수가 없다. 예를 들어, 누가 팀 리더의 역할을 맡아야 할지 또는 과업을 어떤 방식으로 수행해야 할지 등과 관련된 여러 문제에서 팀원들 간에 의견이 갈릴 수 있다. 어떤 사람들은 근본적인 성격이나 가치관의 차이 때문에 다른 사람들을 싫어할 수도 있다. 갈등의 원인뿐만 아니라 갈등의 수준도 가볍고 건전한 의견불일치에서부터 신체적인 공격에 이르기까지 다양할 수 있다. 더불어 Shaw 등(2011)은 과업 갈등과 관계 갈등을 구분하였는데, 전자는 주요한 직무 과업들을 완수하는 것과 관련된 갈등에 초점을 두고, 후자는 동료들 간의 대인 간 갈등에 초점을 맞추고 있다. 그들은 과업 갈등이 높으면 과업 기반 갈등이 수행에 미치는 영향을 더 악화시킨다는 것을 발견하였다.

비록 갈등이 팀 구성원들의 태도와 일관적으로 부적 관계에 있긴 하지만, 항상 낮은 수준의 팀 수행과 연관되는 것은 아니다. Shaw 등(2011)과 유사하게, Jehn(1994)에 의하면, 팀 내부의 갈등은 과업 관련(task-related) 갈등과 정서 관련(emotion-related) 갈등으로 구분할 수 있다. 갈등이 과업에 관련된 것이라면, 팀 구성원들이 과업과 관련된 문제에서 서로 다른 견해를 가진 것이다. 예를 들어, 작업의 우선순위를 정하는 방식에 있어서나, 어떤 작업방식이 가장 적절한지, 팀 구성원에게 어떻게 업무를 배분해야 하는지 등에서 이견이 있을 수 있다. Jehn에 따르면 과업 관련 갈등은 팀 효과성을 손상하지 않으며, 오히려 많은 경우 팀 효과성을 향상할 수 있다. 팀 구성원들 간의 의견 차이가 과업과 연관된 문제에서 나타난다면, 그러한 문제들에 대한 의사소통을 촉진해 결과적으로 효과성을 향상할 수 있는 혁신적 아이디어에 이르게 할 수 있다.

반면, 갈등이 정서에 관련된 것이라면 팀 구성원들은 보다 개인적인 문제에 있어 의견 차이를 보이는 것이다. 심지어 매우 합리적인 사람들조차도, 근본적인 가치관의 차이, 즉 '세상을 다르게 보는' 탓에 다른 사람과 잘 지내지 못할 수 있다. Jehn(1994)에 의하면 정서와 관련된 갈등은 팀 수행에 부정적인 영향을 미칠 수 있다. 만약 그러한 갈등이 매우 높은 수준으로 확대되도록 내버려 두면 궁극적으로 팀이 해체되는 결과가 초래될 수도 있다. 왜 그러한 형태의 갈등이 그토록 파괴적일까? 한 가지 이유를 들면, 그러한 갈등은 단순히 모든 팀 구성원을 불편하게 만들기 때문이다. 당사자로서 다른 사람과의 갈등 상황에 처하는 것도 불편할 뿐 아니라, 그러한 갈등이 벌어지는 것을 지켜보는 것 또한 불편한 일이다. 따라서 많은 경우에 팀 구성원들은 그저 그런 불쾌한 상황으로부터 벗어나려고 노력하는 것이다.

아마도 정서와 연관된 갈등이 효과성을 감소시키는 보다 중요한 이유는 그러한 갈등 때문에 팀 구성원들이 과업과 관련된 중요한 문제에 주의를 집중하기 어렵기 때문이다. 팀 내 두 사람이 심각한 갈등 상황에 있게 되면, 어떻게든 서로 상대방보다 앞서는 데만 집중한 나머지 과업 수행에는 별로 관심을 기울이지 못할 수가 있다.

최근 연구도 과업 갈등이 팀 수행과 긍정적인 관계를 가지도록 하는 요인들을 확인하였다. Bradley, Klotz, Postlethwaite, Brown(2013)은 경험에 대한 개방성과 정서적 안정성이라는 성격 특성이 높은 구성원들로 구성될 때 팀 갈등이 높은 팀 수행과 관련이 있음을 발견하였다. 반면, 그러한 성격 특성이 낮은 구성원들로 팀이 구성되면 팀 갈등은 낮은 수행으로 이어졌다. 이러한 결과는 팀 내 긍정적인 성격 특성들이 팀 갈등이 보다 높은 수준의 수행으로 전환되도록 할 수 있음을 시사한다.

〈표 12.1〉에 제시된 잘 확립된 팀 프로세스 및 특성들과 더불어, 연구자들은 또한 팀 수행의 중요한 예측변인으로 추가적인 팀 프로세스들을 연구하고 있다. 예를 들어, Hannah, Walumbwa, Fry(2011)는 팀 진정성(authenticity)을 리더 진정성과 팀 수행 간 관계의 매개변인으로 보았다. 진정성 리더십 측정 도구를 수정하여, 다른 구성원들이 스스로에게 진실되도록 격려하고 의견에 있어 모순되는 점들을 수용하는 것과 같은 행위들을 팀에서 하는 정도를 표시하는 방식으로 팀 진정성을 측정하였는데, 그들은 팀 진정성이 팀 리더의 진정성과 팀 수행 간의 관계를 매개하는 것을 발견하였다. De Jong과 Elfring(2010)도 팀 신뢰가 높으면 더 많은 노력을 기울이고 다른 사람의 수행을 모니터링하기에 팀 신뢰가 팀 수행을 예측한다는 것을 발견하였다.

팀 간 프로세스

팀 수행에 관한 문헌에서 프로세스에 대한 대부분의 연구는 팀 내 역동에 주로 관심을 가져 왔으나, 최근 몇몇 연구에서는 조직 수준 수행의 예측변인으로 팀 간에 발생되는 프로세스를 연구해야 한다고 강조했다(Marks, DeChurch, Mathieu, Panzer, & Alonso, 2005; Mathieu & Day, 1997). Mathieu와 Day(1997)는 조직의 성공은 효과적인 팀 간 의사소통, 조정, 협력에 의해 영향을 받으며, 조직 효과성 연구자들은 조직 내 팀들 간 주요한 인터페이스를 설계하고 팀들 간의 상호작용의 질을 측정할 필요가 있다고 지적하였다. 그들은 핵발전소 내의 여러 팀들 간에 발생하는 다섯 가지 주요 프로세스를 확인하였다. 먼저, 공식화(formalization)는 팀 구성원들이 자신의 활동을 조정하는 데 규칙이나 절차 또는 표준화된 방법이 존재하는 정도로 정의된다. 조정은 공동의 목표를 달성하기 위해 부서들 간 다양한 활동에 대해 순서와 간격을 정하는 것을 나타낸다. 협력은 서로 다른 부서의 구성원들과 긍정적 대인관계를 유지하는 정도를 일컫는다. 목표 우선순위(goal priority)는 서로 다른 부서의 구성원들 간에 조직 목표의 우선순위에 대해 일치하는 정도를 의미한다. 마지막으로 상호의존성(interdependence)은 한 부서의 행위가 다른 부서의 운영에 영향을 미치는 정도를 말한다.

Mathieu와 Day(1997)는 핵발전소에서의 팀 간 상호작용을 조사하였으며, 어떤 팀들은 다른 팀들과 높은 수준의 상호의존성을 공유하고 있는 반면(예 : 운영실, 방사성 물질 관제실), 다른 팀들은 상대적으로 서로 고립되어 작업하고 있음을 발견하였다. 보다 중요한 점은 발전소 내의 팀들이 팀 프로세스 평가에서 높은 점수를 받은 경우도 있고 낮은 점수를 받은 경우도 있는 등 편차가 있었다는 점이다. 어떤 팀들은 조정과 협력에서 높은 점수를 받은 반면, 다른 팀들은 목표 우선순위에서 높은 점수를 보였다. Mathieu와 Day(1997)는 이러한 정보를 개별 팀별로 특화된 개선 포인트를 제안하는 데 활용하였다. 현대의 조직이 필요로 하는 팀 간 상호작용의 양으로 보아 팀 간 프로세스에 대한 연구는 앞으로 더 증가될 것으로 보인다.

보다 최근에 Faraj와 Yan(2009)은 조직 장면에 내포되어 있는 팀들이 조직 내 다른 팀들과 공유하고 있는 경계를 어떻게 관리하는지에 주목하였다. 팀들 간의 경계를 효과적으로 관리하기 위해서는 협력이나 조정과 같은 앞서 기술한 많은 프로세스가 필요하다. 그들은 팀이 자원이나 방향설정을 위해 다른 팀에 접근하여 연계하는 것을 **경계 탐색**(boundary spanning), 다른 팀이 부당하게 자신의 핵심 기능에 영향을 미치지 못하게 하는 것을 **경계 완충**(boundary buffering), 그리고 팀이 자신들이 누구이며, 조직 내 다른 팀들과 어떻게 다른지를 명확하게 정의하는 행동을 하는 것을 **경계 강화**(boundary reinforcement)라고 하였다. 그들은 이 세 가지 활동을 통해 효과적으로 팀의 경계를 관리하는 팀은 그렇지 않은 팀보다 수행 수준이 더 높고, 구성원들이 심리적 안전을 더 많이 느낀다고 하였다.

팀 효과성의 증진방안

조직이 팀에 적합한 과업을 확인했다고 가정한다면, 조직은 팀이 보다 효과적으로 일할 수 있도록 하기 위해 어떤 구체적인 조치를 취할 수 있을까? 최근 Kozlowski와 Bell(2013)은 팀 효과성을 증진하기 위한 훈련이나 프로그램이 이전보다 더 많이 연구되었지만, 아직도 더 연구되어야 할 부분이 많다고 지적하였다. 이 절에서는 팀 효과성을 증진하기 위해 조직이 취할 수 있는 세 가지 일반적 접근방식을 검토하고자 한다. 그것들은 조직의 인사 관련 부서에서 전형적으로 행하는 활동들과 일치한다. 이렇게 하는 의도는 그것들이 단순히 일반적인 개념이 아니라, 구체적이며 '실행 가능한' 조치라는 점을 강조하기 위해서이다.

선발

Barrick 등(1998)의 연구에 근거하면, 팀 효과성을 향상하는 한 가지 방법은 단순히 개인 수행의 확고한 예측변인이라 밝혀진 요인들을 똑같이 활용하는 것이다(Barrick & Mount, 1991; Schmidt & Hunter, 1998). 보다 구체적으로 팀 내 일반 정신능력(general mental ability)의 평균 수준이 수행과 정적인 관계가 있으며, 더 나아가 성실성의 평균 수준과도 정적 관계가 있음이 밝혀졌다. 따라서 조직은 선발 기제를 이용하여 개인 수행을 향상하는 것과 동일한 방식으로 어느 정도 팀 수행을 향상할 수 있다.

개인 수행에 비해 팀 수행에 관한 연구는 아직 많이 축적되지 않았지만, 일반 정신능력이나 성격과 같은 개인적 특성은 개인 수행에 비해 팀 수행에서의 변산을 훨씬 적게 설명해 주는 것으로 보인다. 예를 들어, Schmidt와 Hunter(1998)는 일반 정신능력이 개인 수행의 변산을 대략 31% 정도 설명해 준다고 하였다. 이에 비해, Barrick 등(1998)은 일반 정신능력이 팀 수행의 변산을 대략 5% 정도만 설명해 준다는 것을 발견했다. 따라서 이러한 차이는 팀 작업을 위해 사람들을 선발할 때는 팀 구성과 관련하여 고려해야 할 또 다른 요소가 있음을 시사한다.

Campion 등(1993)이 팀 작업에 대한 선호(preference for teamwork)와 몇 가지 팀 수준의 수행준거 사이에 정적 관계가 있음을 제안하고 경험적 증거를 제시했다는 점을 상기하라. 따라서 팀을 위해 사람을 선발할 때는 팀 환경에서 작업하기를 선호하는지를 확인하는 것이 필요하다. Campion 등 (1993)의 연구에 의하면, 실제로 사람들은 팀 작업상황에서 일하는 것을 즐기는 정도, 즉 팀 작업에 대한 선호에서 상당한 개인차가 있었다. 그러나 이런 척도를 활용할 때 발생할 수 있는 잠재적 문제는 자신의 선호를 사실대로 보고하지 않을 수 있다는 점이다. 예를 들어, 특정 직무에 지원한 사람이 그 직무가 팀 작업을 요한다는 것을 안다면, 그는 ─ 심지어 실제로는 그렇지 않다고 해도 ─ 팀에서 작업하는 것을 좋아한다고 보고함으로써 고용 가능성을 높이려 할 것이다. 이러한 문제에 관심을 보인 연구가 아직 별로 없지만, Nagel(1999)은 모의실험을 통해 이런 유형의 왜곡이 있다는 증거를 발견하였다. 이 문제를 해결하는 한 방법은 '개인 이력' 같은 다른 선발방법을 사용하여 팀 환경에서 작업하는 데 대한 지원자의 호감도를 측정하는 것이다.

선발과정에서 팀 작업에 개인의 선호를 검토하는 대신에 팀에서 일하기 위해 요구되는 지식, 기술, 능력(KSAs)을 평가하는 쪽으로 노력을 집중할 수도 있다. 그런 방향으로 접근하여 Stevens와 Campion(1999)은 **팀워크 검사**(Teamwork Test)라 불리는 선발 도구를 개발하였다. 이 도구에서 측정되는 구체적인 지식, 기술, 능력(KSAs)은 〈표 12.2〉에 나타나 있다. 표에서 볼 수 있듯이, 이들은 대인관계의 KSAs와 자기관리의 KSAs라는 2개의 일반적 범주로 분류되어 있다. 대인관계 범주의 KSAs에서 가장 중요하다고 간주된 것들은 갈등해결, 협력을 통한 문제해결, 의사소통 등에 관계된 것들이다. 자기관리의 KSAs는 목표설정/시간관리와 계획 수립/과업 조정에 관한 것들이다.

또한 Stevens와 Campion(1999)은 두 조직의 사례에서 이 도구가 예측 타당도가 있다는 증거를 제시하였다. 전반적으로, 이 도구가 예측 타당도가 있다는 점은 팀원들의 일반 정신능력이 팀 수행을 설명하는 부분 이상의 변산을 설명하였다는 점에서 확인되었다. 따라서 이 검사는 좀 더 개선될 여지는 있지만, 조직에서 유용하게 사용될 수 있는 도구라고 볼 수 있다. 또한 팀으로 일하는 데는 전통적인 선발 도구에서는 평가될 수 없는 다소 독특한 기술과 능력이 요구된다는 점을 시사한다는 점에서도 그들의 연구가 흥미롭다.

Hirschfeld, Jordan, Field, Giles, Armenakis(2006)는 효과적 팀워크의 예측변인으로 팀워크 원칙에 대한 지식을 연구하였다. 그들은 여러 가지 팀워크 개념에 대한 지식을 측정하기 위해 고안된 시험을 통해 팀원들을 평가하였다. 이러한 객관적인 시험에서의 평균 팀 점수는 팀 구성원들이 한 팀

표 12.2 Stevens와 Campion(1999)의 팀워크 검사를 구성하는 차원

I. 대인관계 KSAs
　A. 갈등해결 KSAs
　　　1. 팀 내 바람직한 갈등과 바람직하지 못한 갈등을 인지하여, 전자는 권장하고 후자는 방지하는 KSA
　　　2. 팀이 직면한 갈등의 유형과 원인을 파악하고 적절한 해결전략을 실행하는 KSA
　　　3. 전통적인 분배적 승-패(win-lose) 전략이 아니라 통합적 승-승(win-win) 전략을 실행하는 KSA
　B. 협동적 문제해결 KSAs
　　　4. 참여를 통한 문제해결이 필요한 상황을 파악하고 적절한 정도와 유형의 참여를 활용하는 KSA
　　　5. 협동적 집단 문제해결의 장애물을 인지하고 적절한 교정 조치를 실행하는 KSA
　C. 의사소통 KSAs
　　　6. 의사소통망을 이해하고 최대한 의사소통을 활성화하기 위해 분권화된 네트워크를 활용하는 KSA
　　　7. 개방적이고 지지하는 방식으로 의사소통하는 KSA, 즉 (a) 행동 또는 사건 지향적, (b) 상호 일치하는,
　　　　(c) 타당화하는, (d) 서로 연결하는, (e) 솔직한 메시지를 전달하는 KSA
　　　8. 평가하지 않고 들을 수 있으며 적극적 경청기법을 적절히 사용하는 KSA
　　　9. 비언어적 메시지와 언어적 메시지 간의 조화를 극대화하고, 다른 사람들의 비언어적 메시지를 인지하
　　　　고 해석하는 KSA
　　　10. 구성원들이 매우 중요한 사람이라는 인식을 주기 위해 한담을 나누거나 의례적인 인사를 할 수 있는
　　　　KSA

II. 자기관리 KSAs
　D. 목표설정과 수행관리 KSAs
　　　11. 구체적이고, 도전적이고, 수용된 팀 목표를 수립하는 KSA
　　　12. 전반적인 팀 성과와 개별 팀원의 성과 모두를 관찰하고, 평가하고, 피드백하는 KSA
　E. 계획 수립과 과업 조정 KSAs
　　　13. 활동, 정보 및 팀원들 간의 과업을 조정하고 일치시키는 KSA
　　　14. 개별 팀원들의 과업과 역할을 분명하게 배분하고 업무량이 적절히 균형 잡히도록 하는 KSA

출처 : M. J. Stevens & M. A. Campion. (1999). Staffing work teams: Development and validation of a selection test for teamwork settings. *Journal of Management*, 25, 207-228. Copyright ⓒ 1999. Reprinted with permission from Elsevier Science.

으로 효과적으로 일하는 정도에 대한 전문가의 평가와 관련이 있었다. 이 연구는 팀워크 원칙에 대한 지식을 얼마나 갖추고 있는지가 선발의 또 다른 준거가 될 수 있음을 시사해 준다.

조직의 보상 체계

이 장에서 다룬 거의 모든 팀 효과성 모델에서는 보상을 팀 효과성에 기여하는 중요한 요소로 언급하고 있다. 간단히 말해, 팀은 조직이 노력에 대해 보상을 제공할 때 더 효과적이 된다. 불행히도 팀을 활용하는 많은 조직에서 보상은 거의 전적으로 개인 수준에 초점이 맞춰져 있다. 팀 수준의 보상을 실행하는 조직에서조차 예외 없이 개인 수준의 보상 체계와 병존하고 있다. 그렇다면 어떻게 하

면 개인 수준의 보상과 팀 수준의 보상 체계가 서로 상호 보완적이 되도록 만들 수 있을까?

Wageman과 Baker(1997)에 의하면, 팀 수준의 보상 체계를 설계할 때 중요한 두 가지 고려사항은 과업 상호의존성과 결과물 상호의존성이다. 앞서 정의된 바와 같이 과업 상호의존성은 팀 구성원들이 과업을 수행하기 위해 서로 협력해야 하는 정도를 나타낸다. 결과물 상호의존성은 팀 구성원들이 서로 '동의 운명'을 공유하는 정도, 즉 팀의 수행이 좋거나 나쁠 때 모두가 동일하게 긍정적 혹은 부정적 결과물을 받는 정도를 나타낸다. 팀 수준의 보상 체계가 잘 기능하려면, 과업 상호의존성과 결과물 상호의존성이 서로 부합해야 한다. 팀 수준의 보상 체계는 과업 상호의존성과 결과물 상호의존성 모두가 높을 때 가장 효과적이다. 만약 과업수행에 있어 높은 수준의 상호의존성이 요구된다면, 팀원들이 받게 되는 결과물도 서로 유사해야(즉 상호의존성이 높아야) 합리적인 보상 체계가 된다.

그러나 Wageman(1996)이 지적하고 있듯이 두 가지 상호의존성이 서로 어긋난(misaligned) 경우에 팀 보상 체계는 매우 비효과적인 제도가 된다. 예를 들어, 팀원들이 수행하는 작업은 고도로 상호의존적이지만 그들이 받는 보상은 그렇지 않은 경우를 생각해 보자. 이러한 상황에서는 팀원들이 서로 협조적으로 일하도록 만드는 유인이 없다. 또한 보상을 많이 받는 사람은 과다한 보상을 받은 것으로 간주될 것이다. 이와 반대로 과업 상호의존성이 거의 없는데도 결과물 상호의존성이 대단히 높다면 어떨까? 이런 경우에는 뛰어난 성과를 내는 사람들이 그보다 훨씬 뒤떨어지는 성과를 내는 사람들과 같이 공동으로 보상받는 것에 대해 매우 불만족해할 것이다. 여기서 가장 중요한 핵심은 조직이 팀에 대해 보상할 때 자주 이런 두 가지 형태의 상호의존성을 고려하지 못하여 사람들이 팀으로 일하고자 하는 의욕을 저하할 수 있다는 점이다.

제10장에서 조직이 팀 수행에 대해 보상할 수 있는 구체적인 방법에 대해 논한 바 있으므로 여기서는 간단하게만 언급하겠다. 가장 흔한 방법은 이익배분(profit sharing)과 수익배분(gain sharing)이며, 물론 종업원 지주제(employee stock ownership plans)도 동일한 목적으로 사용될 수 있다. 이러한 보상제도들은 세부적인 측면에서는 다소 다르지만, 한 가지 공통적인 특성을 가진다. 즉 이 제도들은 모두 팀원들이 고도로 상호의존적인 과업을 수행하는 상황에 가장 적합하다는 점이다. 따라서 팀 보상 체계를 설계할 때 조직은 반드시 팀이 수행하는 일의 특성에 각별히 주의를 기울여야 한다.

또한 조직은 상이나 표창 등 비금전적 보상을 통해 팀 수행을 향상할 수도 있다. 금전적 보상과 마찬가지로 특정한 개인에게 상이나 표창을 수여하는 것이 다른 팀원들의 공로를 무시하는 결과가 되지 않도록 유의해야 한다. 프로스포츠팀에서는 개인적인 명예와 인정을 받는 것이 집단적인 성취보다도 더 중요한 것으로 간주되곤 한다. 결국 명예의 전당에 들어가는 것은 개인이지 팀이 아니기 때문이다. 따라서 조직은 팀 수행에 대해 보상하는 것뿐만 아니라 집단적 성취가 최소한 개인 업적만큼 중요하게 간주되는 분위기를 반드시 조성해야 한다.

팀 개발 개입

조직이 팀 효과성을 향상할 수 있는 마지막 방법은 훈련이나 팀 개발(team development) 활동을 통해서이다. 팀 개발은 제15장에서 다시 자세히 논의할 것이므로 여기서는 간략한 개요만을 제시하겠다. Dyer(1987)에 의하면 팀 개발이란, 팀 기능 중 매우 중요한 하나 또는 그 이상의 측면을 강화하기 위해 실시되는 다양한 형태의 팀 기반 훈련 개입(team-based training intervention)을 의미한다. 예를 들어, 팀 개발 활동들은 팀 내 역할을 명료화하거나, 목표와 우선순위를 정하거나 혹은 보다 민감한 대인관계 문제를 다루는 것을 목적으로 할 수 있다(Beer, 1976).

팀 개발의 구체적인 형태는 상황에 따라 상당히 다를 수 있지만, 대부분의 팀 개발에 공통적인 단계가 있다. 예를 들어, 일반적으로 팀 개발에 참여할 때 팀은 외부의 조언자나 촉진자의 도움을 받는다. 여기서 '외부'라 함은 팀의 외부(이는 조직의 외부일 수도 있고 조직 내부일 수도 있다)를 의미한다. 팀 구성원에 비해 팀 외부의 사람은 팀이나 팀의 프로세스에 대해 훨씬 더 객관적일 수 있다.

대부분의 팀 개발 활동에서 공통적인 또 다른 특징은 자료를 근거로 한다는 점이다. 즉 실제적인 개입이 이루어지기 전에 팀의 기능에 대한 사전 정보가 수집된다는 것이다. 이런 경우 사전 정보는 기록물 자료나 관찰과 같은 방법을 통해서도 가능하지만 주로 팀 구성원들에 대한 설문 조사나 면접을 통해 수집된다. 자료가 수집되고 요약되면, 그것을 근거로 구체적인 팀 개발 개입 방법을 선택한다. 예를 들어, 자료에 의해 팀 구성원 간의 역할 배분이 명확하지 않다는 점이 드러났다면 팀 개발은 각 팀원들의 역할 명료화에 초점을 두게 될 것이다(이에 대한 사례는 Schaubroeck, Ganster, Sime, & Ditman, 1993 참조).

팀 개발이 팀 효과성에 미치는 영향에 대해서는 그리 많이 연구되지 않았지만, 팀 효과성을 향상할 수 있다는 일부 연구 결과들이 있다. 예를 들어, 작업팀 문헌에 대한 개관을 통해 Sundstrom, DeMeuse, Futrell(1990)은 팀 개발 활동, 특히 과업 관련 문제에 초점을 둔 활동은 팀 수행에 긍정적인 영향을 미친다는 것을 밝혔다. 이와 대조적으로, 팀 개발 활동이 대인관계적 문제에 초점을 두는 경우에는 다소 덜 긍정적인 결과가 나왔다. 이는 어쩌면 팀 내 대인관계 문제의 근본적인 원인(예 : 성격이나 가치관의 차이)이 과업 관련 문제의 원인과 비교하면 훨씬 더 변화시키기 어렵기 때문일지도 모른다.

보다 최근에 Eddy, Tannenbaum, Mathieu(2013)는 팀 수행을 향상하는 데 있어 체계적 팀 보고(guided team debriefing)의 효과성을 조사하였다. 이는 팀 구성원들이 최근의 수행으로부터 학습한 교훈들을 다시 상기하고 미래의 수행을 개선하기 위한 방법에 대해 생각해 보는 것이다. 그들은 체계적 팀 보고 조건에 할당된 팀들이 비구조화된 조건에 할당된 팀들보다 이후의 과업을 더 잘 수행한다는 것을 보여 주었다. 더 나아가 체계적 팀 보고가 가지는 이득은 효과적인 계획수립, 수행 점검, 그리고 긍정적인 대인 간 분위기와 관련이 있는 핵심 팀 프로세스에서의 개선에 의한 것이었다.

조직 내 팀의 미래

팀을 설계하고 관리하는 일과 연관된 수많은 어려움을 생각하면 팀 또한 시간이 흘러가면 지나가 버릴 유행이라는 결론을 내리고 싶을지도 모른다. 그러나 저자의 의견을 묻는다면 절대로 그렇지 않다. 팀은 이제 조직의 일상에 있어 불변의 요소이며 미래에도 계속 그러할 것이다. 이러한 한 가지 이유는 조직에서 수행되는 점점 더 많은 작업들이 보다 복잡해지고 지적 능력을 요구하는 '지식 노동(knowledge work)'으로 변화하고 있다는 점이다. 팀은 이러한 복잡한 과업을 다루는 데 더 효과적일 수 있는데, 이는 팀 구성원들이 각자 다양한 기술과 지식을 제공하기 때문이다.

팀이 미래의 조직에서 계속해서 번성할 또 다른 이유는 변화하고 있는 고용인-피고용인 관계의 성격과 잘 들어맞기 때문이다. 조직은 점차 군살을 빼고 가벼워지고 있다. 점점 공식적인 직무기술(job description)에 덜 의존하고 있으며 점차 임시직 직원들에게 더 많이 의존하고 있다. 이러한 유형의 환경에서 아주 작은 규모의 **핵심 직원**(core staff)만을 정규 직원으로 하고 필요에 따라 임시 직원들을 활용하는 방식은 조직에게 매우 유리하다. 임시 직원들을 필요에 따라 활용할 수 있으면, 조직은 다양한 새로운 과업을 수행하기 위해 적기에 프로젝트 팀을 구성하기가 상당히 쉬워진다.

이러한 추세를 고려하면, 조직에 있어 미래의 당면 과제는 다양한 팀을 구성하여 그들이 단기간 내에 효과적으로 기능하도록 만들어 내는 능력이다. 여기에는 이 장에서 논한 많은 요소들이 포함될 수도 있지만, 그중 미래에 가장 중요하리라고 생각되는 것은 팀을 구성하는 개인의 특성이다. 보다 구체적으로 미래에는 개개인이 팀 효과성을 높이는 일반적 지식, 기술, 능력 등을 갖추는 것이 매우 중요할 것이다(Driskell et al., 2006; Stevens & Campion, 1999). 문제는 개인들이 어디에서 이러한 팀과 관련된 KSAs를 습득하는가이다. 조직이 직접 구성원들을 교육시킬 수도 있다. 그러나 임시직 직원들을 활용한다면 이 방법은 적절치 않을 것이다. 어쩌면 미래의 학교에서는 팀워크 교육이 국어나 수학만큼이나 흔한 것이 될지도 모르겠다.

마지막으로 가상팀에 대한 연구가 최근 증가하였는데, 이는 구성원들이 함께 있지 않으면서 가상의 수단을 통해 함께 일해야 하는 조직 내 팀의 수가 증가한 데 기인한다. Schweitzer와 Duxbury(2010)는 최근에 팀의 가상성을 가상 팀 구성원들이 서로 떨어져 일하는 시간, 전체 일 중에서 가상적으로 일하는 비율, 그리고 구성원들 간 지리적 분리의 정도로 개념화하였다. 그들은 가상팀들 간에 이 세 가지 차원에서 서로 차이가 있음을 밝혔고, 차원들에서의 점수가 높을수록 팀 효과성 지각이 낮은 수준으로 나타난다는 것을 보였다. 이는 가상팀들은 효과적인 수행을 위해 상호

조정하는 데 상당한 어려움이 있음을 분명히 보여 준다.

요약

이 장에서는 팀 효과성이라는 문제에 주로 초점을 맞추었으며, 실험실 기반인 사회심리학적 연구로부터 조직심리학의 팀 연구로 강조점이 이동되었다. 팀 효과성에 대한 많은 정의가 여러 학자들에 의해 제안되었지만, Hackman(1987)의 정의가 가장 널리 받아들여지고 있다. 그는 팀 효과성을 과업 수행, 팀의 지속가능성 그리고 팀 구성원 만족의 관점에서 정의한다. 또한 Kozlowski와 Bell(2003)이 제안한 팀에 대한 보다 상세한 정의도 제시하였다.

이와 더불어 팀 효과성에 대한 수많은 모델 중 몇 가지가 이 장에서 개관되었다. McGrath의 모델(1964)에서 시작하여, 마지막으로 Campion의 모델까지 여러 팀 효과성 모델들을 통합하려고 시도하였다. 소개된 모델들이 세부적인 사항에서는 서로 차이를 보이지만, 대부분의 모델에서의 공통적인 특징은 팀 프로세스를 핵심적인 매개변수로 보는 점이다. 그럼에도 불구하고 팀 프로세스의 중요성은 아직까지 실증적으로 잘 지지되지 못하고 있는데, 이것은 친숙한 투입-프로세스-산출 모델 이외의 다른 인과관계적 순서가 팀 효과성을 좀 더 잘 설명할 수도 있다는 점을 시사해 준다.

이 장에서 소개된 팀 효과성 모델에 포함된 팀 구성, 과업 설계, 보상 체계, 팀 프로세스와 같은 팀 효과성의 주요 결정요인들을 추가적으로 검토하였다. 개인 수준의 수행과 마찬가지로 팀 또한 성공적이기 위해서는 적절한 능력/기술을 갖춘 구성원을 필요로 한다. 그러나 연구 결과 구성원의 능력/기술의 알맞은 조합을 갖추는 것뿐만 아니라 성격 및 태도 또한 중요하다는 것이 밝혀졌다.

과업 설계는 몇 가지 이유로 인해 팀 효과성의 중요한 결정요인이 된다. 간혹 팀에는 적합하지 않은 과업을 수행함으로써 팀이 효과적이지 못한 경우가 있는데, 조직이 팀을 활용하는 데만 집중하여 이러한 사실을 간과하는 경우가 흔하다. 과업 설계는 팀이 사용할 가장 중요한 전략을 결정하는 데 중요하며 또한 팀 구성원들의 동기부여에도 상당히 영향을 미칠 수 있다.

개인 수준의 수행과 마찬가지로 보상은 팀 수행의 대단히 중요한 결정요인이다. 즉 팀이 좋은 성과를 내기를 바란다면 반드시 팀의 성과에 대해 보상하는 체계가 설계되어야 한다. 그러나 팀 보상 체계를 설계할 때, 조직은 반드시 과업 상호의존성 및 결과물 상호의존성의 정도를 고려해야 한다. 개인과 팀의 보상 체계가 서로 상충되지 않도록 하는 것 역시 매우 중요하다.

팀 프로세스들은 거의 모든 팀 효과성 연구에서 언급된다. 그러나 아이러니하게도 팀 프로세스의 가장 중요한 요소들이 실제로 무엇인지에 대해서는 아직 연구자들 사이에 일치된 견해가 없다. 이 장에서 그 문제를 해결하려는 시도를 하지는 않았지만, 대신 팀 효과성과 관련 있는 행동적 프로세스와 인지/정서적 프로세스에 대해 논의하였다. 여기에는 의사소통, 조정, 협력, 응집력, 팀 효능감, 팀 임파워먼트, 갈등 등이 포함되었다.

팀 효과성의 결정요인에 기초하여, 팀 효과성을 향상하는 세 가지 일반적인 접근방법이 제시되었으며, 그것들은 (1) 선발, (2) 보상 체계 운영, (3) 팀 개발 활동이다. 개인의 수행에서와 마찬가지로, 조직은 고도로 숙련된 사람들을 선발함으로써 팀 수행을 향상할 수 있다. 그러나 팀 작업을 위한 선발에는 개인의 선호와 팀과 관련된 특정한 기술이 고려될 필요가 있다. 보상 운영에 있어 가장 근본적인 문제는 수행에 대해 반드시 팀이 보상을 받도록 하는 문제이다. 조직은 팀 수준의 보상 체계가 팀이 수행하는 과제에 적합하고 개인 수준의 보상 체계와 일관성이 있도록 해야 한다.

이 장에서 팀 효과성을 향상하는 마지막 방법으로 제시된 것은 팀 개발이다. 팀 개발 활동은 팀 기능의 다양한 측면(예 : 역할의 정의, 목표설정)을 향상하기 위해 고안된 훈련을 말한다. 대개의 팀 개발 활동은 외부의 조언자/촉진자의 도움을 활용하며, 대체로 자료에 기초하여 이루어진다. 연구에 따르면 팀 개발 활동이 팀 효과성을 향상할 수 있음이 밝혀졌다. 그러나 이 경우 과업과 관련된 문제에 초점을 두는 것이 대인관계 문제에 초점을 두는 것보다 더 성공적인 것으로 보인다.

더 읽을거리

DeChurch, L. A., & Mesmer-Magnus, J. R. (2010). The cognitive underpinnings of effective teamwork: A meta-analysis. *Journal of Applied Psychology*, 95, 32–53.

Ilgen, D. R., Hollenbeck, J. R., Johnson, M., & Jundt, D. (2005). Teams in organizations: From input-process-output models to IMOI models. *Annual Review of Psychology*, 56, 517–543.

Kozlowski, S. W. J., & Bell, B. S. (2013). Work groups and teams in organizations. In N. W. Schmidt, S. Highhouse, & I. Weiner (Eds.), *Handbook of psychology, industrial and organizational psychology* (2nd ed., pp. 412–469). Hoboken, NJ: Wiley.

Marks, M. A., DeChurch, L. A., Mathieu, J. E., Panzer, F. J., & Alonso, A. (2005). Teamwork in multi-team systems. *Journal of Applied Psychology*, 90(5), 964–971.

Shaw, J. D., Zhu, J., Duffy, M. K., Scott, K. L., Shih, H., & Susanto, E. (2011). A contingency model of conflict and team effectiveness. *Journal of Applied Psychology*, 96, 391–400.

제13장

조직 이론과 설계

이 책의 흐름은 조직심리학의 주된 초점이 개인의 행동에 있다는 데 기초하고 있다. 이러한 흐름에 따라 조직에서 종업원의 행동에 영향을 주는 여러 요인을 탐색한다. 일부 요인(예 : 급여방식)은 직접적으로 개인 수준에, 다른 요인(예 : 집단사고)은 주로 집단 수준에 초점을 두고 있다. 이 장에서는 분석의 수준을 한 단계 높여서 조직설계(organizational design)가 개인의 행동과 조직 전반의 효과성에 미치는 효과를 검토할 것이다.

조직 이론이란 용어는 조직의 특성에 대한 개념적 아이디어다. 즉 조직이 외부 환경과 어떻게 상호작용하며 작동하는지에 대한 개념이다. 반면에 조직설계는 실제로 조직을 이론화하면서 나타나는 구체적인 계획을 말한다. 이는 다음 예시를 통해 살펴볼 수 있다. 어떤 조직 이론이 살아남기 위해서 외부환경과 상호작용하는 살아 있는 유기체로 조직을 비유한다고 하자. 이는 개념적이지만 유용한 아이디어다. 이 아이디어는 외부환경과 피드백을 쉽게 주고받을 수 있는 조직의 구조를 설계하는 데 적용된다.

대부분의 조직심리학자들은 조직 이론과 설계 같은 거시적 문제를 다루기를 꺼리는 경향이 있다. 그 결과 이 분야의 연구들은 대부분 사회학자들과 경영학의 조직 이론이나 관련 전공(예 : 전략경영)에서 직접적으로 훈련받은 사람들에 의해 수행되었다. 최근에는 조직의 시나리오를 수학적으로 모델화하는 오퍼레이션 리서치(operation research) 전공자에 의해서도 이 분야의 연구가 수행되고 있다(Kujacic & Bojovic, 2003).

조직심리학자들이 조직설계와 같은 거시 수준의 문제를 꺼리는 것은 다음과 같은 두 가지 이유에서 유감스러운 일이다. 첫째, 조직에서 일해 본 사람이라면 조직의 구조가 구성원 개인에게 간접적이더라도 분명한 영향을 미친다는 것을 알고 있다. 예를 들어, 대학에서 학제의 개편이 학과의 예산배정이나 학과 간 교수의 협동에 영향을 줄 수 있다. 즉 조직의 설계를 무시하는 것은 구성원의 행동에 영향을 주는 중요한 효과를 무시하는 것이며(Bourrier, 2005; Hornstein & de Guerre, 2006), 궁극적으로 조직의 효과성에 관심을 두지 않는 것이다(Russo & Harrison, 2005).

조직심리학자들이 거시 수준의 문제를 회피하지 않아야 하는 두 번째 이유는 사회학, 조직 이론 그리고 전략경영 분야에서 훈련받은 사람들이 조직설계의 효과에 대한 불완전한 그림을 제시하는 경우가 자주 있기 때문이다. 마치 조직심리학자들이 개인의 행동에 초점을 두는(혹은 지나치게 여기에 매여 있는) 경향이 있는 것처럼, 이 분야에서 훈련받은 사람들은 개인의 행동을 관심에서 배제하기 때문이다. 조직의 설계가 조직의 효과성에 기여한다고 말하려면, 다음의 두 가지 의문에 답을 제공해야 한다. 조직의 설계가 구체적으로 어떻게 조직 구성원의 행동에 영향을 주며, 또한 그것이 어떻게 조직의 효과성에 기여 혹은 저해하는가? 따라서 사회학, 조직 이론, 전략경영 그리고 조직심리학을 포함하는 학제적 접근으로 이 장에서 조직설계를 다룰 것이다.

이 장은 조직 이론의 광범위함을 다루는 것으로 시작할 것이다. 조직 이론은 일과 같은 인간의 노력을 서로 다르게 조직화하는 것일 뿐이다. 조직 이론이 중요한 것은 그것이 구체적인 조직설계의 기반을 구축하기 때문이다. 그다음 이 장에서는 조직이 어떤 조직설계를 취할 것인지를 결정하는 데 관련되는 주요 요인에 대해 논할 것이다. 또한 전통적인 조직 이론과 완전히 상이한 최근의 혁신적인 조직설계를 다룰 것이다. 이 장은 조직설계의 효과에 대한 경험적 연구를 요약하고 미래의 조직설계에 영향을 줄 요인들을 제시하는 것으로 끝맺을 것이다.

'조직 이론'이란 무엇인가?

조직과학(organizational science), 즉 조직행동과 조직심리학에서는 **조직 이론**(organizational theory)에 대해 다소 오해하는 점이 있다. 어떤 이들은 조직 이론이 연구의 한 분야라 하고, 다른 이들은 조직의 과정을 묘사하는 은유적 언어를 사용하는 과정이라고 하며(예 : McKenna & Wright, 1992; Huber, 2011), 혹은 작업조직을 조직화하는 최선의 방법을 결정하려는 시도로 묘사되기도 한다. 조직 이론이라는 개념은 이러한 점을 모두 일컫는 것이지만, 조직 이론은 사실 목적지향적인 인간의 행위를 조직화하는 방식이다. 인간의 목적지향적 행동의 다양성이라는 측면에서 볼 때 그것을 조직화할 수 있는 방법 또한 다양할 것이며, 결과적으로 매우 많은 조직 이론들이 있을 것이라고 짐작할 수 있다.

목적지향적인 인간의 행동을 이론화하는 데 주도적 역할을 한 분야는 사회학이다. 사회학은 본질적으로 인간의 행동에 대한 거시 수준의 세력(예 : 사회적 계층, 사회제도)을 연구한다(예 : Merton, 1968; Parsons, 1951). 이에 대한 고전적인 예가 Emil Durkheim의 자살의 결정요인에 대한 연구(Durkheim, 1951)이다. Durkheim은 어떤 형태의 사회구조로 인해 소외감과 무력감(소위 아노미)이 나타나는데, 그것이 높은 자살률을 유도한다고 제안하였고 그 증거도 확보하였다. 이러한 배경에서 사회학자들이 심리학자들에 비해 조직의 구조와 설계가 가지는 효과에 더 많은 관심을 가지게 되었다. 실제로 조직심리학의 발전에 중요한 기여를 한 역사적 사건 중 하나인 호손 연구는 사회학자인 Elton Mayo의 지휘하에 수행되었다.

조직 이론이 인간의 활동을 서로 다르게 조직화하는 것이라면, 조직의 **이론화**는 어떻게 이루어지는가? 대부분의 과학 분야에서 어떤 것에 대해 이론을 세우고 연구하는 가장 보편적인 방법은 그것을 실험실로 가져와 세심하게 관찰하는 것이다. 불행하게도 조직이 너무 거대한 추상적 개념이어서 조직 이론가들은 그렇게 하지 못했고, 결과적으로 실험실에서 다루어지지 못하였다. 우리가 지시와 보고관계를 분명히 묘사하는 조직도를 그릴 수 있지만, 조직을 현 상태로 존재하게 만드는 것은 조직의 구성원들이 조직의 설계를 이해하고 여기에 적응하는 행동을 하기 때문이다(Katz & Kahn, 1978).

이러한 제약 때문에 조직 이론가들은 다소 간접적인 연구방법을 채택할 수밖에 없었다. 이런 방법 중에서 가장 일반적인 것이 조직의 구조를 설명하기 위해 은유를 사용하는 것이다(McKenna & Wright, 1992). 은유는 단순히 비유적인 언어이다. 즉 어떤 것을 의사소통하기 위해 단어와 문구 그 자체의 의미를 넘어선 사용을 하는 것이다. 예를 들어, 어떤 사람이 창밖을 보면서 "비가 억수같이 내리네"라고 말했다면 그것은 은유를 사용한 것이다.

조직 이론 문헌에서 가장 일반적으로 사용되는 은유는 조직을 생물학적 유기체에 비유하는 것이고, 이것을 위해 일반 체계 이론(general system theory)을 응용하는 것이다(Katz & Kahn, 1978; von Bertalanffy, 1956). 조직을 생물체에 비유하면 조직의 기능을 이해하는 데 중요한 여러 가지 결론을 도출해 낼 수 있다. 이 중 가장 중요한 것은 마치 어떤 생물체든 자신이 속해 있는 생태계와 상호작용하는 것처럼 조직도 자신을 둘러싼 환경과 끊임없이 상호작용한다는 것이다. 생물체가 생태계를 무시할 때 나타나는 결과처럼 조직이 자신이 속한 환경(예 : 고객, 여론)을 무시하면 사멸의 위험을 감수해야 한다. 이런 이유 때문에 조직은 많은 시간과 금전적 자원을 자신을 둘러싼 외부환경을 이해(혹은 가끔씩 통제)하기 위해 사용한다.

생물체로의 비유가 주는 두 번째로 중요한 의미는 조직은 여러 하위 체계로 구성되어 있고, 조직이 적정하게 작동하려면 그들이 서로 협동해야 한다는 것이다. 한 가지 비유를 든다면, 인간의 신체는 매우 복잡한 생물체인데 여러 기관으로 구성되어 있고 이들이 혈액순환, 소화 그리고 호흡 등의 생리적 활동을 통제한다. 이런 하위 체계들의 조정은 대부분 뇌에서 분비되는 복잡한 화학전달물질의 작용으로 일어난다. 조직에서 하위 조직 간의 조정은 종종 구조적 설계 자체로 가능하지만 경우에 따라서는 이를 위해 특별한 기제(예 : 조정위원회)가 마련되기도 한다.

조직 이론에서 자주 등장하는 또 다른 은유는 조직을 기계에 비유하는 것이다. 기계처럼 조직은 환경으로부터 투입물을 받아들이고, 그것을 어떤 형태로 변형한 후, 다시 환경으로 내보낸다. '기계(machine)로서의 조직'과 '생물체(biological organism)로서의 조직'은 서로 매우 유사한 의미를 가진다. 즉 조직은 외부환경의 변화와 내부 요소 간의 조정에 주의를 쏟아야 한다는 것이다. 그러나 기계에의 은유에서 중요한 점은 기계의 구성요소(즉 사람과 과정)들이 적정하게 작동되어야 한다는 것이다. 이를 위한 방법은 다양한데, 선발, 수행 평가, 수행 코칭 그리고 개인의 독특한 역량을 최대화하기 위한 직무 재설계와 같은 것들이다.

비록 생물체와 기계의 비유가 조직 이론에서 가장 오래된 것이지만, McKenna와 Wright(1992)는 다른 비유들도 조직 이론가에게 유용할 수 있다고 지적하고 있다. 예를 들어, 조직이 '서로 복잡하게 연결되어 있는' 뇌, '서로의 관계가 복잡한' 가족 혹은 '영향력과 권력의 역동성에 휘말려 있는' 정치집단으로 비유될 수 있다는 것이다. 이러한 비유는 조직 이론가들에 의해 광범위하게 사용되고 있는 편이며, 이러한 비유가 오늘날 많은 조직의 실체를 반영하는 것으로 보인다. 이 장에서 앞으로 다루겠지만, 오늘날 많은 조직의 설계가 복잡하므로 새로운 은유가 필요하다.

주요 조직 이론

조직 이론의 분야를 간략히 개관한 후에 주요 조직 이론을 다루기로 하자. 조직 이론은 인간의 활동이 조직화되는 형식에 대한 모델이거나 아이디어라고 단순히 말할 수 있다. 인간의 활동을 조직화하는 다양한 아이디어가 있겠지만, 일반적으로 지난 수십 년 동안 세 가지 유형의 이론이 개발되었으며, 이 세 가지 유형은 다음과 같다.

고전적 조직 이론

역사적으로 고전적 조직 이론이라는 용어는 20세기 초반부터 1940년대 중반에 개발된 조직화 모델을 일컫는 것이다. 비록 이 이론들은 거의 100년 전에 등장했지만, 다수의 이론들은 현재도 조직의 설계와 운영에 영향을 주고 있다(Bell & Martin, 2012). 이 이론 중 가장 잘 알려진 것이 과학적 관리(Taylor, 1911), 이상적 관료주의(Weber, 1947) 그리고 행정관리론(Fayol, 1984)이다. 다음 각 절에서 이 이론들을 다루겠다.

과학적 관리(scientific management)라는 용어는 조직심리학의 역사를 언급할 때 가장 처음에 소개된 것이며(제1장 참조), 직무설계(제9장 참조)에서 좀 더 다룬 바 있다. 우리가 이 용어를 다시 언급하는 것은 이것이 조직을 설계하는 방식에 시사점이 있기 때문이다. 앞에서 논의한 내용의 기억을 되살려 보면, 과학적 관리의 기본 원칙은 직무를 설계하는 사람과 직무를 수행하는 사람을 서로 분리해야 한다는 것이었다. 직무를 조직화하는 데 있어서 이 원칙은 매우 중요하다. 예를 들어, 이 원칙은 구성원들 간에 지위나 위계상의 서열에서 분명한 차이가 있어야 한다는 것을 가정하고 있다. Taylor의 책을 보면 직무를 설계하는 사람은 그것을 실제로 수행하는 사람보다 더 높은 지위에 있어야 한다고 분명하게 주장하고 있다. 따라서 과학적 관리의 관점으로 설계된 조직에는 많은 서열이 있고 이러한 서열을 정하는 방법도 다양하게 존재한다.

작업은 가능한 한 작고 단순하게 세분화되어야 한다는 과학적 관리의 또 다른 기본 원칙을 상기해 보라. 예를 들어, 한 대의 자동차를 생산하는 데 관여하는 많은 절차도 아주 단순한 것들로 세분화될 수 있다. 이렇게 단순화를 강조하는 의미는 아주 유사한 작업을 수행하는 종업원들은 함께 집단으로 구성되도록 조직을 구조화해야 한다는 것이다. 또한 대부분의 경우 이러한 종업원 집단을 관리하는 최선의 방법은 아주 세분화된 활동에 근거하여 부서구조를 만드는 것이다. 즉 과학적 관리에 기초하여 조직을 설계하면 그 조직에는 아주 세분화된 기능을 수행하는 사람들로 구성된 여러 부서가 존재하게 된다. 최근의 많은 조직은 여전히 이러한 형태로 구성되어 있다(Kanigel, 1997).

과학적 관리의 이러한 구체적인 조직설계상의 의미에 더하여 다소 추상적이지만 몇 가지 시사점이 더 있다. 이런 점들 중에서 가장 중요한 것으로 여기는 것은 과학적 관리를 시행하는 조직에는 종업원들이 지켜야 할 많은 규칙과 절차가 있다는 것이다. Frederick Taylor는 직무과제를 가장 효율적으로 수행하는 방법에 대한 경험적 연구로 유명해졌다. 이러한 효율성의 추구에 깔린 기본적인 가정은 어떤 업무나 과제든지 그것을 수행하는 데는 '단 하나의 최선의 방법'이 있다는 것이다. 그의 여러 기법은 이것을 발견하기 위한 것이다. 이러한 시도는 여러 과업으로 빠르게 적용되었는데, 어떤 조직은 종업원들이 어떤 상황에 접하더라도 따라야 하는 절차를 집대성한 아주 두꺼운 '방침과 절차'를 마련해 두기도 했다.

이상적 관료주의(ideal bureaucracy)라는 개념은 모순어법이라는 느낌이 드는데 그것은 관료주의가 조직의 비효율성과 행정상의 경직성을 완곡하게 표현한 용어라는 점에서 그렇다. 사실상 이상적 관료주의는 인간의 행위가 어떻게 조직화되는지를 다루는 하나의 아이디어이거나 이론일 뿐이다. 대부분의 사람들은 이상적 관료주의의 발전을 Max Weber의 공으로 돌렸고, 그 결과 그는 조직심리학에서 거시 분야의 선구자로 자리매김하였다. 기억하겠지만 Weber는 아주 박식한 사람으로 평생 동안 역사학, 경제학, 정치학 그리고 사회학에 대단한 기여를 하였다. Weber가 살던 시기에는 오늘날 우리가 흔히 볼 수 있는 조직의 형태는 거의 없었다. 그 대신에 당시 대부분의 '조직'들은 엉성한 형태의 가족 사업이었거나 서로 독립적으로 일하는 기술자들의 집합이었다. 이러한 조직의 형태에서는 조직화의 필요를 느끼지 못했다.

그러나 산업혁명의 시작과 더불어 대도시에 상경하여 공장에 취업한 수많은 농촌 사람들을 조직화할 필요가 생겼다. 더구나 19세기 후반과 20세기 초반에 널리 퍼져 있던 조직 모델들은 이러한 대규모 조직을 다루기에는 적합하지 못하였다. 예를 들어, 당시에 사람들이 성공하려면 연고나 친척관계에 의존해야 했는데, 당시의 대다수 조직들이 가내 공업이었다는 점을 보면 놀랄 일이 아니다. 이 이론들을 새로운 산업 장면에 적용하기에는 문제가 있었다. 그것은 최고의 연고나 가족관계를 가진 사람들이더라도 이 장면에서 요구하는 업무를 잘 수행하지 못한다는 것이다.

Weber는 이상적 관료주의를 조직 내의 역량을 보다 효율적으로 운영하고 효과적으로 활용하기 위한 대안으로 제안했던 것이다. 이상적 관료주의의 저변에 깔린 핵심적인 가정 중 하나는, 비록 많은 사람들이 잊고 있는 것이지만 보상은 조직에 대한 개인의 기여에 따라 주어져야지 연고나 인맥에 따르지 않아야 한다는 것이다. 불행하게도 관료주의에 함축되어 있는 여러 부정적 가정 때문에 이 점이 가려져 있는 것 같다.

과학적 관리와 마찬가지로 이상적 관료주의도 구성원의 행동을 이끌어 내기 위해 미리 정해 놓은 규칙과 절차에 지나치게 의존하고 있다. 극단적으로 효율성을 꾀하는 이상적 관료주의에서는 종업원이 부딪히는 어떤 상황에도 적용될 수 있는 규칙과 절차가 있어야만 한다. 이 점 때문에 관료주의는 변화하는 상황에서 적응의 어려움을 겪게 되는 것이며, 많은 사람들이 이런 형태의 조직에 대해 부정적인 시각을 갖는 이유이다.

이상적 관료주의의 또 다른 특징은 종업원에 대한 철저한 감독이다. 관료조직은 전형적으로 매우 좁은 통제 범위를 갖는다. 즉 한 감독자가 많은 수의 부하를 감독하지 않는다. 좁은 통제 범위가 갖는 효과 중 하나는 감독자가 부하의 요구에 부응하기 쉽다는 것이다. 4명의 부하에게 질의응답하고 그들을 훈련시키는 것이 40명의 부하에게 똑같은 일을 행하는 것보다 훨씬 더 쉽고 충실할 수 있다는 것은 설명할 필요가 없다. 좁은 통제 범위는 감독자가 부하들의 행동을 쉽게 점검할 수 있게 한다. 이 점은 많은 사람들로 하여금 관료주의가 종업원의 행동을 철저하게 감시하지 않으면 열심히 일하지 않는다는 인간에 대한 부정적인 가정에 근거하고 있다고 믿게 만들었다.

이상적 관료주의의 또 다른 중요한 원리는 명령의 통일성이다. 관료조직에서는 어떤 사람에게든 오직 한 명의 직속상사만 있다. 관료주의에 대해 냉소적인 사람들은 이것도 좁은 통제 범위처럼 부하를 철저하게 감시 감독하려는 것으로 여긴다. 그러나 명령의 통일성은 종업원에게 명백하게 긍정적인 이득을 제공한다. 종업원이 오직 한 명의 상사에게만 보고를 한다면 두 사람 이상의 상사로부터 받은 명령을 통합해야 하거나 서로 갈등적인 명령을 받았을 때 겪을 혼란이 줄어든다. 이 장의 끝부분에서 다시 다루겠지만 이러한 원리를 무시한 일부 최근 조직설계 이론이 부딪히는 문제 중 하나가 그 이론들이 종업원들 간의 갈등을 불러일으킨다는 것이다(예 : Galbraith, 2008).

이상적 관료주의의 세 번째 중요한 원리는 지시의 일방향성이다. 이것은 관료조직에서 정보는 한 방향으로, 특히 상의하달의 방향으로 흐른다는 것이다. 정보가 한 방향으로 전달되는 것의 이점은 그것이 예측가능성과 안정성을 제공한다는 것이다. 이것은 방대한 정보를 처리해야 하는 사람들의 삶을 편하게 해 주고, 조직의 최고경영자가 종업원들의 정보 접근성을 쉽게 통제할 수 있도록 해 준다. 최고경영자들에게 '종업원들은 그들이 알아야 할 정보만 안다'라는 확신을 갖도록 만든다. 이 원리 역시 앞에서 언급한 다른 원리들처럼, 조직 내에서 정보가 자유롭게 교신되는 것보다 종업원을 통제하기 쉽게 만든다.

결론적으로 다른 조직 이론처럼 이상적 관료주의 역시 좋거나 나쁜 것이라 할 수 없다. 이상적 관료주의가 조직의 효과성을 증진하느냐 아니면 감소시키느냐의 여부는 그것이 실행된 방식이나 그것이 그 조직의 환경에 적합한 정도에 달려 있다. 상황적합성 이론을 다루는 절에서 볼 수 있겠지만 관료주의가 매우 적합한 상황도 있다. 그러나 다른 상황에서는 관료주의를 채택한 조직들은 실패할 가능성이 높다. 또한 추후에 논의할 내용이지만, 관료주의를 다른 조직 형태와 결합함으로써 그것의 강점을 취할 수도 있다(Gittell & Douglass, 2012).

행정관리론(administrative management)이란 용어는 Henri Fayol이 1916년에 처음으로 사용한 것인데, 그는 기술자로 입사하였지만 후에 프랑스 광산회사의 사장이 된 인물이다. Fayol(1984)은 관리자들이 조직에서 활용할 수 있도록 비교적 일반적인 조직화 원리를 개발하려고 시도하였다. 그러나 Fayol은 이러한 원리들에 의미를 부여하기 위하여 관리자의 활동 또는 관리 기능이라고 부르는 행동으로 그것들을 기술하였다. 그가 제시한 관리자의 주요 기능은 기획, 조직, 지시, 조정 그리고 통제이다. Fayol이 제안한 원리는 관리자가 이러한 핵심적인 기능을 잘 수행할 수 있도록 돕기 위한 것이었다.

〈표 13.1〉은 Fayol이 제시한 14가지 조직화 원리이다. 제시된 바와 같이 대부분의 내용이 앞에서 기술한 이상적 관료주의 원리와 유사하다. 예를 들어, 관료주의 원리 중에서 분업화, 잘 정의된 권위구조, 명령의 통일성, 지시의 일방향성, 질서 그리고 보상의 형평성을 Fayol도 주장하였다. Fayol이 추가한 독자적인 원리는 재직의 안정성, 솔선수범의 독려, 높은 수준의 응집력과 동료애이다. 이

표 13.1 Fayol의 조직화에 대한 고전적 원리

원리	Fayol의 견해
1. 전문화	여러 개인이나 관리자들이 같은 일이나 같은 분야를 수행함
2. 권한과 책임	명령을 할 수 있는 권리, 즉시적인 복종을 이끌어 내는 힘. 보상과 처벌에 대한 책임이 따름
3. 규율	복종, 응용, 의욕, 행동. 회사와 개인 간의 합의
4. 명령의 통일	한 사람의 감독자로부터만 명령을 받음
5. 지시의 통일	동일한 목적에 대한 한 사람의 상사와 한 가지 계획
6. 전체의 이익을 위한 개인 이익의 희생	조직의 목표는 개인의 목표에 앞섬
7. 종업원의 보수	조직과 개인에 대한 급여의 공정성. 다양한 방법이 논의됨
8. 집권화	부하와 비교해서 상사에게 주어진 임의성의 정도
9. 계층화	하부에서 상부에 이르는 권한의 위계
10. 질서	모든 사물이나 사람은 정해진 위치를 가지며 그곳을 지켜야 함
11. 형평	호의와 정의를 강조함
12. 재직의 안정성	능력 있는 종업원의 평생고용, 일에 적응하는 데 필요한 시간
13. 주도성	생각을 실현하고 계획을 시행시키는 힘
14. 단결심	종업원 간의 화합과 통일의 힘

출처 : H. Fayol (1984). *General and industrial management*. Belmont, CA: Lake에서 수정.

세 가지 원리는 이상적 관료주의와 다른 것이어서 흥미롭다. 이 원리는 관료주의의 한계를 보완하기 위한 조직 이론과 맥을 같이하기 때문이다.

비록 Fayol의 여러 원리가 현재도 유용하고 많은 조직에서 실행되고 있지만, 아직 여러 가지 면에서 비판받고 있다. 아마도 가장 격렬하게 비판받는 것은 다른 고전적 이론도 마찬가지이지만 그가 조직에서 '인간적 요소'를 무시했다는 것이다(예 : McGregor, 1960). 즉 이러한 원리는 조직 속의 개인들을 정서, 욕망 그리고 창의적 소질을 가진 존재라기보다는 큰 기계를 구성하는 작은 톱니바퀴로 언제든지 갈아 끼울 수 있는 것으로 간주하였다. McGregor의 다음 인용문을 살펴보자. "조직의 문제를 해결하기 위해 높은 수준의 상상력, 독창성, 그리고 창의성을 발휘할 능력은 인류의 많은 사람들에게서 발견된다…. [그러나] 근대 산업의 조건에서는 평균적인 인간의 지능적 잠재력이 단지 부분적으로만 사용되고 있다"(McGregor, 1960, pp. 47-48). McGregor는 여기서 모든 고전적인 조직설계를 비판하고 있지만, 이 비판은 분명 Fayol의 원리에도 해당된다.

Fayol의 원리에 대한 또 다른 비판은 그것이 너무 단순하고 일반적이라는 것이다. 하나의 예를 들어 보면, Fayol은 인사에서 급여의 공정성을 주장했고 대부분의 관리자들이 그것을 바람직한 원리로 동의했다. 그러나 그가 이러한 목적을 달성하기 위해 몇 가지 제안을 하였음에도 불구하고 (Fayol, 1984) 이 제안들 역시 여전히 애매모호하다. 다른 여러 원리들도 이러한 문제점을 가지고 있다. 이와 같은 비판에도 불구하고 Fayol의 원리는 여전히 널리 적용되고 있으며 많은 조직에 깊이 배어들어 있다.

인본주의 조직 이론

제1장에서 소개한 바와 같이 앞 절에서 소개한 고전적 이론으로 설계된 조직에 대한 반응으로 그리고 일부는 노동운동 때문에(Zickar, 2003) 인간관계 운동(human relation movement)이 1940년대에 시작되었다. Douglas McGregor나 Rensis Likert와 같은 인간관계 운동에 앞장선 사람들은 고전적 이론에 기반을 둔 조직에서는 직장이 비인간화되고 종업원의 창의성과 주도성이 잘 활용되지 못한다고 주장한다. 고전적 이론이 이러한 부정적 효과를 갖게 된 이유는 주로 인간의 본질에 대한 이 이론의 가정에서 비롯된다. 질서와 통제를 분명하게 강조하는 것으로 볼 때 고전적 이론은, 종업원은 열심히 일하도록 윽박지르지 않는 한 절대 열심히 일하지 않으며, 그들의 역할을 규명하려는 창의성과 주도성도 결여되어 있다는 가정에 기반을 두고 있는 게 분명하다. 가장 잘 알려진 인본주의적 조직 이론으로 리더십을 X와 Y 유형으로 구분한 McGregor의 이론과 인간적 조직의 개념을 제시한 Likert의 이론을 들 수 있다.

McGregor는 1960년에 출간한 기업의 인간적 측면(*The Human Side of Enterprise*)이라는 책에서 X 이론과 Y 이론이라는 두 유형으로 관리자를 구분하였다. X 이론을 갖는 관리자들은 대부분의 사람들이 일하기를 싫어하므로 조직의 목표를 달성하기 위해서는 강압적이고 세밀한 감독을 해야 한다는 가정에서 자신의 역할을 수행한다. X 이론을 갖는 관리자들의 또 다른 가정은 사람들은 야망이 적고 자발적이지 못하며 다른 것보다 안전에 더 가치를 둔다는 것이다. 이러한 점들 또한 종업원에 대한 철저한 통제와 감독이 요구된다는 것을 보여 주는 것이다.

X 이론을 갖는 관리자와 대조적인 Y 이론을 갖는 관리자는 일이란 인간의 삶의 일부이며 대부분의 사람들은 그것을 피하기보다는 그 속에서 많은 의미를 찾는다는 가정하에서 자신의 임무를 수행한다. 따라서 사람들은 어느 정도 자율적이며, 조직의 목표를 위해 일하여 그것으로부터 개인적인 보상을 얻을 수 있는 한 열심히 일할 것으로 믿는다. Y 이론의 또 다른 기본 가정은 정상적인 상황하에서 대부분의 사람들은 책임감을 발휘하려 하며 허용만 되면 창의적으로 조직의 문제를 해결하려고 노력한다는 것이다. Y 이론의 마지막 가정은 대부분의 조직이 종업원의 기술과 자질을 충분히 활용하지 못하는 방향으로 설계되어 있다는 것이다. McGregor가 이 책을 저술할 당시에도 고전적 조직설계가 주도하던 시기였으므로, 이것은 고전적 조직 이론에 대한 분명한 비판이었다.

비록 X 이론과 Y 이론의 구분이 관리자 개인의 수준에서 이루어진 것이고 기술적으로 조직 이론을 다룬 것은 아니지만, 이러한 생각을 조직 수준까지 확장하는 것은 어렵지 않다. X 이론을 신봉하는 관리자들로 구성된 조직에는 아주 좁은 통제 범위, 확고한 위계질서 그리고 아주 방대한 규칙과 절차 — 이것은 고전적 조직 이론의 원리에 바탕을 둔 조직설계이다 — 등이 있다. 반대로 Y 이론의 조직에는 넓은 통제 범위와 유연한 위계질서의 특징이 있고, 규칙은 꼭 필요한 문제에만 있다. 이러한 조직설계의 특징은 종업원은 철저한 감독이 없더라도 그들의 임무를 수행하고 새로운 문제가 발생하면 창의적으로 문제를 해결할 만큼 충분히 현명하다고 관리자들이 가정하는 것과 논리적으로 잘 들어맞는 것이다.

Y 이론의 조직이 갖는 주된 이점은 X 이론의 조직에 비해 본질적으로 더 인간적이고 종업원들을 심리적으로 더 충족하고 있다는 것이다. 이러한 조직에서는 일이라는 것이 개인 성장의 원천이지 생활을 위해 어쩔 수 없이 견뎌야 하는 '필요악'이 아니라는 것이다. 그러나 Y 이론에도 다른 측면이 있다. 구체적으로 말하면 모든 사람이 일을 통해 개인의 성장을 도모하며(예 : Hackman & Oldham, 1980), 모든 사람이 최소한의 감독만으로도 생산적으로 일한다는 가정은 다소 순진한 생각이라는 것이다. Y 이론의 조직이 갖는 또 다른 결점은 위계질서가 고전적 이론으로 설계된 조직에 비해 분명하지 않으므로 종업원의 역할과 임무에 대해 상당한 혼란과 갈등이 잠재되어 있다는 것이다. 이에 더불어, 규칙이나 절차보다는 개인적인 관계가 Y 이론의 조직 운영의 많은 부분을 결정하므로 관리자의 편애나 조종이 많아진다.

비록 McGregor(1960)의 X/Y 이론 구분이 예시나 역사적 의미로 종종 사용되지만, 오늘날 완전히 무시되는 것은 아니다. 예를 들어, Kopelman과 그의 동료들(Kopelman, Prottas, & Falk, 2010)은

X와 Y 이론의 경향성에 대한 측정법을 개발하였으며, 몇 가지 구조적 타당성의 증거를 제공했다. 이러한 노력은 McGregor의 이론이 오늘날까지도 여전히 유효하며, 조직 연구에서 이에 대한 새로운 관심이 생기고 있다는 것을 보여 주기도 한다.

인본주의적 관점을 대표하는 다른 조직 이론으로 Likert의 인간적 조직(human organization)에 대한 견해를 들 수 있다. 그가 1961년에 저술한 새로운 방식의 관리(*New Patterns of Management*)에서 조직은 시스템 1부터 시스템 4까지 네 가지 유형으로 구분될 수 있다고 제안했다. Likert는 시스템 1을 착취적 권위주의 유형(exploitive authoritarian type)으로 명명하였다. 이 유형의 조직은 X 이론의 조직과 매우 유사한데, 그것은 이 조직이 종업원을 신뢰하는 수준이 낮고, 종업원과 관리자 간의 의사소통이 적으며, 의사결정이 중앙으로 집중화되어 있을 뿐만 아니라 통제가 전적으로 '하향적(top-down)' 방식으로 이루어지기 때문이다. Likert에 따르면 이 유형의 조직은 종업원들을 불만족스럽게 만들고 결국 조직의 수행도 낮아진다는 것이다.

시스템 2 조직은 자비적 권위주의(benevolent authoritative)인데, 몇 가지 분명한 차이는 있지만 시스템 1과 매우 유사한 유형이다. 이 유형의 조직에서는 예를 들어 종업원에 대한 다소의 신뢰가 있고, 관리자들은 그들의 아이디어를 활용하기도 한다. 이 유형의 조직에서는 의사소통이 다소 활발한데, 경우에 따라서 종업원이 관리자 계층에 그들의 의사를 전달할 기회가 주어지기도 한다. 이 유형을 요약하면 종업원을 여전히 권위적인 방식으로 다루지만, 조직이 그들에게 다소 인정을 베푼다고 할 수 있다. Likert에 의하면 이 유형의 조직에서 일하는 종업원들은 그들의 일에 대해 어느 정도 만족하며 수행 면에서도 괜찮은 수준을 나타낸다고 한다.

시스템 3은 Likert가 조언적(consultative) 조직이라고 불렀다. 이 유형의 조직은 시스템 1과는 아주 다른데, 이 조직은 종업원을 훨씬 더 많이 신뢰하고 그들의 아이디어도 자주 활용한다. 앞에서 언급한 다른 유형과 비교해서 이 유형의 조직에서는 의사소통이 매우 활발하며, 특히 상향적 의사전달이 많아진다. 의사결정은 여전히 높은 조직 수준에서 이루어지지만 권위가 행사되는 방식은 시스템 1이나 시스템 2와 아주 다른 양상을 보인다. 시스템 3 조직에서는 최고 수준의 사람들이 전반적인 정책을 결정하고, 보다 구체적인 운영에 관한 결정은 낮은 수준의 사람들에 의해 이루어진다. 조언적 조직의 종업원들은 협의를 통해 설정된 목표를 달성하기 위해 일하지만, 조직의 목표에 저항하기도 한다. 다소의 통제권한이 낮은 수준의 사람에게도 부여되어 있고, 조직에서 소통되는 정보는 정확하다. Likert에 따르면 조언적 조직은 비록 극히 높은 수준에 도달하지는 못할지라도 '좋은' 성과를 낼 만한 역량이 있다.

Likert의 분류에서 마지막 유형은 참여적 조직(participative group)으로 명명된다. 이 조직은 착취적 권위주의 조직인 시스템 1과 완전히 다르다. 예를 들어, 이 유형의 조직에서는 관리자들이 부하들을 완전히 신뢰하므로 의사결정 전에 항상 그들에게 의견을 구한다. 이 유형에서는 의사소통이 전 방향으로 자유로우며 팀워크에 상당히 의존한다. 당연히 의사결정은 전 수준에서 이루어지며 자신이 내린 결정에 대해 깊이 관여한다. 참여적 집단조직의 종업원들은 자신이 개발하고 설정한 목표를 달성하기 위해 일하므로 목표에 대한 수용도가 매우 높다. 모든 조직 수준에 통제의 권한이 주어져 있고 완벽하고 정확한 정보가 제공된다. Likert에 따르면 네 가지 유형의 조직 중 참여적 조직이 '탁월한' 성과를 낼 수 있는 유일한 조직이다. 따라서 탁월한 성과를 낸 조직들(예 : Peters & Waterman, 1982)이 Likert의 시스템 4 조직과 상당히 공통적인 특징을 띠는 것은 우연이 아니다.

Likert(1961)는 원래 네 가지 조직 유형을 제안했다. 그런데 그 이후에 J. G. Likert와 Araki(1986)는 시스템 5를 추가하였다. 시스템 5의 조직은 근본적으로 시스템 4와 동일하지만 한 가지 측면에서 서로 다르다. 시스템 5 조직은 리더십이 공유되는 조직이다. 이 조직은 본질적으로 '우두머리'가 없다. 이 모델이 대학에서는 일반적인데, 한 예로 각 학과가 자율적으로 관리되는 것을 들 수 있다.

많은 사람들이 시스템 4나 시스템 5 조직이 성공적인 조직일 것이라고 믿고 있지만, 항상 그럴 것인지는 의문이다. 예를 들어, 정보가 완전히 자유롭게 흐르는 것이 어떤 경우에는 매우 이점이 되겠지만, 정보 과잉이나 왜곡과 같은 문제가 발생할 수도 있다. 그들을 믿을 만하다면 종업원에 대해 완전히 신뢰하는 것은 좋은 정책이 될 수 있다. 더구나 최근에 발전된 시스템 5 조직에서는 우두머리가 없기 때문에 평등한 분위기를 조성하는 데 일조할 수는 있지만, 누군가가 나서려고 하면 문제가 생길 수 있다.

McGregor의 Y 이론이나 Likert의 시스템 4 또는 5 조직이 효과적이라는 것이 일반적이다. 그러나 이러한 조직 이론의 가장 큰 약점은 조직을 운영하는 데 단 한 가지 최선의 방법만 존재한다는 것이다. 이런 점은 고전적 조직 이론에서도 마찬가지로 문제점으로 지적되었다. 조직에 대한 '단 하나뿐인 최고'의 접근에 대한 불만족으로부터 조직에 대한 상황적합성 이론들이 등장하게 되었다.

상황적합성 이론

제10장을 돌이켜 보면, 훌륭한 리더와 그렇지 않은 리더를 구분하는 데 유일한 일련의 특성이나 행동이 있는 것이 아니라는 것을 깨달음으로써 리더십의 상황적합성 이론이 발전하였다. 같은 맥락에서 조직 이론가들도 고전 이론이나 인본주의 이론이 항상 적합하지는 않다고 깨닫게 되었다. 즉 상황적합성 이론의 기본 가정은 조직은 상황에 맞게 설계되어야 한다는 것이다(Lawrence & Lorsch, 1967).

비교적 최근의 학자들은 이것을 '조화적(congruence)' 시각이라고 불렀다(Huber, 2011). 이 접근의 생각도 초기의 상황적합성 이론과 마찬가지로 조직은 전략뿐만 아니라 조직의 업무, 조직 구성원의 특징 그리고 조직 내의 비공식적 과정 등과 같은 다른 요인들과 합치되도록 설계되어야 한다는 것이었다. 이러한 시각하에서는 조직이 조직의 설계에 관한 의사결정을 내릴 때 가장 중점을 두어야 할 구체적인 내적 또는 외적 요인은 무엇인지가 화두가 된다. 다음 절에서는 조직설계의 의사결정에서 가장 결정적인 다섯 가지 요인을 다룰 것이다.

조직설계의 결정요인

조직을 어떻게 설계할 것인가에 대한 의사결정은 다소 합리적인 근거, 즉 조직의 설계는 어떤 목적을 추구해야 한다는 데 기반을 두고 있다. 이러한 맥락에서 조직의 설계에서 추구되는 여러 가지 목적이 있다. 가장 일반적인 것을 든다면, 조직의 전략을 지원하고, 조직이 환경의 불확실성에 적응할 수 있도록 도와주고, 권력자의 신념과 의지를 반영하고, 조직의 핵심적인 테크놀로지를 지원하는 방향으로 조직이 설계되어야 한다. 그러나 조직의 규모 때문에 조직의 설계 방향이 이미 결정되는 경우도 있다.

전략

조직의 전략은 조직의 장기적 목표와 그것에 도달하기 위한 전술들로 구성된다. 조직의 전략은 선발, 급여 및 보상 체계 그리고 수행 평가 등과 같은 조직의 문제에 중요한 의미를 부여한다. Galbraith(1995)에 따르면 조직구조의 측면들이 분업화의 수준, 조직의 외형, 조직 내 권력의 분포 그리고 부서의 구조 등과 같은 전략의 실행에 심오한 영향을 끼친다. 분업화(specialization)는 조직이 업무를 수행하기 위해 고용한 전문가의 유형과 수라고 단순히 말할 수 있다. 조직의 분업화 수준이 높아지면 다양한 세부 과제들의 수행이 증가하는 경향이 있는데, 예를 들면 엔지리어링 부서는 엔지니어의 수가 많을수록 탁월한 성과를 낸다. 불행하게도 높은 분업화는 다양한 전문가들을 모두 통합하기 어렵게 만든다. 만약 어떤 조직의 전략이 매우 세분화된 ─그래서 오랜 기간 아주 일관성 있는─ 제품을 생산하는 것이라면 높은 분업화가 선호될 것이다. 반면에 어떤 조직이 고객의 요구에 맞추어 제품을 신속하게 변경해야 하는 전략을 세우고 있다면, 높은 분업화는 조직이 시장에 신속하게 대응하지 못하게 만들므로 오히려 취약점이 될 수 있다. 최근에 많은 조직은 분업화로부터 방향을 바꾸고 있다. 그것은 한편으로 조직이 점점 시장 상황의 급격한 변화에 대응할 수 있는 전략을 추구하고, 다른 한편으로 매우 분업화된 과제가 이제는 자동화되었기 때문이다.

전략의 실행에 영향을 주는 두 번째 조직설계 요인은 수직적 혹은 수평적 모습과 같은 조직의 외형(shape)이다. Galbraith(1995)에 따르면 조직의 외형은 각 계층에서 부서를 구성하는 사람들의 수를 반영한다. 좁은 외형의 조직은 많은 구성원이 있지만 각 계층에는 사람들이 많지 않은 경우이다. 반면 아주 평평한 외형의 조직은 계층의 수는 적지만 각 계층에는 많은 사람들이 분포하는 조직이다. 〈그림 13.1〉이 이것을 잘 구분해 준다.

전략적 관점에서 보면, 조직의 외형은 아주 중요한 몇 가지 결과를 낳는다. 조직의 외형이 좁으

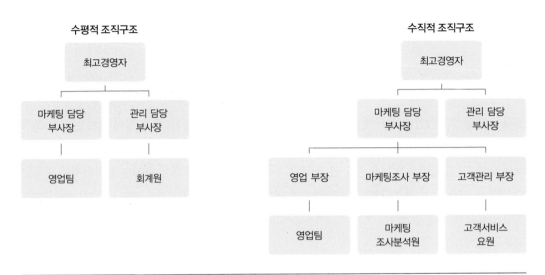

그림 13.1 수평적 조직구조와 수직적 조직구조의 비교

면 의사소통, 감독 그리고 특히 의사결정에 소모하는 시간과 에너지가 많다. 달리 말하면, 좁은 외형의 조직은 많은 자원을 조직을 '유지'하는 데 소모한다. 이같이 내부의 문제에 시간을 소비하는 것은 자연히 소비자와의 교류나 시장 경쟁의 주요 흐름 등과 같은 외부에 초점을 둔 활동에 투입할 시간을 앗아 간다. 결과적으로 좁은 외형의 조직은 아주 분업화된 상품을 생산하거나 고객의 요구가 변함이 없는 시장에 서비스를 제공하는 전략을 강구하는 조직에 적합하다.

이와 대조적으로 아주 평평한 외형을 가진 조직은 감독이나 의사결정과 같은 내부 과정에 시간을 덜 소모한다. 통제의 범위가 넓기 때문에 이 유형의 조직은 전형적인 감독의 기능을 수행하기 위하여 팀이나 조정위원회에 의존한다. 보다 더 평평한 조직의 구조에서는 조직의 여러 계층을 거치지 않고 의사결정이 내려지기도 한다. 조직의 구조가 평평할수록 고객의 요구에 빠르게 대응할 수 있고, 아주 변덕이 심한 세부 시장에도 침투할 수 있게 된다. 이 점이 최근에 부각되는 경제 분야(예 : 인터넷에 기반을 둔 사업)의 조직들이 주로 평평한 조직구조를 갖는 이유이기도 하다(Since, Mitsuhashui, & Kirsch, 2006).

전략의 실행에 영향을 미치는 세 번째 조직설계의 원리는 조직 내에서 권력의 배분(distribution)이다. Galbraith(1995)가 지적했듯이, 조직에서 권력의 배분은 의사결정이 내려지는 방식에 잘 반영되어 있다. 이것은 수직적이든 수평적 배분이든 마찬가지다. 의사결정 권력의 수직적 배분은 조직에서의 의사결정이 중앙집중적인지 아닌지를 나타낸다. 만약에 조직의 본부에서 모든 중요한 결정을 내리면 권력이 집중화되어 있는 것이고, 반면에 의사결정의 권한이 제품을 생산하거나 고객에 밀착되어 있는 수준까지 내려와 있다면 권력이 탈집중화되어 있는 것이다.

의사결정 권력의 수평적 배분은 의사결정의 권한이 가장 적절한 정보를 가지고 있는 부서나 단위 조직으로 이양되어 있는지 또는 의사결정을 내리기에 최적인 직책에 부여되어 있는지의 여부를 살펴보면 알 수 있다. 최근에 보편화되고 있는 수평적 의사결정 권한의 예를 들면, 변동성이 극심한 고객의존적 산업에서는 고객에 밀착되어 있는 단위 조직으로 조직의 의사결정 권한이 이동하고 있다.

권력이 몇 명의 관리자에게 집중되어 있는 조직에서는 시장 상황에 즉각적으로 대처할 수 있는 전략을 구사하기 어렵다. 의사결정을 신속히 내려야 할 때—대체로 고객과 접해 있는 사람들(예 : 판매원, 고객서비스 부서)—는 이러한 유형의 조직구조는 비효과적이다. 마찬가지로 권력을 수평적으로 공유하기 꺼리는 조직은 업무를 전문부서에 전담시킴으로써 얻을 수 있는 비용절감의 효과를 맛볼 수 있는 기회가 없다. 단순히 그러한 기회가 주는 이점에 대한 정보가 그들에게는 부족한 것이다.

전략의 실행에 영향을 미치는 조직구조의 마지막 측면은 조직의 부서구조(departmental structure)이다. Galbraith(1995)에 따르면 부서는 여러 준거에 기초하여 설계되는데 기능, 제품 라인, 고객 집단, 지역적 특성 그리고 작업 프로세스 등이 그것이다. 전통적으로 기능에 따른 부서화(예 : 판매, 생산, 인적자원)가 가장 대표적인 조직 형태이다(그림 13.2 참조). 이 부서화의 가장 주된 이점은 이 형태가 전문화를 촉진하여 결과적으로 각 부서의 탁월성 수준을 높인다는 것이다. 예를 들어, 이 유형의 구조는 제품 기술자 집단의 아이디어 교류를 증대해 새롭고 창의적인 상품을 개발하게 만든다(Damanpour, 1991).

이러한 이점에도 불구하고, 기능적 세분화에 기반을 둔 부서구조는 두 가지 본질적인 약점이 있다. 첫째, 이 유형의 조직구조는 조직이 하나의 제품 또는 아주 제한된 소수의 제품이나 서비스를 생산할 때 효과적이지만, 제품이나 서비스의 수가 증가함에 따라 그것의 복잡성 때문에 기능부서를 이끄는 관리자들이 혼란을 겪게 된다. 둘째, 이 유형의 조직구조가 갖는 두 번째 약점은 기능부서 간의 아이디어 교류를 촉진하기 어렵다는 것이다. 이 유형의 구조에서는 종업원들이 아주 구획화되어 있어서 새로운 제품이나 서비스의 개발과정에서 아이디어를 내는 데 다른 전문가들로부터 어떤 도움을 받기 어렵다. 대학에서 학제 간 협동이 보기와는 달리 어려운 이유도 대학의 구조가 학문 영

그림 13.2 기능부서구조의 예

출처 : J. R. Galbraith (1995). *Designing organizations: An executive briefing on strategy, structure, and process.* San Francisco, CA: Jossey-Bass. Copyright © 1995 Jossey-Bass. Reprinted by permission of John Wiley & Sons, Inc.

역을 기반으로 설계되어 있기 때문이다.

전략 관점에서 본다면, 기능구조는 테크놀로지의 변화가 별로 없는 것과 같은 비교적 안정된 환경에서 가장 적합하다. 조직이 시장의 요구에 대응하는 속도에서 조직의 경쟁적 우월성이 결정되는 산업에서는 기능적 구조를 갖고 있는 조직들은 현재 어려운 시기를 맞고 있다. 여기에는 컴퓨터 소프트웨어나 이동통신과 같은 기술 산업뿐만 아니라 주요 소비자 제품 산업의 대다수가 포함된다.

현재 많은 조직들이 부서구조를 결정하는 데 고려하는 또 다른 기준은 생산하는 제품과 서비스에 근거하는 것이다. 〈그림 13.3〉은 이러한 조직이 어떤 모습을 띠는지를 잘 나타낸다. 최고경영자 바로 아래에 재무부서와 인적자원부서가 위치하고 있음을 주목하라. 조직이 전문적으로 생산하는 제품과 서비스 사업부(예 : 전자기기, 의료기기, 컴퓨터)는 그 아래 수준에 있다. 이러한 유형의 구조에서는 앞에서 기술한 기능적 전문성은 각 제품 사업군 내에 포함되어 있다. 즉 전자기기 사업부 내에 판매부서가 있듯이, 의료기기 사업부와 다른 사업부에도 마찬가지로 각각 판매부서가 있다.

사업부 조직구조는 하나의 조직이 다양한 제품을 생산하고 있거나 여러 시장을 침투하려는 전략을 가지고 있을 때 유용하다. 앞에서 언급한 바와 같이 이와 같은 전략을 구사하는 상황은 기능조직의 관리자들에게 매우 혼란스럽다. Galbraith(1995)에 따르면 사업부 조직에도 두 가지 약점이 있다. 첫 번째 약점은 사업본부장이 자신을 독립적인 사업가로 생각하는 경향이 있어 상당한 자율성과 독립성을 요구한다는 것이다. 이런 경향이 비록 혁신을 촉진하는 방법일 수도 있지만(예 : Puranam, Singh, & Zollo, 2006), 이들이 서로 독립적이기 때문에 조직이 끊임없이 '개혁의 굴레'에 빠져들 수 있다.

두 번째 문제점은 사업부 조직에서는 조직 전체에 이득이 되는 기능적 '규모의 경제(economies of scale)'를 달성하기 어렵다는 것이다. 〈그림 13.3〉을 들여다보면, 이 조직의 3개의 생산라인에 각각 판매부서가 있다. 어떤 측면에서는 이득이 될 수 있겠지만, 이들 부서 간의 협력적인 노력을 통해 판매와 광고에서 꾀할 수 있는 회사 수준의 이득을 사전에 어렵게 만들 수 있기 때문에 이 조직구조는 낭비적인 요소가 있다. 사실상 각 판매부서는 자신이 속한 사업부에만 관심이 있으므로 조직 전체라는 큰 관점에서의 이익은 그들의 우선순위가 아니다.

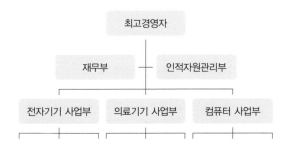

그림 13.3 사업부 조직구조의 예

출처 : J. R. Galbraith (1995). *Designing organizations: An executive briefing on strategy, structure, and process*. San Francisco: Jossey-Bass. Copyright © 1995 Jossey-Bass. Reprinted by permission of John Wiley & Sons, Inc.

Galbraith(1995)가 제안한 세 번째 조직구조는 조직이 참여하는 다양한 시장에 기초한 것이다. 이 것은 조직이 목표로 하는 고객이나 조직이 참여하는 다양한 산업에 근거하여 부서구조를 만드는 것이다. 시장기반 부서구조는 대규모 중공업 산업의 쇠퇴와 서비스 분야의 사업체 증가에 따라 점점 보편화되고 있다. 이 유형의 구조는 서비스 분야에 특히 유효한데, 그것은 이 구조를 취하면 고객의 선호가 급격히 변하는 상황에 조직이 곧바로 대응할 수 있기 때문이다. 사업부 구조처럼 이 유형의 조직도 각각의 시장에 동일한 기능부서를 갖추고 있어 상당한 낭비가 있다.

네 번째 유형의 조직구조는 지역적 위치에 기반을 두는 것이다. 예를 들어, '북서' 지역부를 두게 되면 이 부서는 뉴잉글랜드 주의 모든 운영을 책임지는 것이며, '중서' 지역부는 오대호 연안 지역의 모든 사업에 관여한다. 지역부 조직은 현지에서 사업이 이루어지는데, 이는 사업에서 지역별 차이가 매우 중요한 산업에서 전형적으로 취하는 형태이다. 맥도날드나 버거킹과 같은 패스트푸드 회사가 이러한 구조를 띠고 있다. 이 회사들은 현장에서 서비스를 제공하며(아마 당신은 맥도날드의 누구에게도 이메일을 보낼 수 없을 것이다), 음식의 선호가 지역마다 확연히 다를 것이다.

지역부 조직의 주요 장점은 조직이 고객에게 보다 쉽게 서비스를 제공할 수 있고, 지역적 선호를 고려하여 고객에 대한 서비스를 맞출 수 있기 때문이다. 이 구조의 단점 역시 기능적 활동들의 중복이다. 이러한 지역적 분산 때문에 전사적으로 일관된 품질기준을 마련하기 힘들다. 최근에 발전한 의사전달 기술에 힘입어 이 문제는 다소 덜 심각해졌지만, 여전히 여러 제품과 서비스에서는 주된 문제로 남아 있다.

조직이 부서를 구조화하는 마지막 방법은 주요 작업 프로세스에 따르는 것이다. Galbraith(1995)에 따르면, 이 방법은 아주 최근의 부서 구조화 유형이다. 〈그림 13.4〉는 프로세스에 기반을 둔 부서구조를 나타낸 것이다. 이 조직구조에 제시된 3개의 부서는 신제품 개발, 주문이행 그리고 고객 확보와 유지라는 프로세스에 따른 것이다. 기능 집단은 각각의 프로세스 부서 내에 포함되어 있다.

기능적 조직구조와 비교해 볼 때 프로세스 부서는 한 가지 장점이 있다. 즉 각각의 프로세스를 담당하는 부서에 필요한 기능들이 별로 중복되지 않기 때문에 자원의 중복이 상당히 적다는 것이다. 예를 들어, 고객서비스 직원들은 전적으로 고객 확보 및 유지 부서에 포함되므로 이 활동은 다른 부서와 중복되지 않는다. 이 구조는 또한 조직으로 하여금 자신의 주요 작업 흐름의 과정을 그대

그림 13.4 프로세스 부서구조의 예

출처 : J. R. Galbraith (1995). *Designing organizations: An executive briefing on strategy, structure, and process.* San Francisco: Jossey-Bass. Copyright © 1995 Jossey-Bass. Reprinted by permission of John Wiley & Sons, Inc.

로 드러나게 만든다. 왜냐하면 조직이 실제로 수행하지 않는 프로세스를 이 구조에 담지 않기 때문이다. 조직의 주요 과정을 들여다봄으로써 조직은 더 효과적이고 효율적인 방법에 대한 통찰을 할 수 있을 것이다. 예를 들어, 조직의 물류 체계를 더 잘 이해함으로써 재고량을 줄여 비용을 절감하는 전략을 채택할 수도 있다.

환경의 불확실성 수준

조직이 직면하는 환경의 불확실성 수준(environmental uncertainty)은 조직들 간에 서로 상당히 다르다. 환경의 불확실성에 영향을 주는 한 가지 확실한 요인은 조직이 생존한 기간이다. 신설된 조직은 살아남기 위해 극복해야 할 환경의 불확실성이 매우 높다(Baron & Henry, 2010). 역으로 역사가 오래된 조직은 지나간 역경의 기록을 가지고 있고 따라서 환경에 대한 높은 수준의 확실성을 가지고 있다. 참고 13.1을 보라.

불확실성에 영향을 주는 또 다른 주요 변인은 조직이 직면한 경쟁의 수준이다. 적은 수의 경쟁자들과 사업하는 기업은 많은 수의 경쟁자들과 함께 사업하는 조직에 비해 경영환경이 훨씬 더 확실하다. 불확실성에 영향을 주는 관련 요인은 조직이 직면한 경쟁환경의 안정성 정도이다. 어떤 조직은 소비자의 요구가 비교적 안정적인 제품이나 서비스를 생산하는 반면 어떤 기업은 그 요구가 매우 들쑥날쑥할 수 있다. 조직에 영향을 주는 세 번째 요인은 그 조직의 시장이 정부의 통제와 같은 외부 요인에 의해 영향을 받는 정도이다. 아주 안정된 환경의 예를 들면 정부가 관여하는 공익산업이고, 반대로 아주 불확실한 시장은 하이테크 분야나 소비자 제품 및 물류 산업이다.

불확실성은 조직의 설계와도 관련되는데 불확실성 수준은 조직이 외부 조건에 적응하는 속도에 영향을 주기 때문이다. 예를 들어, 컴퓨터 소프트웨어 회사는 시장에 끊임없이 새로운 제품을 내놓아야 하고 테크놀로지의 급속한 변화를 충족시켜야 하는 반면, 공익산업은 환경의 변동성이 적기 때문에 그만큼 빠른 적응을 요구하지 않는다. 이러한 맥락에서 보면 아주 불확실한 상황에서는 변화가 생겼을 때 바로 행동을 취할 수 있는 조직구조가 요구된다는 것이 일반적이다(Burns & Stalker, 1961).

여기까지 언급된 조직 이론에 따르면 아주 불확실한 상황에서는 관료적인 조직구조가 별로 적응적이지 못한 것 같다(O'Toole & Meier, 2003). 많은 규칙과 절차, 명확한 위계질서 그리고 적은 통제 범위를 갖는 것은 안정된 환경에서는 모든 것이 여유롭고 자연스럽지만, 상황이 변하기 시작하면 관료조직은 진로를 바꾸기 어렵다. 보다 인본주의적 조직은 불확실한 상황에서 형편이 훨씬 낫다. 이러한 조직 유형에서는 권력이 낮은 수준으로 위임되어 있기 때문에 이 수준의 종업원들은 상사와 먼저 신중하게 의논하지 않더라도 스스로 결정을 내릴 수 있는 권한이 부여되어 있다. 그러나 최근의 연구들을 살펴보면 조직의 구조와 환경의 복잡성은 Burns와 Stalker(1961)가 원래 주장한 것

참고 13.1

새 벤처기업의 성공

유명한 TV쇼 "샤크 탱크"에서 기업가들이 부유한 투자자 패널들(Mark Cuban, Barbara Corcoran, Lori Greiner, Robert Herjavec, Daymond John, Kevin O'Leary)에게 그들 중 한 명이라도 자신에게 재정적인 지원을 해 줄 것이라는 기대하에 자신들의 새로운 사업이나 아이디어에 대한 정보를 제시한다. 이 쇼를 본 사람이라면 알겠지만, 이 투자자들은 매우 거친 질문을 하며, 많은 경우 아무도 투자하지 않는다. 왜 그럴까? 어떤 경우에는 단순히 그 아이디어가 별로이기 때문일 수도 있으나, 그 밖에 다른 이유가 많다. 예를 들어, 여기서 발표한 기업가 중 다수가 미래의 영업 목표가 비현실적이거나, 사업을 확장할 때 나타날 잠재적인 장애물에 대해 예측하지 못하기 때문일 것이다.

수년에 걸쳐 "샤크 탱크"에 나온 기업들과 같은 새 벤처기업의 성공 혹은 실패에 영향을 미치는 요인들에 대해 상당한 연구가 진행됐다(최근 연구는 Klotz, Hmieleski, Bradley, & Busenitz, 2013 참조). 새 벤처기업의 성공이나 실패에 영향을 주는 요인은 매우 많지만, 연구에서는 예측을 가장 잘하는 두 가지 요인을 강조하고 있다. 첫 번째는 새 벤처기업의 예전 경험으로, 이는 연구에서 가장 많은 관심을 받아 왔다. 이것은 새 벤처기업과 관련된 이

전의 경험들은 기업가로 하여금 실제 사업에서 발생하는 문제를 예측할 수 있게 해 준다는 것이다. 대부분의 사람들은 좋은 아이디어를 갖고 있거나, 혁신적인 제품을 개발할 수 있지만, 새 사업을 개척하는 데 생길 수 있는 어려움을 어떻게 헤쳐 나갈지에 대해서는 잘 모른다. 새로운 사업 중 많은 경우 첫해에 살아남지 못하는 이유도 이 때문일 것이다.

두 번째 주 예측요인은 사회적 자본이다. 사회적 자본은 사람들이 다른 사람과 얼마나 '잘 연결되어 있는가'를 반영해 준다. 즉 많은 사람을 알고, 그중에서도 '적절한' 사람이 얼마나 되느냐의 문제인 것이다. 사회적으로 잘 연결되어 있는 사람은 새로운 벤처사업을 시작하는 데 분명한 이점이 있다. 이는 특히 재정적 자원을 얻거나, 고객/소비자 베이스를 얻고 잠재적인 파트너를 얻을 때 유용하다. 다시 말해, 사람들은 좋은 아이디어가 있지만, 인간 연결고리가 부족하기 때문에 그 아이디어를 성공적인 벤처기업으로 실현하지 못하는 것이다.

출처 : Klotz, A. C., Hmieleski, K. M., Bradley, B. H., & Busenitz, L. W. (2013). New Venture teams: A review of the literature and roadmap for future research. *Journal of Management.* Published online June 26, 2013.

에 비해 훨씬 더 복잡한 것 같다. Mitsuhashui와 Kirsch(2006)는 보다 인본주의적(혹은 유기적)인 조직구조가 매우 격동적인 신흥 경제 분야에서 활동하는 모든 조직에 유용하지 않다는 결과를 관찰했다. 구체적으로 그들은 매우 거친 환경에서 활동하는 신흥 조직들이 오히려 관료주의 조직화의 여러 속성(예 : 규칙과 행정적 통제)으로부터 도움을 받는다는 것을 발견했다. 이 결과는 일반적으로 전문 경영자가 아닌 사업가에 의해 새롭게 문을 연 조직은 여전히 조직 및 행정적 문제에 주의를 쏟아야 할 필요가 있음을 시사한다.

권력층의 신념과 가정

조직은 사람들로 구성된다. 따라서 조직에는 어느 정도 권력을 지닌 사람들의 신념과 가정이 반영되어 있다. 어떤 경우에는 이것이 창립자의 것일 수도 있고, 고위 계층 사람들의 것일 수도 있다. 이

러한 사람들의 어떤 신념이 조직의 설계에 영향을 미치는 것일까? 관리자가 조직에서 내리는 기본
적인 판단 중의 하나가 종업원이 믿을 만한가에 관한 것이다(Liden & Maslyn, 1998). 종업원을 별
로 신뢰하지 않는 관리자가 운영하는 조직은 관리자가 상당히 통제할 수 있는 조직설계를 선호한
다. 이러한 설계에는 적은 통제 범위, 제한적이고 매우 집중화된 의사소통 그리고 종업원의 입장에
서 보면 독립성을 저해하는 다른 기제들이 포함된다.

이와 관련된 다른 문제로 관리자가 종업원의 직무 관련 기술을 존경하고 그들의 역량을 믿는 정
도를 들 수 있다(Liden & Maslyn, 1998). 이것은 신뢰와 분명히 관련되어 있지만 같은 것은 아니다.
예를 들어, 어떤 관리자는 부하들을 신뢰하지만 그들의 기술에 대해서는 자신이 없을 수 있다. 반
면, 어떤 종업원에 대해서는 매우 유능하다고 생각하지만 충분히 신뢰하지 못하는 경우도 있다. 종
업원의 기술에 대해 확신이 낮은 관리자에 의해 운영되거나 종업원에 대한 신뢰가 낮은 관리자에
의해 운영되는 조직설계의 특징은 유사할 것이다. 이처럼 유사한 조직설계는 종업원을 강도 높게
통제하려는 동일한 목적을 위한 것이다. 역으로 조직의 관리자가 종업원에 대해 확신이 강하다면
종업원이 그들의 독특한 기술과 역량을 발휘할 수 있는 조직을 설계할 것이다. 이러한 조직의 제도
는 종업원들의 독자적인 판단과 의사결정 그리고 상호 간의 자유로운 의사소통이 가능하도록 설계
되었을 것이다. 나아가 경우에 따라서는 창의성을 촉진하는 방향으로 조직이 설계되기도 할 것이다
(Galbraith, 1982). 최근에 이러한 원리의 대부분을 적용하여 해당 산업에서 선두주자가 된 조직이
바로 사우스웨스트 항공이다(참고 13.2 참조).

참고 **13.2**

사우스웨스트 항공 : 관계를 우선시하라

1967년 설립된 사우스웨스트 항공은 세계 최고의 저가
항공사가 되었다. 항공 여행객들에게 이 항공사는 다른
항공사와 구별되는 두 가지 특징을 갖고 있다. 수하물 수
수료가 없다는 것과 표를 바꾸는 데 추가 비용이 들지 않
는다는 것이다.

또한 조직의 관점에서 사우스웨스트는 종업원을 대
하는 자세와 종업원들이 서로를 대하는 자세, 그리고 고
객을 대하는 자세에서 훨씬 우수한 문화를 갖고 있다.
Gittell(2003)의 사우스웨스트에 대한 연구에 따르면, 이
회사는 종업원 사이에 높은 수준의 상호 존중, 종업원과
경영진 사이의 수준 높은 의사소통, 그리고 고객에 대한
높은 관심을 나타냈다.

Gittell에 따르면, 이 모든 것이 함께 '붙어 있을(glue)'
수 있는 이유는 사우스웨스트가 사람 간 관계에 가장 높
은 가치를 두고 이를 실천하는 문화를 개발했기 때문일
것이다. 이것은 고객이나 동료 직원과 상호작용하는 역
할을 수행해야 하는 업무에만 국한되는 것이 아니라 어떤
직무에서든지 관계의 설정과 유지가 모든 역할에서 중요
함을 뜻한다.

출처 : Gittell, J. H. (2003). *The Southwest Airlines
way: Using the power of relationships to achieve high
performance.* New York, NY: McGraw Hill; *Southwest
Airlines.* (2014, March 25). Retrieved from http://
en.wikipedia.org/wiki/Southwest_Airlines

조직의 설계에 영향을 미칠 수 있는 권력층의 마지막 신념 또는 가정은 그들이 기대하거나 희망하는 조직의 수행 수준이다. 앞에서 살펴본 바와 같이, Likert(1961)는 조직의 통제를 유지하는 것과 조직의 수행을 유지하려는 것은 서로 강하게 연결되어 있다고 주장했다. 시스템 1 조직에서는 경영자들이 강한 수준의 통제를 가하지만 그 대가도 만만치 않다—이런 조직은 이류로 전락하기 쉽다. 반대로, 시스템 4나 5 조직은 경영자들이 거의 통제를 하지 않는데 이것 역시 위험하다. 그러나 이와 함께 이 조직들은 진실로 탁월한 수행을 할 수 있으므로 보상 또한 충분히 높다.

논리적이지 않아 보이지만 조직의 경영자들이 최소한의 수행만으로도 만족하는 이유가 있다. 예를 들어, 회사의 보상 체계는 조직의 탁월성에 장기적으로 기여한 바를 보상하지는 않는다. 구체적인 예로 스톡옵션 제도는 장기적인 시각에서 조직의 탁월성을 고려하지 않은 채 단기적인 주가 상승만을 부양한(예 : 감원, 연구개발비의 삭감) 경영자를 보상하는 경우가 많다(Gomez-Meija, 1994). 즉 경영자들은 단기적인 이익을 위해 장기적인 성공을 희생시킬 수 있다.

또 다른 잠재적인 이유는 조직의 문화와 관련된다. L. H. Peters와 O'Connor(1988)에 따르면, 많은 조직은 세월이 흐름에 따라 '정당화를 위한 문화'를 구축한다. 즉 이것은 종업원들이 자신이 수행한 최소한의 수준을 정당화하는 데 관심을 두고 있다는 것을 의미한다. 이런 문화에서는 높은 수준의 수행이 보상되지 않고, 오히려 처벌받을 수 있다. 결과적으로 시간이 흐를수록 탁월을 추구하던 사람들은 그 조직을 떠나거나 자신도 최소한의 수준을 수행하는 방향으로 후퇴한다. 이러한 방식으로 논리적인 추리를 해 보면, 탁월을 추구하는 경영자는 이러한 환경에서 충분히 대우받지 못할 것이다.

조직의 규모

일반적으로 조직의 규모가 커짐에 따라 조직의 설계에 대한 중요성도 높아진다. 5명의 가족이 운영하는 회사는 공식적인 부서구조나 사업부 구조를 가질 필요가 없고, 이런 상황에서는 아주 비공식적인 조직구조만으로도 충분할 것이다. 그러나 조직의 규모가 커질수록 비공식 조직에서 개인의 노력을 조정하는 것은 점점 어려워질 것이다. 즉 조직의 구조가 커질수록 조직구조의 공식화 수준이 증가될 필요가 있다. 보다 공식적인 조직구조를 채택함으로써 새로운 사업이 성공할 수도 있고 실패할 수도 있는 것이다(Sine, Haveman, & Tolbert, 2005).

조직의 규모와 조직의 구조 간의 관계는 여러 경험적 연구들로부터 지지되었다. 가장 대표적인 연구가 영국의 Aston 연구팀에 의해 수행되었다(Hickson, Pugh, & Pheysey, 1969). 이 연구에서는 조직의 규모가 조직의 테크놀로지(뒤에서 다룰 것이다)와 관련되어 있다는 것을 발견하였다. 큰 조직(종업원 수로 측정)은 관료주의적 특징을 보이거나 '기계적(mechanic)' 조직구조를 가지고 있는 반면(Burns & Stalker, 1961), 작은 조직은 인본주의적 특징을 가지거나 유기적(organic) 조직이라고 불리는 특징을 가지고 있었다.

　대규모 조직은 관료주의에 더 끌리게 되는데 그것은 관료주의가 많은 사람들이 참여하면 나타날 수밖에 없는 복잡성을 해결하는 데 도움을 주기 때문이다. 예를 들어, 큰 조직에서 자유로운 의사소통을 방치하면 정보의 과부하가 발생하고 극단적으로 혼돈에 빠질 수 있다. 불행하게도 많은 조직들이 관료주의적인 조직구조로는 극복하기 어려운 경쟁이 심한 환경에 직면하고 있다. 따라서 많은 조직들은 이 문제를 '혼합형(hybrid)' 조직구조를 취함으로써 해결하고 있는데, 이 조직구조는 조직 전체적인 모습은 관료주의로 묘사될 수 있지만, 조직 내의 작은 단위 조직들을 살펴보면 구조와 문화가 인본주의의 그것과 다소 유사하다. Gittell과 Douglass(2012)는 이러한 조직 형태를 가리켜 "관계적 관료주의"라고 일컬었다(참고 13.3 참조).

　소규모 조직은 분명히 조정이 덜 요구될 뿐 아니라 보다 순수한 인본주의적 조직구조를 취할 수 있다. 예를 들어, 이 조직에서는 의사소통이 보다 원활하고, 역할이 확실하게 정의되어 있지 않은 편이며, 종업원들이 정규적으로 조언을 듣는다. 아주 유기적인 구조가 이 조직에서 잘 작동되지만 어느 정도의 공식화가 요구되는 때도 있다. 예를 들어, 성공한 많은 하이테크 산업의 기업은 공식적

참고 13.3

두 세계의 최선 : 관계적 관료주의

조직 이론가들이 '고전적' 조직설계와 '인본주의적' 조직설계의 특징을 비교할 때, 고전적 설계의 단점과 인본주의적 설계의 장점만을 강조하곤 한다. 즉 고전적 조직설계는 유연성이 부족하고, 종업원들을 끝없는 규칙과 절차에 짓눌리도록 한다고 본다. 반면에 인본주의적 설계는 업무 관련 규칙 제정에서 종업원의 참여와 유연성이 더 보장된다. 그러나 두 가지 조직 형태를 유심히 살펴보면, 고전적 설계에도 많은 장점이 있고 인본주의 설계에는 많은 단점이 있다. 고전적으로 설계된 조직에서 승진은 성과에 기초하고, 절차의 표준이 있어서 종업원들이 조직을 떠날 때 간편하다. 인본주의적 조직에서는 형식이 부족하기 때문에 역할 갈등이 일어날 수 있고, 절차의 표준화가 부족하여 종업원이 퇴사할 때 어려움이 생긴다.

　고전적 그리고 인본주의적 조직설계의 강점들을 모두 취하기 위해서 Gittell과 Douglass(2012)는 **관계적 관료주의**라는 조직 형태를 제안한다. 저자들에 따르면, 관계적 관료주의는 고전적 그리고 인본주의적 조직 형태의 강점을 모두 갖고 있다는 이점이 있다. 고전적 측면에서 볼 때, 표준화된 역할과 절차가 있어서 종업원의 이동에도 불구하고 조직이 일정한 수준의 서비스와 질을 유지할 수 있게 해 준다. 반면, 인본주의적 측면에서는 종업원들이 고객뿐 아니라 동료 종업원들과 관계적 유대를 형성하게 해 준다. 이는 개인적인 성취를 느끼게 해 주며, 많은 경우에 높은 수준의 고객서비스를 촉진한다.

　관계적 관료주의의 조직 형태는 어떤 특정한 상황에 더 적합할 수도 있다. 예를 들어, 저자들은 이러한 조직 형태는 인간 서비스 조직(예 : 정신 건강 센터, 양로원)에 특히 적합할 것이라고 이야기한다. 이러한 조직에서 종업원들은 감정노동이 심하지만, 여전히 고객에게 높은 수준의 보살핌과 동정심을 보여 줘야 하기 때문이다.

출처 : Gittell, J. H., & Douglass, A. (2012). Relational bureaucracy: Structuring reciprocal relationships into roles. *Academy of Management Review*, 37, 709-733.

인 경영의 경험이 별로 없는 기술적 전문가들에 의해 창립되었고, 그 결과 대부분의 이러한 기업들은 아주 비공식적인 구조와 문화를 채택하는 경향이 있었다. 그러나 그들의 매출액이 커지면서 이 기업들의 대부분은 기술 혁신의 기회를 잡으려는 대규모 기업에 의해 흡수되었다. 흡수가 이루어지자 모기업들은 이 작은 혁신적인 조직을 어느 정도로 구조화하는 것이 좋은지를 판단하는 것이 고민거리였다.

주요 테크놀로지

테크놀로지(technology)란 용어는 복잡한 기계와 제조과정을 쉽게 연상시킨다. 어떤 경우에는 그렇지만 테크놀로지가 꼭 복잡한 것은 아니다. 테크놀로지는 환경으로부터 제공된 투입물이 구체적인 것이 되어 다시 환경으로 내보낼 수 있도록 변환하는 핵심적 수단이라고 정의된다(Katz & Kahn, 1978; Scott, 1990). 예를 들어, 종이 제품을 생산하는 회사에서 테크놀로지란 나무를 식탁용 냅킨이나 화장지로 변환하는 과정을 의미한다. 중독자 치료센터에서 '테크놀로지'란 술이나 마약에 중독된 사람이 완전히 치유되도록 '변환하는(convert)' 데 사용된 치료적 방법이나 개입기법을 뜻한다.

어떤 조직의 주요 테크놀로지는 그 조직의 설계와 여러 측면에서 관련되어 있다. 일반적으로 이 둘은 서로 양립적이다. 한 조직의 테크놀로지는 그 조직의 구조가 설계되기 전에 이미 결정되어 있으므로, 테크놀로지를 지원할 수 있도록 구조가 설계되는 것이지 그 반대의 경우는 아니다. 구조와 테크놀로지의 관계에 대해 가장 많이 언급되는 연구는 Woodward(1965)에 의해 수행된 것이다. 이 연구에서는 조직이 주로 사용하는 테크놀로지를 기준으로 여러 조직을 세 가지 테크놀로지 중 하나로 분류하였다. 대단위(large-batch) 테크놀로지를 채택한 조직은 전통적인 조립 생산 공정의 조직으로 제품은 대량생산되며 생산은 계열적인 과정을 거친다. 두 번째 조직 유형은 소단위(small-batch) 테크놀로지를 채택한 조직인데, 이 조직에서 제품은 주문생산에 의하고, 대량생산처럼 규모의 경제를 취하기 어렵다. 이 연구에서 세 번째 유형의 테크놀로지는 연속처리(continuous process) 테크놀로지이다. 이런 유형의 테크놀로지를 취하는 조직은 대량생산을 하지 않으며 어떤 상태의 물질을 다른 상태로 변환한다.

이러한 테크놀로지 유형에 기초해서 Woodward(1965)는 조직의 구조와 테크놀로지 간의 뚜렷한 관련성을 발견하였다. 조직의 구조상에서 가장 큰 차이는 대단위 테크놀로지와 소단위 테크놀로지 간에 나타났다. 대단위 테크놀로지를 채택한 조직은 관료주의적 혹은 기계적 구조를 띠고 있었다. 아마도 생산과정에서 통제와 확실성이 필요하기 때문에 그러한 결과가 나타난 것 같다. 소단위 테크놀로지를 사용하는 조직은 보다 인본주의적이고 유기적인 구조를 가지는 경향이 있었다. 소비자 주문생산에서는 조직의 적응성과 유연성 — 이 두 가지는 전형적인 관료주의 조직에서 구현되기 어렵다 — 이 높은 수준으로 요구되기 때문이라고 생각할 수 있다. 세 번째 유형인 연속처리 테크놀로지를 사용하는 조직에서는 관료주의와 인본주의 구조가 혼합되어 나타났다.

비록 Woodward(1965)의 결과가 수십 년 동안 자주 인용되어 왔지만, 비판도 많이 받았다. 이 연구에 대한 주된 비판은 조직의 테크놀로지와 조직의 규모가 혼동되어 있다는 것이다. 테크놀로지는 조직의 규모와 강력하게 공변하므로 이 연구의 결과를 조직의 규모에 따른 것이라고 주장할 수도 있다. 앞에서 언급한 Aston 프로젝트에 참가한 연구자들이 이러한 생각을 검토해 보았는데 조직의 규모가 비록 조직의 구조를 결정하는 요인이긴 하지만, 그것이 테크놀로지와 완전히 혼동된 것은 아니라는 결과를 관찰하였다(Hickson et al., 1969). 즉 테크놀로지와 조직의 구조는 조직의 설계에 독립적인 효과를 가진다.

Woodward(1965)의 연구에서 발견되는 또 다른 심각한 제한점은 많은 조직들이 오직 한 가지의 테크놀로지를 사용하는 것이 아니라 복합적인 테크놀로지(multiple technologies)를 채택하고 있다는 것이다. 예를 들어, 대학교는 대학원 프로그램과 상당히 다른 강의 기법을 학부 프로그램에서 사용하고 있다. 이것은 다음과 같은 의문을 갖게 한다. 동시에 상이한 테크놀로지를 사용하는 조직은 어떤 구조를 취할까? 현재로서는 이에 대한 분명한 답을 하기는 어렵지만, 조직이 이러한 문제를 다루기 위해 여러 가지 구조를 취할 것이라고 논리적인 추론을 해 볼 수는 있다.

이 연구의 마지막 문제점은 40여 년 전에 Woodward에 의해 개발된 분류 체계가 오늘날에도 적용될 수 있을지 의심스럽다는 것이다. 예컨대, 생산기법의 변화로 Woodward 시기에는 대량생산 제품이었던 것이 현재는 주문생산으로 가능해졌다(예 : Zammuto & O'Connor, 1992). 더구나 조립 공정 라인의 작업자에 의해 수행되었던 많은 과제들이 지금은 자동화되었다. 즉 오늘날 대량생산에 종사하는 종업원들은 옛날처럼 반복적인 과업을 수행하기보다는 주로 과업을 모니터링하는 경향이 강하다. 결과적으로 대량생산에 요구되는 조직구조는 40년 전과 비교하여 오늘날 상당히 달라졌다. 마치 연속처리 테크놀로지에 필요하던 조직구조와 유사하다.

최근의 혁신적인 조직설계

고전적 조직과 인본주의적 조직의 구분이 유용하긴 하지만, 오늘날의 많은 조직들은 이 둘을 전혀 닮지 않은 조직구조를 취하고 있다. 이러한 생소한 조직설계는 다양한 연유로 진화해 왔다. 여러 조직들이 순수한 관료주의적 구조나 순수한 인본주의적 구조만으로는 경쟁적인 환경의 도전을 이겨내기 어렵다는 것을 깨달은 것이 하나의 이유이다. 구성원의 기술과 조직의 자원을 개발하고 획득하기 위한 수단으로 새로운 조직설계 방법을 고안하게 된 것이 또 다른 이유이다. 마지막으로 경영 철학의 변화가 조직의 형태를 다양하게 진화시켰다. 이 절에서는 최근에 가장 일반적으로 채택되고 있는 혁신적인 네 가지 조직설계, 즉 (1) 팀기반 조직, (2) 매트릭스 조직, (3) 가상 조직, (4) 네트워크 조직을 검토할 것이다.

팀기반 조직

지난 장에서 살펴보았듯이, 과거 25년 동안 조직심리학 내에서 집단 혹은 팀 효과성에 대한 연구가 급격히 증가했다(Kozlowski & Bell, 2013). 이러한 흥미의 증가와 더불어 조직은 팀을 적극적으로 활용하고 있다. 대부분의 조직은 팀으로 일하는 것이 단순히 개인 각자가 일하는 것보다 종업원의 기술을 활용하고 통합하는 데 훨씬 더 효과적이라고 믿고 있다. 팀이 조직에서 상당히 효과적인 도구임에는 틀림없지만, 조직의 모든 문제를 해결하는 것은 아니다. 오히려 팀의 활용이 문제를 야기할 수도 있다.

팀기반 조직(team-based organization)은 필요에 따라 임시로 사용되는 수준을 넘어 그것을 조직구조의 기초로 삼는 조직이다. 〈그림 13.5〉는 전적으로 팀에 기초한 조직의 설계를 보여 준다. 그림에서 알 수 있듯이, 이 작은 조직은 3개의 다기능(cross-functional) 팀으로 구성되어 있는데 각 팀은 각각 관련된 생산라인과 연계되어 있다. Mohrman과 Quam(2000)에 따르면, 팀기반 조직에서는 팀이 "자체의 핵심 업무를 수행하고, 고객에게 가치를 제공하는 제품과 서비스를 개발하고 제공하기"(p. 20) 위해 활용된다. 이러한 조직 유형에서는 업무 기획, 인력 선발 그리고 팀원 보상과 같은 활동에 대해서도 팀이 책임을 진다.

Galbraith(1995)에 따르면 비록 단순한 팀기반 조직이더라도 그 조직이 효과적으로 운영되려면 여러 가지 중요한 문제들은 고려할 필요가 있다. 이 문제 중 가장 중요한 것 하나가 조직을 구성하는 상이한 팀들의 활동을 조정(coordination)하는 것이다. 한 팀의 활동이 다른 팀의 활동에 영향을 주는 경우가 많기 때문에 이것이 중요하다. 예를 들어, 〈그림 13.5〉의 각 팀들이 마케팅 활동에서 잘 조정되지 않고 있다고 가정해 보자. 이 경우 각 팀의 영업책임자가 동일한 고객을 동시에 방문할 수도 있다. 이 점은 어떤 팀의 판매도 어렵게 만들 가능성이 있고 회사로서는 당혹스러운 일이다. 성공적으로 조정하는 가장 보편적인 방법은 각 팀의 책임자로 구성된 **임원위원회**(executive committee)를 구성하는 것이다. 이를 통해 각 팀의 장들은 보다 상위 수준의 팀에 속하게 되어 정기적으로 만나 팀 간의 조정 문제를 논의한다. 조직의 크기와 복잡성의 수준에 따라 조직의 여러 수준

그림 13.5 팀기반 조직의 예

에서 임원위원회나 다른 조정위원회가 구성된다. 이러한 방법의 아류 중 하나는 조직의 모든 수준에 조정위원회를 만드는 것이다.

대학의 많은 학과들도 이러한 기제를 통해 조정되는데, 학장들로 구성된 위원회, 학과장들로 구성된 위원회 그리고 대학원장들로 구성된 위원회가 그 예이다. 이 위원회의 구성원들은 각 학과에서 개설하는 다양한 프로그램의 요구를 조정하여 전체적인 학과 정책을 결정하는 일을 수행한다. 뿐만 아니라 이 위원회는 장기적인 전략적 계획을 수립하기도 한다. 이러한 위원회는 각 학과의 구성원을 훈련시켜 후에 대학의 리더로 활동하도록 키우는 부차적인 효과도 지닌다.

팀기반 조직구조를 도입할 때 심각하게 다루어야 할 문제는 이에 적합한 보상 체계를 갖추는 것이다. 제12장에서 다룬 바와 같이 팀을 활용할 때 문제가 되는 것은 조직의 보상 체계가 개인 수준의 성과에 초점을 두고 있다는 것이다. 그런 이유로 개인이 자신의 이득보다 팀을 우선해 보았자 보상이 별로 많지 않게 된다. 이러한 문제는 조직의 전체적인 수행이 개별 팀들의 수행과 밀접하게 관련되어 있는 팀기반 구조에서 더욱더 중요해진다.

팀기반 구조에 보상 체계를 맞추는 방법 중 하나는 팀의 수행이나 조직 전체의 수행에 근거하여 보상을 제공하는 것이다. 이익배분제(profit sharing)와 성과배분제(gain sharing)와 같은 보상방법이 이러한 목적을 달성하려는 것이다. 이것은 조직이 개인의 수행을 전적으로 무시하자는 것은 아니다. 그러나 조직의 수행이 팀 수행에 주로 의존한다면 이것이 보상 체계의 초점이 되어야 한다는 것이다.

팀기반 조직구조를 도입한 조직은 팀이 수행하는 일의 본질을 또한 고려해야 한다. 팀기반 조직구조를 시행하기에 앞서 다음과 같은 한 가지 분명한 의문을 가져야 한다. 일 자체가 과연 팀기반 조직구조에 적합한 것인가? 이것은 빤한 이야기인 것 같지만 많은 조직들이 이 문제를 간과하고 있다. 맹목적으로 팀워크의 매력에 빠진 나머지 많은 조직들이 수행해야 하는 일 자체가 팀기반 구조에 적합하지 않을 수 있다는 사실을 간과해 버린다. 만약 일 자체가 팀기반 구조에 적합하지 않다면, 조직은 이 구조를 버리거나 직무를 재설계해야 한다.

마지막으로, 팀기반 조직구조를 도입한 조직은 실행하고 있는 선발 절차를 꼼꼼히 살펴야 한다. 어떤 조직에서든지 마찬가지로, 구성원들은 그들이 직무와 관련된 주요 과업을 수행할 수 있는지의 여부에 따라 선발되어야 한다. 그러나 제12장에서 논의된 것처럼, 팀에 기초한 조직들은 모든 개인이 팀기반 구조에서 일하기를 원하지 않는다는 사실에 주목할 필요가 있다. 또한 어떤 사람들은 팀에 기초한 환경에서 일하는 것이 더 편할 수도 있다(Campion, Medsker, & Higgs, 1993). 뿐만 아니라 어떤 사람들은 다른 사람들보다 팀 관련 기술을 더 많이 보유하고 있다는 증거들도 있다(예 : Stevens & Campion, 1999).

매트릭스 조직

매트릭스 조직(matrix organization) 내에는 완전히 서로 분리된 2개의 조직구조가 동시에 존재한다 (Davis & Lawrence, 1977). 그중 하나의 조직구조는 마케팅, 기술, 회계 등과 같은 전통적 기능부서 이다. 다른 하나의 조직구조가 이러한 전통적인 기능부서에 동시에 겹쳐져 있는데, 이 두 번째 조직 의 구조는 다양한 방식이 있지만 조직의 프로젝트에 기반을 둔 것이 대표적인 것이다. 소비자에게 제품을 판매하는 회사는 자사에서 생산하는 제품의 종류나 그것을 판매하는 시장에 따라 이차적 조 직구조를 설계한다.

　전형적인 매트릭스 구조에서 서로 다른 프로젝트를 책임지고 있는 관리자들은 자신의 프로젝트 를 마칠 때까지 프로젝트에 참여할 구성원들을 여러 기능부서로부터 차출해 온다. 〈그림 13.6〉은 현장에서 이것이 일어나는 간단한 예를 보여 주는 것이다. 프로젝트 A는 3개의 기능부서로부터, 프 로젝트 B는 마케팅부서와 기술부서로부터 그리고 프로젝트 C는 마케팅부서와 회계부서로부터 구 성원을 차출하고 있다. 매트릭스 조직에서의 프로젝트는 일시적이지만 비교적 영속적인 것도 있 다. 예를 들어, 브랜드를 기초로 매트릭스 구조를 구축한 소비재 제품 회사는 그 구조적 배열이 다 소 영속적이다. 그러나 각 브랜드에 대한 세부적인 니즈는 시간이 흐름에 따라 변할 수 있으므로, 각 브랜드에 소속된 특정 기능부서의 자원은 시간이 흐름에 따라 변동이 생길 수 있다.

　매트릭스 구조의 주요 이점은 회사로 하여금 가장 중요한 사업에 초점을 두어 구조를 재빨리 변 경할 수 있다는 것이다. 예를 들어, 대형 방위산업체의 돈줄은 분명히 방위산업의 계약을 따는 것이 다. 따라서 이러한 조직이 만약 발전된 무기 체계를 개발하기 위한 대규모 계약을 성사시켰다면, 매 트릭스 구조로 인해 이 조직은 내부의 자원을 곧바로 이 프로젝트에 할당할 수 있게 된다. 물론 프 로젝트가 완수되면 이 자원들은 또 다른 프로젝트를 위해 다시 할당될 것이다.

　매트릭스 구조는 주로 소비재 제품 회사에서 채택되는데 그것은 이들 회사가 제품이나 제품 라 인에 따라 경영이나 생산 방식이 다르기 때문이다. 예컨대 시장이 성숙한 제품 라인은 이제 막 시장 에 진입한 제품보다 훨씬 다양한 홍보 전략이 요구된다. 소비제품 환경에서는 매트릭스 구조가 현

프로젝트	기능부서		
	마케팅	엔지니어링	회계
프로젝트 A →	×	×	×
프로젝트 B →	×	×	
프로젝트 C →	×		×

그림 13.6　매트릭스 조직구조의 예

실 안주로부터 벗어나는 데 도움을 준다. 구성원을 제품(예 : 브랜드 관리자)에 할당함으로써 조직이 연구개발 노력과 소비자 자료의 활용을 통해 제품을 지속적으로 개선하기 쉽게 만든다.

이와 같은 분명한 이득뿐만 아니라 무형의 이득도 있다. 예를 들어, 프로젝트나 브랜드 관리자(brand manager)로서의 경험은 아주 특별한 것이다. 예를 들어, 세계에서 가장 큰 소비재 제품 회사 중 하나인 프록터앤갬블사는 브랜드 관리 직책을 관리자를 개발하는 목적으로 공공연히 활용하는 것으로 알려져 있다. 브랜드 관리자는 제품이나 제품 라인에 대해서 상세하게 학습할 수 있을 뿐만 아니라 자원을 획득하고 활용하는 과정에서 조직 전반에 대해서 이해의 폭을 넓힐 수 있다. 어떤 회사의 프로젝트 관리자(project manager)나 브랜드 관리자는 그들에게 필요한 자원이 순순히 주어지지 않기 때문에 기능부서의 관리자(functional manager)와 자원을 획득하기 위해 협상과 타협을 해야 하므로 이에 대해 많이 알고 있어야 한다.

매트릭스 구조는 여러 도전에 직면해 있다. 그중 가장 큰 도전은 이 구조가 프로젝트 관리자나 브랜드 관리자가 기능부서 관리자와 싸우는 것으로 끝나는 경우가 종종 있다는 것이다. 이것은 상당한 역기능적인 갈등과 정치적 투쟁을 야기한다(예 : de Laat, 1994). 따라서 어떤 조직들은 이러한 문제를 다루기 위해 우선순위를 분명히 하기도 한다. 예를 들어, 프로젝트의 요구가 기능부서의 요구에 우선한다. 매트릭스 조직으로서의 '지식 공동체' 설립을 예시로 들자면, 이러한 구조의 성공을 위한 핵심 중 하나가 라인 조직의 지지라고 밝혀진 바 있다(Neshheim, Olsen, & Tobiassen, 2011). 이러한 방법이 도움이 되기는 하지만 이것도 역기능적인 요소가 있다. 기능부서의 관리자들은 프로젝트 관리자나 브랜드 관리자에 비해 '이류'라는 의식을 가질 수 있다. 결과적으로 기능부서 관리자의 직책은, 특히 그가 상위 관리직으로 승진하고자 원할 경우에는 바람직하지 않은 것으로 비춰질 수 있다.

매트릭스 구조는 기능부서의 구성원에게 부정적인 영향을 끼치기도 한다. 매트릭스 구조를 띤 대규모 조직에서 기능부서에 근무하는 구성원들은 여러 프로젝트의 요구를 동시에 다루어야 한다. 이것은 업무 과부화를 야기하거나 구성원에게 동시에 충족할 수 없는 상충되는 것을 요구하기도 한다(Joyce, 1986). 이러한 업무 과부화 외에도 매트릭스 조직에서는 구성원들이 동시에 여러 '상사들'과 함께 일해야 하는 어려움이 있다. 이러한 상사들은 더 나아가 수행의 기준이나 대인관계의 유형이 서로 매우 다를 수 있다. 즉 구성원의 관점에서 보면 매트릭스 구조에서 일하는 것은 상당히 스트레스를 주는 것이다. 기능부서 관리자와 프로젝트 관리자는 그들이 구성원들을 과로하게 만드는 것이 아니라는 것을 이해시키기 위해 구성원들과 충분히 의사소통해야 한다.

가상 조직

Galbraith(1995)는 가상 조직(virtual organization)의 한 가지 예로 하나의 제품이나 서비스를 생산하지만 이에 필요한 핵심적인 부분을 다른 회사들이 제공하기로 계약을 맺은 조직을 제시하였다. 대규모 자동차 제조회사는 상당 수준 가상조직화되어 있다. 이 회사는 비록 자동차를 조립하지만, 예전에는 자체 생산했던 대부분의 부품들을 이제는 외부 공급자로부터 제공받는다.

가상 조직을 구성하는 주된 동기는 비용의 절감이다. 자동차 회사는 자동차의 부품을 생산하는 데 요구되는 자본과 내부 자원이 증가하여 이제는 더 이상 감내하지 못할 수준에 이르렀다. 외부 공급자로부터 부품을 단순히 구입하는 것이 훨씬 더 저렴한 것이다. 두 번째 동기는 조직이 핵심 사업에 모든 에너지를 집중하기 위해 나머지 기능을 외부로부터 아웃소싱하는 것이다. 대학 운동팀의 경우, 그들이 순회경기를 나서려면 여행 일정의 제반 사항과 관련해 여러 회사들과 계약을 한다. 이 일은 원래 코치들이 할 일이었지만, 이러한 계약으로 코치들은 그들에게 중요한 핵심적인 직무 (예 : 선발, 경기계획의 수립)에만 좀 더 집중할 수 있게 된다.

가상 조직의 잠재적인 이점에도 불구하고 이 유형의 조직설계도 문제점이 있다. 어떤 조직이 공급자들과 파트너십을 맺게 되면 이 조직에는 다소의 위험이 발생한다. 예를 들어, 자동차 회사가 자체적으로 부품을 생산하지 않고 납품을 받으면, 그 부품이 품질기준에 부합한다고 확신하기 어렵다. 그러나 조직은 공급자가 이 조직과 지속적인 관계를 유지하기를 바라기 때문에 이 점을 방지할 수단은 있는 셈이다. Galbraith(1995)에 따르면 조직들은 잠재적인 사업 파트너가 가상 조직에 들어오기 전에 그들을 충분히 조사함으로써 이러한 불확실성에 대처한다. 또 다른 방법은 컨설턴트가 종종 취하는 것처럼 사업 파트너십에 '면책조항(escape clauses)'을 두는 것이다.

가상 조직구조를 취하면 조직의 문화를 강하게 유지하는 것이 어렵다. 극단적인 경우 거의 모든 것을 계약에 의존하는 조직은 독자적인 조직의 정체성을 갖기 어렵고, 그 대신에 서로 상이한 문화를 가진 대규모의 기업집단으로 변모할 수도 있다. 이 경우에는 구성원에게 몰입감과 충성심을 불어넣기가 쉽지 않다. 이 점이 일부 조직들이 가상 조직 형태를 취하지 않는 이유이기도 하다. 가상 조직이 보편화되어 가면, 조직들은 이러한 문제를 해결할 수 있는 방안을 발견할 것이다.

네트워크 조직

네트워크 조직(network organization)이라는 용어는 어느 정도 가상 조직과 관련성이 있다. Huber(2011)에 따르면, 네트워크 조직은 중심체(central entity) 혹은 마디(node)로 구성된다. 이는 보다 작은 조직들이 연결되어 있는 네트워크의 중심을 형성한다. 가장 잘 알고 있는 네트워크 조직의 유형으로 **프랜차이즈 유형(franchise form)**을 들 수 있다. 이 조직 형태의 본부는 최고경영자와 기술전문가들로 구성되어 있고, 고객 영업이나 서비스는 가장 말단에 있는 마디인 프랜차이즈에서 수행된다. 패스트푸드 산업에서 이 조직 형태를 광범위하게 사용해 왔다. 예를 들어, 각각의 웬디스 레스토랑은 본사와 연결되어 있지만, 독립적으로 운영되며 소유될 수 있다. 이 조직 형태의 가장 큰 이점은 지리학적으로 사업을 확장할 수 있다는 것이다. 하지만 가장 큰 어려움은 제품과 서비스의 일관성을 유지하는 일이다.

네트워크 조직의 두 번째 유형은 위계적 계약 유형(hierarchical contractor form)이다. 이 조직 유형은 네트워크의 중심에 주 계약자가 있다. 파트너 계약자는 제품을 생산하기 위해 주 계약자와 계약을 맺어 네트워크의 주변부를 형성한다. 이 조직 유형의 가장 적합한 예는 건설 산업일 것이다. 예를 들어, 일반적으로 주 계약자는 집을 짓는 데 더 특화된 파트너 계약자들과 하청 계약을 맺을 것이다. 이 조직 유형의 주된 강점은 고객들에게 제공하는 효율성이다. 예를 들어, 사람들이 자신들의 집을 짓고 싶어서 관련된 모든 사람(예 : 지붕 이는 사람, 전기기사, 목수)과 계약해야 한다고 상상해 보면 된다. 반면, 이 유형의 잠재적인 약점은 하청업자들과의 의사소통과 협동이 문제가 될 수 있다는 것이다.

네트워크 조직의 마지막 유형은 바로 뮤츄얼 펀드나 영화 산업에서 점차 자주 사용하고 있는 스타버스트 네트워크(starburst network)이다. 이 조직 유형은 모기업이 서로 독립적인 더 작은 기업들로 분리되는 것이다. 영화 산업에서 이러한 유형의 대표적인 예가 바로 픽사 스튜디오다. 픽사는 원래 1979년 루카스필름의 그래픽담당 부서였다. 그러나 1986년 애플의 기금을 받고 모기업에서 분리되었다. 스타버스트 네트워크의 가장 큰 장점은 아마도 새롭고 혁신적인 제품과 서비스를 개발하는 데 탁월한 방법이라는 것이다. 반면, 잠재적인 단점은 모기업으로부터 분리된 기업을 결국 잃는다면 그 조직은 소중한 자산을 놓치게 된다는 점이다. 예를 들어, 픽사의 경우 2006년에 74억 달러의 가치로 디즈니에 매각되었다.

조직설계에 대한 연구

아마도 최근 수년간 조직설계에 관한 문헌에서 가장 분명한 주제는 조직의 설계를 환경에 대한 적응적 반응으로 바라보는 것이다. 예를 들어, 조직설계는 환경의 불확실성(Burns & Stalker, 1961), 테크놀로지(Scott, 1990; Woodward, 1965), 전략(Galbraith, 1995) 그리고 조직의 규모(Hickson et al., 1969)에 따라 달라진다는 것이다. 즉 경험적 연구로부터 확인된 것 중 하나는 조직의 설계는 그냥 나타나는 것이 아니라 조직이 처한 환경으로부터 생성되는 것이다. 흥미롭게도 조직의 설계가 가끔 경영자 개인의 성격 특성을 반영하는 것이라는 주장(Kets de Vries & Miller, 1986)도 있다. 따라서 어떤 조직구조를 취할 것이냐는 결정은 항상 합리적이거나 기능적인 기준에서 이루어지는 것이 아닐 수 있다.

조직설계에 관한 연구에서 뚜렷하게 드러나는 주제 중 다른 하나는 조직의 설계에 최선의 방법이 있는 것이 아니라는 것이다. 조직설계는 환경적 요소의 산물이라는 점을 보여 주는 연구들이 있다. 그러나 환경에 걸맞는 조직설계를 가진 조직이 항상 성공적이라는 증거도 많지 않다. 조직설계에 관한 연구에서 그래도 그러한 증거가 있다면, 그것은 조직이 성공에 이르는 길이 다양하다는 것이다. 어떤 조직설계가 성공할 것인지 여부의 핵심은 내부의 정책과 절차가 그 설계와 조화로운가에 달려 있다. 이것의 가장 대표적인 예는 아마도 팀 조직에 관한 연구라고 할 수 있는데, 이러한 설계를 채택한 조직은 보상정책이 이 설계와 잘 합치되면 훨씬 더 효과적이라는 내용을 담고 있다(Mohrman & Quam, 2000).

조직설계에 대한 연구에서 분명하게 드러나는 세 번째 주제는 조직의 설계가 종업원의 행동에 명백한 효과를 나타낸다는 것이다. 예를 들어, 조직의 설계는 종업원들이 기꺼이 아이디어를 산출하고(Boode, 2005), 관리자들이 환경문제에 주의를 쏟으며(Russo & Harrison, 2005), 종업원들이 안전하게 작업을 실천하도록(Bourrier, 2005) 영향을 줄 수 있다. 조직의 구조는 종업원들의 공정성 지각에 영향을 미칠 뿐만 아니라(Schminke, Ambrose, & Cropanzano, 2000) 그 이후 후속되는 여러 가지 행동에도 영향을 미친다고 알려져 왔다.

이런 부류의 연구들은 조직의 설계가 어떤 차이를 유발한다고 시사하기 때문에 매우 중요한 의미를 갖는다. 또한 조직의 설계—혹은 이에 관한 조직설계의 어떤 종류의 개입—가 조직 효과성에도 영향을 미친다는 것을 시사한다. 아마도 가장 중요한 것은 이러한 연구들은 조직의 설계를 단순히 '네모와 화살표'로 이해하는 것이 아니라 그것이 진정으로 무엇인지—인간의 행동을 특정 방향으로 조성하고 유도하도록 설계된 목적지향적 개입—에 의문을 갖도록 우리의 시각을 변화시킨다. 이러한 연구는 조직설계와 같은 조직 수준의 변인들이 중요하다는 것을 심리학자들에게 일깨워주기 때문에 또한 중요한 의미가 있다. 역으로 조직 이론이나 전략 분야를 전공한 사람들에게, 조직설계와 조직 효과성 같은 거시 수준의 변인들 사이에 있는 '블랙박스' 속에 매우 중요한 것이 담겨 있다는 것을 깨닫게 해 준다.

조직설계의 미래

조직은 미래에 어떻게 설계될 것인가? 이 질문은 확실하게 답할 수 없을 것이다. 그러나 여러 조류가 미래의 조직을 형상화할 것이라는 점은 알 수 있다. 그동안 조직의 여러 기능에 영향을 끼쳐 온 하나의 조류로서 정보기술(information technology)을 들 수 있다. 몇 주가 걸려야 끝나던 거래가 이제는 몇 초 만에 이루어지고 있다. 이렇게 첨예화되고 있는 정보공학은 조직에 양날의 칼이 되어 왔다. 긍정적인 측면에서는 예전에는 볼 수 없었던 효율성과 속도를 높여 왔다. 그러나 동시에 예전에는 안정적이었던 여러 사업 분야에 변화무쌍한 환경을 제공하고 있다.

조직설계의 관점에서 볼 때, 정보공학은 조직이 일처리 속도와 유연성을 겸할 수 있게 하였다.

David Nadler와 인간 조직의 이해를 위한 다중 접근

내가 대학에 재학 중일 때 2년 연속 여름 아르바이트를 한 적이 있는데, 그중 한 해는 최고의 일이었지만, 다른 하나는 최악이었다. 나는 두 기업이 어쩌면 그렇게 확연히 다를 수 있는지 도무지 알 수 없었다ー한 기업은 직원의 의욕이 아주 높은 효과적인 곳이었고, 다른 기업은 직원이 매우 불만족스러워하는 관료적인 곳이었다. 이로 인해 나는 조직에 대해 관심을 가지기 시작했고, 책에서 읽었던 변화의 전 영역, 리더십 그리고 대인관계에 대해 흥미를 느끼기 시작했다.

그러나 내가 하버드 경영 대학원에 진학했을 때, 전적으로 새로운 아이디어들 속에 묻혀 지내게 되었다. 나는 Jay Lorsch, Paul Lawrence의 강의를 들을 수 있는 행운이 있었는데, 그들은 체계, 환경 그리고 구조에 대한 아이디어를 다루고 있었다. 그 당시에 또한 정신분석이론과 조직을 다루는 세미나를 수강하였는데, 이것이 나를 다른 방향으로 이끌게 되었다. 이러한 경험은 나중에 내가 미시간대학교에서 박사과정을 할 때 하나로 엮어졌다. 이 대학에서는 조직과 체계 이론을 접목하려는 사람들이 있었다. Ed Lawler의 강의를 수강한 적이 있는데, 그는 중간 과제로 '조직행동을 설명할 수 있는 틀을 개발'하도록 과제를 내주었다. 결과적으로 나의 중간 과제물은 조직에 대한 통합적 이론을 개발하는 초안이 되었고, 후에 Michael Tushman과 함께 발전시켜 수십 년 동안 사용하게 된 **통합 모델**(congruence model)이 되었다.

나는 조직을 사회적이고 기술적인 체계로 간주하는 관점으로 마무리 지었다. 전략이라는 맥락하에서 '소프트웨어'(사람, 행동, 문화 등)와 '하드웨어'(구조, 체계, 과정)를 생각해 보면 좀 이해가 될 것이다.

7년 동안 학문적 활동을 한 후, 나는 컨설팅 회사를 설립할 필요를 느꼈다. 나는 고객에게도 동일한 접근을 취했지만, 항상 새로운 생각, 새로운 모델 그리고 현실의 문제를 해결할 수 있는 과학적 탐구에 개방되려고 노력하였다. 회고해 보면 모든 것을 설명하는 단 하나의 아이디어, 모델, 접근 혹은 틀은 없는 것 같다. 각각의 개념이나 모델은 우리가 인간 조직이라고 부르는 이 복잡한 창조물을 이해하는 데 서로 다른 렌즈를 제공한다. 학자들이나 경영자들은 상이한 도구와 접근을 사용할 채비를 하여야 한다.

David A. Nadler는 마시 앤 맥러넌사의 선임 파트너이자 델타 조직 및 리더십 부회장이다.

즉 이 장에서 논의되어 온 조직설계에 비유하면, 앞으로 Likert의 시스템 4와 시스템 5 그리고 팀기반 구조를 닮아 가는 설계가 증가하는 추세를 보일 것이다. 그 이유는 예전에는 관리자들이 점유했던 권한을 낮은 직위의 종업원들에게 위임해야만 일처리 속도가 빨라지기 때문이다. 이는 단순히 조직이 모든 결정을 내리기 위해 여러 의사결정 단계를 거칠 만한 시간적 여유가 없기 때문이다.

정보공학의 다른 시사점은 그것이 보다 유연한 조직설계를 가능하게 할 것이라는 것이다. 앞으로는 '텔레커뮤팅(telecommuting)'을 통해 '근무지 밖'에서 온종일 혹은 대부분의 시간을 근무하는 사람들로 구성된 조직들이 보다 보편화될 것이다. 이런 추세로 인해 가상 조직은 보다 호소력이 있게 되고 따라서 더 많이 채택될 것이다. 예를 들어, 영상회의를 통해 본부는 국내의 다른 지역 혹은 전 세계의 공급자들과 정규 회의를 개최할 수 있다. 즉 미래에는 '조직'이 실제로 무엇인가에 대해 진지하게 재고해 볼 필요가 있을 것이다.

두 번째 조류는 첫 번째의 것과 다소 관련된 것으로 경제의 세계화이다. 1990년대 초 공산주의의 몰락과 함께 자유무역 협정과 기축통화의 추세로 인해 자유시장 자본주의가 전 세계에 퍼지게 되었다. 더 나아가 서방세계에 개방되지 않았던 국가들(예 : 중국)이 이제는 서방과 적극적인 거래 상대가 되고 있다. 이러한 경제의 세계화가 세계의 번영을 이끌어 올지의 여부는 여러 요인에 달려 있지만(예 : 세계 평화의 유지, 새로운 자유시장 경제의 안정화), 이러한 조류는 조직에 중요한 영향을 미칠 것이다.

조직설계의 관점에서 세계화는 조직이 그들의 시장을 국가의 경계를 넘어서 확장하게 만드는 충분한 유인가를 확실히 제공할 것이다. 즉 현재의 조직에 해외에 자회사를 더 두게 됨으로써 조직의 수가 더 증가하게 될 것이다. 이러한 해외의 자회사를 어떻게 관리하고 현재의 조직에 어떻게 통합할 것인가는 이러한 조직이 부딪히게 될 문제가 될 것이다. 조직설계의 문제는 이러한 해외의 자회사들에게 통제와 자율을 어느 정도 배합할 것인가에 있다(Boode, 2005).

조직설계에 영향을 주는 세 번째 조류는 급성장하고 있는 비정규 노동력이다(Beard & Edwards, 1995). 제1장을 회상해 보면, 이것은 조직심리학의 여러 영역에 영향을 줄 중요한 흐름이었다. 조직설계의 영역에서 비정규직 노동력의 증가는 앞에서 언급한 다른 조류들과 더불어 미래에 가상 조직을 더 확산시킬 것이다. 비정규 노동력으로 인해 조직이 시장의 기회를 확보하기 위해 매우 쉽게 자신을 재구조화할 수 있도록 만들어 주기 때문이다. 과거에는 거의 영구적인 관료주의적 구조 때문에 이러한 유연한 유형이 거의 불가능했다. 이러한 새로운 기회에 따라 수많은 어려움이 생길 수 있다. 예를 들어, 일관된 수행 표준을 유지하는 일이나 비정규 직원이나 계약 직원에게 일관성 있는 조직 문화를 주입하는 일과 같은 것이다.

요약

이 장에서는 우리의 초점을 개인과 집단 수준에서 더 넓은 수준에 두었다. 이것은 우리가 조직행동을 충분히 이해하기 위해서 앞에서 다른 세 가지 조망이 요구되기 때문에 중요하다. 이 장은 조직이론에 대해 논의하는 것으로 시작하였는데, 특히 이 이론들의 학술적 뿌리와 이와 밀접하게 관련된 영역인 조직설계와 조직 이론을 관련시키는 데 초점을 두었다. 그 후 초점을 가장 일반적인 세 가지 조직설계 유형을 기술하는 것에 두었다. 고전적 조직설계는 과학적 관리, 이상적 관료주의 그리고 행정관리론으로 대표된다. 인본주의 조직설계는 McGregor의 X/Y 이론과 Likert의 시스템 4 조직이 가장 대표적이다. 고전적 조직설계와 인본주의 조직설계는 각각 장단점이 있다. 또한 이들 유형의 적절성은 상황적 요인에 크게 의존하며 결과적으로 제3의 조직 유형인 유관적 조직설계를 필요로 하게 된다.

오늘날 상황적합성 이론이 가장 지배적인 패러다임이라는 가정하에, 이 장은 조직의 설계와 관련된 의사결정을 할 때 고려하는 주요 변인들이 무엇인지를 그다음에 다루었다. 전략, 환경의 불확실성 수준, 권력의 측면에서 이것들의 신념과 가정, 조직의 규모 그리고 가장 특징적인 테크놀로지가 여기에 포함되었다. 다양한 요인만큼 조직의 설계도 다양하다. 더 나아가 동일한 조직 내에서도 상이한 조직설계가 동시에 존재할 수 있다. 이 장은 그 후에 조직설계에서 최근의 네 가지 흐름을 소개하였다 : (1) 팀기반 조직구조, (2) 매트릭스 조직구조, (3) 가상 조직, (4) 네트워크 조직. 비록 이들 조직설계는 서로 각각 다르지만, 시장의 기회에 발 빠르게 반응하고 내부의 자원을 효율적으로 활용할 수 있게 만들어 준다는 점에서는 서로 공통적이다. 또한 이들 조직설계에 따르면 조직의 모든 하위 체계들이 잘 작동하기 위해서는 그들이 서로 조화롭게 배열되어야 한다.

조직설계 효과에 대한 아주 많은 연구가 진행되었고 그것을 주요 주제에 따라 요약하였다. 이 주제 중 하나가 적어도 조직의 설계는 조직이 자신을 둘러싼 환경에 적응하는 반응이라는 것이다. 또한 조직을 설계하는 '옳은 방법'은 없다는 것을 연구로부터 알 수 있지만, 조직의 하위 체계들이 조직의 구조에 따라 잘 정렬되었을 때 가장 효과적이다. 세 번째 주제는 조직의 설계가 종업원의 행동에 영향을 주느냐는 것이었는데, 이것은 미시 수준과 거시 수준의 조직행동 간의 중요한 연관성을 시사하는 것이다.

이 장은 마지막으로 미래의 조직설계에 영향을 미칠 요인들에 대해 논의하였다. 이 논의에서는 정보기술(IT), 경제의 세계화 그리고 고용직 근로자의 증대를 다루었다. 이러한 조류는 조직에 많은 영향을 미치겠지만, 조직의 설계 측면에서 중요한 점은 이러한 조류가 가상적 조직설계의 활용도를 높일 것이라는 것이다. 결과적으로 조직은 더 확장되고 가상조직을 구축하기 위해 더 쉽게 계약을 맺을 것이며, 예전에는 엄두도 내지 못했던 세계 시장에 더욱 빠르게 참여하게 될 것이다.

더 읽을거리

Gittell, J. H., & Douglass, A. (2012). Relational bureaucracy: Structuring reciprocal relationships into roles. *Academy of Management Review, 37*, 709–733.

Miles, J. A. (2012). *Management and organization theory: A Jossey-Bass reader.* Hoboken, NJ: Wiley.

Since, W. D., Mitsuhashi, H., & Kirsch, D. (2006), Revisiting Burns and Salker: Formal structure and new venture performance in emerging economic sectors. *Academy of Management Journal, 49*, 121–132.

Thornton, P. H., Ribeiro-Soriano, D., & Urbano, D. (2011). Socio-cultural factors and entrepreneurial activity: An overview. *International Small Business Journal, 29*, 105–118.

West, M. A., & Markiewicz, L. (2008). *Building team-based working: A practical guide to organizational transformation.* Hoboken, NJ: Wiley.

제14장

조직 문화와 풍토

아마도 신입 종업원이나 고객으로서 익숙하지 않은 조직에 처음으로 들어가는 장면을 상상하는 것이 조직 문화와 풍토를 알기 위한 가장 최상의 방법일 것이다. 가끔씩 이 경험은 외국을 여행하는 것과 비슷하다. 예를 들어, 그 조직의 구성원들은 이해하기 어려운 언어와 구문들을 사용할 것이다. 그들은 외부인에게는 별다른 의미가 없는 행동에 꽤 심각하게 참여할 것이다. 그리고 그들만이 이해할 수 있는 농담과 이야기를 나눌 것이다. 이 새로운 환경에 대해 분명한 '느낌'이 있고, 그 조직에 같은 시기에 들어온 다른 사람들도 비슷한 느낌을 가질 것이다. 완벽한 조직 구성원이 될 만큼 혹은 조직 구성원들과 충분히 상호작용할 만큼 조직에 오래 머물게 된다면, 초반에 우리가 관찰했던 부분들이 좀 더 의미를 갖게 될 것이다. 또한 조직 내부에서 경험이 쌓이고, 구성원들과 상호작용하는 기회를 가짐으로써 당신이 처음에 경험한 '느낌'은 달라질 수 있다.

앞의 예시를 통해 말하고자 하는 것은 바로 조직 문화(organizational culture)와 조직 풍토(organizational climate)다. 조직 문화는 조직이 현재 운영되는 근간을 형성한 기본 가정과 가치를 나타낸다. 반면에 조직 풍토란 조직에 대해 가진 느낌에 대한 공유된 심리적 인식이다. 문화와 풍토는 매우 비슷한 주제이므로 이번 장에서 같이 다루고자 한다. 대부분의 학자들(예 : Schneider, Erhart, & Macy, 2011)에 따르면, 문화는 일반적으로 풍토에 앞선다. 즉 풍토는 조직 내 견고한 문화의 영향을 받는다. 이 때문에 조직 문화를 먼저 다루고, 그 후에 조직 풍토에 대해 이야기할 것이다.

문화에 대한 연구는 인류학과 사회학에서 전통적으로 다루어져 왔지만, 조직 문화 연구는 비교적 새로운 주제다. 대부분 이 주제의 시작을 1970년대 후반으로 추정한다(Pettigrew, 1979). 그러나 심리학자들이 근래에 들어서야 조직 문화를 연구했다는 이유로 이 주제의 중요성이 감소되는 것은 아니다. 문화는 조직의 많은 행동 방식을 이해하는 핵심이다. 실제로 조직의 모든 행동은 문화적 맥락에서 나타난다. 이는 왜 어떤 것(예 : 인센티브 급여)이 한 조직에서는 성공하는 반면, 다른 조직에서는 실패하는지를 설명할 수 있다. 문화는 또한 왜 어떤 조직은 성공적이지만 다른 조직은 실패하는지를 이해하도록 돕는다(예 : Gillespie, Denison, Haaland, Smerek, & Neale, 2008).

조직심리학에서는 조직 문화와 달리, 조직 풍토 연구가 더 긴 역사를 지니고 있다. 구체적으로, Lewin, Lippitt, White(1939)의 소년 집단의 사회적 풍토 연구가 시작점으로 추정된다. 연구자들은 서로 다른 리더십이 집단 내 사회적 풍토의 차이를 가져오며, 이 차이는 행동에 영향을 미친다는 점을 발견했다. 최근 많은 조직 풍토 연구는 풍토 측정과 관련한 방법론적 이슈뿐 아니라, 조직 기능의 구체적인 부분(예 : 고객서비스, 안전)에서의 풍토에 초점을 맞추고 있다.

이 장에서는 조직 문화에 이어 조직 풍토에 대해 살펴볼 것이다. 각 주제는 개념에 대한 정의로 시작하여 문화와 풍토의 기저에 있는 차원들을 설명할 것이다. 이어서 문화와 풍토가 조직에 반영되는 다양한 양상에 대한 설명을 다룰 것이다. 우리가 알고 있듯이, 몇몇 방법은 매우 분명하지만 어떤 방법은 매우 애매한 형태로 반영되어 있다. 그다음에 조직의 문화와 풍토의 구성요소에 대해 살펴보고, 조직 문화와 풍토를 연구할 때 사용하는 다양한 연구와 측정 방법을 다루고, 조직 문화와 풍토가 조직 전체의 성공과 조직 구성원 개인에게 미치는 영향에 대한 설명으로 마무리할 것이다.

조직 문화의 정의

조직심리학의 문헌을 살펴보면 조직 문화에 대한 여러 정의가 있다(예 : Louis, 1983; Martin, 2002). 그러나 다행스럽게도 다양한 정의들 간에는 상당한 공통점이 있다. 이러한 다양한 정의를 통합하여 Schein(2010)은 문화란 "집단이 외부 적응과 내부 통합의 문제를 해결하는 데 타당한 것으로 확증되고 학습된 일련의 기본 가정으로, 새로운 구성원들에게 그러한 문제들을 같은 방식으로 지각하고 사고하며 느낄 수 있도록 가르칠 수 있는 것"(p. 18)이라고 정의했다. 이 정의에는 두 가지 중요한 점이 있다. 첫째, 이 정의는 문화란 조직의 구성원들이 공유하는 '세상에 대한 관점(view of the world)'이라는 것이다. '세상에 대한 관점'이란 문화가 조직 구성원이 환경을 해석하는 방식을 학습하는 데 필요한 '렌즈'라는 것을 의미하는 것이다. 둘째, 더 중요한 것으로, 이 정의에서는 문화가 조직 구성원의 행동을 유도한다는 것이다. 예를 들어, 문화는 구성원들이 서로 대하는 방식, 의사결정의 질, 그리고 궁극적으로 조직의 성공 여부에 영향을 준다.

Schein(1985, 1992)에 따르면 조직 문화는 3개의 층으로 구성되고, 하단으로 갈수록 외부 사람이 더 이해하기 어렵다. 조직 문화에서 가장 가시적인 수준은 인공물(artifacts), 테크놀로지(technology), 행동방식(behavior patterns)에 반영되어 있다. 인공물은 후에 더 자세히 다루겠지만, 문화적 의미를 전달하는 물리적 환경의 측면이다. 테크놀로지는 조직이 외부환경으로부터의 투입물을 변환하는 수단을 의미한다. 물론 행동방식은 단순히 조직 구성원이 행하는 행동을 뜻한다.

Schein(1992)에 따르면 문화의 다음 수준은 조직 내의 공유된 가치(shared values)이다. 가치란 간단히 말해서 개인이 다른 것과 비교하여 어떤 것을 선호하는 폭넓은 경향 혹은 상태를 뜻한다(Hofstede, 1980). 조직 내에서 특출한 가치는 다양하다. 몇 개만 든다면 충성, 고객만족, 동료애 그리고 자기보존 등이 있다. Schein(1992)에 따르면 가치란 외부인에게 행동방식보다 더 접근하기 어렵고, 특히 상징적 수단을 통해 외부인에 의해 추론되는 것이다. 예를 들어, 만약 어떤 조직이 서열에 따라 종업원의 보상과 승진을 결정한다면, 사람들은 그 조직이 충성과 근속에 높은 가치를 부여하는 것이라고 추론할 수 있다.

Schein(1992)에 따르면 조직 문화의 최하층에는 조직의 구성원들이 갖는 기본 신념과 가정이 자리 잡고 있다. 이 기본 신념과 가정은 매우 깊이 자리 잡고 있어 개인이 당연하다고 받아들이는 것이다. 그러나 그것은 매우 중요하고, 보다 가시적인 문화의 측면에 영향을 미친다(Denison & Mishra, 1995).

조직 장면에서 사람들이 갖고 있는 기본 신념과 가정은 무엇일까? 이것은 매우 어려운 질문인데, 그것은 여러 조직과 그 안의 구성원들이 서로 매우 다르기 때문이다. 그러나 이에 대해 깊게 생각해 보면 상황에 관계없이 특출난 신념과 가정도 있다. 예를 들어, 조직의 구성원들은 조직이 믿을 만한지, 조직이 그들을 지원할 것인지, 심리적 환경이 위협적인지 혹은 지원적인지 혹은 열심히 일하고 헌신하면 그에 대한 보답이 있는지 등에 대한 기본 신념과 가정을 가지고 있다. 특정 조직 장면에서 매우 구체적인 다른 기본 가정들도 분명히 있다. 예를 들어, 어떤 회계법인의 구성원들은 그들이 고객을 위해 절세할 방도를 찾는 것과 관련된 윤리에 대한 기본 가정을 가질 수 있고, 초등학교 교사들은 아동의 교육에서 부모의 관여가 주는 이점에 대한 기본 가정을 공통적으로 가질 수 있다.

앞에서 논의한 다른 두 문화 수준과 달리 기본 신념과 가정은 그것이 너무 깊은 곳에 자리하고 있어서 연구하기가 어렵다. 사실 Schein(1992)은 이것이 의식 수준에 있는 것이 아니라고 주장한다. 이런 이유로 순진한 조직의 외부인이 이러한 기본 신념과 가정이 무엇인지 판단하는 것은 지극히 어려운 일이다. 마찬가지로 조직의 구성원들, 특히 한 조직에 오랫동안 근무한 사람들도 자신이 속한 조직의 기본 신념과 가정을 이해하는 것이 매우 어려운데, 그것이 자신에게 너무 뿌리 깊게 스며들어 있기 때문이다. 기본 신념과 가정의 탐구는 일반적으로 현장 관찰, 정보 제공자의 활용, 그리고 조직에 대한 기록의 신중한 연구 등과 같은 고통스러운 연구과정을 통해 진행된다. 조직 문화의 연구에 관한 내용은 이 장 후반부에서 더 다룰 것이다.

조직 문화를 정의하고 그것의 다양한 수준을 기술할 때 비록 대부분의 조직들이 '조직 전반'의 문화라는 것을 가지고 있더라도 그 안에 다양한 하위문화(subculture)가 존재한다는 문제를 고려하는 것이 중요하다(Martin, 2002). 대부분의 조직에는 6개의 하위문화가 존재하지만(Jansen, 1994), 일반적으로 위계, 전문성 수준, 기능 분야, 혹은 지리학적인 위치에 기초한다. 조직 내 하위문화에 차이가 있는 것은 반드시 부정적인 것은 아니다. 그 좋은 예로서 대학은 오랫동안 지속된 학과별 차이에 기반을 두고 분명히 다른 하위문화가 있음에도 잘 기능하고 있다(참고 14.1 참조).

하위문화들이 조직의 전반적인 문화와 동시에 존재한다면, 이들 중 어떤 것이 구성원들에게 가장 강력한 영향을 미치는가라는 질문은 당연한 것이다. Adkins와 Caldwell(2004)은 담당하는 서비스에 따라 네 가지 하위문화를 구축하고 있는(전략적 자문, 기술 자문, 프로세스 리엔지니어링, 변화 관리 자문) 대규모 컨설팅 회사를 대상으로 이 문제를 검토하였다. 이 연구자들은 자신이 속한 하위문화와 조직 전반의 문화가 합치(fit)하는 정도와 직무만족도 간에 정적인 관계가 있다는 결과를 관찰하였다. 이 연구는 구성원에게 하위문화가 중요하지만, 그들이 조직의 전반적 문화의 중요성을 간과하지는 않는다는 것을 시사한다.

참고 14.1

대학교 학부의 문화 및 하위문화

대학의 학부가 다양한 것처럼, 학부별 문화도 다양하다. 예를 들어, 예술과 인문학부는 경영, 공학, 자연과학부의 문화에 비해 훨씬 여유롭고 '느긋한' 문화를 갖고 있다.

경영학부도 독특한 경향성을 띠고 있는데, 예를 들어, 많은 경영학부 교수진들은 형식을 갖춰서 옷을 입고(많은 경영학 교수들은 강의할 때 비즈니스 정장을 입는다), 그들의 연구실도 회사의 사무실과 매우 유사한 모습을 띠고 있다. 대부분의 경영학부 교수진들이 경영학의 훈련을 받았고, 그들의 첫 번째 임무가 학생들에게 경영과 관련한 경력을 쌓게끔 하는 것에 있음을 고려해 보면, 경영학부에 비즈니스 문화가 발달한 이유를 이해할 수 있다.

심리학부는 하위문화가 강력하므로 매우 흥미로운 문화를 갖고 있다. 특히 여러 박사학위 프로그램이 있는 대형의 심리학부에서는 각 세부 전공별로 꽤 다른 하위문화를 갖고 있다. 예를 들어, 임상심리학 교수진의 문화는 산업 및 조직심리학 교수진의 문화와 매우 다를 것이다. 또한 두 집단의 문화는 사회심리학 혹은 신경과학심리학 교수진의 문화와 훨씬 더 다를 것이다.

기회가 되면 나중에 학부 안에서 주변을 둘러보고, 그 학부의 문화에 대한 단서를 찾을 수 있는지 살펴보라. 둘 이상의 서로 다른 학부에서 해 보는 것이 더 좋을 것이다. 당신은 자신이 거기서 발견한 것에 대해 놀라워할 것이고 또한 매료될 것이다.

조직 문화의 모델

조직 문화의 정의를 다루었으므로 이제 조직 문화가 기술되는 공통의 차원에 대해 논의할 것이다. 몇 개의 조직에서 근무해 본 경험이 있는 사람들이면 서로 다른 두 조직이 완전히 유사한 경우는 없다는 것을 알 것이다. 따라서 모든 조직 문화의 유형이나 차원을 포괄하는 유형론을 개발하는 것은 유용할 것이다. 근래에 연구자들은 그들이 고려해 왔던 것들이 대부분의 조직에 공통적인 문화적 특성의 군집들로 간주될 수 있다는 것을 발견하였다. 이 절에서는 조직 문화의 공통적인 모델 중 두 가지를 다룰 것이다.

O'Reilly, Chatman, Caldwell 모델

O'Reilly, Chatman, Caldwell(1991)은 **조직 문화 프로파일**(Organizational Culture Profile, OCP)이라는 자기 보고식 조직 문화 척도를 개발했다. 이 척도의 구체적인 내용은 이 장의 다음 부분에서 다루겠지만, OCP에 기저하는 실질적인 모델은 여기서 간단히 다룰 것이다. OCP의 실질적인 모델에서는 문화란 특정 조직에서 강화된 널리 퍼진 가치가 무엇인가에 따라 단순히 구별될 수 있다. O'Reilly 등(1991)에 따르면, 대부분의 조직 문화는 〈표 14.1〉에 제시되고 정의된 7개의 가치에서 구별될 수 있다. 이 모델에서는 각 기업 문화를 독특하게 만드는 것은 이 7개 가치로 그려지는 '프로파일'이라고 한다. 예를 들어, 어떤 조직의 문화는 혁신, 인간 존중 그리고 팀 지향에 강한 가치를 동

시에 부여할 수 있고, 반대로 다른 어떤 조직의 문화는 안정성, 주도면밀 그리고 낮은 혁신성에 가치를 부여할 수 있다.

문화 차원과 조직수행 간의 관계를 다룬 조직 문화의 다른 모델과 달리, O'Reilly 등(1991)의 연구는 조직의 문화와 구성원 개인의 성격 간의 합치에 초점을 두었다(예 : Judge & Cable, 1997). 어떤 상황에서는 이러한 문화 차원 중 일부가 조직의 수행과 관련될 것이라고 생각할 수 있다. 예를 들어, 하이테크 산업 분야에서 성공적인 기업이 혁신에 낮은 가치를 둔 문화를 갖고 있다고 상상하기 어렵다.

Denison 모델

조직 문화의 두 번째 모델은 문화를 측정하는 기초로 사용된 것으로 Daniel Denison과 동료들(Denison, 1990; Denison & Mishra, 1995)이 제안한 것이다. 〈그림 14.1〉에 소개된 이 모델은 O'Reilly 등(1991)이 제안한 것보다 훨씬 더 복잡하다. 조직 문화는 적응성, 임무, 몰입 그리고 일관성이라는 네 가지 일반적 차원에 따라 묘사될 수 있다는 것이 기본 생각이다. 이러한 일반적 차원은 각각 세 가지 하위 차원으로 구분된다. 예를 들어, **임무**라는 일반 차원은 전략적 방향과 의도, 목표와 목적, 비전으로 나뉜다. 적응성은 변화의 창출, 고객중심 그리고 조직학습으로 나뉘며, 몰입은 권한위임, 팀 지향 그리고 역량개발로 나뉜다. 마지막으로 일관성은 핵심가치, 합의 그리고 조정/통합으로 나뉜다. 이 모델은 또한 조직 문화가 각 하위 차원의 점수에 따라 두 가지 더 포괄적인 차원(외부 대 내부, 유연성 대 안정성)으로 묘사될 수 있다는 것을 독자들도 알 수 있을 것이다.

표 14.1 O'Reilly, Chatman, Caldwell(1991)의 조직 문화 차원

가치	정 의
혁신	실험과 위험 부담에 대한 강조
안정성	예측성과 안정성에 대한 강조
인간 존중	공정성과 관용에 대한 강조
결과 지향	성취와 결과에 대한 강조
구체성 집중	정밀성과 분석에 대한 강조
팀 지향	협력과 인간 지향에 대한 강조
공격성	경쟁과 공격성에 대한 강조

출처 : O'Reilly, C. A., Chatman, J., & Caldwell, D. F.(1991). People and organizational culture: A profile comparison approach to assessing person-organization fit. *Academy of Management Journal*, 34, 487-516.

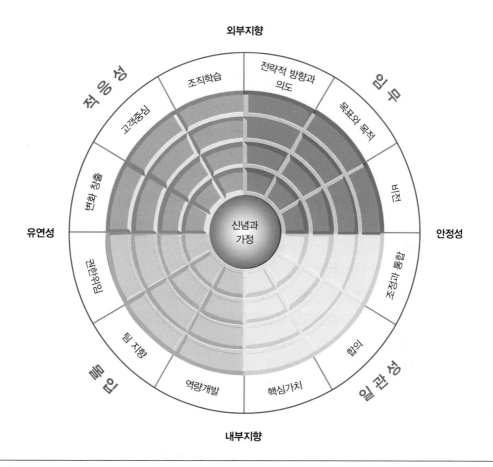

그림 14.1 Denison의 조직 문화 모델

Denison의 모델은 비교적 새로운 것임에도 상당한 경험적인 검증이 이루어졌고 조직의 문화적 문제를 진단하기 위해 여러 조직에서 사용되어 왔다(Denison, Haaland, & Goelzer, 2004; Gillespie et al., 2008). 향후에 이 모델은 경험적 관심을 더 많이 받을 것이며, 좀 더 수정되고 개발될 가능성이 있다.

휴먼 시너지스틱스 모델

마지막 모델은 컨설팅 회사 휴먼시너지스틱스(Human Synergistics)의 연구진들에 의해 개발됐다. Denison 모델과 함께 이 모델은 컨설팅 회사의 실무에서 사용되는 측정방법(뒷부분에서 설명할 것임)을 개발하는 데 기초가 됐다. 이 모델에서는 조직 내 존재하는 규범에 대한 종업원들의 인식이 초점의 대상이다. 구체적으로, 어떤 조직이든지 간에 일반적으로 세 가지 규범 양식, 즉 건설적, 수동적/방어적, 그리고 공격적/방어적 규범 양식으로 특징지을 수 있다.

건설적(constructive) 규범 양식의 특징을 지닌 조직은 성취적, 자기실현적, 인본주의적, 그리고 연계적이다. 이러한 형태의 조직은 일하기 좋으며 일반적으로 긍정적인 결과를 얻는 경향이 있다고 가정된다. 실제 연구에서 이 예측들은 지지되었다(Cooke & Szumal, 2000). 수동적/방어적(passive/defensive) 조직은 인정, 전통성, 의존성, 그리고 회피성을 강조한다. Cooke과 Szumal(2000)은 이러한 규범 양식이 건설적 양식에 비해 부정적인 결과와 더 관련 있지만, 그 관련성은 미미하다고 밝혀냈다. 마지막으로 공격적/방어적(aggressive/defensive) 규범 양식은 세 가지 중 가장 부정적이며, 대립적, 권력에 대한 강조, 경쟁적이며 완벽주의적인 것으로 설명할 수 있다. Cooke과 Szumal(2000)은 특정한 조건하에서는 이 조직이 성공적일지 몰라도, 이러한 규범 양식을 갖춘 조직에서는 사람들 간의 관계가 원만하지 못하다는 것을 발견했다. 예를 들어, 조직은 좋지 못한 대인 관계를 보이더라도 성과만 좋으면 이에 대해 보상하는 경우가 많다.

이 조직 문화 모델에 대한 연구는 찾기 어려운데, 그것은 측정방법이 컨설팅 회사의 특허사항이기 때문이다. 위에서 제안된 규범 양식의 차이와 그로 인한 결과를 어느 정도 지지하는 연구들이 다소 있기는 하지만(Balthazard, Cooke, & Potter, 2006), 이 모델에 대해 더 많은 연구가 필요하다.

조직 문화의 표현

조직 문화가 공통되는 일련의 차원으로 묘사될 수 있다면, 이러한 문화 차원이 조직의 외부인이나 구성원에게 가시적으로 보일 수 있게 만드는 것은 무엇인가? 달리 말해서, 서로 다른 조직들로부터 서로 다른 '느낌'을 갖게 만드는 것은 무엇인가? 만약 문화에 대해 소통할 수 있는 다양한 방식을 이해하지 못한다면, 문화를 연구하고, 진단하고, 경우에 따라 변화시킬 수 없기 때문에 이러한 질문은 매우 중요하다. 다행스럽게도 조직 문화를 다루는 연구자들은 다양한 방법을 찾아냈고, 그것을 여기서 다룰 것이다.

상징과 인공물

Cohen(1974)에 따르면 상징(symbols)이란 "애매하면서 다양한 의미를 내포하고, 정서를 촉발하며, 사람들이 행동을 하도록 자극하는 대상, 활동, 관계 혹은 언어적 구성체이다"(p. 23). 대부분의 조직에서 상징은 우리에게 문화의 본질에 대한 정보를 제공한다. 어떤 조직에서 가장 잘 드러나는 상징 중 하나는 구성원들이 일하는 물리적 배치이다. 어떤 조직에서는 구성원의 사무실이 하나의 큰 개방된 공간에 위치하지만, 다른 조직에서는 그들의 공간을 서로 멀리 떨어지게 배치함으로써 사생활을 충분히 보장하고 있다. 전자의 배치는 그 조직이 사교성과 소통의 개방성에 높은 가치를 부여한다는 것을 상징하는 것일 수 있다. 반면 후자의 배치는 그 조직이 비밀주의 수준이 높거나 사생활을 지극히 존중하는 특징을 가지고 있다는 것을 상징하는 것일 수 있다. 이러한 문화의 구성원들은 '자신이 담당한 정보만 알고 전체 정보를 모르는 원칙'에 따라 정보를 서로 교환하는 경향이 있다.

Schein(1983)에 따르면 인공물(artifact)은 상징과 비슷하다. 인공물은 문화적 의미를 보다 직접적으로 전달하는 반면 상징은 더 간접적이라는 것만 다르다. 상징처럼 인공물은 조직의 물리적 환경에서 쉽게 발견된다. 조직에서 가장 대표적인 인공물 중 하나는 그 조직에서 사용되고 있는 테크놀로지가 물리적으로 표현되어 있는 것이다. 예를 들어, 교육 장면에서 교실은 하나의 인공물인데, 이것은 학생들이 그들에게 전달되는 지식을 순수하게 받아들이는 곳이라는 의미를 갖는다. 군대에서 제복은 그것을 입은 사람들이라면 일하는 환경과 수행하는 직무에 관계없이 모두 군인이라는 것을 상기시켜 준다.

의례와 의식

의례(rites)란 "문화 표현의 다양한 형태를 하나의 이벤트로 압축해 놓은 것으로, 일반적으로 참가자들의 이득을 위해 사회적 상호작용을 통해 수행되며, 상대적으로 정교화되어 있고, 극적이며, 계획적인 일련의 행동이다"(Trice & Beyer, 1984, p. 655). 조직에서 시행되는 일반적인 의례를 〈표 14.2〉에 제시하였다. 표에 나타난 바와 같이 통과의례는 조직 밖의 사람들이 완전한 조직의 구성원이 되기까지의 사회화 과정을 상징하는 것으로 주로 사용되어 왔다. 신병 훈련은 군대에서나 볼 수 있는 가장 극적인 조직의 의례라 할 수 있지만, 다른 조직에서도 이와 같은 의례가 있다. 예를 들어, 연구 장면에서의 통과의례는 석사 혹은 박사논문에 대한 구두 심사 같은 것이다.

어떤 경우에는 의례가 제재의 수단으로도 활용되는데, 일반적으로는 구성원들에게 부정적인 정보를 제공한다. 명예실추(degradation) 의례는 조직에 문제가 있거나 인력의 변화가 필요할 때 나타

의례의 유형	예
통과의례	군 입대식과 신병 훈련
명예실추 의례	최고경영자의 해고 및 교체
명예고양 의례	메리케이 화장품 회사의 세미나
개혁 의례	조직개발 활동
갈등 감소 의례	의례 집단 간 협상
통합 의례	사무실의 크리스마스 파티

표 14.2 조직에서의 의례

출처 : Trice, H. M., & Beyer, J. M. (1984). Studying organizational culture through rites and ceremonials. *Academy of Management Review*, 9, 653-669. Reprinted with permission of the Copyright Clearance Center.

난다. 최근 공개된 예로는 사담 후세인 전 이라크 지도자의 처형을 들 수 있다. 대학에서 정년을 보장받지 못한 것에 대한 공개적인 이벤트는 없지만, 그다음 해가 일종의 불명예 의례가 된다. 그해에는 자신이 정년 보장에 실패했고 다음 해에 이 학교에 더 이상 고용되지 못할 것이라는 것을 아는 동료들을 매일 마주쳐야 하기 때문이다.

이와 대조적으로 명예고양(enhancement) 의례는 긍정적인 정보를 제공한다. 이것은 조직에 대한 긍정적인 정보이거나 월등한 수행을 한 개인을 공개적으로 인정하는 것일 수 있다. Trice와 Beyer(1984)는 메리케이 화장품 회사가 개최한 종업원 세미나의 예를 제시하였다. 이 세미나에서는 회사의 전통이 찬양되었고, 특출한 성과를 보인 구성원들이 상을 받았는데, 모든 경우 팡파르와 황홀함으로 분위기를 돋우었다. 전문가 조직의 종무식에서 벌어지는 많은 행위가 이러한 목적을 위한 것이다(참고 14.2 참조).

대부분의 조직은 문제점을 다룰 필요가 있고, 구성원들이 조직 내에서 추구할 목적을 새로이 할 때가 있다. 개혁(renewal) 의례는 이러한 목적을 위한 것이다. Trice와 Beyer(1984)는 조직개발의 개입이 조직의 개혁 의례의 핵심적인 예라고 주장하였다. 예를 들어, 조직개발 개입의 일종인 팀 빌딩, 조사 피드백 그리고 목표관리(management by objectives, MBO)는 궁극적으로 구성원의 목표의식을 혁신하기 위한 의례적 활동으로 간주될 수 있다. 이러한 활동은 구성원들에게 조직이 당면한 문제에 대해 뭔가 새로운 시도가 진행되고 있다는 것을 확인시켜 주지만, 그러한 문제의 진실한 원

참고 14.2

전문가 모임 : 산업 및 조직심리학회에 갈까요?

지난 20년간 많은 산업 및 조직심리학자들의 연중 봄철 의식은 산업 및 조직심리학회(SIOP) 연차학회에 참석하는 것이다. 2014년의 연차학회는 호놀룰루에서 열렸다. 이 대회는 그동안 보스턴, 마이애미, 세인트루이스, 몬트리올, 뉴올리언스, 댈러스, 애틀랜타, 휴스턴 그리고 올랜도에서 개최되어 왔다.

산업 및 조직심리학자에게 SIOP는 왜 정규적인 이벤트가 되었는가? 이유 중 하나는 학회에 참석함으로써 산업 및 조직심리학의 과학과 실무에서 가장 최근까지 발전된 내용을 따라잡을 수 있기 때문이다. 이 학회에서는 매년 연구자와 실무자가 그들이 수행한 연구를 발표하고 이에 대한 아이디어를 교환하는 심포지엄과 포스터 발표가 진행된다. 일반적으로 학술지에 연구물을 게재하는 데 약

1~2년이 걸리므로 이 대회는 연구자에게 매우 중요하다! SIOP의 또 다른 중요한 (아마도 잘 알려지지 않은) 기능은 이것이 사회화의 역할을 한다는 것이다. 매년 많은 대학원생들이 이 학회에 처음으로 참여하고 있고, 이때 이 분야가 자신의 입맛에 맞는지를 판단하기 때문이다. 그들은 이 분야에서 누가 전문가이고 자신이 앞으로 전문가로서 어떻게 행동해야 하는지를 배운다. 또한 전문가들이 현재 직면하고 있는 주요 문제에 대해서도 학습하게 된다. 이러한 것을 통해 개인보다 오래 존속하는 전문가 문화를 전달하고 있다. 더 나아가 이 학회에 처음 참가한 대학원생들은 그들이 선택한 분야에 대해 매우 고무된 느낌을 가지고 떠날 것이고 다음 해에도 기꺼이 참여하려 할 것이다.

인을 감추고 있을 수 있다. 이렇게 함으로써 이러한 활동은 조직 내 현재 권력구조와 인력구성을 강화할 수 있는 것이다.

Trice와 Beyer(1984)가 제안한 조직개발에 대한 이러한 관점은 대부분의 조직개발자가 동의하지 않는 도발적인 것이다. 실제로 조직개발 개입이 조직의 긍정적인 변화를 촉진할 수 있다는 경험적 증거가 있고(예 : Austin & Bartunek, 2013), '기분 좋게 만드는' 의례를 위해 지불하는 비용 이상의 무엇이 있다. 반면, 조직개발이 다소 의례적인 방식으로 흐르는 경우도 있다ー구성원을 대상으로 의견조사가 시행되고, 보고서가 작성되며 보관된다. 이 과정으로 모든 사람의 기분은 좋아지겠지만, 이 과정이 끝난 후에 조직 내의 어떤 문제들도 해결된 것이 없고 다루어진 것마저 없는 것이 실상이다.

갈등 감소(conflict reduction) 의례는 조직 내에 잠재하고 있는 소모적인 갈등이 줄어들기 원할 때 취해진다. 노조가 있는 조직에서 이 의례의 대표적인 사례는 아마 집단 간 협상과정일 것이다. Trice와 Beyer(1984)에 따르면 이 활동은 대부분의 경우 당사자들이 최종적인 합의를 당연히 예상하고 있기 때문에 일종의 의례인 것이다. 그러나 합의에 도달하기 위해서 당사자들은 자신의 역할에 맞도록 '게임을 해야 하는' 것이다. 예를 들어, 회사 측 대표자는 자신이 조직의 자원을 잘 관리하는 집사라는 인상을 주기 위해 수용하기 어려운 협상안을 초기에 제시해야 한다. 상대적으로 노조의 대표자는 그 제안을 거부해야 하고, 자신이 노조원의 이득을 보호하고 있다는 것을 보여 주기 위해 회사 측이 수용할 수 없는 협상 요구안을 제시해야 한다.

Trice와 Beyer(1984)가 기술한 의례의 마지막 유형은 통합(integration) 의례이다. 통합 의례의 이면에 있는 주된 목적은 조직의 구성원들을 하나로 묶어 공동체 의식을 격려하고 되살아나게 만들기 위한 것이다. 대부분의 조직에서 송년회를 갖는데 이것은 의례의 전형적인 모습 중 하나라고 말할 수 있을 것이다. 근로자의 휴일 모임에서 일상의 규칙은 무시하고 간단하게 서로 교제하며 즐기게 된다. 비록 오후나 저녁이라는 일시적인 시간일지라도 함께 즐기는 이러한 경험은 조직 구성원들의 사회 결속을 형성하는 데 도움이 된다.

의식(rituals)은 의례와 밀접하게 관련되어 있는데, 그 이유는 이 둘이 행동방식을 통해 실행되기 때문이다. Trice와 Beyer(1984)는 의식을 "불안을 관리하는 표준적이고 구체적인 기술과 행동들의 집합이지만, 실질적으로 의도적이고 기술적인 결과를 별로 도출해 내지 못하는 것"(p. 655)이라고 정의한다. 아마 의식적 행동의 가장 두드러진 예는 야구와 같은 스포츠의 세계에서 나타난다. 많은 운동선수는 특정 음식만 먹거나 일정한 순서로 옷을 걸어 놓는 등 경기 전 의식을 치른다. 운동선수 개인에게는 중요할지 몰라도, 시합 전 운동선수의 불안을 감소시키는 것 외에는 효과가 없다. 대부분의 조직에서 근로자들은 프로선수들의 의식적 행동과 같은 행동을 하지는 않는다. 그러나 조직의 의식은 분명 존재하고, 의식은 조직 문화에 관한 정보를 반영한다. 예를 들어, 많은 조직에서 직원들은 휴식시간과 점심시간 중에 의식적 행동을 한다. 종업원들은 매일 같은 장소에 모일 수도 있고, 정확하게 같은 시간에 같은 식당에서 식사를 할 수도 있다. 하지만 어떤 조직에서는 각자가 이 시간에 자신의 책상에서 식사를 하거나 책을 읽을 수도 있다. 전자의 경우 이러한 의식은 조직 내의 강한 유대가 형성되어 있다는 것을 의미하지만, 후자의 경우 이러한 의식은 개인의 사생활과 고독을 중시하는 문화를 암시할지 모른다.

조직 문화를 엿볼 수 있는 또 다른 의식은 근무시간 이후의 친목 형태이다. 금요일 오후 일부 전공학과들의 일반적인 의식은 근처 술집에서 술을 마시며 친목을 다지는 것이다. 반면에 어떤 전공학과에서는 근무시간 이외의 친목의 시간은 거의 가지지 않는다. 전자의 경우에 이러한 의식은 그 부서의 구성원들이 서로에게 동료 이상의 감정을 가지고 있다는 것을 보여 주며, 직장의 범위를 넘어 사회적 유대가 확장되기를 바란다는 것을 의미한다. 하지만 직장 밖에서 친목이 없다는 사실은 서로에게 동료로서의 매력을 찾지 못함을 의미할 수 있다. 아니면 혼자 지내는 것을 선호하거나 가족들과 보내는 시간에 더 우선순위를 두는 조직 문화를 반영한 것일 수도 있다.

스토리, 전설, 드라마

스토리텔링(storytelling)과 전설(legend)을 언급하는 것이 특정 문화에 대한 정보를 전달하는 매우 좋은 방법이라는 사실은 문화인류학(예 : Geertz, 1973)이나 의사소통 이론(Pacanowsky & O'Donnell-Trujillo, 1983)과 같은 분야에서 이미 밝혀진 사실이다. 조직의 현장에서 스토리는 "실제 사건에 기초한 이야기 ― 종종 진실과 허구가 섞인"(Trice & Beyer, 1984, p. 655) 것으로 정의된다. 조직에서 직원들은 많은 스토리를 전달하며, 그중 어떤 것은 문화의 전달과는 완전히 무관한 것들이다. 스토리가 문화 전달을 위한 수단으로 사용되는 경우는 대부분 조직이 신입사원들에게 조직의 문화를 반영한 일화를 의도적으로 전달할 때이다. 이것의 좋은 예는 데릭 지터의 당신의 상상하는 삶 : 당신의 꿈을 성취하기 위한 삶의 가르침(The Lfe You Imagine: Life Lessons for Achieving Your Dreams)이란 2001년 책에 기록된 짧은 이야기에서 잘 나타난다. 이 책에서 지터는 그의 신인 시절 그와 돈 매팅리(예전 양키스 소속의 대단한 선수, 현재 마이애미 말린스 감독)가 봄 훈련이 끝나는 마지막 날 필드를 떠나면서 있었던 일을 소개하고 있다. 두 선수는 각자 혼자였고 경기장을 유유히 떠날 수 있었지만, 매팅리가 지터에게 '보는 사람이 있든 없든' 경기장을 전력 질주하여 나가자고 제안했다고 한다. 이 일화는 분명히 매팅리에 대해 무언가를 말해 주지만, 더 중요한 것은 이 일화를 통해 선수들은 감시받지 않더라도 열심히 노력하는 것에 높은 가치를 두는 뉴욕 양키스 팀의 문화를 알 수 있다는 점이다.

전설은 "역사에 기반을 둔 그러나 허구적인 세부사항들이 덧붙여진, 어떤 굉장한 사건에 대해 전해 내려오는 설화"(Trice & Beyer, 1984, p. 655)라고 정의된다. 전설은 또한 조직에서 중요한 문화적 사항을 전달하는 데 사용된다. 일반적으로 전해 내려오는 특정한 전설은 조직의 설립, 중요한 조직의 위기 또는 조직에 큰 충격을 주었던 사건 및 혁신과 같은 중요한 사건들을 다룬다. 3M의 포스트잇 메모지와 같은 혁신적 제품을 둘러싼 일화들은 전설적인 상황을 묘사하고 있으며, 혁신의 주역들은 실제 삶보다 더 위대한 삶을 산 것처럼 그려진다(Gundling, 2000). 3M은 이러한 전설을 신입사원에게 전달함으로써 혁신과 창조성이 문화의 중요한 부분이라는 사실을 인식시킨다.

문화 전달을 위한 마지막 기법은 Pettigrew(1979)가 조직의 드라마라고 명명한 과정을 통해서이다. 조직의 드라마는 간단하게 조직의 역사에서 중요시되고 의미를 찾을 수 있는 사건을 말한다. 조직 드라마는 조직 문화를 바라볼 수 있는 창을 제공한다. 새로운 조직 구성원에게 이러한 드라마는 조직의 문화를 전달하는 방법으로 유용하다. Pettigrew에 따르면 조직의 리더들의 등장과 퇴장, 조직구조의 변화 그리고 성공과 실패의 사례 등이 조직 드라마의 전형적인 예라고 할 수 있다.

언어와 의사소통

언어는 인간이 다른 종과 구별되는 핵심적인 특징 중 하나이다. 또한 조직의 문화는 조직의 종업원의 언어에 반영될 것은 당연하다. 실제로 각 조직은 일반적으로 조직 고유의 말투 및 대화방법이 존재한다. 유사하게, 조직의 종업원들이 다른 이들과 의사소통하는 방식 및 규칙은 조직의 문화가 어떠한지에 대한 정보를 제공한다. 상세한 내용은 다음 절에서 소개한다.

조직의 특이한 용어는 사람들이 대화하는 과정에서 상당 부분 드러나게 된다. 이것의 좋은 예는 디즈니랜드가 공원의 방문객을 단순한 고객이 아니라 초대받은 '손님'으로 여기도록 훈련하는 것이다(Van Maanen, 1991). 디즈니 테마 공원에 사람이 입장하면 직원들은 그 고객을 자신의 집에 초대한 손님처럼 여기는 것이다. 디즈니는 예전부터 엔터테인먼트 사업의 핵심을 강화하기 위해 용어를 연극에 비유하여 사용하고 있었다(예 : 직원들은 캐스팅 배우들이다).

조직에서 사용하는 의사소통 방법은 조직 문화에 대한 통찰을 제공한다. 일부 조직에서는 직원들이 메시지, 음성 메일 혹은 이메일과 같은 개인의 감정이 담겨 있지 않은 단방향 의사소통 방법을 선호한다. 이러한 방식을 선호한다는 사실은 조직 문화가 어떻다는 것을 의미하는가? 그것은 단순히 사람들은 시간을 절약하고 싶다는 것을 의미할 수도 있지만, 사람들이 정말로 다른 직원들과 상호적인 의사소통을 원하지 않는다는 사실을 의미할 수도 있다. 이메일과 같은 개인의 감정이 담겨 있지 않은 의사소통 방법은 매우 능률적일지라도, 동료 간에 '일방적인 지시' 혹은 '일방적인 선언'을 더 자주 사용하게 만든다. 결과적으로 이것은 조직 내 신뢰가 쌓이지 못하고 갈등이 증폭되는 조직 문화를 양산하게 된다.

반대로, 어떤 조직에서는 선호하는 의사소통 방법이 많이 다를 수 있다. 직원들은 이메일이나 문서와 같은 공적인 방법보다 매우 사적이고 일대일의 의사소통을 선호할지도 모른다. 조직 문화의 관점에서 살펴보면 이러한 현상은 '대인관계의 조화' 및 '결정을 내릴 때 다른 사람들의 감정을 고려해야 한다는 점' 등이 많이 강조되는 문화라는 사실을 보여 주고, 의사결정을 하기 전에 많은 조율이 필요한 참여도가 높은 문화임을 시사한다.

조직 문화의 발달

Schein(1992)에 따르면 조직 문화의 주요 기능으로 외부 적응(external adaptation)과 내부 통합(internal integration)을 들 수 있다. 조직 문화에서 외부 적응은 인류학적 관점에서뿐 아니라 진화론적인 부분을 반영해서 접근할 수 있다. 문화인류학자들에게 문화는 한 집단의 사람들이 보다 성공적으로 자신의 환경에 적응할 수 있게 했던 행동과 신념 중 오랜 시간에 걸쳐 존속된 것을 반영한다. 환경에의 적응이야말로 진화과정의 핵심이듯이 문화의 형성 역시 진화의 결과라고 말할 수 있다.

외부 적응 개념을 도입하게 되면 조직 문화는 발전, 유지의 과정을 거치게 된다는 명제를 도출하게 되는데, 이는 조직 문화가 조직이 존속하고 번창하도록 돕는 기능을 가지고 있기 때문이다. 만약 바람직하다고 판단되는 문화적 속성을 지닌 조직을 들여다본다면 이 개념은 쉽게 실증될 수 있다. 예를 들어, 혁신을 강조하는 문화를 개발한 덕분에 3M은 파산하지 않았고 세계에서 가장 성공한 회사 중 하나가 되었다. 마찬가지로, 디즈니사가 고객서비스와 편안함을 최우선으로 했기 때문에 작은 필름 애니메이션 회사에서 거대 엔터테인먼트 기업으로 성장할 수 있었던 것이다.

일부 조직이 부정적으로 판단되는 문화를 개발하는 이유에 대해서도 외부 적응의 기능으로 답할 수 있다. Mason(2004)에 따르면 NASA는 원래 안정성과 기술의 탁월성을 중시하는 문화였지만, 후에 비용의 효율성을 따지고 일정을 맞추는 것을 중시하는 문화로 바뀌었다. 물론 NASA가 수년 동안 겪어야 했던 중압감(의회 자금 부족, 발사 일에 대한 압력)을 생각해 본다면 이러한 변화는 충분히 이해할 만하지만, Mason이 지적했듯이 효율성에 주안점을 두다 보니 안전문제에 대한 경계를 늦추어 결국 챌린저호와 컬럼비아호 우주왕복선 사고와 같은 실패를 초래하는 데 일조하게 된 것이다.

Schein(1992)은 조직 문화가 외부 적응뿐 아니라 내부 통합을 촉진한다고 제안한다. 만약 한 조직에 하나의 동일한 문화가 없다면 조직이 어떻게 운영될지 한번 생각해 보자. 그 조직의 새로운 조직원은 조직에 제대로 융화되지도 못할 뿐 아니라 조직 내에서 자신의 역할이 무엇인지조차 이해하지 못할 것이다. 이와 같이 조직 문화는 조직이라는 사회적 구조를 연결하는 '접착제'의 역할을 한다. 조직은 원초적으로 사회적 구성체이며 사회적 통합 없이 조직은 더 이상 존재하기 힘들다(Katz & Kahn 1978). 그러나 Schneider와 동료들(2011)이 언급했듯이, 조직 문화(그리고 풍토)의 공감대 부족이 미치는 영향에 대한 연구가 적은 상태다. 따라서 위와 같은 결론을 내리는 것은 아직 성급하다고 할 수 있다.

　조직의 통합 기능은 한 조직 내에 다양한 수준의 문화 사이에서도 발휘되며, 이를 통해 조직의 하위문화(subcultures)가 어떻게 발전되는지를 알 수 있다. 더군다나 어떤 하위문화는 공통적인 경험이나 비슷한 학교 교육을 공유한 특정 부서의 구성원들에 의해 형성된다. 이런 이유로 대부분의 심리학부 내 대학원 과정(임상심리, 산업 및 조직심리, 사회심리, 실험심리)으로 대표되는 다양한 분야에서 공통된 학교 교육 및 경험을 바탕으로 매우 독특한 하위문화를 형성하고 있는 것을 볼 수 있다. 이러한 하위문화가 발전하면 동일 분야 내의 사회적 결합을 증진하고 대학원생들의 사회화가 강화된다. 그렇다고 해서 하위문화가 있으면 학과 전체의 문화가 없다는 의미는 아니다. 박사학위 소유 심리학자들이라면 분야에 상관없이 학과 전체가 공통적으로 수강해야 하는 교육과정이 있는 것과 같은 이치이다.

　조직 문화를 구성하는 마지막 요소는 그 조직의 설립자 혹은 최고경영자다. 영향력 있는 설립자와 고위관리들은 조직의 문화에 어떻게 자신을 '각인'시킬까? 이런 의문이 입증되기는 힘들지만 몇 가지 방법론을 통해서 증명이 가능하다. 이들은 조직 구성원, 특히 고위관리에 대해 대단한 영향력을 가지고 있다. 이것은 사람들이 일반적으로 자신과 비슷한 사람들이 근무하는 기업에서 일하고 싶어 하는 것과 같은 것이며(Byrne, 1971), 또한 창립자나 최고경영자에 의해 선발된 직원들이 서로 비슷한 가치관을 지니고 있는 것과 같다. 그렇기 때문에 일부 조직원은 자신의 가치관이 회사와 상이해서 타협을 거부하거나 심지어는 퇴사하기도 하는데(Schneider, 1987), 이때 회사에 남은 사람들은 자신의 성향대로 조직의 문화를 조성한다.

　설립자와 최고경영자는 또한 회사의 전략 수립에 큰 영향을 미친다(Finkelstein, 1992). 어떤 전략을 채택하느냐에 따라 조직에서 형성되는 문화에 영향을 미칠 수 있다. 예를 들어, 어떤 조직이 한정된 수량의 1등급 제품을 생산하는 전략을 취한다면, 이는 고객에게 최상의 서비스를 제공하는 것을 우선으로 하는 조직과 비교하여 아주 다른 문화를 형성하게 될 것이다. 전자와 같은 경우 전문 기술에 주안점을 둘 것이고, 후자의 경우 사회관계적 기술이나 갈등을 최소화하는 방법을 습득하는 데 더 높은 가치를 둘 것이다.

　설립자와 최고경영자의 영향력과 관련해 고려해야 할 마지막 사항은 설립자가 더 이상 조직에 소속되어 있지 않을 때에도(퇴직이나 사망) 조직 문화에 영향을 미칠 수 있을까 하는 점이다. 이에 대한 경험적 연구가 많이 이루어지지는 않았지만, 우리가 문화에 대해서 알고 있는 한도 내에서 봤을 때 설립자의 영향력이 얼마간은 지속되는 것으로 보인다. 이러한 사실은 문화가 일반적으로 문화전승(관습, 이야기)의 과정을 통해 지속되고 그 문화의 설립자 역시 살아남게 되기 때문이다. 특히 최초의 조직 문화가 조직을 성공으로 이끌고 적응력이 있는 것으로 평가된다면 더욱 그렇다. 디즈니사가 설립자인 월트 디즈니의 가치관을 잘 보전한 좋은 예인데, 이 회사는 그 덕분에 오늘날까지 성공할 수 있었다.

조직 문화의 측정

조직 문화의 효과를 과학적으로 증명하기 위해서 이를 정밀하게 측정해야 한다. 조직심리학에 여러 가지 변수가 있듯이 조직 문화 역시 측정이 매우 복잡하고 힘들다. 이 절에서는 조직 문화를 측정하는 일반적인 방법을 살펴보기로 하겠다.

문화의 자기 보고식 진단

조직 문화를 측정할 수 있는 가장 정확한 방법은 자기 보고식 측정 도구를 마련하여 조직원들로 하여금 응답하도록 하고, 그 결과를 분석하여 숫자로 된 지표를 만들어 내는 것이다. 지난 몇 년 동안 가장 일반적으로 사용된 자기 보고식 진단 도구는 조직 문화 프로파일(Organizational Culture Profile, OCP)로 이는 O'Reilly, Chatman, Caldwell(1991)이 제안한 조직 문화 모델에 기초한다. OCP를 사용한 진단은 조직 내에서 지배적인 가치관에 대해 조직원들이 인식하고 있는 정도를 측정하는 것으로 〈표 14.1〉에 요약하였다. OCP는 개인이 아닌 조직 수준에서 진단하는 것이기 때문에 각각의 가치에 대한 점수는 조직 구성원 개인들이 응답한 점수를 평균 낸 값이다.

또 다른 자기 보고식 조직 문화 지표는 Hofstede(1980)가 제안한 것으로, 여러 국가 간 문화의 차이를 근거로 다음과 같은 조직의 가치를 진단한다. 과정중심(process-oriented) 대 결과중심(results-oriented), 직원중심(employee-oriented) 대 업무중심(job-oriented), 인습(parochial) 대 전문성(professional), 개방 체계(open system) 대 폐쇄 체계(closed system), 느슨한 관리(loose control) 대 엄격한 관리(tight control), 규범적 관리(normative control) 대 엄격한 관리(tight control) 등을 측정할 수 있다. OCP와 마찬가지로 개개인의 점수를 평균하여 조직 점수로 환산한다. 특정 조직의 문화 독특성은 이 진단방법을 통해 나온 점수의 양식으로 결정된다.

가장 최근에 소개된 자기 보고식 평가지표는 **데니슨 조직 문화 조사**(Denison Organizational Culture Survey; Denison, Cho, & Young, 2000)와 조직 문화 질문지(Organizational Culture Inventory, OCI; Cooke & Rousseau, 2000; Cooke & Szumal, 2000)다. 데니슨 조직 문화 조사는 앞 장에서 소개한 Denison 모델의 12가지 차원의 가치를 측정하기 위해 60개의 문항으로 구성된다(그림 14.1 참조). 반면 OCI는 휴먼 시너지스틱스 모델의 차원을 측정하는 78개 문항으로 구성된다. 두 측정 방법은 OCP나 Hofstede의 지표에 비해서 상대적으로 새로운 방법이지만, 조직에서 문화를 측정하는 유용한 도구라고 할 수 있다(Cooke & Szumal, 2000; Gillespie et al., 2008).

조직 문화 진단에서 자기 보고식 방법은 비교적 관리하기가 용이하고 연구자들이 조직 문화를 묘사하고 비교할 수 있는 양적인 지표를 제공하지만, 몇 가지 심각한 한계가 있다. 조직 문화의 기초는 조직원들이 공유하는 기본 가정을 전제로 한다는 것을 기억해야 한다. 문제는 이러한 기본 가정은 대부분의 조직 구성원들이 의식하지 못한 채 습득하게 된다는 것이다. 따라서 어떤 조직의 문화에 흡수된 구성원들은 가치관과 같이 그 문화의 표면에 부각되는 양상에 대해서만 보고하게 된다.

문화 측정의 민족지학적 방법

민족지학(ethnography)은 질적인 방법론을 사용하여 행동을 관찰하여 측정하는 것이다. 조직 문화의 민족지학적 평가를 전형적으로 소개하는 학자들은 장기간 조직의 행동을 관찰하고 기록한다. 간혹 민족지학자들은 자신을 외부의 연구자라고 소개한다. 그러나 다른 경우에는 그들이 실제로 자신이 연구하려는 조직의 일원이 되기도 한다. 이러한 종류의 조직 문화 연구에서 가장 주목할 만한 예는 Van Maanen의 경찰 조직의 문화 분석이다(Van Maanen, 1975). 이 조직을 연구하기 위해서 Van Maanen은 실제로 경찰관 양성 기관에 입학하였고 그의 관찰내용을 기록했다.

민족지학자들은 직접적인 관찰 외에 면담(interview) 방식을 사용하기도 한다(Johnson, 1990). 정보제공자는 민족지학자가 정보를 얻고자 하는 조직의 구성원이다. 많은 경우에 정보제공자는 민족지학 연구자들이 자신이 속한 조직에 대해 관찰하는 것을 이해하도록 돕는다. Johnson(1990)에 따르면, 어떤 민족지학 연구에서도 이상적인 정보는 없다. 그럼에도 불구하고 이러한 정보는 연구 대상이 되는 조직에 관한 세부적인 지식을 포함하고 있어야 한다.

조직의 정보제공자들을 선택할 때, 민족지학자들은 가능하면 오랜 시간 재직한 직원들을 찾는다. 이 사람들이 실제로 연구에 도움이 많이 되는데, 그것은 조직에서 일어난 많은 일들에 대한 역사적 배경을 제공하기 때문이다. 그러나 오랜 시간 재직한 직원들이 가지고 있는 결점 중 하나는 그들은 조직의 문화 속에 깊이 빠져들어 있기 때문에 오히려 조직의 문화에 대해 정확하게 묘사하기 힘들 수 있다는 점이다. 오래 재직한 직원들에 비해 신입사원들이 느낀 '첫인상'이 궁극적으로 조직 문화에 대한 많은 통찰력을 제공할 수 있다. 그런 이유로 민족지학자들에게 가장 좋은 방법은 다양한 기간을 재직한 조직의 정보제공자들을 찾는 것이다.

조직 문화의 민족지학적 방법이 가지는 가장 큰 장점은 연구자들이 직원들에게 조직 문화에 대해 직접적으로 묻지 않는다는 점이다. 만약 조직 문화란 직원들이 공유하는 기본 가정을 대표하는 것이라는 개념을 받아들인다면, 기본 가정은 직원들이 접근할 수 있는 매우 어려운 의식의 단계에 있고, 따라서 이러한 기본 의식을 측정하기 위해서는 자기 보고식 방법보다 질적인 방법이 더 적합할 수 있다.

이와 같이 조직의 문화에 대한 정보는 직접적으로 직원들에게 직접 질문하는 것보다 구성원들의 행동을 관찰하여 더 많이 얻을 수 있다. 그러나 불행하게도 민족지학적 방법은 노력과 시간이 많이 소요된다. 대부분의 경우 모든 관찰과정을 체계화하기 위해서 조직을 관찰할 수 있는 충분한 시간적 여유가 주어지지 않는다. 또한 민족지학 연구에서는 관찰자 편향이 발생할 가능성이 존재한다.

이러한 문제를 해결하기 위해 연구를 보고할 때 사용할 수 있는 많은 방법(정보제공자를 통하거나 다양한 관찰자를 통해서)이 있으나, 관찰은 궁극적으로 주관성을 배제할 수 없다.

조직 문화의 변화

지금까지 조직 문화를 정의하는 과정에서, 조직 내에서 많은 시간이 흐르고 세대가 변하여도 여전히 지속되는 가치와 기본 가정이 존재하며, 그것이 결과적으로 조직 내 구성원들에게 공유된다는 사실을 계속적으로 강조해 왔다. 지금까지 다룬 논제의 주요 요점 중 하나는 조직 문화는 유행에 따라 무작위로 발전하는 것이 아니라는 것이다. 조직 문화가 오랜 시간 존속 가능한 것은 그것이 경쟁적인 경영환경에 조직이 적응하도록 돕는 역할을 하고 있기 때문이다. 그러나 그러한 경쟁적 경영환경이 변화하게 되면 어떻게 될 것인가? 이전에 형성된 조직 문화는 새로운 환경에 적응하는 데 아무런 도움을 주지 못할 것이며 심지어 새로운 경쟁환경에 역효과를 내도록 할 수도 있다. 그러므로 조직은 살아남기 위해서 그들의 문화를 경쟁환경에 맞추어 변화해야 한다.

제15장에서 기술될 많은 조직개발 기법들은 궁극적으로 조직 문화 변화에 초점을 맞추고 있다. 따라서 이 주제는 여기서 깊게 다루지는 않을 것이다. 여기서는 조직 문화의 변화에 대한 중요한 두 가지를 다룬다.

1. 조직 문화 변화는 왜 그렇게 어려운가?
2. 조직 문화의 변화에서 공통된 기제는 무엇인가?

조직 문화 변화가 어려운 이유

조직 문화에 대한 연구에서 대부분이 동의하는 결론은, 일단 조직 문화가 형성되면 변화되기 어렵다는 것이다(Denison, 1990; Hatch, 1993; Schein, 1985, 1992, 2010). 이것은 조직 문화가 극단적으로 다루기 힘든 대상이라는 점을 의미하는 것은 아니다. 조직 문화는 긴 시간에 걸쳐 다양한 이유로 인해 진화하고 변화하는 것이지(그 이유는 다음 장에서 더 자세히 논의할 것이다) 단시간에 변하는 것이 아니다. 어떤 관리자가 일주일 정도 걸리는 일을 주말인 금요일에 지시하여 당일에 마치도록 부하에게 지시하듯이 다룰 수 있는 것은 아니다(순진하게 이것이 가능하다고 생각하는 일부 조직도 있다).

변화가 어려운 이유는 문화의 기초인 '기본 가정'에 종업원들이 순조롭게 접근하지 못하기 때문이다. 실제로 많은 학자들은 이것이 의식적 인식 아래에 있는 것이라고 주장한다. 이런 이유로 '기본 가정'은 변화에 대해 저항하고 변하지 않으려는 속성을 가지고 있다. 더구나 기본 가정이 변화라는 도전에 직면하게 되면, 그 도전은 조직 구성원들의 기본 가정에 대한 믿음을 더욱 강화한다. 예를 들어, 몇몇 신입 조직 구성원들이 기본 가정을 받아들이는 것을 거부하면, 기존 조직 구성원들은 새 구성원들에게 기본 가정을 받아들이도록 압력을 행사한다. 이런 과정에서 기본 가정에 저항하던 구성원이 순응하든 저항을 계속하든 혹은 조직을 떠나든 상관없이 기본 가정의 가치는 더욱 강력해진다. 비록 대부분의 조직 문화 전문가들이 기본 가정이란 변화에 가장 심하게 저항하는 원인이라고 말하지만, 문화 변화에 영향을 미치는 다른 요인들이 있을 수 있음을 알고 있어야 한다(참고 14.3 참조).

조직 문화가 변화하기 어려운 또 하나의 이유는 조직 문화를 그대로 유지함으로써 이득을 보는 사람이 있기 때문이다. 마찬가지로 만약 조직 문화가 변화되면 손해 보는 사람들이 있다는 것이다. 이것은 조직 문화를 형성하는 가장 보편적인 가정 중 하나인 구성원들이 어떻게 보상받아야 하는가

참고 **14.3**

조직 문화는 실제로 변하기 어려운가?

거의 모든 조직 문화 연구에서 일반적인 주장 중 하나는 바로 조직 문화가 한 번 형성되면 바뀌기 매우 어렵다는 것이다(Ostroff, Kinicki, & Muhammad, 2013; Schein, 2010). 조직 문화는 한 번도 의심된 적 없는 기본 가정과 신념이며, 심지어 이는 의식되지도 않는다. 그러므로 사람들에게 기본 가정에 의문을 품게 만들고, 그 결과 문화를 바꾸기 위해서는 많은 노력이 필요하다.

이것이 조직 문화에 대한 우세한 관점이지만, 실제로 조직 변화 과정에 대해 다룬 연구는 매우 부족하다(Ostroff et al., 2013). 게다가 사람들이 생각하는 만큼 조직 문화를 바꾸는 것이 어렵지 않다고 보는 몇몇 근거도 있다. 그 예시로 Wilkins와 Ouchi(1983)는 몇 해 전에 조직 문화가 바뀌기 어렵다는 생각은 대개 문화인류학에서 기인한다고 주장했다. 많은 독자들이 알고 있듯이, 문화인류학자들은 사회 문화에 가장 관심을 갖는다. 사회 문화는 상당히 변하기 어렵다. 대부분의 사람들이 그 사회 문화에 완전히 녹아들어 있기 때문이다. 그러나 조직 문화의 경우, '문화적응(enculturation)' 수준이 매우 다양하다. 어떤 종업원들은 조직의 가치관과 가정을 충실히 옹호한다. 반면, 조직의 가치관과 가정에 매우 반대하는

종업원들도 있다. 대부분의 종업원들은 이 두 가지 극단 사이에 위치할 것이다. 이러한 문화적응의 다양성을 고려할 때, 전체 사회에 비해 조직의 문화를 변화시키는 것은 좀 더 쉬울 수 있다.

조직 문화의 변화를 쉽게 만드는 다른 요인으로 고용조건의 변화를 들 수 있다. 오늘날 종업원들은 조직에 짧은 기간 머무르며, 계약직이나 임시직으로 고용되는 경우가 많다. 이러한 변화로 볼 때, 오늘날 조직이 '더 약한' 문화를 갖고 있고, 따라서 좀 더 쉽게 문화를 바꿀 수 있게 된 것이다. 그러나 궁극적으로 이러한 조직 문화 변화의 과정에 대해 더 많은 연구가 수행되어야 할 것이다.

출처 : Ostroff, C., Kinicki, A. J., & Muhammad, R. S. (2013). Organizational culture and climate. In N. Schmitt & S. Highhouse (Eds.), *Handbook of psychology* (Vol. 12, pp. 643–676). Hoboken, NJ: Wiley; Schein, E. H. (2010). *Organizational culture and leadership*. San Francisco, CA: Jossey-Bass; Wilkins, A. L., & Ouchi, W. G. (1983). Efficient cultures: Exploring the relationship between culture and organizational performance. *Administrative Science Quarterly, 28*, 468–481.

라는 가정을 통해 효과적으로 설명될 수 있다. 가장 기본적인 가정은 연공서열에 의한 보상방법이고, 새로 영입된 최고경영자가 성과에 따른 보상방법으로 조직 문화를 바꾼 것을 가정할 수도 있다.

첫 번째 가정에 의하면 조직에서 오래 근무한 사람이 혜택을 보는 것이 당연하지만, 성과에 의해 보상을 하는 두 번째 가정을 생각해 보면 오랜 시간 동안 근무를 하고 있지만 성과가 저조한 조직원들만 손해를 보게 된다. 오랜 기간 일하고 성과가 저조한 직원들은 이러한 조직 문화 변화에 격렬하게 저항할 것이고, 변화된 정책을 따르지 못할 수 있다. 이런 조직원들은 연공서열에 따른 보상을 포기해야 할 뿐만 아니라 변화된 조직 문화 때문에 그들의 저조한 성과에 낮은 보상을 받는 고통까지 감수해야 한다. 현재의 조직 문화가 나쁘게 혹은 역기능을 가진 것으로 보일지라도 그 조직 문화가 그대로 남아 있어 덕을 보는 사람이 존재하고, 그 조직 문화가 변화됨으로 손해 보는 사람이 있는 것은 자연스러운 현상이다. 조직 문화를 변화시키려는 많은 시도가 실패하는 이유는 조직 문화의 변화를 시도하려는 사람들이 이러한 현상을 인지하지 못하기 때문이다.

조직 문화 변화의 본질

Schein(1992)에 따르면 조직은 사람과 마찬가지로 각각의 '생애(life)' 단계를 거치게 된다. 이러한 단계들은 시간이 흐를수록 조직이 어떻게 변화하고 진화하는지를 이해하는 데 도움이 되기 때문에 중요하다고 할 수 있다. 조직의 **탄생 및 초기 성장 단계**(birth and early growth) 동안에 조직은 설립되고 그 조직만의 차별화된 문화를 구축하기 시작한다. 이 기간 동안 조직은 조직의 설립자나 설립자의 가족에 의해 크게 영향을 받을 것이라고 짐작할 수 있다. 이들은 그야말로 자기 마음대로 고용과 해고를 할 수 있고, 조직원들에게 상당한 충성도를 요구하는 위치에 있게 된다. 게다가 이 단계에 있는 조직이 살아남기 위해서는 조직 구성원들에게 상당한 몰입을 요구하기도 한다. 또한 조직의 존폐가 최고조로 위태로운 때라면 외부 상황들이 조직에 엄청난 영향을 미치는 잠재적인 요인이 될 수 있기 때문에 실제로 그러한 외부 상황들이 조직 문화의 한 부분으로 작용할 수도 있게 된다.

그다음에 두 번째 단계인 **조직 중반기**(organizational midlife)에 이르게 되는데, 이때 조직은 구조적으로 거대화된다. 이 시기는 성장과 확대의 시기가 될 수 있기 때문에 조직은 새로운 시장을 개척하고 새로운 제품군을 개발하고자 한다. 조직 문화와 관련해서 생각해 보면, 조직은 상당히 복잡해지고 조직 내에 다수의 '하위문화'가 생성된다. 이러한 하위문화들은 여러 가지 요인에 의해 형성된다고 할 수 있는데, 이를테면 지리적 위치, 생산 라인이나 부서 또는 심지어 기능적 특성이 그 요인이 될 수 있다. 이 단계에서 눈에 띄는 위험은 하위문화가 지나치게 개별화됨으로써 조직이 좀 더 일반적이면서도 중요한 문화를 잃어버리기 시작한다는 것이다.

세 번째와 네 번째 단계에서 조직 문화 모델은 **조직 성숙기**(organizational maturity)에 이르게 된다. 이때는 조직이 생애에서 '기로'에 놓이는 시점이기 때문에 상당히 중요한 때라고 할 수 있다. 이런 점에서 조직은 새롭게 변화하거나(이를테면 무한한 영속성을 가지게 되는), 정체되다가 결국에 소멸되는 것을 택해야 하는 상황에 종종 직면하게 된다. 사람의 생명은 유한하지만 조직의 생명은 영원할 수 있다는 점에서 조직은 일반 개인들에 비해서 좀 더 이점이 있다. 조직이 새롭게 변화할 것인지 아니면 정체될 것인지를 선택하는 데 조직 문화가 핵심적인 요인이다. 조직 문화의 어떤 측면도 변화시키지 못한다면 그 조직은 소멸될 수밖에 없을 것이다. 반면에 영원히 존재하려는 조직들은 시간이 흐를수록 반드시 그들의 문화에서 변화시켜야 할 부분과 지속시켜야 할 부분을 선택해야만 한다.

Schein(1985, 1992)은 이러한 조직의 생애 단계의 맥락에서 시간의 경과에 따른 조직 문화 변화의 몇 가지 기제를 제안하였다. 이 기제들이 〈표 14.3〉에 요약되어 있다. 조직의 탄생과 초기 성장 단계에서 조직 문화는 네 가지 주요 기제에 의해 변화된다고 할 수 있다. 자연 진화는 조직 문화가 환경에 적응하며 그에 맞게 그 스스로의 모습을 갖추어 나가는 과정을 말한다. 일반적인 관점에서 이는 조직 문화가 조직의 생존에 어떻게 기여하는지를 단적으로 보여 준다. 예를 들어, 조직의 초기 단계 동안에는 매우 독재적인 모습에서 상당히 협력적인 문화로 변화하고 이는 조직 문화의 영구적인 측면으로 남게 된다.

두 번째 기법은 종종 조직의 초기 탄생 단계에서 Schein(2003)이 언급한 것처럼 조직 문화의 변화가 '조직 심리치료법(organizational therapy)에 의한 자기 주도적인 진화'를 통해 일어나는 것이다. 달리 말하면 의도적인 시도나 개입에 의해 조직 문화가 변화되는 것이다. **조직 심리치료법**이라는 용

표 14.3 조직 생애주기의 단계별 문화 변화의 기제

단계	변화 기제
1. 탄생 및 초기 성장기	1. 자연 진화 2. 조직 심리치료법을 통한 자기 주도적 진화 3. 하이브리드에 의한 진화 4. 외부인을 통한 혁명
2. 중반기	1. 계획된 변화와 조직개발 2. 테크놀로지의 유혹 3. 스캔들과 환상의 붕괴에 의한 변화 4. 점진주의
3. 성숙기	1. 강압적 설득 2. 턴어라운드 3. 재조직화, 파괴, 재탄생

출처 : E. H. Schein (1985). *Organizational culture and leadership: A dynamic view*. San Francisco, CA: Jossey-Bass. Copyright 1985, Jossey-Bass. Reprinted by permission of John Wiley & Sons.

어는 다양한 개입을 의미하는데(제15장에서 그 일부를 다룰 것이다), 이러한 개입은 조직 문화 변화를 촉진하기 위해 만들어진다. 예를 들어, 신규 조직의 최고경영진이 조직 문화는 팀 위주로 운영되어야 한다고 결정한다면 이러한 목표를 달성하기 위한 조직심리치료법은 팀 의사결정 혹은 팀 내 갈등 관리 같은 주제를 다루는 교육훈련 프로그램을 만드는 것이 될 것이다. 다른 사례로는 조직의 조직재편이나 구조조정을 실시하여 조직 문화를 바꾸고자 하는 것이 있다(Hannan, Polos, & Carroll, 2003).

Schein이 언급한 조직 문화 변화를 위한 또 다른 기법은 '하이브리드(hybrids)에 의한 진화'로 이 경우 조직 문화 변화는 앞서 기술한 기제와는 상당히 다르지만 이 또한 의도적으로 추진되는 기법이다. 조직 내부의 주요 요직에 하이브리드를 임명하는 것으로 조직의 변화를 꾀하는 것이다. 하이브리드란 현재의 조직 문화에서 성장해 왔지만 동시에 조직 문화에 근간이 되는 근본 전제를 받아들이지 않는 사람이다. 이 사람들을 요직에 임명함으로써 조직 문화를 급진적으로 변화시키지 않고 점진적으로 변화시켜 궁극적으로 조직에 좀 더 적합하도록 만드는 것이다.

마지막 기법은 '외부인을 통한 혁명(revolution)'이라는 기제로 조직의 초기 생애 단계에서 사용된다. 이 기법은 변화를 주도하는 사람들이 내부인이 아니라 조직 문화에 익숙하지 않은 외부인들이라는 점을 제외하고는 앞서 언급한 것과 마찬가지로 이루어진다. 외부 인사를 조직에 배치하면 그들은 현재의 조직 문화에서 당연시되는 많은 기본 가정들에 대해서 의문을 제시하기 때문에 잠재적으로 조직 문화를 대대적으로 변화시키는 역할을 담당하게 된다. 이를 통해 조직은 너무 오래되었거나 제대로 된 역할을 하지 못하는 조직 문화에 대해 다시 생각하는 데 도움을 준다. 그러나 이러한 변화는 현재의 근무자들과 외부인 모두에게 어려움을 초래할 수 있다는 사실을 명심해야 한다.

조직이 중반기에 접어들면 조직 문화가 비교적 잘 자리 잡게 되어 변화를 촉진하기 위해서는 다른 기제들을 필요로 하게 된다. 이러한 기제들 중 첫 번째는 〈표 14.3〉에서 언급한 '계획된 변화(planned change)와 조직개발(organizational development)'이다. 이는 변화의 과정을 이끌어 나가고 촉진하기 위한 의도적인 시도라고 할 수 있으며 또한 조직이 성숙했음을 나타내는 신호이기도 하다. 왜냐하면 성공을 위해 변화는 필수적이라는 점을 인정하는 것이기 때문이다. 모든 조직개발 프로그램은 각기 다른 목적을 가지고 있지만 대체로 근본적인 목적은 바로 조직의 문화를 변화시키거나 적어도 조직이 스스로 조직 문화를 변화시킬 수 있도록 하는 능력을 갖게 하는 것이다. 이러한 종류의 전략을 취하는 조직들은 일부 대규모의 조직개발부서가 있음에도 불구하고 일반적으로 외부의 컨설턴트들로부터 자문을 받는다.

중반기에 접어든 조직에서 두 번째 변화 기법은 '테크놀로지의 유혹(technological seduction)'이라고 불리는 것이다. 이는 기술적인 요소가 조직 변화의 지렛대 역할을 하는 것인데, 두 가지 방식이 있다. 하나는 조직 내에서 개발된 기술을 통한 변화를 꾀할 수 있다. 예를 들어 '하이테크' 문화가 컴퓨터 회사에서 발전할 수 있는데, 조직 내에서의 많은 직책이 그러한 일을 해내야 하는 구성원들이 많아지기 때문이다. 다른 하나는 새롭고 익숙하지 않은 기술을 조직 내에 도입함으로써 조직 문화의 변화를 유도하기도 한다. 기술이 사회적 환경을 변화시킬 수 있다는 생각은 잘 알려져 있고, 이는 사회공학 시스템(sociotechnical systems)의 관점과 채광에 관한 타비스톡 연구소의 보고에 그 기원을 두고 있다(Trist & Bamforth, 1951).

중반기에 있는 조직의 조직 문화 변화에 관한 세 번째 기제는 스캔들(scandal)과 '환상의 붕괴(explosion of myths)'에 의한 방법이다. 예를 들어, 조직에 관련된 스캔들은 조직원들에게 그동안 의문시하지 않았던 근본 전제에 대해 의문을 갖게 하여 결과적으로 조직 문화를 변화시키는 것이다. 예를 들어, 어떤 조직의 카리스마 넘치는 리더가 스캔들에 연루되어 체포된 사례를 들 수 있다. 사회적 관점에서 보았을 때 1970년대 초에 발생한 워터게이트 사건이 사람들에게 정부 관료에 관한 기본 가정에 대해 다시금 생각하게 해 주었다고 말할 수 있다. 그런데 궁극적으로 이 사건은 사람들에게 엄청난 불신과 회의를 주었다.

조직 내에서 수용되는 여러 환상 중에 한 가지가 거짓으로 밝혀지는 경우 환상은 무너져 버리고 만다. 예를 들어, 상당수의 조직 내에서 공통적으로 통용되는 환상은 조직원들의 정년을 보장해 주는 것이다. 만일 구조조정으로 퇴직사태가 발생하게 된다면 이러한 조직의 환상은 무너지고 조직의 문화는 그 결과로 변화하게 될 것이다. 사회적 차원에서 미국인들에게 줄곧 신봉되었던 환상은 인터넷을 사용하고 전화로 대화할 때 그들의 사생활이 매우 잘 보호되고 있다는 것이었다. 그러나 미국가안전보장국(National Security Agency, NSA)의 자료 수집 프로그램에 대한 폭로로 인해 미국인들은 위의 가정에 대해 높은 수준의 회의를 느끼게 됐다.

조직의 중반기 동안 변화에의 마지막 기제는 점진주의(incrementalism)라고 일컬어진 것이다. 이것의 의미는 변화가 아주 천천히 일어난다는 것이다. 예컨대, 중반기에 있는 대부분의 조직은 그 구성원들의 근속기간이 매우 다양하다. 오랜 기간 조직과 함께한 이들도 있고 몇 년 혹은 조직에 들어온 지 얼마 되지 않은 이들도 있다. 시간이 지나면서 새로운 구성원들이 조직에 합류하게 되고 반면에 조직을 떠나거나 은퇴하는 사람들도 생겨난다. 조직은 조금씩이나마 확실히 변화를 하게 된다. 예를 들어, 많은 대학의 학과들이 변모하고 있는데, 1970년대 초반에 고용된 많은 교수진들이 퇴직을 하고 있기 때문에 그렇다. 그러나 교수들이 한 번에 다 그만두는 것은 흔치 않은 일이기 때문에 이러한 변화들은 점진적으로 발생하게 된다. 새로운 교수진들은 서서히 부임하게 되고 이로 인해 발생하는 변화는 매우 미묘하고 감지하기 어렵다.

조직의 마지막 단계인 조직의 성숙기에서 조직은 쇠퇴하거나 변화를 선택하여 조직이 부활할 수 있다. 따라서 이 시기에 조직 문화의 변화는 매우 중요한 문제일 수 있다. 현시점에서 변화를 달성할 수 있는 한 가지 기제는 Schein(1985)이 기술한 강압적 설득(coercive persuasion)이다. 이 경우에 조직은 조직 구성원들의 변화를 가능하게 하는 다양한 강압적인 방법을 사용하게 되는데, 궁극적으로 조직 문화의 변화를 초래한다. 조직이 이러한 기제를 사용하는 일반적인 방법은 장기 근로자에게 조기 퇴직의 옵션을 주거나, 변하지 않는 조직원들에게 원하지 않는 과업을 주거나 좋지 않은 근무조건에서 일하도록 하는 것 등이 있다.

조직 성숙기의 두 번째 변화 기제는 Schein(1985)이 설명한 턴어라운드(turnaround)이다. 턴어라운드는 앞에서 설명한 많은 변화 기제를 포함한다. 턴어라운드기에 있는 조직은 조직 문화의 변화 필요성을 인식하며 일어날 수 있는 변화에 필요한 단계를 밟게 된다. 많은 경우에 조직개발 방법을 적용하여 마무리하게 되지만, 구성원에 대한 인사상의 변화가 동시에 진행될 수 있다. 따라서 Schein(1985, 1992)이 지적했듯이 턴어라운드에 성공하기 위해서는 종합적인 노력과 동시에 모든 조직 구성원의 참여가 꼭 필요하다.

조직 성숙기의 마지막 변화 기제는 재조직화(reorganization), 파괴(destruction), 재탄생(rebirth)으로 일컬어진다. 이것은 아마도 조직 문화 변화의 가장 극단적인 형태일 것이다. 왜냐하면 그것은 필수적으로 현재 문화를 파괴하고 새로운 문화를 도입하는 것을 의미하기 때문이다. 이러한 극단적인 방법은 전형적으로 위기상황이나 대안이 실패했을 때 사용된다. 이러한 변화 기제의 예는 미국 대통령이 다음 선거에서 재선되었을 때 연방 정부에서 볼 수 있다. 1기 행정부의 내각과 참모진들은 퇴직하거나 새로운 사람들로 대체된다. 이러한 변화의 영향으로 행정부를 둘러싼 문화가 변화되고 그 유효성은 강화될 것이다.

조직 문화의 영향

지금까지 조직 문화의 정의, 측정 방법, 변화 등 조직 문화와 관련된 다양한 문제에 대해 살펴보았고, 조직 문화에 대한 2개의 다른 모델도 비교하였다. 그러나 몇 가지 중요한 질문에 대해서는 아직 다루지 않았다. 즉 조직 문화는 조직의 주요 성과에 영향을 끼치는가? 조직 문화에 있어 특별한 특징을 가진 조직은 그렇지 못한 조직에 비해 더 성공적인가? 조직 문화에 특별한 특징이 있는 조직은 더 나은 자질의 구성원을 유인, 고용, 보유하는 경향이 있는가? 그러한 조직의 구성원은 더 양질의 직장생활을 영위하고 더 만족하는가? 이 절에서는 이러한 질문들에 대한 연구 결과를 간단히 요약할 것이다.

조직 성과

조직 문화와 조직 성과 간의 연계성에 대한 연구는 확실히 주목받고 있는 분야이다(예 : Denison, 1984; Denison & Mishra, 1995; Peters & Waterman, 1982; Wilkins & Ouchi, 1983). 이에 대한 최

초의 시도로서 Peters와 Waterman은 1982년 베스트셀러 도서로 선정된 우월성의 추구(*In Search of Excellence*)를 통해 성공한 기업과 성공하지 못한 기업을 질적으로 비교하는 것에 초점을 맞추었다. 이러한 접근은 유용한 통찰력을 주지만 방법론적인 관점에서 한계를 지닌다. 이에 따라 최근의 연구는 조직 문화의 여러 차원과 조직 성과와의 상관관계를 밝히는 것에 초점을 두고 있다.

Kotter와 Hesketh(1992)는 미국 25개 분야의 산업 중 207개의 기업을 대상으로, 조직 문화가 기업의 매출, 주가, 종업원 수의 증가, 순이익 등 다양한 성과지표와 어떤 연관성이 있는지 검토하였다. 이 연구 결과에 따르면 조직 문화는 핵심적인 조직 성과에 영향을 준다. 한 예로, 저자가 적응적이라고 분류한 문화를 가진 조직은 부적응적이라고 분류한 문화를 가진 조직에 비해 더 나은 성과를 냈다. 적응적인 조직 문화에서 관리자들은 다양한 조직 이해관계자들을 배려했고, 이들에게 깊은 관심을 내비쳤으며, 필요한 경우에 변화를 시행하기도 하였다. 부적응적 문화에서의 관리자는 자신이 직접 관리하는 가까운 업무 집단에 대해서만 배려했으며, 모험을 감수하지 않으며, 정치적으로 행동하고, 경영 환경의 변화에 적응하려는 노력도 시도하지 않았다. 이러한 차이로 미루어, 적응적인 조직 문화에서는 부적응적인 조직 문화에 비해 훨씬 일하기 즐거운 분위기가 조성된다는 것이 확실하다. 더욱이 이 연구 결과를 보면 적응적인 조직 문화는 조직의 성공에 기여한다는 것을 알 수 있다.

Denison과 동료들은 문화와 조직 성과의 상관관계를 보여 준 Kotter와 Hesketh(1992)의 연구와 매우 유사한 조사를 시행하였다. 예를 들어 Denison, Haaland, Goelzer(2004)는 전 세계 3개 지역(북아메리카, 아시아, 유럽)의 230개 조직 내 36,820명의 응답을 조사하였다. 이 저자들은 모든 문화 영역은 분명히 조직의 효과성과 정적인 상관관계가 있음을 발견하였다. 예를 들면, 북아메리카 지역의 조직에서의 세 가지 가장 강한 예측변인은 역량개발, 조정과 통합 그리고 권한위임이었다. 가장 약한 변인은 고객 지향성과 변화창조로 나타났다. 아시아의 조직에서 가장 중요한 예측변인은 변화창조, 조직학습, 팀 지향이며 가장 미약한 부분은 고객 지향성과 역량개발이었다. 마지막으로 유럽 지역의 조직에서 가장 강한 조직 성과를 예측하는 변인은 전략적 방향과 몰두, 조정과 통합 그리고 합의였다. 가장 약한 부분은 역량개발과 조직학습이었다. Denison과 동료들은 최근 연구에서 문화 차원을 네 가지로 줄였다 : 몰입(Involvement), 일관성(Consistency), 적응성(Adaptability), 그리고 임무(Mission). 이 문화 차원들은 조직의 경제적인 성과와 정적 상관이 나타났을 뿐만 아니라(Smerek & Denison, 2007, August), 고객서비스 평정과도 정적 상관이 있었다(Gillespie et al., 2008).

이 분야의 연구에서 향후 연구될 만한 가장 중요한 문제는 아마도 조직 문화와 조직 성과 사이를 매개하는 구성개념을 밝히려는 시도일 것이다. 현재까지 매개변인을 찾으려는 시도가 전혀 이루어지지 않은 것은 아니다. 지금까지 진행된 연구의 예를 들면, 조직 문화가 조직원의 창의성 수준이나(Tesluk, Farr, & Klein, 1997) 조직원 동기부여(Weiner & Vardi, 1990) 혹은 비윤리적 행동의 보고

(Ellis & Arieli, 1999) 등에 영향을 줄 수 있다는 연구가 있다. 문화의 '강점'은 특히 조직 문화의 속성에 종업원들이 동의하는 정도를 측정할 수 있다는 것이다(Schneider et al., 2011). 강한 문화가 있는 조직이 약한 문화를 가진 조직보다 더 성공적이라는 점은 직관적으로 가정할 수 있다. 그러나 이 문제와 관련하여 경험적인 연구들이 더 진행되어야 한다.

채용과 유지

조직 문화와 성과에 관한 연구를 비교했을 때 조직 문화가 직원을 유인하고, 충원하고, 유지하는 데 미치는 영향에 대한 경험적 연구는 훨씬 더 많다(이에 대해서는 제3장에서 상세히 설명되었기 때문에 여기서는 다루지 않겠다). 여러 경험적 연구에서 공통적으로 발견되는 사실은 사람은 자신에게 적합하다고 생각되는 문화를 보유한 조직에 더 매력을 느끼고, 자신에게 적합하다고 판단되는 문화를 가진 조직을 떠나지 않고 남아 있으려는 경향이 있다는 것이다.

내가 이 조직과 잘 맞는지에 대한 평가 역시 현 직장에 머무를 것인지를 결정하는 중요한 요소라 볼 수 있지만, 이에 대한 이론적 · 경험적 연구는 유인과정에 비해 많지 않다. 이것은 이직에 대한 이론적 모델(예 : Mobley, 1977)이 문화와 같은 조직 수준의 변수보다는 일반적으로 직무 수준의 특징에 초점을 맞추고 있기 때문이다. 더구나 이직에 대한 결정은 복잡한 과정을 거치며 직무나 조직 자체와는 무관한 다양한 변수(예 : 경제사정, 가정사)로부터 영향을 받는다(예 : Carsten & Spector, 1987; Lee & Mitchell, 1994). 그럼에도 불구하고 조직의 문화가 자신의 가치관이나 성격과 맞지 않기 때문에 새로운 직장을 찾게 된다는 말은 그럴듯해 보인다. 높은 이직률은 조직의 문화와 조직 성과 간 매개변인 중 하나일 것이다(Kotter & Hesketh, 1992). 이에 대해 보다 많은 연구가 필요하다.

종업원의 만족감/안녕감

조직 문화의 영향력을 감안할 때 조직 문화가 직원의 만족도와 안녕감에 끼치는 영향 역시 명백하다고 할 수 있을 것이다. 그러나 놀랍게도 이에 대한 경험적 연구는 활발히 이루어지지 않고 있다. 이것은 아마도 이 가설을 증명하기 위해서는 조직 수준의 연구를 수행해야 하는 어려움이 있기 때문일 것이다. 그러나 적은 연구를 통해서라도 문화가 종업원의 업무환경에 차이를 가져온다는 시사점을 얻을 수 있다(Jex, Sliter, & Britton, 2014). 예를 들어, Hatton과 동료들(1999)은 직원이 생각하는 이상적 조직 문화와 실제 조직 문화가 일치하지 않을 때 여러 부정적인 결과가 유발된다는 것을 발견했다. 조직 문화에 대한 이상과 실제 조직 문화가 일치하지 않을 때, 직원들은 직무에 대한 만족도가 낮고, 직무에 대한 중압감이나 스트레스가 높으며 이직 의도가 강했다. 이 결과는 보편적으로 적절한 조직 문화는 없다는 점을 시사한다. 오히려 문화가 구성원의 기대를 충족하는가의 여부가 더 핵심이 된다.

　　조직 문화가 직원의 삶의 질에 미치는 영향을 설명하기 위해 Peterson과 Wilson(1998)은 〈그림 14.2〉와 같은 모델을 제시하였다. 조직 문화와 구성원의 건강 간의 관계를 결정짓는 중요한 요소는 사업 및 경영 체계임을 알 수 있다. 조직 문화는 직접적으로 사업 및 경영 체계에 영향을 미치며 이는 결과적으로 직원의 건강에 영향을 미친다. 예를 들면, 매우 통제적인 조직 문화 속의 인사관리 제도는 직원이 근무시간에 대해 매우 주의를 기울이게 만든다. 실제로 조직의 인사관리 제도를 결정하는 데 조직 문화가 영향을 미친다는 연구가 있다(Aycan, Kanungo, & Sinha, 1999). 이와 같이 심한 통제는 결과적으로 삶의 질을 떨어뜨리고 궁극적으로 직원의 건강을 손상시킬 수 있다.

　　경험적인 측정이 필요하겠지만 조직 문화와 직원의 행복은 상관관계가 있다는 사실은 학자들 사이에서 인정되고 있다(예 : Jex et al., 2014; Monroy, Jonas, Mathey, & Murphy, 1998; Murphy, 1996). 특히 경제적으로 성공하면서 직원들이 '건강한 조직'의 특징에 대한 연구의 중요성이 증가하고 있다(Jex, Swanson, & Grubb, 2013). 건강한 조직의 폭넓은 모델들이 개발되어야 하겠지만 이를 결정짓는 중요한 요소 중의 하나는 조직의 문화이다. 앞으로 직원의 건강에 대한 문헌들의 초점은 조직 문화와 같은 거시적인 변수와 직원의 건강 및 안녕감 간의 관계에 맞춰질 것이다(예 : Bliese & Jex, 1999).

조직 문화와 국가 문화

아직까진 깊이 있게 다뤄지지 않았지만 그럼에도 불구하고 중요한 마지막 연구 이슈는 바로 조직

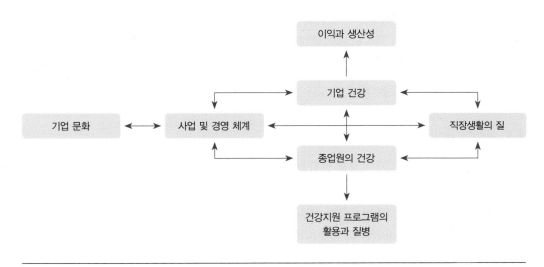

그림 14.2 문화, 직장 및 건강 간의 관계 모델

출처 : M. Peterson & J. Wilson (1998). A culture-work-health model: A theoretical conceptualization. *American Journal of Health Behavior*, 22, 378–390. Reprinted by permission of PNG Publications.

문화와 국가 문화 간의 관계다. 조직은 국가 문화의 맥락 내에서 작동하므로 국가 문화가 잠재적으로 조직 문화에 영향을 줄 수 있기 때문에 이 주제는 중요하다. 지금까지 가장 포괄적으로 국가 문화를 다룬 연구는 GLOBE 연구다. 연구자들은 62개 사회에서의 리더십과 문화 간 관련성을 탐구하였다(House, Hanges, Javidan, Dorfman, & Gupta, 2004). GLOBE 연구의 전체 내용은 이번 장 내용을 벗어나는 것이지만(제11장의 참고 11.3 참조), 사회 문화가 조직 문화에 영향을 줄 수 있다는 중요한 점을 발견하였다. 그러므로 조직이 그들이 속해 있는 국가와 큰 차이가 있는 문화를 구축하면 아마도 이는 문제를 일으킬 소지가 있다. 이 흥미로운 주제에 대해서도 더 많은 연구가 수행되어야 한다.

조직 풍토 : 심리학적 경험

이 장 도입부에 언급했듯이, 조직 풍토는 그들이 일하고 있는 조직에서의 **심리적 경험** 방식을 의미한다. 풍토가 문화에 의해 영향을 받고, 문화가 조직 내에서 비교적 안정적이라는 점에서, 이 장에서는 조직 문화에 대해 좀 더 많은 내용을 다룬다. 그러나 조직 풍토도 중요하다. 예를 들어, 풍토는 종업원들이 자신들이 일하는 조직에 대해 심리적으로 어떻게 느끼는지를 나타내기 때문에 사람들이 처음 들어온 조직에서 계속 일할지 혹은 결국 떠날지 같은 의사결정에서 중요하다. 또한 최근 경향은 조직 전체적인 풍토, 즉 **전반적 풍토**(molar climate)보다 조직 기능의 중요한 부분과 관련한 풍토, 즉 **전략적 풍토**(strategic climate)에 관심을 갖는다. 이 장 뒷부분에서 전략적 풍토에 대해 구체적으로 검토하겠지만, 조직의 중요한 부분과 관련된 풍토가 부정적일 경우 그 조직은 성공하기 어렵다.

여기에서는 조직 풍토가 무엇인지 먼저 논의해 보고, 지난 20년간 관심을 받은 두 가지 전략적 풍토에 대해 살펴보겠다. 마지막으로 조직 풍토가 종업원과 조직에 미치는 영향에 대한 경험적인 연구들을 요약하면서 마무리하겠다.

조직 풍토가 무엇이고 어떻게 발전하는가?

조직 풍토에 대해 생각하는 가장 좋은 방법은 여러 대학을 고려하던 입시 때로 돌아가 보는 것이다. 당신이 원하는 전공이 있고 경제적으로 학업을 감당할 만한 여러 대학을 찾아 방문하면, 대학마다 '느낌'이 달랐을 것이다. 달리 말하자면, 당신이 방문한 각 대학으로부터 얻은 심리적 경험은 다소 독특하고 차이가 있었을 것이다. 이 경험은 완전히 당신에게만 독특한 것이 아니라 다른 사람들도 그 대학에 대해 공유한 심리적인 것이다.

조직 풍토는 자신이 속한 조직에 대해 구성원 간에 공유된 심리적 경험 혹은 '느낌'이다. 조직 풍토 연구자들은 다양한 방식으로 구성개념을 정의했지만, Ostroff와 동료들(2013)은 조직 풍토가 특정 조직에서 일하면서 느낀 심리적 경험에 대해 종업원들 간에 공유한 인식이라는 점을 강조한다. 조직 풍토의 정의에 대해 연구자들 간 완전히 일치된 의견은 없으나, 종업원의 풍토 인식은 조직 정책과 절차, 종업원의 일상 업무, 그리고 종업원 성과가 보상되는 방식으로부터 형성된다(Schneider et al., 2011).

조직 내 풍토를 결정하는 주된 동력 중 하나가 조직 문화다. 예를 들어, 조직 내 기본 가정 중 하나가 종업원들은 보상을 받기 위해 경쟁해야 한다는 내용이라면, 종업원들은 조직을 업무 관련 프로젝트에서 서로를 도와주지 않는 장소라고 경험하게 될 것이다. 문화는 풍토에 직접적인 영향을 줄 뿐만 아니라 조직 정책이나 절차를 통해 풍토에 간접적인 영향도 미친다. 만일 조직 문화가 위의 예시처럼 매우 경쟁적이라면, 조직 보상과 성과 시스템을 통해 종업원들이 서로에게 상처를 남기게 할 것이고, 이는 부정적인 조직 풍토를 가져오게 될 것이다.

조직 풍토를 결정하는 또 다른 동력은 종업원들 간 의사소통이다. 조직 풍토가 종업원들 간 '공유된 인식'을 의미하므로, 그 인식을 공유하기 위해서는 반드시 의사소통이 이루어져야 한다. 인식을 다른 종업원들과 비교하므로써 종종 자신이 인식한 것을 타당하게 만들고, 이에 대한 확신을 갖게 된다(Festinger, 1957).

전반적 대 전략적 풍토

Schneider와 동료들(2011)에 따르면, 조직 풍토의 초기 연구는 조직 전반의 풍토에 초점을 맞췄다. 전반적 풍토의 개념은 종업원의 여러 수행 성과를 예측하는 것으로 입증됐지만(예 : Carr, Schmidt, Ford, & DeShon, 2003), 최근 연구의 트렌드는 Schneider와 동료들(2011)이 말한 전략적 풍토 혹은 조직 기능의 중요한 부분을 둘러싼 풍토에 초점을 맞추는 것이다. 수년에 걸쳐 여러 전략적 풍토가 연구됐지만(Jex et al., 2014), 여기서는 대부분 연구 주제의 초점이었던 **서비스 풍토**와 **안전 풍토** 두 가지에 대해 살펴볼 것이다.

Schneider, White, Paul(1998)에 의하면, **서비스 풍토**(service climate)는 고객서비스에 대한 강조와 중요성과 관련하여 종업원들이 공유한 인식을 나타낸다. Schneider와 동료들(2011)은 이 인식이 조직적 관행, 일상적 업무, 그리고 배달 서비스에 따른 보상에 초점을 두고 있다고 지적한다. 우수한 고객서비스에 대한 종업원 보상, 고객서비스 노력의 모니터링·측정·제공에 필요한 자원 제공, 우수한 고객서비스 품질을 위한 최고경영진의 지원 등이 조직이 긍정적인 서비스 풍토를 갖고 있음을 나타내는 지표다. Schneider와 동료들(2011)은 여러 해에 걸쳐 많은 연구를 진행하였는데, 서비스 풍토에 대한 개념적 타당성뿐 아니라, 서비스 풍토가 조직의 손익 지표에 미치는 효과도 관찰하였다(Schneider, Macy, Lee, & Young, 2009).

안전 풍토(safety climate) 개념은 Zohar(2000)의 25년간 연구로 탄생하였다. 안전 풍토는 서비스 풍토와 비슷한 방식이다 — 이는 안전에 대한 중요성과 관련하여 종업원들이 공유한 인식이다. 안전 풍토는 기술적으로 조직 수준 개념이므로 당연히 그 수준에서 측정되어야 하지만, 대부분 안전 풍토 연구는 업무 집단 수준에서 진행됐다(Zohar, 2003). 왜냐하면 조직 내에서 이러한 형태의 풍토가 수준에 따라 매우 다르기 때문이다. 안전 풍토의 가장 중요한 요소 중 하나는 경쟁이 우선순위일 때도 안전이 강조되는 정도다. 안전을 중요시하면 불편함에도 불구하고 조직은 안전을 강조할 것인가? 수년간 연구에 따르면, 안전 풍토는 안전에 대한 종업원들의 태도(Beus, Payne, Bergman, & Arthur, 2010)와 관련이 있으며, 특히 상해 및 사고와 중요한 관련이 있다(Clarke, 2006).

조직 풍토 연구의 미래 이슈

조직 풍토에 관한 연구가 상대적으로 긴 역사를 가졌음에도 불구하고, 조직 풍토 연구자들 사이에서 논쟁이 되는 미해결의 중요한 주제가 많다. 모든 것을 다루면 좋겠지만(Ostroff et al., 2013 참조), 향후 수행해야 할 연구로 흥미로운 두 가지 주제가 있다. (1) 조직이나 업무 집단의 구성원들이 풍토의 특성에 **동의하지 않는다**는 것은 어떤 의미를 갖는가? (2) 수행 성과에 영향을 주는 추가적인 전략적 풍토는 어떤 것이 있는가?

조직 풍토의 정의 중 하나가 '공유된 인식'이기 때문에 조직이나 업무 집단의 구성원들이 풍토 인식에 대해 어느 정도 동의하는 것이 중요하다(반응의 집합화에 대한 논의와 관련하여 제2장 참조). 그러나 동의가 적거나 아예 없다면 어떤 일이 일어날까? 이는 흥미로운 주제지만, 이것이 어떤 의미를 지니는지에 대한 일관된 결과가 아직 미흡하다. 동의 부족이라는 상황은 풍토 인식이 개인에 따라 매우 특수적임을 의미하기 때문에 기본적으로 풍토가 없다는 것을 의미한다는 주장도 있다. 또 다른 가능성은 동의가 부족하다는 것은 조직 내에 하위 풍토가 있다는 것을 의미할 수 있다. 조직 내 다양성이 증가한다면 당연히 여러 개의 풍토가 있을 수 있다. 그러므로 이 주제는 미래에 연구 가치가 있는 무르익은 주제이다.

이 장에서 우리는 전략적 풍토에 관한 연구에서 지난 수년간 가장 흥미를 끌었던 두 가지, 서비스 풍토와 안전 풍토를 살펴보았다. 그러나 최근 풍토의 수가 상당히 늘어났는데, 예를 들어, 일부만 언급하자면 혁신 풍토, 정의 풍토, 시민의식 풍토, 진실성에 대한 풍토에 대한 연구들이 진행되었다. 이와 같이 새로운 전략적 풍토의 등장은 흥미로우며 잠재적으로 풍토 연구자들에게 관심을 불러일으키는 새 연구 주제들을 제공한다(Jex et al., 2014). 그러나 Ostroff와 동료들(2013)은 이러한 풍토들은 통계적인 기반뿐만 아니라 그 이상으로 정당화되어야 한다고 지적한다. 구체적으로, 이론적인 토대를 통해서도 정당화되어야 한다. 종업원들의 반응에 대한 통계적 합의만이 그 '풍토'가 있다는 의미가 될 수 없다. 따라서 새로운 풍토가 단순히 통계적으로 만들어진 것이 아님을 증명할 수 있는 연구가 필요하다.

연구를 수행한 사람들

Dov Zohar

내가 메릴랜드대학교 대학원생일 때 I/O 심리학 프로그램에서 두 명의 교수진에게 많은 영향을 받았는데, 그분은 Irv Goldstein과 Ben Schneider 교수이다. Irv는 휴먼 팩터 연구에 참여 중이었고, Ben은 조직 풍토라는 새로운 개념에 대해 다루고 있었다. 나는 안전하게 학위 논문 연구를 수행하기 위해 시각적 탐구 전략에서 시각적 표시가 갖는 정보의 기여 효과에 대해 주력하고 있었다. 이는 당시 휴먼 팩터 연구에서 인기 있는 주제였다. 그러나 조직 풍토라는 아이디어가 내 머리에서 자꾸 맴돌았다.

나는 학위 연구를 끝마친 뒤, 테크니온 기술 연구소(Technion Institute of Technology)의 교직을 얻어 이스라엘로 돌아갔다. 새로운 교수진으로서 연구 보조금을 지원받기 시작했다. 결국 산업 안전 관리를 위한 행동적 접근 방식을 연구하기 위해 여러 해에 걸쳐 많은 연구보조금을 받았다. 굳이 말할 필요도 없이 당시 안전 문제에 대해 흥미가 없었지만, 뜻밖의 재미가 그 후 나의 연구 경력에 영향을 미치게 됐다.

이 보조금을 기반으로, 나는 두 가지 평행적인 연구를 시작했다. 당시(1980년대) Skinner의

행동심리학 패러다임이 주도권을 쥐고 있었기에, 나는 강화 계획을 높은 위험 직군에서의 노동자 안전 행동에 적용하여 그 효과를 검증해 봤다. 처음으로 행동 수정을 안전에 적용하여 연구한 사람들 중 한 명이었다. 나는 이 연구들이 수많은 연구를 촉진하고 행동 안전이라는 형태로 적용되는 것을 목격했다.

내 두 번째 연구 흐름은 다른 방향으로 흘렀다. 조직 풍토라는 새로 떠오르는 구성개념을 선택했고, 이를 안전 풍토를 정의하고 측정하는 데 사용했다. 안전 풍토는 첫 번째 구체적인(일반적인 것과 반대로) 조직 풍토로 다뤄지는 개념이다. JAP(1980)에 실은 안전 풍토에 대한 나의 연구는 꽤 심각하게 무시당했고, 그 주제에 대해 포기했다. 그리고 기존에 했던 행동 안전 연구에 직무 스트레스와 소진을 포함하여 연구를 넓혀 나갔다. 상황은 1986년 체르노빌 사건 이후 국제 연구 기관에서 다양한 보고서를 출판함으로써 바뀌었다. 이 보고서에서 폭발의 가장 근본적인 원인은 핵 발전소의 안전 문화 부족이라고 결론 내렸다.

안전 풍토에 대한 출간물이 증가하면서, 나는 전반적인 조직 풍토 연구의 이론적 틀을 확장하는 데 다시 초점을 맞췄다. 안전 풍토에 특히 집중했다. 이는 다른 것보다도 풍토의 선행사건에 대한 목록을 확장하고 다수준 풍토 모델의 개발이라는 결과를 가져왔다. 최근 200개 이상의 연구를 다룬 일련의 메타 연구들은 안전 풍토가 사고에 미치는 효과는 안전 장비를 하지 않은 것과 동일하다고 지적하였다. 작업자 안전/건강 문제에 대해 심리학이 공학처럼 해결책을 제공할 것이라는 자료가 있다는 것만큼 기쁜 일이 있을까? 따라서 안전 관리에서의 행동적 접근 연

(계속)

구를 위해 연구보조금을 받은 지 30년이 지나도록 나는 이 연구를 계속 이어 나가고 있다. 물론 연구보조금 그 자체는 기한이 지났지만 말이다.

Dov Zohar 박사는 이스라엘 테크니온 기술 연구소 산업 공학과 경영학부 교수이다.

요약

이번 장에서는 조직 문화에 대해 다루었다. 비록 문화에 대한 정의는 다방면에서 이루어져 왔지만 문화의 본질은 조직 구성원들이 가지는 근본적 가정과 가치에 근거한다. 이러한 정의는 조직심리학에서 널리 받아들여졌으며, 문화인류학과 사회학이 조직 문화 연구에 미친 영향을 반영한다.

조직 문화는 조직에 따라 다소 독특한 특징을 가지고 있지만 조직 문화의 '모델'을 개발하려는 노력은 지속되어 왔다. O'Reilly 등(1991)은 구성원들이 지각한 근본적 가치를 근거로 삼아 조직 문화의 8차원 모델을 개발했다. Denison과 동료들(Denison, 1990; Denison & Mishra, 1995)은 조직 문화는 네 가지 폭넓은 차원으로 설명할 수 있으며, 이 네 가지 차원은 각각 독특한 하위 차원으로 분류될 수 있다고 주장했다. 이러한 모델들은 조직의 연구와 진단에 매우 유용하게 사용되고 있다.

조직 문화는 다양한 형태로 나타난다. 외부인들이 쉽게 파악할 수 있는 형태도 있지만 파악하기 어려운 형태도 있다. 상징물이나 인공물은 문화를 물리적으로 표현한다. 관습이나 예절은 문화를 행동 양식으로 표현한다. 언어나 이야기 역시 직접적이고 상징적인 측면에서 문화를 이해하는 중요한 창이다. 결과적으로 조직 문화는 파악하기 어렵고 외부인들이 이를 이해하기 위해서는 오랜 시간이 필요하다.

조직 문화는 여러 가지 요소에 의해 형성된다. 대부분의 조직에서는 조직의 창립자가 조직을 창립하는 초기 단계에 조직 문화를 결정하는 중요한 역할을 하지만 시간이 갈수록 문화는 적응하고 생존하는 과정에서 다듬어진다. 문화는 발전하려는 경향이 있으며 조직에 적응적인 가치를 제공하기 때문에 결국에는 영원히 지속하게 된다.

조직 문화에 대한 연구는 어려운 작업이지만 조직 문화를 충분히 이해하기 위해서는 꼭 필요한 작업이다. 조직 문화를 이해하기 위해 자기 보고식 측정방법이 사용된 것은 사실이나, 많은 학자들이 자기 보고식 측정의 방법론에 대해 조심스러워한다. 그 결과 조직 문화를 연구하는 대표적인 방법으로 민족지학에 대한 연구가 채택되었다. 문화에 대한 질적 평가를 활용하는 이유는 그 문화를 구성하는 구성원이 기본적인 가정을 잘 보고하지 못한다는 사실에 기인하고, 인류학의 출발과도 일맥상통한다. 앞으로는 문화를 연구하는 보다 다양한 방법이 생겨날 것이다.

문화는 기본적인 가정들을 반영하기 때문에 한 조직의 문화를 바꾸는 것은 쉽지 않은 일이다. 그럼에도 불구하고 조직 문화는 시간이 흐르면서 변하는데, 대부분의 경우 변화를 일으키는 기제는 조직의 생애 단계에 따라 달라진다. 그렇지만 조직의 변화는 하루아침에 쉽게 이루어지지는 않는다. 진정한 조직 문화의 변화는 대부분 극단적인 환경 조건에 대한 반응으로 일어난다.

조직 문화를 연구하는 데 있어 마지막 요소는 조직 문화가 그 조직의 결과에 미치는 중요한 영향이다. 조직 수준의 연구가 필요하기에 조직 문화가 미치는 영향력에 대한 경험적인 연구는 많이 이루어지지 않았지만, 일부 경험적 연구는 조직 문화는 성과, 직원의 채용과 고용 유지, 직장에 대한 만족도 및 안녕감에 중요한 영향을 미친다는 것을 보여 주고 있다. 이 분야의 연구가 충분히 진행된 것은 아니지만, 세상에 이상적인 문화는 없는 것 같다. 가장 중요한 요소는 이상적인 조직 문화가 무엇이냐가 아니라 조직 문화와 구성원의 특성 간의 조화이다.

조직 풍토는 종업원들이 자신이 속해 있는 조직에 대해 심리적으로 경험하는 방식을 의미한다. 풍토는 여러 이유로 인해 생겨나지만, 조직 문화, 조직 내 정책과 절차, 종업원들 간 의사소통이 핵심 요인인 것 같다. 초창기 조직 풍토 연구가 조직 전반의 풍토에 초점을 맞췄으나, 최근 연구는 전략적인 풍토 혹은 조직 기능의 중요한 부분과 관련한 풍토에 초점을 두고 있다. 서비스 풍토와 안전 풍토에 대한 상당한 연구가 진행되었으며, 조직에 많은 영향을 미치는 것으로 나타났다. 조직 풍토는 조직심리학자들이 미래에 연구할 기회가 많은 영역이다. 특히 더 중요한 주제는 종업원들이 조직에 대해 공유된 인식을 갖지 않는 상황이 언제인지, 그리고 안전과 서비스 외의 전략적 풍토가 갖는 의미에 대해 연구하는 것이다.

더 읽을거리

Adkins, B., & Caldwell, D. (2004). Firm or subgroup culture: Where does fitting matter most? *Journal of Organizational Behavior*, 25, 969-978.

Gillespie, M. A., Denison, D. R., Haaland, S., Smerek, R., & Neale, W. S. (2008). Linking organizational culture and customer satisfaction: Results from two companies in different industries. *European Journal of Work and Organizational Psychology*, 17, 112-132.

James, L. R., Choi, C. C., Ko, C. E., McNeil, P. K., Minton, M. K., Wright, M. A., & Kim, K. (2008). Organizational and psychological climate: A review of theory and research. *European Journal of Work and Organizational Psychology*, 17, 5-32.

Zohar, D., & Luria, G. (2005). A multilevel model of safety climate: Cross-level relationships between organizational and group-level climates. *Journal of Applied Psychology*, 90, 616-628.

제15장

조직의 변화와 개발

변화는 오늘날의 조직에서 항상 고려되어야 할 중요 변인 중 하나라고 알려져 있다. 마지막 장에서는 조직이 조직개발에 근거하여 변화를 시도하는 다양한 방법론을 다룰 것이다. 조직개발(organizational development)은 조직의 효율성을 향상하는 변화를 촉진하기 위해 조직이 행동과학의 이론과 기술을 응용하는 하나의 과정이다. 조직개발은 이전 장에서 다루고 있는 다양한 이론과 연구 결과에 근거하고 있기 때문에, 마지막 장에서 조직개발을 보다 집중적으로 다루는 것이 적합할 것이다.

이 장은 조직개발에 대해 정의하고, 왜 조직이 변화를 추구하는지에 대해 집중적으로 다룰 예정이다. 그런 다음 조직개발 분야의 실무자에게 안내지침이 될 수 있는 가장 보편적이고 효율적인 이론적 모델과 조직개발 개입 기법에 대해 논의해 보도록 하겠다. 조직심리학의 영역은 너무 이론적이지 않고 실무자 중심이라고 비판받아 왔지만(Austin & Bartunek, 2013), 최근의 연구를 개관해 보면 이 영역의 이론적 기반이 원래 매우 풍부했음을 알 수 있다.

먼저 조직개발 기법에 대해 설명할 것이며, 그다음에 조직개발 절차의 일반적인 사항들에 대해 논의할 예정이다. 아마도 이러한 문제들 중 가장 중요한 것은 조직개발의 방법을 저해하는 조건들과 더불어 의미 있는 조직개발을 지속시키기 위해 필요한 조건들이라 할 수 있다. 이어서 조직개발 기법에 대한 평가—조직 변화와 관련된 아주 중요한 문제인 비용의 문제를 다룰 것이다. 끝으로 조직 변화 전문가들이 직면한 가장 보편적인 윤리적인 문제를 살펴보는 것으로 이 장을 마무리할 예정이다.

조직개발이란 무엇이며 왜 필요한가?

조직개발은 수많은 학자들(Ford & Foster-Fishman, 2012; Porras & Robertson, 1992)에 의해 다양하게 정의되었다. Porras와 Robertson은 조직개발과 관련된 수많은 정의를 통합하여 다음과 같이 정의하였다. "조직개발은 조직 구성원의 직무행동 변화를 통해 개인의 성장과 조직의 수행을 향상하기 위해 사용되는 행동과학 이론(behavioral science-based theory), 가치(value), 전략(strategy) 그리고 기술(technology)의 집합이다"(p. 722).

이러한 정의는 몇 가지 측면에서 주목할 만하다. 첫째, 조직개발의 핵심은 조직의 수행과 개인의 개발을 동시에 추구하는 조직 변화의 촉진에 있다. 본 정의는 조직의 수행을 향상하는 것과 개인의 역량을 개발하는 것을 별도로 구분하고 있다. 둘째, 조직개발은 행동과학의 이론과 방법론에 그 뿌리를 두고 있다. 따라서 조직개발은 단순히 생산기술 또는 정보 체계의 변화를 통한 조직 변화와 엄연히 구분되는 접근방식을 취하고 있다. 그러나 조직개발은 생산 혹은 정보기술 관점의 조직 변화에 도움을 줄 수 있다(예 : Barrett, Grant, & Wailes, 2005). 결국 조직 구성원의 행동 변화가 조직 변화의 핵심적인 요소라는 점을 이 정의에서 분명히 하고 있다.

조직개발에 대한 정의를 내렸으니, 왜 조직 변화가 필요한가에 대해 탐구해 보도록 하자. 조직개발 프로그램의 근거가 되는 가장 보편적이고 설득력 있는 이유 중 하나는 생존(survival)이라는 개념이다. 조직이 처한 환경이 매우 빨리 변하고 경쟁적이므로, 조직은 그 변화를 따라가고 경쟁력을 유지하기 위해 신속하게 대처하고 적응해야 한다는 것이다(Lawler & Worley, 2006). 변화는 삶의 방식이자 생존 기제라고 할 수 있다. 예를 들어, 최근 미국에서 건강 관리 체계의 변화가 보험회사에 미친 영향을 생각해 볼 수 있다. 해당 조직들은 새로운 보험법의 시행에 따라 발생하는 수많은 변화에 대처하기 위해 최선을 다해 적응해야 했다.

조직 변화의 또 다른 이유로는 조직의 낮은 생산성(productivity)을 들 수 있다. 만약 한 조직이 장기간 수익을 내지 못하고 지속적으로 시장 지배력을 잠식당하게 된다면, 조직은 변화를 추구할 수밖에 없다. 이러한 현상의 예로 최근 대학들이 고등학생 수가 줄어들어 대학 신입생 모집에 어려움이 예상되는 상황을 들 수 있다. 이 변화에 대처하기 위해 많은 대학은 취업 근로자들이 대학에 쉽게 참여할 수 있는 프로그램과 서비스를 제공하고 있다. 즉 사이버강의나 평생교육과정을 시행하는 것이다. 생존을 위한 열망은 종종 다양한 조직개발 프로그램 도입의 원인이 되지만, 그 이외에도 다른 이유들이 있다. 어떤 경우에는 비교적 효율적인 조직들도 다양한 이유로 계획된 변화 프로그램을 도입하기도 한다. 예를 들어, 효과적인 조직이 단지 전략적인 이유로 변화를 추구하기도 한다(예 : Buller, 1988). 만약 소비자 제품 사업에 뛰어들고자 하는 제조업체가 있다면, 전략을 보다 효율적으로 구사하기 위해 합병과 같은 다양한 조직적 변화를 시도할 것이다. 제품의 품질에서 경쟁력을 찾고 있는 기업이라면 고객서비스 향상에 보다 깊은 노력을 기울일 것이다. 다시 한 번 강조하지만, 조직의 변화는 그 전략이 성공하기 위해서는 필수불가결한 사항이다.

어떤 조직들은 외부 환경 변화를 간단히 예측하고 주도적으로 그 변화에 대처하기도 한다. 예를 들어, 많은 패스트푸드 음식점들은 인구통계학적 변화를 예측하였고, 이를 활용하여 퇴직자들을 직원으로 채용하였다. 다른 예를 들면, 수년 전부터 몇몇 대학에서는 상당한 비용을 원격교육과정에 투자하였는데, 그것은 컴퓨터 기술의 변화와 성인 직업인구의 증가가 대학 교육에 대한 열망을 키울 것이라고 예측하였기 때문이다. 이 두 가지 경우에서 볼 때, 조직개발은 이러한 변화를 주도하기 위한 하나의 선택적 도구로 활용되었음을 알 수 있다.

조직개발 프로그램을 도입하는 마지막 이유는 외부의 압력 때문이 아니라 순전히 자기개선(self-improvement) 때문이라고 할 수 있다. 이러한 경우에는 변화를 해야 한다는 정형화된 이유는 찾을 수 없고, 조직 스스로 조직을 향상하려는 바람 때문이다. 예를 들어, 미국의 메이저리그 야구팀이 월드시리즈에 진출하고자 한다면, 비정규 시즌 동안 능동적으로 조직 내에 변화를 불러일으킬 수 있는 새로운 선수와 코칭스태프를 찾으려고 노력할 것이다. 이러한 반응은 그 조직이 이미 어느 정도의 성공을 거두었음에도 불구하고, 여전히 조직 내에 약점이 있으며 이를 보완해야 한다는 것을 깨닫기 때문에 발생한다. 항상 더 나아지려고 애쓰는 조직들은 현실에 안주하는 조직보다 훨씬 더 오랫동안 경쟁력을 유지한다(Ferrier, Smith, & Grimm, 1999).

조직개발에 대한 간단한 역사

'조직개발의 아버지'라고 인정되는 사람은 없지만, 아마도 그러한 호칭을 받을 수 있는 가장 근접한 사람은 제1장에서 설명한 바와 같이 조직심리학 분야에 폭넓게 공헌한 Kurt Lewin이라고 할 수 있다. 조직개발 영역에서 Lewin은 여러 가지 공헌을 했지만, 그중에서도 두 가지가 가장 눈에 띈다. 첫째로 Lewin은 조직개발 분야의 이론적 토대를 제공한 첫 번째 심리학자였다. 그의 **변화와 활동 연구의 3단계 모델**(three-step model of change and action research)은 조직개발 실무자에게 중요한 가이드 역할을 하고 있다. 둘째로 Lewin은 매사추세츠 공과대학(MIT)의 집단역학연구센터(Center for the study of Group Dynamics)와 메인 주 베델에 위치한 국립훈련실험실(National Training Laboratories, NTL)을 설립하는 데 핵심적인 역할을 수행했다.

집단역학연구센터는 조직에서 발생하는 많은 집단과정을 연구하기에 알맞은 장소였다. 이 센터는 또한 조직개발 분야를 형성하고 정립하는 데 중요한 역할을 수행한 많은 개인들에게 필요한 교육환경을 제공해 주었다(French & Bell, 1995). Lewin은 국립훈련실험실이 설립되기 전에 세상을 떠났지만 그 조직이 발전하는 데 중요한 공헌을 하였다. 국립훈련실험실의 주요 목적은 관리자들과 교육자들에게 실험실 또는 T-그룹 훈련을 제공하는 것이었다. T-그룹은 본질적으로 정형화되지 않은 집단으로 참가자들이 서로의 상호작용과 집단역학을 통해 학습을 하는 것이다. 수년간 T-그룹에 대한 상당한 비판이 있어 왔음에도 불구하고(예 : Campbell & Dunnette, 1968), T-그룹 훈련의 목표인 대인관계 기술과 집단역학에 대한 인식의 향상에서 확실히 효과가 있다고 알려졌다. 1950년대 초에는 T-그룹이 조직개발과 동일시되었고, 거의 대부분의 조직개발 실무자들은 실험실 훈련가이거나 적어도 T-그룹 훈련을 경험한 사람들이었다.

Lewin과 T-그룹의 발달과 더불어 조직개발의 역사에서 또 다른 중요한 요소는 조직에서 조사 연구(survey research) 방법의 활용이었다. 이것은 1946년 미시간대학교의 Rensis Likert의 지도 아래 조사연구센터(Survey Research Center, SRC)가 설립됐을 때 시작되었다. Likert는 Floyd Mann 등과 함께 조사연구방법론의 발전과 개선에 상당한 관심을 쏟았다. 이 방법론은 1947년 Likert가 디트로이트 에디슨사(Detroit Edison)로 하여금 직원 태도, 인식, 반응과 행동에 대한 조사를 수행하는 데 관심을 가지게 함으로써 조직개발 분야의 일부가 되었다.

디트로이트 에디슨사에서의 이 프로젝트가 독특했던 것은 조사연구센터의 직원이 조사를 하고 결과를 얻은 것 때문만이 아니다. 조사 결과를 디트로이트 에디슨사의 직원들에게 피드백하는 과정에 도움을 주었기 때문이다. 오늘날 보편적인 조사연구센터의 피드백 방식은 **연계사슬 회의**(interlocking chain of conferences)라고 불리는 것이다. 대부분의 경우 최고경영자들이 조사 결과를 최초로 피드백받는다. 최고경영자는 이것으로 끝나지 않고 컨설턴트의 도움을 받아 자신보다 바로 아래에 있는 직속부하들에게 진단 결과를 다시 피드백한다. 이 과정은 조사 결과가 조직의 모든 수준에 속한 구성원에게 전달될 때까지 반복된다. 조직개발이 형성되는 초기부터, 조사 결과에 대한 피드백은 가장 일반적이고 효과적인 조직개발 개입 중 하나가 되었다(Bowers, 1973).

세 번째 중요한 조직개발의 역사적 토대는 활동 연구방법(action research method)의 발전과 사용이다. 활동 연구란 앞서 언급된 것처럼 Lewin이 제안한 것이고, 조직 변화의 일반적인 과정을 묘사하는 것으로 사용된다. 활동 연구는 응용적인 측면이 있는데, 1940년대 중반과 1950년대 초에 많은 활동 연구는 기업 조직뿐만 아니라 교육기관과 지역사회에서도 수행되었다. 활동 연구의 일반 과정 외에 또 다른 중요한 원리 중 하나는 연구란 연구원과 조직 구성원들이 서로 협동하여 노력하는 것이라는 착상이다. 실제로 현재의 조직개발 전문가들은 조직개발 과정에서 고객 조직의 구성원이 조직개발 활동에 참가하는 것의 중요성을 강조하고 있다(Halbesleben, Osburn, & Mumford, 2006).

조직개발의 역사적 토대의 마지막은 영국에서 발생한 사회기술 체계(sociotechnical system)와 사회임상 활동(socioclinical work)이다. 이 활동의 중심은 심리요법을 제공하고 제1차 세계대전의 전투 노이로제를 치료하기 위해 1920년에 설립된 타비스톡 연구소(Tavistock Clinic)이다. 타비스톡에서의 활동 중 조직개발 분야에 대한 가장 큰 공헌은 Trist와 Bamforth(1951)의 채탄광부의 작업 재설계(work redesign)에 관한 일련의 연구들이었다. 연구자들은 광산에서 직무의 설계와 사회적 구조 그리고 집단역학 사이에 강한 관련성을 발견했다. 이 연구는 그 자체만으로도 충분히 의미가 있었을 뿐만 아니라, 산업 장면에 처음 적용된 기법 중 하나라는 점에서도 의의가 있다.

이 장에서 분명히 볼 수 있겠지만, 조직개발에서의 많은 개입과 접근을 앞서 논의되었던 조직개발 역사의 관점에서 살펴볼 수 있다. 그러나 어느 분야와 마찬가지로, 조직개발은 정적이지 않을 뿐만 아니라 이 분야의 최근 추세들이 미래에 영향을 줄 것이다. 최근 조직개발에서의 명백한 추세 중 하나는 바로 팀(team)의 기능을 향상하는 데 목적을 둔 개입에 대한 관심의 증가이다. 오늘날의 많은 조직은 작은 팀으로 분화되어 있으며, 전체 조직의 성공은 개별적인 팀의 성공에 비중 있게 의존한다. 이런 맥락에서 팀 빌딩이 가장 유명한 조직개발 개입의 하나가 된 것은 놀라운 일이 아니다.

두 번째 최근의 추세는 대규모(large-scale) 혹은 폭넓은 관점에 기반을 둔 조직 변화 개입의 사용이 증가하고 있다는 것이다(Mirvis, 2005; Steil & Gibbons-Carr, 2005). 이러한 대규모 변화를 지향하는 추세는 몇 가지 이유 때문이라고 할 수 있다. 예를 들어, 많은 조직이 직면하고 있는 환경이 매우 경쟁적이고 변화가 심하기 때문에 매우 광범위하면서도 빠른 변화가 요구된다. 따라서 조직의 폭넓은 변화를 유도하기 위해 개인 혹은 팀 단위에 초점을 맞춘 개입을 기다릴 수 없게 된다. 또한 Austin과 Bartunek(2013)이 지적했듯이, 최근 조직개발의 초점이 인본주의적 이상의 실행에서 조직의 체계적 목표 달성을 돕는 것으로 변화되었다. 이 관점에서 보면 대규모 개입이 훨씬 효과적이다. 이러한 추세는 또한 조직개발 분야의 성숙에도 반영되어 있다. 조직개발의 기법을 연구하는 사람과 실천하는 사람들로부터 얻은 지혜에 따르면 조직에서 실질적인 변화가 초래되려면 조직 체계가 전반적으로 변해야 한다(예 : Beckhard, 1967). 조직 전체가 하나의 개입 방법에 중점을 두는 것보다 조직의 모든 체계가 참여할 수 있는 더 좋은 방법은 무엇일까?

또 다른 조직개발 추세는 적용 범위가 널리 확장됐다는 것이다. 조직개발은 학교(Spillane, 2002)와 건강 관리 장면(Humphries, Littlejohns, Victor, O'Holloran, & Peacock, 2000) 등 다양한 조직에서 이용되며 국제적인 관점에서 통용되고 있다(예 : Perlaki, 1994; Rao & Vijayalakshmi, 2000). 아마도 조직개발의 성장에 걸림돌이 되는 유일한 요인은 윤리에 대한 보편적인 인식과 전문적인 표준을 만드는 것이 어렵다는 것이다. 하지만 최근에 조직개발 전문가들은 전문적인 실행의 확실한 표준을 설립하기 위해 준비하고 있다(참고 15.1 참조).

참고 **15.1**

조직개발자로서의 직업

조직개발은 직업으로서 지난 50년간의 긴 여정이 있다. 이 분야가 처음 시작될 때에는 조직개발이 심리학이나 다른 행동과학의 교육을 받은 사람들이 응용하는 하나의 기법으로 간주되었다. 그러나 시간이 흐르면서 이 분야는 심리학이나 다른 행동과학과 차별되는 독특한 정체성을 구축하였다. 예를 들어, 많은 조직개발 실무자들이 전문가 협회에 등록되어 있으며, 이 협회를 통해 전문 직업으로서의 위상을 높이고 이 분야의 실무에 대한 가이드를 제공하고 있다. 대표적인 것으로 조직개발 네트워크(http://www.odnetwork.org)와 미국 경영학회(http://aom.org)의 조직개발 및 변화 분과를 들 수 있다.

조직개발의 직업으로서 성장한 다른 지표로는 대학에서의 전공 분야 수이다. 미국 경영학회의 조직개발 및 변화 분과의 추산에 따르면, 현재 8개 대학에서 조직개발 전공으로 독립적인 박사과정을 운영하고 있다. 그 외에 14개의 석사과정과 6개의 자격증 과정이 있으므로, 조직개발에 관심을 가지고 있는 사람은 이 분야에 대한 고급 교육과 구체적 훈련을 받을 수 있다. 과거에는 조직개발에 흥미를 가진 사람들이 관련 분야(예 : 심리학, 사회학, 커뮤니케이션학)에서 학문적인 교육을 받고 직장 경험을 통해 조직개발의 구체적인 내용을 경험해야 가능했었다.

조직개발 전문가의 효용성을 표방하는 전문가 협회의 출현은 두 가지 의미를 가진다. 하나는 전문가 협회의 규모가 커질수록 전문가로서 더 높은 수준을 요구하게 되고 결과적으로 더욱 수준 높은 실무적 전문성을 발휘할 수 있기 때문이다. 다른 하나는 조직개발의 학위과정이 많아진다면, 의심할 바 없이 더 많은 연구가 수행되고 이론이 개발될 것이다. 이 두 가지는 조직개발이 과학과 기술의 분야로 동시에 성장하기 위해서 결정적으로 필요한 것이다.

조직개발의 기반 이론

어떤 조직개발 개입에서든지 논쟁을 일으킬 만한 점은 이미 여러 학자들이 지적한 바 있듯이, 조직 개발이 탄탄한 이론적 기반을 가지지 못하고 있다는 것이다(예 : Austin & Bartunek, 2013; Ford & Foster-Fishman, 2012). 자문가들은 견고한 이론적 바탕보다는 오히려 경험적이고 심지어 시행착오를 거쳐 조직개발 개입 방법을 도입하곤 한다. 이 때문에 조직개발은 여러 연구자들에게 조직심리학 내의 전통적인 주제로서 여겨지는 것이 아니라 마치 기술공학의 한 부류로 여겨지게 되었다. 이로 인해 조직개발 실무자들은 그들이 현장에서 만든 안내 지침을 이론적 배경으로 활용하게 되었고, 이런 관점이 분명 파격적이지만 장점일 수 있다. 이 절에서는 이러한 이론적 기반을 살펴보기로 한다.

변화에 대한 일반적인 이론

Lewin의 3단계 모델

가장 오래된 조직 변화과정의 이론으로 **Lewin의 3단계 모델**(Lewin's Three-Step Model; Lewin, 1947)을 들 수 있다. 그는 물리적 은유(physical metaphor)를 사용하여 사회 체계의 변화를 설명하였다. 이론 개발에서 사용되는 은유는 제13장의 조직설계(예 : McKenna & Wright, 1992)에서 소개된 바 있는데, 이것은 조직 변화도 상당히 유용하게 설명할 수 있다. 조직설계와 마찬가지로 조직 변화 역시 매우 추상적인 과정으로 쉽게 흉내 내거나 연구 소재로 모델화하기 어렵다.

Lewin의 3단계 모델은 〈그림 15.1〉로 표현할 수 있다. 변화과정의 첫 단계는 해빙(unfreezing)으로 변화의 필요성을 조직이 인식하기 시작하는 것이다. 이는 변화과정에서 매우 중요한 단계라고 Lewin(1947)은 주장한다. 그 이유는 변화의 필요를 인식하지 않고서는 변화할 수 없기 때문이다. 앞서 언급했던 많은 조직 변화의 동기부여 요소들(예 : 이익의 감소, 주요 환경의 변화)은 해빙 현상으로 간주할 수 있다. 만약 조직이 수익을 창출하지 못하거나 경영환경의 엄청난 변화에 직면하게 되면, 이로 인해 종업원들이 변화의 필요성을 느끼게 만들 수 있기 때문이다. '만들 수 있기'라고 표현한 이유는 조직으로 하여금 변화를 인식하게 할 수는 있지만, 이것이 반드시 조직 변화의 필요성

그림 15.1 Lewin의 조직 변화과정의 3단계 모델

연구를 수행한 사람들

Jean Bartunek

1969년 대학 졸업 이후 첫 풀타임 직업은 고등학교 교사였다. 새 학년이 시작하기 직전에, 교사들은 자문가가 이끄는 조직개발(OD) 개입에 참여했다. 이는 합의적 기법을 통해 종업원들이 의사결정을 하도록 이끌기 위한 시도였다. 물론 이 개입을 통해 우리 교사들과 학교에 도움이 되고, 의사결정을 공유하며 서로 협력할 수 있게 되길 바랐다. 그러나 이는 절망적인 영향을 가져왔다. 학기 중간에 교사들은 완전히 부적절한 행동을 했고, 또 다른 형태의 파벌적 행동, 그리고 결국 의사결정을 할 때 어떠한 협력이나 참여도 하지 않고자 했다.

OD로 인한 여러 부정적인 경험 때문에 OD가 매우 강력하지만, 내가 경험한 것보다 훨씬 효과적으로 이뤄져야 할 것 같다는 생각이 들었다. 이로 인해 시카고의 일리노이대학교에서 사회 및 조직심리학 대학원과정을 가르칠 당시 나의 포부는 내가 경험했던 것보다 훨씬 더 나은 자문가가 되는 것이었다.

박사과정 중에 내가 자문가들을 만난 여러 번의 경험에 비추어 볼 때, 나는 풀타임 자문가로 활동하고 싶지는 않았다. 하지만 계획적 변화에 대한 연구를 하고 싶었다. 나의 지도교수인 Chris Keys의 도움을 받아 OD 개입이 시카고 학교 시스템의 관할구에 미친 영향에 대해 연구하게 됐다. 이는 준실험 설계를 활용하여 대학원에서 배운 실험기반 연구방법과 동일하게 진행되었다.

내가 첫 직업을 가진 이후 운이 따랐다. 일리노이대학교의 조직행동 집단에서 Mike Moch와 함께 객원 직책에 참여했고, 1970년대 미국에서의 업무 생활의 질을 입증하는 연구 중 하나에 조교수로 참여했다. 이는 OD 개입의 다음 세대에 대한 내용들이었다. 나는 Mike로부터 내가 지금껏 배워 왔던 것과는 매우 다른 설문 조사법, 면접법, 그리고 관찰법을 배웠다. 그리고 질적인 자료를 어떻게 다루는지에 대해서도 배울 수 있었다. 업무 생활의 질에 대한 연구를 통해 단순히 얼마나 성공적인지 측정하는 것을 넘어서서 구체적으로 무엇이 진행되는지 이해하는 방법을 개발했다. 내가 지켜야 하는 종교적인 규칙(나는 가톨릭교회 수녀다)에 입각해서 조직 변화 노력을 연구하고 사회 인지 관점을 취하는 것과 더불어서, 서로 다른 집단(예 : 자문가들, 관리자들, 공장 노동자들)이 어떤 변화 노력을 하고 있는지에 초점을 맞췄다. 이들은 변화를 통해 무엇이 진행되는지 서로 다른 인식을 갖고 있지만, 다른 집단의 관점에 대해서는 알지 못하고 있다. 더 나아가서, 함께 일하는 사람들의 서로 다른 관점이 어떻게 작동하느냐에 따라 변화의 영향은 더 발전할 수도, 가끔은 지체될 수도 있다.

1980년대 중반, 보스턴대학에 온 이후 학교에서의 변화 계획에 대해 연구하여 이 아이디어를 검증하고 싶었다. 현재 자리하고 있는 다양한 관점과 그것이 변화에 미치는 영향에 대해 연구하고자 했다. 설문지를 제작하고 1년 동안 매 2~3주간 학교를 방문했다. 그러나 한 해 마지막에 학교를 그만뒀다(그리고 연구도 중단했다). 변화 계획이 잘 진행되지 않았고, 학교 총장은 나의 연구가 그것을 방해한다고 생각했다. 더욱이 그녀는 실패한 변화 계획에 대해서 왜 연구하고자 하는지 이해하지 못했다.

나는 이 점에 다소 당황스러웠지만, 이후에 총장이 변화 계획에 대해 나오는 다른 관점을 갖고 있음을 이해했다. 이 경험은 Meryl Louis와 내부인/외부인 팀 연구(Insider/Outsider team research)라고 부르는 연구 유형을 개발하게끔 했다. 이 유형의 연구에서는 특히 질적 방법을 사용했고, 참여 구성원들은 상황을 연구하기 위해 외부 연구진과 협동한다. 이 접근 방식을 통해 외부인뿐 아니라 내부인도 자신들의 학업 이야기를 할 수 있는 기회를 얻었다. 그럼으로써 자신들이 보기에 가장 중요한 경험과 생각을 전달할 수 있었다. 나는 이 접근 방식을 변화 계획에 대한 서로 다른 관점에 대해 제안하는 연구에 성공적으로 사용했다. 내부인/외부인 접근 방식은 교육, 사회사업, 지역사회심리학, 약학 및 간호학, 그리고 경영의 여러 분야 등 다양한 연구 분야에서 사용되고 있다.

이 접근 방식의 개발을 통해 다시 한 번 더 학자들과 실무자들 간에 변화 계획에 대한 다른 관점이 있음을 강조했다. 또한 학자와 비교했을 때, 나는 조직개발 자문가가 개입의 진행과정에 대해 어떻게 개념화하는지에 대해 더 큰 궁금증이 생겼다. 예를 들어, 변화에 대한 저술에 따르면 자문가와 학자는 종종 서로 다른 목표를 갖고 있고, 다른 조언을 하며 다른 유형의 지식 타당화 전략을 사용한다. 그러므로 서로를 이해하는 데 어려움을 겪는 것은 흔히 일어나는 일이다. 그러나 서로의 다른 관점을 이해하기 위한 시도는 이론과 실행 모두에 유용할 것이다.

현재 진행하는 연구를 할 수 있게 만든 것이 무엇인지 살펴보면서, 내가 새로운 교사였을 때 OD 프로젝트에 참여하면서 인상 깊은 경험을 얼마나 많이 했는지 깨달았다. (실무자 관점에서 볼 때) 자문가들이 했던 형편없는 일에 그리 고마워하진 않는다. 그러나 이 경험을 통해 개입 방법의 다양한 관점을 탐구했고, 원래 알지 못했던 연구방법을 사용하게 된 것 등 학문적인 경력에 자극을 미친 점에 대해선 감사하다.

Jean Bartunek은 보스턴대 경영대학 경영 및 조직학부 Robert A.와 Evelyn J. Ferris 학과장이자 교수이다.

과 연관되지는 않기 때문이다. Mirvis(2005)는 품질관리의 중요성을 강조한 네덜란드 식품회사의 경우를 예로 들었다. 변화과정을 시작하기 위해서 네덜란드 식품회사는 모든 종업원을 훼손된 제품으로 가득 찬 창고로 데려가서 훼손된 제품이 파기되는 것을 지켜보게 했다. 이 같은 극적인 방법을 통해서 회사는 모든 종업원들에게 높은 품질의 중요성을 인식시킬 수 있었다.

적정 수준의 조직 해빙이 일어나면 그다음은 Lewin 모델의 두 번째 단계인 **변화**(change) 혹은 **변혁**(transformation)의 단계에 접어든다. 이 단계는 조직 운영상의 실질적인 변화가 일어나기 때문에 매우 중요하다. 예를 들면, 조직을 팀 구조로 바꾸거나, 고객만족을 높이는 방향으로 작업을 재설계하거나, 그 밖의 다른 여러 변화를 시도하는 것 등을 들 수 있다. 이 단계를 실질적으로 실행하는 것은 매우 어렵다. 이때 도입되는 변화는 여러 근로자로 하여금 과거와는 매우 다른 일을 하게 만든다 (Armenakis, Harris, & Mossholdr, 1993). 일부는 생기가 돌게 만들기도 하지만, 대부분의 종업원들이 과거와는 상당히 다른 어려운 절차를 따라야 하는 일을 하게 된다.

조직이 어떤 식으로든 변화 혹은 변혁하게 된다면 그다음 단계는 **재동결**(refreezing)이다. 이 모델의 두 번째 단계에서 발생한 변화들은 비교적 영구적인 일련의 조직행동 과정이 된다. 재동결 역시 종업원들이 조직 변화에 저항할 수 있다는 측면에서 어려운 단계라 할 수 있다. 그 예로 근로자들이 조직 변화 도입에 대한 의지가 초기에는 일반적으로 매우 강하다. 하지만 근로자들의 초기 열정이 식기 시작하면 예전 방식으로 돌아가려 할지도 모른다. 진정한 재동결이 이뤄지면, 종업원들도 변형 단계에서 발생한 조직 변화를 지속시키는 것이 그들에게도 가장 이롭다는 사실을 깨닫게 될 것이다.

Lewin의 3단계 모델의 가장 큰 장점은 바로 단순함이다. 이 모델은 이해하기 쉽고, 사실상 조직 변화를 이끄는 데 유용한 지침을 제공한다. 예를 들어, 조직은 구성원들에게 사전에 변화를 도입하기(예 : 해빙) 전에 그것의 필요성을 인식하도록 해야 하고, 이러한 변화가 영구적인 문화의 일부분으로 자리 잡기(예 : 재동결) 전에 저항이 발생하리라는 예측을 할 수 있다는 점을 들 수 있다. 이러한 요소들에 주의를 기울이지 않는 조직은 성공적인 변화를 거두기 어렵다.

역설적이게도 단순함이 Lewin 모델의 취약점이기도 하다. 좀 더 자세히 말하자면, 이 모델은 변화과정을 지나치게 단순화했다는 지적을 받아 왔다(Purser & Petranker, 2005). 이 모델의 다른 문제는 해빙이 일어나는 과정에 대한 자세한 통찰을 제공하지 못하는 것이다. 이런 측면에서 조직이 실질적으로 변화 혹은 재동결의 과정을 이끌어 낼 수 있는지에 대한 통찰 역시 아주 미미하다. 따라서 Lewin의 모델이 조직의 변화를 기술하는 데는 적절하나, 설명력이 충분하지 않아 조직 변화과정의 포괄적인 모델이라고 하기에는 부족한 점이 있다.

활동 연구 모델

두 번째 조직 변화과정의 일반적 이론 모델은 Kurt Lewin이 기여한 **활동 연구 모델**(action research model)이다. 활동 연구의 바탕에 깔린 일반적인 아이디어는 조직 변화를 순환과정에 비유할 수 있다는 것이다. 활동 연구는 또한 연구과정의 모든 단계 내내 연구자와 고객 조직 구성원 간의 활발한 협력이 있어야 함을 강조하고 있다. 이 원리는 다음에 이어지는 여러 조직개발 개입에서 분명히 확인할 수 있고, 오늘날 이 분야에서 여전히 일반적인 원리로 사용되고 있다(Austin & Bartunek, 2013). Lewin(1951)에 의해 서술된 것처럼, 활동 연구과정의 주요 단계는 〈그림 15.2〉에서 볼 수 있다.

제시된 바와 같이 활동 연구과정의 가장 첫 번째 단계는 문제 확인(problem identification)이다. 어

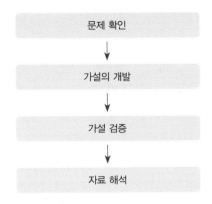

그림 15.2 Lewin의 활동 연구 모델

떤 연구를 실행하거나 어떤 변화를 초래하려면 먼저 그것의 문제점에 대한 재인식이 요구된다. 어느 시대에나 일반적으로 현재 상태의 업무와 바람직한 미래 상태의 업무 사이에 괴리가 있다는 문제점이 있다. 예를 들어, 한 조직의 이익은 목표한 것보다 훨씬 더 적을 수 있고, 종업원의 이직률은 조직이 바라는 것보다 훨씬 더 높을 수 있다. 혹은 보상에 대해 불만을 제기한 구성원 수가 조직에서 생각하는 것보다 더 많을 수 있다.

활동 연구 모델의 두 번째 단계는 **가설의 개발**(development of hypotheses)이다. 어떤 문제점이든 거기에는 분명히 다양한 원인이 있을 수 있다. 다행히도 과거의 이론과 조직 구성원의 경험에 따라 어떤 원인에 대해서는 깊은 관심을 가질 수 있고, 다른 원인에 대해서는 주의를 덜 기울일 가능성이 있다. 예를 들어, 만일 확인된 문제점이 직원의 이직률이라면, 이직에 대한 지난 수년간의 연구로 볼 때 구성원의 일에 대한 태도와 경제적 환경이 그것을 결정하는 중요한 요인이다(Harrison & Newman, 2013). 이러한 지식에 근거하여 이직에 대한 가설을 설정하기 위해, 이직에 대한 구성원들의 태도를 검토하고, 외부 노동시장을 탐색하는 것이 유용할 것이다.

가설을 구체화한 후, 활동 연구에서의 다음 단계는 **자료 수집**(data collection)이다. 이 단계는 활동 연구가 과학적 연구방법과 구별되는 단계이기 때문에 매우 중요하다. 예를 들어, 이전에 서술한 가설들을 전문가에게 물어보거나 혹은 내성법(introspective method)을 통해 검증할 수 있다. 하지만 활동 연구를 채택하면, 경험적인 자료를 통해 과학적인 방법으로 검증해야 한다.

경험적인 자료를 모은 다음 단계는 **자료 해석**(data interpretation)이다. 활동 연구가는 경험적인 자료로부터 가설이 뒷받침되는가, 아니면 뒷받침하는 데 실패하였는가라는 질문에 답하고자 한다. 이러한 점에서 연구자들에게 가장 큰 딜레마는 기본적으로 자료가 가설을 뒷받침하는 것인지 아닌지 '판단하는 방법을 결정하는 것'이다. 다행스럽게, 추론 통계방법들(inferential statistical methods)은 그러한 결정을 하는 데 활동 연구자들을 도와줄 수 있다(제2장 참조).

자료를 해석하여 가설의 기각 여부를 판단하면 활동 연구는 완료되는가? 활동 연구자는 아마도 그 문제에 대해 이제 흥미를 잃을 가능성이 있다. 하지만 일반적으로 활동 연구의 주기는 스스로 반복된다. 예를 들어, 만일 연구자들이 자료를 수집하여 직무만족이 이직률과 부적으로 관련된다는 점을 밝혀낸다면, 이로부터 또 다른 중요한 질문을 제기하게 된다. 어떻게 구성원의 직무만족 수준을 끌어올릴 수 있고, 이직을 줄일 수 있는가? 직무만족의 어떤 측면이 다른 측면에 비해 이직을 결정하는 데 더 중요한가? 이러한 질문들은 확실히 향후의 연구 프로젝트를 통해서 검증될 수 있는 경험적인 질문들이다. 활동 연구는 이러한 질문에 답하기 위해 다시 한 번 반복될 수 있다.

즉 활동 연구 모델에 따르면 조직 변화란 가설 개발, 자료 수집, 자료 평가, 그리고 궁극적으로 개입하는 것의 연속적인 순환 과정으로 특징지을 수 있다. 활동 연구 모델의 또 다른 중요한 측면은 이미 언급한 바 있는데, 활동 연구는 연구자와 고객 조직의 구성원 간에 상호 노력의 과정이라는 것이다. 전통적인 연구 프로젝트에서는 연구자와 연구 참여자 사이에 지위나 권력에서 차이가 있다. 비록 연구자와 참여자 간의 협력에는 다소 딜레마가 있다 하더라도(예 : Mirvis & Seashore, 1979), 고객 조직이 조직 변화과정에서 주인의식을 가지게 하는 것이 더 긍정적인 효과가 있다. 이것이 조직의 변화를 지속적으로 유지하는 중요한 요소이다.

활동 연구 모델과 Lewin의 3단계 모델의 장점과 단점은 서로 어느 정도 비슷하다. 즉 활동 연구는 조직의 변화를 이해하기 위한 아주 유용한 지침을 제공한다. 더군다나 활동 연구가 조직의 문제점을 풀어 나가는 데 유용한 접근방법이라는 경험적인 증거가 있다(예 : Halbesleben et al., 2006). 그러나 3단계 모델처럼, 변화과정에 관여하는 가장 중요한 요인들을 직접 설명하지 못한다. 예를 들면, 다음과 같은 질문이다. 변화는 조직의 리더로부터 시작하는가 아니면 말단의 구성원들로부터 시작하는가? 어떤 요인들이 변화의 저항을 초래하는가? 어떻게 오랫동안 조직의 변화를 유지할 수 있는가? Lewin에 대해 있는 그대로 평가하자면, 활동 연구 모델은 결코 조직 변화에 대한 하나의 이론이 될 수 없다. 오히려 조직 변화의 이론이라기보다는 일반적인 '개입의 이론(theory of intervention)'으로 더 적절한 것 같다.

일반 체계 이론

여러 조직개발 기법이 기반을 두고 있는 세 번째 일반적 이론은 **일반 체계 이론**(general systems theory)이다. 제13장에서 간략하게 다루었던 일반 체계 이론은 1950년에 von Bertalanffy에 의해서 제안되었고, 1966년에 Katz와 Kahn(1966)의 노력으로 그들의 책, 조직의 사회심리학(*The Social Psychology of Organizations*)을 통해 조직심리학계에 소개되었다. 일반 체계의 기본 개념을 조직에 적용하면, 환경으로부터 재료가 조직에 투입되면 투입물을 변형하여, 궁극적으로 그 변형된 내용을 산출물로 환경에 다시 돌려주는 것이다. 그 결과 조직들은 꾸준히 외부 환경과 활발한 상호작용을 한다. 일반적으로 조직의 변화는 외부 환경의 변화를 예감하고 그것에 반응하는 것이다. 만일 조직이 '폐쇄 체계'에서 외부 환경을 무시할 수 있었다면, 조직의 변화와 개발 활동은 별로 필요성이 없었을 것이다.

조직개발 분야에 대단한 영향을 끼쳐 온 일반 체계 이론의 또 다른 면은 어떠한 체계든 연속적인 더 작은 '하위 체계'로 구성되어 있다는 생각이다. 비유하면 인간의 몸은 순환계나 소화계 등과 같은 기능을 관리하는 여러 '하위 체계'로 이루어져 있다. Katz와 Kahn(1966)은 조직이 환경으로부터 재료들을 수집하고(예 : 구매), 그러한 재료들을 변형하며(예 : 생산) 그리고 변형된 재료들을 외부 환경에 되돌려주는(예 : 마케팅) 기능을 담당하는 수많은 하위 체계들로 구성되며 이들은 서로 밀접하게 관련되어 있다고 지적하였다.

상호 연관된 하위 체계라는 아이디어는 조직개발에 중요성을 가진다. 왜냐하면 조직의 어떤 부분에 변화를 시도하면, 그러한 변화를 관리하는 사람들은 그 변화가 '조직 전반에 걸친' 변화로 확산되어 가는지를 세심히 살펴보아야 하기 때문이다. 그러나 일반 체계 이론의 많은 부분이 조직개발에 미치는 영향은 실제적인 수준보다는 '비유적인' 수준이라고 여겨져 왔다(Kozlowski & Klein, 2000). 즉 이 이론이 조직에 대해 어느 정도 유용한 통찰을 가져왔으나 조직을 바꾸기 위해서 어떻게 개입해야 되는지 구체적인 지침은 제공하지 않는다. 다음 단락에서 조직의 변화과정에 좀 더 초점을 맞춘 이론들에 대해 설명할 것이다.

조직 변화의 일반적인 이론

이전까지 다루어진 이론들은 분명 유용하며 조직 변화과정에 포함된 내용에 대한 일반적인 지침을 제공한다. 하지만 이는 조직 상황에서 변화를 가져오는 요소에 대해서는 설명하고 있지 않다. 다행히도 수년에 걸쳐 조직개발 학자들은 많은 이론을 만들었다. 이는 조직 상황에서 변화를 가져오는 요소들을 설명하려는 시도라고 할 수 있다(Austin & Bartunek, 2013 참조). 이번 절에서는 이러한 유형 중 가장 영향력 있는 두 가지 이론을 간단히 살펴보고자 한다.

변화에 대한 변증법적 모델

이 모델에 따르면, 조직 변화는 현재의 진행 방식과 새로운 아이디어 및 가치관 사이에 내재한 긴장에 의해 일어난다. 이 모델에 따르자면, 조직의 현재 상황이 새로운 아이디어와 가치관에 도전받게 되면 조직은 여러 가지 선택지를 갖게 된다. 첫 번째 선택은 새로운 아이디어와 가치를 억압하거나 무시하는 것이다. 사실 많은 조직이 이를 선택하고 종종 이렇게 하기 위해 비용을 들이기도 한다.

두 번째 선택은 기존의 방식을 버리고 새로운 아이디어와 가치관을 택하는 것이다. 이러한 형태의 변화는, 예를 들어 조직에 새로 부임한 CEO가 이전의 최고경영진을 교체함으로써 '집을 청소'하는 것이라고 할 수 있다. 이와 같은 변화 방식은 새 CEO들과 그들의 최고경영진에게 높은 수준의 편안함을 줄 것이다. 그러나 여기에는 단점도 있다. 구체적으로 말하자면, 실제로는 그렇지 않은 데도 불구하고 현재 상태가 잘못됐다고 가정한다는 것이다.

변증법적 모델의 세 번째 선택은 반대되는 힘 간의 절충안을 만드는 것이다. 즉 일종의 **통합**을 이루는 것이다. 예를 들어, 어떤 조직이 관료주의 경향이 높고 이에 반대되는 힘으로 좀 더 유기체적 혹은 인본주의적 조직구조를 채택하길 바라는 요구가 있다. 이에 대한 해답으로 두 가지 특징을 모두 지닌 '하이브리드(hybrid)' 형태의 조직구조를 만들어 낼 수 있다. 이는 '관계적 관료주의'가 형성되는 과정이다(제13장 참조).

마지막 선택은 현재 상태와 새로운 아이디어와 가치관이 혼재할 수 있는 상황을 만드는 것이다. 조직은 서로 상충하는 관점을 모두 포용하도록 배운다. 이 전략의 논리는 현재 상태와 새로운 아이디어와 가치관은 그 자체로 있을 때 장점을 발휘하므로 둘을 희석하기보다는 두 가지를 그대로 유지하는 것이 좋다는 것이다(Bartunek, Walsh, & Lacey, 2000). 많은 메이저리그 야구 조직은 이 유형의 변화 전략을 채택하여 선수 채용 기능에 새로운 방법을 통합한다. 머니볼(*Moneyball*)(Lewis, 2004)의 도래 이후로, 아마추어 선수를 선택하기에 앞서 객관적인 통계 방법으로 선수를 평가할 것을 강조한다. 그리고 대부분의 팀은 적어도 이 과정의 일부분이라도 적용한다. 동시에, 이전에 사용하던 것과 동일하게 '보이지 않는' 준거를 사용하여 선수를 뽑기도 한다.

변화의 목적론적 모델

이 모델에 따르면, 조직 변화는 목적지향적이다. 특히 변화를 가져오는 요소는 현재의 방법으로는 조직이 목표를 달성할 수 없다는 것에 대한 인식이다. 종종 조직 전략의 변화(Rajagopalan & Spreitzer, 1996)에 의해 이 절차가 진행된다. 예를 들어, 제품 시장에 처음 전략을 도입한 조직이 있을 때, 그 방법이 느리다고 판단되면 새로운 의사결정 방식을 취해야 한다.

이 모델의 또 다른 중요한 부분은 인지적 재조망(cognitive reframing; Doz & Kosonen, 2010)이다. 다른 말로 하면, 변화가 생기기 위해서 조직의 리더들은 전략 이슈를 바라보는 관점을 바꾸고 이에 대해 조직의 다른 구성원들과 의사소통해야 한다. 종종 변화는 조직에 닥친 도전이나 이슈에 대해 어떻게 조망하느냐에 달려 있다고 보는 것이다. 따라서 변화를 가져오기 위해서는 조직이 직면하고 있는 이슈들에 대한 최고경영진들의 관점을 바꿔야 한다. 전통적으로 종업원 건강과 안전 수칙을 부담으로 느꼈던 조직을 예로 들 수 있다. 기존의 관점 대신에 개인의 건강과 안전에 대한 조직의 지원이 종업원들에게 더 양질의 삶을 제공한다는 관점으로 대체될 수 있다.

조직 변화에 대한 Burke의 이론

Burke(1994)는 다양한 형태의 조직에 적용하기에 적절한 조직 변화과정에 대한 모델을 개발하였다. 〈그림 15.3〉에서 볼 수 있듯이, 조직의 변화는 서로 밀접한 관계가 있는 요인들의 결과물이라고 제안하고 있다. 조직 변화과정에서 외부 환경 요인은 변화의 시작을 위한 중요한 요인이 될 수 있다. 왜냐하면 변화는 생존에 대한 욕구 혹은 새로운 기회를 잡으려는 욕구로부터 촉발되기 때문이다. 이 모델은 외부 환경이 임무(mission) 및 전략, 리더십 그리고 조직의 문화에 직접적인 영향을 준다고 제안하고 있다. 그러나 이 세 가지 요소가 서로 상호적인 영향을 끼친다는 점에 주의를 기울일 필요가 있다. 예를 들어, 외부 환경이 리더십에 영향을 주었지만 리더십은 또한 외부 환경에 영향을 줄 수 있다. 임무 및 전략과 조직 문화도 마찬가지이다. 이 세 가지 조직 요소가 서로 밀접한 관련이 있음을 기억해야 한다.

이 모델은 더 나아가 임무 및 전략, 리더십 그리고 조직 문화가 개인의 수행과 조직의 수행에 직접적인 영향을 끼친다고 제안하고 있다. 이것 역시 모델의 첫 번째 부분처럼, 모든 관계가 상호적임을 주의해야 한다. 즉 임무 및 전략, 리더십 그리고 조직 문화는 또한 개인과 조직의 수행에 의해서 이들이 역으로 영향을 받기도 한다. 이 모델에서 주의해서 살펴보아야 할 점은 개인 및 조직의 수행과 외부 환경 사이에 활발한 피드백 고리가 있다는 것이다. 이것은 외부 환경이 개인과 조직의 수행에 대해 직접적으로 영향을 끼칠 수 있다는 것을 의미한다. 반대로 개인과 조직의 수행이 외부 환경에 영향을 끼칠 수 있다.

Burke(1994)의 모델은 조직 변화과정에 대해 몇 가지 중요한 점을 지적해 준다. 첫째, 이 모델은 조직 변화과정에서 외부 환경이 중요한 역할을 담당하고 있음을 분명하게 보여 준다. 이 모델은 또한 일반 체계 이론과 관련이 있는데, 조직이 외부 환경을 무시할 수 없다는 점을 다시 한 번 강조하고 있다. 조직이 의미 있는 변화과정을 수행하고자 할 때, 조직이 사용할 수 있는 주요 변화 수단 세 가지를 제시하고 있다. 이 수단에는 상호관련성이 있는 요인이라고 할 수 있는 임무와 전략, 리더

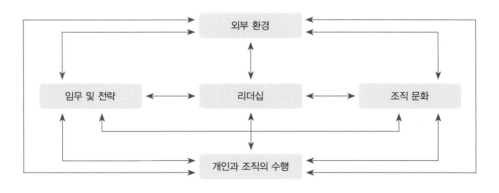

그림 15.3 Burke의 조직 변화 이론

십, 조직 문화가 있다. 이제 이 요인들을 각각 살펴보자.

임무와 전략은 조직의 목적이 무엇이며, 이 목적을 달성하기 위한 계획을 어떻게 세울 것인지 그 방향을 제시한다. 따라서 임무와 전략의 변화는 전반적인 조직의 변화에 강력한 촉매제 역할을 할 것이다. 더 나아가 구성원 개인의 수준에서도 임무와 전략은 중요하다. 그것은 각 개인들에게 목적 의식과 결속력을 제공하는 데 도움을 주기 때문이다. 그러므로 임무와 전략이 변화하면, 이것은 구성원 개인에게 자신들의 행동을 이에 맞추어 어떤 식으로 변화시켜야 할 것인지에 대한 강력한 메시지의 구실을 할 것이다.

조직에서 리더십은 다양한 이유 때문에 중요하다. 조직의 리더들에게는 문화를 조성하는 것뿐만 아니라 조직의 임무와 전략을 개발해야 하는 중요한 역할이 있다. 리더들은 조직 내의 정책과 절차의 개발뿐만 아니라 외부에 조직의 대표로서 주요 공헌을 하고 있다. 따라서 조직 변화를 성공적으로 실행하는 데 조직의 리더들과 최고경영자의 관여 여부가 주요 요인이라는 것은 전혀 놀라운 일이 아니다.

앞 장에서 논의한 조직 문화는 한 조직의 근본적인 가치와 기본 전제를 반영한다. 문화는 구성원 개인과 전체 조직의 수행에 긍정적 혹은 부정적인 효과를 미칠 수 있다. 더 나아가 문화가 조직 변화에서도 중요한 역할을 한다. 이것은 매우 직접적으로 일어날 수 있어, 조직의 변화는 곧 문화의 변화로 간주될 수 있다.

문화는 또한 조직 변화에서 간접적인 역할을 수행한다. 만일 적어도 변화가 일반적인 현재의 조직 문화와 조화되는 것이라면, 그 변화는 더 잘 지속될 수 있다. 예를 들어, 매우 권위적인 문화를 유지하고 있는 조직이 직원들의 자율성을 강화하기 위해 직무를 재설계하려 한다면, 아마도 조직의 문화를 그대로 지속하고 있는 한 그 변화는 성공하기 어려울 것이다. 이러한 경우에 조직은 상대적으로 강도가 약한 변화를 시도하거나, 직무 재설계를 도입하기 전에 이전보다 더 참여적인 문화로 변화를 시도할 필요가 있다.

이 절에서 제안한 조직 변화 이론은 상당히 일반적이다. 하지만 앞서 제시한 변화과정의 일반적인 모델과 비교하면, 이번 모델은 조직이 변화를 유지하고 실행할 수 있다는 구체적인 내용을 훨씬 더 많이 다루고 있다. 이러한 생각을 가지고 이제 구체적인 조직개발 개입 기법으로 관심을 옮길 것이다.

조직 변화의 개입

일반적으로 말하기를 조직 변화의 개입은 (1) 목표로 삼는 조직의 수준(level), (2) 영향을 주기 위해 설계된 과정(process)이라는 두 가지 관점에 따라 구별된다. 조직개발 개입은 일반적으로 개인, 집단 또는 조직 전체를 겨냥한다. 이들 중 가장 일반적인 개입의 수준은 집단 수준이다. 왜냐하면 대부분의 조직이 성공을 위해 집단의 중요성을 깨달아 왔기 때문이다. 집단 수준의 변화 개입이 인기가 있음에도 불구하고, 조직 변화의 또 다른 추세로서 전반적 체계(system-wide)에 영향을 주는 개입이 나타나고 있다(Austin & Bartunek, 2013; Mirvis, 2005). 개인 수준의 개입도 자주 사용되고 있는데, 많은 조직이 이 개입을 조직개발이 아닌 훈련 프로그램으로 사용하고 있다.

영향력 있는 개입의 과정이라는 관점에서 보면, 개인과 조직 전체의 수행에 영향을 줄 수 있는 것이라면 무엇이든지 조직개발 개입의 대상이 될 수 있다. 조직개발 개입이 일반적으로 초점을 두는 과정으로는 구성원에게 요구되는 역할, 구성원 개인과 조직 전체를 움직이게 하는 목표, 집단 및 집단 간 과정, 조직의 구조 그리고 조직의 전략이 있다.

개인 수준의 개입

조직개발 역사를 되돌아보면, 최초의 조직개발 개입 중 하나는 T-그룹 훈련이라고도 불리는 감수성 훈련(sensitivity training)이다. 비록 T-그룹 훈련은 집단 형태로 시행되지만, 개인에 초점을 두는 개입이다. 왜냐하면 T-그룹의 주요 목표가 대인 간 기술과 역량의 증진, 타인에게 영향을 미치는 개인의 행동에 대한 인식 제고 그리고 집단 역학에 대한 보다 나은 일반적 이해에 있기 때문이다(Forsyth, 2010).

T-그룹 훈련이 한때 조직개발에서 가장 대중적인 개입이었지만, 오늘날 조직개발 전문가들은 이것을 거의 사용하지 않는다. 아마도 T-그룹의 효과가 의심스럽기 때문일 것이다(Campbell & Dunnette, 1968). T-그룹에서 배웠던 것을 일터에서 다시 적용하기 어려운 점도 또 다른 이유일 것이다. T-그룹 활동의 특징인 완전한 정직성과 진실성은 대부분의 실질적인 작업환경에서 잘 기능하기 어렵다. 또한 T-그룹의 사용을 둘러싼 몇몇 윤리적인 의문점들이 있는데, 직원들에게 강제로 참여를 요구하는 것이다.

비록 T-그룹이 현재 조직개발 개입에서 거의 사용되지 않는다고 하더라도, 이 개입이 조직개발 영역에 끼친 영향을 과소평가할 수는 없다. 오늘날 대중적으로 사용되는 많은 조직개발 개입들(예 : 과정 자문, 팀 빌딩)은 T-그룹 운동에 뿌리를 두고 있다. 비록 팀 빌딩(team-building) 활동은 대인 간 주제에 초점을 맞추고 있지 않지만, 팀 빌딩 활동을 제어하는 대부분의 원칙은 T-그룹 활동의 원칙과 아주 유사하다. 예를 들면, 참가자의 솔직함이 장려되고, 이러한 노력은 '심리적 안정감'이 유지되도록 만든다.

또 다른 일반적인 개인 수준 개입은 직무 재설계이다(Hackman & Oldham, 1980; Parker & Wall, 1998). 직무 재설계는 제10장에서 논의되었으므로 여기서는 자세하게 다루지 않겠다. 구성원들은 일반적으로 직장에서 다른 활동보다 자신들의 업무를 수행하는 데 더 많은 시간을 보내기 때문에 직무 재설계는 강력한 개인 수준의 조직개발 개입이라고 할 수 있다. 따라서 직무 재설계는 매우 강력하고 효과적으로 개인의 행동을 변화시키는 방법이다. 직무 재설계의 한계점은 업무환경에서 좀 더 '거시적인' 주제들을 다루지 않는다는 것이다. 예를 들어, 조직 내의 직무를 성공적으로 재설계하더라도, 그것으로 조직의 불신과 적대감 문화까지 해결할 수는 없다는 것이다. 직무 재설계의 또 다른 문제점은 많은 비용이 든다는 것이다. 문제점을 진단하고 직무를 변화시키는 데 필요한 비용은 몇몇 조직에서는 엄두를 못 낼 정도로 비싸고, 따라서 직무 재설계로 조직 전체의 효과를 높이는 것은 먼 이야기일 수 있다.

구성원 개인에 초점을 맞춘 또 다른 조직개발 개입은 목표관리(MBO)이다(Carroll & Tosi, 1973). 비록 MBO 프로그램의 구체적 특성은 조직에 따라 매우 다양한 형태를 띠고 있지만, 어떤 특징들은 대부분의 조직에서 공통적이다. 예를 들면, 목표설정 과정에서 직원과 그들의 상사가 함께 참여하여 공동의 목표를 설정한다는 점이다. 대부분의 MBO 프로그램들에서 직원 개개인의 수행은 이러한 목표의 성취 정도에 따라 평가된다. MBO 프로그램이 직원의 수행에 긍정적인 효과를 가진다는 경험적인 연구들이 있다(Rodgers & Hunter, 1991). 특히 이러한 프로그램들이 최고경영층에게 지지를 받았을 때 그 효과가 크다. 반면 MBO의 효과는 목표가 명확하게 언급되지 않을 경우에는 부정적이라는 증거가 있다(Dahlsten, Styhre, & Willander, 2005).

집단 수준의 개입

앞서 언급했듯이 조직개발 개입이 초점을 맞추는 가장 일반적인 수준은 집단이나 팀이다. 그것은 점점 더 많은 조직이 팀에 기반을 둔 구조를 채택하고 있기 때문이다(Gordon, 1992). 이는 또한 T-그룹이 조직 변화의 역사에서 중요한 역할을 했음을 반영한다. 아직까지 가장 일반적인 집단 수준의 조직 변화 개입은 팀 빌딩이다(Covin & Kilman, 1991). Liebowitz와 DeMeuse(1982)에 따르면, 팀 빌딩은 "실제로 근무하는 작업팀이 장기적이고 자료를 기반으로 진행되는 체험 학습 개입으로, 효과적인 팀워크에 필요한 기술을 향상하기 위해 그 팀의 구조, 목적, 기준, 가치 그리고 개인 간 상호 역동을 파악하는 활동으로 이루어진다. 이는 집단이 조사, 진단 및 자체적인 문제해결에 능숙해지는 것을 돕기 위한 직접적인 시도이며, 일반적으로 행동과학 분야의 컨설턴트로부터 도움을 받는다"(p. 2). 이것은 매우 일반적인 정의이며, 실제로는 조직 내에서 팀 빌딩이 시행되는 방법은 매우 다양하다(Offermann & Spiros, 2001).

다음에 제시되는 정의—조사, 진단, 자체적인 문제해결—는 팀 빌딩 과정의 본질이다. 팀 빌딩 개입을 도입한다고 해서 작업집단의 문제가 저절로 해결되는 것이 아니다. 그것보다 집단은 일이 잘되지 않을 때 문제를 인식할 수 있고, 문제의 근본 원인을 진단할 수 있으며, 문제를 해결하기 위한 단계를 밟아 나갈 수 있는 능력을 습득하게 된다.

　비록 팀 빌딩 개입이 조직에 따라 매우 다양하게 이루어지지만, Liebowitz와 DeMeuse(1982)는 그것을 일반적인 8가지 단계로 정리하였다. 이 단계들을 〈그림 15.4〉에 제시하였다. 팀 빌딩 과정의 첫 번째 단계는 스카우팅(scouting)이다. 스카우팅은 컨설턴트와 잠재적인 고객 조직 사이의 정보를 교환하는 예비 단계이다. 컨설턴트는 일반적으로 자신의 전문성, 가치 그리고 활동 유형을 설명한다. 그리고 조직은 보통 문제의 본질과 함께 그 문제의 잠재적인 원인에 대한 자신들의 의견을 제시한다. 만약 팀 빌딩이 적절한 개입이라고 결정되면 다음 단계로 넘어가고, 만약 팀 빌딩이 부적절하다면 컨설턴트가 다른 필요한 서비스를 제공하지 않는 한 컨설팅 관계는 종료된다.

　팀 빌딩이 적절하다고 가정한다면, 다음 단계인 참가(entry)로 이동한다. 이 부분에서 고객과 컨설턴트의 관계가 형성되기 시작한다. 비록 이 단계가 일반적으로 문서상의 계약으로 이루어지기는 하지만, 컨설팅 계약이 이루어지는 방법은 상당히 다양하다. 어떤 컨설턴트는 이루어질 컨설팅의 활동에 대한 매우 자세한 계약을 선호하고, 다른 컨설턴트는 좀 더 포괄적인 계약을 선호하기도 한다(예 : Schein, 1998). 실제 계약이 어떻게 이루어지든 상관없이, 여기서 중요한 것은 컨설턴트와 고객이 컨설팅 관계의 주요 차원에 대해 서로 이해하게 된다는 점이다(예 : 컨설턴트의 활동, 비용,

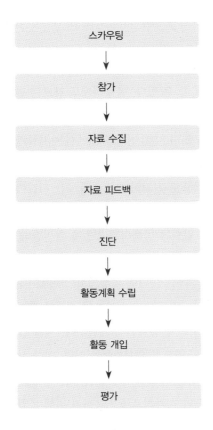

그림 15.4 팀 빌딩 과정의 주요 단계

컨설팅 시간의 형태 및 구조, 지불 방법). 또한 이 시점에서 중요한 것은 컨설턴트가 고객 조직과 신뢰를 쌓아야 하고, 이 프로젝트를 지속하기 위한 관리적 지원을 해야 한다는 것이다.

스카우팅과 참가의 준비 단계가 완료되면, 컨설턴트는 자료 수집을 시작한다. 이 과정은 다양한 출처로부터 조직 내에서 고객 집단의 현재 기능에 관한 정보를 수집하는 것이다. 비록 컨설턴트가 설문, 관찰, 문서상의 기록(미팅 시간, 활동 기록)을 통해 정보를 얻기는 하지만 조직 구성원들에게 개인적 면담도 함께 실시한다. 설문은 팀 기능에 대해서 측정할 수 있는 도구가 다양하다는 점에서 아마도 정보 수집의 가장 일반적인 형태일 것이다(Wageman, Hackman, & Lehman, 2005 참조). 사용된 정보 수집방법과는 상관없이, 여기서 주요 목표는 집단의 기능에 대한 큰 그림을 가능한 완벽하게 얻는 것이므로 많은 도구와 정보가 사용될수록 더 좋다.

집단의 기능에 대한 정보 수집이 끝나면 다음 단계는 수집된 정보를 요약하여 정보를 피드백하는 것이다. 이 단계에서는 일반적으로 각각의 고객 조직의 작업집단과 미팅을 하여 수집된 정보를 발표한다. 언뜻 보기에 이것은 단순히 '그들이 이미 알고 있는 것'을 보여 주는 것처럼 보이겠지만 항상 그렇지만은 않다. 예를 들어, 어떤 집단의 구성원들은 자신이 속한 집단의 기능에 대해 자료에 나타난 것보다 훨씬 더 긍정적인 이미지를 가지고 있다. 이러한 불일치는 집단의 구성원들에게 '해빙의 경험(unfreezing experiences)'을 제공하여, 구성원들이 팀의 현재 기능에 대해 좀 더 엄밀한 검토가 필요하다고 느끼게 될 것이다.

자료 피드백을 하는 동안 관심거리가 될 만한 주제나 영역이 부각되곤 한다. 예를 들어, 집단 구성원들이 의사소통 수준이나 의사결정 방식에 대해 만족하지 못할 수 있다. 불행하게도 자료는 단순히 숫자에 불과하기 때문에 일반적으로 왜 그 집단에 특정 문제들이 계속해서 발생하는지 말해 주지 않는다. 따라서 이 시점에서 진단(diagnosis) 단계에 접어들게 되는데, 진단 단계에서는 자료가 그런 식으로 나온 이유에 대해 집단이 설명을 시도하는 것이다. 이 단계는 팀 빌딩 과정에서 매우 중요하다. 많은 집단에게 그들의 작업방식과 내적인 과정을 처음으로 진지하게 고려해 보는 시간이 될 것이기 때문이다(Hackman & Morris, 1975).

진단 단계에서 집단은 그들이 가진 능력을 최대한 수행할 수 없도록 방해하는 것들을 확인한다. 이는 수행의 장애요인(barriers to performance)이라고 생각할 수 있다. 장애요인의 목록을 작성하는 것이 가장 중요한 첫 번째 단계이다. 목록이 만들어지면 집단은 다음 단계인 활동계획 수립(action planning) 단계에서 이러한 장애요인들을 다룰 수 있기 때문이다. 이 단계에서 각각의 중요한 문제들 또는 확인된 행동의 장애물을 다루기 위한 하나 혹은 그 이상의 활동계획이 개발된다. 예를 들어, 만약 진단 단계에서 확인된 문제 중 하나가 '집단 구성원 간의 서투른 의사소통'이라면, 이에 상응하는 활동계획은 '집단 미팅의 횟수를 한 달에 한 번에서 2주에 한 번으로 증가시키기'가 될 것이다.

활동계획은 팀 빌딩 미팅의 가장 명백한 결과물, 특히 집단이 더 효과적으로 기능하기 위해 몰입해야 할 활동의 내용을 문장으로 기술한 것이므로 매우 중요하다. 그러나 한 가지 중요하게 지적해야 할 점은 모든 활동계획이 동일한 가치를 가지고 있는 것이 아니라는 점이다. 활동계획은 구체적이고 측정 가능할 때, 이와 관련된 일정계획이 있을 때 그리고 그 계획을 책임지는 사람들이 분명하게 정해져 있을 때 훨씬 더 유용하다. 일반적으로 이러한 사항 중 하나 또는 그 이상이 빠지게 되면, 그 활동계획은 팀 빌딩 미팅이 중단되면 곧바로 잊혀질 것이다.

팀 빌딩 미팅이 끝난 후 그 집단은 평범한 일상으로 돌아가 다음 단계인 활동 개입(action implementation)으로 들어선다. 이것은 팀 빌딩 미팅에서 합의된 활동계획의 실행을 의미한다. 활동 개입은 팀 빌딩 과정의 가장 핵심적인 부분인데, 그것은 조직의 활동계획이 매우 구체적이고 측정 가능하게 설정되어 있다 할지라도, 활동 개입은 구성원들에게 오래된 습관을 포기하고 새로운 행동에 몰두하도록 요구하기 때문이다. 예를 들어, 리더가 직원들에게 권한을 더 많이 위임하라고 말하기는 쉽지만, 실제로 자신의 의사결정 권한을 포기하기는 어렵다.

팀 빌딩 과정의 마지막 단계는 평가(evaluation)로 보통 팀 빌딩 미팅 이후 일정 기간이 지난 후에 이루어진다. 평가는 활동계획을 집단이 개입과정을 통해 얼마나 잘 이행했는지를 사정(assessment)하는 것이다. 이 단계는 활동계획에 대한 개입의 책임을 조직이 갖도록 한다는 점에서 중요하다. 만약 사후점검이 없다면, 집단은 활동계획에 대한 개입에 실패하거나 개입을 하더라도 흥미를 잃을 가능성이 있다. 팀 빌딩 과정의 평가 부분은 컨설턴트의 자문을 받아 초기 팀 빌딩 미팅에서 만들어진 활동계획의 이행과정을 재검토하여 사후 점검 미팅의 형식으로 진행된다. 이상적인 것은 이 미팅에서 집단이 과거에 문서로 작성한 활동계획대로 개입이 실행된 것으로 드러나는 것이다. 어떤 경우에는 활동계획이 다시 수립될 필요가 있거나 수립된 대로 개입할 수 없게 만든 외부요소가 있다는 것이 밝혀질 수 있다.

많은 조직개발 개입 기법들과는 달리 팀 빌딩 개입의 효과성에 대한 꽤 많은 경험적 연구들이 있다. 비록 몇몇 경험적 자료들은 팀 빌딩의 효과성을 지지하는 데 실패했지만(예 : Eden, 1985), 최근 대부분의 팀 빌딩 연구에서(예 : Klein et al., 2009) 팀 빌딩 개입이 적어도 팀 기능에 어느 정도 긍정적인 영향을 미친다고 제안한다. 더욱이 Klein과 그의 동료들은(2009)은 팀 빌딩이 정서 및 절차에서 가장 강력한 효과를 지닌다고 밝혔다. 이는 팀 빌딩이 팀 내에서 업무가 진행되는 방식이나 팀 구성원들이 업무에 느끼는 흥미를 증진할 수 있음을 시사한다. 그러나 우리는 서구 문화권에서 진행된 팀 빌딩 연구는 추가하는 것이 조심스럽다. 팀 과정이 비서구 문화권에서는 다르게 나타나기도 한다(참고 15.2 참조). 팀 훈련의 효과와 모델에 대한 추가적인 연구는 제12장에서 다루어진다.

두 번째 조직개발 개입은 과정자문(process consultation)으로(Schein, 1987, 1998), 이 개입 역시 집단 수준에 초점을 두고 있다. 과정자문은 실제로 자문의 철학이면서 동시에 조직개발 개입이기도 하다. 자문의 철학으로서 과정자문은 조직이 자신의 문제와 해결책이 무엇인지 스스로 찾을 수 있도록 도와주는 컨설턴트의 역할을 강조한다. 이렇게 함으로써 실제로 행해진 것이 '무엇인지'보다 '어떻게' 일이 처리되는가(즉 과정의 문제들)를 더 강조한다. 이 글을 읽는 독자들이 자문의 철학으로서 과정자문에 대해 더 많이 배우고자 한다면, 이에 대한 Edgar Schein의 다양한 저술을 읽어 보길 권한다(Schein, 1987).

과정자문은 또한 컨설턴트가 활용할 수 있는 일련의 일반적인 개입을 제시하고 있다. 이러한 개입들이 반드시 집단환경에만 적용되어야 하는 것은 아니지만, 주로 집단의 맥락에서 사용된다. Schein(1987)은 개입이 고객에게 얼마나 직면적(confrontational)인가의 차원에서 개입을 분류하였다. 컨설턴트가 이용할 수 있는 직면이 가장 낮은 개입 방법은 **탐색적 조사**(exploratory inquiry)이다. 예를 들어, 과정자문가는 집단에게 "지난 몇 달 동안 일이 어떻게 진행되어 왔습니까?" 혹은 "집단의 성공을 위해 중요하다고 여기는 것을 몇 가지만 말해 주시겠습니까?"라고 질문할 수 있다.

Schein(1987)이 제시한 두 번째 일반적인 개입 유형은 **진단적 개입**(diagnostic intervention)이다. 비록 과정자문가가 탐색적 조사 단계보다 더욱 초점을 맞춘 질문들을 하더라도 과정자문가는 고객에게 무엇을 해야 할 것인지에 대해 말해 주지 않는다. 만약 집단의 주된 문제가 집단 구성원 간의 비효율적 의사소통이라고 집단이 스스로 판단한다면, 과정자문가는 아마도 "당신이 속한 집단의 비효율적인 의사소통은 어디에서 비롯되었다고 생각합니까?" 혹은 "의사소통을 향상하기 위해 내가

참고 15.2

비서구 문화권에서의 팀 빌딩

이 장에서 제시했듯이, 대부분의 팀 빌딩 연구는 미국과 같은 서구 문화권에서 진행됐다. 따라서 이 연구 결과들이 비서구 문화권에서도 일반화될 수 있을지 여부는 불분명하다.

Ng, Lee, Cardano(2012)가 중국 조직에서의 팀 빌딩 과정에 대한 흥미롭고 통찰력 있는 논의를 제공한다. 그들은 팀 빌딩이 문화 특수적인 것이라고 제안한다. 예를 들어, 서구 문화권에서 팀 빌딩은 업무 설계, 목표설정과 같이 과업 관련 문제에 초점을 맞춘다. 반면에 대인관계적 이슈는 그다지 강조되지 않는다. 그러나 중국 조직의 팀 내에서는 신뢰와 대인 유대감이 수행의 핵심 요인이라고 짚고 있다. 그러므로 서구권 조직과 비교했을 때 중국에서 실시하는 팀 빌딩은 대인관계 이슈에 좀 더 초점을 맞출 것으로 예측된다.

이 연구에서 강조된 또 다른 차이점은 신념과 가치관의 다양성이 중국 팀 내에서는 수행과 부적으로 관련 있다는 점이다. 반면 서구권 조직에서 이는 전형적인 강점으로 생각된다. 이러한 차이는 또 한 번 중국 팀에서는 강하고 긍정적인 대인관계가 중요함을 시사한다. 결과적으로, 이 부분이 팀 빌딩 개입의 초점이 될 것이다.

요약하자면, 팀 빌딩은 매우 유용한 조직개발 개입 기법이며, 다양한 문화 맥락에서 긍정적인 효과를 보여 준다. 그러나 문화적 차이가 팀 빌딩 개입의 초점을 어디에 두느냐에 큰 영향을 미칠 것이다.

출처: Ng, I., Lee, Y., & Cardano, P. (2012). Building teams in Chinese organizations. In X. Huang & M. H. Bond (Eds.), *Handbook of Chinese organizational behavior* (pp. 236-257). Cheltenham, England: Elgar.

도울 수 있는 것이 무엇일까요?"라는 질문을 하는 정도일 것이다. 이 집단의 구성원들은 이 질문을 모두 직면적인 것으로 받아들일 수도 있다. 반대로 집단 구성원들은 집단의 문제를 확인하고 그 문제를 해결하기 위해 전문가의 도움을 받을 것인지를 결정하기 위해 집단의 구체적인 측면들을 살릴 것이다.

Schein(1987)에 의해 제안된 세 번째 개입은 **활동 대안 개입**(action alternative intervention)이다. 이 개입 유형은 고객에게 무엇을 하도록 지시하지는 않지만, 과정자문가가 집단에게 다음과 같은 질문을 하기 때문에 앞의 두 가지 개입보다 더 직면적인 것이다. "당신은 그 문제에 어떻게 대응했습니까?" 만약 예를 들어, 집단이 그것은 내부의 의사소통 문제이고, 그들의 직무 역할이 이 문제에 영향을 미치는 요소라고 느끼고 있다면, 과정자문가는 아마도 활동 대안 개입의 입장에서 이렇게 말할지도 모른다. "그 상황을 개선하기 위해 무엇을 해 왔습니까?" 혹은 "만약 역할이 문제라면, 의사소통이 활성화될 수 있는 방향으로 집단 구성원들의 역할을 바꾸어 본 적이 있습니까?"

Schein(1987)이 이러한 질문을 상당히 직면을 유발하는 것이라고 여기는 이유가 무엇인가? 이 질문에 대한 대답의 핵심은 내담자와 자문가의 역할 차이에 있다. Schein에 따르면 자문은 실제로 도와주는 것이 전부이므로, 자문가는 전문적인 도우미(helper)이다. 만약 이 개념을 받아들이면, 내담자 조직은 스스로 문제를 해결할 수 있는 능력이 없으므로, 내담자 조직이 도움을 구하는 입장에 있다고 논리적으로 귀결된다. 조직이 도움을 필요로 한다는 생각은 자문가에 비해 조직이 더 의존적이고 낮은 위치에 있다고 간주된 것이다. 따라서 과정자문가가 "당신은 그 문제에 어떻게 대응했습니까?"라고 물어볼 때, 내담자의 조직은 잘못했거나, 더욱 안 좋아졌거나 혹은 그 문제를 풀기 위해 아무것도 하지 않았다고 말하면서 당혹스러워한다.

개입의 마지막 유형은 Schein(1987)이 **직면 개입**(confrontive intervention)이라고 부르는 것이다. 이 유형의 개입에서 과정자문가는 문제를 해결하는 방법을 추천하거나 조언한다. 예를 들어, 과정자문가는 "문제를 해결하기 위해 당신은 왜 ○○을 시도하지 않는가?" 혹은 "나는 당신이 ○○을 시도해 보길 바란다."라고 말할 수도 있다. 이러한 말들은 이전의 세 가지 유형보다 분명히 더 지시적이다. 이런 표현들은 또한 고객들이 자신이 시도했던 기존의 방법들이 틀렸을 수도 있기 때문에 더욱 직면하는 것이다. 이 방법으로 개입하는 것은 앞에서 언급한 내담자와 과정자문가 간 지위의 차이를 더 크게 만드는 경향이 있다.

Schein(1987)에 따르면 과정자문에서 핵심 사안은 탐색적 조사에서 직면 개입까지 유연하고 재빠르게 방법을 달리하여 사용하는 것이다. 많은 컨설턴트들은 직면 개입으로 시작하여 그 방향으로 계속 나아간다. 그것은 내담자들이 그렇게 기대하고 심지어 요구하기 때문이다. 많은 조직들은 자문가에게 맡기면 자기 조직의 문제에서 손을 떼도 된다고 생각할 만큼 자문가를 현명한 전문가로 여긴다. 불행하게도 매우 뛰어난 자문가라도 어떤 조직에 구체적인 조언을 즉각적으로 할 수 있을 만큼 충분한 정보를 가지고 있기 어렵기 때문에, 문제에서 손을 떼는 것은 종종 역효과를 낳는다. 조직에서의 많은 문제들은 너무 복잡하고 외부의 자문가들이 완벽히 이해할 수 없는 조직의 문화적인 맥락 속에 깊이 박혀 있다.

내담자 조직이 문제에서 손을 떼는 또 다른 이유는 단순히 이것이 자문가를 강화하기 때문이다. 이 책의 두 저자는 조직의 구성원들이 그들을 전문가로 여기고, 그들의 조언을 진지하게 받아들일 때 좋은 기분을 느꼈다. 조직의 구성원이 조언을 요청하면 자문가는 "당신은 그 문제를 어떻게 생각하십니까?" 같은 말보다 더 구체적인 무언가를 제공하려고 종종 압박을 받는다. 아이러니하게도 자문가가 탐색과 진단 단계부터 과정자문의 개입 방법을 적용하면, 궁극적으로 내담자 조직에 훨씬 더 많은 도움을 줄 수 있다는 것이다. 그렇게 함으로써 결과적으로 자문가는 즉시적인 직면을 통해 얻는 것보다 그 조직과 조직의 문제에 관한 더 많은 정보를 얻을 수 있다. 따라서 자문가가 조직의 미래에 관해 조언하게 된다면, 이러한 과정자문 개입 방법을 사용했을 때 훨씬 더 많고 확실한 정보에 기반을 둔 조언을 할 수 있다.

자문가가 탐색과 진단 수준에서 머무르는 것은 내담자 조직의 구성원들이 깊이 생각할 수 있도록 한다는 이점이 있다. 결과적으로 이러한 유형의 개입은 구성원들의 분석과 진단기술을 날카롭게 만들어 궁극적으로 그들의 문제해결 능력을 개발시킨다. 비록 고객 조직의 구성원들이 과정자문가로부터 도움을 받고 있다 하더라도, 그들에게 본질적으로 어떠한 문제가 있든지 간에 그 해결책을 찾아낼 수 있는 기회가 증가한다. 이것은 내담자 조직의 구성원들이 조직에서 어떤 것은 잘 적용되지만 어떤 것은 그렇지 않다는 것을 컨설턴트보다 더 정확히 알 수 있는 위치에 있기 때문이다.

Schein(1987)은 일반적인 개입의 유형 분류뿐만 아니라 이에 잘 부합하는 여러 가지 구체적인 개입을 제안했다. 이 구체적인 개입은 〈표 15.1〉에 제시되어 있다. 앞에서 언급한 핵심을 반복하면, 이러한 개입은 집단에 적용하기 위해 구체적으로 설계된 것은 아니지만, 이 개입은 종종 집단의 기능을 향상하기 위해 사용된다. 이러한 개입의 상당수가 매우 단순하고 상당히 빈번하게 사용되지만, 실제로 이 개입을 조직개발 개입으로 여기지 않는다는 것을 명심하자. 적극적 경청(active interested listening), 역사 재구조화하기(forcing historical reconstruction), 구체화하기(forcing concretization), 과정 강조하기(forcing process emphasis) 그리고 진단적 질문(diagnostic questions)과 조사(probes)와 같은 용어들은 사람들이 그들의 문제가 무엇인지를 이해할 수 있도록 돕는 방법으로 아주 자주 사용된다.

〈표 15.1〉의 6번에서 10번까지의 항목은 집단 장면에 더 적합한 것으로 설명이 다소 필요하다. 과정관리(process management) 및 의제 설정(agenda setting)에서 과정자문가는 어떻게 집단 미팅이 수행되어야 하는가 혹은 어떻게 의제가 구성되어야 하는가에 관한 의견을 제시할 수도 있다. 이러한 개입은 상당히 직면적임에도 불구하고 많은 도움이 된다. 예컨대, 저자 중 한 명이 수년 동안 집단 미팅

에서 관찰한 문제 중 한 가지는 집단의 시간관리가 서투르다는 것이다. 즉 그 집단은 미팅이 진행되는 동안 단지 1~2개의 의제만을 통과시키는 것 같다. 이러한 문제를 다루는 한 가지 방법은 미팅의 의제를 설정하고 각 의제에 일련의 시간을 할당하는 과정이 매우 체계화되어야 한다는 것이다.

피드백(feedback)을 제공하는 것 또한 어쩌면 직면을 불러일으키는 개입이지만, 이것 역시 집단에 상당히 유용할 수도 있다. 집단의 미팅을 참관하는 과정자문가는 집단이 어떻게 기능하고 있는지에 대해 많은 것을 볼 수 있다. 아마도 가장 눈에 띄는 것은 집단의 의사소통 방식일 것이다. 의사소통이 매우 형식적인가, 아니면 집단의 구성원들은 발언 도중 누가 불쑥 끼어들어도 불편함을 느끼지 않는가? 집단의 모든 회원이 의사소통을 하는가, 아니면 한두 명의 집단 구성원들이 토론을 지배하고 있는가? 만약 집단의 토론이 목소리가 큰 몇 명의 구성원들에 의해 지배된다면, 자문가가 이것을 지적하는 것은 상당한 직면을 가져오는 것이다. 만약 이러한 행동 양상이 집단의 다른 문제들을 시사하는 것이라면 이러한 직면을 더욱 경험할 것이다. 이러한 유형의 피드백은 직면을 초래하지만, 집단은 이것을 해프닝으로 인식할 수도 있기 때문에 아마도 상당히 유용할 수 있다.

자문가가 내용 제안(content suggestions) 및 조언(recommendations)을 제시할 때, 더 지시적이고 직면을 유발한다. 예를 들어, 과정자문가는 작업집단에게 미팅이 거의 끝날 무렵 집단의 구성원들이 집단이 기능하는 방식에 관해 자신들이 가지고 있는 우려나 관심사를 토론하도록 시간을 할당하라고 권고할 수도 있고 또한 팀 미팅의 빈도에 대한 권고도 있을 수 있다. 과정자문가는 한 달에 한 번 미팅하는 집단에게 한 달에 두 번 미팅하라고 제안할 수 있다. 이 유형의 개입은 매우 직면을 유발하는 것인데, 비록 과정자문가가 그것들이 잘못 행해져 왔다고 명백하게 말한 것은 아니더라도, 그 집단에 제시한 권고는 이러한 의견을 함축하고 있을 가능성이 있기 때문이다.

구조관리(structure management)에서 과정자문가는 집단의 직무설계와 집단이 직무를 수행하는 방식에 대해 조언할 수 있다. 예컨대, 집단 구성원 개개인들이 상당히 특수화된 업무를 수행하면, 컨설턴트는 업무의 의미감을 증가시키기 위해 업무를 결합하도록 권고할 수도 있다. 이것은 또다시

표 15.1 과정자문 개입의 종류와 범주

개입	범주	개입	범주
1. 적극적 경청	탐색	6. 과정관리 및 의제 설정	직면
2. 역사 재구조화하기	진단	7. 피드백	직면
3. 구체화하기	진단	8. 내용 제안 및 조언	직면
4. 과정 강조하기	진단	9. 구조관리	직면
5. 진단적 질문과 조사	진단, 활동지향	10. 개념 투입	직면(잠재적)

출처 : E. H. Schein (1987). *Process consultation: Lessons for managers and consultants* (Vol. II). Reading, MA: Addison-Wesley에서 수정.

잠재적인 직면이다. 왜냐하면 과정자문가는 내담자가 제안한 문제가 아니라 자문가 자신이 제안한 문제에 대한 해결책을 내담자에게 수용하도록 지시하기 때문이다.

〈표 15.1〉에 열거된 마지막 개입은 개념 투입(conceptual input)이다. 이것은 과정자문가들이 집단 관련 개입을 하는 동안 이에 적절한 개념 재료를 제공하는 방법이다. 예를 들어, 한 집단의 효율성 향상을 도와주고 있는 자문가는 그 집단에게 집단 효율성의 모델이 담겨져 있는 20분짜리 '강의'를 제공할 수 있다. 그러나 개념 투입이 매우 유용할지라도 만약 이것을 과잉 사용한다면 오히려 역효과를 낳을 수 있다. Schein(1987)은 개념 투입이 집단과정의 약점을 드러내는 것이면 집단 구성원에게 직면을 경험하게 한다고 하였다. 예를 들어, 집단이 의사결정을 할 때 열린 의사소통과 수준 높은 토론이 허용되지 않는다면, 비록 과정자문가가 집단사고(groupthink)에 대한 간략한 조언만 하더라도 그 집단은 상당한 불편함을 느끼게 될 것이다. 열린 토론과 의사소통이 결여되면 집단사고의 중요한 두 가지 문제를 겪게 된다고 언급한 제11장을 회상해 보라.

과정자문이 효율적이라는 경험적인 증거는 거의 없다. 그러나 전통적인 자문의 형식과 대조적인 이 방법은 많은 장점이 있다. Schein(1987)은 다음과 같이 지적했다. 조직은 어떤 것이 '옳지 않다'는 것을 알지만, 그 문제가 발생한 원인이 무엇인지 확신하지 못한다. 그러므로 조직과 작업집단에게 그러한 문제가 무엇인지, 그 문제를 어떻게 하면 잘 해결할 수 있는지에 대한 도움과 조언이 필요하다. 과정자문은 이러한 상황에 이상적이다. 왜냐하면 이 모델에 숨겨진 주요한 철학은 내담자에게 문제가 있고, 문제의 해결책을 가장 잘 아는 사람이 바로 내담자라고 가정하기 때문이다.

통합적인 조직 전반의 개입

조직 전체를 대상으로 하는 개입은 여러 가지 이유로 점차 대중화되고 있다. 예를 들면, 전체 조직이 변화에 대한 노력에 참여할 때 조직 변화가 가장 잘 일어나고 유지된다(Austin & Bartunek, 2003, 2013). 또한 오늘날 경영환경에서 변화가 빠르게 이루어지므로 많은 조직은 집단과 개인을 위한 다양한 개입을 원하지 않고, 전체적인 조직의 변화를 용이하게 하는 개입을 기다린다.

가장 널리 사용되는 조직 전반의 개입은 조사 피드백(survey feedback)이다. 전형적인 조사 피드백 프로그램에서는 모든 고용원에게 설문 조사를 시행한다. 설문지에서는 태도, 조직 분위기에 대한 의견, 관리에 대한 의견 그리고 조직의 효율성 수준에 대한 의견 등과 같은 문제들을 물을 것이다. 설문이 시행되고 회수된 후, 도표로 결과를 정리하여 작업집단 내의 직원들에게 보낸다.

대부분의 조직 변화 개입처럼 조사 피드백 개입이 수행되는 방식은 조직과 자문가에 따라 다양하다. 자문가가 직원들을 무선으로 표집한 후, 개인 면접과 초점 집단 면접(focus group interview)을 수행하는 것이 일반적이다. 이 면접으로부터 드러난 주제에 대해 설문 항목들이 개발된다(예 : Gavin, 1984). 다른 자문가들은 그들만의 표준화된 도구를 가지고 있을 수도 있다. 표준화된 도구를 사용하는 것은 유사 직종이나 유사 지역에 있는 다른 조직들과 조사대상인 조직의 결과를 비교할 수 있는 것이 장점이다. 이러한 유형의 설문 도구는 설문 항목들이 특정한 조직에는 적절하지 못하여 구성원들에게 중요한 많은 문제를 놓칠 수 있다.

비록 설문 개발이 중요할지라도, 피드백 과정은 조사 피드백의 핵심 부분이므로 이는 조직 변화를 가져온다(Burke, 2006). 그러므로 이에 대해 좀 더 구체적인 논의가 필요하다. 조사 피드백에서는 양동이에서 물이 흐르는 절차(trickle-down procedure)에 따라 결과가 조직의 모든 구성원에게 피드백된다. 우선 조직의 최고경영층이 조사 결과를 처음으로 피드백받는다. 이어서 최고경영층은 그들의 직속부하와 함께 자료를 공유한다. 이 과정은 조직의 모든 구성원에게 조사 결과가 공유될 때까지 반복된다. 이러한 피드백 과정 때문에 조사 피드백은 전반적 조직 개입이 되며, 조사 피드백이 조직 장면에서 수행된 수많은 의견 조사와 구별되는 점이다. 예를 들면, 컨설턴트가 조직 구성원에게 설문을 수행하고 최고경영층을 위해 요약된 보고서를 준비하는 것으로 마친다면 이것은 진정한 조사 피드백이 아니다.

조사 피드백이 효과적인 조직 변화 개입이라는 연구가 있으며(예 : Neuman, Edwards, & Raju, 1989; Wiley & Campbell, 2006), 몇 가지 조직 변화 개입을 비교했을 때 조사 피드백이 가장 효과적이다(Bowers, 1973). 조사 피드백이 효과적이라는 또 다른 증거도 있다. 피드백 과정에 영향을 미치는 좀 더 구체적인 요소들을 조사한 연구도 있다. 예를 들면, Klein, Kraut, Wolfson(1971)은 다음과 같은 사실을 발견했다. 구성원들은 피드백이 그들의 관리자로부터 오고 그것이 그들의 실제 작업 집단과 가장 관련이 있다고 인식할 때 피드백에 민감한 반응을 보였다. 이로 인해 많은 조사 피드백 개입에서 결과가 두 가지 유형으로 구성원에게 피드백된다 : (1) 전체 조직의 의견을 보여 주는 자료, (2) 소속 집단의 의견을 보여 주는 자료.

조직 전반의 개입의 두 번째 방법은 조직의 구조(structure)를 변화시키는 것이다. 제13장에서 논의된 것처럼, 조직은 조직의 구조에 관한 한 많은 선택권을 가지고 있다. 구조 변화의 배후 근거는 상당히 단순하다. 만약 조직 내의 모든 부서가 재구조화된다면, 직원들은 선택의 여지 없이 최소한 몇 가지 변화에 참여할 수밖에 없다. 그러나 불행하게도 구조적 변화에 의해 유발되는 변화는 궁극적으로 '진짜처럼 보이는(pseudo)' 변화일 뿐이다. 만일 구조에서의 변화가 직원들의 행동 변화를 유발하지 않는다면, 이것은 비효율적인 조직개발 방법일 수밖에 없다. 예컨대, 만일 조직이 팀 기반의 구조로 변화한다 하더라도, 직원 개개인이 계속해서 주로 자신들의 이해에 따르는 행동을 한다면, 이것은 의미 있는 조직 변화로 이어지지 않을 것이다.

광범위한 조직 변화를 촉진하는 또 다른 일반적인 방법으로 적극적으로 미래나 업무를 새로 설계하거나 조직 내 모든 업무에 반영하는 대규모 집단 방법이 있다(Bartunek, Balogun, & Do, 2011). 미래를 적극적으로 창조하는 방법의 예시로 **미래 연구**(Future Search)가 있다. 이는 3일에 걸친 회의로 진행되며, 전체 조직 체계의 대표들이 미래에 대한 비전을 수립하는 것을 돕게끔 설계된다. 이 일반적인 모델은 또한 **참여 설계**(Participative Design)라는 업무 설계를 촉진하기 위해서도 사용된다. 이는 미래 연구와 매우 비슷한 형태를 띠지만, 종업원들이 설계 과정에서 민주적으로 참여하며, 스스로 업무에 대한 통제력을 지니는 데 강조점을 둔다.

끝으로 대규모 참여를 촉진하기 위해 설계된 개입의 예시로는 **개방적 공간 기술**(Open Space Technology)이 있다(Owen, 2007). 이 개입은 특히 조직의 모든 구성원을 포함하며, 일부 경우에는 서로 다른 기능 분야의 대표들로 구성된다. 이 과정은 기본적으로 조직 구성원들에게 중요한 이슈에 대해 토론할 기회를 제공하고, 조직의 다른 구성원들로부터 그들의 중요한 이슈가 무엇인지 듣는다. 이 개입의 기본 아이디어는 이러한 토론이 더 깊이 있는 토론과 궁극적으로는 변화에 대한 자극이 될 것이라는 점이다.

가장 통합적인 조직 변화 방법은 아마도 **학습형 조직**(Learning Organization)일 것이다. 이 개입은 제5경영(*The Fifth Discipline*)이라는 베스트셀러의 저자이자 경영 컨설턴트인 Peter Senge(1990)의 저술에 기초한다. 이 개입의 기본 아이디어는 조직 변화를 이끄는 첫 번째는 학습이라고 보는 것이다. 즉 만약 조직이 학습 능력을 키운다면, 이는 조직의 적응과 변화 능력도 높일 것이다. Senge는 학습은 〈표 15.2〉에 설명되어 있는 것과 같이 다섯 가지 '규율(discipline)'을 통해 촉진되며, 많은 개입 방법이 이 규율을 달성하기 위한 목표를 갖고 있다고 제안한다. 비록 이에 대해 방법론적으로 엄격한 평가는 거의 이루어지지 않았지만, Senge의 아이디어는 직관적으로 일리가 있어 보인다.

표 15.2 Senge의 다섯 가지 규율

규율	정의
1. 체계 사고	우리가 속한 세계의 통합적인 패턴과 상호의존성에 대해 더 잘 이해하게끔 학습하는 것
2. 개인 숙달	평생에 걸친 학습과 개인적인 비전을 명료화하고 지속적으로 도전하도록 몰입을 개발하는 것
3. 정신 모델	피상적인 것에 대해 이해하고, 세상에 대해 깊이 자리한 기본 가정과 일반화에 대해 검증하기 위해 탐구와 반영 기술을 개발하는 것
4. 공유된 비전 설립	우리가 만들고자 하는 미래와 그에 도달하기 위한 원칙과 수행 지침에 대해 공유된 이미지를 개발하는 것
5. 팀 학습	대화와 숙련된 토의를 통해서, 그리고 학습을 어렵게 하는 팀 상호작용 방식을 인식함으로써 개인의 통찰을 최대화할 수 있는 집단 상호작용

조직 변화의 성공을 위한 필수조건

지금까지 조직개발의 정의와 이 분야의 이론적 배경을 다루었고 더 흔히 사용되는 조직개발 개입에 대하여 설명하였다. 이 절에서는 조직개발 과정에 초점을 맞추어 보겠다. 좀 더 구체적으로, 조직 변화나 개발 개입에 성공적으로 영향을 미치거나 혹은 미치지 않을 수도 있는 조직요인들에 대해 알아보겠다. 여기에는 최고경영진의 지원, 조직개발 과정을 안내하는 자문가, 변화에 대한 저항 그리고 이러한 변화와 개발과정에 대한 조직의 주인의식(ownership)이 있다.

최고경영진의 지원

조직 현장에서 조직개발이 성공하기 위한 가장 결정적인 요인은 최고경영진의 지원(support)이다. 다시 말해 최고경영진의 지원이 없으면 그것은 바로 실패를 보장하는 것이다. 따라서 조직개발 프로그램이 성공적인가 아닌가를 구분하는 데 최고경영진의 지원 여부가 핵심요인이라는 점은 놀랍지 않다. 이 절에서는 최고경영진의 지원이 조직 변화를 성공시키는 데 이토록 중요한 이유가 무엇인지 살펴보자.

최고경영진의 지원이 중요하다는 것을 뒷받침하는 아주 실제적인 한 가지 이유는 최고경영자가 조직의 자원을 전체적으로 통제하기 때문이다. 조직 변화와 개발 프로그램에는 고비용이 들기 때문에 이 점은 매우 중요하다. 외부 자문업체에 의뢰하면 그 비용을 지불해야 하는 부담이 있을 뿐만 아니라, 조직 변화와 개발 프로그램을 위해 직원들이 많은 업무시간을 할애해야 한다. 직원들의 업무시간은 한정된 자원이므로, 조직개발 활동을 위해 참여하는 시간에는 직원들이 제품을 생산하거나 고객을 응대하거나 또는 조직의 미션을 수행하기 위한 다른 일들을 하지 못하게 된다. 만약 최고경영진이 조직개발을 위해 업무시간을 할애하는 것을 감수하지 않는다면 그 개발 활동은 실패하고 말 것이다.

대부분의 조직에서 최고경영진이 조직의 전략적 방향을 결정하므로 최고경영진의 지원이 중요한 또 다른 이유이다. 조직은 아무렇게나 변화하지 않고 논리적인 이유가 있어서 변하는 것이 보편적이다. 최고경영진의 참여와 지원을 통해 조직의 변화에 방향성이 부여된다. 이러한 참여 없이 조직의 변화를 위해 노력한다면, 변화가 진행되기는 하겠으나 아마도 비생산적인 결과를 초래할 가능성이 있다.

최고경영진의 지원이 중요한 마지막 이유는 상징적 가치(symbolic value) 때문이다. 조직 구성원들은 최고경영진과 강한 개인적 유대감을 느끼지 않을지라도 그들을 모범으로 삼는다. 최고경영진이 조직개발 노력을 소홀히 하면, 구성원들에게 조직개발 프로그램이 중요하지 않은 것으로 비춰질 수 있다. 반대로, 최고경영진이 열정적으로 조직개발에 참여하면, 이 모습은 구성원들에게 조직의 노력이 중요하며 그들도 이에 동조해야 한다는 메시지를 간접적으로 전달하는 것이 된다.

자문가의 과정 조율

많은 학생들이 조직개발 컨설팅 업무에 대해 높은 연봉과 흥미로운 직무, 잦은 해외 출장의 기회가 있는 멋진 직업이라는 환상을 갖고 있다. 물론 일부는 사실이지만 조직개발 컨설팅은 매우 힘든 직업 중 하나이다. 온종일 수도 없이 회의에 참석해야 하며, 필요한 고객과 만나기 위해 출장을 가고, 면담 내용을 요약하고, 설문 조사 결과를 정리해야 한다. 이 모든 일을 수행하자면 신체적, 정신적으로 진이 빠진다. 또한 자문가는 끊임없이 그들의 행동에 윤리적 문제가 없는지 주의해야 한다.

조직개발 자문가는 조직 변화 프로그램의 성공 여부에 강한 영향을 끼친다. 조직개발에 관련된 전문적 기술을 가진 자문가는 고객이 초기에 조직개발의 효과가 있을지에 대해 확신을 갖지 못하더라도, 이를 성공으로 이끌 확률을 확실하게 높일 수 있다. 반대로 조직개발에 대한 훈련을 충분히 받지 못한, 기술이 부족한 컨설턴트는 조직개발 프로그램이 실패할 확률을 오히려 더 높일 수 있다.

조직개발 자문가의 중요성을 알고 나면 자연스레 다음과 같은 질문이 생긴다. 그럼 "효과적인 조직개발을 이끄는 자문가의 비결은 무엇인가?" 대답하기 어려운 질문이나 자문가의 성공은 그의 기술과 인격이 고객 조직의 특징과 잘 조화되느냐에 달려 있다. 자문가가 어떤 조직에서는 큰 성공을 거두었지만 다른 조직에서는 씁쓸한 참패를 맛보게 되는 것이 바로 이 때문이다. 이처럼 상황에 따라 결과가 달라지기도 하지만, 성공적인 자문가에게 나타나는 일련의 특징을 정리할 수 있다.

그 특징 중 하나는 이 책의 독자들도 당연하다고 여길 수 있는 것인데, 자문가는 조직개발, 특히 조직행동에 대해 잘 정리된 지식기반을 가지고 있어야 한다는 점이다. 이것이 중요한 이유는 컨설턴트는 조직의 행동과정을 관찰해야 하고, 이 관찰에 기초하여 조직개발 개입에 대한 자문을 하기 때문이다. 이러한 지식은 종종 행동과학(behavioral science)이나 관련 분야(예 : 조직행동, 노사관계, 인적자원관리)의 대학원 수업과정을 통해 얻는다. 그러나 자문가는 대학 교육 이후에도 수년 동안 연수원이나 인력개발부서의 근무를 통해 혹은 평생교육을 통해 이에 관한 지식을 습득한다.

지식 외에 고객 조직과 성공적인 컨설팅 관계를 구축하는 데 필수적인 여러 가지 기술이 있다. 아마도 자문가에게 요구되는 가장 기본적인 기술은 경청(listening)이다. 특히 조직과 처음 접촉할 때 가능한 많은 정보를 수집하여 참고하는 것이 중요하다. 적극적으로 경청하는 것만으로도 왜 그들이 조직 변화 프로그램에 투자하고자 하는지 알 수 있다. 조직의 구성원들이 그들의 역사와 문화를 설명할 때 잘 들어 둠으로써 역사적 혹은 문화적 맥락에서 문제점과 해결책을 찾을 수도 있다.

잘 갖추어진 의사소통(communication) 능력이 자문가에게 또한 중요한데, 의뢰 고객의 구성원들과 언어적 의사소통을 통해 대부분의 자문 활동이 이루어지기 때문이다. 물론 가끔은 다른 방식의 의사소통 능력을 필요로 하기도 한다(예 : 문장이나 비언어적 소통). 자문가는 고도의 기술을 가진

의사소통자가 되어야 하는데, 이는 고객과의 의사소통 중 대부분이 문제와 과정 문제에 대한 피드백을 주고받는 형식을 취하기 때문이다. 만약 조직이 성공적으로 변화하려면 자문가의 피드백이 구성원들에게 자주 제시되어야 하며 그들에게 쉽게 이해될 수 있어야 한다.

조직개발 자문가는 또한 연구방법론과 자료 처리 기법이 익숙해야 한다. 조직개발 컨설팅은 거의 항상 고객에 대한 경험적 자료를 수집하여 그것을 분석하며 고객 조직이 쉽게 이해할 수 있도록 그것을 요약해야 한다. 자문가가 자료를 수집하고 분석하는 최소한의 기술도 없다면, 이에 능통한 자문가에 비해 상당히 불리하다. 자료 분석 기술이 부족한 자문가는 정확하지 않고 엄격하지 않은 방법으로 자료를 모을 것이고, 궁극적으로 조직을 변화시키려는 노력의 질도 떨어질 수 있다.

지식과 기술 이외에도 조직개발 자문가가 갖추어야 할 중요한 자질이 있는데 이것은 다소 무형의 특성들이다. 예를 들면, 어떤 유형의 자문가든지 매우 강한 윤리의식(ethics)이 요구된다. 자문가는 자신의 자문 내용에 확신이 적더라도 불가피하게 자신감 있게 발언할 수도 있고, 경우에 따라서는 자신의 자문 내용이 조직 구성원에 의해 정치적으로 악용되는 것을 눈치챌 수도 있다. 이러한 상황은 높은 수준의 윤리기준을 요구하는 어려운 상황이다. 또한 컨설팅 과제를 받아들이기 전에 자문가가 고객에게 이러한 기준을 분명하게 미리 말하는 것 역시 중요하다.

조직개발 컨설팅에 중요한 다른 무형의 특성은 융통성(flexibility)이다. 효과적인 자문가는 조직과 그 조직의 문제를 특정 이론이나 선호하는 개입방식이 아니라 있는 그대로의 모습으로 바라볼 줄 아는 융통성이 있다. 이러한 융통성은 자문가로 하여금 어떤 조직의 문제가 자신의 기술과 전문성에 합치되지 않는다고 결론짓게 만들 수 있고, 결과적으로 그런 고객의 자문 요청을 수락할 수 없게 되어 자신의 수입이 줄어드는 결과를 초래할 수도 있다. 그러나 장기적으로 볼 때 이런 경우는 자문가로서의 신용을 얻는 것이다. 융통성은 하나의 문제를 여러 가지 측면에서 조망하여 가끔은 자신이 틀렸다는 것을 인정하게 만든다. 만약 자문가가 진단한 문제의 원인이나 자문의 내용이 결과적으로 옳지 않았다고 판단되면, 자문가는 그 실수를 인정하고 이로부터 학습하는 융통성이 있어야 한다.

조직개발 컨설팅에 필수적인 마지막 무형의 요소는 신용(credibility)이다. 자문가가 어떻게 조직으로부터 신용을 얻고 유지해 나갈까? 조직이 자문가와 계약을 체결할 때, 조직은 종종 자문가의 학위증명서나 경력증명서, 그들이 집필한 영향력 있는 저서 등을 확인한다. 이런 경우 조직은 분명 자문가에 대해 긍정적인 시각을 갖고, 자문가의 능력에 대해서도 긍정적인 기대를 가지지만, 이것으로 자문가가 신용을 얻는 것은 아니다. 왜냐하면 신용이란 것은 자신의 경력 기록에 존재하는 것이 아니라 작업 이후에 얻는 것이기 때문이다. 신용은 조직과 자문가가 오랫동안 상호작용을 한 후 얻어진다.

아마도 신용을 결정하는 가장 중요한 요인은 자문가가 그들이 한 약속을 잘 이행했는가에 달려 있을 것이다. 자문가가 직원에게 이야기할 때 자신 있게 말하는가? 그 정보에 대해서 정말 확신을 갖고 자신 있게 말하는가? 자문가가 조직에 보고할 때, 종업원 태도 조사 결과를 요약한 보고서는 일정을 지켰는가? 그 보고서는 제 날짜에 또는 그보다 일찍 전달되었는가? 고객 조직에 일정액의 프로젝트 비용을 제시하고, 자문가는 그 금액만큼 청구했는가? 이런 질문들은 그냥 추측해 본 예일 뿐이지만, 신용을 깎을 수도 있다. 자문가는 자신이 고객 조직의 기대에 부응하고 있는지를 수시로 점검할 필요가 있다.

변화에 대한 일반적인 저항

인간은 기본적으로 습관의 동물이며 반복되는 일상 속에서 친숙함과 편안함을 추구한다. 결과적으로 변화를 모색하는 것은 큰 우려와 불안을 가져다준다. 직장에서도 이러한 일반적 원칙이 분명 적용된다. 제14장에서 다루었듯이 조직 내부의 사람들은 반복되는 패턴을 형성하고 행동을 습관화하는데 이것은 조직의 문화에 깊숙이 배어든다. 행동이 한 번 뿌리박히면 그것을 바꾸기 어렵다. 그 변화가 긍정적인 것이라고 해도 바꾸는 것은 어렵다. 변화에 대한 두려움은 변화로 인해 부정적 결과를 초래할 것이라는 믿음과 예측할 수 없는 결과에 대한 막연한 두려움에서 생긴다.

조직은 그동안 변화에 대한 저항을 완전하게 제거하지 못했다. 조직이 할 수 있었던 것은 잠재적인 저항을 줄임으로써 조직의 변화를 시도하는 것이었다. 저항을 줄이는 한 가지 방법은 조직이 변화를 실행할 때 구성원들에게 참여의 기회를 제공하는 것이다. 지난 50년간 Coch와 French(1948)가 보여 주었듯이 구성원들은 조직의 변화에 참여할 기회가 있을 때 변화를 훨씬 더 잘 수용하였다. 조직 변화를 독재적으로 유도하는 방법은 참여를 유도하는 방법보다 쉽고 빠르게 진행된다고 생각할 수 있으나, 장기적으로 변화가 구성원들에게 요구되었을 때 조직은 구성원들의 저항을 더 많이 경험하게 된다. 몇 년간에 걸친 조사를 통해 구성원들을 조직의 변화에 참여시키는 것의 가치를 확인할 수 있다(예 : Piderit, 2000).

만약 변화과정에서 조직이 구성원들과 높은 수준의 의사소통을 유지한다면 구성원들은 그 변화로부터 위협을 더 적게 느끼는데, 이것은 두 가지 이유 때문에 중요하다. 먼저, 높은 수준의 의사소통은 직원들이 조직 변화의 과정을 절차적으로 더 정의롭게 여기게 한다. 즉 구성원들은 모든 사람에게 공정한 방법으로 조직 변화가 적용될 것이라고 느낄 것이다. 또한 변화에 투자되는 예산과 변화의 결과 얻어질 이득을 구성원들에게 공개하여 이에 대해 합리적인 인식을 갖게 만드는 의사소통 또한 중요하다. 변화를 위해 투입되는 예산보다 그로부터 발생하는 이득이 더 크다는 사실을 안다면 구성원들이 조직 변화에 덜 저항할 것이라는 조사 결과도 있으므로(Giangreco & Peccei, 2005), 구성원들에게 이러한 정보를 제공할 필요가 있다.

변화에 대한 저항을 다루는 다른 방법은 개입 실행에 앞서 우선 종업원들이 변화에 대해 준비가 되어 있는지 확인하는 것이다. 변화에 대한 준비성은 다양하게 정의되어 왔지만(예 : Choi & Ruona, 2011), 이는 기본적으로 종업원들이 변화가 필요하다고 믿는지 그리고 조직이 변화를 실행할 수 있다고 믿는지 여부를 포함한다. 변화 개입을 시작하기 전에 위 두 가지 문제를 적절하게 다룬다면, 개입 과정 동안 발생하는 종업원의 변화 저항을 다루기 위해 사용하는 조직의 시간과 비용을 절약할 수 있을 것이다.

마지막으로 고려해 볼 사항은 구성원들이 변화에 대해 강력하게 저항하면, 그것이 조직에서 추진되고 있는 변화를 제고할 필요가 있다는 신호일 수 있다는 것이다. 변화에 따르는 저항은 연구자들에게 반드시 '극복'해야 할 점으로 여겨져 왔지만(Piderit, 2000), 변화에 대한 구성원들의 저항은 현재 추진 중인 변화의 '현실성을 검토할 기회'가 되기도 한다. 조직 변화 프로그램을 실행하기에 앞서 조직 구성원들에게 참여의 기회를 적게 준 조직일수록 더욱 그렇다.

변화와 개발과정에 대한 조직의 주인의식

조직은 조직의 변화와 개발 프로그램의 책임을 외부 자문가에게 위임하고 싶을 때가 종종 있다. 그 주된 이유는 생각보다 간단한데, 그것은 조직 변화의 업무가 어렵기 때문이다. 조직의 새로운 비전을 개발하고, 구성원들을 팀 빌딩 활동에 참여시키고, 조사 피드백 미팅을 가지는 것과 같은 활동은 정신적으로나 신체적으로 진이 빠지는 고된 일이다. 이 모든 힘든 과정을 컨설턴트에게 위임하면 조직의 구성원들은 자리에 가만히 앉아 업무보고만 받으면 된다. 그러다 보면 결과적으로 내부의 구성원이 아닌 자문가로부터 나온 해결책이 조직의 문화와 현실적으로 잘 들어맞지 않을 수도 있으므로(Schein, 1987), 구성원들은 자문가가 권고한 변화의 실행에 대해 열의가 별로 없을 수 있다.

조직개발 자체가 매우 위협적일 수도 있기 때문에 조직은 주인의식을 느끼지 않으려 할 수 있다. 조직개발 프로그램이 진행되는 동안 구성원들은 종종 어려운 현실과 부딪히게 된다. 예를 들면, 구성원들은 그들의 조직이 최적의 근무지라 믿었던 것과 달리 생각보다 효과적이지 않으며, 이상적인 근무지가 아니라고 생각하는 계기가 될 수도 있다. 구성원들에게 더 위협적인 것은 조직의 문제가 드러났을 때 이 문제의 책임이 그들에게 있을 수 있다는 점이다. 구성원들은 조직개발 프로그램을 '자문가가 하는 일'로 간주함으로써, 조직이 직면한 문제점과 같은 부담으로부터 자신은 벗어나려는 것이다.

조직개발 과정의 도입부에서 자문가가 구성원들의 주인의식을 증가시킬 수 있는 한 방법은 주인의식의 중요성을 강조하는 것이다. 조직과 자문 계약에서 우위를 차지하려고 자문가는 조직에게 최소한의 역할만을 준다(예 : 컨설턴트가 다 알아서 함). 그러나 장기적 안목에서 볼 때 이 모델은 종종 역효과를 낸다. 왜냐하면 변화과정은 고객 조직 구성원의 참여 없이는 제대로 수행되기 어렵기 때문이다.

자문가는 변화과정에서 고객을 동등한 파트너로 존중함으로써 그들에게 주인의식을 증가시킬 수 있다. 자문가는 매우 지시적이고 상의하달 방식으로 조직에 조언하려는 경향이 있는데, 조직에 비생산적인 요인이 분명하게 밝혀질수록 그런 경향이 강해진다. 그러나 만약 자문가가 이러한 유혹을 억제하고 그러한 비생산적인 관행을 조직 구성원과 협력적인 방식으로 다루면, 이런 방식은 조직에게 궁극적으로 더 큰 도움이 될 수 있다. 그리고 이렇게 하는 것이 고객에게 훨씬 더 권한을 위임하는 것인데, 미래에 이와 유사한 문제가 발생하더라도 그때는 조직이 스스로 그 문제를 해결할 수 있기 때문이다.

조직개발 프로그램에 대한 평가

이쯤에서 이 장을 읽은 독자들은 조직개발 과정과 조직개발 자문가들이 사용하는 다양한 개입이 상당히 흥미롭다고 생각할 것이다. 그러나 약간 회의적인 독자의 경우 "이런 방법이 정말 효과가 있나?"라고 궁금증을 가질 것이다. 조직개발 프로그램을 실행하기 위해서는 방대한 양의 자료가 요구되기 때문에 이러한 의구심을 갖는 질문은 분명히 중요하다.

이 절에서는 조직개발이 실제로 효과가 있는가, 그리고 왜 효과를 보이는가라는 어려운 질문을 다루려고 한다. 우선 '평가 준거(evaluative criteria)'를 검토할 것이다. 평가에서 중요한 하나의 문제는 효과성 판단에 사용할 수 있는 준거를 열거하는 데 모호함을 느낀다는 것이다. 그런 다음 조직개발 프로그램의 평가에 사용되는 가장 일반적인 연구설계와 변화를 측정하는 것의 어려움에 대해 토론하고, 마지막으로 다양한 조직개발 개입의 효과성에 대해 발표된 연구들을 간략히 개관할 것이다.

평가 준거의 문제

산업 및 조직심리학의 넓은 분야에서 '준거의 문제'는 전통적으로 인사 선발과 연관되어 있다(예 : Cortina & Luchman, 2013). 조직이 선발 절차에 대한 타당성을 체계적으로 검토하기 위해 적절한 준거를 선택하는 것이 가장 어려운 일이다. 어떤 구성원이 효과적인지 아닌지를 나타내는 지표는 무엇인가? 어떤 구성원이 조직의 성공에 기여한 정도를 어떻게 평가할 수 있는가? 이 두 가지 질문은 종업원 선발 절차의 가치를 평가해 보고자 한다면 당연히 답해져야 한다.

조직개발 프로그램을 평가할 때에도 준거의 문제가 중요하다. 조직개발 프로그램을 전반적으로 검토하고자 할 때(예 : 진단, 개입, 추적) 준거의 문제는 특히 민감해진다. 왜냐하면 대부분의 조직개발 프로그램이 조직의 효과성 증진과 종업원 복지라는 동일한 목표를 추구하기 때문이다(Porras & Robertson, 1992; Kohler & Munz, 2006). 그러면 조직의 효과성과 구성원의 복지가 조직개발 프로그램 수행 이후에 증진되었다는 것을 어떻게 증명할 수 있는가? 주가, 매출액, 수익률, 시장점유율, 의료보험 지출 혹은 그 밖에 비용 산출과정으로 개발되는 측정치들 같은 표준적인 재무지표를 통해 증명하는 것이 하나의 방법이다.

재무지표(financial data)는 매우 객관적으로 보이므로 매력이 있어 보인다. 조직개발 프로그램의 수행으로 조직이 재정적 측면에서 성과를 올리거나 직원의 의료보험 지출이 줄어들면, 이러한 결과가 방법론적 허구 때문이라고 주장하기 어렵다. 앞에서 언급한 재무지표의 단점은 그것이 조직 효율성과 종업원 복지에 대한 아주 좁은 관점만을 나타낼 뿐이라는 것이다. 예를 들어, 전 직원 중 30%를 해고하여 그 결과 주가가 올랐다면 그 조직을 효율적이라고 할 수 있는가? 직원들의 의료보험 사용이 20% 감소했지만, 이직률이 동종 산업에서 가장 높은 조직 중 하나라면 종업원의 복지는 좋아진 것인가?

역시 좁은 관점이긴 하나 조직의 효과성과 종업원의 복지를 평가하는 다른 방법은 구성원의 행동과 태도의 측면에서 살펴보는 것이다. 예를 들어, 조직은 종업원 의견 조사 결과, 이직률, 고충과 불만 수를 검토하여 조직이 얼마나 잘 기능하고 있는지를 판단할 수 있다. 이런 효과성 준거들은 재무지표 하나만 놓고 보는 것보다는 조직개발 프로그램의 목표를 평가하기에 훨씬 더 적절하다. 그러나 안타깝게도, 이러한 준거 역시 앞에서 언급한 재무지표만큼 좁은 관점이다. 3년에 걸쳐 회사의 주식 가격이 꾸준히 떨어졌는데도, 만약 직원들이 자신의 업무에 매우 만족하면 그것으로 조직이 효과적이라고 할 수 있는가? 경쟁사보다 시장점유율이 계속 떨어지는데도 직원들의 스트레스 지수가 낮으면 조직이 효과적인가?

조직의 전반적인 효과성과 직원의 복지를 가장 잘 측정하는 접근방법은 복합 준거 측정치(multiple criteria measure)를 사용하는 것이다. 이 지표는 조직 효과성의 그림을 가장 제대로 보여 줄 것이며, 조직개발 프로그램의 효과를 보여 주는 가장 포괄적인 관점이다. 또한 이러한 자료가 오랜 기간 수집한 것이라면 그것은 특히 더 정확한 정보를 보여 주는 것이다. 예를 들어, 전통적인 재무지표에서 조직개발 프로그램의 초기 효과는 부정적이지만(예 : Griffin, 1991), 시간이 지나고 나서 결과적으로 긍정적 효과를 가질 수 있다. 반대로 구성원의 태도와 복지에 대한 측정치 그리고 구성원들의 조직개발 프로그램에 대한 첫 반응은 아주 긍정적이었지만, 시간이 지나 조직개발 프로그램의 신기함이 사라지면 평가지표도 다시 초기 상태로 되돌아올 수 있다.

평가의 초점을 구체적인 조직개발 개입에 두면 조직 변화의 일반적인 프로그램과 달리 적절한 준거 측정치를 선택하는 것은 더 쉽다. 예를 들어, 조직 변화 프로그램으로 팀 빌딩을 실행한 경우에는 집단이나 팀의 효과성을 평가의 준거로 사용하는 것이 논리적으로 맞다. 집단 효과성에 관한 문헌을 살펴보면, 집단 효과성을 정의하는 준거에 대해 잘 소개되어 있다(예 : Hackman, 1987). 그러나 그러한 지침이 있더라도 준거 측정치를 실제로 얻는 것은 말만큼 쉽지 않다.

평가 연구의 설계

연구설계(research design)는 간단히 말해 자료 수집계획이다(Stone-Romero, 2011). 어떤 조직 개입을 평가하려면 그 개입의 효과를 평가하는 데 적절한 자료를 수집해야 하므로 거기에 맞는 연구설계가 필요하다. 실험실보다 조직 장면에서 연구자들은 자료 수집을 엄격하게 통제하지 않는다. 결과적으로 평가 연구를 수행할 때, 개입의 효과성을 보여 줄 수 있는 어떠한 자료라도 얻기 위해 상당한 방법론적 '타협'이 이루어진다. 예를 들어, 조직이라는 상황 안에서 각 조건에 연구 참여자를 무작위로 배정하기 어렵고, 연구자도 개입의 실행이나 개입에 영향을 주는 오염 변인들을 통제하기 어렵다. 항상 그렇다고 하기는 어렵겠지만(Shperling & Shirom, 2005 참조), 이 분야에서는 거의 그렇다.

조직개발 실무자가 자료 수집의 어려움을 극복하는 가장 전형적인 방법은 어떤 형태의 체계적인 평가도 전혀 행하지 않는 것이다(Porras & Robertson, 1992). 가끔 조직개발 개입이 도움이 되는 것처럼 보이지만, 이것은 고위 관리자에게나 도움이 된다. 행동과학 분야에서 훈련을 받는 사람들에게 조직개발 프로그램에 대한 엄격한 평가를 도외시하는 것은 고통스러운 일이다. 그러나 그 평가가 매우 관계적이고 정치적인 절차라고 간주하면, 평가를 등한시하는 것이 오히려 상당히 합리적일 수도 있다(참고 15.3 참조).

평가 연구에서 가장 일반적으로 사용되는, 그래서 불행하게도 가장 강력하지 못한 연구설계 중하나가 **단일 집단, 사후 설계**(one group, posttest only design)이다. 이 유형의 설계에서 조직개발 개입의 참여자들은 그들이 참여한 개입이 유용하고 효과적이라고 느끼는지 여부를 단순히 응답한다. 이것은 분명히 아주 쉽게 실행할 수 있는 설계이다. 그러나 이 설계의 가장 큰 단점은 개입의 효과를 평가할 기저선(baseline)이 없다는 것이다. 또한 통제집단이 없기 때문에 조직개발 개입을 실행하지 않았을 때와 비교할 수 없고, 따라서 준거 측정치상에서 긍정적인 변화가 있는지를 알 길이 없다. 이러한 약점 때문에 Cook과 Campbell(1979)은 이 설계를 **해석 불가능한**(uninterpretable) 것이라고 지적하였다.

자주 이용되는 또 다른 설계는 **단일 집단, 사전-사후 설계**(one group, pretest-posttest design)이다. 이 설계에서는 조직개발 프로그램이 실시되기 전과 후에 기저선의 측정치가 수집된다. 예를 들어, 집단과정의 지표들이 팀 빌딩이 실시되기 전과 실시된 지 3개월이 지난 후에 측정된다. 이 설계의 장점은 기저선의 측정치가 있다는 것이다. 그러나 여기에는 여전히 통제집단이 없기 때문에 관찰된 효과가 그 개입이 없더라도 여전히 관찰될 수 있는 것인지 아닌지에 대해 답할 수 없다. 팀 빌딩의 예를 든다면, 집단 구성원들이 서로 친숙해질수록 그들의 상호작용과 집단과정은 팀 빌딩 개입이 끝난 후에도 여전히 개선될 수 있다.

평가에서의 정치

지금 다루는 내용을 포함하여 대부분의 평가에 대한 논의에서는 엄청나게 많은 자료들이 평가의 준거나 연구설계와 같은 기술적 문제를 다루고 있다. 나아가 이러한 기술적 문제는 조직의 개입을 적절하게 평가하기 위해 중요하다. 그러나 불행하게도 평가의 기술적 측면에 집중하느라고 평가과정에서 나타나는 정치적 과정을 못 보고 넘어가는 경우가 종종 있다.

왜 평가가 정치적 과정이기도 하는가? 이 질문의 열쇠는 평가가 진행되는 동안 실제로 무엇이 일어나는지를 이해하는 것이다. 어떤 것을 평가할 때, 우리는 그것의 가치를 사실대로 결정한다. 예를 들어, 팀 빌딩 프로그램을 평가하려면, 이 프로그램이 조직에 어떤 가치를 제공했는가를 엄격하게 따질 것이다. 조직이 조직개발 개입의 실질적인 가치를 따지기 꺼리는 이유 중 하나는 그들이 확인하게 될 결과가 두렵기 때문이다. 개입이 평가되고 그것이 효과적이라고 밝혀지면 모두가 행복하다.

그러나 개입의 효과를 평가하여 그것이 비효과적이라고 판단되면 어떤 일이 일어날까? 이 경우에는 모두가 불행하다. 특히 조직이 조직개발에 많은 자원을 투자했을수록 더 그렇다. 조직 내의 특정 개인(예 : HR 책임자)이 개입을 시도하는 경우도 있다. 이 경우에도 그 사람은 개입의 성패에 의한 영향을 많이 받는다. 즉 정치적인 이유에서 이 사람은 방법론적으로 엄격한 평가의 실시를 꺼릴 수도 있다.

중요한 점은 평가가 기술적인 과정임에도 불구하고 또한 인간 과정이라는 것이다. 효과적인 평가는 사람들이 부정적인 결과를 기꺼이 수용하고, 그것으로부터 학습을 하며, 궁극적으로 향후 언젠가 시행될 개입을 개선하려고 하는 조직에서 일어난다. 불행하게도 나의 경험에 비추어 보거나 엄격한 평가가 별로 수행되지 않는다는 면에서 볼 때, 이런 평가를 수행하는 조직은 일반적이기보다는 예외적인 경우이다.

이러한 문제를 다루기 위해 연구자는 사실 다양한 대안을 가지고 있다. 하나는 통제집단을 추가하여 **사전-사후 통제집단 설계**(pretest-posttest with control group design)를 만드는 것이다. 이렇게 함으로써 개입의 효과는 개입을 실행하지 않은 집단과 비교될 수 있고, 연구자는 개입의 효과성을 판단하는 데 확신을 가질 수 있다. 불행하게도 대부분의 조직 장면에서 통제집단을 구하기 어려운데, 그것은 구성원의 수가 제한되어 있고, 효과가 있어 보이는 조직개발 개입을 그 집단에게는 실시하지 않는 것을 경영진이 꺼리기 때문이다.

통제집단을 구하기 어려우면 연구자들은 **사전-사후 다중 종속 측정치 설계**(pretest-posttest with multiple dependent measures design)를 사용할 수 있다. 이 설계는 앞에서 소개한 단일 집단, 사전-사후 설계와 비슷한데, 연구자가 두 세트의 종속 측정치를 측정한다는 것만 다르다. 두 종속 측정치 중 하나는 실행한 개입으로부터 영향을 받아야 하고 다른 하나는 영향을 받지 않아야 한다. 예를 들어, 만약 팀 빌딩 개입이 집단과정 측정치에 긍정적인 효과를 가지는 반면 부가급부(fringe benefit)에 대한 참여자들의 만족도에는 영향을 주지 않아야 이 개입이 효과적이라고 해석할 수 있다.

두 번째 대안은 **단일 집단, 비연속 시간 계열 설계**(one group, interrupted time series design)이다.

이것은 개입 전후에 하나의 종속 측정치를 여러 번 측정한다는 것을 제외하면 단일 집단, 사전-사후 설계와 비슷하다. 이러한 다중 측정치를 얻음으로써 연구자는 시간의 흐름에 따라 종속 측정치의 행동이 변하는 모델, 특히 개입이 측정치에 영향을 미치는지의 여부를 판단할 수 있다.

이 절에서 간단히 기술한 연구설계들은 조직개발 개입이나 전반적 프로그램을 평가할 수 있는 가용한 설계들 중 일부에 불과하다. 연구설계에 대해 더 관심이 있는 독자들은 Cook과 Campbell(1979) 혹은 Cook, Campbell, Peracchio(1990)를 참고하기 바란다. 평가 연구에 대한 보다 자세한 정보는 Shaw, Greene, Mark(2006) 그리고 Bamberger(2006)에서 찾을 수 있다. 다양한 연구 설계 방법이 있지만, 대부분의 경우 여건이 좋은 상황에서조차도 조직개발 프로그램을 평가하기 위해서는 일부의 설계방법만 사용되곤 한다.

변화 측정의 어려움

평가 연구의 주요 목표는 변화를 측정하기 위함이다. 비록 변화의 측정과 관련된 통계학적 문제에 대해 많이 다루었지만(예 : Cronbach & Furby, 1970), 변화의 의미와 관련된 개념적 문제들은 조직개발 프로그램의 평가에 영향을 미친다. 이 절에서는 조직개발 연구에서 변화의 개념적 의미에 대해 다룰 것이다.

Golembiewski, Billingsley, Yeager(1976)는 조직개발 개입과 프로그램에 따른 변화는 알파(alpha), 베타(beta) 그리고 감마(gamma) 변화의 세 가지로 나눌 수 있다고 제안하였다. 알파변화는 우리가 일반적으로 진짜 변화(true change)라고 여기는 것이다. 즉 조직개발 개입 이후에 조직에서 어떤 방식으로든 진실한 개선이 일어나는 것이다. 종속 측정치에 대한 의미와 이에 대한 참여자의 지각이 조직개발 개입 전후에 변화되지 않고 그대로 유지된다. 예를 들어, 어떤 조직이 조사 피드백 프로그램을 실시하고 난 후, 이 프로그램의 결과로 구성원의 직무만족 수준이 진정으로 높아진 것을 관찰할 수 있다.

베타변화는 연구에 사용된 종속 측정치에 대한 참여자의 참조의 틀(frame of reference)이 변화된 것을 의미한다. 즉 베타변화는 변화의 진짜 형태라기보다는 방법론의 인위적 산물로 여길 수 있다. 예를 들어, 어떤 조직이 작업집단의 의사소통을 향상하기 위해 팀 빌딩 개입을 실행했다고 가정하자. 이 개입을 평가하기 위해, 개입을 도입하기 전후에 집단 구성원들에게 의사소통에 대한 지각을 측정한다. 이 경우 연구자들은 의사소통의 점수가 개입 이후 의사소통이 향상된 것을 나타내는 것이라고 해석할 것이다. 그러나 이것은 다른 방식으로도 해석될 수 있는데, 개입이 실행된 결과 집단의 구성원들은 집단에서 이루어질 수 있는 의사소통의 다양한 방식을 이해하게 된 것이라고 해석할 수 있다. 즉 구성원들이 개입 전에 자신이 속한 집단의 의사소통 수준이 '낮다'고 생각하였지만, 개입이 실행된 후에는 그 수준이 '평균 이상'이라고 다시 이해할 수 있다. 이 예에서 실질적인 의사소통의 수준은 전혀 변화되지 않았고, 오히려 의사소통을 척도에 있는 여러 수치에 대해 참여자가 다르게 정의하게 된 것이다.

감마변화는 참여자들이 주요 종속 측정치나 성과 변인에 대해 재정의(redefine)하거나 재개념화(reconceptualize)하는 것이다. 베타변화처럼 이 변화 역시 방법론의 인위적 산물로 여길 수 있다. 그러나 Golembiewski와 동료들(1976)은 조직개발의 목표 중 하나가 직원들의 인식을 바꾸는 것이기 때문에 이것은 실질적으로 정통적인 변화의 한 형태라고 주장했다. 감마변화의 예로서, 어떤 조직이 조직의 의사결정에 구성원의 참여를 증진하도록 설계된 개입을 실행한 예를 들 수 있다. 이 개입의 효과를 평가하기 위하여 프로그램 전후에 참여 수준을 측정할 수 있다. 개입이 실행되기 전에 구성원들은 참여를 다소 좁은 의미나 자신의 역할에 포함되지 않는 것으로 개념화할 수 있고, 결과적으로 그들은 참여의 수준이 매우 낮다고 평가할 수 있다. 그러나 개입이 실행된 후 그들은 참여를 훨씬 더 넓은 개념으로 이해하게 되어, 그것을 직무의 일부로 여기게 되고 그 결과 개입의 실행 전보다 훨씬 더 높게 평가할 수도 있다. 이 예에서도 참여의 실제 수준은 변하지 않았다는 것에 주목하자. 오히려 구성원들이 참여를 정의하는 방법을 변화시킨 것이다.

조직 변화 프로그램을 평가할 때 연구자들은 어떻게 알파, 베타, 감마 변화를 구별하는가? 한 가지 방법은 자기 보고식 준거 측정치에 대한 의존도를 낮추거나 또는 여기에 다른 준거 측정치에 대한 보고를 보충하는 것이다(예 : Liu, Spector, & Jex, 2005; Spector & Jex, 1991). 베타와 감마 변화의 효과는 인지적 과정의 산물이다. 즉 이러한 인공적 효과는 적어도 평가과정에서 자기 보고 측정치가 아닌 다른 측정치를 활용함으로써 피할 수 있다. 예를 들어, 조직개발 개입의 효과를 평가할 때 수행에 관한 기록 자료를 종업원의 태도조사 측정치와 함께 사용할 수 있다.

감마변화가 일어났는지를 평가하기 위해 사전-사후 검사에서 측정된 핵심 종속변인의 차원성(dimensionality)을 비교하는 방법이 있다(Armenakis, Bedeian, & Pond, 1983; Armenakis & Zmud, 1979). 감마변화는 응답자의 핵심 종속변인에 대한 개념의 변화를 나타낸다는 점을 상기해 보자. 개념의 변화가 일어났다면, 척도의 차원성이 사전 검사와 사후 검사에서 다를 가능성이 있다. 이 점은 적어도 통계적 관점에서 보면 분명히 논리적이지만, 실무에서 이것을 적용하기는 쉽지 않다. 척도에 포함되는 개별적인 문항들은 상당한 측정 오류를 포함하고 있을 뿐만 아니라(Nunnally & Bernstein, 1994), 평가 연구들의 사례 수가 적어 그러한 분석의 유용성을 심각하게 제한하기 때문이다.

조직개발의 효과성에 대한 증거

앞에서 언급했던 것처럼, 많은 조직개발 프로그램은 공식적인 평가 절차를 거치지 않고 수행되었다. 다행히도 지난 수년 동안 조직개발 프로그램에 대한 경험적 평가가 충분히 진행되었고, 양적 및 질적 방법을 사용한 다양한 보고가 있다. 여러 조직개발 개입의 효과성에 대한 질적인 개관 중 가장 많이 인용된 것은 Bowers(1973)가 작성한 것이다. 이 개관을 통해 얻은 가장 중요한 발견은 여러 가지 조직개발 개입을 비교했을 때 조사 피드백이 가장 효과적이라는 것이다.

조직개발 연구에 대한 질적 개관 중 자주 인용되는 또 다른 것은 Terpstra(1981)에 의해 수행되었는데, 그는 출판된 조직개발 연구 52개를 정리하였다. Bowers(1973)의 개관과 비교할 때 Terpstra(1981)의 개관이 더 체계적이라고 할 수 있는데, 그는 조직개발 프로그램의 효과를 긍정, 중립, 부정으로 분류하여 각각의 연구를 코드화하였기 때문이다. 이러한 분류에 기초하여 그는 조직개발의 효과는 전반적으로 긍정적이라고 결론을 내렸다. 그러나 이러한 효과는 방법론적 엄격함이 결여되어 있다. 즉 긍정적인 효과가 발견된 연구는 대부분 방법론적 엄격함이 결여된 것이었다. 그러나 후속 연구에서 조직개발의 평가에서 '긍정적 결과'의 편향이 보편적이라는 Terpstra의 주장은 지지되지 않았다(예 : Bullock & Svyantek, 1983; Woodman & Wayne, 1985).

최근에 연구자들은 조직개발 개입을 평가하는 데 메타 분석(meta-analytic) 방법을 적용했다. 예를 들어, 메타 분석을 사용한 개관은 MBO의 효과성을 지지할 뿐만 아니라(Rodgers & Hunter, 1991), 여러 가지 조직개발 개입의 효과성도 지지하였다(예 : Guzzo, Jette, & Katzell, 1985; Neuman et al., 1989; Salas, Rozell, Mullen, & Driskell, 1999). 이러한 양적(quantitative) 개관들은 많은 조직개발 개입이 직원들의 태도나 행동에 긍정적 영향을 끼치고 있음을 시사한다. 그러나 대부분의 메타 분석에서 표집 오류, 낮은 신뢰도, 범위 축소 등과 같은 통계적인 인공적 결과(statistical artifacts)를 제거하고도 일정 부분의 변량이 여전히 설명되지 않고 있다. 또한 메타 분석은 출간된 연구만 다루는데, 이때 조직개발 개입이 실패한 연구는 출간된 논문에 포함되지 않는다. Burke(2011)이 주장했듯이 조직개발 프로그램의 실패율이 약 70%일 경우, 메타 분석은 조직개발 프로그램의 효과성에 대해 지나치게 긍정적인 관점을 제공하게 된다.

이것은 조직개발 개입이 긍정적 효과가 있지만 이 효과는 조직에 따라 다를 수 있다는 것을 시사한다. 이러한 변산성 또한 많은 조직개발 프로그램과 그 프로그램 내의 개입이 실패했다는 사실을 반영할 수 있다. 출판된 연구물에 의존했기 때문에 조직개발 프로그램과 개입의 효과성은 다소 과장되었을 수 있다. 긍정적 효과를 관찰한 연구들이 아무런 효과를 관찰하지 못했거나 오히려 부정적 결과를 관찰한 연구들보다 학술지에 게재될 가능성이 훨씬 더 높기 때문이다(Dahlsten, Styhre, & Willander, 2005 참조).

고객과 자문가 관계에서의 특별한 문제

지금까지 조직개발과 관련된 내용을 비교적 포괄적으로 검토하였다. 그러나 조직개발 과정의 한 측면인 조직개발 자문가와 고객 조직 간의 관계를 아직 다루지 않았다. 독자들 중 일부는 자신의 경력의 일환으로 조직개발 자문가의 역할을 수행할 수 있기 때문에 이 주제는 중요하다. 따라서 마지막 절에서는 자문가가 조직개발 프로그램을 촉진하는 과정에서 부딪히는 중요한 문제 중 일부를 간단히 짚어 볼 것이다.

여러 고객의 요구사항 들어주기

조직에 컨설팅 서비스를 제공할 때, 조직개발 자문가가 만나는 첫 번째 고객은 일반적으로 최고경영진 중 한 명이거나 어떤 경우는 인사담당 임원이다. 이 정도로 직책이 높은 사람들이 조직개발 활동을 주도하는데, 이들이 조직의 효과성과 변화와 같은 '큰 그림'의 문제를 다루기 때문이다. 또한 이 정도의 고위급이어야 컨설팅에 들어가는 예산에 대해 결정을 할 수 있는 권한이 있기 때문이다.

일단 자문가가 조직에서 일하게 되면, 자문가의 고객 리스트가 아주 빠르게 길어진다. 예를 들어, 조직의 규모에 따라 다르기는 하겠지만 자문가는 부서장으로부터 시간제 근무자에 이르기까지 접촉을 시작하게 된다. 자문가가 직면하는 어려움 중 하나는, 특히 직위가 낮은 직원을 대할 때 더 심한데, 자문가가 오로지 고위 경영진의 이해에 부합하는 서비스만 할 것이라는 인식이다. 자문가는 일반적으로 고위 경영진으로부터 조직에 초빙되기 때문에 특히 더 어려운 점이다.

여러 고객의 요구사항을 잘 조율하는 가장 효과적인 방법은 컨설팅 관계를 맺는 시작점에서 이 문제를 다루는 것이다. 자문가가 조직에 처음 들어가 처음 미팅을 가질 때, 조직 내부에 다수의 상반된 이해를 가진 구성원들이 있을 것이라는 점을 고객에게 인식시켜 주어야 한다. 고객이 이것을 이해하고 나면, 자문가가 그러한 대립적인 이해를 어떻게 다룰 것인지를 고객과 함께 직면하는 것이다.

필자의 생각으로는 자문가들이 이러한 상황에 직면했을 때 중립적 자세를 취해야 한다고 생각한다. 만약 자문가가 너무 경영진에게만 친화적인 태도로 일관하면 조직 내의 일반 직원들로부터 신뢰를 잃을 수가 있고 조직개발 프로그램을 진행하는 데도 협조를 얻기 힘들 수 있다. 반대로 너무 하위급 직원 편에만 서면 자문가는 자신을 영입한 경영진의 입장에 반하는 위치에 설 수도 있다. 결론적으로 자문가는 조직 내에서 이해의 갈등이 발생할 수 있으며, 자문가가 모든 이해 당사자에게 이러한 상황을 분명히 하여 어느 한쪽 편을 들지 않는 것이 자문가의 역할을 최선으로 수행하는 것이다.

기밀 유지

만약 누군가가 자문가에게 제공한 정보가 기밀이라고 말하였고 자문가가 이를 지키겠다고 약속했다면, 자문가는 반드시 이를 지키는 것이 기밀을 유지하는 가장 일반적인 원칙이다. 그럼에도 불구하고 기밀 유지(maintaining confidentiality)는 자문관계에서 심각한 윤리적 딜레마에 빠지는 매우 복잡한 문제가 될 수 있다. 한 가지 이유는 자문가가 이 기밀 유지라는 법칙을 종종 어기도록 유혹받을 수 있기 때문이다. 예를 들어, 최고경영진들은 초점 집단 면접에서 어떤 부사장이 자신의 리더십 유형에 대해서 어떻게 이야기했는지를 궁금해할 것이고, 비정규직 직원들은 루머가 돌고 있는 합병과 관련해서 고위 경영진이 어떻게 계획하고 있는지를 알고 싶어 할 것이다. 이 두 가지 가상의 사례에서 기밀의 누설은 그 정보를 받는 쪽에서 즐거운 것일 뿐만 아니라 그것을 주는 자문가에게도 일종의 강화로 작용하여 자문가는 기밀을 말하도록 유혹받을 수 있다.

또한 기밀은 자문가와 자문가를 위해 일하는 집단의 부주의 때문에 서로 타협을 할 수 있다(예 : Gavin, 1984). 예를 들면, 어떤 자문가는 아마 최고경영진에게 문장으로 기술한 조사 내용을 보고할 때, 그것을 작성한 사람들의 이름을 지우는 것을 잊고 전해 줄 수 있다. 또한 어떤 자문가는 누구나 볼 수 있는 장소에 직원들과의 면접 노트를 깜박 잊고 두고 갈 수도 있다. 분명 이 두 가지 상황은 의도한 것은 아니지만 기밀을 유지하지 못한 것이다. 그러나 의지와 상관없이 그러한 착오는 자문가를 당혹스럽게 만들 뿐만 아니라 자문관계에 심각한 피해를 준다.

아마도 기밀 정보를 노출하도록 자문가를 압박하는 가장 큰 이유는 기밀 유지의 한계에 대한 잘못된 이해에 따른 것이다. 예를 들면, 고위층들은 직원들이 작성한 질문지를 작성한 그대로 볼 수 있다고 생각하지만, 자문가는 요약된 자료만을 제공하려 한다. 또한 경영진들은 팀 빌딩 미팅에서의 집단 구성원들 개인들과 면접한 내용을 알아내려고 하지만, 자문가는 단지 면접에서 드러난 일반적인 주제들을 요약하여 보고하려 한다. 이 두 가지 상황에서 자문가가 수집하는 정보의 기밀에 관한 사항이 명확하지 않다는 것이 문제이다.

자문가가 그러한 오해를 피하는 최고의 방법은 컨설팅 관계에 들어가기 전에 기밀과 관련된 모든 사항을 분명히 하는 것이다. 가끔 자문가는 조직과 일을 할 때 뜬금없는 유혹이 있을 수 있고, 기밀과 같은 문제들을 단순하게 처리한다. 자문가와 조직은 프로젝트를 시작할 시기에 우선적으로 기밀과 관련된 사항을 철저하게 다룰 시간을 가짐으로써 상호 간에 의무를 다할 수 있을 것이다.

자문관계의 종결

컨설팅 업무는 기간이 짧은 것이 일반적이다. 그래서 처음 시작과 끝나는 시기가 분명하다. 그러나 자문가는 고객과의 관계를 장기적으로 발전시켜 나가고, 제공하는 서비스의 범위를 꼭 제한해 두지 않는다. 자문가는 반드시 조직을 위한 봉사자가 되어야 하고, 조직을 위해 다양한 분야에서 기여하여야 한다. 자문가는 시간이 지남에 따라 조직에 대한 많은 지식과 문제점들을 알게 되는데, 이것은 조직에 도움이 되는 것이다. 고객 조직과의 장기적 관계는 자문가에게도 이득이 된다. 이러한 관계는 매우 좋은 돈벌이가 되기도 하고, 조직 구성원들과 매우 만족스런 관계를 발전시키기는 결과를 가져오기도 한다. 만약 이 관계가 안 좋아지게 되면 무슨 일이 일어나는가?

　컨설팅 관계를 종료할 시점을 결정하는 것은 자문가에게 매우 어려운 문제이고 쉬운 해결책이 있는 것은 아니다. 자문가가 이것을 결정하기 위해 사용하는 한 가지 일반적 기준은 컨설팅 관계가 전문가의 관점에서 만족스러운지의 여부이다. 특히 시간제 자문가는 재정적 이득보다는 활동에 대한 관심 때문에 컨설팅을 한다. 따라서 어떤 자문가는 컨설팅 활동이 더 이상 관심의 대상이 아닐 때 컨설팅 관계를 종료하기로 결정한다.

　자문가가 컨설팅의 종료에 대한 결정을 내릴 때 사용하는 또 다른 기준은 자신이 고객 회사에 도움을 주고 있는지의 여부이다. 컨설팅이란 본질적으로 전문적인 도움의 한 형태라고 지적했던 과정 자문(Schein, 1987)의 주장을 회상해 보라. 이 정의에 따르면 자문가는 자신이 도움을 주려고 노력한다고 해도 제공하는 서비스가 실제로 고객 조직에 아무런 도움을 주지 않았는지를 주시해야 한다. 이런 경우는 고객 조직이 다른 서비스를 필요로 하고 있거나 혹은 조직이 어느 수준 이상 개선되었기 때문에 더 이상의 개선을 기대하지 않을 때 생긴다.

　마지막으로, 자문가는 고객 조직과 철학이나 가치의 차이 때문에 컨설팅 관계를 끝맺기로 결정할 수 있다. 고객 조직이 여직원들에 대한 성희롱을 묵과하거나, 다른 비윤리적 행동을 외면할 때 관계를 종결할 수 있다. 만족스러운 컨설팅 관계를 이러한 이유 때문에 종결해야 하는 것은 정말 어려운 일이다. 그러나 길게 보았을 때 자문가는 이러한 관계를 종결하고 그러한 갈등이 없는 조직과 함께 일하는 것이 더 좋을 것이다.

요약

이 장에서는 조직의 변화와 개발의 중요한 영역을 검토하였다. 조직개발을 정의하고 조직이 계획적 변화 프로그램을 도입하는 전형적인 이유를 설명하는 것으로 시작하였다. 그 후에 조직개발의 역사적 뿌리에 대한 논의로 주제를 옮겼다. 살펴본 바와 같이, 이 분야는 풍부한 역사를 가지고 있고 많은 조직심리학자들의 업적으로부터 혜택을 받았다.

　이 장의 도입부에서 조직개발의 이론적 기반에 대해 논의하였다. 일부 이론은 조직의 변화에 관한 일반적인 현상에 초점을 두었고, 다른 이론들은 구체적인 개입의 기반을 제공하였다. 이러한 이론들이 조직개발 프로그램의 실행에 유용한 도움을 주었지만, 조직개발 실무자들은 지나치게 이론에 기대지 않도록 주의해야 한다.

　이 장의 다음 절에서는 조직개발의 개입에 초점을 두었다. 여러 개입이 다루어졌지만, 전반적인 내용을 포괄하려는 것은 아니었다. 그보다는 독자들에게 가장 범용으로 사용되는 조직개발 기법들을 소개하려 하였다. 일반적으로 개입은 개인, 집단 혹은 전반적인 조직에 초점을 둔다. 이 세 가지 중에서 비록 최근에는 전반적 조직개발 개입이 더 자주 사용되고 있지만, 집단 수준의 개입이 아직까지 가장 보편적이다. 이 세 가지 수준에 상관없이 개입이 이루어지기도 하지만, 조직의 효과성을 증진하려면 이러한 개입을 통해 개인의 행동 변화가 일어나야 한다.

조직개발 프로그램의 성공에 영향을 주는 다양한 요인에 대해서 논의하였다. 변화의 과정에 대한 최고경영진의 지원, 자문가의 역량 그리고 변화과정에 대한 조직의 주인의식을 다루었다. 최고경영진은 일반적으로 조직 변화를 위해 필요한 자원을 지원할 수 있는 권한을 갖고 있고, 구성원들은 최고경영진들이 무엇이 중요하고 중요하지 않은지에 관해 어떻게 결정하는지 주시하고 있다. 자문가의 역량 수준은 아주 효과적인 조직개발 개입도 잘못 적용되면 비효과적인 결과를 초래할 수 있기 때문에 매우 중요한 요인이다. 마지막으로 조직이 조직의 변화과정에 대해 주인의식을 갖지 않는다면, 변화의 노력은 변화의 촉매제가 되기보다 일시적인 유행으로 전락하고 말 것이다.

여러 가지 이유로 조직개발 프로그램의 평가는 도전에 직면하고 있다. 특히 적합한 측정의 준거를 찾기가 힘들고, 적합한 연구설계를 위해 창의성이 요구되며, 변화가 조직개발 개입의 효과인지 아니면 인공적인 결과인지 판단하기 힘들다. 이러한 어려움에도 불구하고 조직개발 분야에서 상당히 많은 평가 연구가 진행되었다. 조직개발은 조직에 따라 차이는 있지만 전반적으로 효과적인 것으로 보인다.

이 장에서 마지막으로 논의한 주제는 고객과 자문가의 관계에 관한 것이었다. 조직 내 여러 이해집단의 요구를 조화롭게 다루기, 기밀 유지하기, 컨설팅 관계를 종료할 시점 결정하기 등을 다루었다. 다른 어려운 문제들과 마찬가지로, 이에 대한 해결 공식이 있거나 쉬운 해결책이 있는 것은 아니다. 대부분의 경우, 컨설팅을 시작하기 전에 이 문제에 대해 시간을 내어 충분히 다루는 것이 장래에 이것 때문에 심각해지지 않는 최선의 방법이다.

더 읽을거리

Bartunek, J., & Schein, E. (2011). Organization development scholar practitioners: Between scholarship and practice. In S. A. Mohrman & E. E. Lawler (Eds.), *Useful research: Advancing theory and practice* (pp. 233-250). San Francisco, CA: Berrett-Koehler.

Lawler, E. E., & Worley, C. G. (2006). *Built to change: How to achieve sustained organizational effectiveness*. San Francisco, CA: Jossey-Bass.

Martins, L. L. (2011). Organizational change and development. In S. Zedeck (Ed.), *APA handbook of I/O psychology* (Vol. 3, pp. 691-728), Washington, DC: American Psychological Association.

Shull, A. C., Church, A. H., & Burke, W. W. (2013). Attitudes about the field of organization development 20 years later: The more things change the more they stay the same. *Research in Organizational Change and Development*, 21, 1-28.

Abbe, O. O., Harvey, C. M., Ikuma, L. H., & Aghazadeh, F. (2011).Modeling the relationship between occupational stressors, psychosocial/physical symptoms and injuries in the construction industry. *International Journal of Industrial Ergonomics, 41*(2), 106–117.

Abramis, D. J. (1994). Work role ambiguity, job satisfaction, and job performance: Metaanalysis and review. *Psychological Reports, 75*, 1411–1433.

Ackerman, P. L. (1989). Within-task correlations of skilled performance: Implications for predicting individual differences? (Comment on Henry & Hulin, 1987). *Journal of Applied Psychology, 74*, 360–364.

Adams, G. A., & Jex, S. M. (1999). Relationships between time management, control, work-family conflict, and strain. *Journal of Occupational Health Psychology, 4*, 72–77.

Adams, J. S. (1965). Inequity in social exchange. In L. Berkowitz (Ed.), *Advances in experimental social psychology* (Vol. 2, pp. 267–299). San Diego, CA: Academic Press.

Addae, H. M., Johns, G., & Boies, K. (2013). The legitimacy of absenteeism from work: A nine nation exploratory study. *Cross Cultural Management: An International Journal, 20*, 402–428.

Addae, H. M., & Johns, G. (2002). National culture and perceptions of absence legitimacy. In M. Koslowsky&M. Krausz (Eds.), *Voluntary employee withdrawal and inattendance* (pp. 21–51). New York, NY: Springer.

Adkins, B., & Caldwell, D. (2004). Firm or subgroup culture: Where does fitting matter most? *Journal of Organizational Behavior, 25*, 969–978.

Adler, S., Skov, R. B., & Salvemini, N. J. (1985). Job characteristics and job satisfaction: When cause becomes consequence. *Organizational Behavior and Human Decision Processes, 35*, 266–278.

Aguinis, H., & Stone-Romero, E. F. (1997). Methodological artifacts in moderated multiple regression and their effects on statistical power. *Journal of Applied Psychology, 82*, 192–206.

Ajzen, I. (1988). *Attitudes, personality, and behavior*. Chicago, IL: Dorsey.

Ajzen, I. (2001). Nature and functions of attitudes. *Annual Review of Psychology, 52*, 27–58.

Albanese, R., & Van Fleet, D. D. (1985). Rational behavior in groups: The free riding tendency. *Academy of Management Review, 10*, 244–255.

Alderfer, C. P. (1969). An empirical test of a new theory of human needs. *Organizational Behavior and Human Performance, 4*, 142–175.

Aldred, C. (1994, December 5). U.K. ruling focuses attention to job stress. Business Insurance, 55–56.

Alexander, K. N. (2011). *Abusive supervision as a predictor of deviance and health outcomes: The exacerbating role of narcissism and social support*. Unpublished doctoral dissertation, Bowling Green State University, Bowling Green, OH.

Allen, D. G. (2006). Do organizational socialization tactics influence newcomer embeddedness and turnover? *Journal of Management, 32*(2), 237–256.

Allen, N. J., & Meyer, J. P. (1990). The measurement and antecedents of affective, continuance, and normative commitment to the organization. *Journal of Occupational Psychology, 63*, 1–18.

Allen, N. J., & Meyer, J. P. (1996). Affective, continuance, and normative commitment to the organization: An examination of construct validity. *Journal of Vocational Behavior, 49*, 252–276.

Allen, R. W., Madison, L. W., Porter, L. W., Renwick, P. A., & Mayes, B. T. (1979). Organizational politics: Tactics and characteristics of its actors. *California Management Review, 12*, 77–83.

Allen, T. D. (2013). The work-family role interface: A synthesis of the research from industrial and organizational psychology. In I. B. Weiner (Series Ed.) & N. W. Schmitt & S. Highhouse (Vol. Eds.), *Handbook of psychology: Vol. 12. Industrial and organizational psychology* (pp. 698–718). Hoboken, NJ: Wiley.

Allen, T. D. (2001). Family-supportive work environments: The role of organizational perceptions. *Journal of Vocational Behavior, 58*(3), 414–435.

Allen, T. D., Herst, D. E., Bruck, C. S., & Sutton, M. (2000). Consequences associated with work-to-family conflict: A review and agenda for future research. *Journal of Occupational Health Psychology, 5*(2), 278.

Allen, T. D., Johnson, R. C., Saboe, K. N., Cho, E., Dumani, S., & Evans, S. (2012). Dispositional variables and work-family conflict: A meta-analysis. *Journal of Vocational Behavior, 80*(1), 17–26.

Allen, T. D., Shockley, K. M., & Poteat, L. F. (2008). Workplace factors associated with family dinner behaviors. *Journal of Vocational Behavior, 73*(2), 336–342.

Amabile, T. M. (1983). The social psychology of creativity: A componential conceptualization. *Journal of Personality and Social Psychology, 45*, 357–376.

Amabile, T. M.,&Conti, R. (1999). Changes in the work environment for creativity during downsizing. *Academy of Management Journal, 42*, 630–640.

Amabile, T. M., Conti, R., Coon, H., Lazenby, J., & Herron, M. (1996). Assessing the work environment for creativity. *Academy of Management Journal, 39*(5), 1154–1184.

Ambrose, M. L., & Kulik, C. T. (1999). Old friends, new faces: Motivation research in the 1990s. *Journal of Management, 25*, 142–175, 231–292.

Ambrose, M. L., Seabright, M. A., & Schminke, M. (2002). Sabotage in the workplace: The role of organizational justice. *Organizational Behavior and Human Decision Processes, 89*, 803–812.

Americans with Disabilities Act of 1990, Publ. L. No. 101–336, 104 Stat. 328 (1990). Codified at U.S.C.A. 12101 etseq.

Ancona, D. G., & Caldwell, D. F. (1992a). Bridging the boundary: External activity and performance in organizational teams. *Administrative Science Quarterly, 37*(4), 634–665.

Ancona, D. G., & Caldwell, D. F. (1992b). Demography and design: Predictors of new product team performance. *Organization Science, 3*(3), 321–341.

Andersson, L., & Pearson, C. M. (1999). Tit for tat? The spiraling effect of incivility in the workplace. *Academy of Management Review, 24*, 452–471.

Anderson, S. E., Coffey, B. S., & Byerly, R. T. (2002). Formal organizational initiatives and informal workplace practices: Links to work-family conflict and job-related outcomes. *Journal of Management, 28*(6), 787–810.

Arias, E. (2010). United States life tables, 2006. (*National Vital Statistics Reports, 58*, 21). Hyattsville, MD: National Center for Health Statistics.

Armenakis, A. A., Harris, S. G., & Mossholder, K. W. (1993). Creating readiness for organizational change. *Human Relations, 46*(6), 681–703.

Armenakis, A., Bedeian, A. G., & Pond, S. (1983). Research issues in OD evaluation: Past, present, and future. *Academy of Management Review, 8*, 320–328.

Armenakis, A., & Zmud, R. W. (1979). Interpreting the measurement of change in organizational research. *Personnel Psychology, 32*, 709–723.

Arvey, R. D., Bhagat, R. S., & Salas, E. (1991). Cross-cultural and cross-national issues in personnel and human resources management: Where do we go from here? In G. R. Ferris & K. M. Rowland (Eds.), *Research in personnel and human resources management* (Vol. 9, pp. 367–407). Greenwich, CT: JAI Press.

Arvey, R. D., Bouchard, T. J., Segal, N. L., & Abraham, L. M. (1989). Job satisfaction: Environmental and genetic components. *Journal of Applied Psychology, 74*, 187–192.

Arvey, R. D.,&Jones, A. P. (1985). The use of discipline in organizational settings. In B. M. Staw & L. L. Cummings (Eds.), *Research in organizational behavior* (pp. 367–408). Greenwich, CT: JAI Press.

Asch, S. E. (1951). Effects of group pressure upon the modification and distortion of judgment. In H. Guetzkow (Ed.), *Groups, leadership, and men* (pp. 76–92). Pittsburgh, PA: Carnegie Press.

Ashford, S. J., & Black, J. S. (1996). Pro-activity during organizational entry: The role of desire for control. *Journal of Applied Psychology, 81*, 199–214.

Ashford, S. E., & Nurmohamed, S. (2012). From past to present and into the future: A hitchhiker's guide to the socialization literature. In C. R. Wanberg (Ed.), *The Oxford handbook of organizational socialization* (pp. 8–26). New York, NY: Oxford University Press.

Ashforth, B. E., & Humphrey, R. H. (1993). Emotional labor in service roles: The influence of identity. *Academy of Management Review, 18*, 88–115.

Ashforth, B. E., Kreiner, G. E., & Fugate, M. (2000). All in a day's work: Boundaries and micro role transitions. *Academy of Management Review, 25*(3), 472–491.

Ashforth, B. E., & Mael, F. (1989). Social identity theory and the organization. *Academy of Management Review, 14*(1), 20–39.

Atchley, R. C. (1989). A continuity theory of normal aging. *Gerontologist, 29*, 183–190.

Atkinson, J. W. (1964). *An introduction to motivation.* Princeton, NJ: Van Nostrand.

Aube, C., & Rousseau, V. (2005). Team goal commitment and team effectiveness: The role of task interdependence and supportive behaviors. *Group Dynamics: Theory, Research, and Practice, 9*, 189–204.

Aust, B., & Ducki, A. (2004). Comprehensive health promotion interventions at the workplace: Experiences with health circles in Germany. *Journal of Occupational Health Psychology, 9*, 258–270.

Austin, J. R. (2003). Transactive memory in organizational groups: The effects of content, consensus, specialization, and accuracy on group performance. *Journal of Applied Psychology, 88*(5), 866–878.

Austin, J. R., & Bartunek, J. M. (2003). Theories and practices of organizational development. In I. B. Weiner (Series Ed.) & W. Borman, D. Ilgen, & R. Klimoski (Vol. Eds.), *Handbook of psychology: Vol. 12. Industrial and organozational psychology* (pp. 309–332). Hoboken, NJ: Wiley.

Austin, J. R.,&Bartunek, J. M. (2013). Organization change and development: In practice and in theory. In I. B. Weiner (Series Ed.) & N. Schmitt & S. Highhouse (Vol. Eds.), *Handbook of psychology: Vol. 12. Industrial and organizational psychology* (2nd ed., pp. 390–411). Hoboken, NJ: Wiley.

Austin, J. T., Humphreys, L. G., & Hulin, C. L. (1989). Another view of dynamic criteria: A critical reanalysis of Barrett, Caldwell, and Alexander. *Personnel Psychology, 42*, 583–596.

Austin, J. T., & Vancouver, J. B. (1996). Goal constructs in psychology: Structure, process, and content. *Psychological Bulletin, 120*, 338–375.

Averill, J. E. (1973). Personal control over aversive stimuli and its relationship to stress. *Psychological Bulletin, 80*, 286–303.

Avery, D. R. (2003). Reactions to diversity in recruitment advertising: Are differences black and white? *Journal of Applied Psychology, 88*, 672–679.

Avey, J. B., Nimnicht, J. L., & Pigeon, N. G. (2010). Two field studies examining the association between psychological capital and employee performance. *Leadership & Organization Development Journal, 31*, 384–401.

Avolio, B. J., Gardner, W. L., Walumbwa, F. O., Luthans, F., & May, D. R. (2004). Unlocking the mask: A look at the process by which authentic leaders impact follower attitudes and behavior. *Leadership Quarterly, 15*, 801–823.

Aycan, Z., Kanungo, R. N., & Sinha, J. B. (1999). Organizational culture and human resource management practices: The model of culture fit. *Journal of Cross-Cultural Psychology, 30*, 501–526.

Bachrach, S. B., Bamberger, P. A., & Sonnenstuhl, W. J. (2002). Driven to drink: Managerial control, work-related risk factors, and employee problem drinking. *Academy of Management Journal, 45*, 637–658.

Bachrach, D. G., Bendoly, E., & Podsakoff, P. M. (2001). Attributions of the "causes" or group performance as an explanation of the organizational citizenship behavior/organizational performance relationship. *Journal of Applied Psychology, 86*, 1285–1293.

Bachrach, D. G., & Jex, S. M. (2000). Organizational citizenship and mood: An experimental test of perceived job breadth. *Journal of Applied Social Psychology, 30*, 641–663.

Bagozzi, R. P., & Yi, Y. (1990). Assessing method variance in multitrait-multimethod matrices: The case of self-reported affect and perceptions at work. *Journal of Applied Psychology, 75*, 547–560.

Bakker, A. B., & Demerouti, E. (2007). The job demands-resources model: State of the art. *Journal of Managerial Psychology, 22*(3), 309–328.

Bakker, A. B., Tims, M., & Derks, D. (2012). Proactive personality and job performance: The role of job crafting and work engagement. *Human Relations, 65*(10), 1359–1378.

Bales, R. F. (1965). The equilibrium problem in small groups. In A. P. Hare, E. F. Balthazard, P. A. Cooke, & R. E. Potter. (2006). Dysfunctional culture, dysfunctional organization: Capturing the behavioral norms that form organizational culture and drive performance. *Journal of Managerial Psychology, 21*(8), 709–732.

Balthazard, P. A., Cooke, R. E., & Potter, R. A. (2006). Dysfunctional culture, dysfunctional organization: Capturing the behavioral norms that form organizational culture and drive organizational performance. *Journal of Managerial Psychology, 21*, 709–732.

Bamberger, J. (1990). Current views on creativity research. *Contemporary Psychology: APA Review of Books, 35*(5), 434–435.

Bamberger, P., & Biron, M. (2007). Social comparison and absenteeism: Explaining the impact of referent norms on employee excessive absenteeism. *Organizational Behavior and Human Decision Processes, 103*, 179–196.

Bandura, A. (1986). *Social foundations of thought and action: A social-cognitive theory.* Englewood Cliffs, NJ: Prentice-Hall.

Bandura, A. (1997). *Self-efficacy: The exercise of control.* New York, NY: Freeman.

Bandura, A. (2001). Social cognitive theory: An agentic perspective. *Annual Review of Psychology, 52*, 1–26.

Barkema, H. G., & Gomez-Mejia, L. R. (1998). Managerial compensation and firm performance: A general research framework. *Academy of Management Journal, 41*, 135–145.

Barling, J. (1996). The prediction, experience, and consequences of workplace violence. In G. R. VandenBos & E. Q. Bulatad (Eds.), *Violence on the job: Identifying risks and developing solutions* (pp. 29–49). Washington, DC: American Psychological Association.

Barling, J., Dupre, K. E., & Hepburn, C. G. (1998). Effects of parents' job insecurity on children's work beliefs and attitudes. *Journal of Applied Psychology, 83*, 112–118.

Barling, J., Dupre, K. E., & Kelloway, E. K. (2009). Predicting workplace aggression and violence. *Annual Review of Psychology, 60*, 671–692.

Barling, J., & Griffiths, A. (2003). A history of occupational health psychology. In J. C. Quick & L. E. Tetrick (Eds.), *Handbook of occupational health psychology* (pp. 19–31). Washington DC: American Psychological Association.

Barling, J., & Griffiths, A. (2011). A history of occupational health psychology. In J. C. Quick & L. E. Tetrick (Eds.), *Handbook of occupational health psychology* (2nd ed., pp. 21–34). Washington, DC: American Psychological Association.

Barnes-Farrell, J. L. (2003). Beyond health and wealth: Attitudinal and other influences on retirement deci sion making. In G. A. Adams & T. A. Beehr (Eds.), *Retirement: Reasons, processes, and results* (pp. 159–187). New York, NY: Springer.

Barnlund, D. (1953). Leadership evaluation: Some premises and procedures. *Journal of Communication, 3*, 24–27.

Bar-On, R. (2006). The bar-on model of emotional-social intelligence (ESI). *Psicothema, 18*(Suppl.), 13–25.

Baron, R. A., & Henry, R. A. (2010). Entrepreneurship: The genesis of organizations. In S. Zedeck (Ed.), *Handbook of industrial and organizational psychology: Vol. 1. Building and developing the organization* (pp. 241–273). Washington, DC: American Psychological Association.

Baron, R. M., & Kenny, D. A. (1986). The moderator-mediator variable distinction in social psychological research: Conceptual, strategic and statistical considerations. *Journal of Personal and Social Psychology, 51*, 1173–1182.

Baron, R., Handley, R., & Fund, S. (2006). The impact of emotional intelligence on performance. In V. U. Druskat, F. Sala, & G. Mount (Eds.), *Linking emotional intelligence and performance at work: Current research evidence with individuals and groups* (pp. 3–19). Mahwah, NJ: Erlbaum.

Barrett, G. V., Caldwell, M., & Alexander, R. (1985). The concept of dynamic criteria: A critical reanalysis. *Personnel Psychology, 38*, 41–56.

Barrett, M., Grant, D., & Wailes, N. (2005). ICT and organizational change: Introduction to the special issue. *Journal of Applied Behavior Science, 42*(1), 6–22.

Barrick, M. R., & Mount, M. K. (1991). The big five personality dimensions and job performance: A meta-analysis. *Personnel Psychology, 44*, 1–26.

Barrick, M. R., & Mount, M. K. (2005). Yes, personality matters: Moving on to more important matters. *Human Performance, 18*, 359–372.

Barrick, M. R., Mount, M. K., & Li, N. (2013). The theory of purposeful work behavior: The role of personality, higherorder goals, and job characteristics. *Academy of Management Review, 38*(1), 132–153.

Barrick, M. R., Mount, M. K., & Strauss, J. P. (1993). Conscientiousness and performance of sales representatives: Test of the mediating effects of goal setting. *Journal of Applied Psychology, 78*, 715–722.

Barrick, M. R., Stewart, G. L., & Piotrowski, M. (2002). Personality and job performance: Test of the mediating effects of motivation among sales representatives. *Journal of Applied Psychology, 87*, 43–51.

Barrick, M. R., Stewart, S. L., Neubert, M. J., & Mount, M. K. (1998). Relating member ability and personality to work-team processes and team effectiveness. *Journal of Applied Psychology, 83*, 377–391.

Barron, L. G., & Sackett, P. R. (2008). Asian variability in performance rating modesty and leniency bias. *Human Performance, 21*, 277–290.

Bartunek, J. M., Balogun, J.,&Do, B. (2011). Considering planned change anew: Stretching large group interventions strategically, emotionally, and meaningfully. *Academy of Management Annals, 5*(1), 1–52.

Bartunek, J. M., Walsh, K., & Lacey, C. A. (2000). Dynamics and dilemmas of women leading women. *Organization Science, 11*(6), 589–610.

Bass, B. M. (1985). Leadership: Good, better, best. *Organizational Dynamics, 13*(3), 26–40.

Bass, B. M. (1998). *Transformational leadership: Industrial, military, and educational impact.* Mahwah, NJ: Erlbaum.

Bass, B. M., & Avolio, B. J. (1993). Transformational leadership: A response to critiques. In M. M. Chemers & R. Ayman (Eds.), *Leadership theory and research: Perspectives and directions* (pp. 49–80). San Diego, CA: Academic Press.

Bass, B. M., Avolio, B. J., Jung, D. I., & Berson, Y. (2003). Predicting unit performance by assessing transformational and transactional leadership. *Journal of Applied Psychology, 88*(2), 207–218.

Bateman, T. S., & Crant, J. M. (1993). The proactive component of organizational behavior: A measure and correlates. *Journal of Organizational Behavior, 14*(2), 103–118.

Bates, C. A., Bow Bass, B. M., Avolio, B. J., Jung, D. I., & Berson, Y. (2003). Predicting unit performance by assessing transformational and transactional leadership. *Journal of Applied Psychology, 88*, 207–218.

Bates, C. A., Bowes-Sperry, L., & O'Leary-Kelly, A. M. (2006). Sexual harassment in the workplace: A look back and a look ahead. In E. K. Kelloway, J. Barling, & J. Hurrell (Eds.), *Handbook of workplace violence* (pp. 381–415). Thousand Oaks, CA: Sage.

Bauer, T. N., Bodner, T., Erdogan, B., Truxillo, D. M., & Tucker, J. S. (2007). Newcomer adjustment during organizational socialization: A meta-analytic review of antecedent, outcomes, and methods. *Journal of Applied Psychology, 92*, 707–721.

Bauer, T. N., & Green, S. G. (1998). Testing the combined effects of newcomer information seeking and manager behavior on socialization. *Journal of Applied Psychology, 83*, 72–83.

Baugh, S. G., & Roberts, R. M. (1994). Professional and organizational commitment among professional engineers: Conflicting or complementing? *IEEE Transactions on Engineering Management, 41*, 108–114.

Baumeister, R. F. (1991). *Meanings of life.* New York, NY: Guilford Press.

Baumeister, R. F., Bratslavsky, E., Finkenauer, C., & Vohs, K. D. (2001). Bad is stronger than good. *Review of General Psychology, 5*(4), 323–370.

Baumeister, R. F., & Leary, M. R. (1995). The need to belong: Desire for interpersonal attachments as a fundamental human motivation. *Psychological Bulletin, 117*, 497–529.

Beard, K. M., & Edwards, J. R. (1995). Employees at risk: Contingent work and the psychological experience of contingent workers. In C. L. Cooper & D. M. Rousseau (Eds.), *Trends in organizational behavior* (Vol. 2, pp. 109–126). Chichester, England: Wiley.

Becker, H. S. (1960). A note on the concept of commitment. *American Journal of Sociology, 66*, 32–42.

Becker, T. E. (1992). Foci and bases of commitment: Are they distinctions worth making? *Academy of Management Journal, 35*, 232–244.

Becker, T. E., & Martin, S. L. (1995). Trying to look bad at work: Methods and motives formanaging poor impressions in organizations. *Academy of Management Journal, 38*, 174–199.

Beckhard, R. (1967). The confrontation meeting. *Harvard Business Review, 45*, 149–153.

Beehr, T. A. (1986). The process of retirement: A review and recommendations for future investigation. *Personnel Psychology, 39*, 31–55.

Beehr, T. A. (1995). *Psychological stress in the workplace.* London, England: Routledge.

Beehr, T. A. (1998). Research on occupational stress: An unfinished enterprise. *Personnel Psychology, 51*, 835–844.

Beehr, T. A., & Bennett, M. M. (2007). Examining retirement froma multi-level perspective. In K. S. Shultz & G. A. Adams (Eds.), *Aging and work in the 21st century* (pp. 277–302). New York, NY: Psychology Press.

Beehr, T. A., & Franz, T. M. (1987). The current debate about the meaning of job stress. In J. M. Ivancevich & D. C. Ganster (Eds.), *Job stress: From theory to suggestion* (pp. 5–18). New York, NY: Haworth Press.

Beehr, T. A., Glazer, S., Nielson, N. L., & Farmer, S. J. (2000). Work and non-work predictors of employees' retirement ages. *Journal of Vocational Behavior, 57*, 206–225.

Beehr, T. A., Jex, S. M., & Ghosh, P. (2001). The management of occupational stress. In C. M. Johnson, W. K. Redmon, & T. C. Mawhinney (Eds.), *Handbook of organizational performance: Behavior analysis and management* (pp. 225–254). New York, NY: Haworth Press.

Beehr, T. A., Jex, S. M., Stacy, B. A., & Murray, M. A. (2000). Work stress and co-worker support as predictors of individual strains and performance. *Journal of Organizational Behavior, 21*, 391–405.

Beehr, T. A., & Newman, J. E. (1978). Job stress, employee health, and organizational effectiveness: A facet analysis, model, and literature review. *Personnel Psychology, 31*, 665–699.

Beehr, T. A., Walsh, J. T., & Taber, T. D. (1980). Relationship of stress to individually and organizationally valued states: Higher order needs as a moderator. *Journal of Applied Psychology, 61*, 35–40.

Beer, M. (1976). The technology of organization development. In M. D. Dunnette (Ed.), *Handbook of industrial and organizational psychology* (pp. 937–993). Chicago, IL: Rand McNally.

Bell, R. L., & Martin, J. S. (2012). The relevance of scientific management and equity theory in everyday managerial communication situations. *Journal of Management Policy and Practice, 13*, 106–115.

Bellarosa, C., & Chen, P. Y. (1997). The effectiveness and practicality of stress management interventions. *Journal of Occupational Health Psychology, 2*, 247–262.

Bellavia, G. M., & Frone, M. R. (2005). Work-family conflict. *Handbook of work stress* (pp. 113–147). Thousand Oaks, CA: Sage.

Bellingrath, S., Rohleder. N., & Kudielka, B. M. (2010). Healthy working school teachers with high effort-reward imbalance and overcommitment show increased pro-inflammatory immune activity and a dampened innate immune defense. *Brain, Behavior, and Immunity, 24*, 1332–1339.

Bem, D. J. (1972). Self-perception theory. In L. Berkowitz (Ed.), *Advances in experimental social psychology* (Vol. 6, pp. 1–62). New York, NY: Academic Press.

Bemmels, B., & Foley, J. R. (1996). Grievance procedure research: A review and theoretical recommendations. *Journal of Management, 22*, 359–384.

Bennett, J. B., & Lehman, W. E. K. (1998). Workplace drinking climate, stress, and problem indicators: Assessing the influence of teamwork (group cohesion). *Journal of Studies on Alcohol, 59*, 608–618.

Bennett, R. J., & Robinson, S. L. (2000). Development of a measure of workplace deviance. *Journal of Applied Psychology, 85*(3), 349–360.

Berdahl, J. L., & Moore, C. (2006). Workplace harassment: Double jeopardy for minority women. *Journal of Applied Psychology, 91*, 426–436.

Berg, J. M., Wrzesniewski, A., & Dutton, J. E. (2010). Perceiving and responding to challenges in job crafting at different ranks: When proactivity requires adaptivity. *Journal of Organizational Behavior, 31*(2–3), 158–186.

Bergami, M., & Bagozzi, R. P. (2000). Self-categorization, affective commitment and group self-esteem as distinct aspects of social identity in the organization. *British Journal of Social Psychology, 39*(4), 555–577.

Berkowitz, L., & Donnerstein, E. (1982). External validity is more than skin deep. *American Psychologist, 37*, 245–257.

Bernichon, T., Cook, K. E., & Brown, J. D. (2003). Seeking self-evaluative feedback: The interactive role of global self-esteem and specific self-views. *Journal of Personality and Social Psychology, 84*, 194–204.

Bertua, C., Anderson, N., & Salgado, J. F. (2005). The predictive validity of cognitive ability tests: A UK meta-analysis. *Journal of Organizational and Occupational Psychology, 78*, 387–409.

Bettencourt, L. A., Gwinner, K. P., & Meuter, M. L. (2001). A comparison of attitude, personality, and knowledge predictors of service-oriented organizational citizenship behaviors. *Journal of Applied Psychology, 86*, 29–41.

Beus, J. M., Payne, S. C., Bergman, M. E., & Arthur, W., Jr. (2010). Safety climate and injuries: An examination of theoretical and empirical relationships. *Journal of Applied Psychology, 95*, 713–727.

Beus, J. M., & Whitman, D. S. (2012). The relationship between typical and maximum performance: A meta-analytic examination. *Human Performance, 25*(5), 355–376. doi: 10.1080/08959285.2012.721831

Bialek, H., Zapf, D., & McGuire, W. (1977). *Personnel turbulence and time utilization in an infantry division (Hum RRO FR-WD-CA 77–11)*. Alexandria, VA: Human Resources Research Organization.

Bies, R. J., & Moag, J. S. (1986). Interactional justice: Communication criteria of fairness. *Research on Negotiation in Organizations, 1*(1), 43–55.

Bindl, U. K., & Parker, S. K. (2011). Proactive work behavior: Forward-thinking and change-oriented action in organizations. In S. Zedeck (Ed.), *APA handbook of industrial and organizational psychology: Vol. 2. Selecting and developing members for the organization* (pp. 567–598). Washington, DC: American Psychological Association.

Biron, M., Bamberger, P. A., & Noyman, T. (2011). Work-related risk factors and employee substance use: Insight from a sample of Israeli blue collar workers. *Journal of Occupational Health Psychology, 16*, 247–263.

Biron, M., & van Veldhoven, M. (2012). Emotional labour in service work: Psychological flexibility and emotion regulation. *Human Relations, 65*(10), 1259–1282.

Blake, R. R., & Mouton, J. (1964). *The managerial grid*. Houston, TX: Gulf.

Blakely, G. L., Andrews, M. C., & Moorman, R. H. (2005). The moderating effects of equity sensitivity on the relationship between organizational justice and organizational citizenship behaviors. *Journal of Business and Psychology, 20*, 259–273.

Blass, F. R., & Ferris, G. R. (2007). Leader reputation: The role of mentoring, political skill, contextual learning, and adaptation. *Human Resource Management, 46*(1), 5–19.

Bliese, P. D. (2000). Within-group agreement, non-independence, and reliability: Implications for data aggregation and analysis. In K. J. Klien & S.W. Kozlowski (Eds.), *Multilevel theory, research, and methods in organizations* (pp. 349–381). San Francisco, CA: Jossey-Bass.

Bliese, P. D., & Britt, T. W. (2001). Social support, group consensus, and stressorstrain relationships: Social context matters. *Journal of Organizational Behavior, 22*, 425–436.

Bliese, P. D., Chan, D., & Ployhart, R. E. (2007). Multilevel methods: Future directions in measurement, longitudinal analysis, and nonnormal outcomes. *Organizational Research Methods, 10*, 551–563.

Bliese, P. D., & Jex, S. M. (1999). Incorporating multiple levels of analysis into occupational stress research. *Work & Stress, 13*, 1–6.

Bliese, P. D., & Jex, S. M. (2002). Incorporating a mulitilevel perspective into occupational stress research: Theoretical, methodological, and practical implications. *Journal of Occupational Health Psychology, 7*(3), 265–276.

Blondal, S., & Scarpetta, S. (1997). Early retirement in OECD countries: The role of social security systems. *OECD Economic Studies* No. 29. Retrieved from http://sid.usal.es/F8/FD06765/early_retirement.pdf

Bolino, M. C. (1999). Citizenship and impression management: Good soldiers or good actors? *Academy of Management Review, 24*, 82–98.

Bolino, M. C.,&Turnley,W. H. (1999).Measuring impression management in organizations: A scale development based on the Jones and Pittman taxonomy. *Organizational Research Methods, 2*, 187–206.

Bolino, M. C., & Turnley, W. H. (2008). Old faces, new places: Equity theory in cross-cultural contexts. *Journal of Organizational Behavior, 29*, 29–50.

Bonebright, D. A. (2010). 40 years of storming: A historical review of Tuckman's model of small group development. *Human Resource Development International, 13*(1), 111–120. doi:10.1080/13678861003589099

Bono, J. E., & Judge, T. A. (2003). Core self-evaluations: A review of the trait and its role in job satisfaction and job performance. *European Journal of Personality, 17*, S5–S18.

Bono, J. E., & Judge, T. A. (2004). Personality and transformational and transactional leadership: A meta-analysis. *Journal of Applied Psychology, 89*, 901–910.

Boode, G. (2005). Boundaries on the move: The impact of cultural values and language on organizational design and communication within an organization in Thailand. *Asian Pacific Business Review, 11*, 519–533.

Borman, W. C., & Motowidlo, S. J. (1993). Expanding the criterion domain to include elements of contextual performance. In N. Schmitt & W. C. Borman (Eds.), *Personnel selection in organizations* (pp. 71–98). San Francisco, CA: Jossey-Bass.

Bouchard, T. D. Jr. (1976). Field research methods: Interviewing, questionnaires, participant observation, systematic observation, unobtrusive measures. In M. D. Dunnette (Ed.), *Handbook of industrial and organizational psychology* (pp. 363–413). Chicago, IL: Rand McNally.

Bourdage, J. S., Lee, K., Lee, J., & Shin, K. (2012). Motives for organizational citizenship behavior: Personality correlates and coworker ratings of OCB. *Human Performance, 25*(3), 179–200.

Bourrier, M. (2005). The contribution of organizational design to safety. *European Management Journal, 23*, 98–104.

Bowers, D. G. (1973). OD techniques and their results in 23 organizations: The Michigan ICL study. *Journal of Applied Behavioral Science, 9*, 21–43.

Bowlby, J. (1973). *Separation: Anxiety and anger.* New York, NY: Basic Books.

Bowling, N. A., & Beehr, T. A. (2006). Workplace harassment from the victim's perspective: A theoretical model and metaanalysis. *Journal of Applied Psychology, 91*(8), 998–1012.

Bowling, N. A., & Eschelman, K. J. (2010). Employee personality as a moderator of the relationship between work stressors and counterproductive work behavior. *Journal of Occupational Health Psychology, 15*, 91–103.

Bowling, N. A., & Hammond, G. D. (2008). A meta-analytic examination of the construct validity of the Michigan organizational assessment questionnaire job satisfaction subscale. *Journal of Vocational Behavior 73*(1), 63–77. doi:10.1016/j.jvb. 2008.01.004

Boxer, C. F., & Ford, T. E. (2010). Sexist humor in the workplace: A case of subtle harassment. In J. Greenberg (Ed.), *Insidious workplace behavior* (pp. 175–206). New York, NY: Routledge.

Braddy, P. W., Meade, A. W., & Kroustalis, C. M. (2006). Organizational recruitment website effects on viewers' perceptions of organizational culture. *Journal of Business and Psychology, 20*(4), 525–543.

Bradley, B. H., Klotz, A. C., Postlethwaite, B. E., & Brown, K. G. (2013). Ready to rumble: How team personality composition and task conflict interact to improve performance. *Journal of Applied Psychology, 98*(2), 385–392. doi:10.1037/a0029845

Bramel, D.,&Friend, R. (1981). Hawthorne, the myth of the docile worker, and class bias in psychology. *American Psychologist, 36*, 867–878.

Brannick, M. T., Roach, R. M., & Salas, E. (1993). Understanding team performance: A multimethod study. *Human Performance, 6*(4), 287–308.

Brannick, M. T., & Spector, P. E. (1990). Estimation problems in the block diagonal model of the multitrait-multimethod matrix. *Applied Psychological Measurement, 14*, 325–339.

Brauchli, R., Schaufeli, W. B., Jenny, G. J., Füllemann, D., & Bauer, G. F. (2013). Disentangling stability and change in job resources, job demands, and employee wellbeing—A three-wave study on the job-demands resources model. *Journal of Vocational Behavior, 83*(2), 117–129.

Breaugh, J. A., & Colihan, J. P. (1994). Measuring facets of job ambiguity: Construct validity evidence. *Journal of Applied Psychology, 79*, 191–202.

Breckler, S. J. (1984). Empirical validation of affect, behavior, and cognition as distinct components of attitude. *Journal of Personality and Social Psychology, 47*(6), 1191.

Brehm, J. W. (1966). *A theory of psychological reactance.* Oxford, England: Academic Press.

Bridges, W. (1994). *Jobshift: How to prosper in a workplace without jobs.* Reading, MA: Addison-Wesley.

Britt, T. W., Adler, A. B., & Bartone, P. T. (2001). Deriving benefits from stressful events: The role of engagement in meaningful work and hardiness. *Journal of Occupational Health Psychology, 6*(1), 53–63.

Britt, T. W., Adler, A. B., Bliese, P. D., & Moore, D. (2013). Morale as a moderator of the combat exposure-PTSD symptom relationship. *Journal of Traumatic Stress, 26*, 94–101.

Britt, T. W., Davison, J. M., Bliese, P. D., & Castro, C. A. (2004). How leaders can influence the health consequences of stressors. *Military Medicine, 169*, 541–545.

Britt, T. W., Dickinson, J. M., Greene, T. M., & McKibben, E. S. (2007). Self-engagement at work. In C. L. Cooper and D. Nelson (Eds.), *Positive organizational behavior* (pp. 143–158). Thousand Oaks, CA: Sage Publications.

Britt, T. W., Dickinson, J. M., Moore, D. M., Castro, C. A., & Adler, A. B. (2007). Correlates and consequences of morale versus depression under stressful conditions. *Journal of Occupational Health Psychology, 12*, 34–47.

Britt, T. W., & Jex, S. M. (2014, forthcoming). *Thriving under stress: Harnessing demands in the workplace.* New York, NY: Oxford University Press.

Britt, T. W., Thomas, J. L., & Dawson, C. R. (2006). Self-engagement magnifies the relationship between qualitative overload and performance in a training setting. *Journal of Applied Social Psychology, 36*(9), 2100–2114.

Britton, A. R. (2013). *Encourganing detection and prevention safety behaviors: Effects of goal framing.* Unpublished master's thesis, Bowling Green State University, Bowling Green, OH.

Broadbent, D. E. (1985). The clinical impact of job design. *British Journal of Clinical Psychology, 24*, 33–44.

Brockner, J., Grover, S., Reed, T. F., & DeWitt, R. L. (1992). Layoffs, job insecurity, and survivors' work effort: Evidence of an inverted-U relationship. *Academy of Management Journal, 35*, 413–425.

Brockner, J., Grover, S., Reed, T. F., DeWitt, R. L., & O'Malley, M. (1987). Survivors' reactions to layoffs: We get by with a little help from our friends. *Administrative Science Quarterly, 32*, 526–542.

Brockner, J., & Higgins, T. (2001). Regulatory focus theory: Implications for the study of emotions at work. *Organizational Behavior and Human Decision Processes, 86*, 35–66.

Brockner, J., &Wiesenfeld, B. M. (1996). An integrative framework for explaining reactions to decisions: interactive effects of outcomes and procedures. *Psychological Bulletin, 120*(2), 189.

Brooks, M., Highhouse, S., Russell, S., & Mohr, D. (2003). Familiarity, ambivalence, and firm reputation: Is corporate fame a double-edged sword? *Journal of Applied Psychology, 88*, 904–914.

Brotheridge, C., & Grandey, A. (2002). Emotional labor and burnout: Comparing two perspectives of "people work." *Journal of Vocational Behavior, 60*, 17–39.

Brouer, R. L., Douglas, C., Treadway, D. C., & Ferris, G. R. (2013). Leader political skill, relationship quality, and leadership effectiveness: A two-study model test and constructive replication. *Journal of Leadership & Organizational Studies, 20*(2), 185–198.

Brough, P., Timms, C., Siu, O., Kalliath, T., O'Driscoll, M., Sit, C., & Lu, C. (2013). Validation of the Job Demands-Resources model in cross-national samples: Cross-sectional and longitudinal predictions of psychological strain and work engagement. *Human Relations, 66*(10), 1311–1335.

Brown, M. E., Treviño, L. K., & Harrison, D. A. (2005). Ethical leadership: A social learning perspective for construct development and testing. *Organizational Behavior and Human Decision Processes, 97*(2), 117–134.

Bruck, C. S., & Allen, T. D. (2003). The relationship between big five personality traits, negative affectivity, type A behavior, and work-family conflict. *Journal of Vocational Behavior, 63*(3), 457–472.

Bruk-Lee, V., Khoury, H. A., Nixon, A. E., Goh, A., & Spector, P. E. (2009). Replicating and extending past personality/job satisfaction meta-analyses. *Human Performance, 22*(2), 156–189. doi:10.1080/08959280902743709

Bruursema, K., Kessler, S. R.,&Spector, P. E. (2011). Bored employees misbehaving: The relationship between boredom and counterproductive work behavior.*Work & Stress, 25*, 93–107.

Buch, K., & Aldrich, J. (1991). O. D. under conditions of organizational decline. *Organization Development Journal, 9*, 1–5.

Buckley, M. R., Fedor, D. B., Veres, J. G., Weise, D. S., & Carraher, S. M. (1998). Investigating newcomer expectations and job-related outcomes. *Journal of Applied Psychology, 83*, 452–461.

Buell, P., & Breslow, L. (1960). Mortality from coronary heart disease in California men who work long hours. *Journal of Chronic Diseases, 11*, 615–626.

Buhrmester, M., Kwang, T., & Gosling, S. D. (2011). Amazon's mechanical turk: A new source of inexpensive, yet high-quality, data? *Perspectives on Psychological Science, 6*(1), 3–5.

Bulger, C. A., Matthews, R. A., & Hoffman, M. E. (2007). Work and personal life boundary management: Boundary strength, work/personal life balance, and the segmentation-integration continuum. *Journal of Occupational Health Psychology, 12*(4), 365.

Buller, P. F. (1988). For successful strategic organizational change: Blend OD practices with strategic management. *Organizational Dynamics, 16*, 42–55.

Bullock, R. J., & Svyantek, D. J. (1983). Positive-findings bias in positive-findings bias research: An unsuccessful replication. *Academy of Management Proceedings*, 221–224.

Buono, A. F., & Bowditch, J. L. (1989). *The human side ofmergers and acquisitions:Managing collision between people, cultures, and organizations.* San Francisco, CA: Jossey-Bass.

Bureau of Labor Statistics (2011, February 11). Extended mass layoffs (quarterly) news release. http://www.bls.gov.news.release/archives/mslo_02112011.html

Burke, W. W. (1994). *Organizational development: A process of learning and changing* (2nd ed.). New York, NY: Addison-Wesley.

Burke, W.W. (2006). Organizational surveys as lever for organizational development and change. In A. Kraut (Ed.), *Getting action from organizational surveys: New concepts, technologies and applications* (pp. 131–149). San Francisco, CA: Jossey-Bass.

Burke, W. W. (2011). A perspective on the field of organization development and change: The Zeigarnik effect. *Journal of Applied Behavioral Science, 47*, 143–167.

Burns, T., & Stalker, G. M. (1961). *The management of innovation.* London, England: Tavistock.

Bushman, B. J., & Baumeister, R. F. (1998). Threatened egotism, narcissism, self-esteem, and direct and displaced aggression: Does self-love or self-hate lead to violence? *Journal of Personality and Social Psychology, 75*, 219–229.

Bussing, A., & Hoge, T. (2004). Aggression and violence against home care workers. *Journal of Occupational Health Psychology, 9*(3), 206–219.

Butrica, B. A., & Schaner, S. G. (2005). *Satisfaction and engagement in retirement*. Washington, DC: Urban Institute.

Byrk, A., & Raudenbush, S. (1992). *Hierarchical linear models: Applications and data analysis methods*. Newbury Park, CA: Sage.

Byrne, D. (1971). *The attraction paradigm*. New York, NY: Academic Press.

Byrne, D., Gouaux, C., Griffitt, W., Lamberth, J., Murakawa, N., Prasad, M., & Ramirez, M. (1971). The ubiquitous relationship: Attitude similarity and attraction: A cross-cultural study. *Human Relations, 24*(3), 201–207.

Byrne, J. E. (1988, September 12). Caught in the middle. *Business Week*, 80–88.

Cable, D. M., & Parsons, C. K. (2001). Socialization tactics and person-organization fit. *Personnel Psychology, 54*(1), 1–23.

Cable, D. M., & Yu, K. Y. T. (2006). Managing job-seekers organizational image beliefs: The role of media richness and media credibility. *Journal of Applied Psychology, 91*(4), 828–840.

Cahill, K. E., Giandrea, M. D., & Quinn, J. E. (2013). Bridge employment. In M. Wang (Ed.), *Oxford handbook of retirement* (pp. 293–310). New York, NY: Oxford University Press.

Caldwell, D. E., & O'Reilly, C. A. (2003). The determinants of team-based innovation in organizations: The role of social influence. *Small Group Research, 34*, 497–517.

Camden, M. C., Price, T. D., & Ludwig, T. D. (2011). Reducing absenteeism and rescheduling among grocery store employees with point-contingent rewards. *Journal of Organizational Behavior Management, 31*, 140–149.

Cammann, C., Fichman, M., Jenkins, G. D., & Klesh, J. (1983). Michigan Organizational Assessment Questionnaire. In S. E. Seashore, E. E. Lawler, P. H. Mirvis, & C. Cammann (Eds.), *Assessing organizational change: A guide to methods, measures, and practices* (pp. 71–138). New York, NY: Wiley.

Campbell, D. T. (1999). Innovative strategies to thrive in today's health care environment. *ADVANCE for Speech-Language Pathologists and Audiologists, 9*, 9–10.

Campbell, D. T., & Fiske, D. W. (1959). Convergent and discriminant validation by the multi-trait-multimethod matrix. *Psychological Bulletin, 56*, 81–105.

Campbell, J. P. (1994). Alternative models of job performance and their implications for selection and classification. In M. G. Rumsey, C. B. Walker, & J. H. Harris (Eds.), *Personnel selection and classification* (pp. 33–51). Hillsdale, NJ: Erlbaum.

Campbell, J. P. (2012). Behavior, performance, and effectiveness in the twenty-first century. In S. J. Kozlowski (Ed.), *The Oxford handbook of organizational psychology* (Vol. 1, pp. 159–194). New York, NY: Oxford University Press.

Campbell, J. P. (1990). Modeling the performance prediction problem in industrial and organizational psychology. In M. D. Dunnette & L. M. Hough (Eds.), *Handbook of industrial and organizational psychology* (2nd ed., Vol. 1, pp. 687–732). Palo Alto, CA: Consulting Psychologists Press.

Campbell, J. P., & Dunnette, M. D. (1968). Effectiveness of t-group experiences in managerial training. *Psychological Bulletin, 70*, 73–104.

Campion, M. A. (1993). Editorial. Article review checklist: A criterion checklist for reviewing research articles in applied psychology. *Personnel Psychology, 46*, 705–718.

Campion, M. A. (1996). A message from your president: How to publish the results of applied projects (or how two needles can find each other in a haystack). *Industrial-Organizational Psychologist, 33*, 9–10.

Campion, M. A., & Berger, C. J. (1990). Conceptual integration and empirical test of job design and compensation relationships. *Personnel Psychology, 43*, 525–554.

Campion, M. A., Cheraskin, L., & Stevens, M. J. (1994). Career-related antecedents and outcomes of job rotation. *Academy of Management Journal, 37*, 1518–1542.

Campion, M. A., & McClelland, C. L. (1991). Interdisciplinary examination of the costs and benefits of enlarged jobs: A job design quasi-experiment. *Journal of Applied Psychology, 76*, 186–198.

Campion, M. A., & McClelland, C. L. (1993). Follow-up and extension of the interdisciplinary costs and benefits of enlarged design. *Journal of Applied Psychology, 70*, 29–43.

Campion, M. A., Medsker, G. J., & Higgs, A. C. (1993). Relations between work group characteristics and effectiveness: Implications for designing effective work groups. *Personnel Psychology, 46*, 823–850.

Campion, M. A., Mumford, T. V., Morgeson, F. P., & Nahrhang, J. D. (2005). Work redesign: Eight obstacles and opportunities. *Human Resource Management, 44*, 367–390.

Campion, M. A., Papper, E. M., & Medsker, G. J. (1995). Relations between work team characteristics and effectiveness: Replication and extension. *Personnel Psychology, 49*, 429–452.

Campion, M. A., & Thayer, P. W. (1985). Development and field evaluation of an interdisciplinary measure of job design. *Journal of Applied Psychology, 70*, 29–43.

Cannon, W. B. (1914). The interrelations of emotions as suggested by recent physiological researches. *American Journal of Psychology, 25*, 256–282.

Caplan, R. D. (1987). Person-environment fit in organizations: Theories, facts, and values. In A. W. Riley & S. J. Zaccaro (Eds.), *Occupational stress and organizational effectiveness* (pp. 103–140). New York, NY: Praeger Press.

Caplan, R. D., Cobb, S., French, J. R. P. Jr. Harrison, R. V., & Pinneau, S. R. (1975). *Job demands and worker health: Main effects and occupational differences*. Washington, DC: U.S. Government Printing Office.

Caplan, R. D., & Jones, K. W. (1975). Effects of workload, role ambiguity, and Type A personality on anxiety, depression, and heart rate. *Journal of Applied Psychology, 60,* 713–719.

Carey, A. (1967, June). The Hawthorne studies: A radical criticism. *American Sociological Review,* 403–417.

Carey, J. M., & Kacmar, C. J. (1997). The impact of communication mode and task complexity on small group performance and member satisfaction. *Computers in Human Behavior, 13,* 23–49.

Carlson, D. S., Kacmar, K. M., Wayne, J. H., & Grzywacz, J. G. (2006). Measuring the positive side of the work-family interface: Development and validation of a work-family enrichment scale. *Journal of Vocational Behavior, 68*(1), 131 –164.

Carr, J. Z., Schmidt, A. M., Ford, J. K., & DeShon, R. P. (2003). Climate perceptions matter: A meta-analytic path analysis relating molar climate, cognitive and affective states, and individual level work outcomes. *Journal of Applied Psychology, 88*(4), 605.

Carraher, S. M., Buchanan, J. K., & Puia, G. (2010). Entrepreneurial need for achievement in China, Latvia, and the USA. *Baltic Journal of Management, 5*(3), 378–396.

Carroll, S. J., & Tosi, H. L. (1973). *Management by objectives.* New York, NY: Macmillan.

Carsten, J. M., & Spector, P. E. (1987). Unemployment, job satisfaction, and employee turnover: A meta-analytic test of the Muchinsky model. *Journal of Applied Psychology, 72,* 374–381.

Carter, N. T., Dalal, D. K., Boyce, A. S., O'Connell, M. S., Kung, M., & Delgado, K. M. (2014). Uncovering curvilinear relationships between conscientiousness and job performance: How theoretically appropriate measurement makes an empirical difference. *Journal of Applied Psychology, 99*(4), 564–586.

Carter, N. T., Dalal, D. K., Lake, C. J., Lin, B. C., & Zickar, M. J. (2011). Using mixedmodel item response theory to analyze organizational survey responses: An illustration using the Job Descriptive Index. *Organizational Research Methods, 14,* 116–146.

Cartwright, S., & Cooper, C. L. (1997). *Managing workplace stress.* Thousand Oaks, CA: Sage.

Carver, C. S., & Scheier, M. F. (1981). *Attention and self-regulation: A control theory approach to human behavior.* New York, NY: Springer.

Carver, C. S., & Scheier, M. F. (1988). *Perspectives on personality.* Needham Heights, MA: Allyn & Bacon.

Cascio, W. F. (1998). *Applied psychology in personnel management* (5th ed.). Upper Saddle River, NJ: Prentice Hall.

Cascio, W. F., & Aguinis, H. (2014). *Applied psychology in personnel management* (7th ed.). New York, NY: Pearson.

Castillo, L. (with Case, W.). (2011). *Clubhouse confidential: A Yankee bat boy's tale of wild nights, gambling, and good times with modern baseball's greatest team.* NewYork, NY: St. Martin's Press.

Chadwick-Jones, J., Nicholson, N., & Brown, C. (1982). *Social psychology of absenteeism.* New York, NY: Praeger.

Champoux, J. E. (1991). A multivariate test of the job characteristics theory of work behavior. *Journal of Occupational Behavior, 12,* 431–446.

Chan, D. (1998). Functional relations among constructs in the same content domain at different levels of analysis: A typology of composition models. *Journal of Applied Psychology, 83,* 234–246.

Chang, E. (2011).Motivational effects of pay for performance: A multilevel analysis of a Korean case. *International Journal of Human Resource Management, 22*(18), 3929–3948.

Chao, G. T., O'Leary-Kelly, A. M., Wolf, S., Klein, H. J., & Gardner, P. D. (1994). Organizational socialization: Its content and consequences. *Journal of Applied Psychology, 79,* 730–743.

Chapman, D. S., & Webster, J. (2003). The use of technologies in recruiting, screening, and selection process for job candidates. *International Journal of Selection and Assessment, 11,* 113–120.

Chatman, J. (1991). Matching people and organizations: Selection and socialization in public accounting firms. *Administrative Science Quarterly, 36,* 459–484.

Chattopadhyay, P. (1998). Beyond direct and symmetric effects: The influence of demographic dissimilarity on organizational citizenship behavior. *Academy of Management Journal, 42,* 273–287.

Chemers, M. M. (1983). Leadership theory and research: A systems/process integration. In R. R. Paulus (Ed.), *Group process* (pp. 9–39). New York, NY: Springer-Verlag.

Chemers, M. M., Hays, R. B., Rhodewalt, F., & Wysocki, J. (1985). A personenvironment analysis of job stress: A contingency model explanation. *Journal of Personality and Social Psychology, 49,* 628–635.

Chen, C. X., & Sandino, T. (2012). Can wages buy honest? The relationship between relative wages and employee theft. *Journal of Accounting Research, 50,* 967–1000.

Chen, G. (2005). Newcomer adaptation in teams: Multilevel antecedents and outcomes. *Academy of Management Journal, 48,* 101–116.

Chen, G., Gully, S. M., & Eden, D. (2001). Validation of a new general self-efficacy scale. *Organizational Research Methods, 4,* 62–83.

Chen, P. Y., & Spector, P. E. (1992). Relationships of work stressors with aggression, withdrawal, theft, and substance use: An exploratory study. *Journal of Occupational and Organizational Psychology, 65,* 177–184.

Chen, Z., Eisenberger, R., Johnson, K. M., Sucharski, I. L., & Aselage, J. (2009). Perceived organizational support and extra-role performance: Which leads to which?. *The Journal of Social Psychology, 149*(1), 119–124. doi:10.3200/SOCP.149.1.119–124

Cheng, G. H. L., & Chan, D. K. S. (2008). Who suffers more from job insecurity? A meta-analytic review. *Applied Psychology: An International Review, 57,* 272–303.

Cherniss, C. (2010). Emotional intelligence: Toward clarification of a concept. *Industrial and Organizational Psychology: Perspectives on Science and Practice, 3*(2), 110–126.

Chiron, M., Bernard, M., Lafont, S., & Lagarde, E. (2008). Tiring job and work related injury road crashes in the GAZEL cohort. *Accident Analysis and Prevention 40*(3),

1096–1104.

Choi, M., & Ruona,W. E. (2011). Individual readiness for organizational change and its implications for human resource and organization development. *Human Resource Development Review, 10*(1), 46–73.

Christian, M. S., Garza, A. S., & Slaughter, J. E. (2011). Work engagement: A quantitative review and test of its relations with task and contextual performance. *Personnel Psychology, 64*, 89–136.

Cialdini, R. B. (2001). *Influence: Science and practice.* Needham Heights, MA: Allyn & Bacon.

Clarke, S. (2006). Workplace harassment from the victim's perspective: A theoretical model and meta-analysis. *Journal of Occupational Health Psychology, 11*, 315–327.

Clarke, S., & Robertson, I. (2008). An examination of the role of personality in work accidents using meta-analysis. *Applied Psychology: An International Review, 57*(1), 94–108.

Clausen, T., & Borg, V. (2010). Psychosocial work characteristics as predictors of affective organisational commitment: A longitudinal multi-level analysis of occupational well-being. *Applied Psychology: Health and Well-Being, 2*(2), 182–203.

Cleyman, K. L., Jex, S. M., & Love, K. G. (1995). Employee grievances: An application of the leader-member exchange model. *International Journal of Organizational Analysis, 3*, 156–174.

Clinton, M., Knight, T., & Guest, D. E. (2012). Job embeddedness: A new attitudinal measure. *International Journal of Selection and Assessment, 20*(1), 111–117. doi:10.1111/j.1468-2389.2012. 00584.x

Cober, R. T., Brown, D. J., Levy, P. E., Cober, A. B., & Keeping, L. M. (2003). Organizational web sites: Web site content and style as determinants of organizational attraction. *International Journal of Selection and Assessment, 11*(2–3), 158–169.

Coch, L., & French, J. R. P., Jr. (1948). Overcoming resistance to change. *Human Relations, 1*, 512–532.

Coelho, F., & Augusto, M. (2010). Job characteristics and the creativity of frontline service employees. *Journal of Service Research, 13*(4), 426–438.

Cohen, A. (1974). *Two dimensional man: An essay on the anthropology of power and symbolism in complex society.* London, England: Routledge and Kegan Paul.

Cohen, J. (1992). A power primer. *Psychological Bulletin, 112*, 155–159.

Cohen, J., & Cohen, P. (1983). *Applied multiple regression/ correlation for the behavioral sciences.* Hillsdale, NJ: Erlbaum.

Cohen, N. L., Stoddard, A. M., Sarouhkhanians, S., & Sorensen, G. (1998). Barriers toward fruit and vegetable consumption in a multiethnic worksite population. *Journal of Nutrition Education, 30*(6), 381–386.

Cohen, S., & Wills, T. A. (1985). Stress, social support, and the buffering hypothesis. *Psychological Bulletin, 98*, 310–357.

Cohen-Charash, Y., & Spector, P. E. (2000). The role of justice in organizations: A meta-analysis. *Organizational Behavior and Human Decision Processes, 86*, 287–321.

Colarelli, S. M., Dean, R. A., & Konstans, C. (1987). Comparative effects of personal and situational influences on job outcomes of new professionals. *Journal of Applied Psychology, 72*, 558–566.

Colbert, A. E., Judge, T. A., Choi, D., & Wang, G. (2012). Assessing the trait theory of leadership using self and observer ratings of personality: The mediating role of contributions to group success. *Leadership Quarterly, 23*(4), 670–685.

Cole, M. S., Carter, M. Z., & Zhang, Z. (2013). Leader–team congruence in power distance values and team effectiveness: The mediating role of procedural justice climate. *Journal of Applied Psychology, 98*(6), 962–973. doi:10.1037/a0034269

Collins, C. G., & Parker, S. K. (2010). Team capability beliefs over time: Distinguishing between team potency, team outcome efficacy, and team process efficacy. *Journal of Occupational and Organizational Psychology, 83*(4), 1003–1023. doi:10.1348/096317909X484271

Collins, J. M., & Schmidt, F. L. (1993). Personality, integrity, and white collar crime: A construct validity study. *Personnel Psychology, 46*(2), 295–311.

Colquitt, J. A. (2001). On the dimensionality of organizational justice: a construct validation of a measure. *Journal of Applied Psychology, 86*(3), 386.

Colquitt, J. A., Conlon, D. E., Wesson, M. J., Porter, C. O., & Ng, K. Y. (2001). Justice at the millennium: A meta-analytic review of 25 years of organizational justice research. *Journal of Applied Psychology, 86*(3), 425.

Comer, R., & Gould, E. (2013). *Psychology around us* (2nd ed.). Hoboken, NJ: Wiley.

Connolly, J. J., & Viswesvaran, C. (2000). The role of affectivity in job satisfaction: A meta-analysis. *Personality and Individual Differences, 29*, 265–281.

Conrad, D. A., & Perry, L. (2009). Qualitybased financial incentives in health care: Can we improve quality by paying for it? *Annual Review of Public Health, 30*, 357–371.

Conway, J. M. (1999). Distinguishing contextual performance from task performance for managerial jobs. *Journal of Applied Psychology, 84*, 3–13.

Conway, N., & Briner, R. B. (2012). Investigating the effect of collective organizational commitment on unit-level performance and absence. *Journal of Occupational and Organizational Psychology, 85*(3), 472–486. doi:10.1111/j.2044-8325.2011.02051.x

Cook, A. (2009). Connecting work-family policies to supportive work environments. *Group & Organization Management, 34*, 206–240.

Cook, T. D., & Campbell, D. T. (1979). *Quasi-experimentation: Design and analysis issues for field settings.* Boston, MA: Houghton Mifflin.

Cook, T. D., Campbell, D. T., & Peracchio, L. (1990). Quasi-experimentation. In M. D. Dunnette&L. M. Hough (Eds.), *Handbook of industrial and organizational psychology* (2nd ed., Vol. 1, pp. 491–576). Palo Alto, CA: Consulting Psychologists Press.

Cooke, R. A., & Rousseau, D. M. (2000). Behavioral norms and expectations: A quantitative approach to the assessment of organizational culture. *Group and Organization Studies, 13,* 245–273.

Cooke, R. A., & Szumal, J. L. (2000). Using the Organizational Culture Inventory to understand the operating cultures of organizations. In N. M. Ashkanasy, C. P. M. Wilderom, & M. F. Peterson (Eds.), *Handbook of organizational culture and climate* (pp. 147–162). Thousand Oaks, CA: Sage.

Cooper, C. L., & Dewe, P. (2004). *Stress: A brief history.* Malden, MA: Blackwell. Cooper, M. L., Russell, M., & Frone, M. R. (1990). Work stress and alcohol effects: A test of stress-induced drinking. *Journal of Health and Social Behavior, 31,* 260–276.

Cooper-Hakim, A., & Viswesvaran, C. (2005). The construct of work commitment: Testing an integrative framework. *Psychological Bulletin, 131,* 241–259.

Cooper-Thomas, H. D., & Burke, S. E. (2012). Newcomer proactivity: Can there be too much of a good thing? In C. R. Wanberg (Ed.), *Oxford handbook of organizational socialization* (pp. 56–77). New York, NY: Oxford University Press.

Cortina, J. M. & Luchman, J. N. (2013). Personnel selection and employee performance. In I. B. Weiner (Series Ed.) & N. Schmitt & S. Highhouse (Vol. Eds.), *Handbook of psychology: Vol. 12. Industrial and organizational psychology* (2nd ed., pp. 143–183). Hoboken, NJ: Wiley.

Cortina, L. M., Magley, V. J., Williams, J. H., & Langhout, R. D. (2001). Incivility in the workplace: Incidence and impact. *Journal of Occupational Health Psychology, 6,* 64–80.

Cotton, J. L. (1995). Participation's effect of performance and satisfaction: A reconsideration of Wagner. *Academy of Management Review, 20,* 276–278.

Covin, T., & Kilman, R. (1991). Profiling large scale change efforts. *Organizational Development Journal, 9,* 1–8.

Cox, M. H., Shephard, R. J., & Corey, P. (1981). Influence of employee fitness, productivity and absenteeism. *Ergonomics, 24,* 795–806.

Crampton, S. M., & Wagner, J. A., –>III–>. (1994). Percept -percept inflation in micro organizational research: An investigation of prevalence and effect. *Journal of Applied Psychology, 79,* 67–76.

Crant, J. M. (1995). The proactive personality scale and objective job performance among real estate agents. *Journal of Applied Psychology, 80*(4), 532.

Cred, M., Chernyshenko, O. S., Bagraim, J., &Sully,M. (2009). Contextual performance and the job satisfaction-dissatisfaction distinction: Examining artifacts and utility. *Human Performance, 22*(3), 246–272.

Cronbach, L. J., & Furby, L. (1970). How should we measure "change"—or should we? *Psychological Bulletin, 74,* 68–80.

Cropanzano, R., & James, K. (1990). Some methodological considerations for the behavioral genetic analysis of work attitudes. *Journal of Applied Psychology, 75,* 433–439.

Crossley, C. D. (2009). Emotional and behavioral reactions to social undermining: A closer look at perceived offender motives. *Organizational Behavior and Human Decision Processes, 108,* 14–24.

Crossley, C. D., Bennett, R. J., Jex, S. M., & Burnfield, J. L. (2007). Development of a global measure of job embeddedness and integration into a traditional model of voluntary turnover. *Journal of Applied Psychology, 92*(4), 1031–1042. doi:10.1037/0021–9010.92.4.1031

Crowne, D. P., & Marlowe, D. (1964). *The approval motive: Studies in evaluative dependency.* New York, NY: Wiley.

Crystal, G. S. (1995, December 3). *Turner's compensation stirs executive pay criticism.* CompFlash.

Culpepper, R. A. (2011). Three-component commitment and turnover: An examination of temporal aspects. *Journal of Vocational Behavior, 79*(2), 517–527. doi:10.1016/j.jvb.2011.03.004

Cunningham, C. J. L. (2005). *New applicant decision making: Understanding the influence of salary, family-friendly and life-friendly policies, and culture as influential organizational attributes.* Unpublished master's thesis, Bowling Green State University, Bowling Green, OH.

Dahlsten, F., Styhre, A., & Willander, M. (2005). The unintended consequences of management by objectives: The volume growth target at Volvo cars. *Leadership & Organization Development Journal, 26*(7), 529–541.

Daily, C. M., Johnson, J. L., Ellstrand, A. E., & Dalton, D. R. (1998). Compensation committee composition as a determinant of CEO compensation. *Academy of Management Journal, 41,* 209–220.

Dalal, R. S. (2013). Job attitudes: Cognition and affect. In I. B. Weiner (Series Ed.) & N. W. Schmitt & S. Highhouse (Vol. Eds.), *Handbook of psychology: Vol. 12. Industrial and organizational psychology* (2nd ed., pp. 341–366). Hoboken, NJ: Wiley.

Damanpour, F. (1991). Organizational innovation: A meta-analysis of effects of determinants and moderators. *Academy of Management Journal, 34,* 555–590.

Dansereau, F., Alutto, J. A., & Yammarino, F. J. (1984). *Theory testing in organizational behavior: The variant approach.* Englewood Cliffs, NJ: Prentice-Hall.

Dansereau, F., Graen, G.,&Haga,W. (1975). A vertical dyad approach to leadership within formal organizations. *Organizational Behavior and Human Performance, 13,* 46–78.

Darnold, T. C., & Rynes, S. L. (2013). Recruitment and job choice research. Same as it ever was? In I. B. Weiner (Series Ed.) & N. Schmitt & S. Highhouse (Vol. Eds.), *Handbook of psychology: Vol. 12. Industrial and organizational psychology* (2nd ed.,pp. 104–142). Hoboken, NJ: Wiley.

Davis, J. A., & Smith, T. W. (1998). *General social survey cumulative file.* University of Michigan, Inter-University Consortium for Political and Social Research, Ann Arbor.

Davis, S. M., & Lawrence, P. R. (1977). *Matrix.* Reading, MA: Addison-Wesley.

Davis-Blake, A., & Pfeffer, J. (1989). Just a mirage: The search for dispositional effects in organizational research. *Academy of Management Review, 14,* 385–400.

Dawis, R. V. (1990). Vocational interests, values, and preferences. In M. D. Dunnette & L. M. Hough (Eds.), *Handbook of industrial and organizational psychology* (2nd ed., Vol. 1, pp. 833–871). Palo Alto, CA: Consulting Psychologists Press.

Dawson, D. (2014). Two forms of virtue ethics: Two sets of virtuous action in the fire service dispute? *Journal of Business Ethics*. doi:10.1007/s10551-014-2121-z

Day, A. L., & Catano, V. M. (2006). Screening and selecting out violent employees. In K. E. Kelloway, J. Barling, & J. J. Hurrell (Eds.), *Handbook of workplace violence* (pp. 549–577). Thousand Oaks, CA: Sage.

Day, D. V., & Bedeian, A. G. (1991). Predicting job performance across organizations: The interaction of work orientation and psychological climate. *Journal of Management, 17*, 589–600.

Day, D. V., Sin, H-P., & Chen, T. T. (2004). Assessing the burdens of leadership: Effects of formal leadership roles on individual performance over time. *Personnel Psychology, 57*, 573–605.

Deadrick, D. L., & Gardner, D. G. (2008). Maximal and typical measures of job performance: An analysis of performance variability over time. *Human Resource Management Review, 18*(3), 133–145. doi:10.1016/j.hrmr.2008.07.008

Deadrick, D. L., & Madigan, R. (1990). Dynamic criteria revisited: A longitudinal study of performance stability and predictive validity. *Personnel Psychology, 43*, 717–744.

Debus, M. E., Probst, T. M., Köig, C. J., & Kleinmann, M. (2012). Catch me if I fall! Enacted uncertainty avoidance and the social safety net as country-level moderators in the job insecurity–job attitudes link. *Journal of Applied Psychology, 97*(3), 690–698.

DeChurch, L. A., & Marks, M. A. (2006). Leadership in multi-system teams. *Journal of Applied Psychology, 91*, 311–329.

DeChurch, L. A., & Mesmer-Magnus, J. R. (2010a). Measuring shared team mental models: A meta-analysis. *Group Dynamics: Theory, Research, and Practice, 14*(1), 1–14. doi:10.1037/a0017455

DeChurch, L. A., & Mesmer-Magnus, J. R. (2010b). The cognitive underpinnings of effective teamwork: A meta-analysis. *Journal of Applied Psychology, 95*(1), 32–53. doi:10.1037/a0017328

Deci, E. L. (1975). *Intrinsic motivation*. New York, NY: Plenum Press.

Deci, E. L., & Ryan, R. M. (1985). *Intrinsic motivation and self-determination in human behavior*. New York, NY: Plenum.

De Cuyper, N., Mäikangas, A., Kinnunen, U., Mauno, S., & Witte, H. (2012). Crosslagged associations between perceived external employability, job insecurity, and exhaustion: Testing gain and loss spirals according to the conservation of resources theory. *Journal of Organizational Behavior, 33*(6), 770–788.

De Cuyper, N., Raeder, S., Van der Heijden, B. M., & Wittekind, A. (2012). The association between workers' employability and burnout in a reorganization context: Longitudinal evidence building upon the conservation of resources theory. *Journal of Occupational Health Psychology, 17*(2), 162–174.

DeFrank, R. S., & Ivancevich, J. M. (1998). Stress on the job: An executive update. *Academy of Management Update, 12*(3), 55–66.

De Hoogh, A. H. B., Den Hartog, D. N., & Koopman, P. L. (2005). Linking the Big Five-Factors of personality to charismatic and transactional leadership: Perceived work environment as a moderator. *Journal of Organizational Psychology, 26*, 839–865.

De Hoogh, A. H., & Den Hartog, D. N. (2008). Ethical and despotic leadership, relationships with leader's social responsibility, top management team effectiveness and subordinates' optimism: A multi-method study. *Leadership Quarterly, 19*(3), 297–311.

De Jong, B., & Elfring, T. (2010). How does trust affect the performance of ongoing teams? The mediating role of reflexivity, monitoring, and effort. *Academy of Management Journal, 53*(3), 535–549. doi:10.5465/AMJ.2010.51468649

De Laat, P. B. (1994). Matrix management of projects and power struggles: A case study of an R&D laboratory. *Human Relations, 47*, 1089–1119.

De La Rosa, G. M. (2006). *Towards an understanding of individual ratings of cohesion within work units: A multilevel study*. Unpublished master's thesis. Bowling Green State University, Bowling Green, OH.

DeMatteo, J. S., Eby, L. T., & Sundstrom, E. (1998). Team-based rewards: Current empirical evidence and directions for future research. *Research in Organizational Behavior, 20*, 141–183.

Denison, D. R. (1984). Bringing corporate culture to the bottom line. *Organizational Dynamics, 13*, 5–22.

Denison, D. R. (1990). *Corporate culture and organizational effectiveness*. New York, NY: Wiley.

Denison, D. R., Cho, H. J., & Young, J. (2000). *Diagnosing organizational culture: Validating a model and method*. Working paper, International Institute for Management Development, Lausanne, Switzerland.

Denison, D. R., Haaland, S., & Goelzer, P. (2004). Corporate culture and organizational effectiveness: Is Asia different from the rest of the world? *Organizational Dynamics, 33*(1), 98–109.

Denison, D. R., & Mishra, A. K. (1995). Toward a theory of organizational culture and effectiveness. *Organization Science, 6*, 204–223.

Denison, D. R., & Sutton, R. I. (1990). Operating room nurses. In J. R. Hackman (Ed.), *Groups that work (and those that don't)* (pp. 293–308). San Francisco, CA: Jossey-Bass.

Dentinger, E., & Clarkberg, M. (2002). Informal caregiving and retirement timing among men and women. *Journal of Family Issues, 23*, 857–879.

De Sanctis, G., & Monge, P. (1999). Introduction to the special issue: Communication processes for virtual organizations. *Organizational Science, 10*, 693–703.

DeShon, R. P., Kozlowski, S. W. J., Schmidt, A. M., Milner, K. R., & Wiechmann, D. (2004). A multiple-goal, multilevel model of feedback on the regulation of individual and team performance in training. *Journal of Applied Psychology, 89*, 1035–1056.

DeVaney, S. A., & Zhang, T. C. (2001). A cohort analysis of the amount in defined contribution and individual retirement savings. *Financial Counseling and Planning, 12*, 89–104.

Devine, D. J., & Phillips, J. L. (2000, April). *Do smarter teams* do better? A meta-analysis of team-level cognitive ability and team performance. Paper presented at the 15th annual conference of the Society for Industrial-Organizational Psychology, New Orleans, LA.

Dewe, P., & Cooper, C. L. (2007). Coping research and measurement in the context of work related stress. *International Review of Industrial and Organizational Psychology, 22,* 141.

Dickinson, T. L. & McIntyre, R. M. (1997). A conceptual framework for teamwork measurement. In M. T. Brannick, E. Salas, & C. Prince (Eds.), *Team performance assessment and measurement* (pp. 19–43). Mahwah, NJ: Erlbaum.

Diefendorff, J. M., Brown, D. J., & Kamin, A. M. (2002). Examining the roles of job involvement and work centrality in predicting organizational citizenship behaviors and job performance. *Journal of Organizational Behavior, 23,* 93–108.

Diefendorff, J. M., & Chandler, M. M. (2011). Motivating employees. In S. Zedeck (Ed.), *APA handbook of industrial and organizational psychology: Vol. 3. Maintaining, expanding, and contracting the organization* (pp. 65–135). Washington, DC: American Psychological Association.

Digman, J. M. (1990). Personaity structure: Emergence of the five-factor model. *Annual Review of Psychology, 41,* 417–440.

Dillman, D. A. (2011). *Mail and internet surveys: The tailored design model—2007 update with new Internet, visual, and mixed-model design* (2nd ed.). Hoboken, NJ: Wiley.

Dimotakis, N., Scott, B. A., & Koopman, J. (2011). An experience sampling investigation of workplace interactions, affective states, and employee well-being. *Journal of Organizational Behavior, 32*(4), 572–588.

Dineen, B. R., Ling, J., Ash, S. R., & DelVecchio, D. (2007). Aesthetic properties and message customization: Navigating the dark side of Web recruitment. *Journal of Applied Psychology, 92,* 356–372.

Dineen, B. R., & Noe, R. A. (2009). Effects of customization on applicant decisions and applicant characteristics in a web-based recruitment context. *Journal of Applied Psychology, 94,* 224–234.

Dionisi, A. M., Barling, J., & Dupre, K. E. (2012). Revisiting the comparative outcomes of workplace aggression and sexual harassment. *Journal of Occupational Health Psychology, 17,* 398–408.

Dipboye, R. L., & Flanagan, M. F. (1979). Research settings in industrial and organizational psychology: Are findings in the field more generalizable than in the laboratory? *American Psychologist, 34,* 141–151.

Doepner-Hove, S. (2012). The development of a comprehensive onboarding program at a Big Ten research university. In C. R. Wanberg (Ed.), *Oxford handbook of organizational socialization* (pp. 288–302). New York, NY: Oxford University Press.

Doz, Y. L., & Kosonen, M. (2010). Embedding strategic agility: A leadership agenda for accelerating business model renewal. *Long Range Planning, 43*(2), 370–382.

Drach-Zahavy, A., & Freund, A. (2007). Team effectiveness under stress: A structural contingency approach. *Journal of Organizational Behavior, 28*(4), 423–450. doi:10.1002/job.430

Driskell, J. E., Goodwin, G. F., Salas, E., & O'Shea, P. G. (2006). What makes a good team player? Personality and team effectiveness. *Group Dynamics: Theory, Research, and Practice, 10*(4), 249–271.

Driskell, J. E., & Salas, E. (1991). Group decision making under stress. *Journal of Applied Psychology, 76,* 473–478.

Driskell, J. E., Salas, E., & Johnston, J. (1999). Does stress lead to a loss of team perspective? *Group Dynamics: Theory, Research, and Practice, 3*(4), 291–302.

Driskell, J. E., Salas, E., & Johnston, J. (2001). Stress management: Individual and team training. In E. Salas, C. A. Bowers, & E. Edens (Eds.), *Improving teamwork in organizations: Applications of resource management training* (pp. 55–72). Mahwah, NJ: Erlbaum.

Driskell, J. E., Salas, E., & Johnston, J. H. (2006). Decision making and performance under stress. In T. W. Britt, C. A. Castro, & A. B. Adler (Eds.), *Military life: The psychology of serving in peace and combat* (pp. 128–154). Westport, CT: Praeger.

DuBrin, A. J. (1993, Fall). Deadly political sins. *National Business Employment Weekly,* 11–13.

Dubrovsky, V. J., Keisler, S., & Sethna, B. N. (1991). The equalization phenomenon: Status effects in computer-mediated and face-to-face decision making groups. *Human-Computer Interaction, 6,* 119–146.

Dudley, N. M., Orvis, K. A., Lebiecki, J. E., & Cortina, J. M. (2006). A meta-analytic investigation of conscientiousness in the prediction of job performance: Examining the intercorrelations and the incremental validity of narrow traits. *Journal of Applied Psychology, 91,* 40–57.

Duffy, M. K., Ganster, D. C., & Pagon, M. (2002). Social undermining in the workplace. *Academy of Management Journal, 45,* 331–352.

Duffy, M. K., Ganster, D. C., Shaw, J. D., Johnston, J. L., & Pagon, M. (2006). The social context of social undermining at work. *Organizational Behavior and Human Decision Processes, 101,* 105–126.

Dulebohn, J. H., Bommer, W. H., Liden, R. C., Brouer, R. L., & Ferris, G. R. (2012). A meta-analysis of antecedents and consequences of leader-member exchange integrating the past with an eye toward the future. *Journal of Management, 38*(6), 1715–1759.

Durkheim, E. (1951). *Suicide* (J. A. Spaulding & G. Simpson, Trans.). Glencoe, IL: Free Press.

Dweck, C. S. (1986). Motivational processes affecting learning. *American Psychologist, 41*(10), 1040.

Dyer, W. G. (1987). *Team building: Issues and alternatives* (2nd ed.). Reading, MA: Addison-Wesley.

Dysvik, A., & Kuvaas, B. (2011). Intrinsic motivation as a moderator on the relationship between perceived job autonomy and work performance. *European Journal of Work and Organizational Psychology, 20*(3), 367–387.

Eagle, B. W., Miles, E. W., & Icenogle, M. L. (1997). Interrole conflicts and the permeability of work and family domains:

Are there gender differences? *Journal of Vocational Behavior, 50*(2), 168–184.

Eagly, A. H., & Chaiken, S. (1993). *The psychology of attitudes.* Fort Worth, TX: Harcourt, Brace, & Jovanovich.

Eastman, K. K. (1994). In the eyes of the beholder: An attributional approach to ingratiation and organizational citizenship behavior. *Academy of Management Journal, 37,* 1379–1391.

Eatough, E. M., Chang, C., Miloslavic, S. A., & Johnson, R. E. (2011). Relationships of role stressors with organizational citizenship behavior: A meta-analysis. *Journal of Applied Psychology, 96*(3), 619–632.

Eby, L. T., Casper, W. J., Lockwood, A., Bordeaux, C., & Brinley, A. (2005). Work and family research in IO/OB: Content analysis and review of the literature (1980–2002). *Journal of Vocational Behavior, 66*(1), 124–197.

Eddy, E. R., Tannenbaum, S. I., & Mathieu, J. E. (2013). Helping teams to help themselves: Comparing two team-led debriefing methods. *Personnel Psychology, 66*(4), 975–1008.

Eden, D. (1985). Team development: A true field experiment at three levels of rigor. *Journal of Applied Psychology, 70,* 94–100.

Eden, D., & Aviram, A. (1993). Self-efficacy training to speed reemployment: Helping people help themselves. *Journal of Applied Psychology, 78,* 352–360.

Edward Snowden—biography. (2014). Retrieved from http://www.biography.com/people/edward-snowden-21262897?page=1

Edward Snowden: The whistleblower behind the nsa surveillance revelations. (2013, June 9). Retrieved from http://www.theguardian.com/world/2013/jun/09/edward-snowdennsa-whistleblower-surveillance

Edwards, B. D., Bell, S. T., Arthur, W. R., & Decuir, A. D. (2008). Relationships between facets of job satisfaction and task and contextual performance. *Applied Psychology: An International Review, 57*(3), 441–465. doi:10.1111/j.1464-0597.2008.00328.x

Edwards, B. D., Day, E., Arthur, W. R., & Bell, S. T. (2006). Relationships among team ability composition, team mental models, and team performance. *Journal of Applied Psychology, 91*(3), 727–736.

Edwards, J. R. (1992). A cybernetic theory of stress, coping, and well-being in organizations. *Academy of Management Review, 17,* 238–274.

Edwards, J. R. (1994). The study of congruence in organizational behavior research: Critique and a proposed alternative. *Organizational Behavior and Human Decision Processes, 58,* 51–100.

Edwards, J. R., & Parry, M. E. (1993). On the use of polynomial regression equations as an alternative to difference scores in organizational research. *Academy of Management Journal, 36,* 1577–1613.

Edwards, J. R., Scully, J. A., & Brtek, M. D. (1999). The measurement of work: Hierarchical representation of the multi-method job design questionnaire. *Personnel Psychology, 52,* 305–334.

Edwards, J. R., Scully, J. A., & Brtek, M. D. (2000). The nature and outcomes of work: a replication and extension of interdisciplinary work-design research. *Journal of Applied Psychology, 85*(6), 860.

Ehrhart, M. G. (2004). Leadership and Procedural Justice Climate as Antecedents of Unit-Level Organizational Citizenship Behavior. *Personnel Psychology, 57*(1), 61–94.

Eisenbeiss, S. A., & Boerner, S. (2013). A Double-edged sword: Transformational leadership and individual creativity. *British Journal of Management, 24*(1), 54–68.

Eisenberger, R., Huntington, R., Hutchison, S., & Sowa, D. (1986). Perceived organizational support. *Journal of Applied Psychology, 71*(3), 500–507.

Ekerdt, D. J., Hackney, J., Kosloski, K., DeViney, S. (2001). Eddies in the stream: The prevalence of uncertain plans for retirement. *Journals of Gerontology: Social Sciences, 56B,* S162–S170.

Ekman, P. (1973). Cross-cultural studies of facial expression. In P. Ekman (Ed.), *Darwin and facial expression: A century of research in review* (pp. 169–222). New York, NY: Academic Press.

Elfering, A., Grebner, S., & Haller, M. (2012). Railway-controller-perceivedmental work load, cognitive failure and risky commuting. *Ergonomics, 55*(12), 1463–1475.

Ellickson, M. C. (2002). Determinants of job satisfaction of municipal government employees. *Public Personnel Management, 31,* 343–358.

Elliot, A. J., & Harackiewicz, J. M. (1996). Approach and avoidance achievement goals and intrinsic motivation: Amediational analysis. *Journal of Personality and Social Psychology, 70,* 461–475.

Ellis, S., & Arieli, S. (1999). Predicting intentions to report administrative and disciplinary infractions: Applying the reasoned action model. *Human Relations, 52,* 947–967.

Elsayed-Ekhouly, S. M., & Buda, R. (1996). Organizational conflict: A comparative analysis of conflict styles across cultures. *International Journal of Conflict Management, 7*(1), 71–80.

Equal Employment Opportunity Commission. (1980). *Guidelines on sexual harassment in the workplace* [No. 45 FR 74676–74677]. Washington, DC: Author.

Erez, A., & Judge, T. A. (2001). Relationship of core self-evaluations to goal setting, motivation, and performance. *Journal of Applied Psychology, 86,* 1270–1279.

Erez, M. (2011). Cross-cultural and global issues in organizational psychology. In S. Zedeck (Ed.), *APA handbook of industrial and organizational psychology: Vol. 3. Maintaining, expanding, and contracting the organization* (pp. 807–854). Washington, DC: American Psychological Association.

Eskew, D., & Hennemen, R. L. (1996). Survey of merit pay plan effectiveness: End of the line for merit pay or hope for improvement. *Human Resource Planning, 19,* 12–19.

Evans, G.W., Becker, F. D., Zahn, A., Bilotta, E., & Keesee, A. M. (2012). Capturing the ecology of workplace stress with cumulative risk assessment. *Environment and Behavior, 44*(1), 136–154.

Evans, M. G., & Ondrack, D. A. (1991). The motivational

potential of jobs: Is a multiplicativemodel necessary? *Psychological Reports, 69*, 659–672.

Evensen, C. T., Schulman, M. D., Runyan, C. W., Zakocs, R. C., & Dunn, K. A. (2000). The downside of adolescent employment: Hazards and injuries among working teens in North Carolina. *Journal of Adolescence, 23*(5), 545–560.

Ewen, C.,Wihler, A., Blickle, G., Oerder, K., Ellen III, B. P., Douglas, C., & Ferris, G. R. (2013). Further specification of the leader political skill–leadership effectiveness relationships: Transformational and transactional leader behavior as mediators. *Leadership Quarterly, 24*(4), 516–533.

Fahr, J. L., Dobbins, G. H., & Cheng, B. S. (1991). Cultural relativity in action: A comparison of self-ratings made by Chinese and U.S. workers. *Personnel Psychology, 44*, 129–147.

Falbe, C. M., & Yukl, G. (1992). Consequences for managers of using single influence tactics and combinations of tactics. *Academy of Management Journal, 35*, 638–652.

Falkenberg, L. W. (1987). Employee fitness programs: Their impact on the employee and organization. *Academy of Management Review, 12*, 511–522.

Fang, R., Duffy, M. K., & Shaw, J. D. (2011). The organizational socialization process: Review and development of a social capital model. *Journal of Management, 37*, 127–152.

Faraj, S., & Yan, A. (2009). Boundary work in knowledge teams. *Journal of Applied Psychology, 94*(3), 604–617. doi:10.1037/a0014367

Farh, J., Hackett, R. D., & Liang, J. (2007). Individual-level cultural values as moderators of perceived organizational support—employee outcome relationships in China: Comparing the effects of power distance and traditionality. *Academy of Management Journal, 50*(3), 715–729. doi:10.5465/AMJ.2007.25530866

Farrell, D., & Stamm, C. L. (1988). Metaanalysis of the correlates of employee absence. *Human Relations, 41*, 211–227.

Fay, D., & Frese, M. (2001). The concept of personal initiative: An overview of validity studies. *Human Performance, 14*(1), 97–124.

Fayol, H. (1984). *General and industrial management.* Belmont, CA: Lake.

Feldman, D. C. (1976). A contingency theory of socialization. *Administrative Science Quarterly, 21*, 433–452.

Feldman, D. C. (1981). The multiple socialization of organizational members. *Academy of Management Review, 6*, 309–318.

Feldman, D. C. (1994). The decision to retire early: A review and conceptualization. *Academy of Management Review, 19*, 285–311.

Feldman, D. C. (2012). The impact of socializing newcomers on insiders. In C. R. Wanberg (Ed.), *Oxford handbook of organizational socialization* (pp. 215–229). New York, NY: Oxford University Press.

Feldt, T., Huhtala, M., Kinnunen, U., Hyvöen, K., Mäikangas, A., & Sonnentag, S. (2013). Long-term patterns of effortreward imbalance and over-commitment: Investigating occupational well-being and recovery experiences as outcomes. *Work & Stress, 27*(1), 64–87.

Ferrier, W., Smith, K., & Grimm, C. (1999). The role of competitive action in market share erosion and industry dethronement: A study of industry leaders and challengers. *Academy of Management Journal, 42*, 372–388.

Ferris, G. R., Gilmore, D. C., & Kacmar, K. M. (1990, April). *Potential moderators of the organizational politics-job anxiety relationship.* Paper presented at the annual Society for Industrial and Organizational Psychology Convention, Miami, FL.

Festinger, L. (1957). *A theory of cognitive dissonance.* Stanford, CA: Stanford University Press.

Festinger, L. (1954). A theory of social comparison processes. *Human Relations, 7*, 114–140.

Feuerhahn, N., Kühnel, J.,&Kudielka, B.M. (2012). Interaction effects of effort–reward imbalance and overcommitment on emotional exhaustion and job performance. *International Journal of Stress Management, 19*(2), 105–131.

Fiedler, F. E. (1967). *A theory of leader effectiveness.* New York, NY: McGraw-Hill. Fiedler, F. E., & Garcia, J. E. (1987). *New approaches to leadership: Cognitive resources and organizational performance.* New York, NY: Wiley.

Field, R. H. G., & House, R. J. (1990). A test of the Vroom-Yetton model using manager and subordinate reports. *Journal of Applied Psychology, 75*, 362–366.

Finkelstein, S., & Boyd, B. K. (1998). How much does the CEO matter? The role of discretion in the setting of CEO compensation. *Academy of Management Journal, 41*, 179–199.

Finkelstein, M. A., & Penner, L. A. (2004). Predicting organizational citizenship behavior: Integrating the functional and role identity approaches. *Social Behavior and Personality, 32*, 383–398.

Finkelstein, S. (1992). Power in top management teams: Dimensions, measurement, and validation. *Academy of Management Journal, 35*, 505–538.

Finkelstein, S., & Hambrick, D. C. (1988). Chief executive compensation: A synthesis and reconciliation. *Strategic Management Journal, 9*, 543–558.

Fishbein, M. (1979). A theory of reasoned action: Some applications and implications. In H. Howe & M. Page (Eds.), *Nebraska symposium on motivation* (pp. 65–116). Lincoln: University of Nebraska.

Fisher, C. D., & Gitelson, R. R. (1983). A meta-analysis of the correlates of role conflict and role ambiguity. *Journal of Applied Psychology, 68*, 320–333.

Fisher, C. D., & To, M. L. (2012). Using experience sampling methodology in organizational behavior. *Journal of Organizational Behavior, 33*, 865–877.

Fitzgerald, L. F. (1993). Sexual harassment: Violence against women in the workplace. *American Psychologist, 48*, 1070–1076.

Fitzgerald, L. F., Drasgow, F., Hulin, C. L., Gelfand, M. J., & Magley, V. J. (1997). Antecedents and consequences of sexual harassment in organizations: A test of an integrated model. *Journal of Applied Psychology, 82*, 359–378.

Flaherty, S., & Moss, A. (2007). The impact of personality and team context on the relationship between workplace injustice and counterproductive work behavior. *Journal of Applied Social Psychology, 37*, 2549-2575.

Fleishman, E., Harris, E. F., & Burtt, H. E. (1955). *Leadership and supervision in industry*. Columbus: Bureau of Educational Research, Ohio State University.

Florkowski, G. W. (1987). The organizational impact of profit sharing. *Academy of Management Review, 12*, 622-636.

Florkowski, G. W., & Schuster, M. H. (1992). Support for profit sharing and commitment: A path analysis. *Human Relations, 45*, 507-523.

Folger, R., & Cropanzano, R. (1998). *Organizational justice and human resource management*. Thousand Oaks, CA: Sage.

Ford, J. K., & Foster-Fishman, P. (2012). Organizational development and change: Linking research from the profit, nonprofit, and public sectors. In S. W. J. Kozlowski (Ed.), *The Oxford handbook of organizational psychology* (pp. 956-992). New York, NY: Oxford University Press.

Ford, M. T. (2012). Job-occupation misfit as an occupational stressor. *Journal of Vocational Behavior, 80*(2), 412-421.

Ford, R. N. (1973, September/October). Job enrichment lessons from AT&T. *Harvard Business Review*, 96-106.

Forsyth, D. R. (1999). *Group dynamics* (3rd ed.). Belmont, CA: Brooks/Cole-Wadsworth.

Forsyth, D. R. (2006). *Group dynamics* (4th ed.). Belmont, CA: Wadsworth/Thompson.

Forsyth, D. R. (2010). *Group dynamics*. Stamford, CT: Cengage Learning.

Fouquereau, E., Fernandez, A., Paul, M. C., Fonseca, A. M., & Uotinen, V. (2005). Perceptions of satisfaction with retirement: A comparison of six European Union countries. *Psychology and Aging, 20*, 524-528.

Fowler, F. J. (2013). *Survey research methods* (5th ed.). Thousand Oaks, CA: Sage.

Fox, M. L., & Dwyer, D. J. (1999). An investigation of the effects of time and involvement in the relationship between stressors Trim size: 7in x 10in Jex b01.tex V2 - 11/17/2014 6:06 P.M. Page 595 References 595 and work-family conflict. *Journal of Occupational Health Psychology, 4*(2), 164-174.

Fox, M. L., Dwyer, D. J., & Ganster, D. C. (1993). Effects of stressful demands and control on physiological and attitudinal outcomes in a hospital setting. *Academy of Management Journal, 36*, 289-318.

Frambach, R. T., & Schillewaert, N. (2002). Organizational innovation adoption: A multi-level framework of determinants and opportunities for future research. *Journal of Business Research, 55*, 163-176.

Frank, L. L., & Hackman, J. R. (1975). A failure of job enrichment: The case of the change that wasn't. *Journal of Applied Behavioral Science, 11*, 413-436.

Frankenhaeuser, M. (1979). Psychoneuroendocrine approaches to the study of emotion as related to stress and coping. In H. E. Howe & R. A. Diensbier (Eds.), *Nebraska symposium on motivation* (pp. 123-161). Lincoln: University of Nebraska Press.

French, J. R. P., Caplan, R. D., & Harrison, R. V. (1982). *The mechanisms of job stress and strain*. Chichester, England: Wiley.

French, J. R. P. Jr. & Kahn, R. L. (1962). A programmatic approach to studying the industrial environment and mental health. *Journal of Social Issues, 18*, 1-47.

French, J. R. P. Jr. & Raven, B. H. (1959). The bases of social power. In D. Cartwright (Ed.), *Studies in social power* (pp. 150-167). Ann Arbor, MI: Institute for Social Research.

French, W. L., & Bell, C. H. (1995). *Organizational development: Behavioral science interventions for organizational improvement* (5th ed.). Englewood Cliffs, NJ: Prentice-Hall.

Frese, M. (1985). Stress at work and psychosomatic complaints: A causal interpretation. *Journal of Applied Psychology, 70*, 314-328.

Frese, M., Fay, D., Hilburger, T., & Leng, K. (1997). The concept of personal initiative: Operationalization, reliability and validity of two German samples. *Journal of Occupational and Organizational Psychology, 70*(2), 139-161.

Frese, M., Kring, W., Soose, A., & Zempel, J. (1996). Personal initiative at work: Differences between East and West Germany. *Academy of Management Journal, 39*, 37-63.

Frese, M., Van Gelderen, M., & Ombach, M. (2000). How to plan as a small scale business owner: Psychological process characteristics of action strategies and success. *Journal of Small Business Management, 38*(2), 1-18.

Fried, Y.,&Ferris, G. R. (1987). The validity of the job characteristics model: A review and meta-analysis. *Personnel Psychology, 40*, 287-322.

Fried, Y., Rowland, K. M., & Ferris, G. R. (1984). The physiological measurement of work stress: A critique. *Personnel Psychology, 37*, 583-615.

Friedland, N., Keinan, G., & Regev, Y. (1992). Controlling the uncontrollable: Effects of stress on illusory perceptions of controllability. *Journal of Personality and Social Psychology, 63*, 923-931.

Fritz, C., & Sonnentag, S. (2005). Recovery, health, and job performance: Effects of weekend experiences. *Journal of Occupational Health Psychology, 10*, 187-199.

Fritz, C., & Sonnentag, S. (2006). Recovery, well-being, and performance-related outcomes: The role of workload and vacation experiences. *Jounral of Applied Psychology, 91*(4), 936-945.

Frone, M. L. (1998). Predictors of work injuries among employed adolescents. *Journal of Applied Psychology, 83*, 565-576.

Frone, M. R. (2000). Work-family conflict and employee psychiatric disorders: the National Comorbidity Survey. *The Journal of Applied Psychology, 85*(6), 888-895.

Frone, M. L. (2003). Predictors of overall and on-the-job substance use among young workers. *Journal of Occupational Health Psychology, 8*, 39-54.

Frone, M. R. (2004). Alcohol, drugs, and workplace safety outcomes: A view from a general model of employee substance use and productivity. In J. Barling & M. R. Frone (Eds.), *The psychology of workplace safety* (pp. 127-156). Washington, DC: American Psychological Association.

Frone, M. R. (2006). Prevalence and distribution of alcohol use and impairment in the workplace: A U.S. national survey.

Journal of Studies on Alcohol, 67(1), 147–156.

Frone, M. R., Russell, M., & Barnes, G. M. (1996). Work-family conflict, gender, and health-related outcomes: A study of employed parents in two community samples. *Journal of Occupational Health Psychology, 1*(1), 57.

Frone, M. R., Russell, M., & Cooper, M. L. (1997). Relation of work-family conflict to health outcomes: A four-year longitudinal study of employed parents. *Journal of Occupational and Organizational Psychology, 70*(4), 325–335. doi:10.1111/j.2044-8325.1997.tb00652.x

Fuller, B. R., & Marler, L. E. (2009). Change driven by nature: A meta-analytic review of the proactive personality literature. *Journal of Vocational Behavior, 75*(3), 329–345.

Gagn, M., & Deci, E. L. (2005). Selfdetermination theory and work motivation. *Journal of Organizational Behavior, 26*(4), 331–362.

Gajendran, R. S., & Joshi, A. (2012). Innovation in globally distributed teams: The role of LMX, communication frequency, and member influence on team decisions. *Journal of Applied Psychology, 97*(6), 1252–1261.

Galbraith, J. R. (1982, Winter). Designing the innovative organization. *Organizational Dynamics,* 5–25.

Galbraith, J. R. (1995). *Designing organizations: An executive briefing on strategy, structure, and process.* San Francisco, CA: Jossey-Bass.

Galbraith, J. R. (2008). *Designing matrix organizations that actually work: How IBM, Procter&Gamble, and others design for success.* San Francisco, CA: Jossey-Bass.

Gallagher, D. G. (2005). Part-time and contingent employment. In J. Barling, E. K. Kelloway, & M. R. Frone (Eds.), *Handbook of work stress* (pp. 517–541). Thousand Oaks, CA: Sage.

Gallupe, R. B., Dennis, A. R., Cooper, W. H., Valacich, J. S., Bastianutti, L. M., & Nunamaker, J. F., Jr. (1992). Electronic brainstorming and group size. *Academy of Management Journal, 35,* 350–369.

Ganster, D. C., & Schaubroeck, J. (1991). Work stress and employee health. *Journal of Management, 17,* 235–271.

Gardner, W. L., Cogliser, C. C., Davis, K. M., & Dickens, M. P. (2011). Authentic leadership: A review of the literature and research agenda. *Leadership Quarterly, 22*(6), 1120–1145.

Gavin, J. F. (1984). Survey feedback: The perspectives of science and practice. *Group and Organization Studies, 9,* 29–70.

Geertz, C. (1973). *The interpretation of cultures.* New York, NY: Basic Books.

Gelade, G. A., Dobson, P., & Gilbert, P. (2006). National differences in organizational commitment: Effect of economy, product of personality, or consequence of culture? *Journal of Cross-Cultural Psychology, 37,* 542–556.

Gellman, B. (2013, December 23). *Edward Snowden, after months of NSA revelations, says his mission's accomplished.* Retrieved from http://www.washingtonpost.com/world/national-security/edward-snowden-after-months-of-nsa-revelations-says-his-missionsaccomplished/2013/12/23/49fc36de-6c1c-11e3-a523-fe73f0ff6b8d_story.html

George, J. M., & Bettenhausen, K. (1990). Understanding prosocial behavior, sales performance, and turnover: A group

-level analysis. *Journal of Applied Psychology, 75,* 689–709.

George, J. M., & Brief, A. P. (1992). Feeling good-doing good: A conceptual analysis of the mood at work-organizational spontaneity relationship. *Psychological Bulletin, 112,* 310–329.

Gerhart, B. (1987). How important are dispositional factors as determinants of job satisfaction? Implications for job design and other personnel programs. *Journal of Applied Psychology, 72,* 366–373.

Gerhart, B., & Milkovich, G. T. (1990). Organizational differences in compensation and financial performance. *Academy of Management Journal, 33,* 663–691.

Gerhart, B., & Milkovich, G. T. (1992). Employee compensation: Research and practice. In M. D. Dunnette & L. M. Hough (Eds.), *Handbook of industrial and organizational psychology* (2nd ed., Vol. 3, pp. 481–569). Palo Alto, CA: Consulting Psychologists Press.

Gersick, C. J. (1988). Time and transition in work teams: Toward a new model of group development. *Academy of Management Journal, 31*(1), 9–41.

Gersick, C. J. G. (1989). Marking time: Predictable transitions in task groups. *Academy of Management Journal, 32,* 274–309.

Gerstner, C. R., & Day, D. V. (1997). Meta-analytic review of leader-member exchange theory: Correlates and construct issues. *Journal of Applied Psychology, 82,* 827–844.

Giangreco, A., & Peccei, R. (2005). The nature and antecedents of middle manager resistance to change: Evidence from and Italian context. *The International Journal of Human Resource Management, 16,* 1812–1829.

Gilboa, S., Shirom, A., Fried, Y., & Cooper, C. (2008). A meta-analysis of work demand stressors and job performance: Examining main and moderating effects. *Personnel Psychology, 61*(2), 227–271.

Gillespie, M. A., Denison, D. R., Haaland, S., Smerek, R., & Neale, W. S. (2008). Linking organizational culture and customer satisfaction: Results from two companies in different industries. *European Journal of Work and Organizational Psychology, 17,* 112–132.

Gilliland, S. W., & Landis, R. S. (1992). Quality and quantity goals in a complex decision task: Strategies and outcomes. *Journal of Applied Psychology, 77,* 672–681.

Gittell, J. H. (2003). *The Southwest Airlines way: Using the power of relationships to achieve high performance.* New York, NY: McGraw Hill.

Gittell, J. H., & Douglass, A. (2012). Relational bureaucracy: Structuring reciprocal relationships into roles. *Academy of Management Review, 37,* 709–733.

Giumetti, G. W., McKibben, E. S., Hatfield, B. A., Schroeder, G. W., & Kowalski, R. M. (2012). Cyber Incivility @ work: The new age of interpersonal deviance. *Cyberpsychology, Behavior, and Social Networking, 3,* 148–154.

Gladstein, D. (1984). Groups in context: A model of task group effectiveness. *Administrative Science Quarterly, 29,* 499–517.

Glick, W. H., Jenkins, G. D. Jr., & Gupta, N. (1986). Method versus substance: How strong are underlying relationships, between job characteristics and attitudinal outcomes? *Academy of Management Journal, 29,* 441–464.

Goldstein, I. L. (1993). *Training in organizations* (3rd ed.). Pacific Grove, CA: Brooks/Cole.

Golembiewski, R. T., Billingsley, K., & Yeager, S. (1976). Measuring change and persistence in human affairs: Types of change generated by OD designs. *Journal of Applied Behavioral Science, 23,* 295–313.

Gomez-Mejia, L. R. (1994). Executive compensation: A reassessment and future research agenda. In G. R. Ferris (Ed.), *Research in personnel and human resource management* (Vol. 12, pp. 161–222). Greenwich, CT: JAI Press.

Gomez-Mejia, L. R., & Welbourne, T. M. (1989). The strategic design of executive compensation programs. In L. R. Gomez -Mejia (Ed.), *Compensation and benefits* (pp. 216–260). Washington, DC: Bureau of National Affairs.

Goodman, P. S. (1986). The impact of task and technology on group performance. In P. S. Goodman (Ed.), *Designing effective work groups* (pp. 120–167). San Francisco, CA: Jossey-Bass.

Gordon, J. (1992). Work teams: How far have they come? *Training, 29,* 59–65.

Göitz, A. (2004). The impact of material incentives on response quantity, response quality, sample composition, survey outcome and cost in online access panels. *International Journal of Market Research, 46,* 327–346.

Gottfredson, M. R., & Hirschi, T. (1990). *A general theory of crime.* Stanford, CA: Stanford University Press.

Graen, G. (1976). Role making process within complex organizations. In M. D. Dunnette (Ed.), *Handbook of industrial and organizational psychology* (pp. 1201–1245). Chicago, IL: Rand McNally.

Grandey, A. A. (2000). Emotional regulation in the workplace: A new way to conceptualize emotional labor. *Journal of Occupational Health Psychology, 5*(1), 95–110.

Grandey, A. A. (2003). Managing emotions in the workplace. *Personnel Psychology, 56*(2), 563–566.

Grandey, A. A., Fisk, G. M., & Steiner, D. D. (2005). Must "service with a smile" be stressful? The moderating role of personal control for American and French employees. *Journal of Applied Psychology, 90*(5), 893–904.

Grandey, A., Foo, S., Groth, M., & Goodwin, R. E. (2012). Free to be you and me: A climate of authenticity alleviates burnout from emotional labor. *Journal of Occupational Health Psychology, 17*(1), 1–14.

Grant, A. M. (2007). Relational job design and the motivation to make a prosocial difference. *Academy of Management Review, 32*(2), 393–417.

Grant, A. M., Campbell, E. M., Chen, G., Cottone, K., Lapedis, D., & Lee, K. (2007). Impact and the art of motivation maintenance: The effects of contact with beneficiaries on persistence behavior. *Organizational Behavior and Human Decision Processes, 103*(1) 53–67.

Grant, A. M., Fried, Y., & Juillerat, T. (2011). Work matters: Job design in classic and contemporary perspectives. In S. Zedeck (Ed.), *APA handbook of industrial and organizational psychology: Vol. 1. Building and developing the organization*

(pp. 417–453). Washington, DC: American Psychological Association.

Grant, A. M., & Parker, S. K. (2009). 7 redesigning work design theories: The rise of relational and proactive perspectives. *Academy of Management Annals, 3*(1), 317–375.

Graziano, W. G., Jensen-Campbell, L. A., & Hair, E. C. (1996). Perceiving interpersonal conflict and reacting to it: The case for agreeableness. *Journal of Personality and Social Psychology, 70,* 820–835.

Greenberg, J. (1990). Employee theft as a reaction to underpayment inequity: The hidden cost of pay cuts. *Journal of Applied Psychology, 5,* 561–568.

Greenberg, J. (1993). Stealing in the name of justice: Informational and interpersonal moderators of theft reactions to underpayment inequity. *Organizational Behavior And Human Decision Processes, 54*(1), 81–103.

Greenberg, J. (2002). Who stole the money, and when? Individual and situational determinants of employee theft. *Organizational Behavior and Human Decision Processes, 89,* 985–1003.

Greenberg, J. (2011). Organizational justice: The dynamics of fairness in the workplace. In S. Zedeck (Ed.), *APA handbook of industrial and organizational psychology: Vol. 3. Maintaining, expanding, and contracting the organization* (pp. 271–327). Washington, DC: American Psychological Association.

Greenberger, E., & Steinberg, L. (1986). *When teenages work: The psychological and social costs of adolescent employment.* New York, NY: Basic Books.

Greenhalgh, T., Robert, G., & MacFarlane, F. (2004). Diffusion of innovations in service organizations: Systematic review and recommendations. *Milbank Quarterly, 82,* 581–629.

Greenhaus, J. H., & Allen, T. D. (2011). Work-family balance: A review and extension of the literature. In J. C. Quick & L. E. Tetrick (Eds.), *Handbook of occupational health psychology* (2nd ed., pp. 185–204). Washington, DC: American Psychological Association.

Greenhaus, J. H., & Beutell, N. J. (1985). Sources of conflict between work and family roles. *Academy of Management Review, 10*(1), 76–88.

Greenhaus, J. H., & Powell, G. N. (2006). When work and family are allies: A theory of work-family enrichment. *Academy of Management Review, 31*(1), 72–92.

Greenhaus, J. H., Bedeian, A. G., & Mossholder, K. W. (1987). Work experiences, job performance, and feelings of personal and family well-being. *Journal of Vocational Behavior, 31*(2), 200–215.

Greguras, G. J., & Diefendorff, J. M. (2009). Different fits satisfy different needs: Linking person-environment fit to employee commitment and performance using self-determination theory. *Journal of Applied Psychology, 94*(2), 465–477. doi:10.1037/a0014068

Griffeth, R. W., & Hom, P. W. (1987). Some multivariate comparisons of multinational managers. *Multivariate Behavioral Research, 22,* 173–191.

Griffin, M. A., & Clarke, S. (2011). Stress and well-being at work. In S. Zedeck (Ed.), *APA handbook of industrial* and organizational psychology: Vol. 3. Maintaining, expanding, and contracting the organization (pp. 359–397). Washington, DC: American Psychological Association.

Griffin, M. A., & Neal, A. (2000). Perceptions of safety at work: A framework for linking safety climate to safety performance, knowledge, and motivation. *Journal of Occupational Health Psychology, 5*(3), 347–358.

Griffin, M. A., Neal, A., & Parker, S. K. (2007). A new model of work role performance: Positive behavior in uncertain and interdependent contexts. *Academy of Management Journal, 50*(2), 327–347.

Griffin, R. W. (1991). Effects of work redesign on employee perceptions, attitudes, and behavior: A long-term investigation. *Academy of Management Journal, 34*, 425–435.

Griffin, R. W., & McMahan, G. C. (1994). Motivation through job design. In J. Greenberg (Ed.), *Organizational behavior: State of the science* (pp. 23–44). New York, NY: Erlbaum.

Gruber, J. & Wise, D. A. (1999). Social security and retirement around the world. *Research in Labor Economics, 18*, 1–40.

Gruber, J. E. (1998). The impact of male work environments and organizational policies on women's experiences of sexual harassment. *Gender and Society, 12*, 301–320.

Gruman, J. A., Saks, A. M., & Zweig, D. I. (2006). Organizational socialization tactics and newcomer proactive behaviors: An integrative study. *Journal of Vocational Behavior, 69*(1), 90–104.

Gruys, M. L., &Sackett, P. R. (2003). Investigating the dimensionality of counterproductive work behavior. *International Journal of Selection and Assessment, 11*, 30–42.

Grzywacz, J. G., Alterman, T. T., Muntaner, C. C., Shen, R. R., Li, J. J., Gabbard, S. S., & …Carroll, D. J. (2010). Mental health research with Latino farmworkers: A systematic evaluation of the short CES-D. *Journal of Immigrant and Minority Health, 12*(5), 652–658.

Grzywacz, J. G., & Marks, N. F. (2000). Reconceptualizing the work-family interface: An ecological perspective on the correlates of positive and negative spillover between work and family. *Journal of Occupational Health Psychology, 5*(1), 111.

Gully, S. M., Incalcaterra, K. A., Joshi, A., & Beaubien, J. (2002). A meta-analysis of team-efficacy, potency, and performance: Interdependence and level of analysis as moderators of observed relationships. *Journal of Applied Psychology, 87*(5), 819–832.

Gundling, E. (2000). *The 3M way to innovation: Balancing people and profit.* New York, NY: Kodansha International.

Gupta, N., & Jenkins, D. G. (1985). Dual career couples: Stress, stressors, strains, and strategies. In T. A. Beehr, & R. S. Bhagat (Eds.), *Human stress and cognition in organizations* (pp. 141–176). New York, NY: Wiley.

Gutek, B., Cohen, A., & Konrad, A. (1990). Predicting social-sexual behavior at work: A contact hypothesis. *Academy of Management Journal, 33*, 560–577.

Guzzo, R. A., & Campbell, R. J. (1990, August). *Conditions for team effectiveness in management.* Paper presented at the annual meeting of the Academy of Management, San Francisco.

Guzzo, R. A., & Shea, G. P. (1992). Group performance and intergroup relations in organizations. In M. D. Dunnette & L. M. Hough (Eds.), *Handbook of industrial and organizational psychology* (2nd ed., Vol. 3, pp. 269–313). Palo Alto, CA: Consulting Psychologists Press.

Guzzo, R. A., Jette, R. D., & Katzell, R. A. (1985). The effects of psychologically based intervention programs on worker productivity: A metaanalysis. *Personnel Psychology, 38*, 275–291.

Guzzo, R. A., Yost, P. R., Campbell, R. J., & Shea, G. P. (1993). Potency in groups: Articulating a construct. *British Journal of Social Psychology, 32*, 87–106.

Hackett, R. D. (1989). Work attitudes and employee absenteeism: A synthesis of the literature. *Journal of Occupational Psychology, 62*, 235–248.

Hackett, R. D., & Guion, R. M. (1985). A reevaluation of the absenteeism-job satisfaction relationship. *Organizational Behavior and Human Decision Processes, 35*, 340–381.

Hackman, J. R. (1987). The design of work teams. In J. W. Lorsch (Ed.), *Handbook of organizational behavior* (pp. 315–342). Englewood Cliffs, NJ: Prentice-Hall.

Hackman, J. R. (1992). Group influences on individuals in organizations. In M. D. Dunnette & L. M. Hough (Eds.), *Handbook of industrial and organizational psychology* (2nd ed., Vol. 3, pp. 199–267). Palo Alto, CA: Consulting Psychologists Press.

Hackman, J. R., Brousseau, K. R., & Weiss, J. A. (1976). The interaction of task design and group performance strategies in determining group effectiveness. *Organizational Behavior and Human Performance, 16*, 350–365.

Hackman, J. R., & Lawler, E. E. (1971). Employee reactions to job characteristics. *Journal of Applied Psychology, 55*, 259–286.

Hackman, J. R., & Morris, C. G. (1975). Group tasks, group interaction process, and group performance effectiveness: A review and proposed integration. In L. Berkowitz (Ed.), *Advances in experimental social psychology* (Vol. 9, pp. 47–87). New York, NY: Academic Press.

Hackman, J. R., & Oldham, G. R. (1975). Development of the job diagnostic survey. *Journal of Applied Psychology, 60*, 159–170.

Hackman, J. R., & Oldham, G. R. (1976). Motivation through the design of work: Test of a theory. *Organizational Behavior and Human Performance, 16*, 250–279.

Hackman, J. R., & Oldham, G. R. (1980). *Work redesign.* Reading, MA: Addison-Wesley.

Hahn, V. C., Binnewies, C., Sonnentag, S., & Mojza, E. J.(2011) Learning how to recover from job stress: Effects of a recovery training program on recovery, recovery-related self-efficacy, and well-being. *Journal of Occupational Health Psychology, 16*, 202–216.

Haines, V. Y., & Taggar, S. (2006). Antecedents of team reward attitude. *Group Dynamics: Theory, Research, and Practice, 10*, 194–205.

Hakanen, J. J., Schaufeli, W. B., & Ahola, K. (2008). The Job Demands-Resources model: A three-year cross-lagged study of burnout, depression, commitment, and work engagement.

Work & Stress, 22(3), 224–241.

Halbesleben, J. B., Leroy, H., Dierynck, B., Simons, T., Savage, G. T., McCaughey, D., & Leon, M. R. (2013). Living up to safety values in health care: The effect of leader behavioral integrity on occupational safety. *Journal of Occupational Health Psychology, 18*(4), 395–405.

Halbesleben, J. R. B., Osburn, H. K., & Mumford, M. D. (2006). Action research as a burnout intervention: reducing burnout in the federal fire service. *Journal of Applied Behavioral Science, 42*(2), 244–266.

Hall, D. T., & Nougaim, K. E. (1968). An examination of Maslow's need hierarchy in an organizational setting. *Organizational Behavior and Human Performance, 3*, 12–35.

Hallam, G., & Campbell, D. (1997). The measurement of team performance with a standardized survey. In M. T. Brannick, E. Salas, & C. Prince (Eds.), *Team performance assessment and measurement* (pp. 155–171). Mahwah, NJ: Erlbaum.

Hallock, D. E., Salazar, R. J., & Venne-man, S. (2004). Demographic and attitudinal correlates of employee satisfaction with an ESOP. *British Journal of Management, 15*, 321–333.

Hammer, L. B., Kossek, E. E., Zimmerman, K., & Daniels, R. (2007). Clarifying the construct of family-supportive supervisory behaviors (FSSB): A multilevel perspective. *Research in Occupational Stress and Well-Being, 6*, 165–204.

Hamori, M. (2010). Who gets headhunted and who gets ahead? The impact of search firms on executive careers. *Academy of Management Perspective, 24*, 46–59.

Hannan, M. T., Polos, L., & Carroll, G. R. (2003). The fog of change: Opacity and asperity in organizations. *Administrative Science Quarterly, 48*(3), 399–432.

Hannah, S. T., Walumbwa, F. O., & Fry, L. W. (2011). Leadership in action teams: Team leader and members' authenticity, authenticity strength, and team outcomes. *Personnel Psychology, 64*(3), 771–802.

Hargrove, M., Nelson, D. L., & Cooper, C. L. (2013). Generating eustress by challenging employees: Helping people savor their work. *Organizational Dynamics, 42*(1), 61–69.

Harrison, D. A., Newman, D. A., & Roth, P. L. (2006). How important are job attitudes? Meta-analytic comparisons of integrative behavioral outcomes and time sequences. *Academy of Management Journal, 49*, 305–325.

Harrison, D. A., & Newman, D. A. (2013). Absence, lateness, turnover, and retirement: Narrow and broad understandings of withdrawal and behavioral engagement. In I. B. Weiner (Series Ed.) & N. Schmitt & S. Highhouse (Vol. Eds.), *Handbook of psychology: Vol. 12. Industrial and organizational psychology* (2nd ed., pp. 262–291). Hoboken, NJ: Wiley.

Haslam, S. A. (2004). *Psychology in organizations: The social identity approach*. London: Sage.

Hatch, M. J. (1993). The dynamics of organizational culture. *Academy of Management Review, 18*, 657–693.

Hatcher, L., & Ross, T. L. (1991). From individual incentives to an organization-wide gain sharing plan: Effects on teamwork and product quality. *Journal of Organizational Behavior, 12*, 169–183.

Hatton, C., Rivers, M., Mason, H., Mason, L., Emerson, E., Kiernan, C., . . . Alborz, A. (1999). Organizational culture and staff outcomes in services for people with intellectual disabilities. *Journal of Intellectual Disability Research, 43*, 206–218.

Hattrup, K., Mueller, K., & Aguirre, P. (2008). An evaluation of the cross-national generalizability of organizational commitment. *Journal of Occupational and Organizational Psychology, 81*(2), 219–240. doi:10.1348/096317907X238717

Hausknecht, J. P., Hiller, N. J., & Vance, R. J. (2008). Work-unit absenteeism: Effects of satisfaction, commitment, labor market conditions, and time. *Academy of Management Journal, 51*(6), 1223–1245. doi:10.5465/AMJ.2008.35733022

Hausknecht, J. P., Sturman, M. C., & Roberson, Q. M. (2011). Justice as a dynamic construct: Effects of individual trajectories on distal work outcomes. *Journal of Applied Psychology, 96*(4), 872–880. doi:10.1037/a0022991

Hässer, J. A., Mojzisch, A., & Schulz-Hardt, S. (2011). Endocrinological and psychological responses to job stressors: An experimental test of the job demand–control model. *Psychoneuroendocrinology, 36*(7), 1021–1031.

Heinisch, D. A., & Jex, S. M. (1997). Negative affectivity and gender as moderators of the relationship between work-related stressors and depressed mood at work. *Work & Stress, 11*, 46–57.

Hellervik, L. W., Hazucha, J. F., & Schneider, R. J. (1992). Behavior change: Models, methods, and a review of evidence. In M. D. Dunnette & L. M. Hough (Eds.), *Handbook of industrial and organizational psychology* (2nd ed., Vol. 3, pp. 823–895). Palo Alto, CA: Consulting Psychologists Press.

Hellstrom, C., & Hellstrom, T. (2002). Highways, alleys, and by-lanes: Charting the pathways for ideas and innovation in organizations. *Creativity and Innovation Management, 11*, 107–114.

Henkoff, R. (1990, April 9). Cost cutting: How to do it right. *Fortune*, 40–46.

Hennington, A., Janz, B., & Poston, R. (2011). I'm just burned out: Understanding information system compatibility with personal values and role-based stress in a nursing context. *Computers in Human Behavior, 27*(3), 1238–1248.

Henry, R., & Hulin, C. L. (1987). Stability of skilled performance across time: Some generalizations and limitations on utilities. *Journal of Applied Psychology, 72*, 457–462.

Henry, R., & Hulin, C. L. (1989). Changing validities: Ability-performance relations and utilities. *Journal of Applied Psychology, 74*, 365–367.

Hertel, G., Konradt, U., & Orlikowski, B. (2004). Managing distance by interdependence: Goal setting, task interdependence, and team-based rewards in virtual teams. *European Journal of Work and Organizational Psychology, 13*, 1–28.

Herzberg, F. (1968, January/February). One more time: How do you motivate employees? *Harvard Business Review*, 52–62.

Herzberg, F., Mausner, B., & Snyderman, B. (1959). *The*

motivation to work. New York, NY: Wiley.

Hickson, D. J., Pugh, D. S., & Pheysey, D. (1969). Operations technology and organization structure: An empirical reappraisal. *Administrative Science Quarterly, 14,* 378–397.

Higgins, E. T., Kruglanski, A. W., & Pierro, A. (2003). Regulatory mode: Locomotion and assessment as distinct orientations. In M. P. Zanna (Ed.), *Advances in experimental social psychology* (Vol. 35, pp. 293–344). San Diego, CA: Elsevier Academic Press.

Higgins, E. T., & Silberman, I. (1998). Development of regulatory focus: Promotion and prevention as ways of living. In J. Heckhausen&C. S. Dweck (Eds.), *Motivation and self-regulation across the life span* (pp. 78–113). New York, NY: Cambridge University Press.

Highhouse, S. E. (1999). The brief history of personnel counseling in industrialorganizational psychology. *Journal of Vocational Behavior, 55,* 318–336.

Highhouse, S. E. (2008). Designing experiments that generalize. *Organizational Research Methods, 12,* 554–566.

Hiott, A. E., Grzywacz, J. G., Davis, S. W., Quandt, S. A., & Arcury, T. A. (2008). Migrant farmworker stress: Mental health implications. *The Journal of Rural Health, 24*(1), 32–39.

Hirschfeld, R. R., Jordan, M. H., Field, H. S., Giles, W. F., & Armenakis, A. A. (2006). Becoming team players: Team members' mastery of teamwork knowledge as a predictor of team task proficiency and observed teamwork effectiveness. *Journal of Applied Psychology, 91,* 467–474.

Hobfoll, S. E. (2001). The influence of culture, community, and the nested-self in the stress process: Advancing conservation of resources theory. *Applied Psychology, 50*(3), 337–421.

Hobman, E. V., Jackson, C. J., Jimmieson, N. L., & Martin, R. (2011). The effects of transformational leadership behaviours on follower outcomes: An identity-based analysis. *European Journal of Work and Organizational Psychology, 20*(4), 553–580.

Hochschild, A. R. (1979). Emotion work, feeling rules, and social structure. *American Journal of Sociology, 85,* 551–575.

Hochschild, A. R. (1983). *The man heart: Commercialization of human feeling*. Berkeley: University of California Press.

Hochschild, A. (1989). *The second shift: Working parents and the revolution at home*. New York, NY: Viking Press.

Hoffman, B. J., Blair, C. A., Meriac, J. P., & Woehr, D. J. (2007). Expanding the criterion domain? A quantitative review of the OCB literature. *Journal of Applied Psychology, 92*(2), 555–566.

Hofstede, G. (1980). *Culture's consequences: International differences in work-related values*. Beverly Hills, CA: Sage.

Hofstede, G. (1984). *Culture's consequences: International differences in work-related values* (Abridged ed.). Newbury Park, CA: Sage.

Hogan, E. A., & Overmeyer-Day, L. (1994). The psychology of mergers and acquisitions. In C. L. Cooper & I. T. Robertson (Eds.), *International review of industrial and organizational psychology 1994* (Vol. 9, pp. 247–280). Chichester, England: Wiley.

Hogan, J., & Hogan, R. (1989). How to measure employee reliability. *Journal of Applied Psychology, 74,* 273–279.

Hogan, J., & Roberts, B. W. (1996). Issues and non-issues in the fidelity-bandwidth trade-off. *Journal of Organizational Behavior, 17*(6), 627–637.

Hollenbeck, J. R., Ilgen, D. R., & Crampton, S. M. (1992). Lower back disability in occupational settings: A review of the literature from a human resource management view. *Personnel Psychology, 45,* 247–278.

Hom, P. W., Caranikas-Walker, F., Prussia, G. E., & Griffeth, R. W. (1992). A meta-analytic structural equations analysis of a model of employee turnover. *Journal of Applied Psychology, 77,* 890–909.

Homans, G. C. (1958). Social behavior as exchange. *American Journal of Sociology, 63,* 597–606.

Hong, H. (2010). Bicultural competence and its impact on team effectiveness. *International Journal of Cross Cultural Management, 10,* 93–120.

Hornstein, H. A., & deGuerre, D. W. (2006, March/April). Bureaucratic organizations are bad for our health. *Ivey Business Journal,* 1–4.

House, R. J. (1971). A path-goal theory of leader effectiveness. *Administrative Science Quarterly, 16,* 321–339.

House, R. J. (1977, revised 1996). A 1976 theory of charismatic leadership. In J. G. Hunt & L. L. Larson (Eds.), *Leadership: The cutting edge*. Carbondale: Southern Illinois University Press.

House, R. J., Hanges, P. J., Javidan, M., Dorfman, P. W., & Gupta, V. (Eds.). (2004). *Culture, leadership, and organizations: The GLOBE study of 62 societies*. Thousand Oaks, CA: Sage.

House, R. J., & Mitchell, T. R. (1974). Path-goal theory of leadership. *Contemporary Business, 3,* 81–98.

Hoyle, R. H. (2011). *Structural equation modeling for social and personality psychology*. Thousand Oaks, CA: Sage.

Hu, J., & Liden, R. C. (2011). Antecedents of team potency and team effectiveness: An examination of goal and process clarity and servant leadership. *Journal of Applied Psychology, 96*(4), 851–862. doi:10.1037/a0022465

Hu, L.-T., & Bentler, P. M. (1995). Evaluating model fit. In R. H. Hoyle (Ed.), *Structural equation modeling: Concepts, issues, and applications* (pp. 76–99). Thousand Oaks, CA: Sage.

Huang, X., & Van de Vliert, E. (2003). Where intrinsic job satisfaction fails to work: National moderators of intrinsic motivation. *Journal of Organizational Behavior, 24,* 159–179.

Huber, G. P. (2011). Organizations: Theory, design, future. In S. Zedeck (Ed.), *APA handbook of industrial and organizational psychology: Vol. 1. Building and developing the organization* (pp. 117–160). Washington, DC: American Psychological Association.

Hugick, L., & Leonard, J. (1991). Job dissatisfaction grows; "moonlighting" on the rise. *Gallop Poll News Service, 56,* 1–11.

Hulin, C. (1991). Adaptation, persistence, and commitment in organizations. In M. D. Dunnette & L. M. Hough (Eds.), *Handbook of industrial and organizational psychology* (2nd ed., Vol. 2, pp. 445–505). Palo Alto, CA: Consulting

Psychologists Press.

Humphrey, S. E.,Morgeson, F. P.,&Mannor, M. J. (2009). Developing a theory of the strategic core of teams: A role composition model of team performance. *Journal of Applied Psychology, 94*(1), 48–61. doi:10.1037/a0012997

Humphries, D., Littlejohns, P., Victor, C., O'Halloran, P., Peacock, J. (2000). Implementing evidence-based practice: Factors that influence the use of research evidence by occupational therapists. *British Journal of Occupational Therapy, 63*(11), 516–522.

Hunter, E. M., Neubert, M. J., Perry, S. J., Witt, L. A., Penney, L. M., & Weinberger, E. (2013). Servant leaders inspire servant followers: Antecedents and outcomes for employees and the organization. *Leadership Quarterly, 24*(2), 316–331.

Hunter, J. E., Schmidt, F. L., & Huy, L. (2006). Implications of direct and indirect range restriction for meta-analyis methods and findings. *Journal of Applied Psychology, 91*, 594–612.

Hunter, J. E., Schmidt, F. L., & Judiesch, M. K. (1990). Individual differences in output variability as a function of job complexity. *Journal of Applied Psychology, 75*, 28–42.

Hurd, M., & McGarry, K. (1993). *The relationship between job characteristics and retirement.* Working Paper No. 4558. Cambridge, MA: National Bureau of Economic Research.

Hurrell, J. J., Jr. (1995). Commentary: Police work, occupational stress, and individual coping. *Journal of Organizational Behavior, 16*, 27–28.

Hurst, C., Kammeyer-Mueller, J., & Livingston, B. (2012). The odd one out: How newcomers who are different become adjusted. In C. R. Wanberg (Ed.), *Oxford handbook of organizational socialization* (pp. 115–138). New York, NY: Oxford University Press.

Huseman, R. C., Hatfield, J. D., & Miles, E. W. (1987). A new perspective on equity theory: The equity sensitivity construct. *Academy of Management Review,12*(2), 222–234.

Iaffaldano, M. T., & Muchinsky, P. M. (1985). Job satisfaction and job performance: A meta-analysis. *Psychological Bulletin, 97*, 251–273.

Ilgen, D. R., & Davis, C. A. (2000). Bearing bad news: Reaction to negative performance feedback. *Applied Psychology: An International Review, 49*, 550–565.

Ilgen, D. R., Hollenbeck, J. R., Johnson, M., & Jundt, D. (2005). Teams in organizations: From input-process-output models to IMOI models. *Annual Review of Psychology, 56*, 517–543.

Ilgen, D. R., & Hulin, C. L. (2000). *Computational modeling of behavior in organizations: The third scientific discipline.* Washington, DC: American Psychological Association.

Ilies, R., & Judge, T. A. (2003). On the heritability of job satisfaction: The mediating role of personality. *Journal of Applied Psychology, 88*, 750–759.

Ilies, R., Johnson, M. D., Judge, T. A., & Keeney, J. (2011). A within-individual study of interpersonal conflict as a work stressor: Dispositional and situational moderators. *Journal of Organizational Behavior, 32*(1), 44–64.

Ilies, R., Nahrgang, J. D., & Morgeson, F. P. (2007). Leader-member exchange and citizenship behaviors: A meta-analysis. *Journal of Applied Psychology, 92*(1), 269–277.

Ironson, G. H., Smith, P. C., Brannick, M. T., Gibson, W. M., & Paul, K. B. (1989). Constitution of a job in general scale: A comparison of global, composite, and specific measures. *Journal of Applied Psychology, 74*, 193–200.

Ivancevich, J. M., & Matteson, M. T. (1980). *Stress and work: A managerial perspective.* Glenview, IL: Scott, Foresman.

Ivancevich, J. M., Schweiger, D. M., & Power, F. R. (1987). Strategies for managing human resources during mergers and acquisitions. *Human Resource Planning, 10*, 19–35.

Jackson, S. E., & Schuler, R. S. (1985). A meta-analysis and conceptual critique of research on role ambiguity and role conflict in work settings. *Organizational Behavior and Human Decision Processes, 36*, 16–78.

Jacobs, J. A., & Gerson, K. (2004). *The time divide: Work, family, and gender inequality.* Cambridge, MA: Harvard University Press.

James, L. R., & Brett, J. (1984). Mediators, moderators, and tests for mediation. *Journal of Applied Psychology, 69*, 307–321.

James, L. R., Demaree, R. G., & Wolf, G. (1984). Estimating within-group interrater reliability with and without response bias. *Journal of Applied Psychology, 69*, 85–98.

James, L. R., & Jones, A. P. (1974). Organizational climate: A review of theory and research. *Psychological Bulletin, 81*, 1096–1112.

Janis, I. L. (1982). *Groupthink: Psychological studies of policy decisions and fiascos* (2nd ed.). Boston, MA: Houghton Mifflin.

Jansen, N. (1994). *Safety culture: A study of permanent way staff at British rail.* Amsterdam, The Netherlands: Vrije Universiteit.

Jaskyte, K. (2005). The impact of organizational socialization tactics on role ambiguity and role conflict of newly hired social workers. *Administration in SocialWork, 29*(4), 69–87.

Jeanneret, P. R. (1991). Growth trends in I/O psychology. *Industrial-Organizational Psychologist, 29*, 47–52.

Jehn, K. A. (1994). Enhancing effectiveness: An investigation of advantages and disadvantages of value-based intragroup conflict. *International Journal of Conflict Management, 5*, 223–238.

Jenkins, G. D. Jr. Mitra, A., Gupta, N., & Shaw, J. D. (1998). Are financial incentives related to performance? A meta-analytic review of empirical research. *Journal of Applied Psychology, 83*, 777–787.

Jeter, D. S. (with J. Curry). (2001). *The life you imagine: Lessons for achieving your dreams.* Portland, OR: Broadway Books.

Jex, S. M. (1991). The psychological benefit of exercise in work settings: A review, critique, and alternative model. *Work & Stress, 5*, 133–147.

Jex, S. M. (1998). *Stress and job performance: Theory, research, and implications for managerial practice.* Thousand Oaks, CA: Sage.

Jex, S. M., Adams, G. A., Bachrach, D. G., & Sorenson, S. (2003). The impact of situational constraints, role stressors, and commitment on employee altruism. *Journal of Occupational Health Psychology, 8*(3), 171–180.

Jex, S. M., Adams, G. A., Elacqua, T. C., & Bachrach, D. J. (1998, May). *Type A as a moderator: An examination using component measures.* Paper presented at the 1998 annual conference of the American Psychological Society, Washington, DC.

Jex, S. M., & Beehr, T. A. (1991). Emerging theoretical and methodological issues in the study of work-related stress. In G. R. Ferris & K. M. Rowland (Eds.), *Research in personnel and human resources management* (Vol. 9, pp. 311–364). Greenwich, CT: JAI Press.

Jex, S. M., Beehr, T. A., & Roberts, C. K. (1992). The meaning of occupational "stress" items to survey respondents. *Journal of Applied Psychology, 77,* 623–628.

Jex, S. M., & Bliese, P. D. (1999). Efficacy beliefs as a moderator of the impact of workrelated stressors: A multilevel study. *Journal of Applied Psychology, 84,* 349–361.

Jex, S. M., Bliese, P. D., Buzzell, S., & Primeau, J. (2003). The impact of selfefficacy on stressor-strain relations: Coping style as an explanatory mechanism. *Journal of Applied Psychology, 86,* 401–409.

Jex, S. M., & Elacqua, T. C. (1999). Selfesteem as a moderator: A comparison of global and organization-based measures. *Journal of Occupational and Organizational Psychology, 72,* 71–81.

Jex, S. M., & Grosch, J. (2013). Retirement decision making. In M. Wang (Ed.), *Oxford handbook of retirement* (pp. 267–279). New York, NY: Oxford University Press.

Jex, S. M., & Heinisch, D. A. (1996). Assessing the relationship between exercise and employee mental health: Some methodological concerns. In J. Kerr, A. Griffiths, & T. Cox (Eds.), *Workplace health: Employee fitness and exercise* (pp. 55–67). London, England: Taylor & Francis.

Jex, S. M., Kain, J., & Park, Y. (2013), Situational factors and resilience: Social support, organizational issues. In R. R. Sinclair & T. W. Britt (Eds.), *Building psychological resilience in military personnel: Theory and practice* (pp. 67–84). Washington, DC: American Psychological Association.

Jex, S. M., Sliter, M. T., & Britton, A. R. (2014). Employee stress and well-being. In B. Schneider & K. M. Barbera (Eds.), *Oxford handbook of organizational climate and culture.* (pp. 177–196). New York, NY: Oxford University Press.

Jex, S. M., & Spector, P. E. (1988, April). Is *social information processing a laboratory phenomenon?* Paper presented in M. Deselles (Chair), Job attitude measurement: Variations on a theme. Symposium presented at the 1988 Society for Industrial and Organizational Psychology Convention, Dallas, TX.

Jex, S. M., & Spector, P. E. (1989). The generalizability of social information processing to organizational settings: A summary of two field experiments. *Perceptual and Motor Skills, 69,* 883–893.

Jex, S. M., & Spector, P. E. (1996). The impact of negative affectivity on stressor-strain relations: A replication and extension. *Work & Stress, 10,* 36–45.

Jex, S. M., Swanson, N., & Grubb, P. (2013). Healthy workplaces. In I. B. Weiner (Series Ed.) & N. W. Schmitt & S. Highhouse (Vol. Eds.), *Handbook of psychology: Vol. 12. Industrial and organizational psychology* (2nd ed., pp. 615–642). Hoboken, NJ: Wiley.

Jex, S. M., Wang, M., & Zarubin, A. (2007). Aging and occupational health. In K. S. Shultz & G. A. Adams (Eds.), *Aging and work in the 21st century* (pp. 199–224). New York, NY: Psychology Press.

Jiang, K., Liu, D., McKay, P. F., Lee, T. W., & Mitchell, T. R. (2012). When and how is job embeddedness predictive of turnover? A meta-analytic investigation. *Journal of Applied Psychology, 97*(5), 1077–1096. doi:10.1037/a0028610

Jiang, L., Yu, G., Li, Y., & Li, F. (2010). Perceived colleagues' safety knowledge/behavior and safety performance: Safety climate as a moderator in a multilevel study. *Accident Analysis and Prevention, 42*(5), 1468–1476.

Johns, G. (1991). Substantive and methodological constraints on behavior and attitudes in organizational research. *Organizational Behavior and Human Decision Processes, 49,* 80–104.

Johns, G. (2011). Attendance dynamics at work: The antecedents and antecedents and correlates of presenteeism, absenteeism, and productivity loss. *Journal of Occupational Health Psychology, 16,* 483–500.

Johns, G., & Xie, J. L. (1998). Perceptions of absence from work: People's Republic of China versus Canada. *Journal of Applied Psychology, 83,* 515–530.

Johns, G., Xie, J. L., & Fang, Y. (1992). Mediating and moderating effects in job design. *Journal of Management, 18,* 657–676.

Johnson, J. G. (1990). *Selecting ethnographic informants.* Newbury Park, CA: Sage.

Johnson, M. D., Morgeson, F. P., & Hekman, D. R. (2012). Cognitive and affective identification: Exploring the links between different forms of social identification and personality with work attitudes and behavior. *Journal of Organizational Behavior, 33*(8), 1142–1167. doi:10.1002/job.1787

Johnson, R. W., & Neumark, D. (1997). Age discrimination, job separations, and employment status of older workers. *Journal of Human Resources, 32,* 779–811.

Jones, B., Flynn, D. M. & Kelloway, E. K. (1995). Perception of support from the organization in relation to work stress, satisfaction, and commitment. In S. L. Sauter & L. R. Murphy (Eds.), *Organizational risk factors for job stress* (pp. 41–52). Washington, DC: American Psychological Association.

Jones, E. E., & Pittman, T. S. (1982). Toward a general theory of strategic selfpresentation. In J. Suls (Ed.), *Psychological perspectives on the self* (pp. 231–261). Hillsdale, NJ: Erlbaum.

Jones, J. W., & Boye, M. W. (1992). Job stress and employee counterproductivity. In J. C. Quick, J. J. Hurrell, & L. R. Murphy (Eds.), *Stress and well-being at work* (pp. 239–251). Washington, DC: American Psychological Association.

Jonsson, D., Rosengren, A., Dotevall, A., Lappas, G., & ochWilhelmensen, L. (1999). Job control, job demands, and social support at work in relation to cardiovascular disease risk factors in MONICA 1995, Goteborg. *Journal of Cardiovascular Risk, 6,* 379–385.

Joseph, D. L., & Newman, D. A. (2010). Emotional intelligence:

An integrative metaanalysis and cascading model. *Journal of Applied Psychology, 95*(1), 54–78.

Joyce, W. F. (1986). Matrix organization: A social experiment. *Academy of Management Journal, 29*, 536–561.

Judge, T. A., Bono, J. E., Erez, A., & Locke, E. A. (2005). Core self-evaluations and job and life satisfaction: The role of selfconcordance and goal attainment. *Journal of Applied Psychology, 90*, 257–268.

Judge, T. A., & Cable, D. M. (1997). Applicant personality, organizational culture, and organizational attraction. *Personnel Psychology, 50*, 359–394.

Judge, T. A., Heller, D., & Mount, M. K. (2002). Five-factor model of personality and job satisfaction: A meta-analysis. *Journal of Applied Psychology, 87*(3), 530–541.

Judge, T. A., & Piccolo, R. F. (2004). Transformational and transactional leadership: A meta-analytic test of their relative validity. *Journal of Applied Psychology, 89*, 755–768.

Judge, T. A., Piccolo, R. F., & Ilies, R. (2004). The forgotten ones? The validity of consideration and initiating structure in leadership research. *Journal of Applied Psychology, 89*, 36–51.

Judge, T. A., Piccolo, R. F., & Kosalka, T. (2009). The bright and dark sides of leader traits: A review and theoretical extension of the leader trait paradigm. *Leadership Quarterly, 20*(6), 855–875.

Judge, T. A., Scott, B. A., & Ilies, R. (2006). Hostility, job attitudes, and workplace deviance: Test of a multilevel model. *Journal of Applied Psychology, 91*(1), 126–138.

Judge, T. A., Thoresen, C. J., Bono, J. E., & Patton, G. K. (2001). The job satisfaction-job performance relationship: A qualitative and quantitative review. *Psychological Bulletin, 127*, 376–407.

Judge, T. A., Van Vianen, A. E. M., & De Pater, I. E. (2004). Emotional stability, core self-evaluations, and job outcomes: A review of the evidence and an agenda for future research. *Human Performance, 17*, 325–346.

Judge, T. A., Woolf, E., & Hurst, C. (2009). Is emotional labor more difficult for some than for others? A multilevel, experiencesampling study. *Personnel Psychology, 62*(1), 57–88.

Judiesch, M. K., & Lyness, K. S. (1999). Left behind? The impact of leaves of absence on managers' career success. *Academy of Management Journal, 42*(6), 641–651.

Juster, F., & Suseman, R. (1995). The health and retirement study: An overview. *Journal of Human Resources, 30*(Suppl.), 7–56.

Kabat-Zinn, J. (2011). Why mindfulness matters. In B. Boyce (Ed.), *The mindfulness revolution: Leading psychologists, scientists, artists, and meditation teachers on the power of mindfulness in daily life* (pp. 57–62). Boston, MA: Shambhala.

Kahn, R. L., Wolfe, D. M., Quinn, R. P., Snoek, J. D., & Rosenthal, R. A. (1964). *Organizational stress: Studies in role conflict and ambiguity.* New York, NY: Wiley.

Kalshoven, K., Den Hartog, D. N., & De Hoogh, A. H. (2011). Ethical leadership at work questionnaire (ELW): Development and validation of a multidimensional measure. *Leadership Quarterly, 22*(1), 51–69.

Kammeyer-Mueller, J. D., Wanberg, C. R., Glomb, T. M., & Ahlburg, D. (2005). The role of temporal shifts in the turnover process: It's about time. *Journal of Applied Psychology, 90*, 644–658.

Kanfer, R., Ackerman, P. L., Murtha, T. C., Dugdale, B., & Nelson, L. (1994). Goal setting, conditions of practice, and task performance: A resource allocation perspective. *Journal of Applied Psychology, 79*, 826–835.

Kanfer, R., Chen, G., & Pritchard, R. D. (2008). The three C's of work motivation: Content, context, and change. *Work motivation: Past, present, and future, 1–16.*

Kanigel, R. (1997). *The one best way: Frederick Winslow Taylor and the enigma of effciency.* New York, NY: Viking.

Kaplan, S., & Tetrick, L. E. (2011). Workplace safety and accidents: An industrial and organizational psychology perspective. In S. Zedeck (Ed.), *APA handbook of industrial and organizational psychology: Vol. 1. Building and developing the organization* (pp. 455–472). Washington, DC: American Psychological Association.

Karambayya, R. (1989). *Contexts for organizational citizenship behavior: Do high performing and satisfying units have better "citizens"?* York University Working Paper, North York, Ontario, Canada.

Karasek, R. A. (1979). Job demands, job decision latitude, and mental strain: Implications for job redesign. *Administrative Science Quarterly, 24*, 285–308.

Karasek, R. A., Baker, D., Marxer, F., Ahlbom, A., & Theorell, T. (1981). Job decision latitude, job demands, and cardiovascular disease: A prospective study of Swedish men. *American Journal of Public Health, 71*, 694–705.

Kath, L. M., Magley, V. J., & Marmet, M. (2010). The role of organizational trust in safety climate's influence on organizational outcomes. *Accident Analysis and Prevention, 42*(5), 1488–1497.

Katz, D., & Kahn, R. L. (1966). *The social psychology of organizations.* New York, NY: Wiley.

Katz, D., & Kahn, R. L. (1978). *The social psychology of organizations* (2nd ed.). New York, NY: Wiley.

Katzell, R. A., & Austin, J. T. (1992). From then to now: The development of industrialorganizational psychology in the United States. *Journal of Applied Psychology, 77*, 803–835.

Kauffeld, S., Jonas, E., & Grote, S. (2004). Climate for innovation: Creation and first psychometric validation of an instrument for measuring the climate for innovation in organizations. *Diagnostica, 50*, 153–164.

Keenan, A.,&Newton, T. J. (1985). Stressful events, stressors and psychological strains in young professional engineers. *Journal of Occupational Behavior, 6*, 151–156.

Kelley, H. H., & Thibaut, J.W. (1978). *Interpersonal relations: A theory of interdependence.* New York, NY: Wiley.

Kelloway, E. K., Francis, L., Prosser, M., & Cameron, J. E. (2010). Counterproductive behavior as protest. *Human Resource Management Review, 20*, 18–25.

Kelman, H. C. (1958). Compliance, identification, and internalization: Three processes of attitude change. *Journal of Conflict Resolution, 2*, 51–60.

Kemp, C. F., Zaccaro, S. J., Jordan, M., & Flippo, S. (2004, April). *Cognitive, social, and dispositional influences on leader adaptability.* Poster presented at the 19th annual meeting of the Society for Industrial and Organizational Psychology, Dallas, TX.

Kennedy, F. A., Loughry, M. L., Klammer, T. P., & Beyerlein, M. M. (2009). Effects of organizational support on potency in work teams: The mediating role of team processes. *Small Group Research, 40*(1), 72–93. doi: 10.1177/1046496408326744

Kenrick, D. T., Griskevicious, V., Neuberg, S. I., & Schaller, M. (2010). Renovating the pyramid of needs: Contemporary extensions built upon ancient foundations. *Perspectives on Psychological Science, 5,* 292–314.

Kerr, J. H. (1975). On the folly of rewarding A, while hoping for B. *Academy of Management Journal, 18,* 769–783.

Kerr, J. H., & Vos, M. C. (1993). Employee fitness programs, absenteeism, and general well-being. *Work & Stress, 7,* 179–190.

Kets de Vries, M. F. R., & Miller, D. (1986). Personality, culture, and organization. *Academy of Management Review, 11,* 266–279.

Khanna, C., Medsker, G., & Ginter, R. (2013, July). *Siop 2012 income survey.* Retrieved from http://www.siop.org/2012SIOPIncomeSurvey.pdf

Kickul, J., & Lester, S. W. (2001). Broken promises: Equity sensitivity as a moderator between psychological contract breach and employee attitudes and behavior. *Journal of Business and Psychology, 16,* 191–216.

Kim, T. Y., Cable, D. M., Kim, S. P. (2005). Socialization tactics, employee productivity, and person-organization fit. *Journal of Applied Psychology, 90*(2), 232–241.

King, L. A., & King, D. W. (1990). Role conflict and role ambiguity: A critical assessment of construct validity. *Psychological Bulletin, 107,* 48–64.

Kirkman, B. L., Rosen, B., Tesluk, P. E., & Gibson, C. B. (2004). The impact of team empowerment on virtual team performance: The moderating role of face-to-face interaction. *Academy of Management Journal, 47*(2), 175–192.

Kirkman, B. L., & Mathieu, J. E. (2005). The dimensions and antecedents of team virtuality. *Journal of Management, 31*(5), 700–718.

Klaas, B. S. (1989). Determinants of grievance activity and the grievance system's impact on employee behavior: An integrated perspective. *Academy of Management Review, 14,* 445–458.

Klein, G., Diaz-Granados, D., Salas, E., Le, H., Burke, C. S., Lyons, R., & Goodwin, G. F. (2009). Does team building work? *Small Group Research, 40,* 181–222.

Klein, H. J. (1989). An integrated control theory model of work motivation. *Academy of Management Review, 14,* 150–172.

Klein, H. J., & Polin, B. (2012). Are organizations on board with best practices onboarding? In C. R. Wanberg (Ed.), *Oxford handbook of organizational socialization* (pp. 267–287). New York, NY: Oxford University Press.

Klein, K. J. (1987). Employee stock ownership and employee attitudes: A test of three models [Monograph]. *Journal of Applied Psychology, 72,* 319–332.

Klein, K. J., Dansereau, F. J., & Hall, R. J. (1994). Levels issues in theory development, data collection, and analysis. *Academy of Management Review, 19,* 195–229.

Klein, S. M., Kraut, A. I., & Wolfson, A. (1971). Employee reactions to attitude survey feedback: A study of the impact of structure and process. *Administrative Science Quarterly, 16,* 497–514.

Klotz, A. C., Hmieleski, K. M., Bradley, B. H., & Busenitz, L. W. (2013). New venture teams: A review of the literature and roadmap for future research. *Journal of Management.* Published online June 26, 2013. Retrieved from 0-jom.sagepub.com

Kluckhohn, F. R.,&Strodtbeck, F. L. (1961). *Variations in value orientations.* New York, NY: HarperCollins.

Kluger, A. N., & DeNisi, A. (1996). The effects of feedback interventions on performance: A historical review, a meta-analysis, and a preliminary feedback intervention theory. *Psychological Bulletin, 119,* 254–284.

Koestner, R., Zuckerman, M., & Olsson, J. (1990). Attributional style, comparison focus of praise, and intrinsic motivation. *Journal of Research in Personality, 24,* 87–100.

Kohler, J. M., & Munz, D. C. (2006). Combining individual and organizational stress interventions: An organizational development approach. *Consulting Psychology Journal: Research and Practice, 58*(1), 1–12.

Kohler, S. S., & Mathieu, J. E. (1993). Individual characteristics, work perceptions, and affective reactions influences on differentiated absence criteria. *Journal of Organizational Behavior, 14,* 515–530.

Kokotovich, M., Jex, S. M., & Adams, G. A. (2000, April). *Leader-member exchange: A moderator of the stressor-satisfaction relationship.* Paper presented at the annual meeting of the Society for Industrial and Organizational Psychology, New Orleans, LA.

Konovsky, M. A., & Cropanzano, R. (1991). Perceived fairness of employee drug testing as a predictor of employee attitudes and health. *Journal of Applied Psychology, 76,* 698–707.

Konovsky, M. A., & Pugh, S. D. (1990). Citizenship behavior and social exchange. *Academy of Management Journal, 37,* 656–669.

Kopelman, R. E., Prottas,D. J., & Falk,D.W. (2010). Construct validation of a Theory X/Y behavior scale. *Leadership & Organization Development Journal, 31,* 120–135.

Koppes, L. L. (1997). American female pioneers of industrial and organizational psychology during the early years. *Journal of Applied Psychology, 4*(82), 500–515.

Koppes, L. L. (Ed.) (2007). *Historial perspectives in industrial and organizational psychology.* Mahwah, NJ: Erlbaum.

Kossek, E. E., Baltes, B. B., & Matthews, R. A. (2011). How work-family research can finally have an impact in organizations. *Industrial and Organizational Psychology, 4*(3), 352–369.

Kossek, E., & Michel, J. (2010). Flexible work schedules. *Handbook of Industrial-Organizational Psychology, 1,* 535–572.

Kotter, J. P., & Hesketh, J. L. (1992). *Corporate culture and performance*. New York, NY: Free Press.

Kozlowski, S. W. J., & Bell, B. S. (2003). Work groups and teams in organization. In W. C. Borman, D. R. Ilgen, & R. J. Klimoski (Eds.), *Handbook of psychology: Vol. 12. Industrial and organizational psychology* (pp. 333–375). Hoboken, NJ: Wiley.

Kozlowski, S.W. J.&Bell, B. S. (2013).Work groups and teams in organizations. In N. W. Schmitt & S. Highhouse (Vol. Eds.) & I. Weiner (Series Ed.), *Handbook of psychology: Vol. 12. Industrial and organizational psychology* (2nd ed., pp. 412–469). Hoboken, NJ: Wiley.

Kozlowski, S.W. J., Chao, G. T., Smith, E. M., &Hedlund, J. (1993). Organizational downsizing: Strategies, interventions, and research implications. In C. L. Cooper & I. T. Robertson (Eds.), *International review of industrial and organizational psychology* (Vol. 8, pp. 263–332). London, England: Wiley.

Kozlowski, S. W., & Klein, K. J. (2000). A multilevel approach to theory and research in organizations: Contextual, temporal, and emergent processes. In K. J. Klein & S. W. J. Kozlowski (Eds.), *Multilevel theory, research, and methods in organizations: Foundations, extensions, and new directions* (pp. 3–90). San Francisco, CA: Jossey-Bass.

Kraizberg, E., Tziner, A., & Weisberg, J. (2002). Employee stock options: Are they indeed superior to other incentive compensation schemes? *Journal of Business and Psychology, 16*, 383–390.

Kraus, S. J. (1995). Attitudes and the prediction of behavior: A meta-analysis of the empirical literature. *Personality and Social Psychology Bulletin, 21*, 58–75.

Krieger, N., Kaddour, A., Koenen, K., Kosheleva, A., Chen, J. T., Waterman, P. D., & Barbeu, E. M. (2011). Occupational, social, and relationship hazards and psychological distress among low-income workers: Implications of the "inverse hazard law." *Journal of Epidemiology and Community Health, 65*(3), 260–272.

Kristof, A. L. (1996). Person-organization fit: An integrative review of its conceptualizations, measurement, and implications. *Personnel Psychology, 49*(1), 1–49.

Kristoff-Brown, A. L., Zimmerman, R. D., & Johnson, E. C. (2005). Consequences of individuals' fit at work: A meta-analysis of person-job, person-organization, and person-supervisor fit. *Personnel Psychology, 58*, 281–342.

Kruglanski, A. W., Pierro, A., & Higgins, E. T. (2007). Regulatory mode and preferred leadership styles: How fit increases job satisfaction. *Basic and Applied Social Psychology, 29*(2), 137–149.

Kujacic, M., & Bojovic, N. (2003). Organizational design of post corporation structure using fuzzy multicriteria decision making. *Computation & Mathematical Organizational Theory, 9*, 5–18.

Kuncel, N. R., & Hezlett, S. A. (2010). Fact and fiction in cognitive ability testing for admissions and hiring decisions. *Current Directions in Psychological Science, 19*(6), 339–345.

Kunin, T. (1955). The construction of a new type of attitude measure. *Personnel Psychology, 8*, 65–67.

Kuzmits, F. E. (1995). Differences in incidences of absenteeism and discipline between vietnamese and nonvietnamese employees. *International Journal of Organizational Analysis, 3*(3), 303–313.

Lambert, L. S., Tepper, B. J., Carr, J. C., Holt, D. T., & Barelka, A. J. (2012). Forgotten but not gone: An examination of fit between leader consideration and initiating structure needed and received. *Journal of Applied Psychology, 97*(5), 913–930.

Landis, R. S., Edwards, B. D., & Cortina, J. M. (2009). On the practice of allowing correlated residuals among indicators in structural equation models. In C. E. Lance & R. J. Vandenberg (Eds.), *Statistical and methodological myths and urban legends: Doctrine, verity, and fable in the organizational and social sciences* (pp. 193–214). New York, NY: Routledge.

Landy, F. J.,&Farr, J. L. (1980). Performance rating. *Psychological Bulletin, 87*, 72–107.

Lang, J. B., Kersting, M., Hulsheger, U. R., & Lang, J. (2010). General mental ability, narrower cognitive abilities, and job performance: The perspective of the nested-factors model of cognitive abilities. *Personnel Psychology, 63*(3), 595–640.

Lang, J., Ochsmann, E., Kraus, T., & Lang, J. B. (2012). Psychosocial work stressors as antecedents of musculoskeletal problems: A systematic review and meta-analysis of stability-adjusted longitudinal studies. *Social Science & Medicine, 75*(7), 1163–1174.

Lapierre, L. M., Spector, P. E., Allen, T. D., Poelmans, S., Cooper, C. L., O'Driscoll, M. P., & Kinnunen, U. (2008). Familysupportive organization perceptions, multiple dimensions of work-family conflict, and employee satisfaction: A test of model across five samples. *Journal of Vocational Behavior, 73*(1), 92–106.

Latack, J. C., & Halvovic, S. J. (1992). Coping with job stress: A conceptual evaluation framework for coping measures. *Journal of Organizational Behavior, 13*(5), 479–508.

Latane, B., & Darley, J. M. (1968). Group inhibition of bystander intervention. *Journal of Personality and Social Psychology, 10*, 215–221.

Latane, B., Williams, K., & Harkins, S. (1979). Many hands make light the work: The causes and consequences of social loafing. *Journal of Personality and Social Psychology, 37*, 822–832.

Latham, G. P., & Huber, V. L. (1992). Schedules of reinforcement: Lessons from the past and issues for the future. *Journal of Organizational Behavior Management, 12*, 125–149.

Latham, G. P., & Locke, E. A. (1991). Self-regulation through goal setting. *Organizational Behavior and Human Decision Processes, 50*, 212–247.

Latham, G. P., & Pinder, C. G. (2005). Work motivation and research at the dawn of the twenty-first century. *Annual Review of Psychology, 56*, 485–516.

Lawler, E. E., & Jenkins, D. G. (1992). Strategic reward systems. In M. D. Dunnette &L. M. Hough (Eds.), *Handbook of industrial and organizational psychology* (2nd ed., Vol. 3, pp. 1009–1035). Palo Alto, CA: Consulting Psychologists Press.

Lawler, E. E., Koplin, C. A., Young, T. F., & Fadem, J. A. (1968). Inequity reduction over time in an overpayment situation. *Organizational Behavior and Human Performance*, *3*, 253–268.

Lawler, E. E., Mohrman, S., & Ledford, G. (1995). *Creating high performance organizations: Practices and results of, employee involvement and TQM in Fortune 1000 companies*. San Francisco, CA: Jossey-Bass.

Lawler, E. E., & Worley, C. G. (2006). *Built to change: How to achieve sustained organizational effectiveness*. San Francisco, CA: Jossey-Bass.

Lawrence, P. R., & Lorsch, J. W. (1967). *Organization and environment: Managing differentiation and integration*. Boston, MA: Harvard Business School, Division of Research.

Lazarus, R. S. (1966). *Psychological stress and the coping process*. New York, NY: McGraw-Hill.

Lazarus, R. S., & Folkman, S. (1984). *Stress, appraisal and coping*. New York: Springer.

Leana, C. R., & Feldman, D. D. (1992). *Coping with job loss*. New York,NY: Lexington Books.

Leary, M. R., Tambor, E. S., Terdal, S. K., & Downs, D. L. (1995). Self-esteem as an interpersonal monitor: The sociometer hypothesis. *Journal of Personality and Social Psychology*, *68*, 518–530.

Le, H., Oh, I., Robbins, S. B., Ilies, R., Holland, E., & Westrick, P. (2011). Too much of a good thing: Curvilinear relationships between personality traits and job performance. *Journal Of Applied Psychology*, *96*(1), 113–133.

Lee, B. C., Jenkins, L. S., & Westaby, J. D. (1997). Factors influencing exposure of children to major hazards on family farms. *Journal of Rural Health*, *13*(3), 206–215.

Lee, K., Allen, N. J., Meyer, J. P., & Rhee, K. (2001). The three-component model of organizational commitment: An application to South Korea. *Applied Psychology: An International Review*, *50*, 596–614.

Lee, T. W., & Mitchell, T. R. (1994). An alternative approach: The unfolding model of voluntary employee turnover. *Academy of Management Review*, *19*, 51–89.

Lehman, W. E., Farabee, D. J., Holcom, M. L., & Simpson, D. D. (1995). Prediction of substance use in the workplace: Unique contributions of personal background and work environment variables. *Journal of Drug Issues*, *25*, 253–274.

Lehr, D., Koch, S., & Hillert, A. (2010). Where is (im)balance? Necessity and construction of evaluated cut-off points for effort–reward imbalance and overcommitment. *Journal of Occupational and Organizational Psychology*, *83*(1), 251–261.

Leiter, M. P., Day, A., Oore, D., & Spence Laschinger, H. K. (2012). Getting better and staying better: Assessing civility, incivility, distress, and job attitudes one year after a civility intervention. *Journal of Occupational Health Psychology*, *17*(4), 425–434.

LePine, J. A., Colquitt, J. A., & Erez, A. (2000). Adaptability to changing task contexts: Effects of general cognitive ability, conscientiousness, and openness to experience. *Personnel Psychology*, *53*, 563–593.

LePine, J. A., LePine, M. A., & Jackson, C. L. (2004). Challenge and hindrance stress: relationships with exhaustion, motivation to learn, and learning performance. *Journal of Applied Psychology*, *89*(5), 883.

LePine, J. A., Piccolo, R. F., Jackson, C. L., Mathieu, J. E., & Saul, J. R. (2008). A meta-analysis of teamwork processes: Tests of a multidimensional model and relationships with team effectiveness criteria. *Personnel Psychology*, *61*(2), 273–307. doi:10.1111/j.1744-6570.2008.00114.x

LePine, J. A., Podsakoff, N. P., & LePine, M. A. (2005). A meta-analytic test of the challenge stressor–hindrance stressor framework: An explanation for inconsistent relationships among stressors and performance. *Academy of Management Journal*, *48*(5), 764–775.

Leventhal, G. S. (1980). What should be done with equity theory? New approaches to the study of fairness in social relationships. In K. Gergen, M. Greenberg, & R. Willis (Eds.), *Social exchange: Advances in theory and research* (pp. 27–55). New York, NY: Plenum Press.

Levin, I.,&Stokes, J. P. (1989). Dispositional approach to job satisfaction: Role of negative affectivity. *Journal of Applied Psychology*, *74*, 752–758.

Lewin, K. (1943). Defining the "Field at a Given Time." *Psychological Review*, *50*, 292–310.

Lewin, K. (1947). Frontiers in group dynamics. *Human Relations*, *1*, 26–41.

Lewin, K. (1951). *Field theory in social science*. New York, NY: Harper.

Lewin, K., Lippitt, R.,&White, R. K. (1939). Patterns of aggressive behavior in experimentally created "social climates." *Journal of Social Psychology*, *10*(2), 269–299.

Lewis, M. (2004). *Moneyball: The art of winning an unfair game*. New York, NY: Norton.

Liden, R. C., & Maslyn, J. M. (1998). Multi-dimensionality of leader-member exchange: An empirical assessment through scale development. *Journal of Management*, *24*, 43–72.

Liden, R. C.,Wayne, S. J., Stilwell, D. (1993). A longitudinal study on the early development of leader-member exchanges. *Journal of Applied Psychology*, *78*, 662–674.

Liebowitz, S. J., & DeMeuse, K. P. (1982). The application of team building. *Human Relations*, *35*, 1–18.

Lievens, F., & Highhouse, S. (2003). A relation of instrumental and symbolic attributes to a company's attractiveness as an employer. *Personnel Psychology*, *56*, 75–102.

Likert, J. G., & Araki, C. T. (1986). Managing without a boss: System 5. *Leadership & Organization Deelopment Journal*, *7*, 17–20.

Likert, R. (1961). *New patterns of management*. New York, NY: McGraw-Hill.

Likert, R. (1967). *The human organization*. New York, NY: McGraw-Hill.

Lim, S., & Cortina, L. M. (2005). Interpersonal mistreatment in the workplace: The interface and impact of general incivility and sexual harassment. *Journal of Applied Psychology*, *90*(3), 483–496.

Liu, C. (2003). *A comparison of job stressors and job strains among employees holding comparable jobs in Western and Eastern societies*. Unpublished doctoral dissertation,

University of South Florida, Tampa, FL. Dissertation Abstracts International, 64, 991.

Liu, C., & Spector, P. E. (2005). International and cross-cultural issues. In J. Barling, E. K. Kelloway, & M. R. Frone (Eds.), Handbook of occupational health psychology (pp. 487–516). Thousand Oaks, CA: Sage.

Liu, C., Spector, P. E., & Jex, S. M. (2005). The relation of job control with job strains: A comparison of multiple data sources. Journal of Occupational and Organizational Psychology, 78(3), 325–336.

Liu, C., Spector, P. E., & Shi, L. (2007). Cross-national job stress: A quantitative and qualitative study. Journal of Organizational Behavior, 28(2), 209–239.

Liu, J., Kwan, H. K., Fu, P. P., & Mao, Y. (2013). Ethical leadership and job performance in China: The roles of workplace friendships and traditionality. Journal of Occupational and Organizational Psychology, 86(4), 564–584.

Liu, L., Nauta, M. N., Li, C., & Fan, J. (2010). Comparisons of organizational constraints and their relations to strains in China and the United States. Journal of Occupational Health Psychology, 15, 452–467.

Liu, X. Y., Kwan, H. K., & Chiu, R. K. (2013). Customer sexual harassment and frontline employees' service performance in China. Human Relations. Published online October 10, 2013.

Lobel, S. A., & Kossek, E. E. (1996). Human resource strategies to support diversity in work and personal lifestyles: Beyond the "family friendly" organization. In E. E. Kossek & S. A. Lobel (Eds.), Managing diversity: Human resource strategies for transforming the workplace (pp. 221–244). Cambridge, MA: Blackwell Business.

Locke, E. A. (1968). Toward a theory of task motivation and incentive. Organizational Behavior and Human Performance, 3, 157–189.

Locke, E. A. (1976). The nature and causes of job satisfaction. In M. D. Dunnette (Ed.), Handbook of industrial and organizational psychology (pp. 1297–1349). Chicago, IL: Rand McNally.

Locke, E. A. (1982). The ideas of Frederick W. Taylor: An evaluation. Academy of Management Review, 7, 14–24.

Locke, E. A., & Henne, D. (1986). Work motivation theories. In C. L. Cooper & I. T. Robertson (Eds.), International review of industrial and organizational psychology 1986 (pp. 1–35). Chichester, England: Wiley.

Locke, E. A., & Latham, G. P. (1990). A theory of goal setting and task performance. Englewood Cliffs, NJ: Prentice-Hall.

Locke, E. A., & Latham, G. P. (2004). What should we do about motivation theory? Six recommendations for the twenty-first century. Academy of Management Review, 29, 388–404.

Locke, E. A., & Latham, G. P. (2006). New directions in goal-setting theory. Current Directions in Psychological Science, 15, 265–268.

Lok, P., & Crawford, J. (2001). Antecedents of organizational commitment and the mediating role of job satisfaction. Journal of Managerial Psychology, 16, 594–613.

Long, R. G., Bowers, W. P., Barnett, T., & White, M. C. (1998). Research productivity in graduates in management: Effects of academic origin and academy affiliation. Academy of Management Journal, 41, 704–714.

Lord, R. G., & Hanges, P. J. (1987). A control system model of organizational motivation: Theoretical development and applied implications. Behavioral Science, 32, 161–178.

Lord, R. G., & Hohenfeld, J. A. (1979). Longitudinal field assessment of equity aspects on the performance of major league baseball players. Journal of Applied Psychology, 64, 19–26.

Loughlin, C. A., & Barling, J. (1998). Teenagers' part-time employment and their work-related attitudes and aspirations. Journal of Organizational Behavior, 19, 197–207.

Loughlin, C., & Lang, K. (2005). Young workers. In J. Barling, E. K. Kelloway, & M. R. Frone (Eds.), Handbook of work stress (pp. 405–430). Thousand Oaks, CA: Sage.

Louis, M. R. (1983). Organizations as culture-bearing milieux. In L. R. Pondy, P. J. Frost, G. Morgan, & T. Dandridge (Eds.), Organizational symbolism (pp. 39–54). Greenwich, CT: JAI Press.

Louis, M. R. (1990). Acculturation in the workplace: Newcomers as lay ethnographers. In B. Schneider (Ed.), Organizational climate and culture (pp. 85–129). San Francisco, CA: Jossey-Bass.

Lowin, A. (1968). Participative decision making: A model, literature critique, and prescriptions for research. Organizational Behavior and Human Performance, 3, 68–106.

Lu, L., Lin, X., & Leung, K. (2012). Goal orientation and innovative performance: The mediating roles of knowledge sharing and perceived autonomy. Journal of Applied Social Psychology, 42(Suppl. 1), E180–E197.

Ludwig, T. D., Geller, E. S., & Clarke, S. W. (2010). The additive impact of group and individual publicly displayed feedback: Examining individual response patterns and response generalization in a safe-driving occupational intervention. Behavior Modification, 34(5), 338–366.

Lundberg, C., Gudmundson, A., & Andersson, T. D. (2009). Herzberg's two-factor theory of work motivation tested empirically on seasonal workers in hospitality and tourism. Tourism Management, 30(6), 890–899.

Luthans, F., Avolio, B. J., Avey, J. B., & Norman, S. M. (2007). Positive psychological capital: Measurement and relationship with performance and satisfaction. Personnel Psychology 60(3), 541–572.

Luthans, F., & Kreitner, R. (1985). Organizational behavior modification and beyond: An operant and social learning approach (2nd ed.). Glenview, IL: Scott, Foresman.

Macey, W. H., & Schneider, B. (2008). The meaning of employee engagement. Industrial and Organizational Psychology, 1, 3–30.

Mael, F. A., Morath, R. A., & McClellan, J. A. (1997). Dimensions of adolescent employment. Career Development Quarterly, 45, 351–368.

Mael, F. A., & Tetrick, L. E. (1992). Identifying organizational identification. Educational and Psychological Measurement, 52(4), 813–824.

Majchrzak, A. (1987). Effects of management policies on unauthorized absence behavior. Journal of Applied Behavioral

Science, 23, 501-523.

Manlova, T. S., Brush, C. G., & Edelman, L. F. (2008). What do women entrepreneurs want? *Stratgic Change Journal, 17*, 69-82.

Mann, R. D. (1959). A review of the relationships between personality and performance in small groups. *Psychological Bulletin, 56*, 241-270.

Marcus, B., Goffin, R. D., Johnston, N. G., & Rothstein, M. G. (2007). Personality and cognitive ability as predictors of typical and maximum managerial performance. *Human Performance, 20*(3), 275-285.

Marcus, B., & Schuler, H. (2004). Antecedents of counterproductive behavior at work: A general perspective. *Journal of Applied Psychology, 89*, 647-660.

Margerison, C., & Glube, R. (1979). Leadership decision-making: An empirical test of the Vroom-Yetton model. *Journal of Management Studies, 16*, 45-55.

Marks, M. A., DeChurch, L. A., Mathieu, J. E., Panzer, F. J., & Alonso, A. (2005). Teamwork in multi-team systems. *Journal of Applied Psychology, 90*(5), 964-971.

Marks, M. A., Mathieu, J. E., & Zaccaro, S. J. (2001). A temporally based framework and taxonomy of team processes. *Academy of Management Review, 26*, 356-376.

Marrow, A. J. (1969). *The practical theorist: The life and work of Kurt Lewin.* New York, NY: Basic Books.

Martin, J. (2002). *Organizational culture: Mapping the terrain.* Thousand Oaks, CA: Sage.

Martin, L. E., Brock, M. E., Buckley,M. R.,& Ketchen, D. J. (2010). Time banditry: Examining the purloining of time in organizations. *Human Resource Management Review, 20*, 26-34.

Martinaityte, I., & Sacramento, C. A. (2013). When creativity enhances sales effectiveness: The moderating role of leader-member exchange. *Journal of Organizational Behavior, 34*(7), 974-994.

Martocchio, J. J. (1994). The effects of absence culture on individual absence. *Human Relations, 47*, 243-262.

Martocchio, J. J. (2011). Strategic reward and compensation plans. In S. Zedeck (Ed), *APA handbook of industrial and organizational psychology: Vol. 1. Building and developing the organization* (pp. 343-372).Washington, DC: American Psychological Association.

Maslow, A. H. (1943). A theory of human motivation. *Psychological Review, 50*, 370-396.

Mason, R. O. (2004). Lesson in organizational ethics from the Columbia disaster: Can a culture be lethal? *Organizational Dynamics, 33*, 128-142.

Mathieu, J. E., & Day, D. V. (1997). Assessing processes within and between organizational teams: A nuclear power plant example. In M. T. Brannick, E. Salas, & C. Prince (Eds.), *Team performance assessment and measurement: Theory, methods, and applications* (pp. 173-195). Mahwah, NJ: Erlbaum.

Mathieu, J. E., Heffner, T. S., Goodwin, G. F., Salas, E., & Cannon-Bowers, J. A. (2000). The influence of shared mental models on team process and performance. *Journal of Applied Psychology, 85*(2), 273.

Mathieu, J. E., & Kohler, S. S. (1990). A cross-level examination of group absence influences on individual absence. *Journal of Applied Psychology, 75*, 217-220.

Mathieu, J. E., Rapp, T. L., Maynard, M., & Mangos, P. M. (2010). Interactive effects of team and task shared mental models as related to air traffic controllers' collective efficacy and effectiveness. *Human Performance, 23*(1), 22-40. doi:10.1080/08959280903400150

Mathieu, J. E., Tannenbaum, S. I., Donsbach, J. S., & Alliger, G. M. (2014). A review and integration of team compositionmodels: Moving toward a dynamic and temporal framework. *Journal of Management, 40*(1), 130-160.

Mathieu, J. E., & Zajac, D. M. (1990). A review and meta-analysis of the antecedents, correlates, and consequences of organizational commitment. *Psychological Bulletin, 108*, 171-194.

Matteson, M. T., & Ivancevich, J. M. (1987). *Controlling work stress.* San Francisco, CA: Jossey-Bass.

Matthews, R. A., Barnes-Farrell, J. L., & Bulger, C. A. (2010). Advancing measurement of work and family domain boundary characteristics. *Journal of Vocational Behavior, 77*(3), 447-460.

Mawritz, M. B., Mayer, D. M., Hoobler, J. M., Wayne, S. J., & Marinova, S. V. (2012). A trickle-down model of abusive supervision. *Personnel Psychology, 65*, 325-357.

May, D. R., Reed, K., Schwoerer, C. E., & Potter, P. (2004). Ergonomic office design and aging: A quasi-experimental field study of employee reactions to an ergonomics intervention program. *Journal of Occupational Health Psychology, 9*(2), 123-135.

May, D. R., & Schwoerer, C. E. (1994). Employee health by design: Using employee involvement teams in ergonomic job design. *Personnel Psychology, 47*, 861-876.

Mayer, D. M., Kuenzi, M., Greenbaum, R., Bardes, M., & Salvador, R. B. (2009). How low does ethical leadership flow? Test of a trickle-down model. *Organizational Behavior and Human Decision Processes, 108*(1), 1-13.

Mayer, J. D., & Salovey, P. (2007). *Mayer- Salovery-Caruso emotional intelligence test.* Cheektowaga, NY: Multi-Health Systems.

Mayo, E. (1933). *The human problems of an industrial civilization.* New York, NY: Macmillan.

McCabe, D. M. (1988). *Corporate nonunion complaint procedures and systems: A strategic human resources management analysis.* Westport, CT: Praeger.

McClelland, D. (1961). *The achieving society.* Princeton, NJ: Van Nostrand.

McClelland, D. (1965). Toward a theory of motive acquisition. *American Psychologist, 20*, 321-333.

McCloy, R. A., Campbell, J. P., & Cudeck, R. (1994). A confirmatory test of a model of performance determinants. *Journal of Applied Psychology, 79*, 493-505.

McDaniel, M. A., Schmidt, F. L., & Hunter, J. E. (1988). Job experience correlates of job performance. *Journal of Applied Psychology, 73*, 327-330.

McDonald, P. (2012). Workplace sexual harassment 30 years on: A review of the literature. *International Journal of*

Management Reviews, 14, 1–17.

McGrath, J. E. (1964). *Social psychology: A brief introduction.* New York, NY: Holt.

McGrath, J. E. (1990). Time matters in groups. In J. Galegher, R. E. Kraut, & C. Egido (Eds.), *Intellectual teamwork: Social and technological foundations of cooperative work* (pp. 23–61). Hillsdale, NJ: Erlbaum.

McGrath, J. E., & Beehr, T. A. (1990). Time and the stress process: Some temporal issues in the conceptualization and measurement of stress. *Stress Medicine, 6,* 93–104.

McGregor, D. (1960). *The human side of enterprise.* New York, NY: McGraw-Hill.

McKee-Ryan, F., Song, Z., Wanberg, C. R., & Kinicki, A. J. (2005). Psychological and physical well-being during unemployment: A meta-analytic study. *Journal of Applied Psychology, 90*(1), 53–76.

McKenna, D. D., & Wright, P. M. (1992). Alternative metaphors for organizational design. In M. D. Dunnette & L. M. Hough (Eds.), *Handbook of industrial and organizational psychology* (2nd ed., Vol. 3, pp. 901–960). Palo Alto, CA: Consulting Psychologists Press.

McMahon, J. (1972). The contingency theory: Logic and method revisited. *Personnel Psychology, 25,* 697–710.

McMullen, T. J. (1991). *Personality correlates of on-the-job substance use: Exploring an alternative to urinalysis.* Unpublished master's thesis, Central Michigan University, Mount Pleasant.

McNall, L. A., Nicklin, J. M., & Masuda, A. D. (2010). A meta-analytic review of the consequences associated with work-family enrichment. *Journal of Business and Psychology, 25*(3), 381–396.

McNamara, R. S., Blight, J., Brigham, S., Biersteker, T., & Schandler, H. (1999). *Argument without end: In search of answers to the Vietnam tragedy.* New York, NY: Public Affairs.

McNeely, B. L., & Meglino, B. M. (1994). The role of dispositional and situational antecedents in prosocial organizational behavior: An examination of the intended beneficiaries of prosocial behavior. *Journal of Applied Psychology, 79,* 836–844.

Mechanical turk welcome page. Retrieved from https://www.mturk.com/mturk/welcome

Meichenbaum, D. (1977). *Cognitive-behavior modification: An integrated approach.* New York, NY: Plenum Press.

Meier, L. L., & Spector, P. E. (2013). Reciprocal effects of work stressors and counterproductive work behavior: A five-wave longitudinal study. *Journal of Applied Psychology, 98,* 529–529.

Merton, R. K. (1968). *Social theory and social structure.* New York, NY: Free Press.

Meyer, J. P., & Allen, N. J. (1991). A three component conceptualization of organizational commitment. *Human Resource Management Review, 1,* 61–89.

Meyer, J. P., & Allen, N. J. (1997). *Commitment in the workplace: Theory, research, and application.* Thousand Oaks, CA: Sage.

Meyer, J. P., Hecht, T. D., Gill, H., & Toplonytsky, L. (2010).

Person-organization (culture) fit and employee commitment under conditions of organizational change: A longitudinal study. *Journal of Vocational Behavior, 76*(3), 458–473. doi:10.1016/j.jvb.2010.01.001

Meyer, J. P., & Parfyonova, N. M. (2010). Normative commitment in the workplace: A theoretical analysis and re-conceptualization. *Human Resource Management Review, 20*(4), 283–294. doi:10.1016/j.hrmr.2009.09.001

Meyer, J. P., Stanley, L. J., & Parfyonova, N. M. (2012). Employee commitment in context: The nature and implication of commitment profiles. *Journal of Vocational Behavior, 80*(1), 1–16. doi:10.1016/j.jvb.2011.07.002

Michaels, C. E., & Spector, P. E. (1982). Causes of employee turnover: A test of the Mobley, Griffeth, Hand, and Meglino model. *Journal of Applied Psychology, 67,* 53–59.

Milan, A. C., Spitzmueller, C., & Penney, L. M. (2009). Investigating individual differences among targets of incivility. *Journal of Occupational Health Psychology, 14,* 8–69.

Miles, P., Schaufeli, W., & van den Bos, K. (2011). When weak groups are strong: How low cohesion groups allow individuals to act according to their personal absence tolerance norms. *Social Justice Research, 24,* 207–230.

Miles, R. H. (1980). *Macro organizational behavior.* Glenview, IL: Scott, Foresman.

Milgram, S. (1974). *Obedience to authority.* New York, NY: Harper & Row.

Milkovich, G. T., & Newman, J. (1990). *Compensation.* Homewood, IL: Irwin.

Miller, V. D., & Jablin, F. M. (1991). Information seeking during organizational entry: Influences, tactics, and a model of the process. *Academy of Management Review, 16,* 92–120.

Minbashian, A., Earl, J., & Bright, J. H. (2013). Openness to experience as a predictor of job performance trajectories. *Applied Psychology: An International Review, 62*(1), 1–12.

Mirvis, P., & Seashore, S. (1979). Being ethical in organizational research. *American Psychologist, 34,* 766–780.

Mirvis, P. H. (2005). Large group interventions: Change as theater. *Journal of Applied Behavioral Science, 41,* 122–138.

Mitchell, M. S., & Ambrose, M. L. (2007). Abusive supervision and workplace deviance and the moderating effects of negative reciprocity beliefs. *Journal of Applied Psychology, 92,* 1159–1168.

Mitchell, T. R. (1974). Expectancy models of job satisfaction, occupational preferences and effort: A theoretical, methodological, and empirical appraisal. *Psychological Bulletin, 81,* 1053–1077.

Mitchell, T. R., Holtom, B. C., Lee, T. W., Sablynski, C. J., & Erez, M. (2001). Why people stay: Using job embeddedness to predict voluntary turnover. *Academy of Management Journal, 44*(6), 1102–1121.

Mitchell, T. R., & Kalb, L. S. (1982). Effects of job experience on supervisor attributions for a subordinate's poor performance. *Journal of Applied Psychology, 67,* 181–188.

Mitchell, T. R., & Silver, W. R. (1990). Individual and group goals when workers are interdependent: Effects on task strategy and performance. *Journal of Applied Psychology, 75,* 185–193.

Mobley, W. H. (1977). Intermediate linkages in the relationship between job satisfaction and employee turnover. *Journal of Applied Psychology, 62*, 237–240.

Mobley, W. H., Griffeth, R. W., Hand, H. H., & Meglino, B. M. (1979). Review and conceptual analysis of the employee turnover process. *Psychological Bulletin, 86*, 493–522.

Mohamed, M. A. K. (2002). Assessing determinants of departmental innovation. *Personnel Review, 31*, 620–641.

Mohrman, S. A., & Quam, K. (2000). Consulting to team-based organizations: An organizational design and learning approach. *Consulting Psychology Journal: Practice and Research, 52*, 20–35.

Mone, M. A., Mueller, G. C., & Mauland, W. (1996). The perceptions and usage of statistical power in applied psychology and management research. *Personnel Psychology, 49*, 103–120.

Mone, M. A., & Shalley, C. E. (1995). Effects of task complexity and goal specificity on change in strategy and performance over time. *Human Performance, 8*, 243–252.

Moneta, G. B. (2011). Need for achievement, burnout, and intention to leave: Testing an occupational model in eductional settings. *Personality and Individual Differences, 50*, 274–278.

Monroy, J., Jonas, H., Mathey, J., & Murphy, L. (1998). Holistic stress management at Corning, Incorporated. In M. K. Gowing, J. D. Kraft, & J. C. Quick (Eds.), *The new organizational reality: Downsizing, restructuring, and revitalization*. Washington, DC: American Psychological Association.

Montgomery, D. C. (2012). *Design and analysis of experiments* (8th ed.). Hoboken, NJ: Wiley.

Moorhead, G., & Griffin, R. W. (1995). *Organizational behavior: Managing people and organizations* (4th ed.). Boston, MA: Houghton Mifflin.

Moorhead, G., & Griffin, R. W. (1998). *Organizational behavior: Managing people and organizations* (5th ed.). Boston, MA: Houghton Mifflin.

Moorman, R. H. (1991). Relationship between organizational justice and organizational citizenship behaviors: Do fairness perceptions influence employee citizenship? *Journal of Applied Psychology, 76*, 845–855.

Moreland, R. L. (1999). Transactive memory: Learning who knows what in work groups and organizations. In L. L. Thompson, J. M. Levine, & D. M. Messick (Eds.), *Shared cognition in organizations: The management of knowledge* (pp. 3–31). Mahwah, NJ: Erlbaum.

Morgeson, F. P., & Campion, M. A. (2002). Minimizing tradeoffs when redesigning work: Evidence from a longitudinal quasi-experiment. *Personnel Psychology, 55*, 589–612.

Morgeson, F. P., Garza, A. S., & Campion, M. A. (2013). Work design. In I. B. Weiner (Series Ed.) & N. W. Schmitt & S. Highhouse (Vol. Eds.), *Handbook of psychology: Vol. 12. Industrial and organizational psychology* (2nd ed., pp. 525–559). Hoboken, NJ: Wiley.

Morgeson, F. P., & Humphrey, S. E. (2006). The work design questionnaire (WDQ): Developing and validating a comprehensive measure for assessing job design and the nature of work. *Journal of Psychology, 91*, 1321–1339.

Morrison, E. W. (1993). Longitudinal study of the effects of information seeking on newcomer socialization. *Journal of Applied Psychology, 78*, 173–183.

Morrison, E. W. (1994). Role definitions and organizational citizenship behavior: The importance of the employee's perspective. *Academy of Management Journal, 37*, 1543–1567.

Morrison, E. W. (2002). Newcomers' relationships: The role of social network ties during socialization. *Academy of Management Journal, 45*, 1149–1160.

Morrison, E., & Robinson, S. L. (1997). When employees feel betrayed: A model of how psychological contract violation develops. *Academy of Management Review, 22*(1), 226–256.

Mortimer, J. T. (2005). *Working and growing up in America*. Cambridge, MA: Harvard University Press.

Motowidlo, S. J., Packard, J. S., & Manning, M. R. (1986). Occupational stress: Its causes and consequences for job performance. *Journal of Applied Psychology, 71*, 618–629.

Mount, M. K., Oh, I. S., & Burns, M. (2008). Incremental validity of perceptual speed and accuracy over general mental ability. *Personnel Psychology, 61*(1), 113–139.

Mowday, R. T., Porter, L. W., & Steers, R. M. (1982). *Organizational linkages: The psychology of commitment, absenteeism, and turnover*. San Diego, CA: Academic Press.

Mowday, R. T., Steers, R. M., & Porter, L. W. (1979). The measurement of organizational commitment. *Journal of Vocational Behavior, 14*, 224–247.

Muchinsky, P. M. (1977). A comparison of within- and across-subjects analyses of the expectancy-value model for predicting effort. *Academy of Management Journal, 20*, 154–158.

Mudrack, P. E. (1989). Defining group cohesiveness: A legacy of confusion. *Small Group Behavior, 20*, 37–49.

Mulcahy, C. (1991). Workplace stress reaches "epidemic" proportion. *National Underwriter, 4*, 20.

Mullen, B., & Cooper, C. (1994). The relation between group cohesion and performance: An integration. *Psychological Bulletin, 115*, 210–227.

Mumford, M. D., & Licuanan, B. (2004). Leading for innovation: Conclusions, issues, and directions. *Leadership Quarterly, 15*, 163–171.

Murphy, K. R. (1989a). Dimensions of job performance. In R. Dillion & J. W. Pelligrino (Eds.), *Testing: Theoretical and applied perspectives* (pp. 218–247). New York, NY: Praeger.

Murphy, K. R. (1989b). Is the relationship between cognitive ability and performance stable over time? *Human Performance, 2*, 183–200.

Murphy, K. R. (1994). Toward a broad conceptualization of jobs and job performance: Impact of changes in the military environment on the structure, assessment, and prediction of job performance. In M. G. Rumsey, C. B. Walker, & J. H. Harris (Eds.), *Personnel selection and classification* (pp. 85–102). Hillsdale, NJ: Erlbaum.

Murphy, K. R. (2004). Assessment in work settings. In S. N. Haynes & E. M. Heiby (Eds.), *Comprehensive handbook of psychological assessment: Vol. 3. Behavioral assessment* (pp. 346–364). Hoboken, NJ: Wiley.

Murphy, K. R., & Cleveland, J. N. (1990). *Performance appraisal: An organizational perspective.* Boston, MA: Allyn & Bacon.

Murphy, K. R., Thornton, G. C., III., & Reynolds, D. H. (1990). College students' attitudes toward employee drug testing programs. *Personnel Psychology, 43,* 615–631.

Murphy, L. R. (1984). Occupational stress management: A review and appraisal. *Journal of Occupational Psychology, 57,* 1–15.

Murphy, L. R. (1996). *Future directions for job stress research and practice: Expanding the focus from worker health to organizational health.* Opening keynote speech at the 2nd National Occupational Stress Conference, 1996, Brisbane, Queensland, Australia.

Murray, H. A. (1938). *Explorations in personality.* New York, NY: Oxford University Press.

Nagel, C. M. (1999). *The perception of fit within the interview process.* Unpublished master's thesis, University of Wisconsin, Oshkosh.

National Council on Compensation Insurance. (1988). *Emotional stress in the workplace: New legal rights in the eighties.* New York, NY: Author.

National Council on Compensation Insurance. (1991). *Issues report, 1991.* Boca Raton, FL: Author.

National Retail Security Survey. (2008). Gainsville: University of Florida.

Neininger, A., Lehmann-Willenbrock, N., Kauffeld, S., & Henschel, A. (2010). Effects of team and organizational commitment—A longitudinal study. *Journal of Vocational Behavior, 76*(3), 567–579. doi:10.1016/j.jvb.2010.01.009

Nelson, D. L., & Simmons, B. L. (2003). Deriving benefits from stressful events: The role of engagement in meaningful work and hardiness. In J. C. Quick & L. E. Tetrick (Eds.), *Handbook of occupational health psychology* (pp. 97–119). Washington, DC: American Psychological Association.

Nelson, D. L., & Simmons, B. L. (2011). Savoring eustress while coping with distress: The holistic model of stress. In J. Quick & L. E. Tetrick (Eds.), *Handbook of occupational health psychology* (2nd ed., pp. 55–74). Washington, DC: American Psychological Association.

Nelson, T. D. (1993). The hierarchical organization of behavior: A useful feedback model of self-regulation. *Current Directions in Psychological Science, 2,* 121–126.

Nesheim, T., Olsen, K. M., & Tobiassen, A. E. (2011). Knowledge communities in matrix-like organizations: Managing knowledge towards application. *Journal of Knowledge Management, 15,* 836–850.

Neuman, G. A., Edwards, J. E., & Raju, N. S. (1989). Organizational development interventions: A meta-analysis of their effects on satisfaction and other attitudes. *Personnel Psychology, 42,* 461–483.

Neumark-Sztainer, D., Hannan, P. J., Story, M., Croll, J., & Perry, C. (2003). Family meal patterns: Associations with sociodemographic characteristics and improved dietary intake among adolescents. *Journal of the American Dietetic Association, 103*(3), 317–322.

Ng, E. S. W., & Burke, R. J. (2005). Personorganization fit and the war for talent: Does diversity management make a difference. *International Journal of Human Resources Management, 16*(7), 1195–1210.

Ng, I., Lee, Y., & Cardano, P. (2012). Building teams in Chinese organizations. In X. Huang & M. H. Bond (Eds.), *Handbook of Chinese organizational behavior* (pp. 236–257). Cheltenham, England: Edward Elgar.

Ng., T. H., & Feldman, D. C. (2010). The impact of job embeddedness on innovationrelated behaviors. *Human Resource Management, 49*(6), 1067–1087.

Ng, T. H., & Feldman, D. C. (2012). Employee voice behavior: A meta-analytic test of the conservation of resources framework. *Journal of Organizational Behavior, 33*(2), 216–234.

Ng, T. W., & Feldman, D. C. (2008). Long work hours: A social identity perspective on meta-analysis data. *Journal of Organizational Behavior, 29*(7), 853–880.

Nielsen, K., & Abildgaard, J. S. (2012). The development and validation of a job crafting measure for use with blue-collar workers. *Work & Stress, 26*(4), 365–384.

Nielson, I. K., Jex, S. M., & Adams, G. A. (2000). Development and validation of scores on a two-dimensional workplace friendship scale. *Educational and Psychological Measurement, 60,* 628–643.

Nielson, T. R., Carlson, D. S., & Lankau, M. J. (2001). The supportive mentor as a means of reducing work-family conflict. *Journal of Vocational Behavior, 59*(3), 364–381.

Nolan, K. P., & Harold, C. M. (2010). Fit with what? The impact of multiple selfconcept images on organizational attraction. *Journal of Occupational and Organizational Psychology, 83,* 645–662.

Nunnally, J. C., & Bernstein, I. H. (1994). *Psychometric theory* (3rd ed.). New York, NY: McGraw-Hill.

Nyameh, J., Douglas, H., Teru, S., & Titus, A. (2013). Do motivation drive employee's performance in public sector organization? *European Journal of Business and Management, 5,* 92–97.

O'Boyle, E. R., Humphrey, R. H., Pollack, J. M., Hawver, T. H., & Story, P. A. (2011). The relation between emotional intelligence and job performance: A meta-analysis. *Journal of Organizational Behavior, 32*(5), 788–818.

O'Donnell, M. P. (1986). Definition of health promotion. Part II: Levels of programs. *American Journal of Health Promotion, 1,* 6–9.

Offermann, L. R., & Spiros, R. K. (2001). The science and practice of team development: Improving the link. *Academy of Management Journal, 44,* 376–392.

Oh, H., Chung, M. H., & Labianca, G. (2004). Group social capital and group effectiveness: The role of informal socializing ties. *Academy of Management Journal, 47*(6), 860–875.

Oh, I., Wang, G., & Mount, M. K. (2011). Validity of observer ratings of the five-factor model of personality traits: A meta-analysis. *Journal of Applied Psychology, 96*(4), 762–773.

O'Leary-Kelly, A. M., Griffin, R. W., & Glew, D. J. (1996). Organization-motivated aggression: A research framework. *Academy of Management Review, 21,* 225–253.

O'Leary-Kelly, A. M., Martocchio, J. J., & Frink, D. D. (1994). A review of the influence of group goals on group performance. *Academy of Management Journal, 37*, 1285–1301.

Ones, D. S., & Viswesvaran, C. (2000). Most published authors in *Journal of Applied Psychology and Personnel Psychology* during the 1990s. *Industrial-Organizational Psychologist, 37*, 26–35.

Ones, D. S., Viswesvaran, C., & Schmidt, F. L. (1993). Comprehensive meta-analysis of integrity test validities: Findings and implications for personnel selection and theories of job performance. *Journal of Applied Psychology Monograph, 78*, 679–703.

O'Reilly, C. A., & Caldwell, D. (1979). Information influences as a determinant of task characteristics and job satisfaction. *Journal of Applied Psychology, 64*, 157–165.

O'Reilly, C. A., Chatman, J., & Caldwell, D. (1991). People and organizational culture: A profile comparison approach to assessing person-organization fit. *Academy of Management Journal, 34*(3), 487–516.

O'Reilly III C. A., & Main, B. G. (2007). Setting the CEO's pay: It's more than simple economics. *Organizational Dynamics, 36*(1), 1–12.

Organ, D. W. (1977). A reappraisal and reinterpretation of the satisfaction-causesperformance hypothesis. *Academy of Management Review, 2*, 46–53.

Organ, D. W. (1994). Organizational citizenship behavior and the good soldier. In M. G. Rumsey, C. B. Walker, & J. H. Harris (Eds.), *Personnel selection and classification* (pp. 53–67). Hillsdale, NJ: Erlbaum.

Organ, D. W., & Konovsky, M. (1989). Cognitive versus affective determinants of organizational citizenship behavior. *Journal of Applied Psychology, 74*, 157–164.

Organ, D. W., Podsakoff, P. M., & Podsakoff, N. P. (2011). Expanding the criterion domain to include organizational citizenship behavior: Implications for employee selection. In S. Zedeck (Ed.), *APA handbook of industrial and organizational psychology: Vol. 2. Selecting and developing members for the organization* (pp. 281–323). Washington, DC: American Psychological Association.

Organ, D. W., & Ryan, K. (1995). A meta-analytic review of attitudinal and dispositional predictors of organizational citizenship behavior. *Personnel Psychology, 48*, 775–802.

Ostroff, C. (1992). The relationship between satisfaction, attitudes, and performance: An organizational level analysis. *Journal of Applied Psychology, 77*, 963–974.

Ostroff, C., Kinicki, A. J., & Muhammed, R. S. (2013). Organizational culture and climate. In I. B. Weiner (Series Ed.) & N. Schmitt & S. Highhouse (Vol. Eds.), *Handbook of psychology: Vol. 12. Industrial and organizational psychology* (2nd ed., pp. 643–676). Hoboken, NJ: Wiley.

Ostroff, C., & Kozlowski, S. W. J. (1992). Organizational socialization as a learning process: The role of information acquisition. *Personnel Psychology, 45*, 849–874.

Oswald, F. L., Schmitt, N., Kim, B. H., Ramsay, L. J., & Gillespie, M. A. (2004). Developing a biodata measure and situational judgment inventory as predictors of college student Performance. *Journal of Applied Psychology, 89*(2), 187–207.

O'Toole, L. J., & Meier, K. J. (2003). Bureaucracy and uncertainty. In B. C. Burden (Ed.), *Uncertainty in American politics* (pp. 98–117). Cambridge, England: Cambridge University Press.

Owen, H. (2007). Open space technology. In P. Holman, T. Devane, & S. Cady (Eds.), *The change handbook: The definitive resource for engaging whole systems* (pp. 135–148). San Francisco, CA: Berrett-Koehler.

Pacanowsky, M. E., & O'Donnell-Trujillo, N. (1983). Organizational communication as cultural performance. *Communication Monographs, 50*, 126–147.

Panaccio, A., & Vandenberghe, C. (2009). Perceived organizational support, organizational commitment and psychological wellbeing: A longitudinal study. *Journal of Vocational Behavior, 75*(2), 224–236. doi:10.1016/j.jvb.2009.06.002

Panaccio, A., & Vandenberghe, C. (2012). Five-factor model of personality and organizational commitment: The mediating role of positive and negative affective states. *Journal of Vocational Behavior, 80*(3), 647–658. doi:10.1016/j.jvb.2012.03.002

Parboteeah, K. P., Addae, H. M., & Cullen, J. B. (2005). National culture and absenteeism: An empirical test. *International Journal of Organizational Analysis, 13*, 343–361.

Park, Y., & Jex, S. M. (2011). Work and home boundary management using communication and information technology. *International Journal of Stress Management, 18*, 133–152.

Parker, C. P. (1999). The impact of leaders' implicit theories of employee participation on tests of the Vroom-Yetton model. *Journal of Social Behavior and Personality, 4*, 45–61.

Parker, S. K., Bindl, U. K., & Strauss, K. (2010). Making things happen: A model of proactive motivation. *Journal of Management, 36*(4), 827–856.

Parker, S. K., Williams, H. M., & Turner, N. (2006). Modeling the antecedents of proactive behavior at work. *Journal of Applied Psychology, 91*(3), 636.

Parker, S., & Wall, T. (1998). *Job and work redesign: Organizing work to promote well-being and effectiveness.* Thousand Oaks, CA: Sage.

Parks, K. M., & Steelman, L. A. (2008). Organizational wellness programs: A metaanalysis. *Journal of Occupational Health Psychology, 13*(1), 58–68.

Parsons, T. (1951). *The social system.* New York, NY: Free Press.

Patton, E., & Johns, G. (2007). Women's absenteeism in the popular press: Evidence for a gender-specific absence culture. *Human Relations, 60*, 1579–1612.

Paul, R. J., & Ebadi, Y. M. (1989). Leadership decision-making in a service organization: A field test of the Vroom-Yetton model. *Journal of Occupational Psychology, 62*, 201–211.

Paulhus, D. L. (1984). Two-component models of socially desirable responding. *Journal of Personality and Social Psychology, 46*, 598–609.

Pearson, C. M., Andersson, L. M., & Porath, C. L. (2000). Assessing and attacking workplace incivility. *Organizational Dynamics, 29*, 123–137.

Pedersen, D. E., Minnotte, K. L., Kiger, G., & Mannon, S. E. (2009). Workplace policy and environment, family role quality, and positive family-to-work spillover. *Journal of Family and Economic Issues, 30*(1), 80–89.

Peeters, M. A. G., Van Tuijl, H. F. J. M., Rutte, C. G., & Reymen, I. M. M. J. (2006). Personality and team performance: Ameta-analysis. *European Journal of Personality, 20*, 377–396.

Peir, J. M., Tordera, N., Poto˙cnik, K. (2012). Retirement practices in different countries. In Wang, M. (Ed.), *Oxford handbook of retirement* (pp. 510–540). New York, NY: Oxford University Press.

Pelletier, K. R. (1991). A review and analysis of the health and cost effective outcome studies of comprehensive health promotion and disease preventive programs. *American Journal of Health Promotion, 5*, 311–315.

Penney, L. M., & Spector, P. E. (2002). Narcissism and counterproductive work behavior: Do bigger egos mean bigger problems? *International Journal of Selection and Assesment, 10*, 126–134.

Pepper, A., Gore, J., & Crossman, A. (2013). Are long-term incentive plans an effective and efficient way of motivating senior executives? *Human Resource Management Journal, 23*(1), 36–51.

Perlaki, I. (1994). Organizational development in Eastern Europe: Learning to build culture-specific OD theories. *Journal of Applied Behavioral Science, 30*, 297–312.

Perlman, B., McCann, L. I., & McFadden, S. H. (1999). How to land that first teaching job. In B. Perlman, L. I. McCann, and S. H. McFadden (Eds.), *Lessons learned: Practical advice for the teaching of psychology* (Vol. 1., pp. 3–6). Washington, DC: American Psychological Association.

Perrewe, P. L., & Ganster, D. C. (1989). The impact of job demands and behavioral control on experienced job stress. *Journal of Organizational Behavior, 10*, 213–229.

Peter, R., Geissler, H., & Siegrist, J. (1998). Associations of effort-reward imbalance at work and reported symptoms in difference groups of male and female public transport workers. *Stress Medicine, 14*, 175–182.

Peters, L. H., & O'Connor, E. J. (1980). Situational constraints and work outcomes: The influences of a frequently overlooked construct. *Academy of Management Review, 5*, 391–397.

Peters, L. H.,&O'Connor, E. J. (1988). Measuring work obstacles: Procedures, issues, and implications. In F. D. Schoor-man & B. Schneider (Eds.), *Facilitating work group effectiveness* (pp. 105–123). Lexington, MA: Lexington Books.

Peters, T. J., & Waterman, R. (1982). *In search of excellence.* New York, NY: Harper & Row.

Peterson, M. F., Smith, P. B., Akande, A., Ayestaran, S., Bochner, S., Callan, V., . . . Viedge, C., (1995). Role conflict, ambiguity, and overload: A 21-nation study. *Academy Management Journal, 38*, 429–452.

Peterson, M.,&Wilson, J. (1998). A culturework-health model. *American Journal of Health Behavior, 22*, 378–390.

Peterson, S. J., Galvin, B. M., & Lange, D. (2012). CEO servant leadership: Exploring executive characteristics and firm performance. *Personnel Psychology, 65*(3), 565–596.

Peterson, S. J., & Luthans, F. (2006). The impact of financial and nonfinancial incentives on business-unit outcomes over time. *Journal of Applied Psychology, 91*, 156–165.

Peterson, S. J.,Walumbwa, F. O., Avolio, B. J., & Hannah, S. T. (2012). The relationship between authentic leadership and follower job performance: The mediating role of follower positivity in extreme contexts. *Leadership Quarterly, 23*(3), 502–516.

Pettigrew, A. M. (1979). On studying organizational cultures. *Administrative Science Quarterly, 24*, 570–581.

Petty, M. M., Singleton, B., & Connell, D.W. (1992). An experimental evaluation of an organizational incentive plan in the electrical utility industry. *Journal of Applied Psychology, 77*, 427–436.

Petty, R. E., & Cacioppo, J. T. (1981). *Attitudes and persuasion: Classic and contemporary approaches.* Dubuque, IA: Brown.

Phillips, J. M. (1998). Effects of realistic job previews on multiple organizational outcomes: A meta-analysis. *Academy of Management Journal, 41*, 673–690.

Phillips, S., & Sandstrom, K. L. (1990). Parental attitudes toward youth work. *Youth & Society, 22*, 160–183.

Piccolo, R. F.,&Colquitt, J. A. (2006). Transformational leadership and job behaviors: The mediating role of core job characteristics. *Academy of Management Journal, 49*, 327–340.

Piderit, S. K. (2005). Rethinking resistance and recognizing ambivalence: A multidimensional view of attitudes toward an organizational change. *Academy of Management Review, 25*(4), 783–794.

Pierce, J. L., Jussila, I., & Cummings, A. (2009). Psychological ownership within the job design context: Revision of the job characteristics model. *Journal of Organizational Behavior, 30*(4), 477–496.

Pinder, C. C. (2008). *Work motivation in organizational behavior.* New York, NY: Psychology Press.

Pittman, T. S., & Zeigler, K. R. (2007). Basic human needs. In A. W. Kruglanski & E. T. Higgins (Eds.), *Social psychology: Handbook of basic principles* (2nd ed., pp. 473–489). New York, NY: Guilford Press.

Ployhart, R. E., & Hakel, M. D. (1998). The substantive nature of performance variability: Predicting interindividual differences in intraindividual performance. *Personnel Psychology, 51*, 859–901.

Ployhart, R. E.,Weekley, J. A., & Baughman, K. (2006). The structure and function of human capital emergence: A multilevel examination of the attraction-selection attrition model. *Academy of Management, 49*, 661–677.

Podsakoff, P. M., Ahearne, M., & MacKenzie, S. B. (1997). Organizational citizenship behavior and the quantity and quality of work group performance. *Journal of Applied Psychology, 82*(2), 262–270.

Podsakoff, N. P., Whiting, S. W., Podsakoff, P. M.,&Blume, B. D. (2009). Individual- and organizational-level consequences of organizational citizenship behaviors: A metaanalysis. *Journal of Applied Psychology, 94*(1), 122–141.

Podsakoff, P. M., MacKenzie, S. B., Lee, J. Y., & Podsakoff, N. M. (2003). Common method biases in behavioral research: A critical review of the literature and recommended remedies. *Journal of Applied Psychology, 88*(5), 879‒903.

Podsakoff, P. M., & Williams, L. J. (1986). The relationship between job performance and job satisfaction. In E. A. Locke (Ed.), *Generalizing from laboratory to field settings* (pp. 207‒253). Lexington, MA: Heath.

Porras, J. I., & Robertson, P. J. (1992). Organizational development: Theory, practice, and research. In M. D. Dunnette & L. M. Hough (Eds.), *The handbook of industrial and organizational psychology* (Vol. 3, pp. 719‒822). Palo Alto, CA: Consulting Psychologists Press.

Powers, W. T. (1973a). Feedback: Beyond behaviorism. *Science, 179*, 351‒356.

Powers, W. T. (1973b). *Behavior: The control of perception.* Chicago, IL: Aldine.

Powers, W. T. (1978). Quantitative analysis of purposive systems: Some spadework at the foundations of scientific psychology. *Psychological Review, 85*, 417‒435.

Presser, H. B. (2003). Race-ethnic and gender differences in non-standard work shifts. *Work and Occupations, 30*, 412‒439.

Pritchard, R. D. (1969). Equity theory as a predictor of productivity and work quality. *Psychological Bulletin, 70*, 596‒610.

Puffer, S. M. (1999). Global statesman: Mikhail Gorbachev on globalization. *Academy of Management Executive, 13*, 8‒14.

Pulakos, E. D. (1984). A comparison of rater training programs: Error training and accuracy training. *Journal of Applied Psychology, 69*, 581‒588.

Pulakos, E. D., Arad, S., Donovan, M. A., & Plamondon, K. E. (2000). Adaptability in the workplace: development of a taxonomy of adaptive performance. *Journal of Applied Psychology, 85*(4), 612.

Pulakos, E. D., Schmitt, N., Dorsey, D. W., Arad, S., Borman, W. C., & Hedge, J. W. (2002). Predicting adaptive performance: Further tests of a model of adaptability. *Human Performance, 15*(4), 299‒323.

Puranam, P., Singh, H., & Zollo, M. (2006). Organizing for innovation: Managing the coordination-autonomy dilemma in technology acquisitions. *Academy of Management Journal, 49*, 268‒280.

Purser, R. E., & Petranker, J. (2005). Unfreezing the future: Exploring the dynamic of time in organizational change. *Journal of Applied Behavioral Science, 41*, 182‒203.

Purvanova, R. K., Bono, J. E., &Dzieweczynski, A. (2006). Transformational leadership, job characteristics, and organizational citizenship performance. *Human Performance, 19*, 1‒22.

Quinones, M. A., Ford, J. K., & Teachout, M. S. (1995). The relationship between work experience and job performance: A conceptual and meta-analytic review. *Personnel Psychology, 48*, 887‒910.

Rafaeli, A., Hadomi, O., Simmons, T. (2005). Recruiting through advertising or employee referrals: Costs, yields, and the effects of geographic focus. *European Journal of Work and Organizational Psychology, 14*, 355‒366.

Ragu-Nathan, T. S., Tarafdar, M., Ragu-Nathan, B. S., & Tu, Q. (2008). The consequences of technostress for end users in organizations: Conceptual development and empirical validation. *Information Systems Research, 19*(4), 417‒433.

Rajagopalan, N., & Spreitzer, G. M. (1996). Towards a theory of strategic change: A multi-lens perspective and integrative framework. In *Academy of Management Proceedings, 1*, 51‒55. Academy of Management.

Ramesh, A., & M. J. Gelfand, M. J. (2010). Will they stay or will they go? The role of job embeddedness in predicting turnover in individualistic and collectivistic cultures. *Journal of Applied Psychology, 15*, 452‒467.

Rao, T. V., & Vijayalakshmi, M. (2000). Organization development in India. *Organization Development Journal, 18*, 51‒63.

Raskin, R., & Hall, C. (1981). The narcissistic personality inventory: Alternate formreliability and further evidence of construct validity. *Journal of Personality Assessment, 60*, 159‒162.

Rau, R. (2004). Job strain or healthy work: A question of task design. *Journal of Occupational Health Psychology, 9*(4), 322‒338.

Rauscher, K. J., Wegman, D. H., Wooding, J., Davis, L., & Junkin, R. (2013). Adolescent work quality: A view from today's youth. *Journal of Adolescent Research, 28*, 557‒590.

Raven, B. H. (1993). The bases of power: Origins and recent developments. *Human Relations, 49*, 227‒251.

Reivich, K. J., Seligman, E. E. P., & McBride, S. (2011). Master resilience training in the U.S. Army. *American Psychologist, 66*, 25‒34.

Renn, R. W., & Vandenberg, R. J. (1995). The critical psychological states: An under-represented component in job characteristics model research. *Journal of Management, 21*, 279‒303.

Rentsch, J. R., & Schneider, B. (1991). Expectations for postcombination organizational life: A study of responses to merger and acquisition scenarios. *Journal of Applied Social Psychology, 21*, 233‒252.

Rhoades, L., & Eisenberger, R. (2002). Perceived organizational support: A review of the literature. *Journal of Applied Psychology, 87*(4), 698‒714.

Richardson, K. M., & Rothstein, H. R. (2008). Effects of occupational stress management intervention programs: A metaanalysis. *Journal of Occupational Health Psychology, 13*, 69‒93.

Riggle, R. J., Edmondson, D. R., & Hansen, J. D. (2009). A meta-analysis of the relationship between perceived organizational support and job outcomes: 20 years of research. *Journal of Business Research, 62*(10), 1027‒1030.

Riggs, M. L., & Knight, P. A. (1994). The impact of perceived group success-failure on motivational beliefs and attitudes: A causal model. *Journal of Applied Psychology, 79*, 755‒766.

Riordan, C. M., & Griffeth, R. W. (1995). The opportunity for friendship in the workplace: An underexplored construct. *Journal of Business and Psychology, 10*, 141‒154.

Roberts, C. K. (1995). *The role of personality in perceived free riding*. Unpublished doctoral dissertation, Central Michigan University, Mount Pleasant.

Rockstuhl, T., Dulebohn, J. H., Ang, S., & Shore, L. M. (2012). Leader-member exchange (LMX) and culture: A metaanalysis of correlates of LMX across 23 countries. *Journal of Applied Psychology, 97*(6), 1097-1130.

Rodgers, R., & Hunter, J. E. (1991). Impact of management by objectives on organizational productivity. *Journal of Applied Psychology, 76*, 322-336.

Rodriguez-Muñz, A., Sanz-Vergel, A. I., Demerouti, E., & Bakker, A. B. (2012). Reciprocal relationships between job demands, job resources, and recovery opportunities. *Journal of Personnel Psychology, 11*(2), 86-94.

Rogers, K., & Kelloway, E. K. (1997). Violence at work: Personal and organizational outcomes. *Journal of Occupational Health Psychology, 2*, 63-71.

Roman, P. M., & Blum, T. C. (1995). Employers. In R. H. Coombs & D. M. Ziedonis (Eds.), *Handbook on drug abuse prevention* (pp. 139-158). Boston, MA: Allyn & Bacon.

Ronen, S. (2001). Self-actualization versus collectualization: Implications for motivation theories. In M. Erez, U. Kleinbeck, & H. Thierry (Eds.), *Work motivation in the context of a globalized economy*. Mahwah, NJ: Erlbaum.

Rosen, C., Klein, K. J., & Young, K. M. (1986). *Employee ownership in America: The equity solution*. Lexington, MA: Lexington.

Rosen, T. H. (1987). Identification of substance abusers in the workplace. *Public Personnel Management, 16*, 197-205.

Rosenthal, R. (1991). *Meta-analytic techniques for social research* (Rev. ed.). Newbury Park, CA: Sage.

Rotter, J. B. (1966). Generalized expectancies for internal versus external control of reinforcement. *Psychological Monographs* (Entire issue, No. 609).

Rousseau, D. (1985). Issues of level in organizational research: Multi-level and crosslevel perspectives. In L. L. Cummings & B. M. Staw (Eds.), *Research in organizational behavior* (Vol. 7, pp. 1-38). Greenwich, CT: JAI Press.

Rousseau, D. M. (2011). The individual-organization relationship: The psychological contract. In S. Zedeck (Ed.), *APA handbook of industrial and organizational psychology: Vol. 3. Maintaining, expanding, and contracting the organization* (pp. 191-220). Washington, DC: American Psychological Association.

Runkel, P. J., & McGrath, J. E. (1972). *Research on human behavior*. New York, NY: Holt, Reinhart and Winston.

Russell, S. S., Spitzmüller, C., Lin, L. F., Stanton, J. M., Smith, P. C., & Ironson, G. H. (2004). Shorter can also be better: The abridged Job in General Scale. *Educational and Psychological Measurement, 64*(5), 878-893.

Russo, M. V., & Harrison, N. S. (2005). Organizational design and environmental performance: Clues from the electronics industry. *Academy of Management Journal, 48*, 582-583.

Ryan, A. M., & Kossek, E. E. (2008). Work-life policy implementation: Breaking down or creating barriers to inclusiveness? *Human Resource Management, 47*(2), 295-310.

Ryan, R. M., & Deci, E. L. (2000). Selfdetermination theory and the facilitation of intrinsic motivation. *American Psychologist, 55*, 68-78.

Ryan, R. M., & Deci, E. L. (2001). On happiness and human potentials: A review of research on hedonic and eudaimonic wellbeing. *Annual Review of Psychology, 52*, 141-166.

Saks, A. M., Gruman, J. A., & Cooper-Thomas, H. (2011). The neglected role of proactive behavior and outcomes in newcomer socialization. *Journal of Vocational Behavior, 79*, 36-46.

Saks, A. M., & Uggerslev, K. L. (2010). Sequential and combined effects of recruitment information on applicant reactions. *Journal of Business Psychology, 25*, 351-365.

Salancik, G. R., & Pfeffer, J. (1977). An examination of need satisfaction models of job attitudes. *Administrative Science Quarterly, 22*, 427-456.

Salancik, G. R., & Pfeffer, J. (1978). A social information processing approach to job attitudes and task design. *Administrative Science Quarterly, 23*, 224-253.

Salas, E., Rozell, D., Mullen, B., & Driskell, J. E. (1999). The effect of team building on performance and integration. *Small Group Research, 30*(3), 309-329.

Salas, E., Sims, D. E., & Burke, C. S. (2005). Is there a "big five" in teamwork? *Small Group Research, 36*(5), 555-599.

Sales, S. M., & House, J. (1971). Job dissatisfaction as a possible risk factor in coronary heart disease. *Journal of Chronic Diseases, 23*, 189-194.

Salgado, J. F., Moscoso, S., & Berges, A. (2013). Conscientiousness, its facets, and the prediction of job performance ratings: Evidence against the narrow measures. *International Journal of Selection and Assessment, 21*(1), 74-84.

Salvendy, G. (1978). An industrial engineering dilemma: Simplified versus enlarged jobs. In R. Muramatsu & N. A. Dudley (Eds.), *Production and industrial systems* (pp. 965-975). London, England: Taylor & Francis.

Scandura T. A., & Williams, E. A. (2000). Research methodology in management: Current practices, trends, and implications for future research. *Academy of Management Journal, 43*, 1248-1264.

Scarpello, V., & Jones, F. F. (1996). Why justice matters in compensation decision making. *Journal of Organizational Behavior, 17*, 285-299.

Schat, A. C. H., Frone, M. R., & Kelloway, E. K. (2006). Prevalence of workplace aggression in the U.S. workforce. In E. K. Kelloway, J. Barling, & J. J. Hurrell (Eds.), *Handbook of workplace violence* (pp. 47-89). Thousand Oaks, CA: Sage.

Schat, A. C. H., & Kelloway, K. E. (2005). Reducing the adverse consequences of workplace aggression and violence: The buffering effects of organizational support. *Journal of Occupational Health Psychology, 8*(2), 110-122.

Schaubroeck, J., Ganster, D. C., & Kemmerer, B. E. (1994). Job complexity, Type A behavior, and cardiovascular disorder: A prospective study. *Academy of Management Journal, 34*, 966-975.

Schaubroeck, J., Ganster, D. C., Sime, W. E., & Ditman, D. (1993). A field experiment testing supervisory role clarification. *Personnel Psychology, 46*, 1–25.

Schaubroeck, J., Lam, S. S., & Cha, S. E. (2007). Embracing transformational leadership: Team values and the impact of leader behavior on team performance. *Journal of Applied Psychology, 92*(4), 1020–1030.

Schaubroeck, J., & Merritt, D. E. (1997). Divergent effects of job control on coping with work stressors: The key role of selfefficacy. *Academy of Management Journal, 40*, 738–754.

Schaufeli, W. B., Bakker, A. B., & Van Rhenen, W. (2009). How changes in job demands and resources predict burnout, work engagement and sickness absenteeism. *Journal of Organizational Behavior, 30*(7), 893–917.

Schein, E. H. (1983). The role of the founder in creating organizational culture. *Organizational Dynamics, Summer*, 13–28.

Schein, E. H. (1990).Organizational culture. *American Psychologist, 45*, 109–119.

Schein, E. (2010). *Organizational culture and leadership*. San Francisco, CA: Jossey-Bass.

Schein, E. H. (1985). *Organizational culture and leadership: A dynamic view*. San Francisco, CA: Jossey-Bass.

Schein, E. H. (1987). *Process consultation: Lessons for managers and consultants* (Vol. 2). Reading, MA: Addison-Wesley.

Schein, E. H. (1992). *Organizational culture and leadership: A dynamic view* (2nd ed.). San Francisco, CA: Jossey-Bass.

Schein, E. H. (1998). *Process consultation revisited: Building the helping relationship*. Upper Saddle River, NJ: Prentice Hall.

Schill, W. J., McCartin, R., & Meyer, K. (1985). Youth employment: Its relationship to academic and family variables. *Journal of Vocational Behavior, 26*(2), 155–163.

Schleicher, D. J., Hansen, S., & Fox, K. E. (2011). Job attitudes and work values. In S. Zedeck (Ed.), *APA handbook of industrial and organizational psychology: Vol. 3. Maintaining, expanding, and contracting the organization* (pp. 137–189). Washington, DC: American Psychological Association.

Schleicher, D. J., Watt, J. D., & Greguras, G. J. (2004). Reexamining the job satisfaction-performance relationship. *Journal of Applied Psychology, 89*, 165–177.

Schmidt, A., Beck, J., & Gillespie, J. (2013). Motivation. In I. Weiner (Series Ed.) & N. Schmitt & S. Highhouse (Vol. Eds.), *Handbook of psychology: Vol. 12. Industrial and organizational psychology* (2nd ed., pp. 311–340). Hoboken, NJ: Wiley.

Schmidt, F. L., & Hunter, J. E. (1998). The validity and utility of selection methods in personnel psychology: Practical and theoretical implications of 85 years of research findings. *Psychological Bulletin, 124*, 262–274.

Schmidt, F. L., Hunter, J. E., & Outerbridge, A. N. (1986). The impact of job experience and ability on job knowledge, work sample performance, and supervisory ratings of performance. *Journal of Applied Psychology, 71*, 432–439.

Schminke, M., Ambrose, M. L., & Cropanzano, R. S. (2000). The effect of organizational structure on perceptions of procedural fairness. *Journal of Applied Psychology, 85*, 294–304.

Schneider, B. (1987). The people make the place. *Personnel Psychology, 40*, 437–454.

Schneider, B., & Bowen, D. E. (1985). Employee and customer perceptions of service in banks: Replication and extension. *Journal of Applied Psychology, 70*, 423–433.

Schneider, B., Ehrhart, M. G., & Macy, W. H. (2011). Perspectives on organizational climate and culture. In S. Zedeck (Ed.), *Handbook of industrial and organizational psychology* (pp. 373–414). Washington, DC: American Psychological Association.

Schneider, B., Hanges, P. J., Smith, D. B., & Salvaggio, A. N. (2003). Which comes first: Employee attitudes or organizational financial and market performance? *Journal of Applied Psychology, 88*, 836–851.

Schneider, B., Macy, W. H., Lee, W., & Young, S. A. (2009). Organizational service climate drivers of the American Customer Satisfaction Index (ACSI) and financial and market performance. *Journal of Service Research, 12*, 3–14.

Schneider, B., Smith, D. B., Taylor, S., & Fleenor, J. (1998). Personality and organizations: A test of the homogeneity of personality hypothesis. *Journal of Applied Psychology, 83*, 462–470.

Schneider, B., White, S. S., & Paul, M. C. (1998). Linking service climate and perceptions of service quality: Test of a causal model. *Journal of Applied Psychology, 83*, 150–163.

Schreurs, B., van Emmerik, H., Notelaers, G., & De Witte, H. (2010). Job insecurity and employee health: The buffering potential of job control and job self-efficacy. *Work & Stress, 24*(1), 56–72.

Schriesheim, C. A., & Kerr, S. (1977). Theories and measures of leadership: A critical appraisal of current and future directions. In J. G. Hunt & L. L. Larson (Eds.), *Leadership: The cutting edge* (pp. 9–45). Carbondale: Southern Illinois University Press.

Schriescheim, C. A., Tepper, B. J.,&Tetrault, L. A. (1994). Least preferred co-worker score, situational control, and leadership effectiveness: Ameta-analysis of contingency model performance predictions. *Journal of Applied Psychology, 79*, 561–573.

Schutt, R. K. (2011). Chapter 10: Qualitative data analysis. *Investigating the social world: The process and practice of research*. Thousand Oaks, CA: Pine Forge Press.

Schwab, D. P. (1991). Contextual variables in employer performance-turnover relationships. *Academy of Management Journal, 34*, 966–975.

Schweiger, D. M., & DeNisi, A. S. (1991). Communication with employees following a merger: A longitudinal field experiment. *Academy of Management Journal, 34*, 110–135.

Schweitzer, L., & Duxbury, L. (2010). Con-ceptualizing and measuring the virtuality of teams. *Information Systems Journal, 20*(3), 267–295. doi:10.1111/j.1365-2575.2009.00326.x

Scott, W. R. (1990). Technology and structure: An organizational -level perspective. In P. S. Goodman & L. S. Sproull (Eds.), *Technology and organizations* (pp. 109–143). San Francisco, CA: Jossey-Bass.

Sears, W. (1986). Winning the productivity battle: Roles and responsibilities for HRD practitioners. *Leadership &*

Organizational Development Journal, 7(1), 17–20.

Seabright, M. A., Ambrose, M. L., & Schminke, M. (2010). Two images of workplace sabotage. In J. Greenberg (Ed.), *Insidious workplace behavior* (pp. 77–100). New York, NY: Routledge.

Seashore, S. E. (1954). *Group cohesiveness in the industrial work group.* Ann Arbor: University of Michigan Press.

Seers, A., Petty, M. M., & Cashman, J. F. (1995). Team-member exchange under team and traditional management: A naturally occurring quasi-experiment. *Group and Organization Management, 20*, 18–38.

Seibert, S. E., Kraimer, M. L., & Crant, J. M. (2001).What do proactive people do? A longitudinal model linking proactive personality and career success. *Personnel Psychology, 54*(4), 845–874.

Selye, H. (1956). *The stress of life.* New York, NY: McGraw-Hill.

Senge, P. (1990). *The fifth discipline: The art and practice of the learning organization.* New York, NY: Doubleday.

Shaffer, J. A., & Postlethwaite, B. E. (2012). A matter of context: A meta-analytic investigation of the relative validity of contextualized and noncontextualized personality measures. *Personnel Psychology, 65*(3), 445–493.

Shamir, B., House, R. J., & Arthur, M. B. (1993). The motivational effect of charismatic leadership: A self-concept based theory. *Organization Science, 4*, 577–594.

Shaw, I., Greene, J. C., & Mark, M. M. (2006). *The SAGE handbook of evaluation.* Thousand Oaks, CA: Sage.

Shaw, J. D., Duffy,M. K., Mitra, A., Lockhart, D. E., & Bowler, M. (2003). Reactions to merit pay increases: A longitudinal test of a signal sensitivity perspective. *Journal of Applied Psychology, 88*, 538–544.

Shaw, J. D., Zhu, J., Duffy, M. K., Scott, K. L., Shih, H., & Susanto, E. (2011). A contingency model of conflict and team effectiveness. *Journal of Applied Psychology, 96*(2), 391–400. doi:10.1037/a0021340

Shea, G. P.,&Guzzo, R. A. (1987). Groups as human resources. In K. M. Rowland & G. R. Ferris (Eds.), *Research in personnel and human resources management* (Vol. 5, pp. 323–356). Greenwich, CT: JAI Press.

Sheldon, K. M., & Elliot, A. J. (1998). Not all personal goals are personal: Comparing autonomous and controlled reasons for goals as predictors of effort and attainment. *Personality and Social Psychology Bulletin, 24*, 546–557.

Sheldon, K. M., & Houser-Marko, L. (2001). Self-concordance, goal attainment, and the pursuit of happiness: Can there be an upward spiral? *Journal of Personality and Social Psychology, 80*, 152–165.

Sheldon, K. M., Turban, D. B., Brown, K. G., Barrick, M. R., & Judge, T. A. (2003). Apply self-determination theory to organizational research. *Research in Personnel and Human Resources Management, 22*, 357–393.

Shen, W., Gentry, R. J., & Tosi, H. L., Jr. (2010). The impact of pay on CEO turnover: A test of two perspectives. *Journal of Business Research, 63*(7), 729–734.

Shim, W., & Steers, R. M. (1994). *Mediating influences on the employee commitment-job performance relationship.* Unpublished manuscript.

Shin, Y. (2004). A person-environment fit model for virtual organizations. *Journal of Management, 30*, 725–743.

Shockley, K. M., & Allen, T. D. (2007). When flexibility helps: Another look at the availability of flexible work arrangements and work-family conflict. *Journal of Vocational Behavior, 71*(3), 479–493.

Shperling, Z. & Shirom, A. (2005). A field experiment assessing the impact of the focused diagnosis intervention on job autonomy. *Journal of Applied Behavioral Science, 41*(2), 222–240.

Shultz, K. S., & Wang, M. (2011). Psychological perspectives on the changing nature of retirement. *American Psychologist, 66*(3), 170.

Siebold, G. (2006). Military group cohesion. In T. W. Britt, C. A. Castro, & A. B. Adler (Eds.), *Military life: The psychology of serving in peace and combat. Vol. 1: Military performance* (pp. 185–201). Westport, CT: Praeger.

Siegrist, J. (1996). Adverse health effects of high-effort/low-reward conditions. *Journal of Occupational Health Psychology, 1*, 27–41.

Siegrist, J. (2002). Effort-reward imbalance at work and health. In P. L. Perrewe & D. C. Ganster (Eds.), *Historical and current perspectives on stress and health* (pp. 261–291). Amsterdam, The Netherlands: JAI Elsevier.

Siegrist, J., Starke, D., Chandola, T., Godin, I., Marmot, M., Niedhammer, I., & Richard, P. (2004). The measurement of effort-reward imbalance at work: European comparisons. *Social Science & Medicine, 58*, 1483–1499.

Since, W. D., Mitsuhashi, H., & Kirsch, D. (2006). Revisiting Burns and Salker: Formal structure and new venture performance in emerging economic sectors. *Academy of Management Journal, 49*, 121–132.

Sinclair, R. R., Tucker, J. S., Cullen, J. C., & Wright, C. (2005). Performance differences among four organizational commitment profiles. *Journal of Applied Psychology, 90*, 1280–1287.

Sine, W. D., Haveman, H. A., & Tolbert, P. S. (2005). Risky business? Entrepreneurship in the new independent-power sector. *Administrative Science Quarterly, 50*, 200–232.

Sitser, T., van der Linden, D., & Born, M. H. (2013). Predicting sales performance criteria with personality measures: The use of the general factor of personality, the Big Five and narrow traits. *Human Performance, 26*(2), 126–149.

Skarlicki, D. P., van Jaarsveld, D. D., & Walker, D. D. (2008). Getting even for customer mistreatment: The role of moral identity in the relationship between customer interpersonal injustice and employee sabotage. *Journal of Applied Psychology, 93*, 1335–1347.

Skibba, J. S., & Tan, J. A. (2004). Personality predictors of firefighter job performance and job satisfaction. *Applied H. R. M. Research, 9*, 39–40.

Skinner, B. F. (1971). *Beyond freedom and dignity.* New York, NY: Knopf.

Skogstad, A., Einarsen, S., Torsheim, T., Aasland, M. S., & Hetland, H. (2007). The destructiveness of laissez-faire leadership behavior. *Journal of Occupational Health Psychology, 12*, 80–92.

Slaughter, J. E., & Greguras, G. J. (2009). Initial attraction to organizations: The influence of trait inferences. *International Journal of Selection and Assessment, 17,* 1‒18.

Slaughter, J. E., & Zickar, M. J. (2006). A new look at the roles of insiders in the newcomer socialization process. *Group and Organization Management, 31*(2), 264‒290.

Slaughter, J. E., Zickar, M. J., Highhouse, S., &Mohr, D. C. (2004). Personality trait inferences about organizations: Development of a measure and assessment of construct validity. *Journal of Applied Psychology, 89,* 85‒103.

Sliter, M. T., Jex, S. M., & Grubb, P. (2013). The relationship between the social environment of work and workplace mistreatment. *Journal of Behavioral Health, 2,* 120‒126.

Sliter, M., Jex, S. M., Wolford, K., & McInnerney, J. (2010). How rude! Emotional labor as a mediator between customer incivility and employee outcomes. *Journal of Occupational Health Psychology, 15,* 468‒481.

Small, M. (1999). *The presidency of Richard Nixon.* Lawrence: University of Kansas Press.

Smerek, R. E., & Denison, D. R. (2007, August). Social capital in organizations: Understanding the link to firm performance. *In Academy of Management Annual Meeting Proceedings, 1‒6.*

Smith, J. C. (1993). *Understanding stress and coping.* New York, NY: Macmillan.

Smith, M. J., & Carayon, P. (2011). Controlling occupational safety and health hazards. In J. Quick, L. E. Tetrick (Eds.), *Handbook of occupational health psychology* (2nd ed., pp. 75‒93). Washington, DC: American Psychological Association.

Smith, P. C., Kendall, L. M., & Hulin, C. L. (1969). *Measurement of satisfaction in work and retirement.* Chicago, IL: Rand McNally.

Society for Human Resource Management (SHRM) (2010). *2010 employee benefits: Examining employee benefits in the midst of a recovering economy.* Alexandria, VA: Author.

Somers, M. (2010). Patterns of attachment to organizations: Commitment profiles and work outcomes. *Journal of Occupational and Organizational Psychology, 83*(2), 443‒453.

Sonnentag, S., Binnewies, C., & Mojza, E. J. (2008). "Did you have a nice evening?" A day-level study on recovery experiences, sleep, and affect. *Journal of Applied Psychology, 93,* 674‒684.

Sonnentag, S., & Frese, M. (2013). Stress in organizations. In I. B. Weiner (Series Ed.) & N. W. Schmitt & S. Highhouse (Vol. Eds.), *Handbook of psychology, Vol. 12: Industrial and organizational psychology* (2nd ed., pp. 560‒592). Hoboken, NJ: Wiley.

Sonnentag, S.,&Fritz, C. (2007). The recovery experience questionnaire: Development and validation of a measure for assessing recuperation and unwinding from work. *Journal of Occupational Health Psychology, 12,* 204‒221.

Soupata, L. (2005). Engaging employees in company success: The UPS approach to a winning team. *Human Resource Management, 44,* 95‒98.

Southwest Airlines. (2014, March 25). Retrieved from http://en.wikipedia.org/wiki/Southwest_Airlines

Sparks, K., Cooper, C., Fried, Y., & Shirom, A. (1997). The effect of hours of work on health: A meta-analytic review. *Journal of Occupational and Organizational Psychology, 70,* 391‒408.

Spector, P. E. (1982). Behavior in organizations as a function of employees' locus of control. *Psychological Bulletin, 91,* 482‒497.

Spector, P. E. (1985). Measurement of human service staff satisfaction: Development of Job Satisfaction Survey. *American Journal of Community Psychology, 13,* 693‒713.

Spector, P. E. (1986). Perceived control by employees: A meta-analysis of studies concerning autonomy and participation at work. *Human Relations, 11,* 1005‒1016.

Spector, P. E. (1987a). Interactive effects of perceived control and job stressors on affective reactions and health outcomes for clerical workers. *Work & Stress, 1,* 155‒162.

Spector, P. E. (1987b). Method variance as an artifact in self-reported affect and perceptions at work: Myth or significant problem? *Journal of Applied Psychology, 72,* 438‒443.

Spector, P. E. (1997a). *Job satisfaction: Application, assessment, causes, and consequences.* Thousand Oaks, CA: Sage.

Spector, P. E. (1997b). The role of frustration in anti-social behavior at work. In R. A. Giacalone & J. Greenberg (Eds.), *Anti-social behavior in the workplace* (pp. 1‒17). Thousand Oaks, CA: Sage.

Spector, P. E. (2006). *Industrial and organizational psychology: Research and practice.* Sydney, Australia: Wiley.

Spector, P. E. (2012). *Industrial and organizational psychology: Research and practice* (6th ed.). Hoboken, NJ: Wiley.

Spector, P. E., Allen, T. D., Poelmans, S. A., Lapierre, L. M., Cooper, C. L., Michael, O. D., & Widerszal-Bazyl, M. (2007). Cross-national differences in relationships of work demands, job satisfaction, and turnover intentions with workfamily conflict. *Personnel Psychology, 60*(4), 805‒835.

Spector, P. E., Dwyer, D. J., & Jex, S. M. (1988). Relations of job stressors to affective, health, and performance outcomes: A comparison of multiple data sources. *Journal of Applied Psychology, 73,* 11‒19.

Spector, P. E., & Eatough, A. M. (2013). Quantitative self-reports in occupational health psychology research. In R. Sinclair, M. Wang, & L. E. Tetrick (Eds.), *Research methods in occupational health psychology* (pp. 248‒267). New York, NY: Routledge.

Spector, P. E.,&Fox, S. (2005). The stressoremotion model of counterproductive work behavior. In S. Fox & P. E. Spector (Eds.), *Counterproductive work behavior: Investigations of actors and targets* (pp. 151‒174). Washington, DC: American Psychological Association.

Spector, P. E., Fox, S., Penney, L. M., Bruursema, K., Goh, A., & Kessler, S. (2006). The dimensionality of counterproductivity: Are all counterproductive behaviors created equal? *Journal of Vocational Behavior, 68,* 446‒460.

Spector, P. E., & Jex, S. M. (1991). Relations of job characteristics from multiple data sources with employee affect, absence, turnover intentions, and health. *Journal of Applied Psychology, 76,* 46‒53.

Spector, P. E., & Jex, S. M. (1998). Development of four self

-report measures of job stressors and strain: Interpersonal conflict at work scale, organizational constraints scale, quantitative workload inventory, and physical symptoms inventory. *Journal of Occupational Health Psychology, 3,* 356-367.

Spector, P. E. & O'Connell, B. J. (1994). The contribution of individual dispositions to the subsequent perceptions of job stressors and job strains. *Journal of Occupational and Organizational Psychology, 67,* 1-11.

Spector, P. E, Sanchez, J. I., Siu, L. O., Selgado, J., & Ma, J. (2004). Eastern versus Western control beliefs at work: An investigation of secondary control, socioinstrumental control, and work locus of control in China and the US. *Applied Psychology, 53*(1), 38-50.

Spielberger, C. D. (1979). *Preliminary manual for the state-trait personality inventory (STPI).* Unpublished paper, University of South Florida, Tampa.

Spielberger, C. D. (1989). *State trait anxiety inventory: A comprehensive bibliography.* Palo Alto, CA: Consulting Psychologists Press.

Spielberger, C. D., & Sydeman, S. J. (1994). State-trait anxiety inventory and statetraitanger expression inventory. In M. Maruish (Ed.), *The use of psychological psychological testing treatment planning and outcome assessment* (pp. 292-321). Hillsdale, NJ: Erlbaum.

Spillane, J. P. (2002). Local theories of teacher change: The pedagogy of district policies and programs. *Teachers College Record, 104,* 377-420.

Sprung, J. M., & Jex, S. M. (2012). Work locus of control as a moderator of the relationship between work stressors and counterproductive work behavior. *International Journal of Stress Management, 19,* 272-291.

Staber, U. (2004). Networking beyond organizational boundaries: The case of project organizations. *Creativity and Innovation Management, 13,* 30-40.

Stajkovic, A. D., & Luthans, F. (1997). A meta-analysis of the effects of organizational behavior modification on task performance, 1975-1995. *Academy of Management Journal, 40,* 1122-1149.

Stajkovic, A. D., & Luthans, F. (1998). Selfefficacy and work-related performance: A meta-analysis. *Psychological Bulletin, 124,* 240-261.

Stajkovic, A. D., & Luthans, F. (2003). Behavioral management and task performance in organizations: Conceptual background, meta-analysis, and test of alternative models. *Personnel Psychology, 56,* 155-194.

Staw, B. M. (1975). Attribution of the "causes" of performance: A general alternative interpretation of cross-sectional research on organizations. *Organizational Behavior and Human Performance, 13,* 414-432.

Staw, B. M., Bell, N. E., & Clausen, J. A. (1986). The dispositional approach to job attitudes: A lifetime longitudinal test. *Administrative Science Quarterly, 31,* 56-77.

Staw, B. M., & Boettger, R. D. (1990). Task revision: A neglected form of work performance. *Academy of Management Journal, 33,* 534-559.

Staw, B. M.,&Ross, J. (1985). Stability in the midst of change:

A dispositional approach to job attitudes. *Journal of Applied Psychology, 70,* 469-480.

Steel, R. P.,&Rentsch, J. R. (1995). Influence of cumulation strategies on the long-range prediction of absenteeism. *Academy of Management Journal, 6,* 1616-1634.

Steers, R. M., & Rhodes, S. R. (1978). Major influences on employee attendance: A process model. *Journal of Applied Psychology, 63,* 391-407.

Steers, R. M., Mowday, R. T., & Shapiro, D. L. (2004). The future of work motivation theory. *Academy of Management Review, 29,* 379-387.

Steil, G., & Gibbons-Carr, M. (2005). Large group scenario planning: Scenario planning with the whole system in the room. *Journal of Applied Behavioral Science, 41*(1), 15-29.

Steiner, I. D. (1972). *Group process and ductivity.* New York, NY: Academic Press.

Stern, D., & Briggs, D. (2001). Does paid employment help or hinder performance in secondary school? Insights from US high school students. *Journal of Education and Work, 14,* 355-372.

Stevens, M. J., & Campion, M. A. (1999). Staffing work teams: Development and validation of a selection test for teamwork settings. *Journal of Management, 25,* 207-228.

Stockard, J., & McGee, J. (1990). Children's occupational preferences: The influence of sex and perceptions of occupational characteristics. *Journal of Vocational Behavior, 36*(3), 287-303.

Stogdill, R. M. (1948). Personal factors associated with leadership: A survey of the literature. *Journal of Psychology, 25,* 35-71.

Stone, D. L., & Kotch, D. A. (1989). Individuals' attitudes toward organizational drug testing policies and practices. *Journal of Applied Psychology, 74,* 518-521.

Stone-Romero, E. F. (2011). Research strategies in industrial and organizational psychology: Nonexperimental, quasi-experimental, and randomized experimental research in special purpose and nonspecial purpose settings. In S. Zedeck (Ed.), *APA handbook of industrial and organizational psychology: Vol. 1. Building and developing the organization* (pp. 37-72). Washington, DC: American Psychological Association

Storms, P. L., & Spector, P. E. (1987). Relationships of organizational frustration with reported behavioral reactions: The moderating effect of locus of control. *Journal of Occupational Psychology, 60,* 227-234.

Stout, R. J., Salas, E., & Carson, R. (1994). Individual task proficiency and team process behavior: What's important for team functioning? *Military Psychology, 6*(3), 177-192.

Straus, S. G., & McGrath, J. E. (1994). Does the medium matter? The interaction of task type and technology on group performance and member reactions. *Journal of Applied Psychology, 79,* 87-97.

Stroh, L. K., & Dennis, L. E. (1994). An interview with Madame Nguyen Minh Hoa: Vietnam's move to a market economy and the impact on women in the workplace. *Industrial-Organizational Psychologist, 31,* 37-42.

Sturman, M. C., Cheramie, R. A., & Cashen, L. H. (2005). The impact of job complexity and performance measurement on the temporal consistency, stability, and test-retest reliability of employee job performance ratings. *Journal of Applied Psychology, 90,* 269–283.

Sumer, H. C., & Knight, P. A. (2001). How do people with different attachment styles balance work and family? A personality perspective on work-family linkage. *Journal of Applied Psychology, 86*(4), 653.

Sundstrom, E., DeMeuse, K. P., & Futrell, D. (1990). Work teams: Applications and effectiveness. *American Psychologist, 45,* 120–133.

Sverke, M., Hellgren, J., & Naswall, K. (2002). No security: A meta-analysis and review of job insecurity and its consequences. *Journal of Occupational Health Psychology, 7*(3), 242–264.

Sweeney, P. D., & McFarlin, D. B. (1997). Process and outcome: Gender differences in the assessment of justice. *Journal of Organizational Behavior, 18,* 83–98.

Tabachnick, B. G., & Fidell, L. S. (2012). *Using multivariate statistics* (6th ed.). Boston, MA: Pearson.

Takeuchi, R., Wang, M., & Marinova, S. V. (2005). Antecedents and consequences of psychological workplace strain during expatriation: A cross-sectional and longitudinal investigation. *Personnel Psychology, 58,* 925–948.

Talaga, J. A.,&Beehr, T. A. (1995). Are there gender differences in predicting retirement decisions? *Journal of Applied Psychology, 80,* 16–28.

Taylor, F. W. (1911). *Principles of scientific management.* New York, NY: Harper.

Taylor, S. E., Klein, L. C., Lewis, B. P., Gruenewald, T. L.,Gurung, R. A. R., & Updegraff, J. A. (2000). Biobehavioral responses to stress in females: Tend-and-befriend, not fight-or-flight. *Psychological Review, 107*(3), 411–429.

Ten Brummelhuis, L. L., & Bakker, A. B. (2012). Staying engaged during the week: The effect of off-job activities on next day work engagement. *Journal of Occupational Health Psychology, 17,* 445–455.

Tepper, B. J. (2007). Abusive supervision in work organizations: Review, synthesis, and research agenda. *Journal of Management, 33,* 261–289.

Terpstra, D. E. (1981). Relationship between methodological rigor and reported outcomes in organization development evaluation research. *Journal of Applied Psychology, 66,* 541–543.

Tesluk, P. E., Farr, J. L., & Klein, S. R. (1997). Influences of organizational culture and climate on individual creativity. *Journal of Creative Behavior, 31,* 27–41.

Tesluk, P. E., & Jacobs, R. R. (1998). Toward an integrated model of work experience. *Personnel Psychology, 51,* 321–355.

Tesluk, P. E., & Mathieu, J. E. (1999). Overcoming roadblocks to effectiveness: Incorporating management of performance barriers into models of work group effectiveness. *Journal of Applied Psychology, 84,* 200–217.

Tetrick, L. E., & Quick, J. C. (2011). Overview of occupational health psychology: Public health in occupational settings. In J. C. Quick & L. E. Tetrick (Eds.), *Handbook of occupational health psychology* (2nd ed., pp. 3–20). Washington, DC: American Psychological Association.

Tett, R. P., & Meyer, J. P. (1993). Job satisfaction, organizational commitment, turnover intention, and turnover: Path analyses based on meta-analytic findings. *Personnel Psychology, 46,* 259–293. The study response project main page. Retrieved from http://www.studyresponse.net/index.htm

Theodory, G. C. (1982). The validity of Fiedler's contingency logic. *Journal of Psychology, 110,* 115–120.

Thomas, J. L., & Castro, C. A. (2003). Organizational behavior and the U.S. peacekeeper. In T. W. Britt & A. B. Adler (Eds.), *The psychology of the peacekeeper: Lessons from the field* (pp. 127–146). Westport, CT: Praeger.

Thomas, J. P., Whitman, D. S., & Viswesvaran, C. (2010). Employee proactivity in organizations: A comparative meta-analysis of emergent proactive constructs. *Journal of Occupational and Organizational Psychology, 83*(2), 275–300.

Thomas, P., McDonnell, J., McCulloch, J., While, A., Bosanquet, N., & Ferlie, E. (2005). Increasing capacity for innovation in bureaucratic primary care organizations: A whole system participatory action research project. *Annals of Family Medicine, 3,* 312–317.

Thoresen, C. J., Bradley, J. C., Bliese, P. D., & Thoresen, J. D. (2004). The big five personality traits and individual job performance growth strategies in maintenance and transitional job stages. *Journal of Applied Psychology, 89,* 835–853.

Tiegs, R. B., Tetrick, L. E., & Fried, Y. (1992). Growth need strength and context satisfaction as moderators of the relations of the job characteristics model. *Journal of Management, 18,* 575–593.

Tierney, P., Farmer, S. M., & Graen, G. B. (1999). An examination of leadership and employee creativity: The relevance of traits and relationships. *Personnel Psychology, 52,* 591–620.

Tims, M., Bakker, A. B., & Derks, D. (2012). Development and validation of the job crafting scale. *Journal of Vocational Behavior, 80*(1), 173–186.

Tombaugh, J. R., & White, L. P. (1990). Downsizing: An empirical assessment of survivors' perceptions of a postlayoff environment. *Organization Development Journal, 8,* 32–43.

Toquam, J. L., Macaulay, J. L., Westra, C. D., Fujita, Y., & Murphy, S. E. (1997). Assessment of nuclear power plant crew performance variability. In M. T. Brannick, E. Salas, & C. Prince (Eds.), *Team performance assessment and measurement* (pp. 253–287). Mahwah, NJ: Erlbaum.

Tornau, K., & Frese, M. (2013). Construct clean-up in proactivity research: A meta-analysis on the nomological net of work-related proactivity concepts and their incremental validities. *Applied Psychology: An International Review, 62*(1), 44–96.

Tosi, H. L., & Greckhamer, T. (2004). Culture and CEO compensation. *Organization Science, 15*(6), 657–670.

Trevino, L. K. (1992). The social effects of punishment in organizations: A justice perspective. *Academy of Management Review, 17,* 647–676.

Trice, H. M., & Beyer, J.M. (1984). Studying organizational culture through rites and ceremonials. *Academy of*

Management Review, 9, 653–669.

Trip, T. M., Bies, R. J., & Aquino, K. (2002). Poetic justice or petty jealousy? The aesthetics of revenge. *Organizational Behavior and Human Decision Processes, 89,* 966–984.

Trist, E. L., & Bamforth, K.W. (1951). Some social and psychological consequences of the long-wallmethod of coal-getting. *Human Relations, 4,* 3–38.

Trubisky, P., Ting-Toomey, S., & Lin, S. (1991). The influence of individualism collectivism and self-monitoring on conflict styles. *International Journal of Intercultural Relations, 15*(1), 65–84.

Tse, H. H., Lam, C. K., Lawrence, S. A., & Huang, X. (2013). When my supervisor dislikes you more than me: The effect of dissimilarity in leader–member exchange on coworkers' interpersonal emotion and perceived help. *Journal of Applied Psychology, 98*(6), 974–988.

Tsui, A. S., Nifadkar, S. S., & Ou, A. Y. (2007). Cross-national, cross-cultural organizational behavior research: Advances, gaps, and recommendations. *Journal of Management, 33,* 426–478.

Tubre, T. C., Sifferman, J. J., & Collins, J. M. (1996, April). *Jackson and Schuler (1985) revisited: A meta-analytic review of the relationship between role stress and job performance.* Paper presented at the annual meeting of the Society for Industrial and Organizational Psychology, San Diego, CA.

Tucker, L. A., Aldana, S., & Friedman, F. M. (1990). Cardiovascular fitness and absenteeism in 8,301 employed adults. *American Journal of Health Promotion, 5,* 140–145.

Tucker, M. K., Jimmieson, N. L., & Oei, T. P. (2013). The relevance of shared experiences: A multi-level study of collective efficacy as a moderator of job control in the stressor-strain relationship. *Work & Stress, 27*(1), 1–21.

Tuckman, B. W. (1965). Developmental sequences in small groups. *Psychological Bulletin, 63,* 384–399.

Tuckman, B. W., & Jensen, M. A. C. (1977). Stages of small group development revisited. *Group and Organization Studies, 2,* 419–427.

Turner, A. N., & Lawrence, P. R. (1965). *Industrial jobs and the worker.* Cambridge, MA: Harvard University, Graduate School of Business.

Tziner, A.,&Eden, D. (1985). Effects of crew composition on crew performance: does the whole equal the sum of its parts? *Journal of Applied Psychology, 70*(1), 85–93.

Udechukwu, I. I. (2009). Correctional officer turnover: Of Maslow's needs hierarchy and Herzberg's motivation theory. *Public Personnel Management, 38*(2), 69–82.

U.S. Bureau of Labor Statistics. (1999). *National census of fatal occupational injuries 1998.* Washington, DC: Author.

U.S. Bureau of Labor Statistics. (2004). Available at http://www.bls.gov/iif/home.html/

U.S. Department of Health and Human Services. (2002). *National occupational research agenda: Update 2001.* Washington, DC: Author.

Valois, R. F., Dunham, A. C. A., Jackson, K. L., & Waller, J. (1999). Association between employment and substance use behaviors among public high school adolescents. *Journal of Adolescent Health, 25,* 256–263.

Vancouver, J. B. (2005). The depth of history and explanation as benefit and bane for psychological control theories. *Journal of Applied Psychology, 90,* 38–52.

Vancouver, J. B., Thompson, C. M., & Williams, A. A. (2001). The changing signs in the relationships between self-efficacy, personal goals and performance. *Journal of Applied Psychology, 86,* 605–620.

Vancouver, J. B., Putka, D. J., & Scherbaum, C. A. (2005). Testing a computational model of the goal-level effect: An example of a neglected methodology. *Organizational Research Methods, 8*(1), 100–127.

Vandenberghe, C., Bentein, K., Michon, R., Chebat, J., Tremblay, M., & Fils, J. (2007). An examination of the role of perceived support and employee commitment in employee-customer encounters. *Journal of Applied Psychology, 92*(4), 1177–1187. doi:10.1037/0021-9010.92.4.1177

Van den Broeck, A., De Cuyper, N., De Witte, H., & Vansteenkiste, M. (2010). Not all job demands are equal: Differentiating job hindrances and job challenges in the Job Demands-Resources model. *European Journal of Work and Organizational Psychology, 19*(6), 735–759.

Van den Broeck, A., Vansteenkiste, M., De Witte, H., & Lens, W. (2008). Explaining the relationships between job characteristics, burnout, and engagement: The role of basic psychological need satisfaction. *Work & Stress, 22*(3), 277–294.

VandenHeuvel, A., & Wooden, M. (1995). Do explanations of absenteeism differ for men and women? *Human, Relations, 48,* 1309–1329.

Van De Vliert, E., & Van Yperen, N. W. (1996). Why cross-national differences in role overload? Don't overlook ambient temperature! *Academy of Management Journal, 39,* 986–1004.

Van Dyne, L., & LePine, J. A. (1998). Helping and voice extra-role behaviors: Evidence of construct and predictive validity. *Academy of Management Journal, 41,* 108–119.

Van Eerde, W., & Thierry, H. (1996). Vroom's expectancy models and workrelated criteria: A meta-analysis. *Journal of Applied Psychology, 81,* 575–586.

Van Iddekinge, C. H., Ferris, G. R., & Heffner, T. S. (2009). Test of a multistage model of distal and proximal antecedents of leader performance. *Personnel Psychology, 62*(3), 463–495.

Van Iddekinge, C. H., Roth, P. L., Raymark, P. H., & Odle-Dusseau, H. N. (2012). The criterion-related validity of integrity tests: An updated meta-analysis. *Journal of Applied Psychology, 97,* 499–530.

Van Knippenberg, D., & Sitkin, S. B. (2013). A critical assessment of charismatic—Transformational leadership research: Back to the drawing board? *Academy of Management Annals, 7*(1), 1–60.

Van Maanen, J. (1975). Police socialization: A longitudinal examination of job attitudes in an urban police department. *Administrative Science Quarterly, 20,* 207–228.

Van Maanen, J. (1991). The smile factory: Work at Disneyland. In P. J. Frost, L. F. Moore, M. R. Louis, C. C. Lundberg, & J. Martin (Eds.), *Reframing organizational culture* (pp. 58–76). Newbury Park, CA: Sage.

Van Maanen, J., & Schein, E. H. (1979). Toward a theory of organizational socialization. In B. M. Staw (Ed.), *Research in organizational behavior* (Vol. 1, pp. 209–264). Greenwich, CT: JAI Press.

Van Rooy, D. L., Dilchert, S., & Viswesvaran, C. (2006). Multiplying intelligences: Are general, emotional, and practical intelligences equal? In K. R. Murphy (Ed.), *A critique of emotional intelligence: What are the problems and how can they be fixed* (pp. 235–262). Mahwah, NJ: Erlbaum.

Van Scotter, J. R., & Motowidlo, S. J. (1996). Interpersonal facilitation and job dedication as separate facets of contextual performance. *Journal of Applied Psychology, 81*, 525–531.

Van Solinge, H. (2013). Adjustment to retirement. In M. Wang (Ed.), *The Oxford handbook of retirement* (pp. 311–324). New York, NY: Oxford University Press.

Van Vianen, A. E. M., & De Dreu, C. K. W. (2001). Personality in teams: Its relationship to social cohesion, task cohesion, and team performance. *European Journal of Work and Organizational Psychology, 10*(2), 97–120.

Vecchio, R. P. (1977). An empirical examination of the validity of Fiedler's model of leadership effectiveness. *Organizational Behavior and Human Performance, 19*, 180–206.

Vigoda, E., & Cohen, A. (2002). Influence tactics and perceptions of organizational politics: A longitudinal study. *Journal of Business Research, 55*, 311–324.

Villanova, P., & Roman, M. A. (1993). A meta-analytic review of situational constraints and work-related outcomes: Alternative approaches to conceptualization. *Human Resource Management Review, 3*, 147–175.

Vinchur, A. J., & Koppes, L. L. (2011). A historical survey of research and practice in industrial and organizational psychology. In S. Zedeck (Ed.), *APA handbook of organizational and industrial psychology: Vol. 1. Building and developing the organization* (pp. 3–36). Washington, DC: American Psychological Association.

Vinokur, A. D., van Ryn, M., Gramlich, E. M., & Price, R. H. (1991). Long-term follow-up and benefit-cost analysis of the Jobs program: A preventive intervention for the unemployed. *Journal of Applied Psychology, 76*, 213–219.

Virgili, M. (2013). Mindfulness-based interventions reduce psychological distress in working adults: A meta-analysis of intervention studies. *Mindfulness, 4*, 1–12.

Viswesvaran, C. (2002). Assessment of individual performance: A review of the past century and a look ahead. In N. Anderson, D. S. Ones, H. K. Sinangil, & C. Viswesvaran (Eds.), *Handbook of industrial, work, and organizational psychology* (pp. 110–126). Thousand Oaks, CA: Sage.

Viteles, M. S. (1953). *Motivation and morale in industry*. New York, NY: Norton.

von Bertalanffy, L. (1956). General systems theory. *General systems yearbook of the Society for General Systems Theory, 1*, 1–10.

Vroom, V. H. (1964). *Work and motivation*. New York, NY: Wiley.

Vroom, V. H. (1995). *Work and motivation* (2nd ed.). New York, NY: Wiley.

Vroom, V. H., & Jago, A. C. (1988). *The new leadership: Managing participation in organizations*. Englewood Cliffs, NJ: Prentice-Hall.

Vroom, V. H., & Jago, A. G. (2007). The role of the situation in leadership. *American Psychologist, 62*, 17–24.

Vroom, V. H., & Yetton, P.W. (1973). *Leadership and decision making*. Pittsburgh, PA: University of Pittsburgh Press.

Wageman, R. (1996). Interdependence and group effectiveness. *Administrative Science Quarterly, 40*, 145–180.

Wageman, R., & Baker, G. (1997). Incentives and cooperation: The joint effects of task and reward interdependence on group performance. *Journal of Organizational Behavior, 18*, 139–158.

Wageman, R., Hackman, J. R., Lehman, E. (2005). Team diagnostic survey: Development of an instrument. *Journal of Applied Behavioral Science, 41*, 373–378C.

Wagner, J. A. (1994). Participation's effect on performance and satisfaction: A reconsideration of research evidence. *Academy of Management Review, 19*, 312–330.

Wagner, J. A. (1995). Studies of individualism-collectivism: Effects on cooperation in groups. *Academy of Management Journal, 38*, 152–172.

Wagner, J. A., & Gooding, R. Z. (1987). Shared influence and organizational behavior: A meta-analysis of situational variables expected to moderate participation-outcome relationships. *Academy of Management Journal, 30*, 524–541.

Waldman, D. A., & Spangler, W. D. (1989). Putting together the pieces: A closer look at the determinants of job performance. *Human Performance, 2*, 29–59.

Wallace, J. E. (1997). It's about time: A study of hours worked and work spillover among law firm lawyers. *Journal of Vocational Behavior, 50*(2), 227–248.

Wallace, J., Edwards, B. D., Arnold, T., Frazier, M., & Finch, D. M. (2009). Work stressors, role-based performance, and the moderating influence of organizational support. *Journal of Applied Psychology, 94*(1), 254–262.

Walsh, K. T. (2009, March 19). Under President Obama big government is back: From the stimulus to the bank bailout, the policies alter the political and social landscape. *U.S. News and World Report*.

Walumbwa, F. O., Hartnell, C. A., & Oke, A. (2010). Servant leadership, procedural justice climate, service climate, employee attitudes, and organizational citizenship behavior: A cross-level investigation. *Journal of Applied Psychology, 95*(3), 517–529.

Walumbwa, F. O., & Schaubroeck, J. (2009). Leader personality traits and employee voice behavior: Mediating roles of ethical leadership and work group psychological safety. *Journal of Applied Psychology, 94*(5), 1275–1286.

Walumbwa, F. O., Wang, P., Wang, H., Schaubroeck, J., & Avolio, B. J. (2010). Psychological processes linking authentic leadership to follower behaviors. *Leadership Quarterly, 21*(5), 901–914.

Wanberg, C. R. (1997). Antecedents and outcomes of coping behaviors among unemployed and reemployed individuals. *Journal of Applied Psychology, 82*, 731–744.

Wang, D., Waldman, D. A., & Zhang, Z. (2013). A Meta-Analysis of Shared Leadership and Team Effectiveness. *Journal of Applied Psychology*. doi:10.1037/a0034531

Wang, G., Oh, I. S., Courtright, S. H., & Colbert, A. E. (2011). Transformational leadership and performance across criteria and levels: A meta-analytic review of 25 years of research. *Group & Organization Management, 36*(2), 223–270.

Wang, H., Law, K. S., Hackett, R. D., Wang, D., & Chen, Z. X (2005). Leader-member exchange as a mediator of the relationship between transformational leadership and followers' performance and organizational citizenship behavior. *Academy of Management Journal, 48*, 420–432.

Wang, H., Sui, Y., Luthans, F., Wang, D., & Wu, Y. (2014). Impact of authentic leadership on performance: Role of followers' positive psychological capital and relational processes. *Journal of Organizational Behavior, 35*(1), 5–21.

Wang, M. (2007). Profiling retirees in the retirement transition and adjustment process: Examining the longitudinal change patterns of retirees' psychological well-being. *Journal of Applied Psychology, 92*, 455–474.

Wang, M. (2009). Does organizational support promote citizenship in service settings? The moderating role of service climate. *Journal of Social Psychology, 149*(6), 648–676. doi:10.1080/00224540903347297

Wang, M., & Shultz, K. S. (2010). Employee retirement: A review and recommendations for future investigation. *Journal of Management, 36*, 172–206.

Wang, M. (Ed.). (2012). *The Oxford handbook of retirement*. New York, NY: Oxford University Press.

Wanous, J. P. (1989). Installing realistic job previews: Ten tough choices. *Personnel Psychology, 42*, 117–134.

Wanous, J. P., Poland, T. D., Premack, S. L., & Davis, K. S. (1992). The effects of met expectations on newcomer attitudes and behaviors: A review and meta-analysis. *Journal of Applied Psychology, 77*, 288–297.

Wanous, J. P., & Zwany, A. (1977). A cross-sectional test of the need hierarchy. *Organizational Behavior and Human Performance, 18*, 78–97.

Wasserman, N. (2006). Stewards, agents, and the founder discount: Executive compensation in new ventures. *Academy of Management Journal, 49*, 960–976.

Watson, D., & Clark, L. (1984). Negative affectivity: The disposition to experience aversive emotional states. *Psychological Bulletin, 96*, 465–490.

Wayne, S. J., & Green, S. A. (1993, December). The effects of leader-member exchange on employee citizenship and impression management behavior. *Human Relations, 46*(12), 1431–1440.

Weathington, B. L., & Reddock, C. M. (2011). Equity sensitivity in "fringe" benefit value and satisfaction. *Journal of Behavioral and Applied Management, 13*(1), 44–59.

Webb, E. J., Campbell, D. T., Schwartz, R. D., Sechrest, L., & Grove, J. B. (1981). *Nonreactive measures in the social sciences* (2nd ed.). Boston, MA: Houghton Mifflin.

Weber, M. (1947). *The theory of social and economic organization* (A. M. Henderson & T. Parsons, Trans.). New York, NY: Free Press.

Webster, J. R., Beehr, T. A., & Love, K. (2011). Extending the challenge-hindrance model of occupational stress: The role of appraisal. *Journal of Vocational Behavior, 79*(2), 505–516.

Webster's New World Dictionary (1984). (2nd College ed.). New York, NY: Simon & Schuster.

Weed, E. D. (1971). Job enrichment "Cleans up" at Texas Instruments. In J. R. Maher (Ed.), *Perspectives in job enrichment*. New York, NY: Van Nostrand.

Wegge, J., Schmidt, K., Parkes, C., & van Dick, R. (2007). "Taking a sickie": Job satisfaction and job involvement as interactive predictors of absenteeism in a public organization. *Journal of Occupational and Organizational Psychology, 80*(1), 77–89. doi:10.1348/096317906X99371

Weiner, Y., & Vardi, Y. (1990). Relationships between organizational culture and individual motivation–A conceptual integration. *Psychological Reports, 67*, 295–306.

Weir, K. (2011). *The new academic job market*. APA Career Center.

Weir, K. (2011). Midlife grad students. *gradPSYCH Magazine, 9*(4), 36.

Weiss, D. J., Dawis, R. V., England, G. W., & Lofquist, L. H. (1967). *Manual for the Minnesota Satisfaction Questionnaire* (Minnesota Studies in Vocational Rehabilitation, no. 22). Minneapolis: University of Minnesota.

Weiss, H. M. (1990). Learning theory and industrial and organizational psychology. In M. D. Dunnette & L. M. Hough (Eds.), *Handbook of industrial and organizational psychology* (2nd ed., Vol. 1, pp. 171–222). Palo Alto, CA: Consulting Psychologists Press.

Weiss, H. M., & Shaw, J. (1979). Social influences on judgments about tasks. *Organizational Behavior and Human Performance, 24*, 126–140.

Weitz, J. (1952). A neglected concept in the study of job satisfaction. *Personnel Psychology, 5*, 201–205.

Westman, M., Hobfoll, S. E., Chen, S., Davidson, O. B., & Laski, S. (2005). Organizational stress through the lens of Conservation of Resources (COR) theory. In P. L. Perrew, D. C. Ganster (Eds.), *Exploring interpersonal dynamics* (pp. 167–220). New York, NY: Elsevier Science/JAI Press.

Whinghter, L. J., Cunningham, C. J., Wang, M., & Burnfield, J. L. (2008). The moderating role of goal orientation in the workload-frustration relationship. *Journal of Occupational Health Psychology, 13*(3), 283.

White, S., & Mitchell, T. (1979). Job enrichment versus social cues: A comparison and competitive test. *Journal of Applied Psychology, 64*, 1–9.

Whitehead, T. N. (1935). Social relationships in the factory: A study of an industrial group. *Human Factor, 9*, 381–394.

Whitehead, T. N. (1938). *The industrial worker*. Cambridge, MA: Harvard University Press.

Whitney, K. (1994). Improving group task performance: The role of group goals and group efficacy. *Human Performance, 7*, 55–78.

Whyte, G. (1998). Recasting Janis's Group-think Model: The key role of collective efficacy in decision making fiascoes. *Organizational Behavior and Human Decision Processes, 73*, 185–209.

Wickens, C. D., & Hollands, J. G. (2000). *Engineering psychology and human performance* (3rd ed.). Upper Saddle River, NJ: Prentice-Hall.

Wilderom, C. P., van den Berg, P. T., & Wiersma, U. J. (2012). A longitudinal study of the effects of charismatic leadership and organizational culture on objective and perceived corporate performance. *Leadership Quarterly, 23*(5), 835-848.

Wiley, J. W., & Campbell, B. H. (2006). Using linkage research to drive high performance: A case study in organization development. In A. Kraut (Ed.), *Getting action from organizational surveys: New concepts, technologies and applications* (pp. 150-182). San Francisco, CA: Jossey-Bass.

Wildman, J. L., Bedwell, W. L., Salas, E., & Smith-Jentsch, K. A. (2011). Performance measurement: A multilevel perspective. In S. Zedeck (Ed.), *APA handbook of industrial and organizational psychology: Vol. 1. Building and developing the organization* (pp. 301-341). Washington, DC: American Psychological Association.

Wilkins, A. L., & Ouchi, W. G. (1983). Efficient cultures: Exploring the relationship between culture and organizational performance. *Administrative Science Quarterly, 28*, 468-481.

Williams, L. J.,&Anderson, S. E. (1991). Job satisfaction and organizational commitment as predictors of organizational citizenship and in-role behavior. *Journal of Management, 17*, 601-617.

Williams, L. J., & Anderson, S. E. (1994). An alternate approach to method effects using latent variable models: Applications in organizational behavior research. *Journal of Applied Psychology, 79*, 323-331.

Williams, L. J., Cote, J. A., & Buckley, M. R. (1989). Lack of method variance in self-reported affect and perceptions at work: Reality of artifact? *Journal of Applied Psychology, 74*, 462-468.

Williams, M. L., McDaniel, M. A., & Nguyen, N. T. (2006). A meta-analysis of the antecedents and consequences of pay level satisfaction. *Journal of Applied Psychology, 91*, 392-413.

Wilson, M., Northcraft, G. B., & Neale, M. A. (1985). The perceived value of fringe benefits. *Personnel Psychology, 38*, 309-320.

Wilson, T. B. (1995). *Innovative reward systems for the changing workplace*. New York, NY: McGraw-Hill.

Winkler, S., Köig, C. J., & Kleinmann, M. (2012). New insights into an old debate: Investigating the temporal sequence of commitment and performance at the business unit level. *Journal of Occupational and Organizational Psychology, 85*(3), 503-522. doi:10.1111/j.2044-8325.2012.02054.x

Wirtz, P. H., Ehlert, U., Kottwitz, M. U., La Marca, R., & Semmer, N. K. (2013). Occupational role stress is associated with higher cortisol reactivity to acute stress. *Journal of Occupational Health Psychology, 18*(2), 121-131.

Witt, L. A., & Spitzmüller, C. (2007). Person-situation predictors of maximum and typical performance. *Human Performance, 20*(3), 305-315.

Wofford, J. C., & Liska, L. Z. (1993). Pathgoal theories of leadership: A meta-analysis. *Journal of Management, 19*, 857-876.

Wolever, R. Q., Bobinet, K. J., McCabe, K., Mackenzie, E. R., Fekete, E., Kusnick, C. A., & Baime, M. (2012). Effective and viable mind-body stress reduction in the workplace: A randomized controlled trial. *Journal of Occupational Health Psychology, 17*(2), 246-258.

Wolfe, S. E., & Piquero, A. R. (2011). Organizational justice and police misconduct. *Criminal Justice and Behavior, 38*(4), 332-353.

Wood, M. D., Britt, T. W., Thomas, J. L., Klocko, R. P., & Bliese, P. D. (2011). Buffering effects of benefit finding in a war environment. *Military Psychology, 23*(2), 202-219.

Wood, R. E. (1986). Task complexity: Definition of the construct. *Organizational Behavior and Human Decision Processes, 37*, 60-82.

Woodman, R. W., & Wayne, S. J. (1985). An investigation of positive findings bias in evaluation of organization development interventions. *Academy of Management Journal, 28*, 889-913.

Woodward, J. (1965). *Industrial organization: Theory and practice*. London, England: Oxford University Press.

Worchel, S., Cooper, J., Goethals, G. R., & Olson, J. M. (2000). *Social psychology*. Belmont, CA: Wadsworth.

Wright, P. M. (1992). An examination of the relationships among monetary incentives, goal level, goal commitment, and performance. *Journal of Management, 18*, 677-693.

Wright, P. M., George, J. M., Farnsworth, S. R., & McMahan, G. (1993). Productivity and extra-role behavior: The effects of goals on spontaneous helping. *Journal of Applied Psychology, 78*, 374-381.

Wright, T. A. (2003). Positive organizational behavior: An idea whose time has truly come. *Journal of Organizational Behavior, 24*(4), 437-442.

Wrzesniewski, A., Berg, J. M.,&Dutton, J. E. (2010). Turn the job you have into the job you want. *Harvard Business Review, 88*(6), 114-117.

Wrzesniewski, A., & Dutton, J. E. (2001). Crafting a job: Revisioning employees as active crafters of their work. *Academy of Management Review, 26*(2), 179-201.

Wrzesniewski, A., McCauley, C., Rozin, P., & Schwartz, B. (1997). Jobs, careers, and callings: People's relations to their work. *Journal of Research in Personality, 31*, 21-33.

Xie, J. L. (1996). Karasek's model in the People's Republic of China: Effects of job demands, control, and individual differences. *Academy of Management Journal, 39*, 1594-1618.

Xie, J. L., & Johns, G. (2000). Interactive effects of absence culture salience and group cohesiveness: A multi-level and cross-level analysis of work absenteeism in the Chinese context. *Journal of Occupational and Organizational Psychology, 73*, 31-52.

Xie, J. L., Schaubroeck, J., & Lam, S. S. (2008). Theories of job stress and the role of traditional values: a longitudinal study in China. *Journal of Applied Psychology, 93*(4), 831.

Ybema, J. F., Smulders, P. W., & Bongers, P. M. (2010). Antecedents and consequences of employee absenteeism: A longitudinal perspective on the role of job satisfaction and burnout. *European Journal of Work and Organizational Psychology, 19*(1), 102–124. doi:10.1080/13594320902793691

Yen, H. R., & Niehoff, B. P. (2004). Organizational citizenship behaviors and organizational effectiveness: Examining relationships in Taiwanese banks. *Journal of Applied Social Psychology, 34*, 1617–1637.

Yoffie, D., & Bergenstein, S. (1985, Fall). Creating political advantage: The rise of corporate entrepreneurs. *California Management Review*, 124–139.

Young, G. J., Beckman, H., & Baker, E. (2012). Financial incentives, professional values and performance: A study of pay-for performance in a professional organization. *Journal of Organizational Behavior, 33*(7), 964–983. doi:10.1002/job.1770

Yu, C., & Frenkel, S. J. (2013). Explaining task performance and creativity from perceived organizational support theory: Which mechanisms are more important?. *Journal of Organizational Behavior, 34*(8), 1165–1181. doi:10.1002/job.1844

Yukl, G. (1989). *Leadership in organizations*. Englewood Cliffs, NJ: Prentice-Hall.

Yukl, G. (2007). Best practices in the use of proactive influence tactics by leaders. In J. A. Conger & R. E. Riggio (Eds.), *The practice of leadership: Developing the next generation of leaders* (pp. 109–128). San Francisco, CA: Jossey-Bass.

Yukl, G., Kim, H., & Falbe, C. M. (1996). Antecedents of influence outcomes. *Journal of Applied Psychology, 81*, 309–317.

Yukl, G., & Tracey, J. B. (1992). Consequences of influence tactics used with subordinates, peers, and the boss. *Journal of Applied Psychology, 77*, 525–535.

Yukl, G., & Van Fleet, D. D. (1992). Theory and research on leadership in organizations. In M. D. Dunnette & L. M. Hough (Eds.), *Handbook of industrial and organizational psychology* (2nd ed., Vol. 2, pp. 147–197). Palo Alto, CA: Consulting Psychologists Press.

Yun, S., Faraj, S., & Sims, H. P. (2005). Contingent leadership and effectiveness of trauma resuscitation teams. *Journal of Applied Psychology, 90*, 1288–1296.

Zaccaro, S. J. (2007). Trait-based perspectives of leadership. *American Psychologist, 62*(1), 6–16.

Zaccaro, S. J., Blair, V., Peterson, C., & Zazanis, M. (1995). Collective efficacy. In J. E. Maddux (Ed.), *Self-efficacy, adaptation, and adjustment: Theory, research, and application* (pp. 305–328). New York, NY: Plenum Press.

Zammuto, R. F., & O'Connor, E. J. (1992). Gaining advanced manufacturing technologies benefits: The role of organization design and culture. *Academy of Management Review, 17*, 701–728.

Zapf, D., Dormann, C., & Frese, M. (1996). Longitudinal studies in organizational stress research: A review of the literature with reference to methodological issues. *Journal of Occupational Health Psychology, 2*, 145–169.

Zhou, J., & Shalley, C. E. (2011). Deepening our understanding of creativity in the workplace: A review of different approaches to creativity research. In S. Zedeck (Ed.), *APA handbook of industrial and organizational psychology: Vol. 1. Building and developing the organization* (pp. 275–302). Washington, DC, US: American Psychological Association.

Zickar, M. J. (2003). Remembering Arthur Kornhauser: Industrial psychology's advocate for worker well-being. *Journal of Applied Psychology, 88*, 363–369.

Zickar, M. J. (2004). An analysis of applied psychology's indifference to labor unions in the United States. *Human Relations, 57*, 145–157.

Zickar, M. J. (2013). The evolving history of retirement within the United States. In M. Wang (Ed.), *The Oxford handbook of retirement* (pp. 10–21). New York, NY: Oxford University Press.

Zickar, M. J., & Carter, N. T. (2010). Reconnecting with the spirit of workplace demography: A historical review. *Organizational Research Methods, 13*, 304–319.

Zohar, D. (2000). A group-level model of safety climate: Testing the effect of group climate on microaccidents in manufacturing jobs. *Journal of Applied Psychology, 85*(4), 587–596.

Zohar, D. (2003). Safety climate: Conceptual and measurement issues. In J. C. Quick & L. E. Tetrick (Eds.), *Handbook of occupational health psychology* (pp. 123–142). Washington, DC: American Psychological Association.

Zohar, D. (2011). Safety climate: Conceptual and measurement issues. In J. Quick, L. E. Tetrick (Eds.), *Handbook of occupational health psychology* (2nd ed., pp. 141–164). Washington, DC: American Psychological Association.

찾아보기

옮긴이 소개

박영석

가톨릭대학교 심리학과에 재직하고 있으며, 조직심리학, 조직개발, 그리고 안전심리학을 강의하고 있다. 관심 분야는 조직개발, 안전문화, 그리고 리더십의 발달이며 이에 관한 연구와 자문을 수행하고 있다.

서용원

성균관대학교 심리학과에 재직하고 있으며, 조직심리학과 심리통계를 강의하고 있다. 관심 분야는 리더십, 조직개발, 조직문화이며 이에 관한 연구와 자문을 수행하고 있다.

이선희

충남대학교 심리학과에 재직하고 있으며, 조직심리학, 인사심리학, 심리통계 등을 강의하고 있다. 관심 분야는 일과 건강, 작업장 안전, 그리고 성격측정 등이며 이에 관한 연구와 자문을 수행하고 있다.

이주일

한림대학교 심리학과에 재직하고 있으며, 조직심리학, 인사심리학, 성격심리학, 및 직업과 인생설계 과목 등을 강의하고 있다. 주 관심 분야는 조직에서의 정서 경험과 조절, 생산적이고 활동적인 노년, 그리고 지역사회 및 공동체 사회의 발달이며 이에 관한 연구와 활동을 수행하고 있다.

장재윤

서강대학교 심리학과에 재직하고 있으며, 인사심리학, 조직심리학, 그리고 창의성의 심리학을 강의하고 있다. 연구 관심 분야는 인사 선발 및 평가, 조직 창의성, 직무 스트레스와 웰빙이다.

지은이 소개

Steve M. Jex

직장에서의 스트레스를 연구한 학자로 잘 알려져 있으며 미 육군을 포함한 많은 조직에 자문을 해 주고 있다. 볼링그린주립대학교에서 강의하며 대학원생을 지도하고 있다.

Thomas W. Britt

직장과 가정의 문제에 정통한 사회심리학자로서 그는 이 책에 자신의 전문성과 학부생을 가르친 경험을 반영하였다. 클렘슨대학교에서 강의하며 대학원생을 지도하고 있다.